# 약속의 땅

# A PROMISED LAND

## 약속의 땅

**버락 오바마** 지음 | **노승영** 옮김

웅진 지식하우스

나의 사랑 나의 인생 동반자 미셸에게

그리고

찬란한 빛으로 모든 것을 더욱 환히 밝히는

말리아와 사샤에게

오, 날아라 지치지 말고

날아라 지치지 말고

날아라 지치지 말고

약속의 땅에서 성대한 천막 집회가 열리니.

― 아프리카계 미국인 영가에서



우리의 힘을 무시하지 말라

우리가 날아오른 것은

무한의 위였으니까.

― 로버트 프로스트, 「키티호크」

# 차례

머리말      11

1부. **내기**      17

2부. **우린 할 수 있어**      117

3부. **레니게이드**      277

4부. **선한 싸움**      433

5부. **세계의 실상**      551

6부. **통 속에서**      661

7부. **줄타기**      787

감사의 글      886

사진 출처      890

찾아보기      896

## 머리말

이 책을 쓰기 시작한 것은 나의 대통령 임기가 끝난 직후이자 미셸과 함께 마지막으로 에어포스 원(대통령 전용기_옮긴이)을 타고 서부로 날아가 오래 미룬 휴가를 보낸 뒤였다. 기내의 분위기는 시원섭섭했다. 우리 둘 다 육체적으로나 정서적으로나 기진맥진했다. 지난 8년간 쉼 없이 달려온 데다, 우리가 대변하는 모든 가치와 정면으로 대립하는 인물이 후임으로 당선된 데 놀란 탓도 있었다. 그럼에도, 우리는 경주를 완주했고 최선을 다했음을 알기에 만족했다. 내가 대통령으로서 많이 부족했더라도, 소망했으되 이루지 못한 과업들이 있더라도, 처음 취임했을 때보다는 이 나라가 더 나아졌음을 알았기 때문이다. 한 달 동안 미셸과 나는 늦잠을 자고, 느긋하게 저녁을 먹고, 오랫동안 산책하고, 바다에서 수영하고, 관계를 점검하고, 우정을 보충하고, 사랑을 재발견하고, 덜 파란만장하겠지만 바라건대 덜 만족스럽지는 않을 인생 2막을 계획했다. 다시 일을 시작하려고 펜과 노트를 가지고 앉은 (나는 여전히 손으로 쓰는 것을 좋아하는데, 컴퓨터로 쓰면 어설픈 초고도 그럴듯하고 설익은 생각도 정리된 것처럼 보이기 때문이다) 내 머릿속에는 책의 뚜렷한 얼개가 들어 있었다.

무엇보다 내가 공직에 몸담은 기간의 일들을 솔직하게 표현하고 싶었다. 재임 중에 일어난 굵직한 사건과 교류한 주요 인물을 기록하는 것은 물론이고, 우리 행정부가 맞닥뜨린 과제와 그에 대응해 우리 팀과 내가 내린 선택에 영향을 미친 정치적, 경제적, 문화적 흐름을 일부나마 설명하고 싶었다. 그리고 가능하다면, 미국 대통령에 대해 독자들이 감을 잡게 해주고 싶었다. 커튼을 살짝 들어올려 사람들에게 상기시켜주고 싶었다. 그 모든 권력과 위엄에도 불구하고 대통령직 역시 그저 일자리이고 우리 연방정부도 여느 인적 조직과 다를 바 없다는 사실, 백악관에서 일하는 사람들도 일반 시민들처럼 때로 만족하고, 실망하고, 사내 갈등을 겪고, 좌절하고, 작은 승리를 거두며 하루하루를 살아간다는 사실 말이다. 마지막으로, 좀 더 개인적인 나의 이야기를 들려주고 싶었다. 이 이야기가 공직 생활을 염두에 둔 젊은이들에게 영감을 줄 수도 있을 것 같았다. 나는 이 세상에서 내 자리를 찾고자 했고, 내가 물려받은 뒤섞인 혈통의 여러 가닥을 설명하고자 했다. 그것이 내가 정치에 입문하게 된 계기였다. 나 자신보다 더 큰 무언가를 좇기로 마음먹고서야 비로소 삶의 목적과 내게 맞는 공동체를 찾을 수 있었다. 그 과정을 들려주고 싶었다.

이 모든 이야기를 500쪽 안에 담을 수 있을 줄 알았다. 1년이면 쓸 거라 예상했다.

이제 와 할 수 있는 말은 집필이 계획대로 진행되지 않았다는 것뿐. 의도는 좋았지만 책의 분량과 범위는 늘어만 갔다. 결국 책을 두 권으로 나누기로 결정했다. 나보다 재능 있는 작가라면 같은 이야기를 더 간결하게 전달할 방법을 분명 찾아냈을 것이다. (아무렴. 백악관에서 내가 개인 집무실로 쓴 트리티 룸 바로 옆방인 링컨 객실에는 링컨이 서명한 272단어짜리 게티즈버그 연설문이 유리 액자에 모셔져 있다.) 선거운동 초창기 이야기든, 우리 행정부의 금융 위기 대처든, 러시아와 협상한 핵무기 감축이든, 아랍의 봄을 이끌어낸 시위에 관해서든, 쓰려고 앉을 때마다 마음 깊은 곳에서는 단선적 서사를 거부했다. 나와 다른 사람들의 결정에 관해서도 맥락까지 들려줘야 한다고 느낄 때가 많았고, 그 배경 설명을 각주나 후주로 밀어내고 싶지는 않았다(나는 각주와 후주 둘 다 싫어한다). 방대한 경제 데이터를 언급하거나 백악관 오벌 오피스(미국의 대통령 집무실_옮긴이)의 세세한 브리핑을 인용하는 것으로는 동기를 설명할 수 없을 때가 많았다. 사실 그 동기는 선거 유세를 하다 만난 시민과 나눈 대화, 군 병원을 방문해 만난 사람들, 어릴 적 어머니에게 얻은 교훈에서 형성되었기 때문이다. 게다가 저녁에 담배 한 대 피우려고 적당한 장소를 찾아 헤맸던 일이나 에어포스 원에서 보좌관들과 카드놀이 하면서 박장대소한 일처럼 언뜻 부수적인 듯한 일들이 거듭거듭 떠올랐는데, 그 덕에 백악관에서 보낸 8년간 경험한 일들을 공식 기록으로는 할 수 없는 방식으로 포착할 수 있었다.

글쓰기의 난관 말고도 예상하지 못한 것이 있었으니, 마지막 에어포스 원 비행 이후 3년 반 동안 사건들이 전개된 방향이었다. 지금 이 나라는 지구적 팬데믹과 그에 따른 경제 위기에 휘말려 사망자가 17만 8000명 이상 발생했고 많은 기업이 문을 닫았고 수백만 명이 일자리를 잃었다. 나라 전역에서 각계각층의 시민이 거리로 쏟아져 나와 비무장 흑인이 경찰 손에 목숨을 잃은 사건에 항의했다. 무엇보다 심란한 사실은 이 나라의 민주주의가 일촉즉발의 상황에 놓였다는 것이리라. 이 위기의 뿌리에는 미국이 어떤 나라이고 어떤 나라여야 하는가에 대한 두 상반된 시각의 근본적 대립이 놓여 있다. 이로 인해 국가가 분열하여 사람들은 분노와 불신에 시달리고, 국제 규범과 절차적 안전 장치가 파기되고, 한때 공화당과 민주당 둘 다 당연시하던 기본적 사실들이 부정당하고 있다.

물론 이 대립은 새롭지 않다. 이 대립은 여러 면에서 미국인의 경험을 정의했다. 모든 인간이 평등하다고 선언하면서도 노예를 5분의 3짜리 인간으로 간주한 건국 문서들에도 이 대립이 담겨 있다. 이 나라 초기 법정 의견에도, 가령 정복자의 법정이 피정복자의 정당한 요구를 인식할 능력이 없다는 평계를 내세워 연방대법원이 아메리카 원주민 부족의 소유 이전 권리를 인정할 수 없다고 한 매정한 판결에도 드러나 있다. 이 대립은 게티즈버그와 애퍼매턱스의 전장뿐 아니라 의사당에서, 셀마의 다리에서, 캘리포니아의 포도원에서, 뉴욕 길거리에서도 벌어졌다. 또한 군인들보다는 피켓과 팸플릿, 한 켤레 행군화뿐인 비무장 노조 조직가, 참정권 운동가, 풀먼 짐꾼(열차 침대칸에서 허드렛일을 한 노예 출신 흑인들_옮긴이), 학생 지도자, 이민자, LGBTQ 운동가 벌이는 경우가 더 많았다. 이 지긋지긋한 전투의 핵심에 놓인 질문은 사실 단순하다. 우리는 미국의 현실을 미국의 이상에 부합시키고 싶어 하는가? 그렇다면, 우리는 자치와 개인의 자유, 기회 균등과 법 앞에서의 평등 개념이 모든 사람에게 적용된다고 정말로 믿는가? 아니면 법적으로 또는 사실상 이것들을 소수 특권층의 전유물로 만들려 하는가?

이제 통념을 폐기할 때가 되었다고 믿는 사람들이 보인다. 그들은 미국의 과거를 들여다보고 심지어 오늘 자 헤드라인만 훑어봐도 이 나라의 이상이 언제나 정복과 예속, 인종적 카스트 제도와 탐욕스러운 자본주의에 밀려 부차적으로 취급되었음을 알 수 있으며, 그렇지 않은 체하는 것은 애초부터 불공평한 게임에 공모하는 셈이라고 말한다. 고백건대 나 역시 이 책을 쓰기 위해 재임기와 그 이후에 일어난 모든 일을 반추하며 스스로에게 묻곤 했다. 링컨이 '우리 본성의 선한 천사'라고 부른 것에 호소함으로써 미국을 우리가 약속받은 방향으로 이끌 가능성이 있다고 확신하면서도 내가 본 그대로의 진실을 말하는 데 너무 주저하지 않았는지, 말이나 행동을 너무 조심하지 않았는지 말이다.

정답은 모르겠다. 분명히 말할 수 있는 것은 아직 내가 미국의 가능성을 포기할 준비가 되지 않았다는 것이다. 이것은 미래 세대의 미국인뿐 아니라 온 인류를 위해서이기도 하다. 우리가 겪고 있는 팬데믹은 상호 연결된 세상을 향한 거스를 수 없는 행진에서 불거진 징후이자 한낱 일시 정지일 뿐이라고 나는 확신한다. 그런 세상에서는 민족과 문화들이 충돌할 수밖에 없다. 국제적 공급사슬, 즉각적 자본 이전, 소셜 미디어, 초국적 테러 조직망, 기후변화, 대량 이주, 증가 일로의 복잡성으로 어지러운 세상에서 우리는 함께 살아가고 협력하고 상대방의 존엄을 인정하는 법을 배워야 한다. 그러지 않으면 멸망할 것이다. 지구촌 방방곡곡에서 모여든 모든 인종과 신념과 문화적 풍습을 망라하는 역사상 유일한 강국인 미국의 민주주의 실험이 성과를 낼 수 있을지 전 세계가 지켜보고 있다. 일찍이 어느 나라도 해내지 못한 일을 우리가 할 수 있을지, 실제로 우리 신조의 취지에 부합하게 살아갈 수 있을지 주시하고 있는 것이다.

평결은 아직 내려지지 않았다. 이 책이 출간될 즈음이면 미국 대선이 치러질 것이다. 이번 선거가 어느 때보다 중요하다고 믿지만, 선거 하나로 문제를 해결할 수 없다는 사실도 알고 있다. 그럼에도 내가 희망을 간직할 수 있는 이유는 동료 시민, 특히 다음 세대를 신뢰하는 법을 배웠기 때문이다. 모든 사람이 동등한 가치를 가진다는 확신을 제2의 천성처럼 지닌 듯한 그들은 부모와 교사가 입으로는 참이라고 말하면서도 어쩌면 온전히 믿은 적 없는 원칙들을 실현하자고 촉구하고 있다. 이 책은 누구보다 그 젊은이들을 위해 썼다. 세상을 다시 한번 새로 만들어보자고, 노고와 결단과 크나큰 상상력으로 우리 내면의 모든 최선인 것과 마침내 부합하는 나라를 함께 만들어가자고 그들에게 건네는 초대장이다.

2020년 8월

# 1부

## 내기

# 1장

  백악관과 그 부지의 모든 방과 홀과 랜드마크 중에서 내가 가장 좋아한 곳은 웨스트 콜로네이드(웨스트 윙과 중앙 관저를 연결하는 통행로로, 기둥이 늘어서 있어 이렇게 불린다_옮긴이)다.

  8년간 그 통행로는 나의 하루를 규정했다. 집에서 일터로, 다시 집으로 돌아오는 1분짜리 야외 출퇴근길이었다. 아침마다 매서운 첫 겨울바람과 무더운 여름 더위를 체감한 곳, 생각을 정리하고 예정된 면담 일정을 확인하고 냉소적인 의원들이나 불안해하는 유권자들에게 제시할 논거를 준비하고 이런저런 결정과 서서히 닥쳐오는 위기에 대비한 곳이다.

  초기 백악관에는 대통령실 부서들과 관저가 한 지붕 아래에 있었고 웨스트 콜로네이드는 그저 마굿간 가는 통로였다. 하지만 대통령에 취임한 테디(시어도어) 루스벨트는 건물 하나로는 현대식 보좌진과 활기찬 여섯 자녀를 감당할 수 없고 자신도 온전한 정신을 유지할 수 없겠다고 판단했다. 그는 훗날 웨스트 윙과 오벌 오피스가 된 건물을 지으라고 명령했고 수십 년간 여러 대통령을 거치며 로즈 가든의 북쪽과 서쪽을 둘러싼 현재의 콜로네이드 구조가 탄생했다.* 북쪽의 두꺼운 벽은 고요하며 높은 반달 모양 창문 말고는 장식이 없는 반면에 서쪽의 웅장한 흰색 기둥들은 안전한 통행을 지켜주는 의장대처럼 생겼다.

나는 대체로 걸음이 느리다. 미셸은 하와이식 걸음이라고 즐겨 부르는데, 이따금 그녀의 음성에 짜증이 묻어 있을 때도 있다. 하지만 콜로네이드를 지날 때면 그곳에서 만들어진 역사와 나를 앞서간 사람들이 떠오르면서 걸음걸이가 달라졌다. 보폭이 길어지고 발걸음이 좀 더 경쾌해졌으며 돌바닥에 내 발소리가 울리면 몇 미터 뒤에서 나를 따라오는 비밀경호국 요원들의 발소리가 화답했다. 콜로네이드 끝의 경사로(프랭클린 델러노 루스벨트와 그의 휠체어가 남긴 유산인 이곳에 서면, 미소 지으며 턱을 내민 그가 오르막을 오르느라 담배 물부리를 이로 꽉 문 모습이 떠오른다)에 이르면 유리문 바로 안쪽에 있는 제복 차림의 경비원에게 손을 흔들었다. 그 경비원은 내 등장에 깜짝 놀란 방문객들을 제지해야 할 때도 있었다. 나는 시간이 있으면 방문객들과 악수를 나누고 어디 출신이냐고 물었다. 하지만 대개는 왼쪽으로 돌아 국무회의실 외벽을 따라 오벌 오피스 옆문으로 들어가서는, 비서관에게 인사하고 일정표와 뜨거운 차 한 잔을 챙겨 그날 업무를 시작했다.

콜로네이드에 들어서면 국립공원관리청 소속 관리인들이 로즈 가든에서 일하는 광경을 거의 매일 볼 수 있었다. 대체로 나이가 지긋하고 초록색과 카키색 제복 차림이었으며 햇볕을 가릴 헐렁한 모자나 추위를 막을 두툼한 코트를 받쳐 입기도 했다. 시간이 촉박하지 않으면 나는 걸음을 멈추고는 새 페인트칠을 칭찬하거나 간밤 폭풍우 피해에 대해 물었고 그들은 조용한 자부심을 드러내며 하는 일을 설명했다. 그들은 말수가 적었다. 자기네끼리도 몸짓이나 고갯짓으로 소통했으며, 각자 임무에 집중하면서도 전체의 움직임에는 일사불란한 우아함이 깃들어 있었다. 최연장자 중 한 명인 에드 토머스는 키가 크고 억세고 뺨이 움푹 들어간 흑인으로, 백악관에서 일한 지 40년이 됐다. 처음 만났을 때 그는 나와 악

---

• 백악관은 대통령 가족 거주 공간인 중앙 관저를 중심으로 서쪽의 웨스트 윙, 동쪽의 이스트 윙 등 크게 세 부분으로 나뉜다. 웨스트 윙은 대통령의 집무 공간으로 오벌 오피스, 루스벨트 룸, 국무회의실 등이 있다. 이스트 윙은 영부인실과 직원 사무실, 영상실 등이 있다_옮긴이.

수하기 전에 뒷주머니에서 손수건을 꺼내 흙을 닦았다. 핏줄과 마디가 나무 뿌리처럼 굵은 그의 손이 내 손을 감쌌다. 백악관에서 얼마나 더 있다가 은퇴할 거냐고 물었다.

그가 말했다. "모르겠습니다, 대통령님. 저는 일하는 게 좋습니다. 관절이 조금 쑤시긴 합니다만 대통령님께서 여기 계신 동안은 있을 수 있을 겁니다. 정원을 보기 좋게 가꿔야죠."

아, 정원은 얼마나 보기 좋았던지! 구석마다 목련이 높이 솟아 그늘을 드리웠고 울타리는 두툼하고 풍성했으며 꽃사과나무는 딱 적당히 가지치기를 했다. 몇 킬로미터 떨어진 온실에서 재배된 꽃들은 끊임없이 빨간색, 노란색, 분홍색, 자주색으로 만발했다. 봄에는 튤립이 흐드러지게 피어 태양을 향해 고개를 기울였고, 여름에는 연보라색 향수초와 제라늄과 백합이 피었으며, 가을에는 국화와 데이지와 들꽃이 피었다. 그리고 언제나 장미가 몇 송이 피어 있었다. 대부분 빨간색이었지만 이따금 노란색이나 흰색도 있었다. 모두 선명한 색을 한껏 뽐냈다.

콜로네이드를 걷거나 집무실 창문을 내다볼 때마다 밖에서 일하는 사람들이 만든 작품이 보였다. 그러면 벽에 걸린 작은 노먼 록웰 그림이 떠올랐다. 조지 워싱턴 초상화 옆, 마틴 루서 킹 주니어 목사 두상 위쪽에 놓인 이 그림에는 피부색이 다른 작업복 차림의 인부 다섯 명이 조그맣게 그려져 있다. 새파란 하늘을 배경으로 밧줄에 몸을 묶은 채 자유의 여신상의 횃불을 닦고 있다. 이들도 정원의 관리인들도 모두 수호자요, 선하고 엄숙한 질서를 지키는 침묵의 사제라는 생각이 들었다. 그들이 자기 일을 하는 것만큼 나도 열심히 일하고 신중을 기해야겠다고 다짐했다.

콜로네이드를 오가는 걸음걸음에 추억이 쌓였다. 물론 카메라 부대 앞에서 발표하거나 외국 지도자와 기자회견하는 등의 대규모 공개 행사도 있었다. 하지만 본 사람이 거의 없는 순간들도 있었다. 오후의 깜짝 방문 때 말리아와 사샤가 내게 먼저 인사하겠다며 경주하던 순간, 우리 개 보와 서니가 눈밭을 뛰어다니다 발이 깊이 빠져서 턱에 하얀 수염이 생긴 순간. 화창한 가을날 미식축구공을 주고받던 순간, 개인적 어려움을 겪은 보좌관을 위로하던 순간.

이런 영상들이 종종 머릿속에서 번득이며 내가 몰두하던 계산을 방해했다. 그러면 시간의 흐름이 실감되었으며, 이따금 시곗바늘을 거꾸로 돌려 새로 시작하고 싶은 욕망에 사로잡혔다. 아침에 걸으면서는 그럴 수 없었다. 그때는 시간의 화살이 앞으로만 움직였다. 그날의 일과가 기다리고 있었고, 앞으로의 일에만 집중해야 했다.

밤은 달랐다. 저녁에 서류 가방 가득 문서를 채워 관저로 돌아가는 길에는 나를 늦추게 하려고, 때로는 멈추게 하려고 노력했다. 흙과 풀과 꽃가루 내음이 섞인 공기를 들이마시며 바람 소리나 빗소리에 귀를 기울였다. 이따금 기둥에 비친 빛, 백악관의 웅장한 위용, 지붕 높이 펄럭이며 밝게 빛나는 깃발을 바라보았다. 멀리 검은 하늘을 꿰뚫은 워싱턴 기념비를 보다가 그 위의 달과 별, 반짝거리며 지나가는 제트기를 발견하기도 했다.

이런 순간이면 나를 이곳으로 이끈 신기한 행로—그리고 생각—에 경탄했다.


나는 정치인 가문 출신이 아니다. 외조부모는 주민의 대부분이 스코틀랜드·아일랜드 혈통인 중서부 출신이다. 두 분은 진보적이라는 소리를 들었을 것이다. 당신들이 자란 대공황기 캔자스 타운의 기준에 따르면 더더욱 그랬으리라. 두 분은 뉴스를 탐독했다. 모두가 툿(하와이어로 할머니를 뜻하는 투투의 준말)이라고 부르는 외할머니가 조간《호놀룰루 애드버타이저》너머로 내게 말한 적이 있다. "지성인이 되려면 뉴스를 열심히 봐야 해." 하지만 외할머니와 외할아버지는 당신들이 상식이라고 여기는 것을 넘어선 이념적, 당파적 지향을 확고하게 품지는 않았다. 두 분의 관심사는 일(외할머니는 지방 은행의 에스크로 담당 부장이었고 외할아버지는 생명보험 모집인이었다)과 공과금 납부,

소소한 오락거리였다.

어쨌든 두 분이 살았던 하와이 오아후섬은 급할 것이 전혀 없어 보이는 곳이었다. 두 분은 오랫동안 오클라호마주, 텍사스주, 워싱턴주 등을 전전하다가 하와이가 주州로 편입된 이듬해인 1960년에 하와이에 정착했다. 이제 바다가 폭동, 시위, 그리고 다른 것들로부터 두 분을 갈라놓았다. 내 어린 시절의 기억에 두 분이 유일하게 나눈 정치적 대화는 해변 술집에 대한 내용이었다. 호놀룰루 시장이 와이키키 해변 끝자락을 개발하려고 외할아버지가 좋아하던 샘물(술집)을 폐쇄했다.

그 일로 외할아버지는 시장을 결코 용서하지 않았다.

내 어머니 앤 더넘은 이와 달리 확고한 의견으로 가득했다. 외할머니의 외동딸인 어머니는 고등학생 때 관습에 반기를 들어 비트족 시와 프랑스 실존주의 작품을 읽는가 하면 아무에게도 말하지 않은 채 친구와 함께 차를 훔쳐 타고 샌프란시스코에 며칠 동안 갔다 오기도 했다. 내가 어릴 적 어머니는 민권운동 행진에 대해, 베트남전쟁이 왜 판단 착오가 낳은 재난인지에 대해, 여성 운동(물론 평등 임금 쟁취에 관한 부분이었다. 어머니는 다리털 면도를 거부하는 것에는 심드렁했다)과 빈곤과의 전쟁에 대해 이야기해주었다. 우리가 인도네시아에 가서 새아버지와 살게 되었을 때 어머니는 정부의 부패가 죄악이며 모두가 부패를 저지르더라도 죄악은 죄악이라고 잘라 말했다("말 그대로 도둑질이란다, 배리"). 훗날 내가 열두 살에 접어든 여름에 한 달간 미국을 횡단하는 가족 여행을 갔을 때도 어머니는 밤마다 워터게이트 청문회를 봐야 한다고 주장하고 직접 해설을 곁들였다("매카시주의자에게서 뭘 바라겠니?").

어머니는 굵직한 사건에만 주목한 것이 아니었다. 한번은 내가 학교에서 딴 아이들과 함께 한 아이를 괴롭히자 나를 자기 앞에 앉혔다. 실망감에 입을 앙다문 채였다.

어머니가 말했다. "들어봐, 배리(내가 어릴 적에 어머니와 외조부모가 부르던 별명으로, 종종 줄여서 '베어'라고도 했다). 세상에는 자기만 생각하는 사람들이 있어. 자기가 원하는 것을 차지할 수 있기만 하면 딴 사람들에게 무슨 일이 생겨도 신경 안 쓰지. 자기가 중요한 사람인 것처럼 느끼려고 남을 깔아뭉갠단다. 그런가 하면 그 반대인 사람들도 있어. 남들이 어떻게 느끼는지 상상할 수 있고 남들에게 상처 입히는 일을 하지 않으려 하지."

어머니는 내 눈을 똑바로 들여다보며 말했다. "자, 그렇다면 넌 어떤 사람이 되고 싶니?"

나는 자신이 혐오스러웠다. 어머니의 의도대로 저 질문은 오랫동안 나를 따라다녔다.

어머니는 세상에서 언제나 도덕적 가르침의 기회를 찾아냈다. 하지만 정치 운동에 몸담지는 않았던 것 같다. 외조부모와 마찬가지로 어머니는 강령, 신조, 절대적인 것에 의심을 품었고 자신의 가치를 더 작은 캔버스에 표현하고 싶어 했다. "세상은 복잡하단다, 베어. 그래서 흥미롭지." 베트남전쟁에 좌절한 어머니는 동남아시아에서 생애의 대부분을 보내면서, 언어와 문화를 흡수하고, 국제 개발 분야에서 마이크로크레디트가 유행하기 오래전부터 가난한 사람들에게 마이크로크레디트를 제공하는 사업을 벌였다. 인종주의에 경악했고, 인종이 다른 사람과 한 번도 아니고 두 번이나 결혼했으며, 갈색 자녀 둘에게 무한한 사랑을 쏟아부었다. 여성에게 부과되는 사회적 제약에 격분했고, 남편이 고압적이거나 실망스러운 것으로 드러나자 두 번 다 이혼해 자신이 선택한 삶의 길을 걸었으며, 자신의 예절 기준에 따라 자녀를 양육했고, 무엇이든 내키는 일을 했다.

어머니의 세상에서는 개인적인 것이야말로 정치적이었다. 어머니에게는 그 구호가 쓸모없었을 테지만.

그렇다고 해서 어머니가 아들에 대해 야심이 없었다는 뜻은 아니다. 경제적으로 쪼들렸지만 어머니와 외조부모는 나를 하와이 최고의 사립고등학교 푸나호우에 보냈다. 대학에도 당연히 보낼 생각이었다. 하지만 가족 누구도 내게 언젠가 공직에 진출하라고 권하지 않았다. 어머니에게 물으면 내가 포드재단 같은 자선 기관에 들어갈 줄 알았다고 할지도 모르겠다. 외조부모는 내가 판사가 되거나 페리 메이슨(소설 『기묘한 신부』의 주인공_옮긴이) 같은 훌륭한 법정 변호사가 되기를 기대했을 것이다.

외할아버지는 이렇게 말했다. "녀석의 똑똑한 입을 써먹는 것도 좋겠지."

아버지로 말할 것 같으면, 잘 몰랐기에 영향을 받은 것도 별로 없었다. 한동안 케냐 정부에서 일했다는 사실은 어렴풋이 알았다. 내가 열 살 때 케냐에서 호놀룰루로 날아와 한 달간 우리와 함께 지냈는데, 이때 본 것이 처음이자 마지막이었다. 그 뒤로 아버지 소식은 봉투 없이 접어 주소를 적게 되어 있는 얇은 파란색 항공 우편 용지에 쓴 편지로만 간간이 들을 수 있었다. 한 편지에는 이렇게 쓰여 있었던 것 같다. "네 엄마가 그러는데 네가 건축을 공부하고 싶어 한다더구나. 건축은 매우 실용적인 직종이고 세계 어디서나 써먹을 수 있을 거다."

피가 되고 살이 되는 조언은 아니었다.

우리 가족 너머의 세상으로 말할 것 같으면, 글쎄, 사람들은 십 대 시절의 나를 될성부른 지도잣감보다는 게으른 학생, 열정만 있고 재능은 없는 농구 선수, 열성적으로 파티에 몰두한 인물로 기억할 것이다. 학생회에는 한 번도 가입하지 않았고 이글 스카우트나 지역 하원의원 사무소 인턴도 하지 않았다. 고등학교 내내 친구들과의 토론 주제는 스포츠, 여자, 음악, 진탕 취할 계획뿐이었다.

당시 친구 중 보비 팃컴, 그레그 오엄, 마이크 라모스 세 명과는 지금도 가장 친하게 지낸다. 아직도 우리는 젊음을 탕진한 이야기만으로 몇 시간씩 웃고 떠든다. 훗날 나의 선거운동에 투신한 이 친구들은 MSNBC에 출연해 나의 과거를 변호하는 일에 누구보다 능숙해졌다. 나는 이들의 헌신에 늘 감사할 것이다.

물론 이들은 대통령 임기 중의 내 모습에—이를테면 대규모 군중 앞에서 연설하는 장면이나 기지 순방 중에 젊은 해병대원들에게 힘찬 경례를 받는 장면을 보고—당황스러운 표정을 지을 때도 있었다. 양복과 넥타이 차림의 은발 사내가 자기들이 알던 알쏭달쏭한 애어른과 같은 사람임이 실감나지 않는 눈치였다.

틀림없이 이렇게 혼잣말을 했을 것이다. **저 친구가? 대체 어떻게 된 거지?**

친구들이 내게 단도직입적으로 물었더라도 그럴듯한 대답을 내놓지는 못했을 것 같다.

내가 고등학교 시절 언제부턴가 질문을 던지기 시작한 것은 분명하다. 아버지의 부재와 어머니의 선택에 대한, 나처럼 생긴 사람이 드문 곳에 어떻게 해서 살게 되었는지에 대한 질문이었다. 많은 질문의 핵심에는 인종 문제가 있었다. 왜 흑인은 프로 농구 선수는 될 수 있지만 코치는 될 수 없을까? 고등학교 때 나를 흑인으로 생각하지 않는다던 여자아이의 말뜻은 무엇이었을까? 왜 액션 영화에 나오는 흑인들은 점잖은 흑인 남자 한 명(물론 조연으로) 말고는 죄다 잭나이프를 휘두르는 미치광이인데다 매번 목숨을 잃을까?

인종이 유일한 관심사는 아니었다. 계층도 나의 눈길을 사로잡았다. 나는 인도네시아에서 자라면서 부유한 엘리트의 삶과 빈곤한 대중의 삶 사이의 크나큰 간극을 보았다. 아버지의 나라에서 벌어지는 부족 갈등에도 눈뜨기 시작했다. 겉으로는 똑같아 보이는 사람들이 서로를 증오하고 있었다. 조부모의 갑갑해 보이는 삶도 매일같이 목격했는데, 그들은 좌절감을 TV와 술, 때로는 새 가전제품이나 자동차로 달랬다. 어머니가 지적 자유의 대가로 늘상 돈에 쪼들리고 이따금 개인적 혼란을 겪는 광경도 지켜보았다. 사립학교의 노골적 서열에도 익숙해졌는데, 대부분 부모의 재산이 서열을 결정했다. 그러다 불편한 진실을 맞닥뜨렸다. 어머니가 뭐라고 주장하든, 남을 괴롭히고 속이고 잘난 체하는 이들은 승승장구하는 반면 어머니가 보기에 선량하고 예의 바른 이들은 큰 곤욕을 치렀다.

이 모든 경험은 나를 제각각의 방향으로 끌어당겼다. 물려받은 혈통적 유산과 여러 세상에 다리를 걸치고 있다는 기묘한 처지 때문에 나는 모든 곳에서 왔으면서도 어디에서도 오지 않은 사람처럼 느껴졌다. 자신이 어디 속하는지 모르는 채 위태로운 서식처에 갇힌 오리너구리나 상상의 짐승처럼, 아귀가 맞지 않는 부품들로 이루어진 기계처럼 느껴졌다. 그리고 이유나 방법은 온전히 이해하지 못했지만, 내 삶을 이어 붙여 탄탄한 축에 고정하지 못한다면 본질적인 의미에서 홀로 살아가게 될 것임을 직감했다.

나는 이 이야기를 누구에게도 하지 않았다. 친구나 가족에게는 더더욱 할 수 없었다. 감정을 상하게 하거나 지금보다 더 별나 보이고 싶진 않았다. 내가 찾은 피난처는 책이었다. 어머니에게서 배운 독서 습관은 아주 어릴 적부터 배어 있었다. 내가 지루하다고 짜증 낼 때, 나를 인도네시아 국제학교에 보낼 여력이 없을 때, 애 봐줄 사람이 없어 나를 데리고 일하러 가야 할 때 어머니는 으레 책을 내밀었다. **가서 책을 읽으렴. 다 읽고 나서 뭘 배웠는지 말해줘.**

어머니는 인도네시아에서 일을 계속하며 내 동생 마야를 키우느라 나를 하와이에 보내 외조부모와 몇 년간 살게 했다. 잔소리하는 어머니가 없어지자 예전만큼 열심히 공부하지 않았고 성적도 금방 표가 났다. 그러다 10학년 즈음에 변화가 찾아왔다. 우리 아파트 맞은편 센트럴 유니언 교회의 바자회에서 오래된 양장본이 담긴 통 앞에 서 있던 기억이 아직도 생생하다. 어떤 이유에선지 나는 관심이 가거나 막연히 친숙해 보이는 책을 끄집어내기 시작했다. 랠프 엘리슨과 랭스턴 휴스, 로버트 펜 워런과 도스토옙스키, D. H. 로런스와 랠프 월도 에머슨의 책들이었다. 중고 골프채를 눈여겨보던 외할아버지는 책 담은 상자를 들고 가는 나를 보고서 어리둥절한 표정을 지었다.

"도서관 열 작정이냐?"

외할머니는 외할아버지에게 조용히 하라며 문학에 대한 나의 느닷없는 관심을 대견해하면서도, 언제나 실용주의자였던 분답게 『죄와 벌』을 파고들기 전에 학교 숙제에 집중하는 게 좋겠다고 조언했다.

나는 이 책들을 모두 읽었다. 때로는 친구들과 농구하고 맥주를 마신 뒤 집에 돌아와 밤늦게, 때로는 일요일 오후 보디서핑을 즐긴 후 외할아버지의 낡아빠진 포드 그라나다에 홀로 앉아 좌석이 젖을까 허리에 수건을 두른 채 책을 읽었다. 바자회에서 산 책을 다 읽고는 다른 벼룩시장에 가서 더 읽을 것들을 찾아보았다. 그때 읽은 것들 대부분은 막연하게만 이해했다. 낯선 단어는 동그라미를 쳐뒀다가 사전에서 찾아봤지만, 발음은 깐깐히 따지지 않았다. 20대에 훌쩍 접어들고도 뜻은 아는데 발음하지 못하는 단어가 많았다. 나의 지식엔 체계가 없었다. 운율도 패턴도 없었다. 나는 집 차고에서 낡은 브라운관과 볼트와 남는 전선을 모으는 꼬마 기술자 같았다. 이걸로 뭘 할지는 몰랐지만, 내 소명의 성격을 알아내는 날엔 쓸모가 있을 거라 확신했다.

내가 고등학교를 무사히 졸업하고 1979년 옥시덴털 칼리지에 들어갈 수 있었던 이유는 책에 대한 관심 덕분일 것이다. 대학생이 된 나는 정치 사안에 대한 얄팍하지만 어지간한 지식과 온갖 설익은 견해를 늦은 밤 기숙사 토론회에서 쏟아냈다.

돌이켜 보면 쑥스러운 이야기지만, 대학에서의 첫 2년간 나의 지적 호기심은 내가 사귀려고 시도한 여러 여자들의 관심사와 묘하게 맞아떨어졌다. 마르크스와 마르쿠제 덕분에 기숙사의 다리 긴 사회주의자에게 말 붙일 거리가 있었고, 프란츠 파농과 렌덜린 브룩스는 내게 두 번은 눈길을 주지 않은 매끈한 살결의 사회학 전공생에게 써먹었으며, 푸코와 버지니아 울프는 검은색 일색으로 차려입은 신비로운 양성애자를 위해서 읽었다. 결과적으로 나의 꾸며낸 지성은 여자를 유혹하는 전략으로는 영

쓸모가 없었다. 다정했지만 동정童貞은 면치 못한 관계를 잇따라 겪고 알게 된 사실이다.

그럼에도 이 어설픈 노력은 성과가 있었다. 세계관에 가까운 무언가가 내 머릿속에서 꼴을 갖추기 시작했다. 나는 들쭉날쭉한 공부 습관과 청년 특유의 허세를 참아준 몇몇 교수들에게 도움을 받았다. 더 큰 도움이 된 사람은 도심 출신의 흑인 학생들, 소도시에서 혼자 힘으로 대학에 입학한 백인 학생들, 1세대 라틴계 학생들, 혼돈의 경계에서 비틀거리는 파키스탄이나 인도나 아프리카 나라들에서 온 외국 학생들을 비롯하여 대부분 나보다 나이가 많은 소수의 학생들이었다. 그들은 자신에게 무엇이 중요한지 알았다. 수업 시간에 그들이 발표하는 견해는 실제 공동체, 실제 투쟁에 기반을 두고 있었다. "이 예산 삭감이 저희 동네에서 의미하는 바는 다음과 같습니다." "적극적 평등실현조치에 불만을 제기하시기 전에 저희 학교 얘기를 좀 들어보세요." "수정헌법 제1조는 위대한 법이지만, 저희 나라의 정치범들에 대해 미국 정부는 어째서 아무 말도 하지 않습니까?"

옥시덴털에서 2년을 보내며 나는 정치적으로 각성하기 시작했다. 그렇지만 정치를 신봉하지는 않았다. 극소수 예외도 있었지만, 내 눈에 비친 정치인들의 모습은 전부 미심쩍었다. 헤어드라이어로 부풀린 머리, 음흉한 미소, TV에서는 고상한 얘기를 늘어놓고 자수성가를 강조하다가도 막후에서는 기업과 부자들의 비위를 맞추는 작태 때문이었다. 나는 그들이 짜고 치는 판의 배우들이라고 판단했고, 거기에 끼고 싶지 않았다.

내 눈길을 사로잡은 것은 더 폭넓고 덜 인습적인 것, 정치 운동이 아니라 평범한 사람들이 뭉쳐 변화를 이끌어내려고 노력하는 사회운동 분야였다. 나는 참정권 운동가들과 초창기 노조 조직가에 대해, 간디와 레흐바웬사와 아프리카민족회의에 대해 공부했다. 무엇보다 킹 목사는 물론이고 존 루이스, 밥 모지스, 패니 루 헤이머, 다이앤 내시를 비롯한 젊은 민권운동 지도자들이 인상적이었다. 유권자 등록을 위한 가가호호 방문,

간이식당 연좌 농성, 자유의 노래를 부르며 걷는 행진 등을 망라하는 그들의 영웅적 시도에서 나는 어머니에게 배운 가치를 실현할 가능성을 보았다. 남을 내리누르는 게 아니라 떠받쳐 올림으로써 힘을 기를 수 있다는 것. 이것은 진정한 현실 민주주의였다. 높은 데서 내려주는 선물이나 이익집단 간의 전리품 분배로서의 민주주의가 아니라 쟁취한 민주주의, 모두가 참여한 결실로서의 민주주의였다. 그 결과는 변화한 물질적 조건뿐 아니라 사람들과 공동체의 자존감, 한때 소원해 보이던 사람들 사이의 유대감으로 나타났다.

이것이야말로 내가 추구할 만한 이상이라고 생각했다. 필요한 것은 오로지 집중이었다. 나는 새출발을 했다. 2학년을 마치고 컬럼비아 대학교에 편입했다. 뉴욕에서 지낸 3년간, 허물어져가는 연립주택들을 전전하며 나쁜 습관과 옛 친구들을 등진 채 수도승처럼 살았다. 읽고 쓰고 일기장을 채웠으며 대학생 파티에는 얼씬도 하지 않았고 데운 음식을 먹지도 않았다. 나는 머릿속에 틀어박힌 채 꼬리에 꼬리를 무는 질문들에 몰두했다. 왜 어떤 운동은 성공하고 어떤 운동은 실패할까? 대의의 일부가 기성 정치에 흡수되는 것은 성공의 징표일까, 대의를 도둑질당했다는 표시일까? 무엇이 타협이고 무엇이 변절이며, 둘의 차이는 어떻게 알 수 있을까?

오, 그때의 나는 얼마나 진지했던가—얼마나 사납고 엄숙했던가! 이 시기의 일기를 읽으면 버락이라는 청년에게 크나큰 애정이 솟는다. 세상에 변화를 일으키기를 갈망한 그는 원대한 이상의 일부가 되고 싶어 했다. 증거로 보건대 그런 것은 존재하지 않는 듯했지만. 그래봐야 1980년대 초의 미국 아니던가. 이전 10년의 사회운동은 활력을 잃었으며 신보수주의가 득세했다. 로널드 레이건이 대통령이었다. 경제는 불황이었고 냉전이 절정이었다.

그때로 돌아갈 수 있다면 버락이라는 청년에게 책을 잠시 내려놓고 창문을 열어 신선한 공기를 쐬라고 닦달할 것이다(당시는 내 흡연량이 최고

조였다). 이렇게 말할 것이다. 휴식을 취하라고, 사람들 좀 만나라고, 20대에게 삶이 베푸는 즐거움을 누리라고. 몇 안 되는 뉴욕 친구들도 비슷한 조언을 했다.

"인상 좀 펴고 살아, 버락."

"여자라도 만나."

"넌 너무 이상주의적이야. 대단한 일이지만, 네 말이 정말로 가능한지 모르겠어."

나는 이런 목소리들에 저항했다. 그들이 옳다는 사실이 두려웠기 때문이다. 홀로 보낸 시간에 품은 생각이 무엇이었든, 더 나은 세상을 위한 그 어떤 전망이 내 젊은 정신의 온상에서 무럭무럭 자라고 있었든, 간단한 대화 속의 검증조차 통과하기 힘들었다. 맨해튼 겨울의 잿빛 햇살 속에서 당시 지배적인 냉소주의에 맞서, 수업 시간에나 친구들과 커피 마시며 설파한 아이디어들은 공상이나 허무맹랑한 생각으로 드러났다. 나도 알고 있었다. 그 때문에 나는 스물두 살이 되기 전에 구제 불능 고집불통의 길에서 벗어날 수 있었다. 기본적인 차원에서 나의 전망이 터무니없음을, 원대한 야심과 내가 현실에서 실제로 하는 일 사이의 격차가 얼마나 큰지를 이해하고 있었다. 나는 공상가 월터 미티의 청년 시절이요, 산초 판사 없는 돈키호테와 같았다.

이런 내용도 나의 모든 단점을 정확히 기록한 연대기인 당시 일기장에서 찾아볼 수 있다. 나는 행동보다 사변을 좋아했다. 내성적인 면, 심지어 수줍음은 하와이와 인도네시아에서 자란 탓으로 볼 수도 있겠지만, 깊은 자의식의 결과이기도 하다. 나는 거절당하거나 한심해 보이는 것에 예민했다. 게으름으로 말할 것 같으면 심지어 나의 천성인지도 모르겠다.

그런 유약한 면을 자기계발 요법으로 떨쳐내려 애썼지만 아직도 완전히 버리지는 못했다. (미셸과 아이들은 내가 지금도 수영장이나 바다에 가면 헤엄쳐야 한다는 강박관념을 느낀다고 꼬집는다. "발만 담그고 걸으면 안 돼?" 그들은 킥킥대며 이렇게 말한다. "재밌어. 여기 봐…… 어떻게 하는지 가르쳐줄게.")

나는 목록을 만들었다. 운동을 시작해 센트럴파크 저수지나 이스트강을 따라 달렸고 연료로 통조림 참치와 삶은 달걀을 먹었다. 여분의 소유물도 내다버렸다. 셔츠 다섯 벌 말고 뭐가 더 필요하겠는가?

나는 어떤 대단한 경주를 준비하고 있었을까? 무엇이든 아직 준비되지 않았음을 알고 있었다. 그 불확실성과 자기 불신 덕에 손쉬운 정답에 섣불리 안주하지 않을 수 있었다. 나는 스스로의 가정에 의문을 제기하는 습관을 들였고, 이 습관은 궁극적으로 쓸모가 있었다. 남들을 짜증나게 만드는 사람이 되지 않을 수 있었을 뿐 아니라, 레이건 시절의 여명기에 많은 좌파가 받아들인 극단적 해법들에 면역이 생겼기 때문이다.

인종 문제에서만큼은 분명히 그랬다. 나는 인종적 멸시를 당할 만큼 당해봤으며 할렘이나 브롱크스를 걸을 때마다 노예제와 짐 크로법(공공 장소에서 흑인을 백인과 분리하도록 규정한 인종차별법_옮긴이)의 끈질긴 유산을 똑똑히 목격했다. 하지만 삶을 경험하면서 피해자로서의 위치를 너무 성급히 내세우지 않는 법을 배웠고, 백인들이 구제 불능의 인종주의자라는 일부 흑인들의 주장에 반대했다.

인종주의가 필연이 아니라는 확신 때문에 나는 국가란 무엇이고 어떻게 되어야 하느냐는 질문을 두고 미국의 이념을 옹호했다.

어머니와 외조부모는 한 번도 애국을 떠들지 않았다. 수업 시간에 국기에 대한 맹세를 낭송하고 독립기념일에 작은 깃발을 흔드는 일은 신성한 의무가 아니라 신나는 의식으로 여겼다(부활절과 성탄절을 대하는 태도도 대동소이했다). 심지어 외할아버지의 제2차 세계대전 참전도 별것 아닌 일로 치부되었다. 외할아버지는 조지 패튼의 부대에서 행군한 영예보다는 K-레이션 전투 식량 먹은 이야기에 더 열을 올렸다("끔찍하더군!").

그럼에도 내가 미국인이라는 자부심, 미국이 지구상에서 가장 위대한 나라라는 신념은 언제나 당연한 사실이었다. 젊을 때 나는 미국예외주의를 배격하는 책들에 분노했으며, 미국의 헤게모니가 전 세계 압제의 뿌리라고 주장하는 친구들과 길고 지루한 논쟁을 벌였다. 외국에서 살아봤기에 내가 누구보다 잘 안다고 생각했다. 미국이 한 번도 이상에 부합하지 못했음은 인정했다. 학교에서 가르치는, 노예제를 미화하고 아메리카 원주민 학살을 지워버리다시피 한 미국 역사도 두둔하지 않았다. 군사력을 무분별하게 행사하고 초국적 기업이 탐욕을 부린다는 지적도 기꺼이 받아들였다.

하지만 미국의 **이상**과 미국의 **약속**만큼은 나 자신도 놀랄 만큼 완강하게 고수했다. 독립선언문에서 말하는 "우리는 다음과 같은 것들을 자명한 진리로 믿는 바, 즉 모든 사람은 평등하게 창조된다는 것", **이것**이야말로 나의 미국이었다. 토크빌이 묘사한 미국, 휘트먼과 소로의 전원, 누구도 열등하거나 우월하지 않은 나라, 더 나은 삶을 찾아 서부로 향한 개척자들과 자유를 향한 갈망으로 엘리스섬에 상륙한 이민자들의 땅이었다.

그것은 꿈을 하늘로 날리는 토머스 에디슨과 라이트 형제의 미국, 홈 스틸을 감행하는 재키 로빈슨의 미국이었다. 척 베리와 밥 딜런, 빌리지 뱅가드에 선 빌리 홀리데이와 폴섬 주립교도소에서 공연한 조니 캐시의 미국이었다. 이 모든 부적응자들은 남들이 거들떠보지 않거나 내팽개친 부스러기를 가지고 세상에 없던 아름다움을 만들어냈다.

게티즈버그에서의 링컨, 시카고 인보관에서 분투한 제인 애덤스, 노르망디에서 기진맥진한 보병, 내셔널 몰에서 사람들과 스스로에게 용기를 불어넣은 킹 목사의 미국이었다.

그것은 탄탄하면서도 변화할 수 있는 체제를 논리적으로 구축한, 결함이 있었으되 명석한 사상가들이 만든 헌법과 권리장전이었다.

그것은 곧 나를 설명할 수 있는 미국이었다.

대학 친구들과의 논쟁은 대개 "계속 그렇게 꿈이나 꿔, 버락"이라는 말로 마무리되었다. 어떤 왕재수들은 내 앞에 신문을 던져 놨는데, 미국의 그레나다 침공이나 학교 점심 급식 예산 삭감 같은 실망스러운 뉴스가 헤드라인을 장식하고 있었다. "미안하지만 **그게** 네 미국이야."

이것이 1983년 졸업했을 때 나의 처지였다. 원대한 포부를 품었지만 갈 곳 하나 없는 신세. 가담할 운동도, 믿고 따를 이타적 지도자도 없었다. 나의 구상에 가장 가까운 것은 지역의 관심 사안을 중심으로 일반인을 규합하는 풀뿌리 운동인 이른바 '지역사회 조직화'였다. 뉴욕에서 내게 맞지 않는 일자리를 두어 군데 전전하다가 시카고에 자리가 났다는 소식을 들었다. 철강 공장이 폐쇄되어 뒤숭숭한 지역사회를 교회 몇 곳과 함께 안정시키는 일이었다. 원대하지는 않았지만 출발점으로는 삼을 만했다.

시카고에서의 조직 사업은 다른 지면에도 묘사한 적이 있다. 나는 흑인 노동자 계층이 대부분인 동네에서 활동했는데, 그곳에서의 승리는 사소하고 일시적이었다. 제조업의 몰락, 백인 이탈, (지식 계층이 도심에 활기를 불어넣고 있긴 했지만) 이질적이고 단절된 하급 계층의 출현 등 시카고뿐 아니라 전국 도시들을 휩쓴 변화에 대처하기에는 역부족이었다.

하지만 (나는 시카고에 별 영향을 미치지 못했어도) 시카고는 내 삶의 궤적을 바꿔놓았다.

무엇보다 나를 머릿속에서 끄집어냈다. 사람들에게 무엇이 중요한지 알려면 이론을 세우는 것에 그치지 않고 직접 귀 기울여야 했다. 공원을 보수하고 주택 건설 현장에서 석면을 퇴출하고 방과 후 프로그램을 시작하는 현실 사업에 동참해달라고, 나와 함께하자고 서로 힘을 합치자고 낯선 사람들에게 부탁해야 했다. 처음에는 실패를 겪었지만 점차 사람들에게 신뢰를 주고 그들을 북돋아 단결시키는 법을 배웠다. 거절과 모욕은 하도 당해서 더는 두렵지 않을 정도였다.

말하자면 나는 성장했다. 유머 감각도 돌아왔다.

나는 함께 일하는 사람들을 사랑하게 되었다. 황폐한 지역에 살면서 네 자녀를 대학까지 졸업시킨 홀어머니가 있었고, 매일 저녁 교회 문을 열어두어 아이들에게 갱단 아닌 다른 길을 열어준 아일랜드인 목사가 있었고, 해고된 뒤에 사회복지사가 되려고 학교에 돌아간 철강 노동자가 있었다. 그들이 겪은 고난과 소박한 성공의 이야기를 접하면서 나는 사람들에게 기본적 품위가 있음을 거듭거듭 확인했다. 그들을 통해, 혼잡한 모퉁이에 일단정지 표지판을 세우거나 경찰 순찰을 늘리는 것 같은 사소한 일에서라도, 시민들이 지도자와 제도권에 책임을 물릴 때 거대한 변화가 일어나는 것을 목격했다. 자신의 목소리에 힘이 있음을 인식하면 좀 더 똑바로 서고, 자신을 다르게 바라본다는 사실을 알게 되었다.

그들을 통해 나의 인종 정체성에 대한 해묵은 의문도 해소할 수 있었다. 알고 보니 흑인으로 살아가는 단 하나의 방법 같은 것은 없었다. 좋은 사람이 되려고 노력하는 것으로 충분했다.

그들을 통해, 나는 믿음의 공동체를 발견했다. 의심하고 의문을 품어도 괜찮았다. 그러면서도 지금 여기를 넘어선 무언가를 추구할 수 있었다.

어머니와 외조부모에게서 물려받은 가치인 정직, 노력, 공감이 교회 지하실에서, 방갈로 포치에서 울려 퍼지는 것을 듣고서, 나는 사람들 사이에 존재하는 공통의 끈을 신뢰하게 되었다.

내가 조직 사업 또는 비슷한 활동에 계속 머물렀다면 어떻게 되었을지 이따금 궁금하다. 그동안 만난 수많은 지역의 영웅들처럼 나도 단체를 조직해 동네나 도시 일부를 재건할 수 있었을지도 모르겠다. 지역사회에 깊이 뿌리 내리고서, 세상이 아니라 어느 한 장소나 한 부류의 아이들을 변화시키고, 이웃과 친구들의 삶을 측정 가능하고 유용하게 변화시키는 사업에 돈과 상상력이 흘러들도록 할 수 있었을지도 모르겠다.

하지만 나는 머물지 않았다. 하버드를 향해 떠났다. 여기서부터 내 머릿속 이야기가 점점 모호해지고 내 동기에 대해 해석의 여지가 생긴다.

　　　　　　　　그때 나는 스스로에게 말했다. 조직 사업을 떠나는 이유는 내가 하는 일이 너무 지지부진하고 제한적이며 도움이 필요한 사람들의 요구에 부응하지 못하기 때문이라고(지금도 그렇게 말하고 싶다). 지역 직업 훈련소는 공장 폐쇄로 사라진 수천 개의 철강 일자리를 감당하지 못했다. 방과 후 프로그램은 만성적 재원 부족에 시달리는 학교에도 (부모가 둘 다 복역하는 바람에) 조부모가 양육하는 아이들에게도 보탬이 되지 못했다. 정치인들, 관료들, 기업 경영자들······ 변화를 이끌어낼 힘이 있으면서도 그러지 않는 사람들과 사안마다 끊임없이 부딪쳤다. 어쩌다 양보를 얻어낸들 대개는 너무 사소하고 때늦었다. 우리에게 필요한 것은 예산을 조정하고 정책을 조율하는 힘이었는데, 그 힘은 다른 곳에 있었다.

게다가 내가 오기 2년 전에 시카고에서 변화를 꾀하는 어떤 운동이 **이미** 벌어졌다는 사실을 뒤늦게 알게 되었다. 그 깊고 빠른 조류를 내가 온전히 알아차리지 못한 이유는 그 운동이 내 이론에 부합하지 않았기 때문이었다. 해럴드 워싱턴을 시카고 최초의 흑인 시장으로 당선시키려는 운동이었다.

현대 정치 역사상 가장 풀뿌리적이었던 그 정치 운동은 난데없이 튀어나온 것처럼 보였다. 미국에서 인종차별이 가장 심한 대도시의 만성적 편견과 불평등에 신물이 난 소수의 흑인 운동가와 재계 지도자들이 사상 최대 규모의 유권자를 등록시키겠노라 의기투합하고는, 재능은 엄청나지만 야심은 빈약한 투실투실한 하원의원을 발탁해 가망 없어 보이는 공직에 출마시킨 것이다.

가능성이 있다고 생각한 사람은 아무도 없었다. 해럴드 본인조차 회의적이었다. 선거운동은 근근이 진행되었고 운동원은 대부분 초보 자원봉사자였다. 하지만 봇물이 터졌다. 일종의 자연발화 같았다. 정치에 대해 한 번도 생각해본 적 없는 사람들, 한 번도 투표해본 적 없는 사람들이 선거 열기에 휩쓸렸다. 노인과 어린 학생들이 선거 캠프의 파란색 배지를 달기 시작했다. 아무 이유 없이 당했던 온갖 차량 검문, 늘 헌책 교과서로 공부한 기억, 노스사이드 파크 지구를 지나치다 체육관이 자기 동네에 있는 것보다 얼마나 좋은지 알아차리는 모든 순간, 승진에서 탈락하거나 은행 대출을 거절당한 모든 경험—이렇게 꾸준히 쌓인 불공정과 모욕을 더는 참지 않겠다는 집단적 의지가 사이클론처럼 뭉쳐 시청을 뒤집어놓았다.

내가 시카고에 왔을 때 해럴드는 첫 임기의 절반을 마친 상태였다. 올드 맨 데일리(1955~1976년 시카고 시장을 역임한 리처드 J. 데일리_옮긴이)의 거수기 노릇을 하던 시의회는 인종에 따라 두 패로 나뉘었으며, 과반수를 차지한 백인 의원들은 해럴드가 제안하는 개혁을 사사건건 막았다. 해럴드가 의원들을 설득하여 합의를 도출하려 했지만 그들은 꿈쩍도 하지 않았다. 부족적이고 원초적이라 볼거리로는 흥미진진했지만, 이 때문에 해럴드는 자신을 뽑아준 사람들에게 해줄 수 있는 것이 별로 없었다. 인종적 게리맨더링의 결과인 선거구 지도를 연방법원이 새로 그리고서야 해럴드는 다수 의석을 차지하여 교착 상태를 타개할 수 있었다. 하지만 자신이 약속한 여러 변화를 실천하기도 전에 심장 발작으로 사망했다. 옛 질서의 계승자 리치(리처드) 데일리가 결국 아버지의 권좌를 탈환했다.

나는 정치의 중심에서 멀찍이 떨어진 채 이 드라마가 전개되는 광경을 지켜보며 교훈을 흡수하려 애썼다. 구조, 조직, 통치 역량 없이는 운동의 거대한 에너지를 지탱할 수 없음을 배웠다. 인종적 보상에 기반한 정치 운동은, 아무리 합리적이더라도 공포와 반발을 자아내어 결국 진보의 발목을 잡는다는 것을 배웠다. 해럴드 사후에 와르르 무너지는 그의 연합을 보면서 한 명의 카리스마적 지도자가 변화를 가져다주길 기대하는 것이 얼마나 위험한가를 배웠다.

그럼에도 그 5년간 해럴드는 얼마나 위력적이었던가. 걸림돌이 있긴 했지만 시카고는 그의 주도하에 달라졌다. 가로수 가지치기에서 제설 작업, 도로 보수에 이르는 도시 서비스가 각 지역에 더 고르게 분배되었다. 빈곤층 지역에 학교가 새로 지어졌다. 시 일자리는 더는 논공행상 나눠먹기가 아니었으며, 재계는 마침내 직원들의 다양성 문제에 관심을 기울이기 시작했다.

무엇보다 해럴드는 사람들에게 희망을 심어주었다. 당시의 그에 대한 흑인 시카고 주민의 이야기를 듣고 있으면 한 세대 전의 백인 진보파가 보비(로버트) 케네디에 대해 이야기하는 것을 듣는 듯했다. 즉, 그가 무엇을 했느냐가 아니라 어떤 느낌을 선사했느냐가 중요했다. 그것은 뭐든 가능할 것 같은 기분, 세상을 우리 뜻대로 새로 만들 수 있을 것만 같은 기분이었다.

이 일이 내게 씨앗을 심은 셈이었다. 처음으로 언젠가 공직에 도전하고 싶다는 생각이 들었다. (나만 이런 영감을 받은 것이 아니었다. 해럴드의 당선 직후에 제시 잭슨이 대통령 출마를 선언했다.) 이것이야말로 민권운동의 활력이 선거 정치로 파급한 사례 아니었을까? 존 루이스, 앤드루 영, 줄리언 본드―이들이 공직에 출마한 이유는 정치야말로 가장 큰 변화를 일으킬 수 있는 무대라고 판단했기 때문 아닐까? 타협, 끝없는 자금 쟁탈전, 이상의 상실, 가차 없는 승리 추구 같은 함정이 도사리고 있다는 것이야 알고 있었지만.

또 다른 길이 있는 것도 같았다. 같은 에너지를, 같은 목적의식을 불러일으키되 흑인 공동체나 인종 경계를 뛰어넘어 해낼 수 있을 것 같았다. 충분한 준비, 정책 노하우, 관리 역량을 갖추면 해럴드의 실수를 피할 수 있을 것 같았다. 조직 사업의 원칙을 선거운동뿐 아니라 통치에도 동원하여, 소외된 사람들에게 참여와 적극적 시민 의식을 고취하고 선출된 지도자를 신뢰할 뿐 아니라 서로를, 스스로를 신뢰하도록 가르칠 수 있을 것 같았다.

이렇게 스스로에게 말했다. 하지만 이게 전부는 아니었다. 나 자신의 야심이라는 더 개인적인 문제들과도 씨름하고 있었다. 조직 활동에서 많은 것을 배웠지만, 구체적 성과로 내세울 것은 많지 않았다. 언제나 주류와 다른 길을 걷는 반골인 어머니조차 나를 걱정했다.

어느 해 성탄절에 어머니가 내게 말했다. "모르겠구나, 베어. 물론 평생 제도권 바깥에서 일할 수도 있어. 하지만 그 기관들을 안에서 바꾸려고 노력하면서 더 많은 것을 이룰 수도 있잖니."

어머니가 쓸쓸하게 웃으며 덧붙였다. "게다가 날 보면 알잖아. 가난하다는 건 좋은 일이 아니란다."

그리하여 1988년 가을, 나는 야심의 본고장에서 야심을 펼치기로 했다. 수석 졸업생, 학생회장, 라틴어 고수, 토론 챔피언 등 내가 하버드 로스쿨에서 만난 학생들은 전반적으로 인상적인 젊은이들이었으며, 나와 달리 자신이 중요한 삶을 영위할 운명이라는 정당한 확신을 품고 자랐다. 내가 그럭저럭 잘해낼 수 있었던 이유는 무엇보다 동급생들보다 몇 살 많았기 때문이다. 많은 학생이 학업량에 부담을 느꼈지만, 지역사회 모임을 조직하고 추운 날 집집마다 문을 두드리며 3년을 보낸 내게는 도서관에서 보내는 나날이 대단한 사치처럼 느껴졌다(캠퍼스 밖 자취방 소파에 앉아 TV 볼륨을 끈 채 야구 경기를 보는 시간은 말할 것도 없고).

내게 유리한 점은 또 있었다. 알고 보니 법학은 내가 공민권적 문제들을 홀로 숙고하던 시절의 고민과 별반 다르지 않았다. 개인과 사회의 관계는 어떤 원리로 규율해야 하며 타인에 대한 우리의 의무는 어디까지 확장되는가? 정부는 시장을 얼마나 규제해야 하는가? 사회 변화는 어떻게 일어나며 법률은 어떻게 모든 사람이 발언권을 가지도록 보장할 수 있는가?

이런 문제라면 얼마든지 곱씹을 수 있었다. 나는 보수적인 학생들과의 논쟁을 특히 즐겼는데, 그들은 의견 차이에도 불구하고 내가 자신들의 주장을 진지하게 받아들인다는 사실을 높이 평가하는 듯했다. 수업 토론에서 나는 끊임없이 손을 들었다. 다른 학생들이 눈살을 찌푸릴 만도 했다. 하지만 어쩔 수 없었다. 마치, 저글링이나 칼 삼키기 같은 괴벽을 지닌 채 몇 년간 외톨이로 살다가 서커스 학교에서 진짜 나를 찾은 심정이었다.

열정은 많은 결점을 메운다고 우리 아이들에게 말하곤 하는데, 적어도 하버드 시절의 내게는 정말 그랬다. 나는 2학년 때 《하버드 로 리뷰》(하버드 로스쿨 학생들이 매달 발간하는 학술지_옮긴이) 최초의 흑인 편집장으로 선출되었다. 전국 언론이 조금 주목했고, 책 집필 계약도 맺었다. 전국에서 일자리 제안이 밀려들었다.《하버드 로 리뷰》전임자들과 마찬가지로 내게도 탄탄대로가 펼쳐진 것 같았다. 연방대법원의 사법보조인으로 일할 수도 있고, 최고의 법률사무소나 검찰청에 갈 수도 있고, 때가 무르익고 원한다면 정치에 도전할 수도 있었다.

절호의 기회였다. 이 탄탄한 출세 가도에 의문을 제기한 유일한 사람은 바로 나 자신이었다. 아직은 일렀다. 거액의 연봉과 관심은 덫처럼 느껴졌다.

다행히 내게는 다음 행보를 고민할 시간이 있었다. 어쨌든 내 앞에 놓인 가장 중요한 결정은 법과는 무관할 터였다.

# 2장

우리가 처음 만났을 때 미셸 라본 로빈 슨은 법률가로서 현업에 종사하고 있었다. 그녀는 스물다섯 살이었고 시카고에 본사가 있는 시들리 앤드 오스틴 법률회사의 어소시에이트 변호사였다. 나는 로스쿨 첫 해를 보내고 여름 동안 그곳에서 인턴으로 일했다. 미셸은 키가 크고 아름답고 재미있고 활달하고 너그럽고 엄청나게 똑똑했고 나는 거의 첫눈에 그녀에게 반했다. 그녀는 나를 보살피는 임무를 맡았는데, 사무실 복사기가 어디 있는지 알려주었으며 내가 겉돌지 않도록 챙겨주었다. 함께 나가서 점심을 먹는 것도 일에 포함되었고, 덕분에 우리는 마주 앉아 이야기를 나눌 수 있었다. 처음에는 일 얘기만 나눴지만 결국 모든 것을 이야기했다.

그 뒤로 두어 해 동안 방학 때나 미셸이 시들리 채용팀 소속으로 하버드에 왔을 때 우리는 저녁을 먹고 찰스강을 따라 오래 걸으며 영화와 가족에 대해, 가보고 싶은 세계 곳곳에 대해 이야기했다. 그녀의 아버지가 다발성 경화증 합병증으로 예기치 않게 세상을 떠났을 때 나는 그녀 곁으로 날아갔고, 나의 외할아버지가 진행성 전립선암에 걸렸다는 사실을 알게 되었을 때는 그녀가 나를 위로해주었다.

말하자면 우리는 연인이자 친구가 되었다. 로스쿨 졸업이 다가오면서 우리는 함께하는 삶의 전망을 조심스럽게 타진했다. 한번은 내가 주최하는 조직 사업 워크숍에 그녀를 데려갔다. 사우스사이드에서 커뮤니티 센터를 운영하는 친구의 부탁으로 진행한 프로그램이었다. 대부분 싱글맘인 참가자들 중 일부는 공적 부조를 받고 있었고, 변변한 기술을 가진 사람은 거의 없었다. 나는 그들에게 현재의 처지와 자신이 바라는 세상을 묘사해달라고 청했다. 내가 즐겨 사용하던 간단한 방법인데, 지역사회의 현실과 그들이 삶에서 변화시킬 수 있다고 생각하는 내용을 연결해보는 것이다. 워크숍이 끝나고 함께 차로 걸어가면서 미셸이 팔짱을 끼며 내가 그 여자들과 쉽게 교감하는 것에 감명받았다고 말했다.

"당신은 그들에게 희망을 줬어."

"그들에겐 희망 이상의 것이 필요해." 나는 그녀에게 마음속 갈등을 설명하려 애썼다. 체제의 변화를 추구하면서도 체제를 밀어붙여야 하는 모순, 사람들을 이끌고도 싶지만 그들 스스로 변화를 만들어내도록 힘을 부여하고 싶은 마음, 정치에 뛰어들고 싶은 마음과 그러고 싶지 않은 마음 사이의 갈등에 대해.

미셸이 나를 보면서 나직하게 말했다. "지금 그대로의 세상과 마땅히 와야 할 세상. 그런 것 아닐까."

미셸은 유일무이했다. 그녀 같은 사람은 없으리란 걸 알았다. 아직 마음을 굳히진 않았지만, 청혼하게 되리라는 생각이 들기 시작했다. 미셸에게 결혼은 당연한 일이었고 우리 사이처럼 진지한 관계에 자연스럽게 뒤따르는 수순이었다. 하지만 결혼 생활을 굳이 유지하려 들지 않았던 어머니 아래서 자란 나는 관계를 공식화해야 한다는 압박을 느낀 적이 별로 없었다. 그뿐 아니라 우리는 연애 초창기에도 격렬한 논쟁을 벌일 때가 있었다. 내가 아무리 확신에 차서 말해도 그녀는 결코 굽히지 않았다. 그녀의 오빠 크레이그는 프린스턴 대학교 농구 스타 출신으로 투자은행에서 일하다 농구 코치가 되었는데, 미셸(그들은 '미셰'라고 불렀다)이 너무 거칠어서 가족 모두가 그녀는 결혼 못 할 줄 알았다고 종종 농담했다. 어떤 남자도 상대가 되지 못하리라는 것이었다. 묘하게도 나는 그녀의 그런 면이 좋았다. 그녀는 끊임없이 내게 이의를 제기하고 현실을 직시하도록 밀어붙였다.

미셸의 생각은 어땠을까? 우리가 만나기 직전의 그녀를 상상해본다. 젊고 어엿한 전문직 여성. 세련되고 단정한 옷차림에, 자기 일에 집중하고 무슨 일이든 똑바로 해내며, 허튼소리를 용납하지 않는 성품의 소유자. 그런 그녀의 삶에 옷장이 꾀죄죄하고 정신 나간 꿈을 꾸는 하와이 출신의 이 괴상한 사내가 흘러든다. 그것이 내 매력의 일부였다고, 자신이 함께 자라거나 만나온 남자들과는 사뭇 달랐다고 그녀는 종종 말했다. 심지어 그녀가 존경해 마지않는 남자인 아버지와도 달랐다고 했다. 그녀의 아버지는 지역 전문대학을 채 마치지 못했고 30대 초반에 다발성 경화증에 걸렸지만, 한 번도 불평하지 않았고 하루도 결근하지 않았으며 미셸의 무용 발표회와 크레이그의 농구 경기를 전부 관람했고, 진정한 자랑이자 기쁨인 가족의 곁을 평생 지켰다.

나와의 삶은 미셸에게 어릴 적 경험해보지 못한 다른 세계를 약속했다. 모험, 여행, 굴레를 벗어던지는 것. 마찬가지로 그녀가 시카고 토박이라는 사실, 시끌벅적한 대가족과 일가친척, 상식적 태도, 무엇보다 좋은 엄마가 되려는 욕구는 나의 어린 시절에서 결여된 닻을 약속했다. 우리는 서로 사랑하고 서로를 웃게 하고 기본적인 가치를 공유한 것만이 아니었다. 서로 균형을 이루었고 서로의 부족한 부분을 채워주었다. 서로 기댈 수 있었고 서로의 약점을 보완했다. 우리는 한 팀이 될 수 있었다.

물론 우리의 경험과 기질이 매우 달랐다는 사실을 이렇게도 표현할 수 있다. 미셸에게 좋은 삶에 이르는 길은 좁고 위험으로 가득했다. 유일하게 의지할 수 있는 것은 가족이었고, 큰 위험 앞에서는 무조건 몸을 사렸다. 번듯한 직장, 근사한 집 같은 외부적 성공을 거둔 뒤에는 주위에 실패와 빈곤이 가득하더라도—해고 한 번, 총격 한 번에 모든 것이 날아가니까—양가적인 감정을 느낀 적은 결코 없었다. 미셸은 공동체를 배신하게 될까 봐 걱정한 적이 없었다. 사우스사이드에서 자란다는 것은 언제나, 어떤 차원에서는 아웃사이더라는 뜻이었으니까. 그녀의 마음속에는 성공의 장애물이 명확했다. 굳이 찾아볼 필요도 없었다. 의심은 아무리 잘 해내더라도 자신에게 자격이 있음을 입증해야 하는 데서 생겨났다. 자신을 의심하는 사람들뿐 아니라 자신에게도 입증해야 했다.

졸업이 얼마 남지 않았을 때 미셸에게 내 계획을 이야기했다. 연방대법원으로 갈 생각은 없었다. 시카고로 돌아가 지역사회 조직 사업에 몸담는 한편 공익 전문 소규모 법률회사에서 현업에도 종사할 작정이었다. 좋은 기회가 생긴다면 공직에 출마할 수도 있을 거라고 말했다.

그녀는 전혀 놀라지 않았다. 내가 옳다고 믿는 바를 행하리라 믿는다고 말했다.

"하지만 이 말은 해야겠어, 버락. 당신이 하려는 일은 정말로 힘들 것 같아. 내 말은, 내게도 당신의 낙관주의가 있으면 좋겠어. 물론 가끔은 나도 낙관적이지. 하지만 사람들은 때로 무척 이기적이거나 너무나 무지해. 그냥 귀찮은 게 싫은 사람도 많을 거야. 게다가 정치판은 권력을 위해서라면 무슨 짓이든 할 사람들, 자기 잇속만 챙기는 사람들로 가득한 것 같아. 시카고는 더더욱 그렇고. 당신이 그걸 바꿀 수 있을까."

나는 미소 지으며 말했다. "노력은 해볼 수 있잖아. 안 그래? 이 정도 위험도 감수할 수 없다면 근사한 법학 학위가 무슨 소용이야? 실패해도 그건 실패일 뿐이지. 나는 괜찮을 거야. 우린 괜찮을 거라고."

그녀가 손으로 내 얼굴을 감쌌다. "힘든 길과 수월한 길이 있을 때 당신이 매번 힘든 길을 선택하는 거 알아? 왜 그런다고 생각해?"

우리는 웃음을 터뜨렸다. 하지만 미셸은 자신이 뭔가 직감했다고 생각하는 것 같았다. 그 통찰은 훗날 우리 둘 다에게 영향을 미쳤다.

몇 년의 연애 끝에 미셸과 나는 1992년 10월 3일 트리니티 연합 그리스도 교회에서 결혼식을 올렸다. 300명이 넘는 친구, 동료, 가족이 기쁜 마음으로 신도석을 가득 메웠다. 예식은 트리니티 교회 담임 목사 제러마이아 A. 라이트 주니어가 주재했다. 지역사회 조직 운동을 하면서 알고 존경하게 된 분이었다. 미셸과 나는 기쁨으로 벅찼다. 함께 만들어갈 미래가 공식적으로 시작되는 순간이었다.

나는 변호사 시험에 합격한 뒤 실무는 1년 미루고 1992년 대통령 선거에 앞서 '프로젝트 보트!Project Vote!' 활동에 매진했다. 일리노이주 역사상 가장 광범위한 유권자 등록 활동 중 하나였다. 캘리포니아 연안으로 신혼여행을 다녀온 뒤에는 시카고 대학교 로스쿨에서 강의하고, 책을 탈고하고, 고용 차별 사건에 주력하는 소규모 공익 전문 법률회사 '데이비스, 마이너, 반힐 앤드 갤런드'에 공식 합류하여 적정가 주택affordable housing 관련 단체를 위해 부동산 업무도 진행했다. 미셸은 회사법 업무는 이만하면 됐다고 판단하고는 시카고 시청으로 자리를 옮겨 도시계획·개발과에서 1년 반 동안 일한 뒤 '퍼블릭 앨라이스Public Allies'라는 비영리 청년 리더십 프로그램을 이끌게 되었다.

우리 둘 다 일을 즐겼고 함께 일하는 사람들을 좋아했다. 시간이 흐르면서 우리는 다양한 시민단체와 자선단체의 사업에 관여했다. 더욱 폭넓어진 지인들과 야구 경기와 음악회를 관람하고 저녁 식사를 했다. 우리는 하이드파크에 있는 수수하지만 아늑한 빌라를 매입했다. 미시간 호수와 프로몬토리곶 바로 맞은편으로, 몇 집 건너에 크레이그 부부와 어린 아들이 살았다. 미셸의 어머니 메리언은 우리 집에서 15분도 걸리지 않는 사우스쇼어 옛집에서 살았다. 우리는 자주 가서 메리언의 치킨샐러드와 레드벨벳케이크, 미셸의 외삼촌 피트가 구워주는 바비큐를 잔뜩 먹었다. 배를 채운 뒤에는 모두가 부엌에 둘러앉아 외삼촌들이 들려주는 어린 시절 이야기를 들었다. 저녁이 깊어갈수록 웃음소리도 커졌으며, 어린아이들은 마당으로 쫓겨날 때까지 소파 쿠션에서 뛰놀았다.

땅거미가 깔린 길을 운전해 돌아오면서 이따금 아이를 가지는 일을 이야기했다. 어떻게 생겼을까, 몇 명이나 낳을까, 개를 키우는 건 어때? 우리는 가족으로서 함께할 수 있는 온갖 일을 상상했다.

정상적인 삶. 생산적이고 행복한 삶. 그것으로 충분해야 마땅했다.

1995년 여름, 사건들이 기묘하게 맞물리며 정치적 기회가 불쑥 찾아왔다. 일리노이주 제2선거구의 현직 연방 하원의원 멜 레이놀즈가 열여섯 살의 자원봉사 선거운동원과의 성관계 혐의를 비롯한 여러 죄목으로 기소되었다. 그가 유죄 판결을 받으면 즉시 보궐선거가 실시될 예정이었다.

나는 그 선거구에 살고 있지 않았고 선거전에 뛰어들 지명도와 지지 기반도 없었다. 하지만 우리 지역의 주상원의원 앨리스 파머는 출마할 여건을 갖추고 있었고, 레이놀즈가 8월에 유죄 판결을 받자 곧 출사표를 던졌다. 파머는 지역사회에 깊이 뿌리 내린 교육자 출신의 아프리카계 미국인으로 평범하지만 탄탄한 실적을 쌓았으며, 진보파와 해럴드 당선에 일조한 구세대 흑인 운동가 일부의 호감을 사고 있었다. 나는 그녀를 몰랐지만 우리에게는 공통의 친구들이 있었다. 나는 프로젝트 보트! 활동을 했기에 갓 출범한 그녀의 선거운동을 도와달라는 부탁을 받았는데, 몇 주가 지나자 몇 사람이 조만간 공석이 될 앨리스의 주상원의원 자리에 출마해보라고 권유했다.

나는 미셸에게 말을 꺼내기 전에 찬성 논리와 반대 논리에 관한 목록을 만들었다. 주상원의원은 매력적인 자리가 아니었으며—대다수 사람들은 자기네 주상원의원이 누구인지도 몰랐다—주도州都인 스프링필드는 구시대적 선심성 정책, 결탁, 뇌물 같은 정치적 악습으로 악명이 자자했다. 다른 한편으로 나는 어디에서든 일단 출발해야 했고 실력을 입증해야 했다. 또한 일리노이 주의회는 회기가 1년에 몇 주뿐이어서 강의와 법률회사 일을 계속할 수 있었다.

무엇보다 앨리스 파머가 나를 지지해주기로 했다. 문제는 레이놀즈 재판이 아직 계류 중이어서 타이밍이 맞아떨어질지 알기 힘들다는 것이었다. 이론상으로 앨리스는 선거에서 지더라도 주의회 의석을 유지한다는 차선책을 손에 쥔 채 연방하원의원 선거에 출마할 수도 있었지만, 주상원의원은 할 만큼 했으니 더 큰 물로 나아갈 준비가 되었다고 잘라 말했다. 민주당 시의원으로 이 지역 최고의 조직력을 자랑하는 토니 프렉윙클이 지지 의사를 표명하자 나의 당선 가능성은 더더욱 높아졌다.

나는 미셸을 설득했다. "이걸 시운전이라고 생각해봐."

"흠."

"물에 발만 담가보는 거지."

"그렇군."

"그래서 말인데 어떻게 생각해?"

그녀가 내 뺨에 입맞추며 말했다. "이건 당신이 하고 싶어 하는 일 같아. 그러니까 해야겠지. 다만 내가 스프링필드에 가야 하는 일은 없을 거라고 약속해줘."

방아쇠를 당기기 전에 확인해야 할 사람이 한 명 더 있었다. 그해 초 어머니가 편찮았는데, 검사 결과 자궁암이었다.

예후는 좋지 않았다. 어머니를 잃을지도 모른다는 생각에 하루에도 몇 번씩 심장이 죄어들었다. 나는 어머니가 암 선고를 받자마자 하와이로 날아갔는데, 예전처럼 활기찬 모습을 보니 안심이 되었다. 어머니는 겁이 났다고 털어놓으면서도 최대한 공격적 치료를 받고 싶어 했다.

어머니가 말했다. "네가 손주 데려올 때까진 아무 데도 안 간다."

어머니는 내가 주상원의원에 출마할 수도 있다는 소식에 여느 때처럼 반색하며 진행 상황을 시시콜콜 알려달라고 당부했다. 할 일이 많으리라는 것을 인정했지만, 결코 고된 일을 나쁘게 여기지 않았다.

어머니가 말했다. "미셸에게 동의를 받으렴. 내가 결혼 전문가는 아니지만 말이야. 그렇다고 내 평계로 물러설 생각은 절대 하지 마라. 난 내

일만으로도 벅차. 나 때문에 모두가 제 삶을 유보한다는 느낌까지 감당할 여유가 없다고. 그건 끔찍해. 내 말 알겠니?"

"알겠어요."

암 진단을 받고 7개월이 지났을 때 어머니의 병세가 악화했다. 9월에 미셸과 나는 뉴욕으로 날아가 당시 뉴욕 대학교에 다니던 동생 마야와 어머니를 모시고 메모리얼 슬론 케터링 암 병원 전문의에게 진료 상담을 받았다. 화학 요법은 어머니의 신체를 일그러뜨리고 있었다. 길고 검던 머리카락은 간데없었고 눈은 움푹 팬 구멍 같았다. 설상가상으로 전문의의 판단에 따르면 어머니의 암은 4기여서 치료에 한계가 있었다. 침샘이 막혀 얼음 조각을 물고 있는 어머니를 보면서 태연한 척하려 온갖 애를 썼다. 내 일에 얽힌 웃긴 에피소드며 얼마 전에 본 영화 줄거리를 이야기했다. 마야는 아홉 살 많은 내가 예전에 어지간히 오빠 행세를 하더라고 회상했고, 우리는 웃음을 터뜨렸다. 나는 어머니가 편안하게 쉴 수 있도록 손을 잡아드렸다. 그러고는 호텔 방에 돌아가 울음을 터뜨렸다.

돌아가는 길에 나는 어머니에게 시카고로 와서 우리와 함께 지내자는 말을 꺼냈다. 외할머니는 어머니를 종일 돌보기엔 너무 나이가 드셨다. 하지만 언제나 자신의 운명을 스스로 설계하는 어머니는 일언지하에 거절했다. 어머니는 창밖을 내다보며 말했다. "친숙하고 포근한 곳에 있고 싶어."

나는 무력감에 휩싸인 채 자리에 앉아 생각했다. 어머니가 삶에서 걸어온 기나긴 행로에 대해, 각각의 전환점이 얼마나 뜻밖이었고 얼마나 행복한 사건들로 가득했는지에 대해. 어머니가 실망을 곱씹었다는 얘기는 한 번도 들어본 적이 없었다. 어머니는 어디에서나 소소한 즐거움을 찾았다.

지금까지는.

어머니가 나직하게 말했다. "인생이란 신기해. 그렇지 않니?"

정말 그랬다.

어머니의 조언을 따라, 나는 첫 정치 캠페인에 몸을 던졌다. 당시의 선거운동이 얼마나 어설펐는지 돌이켜보면 웃음이 나온다. 학생회 선거보다도 나을 게 없는 수준이었다. 여론조사원도, 분석가도, TV 광고나 라디오 광고도 없었다. 1995년 9월 19일, 하이드파크 라마다 인 호텔에서 프레첼과 감자튀김, 지지자 100~200명을 앞에 두고 출마 선언을 했다. 참석자의 4분의 1은 미셸 때문에 왔을 것이다. 선거 홍보물은 여권 사진 같은 내 사진과 약력 몇 줄, 내 컴퓨터로 작성한 네댓 가지 쟁점을 담은 가로 20센티미터 세로 10센티미터짜리 카드였다. 인쇄는 킨코스에서 했다.

나는 프로젝트 보트! 활동을 하다 만난 정치 베테랑 두 명을 영입하는 데 성공했다. 선거사무장을 맡은 캐럴 앤 하웰은 키가 크고 당찬 40대 초반의 여성으로, 웨스트사이드 구청 건물에 사무실을 임차했다. 그녀는 활력이 넘치면서도 시카고 정치판의 이전투구에 빠삭했다. 큰곰처럼 생긴 론 데이비스는 현장책임자 겸 추천서 담당을 맡았다. 아프로 머리가 희끗희끗하고 수염이 거뭇거뭇했으며 굵은 금속 테 안경을 꼈다. 매일 똑같은 검은색 셔츠를 입는 듯했고 덩치가 우람했다.

알고 보니 론은 없어서는 안 될 사람이었다. 일리노이주의 엄격한 입후보 규정은 당의 지원을 받지 못하는 도전자에게 불리했다. 후보자 명부에 오르려면 해당 선거구에 거주하는 등록 유권자 700명 이상의 서명을 받아야 했는데, 선거구에 거주하는 사람이 추천서를 돌리고 보증해야 했다. '양호한' 서명의 조건은, 판독 가능하고 현지 주소가 정확하며 등록 유권자가 작성한 것이어야 했다. 처음으로 사람들이 우리 집 식탁에 모였을 때 론이 추천서와 유권자 등록부, 지침서를 끼운 클립보드를 돌리면서 씩씩대던 광경이 아직도 기억난다. 나는 추천에 대해 논의하기 전에 후보자와 만나는 토론회를 조직하고 그때 추천서 초안도 만드는 게 어떻겠느냐고 제안했다. 캐럴과 론은 서로 쳐다보며 웃음을 터뜨렸다.

캐럴이 말했다. "보스, 내 한마디 할게요. 여성유권자연맹 어쩌고 하는 것들은 몽땅 선거 이후로 미뤄도 돼요. 지금 당장 중요한 건 추천서뿐이라고요. 당신이 상대할 사람들로 말하자면, 우리가 받은 서명이 유효한지 확인하려고 참빗으로 샅샅이 훑을 거예요. 서명이 무효가 되면 선거엔 나갈 수도 없어요. 장담하는데 우리가 아무리 조심해도 서명의 절반은 불량이 될 거라고요. 그러니 필요한 서명보다 두 배는 확보해야 해요."

론이 클립보드를 내게 건네며 정정했다. "네 배는 받아야 합니다."

혼쭐이 난 나는 론이 정해준 지역 중 한 곳으로 서명을 받으러 갔다. 조직가 활동을 시작하던 때 같았다. 집집마다 방문하는 동안 어떤 집은 사람이 없었고, 어떤 집은 문을 열어주지 않았고, 어떤 집은 머리에 컬을 만 여자들과 뛰어다니는 아이들, 정원에서 일하는 남자들이 있었다. 이따금 마주치는 티셔츠와 두건 차림의 젊은 남자들은 술 냄새를 진하게 풍기며 자기네 구역을 훑었다. 지역 학교의 문제나, 안정된 노동자 계층 동네에 스며든 총기 폭력 문제를 이야기하고 싶어 한 사람들도 있었다. 하지만 대부분은 클립보드를 받아 서명하고는 바로 하던 일로 돌아갔다.

내게 문 두드리기는 일상이었지만 미셸에게는 낯설었다. 그래도 주말마다 시간을 내어 적극적으로 도와주었다. 서명을 나보다 많이 받아낼 때가 많았지만—메가와트급 미소와 고작 몇 블록 떨어진 곳에서 자란 이야기를 내세워 받아냈다—두 시간 뒤 귀가하는 차 안에서는 미소를 찾아볼 수 없었다.

한번은 그녀가 이렇게 말했다. "내가 아는 건 말이지, 토요일 오전을 이렇게 보내려면 자기를 정말로 사랑해야 한다는 거야."

우리는 7개월에 걸쳐 필요 건수의 네 배에 달하는 서명을 모았다. 나는 사무실이나 학교에 있지 않을 때면 자율 방범대, 교회 모임, 노인주택을 방문해 유권자들에게 지지를 호소했다. 잘하진 못했다. 가두연설은 딱딱하고 정책 논의에 치우쳤으며 영감과 유머가 부족했다. 나 자신에 대해 이야기하는 것도 쑥스러웠다. 조직가 시절에 늘 뒷전에 물러나 있도록 훈련받았기 때문이다.

하지만 점차 나아지고 여유로워졌으며 지지자 수도 늘었다. 나는 지역 공직자, 성직자, 몇몇 진보 단체의 지지를 확보했고 입장문도 몇 건 받아냈다. 나의 첫 선거운동은 이렇게 유종의 미를 거뒀다고 말하고 싶다. 젊고 용감한 후보와 그의 유능하고 아름답고 끈기 있는 아내가 식탁에 모인 친구 몇 명에서 출발하여 새로운 정치 브랜드로 사람들을 결집했다고.

하지만 그렇게 되지는 않았다. 1995년 8월, 우리의 불명예스러운 연방 하원의원은 마침내 유죄 선고를 받고 징역형을 언도받았다. 보궐선거는 11월 말로 정해졌다. 의석이 비고, 일정이 공식화되자 앨리스 파머 외에도 여러 사람이 경쟁에 뛰어들었는데, 그중에는 제시 잭슨 주니어도 있었다. 그는 1988년 민주당 전당대회에서 자신의 아버지를 감동적으로 소개하여 전국적 관심을 끌었다. 미셸과 나도 그를 알고 좋아했다. 그의 누나 샌티타는 미셸이 고등학생 때 가장 친한 친구 중 하나였으며 우리 결혼식에서 신부 들러리를 서주었다. 인기 많은 제시 주니어가 출마 선언을 하자 경선 판도가 순식간에 달라져 앨리스는 엄청난 수세에 몰렸다.

연방하원의원 보궐선거가 치러지고 몇 주가 지나야 앨리스의 주상원의원 의석에 대한 후보 추천서를 접수할 수 있었기 때문에 우리 팀은 걱정하기 시작했다.

론이 말했다. "앨리스가 제시 주니어에게 패해도 당신을 엿 먹이지 않는다고 다시 한번 확답을 받아두는 게 좋겠어요."

나는 고개를 저었다. "출마하지 않겠다고 제게 약속했어요. 확언했다고요. 공개 발표도 했고요. 신문에도 실렸는걸요."

"그렇다면 좋아요, 버락. 그래도 한 번만 더 확인해줄 수 있겠어요?"

나는 앨리스에게 전화를 걸어 그녀가 선거 결과와 관계없이 주의회에서 물러날 작정임을 다시 한번 확인받았다.

하지만 제시 주니어가 보궐선거에서 낙승하고 앨리스가 훌쩍 뒤처진 채 3위로 낙선하자 상황이 달라졌다. '앨리스 파머를 선발하라' 캠페인에 대한 기사가 지역 언론에 실리기 시작했다. 그녀의 오랜 지지자 몇 명이 면담을 요구하더니 내게 선거에서 빠지라고 충고했다. 지역사회는 앨리스의 경륜을 잃을 수 없다고, 참고 기다리면 내게도 차례가 올 거라고 말했다. 나는 출마 방침을 고수했지만—우리 캠프의 자원봉사자와 후원자들은 이미 선거운동에 많은 것을 쏟아부었고, 어쨌거나 제시 주니어가 뛰어들었을 때에도 나는 앨리스 편에 서지 않았던가—그들은 요지부동이었다. 내가 앨리스와 이야기할 즈음엔 사태의 향방이 분명해졌다. 다음 주 그녀는 스프링필드에서 기자회견을 열어 막판에 후보 추천서를 제출하고 의석을 지키겠다고 선언했다.

캐럴이 가느다란 담배 연기를 천장에 뿜으며 말했다. "내가 뭐랬어요."

나는 낙심하고 서운했지만, 아직 완전히 끝난 건 아니라고 생각했다. 우리는 지난 몇 달간 조직 기반을 탄탄하게 다졌으며, 내게 지지를 표명한 선출직 공직자들은 대부분 계속 지지하겠다고 말했다. 하지만 론과 캐럴은 나만큼 낙관하진 않았다.

캐럴이 말했다. "이런 말 하긴 싫지만요, 보스. 대부분의 사람들은 당신이 누군지 몰라요. 쳇, 그래요. 그녀가 누구인지 모르는 것도 맞아요. 하지만—기분 나쁘게 듣지 마세요—후보 이름으로는 '앨리스 파머'가 '버락 오바마'보다 훨씬 낫다고요."

무슨 말을 하려는지 이해했지만, 나는 수많은 시카고 유명 인사들이 갑자기 출마를 포기하라고 종용해도 우리는 이겨낼 거라고 말했다. 그러던 어느 오후에 론과 캐럴이 숨을 헐떡이며 우리 집에 찾아왔다. 복권에 당첨이라도 된 듯한 표정이었다.

론이 말했다. "앨리스의 추천서 말인데요. 처참해요. 이제껏 본 것 중에 최악이더군요. 당신을 협박해서 경선에서 밀어내려던 니그로들이 실제로 손에 흙을 묻히지는 않았어요. 그녀의 추천서가 퇴짜맞을 수도 있겠어요."

나는 론과 자원봉사 선거운동원들이 기록한 비공식 현황을 훑어보았다. 정말이었다. 앨리스가 제출한 추천서는 주소지가 선거구 밖인 사람들, 이름은 다르지만 필체가 같은 여러 개의 서명 등 무효 서명이 수두룩했다. 나는 머리를 긁적였다. "잘 모르겠는데요, 여러분……."

캐럴이 말했다. "뭘 모르겠다는 거예요?"

"이런 식으로 이기고 싶은지 잘 모르겠어요. 제 말은, 그래요, 이번 일로 화가 나긴 했어요. 하지만 이 입후보 규정은 말이 안 돼요. 나는 정정당당하게 맞붙어서 이기고 싶어요."

캐럴은 한발 물러서며 어금니를 앙다물더니 말했다. "이 여자는 당신에게 **확언**을 했다고요, 버락! 우리는 모두 그 약속을 믿고 전력투구했어요. 그런데 이제 그녀가 당신 뒤통수를 치려 하고 그조차도 똑바로 못 하는데, 보고만 있겠다는 거예요? 그들이 할 수만 있다면 당신을 후보 등록부에서 단박에 지워버릴 거라고는 생각 안 해요?"

그녀가 고개를 내두르며 계속 말했다. "에휴, 버락. 당신은 선한 사람이에요. …… 그래서 우리가 당신을 믿는 것이고요. 하지만 이번 일을 그냥 넘어갈 거면 학교로 돌아가서 교수나 하는 게 좋을 거예요. 정치와는 맞지 않으니까요. 당신은 잘근잘근 물어뜯겨 누구에게 어떤 유익도 가져다주지 못할 거라고요."

내가 론을 쳐다보자 그는 조용히 말했다. "캐럴 말이 맞아요."

나는 의자에 등을 기댄 채 담배에 불을 붙였다. 직감을 해독하려고 애쓰는 동안 시간이 멈춘 것 같았다. 나는 얼마나 이 자리를 원하는 걸까? 내가 공직에서 이룰 수 있으리라 믿은 것들을, 기회가 주어진다면 얼마나 열심히 일할 각오였는지를 떠올렸다.

마침내 내가 입을 열었다. "좋아요."

캐럴이 다시 미소를 지었다. "좋았어!" 론이 자료를 챙겨 가방에 집어넣었다.

절차가 진행되려면 두어 달이 걸릴 테지만, 그날 나의 결정으로 경선은 사실상 끝났다. 우리는 시카고 선거관리위원회에 이의 제기 서류를 접수했으며, 위원회가 우리 손을 들어줄 것이 확실해지자 앨리스는 사퇴했다. 이왕 시작한 김에 우리는 추천서가 불량한 민주당 후보 여럿을 더 탈락시켰다. 민주당 적수가 전멸하고 이름뿐인 공화당 경쟁자만 남게 되자 주상원의원은 따놓은 당상이었다.

더 고귀한 정치를 위해 내가 품은 비전은 잠시 접어두어야 했다.

이 최초의 선거운동에서 유익한 교훈을 끌어낼 수 있을 것 같다. 나는 정치의 현실, 필요한 세부 사항에 대한 관심, 당선과 낙선을 좌우하는 일상 업무를 존중하는 법을 배웠다. 내가 스스로에 대해 알고 있던 사실을 다시금 확인했다. 페어플레이에 대한 소신이 어떻든, 나는 지는 것을 좋아하지 않았다.

하지만 내게 남은 가장 큰 교훈은 선거 역학이나 비정한 정치와는 무관했다. 선거의 향방이 뚜렷해지기 오래전인 11월 초 하와이에서 마야가 한 전화와 관계가 있었다.

마야가 말했다. "엄마가 안 좋아졌어, 베어."

"얼마나 안 좋은데?"

"당장 와야 할 것 같아."

어머니의 상태가 악화하고 있다는 건 이미 알고 있었다. 불과 며칠 전에도 어머니와 이야기를 나눴다. 어머니의 목소리에서 새로운 차원의 고통과 체념을 감지하고서 다음 주 하와이행 항공편을 예약해둔 터였다.

내가 마야에게 물었다. "말은 하실 수 있어?"

"못 할 것 같아. 정신이 가물가물해."

전화를 끊고 항공사에 연락해 항공편을 아침 첫 비행기로 변경했다. 캐럴에게 전화하여 몇몇 일정을 취소하고 내가 없을 때 처리해야 할 일들을 점검했다. 몇 시간 뒤 다시 마야에게서 전화가 왔다.

"어떡해, 오빠. 엄마가 가셨어." 어머니는 결국 의식을 회복하지 못했다고 동생은 말했다. 어머니가 영면에 드는 동안 마야는 병상 옆에 앉아 민담 책을 읽어드렸다.

우리는 그 주에 하와이 대학교 동서문화기술교류센터 뒤편 일본식 정원에서 추도식을 치냈다. 어릴 적 그곳에서 놀던 기억이 떠올랐다. 그때 어머니는 양지에 앉아 내가 풀밭에서 구르고 돌계단을 뛰어넘고 가장자리로 흐르는 개울에서 올챙이를 잡는 광경을 지켜보았다. 추도식이 끝나고 마야와 나는 코코곶 인근 전망대에 가서 어머니의 재를 바다에 뿌렸다. 파도가 바위에 부서졌다. 그 병실에 어머니와 동생 둘만 있었다. 나는 원대한 포부를 이루느라 바빠서 함께하지 못했다. 그 순간을 다시는 되돌릴 수 없음을 알았다. 슬픔과 더불어 지독한 부끄러움이 치밀었다.

시카고 남단에 살지 않는다면 스프링필드에 가는 가장 빠른 길은 55번 주간고속도로다. 러시아워에는 시내에서 나와 서부 교외를 통과하는 차량 흐름이 거북이걸음이지만, 졸리엣을 지나면 길이 뚫려서 곧고 매끈하게 펼쳐진 아스팔트가 블루밍턴(스테이트팜 보험회사와 비어너츠 스낵 회사의 본고장)과 링컨(변호사 시절 도시 통합에 일조한 링컨 대통령의 이름을 땄다)을 남서쪽으로 가로지르는데, 가도 가도 옥수수밭만 보인다.

나는 8년 가까이 이 길을 달렸다. 대개는 혼자였고 세 시간 반 정도 걸렸다. 일리노이 주의회가 대부분의 업무를 처리하는 가을 몇 주 동안과 겨우내, 그리고 이른 봄에 스프링필드까지 왔다 갔다 했다. 화요일이면 저녁 먹고 밤에 내려갔다가 목요일 저녁이나 금요일 아침에 집으로 돌아왔다. 시카고를 벗어나 외곽으로 한 시간가량 나오면 휴대전화 서비스가 끊겼으며 그 뒤로 신호가 잡히는 라디오 방송은 토크 라디오(방송 진행자가 전화로 청취자와 대화하는 쌍방향 라디오_옮긴이)와 기독교 음악 방송뿐이었다. 나는 졸음을 쫓으려고 오디오북을 들었는데, 길면 길수록 좋았다. 대부분 소설이었지만(존 르 카레와 토니 모리슨을 즐겨 들었다) 남북전쟁, 영국 빅토리아 시대, 로마제국의 몰락을 다룬 역사책도 들었다.

냉소적인 친구들이 질문을 하면 나는 스프링필드에서 얼마나 많은 것을 배웠는지 말해준다. 적어도 처음 몇 년간은 정말로 그랬다. 북적거리는 대도시, 팽창하는 교외, 농촌, 공장 타운, 북부보다는 남부 축에 드는 다운스테이트(일리노이주의 시카고 남쪽 지역을 일컫는다_옮긴이) 지역까지, 일리노이주는 50개 주를 통틀어 미국의 인구 구성을 가장 정확하게 대변한다. 어느 날에든 의사당의 높은 돔 아래로 미국의 단면이 고스란히 펼쳐진다. 칼 샌드버그의 시詩를 현실로 보는 것 같았다. 현장 학습 나온 시내 학생들이 서로 밀치락달치락했고, 말쑥한 은행가들이 플립폰으로 업무를 보고, 종자 회사 모자를 쓴 농부들은 화물용 바지선이 자기네 작물을 시장으로 나를 수 있도록 갑문이 열리길 기다리고 있었다. 라틴계 엄마들이 주간 탁아소 신설 자금을 요구하고, 구레나룻을 기르고 가죽 재킷을 차려입은 중년 오토바이족들이 헬멧 착용 의무화 법안을 저지하려 시위하는 광경도 보였다.

그 최초의 몇 달간 나는 몸을 한껏 낮췄다. 일부 동료 의원은 내 특이한 이름과 하버드 학력을 미심쩍어했지만, 나는 주어진 일을 하고 다른 주상원의원들의 선거 자금 모금을 도왔다. 동료 의원과 보좌관들을 사귀려고 상원 회의실뿐 아니라 농구장과 골프 대회를 쫓아다녔고 초당파적 주간 포커 게임을 주최하기도 했다(판돈 2달러에 추가 베팅은 세 번까지만 가능했고, 방은 연기와 시시껄렁한 잡담, 캔맥주 거품 올라오는 소리로 가득했다).

주상원 소수당 대표 에밀 존스를 미리 알고 있던 것도 보탬이 되었다. 거구의 60대 흑인인 그는 데일리 시니어 시장 밑에서 주하원을 거쳐 이 자리에 올랐는데, 내가 한때 조직한 선거구가 그의 지역구였다. 우리가 처음 만난 사연은 이렇다. 나는 한 무리의 부모를 그의 사무실에 데리고 가서 지역 청소년들을 위해 대입 준비 프로그램에 자금 지원을 해달라며 면담을 요구했다. 그는 우리를 내치지 않고 맞아들였다.

그가 말했다. "모르셨겠지만, 저는 여러분이 오길 기다리고 있었습니다!" 자신이 대학을 졸업할 기회를 얻지 못한 사연을 들려준 그는 외면받는 흑인 지역에 주 예산이 더 배분되도록 하고 싶다고 말했다. 우리가 의원실을 나설 때 그가 내 등을 두드리면서 말했다. "우리에게 무엇이 필요한지 알아내는 것은 당신에게 맡기겠소. 그러니 정치는 내게 맡겨요."

아니나 다를까 에밀은 자금 지원을 성사시켰으며 우리의 우정은 주상원까지 이어졌다. 나를 유난히 자랑스러워한 그는 나의 개혁주의적 방식을 앞장서서 지켜주다시피 했다. 자신이 추진하던 계획에 한 표가 아쉬울 때에도—선상 카지노 허가는 시카고의 숙원이었다—내가 못 하겠다고 말하자 닦달하지 않았다(다른 사람을 포섭하려고 나가면서 걸쭉한 욕설을 몇 마디 내뱉긴 했지만). 그는 보좌관에게 이렇게 말한 적이 있다. "버락은 달라. 뭐라도 될 인물이야."

하지만 나의 성실함과 에밀의 선의로도 바꿀 수 없는 엄연한 사실이 하나 있었으니, 그것은 우리가 소수당이라는 것이었다. 일리노이 주상원의 공화당은 뉴트 깅그리치가 연방하원의 민주당을 무력화하려고 동원하던 강경 노선을 그대로 채택했다. 공화당은 어떤 법안이 소위를 통과하고 어떤 수정안이 받아들여지는지를 사사건건 통제했다. 스프링필드에는 나 같은 소수당 초선 의원들을 부르는 '버섯'이라는 특별 명칭이 있었다. '똥을 먹고 어둠 속에 갇혀 있기' 때문이었다.

이따금 의미 있는 입법에 한몫할 수도 있었다. 빌 클린턴이 서명한 국민복지개혁법안의 일리노이주 버전을 통과시켜 취업을 준비하는 사람들에게 충분한 지원이 돌아가도록 했다. 스프링필드의 만성적 추문 중 하나가 터지자 에밀은 윤리법 개정 소위에서 코커스*를 대변하는 임무를 내게 맡겼다. 가망이 없다고 생각하여 아무도 이 일을 맡으려 하지 않았

---

* 코커스caucus는 '회동하다'를 뜻하는 아메리카 원주민 알곤킨 부족의 말에서 유래했다. 이 책에서 코커스는 세 가지 의미로 쓰인다.
  (1) 양원에서 각 정당의 현직 의원 전원으로 구성된 회의체를 일컫는다. 상원/하원 민주당 코커스, 상원/하원 공화당 코커스가 있다. 정기적으로 모여 정책을 개발하고 입법 우선순위, 위원회 배정, 주요 인사 등을 결정한다. (2) 정당 코커스와 별개로 수많은 의회 내 코커스(모임)가 있다. 의원들이 공통의 입법 목표를 추구하는 비공식 조직으로, 지역이나 종교, 이념, 경제 등 다양한 관심사를 기반으로 모인다. (3) 예비선거의 한 가지 방식. 정식 당원만 참석해 대의원을 선출한다_옮긴이.

지만, 공화당 측 상대역 커크 딜러드와 우호적인 관계를 맺은 덕에 우리는 불미스러운 관행 몇 가지를 금지하는 법안을 통과시켰다. 이젠 선거자금을 주택 확장이나 모피 코트 구입 같은 개인 용무에 쓸 수 없게 되었다(상원의원들 중 몇몇은 그 뒤로 몇 주 동안 우리에게 말을 걸지 않았다).

더 상징적인 사건은 첫 회기 막바지에 일어났다. 주정부가 빈곤층 서비스는 삭감하면서 자신들이 편애하는 일부 산업에 노골적 세제 혜택을 주려고 하자 나는 자리에서 일어나 반대 의사를 표명했다. 나는 법정 변호사답게 철저히 준비했다. 사실들을 정리하고 그런 부당한 감세 조치가 공화당이 신봉한다고 주장하는 보수주의적 시장 원칙에 왜 어긋나는지 지적했다. 자리에 앉자 상원 의장 페이트(제임스) 필립—뚱뚱하고 머리가 희었으며 해병대 출신으로, 여성과 유색인을 시도 때도 없이 모욕하여 악명이 자자했다—이 내 책상으로 다가왔다.

그가 불 붙이지 않은 시가를 씹으며 말했다. "끝내주는 연설이었소. 핵심을 잘 짚었더군."

"고맙습니다."

"여러 사람의 생각을 바꿨는지도 모르겠어. 하지만 표는 하나도 못 바꿨을 거요." 그는 이 말과 함께 투표 감독관에게 손짓하고는 찬성을 나타내는 초록색이 전광판을 수놓는 것을 흐뭇하게 쳐다보았다.

그것이 스프링필드에서의 정치였다. 대다수의 눈길을 피해 일련의 거래가 이루어졌고, 의원들은 여러 이익집단의 압력을 시장통 장사꾼처럼 열심히 저울질했으며, 그러는 동안에도 자기네 텃밭을 뜨겁게 달굴 수 있는 몇몇 첨예한 이념적 쟁점—총기, 낙태, 세금—에는 눈을 부릅떴다.

좋은 정책과 나쁜 정책의 차이를 사람들이 몰랐다는 말이 아니다. 어느 쪽이든 상관이 없었다는 말이다. 지역구 유권자들이 선거 때 말고는 아무런 관심이 없다는 사실을 스프링필드에서 모두가 알고 있었다. 복잡하지만 가치 있는 타협을 하거나 당론을 거스르고 혁신적 아이디어를 지지했다가는 핵심 지지층, 거물 후원자, 지도부 자리를 잃거나 심지어 낙선할 수도 있었다.

　유권자들의 관심을 끌어낼 수 있을까? 나는 시도했다. 지역구에 돌아
가서는 초대란 초대는 죄다 수락했다. 구독자가 5000명도 안 되는 지역
주간지《하이드파크 헤럴드》에 고정 칼럼을 쓰기 시작했다. 주민 간담회
를 주최하여 다과를 차리고 입법 현황 자료를 쌓아두었다. 대개는 보좌
관과 외로이 앉아 시계를 보며 오지 않을 청중을 기다렸다.

　오지 않은 사람들을 탓할 수는 없었다. 바쁘고 가족이 있는 그들에게
는 스프링필드에서 벌어지는 논쟁이 딴 세상 얘기였을 것이다. 한편, 몇
몇 주요 사안에 실제로 관심이 있다면 이미 내게 동의했을 터였다. 우리
선거구의 경계선은 일리노이주의 거의 모든 선거구와 마찬가지로 일당
지배가 보장되도록 정밀하게 그어져 있었기 때문이다. 빈곤층 지역 학교
에 자금이 더 돌아가도록 하거나 해고 노동자들을 위해 1차 의료나 재교
육을 확충하고 싶을 때 나는 지역구민들을 설득할 필요가 없었다. 내가
포섭하고 설득해야 하는 사람들은 딴 곳에 살고 있었다.

　두 번째 회기가 끝날 무렵에는 소수당의 한계에, 훈장처럼 닳아버린
수많은 동료의 냉소주의 같은 의사당 분위기에 짓눌리는 느낌이 들었다.
의심할 여지가 없었다. 어느 날 내가 발의한 법안이 불쏘시개로 버려지
고 나서 의사당 홀에 서 있는데, 사람 좋은 로비스트 하나가 다가와 내게
팔을 둘렀다.

　그가 말했다. "벽에 머리 찧는 짓은 그만둬요, 버락. 여기서 살아남는
열쇠는 이것이 비즈니스라는 걸 이해하는 거예요. 차를 파는 것처럼요.
길가 세탁소일 수도 있고요. 그 이상이라고 믿기 시작하면 미쳐버릴 거
예요."

　　　　　　　　일부 정치학자는 스프링필드에 대한
이야기들이 다원주의의 작동 방식을 그대로 보여준다고 주장한다. 이익
집단 간의 주고받기가 영감을 주진 못하더라도 민주주의를 굴러가게 한

다는 것이다. 하지만 그 주장을 선뜻 받아들일 수 없었다. 당시 나의 의정 활동은 가정생활을 희생한 대가였다.

의회에서의 첫 2년 동안에는 그럭저럭 괜찮았다. 미셸은 일에 바빴고 취임 선서 때 말고는 스프링필드에 오지 않겠다는 맹세를 지키긴 했지만 내가 집에 없을 때 우리는 밤마다 전화로 한가롭게 대화를 나눴다. 그러다 1997년 가을 어느 날 그녀가 내 사무실로 전화를 걸었다. 떨리는 목소리였다.

"드디어."

"드디어 뭐?"

"당신이 아빠가 된다고."

내가 아빠가 된다는 거였다. 그 뒤로 몇 달간 얼마나 기뻤던지! 나는 예비 아빠의 모든 지침을 준수했다. 라마즈 호흡법 수업을 들었고 아기 침대 조립법을 익혔고 『첫 임신 출산에 관한 모든 것』을 읽으며 핵심 구절에 밑줄을 쳤다. 7월 4일 오전 6시경 미셸이 나를 쿡쿡 찌르며 병원 갈 때가 됐다고 말했다. 나는 더듬더듬 문간에 둔 가방을 챙겼고, 일곱 시간 뒤에 말리아 앤 오바마가 4킬로그램의 완벽한 몸으로 세상에 태어났다.

우리 갓난 딸은 수많은 재능이 있었지만 무엇보다 타이밍을 잘 맞췄다. 회기도 없었고 수업도 없었고 처리해야 할 대형 사건도 없었기에 나는 여름 나머지 기간을 통째로 뺄 수 있었다. 천생 올빼미인 나는 미셸이 잘 수 있도록 밤교대 근무를 섰다. 내 허벅지에 올려놓고 책을 읽어주면 말리아는 호기심 가득한 커다란 눈으로 나를 올려다보았으며, 가슴에 올려놓고 잠이 들면 트림하면서 똥을 시원하게 눴는데 무척 따스하고 평온했다. 이런 순간들을 경험하지 못한 세대의 남자들이 떠올랐다. 아버지 생각도 났다. 그의 부재는 함께 지낸 짧은 시간보다 더 큰 영향을 내게 미쳤다. 그리고 깨달았다. 여기 말고 내가 있고 싶은 곳은 세상 어디에도 없다는 것을.

하지만 젊은 부모들이 겪게 마련인 압박감이 결국 발목을 잡았다. 행복에 겨운 몇 달을 보내고서 미셸은 직장으로 돌아갔고 나는 세 가지 직업을 저글링하는 나날로 돌아갔다. 다행히 낮 동안 말리아를 봐줄 근사한 보모를 찾았지만, 전업 고용인을 두자니 가계 예산이 빠듯했다.

미셸은 이 모든 시련을 감당하며 육아와 일을 병행했지만, 어느 쪽도 잘하고 있다고 자부하지 못했다. 매일 밤 그녀는 아이 밥 먹이기, 목욕시키기, 책 읽어주기, 집 청소하기, 세탁물 찾았는지 확인하기, 할 일 목록에 소아과 예약 적어두기 따위를 모두 마치고 텅 빈 침대에 쓰러지면서, 몇 시간 뒤면 이 모든 과정이 되풀이될 텐데 그동안 남편은 '중요한 일'을 하느라 딴 데 가 있다는 생각을 했다.

다툼이 잦아졌다. 대개 둘 다 녹초가 된 늦은 밤에 싸웠다. 한번은 미셸이 말했다. "이건 말이 다르잖아, 버락. 나 혼자 다 하는 것 같아."

그런 말을 들으니 서운했다. 나는 일하지 않을 때는 집에 있었으며, 집에 있으면서 저녁 설거지를 깜박한 이유는 밤 늦게까지 시험 채점을 하거나 보고서를 다듬어야 했기 때문이었다. 하지만 변명을 늘어놓으면서도 내가 미흡했음을 알고 있었다. 미셸의 분노 속에는 더 버거운 진실이 놓여 있었다. 나는 저마다 다른 많은 사람에게 많은 것을 가져다주려고 노력하고 있었다. 우리의 짐이 더 가볍고 개인적 책무가 덜 꼬였을 때 그녀가 예언한 그대로 나는 힘든 길을 걷고 있었다. 말리아가 태어난 다음 스스로에게 한 약속을 다시 떠올렸다. 아이들이 나를 **알게** 하겠노라는, 내가 자신들을 사랑한다는 사실을 알고 내가 자신들을 언제나 최우선으로 놓는다는 사실을 느끼며 자라게 하겠노라는 약속이었다.

어둑한 거실에 앉은 미셸은 더는 화나 보이지 않았다. 슬퍼 보일 뿐이었다. 그녀가 물었다. "이럴 가치가 있어?"

뭐라고 답했는지는 기억나지 않는다. 더는 확신하지 못한다는 걸 그녀에게 인정할 수 없었다는 것만은 분명하지만.

때로는 아무리 돌이켜봐도 자신이 왜 멍청한 짓을 저질렀는지 이해하기 힘들 때가 있는 법이다. 차 안에서 수프를 먹다가 아끼는 넥타이를 더럽히거나 추수감사절에 미식축구를 하자는 꾐에 빠져 허리가 나가는 사소한 문제를 말하는 것이 아니다. 심사숙고 뒤에 멍청한 선택을 내리는 것. 인생의 진짜 문제를 파악하고 분석한 다음 더없는 확신을 품고서 더없이 잘못된 답을 내놓는 것 말이다.

연방하원의원 출마가 그랬다. 수많은 대화 끝에, 내가 스프링필드에서 만들어내는 변화가 희생을 정당화할 만큼 큰지 의문을 제기할 권리가 미셸에게 있음을 인정해야 했다. 하지만 나는 부담을 줄이기는커녕 정반대 방향으로 나아가, 가속 페달을 밟고 더 영향력 있는 공직을 확보해야겠다고 결심했다. 바로 이즈음 흑표범당 출신의 고참 연방하원의원 보비 러시가 1999년 선거에서 데일리 시장에게 도전했다가 자기 지역구에서조차 저조한 성적을 거두며 완패했다.

내가 보기에 러시의 선거운동에는 감동이 없었다. 해럴드 워싱턴의 유산을 계승하겠다는 막연한 약속 말고는 명분도 없었다. 그가 하원에서도 이런 식으로 해왔다면 내가 더 잘할 수 있다는 생각이 들었다. 소수의 미더운 조언자들과 숙의한 나는 보좌관을 시켜 러시와의 경쟁에 승산이 있는지를 두고 내부 여론조사를 했다. 비공식 표본 집단은 긍정적이었다. 나는 조사 결과를 가지고서 가장 가까운 친구 여러 명에게 선거 자금을 지원해달라고 설득할 수 있었다. 더 노련한 정계 인사들은 러시가 보기보다 강인하다고 경고했다. 미셸은 내가 스프링필드보다 워싱턴에 있는 것을 그녀가 더 좋아할 거라고 주장하며 자신을 핑계로 삼을까 봐 우려했지만, 결국 나는 연방하원의원 제1선거구에서 출마를 선언했다.

경선은 출발부터 재앙이었다. 몇 주 지나자 러시 진영에서 이렇게 쑥덕거리기 시작했다. **오바마는 외부인이야. 백인들이 뒷배를 봐준다고. 그는 하버드 엘리트주의자야. 게다가 그 이름 말이야. 흑인 맞아?**

자금을 확보하여 정식 여론조사를 의뢰했더니 보비는 지역구 내 인지도가 90퍼센트이고 지지율이 70퍼센트인 반면에 나의 경우 내가 누구인지 아는 유권자조차 11퍼센트에 불과했다. 게다가 그즈음 보비의 장성한 아들이 비극적인 총기 사고로 사망하여 동정 여론마저 쏠렸다. 나는 한 달간 선거운동을 사실상 중단한 채 우리 교회에서 제러마이아 라이트 목사가 주재하는 장례식을 TV로 지켜보았다. 집은 이미 살얼음판이었기에 짧게나마 성탄절 휴가를 보내려고 가족과 함께 하와이에 갔지만, 내가 지지해온 총기 규제 조치를 표결하기 위해 주지사가 갑작스럽게 임시회를 소집했다. 18개월째이던 말리아가 아파서 비행기를 타지 못하는 바람에 나는 표결에 불참했으며 시카고 언론에 호되게 두드려 맞았다.

나는 30퍼센트포인트 차이로 떨어졌다.

젊은이들에게 정치에 대해 이야기할 때면 나는 이따금 하지 **말아야** 할 일의 반면교사로 이 일화를 들려준다. 여담으로 곁들이는 이야기도 하나 있다. 낙선하고 몇 달 뒤에 내가 의기소침해할까 봐 걱정한 친구 하나가 2000년 로스앤젤레스 민주당 전당대회에 함께 가자고 졸랐다. (그가 말했다. "다시 말에 올라타야지.") 웬걸. 로스앤젤레스 국제공항에 착륙해 차를 렌트하려는데 내 아메리칸익스프레스 카드가 한도 초과로 승인이 거절되었다. 우여곡절 끝에 스테이플스 센터에 도착했지만, 친구가 발급받아준 출입증으로는 대회장에 입장할 수 없었다. 하릴없이 주변을 맴돌며 밖에 설치된 모니터로 축제를 관람해야 했다. 끝으로, 그날 저녁 늦게 친구가 어떤 난처한 소동에 휘말리는 바람에 자신이 참석하는 파티에 나를 데려갈 수 없게 되었다. 나는 택시를 타고 호텔로 돌아가 그의 스위트룸 소파에서 잠을 청했고, 앨 고어가 후보 지명을 수락한 그 순간 시카고로 돌아오는 비행기에 몸을 실었다.

우스운 사연이다. 결과적으로 내가 어디에 이르렀는지를 생각하면 더 우습다. 내가 청중에게 말하는 이 이야기의 교훈은 정치에 예측 불가능한 성격이 있으며 회복력이 필요하다는 것이다.

내가 언급하지 않는 것은 돌아오는 비행기 안에서 느낀 울적한 기분이다. 나는 마흔이 다 됐고 빈털터리였고 굴욕적 패배를 당했고 결혼 생활은 삐걱거렸다. 난생 처음으로 내가 잘못된 길을 택했는지도 모르겠다는 생각이 들었다. 모든 활력과 낙관주의, 잠재력이 허무하게 소진되어버린 듯했다. 더 암담한 자각은 따로 있었다. 이번 출마가 세상을 바꾸겠다는 이타적 희망에서 비롯한 것이 아니라, 내 선택을 정당화하거나 아집을 만족시키려는, 아니면 내가 못 이룬 것을 이룬 사람들에 대한 질투심을 달래려던 것임을 깨달았다.

말하자면 나는 더 젊은 시절에 그렇게는 되지 말라고 스스로에게 경고한 그런 사람이 되어 있었다. 나는 정치인이 되어 있었다. 게다가 소질도 별로 없었다.

# 3장

보비 러시에게 완패하고 몇 달간 우울하게 상처를 핥다가 우선순위를 재조정하여 꼬인 매듭을 풀어야겠다고 마음먹었다. 미셸에게는 더 잘하겠다고 말했다. 우리는 그동안 아기를 새로 가졌고, 미셸은 내가 여전히 그녀가 바라는 것보다 더 많이 집을 비우지만 노력하고 있다는 것만은 알아주었다. 집에서 저녁을 더 자주 먹을 수 있도록 스프링필드 회의 일정을 조정했다. 시간을 더 정확히 지키고 미셸 곁에 더 많이 있으려고 노력했다. 2001년 6월 10일, 말리아가 태어난 지 3년이 되어갈 무렵, 그때와 똑같은 기쁨의 환호성―똑같은 순수한 놀라움―과 함께 사샤가 태어났다. 언니처럼 통통하고 사랑스러웠으며 굵고 검은 곱슬머리에는 마음을 빼앗기지 않을 도리가 없었다.

그 뒤로 2년간은 작은 행복으로 가득한 채 그럭저럭 균형을 맞추며 좀 더 조용한 삶을 이어갔다. 말리아에게 첫 발레 타이츠를 꾸역꾸역 입히거나 손을 잡고 공원을 걷던 순간, 내가 발을 물면 아기 사샤가 웃고 또 웃던 순간, 내 어깨에 머리를 기댄 채 옛 영화를 보다가 잠든 미셸의 느릿한 숨소리를 듣던 순간. 이 모두가 내게는 즐거움이었다. 나는 주상원 일에 다시 몰두했으며 학생들에게도 시간을 더 할애했다. 재무 상황을 진지하게 들여다보고 채무 변제 계획을 짰다. 느려진 일의 리듬과 아빠

노릇의 즐거움 속에서, 정치 이후의 삶을 모색하기 시작했다. 강의와 집필을 전업으로 하거나, 현업에 복귀하거나, 어머니가 한때 상상한 것처럼 지역 자선 재단에서 일하는 것을 고민했다.

말하자면 연방하원의원 출마에 실패한 뒤로 일종의 내려놓음을 경험했다. 세상을 변화시키겠다는 욕망까지 내려놓진 않았지만, 적어도 더 큰 무대에서 그래야 한다는 고집은 버렸다. 운명이 내 삶에 부과한 한계가 무엇이든 그것에 대한 체념으로 시작된 감정은 운명이 베풀어준 선물에 대한 감사로 바뀌었다.

하지만 정치에서 깨끗이 손 뗄 수 없는 이유가 두 가지 있었다. 첫째, 일리노이주 민주당은 2000년 인구 총조사의 새 데이터를 반영한 주 선거구 지도 개편을 감독할 권한을 얻었다. 독특하게도 일리노이주 헌법에서는 민주당이 지배하는 하원과 공화당이 지배하는 상원의 논란을 해결해야 할 때 에이브러햄 링컨의 낡은 스토브파이프해트(원통형 검정 실크 모자_옮긴이)로 제비뽑기를 하도록 규정되어 있었기 때문이다. 이 힘을 손에 넣은 민주당은 지난 10년간의 공화당 게리맨더링을 뒤집어 2002년 선거에서 상원 다수당이 될 가능성을 부쩍 높일 수 있었다. 내가 한 번 더 연임하면 마침내 몇몇 법안을 통과시키고, 대변하는 사람들에게 의미 있는 변화를 이룰 기회가 있었다. 어쩌면 지금보다 큰물에서 정치 인생을 마무리할 수도 있었다.

두 번째 요인은 사건이라기보다는 본능이었다. 나는 주상원의원으로 선출된 뒤로 해마다 여름 며칠 동안 일리노이주 전역을 돌면서 여러 동료의 지역구를 순방했다. 대개는 수석 상원 보좌관 댄 쇼먼을 데리고 갔다. UPI 기자 출신인 그는 두꺼운 안경, 한없는 정력, 뱃고동 목소리의 소유자였다. 우리는 골프채, 지도, 옷가지 한두 벌을 나의 지프 뒤쪽에 던져넣고는 남쪽이나 서쪽으로 출발하여 록아일랜드나 핑크니빌, 올턴이나 카본데일을 찾아갔다.

댄은 핵심 정치 자문이자 좋은 친구이자 이상적인 여행 파트너였다.

편안한 이야기 상대였고 침묵해도 어색하지 않았으며 나처럼 차 안에서 담배 피우는 습관이 있었다. 게다가 주 정치에 대한 백과사전적 지식을 자랑했다. 처음 여행을 떠났을 때 그는 시카고 출신에 이름이 아랍식인 흑인 변호사를 다운스테이트 주민들이 어떻게 대할지 몰라서 약간 초조했던 것 같다.

출발 전에 그가 당부했다. "화려한 셔츠는 안 돼요."

내가 말했다. "화려한 셔츠는 없어요."

"좋아요. 폴로셔츠와 카키 바지만 입어야 해요."

"알았어요."

튀어 보일 거라던 댄의 우려와 달리, 내게는 여행 내내 모든 것이 너무도 친숙하다는 것이 오히려 이채로웠다. 농업 박람회장이나 조합 회관에서든, 누군가의 농장 포치에서든 마찬가지였다. 사람들이 가족이나 하는 일을 소개하는 방식, 겸손과 환대, 고교 농구에 대한 열정, 프라이드치킨과 삶은 콩과 젤로 푸딩 등 대접받은 음식에서 우리 외조부모와 어머니, 미셸의 부모님이 보였다. 그들도 똑같은 가치, 똑같은 희망과 꿈을 품었다.

아이들이 태어나면서 여행은 뜸해졌지만 그때 얻은 단순하고도 거듭되는 통찰은 계속 내 곁에 남았다. 시카고 선거구의 주민들과 다운스테이트 선거구의 주민들이 서로에게 낯선 존재로 남아 있는 한 우리 정치가 결코 진정으로 달라질 수 없음을 깨달았다. 정치인들은 언제나 흑인과 백인을 대립시키고 이민자와 토박이를 대립시키고 농촌의 이해관계와 도시의 이해관계를 대립시키는 고정관념에 호소하는 손쉬운 유혹에 빠졌다.

이에 반해 분열을 강조하는 미국의 지배적 정치 통념에 이의를 제기하는 운동을 벌일 수 있다면 시민들이 새로운 서약을 맺을 수 있을지도 몰랐다. 그러면 내부자들이 더는 한 집단을 편들고 다른 집단을 적대시할 수 없을 것이다. 의원들은 지역구민들의 이익과 자신의 이익을 그토록 편협하게 규정하지 않아도 될 것이다. 언론은 어느 편이 이겼느냐 졌느냐가 아니라 우리의 공동 목표가 달성되었느냐를 바탕으로 사안을 바라보고 분석하게 될지도 모른다.

궁극적으로 보자면, 내 삶의 여러 가닥 같은 미국의 인종적, 민족적, 종교적 간극에 가교를 놓는 일이야말로 내가 추구해온 바가 아닐까? 내가 비현실적일 수도 있다. 그 간극이 너무 깊을 수도 있다. 하지만 아무리 달리 생각해봐도 가장 깊은 신념을 포기하기엔 이르다는 생각을 떨칠 수 없었다. 내 정치 인생이 끝났다고 혹은 끝나간다고 스스로를 설득해봤지만, 아직 내려놓을 준비가 되지 않았음을 가슴으로 알고 있었다.

미래를 생각할수록 한 가지가 분명해졌다. 내가 구상한 다리 짓기의 정치는 의원 선거전에 맞지 않았다. 구조적인 문제였다. 선거구가 어떻게 정해지는가가 선거를 좌우했다. 내가 사는 곳처럼 흑인이 압도적으로 많고 오랫동안 차별과 무시에 시달린 선거구에서는, 인종이라는 잣대를 들이대고 정치인을 판단하는 경우가 많았다. 자기 지역이 낙후했다고 느끼는 백인이 많은 농촌 선거구도 마찬가지였다. 유권자들은 이런 것들을 궁금해했다. **우리와 같지 않은 자들, 우리를 이용한 자들, 우리를 깔보는 자들에게 얼마나 잘 맞설 거요?**

물론 정치적 기반이 협소해도 변화를 이끌어낼 수는 있었다. 경력이 쌓이면 지역구민들에게 더 효과적으로 봉사하고, 지역구에 대형 사업을 한두 개 안겨주고, 자기편과 손잡고 전국적 논의에 영향을 미쳐볼 수도 있었다. 하지만 보건 의료를 가장 필요한 사람들에게 제공하거나 가난한 아이들에게 더 좋은 학교를 지어주거나 실업이 만연한 곳에 일자리를 제공하는 것을 가로막는 정치적 제약을 없애기에는 역부족일 수도 있었다. 보비 러시 역시 매일같이 그 제약으로 고통받았다.

정말로 판을 흔들고 싶다면 최대한 폭넓은 청중에게, 그들을 위해 말해야 한다는 것을 깨달았다. 그러기 위한 가장 좋은 방법은 전국 단위 공직에 출마하는 것이었다. 이를테면 연방상원 같은.

선거에서 참패한 지가 엊그제인 주제에 연방상원 경쟁에 뛰어드는 일이 얼마나 무모하고 후안무치한지 돌이켜 생각해보면 알코올 중독자가 마지막으로 딱 한 잔을 합리화하듯 내가 또 한 번의 기회를 갈망했을 가능성을 부정하기 힘들다. 하지만 당시에는 그렇게 느끼지 않았다. 이 발상을 머릿속에서 굴리자 생각이 무척 명료해졌다. 당선이 **확실**하지는 않아도 **가능성**은 있으며, 승리한다면 크나큰 영향을 미칠 수 있을 것 같았다. 나는 볼 수 있었고 느낄 수 있었다. 스크러미지 라인의 빈틈을 포착한 미식축구 러닝백처럼 빠르게 돌진해 그 틈새를 뚫을 수만 있다면 나와 엔드 존 사이는 무주공산일 것이다. 이 명료함과 나란히 깨달음도 찾아왔다. 성공하지 못한다면 정계를 떠나야 했다. 최선을 다했다면 후회 없이 떠날 수 있을 것 같았다.

조용히 2002년을 보내면서 이 방안을 점검하기 시작했다. 일리노이주의 정치 지형을 살펴봤더니 무명의 흑인 주의회 의원이 연방상원에 진출하겠다는 계획이 허무맹랑하지는 않았다. 캐럴 모즐리 브론을 비롯한 아프리카계 미국인들이 주 단위 공직 선거에서 승리한 사례가 있었다. 유능하지만 괴팍한 전직 연방상원의원 브론은 선거에서 승리하여 한때 전국을 뒤흔들었지만 재정 윤리와 관련된 잇따른 실책으로 재선에 실패했다. 그녀를 누르고 연방상원에 진출한 공화당 의원 피터 피츠제럴드는 부유한 은행가였는데, 보수주의적 견해가 뚜렷해서 민주당 세력이 커지던 우리 주에서는 인기가 없었다.

나는 주상원의 포커 패거리 삼인방—민주당 의원인 테리 링크, 데니 제이컵스, 래리 월시—과 이야기를 나누면서 그들의 지역구인 백인 노동자 계층 지역과 농촌 지역에서 승산이 있을지 타진하기 시작했다. 내가 자기네 지역구를 방문하여 활동하는 모습을 본 이들은 충분히 이길 수 있다고, 출마하면 지지하겠다고 힘을 실어주었다. 시카고 도심의 여러 백인 진보파 선출직 공직자들과 소수의 무당파 라틴계 의원들도 지지를 약속했다. 나는 제시 주니어에게 출마 의사가 있느냐고 물었는데, 그는 계획이 없으며 나를 지지할 준비가 되어 있다고 덧붙였다. 일리노이 주의회 역사상 세 번째 흑인 하원의원인 대니 데이비스도 지지 명단에 이름을 올렸다. (미적지근한 보비 러시를 탓할 수는 없었다.)

가장 중요한 인물은 이제 곧 주의회 의장이 되어 일리노이주에서 가장 막강한 정치인 셋 중 하나가 될 에밀 존스였다. 그의 사무실에서 면담하며 나는 현재 연방상원의원 중 아프리카계 미국인이 한 명도 없으며, 워싱턴에 옹호자가 있으면 우리가 스프링필드에서 함께 싸워온 정책들을 추진하는 데 유리할 거라고 말했다. 그가 자신의 의원이 연방상원에 진출하는 데 일조한다면 그를 늘 과소평가하는 듯한 스프링필드의 노장 백인 공화당 의원들의 코를 납작하게 할 수 있을 거라는 말도 덧붙였다(내 생각에 그에겐 유난히 솔깃할 논리였다).

데이비드 액설로드에게는 다른 수법을 썼다. 기자 출신 언론 컨설턴트 액스는 영리하고 강인하고 능숙한 광고 제작자로 전국적 명성을 얻고 있었다. 해럴드 워싱턴, 전 연방상원의원 폴 사이먼, 리처드 M. 데일리 시장 등이 고객이었다. 이러한 성과에 경탄한 나는 그가 합류하면 선거운동에 주 전체를 아우르는 신뢰성을 부여할 뿐 아니라 전국적 후원자와 전문가를 끌어들일 수 있음을 알았다.

액스가 여간내기가 아니라는 것도 알고 있었다. 어느 날 리버노스 식당에서 만나 점심을 먹다가 그가 말했다. "꿈이 야무지네요." 그는 내게 보비 러시와 맞붙지 말라고 경고한 여러 사람 중 하나였다. 샌드위치를 한입 베어 물던 그는 내가 두 번째 패배를 감당할 수 없을 거라고 말했다. '오사마'와 운이 맞는 이름의 후보가 다운스테이트에서 표를 얻을 수 있을지도 의문이라고 했다. 게다가 적어도 두 명의 상원의원 후보 희망자들—주 감사관 댄 하인스와 백만장자 헤지펀드 매니저 블레어 헐—이 그에게 접근한 터였다. 두 사람 다 당선 가능성이 훨씬 높아 보였기에 나를 고객으로 받아들였다가는 그의 회사가 막대한 손실을 입을 수도 있었다.

그가 수염에서 겨자를 닦으며 말했다. "리치 데일리가 은퇴할 때까지 기다렸다가 시장에 도전하세요. 그래야 내기에서 이길 확률이 높아요."

물론 그 말이 옳았다. 하지만 나는 판에 박힌 내기를 하려는 것이 아니었다. 그리고 액스에게서―그의 작업 도구인 온갖 여론조사 데이터와 전략 메모, 논점들의 이면에서―스스로를 단순한 용병 이상으로 여기는 사람, 동지가 될 수 있는 사람을 보았다. 나는 선거 공학을 들먹이기보다는 가슴에 호소하기로 했다.

내가 물었다. "존 F. 케네디와 로버트 케네디가 어떻게 사람들에게서 고결함을 이끌어냈다고 생각하나요? 린든 존슨이 투표권법을 통과시키고 프랭클린 D. 루스벨트가 사회보장법을 통과시키는 데 일조하여 당신이 수백만의 삶을 더 낫게 만들었다면 어떤 느낌일 것 같아요? 정치가 사람들이 생각하는 수준에 머물 필요는 없어요. 그 이상이 될 수 있다고요."

액스가 두툼한 눈썹을 치켜들고는 내 얼굴을 탐색했다. 내가 그를 설득하려는 게 아님이 얼굴에 뚜렷이 드러났을 것이다. 나는 나 자신을 설득하고 있었다. 몇 주 뒤에 그가 전화를 걸어, 파트너들과 아내 수전과 의논한 끝에 나를 고객으로 받아들이기로 결정했다고 말했다. 내가 고맙다고 말하기도 전에 그가 한 가지 단서를 덧붙였다.

"당신의 이상주의는 감동적이에요, 버락. …… 하지만 그걸 TV에 내보내서 사람들이 듣게 하려면 500만 달러가 필요하고, 그 돈을 모으지 못하면 기회는 없어요."

이걸로 마침내 미셸의 의사를 타진할 준비가 됐다는 생각이 들었다. 그녀는 시카고 대학병원에서 지역사회 업무 담당 상임이사로 일하고 있었다. 업무의 유연성이 커졌지만 그래도 고위급 전문가로서 책임을 다하면서 아이들 놀이 약속과 등하교 픽업 스케줄도 관리해야 했다. 그래서 "죽어도 안 돼, 버락!"이라고 일축하지 않고 가장 친한 친구들과 허심탄회하게 얘기해보자고 제안했을 때 살짝 놀랐다. 그 친구들에는 마티 네스빗과 밸러리 재럿도 있었다. 마티는 성공한 기업인이고, 그의 아내 어니타 블랜처드 박사는 우리 두 딸을 받아준 산부인과 의사였다. 밸러리는 명석하고 발 넓은 변호사로, 도시계획과에서 미셸의 상사였고 우리에게는 언니와 누나 같은 존재였다. 당시에 내가 몰랐던 사실은 미셸이 이미 둘에게 내가 바보짓 못 하게 설득하는 임무를 맡겼다는 것이었다.

우리는 밸러리의 하이드파크 집에 모였다. 긴 브런치를 먹으며 나는 생각의 과정을 설명하고, 우리를 민주당 후보 지명으로 데려다줄 시나리오를 그려 보이고, 이 선거가 지난번과 어떻게 다르냐는 질문에 답했다. 미셸에게는 내가 집을 비워야 하는 시간을 입에 발린 소리로 얼버무리지 않았다. 하지만 이번에는 되거나 그만두거나 둘 중 하나라고, 이번에 낙선하면 정치와는 영영 작별이라고 약속했다.

내가 말을 마쳤을 즈음 밸러리와 마티는 이미 설득당한 뒤였다. 미셸은 분한 표정이 역력했다. 그녀에게 선거는 전략의 문제가 아니었다. 물론 또 치르는 선거운동은 치근단 절제술 못지않게 괴로울 터였다. 그녀가 가장 우려한 것은 지난 선거 이후 아직까지도 온전히 회복하지 못한 가계에 미칠 영향이었다. 그녀는 학자금 대출, 모기지 대출, 신용카드 대출이 남아 있다고 상기시켰다. 두 딸의 대학 학자금 저축도 아직 시작하지 못했는데, 무엇보다 내가 연방상원의원에 출마하여 이해 충돌을 피하기 위해 법률 실무를 그만두면 수입이 더 줄어들 터였다.

그녀가 말했다. "당신이 지면 우리는 구렁텅이로 더 깊이 빠져들 거야. 그리고 당신이 이기면 어떻게 될까? 한 가정도 간신히 꾸려가고 있는데, 워싱턴과 시카고에서 두 가정을 어떻게 유지할 거야?"

예상한 질문이었다. "내가 이기면 자기, 전국적 관심이 쏠릴 거야. 상원에서 유일한 아프리카계 미국인이 되는 거라고. 지명도가 높아지면 책을 하나 더 쓸 수 있고, 그 책은 많이 팔릴 거고, 그 돈으로 추가 비용을 충당하는 거지."

미셸은 신랄한 웃음을 터뜨렸다. 내가 첫 책으로 돈을 좀 벌긴 했지만,

지금 언급하는 비용을 대기에는 어렵도 없었다. 아내가 간파했듯—대다수 사람들도 그렇게 보겠지만—쓰지 않은 책은 재무 계획으로 자격 미달이었다.

그녀가 말했다. "말하자면 주머니에 마법 콩이 있다는 거네. 지금 하는 말이 그렇잖아. 당신한테 마법 콩이 있는데 그걸 심으면 밤새 커다란 콩 줄기가 하늘까지 자라. 당신은 콩 줄기를 타고 올라가 구름 속에 사는 거인을 해치우고 황금알 낳는 거위를 가지고 집에 오겠다는 거지, 아냐?"

내가 말했다. "그 비슷한 거 맞아."

미셸은 고개를 내두르며 창밖으로 시선을 돌렸다. 내가 허락을 구하는 게 무엇인지는 둘 다 알고 있었다. 또 다른 분란. 또 다른 도박. 나는 원하지만 그녀는 진심으로 원치 않는 것을 향한 또 다른 걸음.

미셸이 말했다. "내 생각을 말할게, 버락. 이번이 마지막이야. 하지만 내게 선거운동을 기대하진 마. 솔직히 내가 당신을 찍을지조차 확실치 않으니까."


어릴 적 나는 생명보험 판매원이었던 외할아버지가 전화로 상품을 권유하는 모습을 보곤 했다. 저녁 무렵 호놀룰루 고층 아파트 10층의 집에서 판촉 전화를 돌리던 할아버지의 얼굴은 고통으로 일그러져 있었다. 2003년 초 몇 달간 새로 시작한 선거운동 캠프의 초라한 사무실 책상에 앉아 있자니 종종 외할아버지가 생각났다. 나는 소니 리스턴을 물리치고 의기양양하게 포즈를 취한 무하마드 알리의 포스터 밑에서 다시 한번 후원 요청 전화를 걸라며 스스로를 독려하고 있었다.

댄 쇼먼과 선거사무장으로 영입한 켄터키 출신 짐 콜리를 제외하면 팀원 대부분은 20대였으며, 그중 절반만 급여를 받고 있었고 심지어 두 명은 학부생이었다. 무엇보다 후원 요청 전화를 걸라고 나를 닦달해야 했던 외로운 상근 모금 담당자에게 미안했다.

내가 정치인 노릇에 점점 능숙해지고 있었을까? 알 수 없었다. 2003년 2월, 첫 후보자 토론회에서 나는 경직되고 무능했으며, 토론회에 맞는 간결한 표현을 생각해내지 못했다. 하지만 내겐 일전에 보비 러시에게 패배하면서 얻은 분명한 청사진이 있었다. 승산을 높이려면 언론과 더 효과적으로 소통하고 생각을 간단명료한 촌철살인의 어구로 전달하는 법을 배워야 했다. 정책 자료보다는 유권자들과의 일대일 소통에 치중하는 선거운동을 계획해야 했다. 그리고 자금을 끌어모아야 했다. 아주 많이. 우리가 여러 차례 실시한 여론조사는 나의 승리 가능성을 확인시켜주는 듯했다. 하지만 값비싼 TV 광고로 인지도를 높이지 못하면 어림도 없었다.

그럼에도, 연방하원의원 선거가 불운의 연속이던 것에 비해 이번 선거는 행운의 연속이었다. 4월에 피터 피츠제럴드가 재선에 도전하지 않기로 결정했다. 캐럴 모즐리 브론이 옛 의석을 되찾겠다고 나섰다면 민주당 후보 지명은 따놓은 당상이었을지도 모르지만, 뜬금없이 대통령 선거에 출마하겠다며 경선의 문을 활짝 열어주었다. 민주당 소속 여섯 명과 맞붙는 예비선거에 뛰어든 나는 여러 노조와 인기 있는 의원들의 지지를 얻어 다운스테이트와 진보 진영에서 기반을 다지기 시작했다. 에밀을 비롯해 민주당이 장악한 주상원의 지원을 등에 업고 사형 사건 심문 시 동영상 촬영을 요구하는 법에서 근로 장려 세제 확대에 이르는 다양한 법안이 통과되는 데 앞장서서 유능한 입법가의 면모를 과시했다.

전국적 정치 지형도 내게 유리하게 돌아갔다. 내가 출마 선언을 하기도 전인 2002년 10월, 미국의 이라크 침공을 반대하며 시카고 도심에서 열리는 집회에서 연설을 해달라는 요청을 받았다. 나는 조만간 상원의원 선거에 나설 예비 후보자였고, 정치란 진흙탕을 걷는 일이었다. 액스와 댄은 분명하고 확고하게 전쟁 반대 입장을 취해야 민주당 경선에서 도움이 된다고 생각했다. 반면에 다른 사람들은 9.11 이후의 나라 분위기(당시 전국 여론조사에서는 이라크에 대한 군사행동에 찬성하는 미국인이 67퍼센트에 달했다)나 적어도 단기적으로는 군사적 승리를 거둘 가능성, 가뜩이나 의심의 눈초리를 사고 있던 내 이름과 혈통을 감안할 때, 전쟁 반대 입장을 취했다가는 정작 본선거에서 위태로울 수도 있다고 경고했다.

한 친구는 이렇게 말했다. "미국은 악당 혼내주는 걸 좋아한다고."

하루 이틀 곰곰이 생각한 나는 이것이 첫 시금석이라고 결론 내렸다. 과연 나 자신에게 약속한 대로 선거운동을 치러낼 것인가? 나는 5~6분 길이의 짧은 연설문을 작성하고는, 솔직한 신념을 표현한 것에 뿌듯해하며 잠자리에 들었다. 팀에 검토를 요청하지는 않았다. 집회 당일 제시 잭슨을 위시한 1000여 명의 군중이 페더럴 플라자 광장에 운집했다. 춥고 바람이 거셌다. 내 이름이 호명되고, 장갑 때문에 먹먹한 박수 소리가 간간이 들리는 가운데 마이크 앞에 섰다.

"우선 말씀드리고 싶은 것이 있습니다. 이 집회가 반전 집회를 표방하고 있긴 하지만, 여러분 앞에 선 저는 모든 상황에서 전쟁에 반대하지는 않습니다."

일순 정적이 감돌았다. 내가 무슨 말을 하려는지 갈피를 잡지 못하는 듯한 분위기였다. 나는 합중국을 지키고 새로운 자유의 탄생을 이끈 이들이 흘린 피와, 진주만 공격이 벌어지자 자원 참전한 외할아버지에 대한 자부심과, 아프가니스탄에 대한 미국의 군사행동을 지지하며 9.11과 같은 테러를 막기 위해서라면 기꺼이 총을 들겠다는 결심을 설파했다. 그리고 이렇게 말했다. "저는 모든 전쟁에 반대하지는 않습니다. 저는 멍청한 전쟁에 반대합니다." 이어서, 사담 후세인이 미국이나 주변 국가들에 임박한 위협이 되지 못하며 "심지어 이라크 전쟁에 성공하더라도 미국의 점령 기간이 얼마나 될지, 비용이 얼마나 들지, 어떤 결과가 생길지는 미지수"라고 주장했다. 나는 부시 대통령에게 정 싸우고 싶다면 알카에다를 진압하고 압제 정권 비호를 중단하고 중동 석유 의존에서 벗어나라고 조언하며 연설을 마무리했다.

다시 자리에 앉았다. 청중은 환호성을 질렀다. 광장을 떠나면서 내 발언이 기껏해야 각주에 머물 거라 예상했다. 나의 집회 참석은 뉴스 보도에서 거의 언급되지 않았다.

　　　　　　　　미국이 주도하는 연합군이 바그다드에 폭격을 시작하고 몇 달이 지나고서야 민주당은 이라크 전쟁 반대 쪽으로 돌아서기 시작했다. 사상자와 혼란이 증가하자 언론은 애초에 제기했어야 할 질문을 던지기 시작했다. 풀뿌리 행동주의가 힘을 발휘하면서 무명의 버몬트 주지사 하워드 딘이 전쟁에 찬성표를 던진 존 케리 같은 후보들에 맞서 2004년 대통령 선거에 도전했다. 반전 집회에서 내가 한 짧은 연설이 갑자기 선견지명으로 비쳐지면서 인터넷에서 회자되기 시작했다. 새 자원봉사자와 풀뿌리 선거 자금이 느닷없이 쏟아져 들어왔고, 젊은 선거운동원들은 '블로그'니 '마이스페이스'니 하는 것들이 이것과 무슨 관계가 있는지 내게 설명해줬다.

　후보로서의 나날은 즐거웠다. 토요일마다 시카고에서 멕시코인, 이탈리아인, 인도인, 폴란드인, 그리스인 등 다양한 민족과 어울려 먹고 춤추고 시가행진하고 아기에게 입 맞추고 할머니와 포옹했다. 일요일에는 흑인 교회를 찾아갔는데, 네일숍과 패스트푸드점 사이에 낀 수수한 상가 교회가 있는가 하면 주차장이 축구장만 한 대형 교회도 있었다. 나는 나무가 우거지고 맨션으로 가득한 노스쇼어에서, 빈곤과 버려진 건물들 때문에 일부는 시카고에서 가장 열악한 지역들과 비슷한 시 남부와 서부까지 교외를 누비고 다녔다. 두 주일에 한 번씩 다운스테이트로 향했는데, 혼자서 차를 몰고 갈 때도 있었지만 대개는 그곳에서 선거운동을 지원하는 유능한 운동원 제러마이아 포스덜이냐 어니타 데커를 데리고 갔다.

　선거운동 초기에 유권자들에게 이야기할 때면, 공장을 해외로 옮기는 기업에 대한 세제 혜택을 중단하고 재생 가능 에너지를 홍보하고 아이들의 대학 학자금 부담을 줄이는 등 내가 추진 중인 사안들을 주로 언급했다. 이라크 전쟁에 반대하는 이유를 설명하면서는 우리 병사들이 훌륭하게 복무하고 있음을 인정하면서도 아프가니스탄에서 벌인 전쟁을 아직 끝내지 못했고 오사마 빈라덴도 건재한데 왜 새로 전쟁을 벌였는지 의문을 제기했다.

하지만 시간이 지나면서 듣는 쪽에 더 초점을 맞췄다. 귀를 기울일수록 사람들이 마음을 열었다. 그들은 평생직장에서 해고된 심정을, 집이 압류되거나 가족 농장을 팔아야 하는 게 어떤 일인지를 들려주었다. 건강보험을 감당할 여력이 되지 않는 상황을, 약이 떨어질까 봐 처방받은 알약을 반으로 쪼개야 하는 처지를 이야기했다. 지역에는 괜찮은 일자리가 없어서 외지로 나가는 청년들, 학비를 댈 수 없어서 졸업을 앞두고 중도 포기해야 하는 청년들에 대해서도 말했다.

선거 유세는 주장의 나열에서 이질적 목소리들의 연대기로, 주 방방곡곡에서 들려오는 미국인의 합창으로 변해갔다.

"제가 드리고 싶은 말씀은 이것입니다. 출신지가 어디이건, 어떻게 생겼건 대다수 사람은 같은 것을 추구합니다. 추잡한 방법으로 부자가 되고 싶어 하지 않습니다. 자신이 할 수 있는 일을 남이 해줄 거라 기대하지도 않습니다.

하지만 그들은 일하려는 의지가 있다면 가족을 먹여살릴 일자리를 구할 수 있기를 기대합니다. 아프다는 이유만으로 파산하지는 않길 기대합니다. 자녀들이 새로운 경제를 준비할 수 있도록 좋은 교육을 받고 노력하면 대학에 들어갈 수 있길 기대합니다. 범죄자나 테러범으로부터 안전하고 싶어 합니다. 평생직장에서 존엄과 존중 속에서 은퇴할 수 있길 바랍니다.

이런 것들입니다. 대단한 요구가 아닙니다. 그들은 정부가 자신의 문제를 모두 해결해주리라 기대하지 않지만, 마음속 깊은 곳에서는 정부가 우선순위를 조금만 바꾸면 상황이 나아질 수 있다는 걸 압니다."

그러면 방 안이 고요해졌고, 나는 질문을 몇 개 받았다. 면담이 끝나면 사람들이 줄을 서서 나와 악수하고 선거 홍보물을 챙기고 제러마이아나 어니타에게 참여 방법을 문의했다. 다음 도시로 이동하는 동안 내가 들려준 이야기가 진실이고, 이 선거운동이 더는 나만의 문제가 아니며, 나는 사람들이 자기 이야기의 가치와 소중함을 인식하고 서로 나누게끔 돕는 수도관에 불과하다는 확신이 점차 커졌다.

　　　　　　　　스포츠에서든 정치에서든 탄력의 정확한 성격을 이해하기란 쉽지 않다. 하지만 2004년에 접어들면서 우리는 탄력을 받았다. 액스는 TV 광고를 두 편 제작했다. 첫 번째 광고에서는 내가 카메라를 직접 보면서 연설했고 "우린 할 수 있어"라는 구호로 마무리했다. (나는 진부하다고 생각했지만, 액스는 대뜸 고위급의 의견을 들어보자며 미셸에게 보여주었다. 그녀의 반응은 "하나도 안 진부한데요"였다.) 두 번째 광고의 출연자는 일리노이주가 사랑하는 전직 상원의원이자 나를 공개 지지하기로 한 날을 며칠 앞두고 심장 수술 합병증으로 세상을 떠난 폴 사이먼의 딸 실라 사이먼이었다.

우리는 예비선거를 고작 4주 남겨놓고 광고를 내보냈다. 순식간에 내 지지율이 두 배 가까이로 급등했다. 일리노이주의 5대 신문이 나를 지지하자 액스는 이 사실이 강조되도록 광고를 새로 편집하면서, 이런 공적 승인의 효과는 백인 후보보다 흑인 후보에게서 더 크게 나타난다고 설명했다. 이즈음 나와 가장 치열하게 경합하던 상대 후보는 전처가 그에게 가정 폭력을 당했다고 주장하는 비공개 소송 자료가 보도되면서 결정적 타격을 입었다. 민주당 예비선거일인 2004년 3월 16일, 우리는 일곱 명이 맞붙은 전장에서 53퍼센트 가까운 득표율로 승리했다. 나머지 민주당 후보들의 득표율을 합친 것보다 많았을 뿐 아니라 공화당 예비선거의 총투표수에 맞먹었다.

그날 밤 기억나는 순간은 둘뿐이다. 승리 축하 파티에서 색종이 폭죽이 터지자 두 딸이 신나서 꺅 소리를 지르던 순간(두 살배기 사샤의 탄성에는 두려움도 조금 섞여 있었던 것 같다), 그리고 시카고에서 백인이 주민 과반을 차지하는 지역구들—해럴드 워싱턴에 대항해 인종적 저항의 본거지 역할을 하던 곳들—중 한 곳을 제외한 모든 곳에서 승리했다고 액셀로드가 의기양양하게 말하던 순간. (그가 말했다. "해럴드가 오늘 밤 우릴 내려다보며 미소 짓고 있을 거예요.") 밤새 한숨도 못 자고 이튿날 아침 중앙역에 가서 출근하는 시민들과 악수하던 일도 기억난다. 함박눈이 내리기 시작했다. 눈송이는 꽃잎만큼 두꺼웠다. 나를 알아보고 악수하는 사람들은 마치 우리 모두 함께 놀라운 일을 해냈다는 듯 똑같이 미소를 띠고 있는 것 같았다.

　　　　　　　　　'대포알에 맞은 것 같다'로 액스는 이후의 몇 달을 묘사했는데, 우리 심정이 꼭 그랬다. 우리의 선거운동은 하룻밤 새 전국 뉴스가 되었으며 방송사들이 인터뷰를 요청했고 전국의 선출직 공직자들이 축하 전화를 했다. 단순히 우리가 승리했다거나 뜻밖에 대승을 거뒀기 때문만은 아니었다. 사람들은 우리가 이긴 방식을 흥미로워했다. 우리는 남부와 농촌 백인 카운티를 비롯한 모든 인구 집단에서 표를 얻었다. 전문가들은 우리가 선거운동에서 미국 인종 문제의 현황에 대해 뭐라고 이야기했는지, 또 이라크 전쟁에 일찌감치 반대한 내가 민주당의 방향에 대해 뭐라고 말할 것인지 논평했다.

　우리 선거 본부는 자축할 여유도 없이 부랴부랴 본선을 준비해야 했다. 우리는 더 숙련된 선거운동원들을 추가로 영입했다. 홍보부장 로버트 깁스는 강인하고 명민한 앨라배마 사람으로, 존 케리 선거 본부에서 일했다. 여론조사에서는 내가 공화당 후보 잭 라이언보다 20퍼센트포인트 가까이 앞섰지만, 그의 이력을 감안하면 당선을 장담할 수는 없었다. 골드만삭스 은행가 일을 그만두고 불우한 아동들이 다니는 교구 학교에서 교사로 일한 그는 고루한 공화당 정강을 내세웠지만 영화배우 같은 외모 덕에 참신해 보였다.

　우리에게는 다행하게도 이 중에서 선거 유세에 영향을 미친 것은 없었다. 라이언은 씀씀이가 헤프고 세금을 도둑질하는 진보주의자라는 꼬리표를 내게 붙이려고 각종 차트를 동원했는데, 숫자들이 터무니없고도 명백하게 틀렸다는 사실이 드러나면서 언론의 뭇매를 맞았다. 젊은 운동원을 파견하여 휴대용 캠코더로 나의 일거수일투족을 추적하게 한 일로 훗날 비판을 사기도 했다. 그 운동원은 화장실까지 따라 들어왔고 말실수를 포착하려고 내가 미셸과 아이들과 이야기하는 주변에서까지 얼쩡거렸다. 마지막 한 방은 라이언의 비공개 이혼 서류를 언론이 입수한 것이었다. 서류에서 그의 전처는 그가 자신을 섹스 클럽에 끌고 가고 낯선 사람들 앞에서 강제로 성행위를 시키려 들었다고 주장했다. 일주일이 지나지 않아 라이언은 후보에서 사퇴했다.

본 선거까지 딱 다섯 달이 남은 상황에서 경쟁자가 모두 사라져버린 것이다.

깁스는 이렇게 선언했다. "이 일이 끝나면 라스베이거스에나 가자고요."

그래도 나는 고삐를 늦추지 않았다. 스프링필드에서의 하루 일과가 끝나면 종종 차를 몰고 인근 타운에 가서 선거 유세를 했는데, 행사를 마치고 돌아오는 길에 존 케리의 보좌관에게서 전화를 받았다. 7월 보스턴에서 열리는 민주당 전당대회에서 기조 연설을 해달라는 것이었다. 지난 1년간 상상도 못 할 일을 숱하게 겪었기에 들뜨지도 초조하지도 않았다. 액설로드는 연설문을 작성할 팀을 짜자고 제안했지만 나는 거절했다.

"내게 맡겨요. 무슨 말을 해야 할지 아니까요."

그 뒤로 며칠간 연설문을 썼다. 대개 저녁에, 스프링필드 르네상스 호텔에서 야구 경기를 틀어놓은 채 침대에 엎드려 노란색 노트에 생각을 채워넣었다. 문구들이 속속 떠올랐다. 대학에 다니던 초창기 시절 이후로 내가 찾아 헤매던 정치와 지금 이곳으로의 여정을 촉발한 내적 투쟁을 정리했다. 우리 어머니, 외조부모, 아버지, 그리고 내가 조직한 사람들과 선거 유세에서 만난 사람들의 목소리가 머리를 가득 채웠다. 신랄하고 냉소적으로 돌아설 이유가 얼마든지 있지만 그러길 거부하고 끊임없이 더 숭고한 것을 추구하고 서로에게 손을 내민 사람들을 생각했다. 그러다 어느 순간 우리 교회 제러마이아 라이트 목사의 설교 중에 들었던 표현이 떠올랐다. 이런 정신을 한마디로 표현한 구절이었다.

'담대한 희망.'

훗날 액스와 깁스는 내가 대회에서 연설한 날 밤까지 이어지는 우여곡절에 대해 종종 이야기꽃을 피웠다. 내게 배정된 시간을 늘리려고 협상한 일(원래 8분이었지만 17분으로 늘렸다). 액스와 그의 유능한 파트너 존 쿠퍼가 나의 초고를 잘라낸 쓰라린 기억(덕분에 연설문이 더 나아졌다). 스프링필드에서 회의가 밤까지 늘어지는 바람에 부랴부랴 탑승한 보스턴행 비행기. 난생처음 텔레프롬프터 앞에서 연습하는데 나의 코치 마이클 시핸이 마이크에 이상이 없다며 외친 말, "소리 안 지르셔도 돼요!" 존 케리가 자기 연설에 써먹겠다며 젊은 직원을 시켜 연설의 한 구절(내가 좋아한 구절이었다)을 삭제하라고 요구했을 때 느낀 분노. (액스는 이렇게 상기시키며 나를 달랬다. "그들은 주상원의원인 당신에게 전국 무대에 설 기회를 줬어요. …… 지나친 요구는 아닌 것 같군요.") 흰옷으로 차려입은 아름다운 미셸이 무대 뒤에서 내 손을 꼭 쥐고 다정하게 눈을 맞추며 "망치지만 말게, 자네!" 하던 장면. 우리의 사랑이 최고조일 때면 언제나 그러듯 바보처럼 함께 깔깔대고 있는데, 일리노이주 고참 상원의원 딕 더빈의 소개말이 들렸다. "제가 소개할 연사는 버락 오바마……"

2004년 전당대회 연설 테이프를 처음부터 끝까지 본 적은 한 번뿐이다. 선거가 끝난 뒤에 그날 밤 대회장에서 무슨 일이 벌어졌는지 이해하고 싶어서 혼자 시청했다. 무대 분장을 한 나는 말도 안 되게 젊어 보이며, 처음부터 비치는 긴장한 기색, 너무 빠르거나 너무 느린 부분, 약간 어색한 몸짓에서 미숙함이 드러난다.

하지만 어느 순간 나는 리듬을 찾는다. 객석에서는 환호성 대신 침묵이 흐른다. 그 뒤로도 마법이 일어나는 밤이면 으레 그런 순간을 맞닥뜨렸다. 여기에는 신체적 느낌도 동반된다. 나와 청중 사이에 오가는 감정의 흐름 때문이다. 나의 삶과 그들의 삶이 영화 필름처럼 갑자기 이어져 앞으로 뒤로 투사되며 나의 목소리가 처음부터 끝까지 겹친다. 그것들을 한 순간에 깊숙이 느끼고 한꺼번에 볼 수 있게 된다. 그러면 우리 모두가 알고 바라는 일종의 집단적 정신—차이를 뛰어넘어 어마어마한 가능성의 파도로 대체하는 연결의 감각—에 접속하게 된다. 가장 중요한 모든 것들이 다 그렇듯 이 순간은 찰나이고 마법은 금세 풀려버린다.

　　　　　그날 밤 전까지만 해도 나는 내가 미디어의 위력을 이해한다고 생각했다. 액셀로드의 광고가 나를 예비선거에서 선두로 떠워 올리고, 낯선 사람들이 갑자기 경적을 울리며 차에서 손을 흔들고, 길거리에서 아이들이 달려와 무척 진지한 표정으로 "아저씨 TV에서 봤어요"라고 말했으니 그럴 만도 했다.

하지만 나의 연설이 여과되지 않은 채 실시간으로 수백만 명에게 전달되고 케이블 뉴스와 인터넷으로 또 다른 수백만 명에게 유포되는 것은 차원이 다른 노출이었다. 나는 무대에서 내려올 때 연설이 잘 끝났다는 것을 알았고, 이튿날 각종 전당대회 관련 행사에서 사람들이 우리에게 인사하려고 밀치락달치락해도 별로 놀라지 않았다. 보스턴에서 받은 주목은 만족스러웠지만 나는 이것이 우연한 행운이라고 생각했다. 그 사람들은 시도 때도 없이 이런 행사를 따라다니는 정치 중독자들 같았다.

전당대회 직후에 미셸과 나와 두 딸은 운동원들과 함께 일리노이주 다운스테이트로 일주일간 승합차 유세를 떠났다. 내가 여전히 일리노이주에 집중하고 있으며 거만해지지 않았음을 유권자들에게 보여주기 위한 일정이었다. 첫 번째 목적지를 몇 분 앞두고 고속도로에서 빠져나왔을 때 다운스테이트 담당자 제러마이아가 선발대의 전화를 받았다.

"알았어……, 알았어요……. 운전 기사에게 말할게요."

수면 부족과 정신없는 일정에 벌써부터 조금 지친 내가 물었다. "뭐 잘못됐어요?"

"공원에 100명쯤 모여 있을 거로 예상했는데, 지금 최소 500명을 헤아린다네요. 인파를 정리할 수 있도록 좀 천천히 오라는군요."

20분 뒤 도착해서 보니 타운 전체를 공원에 욱여넣은 것 같았다. 아이를 목말 태운 부모들, 야외용 의자에 앉아 작은 깃발을 흔드는 노인들, 격자무늬 셔츠에 종자 회사 모자를 쓴 남자들이 있었다. 상당수는 그저 호기심에 무슨 소동이 벌어지고 있는지 보려고 왔지만, 다른 사람들은 조용한 기대감으로 끈기 있게 서 있었다. 말리아는 사샤가 밀어내려 해도 아랑곳하지 않고 창밖을 내다보았다.

말리아가 물었다. "사람들이 공원에서 뭐 하는 거야?"

미셸이 말했다. "아빠를 보러 왔단다."

"왜?"

내가 깁스를 쳐다보자 그는 어깨를 으쓱하며 이렇게만 말했다. "퀸트 선장, 지원을 더 요청해야겠어요(영화 〈조스〉의 유명한 대사_옮긴이)."

그 뒤로 들르는 곳마다 전보다 네다섯 배 많은 군중이 우리를 맞이했다. 관심이 사그라들고 거품이 꺼질 거라고 스스로에게 말하고 자만심을 경계하려고 애쓰는 가운데 선거는 사실상 끝나 있었다. 8월이 되자, 현지에서 출마 희망자를 찾지 못한 공화당은—전 시카고 베어스 코치 마이크 딧카가 공개적으로 출마를 타진하긴 했지만—보수파 논객 앨런 키스를 마지못해 영입했다. (깁스가 파안대소하며 말했다. "이거 봐요. 공화당도 흑인을 데려왔네요!") 키스가 메릴랜드 주민이라는 점은 차치하더라도 낙태와 동성애에 대한 그의 가혹한 단죄는 일리노이 정서와 어울리지 않았다.

키스는 내 이름을 매번 일부러 틀리게 발음하며 이렇게 사자후를 토했다. "예수 그리스도께서는 배럭 오바마에게 투표하지 않으실 겁니다!"

나는 그에게 40퍼센트포인트 차로 승리했다. 일리노이주 상원 선거 역사상 최다 표차였다.

선거일 밤 우리의 기분이 가라앉은 이유는 선거 결과가 일찌감치 정해졌기 때문이 아니라 전국 선거 투표 결과 때문이었다. 케리는 부시에게 패배했고 공화당이 상하원을 다시 장악했으며 민주당 소속의 상원 소수당 대표인 사우스다코타의 톰 대슐마저도 충격적으로 낙선했다. 조지 부시의 정치적 배후 칼 로브가 공화당 영구 집권의 꿈을 떠벌렸다.

한편 미셸과 나는 기진맥진했다. 직원들 계산에 따르면 나는 지난 18개월을 통틀어 딱 이레를 쉬었다. 우리는 취임 선서까지 남은 6주를 이용해 그동안 소홀했던 집안 대소사를 처리했다. 나는 워싱턴으로 날아가 곧 동료가 될 당선자들을 만나고 보좌진 예정자들을 면접하고 가장 값싼 주택을 물색했다. 미셸은 아이들과 함께 시카고에 남기로 결정했다. 든든한 가족과 친구가 있을 뿐 아니라, 자신이 정말로 좋아하는 일을 계속 할 수 있으니까. 1년 내내 일주일에 사흘씩 떨어져 살아야 한다고 생각하니 마음이 울적했지만 그녀의 논리에 이의를 제기할 순 없었다.

그것을 제외하면 우리는 달라진 상황에 지나치게 노심초사하진 않았다. 우리는 하와이에서 마야와 콘과 함께 성탄절을 보냈다. 캐롤을 부르고 모래성을 쌓고 아이들이 선물 끄르는 광경을 지켜보았다. 나는 동생과 함께 바다로 나가 어머니의 재를 뿌린 지점에 레이(하와이 화환)를 던졌고, 외할아버지가 묻힌 태평양국립기념묘지에도 하나 놓아두었다. 새해가 되자 온 가족이 워싱턴으로 날아갔다. 취임 선서 전날 밤 호텔 스위트룸 침실에서 미셸이 초선 상원의원들을 위한 환영 만찬에 참석할 준비를 하고 있을 때 출판사 편집자가 전화를 했다. 몇 년째 절판되었던 내 책이 전당대회 연설 덕분에 재출간되어 베스트셀러 1위에 올랐다는 소식이었다. 편집자가 전화한 이유는 이 책의 성공과 새 책 계약을 축하하기 위해서였다. 이번에는 눈이 휘둥그레지는 선인세를 받았다.

편집자에게 고맙다고 말하고 전화를 끊자마자 미셸이 은은하게 반짝이는 이브닝드레스 차림으로 침실에서 나왔다.

사샤가 말했다. "정말 예뻐, 엄마." 미셸이 아이들을 위해 한 바퀴 돌아보았다.

나는 아이들에게 "좋았어, 너희들 얌전하게 굴어야 한다"라고 말하며 입 맞추고는 그날 밤 아이들을 봐주기로 한 장모에게 작별 인사를 했다. 홀을 내려와 엘리베이터를 향해 가는데, 미셸이 갑자기 멈췄다.

"뭐 잊은 거 있어?"

그녀는 못 믿겠다는 표정으로 나를 쳐다보며 고개를 저었다. "당신이 이 모든 일을 정말로 해냈다는 게 안 믿겨져. 선거 하며 책 하며 이 모든 것 말이야."

나는 고개를 끄덕이며 그녀의 이마에 입맞췄다. "마법 콩이야, 자기. 마법 콩 덕분이라고."


워싱턴에 입성한 초선 상원의원들에게 가장 큰 과제는 뭐니 뭐니 해도 자신이 하는 일에 사람들이 관심을 가지도록 하는 것이다. 하지만 내 문제는 정반대였다. 초선 상원의원이라는 현실 지위에 비추어 볼 때 나를 둘러싼 소동은 우스꽝스러울 정도였다. 기자들은 시도 때도 없이 내게 계획이 뭐냐고 다그쳤는데, 가장 자주 들은 질문은 대통령에 출마할 의향이 있느냐였다. 선서일에 한 기자가 물었다. "역사에서 당신이 차지하는 위치를 어떻게 생각하나요?" 나는 웃으면서 이제 막 워싱턴에 입성했고 서열 99위이고 아직 한 번도 표결에 참여하지 않았고 의사당 화장실이 어디 있는지도 모른다고 대답했다.

내숭 떠는 게 아니었다. 상원의원 출마만 해도 내게는 꿈 같은 얘기였다. 나는 상원의원이 되어 뿌듯했으며 얼른 일을 시작하고 싶었다. 부풀려진 기대들에 부응하기 위해 우리 팀은 힐러리 클린턴을 본보기로 삼았다. 4년 전 우렁찬 팡파르와 함께 상원에 들어선 그녀는 성실, 실속, 지역 구민들에 대한 관심으로 명성을 쌓았다. 박람회 출품마가 아니라 역마가 되는 것이 나의 목표였다.

이런 전략을 실행하는 데 기질적으로 가장 알맞은 사람은 새 수석보좌관 피트 라우스였다. 예순을 바라보는 나이에 머리가 희끗희끗하고 몸집이 판다 같은 피트는 30년 가까이 의회에서 일했다. 많은 경험과—가장 최근에는 톰 대슐의 수석보좌관을 지냈다—다방면에 걸친 인맥 때문에 사람들은 애정을 담아 그를 101번째 상원의원으로 불렀다(미국 연방상원의원은 100명이다_옮긴이). 워싱턴 정치 실무자들에 대한 통념과 반대로 피트는 스포트라이트를 질색했고, 익살맞고 무뚝뚝한 겉모습과 달리 뒤에는 수줍어하는 사내가 숨어 있었다. 그가 고양이들을 애지중지하며 오랫동안 독신으로 지낸 것도 이 때문이었을 것이다.

나의 새내기 의원실을 꾸리는 임무를 맡아달라고 피트를 설득하는 일은 만만치 않았다. 그는 자신의 급격한 신분 하락보다는 대슐이 낙선하여 실업자 신세가 된 초급 보좌관들의 일자리를 알아봐줄 시간이 부족할까 봐 더 걱정이라고 말했다.

이처럼 지식 못지않게 한결같은 관대함과 올곧음을 갖춘 피트의 합류는 내게 그야말로 횡재였다. 그의 명성을 발판 삼아 일류 보좌관들을 영입하여 사무실을 채울 수 있었다. 홍보담당관 로버트 깁스와 더불어, 보좌관으로 잔뼈가 굵은 크리스 루를 입법담당관으로, 젊고 영리한 해군 예비역 마크 리퍼트를 외교담당관으로, 앳된 얼굴과 달리 케리 대통령 선거 본부의 이인자였고 분쟁 조정과 행사 조직에 타의 추종을 불허하는 재능을 가진 얼리사 매스트로모나코를 일정담당관으로 임명했다. 마지막으로, 사려 깊고 잘생긴 스물세 살의 존 패브로를 발탁했다. 나중에 영화감독 패브스로 유명해진 패브로도 케리 선거 본부에서 일했는데 깁스와 피트는 그를 연설문 작성자로 첫손에 꼽았다.

면접이 끝나고 내가 깁스에게 물었다. "내가 전에 패브로를 만난 적 있지 않나요?"

"실은…… 우리에게 찾아와서 케리가 전당대회에서 당신의 구절을 훔칠 거라고 통보한 친구예요."

그래도 채용했다.

피트의 감독하에 우리 팀은 워싱턴과 시카고, 다운스테이트의 여러 지역에 사무소를 열었다. 지역구 유권자들에게 집중한다는 사실을 부각하기 위해 얼리사는 일리노이주에서 야심 찬 주민 간담회 일정을 짰다. 첫해에만 서른아홉 건이었다. 우리는 전국지와 일요일 아침 방송을 피하고 일리노이주의 신문과 지역 TV 방송국에 주력한다는 엄격한 방침을 세웠다. 무엇보다 중요한 것은 피트가 편지와 유권자 민원을 처리할 정교한 시스템을 만들었다는 것이다. 그는 연락 사무소에서 일하는 젊은 직원 및 인턴들과 많은 시간을 보내며 답장을 꼼꼼히 교정했고, 분실한 사회보장 수표나 중단된 제대군인 혜택, 중소기업청 대출을 어느 연방기관에서 처리하는지 숙지하도록 했다.

피트가 말했다. "사람들이 당신의 표결을 좋아하지 않을 순 있지만, 답장을 못 받았다고 비난하는 일은 없을 거예요!"

사무실이 인재로 채워지자 나는 현안들을 연구하고 동료 상원의원들과 친분을 쌓는 일에 대부분의 시간을 할애할 수 있었다. 일리노이주 고참 상원의원 딕 더빈의 너그러움 덕분에 나는 많은 짐을 덜 수 있었다. 폴 사이먼의 친구이자 제자인 그는 상원에서 가장 유능한 논쟁가 중 하나였다. 자아도취 문화가 팽배한 이곳에서 상원의원들은 신참 파트너가 언론의 주목을 자신보다 더 많이 받는 것을 고깝게 여겼지만 딕은 내게 한결같은 도움을 베풀었다. 상원 회의장 곳곳을 소개해주었고, 자신의 보좌관들에게 여러 일리노이주 사업에 대한 공로를 우리와도 나누라고 당부했으며, 함께 주최한 목요일 아침 유권자 조찬에서 방문객들이 내게 사진과 사인을 청하느라 하염없이 시간이 흘러가도 인내심과 유쾌함을 잃지 않았다.

신임 민주당 대표가 된 해리 리드도 마찬가지였다. 해리가 상원에 들어오기까지의 과정은 나만큼이나 파란만장했다. 네바다주의 작은 타운 서치라이트에서 광부와 빨래꾼 부부의 찢어지게 가난한 집에서 태어난 그는 수도와 전화도 없는 판잣집에서 어린 시절을 보냈다. 천신만고 끝에 대학에 입학하고 조지워싱턴 대학교 로스쿨에 진학하여, 수업이 없는 때에는 국회 경비대에서 제복을 입고 근무하며 학비를 벌었다. 내가 아는 한 그는 누구에게도 주눅 들지 않을 사람이었다.

처음 만났을 때 그는 속삭이는 목소리로 이렇게 말했다. "이거 알아요, 버락? 난 어릴 때 권투를 했어요. 그런데 웬걸, 대단한 선수는 아니었어요. 덩치가 크거나 힘이 세지 않았거든요. 하지만 내겐 두 가지 장점이 있었어요. 맷집이 좋았고 포기를 몰랐죠."

나이와 경륜의 차이에도 불구하고 해리와 내가 의기투합할 수 있었던 것은 열세를 극복한 경험 때문일 것이다. 그는 감정을 많이 드러내지 않았고, 실은 대화나 특히 전화 통화 중에 일반적인 예절을 무시하는 당혹스러운 버릇이 있었다. 상대방의 말이 채 끝나기도 전에 전화를 끊어버리기가 예사였다. 하지만 에밀 존스가 주의회에서 그랬듯이 해리는 상임위 배정에서 나를 배려하려고 애썼으며 신출내기인 내게 상원 돌아가는 상황을 알려주었다.

실은 그런 협력 관계야말로 정상으로 보였다. 테드(에드워드) 케네디와 오린 해치, 존 워너와 로버트 버드, 댄(대니얼) 이노우에와 테드(시어도어) 스티븐스 같은 왕년의 상원의원들은 모두 당을 초월하여 우정을 나눴으며 '가장 위대한 세대'(1900년과 1924년 사이에 태어나 대공황의 여파 속에서 성장하여 제2차 세계대전을 겪고 이후 미국의 전후 부흥을 이끌어낸 세대_옮긴이)의 전형적 특징인 수더분한 친밀감을 발휘했다. 반면에 그보다 젊은 상원의원들은 서로 덜 어울렸으며 깅그리치 시대 이후의 하원에서 보는 것처럼 이념적으로 첨예하게 대립했다. 하지만 나는 가장 보수적인 의원들에게서도 공통분모를 찾을 수 있었다. 이를테면 오클라호마의 톰(토머스) 코번은 독실한 기독교인이었으며 정부 지출을 혹독히 비판했지만, 내게 진실하고 사려 깊은 친구가 되었고 그와 나의 보좌관들은 정부 계약의 투명성을 높이고 낭비를 줄이는 조치들을 함께 추진했다.

여러 면에서 상원 첫해는 일리노이 주의회 초년 시절과 비슷했지만, 여기는 스케일이 더 컸고 스포트라이트가 더 밝았고 로비스트들이 고객의 이익을 고상한 원칙으로 포장하는 솜씨가 더 훌륭했다. 주의회에는 돌아가는 상황을 모르는 채 죽은 듯 지내는 것에 만족하는 의원이 많았으나 상원의 새 동료들은 사안에 정통했고 의견을 내세우는 데 주저하지 않았는데, 이 때문에 상임위 회의가 한없이 늘어졌다. 로스쿨과 스프링필드에서 나의 장광설에 시달린 사람들에게 새삼 미안한 마음이 들었다.

소수당 신세인 동료 민주당 의원들과 나는 상임위에서 통과되어 표결에 회부되는 법안에 대해 영향력이 거의 없었다. 우리는 공화당이 교육 예산을 삭감하거나 환경 안전 조치를 물타기하는 것을 지켜보아야 했으며 휑한 회의장에서 의회방송 C-SPAN의 깜박이지 않는 눈을 들여다보며 열변을 토하는 것 말고는 할 수 있는 일이 없다는 데 무력감을 느꼈다. 정책을 제시하기보다는 민주당을 깎아내리고 다가올 선거에 대비하려는 표결 결과는 번번이 우리를 번뇌에 빠뜨렸다. 나는 일리노이에서처럼 변방에서 정책에 영향을 미치기 위해 할 수 있는 일을 했다. 유행병 창궐에 대비한 안전 조치에 자금을 지원하거나 일리노이 제대 군인들이 박탈당한 혜택을 돌려받도록 하는 등 온건한 초당파적 조치를 밀어붙였다.

상원의 몇몇 측면들에 무척 실망했지만 지지부진한 속도에는 개의치 않았다. 일리노이주 최연소 의원 중 하나로 70퍼센트의 지지율을 얻었기에 참고 기다릴 여력이 있음을 알고 있었다. 주지사, 솔직히 말하자면 대통령에 출마할 생각도 했었다. 행정부에 들어가면 의제를 설정할 기회가 더 많아질 것 같았기 때문이었다. 하지만 마흔셋의 나이로 전국 무대에 갓 진출한 지금은 세상의 모든 시간이 내 것이라는 생각이 들었다.

가정생활이 호전되면서 나의 기분은 한결 들떴다. 악천후만 없으면 워싱턴 D.C.에서 시카고로 출근하는 시간은 스프링필드를 오가는 것보다 오래 걸리지 않았다. 선거운동을 하거나 세 가지 일을 병행할 때와 달리 집에 와도 바쁘거나 딴 데 정신이 팔려 있지 않았기에, 사샤를 토요일 무용 수업에 데려다주고 말리아를 침대에 누이기 전에 『해리 포터』를 읽어줄 시간을 더 많이 낼 수 있었다.

재무 상황이 개선되면서 부담감도 부쩍 줄었다. 우리는 새 집을 샀다. 켄우드에서 시나고그(유대교 회당_옮긴이) 맞은편에 있는 크고 번듯한 조지 왕조풍 주택이었다. 우리 가족의 젊은 친구이자 촉망받는 요리사 샘(새뮤얼) 캐스는 적당한 금액에 장보기와 일주일 내내 먹을 수 있는 건강식 요리를 해주기로 했다. 선거운동 때 자원봉사자로 일한 마이크 시그네이터는 은퇴한 코먼웰스 에디슨 전력회사 직원이었는데 시간제 운전기사를 계속 해주기로 했고 결국 가족처럼 친해졌다.

우리가 금전적으로 도와드릴 수 있게 되면서 장모 메리언도 직장 일을 줄이고 손녀들의 양육을 도와주기로 했다. 슬기롭고 재미있고 네 살배기와 일곱 살배기를 쫓아다닐 만큼 여전히 젊은 그녀 덕에 모두의 삶이 한결 수월해졌다. 게다가 우연찮게도 사위를 사랑하는 장모인지라, 내가 늦거나 방을 어지르거나 기대에 부응하지 못했을 때도 분연히 내 편을 들어주었다.

이런 추가적 도움을 받게 되자 나와 미셸은 오랫동안 누리지 못하던 둘만의 시간을 가질 수 있었다. 우리는 더 많이 웃었고 서로가 서로에게 가장 친한 친구임을 새삼 깨달았다. 정작 놀라웠던 사실은 이처럼 새로운 상황에서 우리가 변화를 거의 느끼지 못했다는 것이다. 우리는 여전히 집에 처박혀 있기를 좋아했고, 화려한 파티와 인맥 쌓기용 연회를 멀리했다. 아이들과 보내는 저녁을 포기하고 싶지 않았고 너무 자주 차려입는 것을 한심하게 여겼고 한결같은 아침형 인간인 미셸이 밤 열 시면 졸려 했기 때문이다. 주말은 늘 하던 대로 보냈는데, 나는 농구를 하거나 말리아와 사샤를 근처 수영장에 데려갔고 미셸은 타깃에서 쇼핑을 하거나 아이들의 놀이 약속 일정을 짰다. 저녁이나 오후에 절친한 친구들을 불러 바비큐를 먹을 때도 있었다. 특히 밸러리, 마티, 어니타, 에릭 휘터커와 세릴 휘터커(자녀가 우리 아이들과 동갑인 의사 부부), 거기다 우리가 애정을 담아 '마마 케이'와 '파파 웰링턴'으로 부르는 케이 윌슨과 웰링턴 윌슨도 있었다. 웰링턴은 지역전문대학 행정 직원으로 은퇴했으며 케이는 지역 재단의 프로그램 담당 직원으로 요리 솜씨가 훌륭했다. 이 노부부는 내가 조직 운동가 시절부터 알고 지낸 사이로, 나를 양아들처럼 생각해주었다.

미셸과 내가 아무것도 바꿀 필요가 없었다는 말은 아니다. 이제 사람들이 군중 속에서도 우리를 알아보았는데, 대체로 우호적이었지만 갑자기 익명성을 누리지 못하게 되자 당황스럽기도 했다. 선거가 끝난 직후 어느 날 저녁 미셸과 함께 제이미 폭스 주연의 전기 영화 〈레이〉를 보러 갔는데, 영화관에 들어서자 관객들이 박수 갈채를 보내는 바람에 깜짝 놀랐다. 이따금 저녁을 먹으러 나가면 옆 테이블 사람들이 우리와 길게 대화를 나누고 싶어 하거나, 입을 닫은 채 우리 얘기를 엿들으려 하기도 했다.

아이들도 알았다. 상원의원으로 첫 여름을 맞이한 어느 날, 나는 말리아와 사샤를 링컨 공원 동물원에 데려가기로 했다. 마이크 시그네이터는 화창한 일요일 오후의 군중이 부담스러울 수도 있다고 경고했지만, 나는 선글라스와 야구 모자면 모든 시선으로부터 보호받을 수 있으리라 자신하곤 나들이를 강행했다. 반 시간 정도는 모든 것이 계획대로 흘러갔다. 대형 고양잇과 사육관에 가서 사자들이 유리 뒤로 돌아다니는 광경을 보고 대형 유인원 앞에서 웃긴 표정을 지어 보일 때만 해도 누구 하나 우리를 방해하지 않았다. 그러다 바다사자가 어디 있는지 방문객 안내 책자를 보려고 멈췄을 때 한 남자가 외쳤다.

"오바마다! 헤이, 저기 봐. …… 오바마야! 헤이, 오바마, 사진 한 장 찍어도 돼요?"

정신을 차리고 보니 수많은 가족에 둘러싸여 있었다. 사람들은 악수나 사인을 청하며 손을 내밀었고 부모들은 자녀를 내 옆에 세워 사진을 찍었다. 나는 마이크에게 아이들을 데리고 바다사자를 보러 가달라고 부탁했다. 그 뒤로 15분간 지역구민들에게 나를 내맡긴 채 그들의 격려에 감사하며 이 또한 감당해야 할 몫임을 상기했지만, 아이들이 아빠가 무슨 일을 겪고 있는지 궁금해할 거라 생각하니 기분이 조금 가라앉았다.

아이들과 합류하자 마이크는 동물원 밖으로 나가 조용한 데서 아이스크림을 먹자고 제안했다. 차를 타고 가는 동안 마이크는 고맙게도 침묵을 지켰지만, 아이들은 어림도 없었다.

말리아가 뒷좌석에서 잘라 말했다. "아빠에겐 가명이 필요해."

사샤가 물었다. "가명이 뭐야?"

말리아가 설명했다. "사람들에게 자신의 정체를 알리고 싶지 않을 때 쓰는 가짜 이름이야. '조니 맥존 존'처럼 말이지."

사샤가 키득거리며 말했다. "그래, 아빠…… 조니 맥존 존으로 해!"

말리아가 덧붙였다. "목소리도 변조해야 해. 사람들이 목소리를 알아들을 테니까. 목소리 톤을 높여야 해. 더 빨리 말하고."

사샤가 말했다. "아빠는 말이 **너무** 느려."

말리아가 말했다. "응? 아빠. 한번 해봐." 그러고는 목소리 톤과 빠르기를 한껏 높이며 말했다. "안녕! 나는 조니 맥존 존이야!"

마이크도 결국 참지 못하고 웃음을 터뜨렸다. 집에 돌아오자 말리아는 자신의 계획을 자랑스럽게 미셸에게 설명했고 미셸은 말리아의 머리를 쓰다듬어주었다.

"근사한 아이디어네, 말리아. 하지만 아빠가 딴 사람으로 변장하려면 귀를 뒤로 당기는 수술을 받아야겠다."


상원의 권한 중에서 기대되는 것 한 가지는 대외 정책에 영향을 미칠 수 있다는 점이었다. 주의회에서는 행사할 수 없는 권한이었다. 대학 시절부터 나는 핵 문제에 유난히 관심이 많았기 때문에 취임 선서를 하기도 전에 외교위원회 위원장 딕(리처드) 루거에게 편지를 써서 함께 일하고 싶다고 밝혔다(외교위원회의 대표 사안은 핵무기 확산 저지였다).

딕의 반응은 뜨거웠다. 인디애나주 공화당 의원으로 상원 경력 28년의 베테랑인 그는 세금과 낙태 같은 국내 사안에는 단호하게 보수적이었으나, 대외 정책에서는 조지 H. W. 부시 같은 주류 공화당 인사들이 오랫동안 견지한 신중하고 국제주의적인 성향을 지니고 있었다. 소련이 해체된 직후인 1991년 딕은 민주당의 샘 넌과 손잡고 러시아와 구소련 국가들이 대량살상무기를 안정화하고 불능화하는 일에 미국이 자금을 지원할 수 있도록 하는 법안을 발의하고 통과시켰다. 넌·루거법으로 알려진 이 법은 대담하고 탄탄한 성취임이 입증되었으며—20년에 걸쳐 7500여 개의 핵탄두가 제거되었다—이 법의 시행으로 핵무기 해체라는 위험한 과제를 관리하는 데 필수적인 미·러 국가 안보 관료들의 관계도 증진했다.

2005년으로 돌아와서, 정보 보고서들에 따르면 알카에다 같은 극단주의 집단들은 구소련 블록 전역에서 경계가 허술한 전초 기지를 뒤지며 남은 핵물질, 화학물질, 생물학 물질을 찾고 있었다. 딕과 나는 넌·루거법의 기존 틀을 바탕으로 이런 위협에 더 효과적으로 대응할 방안을 논의하기 시작했다. 이 일로 그해 8월 나와 딕은 군용 제트기를 타고 러시아, 우크라이나, 아제르바이잔을 일주일간 방문했다. 딕은 전부터 넌·루거법의 이행을 점검하기 위해 이 나라들을 정기적으로 방문했지만 내게는 첫 공식 외국 방문이었다. 의원들이 세금으로 외유를 떠나 한가로운 일정에 호화 만찬과 흥청망청 쇼핑을 즐긴다는 얘기는 익히 들어 알고 있었다. 그게 관행이었을진 몰라도 딕은 그 부류에 속하지 않았으며 70대에도 노익장을 과시했다. 모스크바에서 러시아 관료들과 하루 종일 회의하고 난 뒤에 우리는 두어 시간 비행기를 타고 사라토프에 갔다가 또 한 시간가량 차를 타고 미국의 자금으로 러시아 미사일의 안전을 보강한 비밀 핵 보관 시설을 방문했다. (식사로는 보르시와 어묵을 대접받았는데, 딕이 용감하게 먹는 동안 나는 여섯 살짜리처럼 접시에 음식을 늘어놓고는 못 먹는 것을 골라냈다.)

우랄산맥 인근의 도시 페름을 방문해서는 한때 유럽을 겨냥한 전술 핵 탄두의 마지막 잔재인 SS-24 및 SS-25 미사일 덮개들이 폐기된 현장을 둘러보았다. 우크라이나 동부 도네츠크에 가서는 탄약, 고성능 폭탄, 지대공 미사일, 심지어 장난감에 숨겨진 소형 폭탄 등 전국에서 취합된 재래식 무기가 폐기되기 위해 쌓여 있는 시설을 탐방했다. 키예프에서는 허름하고 경비원도 없는 도심의 3층짜리 건물 단지로 안내받았는데, 넌·루거법의 자금 지원을 받아 탄저병균과 가래톳페스트균을 비롯한 냉전 시대 생물학 연구 시료를 새로 보관하는 시설이 건설되고 있었다. 이 모든 것은 사람들의 창의성이 광기 추구에 동원될 수 있음을 보여주는 생생한 증거였다. 한편 이번 방문은 오랫동안 국내 문제에 집중하던 내게 새로운 나의 기운을 불어넣어주었다. 나는 세상이 얼마나 넓으며 워싱턴에서 내리는 결정이 인류에게 얼마나 중대한 영향을 미치는지 새삼 실감했다.

딕의 활약은 내게 깊은 인상을 남겼다. 산신령 같은 얼굴에 언제나 잔잔한 미소를 띤 그는 지치지도 않고 내 질문에 대답해주었다. 외국 관료들과 면담할 때마다 그가 보여준 관심과 정확성, 지식에 탄복했다. 그는 일정 지연에 불평하지 않을 뿐 아니라 끝날 줄 모르는 이야기와 보드카 낮술도 참아냈다. 그는 그런 사소한 예의가 문화를 뛰어넘어 전달되고 궁극적으로 미국의 국익 증진에 이바지하리라는 것을 알고 있었다. 내게는 외교에 대한 요긴한 가르침이자 상원의원이 실제로 어떤 영향을 미칠 수 있는지 보여주는 본보기였다.

그때 폭풍우가 몰아닥쳐 모든 것을 바꿔놓았다.


내가 딕과 여행하던 그 주에 바하마 제도에서 형성된 열대성 저기압이 플로리다를 건너 멕시코만에 머물면서 온난한 바닷물로부터 에너지를 빨아들이며 미국 남해안을 호시탐탐 노리고 있었다. 상원 대표단이 토니 블레어 총리와 면담하려고 런던에 도착했을 즈음 흉포하고 전면적인 재앙이 시작되었다. 허리케인 카트리나가 초속 56미터의 바람과 함께 상륙하면서 멕시코만 해안을 따라 민가가 초토화되고 제방이 무너졌으며 뉴올리언스 대부분이 물에 잠겼다.

나는 잠 못 들고 뉴스를 시청하면서 TV 화면을 뒤덮은 흙빛의 원초적 악몽에 경악했다. 물에 뜬 시체가 있었고 병원에 간 노인 환자, 총격과 약탈, 희망을 잃고 웅크린 이재민들이 있었다. 그런 고통을 목격하는 것만도 힘겨웠지만, 정부의 늑장 대응, 수많은 빈곤층 및 노동자 계층의 열악한 처지를 보면서 부끄러움에 휩싸였다.

며칠 뒤 나는 조지 H. W. 부시와 바버라 부시, 빌 클린턴과 힐러리 클린턴과 함께 휴스턴을 방문했다. 허리케인 이재민 수천 명이 거대한 애스트로돔 경기장에 설치된 임시 주거 시설에 수용되어 있었다. 휴스턴시는 적십자 및 연방재난관리청과 협력하여 생필품을 공급하기 위해 분초를 다투며 노력했지만, 임시 주거 시설을 둘러보면서 나는 많은 사람이 ─대부분 흑인이었다─ 허리케인 훨씬 이전부터 방치되었다는 사실을 절감했다. 나는 저축이나 보험도 없이 변두리에서 근근이 연명하는 그들의 이야기에 귀 기울였다. 집과 사랑하는 사람을 홍수에 잃은 사람이 있었고, 승용차가 없거나 노쇠한 부모를 옮길 수 없어 대피하지 못한 사람도 있었다. 내가 시카고에서 조직하려고 노력한 사람들과 전혀 다르지 않은 사람들, 미셸의 이모나 사촌들과 전혀 다르지 않은 사람들이었다. 나의 상황이 어떻게 달라졌든 그들의 상황은 달라지지 않았음을 깨달았다. 미국의 정치는 달라지지 않았다. 잊힌 사람들과 잊힌 목소리는 어디에나 있었다. 정부는 그들의 필요에 눈감거나 무관심한 채 외면했다.

그들의 고난은 내게 꾸지람으로 느껴졌다. 상원 유일의 아프리카계 미국인으로서 나는 전국 단위 언론 매체 출연에 대한 모라토리엄을 끝낼 때가 됐다고 판단했다. 전국 방송사의 뉴스쇼에 출연하여, 카트리나 재난에 미흡하게 대처한 원인이 인종주의라고는 생각지 않지만 집권당과 미국 전체가 이 나라에 만연한 고립, 가난의 대물림, 기회 박탈을 해결하기 위한 투자에 얼마나 인색했는지 돌아보게 만든다고 역설했다.

워싱턴에 돌아온 뒤 동료들과 함께 국토안보·정무위원회에서 멕시코만 지역 재건을 위한 계획을 수립했다. 하지만 상원에서의 삶은 전과 같이 느껴지지 않았다. 저 회의장에서 몇 년을 보내야 휴스턴에서 만난 사람들의 삶을 변화시킬 수 있을까? 상임위 청문회, 실패한 법률 개정, 고집불통 의장과의 예산 협상 따위를 몇 번이나 거쳐야 연방재난관리청 부장 한 명, 환경보호청 공무원 한 명, 노동부 직원 한 명의 판단 착오를 바로잡을 수 있을까?

이런 조바심은 몇 달 뒤 소규모 의회 대표단의 일원으로 이라크를 방문했을 때 더 커졌다. 미국 주도의 이라크 침공이 벌어진 지 3년이 다 되어가는 지금, 정부는 전쟁이 재난을 낳았음을 더는 부인할 수 없었다. 이라크군을 해산하고 주류 시아파가 수니파 무슬림을 정부 요직에서 공공연히 제거하도록 방치함으로써 미국 관료들은 혼란스럽고 점점 위험해지는 상황을 자초했다. 피비린내 나는 종파 갈등 때문에 자살 공격, 노변 폭파, 혼잡한 시장에서의 차량 폭탄 테러가 급증했다.

우리 대표단은 바그다드, 팔루자, 키르쿠크의 미군 기지를 방문했는데, 우리가 탑승한 블랙호크 헬리콥터에서 내려다본 이라크는 어디나 만신창이였다. 도시는 박격포 포격으로 곳곳이 패어 있었고 도로는 오싹할 만큼 고요했고 땅은 흙먼지로 덮여 있었다. 우리가 만난 지휘관과 부대원들은 명석하고 용감했다. 적절한 군사 지원과 기술 훈련을 받고 땀을 흘리면 이라크가 언젠가는 고비를 넘길 수 있으리라고 확신했고, 이를 원동력으로 삼았다. 하지만 대화를 나눠본 기자들과 소수의 고위급 이라크 관료들의 이야기는 달랐다. 사악한 영이 풀려났다고 그들은 말했다. 수니파와 시아파 사이의 살해와 보복 때문에 화해의 전망은 까마득하거나 아예 무망하다는 것이었다. 이 나라를 하나로 지탱하는 유일한 힘은 우리가 파병한 젊은 군인과 해병 수천 명뿐인 듯했다. 고등학교를 갓 졸업한 병사도 많았다. 이미 그중 2000명 이상이 목숨을 잃었으며 수천 명이 부상을 당했다. 전쟁이 길어질수록 우리 군대가 (종종 보이지도 않고 이해할 수도 없는) 적의 표적이 될 가능성이 커졌다.

미국으로 돌아온 나는 딕 체니와 도널드 럼즈펠드 같은 자들이 부린 오만의 대가를 저 젊은이들이 치르고 있다는 생각을 떨칠 수 없었다. 잘못된 정보를 근거로 우리를 섣불리 전쟁에 몰아넣은 그들은 지금까지도 그 결과를 철저히 들여다보기를 거부하고 있었다. 한편 민주당 동료 중 절반 이상이 이 참사를 승인했다는 사실은 나를 다른 종류의 근심으로 가득 채웠다. 워싱턴에 오래 머물수록, 더 뿌리 내리고 편해질수록, 내가 어떻게 변해갈지 의문이 들었다. 그리고 비로소 어떻게 된 영문인지 감이 잡혔다. 점진주의와 격식, 차기 선거를 위한 끝없는 자리 싸움, 케이블 TV 뉴스 패널들의 집단 사고—이 모두가 공모하여 판단력을 흐리고 독립성을 깎아내려 한때 우리가 믿었던 모든 것을 잃어버리게 만들었다.

내가 올바른 자리에 올라 올바른 일을 합당한 속도로 해낸다며 만족감을 느끼려던 찰나, 카트리나와 이라크 방문이 그 모든 것에 제동을 걸었다. 변화는 더 빨리 찾아와야 했다. 변화를 가져오기 위해 내가 어떤 역할을 맡아야 하는지 결정해야 할 시점이 다가오고 있었다.

# 4장

처음 나를 만난 순간 또는 TV 연설을
들은 순간부터 내가 대통령이 되리라는 것을 알았다고 말하는 사람을―
친구나 지지자, 지인, 생판 모르는 사람을 막론하고―일주일이면 한 번
이상 마주친다. 그들의 말에는 애정과 확신, 그리고 자신의 정치 감각과
재능을 포착하는 능력과 예지력에 대한 약간의 자부심이 담겨 있다. 어
떤 사람들은 여기에 종교적 색채를 입힌다. 하느님께서는 당신을 위해
계획을 세워놓으셨어요, 라고 그들은 말한다. 그러면 나는 미소를 지으
며, 출마를 고민할 때 이 말을 해주시지 그랬느냐고 대답한다. 그러면 엄
청난 부담감과 자기 불신을 겪지 않았도 됐을 거라고.

솔직히 나는 운명이라는 것을 진지하게 믿어본 적이 없다. 운명론은
힘 없는 자들에게 체념을, 힘 있는 자들에게 자기만족을 부추긴다고 생
각했다. 하느님의 계획이 무엇이든 우리의 유한한 고민거리에 관심을 두
시기에는 할 일이 너무 많으시다. 한 번의 생에서 사건과 우연은 우리가
바라는 것보다 더 많은 일을 결정하는 듯하다. 그러니 우리가 할 수 있는
최선은 자신이 느끼기에 옳은 편에 서서 혼돈으로부터 의미를 이끌어내
고 매 순간 품위와 용기를 발휘하여 할 수 있는 일을 하는 것이다.

2006년 봄이 되자 내가 다음 대선에서 대통령에 출마한다는 발상은

(여전히 가능성이 희박하기는 했지만) 더는 가능성의 영역 너머에 있다고 느껴지지 않았다. 매일같이 우리 상원의원실에 언론의 취재 요청이 밀려들었다. 우리가 받는 편지는 다른 상원의원의 두 배에 달했다. 11월 중간선거(미 대통령 집권 2년 차에 실시되는 상·하 양원의원 및 공직자 선거로, 대통령 국정 운영에 대한 중간 평가 성격을 띤다_옮긴이)에 나가는 모든 주의 정당과 후보는 내가 자기네 행사를 주요하게 언급해주길 바랐다. 출마 계획을 기계적으로 부인해봐야 추측만 무성해질 뿐이었다.

어느 날 오후 피트 라우스가 내 사무실에 들어와 문을 닫았다.

"물어보고 싶은 게 있어요."

지역구민에게 보내는 편지에 서명하다가 고개를 들었다. "물어봐요."

"2008년 계획이 달라졌어요?"

"모르겠어요. 그래야 하나요?"

피트는 어깨를 으쓱했다. "이목을 피해 일리노이에 초점을 맞춘다는 원래 계획은 합리적이었다고 생각해요. 하지만 의원님에 대한 관심이 사그라들 기미가 없어요. 고려할 가능성이 조금이라도 있다면 그 선택지를 열어두기 위해 우리가 해야 할 일의 개요를 작성하고 싶은데요. 그래도 괜찮겠어요?"

나는 의자에 등을 기대고 천장을 응시했다. 내 대답이 어떤 파장을 일으킬지 알고 있었다. 마침내 입을 열었다. "일리가 있네요."

피트가 물었다. "좋아요?"

"좋아요." 나는 이렇게 대답하고는 서류 작업으로 돌아갔다.

'문서 장인'은 몇몇 보좌관이 피트를 부르는 말이다. 그의 손을 거치면 조잡한 보고서가 예술의 경지에 도달했으며 모든 문서가 효율적이면서도 묘한 영감을 불러일으켰다. 며칠 뒤에 그는 남은 기간에 대한 로드맵 개정판을 우리 팀 간부급들에게 참고용으로 배포했다. 로드맵에는 중간선거에서 더 많은 민주당 후보들을 돕기 위한 지원 유세 확대, 유력 당직자 및 후원자들과의 면담, 가두연설 수정이 필요하다고 나와 있었다.

그 뒤로 몇 달간 나는 이 계획에 따라 나 자신과 나의 생각을 새로운 청중 앞에 선보이고 경합주와 경합 선거구에서 민주당을 지원하고 한 번도 가보지 않은 지역들을 방문했다. 웨스트버지니아 제퍼슨-잭슨 만찬(아이오와주에서 열리는 민주당 기금 모금 행사_옮긴이)에서 네브래스카 모리슨 엑슨 만찬까지, 모든 모금 행사를 다니며 청중을 동원하고 사기를 북돋웠다. 하지만 대통령에 출마할 거냐고 누가 물으면 여전히 꽁무니를 뺐다. "지금은 벤(벤저민) 넬슨을 상원에 다시 데려오는 데만 집중하고 있습니다. 상원에 그가 필요하니까요."

나는 사람들을 속이고 있었던 걸까? 자신을 속이고 있었던 걸까? 쉽게 답할 수 있는 질문은 아니다. 나는 시험하고, 타진하고, 전국을 돌며 보고 느낀 것을 바탕으로 전국 단위 캠페인이 얼마나 터무니없는 일인지 가늠하려 했던 것 같다. 당선 가능성 있는 대통령 후보란 저절로 되는 것이 아님을 알고 있었다. 지극히 전략적인 행보를 오랫동안 느리고 조용하게 밟으며 정도正道를 가야 했다. 그러려면 확신과 자신감뿐 아니라 자금을 확보하고 2년 내내 50개 주를 돌며 프라이머리와 코커스*를 치르기에 충분한 헌신과 선의를 사람들에게서 얻어내야 했다.

이미 조 바이든, 크리스 도드, 에번 바이, 물론 힐러리 클린턴까지 여러 동료 민주당 상원의원이 출마를 위해 터를 닦았다. 몇몇은 출마 경험이 있었으며 모두가 수년간 준비했고 노련한 보좌진, 후원자, 지역 공직자들을 거느리고 있었다. 나와 달리 대부분 내세울 만한 혁혁한 입법 성과가 있었다. 나는 그들을 좋아했다. 나를 잘 대해주었고, 여러 사안들에 대한 견해가 대체로 비슷했으며, 선거운동을 효과적으로 치를 수 있을 뿐 아니라 백악관을 효과적으로 운영할 역량을 갖췄다. 그들이 못 하는 방식으로 유권자들의 열정을 불러일으킬 수 있겠다는 자신감이 커지긴 했

---

• 미국에서 각 당이 대통령 후보를 지명하는 대의원을 선출하는 예비선거(경선)의 두 가지 방식. 프라이머리는 비당원까지 투표할 수 있는 반면에 코커스는 일종의 당원 대회로서 정식 당원만 참석한다_옮긴이.

지만—그들보다 조금 더 폭넓은 연대 전선을 구축하고 그들과 다른 언어를 구사한다면 워싱턴을 뒤흔들고 곤경에 처한 사람들에게 희망을 줄 수 있을 것 같았다—나의 이러한 호감 이미지는 신기루요, 우호적인 언론 보도와 새로운 것이면 무엇이든 선호하는 맹목적 기호의 결과라는 것 또한 알고 있었다. 열광은 일순간 뒤집힐 수 있음을 알았다. 떠오르는 별은 첫 임기가 절반도 지나지 않은 주제에 자신이 나라를 통치할 수 있다고 믿는 건방진 애송이로 언제든 전락할 수 있었다.

뒤로 미루는 게 상책이라고 스스로에게 말했다. 노력하고 성과를 쌓고 차례를 기다리는 게 나을 것이었다.

화창한 어느 봄날 오후, 해리 리드가 자기 사무실에 들르라고 청했다. 상원 회의장에서 2층까지 넓은 대리석 계단을 천천히 오르는 동안 오래전에 죽은 사람들의 근엄한 표정과 검은 눈의 초상화가 걸음마다 나를 내려다보았다. 해리는 안내대 앞에서 나를 기다리다가 사무실로 안내했다. 크고 천장이 높은 방은 여느 고참 상원의원들의 방처럼 세련된 장식과 타일이 있었고 전망이 근사했지만 다른 의원실들을 장식한 기념품과 유명인과의 악수 사진은 별로 없었다.

해리가 단도직입적으로 말했다. "본론부터 말씀드리죠. 우리 코커스에서 대통령 출마를 계획하는 사람이 많아요. 일일이 헤아리기 힘들 정도죠. 모두 좋은 사람들이에요, 버락. 그래서 내가 공식적으로 나서서 편을 들 순······."

"이봐요, 해리, 아시다시피 저는 그럴 계획이······."

그가 내 말꼬리를 자르며 말했다. "하지만 당신이 이번 선거에 출마를 고려해야 한다고 생각해요. 출마하지 않겠다고 말한 건 알아요. 경험이 더 필요하다고 말하는 사람이 많은 것도 사실이에요. 하지만 내 한마디 하죠. 상원에서 10년을 더 보낸다고 해서 더 나은 대통령이 되지는 않아요. 당신은 사람들에게, 특히 젊은이, 소수자, 심지어 중도층 백인들에게까지 감명을 줘요. 그게 당신의 남다른 점이에요. 사람들은 다른 무언가를 찾고 있어요. 힘들 거라는 건 분명해요. 하지만 나는 당신이 이길 수 있다고 생각해요. 슈머도 그렇게 생각하고요."

그는 일어서서 문 쪽으로 걸어가 면담이 끝났음을 알렸다. "자, 내가 하고 싶은 말은 이게 전부예요. 그러니 생각해봐요, 알겠죠?"

얼떨떨한 채로 그의 사무실을 나섰다. 해리와 좋은 관계를 발전시키긴 했지만, 나는 그가 정치인 중에서 가장 현실적임을 알고 있었다. 계단을 내려가면서 그의 말에 뭔가 꿍꿍이가 있는지, 그가 벌이는 교묘한 게임을 내가 너무 무뎌서 알아차리지 못한 건지 생각해봤다. 하지만 나중에 척 슈머와, 그다음에 딕 더빈과 이야기해보니 그들이 전하는 메시지는 하나였다. 이 나라가 새로운 목소리를 간절히 원한다는 것. 지금보다 나은 출마 여건은 다시는 찾아오지 않을 터였다. 젊은 유권자, 소수자, 무당파들이 내게 느끼는 친밀감을 활용하면 저변을 넓혀 다른 민주당 후보들의 득표를 도울 수도 있었다.

나는 이 대화를 수석 보좌진과 가장 가까운 친구들에게만 전했다. 지뢰밭에 발을 들인 바람에 섣불리 움직이면 안 될 듯한 기분이었다. 피트와 이 문제를 깊이 상의했는데, 그는 대선 출마를 더 진지하게 고려하기 전에 한 번 더 대화를 나눠보라고 제안했다.

그가 말했다. "케네디와 이야기해보셔야 해요. 그는 선수들을 전부 알아요. 본인이 뛰기도 했고요. 그라면 균형 잡힌 견해를 들려줄 거예요. 적어도, 딴 사람을 지지할 계획이라면 당신에게 얘기하겠죠."

미국 정치에서 가장 유명한 이름의 계승자인 테드 케네디는 당시 워싱턴 정가를 통틀어 살아 있는 전설에 가장 근접한 인물이었다. 상원에서 40여 년을 보낸 그는 민권에서 최저임금, 보건 의료에 이르는 모든 굵직한 진보 의제에서 선두에 섰다. 어느 방에 들어서든 우람한 덩치와 큰 머리, 백발로 좌중을 압도했으며, 회의장에서 조심스럽게 일어나 양복 주머니에서 안경이나 메모를 찾아서는 그의 상징인 바리톤 저음의 보스턴 사투리로 "감사합니다, 위원장님"이라고 말하며 연설을 시작할 때마다 사람들의 눈길을 사로잡는 보기 드문 상원의원이었다. 논변을 펼칠 때면, 평범한 당면 사안에도 얼굴을 붉히고 목소리를 높이며 마치 부흥회 설교처럼 크레셴도로 분위기를 고조했다. 그러다 연설이 끝나고 커튼이 내려오면 다시 나이 든 삼촌 같은 테디로 돌아가 통로를 어슬렁어슬렁 거닐며 표결 상황을 확인하거나 동료 옆에 앉아 그들의 어깨나 팔에 손을 얹고 귀에 뭐라고 속삭이거나 너털웃음을 터뜨렸다. 다음번 자신에게 필요한 투표를 위해 날 구워삶으려는 수작이어도 개의치 않게 만드는 웃음이었다.

상원 러셀관 3층에 있는 테디의 의원실은 주인을 닮아 매력적이었으며 역사의 흔적으로 가득했다. 벽은 캐멀롯(케네디 가문을 의미한다_옮긴이) 사진들과 범선 모형, 코드곶 그림들로 어수선했다. 그중에서도 그림 한 점이 내 눈길을 사로잡았는데, 흰 물결이 일렁이는 바다를 향해 검고 삐죽삐죽한 바위들이 굽이를 이루고 있었다.

테리가 곁에 다가와 말했다. "제대로 그려내기까지 오랜 시간이 걸렸지. 서너 번은 시도했을 거요."

내가 말했다. "그럴 가치가 있군요."

우리는 그의 내실에 앉았다. 블라인드가 쳐져 있었고 조명은 은은했다. 그는 이야기를 시작했다. 항해에 대해, 자녀들에 대해, 상원 회의장에서 겪은 온갖 싸움에 대해 들려주었다. 상스러운 이야기도 있었고 우스운 이야기도 있었다. 이따금 엉뚱한 조류를 따라 흘러갔다가 원래 코스로 돌아오기도 했고 가끔은 생각의 단편을 불쑥 내뱉기도 했다. 그러는 내내 우리 둘 다 이것이 연기임을, 내가 방문한 진짜 목적을 두고 변죽만 울리고 있음을 알고 있었다.

마침내 그가 말했다. "그러니까…… 자네가 대통령에 출마한다는 말이 들리던데."

나는 가능성이 희박하긴 하지만 조언을 듣고 싶다고 말했다.

테디가 킥킥대며 말했다. "그렇지, 상원의원 중에서 거울을 들여다보면 대통령이 보인다는 사람이 100명이라고 누가 말했더라? 그들은 묻지. '필요한 것이 내게 있을까?' 잭(존 F. 케네디), 보비, 그리고 나도 오래 전에 그래봤소. 계획대로 되진 않았지만, 일이란 게 나름의 순리가 있으니……."

그가 생각에 빠져들어 말끝을 흐렸다. 보고 있자니 그가 자신의 삶을, 형제들의 삶을, 꿈을 좇다 각자가 치른 끔찍한 대가를 어떻게 평가하는지 궁금했다. 그러다 그가 문득 정신을 차렸다. 깊고 푸른 눈이 내 눈을 뚫어져라 응시했다. 본론으로 들어갈 때가 됐다.

테디가 말했다. "나는 섣불리 끼어들진 않을 걸세. 친구가 너무 많아. 하지만 이건 말해줄 수 있네, 버락. 영감을 선사하는 능력은 드물지. 이런 순간은 드물어. 자네는 준비가 안 됐다고 생각하지. 여건이 더 좋을 때 도전하겠다고. 하지만 자네가 시간을 선택하는 게 아닐세. 시간이 자넬 선택하는 거지. 유일한 기회로 판명될지도 모르는 기회를 잡거나, 그 기회를 놓치고 후회하면서 평생을 살기로 결정하거나 둘 중 하나라네."

미셸은 지금 벌어지는 상황은 안중에도 없었다. 처음에는 이 야단법석을 그냥 무시했다. 정치 뉴스쇼를 끊었고 나의 출마 계획을 묻는 친구와 직장 동료들의 극성스러운 질문을 모조리 퇴짜 놓았다. 어느 날 저녁 집에 있다가 내가 해리와 나눈 대화를 꺼냈을 때도 그녀는 어깨를 으쓱하고 말았으며 나도 더는 이야기하지 않았다.

하지만 여름이 깊어가면서 출마 이야기가 가정생활의 빈틈으로 스며들기 시작했다. 저녁과 주말에 말리아와 사샤가 뛰노는 동안은 평소와 같게 느껴졌지만, 미셸과 단둘이 있으면 언제나 긴장감이 감돌았다. 마침내, 아이들이 잠든 어느 날 밤 나는 그녀가 TV를 보고 있는 방으로 들어가 소리를 껐다.

그녀가 앉은 소파에 나란히 앉아 말을 꺼냈다. "이것들 전부 내가 계획한 게 아닌 거 알지?"

미셸은 조용해진 화면을 응시하다가 이렇게만 말했다. "알아."

"우리가 숨 돌릴 시간도 거의 없었다는 거 알아. 몇 달 전까지만 해도 내가 출마한다는 건 정신 나간 생각 같았지."

"그래."

"하지만 지금껏 일어난 상황들을 감안하면 이 생각을 우리가 진지하게 고려해야 할 것 같아. 우리 팀에 발표 자료를 준비해달라고 했어. 선거운동 스케줄이 어떻게 짜여질지, 우리가 이길 수 있는지, 우리 가족에게는 어떤 영향이 미칠지 말이야. 내 말은, 우리가 이 일을 하게 된다면 말이지……."

미셸이 내 말꼬리를 잘랐다. 감정에 북받친 목소리였다.

그녀가 말했다. "당신, **우리**라고 했어? 그건 **당신**이라는 뜻이잖아, 버락. **우리**가 아니라고. 이건 **당신** 일이야. 내가 당신을 줄곧 지지한 건 당신을 믿기 때문이었어. 내가 정치를 **혐오**하더라도 말이야. 나는 정치가 우리 가족을 노출시키는 걸 혐오해. 당신도 알잖아. 그런데 지금, 겨우 간신히, 안정을 좀 찾았는데…… 내가 바라는 만큼의 정상으로는 아직 돌아오지도 않았지만…… 그런데 이제 **대통령**에 출마하겠다고?"

그녀의 손을 잡았다. "출마한다고 말하진 않았어, 자기. 가능성을 배제할 순 없다고 말했을 뿐이야. 하지만 당신이 동의하지 않으면 고려도 할 수 없어." 그녀의 분노가 조금도 사그라들지 않은 것을 보고서 나는 말을 멈췄다. "우리가 그래야 한다고 당신이 생각하지 않으면 안 할게. 간단한 문제야. 최종 결정권은 당신에게 있어."

미셸이 내 말을 믿지 못하겠다는 듯 눈썹을 치켜올리고 말했다. "그 말이 정말 진심이라면 대답은 '노'야. 당신이 대통령에 출마하는 거 바라지 않아. 적어도 지금은 아니야." 그녀가 냉담한 표정으로 소파에서 일어났다. "하느님 맙소사, 버락…… 언제가 되어야 충분한 거야?"

내가 대답도 하기 전에 그녀는 침실에 들어가 문을 닫았다.

그녀가 그렇게 느낀다고 해서 어떻게 탓할 수 있겠는가. 출마 가능성을 언급한 것만으로도, 허락을 구하기 전에 보좌관들에게 임무를 맡긴 것만으로도, 나는 그녀를 옴짝달싹 못 하게 한 셈이었다. 지금으로부터 몇 년 전 나는 도전을 위해 그녀에게 용기와 인내를 요구했다. 그녀는 내켜하지 않으면서도 사랑으로 나의 요구를 들어주었다. 그 뒤로도 나는 돌아올 때마다 더 많은 것을 요구했다.

나는 왜 그녀에게 이런 일을 겪도록 했을까? 단지 허영심 때문이었을까? 아니면 더 어두운 것—공익이라는 허울로 감싼 날것의 굶주림, 눈먼 야심—때문이었을까? 그것도 아니면 나를 버린 아버지에게 아들 자격을 입증하고, 외아들에 대한 어머니의 거창한 기대에 부응하고, 혼혈로 태어난 자신에 대한 불신을 해소하려고 애쓰고 있던 걸까? 결혼 초기에 미셸은 기진맥진할 때까지 일에 몰두하는 나를 한참 지켜보다 이렇게 말했다. "당신에게는 메워야 할 구멍이 있는 것 같아. 그래서 속도를 늦추지 못하는 거야."

사실 나는 문제들을 오래전에 해결했다고 생각했다. 일에서 인정받았고 가족에게서 안정과 사랑을 찾았으니 말이다. 하지만 치유가 필요한 내 안의 무엇, 나로 하여금 더 많은 것을 추구하도록 하는 무엇으로부터 과연 달아날 수 있을지 의문이 들기 시작했다.

어쩌면 동기를 분리해내기란 불가능했는지도 모르겠다. 킹 목사가 '군악대장의 본능'이란 제목으로 설교한 내용이 떠올랐다. 그 설교에서 그는 마음속 깊은 곳에서 우리 모두가 얼마나 첫째가 되고 싶어 하고 자신의 위대함을 칭송받고 싶어 하는지 이야기한다. 우리는 모두 "퍼레이드에서 앞장서"고 싶어 한다는 것이다. 그는 이러한 이기적 충동을 해소하려면 더 이타적인 목표를 품고서 위대함을 추구해야 한다고 지적한다. 봉사에 앞장설 수도 있고 사랑에 앞장설 수도 있다. 내가 보기에도 그랬다. 그렇게 하면 저급한 본능과 고귀한 본능을 조화시키는 불가능한 과제를 달성할 수 있을 것 같았다. 다만 지금 나는 그 희생이 나만의 것이 아니라는 명백한 사실에도 직면하고 있었다. 우리 가족이 내 일에 말려들어 사선射線에 들어섰으니 말이다. 킹 목사의 대의와 재능이라면 그런 희생을 정당화할 수 있었을지도 모르겠다. 하지만 내게도 그럴까?

나는 알 수 없었다. 내 신앙의 성격이 어떻든 하느님께서 나를 대통령으로 부르신다는 믿음을 피난처로 삼을 수는 없었다. 보이지 않는 우주적 끌어당김에 그저 응답하는 척할 수는 없었다. 자유와 정의의 대의에 내가 꼭 필요하다고 주장하거나 내가 가족에게 지우게 될 부담에 대한 책임을 부정할 수는 없었다.

상황이 대통령 출마의 문을 열어주었는지는 모르지만, 이 몇 달간 내가 그 문을 닫지 못할 이유는 없었다. 문을 닫아버리는 것은 쉬운 일이었다. 내가 그러지 않았다는 사실, 오히려 문이 활짝 열리도록 내버려두었다는 사실이야말로 미셸이 알고 싶어 한 전부였다. 세상에서 가장 막강한 공직에 출마하기 위한 자격 중 하나가 과대망상증이라면, 나는 지금 그 시험을 통과하고 있는 것 같았다.

8월에 열이레 동안 아프리카 순방 길에 나섰을 때 이런 생각이 내 기분을 가라앉혔다. 남아프리카공화국에서 배를 타고 로벤섬에 가서 넬슨 만델라가 27년의 대부분을 갇혀 지내면서도 변화가 찾아오리라는 신념을 버리지 않은 작은 감방에 들어가 섰다. 남아프리카공화국 대법원 인사들을 만났고 HIV/에이즈 병원에서 의사들과 이야기를 나눴으며 데즈먼드 투투 주교와 시간을 보냈는데, 그 유쾌한 성품은 그가 예전에 워싱턴을 방문했을 때부터 익히 알던 바였다.

그가 장난기 어린 미소를 띠며 말했다. "정말이요, 버락? 당신이 미국 최초의 아프리카인 대통령이 될 거라는 게 말이오. 아, 그러면 우리 모두 무우우우척 자랑스러울 거요!"

나는 남아프리카공화국에서 나이로비로 날아가 미셸과 아이들을 만났다(우리 친구 어니타 블랜처드와 그녀의 아이들도 함께였다). 현지 언론의 연이은 보도 탓인지 우리의 출현에 대한 케냐인들의 반응은 도를 넘었다. 아프리카 최대의 판자촌 중 하나인 키베라에 갔을 때는 구불구불한 붉은 흙길을 따라 수천 명이 운집하여 내 이름을 연호했다. 이복 누나 아우마가 사려 깊게도 니안자주 가족 여행을 주선해준 덕에 케냐 서부에 있는 아버지 가족 친지들에게 사샤와 말리아를 소개할 수 있었다. 그곳을 여행하는데 놀랍게도 수 킬로미터에 이르는 고속도로에 사람들이 줄지어 서서 손을 흔들었다. 미셸과 내가 HIV 검사의 안정성을 보여주기 위해 공개적으로 검사를 받으려고 이동 진료소에 들렀을 때는 수천 명이 몰려들어 우리 차를 에워싸는 통에 외교경호실 경호팀이 아연실색했다. 사파리에 가서 사자와 누 가운데 차를 대고서야 소란에서 벗어날 수 있었다.

어니타는 어느 날 저녁에 이렇게 농담했다. "맹세컨대, 버락. 이 사람들은 당신이 벌써 대통령이라고 생각하나 봐요! 에어포스 원에 자리 하나만 예약해줄 수 있어요?"

미셸도 나도 웃지 않았다.

가족이 시카고로 돌아가는 동안에도 나는 케냐·소말리아 국경을 시찰하면서 테러 집단 알샤밥에 맞서는 미국·케냐 협력에 대해 브리핑을 받았으며, 지부티에서 헬리콥터를 타고 미국 군 병력이 홍수 구호 사업을 지원하는 에티오피아로 갔다. 마지막으로, 차드로 날아가 다르푸르 난민들을 방문했다. 들르는 곳마다 불가능한 여건에서 영웅적 임무에 종사하는 사람들을 보았다. 들르는 곳마다 고통을 줄이는 일에 미국이 더 기여해야 한다는 말을 들었다.

그리고 들르는 곳마다 대통령에 출마할 거냐는 질문을 받았다.

미국에 돌아온 지 며칠 만에 톰 하킨 상원의원의 연례 스테이크 굽기 행사에서 기조 연설을 하러 아이오와로 날아갔다. 이 행사는 대통령 선거를 앞두고 중요성이 한결 커지는데, 예비선거가 아이오와주에서 시작되기 때문이다. 초대를 수락한 것은 몇 달 전이었지만—공교롭게도 톰이 내게 연설을 부탁한 이유는 대통령 자리를 노리는 모든 출마 예정자 중에서 한 명을 고르기가 난처했기 때문이었다―이제 나의 참석은 추측에 불을 지필 뿐이었다. 연설을 마치고 행사장을 빠져나갈 때 스티브 힐더브랜드가 나를 옆으로 끌어당겼다. 노련한 아이오와 출신 전략가로 민주당 상원선거대책위원회 정치부장을 지낸 그는 나를 안내하라는 피트의 부탁으로 와 있었다.

스티브가 말했다. "지금껏 여기서 본 것 중에 가장 열띤 반응이었어요. 아이오와에서 이길 수 있어요, 버락. 느낌이 와요. 아이오와에서 이기면 후보 지명을 따낼 수도 있다고요."

이따금 조류에 휘말려 나의 기대를 명확히 정하기도 전에 다른 사람들의 기대에 끌려다닌다는 느낌이 들었다. 한 달 뒤, 중간선거를 불과 몇 주 앞두고 나의 두 번째 책이 출간되자 열기는 한층 뜨거워졌다. 그간 나는 1년 내내 저녁마다 워싱턴 D.C. 숙소에서, 주말마다 미셸과 아이들이 잠든 뒤에 집필에 매진했다. 심지어 지부티에서도 편집자에게 교정지를 보내느라 팩스를 붙잡고 몇 시간을 씨름하기도 했다. 책을 출마 성명서로 삼을 생각은 없었다. 그저 미국 정치의 현 상태에 대한 견해를 흥미로우면서도 (두둑한 선인세에 걸맞게) 많이 팔리도록 제시하고 싶었을 뿐이었다.

하지만 정치 언론과 대중은 그렇게 받아들이지 않았다. 책을 홍보하려면 TV와 라디오에 거의 쉬지 않고 출연해야 했고, 거기다 의원 후보 지원 유세를 요란하게 벌이고 있었으니, 점점 더 후보처럼 보였다.

이튿날 오전 〈미트 더 프레스〉(1947년부터 NBC에서 방영하고 있는 일요 시사 프로그램_옮긴이)에 출연하려고 필라델피아에서 워싱턴 D.C.로 가는 길에 깁스와 액스, 그리고 액스의 파트너 데이비드 플러프가 내게 물었다. 진행자 팀 러서트가 나의 계획을 털어놓으라며 닦달할 게 뻔한데 뭐라고 말할 작정이냐는 것이었다.

액스가 설명했다. "옛날 테이프를 틀 거예요. 2008년 대통령 선거에 출마하지 않겠다고 분명히 말하는 영상 말이에요."

세 사람이 질문을 에두르는 갖가지 방법을 짜내는 것을 몇 분간 듣다가 내가 말했다.

"솔직하게 말하면 안 돼요? 2년 전에는 출마 의사가 전혀 없었지만 상황이 달라졌고 제 생각도 달라져서 중간선거 끝난 뒤에 진지하게 고려할 계획이라고 말하면 안 될까요?"

그들은 내 의견을 맘에 들어 하면서도, 이런 솔직한 대답이 참신하게 여겨질 수도 있는 걸 보면 정치란 참 묘하다고 말했다. 깁스는 미셸에게 미리 경고하라고도 조언하면서, 내가 출마 의사를 직접적으로 밝히는 즉시 미디어의 광란이 증폭될 것이라고 예언했다.

예언은 적중했다. 내가 〈미트 더 프레스〉에서 출마 의사를 인정했다는 뉴스가 신문 헤드라인과 저녁 뉴스에 보도되었다. 인터넷에서는 '오바마를 선발하라' 청원이 올라와 수천 명이 서명했다. 보수파 몇 명을 비롯한 전국지 칼럼니스트들은 내게 출마를 종용하는 기명 칼럼을 썼으며 《타임》은 "버락 오바마가 차기 대통령이 될 수 있는 이유"라는 제목의 커버스토리를 실었다.

모두가 나의 출마에 열광하지는 않았다. 깁스는 《타임》을 사려고 미시간 애비뉴의 한 가판대에 들렀는데 인도계 미국인 주인이 신문을 내려다보다가 두 마디로 반응을 보이더라고 보고했다. "여어어어엇 먹으셔."

우리는 한바탕 웃음을 터뜨렸다. 출마에 대한 추측이 무성해지면서 깁스와 나는 주문 같은 문구를 되뇌었다. 현실 감각을 유지하면서도 사태가 우리의 손을 떠나고 있다는 우려를 떨쳐내기 위한 주문이었다. 중간선거를 앞두고 내가 마지막으로 들른 곳은 민주당 주지사 후보를 지원하기 위해 아이오와시티에서 열린 저녁 집회였는데, 그곳 군중은 유난히 요란했다. 무대에 서서 거기 모인 수천 명을 바라보는데, 아크 라이트 조명을 뚫고 안개처럼 피어오르는 숨결, 기대감에 찬 얼굴, 나의 잠긴 목소리를 덮어버린 함성 등이 영화의 한 장면 같았다. 무대 위 주인공은 내가 아니었다.

그날 밤 늦게 집에 돌아오니 불이 꺼져 있고 미셸은 잠들어 있었다. 샤워를 하고 우편물을 훑어보고는 이불 속으로 기어들어가 잠에 빠져들었다. 각성과 수면 사이의 모호한 경계에서 내가 어떤 관문을 향해 걸어가는 장면이 펼쳐졌다. 밝고 쌀쌀하고 공기가 없는 곳, 아무도 살지 않고 세상과 단절된 곳이었다. 내 뒤에서, 어둠 속에서 목소리가 들렸다. 날카롭고 선명한, 마치 누군가 바로 옆에 있는 듯한 목소리는 같은 단어를 계속해서 내뱉었다.

**안 돼. 안 돼. 안 돼.**

소스라쳐 벌떡 일어났다. 심장이 쿵쾅거렸다. 물 한잔 들이켜려고 아래층에 내려갔다. 어둠 속에 홀로 앉아 보드카를 홀짝이는데, 신경이 곤두서고 뇌가 급가속했다. 알고 보니 나의 가장 깊숙한 두려움은 부적격자로 드러나거나 상원에 매이거나 심지어 대통령 선거에서 패하는 것이 아니었다.

두려움의 근원은 내가 당선될지도 모른다는 자각이었다.


　　　　　　　　　부시 행정부와 이라크 전쟁에 대한 반감을 등에 업은 민주당은 11월에 모든 주요 선거를 휩쓸어 상하원 양원을 장악했다. 이 결과를 달성하기 위해 열심히 노력하긴 했지만, 우리 팀과 나는 자축할 여유가 없었다. 선거 다음 날부터 우리는 백악관에 도달할 수 있는 경로를 그리기 시작했다.

우리의 여론조사 담당자 폴 하스태드가 숫자들을 살펴보더니 내가 이미 최상위 후보군에 올랐다고 말했다. 프라이머리와 코커스 일정을 논의하던 우리는 벼락 선거운동을 벌이는 처지에서는 앞에 있는 주들, 특히 아이오와에서 승리하는 데 모든 것이 달려 있음을 깨달았다. 우리는 현실적 예산 규모를 가늠하고, 일단 민주당 후보 지명전에서 승리하는 데 필요한 수억 달러를 어떻게 조달할지 궁리했다. 피트와 얼리사는 내가 의정 활동과 유세를 병행할 수 있도록 계획을 짰다. 액설로드는 선거운동의 테마와, (워싱턴 정가에 대한 유권자들의 지독한 경멸을 감안하여) 변화를 촉구하는 메시지로 나의 명백한 경험 부족을 만회할 방법의 윤곽을 메모했다.

다들 부족한 시간에 허덕이면서도 철저하고 정성스럽게 임무에 매진했다. 특히 인상적인 사람은 데이비드 플러프였다. 30대 후반인 그는 호리호리하면서도 이목구비 뚜렷한 강단 있는 외모에 태도가 시원시원하면서도 격식에 얽매이지 않았다. 대학을 중퇴하고 여러 민주당 선거 캠프에서 일했으며 민주당 하원선거대책위원회를 운영하다 액설로드의 컨설팅 회사에 합류했다. 어느 날 플러프가 자원봉사자 저변과 인터넷을 활용해 주 단위의 풀뿌리 조직 사업을 강화한다는 구상을 펼치는 걸 듣고는, 만일 구상을 실행한다면 그가 선거사무장으로 제격일 것 같다고 피트에게 말했다.

피트가 말했다. "그는 탁월하죠. 하지만 설득하기가 쉽진 않을 거예요. 자녀가 아직 어리거든요."

이 분위기는 그 달의 논의들에서 두드러진 요소 중 하나였다. 팀 전체가 나처럼 양면적 감정을 내비쳤다. 문제는 나의 지명 가능성이 희박하다는 것만이 아니었다. 플러프와 액설로드는 내가 '국민 브랜드' 힐러리 클린턴을 이기려면 퍼펙트게임에 가까운 투구를 해야 하리라고 직설적으로 말했다. 아니, 그보다는 나와 달리 대통령 선거운동을 바로 옆에서 지켜본 경험이 그들을 더 머뭇거리게 만들었다. 그들은 선거운동의 냉혹한 측면을 너무나 잘 알고 있었다. 나와 우리 가족뿐 아니라 우리 가족의 가족도 희생을 치르게 될 터였다.

우리는 늘상 길 위에 있게 될 것이다. 언론은 가차 없이 현미경을 들이댈 것이다(깁스는 '논스톱 대장 내시경'이라고 불렀던 것 같다). 최소 1년, 예비선거에서 승리할 만큼 운이 좋다면 2년 동안은 미셸과 아이들을 거의 보지 못할 것이다.

어느 날 회의 끝나고 액스가 내게 말했다. "솔직히 말할게요, 버락. 선거 과정은 신날 때도 있지만, 대개는 참담해요. 부하 검사stress test 같아요. 정신의 심전도 검사인 셈이죠. 당신에겐 재능이 있긴 하지만, 어떻게 대처할는지 모르겠어요. 당신도 모를 거예요. 모든 게 너무도 광적이고, 너무도 추잡하고 잔혹해서 승리에 필요한 일을 해내려면 조금은 병적인 인간이 되어야 해요. 당신 내면에 그런 갈망이 있는지 통 모르겠어요. 대통령이 되지 못한다고 해서 당신이 불행해질 거라고는 생각지 않아요."

내가 말했다. "맞는 말이에요."

액스가 말했다. "그러게 말이에요. 그건 개인으로서는 강점이에요. 하지만 후보로서는 약점이죠. 당신은 대통령에 출마하기엔 좀 지나치게 정상적이고 적응력이 지나치게 좋은지도 모르겠어요. 내 안의 정치 컨설턴트는 당신이 뛰는 모습을 보면 황홀할 거라 생각하지만, 친구로서 말하자면 그러지 않았으면 좋겠어요."

한편 미셸도 나름대로 감정을 추스르고 있었다. 조용히 회의를 경청했고 이따금 유세 일정에 대해, 자신이 해야 할 일에 대해, 아이들이 어떤 영향을 받게 될지에 대해 질문을 던졌다. 나의 출마에 대한 반발은 점차 가라앉았다. 선거운동에 따르는 결과를 있는 그대로 들은 것이 도움이 되었는지도 모르겠다. 최악의 두려움이 구체화되면서 대처하기가 더 쉬워졌으니 말이다. 어쩌면 가장 충실한 친구이자 절대적으로 신뢰하는 판단력의 소유자인 밸러리 그리고 마티와 대화한 덕인지도 모르겠다. 아니면 오빠 크레이그가 바람을 잡아주었기 때문인지도 모르겠다. 그 또한 가망 없어 보이는 꿈을 좇아, 처음에는 프로 농구 선수가 되었다가 훗날 연봉이 두둑한 은행 일자리를 포기하고 코치가 되었으니 말이다.

어느 날 오후 맥주를 마시다 그가 말했다. "미셸은 그저 겁에 질린 거야." 그는 고등학생 시절 미셸이 어머니와 함께 종종 농구 경기를 보러 왔는데 승부가 박빙이면 밖으로 나가 통로에서 기다리더라고 말했다. 긴장감 때문에 자리에 앉아 있지 못했다는 것이다. "두 사람은 내가 지는 걸 보고 싶어 하지 않았어. 내가 상처받거나 실망하는 걸 보고 싶지 않았던 거지. 나는 그것도 경쟁의 일부라고 설명해야 했고." 내가 대통령에 도전하는 데 찬성한 그는 동생과 얘기해보겠다고 말했다. "미셸이 큰 그림을 봤으면 좋겠어. 이 수준에서 경쟁할 기회는 놓치기엔 너무 아깝잖아."

12월 어느 날, 하와이 휴가를 코앞에 두고 우리 팀은 내가 계속 전진할지 말지를 결정하기 전에 마지막으로 회의를 열었다. 미셸은 선거 캠프를 조직하고 출마를 선언하는 방식에 대한 논의를 한 시간째 끈기 있게 듣다가 끼어들어 본질적 질문을 던졌다.

"당신은 선거에서 이겨 대통령이 될 역량이 있는 다른 민주당 인사들이 많다고 했어. 당신이 출마해야 하는 유일한 조건은 남들이 못 주는 걸 당신이 줄 수 있어야 하는 거라고 나한테 말했지. 그렇지 않으면 그럴 가치가 없다고 말이야. 안 그래?"

나는 고개를 끄덕였다.

"그렇다면 내 질문은 왜 당신이냐는 거야, 버락. 왜 **당신**이 대통령이 되어야 해?"

우리는 탁자 위로 서로를 바라보았다. 잠깐 동안 방에 우리 단둘이 있는 것 같았다. 나의 마음은 17년 전 우리가 처음 만난 순간으로 돌아갔다. 내가 그녀의 사무실에 지각했고, 비에 조금 젖었고, 변호사다운 블라우스와 스커트 차림의 미셸이 무척 사랑스럽고 침착하게 책상 앞에서 일어났고, 그 뒤로 자연스럽게 농담을 주고받던 순간으로. 그때 나는 그녀의 둥글고 검은 눈에서, 내가 알기로 좀처럼 드러내지 않던 연약함을 보았다. 이미 그때 나는 그녀가 특별하다고, 그녀에 대해 알아야겠다고, 이 여인은 내가 사랑할 수 있는 사람이라고 깨달았다. 나는 얼마나 운이 좋았던가 하는 생각이 들었다.

"버락?"

나는 몽상에서 빠져나왔다. "맞아. 왜 나냐고?" 나는 우리가 전에 이야기했던 이유 몇 가지를 언급했다. 내가 새로운 정치를 촉발할 수 있다거나 새로운 세대의 참여를 이끌어낼 수 있다거나 다른 후보들보다 이 나라의 간극을 더 잘 메울 수 있다는 식이었다.

내가 탁자를 둘러보며 말했다. "누가 알겠어요? 우리가 해낼 수 있으리라는 보장은 없어요. 하지만 제가 확실히 아는 게 한 가지 있어요. 제가 오른손을 들고 미국 대통령 취임 선서를 하는 날 세계가 미국을 다르게 보기 시작하리라는 걸 알아요. 이 나라 전역의 아이들─흑인 아이들, 히스패닉 아이들, 그 어디에도 속하지 못하는 아이들─그 아이들도 자신을 다르게 보리라는 걸, 지평이 넓어지고, 가능성이 확장되리라는 걸 알아요. 그것만으로…… 그것만으로도 가치가 있을 거예요."

방 안이 조용해졌다. 마티는 미소를 지었다. 밸러리는 눈물을 훔쳤다. 여러 팀원이 머릿속에 그리고 있는 것이 보였다. 미국 최초의 아프리카계 미국인 대통령이 선서하는 모습을.

미셸이 나를 바라보는 시간은 영원처럼 느껴졌다. 마침내 그녀가 입을 열었다. "그래, 자기. 아주 훌륭한 대답이었어."

다들 웃음을 터뜨렸고 다음 안건으로 넘어갔다. 그 뒤로 몇 년간, 그 방에 있던 사람들은 이따금 그 회의 이야기를 꺼냈다. 그들은 미셸의 질문에 대한 나의 대답이 공유된 신념의 즉흥적 표현이었음을, 우리 모두가 앞으로의 길고 힘겹고 막막한 여정에 발을 디디게 한 계기였음을 알고 있었다. 오벌 오피스에서 어린 소년이 내 머리카락을 만지는 것을 보았을 때, 한 교사가 나의 당선 이후에 자기네 도심 학교 아이들이 더 열심히 공부하기 시작했다고 말했을 때, 그들은 이 일을 떠올렸을 것이다.

사실이었다. 미셸의 질문에 대답하면서 나는 정직한 선거운동으로도 미국의 인종주의적 과거가 남긴 흔적을 조금은 털어낼 수 있기를 기대하고 있었다. 하지만 내면적으로는 그곳에 도달하는 일에 더 개인적인 의미가 있다는 사실도 알고 있었다.

우리의 승리는 내 상원의원 당선이 그저 뜻밖의 횡재가 아니었음을 의미할 터였다.

우리의 승리는 나를 정치로 이끈 것이 한낱 몽상이 아니고 내가 믿는 미국이 가능하며 내가 믿는 민주주의를 실현할 수 있음을 의미할 터였다.

우리의 승리는 세계가 냉정하고 매정해야 할 필요가 없다고, 강자가 약자를 사냥하고 우리가 씨족과 부족으로 돌아가 미지의 대상을 공격하고 어둠 속에서 웅크려야 할 필요가 없다고 믿는 사람이 나만이 아님을 의미할 터였다.

이 믿음들이 현실이 되면 나 자신의 삶이 의미를 가질 것이고 나는 그 약속을, 그런 모습의 세상을, 우리 아이들에게 전해줄 수 있을 터였다.

나는 오래전에 내기를 걸었고, 이제 결과를 확인할 때가 되었다. 나는 보이지 않는 선, 내가 상상할 수 없었고 어떤 면에서는 좋아하지 않았을지도 모르는 방식으로 삶을 가차 없이 바꿔놓을 선을 넘으려는 참이었다. 하지만 지금 멈추는 것, 지금 돌아서는 것, 지금 겁먹는 것은 용납할 수 없었다.

이 모든 일이 어떻게 전개되는지 기필코 보아야 했다.

# 2부

# 우린 할 수 있어

# 5장


2007년 2월의 화창한 아침, 나는 스프링필드의 옛 주의회 의사당 앞 무대에 서서 대통령 출마를 선언했다. 링컨이 일리노이주 연방하원의원이었을 때 '분열된 집' 연설(링컨은 이 유명한 연설에서 분열된 집안은 바로 설 수 없다고 주장하며, 노예제를 두고 분열된 미국의 단합을 호소했다_옮긴이)을 한 곳이었다. 기온이 영하 10도 이하로 떨어졌기에 과연 사람들이 모일까 걱정했지만, 마이크 앞에 설 즈음에는 1만 5000여 명이 광장과 인근 거리에 모여 있었다. 파카, 스카프, 스키 모자, 귀마개로 무장한 청중은 축제 분위기였고, 상당수는 직접 만들거나 선거 캠프에서 받은 '오바마OBAMA' 팻말을 들고 있었다. 사람들이 내뿜은 입김이 구름처럼 떠 있었다.

케이블 TV에 생중계된 연설에서 나는 우리 선거운동의 주요 주제들을 언급했다. 근본적 변화가 필요하다, 보건 의료와 기후변화 같은 장기적 주제에 대처하는 한편 워싱턴의 지긋지긋한 당파적 분열을 넘어서야 한다, 시민들이 실천적이고 적극적으로 참여할 필요가 있다는 내용이었다. 연설이 끝나자 미셸과 아이들이 무대에 올라 환호하는 청중에게 나와 함께 손을 흔들었다. 인근 건물에서 늘어뜨린 대형 성조기가 근사한 배경을 이루었다.

이후 우리 팀과 나는 아이오와로 날아갔다. 우리는 11개월 뒤에 후보 경선이 처음 벌어지는 이곳을 초반 승리의 거점으로 삼아 노련한 적수들을 앞서려 했다. 잇따라 열린 주민 간담회에서 다시 한번 수천 명의 지지자와 구경꾼이 우리를 환영했다. 시더래피즈에서 열린 행사 때는 아이오와의 베테랑 정치 실무자가 우리를 따라다니던 50명가량의 전국지 기자 중 누군가에게 "이건 흔한 일이 아니에요"라고 논평하는 것을 무대 뒤에서 들었다.

그날의 영상을 보고 있노라면 당시 보좌진과 지지자들을 여전히 사로잡는 향수에 휩쓸린다. 우리는 마법 양탄자의 시동을 걸고, 앞으로 2년간 번개를 병에 담으려—미국의 본질적이고 참된 성격을 끄집어내려—하고 있었다. 한편으로는, 그날의 청중, 흥분, 언론 매체의 관심 모두 내가 경선을 통과할 수 있음을 예고했지만 당시에는 무엇 하나 수월하지 않았고 운명처럼 정해졌다고 느껴지지도 않았다. 자꾸만 우리 캠페인이 궤도를 벗어날 것만 같았고, 내가 딱히 좋은 후보가 아닌 것 같다는 생각이 처음부터 따라다녔다.

여러 면에서 나의 문제는 우리가 불러일으킨 열광과 기대의 직접적 결과였다. 액스가 설명했듯 대부분의 대통령 선거운동은 필연적으로 소박하게—그의 말마따나 "오프브로드웨이에서"—시작한다. 이 단계에는 후보와 그의 팀이 적은 청중, 작은 무대, 지역 방송사와 군소 언론사를 상대로 준비 상황을 점검하고 꼬인 실타래를 풀고 실수를 저지르고 무대 공포증을 겪으면서도 별다른 주목을 끌지 않을 수 있다. 하지만 우리는 그런 호사를 누릴 수 없었다. 첫날부터 타임스스퀘어 한가운데 있는 느낌이었다. 환한 스포트라이트는 나의 미숙함을 여지없이 드러냈다.

우리 캠프가 가장 두려워한 것은 나의 '개프gaffe'였다. 이것은 후보의 무지, 부주의, 모호함, 둔함, 악의, 천박함, 거짓, 위선을 드러내거나, 아니면 그저 통념과 동떨어진 사람으로 보이게 만들어 공격의 빌미를 주는 서툰 표현을 언론에서 일컫는 말이다. 이 정의대로라면 사람들 대부분은 날마다 5~10개의 개프를 저지를 테지만, 우리의 가족과 동료, 친구들은 너그러움과 선의로 공백을 메우고 말귀를 알아듣고 전반적으로 최악이 아니라 최선의 의도를 짐작해준다.

그런 탓에 나는 처음에는 우리 팀의 경고를 무시했다. 예컨대 출마를 선포한 날 아이오와의 마지막 목적지로 향하는 길에 액스가 브리핑 자료집을 들여다보다가 고개를 들었다.

그가 말했다. "있잖아요. 지금 가고 있는 타운은 발음이 '워털루'예요."

내가 말했다. "그렇죠. 워털루."

액스가 고개를 저었다. "아뇨, 워털루라고요. **워**털루가 아니라."

"다시 해줘봐요."

액스가 부루퉁한 표정으로 시범을 보였다. "워털**루**."

"한 번만 더요."

액스가 얼굴을 찌푸렸다. "잘했어요, 버락…… 이건 중요한 문제예요."

얼마 지나지 않아 나는 깨달았다. 대통령 출마 선언을 하는 순간부터 어디에나 마이크가 있어서 나의 입에서 나오는 모든 단어가 녹음되고 증폭되고 평가되고 해부되어 더는 평상시 화법이 통하지 않는다는 사실을. 아이오와주 에임스의 타운홀에서 이라크 전쟁에 반대하는 이유를 설명하다가 말이 헛나왔다. 부시 행정부의 부실한 결정 때문에 우리 젊은 병사 3000여 명의 목숨이 '허비되었다'고 말한 것이다. 이 단어가 입 밖에 나온 순간 아차 싶었다. 나는 전쟁에 대한 견해와 별개로 우리 군인과 그들의 가족이 치른 희생에 감사를 표하려고 늘 신경 썼다. 다행히 이 말실수를 보도한 언론은 소수였고 나는 재빨리 잘못을 인정하여 논란을 잠재울 수 있었다. 그 덕분에 내 말의 무게가 전과 같지 않음을 깨우쳤다. 사랑하는 이를 잃고 아직까지 비통해하는 가족들에게 나의 부주의가 어떤 영향을 미쳤을지 생각하니 가슴이 철렁했다.

나는 천성적으로 심사숙고형 연사여서 대통령 후보의 기준에 비추어 볼 때 개프 지수를 낮게 유지했다. 하지만 단어를 신중하게 고르는 경향이 유세에서 또 다른 문제를 낳았다. 나는 그저 말이 길 뿐이었는데 그게 문제였다. 질문을 받으면 에둘러 장황하게 대답했다. 나는 본능적으로 모든 사안을 부분들로, 부분들의 부분들로 분해했다. 모든 논쟁엔 양쪽 편이 있다지만 내게는 보통 네 편이 있었다. 방금 한 발언에 예외가 있으면 그것만 지적하는 게 아니라 주석까지 달았다. 나의 끝없는 주절거림을 듣던 액스는 고함치듯이 말했다. "본론을 그렇게 꽁꽁 감추면 어떡해요!" 그래서 하루 이틀은 고분고분하게 간결성에 집중했지만, 결국 무역 정책이나 북극 해빙解氷의 미묘한 성격을 10분에 걸쳐 설명하고픈 유혹에 넘어가고 말았다.

나는 문제를 속속들이 언급한 것에 만족하며 무대 뒤로 돌아가 액스에게 물었다. "어땠어요?"

액스의 대답은 이랬다. "시험이라면 A죠. 하지만 표는 하나도 못 얻었어요."

이런 문제들은 시간을 들이면 고칠 수 있었다. 선거운동이 봄으로 접어들면서 생긴 더 큰 근심거리는 내가 시무룩해졌다는 사실이었다. 그때 왜 그랬는지 근래에야 깨달았는데, 상원의원 선거운동이 2년이나 이어졌고 상원의원이 된 후에는 1년 동안 주민 간담회를 진행한 데다 다른 후보들을 위해 몇 달간 유세를 다녔으니, 당연한 여파였다. 출마 선언 때 분출된 아드레날린이 소진되자 이제 내 앞에 살인적인 스케줄이 어마어마한 위력으로 밀어닥쳤다.

그야말로 고역이었다. 얼마 지나지 않아, 나는 상원 활동 때문에 워싱턴에 있지 않을 때는 아이오와를 비롯한 조기 선거주에서 일주일에 엿새하고도 반나절, 하루에 열여섯 시간을 쏟아부어야 했다. 잠은 햄프턴 인이나 홀리데이 인, 아메리크인, 슈퍼 8 등(모두 미국의 호텔 체인이다_옮긴이)에서 해결했다. 대여섯 시간 자고 일어나면 눈에 띄는 체육 시설에서 ─태닝숍 뒤켠에 있던 낡은 트레드밀이 기억에 남는다─ 최대한 짬을 내어 운동한 후 옷가지를 챙기고, 아침 식사는 아무거나 꿀꺽꿀꺽 삼킨 다음 밴에 올라타 전화로 기부를 요청하면서 그날의 첫 주민 간담회 장소로 이동하여 현지 신문이나 뉴스 방송사와 인터뷰하고 지역 당 지도부와 인사를 나누고 화장실에도 가고 현지 식당에 들러 악수도 한 뒤에 밴에 올라타 다시 전화를 돌렸다. 어딘가에 처박혀 있던 식은 샌드위치나 샐러드로 끼니를 때우며 이 일을 서너 번 반복하고 마침내 밤 아홉 시경이 되면 또 다른 모텔에 비척비척 들어가 미셸과 아이들이 잠자리에 들기 전에 전화로 안부를 묻고는 이튿날 필요한 브리핑 자료를 읽다가 바인더를 손에서 스르르 미끄러뜨리며 곯아떨어졌다.

모금 행사를 위해 뉴욕이나 로스앤젤레스나 시카고나 댈러스로 날아가는 일은 셈에 넣지도 않았다. 화려한 삶이 아니라 단조롭기 짝이 없는 삶이었다. 꼬박 18개월을 이렇게 지내야 한다고 생각하니 기운이 쭉 빠졌다. 나는 대통령 선거에 승부를 걸었고, 대규모 팀을 운영했고, 낯선 사람들에게 돈을 구걸했고, 내가 믿는 비전을 설파했다. 하지만 아내가 그리웠다. 아이들이 그리웠다. 내 침대, 물이 콸콸 나오는 샤워기, 제대로 된 식탁에 앉아서 먹는 제대로 된 음식이 그리웠다. 똑같은 말을 똑같은 방식으로 하루에 다섯 번, 여섯 번, 일곱 번씩 되풀이하지 않아도 되는 삶이 그리웠다.

다행히 내게는, 건강하고 경험이 풍부하며 길 위에서 한눈팔지 않게 하는 성깔을 겸비한 깁스 외에도 초기의 두려움을 이겨내도록 도와준 두 명의 동행이 있었다.

첫 번째 인물인 마빈 니컬슨은 캐나다인의 피가 절반 섞였으며 수더분한 매력이 있었고 태도가 진중했다. 30대 중반에 2미터 3센티미터의 거구인 마빈은 골프 캐디에서 스트립 클럽 바텐더까지 온갖 직업을 전전하다 4년 전 존 케리의 보디맨body man이 되었다. 개인 비서이자 팔방미인인 보디맨은 특이한 역할이다. 후보가 좋아하는 과자나 항염증제 애드빌, 비 올 때면 우산, 추울 때면 스카프, 악수하려고 다가오는 카운티 의회 의장의 이름까지 정상적으로 활동하는 데 필요한 것 모두를 대령해야 한다. 마빈은 뛰어난 솜씨와 재간 덕에 정계에서 전설적 인물이 되었다. 그를 수행담당관으로 채용하여 얼리사와 선발팀과 함께 이동 준비를 조율하도록 한 덕에 나는 필요한 것들을 조달받고 일정을 순탄하게 소화했다.

두 번째 인물은 레지 러브다. 노스캐롤라이나의 흑인 중산층 가정에서 태어난 그는 193센티미터의 탄탄한 체구로, 듀크 대학교 시절 농구와 미식축구에서 두각을 나타냈는데 피트 라우스가 내 상원의원실의 비서로 채용했다. (여담이지만, 사람들은 내가 실제로는 185센티미터가 조금 넘는 장신이라는 데 종종 놀란다. 몇 년간 레지와 마빈과 함께 찍은 사진들 때문에 상대적으로 작아 보인 탓이다.) 마빈의 지도하에 보디맨 역할을 넘겨받은 스물다섯 살의 레지는 처음에는 애먹었지만—일주일 사이에 마이애미에서는 내 서류 가방을 깜박하고 뉴햄프셔에서는 내 양복 재킷을 깜박했다—진지한 직무 윤리와 허당기 있는 유쾌함 덕에 금세 캠프의 모든 사람에게 사랑받았다.

그 뒤로 2년 가까이 깁스, 마빈, 레지는 나를 보호하고 정상성에 붙들어두는 닻이 되어주었으며 한결같은 분위기 메이커 역할을 했다. 우리는 카드놀이를 하고 당구를 쳤다. 스포츠에 대해 논쟁하고 좋아하는 음악에 대해 토론했다. (레지는 퍼블릭 에너미에 머물러 있던 나의 힙합 플레이리스트를 업데이트해주었다.) 마빈과 레지는 길 위에서의 (복잡한) 사교 생활과, 하루 일과가 끝난 뒤 온갖 현지 업소에서 겪은 모험을 들려주었다(이따금 문신 시술소와 목욕탕이 등장했다). 우리는 레지의 젊은이다운 무지를 놀렸고 (한번은 내가 명배우 폴 뉴먼을 언급했더니 레지가 "샐러드 드레싱 만드는 남자 맞죠?"라고 말했다), 깁스의 취향을 골렸다(아이오와주 농업 박람회에서 깁스가 바싹 튀긴 트윙키와 스니커즈 바 사이에서 좀처럼 결정하지 못하자 카운터 뒤에 있던 여자가 보다 못해 한마디했다. "이봐요, 둘 다 맛이 똑같은데 뭘 고민해요?").

우리는 시간만 나면 농구를 했다. 작은 타운에도 고등학교 체육관은 있기 마련이어서, 정식 경기를 할 시간이 없어도 소매를 걷어붙이고는 무대에 오르기 전까지 '호스H-O-R-S-E'(슛을 넣은 사람이 다음 숏할 위치와 자세 등을 선택하며 이어가는 농구 경기 방식_옮긴이)를 한판씩 벌였다. 진짜 운동선수라면 그렇듯 레지도 지고는 못 사는 성미였다. 일대일 경기를 한 다음 날이면 걷기도 힘들 때가 있었지만, 나는 자존심 때문에 힘든 티를 내지 않았다. 한번은 뉴햄프셔 소방관들에게 지지 선언을 받아내려고 찾 아갔다가 농구 경기를 하게 됐다. 전형적인 주말 전사였던 그들은 나이는 나보다 약간 젊었지만 몸 상태는 나만 못했다. 레지가 세 번이나 연달아 공을 가로채 우레 같은 덩크슛을 꽂아 넣자 나는 작전타임을 불렀다.

내가 물었다. "뭐 하자는 거예요?"

"뭐가요?"

"내가 저분들의 지지를 받아야 하는 거 몰라요?"

레지는 믿기지 않는다는 표정으로 나를 봤다. "저 뻣뻣한 목석들에게 지고 싶다는 말씀인가요?"

나는 잠시 머리를 굴리고는 말했다.

"아뇨, 그렇게까진 안 할래요. 다만 저분들이 너무 열받지는 않게 하자 고요."

레지, 마빈, 깁스와 시간을 보내면서 나는 선거운동의 압박에서 한숨 돌릴 수 있었다. 그 작은 공간에서 나는 후보나 상징이나 세대를 대표하 는 목소리나 심지어 보스도 아니라 그저 한 사내일 수 있었다. 강행군을 치른 초창기 몇 달간 내게는 어떤 격려의 말보다 소중한 위안이었다. 유 난히 심드렁한 반응을 겪은 어느 날, 끝나지 않을 것 같던 하루가 끝나고 다른 비행기의 탑승 수속을 하는데 깁스가 내게 격려의 말을 건네려고 했다. 그는 더 많이 웃어야 한다고, 이것이 대단한 모험이며 유권자들은 행복한 전사를 좋아한다는 사실을 명심해야 한다고 말했다.

그가 물었다. "즐거운 일 없어요?"

내가 말했다. "없는데요."

"이 일을 더 즐겁게 바꾸기 위해서 우리가 할 수 있는 일은요?"

"없어요."

앞자리에 앉아 있던 레지가 대화를 듣더니 뒤돌아 활짝 웃으며 말했다. "위안이 될진 모르겠지만 저는 일생일대의 시간을 보내고 있어요."

과연 그랬다. 그때는 그에게 말하지 않았지만.

많은 것을 빠르게 배웠다. 보좌진이 준비한 두툼한 브리핑 자료를 몇 시간 동안 꼼꼼히 들여다보면서 유아 교육의 가치, 청정에너지에 대한 접근성을 높일 배터리 신기술 개발, 수출 증대를 위한 중국의 환율 조작 등에 대한 최신 조사 결과를 흡수했다.

돌이켜보면, 확신이 없거나 갈팡질팡할 때 대다수 사람들이 으레 하는 일을 하고 있었다. 즉 친숙한 것, 잘한다고 생각하는 것에 매달렸다. 나는 정책을 잘 알았다. 정보를 흡수하고 처리하는 법을 알았다. 나의 문제는 10개조 계획의 부재가 아님을 깨닫기까지는 시간이 걸렸다. 나의 문제는 사안을 본질만 남을 때까지 응축하지 못하는 것, 불확실성이 날로 커지는 세상을 미국 국민에게 설명하고 그런 세상을 헤쳐나갈 수 있도록 내가 대통령으로서 도울 수 있다는 신뢰감을 선사하지 못하는 것이었다.

잔뼈가 굵은 나의 적수들은 이미 터득한 것들이었다. 2007년 어느 토요일 늦은 저녁에 라스베이거스에서 북미서비스노조가 후원하여 열린 보건 의료 포럼에 참석한 나는 적수들 앞에서 톡톡히 망신을 당했다. 플러프는 참석에 반대했다. 그가 보기에 그 포럼은 후보들이 이런저런 민주당 이익집단에 선을 보이는 '단체 오디션'으로, 내부자의 기득권 유지에 일조하며 유권자들을 직접 만날 시간을 뺏을 뿐이었다. 내 의견은 달랐다. 보건 의료는 내가 중요하게 여기는 문제였다. 선거운동 과정에서 사람들의 가슴 아픈 사연을 많이 들었을 뿐 아니라 어머니가 투병하던 때를 잊을 수 없었기 때문이었다. 어머니는 생존 가능성만 염려한 게 아니라 보험으로 치료비를 감당할 수 있을지도 걱정했다.

결론부터 말하자면, 플러프의 말을 들었어야 했다. 내 머릿속엔 팩트는 너무 많고 해답은 너무 적었다. 의료계 종사자로 이루어진 대규모 청중 앞에 선 나는 더듬거리고 웅얼거리고 걸핏하면 말문이 막혔다. 예리한 질문을 받고는 전 국민 의료 혜택을 위한 확고한 계획을 아직 세우지 못했음을 실토해야 했다. 객석은 귀뚜라미 우는 소리까지 들릴 정도로 적막했다. AP 통신은 나의 포럼 참석을 비판하는 기사를 내보내며 "오바마는 겉멋뿐 실속은 없나?"라는 뼈아픈 제목을 달았다(기사는 금세 미국 전역의 언론에 보도되었다).

나의 헛발질과 대조적으로 두 유력 경쟁자 존 에드워즈와 힐러리 클린턴은 멋진 솜씨를 발휘했다. 잘생기고 세련된 전 부통령 후보 에드워즈는 2004년에 상원을 떠나 존 케리의 러닝메이트가 되었는데, 빈곤 연구소를 설립했다고 떠벌리면서도 대통령 선거운동에 전적으로 매달릴 시간은 전혀 부족하지 않아 보였다. 나는 그를 잘 몰랐고 딱히 감명받은 적도 없었다. 노동자 계층 출신이긴 해도 그가 새로 채택한 포퓰리즘은 인위적이고 대중 추수적으로 보였다. 마치 음반사 마케팅 부서에서 기획한 아이돌 밴드의 정치인 버전 같았다. 하지만 라스베이거스에서 보편적 보장을 위한 명쾌한 제안을 내놓으며 노스캐롤라이나에서 잘나가던 법정 변호사다운 모든 재능을 발휘하는 광경을 보고는 내 판단 착오를 인정해야 했다.

힐러리는 더 뛰어났다. 여느 사람들처럼 나도 클린턴 부부를 멀찍이서 관찰하며 1990년대를 보냈다. 나는 빌의 놀라운 재능과 지적 화력을 존경했다. 그의 이른바 삼각화(좌우 구분을 떠나 제3의 대안을 추구하는 전략_옮긴이)가 가져온 구체적 결과들―일자리를 찾을 수 없는 사람들을 위한 보호 조치가 미흡한 복지 개혁 법안에 서명한 것, 범죄에 단호함을 부각하려다 연방교도소 수감자를 폭발적으로 증가시킨 것―에 찬성하지는 않았지만, 진보적 정책 입안을 이끌면서도 민주당의 당선 가능성을 높인 솜씨는 인정하지 않을 수 없었다.

전 퍼스트레이디로 말할 것 같으면 그녀는 빌 못지않게 인상적이었으며 더 호감이 갔다. 힐러리가 살아온 이야기에서 내 어머니나 외할머니의 흔적을 보았기 때문인지도 모르겠다. 모두 똑똑하고 포부 당당한 여성이었으나 시대의 한계에 부딪히며 남자들의 자존심과 사회적 편견을 헤쳐나가야 했다. 힐러리가 방어적 태도를 취하거나 설령 대본을 그대로 읽는다 한들, 그동안 숱한 공격에 시달린 그녀를 누가 비난할 수 있겠는가? 대다수 상원의원은 내가 그녀에게 우호적이라는 사실을 알고 있었다. 내가 겪어본 그녀는 근면하고 호감이 가고 언제나 철저하게 준비했다. 그녀가 호탕하게 웃으면 주변 분위기가 일순 밝아졌다.

힐러리가 참여하고 있던 경주에 뛰어들기로 결정한 이유는 그녀의 개인적 결점에 대한 판단 때문이라기보다는 클린턴 백악관 시절에서 비롯한 앙심, 원한, 편견으로부터 그녀가 벗어나지 못하리라는 느낌 때문이었다. 그녀가 미국의 정치적 분열을 해소할 수 있을지, 워싱턴의 작동 방식을 바꿀 수 있을지, 이 나라에 필요한 새출발을 할 수 있을지 확신이 들지 않았다. 그럼에도 그날 저녁 포럼 무대에서 보건 의료에 대해 열정과 박식함을 드러내며 연설하는 그녀를 보면서, 연설이 끝나자 열렬히 환호하는 청중을 보면서, 내가 오판한 게 아닌가 생각했다.

이후로도 나는 힐러리에게—아니, 이 문제만 놓고 보면 예비선거 주자들 절반에게—수시로 망신당할 신세였다. 알고 보니 두세 주마다 토론회가 열릴 예정이었기 때문이다. 나는 이런 형식에서 두각을 나타낸 적이 없었다. 와인드업에 시간이 오래 걸리고 장문의 대답을 선호하기에 토론에서는 불리했다. 경험 많은 일곱 명의 프로와 무대에 올라 몇 분 안에 대답하기란 더더욱 난감했다. 4월 첫 토론회에서 사회자는 적어도 두번 내가 말을 끝내기 전에 시간이 초과됐다고 지적했다. 다발성 테러 공격에 어떻게 대처하겠느냐는 질문을 받은 나는 연방정부의 지원을 조직화할 필요가 있다고 논의했지만 테러범을 추적해야 한다는 당연한 사실은 굳이 언급하지 않았다. 이후 몇 분 동안 힐러리를 비롯한 토론자들은 번갈아가며 나의 부주의를 질타했다. 그들의 어조는 준엄했는데, 눈빛은

이렇게 말하고 있었다. '꼴좋다, 햇병아리.'

토론이 끝나고 액스가 조심스럽게 관전평을 내놓았다.

그가 말했다. "문제는 모든 질문에 답하려고 한다는 거예요."

내가 말했다. "그게 핵심 아닌가요?"

액스가 말했다. "아뇨, 버락. 그건 핵심이 **아니**에요. 핵심은 메시지를 전달하는 거예요. 당신의 가치. 당신의 우선순위. 사람들은 이것들을 알고 싶어 해요. 봐요, 사회자의 질문 중 절반은 당신의 실수를 유도하려는 거예요. 당신이 할 일은 그 덫에 걸려들지 않는 거라고요. 무슨 질문을 받든 당신이 대답한 것처럼 보이도록 뭐라도 던져주고…… 그다음에 **당신**이 하고 싶은 얘길 해야 해요."

내가 말했다. "완전 엉터리네요."

그가 말했다. "바로 그거예요."

액스에게 실망했고 나 자신에게는 더욱 실망했다. 하지만 토론회 영상을 보고는 그의 통찰을 부정하기 힘들었다. 토론회에서 가장 효과적인 답변은 이해시키는 게 아니라 감정을 불러일으키거나, 적을 지목하거나, 유권자들에게 내가 무대 위의 누구보다도 그들 편이며 앞으로도 그럴 거라고 알리는 것인 듯했다. 하지만 이런 수법은 피상적이라고 치부되기 십상이었다. 이렇게 말할 수도 있다. 대통령은 변호사나 회계사나 조종사처럼 제한적이고 전문화된 임무를 수행하도록 고용된 사람이 아니다. 여론을 동원하고 제대로 기능하는 연합을 형성하는 것이 대통령의 임무다. 내가 원하든 원치 않든 사람들을 움직이는 것은 사실이 아니라 감정이었다. 이 감정들 중 최악이 아니라 최선의 것을 불러일으키는 것, 우리 본성의 선한 천사를 이성과 건전한 정책으로 뒷받침하는 것, 연기하면서도 진실을 이야기하는 것이야말로 내가 넘어야 할 산이었다.

내가 실수를 줄이려고 애쓰는 동안 플러프는 시카고 본부에서 매끄럽게 임무를 수행하고 있었다. 자주 만나지는 못했지만 우리에게 공통점이 많다는 걸 알 수 있었다. 둘 다 분석적이고 감정에 휘둘리지 않았으며 관습과 허위에 회의적이었다. 하지만 내가 한눈을 팔고 세부 사항에 무심하고 자료를 체계적으로 정리하지 못하고 방금 받아 든 메모와 펜과 휴대전화마저 끊임없이 흘리고 다니는 반면에 플러프는 관리의 귀재였다.

처음부터 플러프는 아이오와주에서 승리하는 데 단호하고 확고하게 집중했다. 케이블 TV 정치 평론가와 일부 지지자들이 바보짓으로 여긴 우리의 외곬 전략을 그는 승리로 가는 유일한 길이라고 확신하여 한 치도 양보하지 않았다. 군대식 규율을 도입한 그는 액스부터 신참 조직 담당자에 이르는 팀의 구성원 모두에게 어느 정도 자율성을 허용하면서도 엄격한 절차 준수와 책임감을 요구했다. 불필요한 반대를 일삼는 운동원들은 급여 삭감으로 응징했다. 과도한 컨설팅 계약과 언론 매체 예산으로부터 과감하게 자원을 빼내 현장 조직가들을 지원했다. 데이터에도 강박적으로 매달려 인터넷 도사들을 채용했는데, 그들은 다른 캠프뿐 아니라 웬만한 사기업보다도 몇 광년 앞선 디지털 프로그램을 만들어냈다.

경주를 위해 출발한 지 6개월 만에 플러프는 막강한 클린턴 캠프와 정면으로 겨룰 수 있는 탄탄한 캠프 운영 시스템을 구축했다. 그는 이 성과를 조용히 자축했다. 나는 그의 또 다른 면을 깨달았다. 성품이 소극적이고 신념이 깊었지만 한편으로는 천생 싸움꾼이었다. 정치는 그에게 스포츠였으며, 자신이 선택한 종목에서는 농구장의 레지 못지않은 승부욕을 불태웠다. 나중에 액스에게 그의 주니어 파트너였던 플러프가 훌륭한 캠페인 기획자가 될 것 같았냐고 물었다. 액스는 고개를 내둘렀다.

"두말하면 잔소리죠."

대선 경쟁에서는 전략이 아무리 좋아도 실행할 자원이 없으면 별 의미가 없는데, 우리에게 유리하게 작용한 두 번째 요소인 이 자원은 바로 돈이었다. 클린턴 부부는 30년 가까이 전국 곳곳에 후원자 기반을 다져왔기에 우리는 힐러리가 자금 모금 면에서 훨씬 우위일 거라고 생각했다.

하지만 변화에 대한 국민의 갈망은 우리 예상보다도 더 강렬했다.

초기에는 우리도 전통적 패턴에 따라 자금을 모금했다. 대도시의 거물급 후원자들이 이서하고 모아준 거액의 수표에 의존했다. 기업인이자 시카고 시절부터 오랫동안 친분을 이어온 페니 프리츠커는 전국 후원회장을 맡아 조직 운영 감각과 방대한 인맥을 캠페인에 더해주었다. 전문가 팀을 꾸린 독설가이자 경험 많은 재무 담당자 줄리애나 스무트는 나를 어르고 달래고 때로는 협박하여 끝없이 모금 활동에 투입하는 재능을 발휘했다. 그녀의 미소는 더없이 다정했지만 눈빛은 킬러와 같았다.

시간이 갈수록 후원자들이 취지를 이해하고 인정해준 덕분에 나는 모금에 익숙해졌다. 자부심이나 명성을 추구하는 게 아니라 더 나은 나라를 만들려 한다고 나는 말했다. 사안에 대한 그들의 견해에 귀 기울였고, 전문가의 견해는 더더욱 경청했지만, 그들의 환심을 사려고 내 견해를 감추지는 않았다. 자투리 시간에는 후원자들뿐 아니라 자원봉사자와 현장의 젊은 직원들에게 감사 쪽지를 쓰고 생일 축하 전화를 했다.

내가 당선되면 후원자들은 세금이 인상될 각오를 해야 했다.

이런 태도 때문에 몇몇 후원자를 잃었지만 특혜나 지위에 연연하지 않는 지지자 문화를 만들어갈 수 있었다. 한 달 한 달 지나면서 후원자들의 저변이 달라졌다. 10달러, 20달러, 100달러씩 소액 후원이 쏟아지기 시작했는데, 대부분 인터넷으로 들어왔다. 스타벅스에 쓰려던 돈을 후원하겠다고 서약한 대학생들도 있었고 바느질 모임에서 선거 자금을 모금해준 할머니들도 있었다. 우리는 예비선거 기간에 소액 후원으로만 수백만 달러를 모금한 덕분에 어느 주도 포기하지 않을 수 있었다. 돈 자체보다 중요했던 것은 기부의 바탕에 깔린 정신, 동봉된 편지와 이메일에 담긴 주인 의식이 선거운동에 풀뿌리다운 활력을 불어넣었다는 것이다. 이 후원들은 우리에게 이렇게 말했다. **이 선거는 여러분만의 일이 아니에요. 우리가 여기 있어요. 지상에 우리가, 전국 방방곡곡에 수백만 명이 있어요. 그리고 우리는 믿어요. 우리 모두 동참할게요.**

강력한 운영 전략과 효과적인 풀뿌리 모금 외에도 제3의 요소가 그 첫 해에 선거운동과 우리의 사기를 북돋았다. 아이오와 팀과 불굴의 지도자 폴 트위스의 활약이었다.

폴은 미네소타주 남서쪽 구석의 농촌 지역인 마운틴레이크에서 자랐다. 이곳에서는 모두가 서로를 알고 보살펴주었고, 아이들이 아무 데서나 자전거를 타고 아무도 문을 잠그지 않았으며, 코치들이 선수를 한 명이라도 자르면 팀 인원을 채울 수 없기에 모든 학생이 모든 종목에서 뛰었다.

보수적인 마운틴레이크 주민들 사이에서 트위스 가족은 조금 이색적인 존재였다. 일찍부터 폴의 어머니는 루터교에 대한 가족의 충성심 다음으로 민주당에 대한 충성심을 그에게 심어주었다. 그는 여섯 살 때 반 친구에게 공화당을 지지하면 안 된다고 끈기 있게 설명하면서 "왜냐면 너희 가족은 부자가 아니잖아"라고 말했다. 4년 뒤 지미 카터가 로널드 레이건에게 패했을 때는 서럽게 울었다. 폴의 아버지는 정치에 대한 아들의 열정이 자랑스러워 이 일화를 동네 고등학교 사회 교사인 친구에게 들려주었다. 이 친구는 사회 문제에 대한 열 살짜리의 관심이 무기력한 십 대들에게 감명을 주기를 기대하면서 반 학생들에게 이 이야기를 들려주었다. 그 후 며칠 동안 폴은 나이 많은 학생들에게 놀림을 당했다. 학생들은 복도에서 폴을 볼 때마다 우는 아기처럼 얼굴을 쭈그러뜨렸다.

폴은 굴하지 않았다. 고등학생 때는 민주당 후보의 자금을 모금하기 위해 무도회를 개최했다. 대학생 때는 주의회 의원의 인턴으로 일했고, 1988년 대통령 예비선거 때는 마운틴레이크의 투표소 관할구precinct(투표소가 설치된 지역을 뜻하며, 선거구의 최소 단위_옮긴이) 두 곳 중 한 곳에서 자신이 지지하는 후보인 제시 잭슨의 승리를 이끌어냈다(그는 이 일에 대단한 자부심을 느낀다).

2007년 내가 만난 폴은 시장 선거에서 하원의원 선거까지 상상할 수 있는 모든 선거운동을 경험했다. 앨 고어의 아이오와주 코커스 책임자를 지냈으며, 민주당 상원선거대책위원회를 위한 전국 현장 활동 책임자도 맡았다. 그는 서른여덟 살이었지만 나이가 더 들어 보였다. 다부진 체격에 머리가 약간 벗어졌으며 수염은 흰 피부에 어울리는 연한 금색이었다. 세련미가 없었고 성미가 괄괄했으며 옷을 차려입는 일도 없었다. 특히 겨울에는 미네소타주 토박이답게 플란넬 셔츠에 다운재킷을 걸치고 스키 모자를 썼다. 그는 고액을 받는 정치 컨설턴트들과 어울리기보다는 옥수수밭에서 농부들과 이야기하거나 후미진 술집에서 한잔하는 것을 더 편하게 느꼈다. 하지만 자리를 함께해보면 그가 자기 분야에 빠삭하다는 사실을 금세 알 수 있다. 그뿐만이 아니라 전술적 통찰, 세세한 선거구 투표 이력, 정치적 일화의 이면과 함께 선거 때문에 울음을 터뜨릴 정도로 열정과 신념을 가진 열 살짜리 아이의 심장 뛰는 소리도—귀를 쫑긋 세우면—들을 수 있을 것이다.

누구든 대통령 선거에 출마해봤다면 아이오와주에서 승리하기가 결코 녹록지 않다고 말할 것이다. 아이오와는 코커스를 열어 대의원들이 지지할 후보를 결정하는 주 중 하나다. 주민들이 대개 개인적으로 원하는 후보에게 표를 던지는 전통적 프라이머리 방식과 대조적으로 코커스는 유권자들이 정해진 시각에 학교 체육관이나 투표소 관할구 내 도서관에 모여 승자가 결정될 때까지 각 후보의 장점을 화기애애하게 토론하던 타운홀식 민주주의에 더 가깝다. 이런 참여민주주의는 긍정적인 점이 많았지만 시간이 오래 걸렸으며—코커스 한 번에 세 시간 이상 걸리기도 했다—참가자들이 사정에 밝고 공개적으로 투표할 의지가 있고 하루 저녁을 할애할 열정이 있어야 했다. 당연히 아이오와주 선거인단 중에서 소수의 고정된 부류—고령층 유권자, 당직자, 오랜 지지자—만이 코커스에 매력을 느꼈는데, 이들은 대체로 검증된 인물을 선호했다. 말하자면 민주당 코커스 참가자들은 나보다는 힐러리 클린턴 같은 유명인을 지지할 가능성이 컸다.

처음부터 트위스는 아이오와에서 승리하고 싶으면 다른 방식으로 캠페인을 벌여야 한다고 플러프에게 강조했고, 플러프는 내게 강조했다. 전통적 코커스 참가자들을 우리 편으로 만들려면 더 열심히 더 오래 일대일로 공을 들여야 했다. 나아가 오바마 지지자일 가능성이 있는 많은 사람—젊은이, 유색인, 무당파—을 온갖 걸림돌과 장애물을 이겨내고 생전 처음으로 코커스에 참가하도록 설득해야 했다. 그러려면 당장 여러 곳에 사무소를 열어 아이오와주의 99개 카운티를 모두 관리해야 한다고 트위스는 주장했다. 그리고 사무소마다 급여를 거의 받지 않는 대신 하루하루 감독도 받지 않는 젊은 운동원을 채용하여 나름대로 현지 상황에 맞는 정치 운동을 진행해야 한다고 했다.

많은 투자가 필요하고 초반부터 도박하는 셈이었지만 우리는 트위스의 손을 들어주었다. 작업에 착수한 그는 미치 스튜어트, 메리그레이스 골스턴, 앤 필리픽, 에밀리 파셀 등 빼어난 보좌역들로 팀을 꾸려 계획을 추진했다. 모두 똑똑하고 반듯하고 다양한 캠페인을 경험했으며, 32세 미만이었다.

나와 가장 많은 시간을 보낸 에밀리는 아이오와 토박이로 톰(토머스) 빌색 전 주지사 밑에서 일한 적이 있었다. 트위스는 내가 현지의 정계를 누비는 데 그녀가 남다른 도움이 될 거라고 판단했다. 스물여섯 살로 가장 어린 축이었던 그녀는 갈색 머리에 수수한 옷차림을 했으며 고등학교 3학년으로 보일 만큼 작달막했다. 아이오와주의 모든 민주당원을 알았고, 들르는 곳마다 누구와 이야기하라고 내게 거침없이 구체적으로 지시했고, 지역사회에서 가장 중요시하는 사안을 알려줬다. 그녀는 근엄하고 단조로운 어조로 정보들을 전달했는데, 표정을 보면 바보짓에 대한 내성이 별로 없는 듯했다. 모토롤라 공장에서 30년간 일하면서 대학까지 졸업한 어머니에게서 이런 성격을 물려받았는지도 모르겠다.

렌트한 캠페인용 밴으로 행사장과 행사장을 오가는 오랜 시간 동안 나는 농담, 재담, 언어유희, 레지의 머리 크기에 대한 뜬금없는 언급 등으로 에밀리에게서 폭소를 이끌어내는 것을 사명으로 삼았다. 하지만 내가 발휘한 매력과 재치는 눈 한 번 깜박이지 않는 그녀의 한결같은 시선에 부딪혀 여지없이 부서졌다. 그래서 그녀가 시키는 일이나마 제대로 하는 쪽으로 방향을 정했다.

훗날 미치, 메리그레이스, 앤은 자신들의 임무가 얼마나 특이했는지 말하곤 했다. 트위스가 회의 때마다 꺼내는 온갖 특이한 발상을 여럿이서 걸러내는 것도 그중 하나였다.

미치는 이렇게 설명했다. "하루에 열 개는 내놓더라고요. 아홉 개는 터무니없었고 한 개는 천재적이었죠." 사우스다코타 출신으로 체격이 호리호리한 미치는 아이오와 정계에서 일한 적이 있었지만 트위스만큼 열성적인 절충주의자를 만난 적은 없었다. 그는 이렇게 회상했다. "트위스가 똑같은 아이디어를 세 번씩이나 가져오면 거기 뭔가 있을지도 모르겠다는 생각이 들더군요."

해마다 아이오와주 농업 박람회에서 가염 버터로 실물 크기 소를 조각하는 '버터 카우 레이디' 노마 라이언을 영입하고 그녀의 지지 선언을 녹음한 전화를 주 전역에 돌린다는 발상은 천재적이었다. (그녀는 나중에 내 머리를 조각한 10킬로그램짜리 '버터 흉상'을 제작했는데 이것도 트위스의 아이디어였을 것이다.)

1960년대 버마 셰이브 면도 크림 광고처럼 운을 맞춘 구절이 잇따라 나오는 연속 광고판을 고속도로에 설치하자고도 우겼는데("변화의 시간…… 기어를 바꿔요…… 큰 귀의 사나이…… 2008년 오바마에게…… 투표하세요.") 이것은 그리 천재적이진 않았다.

지지 선언 카드 10만 장을 모은다는 달성 불가능한 목표를 달성하면 눈썹을 밀겠다는 약속은 천재적이지 않았지만, 캠페인 막판에 정말로 목표가 달성되자 천재적 발상으로 탈바꿈했다. (메리그레이스는 이렇게 설명했다. "미치도 밀었어요. 사진을 찍었는데 도저히 못 봐주겠더라고요.")

트위스는 아이오와주 선거운동의 기조를 '풀뿌리, 위아래 없음, 불경,

가벼운 조증'으로 정했다. 선임 운동원, 후원자, 고위직을 비롯한 모두가 호별 방문을 해야 했다. 초기 몇 주 동안 우리는 모든 사무소의 모든 벽에 그의 구호("존중하라, 권한을 부여하라, 포용하라")가 적힌 현수막을 내걸었다. 새로운 정치를 진지하게 고려한다면 바로 이곳 현장에서 출발해야 한다고 그는 설명했다. 모든 조직가는 사람들에게 귀를 기울이고, 그들이 하는 말을 존중하고, 적과 지지자를 비롯한 모든 사람을 자신이 대접받고 싶은 대로 대접해야 한다는 것이었다. 마지막으로 그는 후보를 빨래 세제마냥 유권자들에게 판촉하는 게 아니라 그들의 참여를 독려해야 한다고 강조했다.

이 가치를 저버리면 누구든 질책을 당했으며 현장에서 퇴출되기도 했다. 우리 팀의 주간 화상회의에서 신참 조직가가 자신이 캠프에 참여한 이유가 "바지 정장이 싫어서"라고 농담조로 말하자(바지 정장은 힐러리가 즐겨 입은 캠페인 의상이다) 트위스는 다른 조직가들 모두가 보는 앞에서 그를 큰소리로 꾸짖었다. 트위스는 이렇게 말했다. "그건 우리가 대변하는 가치가 아니에요. 사적인 자리에서도 그래선 안 돼요."

무엇보다 트위스 자신이 행동으로 실천했기 때문에 우리 팀은 이 말을 가슴에 새겼다. 이따금은 감정을 절제하지 못했지만 그는 결코 누구도 허투루 대하지 않았다. 메리그레이스의 삼촌이 세상을 떴을 때 트위스는 메리그레이스 추모의 날을 선포했으며 사무실 사람들 모두에게 분홍색 옷을 입혔다. 그는 그날 하루 메리그레이스가 시키는 것은 무엇이든 하겠다고 선언하며 나에게 녹음까지 시켰다. (물론 트위스와 미치가 사무실에서 담배 씹는 것을 그녀가 300일 동안 견뎌야 했던 걸 생각하면 그걸로는 어림도 없었다.)

아이오와주 선거 캠프에는 이런 동지애가 스며 있었다. 본부뿐 아니라, 우리가 주 전역에 배치한 200명 가까운 현장 조직가들도 마찬가지였다. 나는 그해 아이오와에서 도합 87일을 보냈다. 각 타운의 대표 음식을 섭렵하고, 농구장만 보이면 학생들과 경기하고, 깔때기구름에서 옆으로 몰아치는 진눈깨비까지 온갖 기상 현상을 경험했다. 그러는 내내, 입에 풀칠할 정도의 임금만 받으며 끝없이 일한 젊은이들이 유능한 가이드가 돼주었다. 대부분 대학을 갓 졸업한 이들 중 상당수는 선거운동이 처음이었으며 집과 멀리 떨어진 곳에서 일해야 했다. 아이오와주나 중서부 농촌에서 자라 수시티나 앨투나 같은 중간 규모 타운의 태도와 생활 방식에 친숙한 사람들도 있었지만 대부분은 그렇지 않았다. 우리 조직가들을 한 방에 모으면 필리에서 온 이탈리아인, 시카고에서 온 유대인, 뉴욕에서 온 흑인, 캘리포니아에서 온 아시아인, 가난한 이민자의 자녀와 교외 부촌의 자녀, 공학 전공자, 전직 평화유지군 자원봉사자, 제대군인, 고등학교 중퇴자 등을 만나게 된다. 표면상으로는, 이들의 가지각색의 경험이 우리에게 필요한 표를 가진 핵심 유권자층과 이어질 가능성은 전혀 없어 보였다.

그런데도 그들은 해냈다. 더플백이나 작은 여행 가방 하나 들고 타운에 도착하여 초창기 현지 지지자의 남는 침실이나 지하실에서 묵으면서 여러 달에 걸쳐 중요한 장소를 알아갔다. 동네 이발소를 찾아가고, 식료품점 앞에 카드놀이 테이블을 놓고, 로터리 클럽에서 사람들과 이야기를 나눴다. 리틀리그 아이들에게 야구를 가르쳤고, 지역 자선단체를 보조하고, 포트럭 파티(참여자 각자가 음식을 가져와서 나눠 먹는 파티_옮긴이)에 빈손으로 가지 않으려고 엄마에게 전화해서 바나나 푸딩 요리법을 물어보았다. 나이가 훨씬 많고 직장과 가족과 근심거리가 있는 현지 자원봉사자들에게 귀 기울이는 법을 배웠다. 하루하루 기진맥진할 때까지 일하고, 밀려드는 외로움과 두려움에 맞서 싸웠다. 한 달이 지나고 또 한 달이 지나면서 그들은 사람들의 신뢰를 얻어냈다. 그들은 더는 이방인이 아니었다.

아이오와에서 이 젊은이들은 얼마나 큰 활력을 불어넣었던가! 그들은 낙관주의와 감사하는 마음과 하나로 어우러지는 느낌으로 나를 가득 채웠다. 그들에게서 혼란과 이상주의에 빠진 채 시카고에 도착한 스물다섯의 나 자신을 보았다. 사우스사이드에서 여러 가족과 맺은 귀중한 인연, 실수와 작은 성공, 내가 찾은 공동체가 떠올랐다. 현장 조직가들도 비슷한 공동체를 스스로 만들고 있었다. 그들의 경험을 보면서 내가 애초에 공직에 몸담은 이유가 생각났다. 그것은 정치의 의미가 권력과 지위보다 공동체와 연결에 있을 거라는 핵심적 이념을 실현하기 위해서였다.

아이오와 전역의 자원봉사자들이 최선을 다한 주된 이유는 내가 아니라 이 젊은 조직가들이었다. 이 젊은이들이 선거운동에 뛰어든 계기는 나의 말이나 행동 때문일지도 모르지만, 이제 그들은 자원봉사자들과 하나가 되어 있었다. 후보나 특정 사안과 별개로, 그들을 이끌고 지탱해준 것은 그들 사이에 생겨난 우정과 유대감, 서로에 대한 충성심, 함께 이룬 성과였다. 디모인의 성미 고약한 보스, 그들이 성공하면 눈썹을 밀겠다고 약속한 남자도 한몫했다.

6월이 되자 우리의 선거운동은 반환점을 돌았다. 인터넷 기부가 급증하여 모금 실적이 예측을 훌쩍 뛰어넘은 덕에 아이오와주 TV에 일찍 광고를 내보낼 수 있었다. 여름방학이 되자 미셸과 아이들이 유세에 더 자주 합류했다. 승합차로 아이오와를 누비는 여정, 전화할 때 뒤에서 가족들이 재잘거리는 소리, 레지와 마빈이 말리아와 사샤를 상대로 지치지도 않고 우노 카드놀이를 하는 광경, 오후 일정 중에 내게 기대 잠든 아이의 가벼운 무게, 한 번도 그냥 지나칠 수 없는 아이스크림 가게 등 모든 것이 나를 기쁨으로 가득 채웠고 이 기쁨을 간직한 채 대중 앞에 나설 수 있었다.

대중 앞에 모습을 드러내는 일의 성격도 달라졌다. 처음 후보가 되었을 때의 참신함이 사그라들면서 청중 규모도 수천 명이 아니라 수백 명으로 감당 가능한 수준이 되었다. 덕분에 사람들을 일대일로 만나고 이야기를 들을 기회가 다시 생겼다. 군인의 배우자들은 집안일을 혼자 꾸려가야 하고 전장에서 나쁜 소식이 들려올지도 모른다는 두려움과 싸워야 하는 하루하루의 투쟁을 들려주었다. 농부들은 어떤 압박에 시달리다 대형 농산업 회사들에 종속되었는지 설명했다. 해고된 노동자들은 기존 직업 훈련 프로그램이 어떤 측면에서 효과가 없는지 꼬치꼬치 이야기해주었다. 소상공인들은 직원들의 건강보험료를 내주기 위해 치러야 하는 희생을 자세히 설명하며 한 명이라도 병에 걸리면 자신을 비롯한 모든 직원의 보험료가 감당 못 할 만큼 인상된다고 말했다.

이 이야기들을 접하면서 선거 유세는 덜 추상적이 되었고 머리보다는 가슴의 문제에 가까워졌다. 사람들은 이 이야기들에서 자신의 삶을 보았고, 자신이 겪는 고난을 함께 겪는 사람들이 있음을 알게 되었으며, 자극을 받고 자원봉사자로 등록하는 사람이 점점 늘었다. 이렇게 동네 소매점에 가까워지고 인간적인 규모로 선거운동을 진행하다 보면 캠페인에 생기를 불어넣는 우연한 기회를 만날 때도 있었다.

6월 어느 날 사우스캐롤라이나 그린우드를 방문했을 때였다. 나는 대부분의 시간을 아이오와에서 보냈지만 뉴햄프셔, 네바다, 사우스캐롤라이나처럼 초기에 프라이머리와 코커스를 치르는 주들도 정기적으로 찾았다. 그린우드를 방문한 이유는 한 유력 의원과의 섣부른 약속 때문이었다. 나를 지지하겠다고 한 그녀는 자신의 고향을 방문해야 한다는 단서를 달았다. 알고 보니 나의 방문은 시기가 좋지 않았다. 여론조사 지지율은 낮았고, 신문 기사는 불리했으며, 분위기는 저조했고, 잠까지 설쳐서 유난히 힘든 주였다. 설상가상으로 그린우드는 가장 가까운 주요 공항에서도 한 시간 넘게 걸렸다. 억수같이 퍼붓는 빗속을 달려 행사 장소인 주민회관에 도착하고 보니 참석자는 고작 스무 명 남짓이었다. 다들 우리처럼 폭우에 흠뻑 젖어 있었다.

나는 하루를 공쳤다고 생각하며 이날 할 수 있었을 다른 일들을 헤아렸다. 사진 촬영을 위해 포즈를 취하고 악수하고 무슨 일을 하시냐고 물으며 얼마나 빨리 여기서 빠져나갈 수 있을지 계산하는데 갑자기 귀청을 찢는 목소리가 울려 퍼졌다.

"준비됐다!"

직원들과 나는 깜짝 놀랐다. 훼방꾼이라도 나타난 줄 알았는데 나머지 사람들은 주저하지 않고 한목소리로 화답했다.

"나가자!"

똑같은 목소리가 다시 울려 퍼졌다. "준비됐다!" 다시 한번 모두가 화답했다. "나가자!"

영문을 모른 채 뒤를 돌아보다가 소동의 근원에 시선이 닿았다. 방금 교회에 다녀온 듯 화려한 드레스를 입고 커다란 모자를 쓴 중년의 흑인 여성이 반짝이는 황금색 치아를 드러내며 활짝 웃고 있었다.

그녀의 이름은 이디스 차일즈였다. 그린우드 시의회와 전미유색인지 위향상협회 지부에서 일하면서 전문 사설탐정도 겸하는 그녀는 알고 보니 이 독특한 메기고 받기 구호로 널리 알려져 있었다. 그린우드 미식축구 경기에서든, 독립기념일 퍼레이드에서든, 지역사회 모임에서든 성령에 감동되면 그녀는 이렇게 선창했다.

몇 분 동안 이디스는 "준비됐다! 나가자!"를 주거니 받거니 외치고 또 외치면서 강당 분위기를 주도했다. 나는 처음에는 어리둥절했지만, 동참하지 않는 것은 무례한 일이라는 생각이 들었다. 얼마 지나지 않아 뭔가 **준비된** 느낌이 들기 시작했다. **나가고** 싶어지기 시작했다! 주위를 둘러보니 모임에 참석한 모든 사람도 나처럼 미소 짓고 있었다. 구호가 끝나자 우리는 장내를 정리하고 한 시간 동안 지역사회와 나라를 더 좋게 만들기 위해 무엇을 할 수 있을지를 이야기했다. 나는 그린우드를 떠난 후에도 그날 내내 운동원 중 누군가를 가리키며 자꾸 물었다. "준비됐어?" 결국 이 문구는 선거 집회 구호가 되었다. 이렇듯 도식화할 수 없는 측면, 계획이나 분석을 거부하는 측면이야말로 정치에서 가장 큰 즐거움을 주었다. 이 측면이 효과를 발휘하면 우리는 선거운동이, 더 나아가 민주주의가 독창이 아니라 합창임을 깨닫게 된다.

유권자들에게 배운 교훈은 또 있다. 내가 앵무새처럼 되뇌는 통념을 듣고 싶어 하지 않는다는 점이었다. 선거운동을 시작하고 몇 달간 나는 워싱턴의 여론 선도자들이 뭐라고 생각할지 몰라 전전긍긍했다(적어도 무의식적으로는). 충분히 '진지'하거나 '대통령답게' 보이려다 뻣뻣하고 부자연스러워지는 바람에 애초에 나를 출마로 이끈 바로 그 이유를 스스로 저버렸다. 하지만 여름이 되자 우리는 처음의 원칙들로 돌아갔고, 워싱턴의 각본에 이의를 제기하고 불편한 진실을 이야기할 기회를 적극적으로 찾아다녔다. 교사 노조가 모인 자리에서는 임금을 인상하고 수업 유연성을 확대할 필요성뿐 아니라 책임을 확대할 필요성도 주장했다. 마지막 주장에 장내가 쥐 죽은 듯 조용해졌다가 엄청난 야유가 울려 퍼졌다. 디트로이트경제클럽에서는 자동차 회사 임원들에게 내가 대통령이 되면 연비 기준을 강화할 것이라고 말했다. 미국의 3대 자동차 제조사들이 완강하게 반대하는 입장을 공언한 것이다. 아이스크림으로 유명한 벤 앤드 제리가 후원하는 단체 '합리적 우선순위를 추구하는 아이오와 사람들'에서 펜타곤의 국방 예산 삭감을 약속하는 후보에게 표를 던지겠다며 1만 명의 서명을 모았을 때 나는 벤이나 제리 중 한 사람에게 전화를 걸어—누구였는지는 기억나지 않는다—주장에 공감하고 지원을 간절히 바라지만 대통령이 되었을 때 국가 안보에 관한 어떤 맹세에도 발목을 잡힐 순 없다고 말했다. (이 단체는 결국 존 에드워즈를 지지 후보로 선택했다.)

나는 피부색이라는 명백한 차이뿐 아니라 다른 여러 면에서도 민주당의 경쟁자들과 다르게 보이기 시작했다. 7월 하순에 열린 토론회에서 누군가 내게 피델 카스트로, 이란 대통령 마무드 아마디네자드, 북한 지도자 김정일과 그 밖의 폭군 두어 명의 사진을 보여주면서 임기 첫해에 그들 중 누구와도 만날 준비가 되어 있느냐고 물었다. 나는 주저 없이 그렇다고, 미국의 국익을 증진할 수 있다고 생각되면 세계의 어느 지도자와도 만날 것이라고 말했다.

음, 여러분은 내가 지구평면설처럼 황당한 말을 했다고 생각할 것이다. 토론이 끝나자 클린턴과 에드워즈를 비롯한 여러 후보가 나를 어수룩하다고 비판하며 미국 대통령과 만나는 것은 공짜로 얻을 수 없는 특전이라고 주장했다. 언론도 대체로 동의했다. 몇 달 전이었다면 나는 안절부절못하며 단어 선택을 후회하고 나중에 해명 자료를 배포했을지도 모른다.

하지만 이제 굳건한 토대 위에 선 나는 그 말이 옳다고 확신했다. 미국이 적국과의 소통이나 분쟁의 외교적 해결을 두려워해서는 안 된다는 더 일반적인 원칙에 대해서는 더더욱 그랬다. 내가 아는 한, 힐러리와 나머지 후보들이—주류 언론은 말할 것도 없고—조지 W. 부시를 따라 전쟁에 찬성하게 된 이유는 외교를 경시했기 때문이었다.

며칠 후에는 나의 연설이 대외 정책에 대한 또 다른 논쟁을 불러왔다. 나는 만일 파키스탄 국경 안에서 오사마 빈라덴이 시야에 들어왔는데 파키스탄 정부가 그를 생포하거나 사살할 의지나 능력이 없다면 직접 사살 명령을 내리겠다고 말했다. 누구에게도 딱히 놀라울 리 없는 발언이었다. 2003년에 나는 이라크 전쟁에 반대하는 이유 중 하나로 알카에다를 섬멸하는 일에 쏟아야 할 에너지가 분산된다는 신념을 내세웠다.

이런 직설적 화법은 부시 행정부의 공식 입장과 배치되었다. 미국 정부는 파키스탄이 테러와의 전쟁에서 신뢰할 만한 파트너이고, 미국이 테러리스트들을 잡는다며 파키스탄 국경을 침범하는 일은 없으리라는 이중의 허위를 내세우고 있었다. 내 발언은 워싱턴을 초당적으로 들쑤셨다. 상원 외교위원회 위원장 조 바이든과 공화당 대통령 후보 존 매케인은 내가 대통령이 될 준비가 되지 않았다는 견해를 표명했다.

내 생각에 이 일화들은 워싱턴 대외 정책 결정권자들이 얼마나 시대에 역행하는지를 보여주었다. 그들은 외교적 방안을 먼저 시도하지 않고 다짜고짜 군사행동에 돌입했으며, 정작 군사행동이 필요할 때는 현 상태를 유지하겠다며 외교 관례에 얽매였다. 이 일화들은 또한 워싱턴의 결정권자들이 미국 국민과 눈높이를 맞추는 데 일관되게 실패했음을 드러냈다. 이 논쟁들에서 내가 옳았음을 전국지 정치 평론가들은 온전히 납득하지 못했지만, 실랑이가 벌어질 때마다 여론조사에서 흥미로운 추세가 나타나기 시작했다. 민주당 예비선거 유권자들이 내 의견에 동의한 것이다.

이런 실질적 논쟁을 벌이고 나면 해방감을 느꼈으며 출마한 이유를 되새길 수 있었다. 후보로서 목소리를 되찾는 데도 도움이 되었다. 몇 번의 토론회를 거친 뒤 아이오와주 드레이크 대학교에서 열린 아침 토론회에서 그러한 확신을 드러냈다. 진행자인 ABC 방송국의 조지 스테퍼노펄러스는 일찌감치 조 바이든에게 어째서 내가 대통령감이 아닌지 설명할 기회를 줬다. 나는 5분 동안 사실상 무대 위의 모든 후보가 나를 조리돌리는 상황을 겪은 후에야 반박 기회를 얻었다.

그 주 초에 내가 말리아와 사샤를 데리고 일리노이주 농업 박람회에 간 일이 널리 보도되었는데, 액스가 이 일에 빗대 만든 문구를 써먹었다. "아시다시피 이 토론회를 준비하려고 저는 일리노이주 농업 박람회에서 범퍼카를 타며 전의를 불태웠습니다." 청중은 웃음을 터뜨렸고, 나는 한 시간 동안 적수들과 유쾌한 설전을 벌였다. 조지 부시의 실패한 정책을 되돌릴 진정한 변화를 누가 대표하는지 알고 싶어 하는 민주당 유권자들은 각 후보의 입장만 확인하면 충분했다. 대선 예비 후보 토론회가 시작되고 처음으로 토론을 즐겼다. 전문가들도 그날 아침 내가 승리했다는 데 의견이 일치했다.

만족스러운 결과였다. 더이상 팀원의 시무룩한 표정을 보지 않아도 된다는 것만으로도 더할 나위 없이 기뻤다.

액스가 내 등을 두드리며 말했다. "끝내줬어요!"

플러프는 이렇게 농담했다. "모든 토론회를 아침 여덟 시에 열어야겠어요."

내가 말했다. "안 웃겨요." (나는 예나 지금이나 아침형 인간이 아니다.)

우리는 차에 욱여 타고는 다음 행선지로 출발했다. 행사장을 벗어나는 동안, 그리고 벗어난 후에도 지지자들이 겹겹이 선 채 외치는 소리가 한 참 이어졌다.

"준비됐다!"

"나가자!"

        드레이크 대학교 토론회에서 진행자들의 관심이 내게 집중된 이유 중 하나는 비록 1퍼센트 차이지만 내가 아이오와주에서 처음으로 클린턴과 에드워즈를 제치고 선두로 나섰다는 ABC 여론조사 때문이었다. 박빙이었지만(이후의 여론조사들에서는 다시 3위로 주저앉았다), 우리의 아이오와 조직이 영향을 미쳤다는 것, 특히 젊은 유권자들의 마음을 사로잡았다는 것은 분명했다. 청중을 보면 알 수 있었다. 규모와 활력, 무엇보다 중요하게는 모든 행선지에서 우리가 받은 지지자 카드와 자원봉사 가입 신청서 개수에서 뚜렷이 드러났다. 코커스까지 6개월도 남지 않은 상황에서 우리의 힘은 불어만 가고 있었다.

애석하게도 우리의 성과는 전국 여론조사엔 반영되지 않았다. 우리는 아이오와주와 (그보다는 덜했지만) 뉴햄프셔주에 초점을 맞춘 탓에 다른 곳에서는 TV 광고와 유세를 거의 하지 못했고, 9월이 되었을 때는 힐러리에게 약 20퍼센트포인트 뒤처져 있었다. 플러프는 지금 같은 초반에 전국 여론조사가 무의미한 이유를 언론에 납득시키려고 최선을 다했지만 소용이 없었다. 전국의 지지자들이 근심에 차서 전화하는 횟수가 점점 늘었다. 많은 이들이 정책을 조언하고, 광고를 제안했으며, 이런저런 이익집단을 홀대한다고 불만을 드러냈고, 경쟁력에 전반적인 의문을 토로했다.

두 가지가 이 흐름을 뒤집었는데, 첫 번째는 우리가 만든 것이 아니었다. 10월 말 필라델피아 토론회에서 그때까지 빈틈을 거의 보이지 않던 힐러리의 스텝이 엉켰다. 그녀는 미등록 노동자들에게도 운전면허증을 발급해줘야 하느냐는 질문에 답변을 머뭇거렸다. 얼버무리라는 조언을 받은 것이 틀림없었다. 이 사안이 민주당 지지 기반을 양분했기 때문이었다. 안 그래도 그녀가 닳고 닳은 워싱턴 정치인에 불과하다는 인식이 팽배한 상황에서 이렇듯 양다리를 걸치려는 시도는 그러한 인식을 부채질했고, 우리는 바라던 대로 더욱 날카로운 대립각을 세울 수 있었다.

11월 10일 아이오와주 제퍼슨-잭슨 만찬에서 일어난 두 번째 일은 우리가 만들어냈다. 전통적으로 제퍼슨-잭슨 만찬은 코커스 당일을 향한 마지막 질주이며, 경주가 누구에게 유리한지 알려주는 바로미터 중 하나다. 각 후보는 코커스에 참가하리라고 예상되는 청중 8000명과 전국 언론 앞에서 원고 없이 10분짜리 연설을 해야 한다. 그런 면에서 이 행사는 우리 메시지의 호소력과 조직의 역량이 마지막 몇 주까지 이어질지 가늠하는 핵심 테스트였다.

우리는 성공적인 무대를 위해 모든 것을 쏟아부었다. 버스를 대절하여 일리노이주 99개 카운티 전역에서 지지자들을 데려와 다른 캠프들의 코를 납작하게 했다. 가수 존 레전드가 1000여 명 앞에서 짧은 식전 콘서트를 했으며, 콘서트가 끝나자 미셸과 나는 전체 행렬을 이끌고 만찬 장소인 경기장까지 행진했다. 아이시서레츠라는 지역 고등학교 타악 가무단이 옆에서 신나는 공연을 펼쳤는데, 그들의 활기찬 소란 덕에 개선장군이 된 것 같았다.

연설도 우리의 승리로 돌아갔다. 나는 정치적 경력을 통틀어 중요한 연설문을 대부분 직접 쓰겠다고 고집했지만, 쉬지 않고 선거운동을 치르다 보니 만찬 원고를 쓸 시간을 도저히 낼 수 없었다. 패브스가 액스와 플러프의 지도를 받아 내가 후보가 되어야 하는 이유를 효과적으로 요약한 초고를 작성해주리라 기대하는 수밖에 없었다.

패브스는 해냈다. 대학을 졸업한 지 몇 년 되지 않은 이 친구는 캠페인의 그 중대한 순간에 내게 이렇다 할 지침도 받지 못한 채 대단한 연설문을 만들어냈다. 나와 경쟁자들의 차이, 민주당과 공화당의 차이를 보여주는 차원을 넘어선 명문이었다. 기후변화에서 보편적 의료, 새롭고 분명한 지도력의 필요성에 이르기까지 우리가 맞닥뜨린 국가적 과제를 언급한 연설문은 역사적으로 지도자들이 "여론조사가 아니라 원칙대로…… 계산이 아니라 신념대로 이끌" 때 당이 가장 강력했다고 역설했다. 시대에 부합했고, 내가 정치에 투신하며 품은 포부에 부합했을 뿐 아니라, 바라건대 이 나라의 열망에도 부합했다.

나는 며칠에 걸쳐 선거운동이 끝난 늦은 밤에 연설문을 암기했다. 연설을 마칠 즈음—운이 따라줘서 후보들 중 마지막 차례였다—3년 반 전 민주당 전당대회에서 한 연설 못지않게 확신이 들었다.

돌이켜 보면 제퍼슨-잭슨 만찬이 열린 밤에 우리는 아이오와에서 승리하고 여세를 몰아 후보에 지명되리라는 자신감을 얻었다. 내가 가장 잘 다듬어진 후보였기 때문이라기보다는 시대에 걸맞은 메시지가 있었고 놀라운 재능을 가진 젊은이들을 끌어들여 대의를 위해 자신을 내던지게 할 수 있었기 때문이다. 트위스의 평가도 나와 같았다. 그는 미치에게 이렇게 말했다. "오늘 밤 우리가 아이오와주에서 이겼다는 생각이 들어요." (저녁의 전체 일정을 조직하고 내내 신경이 곤두서 있던 미치는—그는 선거운동 기간 동안 불면증, 대상포진, 탈모에 시달렸다—화장실로 달려가 토했다. 그날에만 적어도 두 번째 구토였다.) 에밀리도 낙관적이었으나, 표정만 봐서는 알 수 없었다. 내 순서가 끝나고 흥분한 밸러리가 에밀리에게 달려가 어떻게 생각하느냐고 물었다.

에밀리가 말했다. "대단했어요."

"흥분한 얼굴로 안 보이는데요."

"이게 흥분한 얼굴이에요."

클린턴 캠프도 조류 변화를 감지했던 것 같다. 그때까지 힐러리와 그녀의 팀은 우리의 캠페인을 직접 상대하는 것을 대체로 피했으며, 난투극에 끼어들지 않고 전국 여론조사에서 압도적 우위를 유지하는 데 만족했다. 하지만 이후 몇 주에 걸쳐 방향을 바꿔 우리를 바짝 추격하기 시작했다. 대부분은 나의 경험 부족과 워싱턴에서 공화당을 상대할 능력에 의문을 제기하는 정석적 대응이었다. 안 된 일이지만 가장 많은 눈길을 끈 두 방면의 공격은 엄청난 역풍을 불렀다.

첫 번째 공격은 내 선거 유세의 전형적 문구를 문제 삼았다. 나는 대통령이 천직이거나 평생 소원이라서가 아니라 시대가 새로움을 요구하기 때문에 출마했다고 말했다. 클린턴 캠프가 발표한 보도자료는 인도네시아에서 나를 가르친 교사 중 한 명이 내가 유치원에서 대통령이 되고 싶다는 글을 썼다고 주장하는 언론 보도를 인용했다. 마치 내가 공언한 이상주의가 무지막지한 야심을 가리는 위장막에 불과하다는 증거를 찾아냈다는 듯한 어조였다.

나는 이 소식을 듣고 웃음을 터뜨렸다. 미셸에게도 말했지만, 가족이 아닌 사람이 내가 거의 40년 전에 한 말이나 행동을 기억한다는 얘기는 다소 억지스러웠다. 어릴 적 내가 세계를 지배할 계획을 세웠다면 변변찮은 고등학교 성적과 마약 복용, 지역사회 조직가라는 티 안 나는 활동, 정치적으로 이로울 것 없는 온갖 인물과의 관계 등을 어떻게 설명할 것인지는 말할 필요도 없었다.

물론 이후 10년에 걸쳐 알려진 나의 정적, 보수파 뉴스 매체, 비판적 전기 작가 등이 퍼뜨린 온갖 괴상한 억측은 불합리하고 비일관적이며 사실적 근거가 결여되었음에도 불구하고 호응을 얻었다. 하지만 2007년 12월에 (내가 이름 붙인바) '나의 유치원 파일'을 뒷조사한 클린턴 팀은 나에게 겁먹은 것 아니냐는 소리를 들으며 뭇매를 맞았다.

그보다 더 악의적인 시도는 클린턴의 뉴햄프셔 공동 선대본부장 빌리 섀힌이 인터뷰에서 내가 자인한 마약 전력이 공화당 지명자와의 대결에서 치명적 약점이 되리라고 주장한 일이었다. 나는 어릴 적의 무분별한 행동들을 전반적으로 문제 삼는 것이 선을 넘는 일이라고는 생각지 않았지만, 섀힌은 더 나아가 내가 마약 거래에도 몸담았으리라는 뉘앙스를 풍겼다. 그 인터뷰는 격분을 자아냈고, 새힌은 재빨리 사임했다.

이 모든 일은 아이오와에서 마지막 토론회가 열리기 직전에 일어났다. 그날 아침 힐러리와 나는 상원 표결을 위해 워싱턴에 있었다. 우리 팀과 나는 디모인행 비행기를 타려고 공항에 갔는데, 공교롭게도 우리 비행기 바로 옆에 힐러리의 전세기가 있었다. 비행기가 이륙하기 전에 힐러리의 보좌관 후마 애버딘이 레지를 발견하고는 힐러리가 나와 이야기하고 싶어 한다고 전했다. 내가 주기장駐機場에서 힐러리를 만나는 동안 레지와 후마는 몇 발짝 떨어진 곳에서 서성거렸다.

힐러리는 새힌 일을 사과했다. 나는 고맙다고 말하고는 우리 둘 다 대리인들 입단속에 신경 쓰자고 제안했다. 그런데 이 말에 힐러리가 발끈하여 목소리가 날카로워지면서 우리 팀이 부당한 공격, 왜곡, 부정한 술수를 일삼는다고 주장했다. 열기를 가라앉히려는 나의 시도는 수포로 돌아갔으며 대화는 끊겨버렸다. 그녀는 분한 기색이 역력한 채 비행기에 올랐다.

디모인으로 가는 비행기 안에서 나는 힐러리가 느꼈을 좌절감을 이해하려고 애썼다. 그녀는 엄청난 지성의 소유자이면서도 남편의 경력을 위해, 그리고 훌륭한 딸을 키우기 위해 고생하고 희생하며 공공연한 공격과 모욕을 감내했다. 백악관에서 나온 뒤에는 새로운 정치적 정체성을 빚어내고 역량과 끈기를 갖춘 인물로 자리매김함으로써 난공불락의 대통령 후보가 되었다. 후보로서 거의 흠잡을 데 없이 처신하고 무엇 하나 간과하지 않으며 대부분의 토론에서 승리하고 어마어마한 자금을 모았다. 그런데 지금 열네 살 어린 남자, 자기만큼 고생하거나 전상戰傷을 입지도 않고 모든 행운과 선의를 누리는 듯한 남자와 난데없이 접전을 벌이게 되었다. 솔직히 화나지 않을 사람이 어디 있겠는가?

게다가 우리 팀이 당한 만큼 갚아주고 있다는 힐러리의 생각이 완전히 틀린 것도 아니었다. 물론 현대의 여느 대통령 선거운동과 비교하면 우리는 정말로 달랐다. 끊임없이 긍정적 메시지를 강조했고 내가 무엇을 반대하는가보다는 찬성하는가를 부각했다. 나는 우리 팀의 모든 발언 수위를 점검했다. 부당하거나 가혹하다는 느낌이 드는 TV 광고를 취소한 적도 한두 번이 아니었다. 그럼에도 이따금 우리의 행동이 고결함에 미치지 못한 적이 있었다. 사실 선거운동 기간에 내가 가장 격분한 것은 우리 조사팀이 6월에 작성한 메모가 유출되었을 때였다. 메모는 일자리가 인도로 아웃소싱되는 현상을 암묵적으로 지지하는 힐러리를 비판하면서 "힐러리 클린턴(민주당, 지역구: 펀자브)"이라는 심술궂은 제목을 달았다. 우리 팀은 메모를 외부에 공개할 뜻이 없었다고 주장했지만 나는 수긍하지 않았다. 그 천박한 주장과 이민족 배척 정서 때문에 며칠 동안 화가 가라앉지 않았다.

결론적으로, 우리 쪽의 구체적 행동 때문에 주기장에서 힐러리와 실랑이를 벌였다고는 생각지 않는다. 오히려 내가 만만찮은 상대라는 전반적 사실, 격화한 경쟁 구도 탓이 컸다. 경선에는 여섯 명의 후보가 더 있었지만 여론조사들에서는 종착점이 분명히 드러나기 시작했다. 힐러리와 내가 끝까지 격돌할 터였다. 우리는 밤낮으로, 주말이나 공휴일에도, 그 뒤로 여러 달 동안 대결했다. 우리 팀은 일종의 군대처럼 우리를 방어했으며 각각의 운동원은 세뇌되어 전투에 투입되었다. 이것이 현대 정치의 잔혹한 성격의 일부임을 나는 배워가고 있었다. 명확한 규칙이 없는 게임, 상대방이 단지 바스켓에 공을 넣거나 나의 골라인을 통과하려는 게 아니라 판단력과 지력, 가치, 성품 면에서 자신들이 우리보다 뛰어나다고 일반 대중을—적어도 암묵적으로, 종종 명시적으로—설득하려 드는 게임에서 겨루는 것이 얼마나 힘겨운지 배워가고 있었다.

개인에 대한 공격이 아니라고 스스로에게 말할 수는 있지만 그렇게 느껴지는 것은 어쩔 수 없다. 그런 꼴을 당할 순 없다. 나의 가족, 나의 운동원, 나의 지지자는 더더욱 안 된다. 그들은 진짜이든 그렇게 받아들인 것뿐이든 모든 경멸과 모욕을 하나도 빼놓지 않고 기억한다. 캠페인이 길어질수록, 경쟁이 치열할수록, 판돈이 클수록 냉혹한 전술을 정당화하기가 쉬워진다. 그러다 보면 정상적 상황에서 우리의 일상생활을 지배하는 기본적인 인간적 반응—정직, 공감, 예의, 인내, 선의—을 상대방에게 발휘할 경우엔 그것이 약점처럼 느껴진다.

주기장 사건이 일어난 그날 저녁 토론장으로 걸어 들어가며 이 모든 생각을 하고 있었다고는 말하지 못하겠다. 대체로 나는 힐러리의 짜증을 우리가 앞서고 있다는 신호로, 정말로 탄력을 받았다는 신호로 해석했다. 토론 중간에 사회자가, 미국의 대외 정책이 변화할 필요성을 그렇게 역설하면서 그렇게 많은 전직 클린턴 행정부 관료들에게 자문을 받는 이유가 뭐냐고 내게 물었다. 힐러리가 마이크에 대고 말했다. "저도 그게 궁금해요."

나는 킥킥대는 소리가 잦아들 때까지 뜸을 들였다.

"그건 그렇고, 힐러리. 저는 당신도 자문으로 모시게 되길 바라고 있습니다."

우리 팀에는 신나는 밤이었다.


코커스를 한 달 앞두고《디모인 레지스터》여론조사 결과에서 내가 힐러리를 3퍼센트포인트 앞섰다. 우리는 전력으로 질주했다. 양당 후보들은 마지막 몇 주간 아이오와주를 누비면서 아직 마음을 정하지 못한 유권자들을 설득하고, 투표 의사가 확실치 않은 숨은 유권자들을 찾아 동기를 부여하려고 안간힘을 썼다. 클린턴 캠프는 날씨가 궂을 것에 대비하여 지지자들에게 눈삽을 무료로 나눠주기 시작했으며, 훗날 터무니없는 낭비라고 비판받았지만 헬리콥터를 전세 내어 아이오와주의 16개 카운티를 다니는 전격전식 방문을 시작했다(그녀의 캠프에서는 이 헬리콥터를 '힐러콥터Hill-O-Copter'라고 불렀다). 한편 존 에드워즈는 비슷한 지역을 버스로 주파하려고 안간힘을 썼다.

우리도 나름대로 몇 번 주목을 받았다. 나의 친구이자 지지자가 되어 여러 집회에 함께한 오프라 윈프리는 유세장에서도 실제 모습처럼 현명하고 재미있고 우아했으며, 아이오와에서 거의 3만 명, 뉴햄프셔에서 8500명, 사우스캐롤라이나에서 3만 명 가까운 청중을 동원했다. 이 집회들은 마치 자석처럼 우리에게 가장 필요한 새 유권자들을 끌어당겼다. (우리 캠프 상당수가 오프라에게 푹 빠졌다는 말은 꼭 해야겠다. 예상 가능한 예외는 에밀리였다. 그녀가 유일하게 관심을 보인 유명인은 언론인 팀 러서트였다.)

하지만 가장 기억에 남는 것은 여론조사나 집회 규모나 유명인 참석자가 아니라 마지막 시기에 캠프 전체의 분위기가 가족 같았다는 점이다. 미셸의 소탈하고 솔직한 성격은 알고 보니 대단한 자산이었다. 그녀는 타고난 선거운동원이었다. 그녀의 연설을 듣고 서명한 사람이 어찌나 많았는지 아이오와 팀은 그녀를 '종결자Closer'라고 불렀다. 우리의 형제자매와 가장 가까운 친구들이 모두 아이오와에 왔다. 크레이그는 시카고에서, 마야는 하와이에서, 아우마는 케냐에서 찾아왔고 네스빗 부부, 휘터커 부부, 밸러리가 자녀들까지 데리고 왔으며 미셸의 이모, 외삼촌, 사촌들은 말할 것도 없었다. 나의 하와이 시절 친구, 조직 활동 시절 동료, 로스쿨 동기, 전 주상원 동료, 그리고 수많은 후원자가 찾아왔다. 대규모 재회 여행처럼 단체로 도착했으며, 나 모르게 와 있던 경우도 많았다. 아무도 특별한 관심을 요구하지 않았다. 곧장 현장 사무실을 찾아가 담당자에게 지도와 연락할 지지자 명단을 받아서는 얼굴이 얼얼해지는 추위 속에서도 클립보드를 손에 든 채 집집마다 문을 두드리며 성탄절과 새해 사이의 일주일을 기념했다.

피붙이나 오래 알고 지낸 사람들뿐 아니라 많은 시간을 함께 보낸 아이오와 사람들도 가족처럼 느껴졌다. 주검찰총장 톰 밀러와 주재무관 마이크 피츠제럴드 같은 지역 당 지도자들은 내게 내기의 판돈을 거는 사람이 거의 없을 때 나를 밀어주었다. 자원봉사자들도 잊을 수 없다. 타마카운티 출신의 게리 램 같은 진보적 농부는 우리가 농촌에 진출하도록 도와주었고, 여든두 살의 리오 펙은 누구보다 많은 문을 두드렸으며, 백인 일색의 타운에서 히스패닉 남자와 결혼한 아프리카계 미국인 간호사

마리 오티즈는 일주일에 서너 번씩 사무실에 와서 전화를 돌리고 우리 조직가가 너무 말라 보인다며 이따금 저녁을 만들어주었다.

그들은 가족이었다.

현장 조직가들도 빼놓을 수 없다. 우리는 바쁜 와중에도 조직가들에게 부모님을 제퍼슨-잭슨 만찬에 초대하도록 했고 이튿날 환영회를 열었다. 미셸과 나는 그들에게, 이렇게 경이로운 아들딸을 낳아준 부모들에게 일일이 고맙다고 말했다.

지금도 그 친구들을 위해서라면 나는 못 할 일이 없다.

그 성대한 밤에 플러프와 밸러리는 나, 레지, 마빈과 함께 앵커니에 있는 고등학교를 깜짝 방문하기로 했다. 디모인 외곽 지역인 앵커니에서는 투표소 관할구 몇 곳이 자체 코커스를 진행할 예정이었다. 1월 3일 오후 6시가 막 지나 있었다. 예정된 코커스가 시작되기까지는 한 시간가량 남았는데, 행사장은 이미 입추의 여지가 없었다. 사람들이 사방에서 본관으로 밀려들었다. 시끌벅적한 인류의 축제였다. 모든 연령, 인종, 계층, 체형을 망라한 표본이었다. 『반지의 제왕』 등장인물 간달프처럼 차려입은 참가자도 있었다. 무척 늙어 보이는 모습에 기다란 흰색 망토를 걸치고 무성한 흰 수염을 길렀는데, 튼튼한 나무 지팡이 끝에 단 소형 비디오 모니터에서는 나의 제퍼슨-잭슨 만찬 연설 동영상이 반복 재생되고 있었다.

언론을 대동하지 않았지만 나는 군중 속을 누비고 다니며 악수하고, 나를 지지하겠다는 사람들에게 감사를 표하고, 다른 후보를 찍겠다는 사람들에게는 적어도 나를 차선으로 고려해달라고 부탁했다. 몇몇은 막판 질문을 던져 에탄올에 대한 입장(오바마는 에탄올 등의 재생 에너지 사업을 장려하겠다고 공약했다_옮긴이)이나 인신매매를 막기 위한 대책을 물었다. 몇 번이고 사람들이 몰려와 자신들은 한 번도 코커스에 참가한 적이 없지만—투표도 해본 적 없는 사람들도 있었다—우리 선거운동에 자극받아 참여를 결심했다고 말했다.

한 여자가 말했다. "전에는 저의 한 표에 의미가 있는 줄 몰랐어요."

디모인으로 돌아가는 길에 우리는 방금 목격한 기적 같은 광경을 대체로 침묵한 채 곱씹었다. 창밖으로 스쳐 지나가는 상가와 집과 가로등을 보았다. 성에 낀 유리창 너머로 모든 것이 흐릿했고 일종의 평화가 느껴졌다. 무슨 일이 일어났는지 알려면 아직 몇 시간 더 기다려야 했다. 나중에 알게 된바 우리는 모든 인구 집단으로부터 지지를 얻어 아이오와주에서 대승했다. 처음으로 코커스에 참가한 수만 명을 비롯한 전례 없는 투표율이 승리의 원동력이었다. 아직은 이 사실을 몰랐지만, 코커스 시작을 15분가량 앞두고 앵커니를 빠져나가면서 나는 우리가 실질적이고 고귀한 무언가를 순간적으로나마 성취했음을 깨달았다.

바로 거기서, 추운 겨울밤 시골 한복판의 그 고등학교에서 나는 그토록 오래 찾던 공동체가, 내가 꿈꾸던 미국이 현실로 드러난 모습을 목격했다. 어머니 생각이 났다. 저 광경을 보면 얼마나 기뻐하셨을지, 얼마나 자랑스러워하셨을지 생각했다. 어머니가 못 견디게 보고 싶었다. 플러프와 밸러리는 내가 눈물을 훔치는 광경을 못 본 척했다.

# 6장

우리가 아이오와에서 8퍼센트포인트 차로 승리했다는 소식은 전국에서 화제가 되었다. 언론 매체는 '경악'이니 '지각 변동'이니 하는 단어를 썼으며 3위에 머문 힐러리에게 이번 결과가 유독 충격적이라고 논평했다. 크리스 도드와 조 바이든은 곧바로 경선에서 사퇴했다. 신중하게 사이드라인에 머물러 있던 선출직 공직자들이 전화로 지지 의사를 표명했다. 정치 평론가들은 나를 새로운 민주당 대표 주자로 선포했으며, 아이오와주의 높은 투표 참여율이 미국의 변화에 대한 국민적 바람의 징표라고 주장했다.

지난해를 다윗으로 보낸 내가 갑자기 골리앗으로 캐스팅되었다. 승리는 기뻤지만 새로운 배역은 거북했다. 1년 동안 우리 팀과 나는 지나치게 희희낙락하거나 낙담하지 않으려고 했으며, 출마를 둘러싼 초기의 열광과 조기 사망을 점치는 이후 보도들을 무시했다. 고작 닷새 뒤면 뉴햄프셔 프라이머리가 치러지기에 우리는 들뜬 기분을 가라앉히기 위해 애썼다. 액스는 내게 열광하는 군중에 대한 기사와 TV 이미지가 뉴햄프셔 같은 주에서는 유난히 불리할 거라고 판단했다(그는 "오바마가 우상이 되었다"고 불평했다). 투표장의 청개구리라는 평판이 자자한 뉴햄프셔 유권자들 상당수는 무당파로, 민주당 프라이머리에 참가할지 공화당 프라이머리에 참가할지를 막판까지 저울질했다.

그래도 우리가 운전석을 차지했다는 느낌을 버리긴 힘들었다. 뉴햄프셔의 조직가들은 아이오와 못지않게 집요했고 자원봉사자들은 생기가 넘쳤다. 집회는 열성적인 청중을 끌어모았으며 입장객 줄은 주차장을 지나 한 블록을 둘러싼 채 늘어섰다. 그때, 48시간 사이에 예상치 못한 두 가지 반전이 일어났다.

첫 번째는 프라이머리를 앞둔 단독 토론회에서 일어났다. 토론 중반에 사회자가 힐러리에게 사람들로부터 '비호감'이라는 말을 들으면 기분이 어떠냐고 물은 것이다.

이런 질문을 접하면 여러 차원에서 부아가 치밀었다. 지엽적일 뿐이고 대답할 수도 없는 문제였다. 뭐라고 답하란 말인가? 저 질문은 힐러리뿐 아니라 일반적으로는 여성 정치인이 겪어야 하는 이중 잣대를 여실히 드러냈다. 그들은 남성 경쟁자들에게는 결코 요구되지 않는 '상냥함'을 요구받았다.

힐러리가 질문을 잘 받아넘겼지만(그녀는 웃으며 말했다. "글쎄요, 그런 말을 들으면 속상해요. 그래도 계속 노력할 거예요.") 나도 한마디 거들어야겠다고 생각했다.

나는 정색하고 말했다. "당신은 충분히 호감이 가요, 힐러리."

적수에게 예를 표하면서 질문에 대한 경멸을 드러내려는 나의 의도를 관객이 이해했을 줄 알았다. 하지만 전달력에 문제가 있었든 문구가 어설펐든 클린턴 홍보팀의 전략이었든, 내가 힐러리에게 선심 쓰는 체하면서 실은 여성 경쟁자를 깎아내리는 오만하고 심지어 막돼먹은 남성에 불과하다는 스토리라인이 등장했다.

말하자면 내 취지와 정반대로 해석되었다.

내 발언을 크게 염려하지 않은 우리 팀은 해명이 오히려 불에 기름을 부을 뿐임을 알고 있었다. 하지만 이 이야기가 잠잠해지나 싶을 때 언론 매체가 다시 한번 들끓었다. 이번에는 힐러리가 뉴햄프셔에서 대부분 여성인 부동층 유권자 집단과 면담한 뒤 자신에 관한 인식이 어떻게 변화했는지 이야기하던 중이었다. 힐러리는 경선 스트레스에 어떻게 대처하느냐는 감정이입식 질문에 대답하다가 잠시 목이 메더니 자신이 개인적으로나 감정적으로 얼마나 헌신하고 있는지—이 나라가 퇴행하지 않기를 얼마나 바라는지, "무척 힘겨운 역경에 맞서" 얼마나 공직에 전념했는지—이야기했다.

힐러리가 자신의 감정을 드러낸 드물고도 진정성 있는 순간이었다. 강인하고 절제된 평소 이미지와 대조적이었기에 헤드라인을 장식하고 케이블 뉴스 평론가들을 흥분시켰다. 어떤 사람들은 그 순간 힐러리와 대중이 인간적으로 강렬하고 진실되게 연결되었다고 해석했다. 다른 사람들은 꾸며낸 감정이라거나 그녀의 후보 자격에 의문을 제기하는 약점의 표출로 여겼다. 그 모든 생각의 이면에는 힐러리가 미국 최초의 여성 대통령이 될 수도 있다는 사실이 깔려 있었다. 그녀의 출마는 내 경우와 마찬가지로 성별뿐 아니라 지도자들의 모습과 행동에 대한 온갖 고정관념을 수면 위로 드러냈다.

힐러리가 상승세인가 하락세인가에 대한 갑론을박은 뉴햄프셔 프라이머리 당일까지 계속되었다. 우리 팀은 든든한 버팀목이 있다는 사실을 위안 삼았다. 여론조사에서 우리는 10퍼센트포인트 차로 선두를 달렸다. 그래서 한 지역 대학에서 개최한 한낮 집회가 청중을 끌어모으지 못하고 한 학생이 기절하여 의료진이 대처하는 동안 연설이 속절없이 중단되었을 때에도 나는 불길하게 여기지 않았다.

여론조사 기간이 종료된 그날 저녁에서야 나는 문제가 있다는 것을 알았다. 미셸과 내가 호텔 방에서 승리를 예상하며 축하연을 준비하고 있다가 노크 소리에 문을 열었더니 플러프, 액스, 깁스가 복도에 쭈뼛쭈뼛서 있었다. 방금 아빠 차를 가로수에 처박은 십 대처럼 보였다.

플러프가 말했다. "우리가 지고 있어요."

그들은 무엇이 잘못됐는지에 대해 각종 이론을 내놓기 시작했다. 힐러리가 아니라 우리를 지지한 무당파 유권자들이 우리가 경선을 석권했다고 여겨 존 매케인을 지원하려고 대거 공화당 프라이머리에 투표하기로 결정했을 가능성이 있었다. 부동층 여성들이 선거운동 마지막 며칠 동안 힐러리 쪽으로 급속히 기울었을 수도 있었다. 클린턴 팀이 TV와 캠페인 편지에서 우리를 공격했을 때 네거티브 전술을 충분히 비판하지 않아 펀치를 맞고 말았는지도 몰랐다.

모두 그럴듯했다. 하지만 지금 이유를 따지는 것은 무의미했다.

나는 씁쓸하게 미소 지으며 말했다. "승리까지 한참 걸릴 것 같네요. 지금은 출혈을 막을 방도를 생각해보자고요."

그들에게 처량한 표정 짓지 말라고 말했다. 이 사태는 그저 승부를 원점으로 돌려놓았을 뿐임을 우리의 몸짓 언어로 모든 사람—언론, 후원자, 무엇보다 모든 지지자—에게 인식시켜야 했다. 나는 실의에 빠진 뉴햄프셔 팀에게 그들의 노고가 얼마나 자랑스러운지 이야기했다. 다음 문제는 승리를 예상하며 내슈아의 학교 체육관에 모인 약 1700명의 사람들에게 뭐라고 말할 것인가였다. 다행히 주초에 패브스와 머리를 맞댄 나는 연설의 의기양양한 어조를 누그러뜨리고 우리 앞에 놓인 고난을 강조해달라고 했다. 나는 그에게 전화해 힐러리에게 축하를 보내는 것 말고는 연설문을 거의 바꾸지 말라고 지시했다.

그날 저녁 지지자들에게 한 연설은 낙심한 이들을 위한 구호로서뿐 아니라 우리의 믿음을 상기시키는 유용한 수단으로서도 선거운동에서 가장 중요한 연설 중 하나가 되었다. 나는 이렇게 말했다. "우리는 앞에 놓인 전투가 오래갈 것임을 압니다. 하지만 어떤 장애물이 우리 길을 가로막더라도 변화를 위한 수백만의 목소리가 가진 힘을 가로막지는 못할 것임을 늘 기억하십시오." 나는 불가능해 보이는 난관에 좌절하지 않은 사람들, 즉 개척자, 노예해방론자, 참정권 운동가, 이민자, 민권운동가들이 오로지 희망을 토대로, 우리가 살아가는 나라의 역사를 만들었다고 말했다.

나는 말했다. "우리가 준비되지 않았다거나 노력해봐야 안 된다거나 노력할 수 없다는 말을 들었을 때 여러 세대의 미국인들은 우리 국민의 정신을 요약한 단순한 신조로 답했습니다. 아니, **우린 할 수 있어.**" 청중이 이 구절을 북장단처럼 연호하기 시작했다. 액스가 상원의원 캠페인의 구호로 제안한 이후 아마 처음으로 나는 저 세 단어(Yes we can)의 힘을 온전히 믿게 되었다.

뉴햄프셔 패배 이후 뉴스 보도는 예상대로 혹독했다. 전반적인 논조는 질서가 회복되었고 힐러리가 선두를 탈환했다는 것이었다. 하지만 우리 캠프 안에서 재미있는 일이 일어났다. 패배로 망연자실하긴 했지만 운동원들은 더욱 단결하고 결연해졌다. 자원봉사자가 떨어져 나가기는커녕 전국의 사무소에서 방문객이 급증했다고 보고했다. 온라인 후원이, 특히 신규 소액 기부가 쇄도했다. 얼마 전까지만 해도 애매한 태도를 취하던 존 케리가 나를 지지한다고 열정적으로 선언했다. 그 뒤로 애리조나주 주지사 재닛 나폴리타노, 미주리주 상원의원 클레어 매캐스킬, 캔자스주 주지사 캐슬린 시벨리어스의 지지 선언이 잇따랐다. 공화당이 우세한 이 지역들에서 나타난 지지는 우리가 좌절을 겪었지만 여전히 탄탄하고 앞으로 나아가고 있으며 희망이 조금도 꺾이지 않았다는 메시지에 힘을 실어주었다.

이 모든 만족스러운 결과들은 뉴햄프셔 패배가 정치 평론가들 생각과 달리 재앙이 아니라는 나의 직감을 입증했다. 아이오와는 내가 반짝 스타가 아니라 진짜배기 경쟁자임을 보여줬지만 내 머리에 성유聖油를 바르려는 호들갑은 인위적이고 섣불렀다. 그런 면에서 뉴햄프셔의 선한 사람들은 경선 과정의 속도를 늦춤으로써 내게 호의를 베푼 셈이었다. 나는 대통령 출마가 힘겨운 이유는 대통령 노릇이 힘겹기 때문이라고 이튿날 지지자들에게 말했다. 변화를 가져오기란 힘겨운 일이다. 우리가 우리 힘으로 쟁취해야 하고 또다시 일해야 한다는 뜻이었다.

우리는 바로 그렇게 했다. 네바다주 코커스는 뉴햄프셔주 프라이머리로부터 고작 열흘 정도 뒤인 1월 19일 열렸다. 우리는 득표수가 힐러리에게 뒤졌을 때 놀라지 않았다. 여론조사에 따르면 우리는 1년 내내 훌쩍 뒤처져 있었다. 하지만 대통령 예비선거에서 중요한 것은 낱낱의 표를 얼마나 많이 얻느냐가 아니라 지지하겠다고 공약한 전당대회 대의원을 몇 명이나 확보하느냐다. 한편 대의원 배분을 정하는 규정은 주마다 다르며 무척 난해하다. 우리는 네바다주 농촌에 집중하여 조직력을 강화했기에(회전초와 술집 덕에 서부영화 세트장처럼 보이는 타운 엘코는 선거 기간에 내가 가장 자주 들른 곳 중 하나다) 주 전역에서 더 고르게 득표하여 힐러리가 얻은 열두 명보다 한 명 많은 열세 명의 대의원을 확보했다. 믿기지 않게도 우리는 네바다주에서 무승부를 기록한 덕에 다음 단계의 캠페인—사우스캐롤라이나 프라이머리와 무려 22개 주가 한꺼번에 예비선거를 치르는 슈퍼 화요일—에서 한판 붙어볼 수 있게 되었다.

훗날 우리 팀의 간부들은 나의 낙관주의 덕분에 뉴햄프셔의 패배를 디디고 나아갈 수 있었다고 말했다. 그 말이 진실인지 잘 모르겠다. 나의 행동과 무관하게 우리 운동원과 지지자들은 선거운동 기간 내내 경이로운 회복력과 뚝심을 발휘했기 때문이다. 나를 아이오와주 결승선까지 끌고 가려고 사람들이 했던 모든 일을 생각하면 내가 한 일은 기껏해야 그들의 호의에 보답한 정도였다. 진실은 내가 스스로에게서 발견한 성격이 뉴햄프셔를 통해 우리 팀과 지지자들에게 드러났다는 것이리라. 선거운동뿐 아니라 그 후의 8년 동안에도 유용했던 그 성격은, 상황이 최악으로 치달을 때 오히려 가장 차분해진다는 것이다. 아이오와에서의 승리는 내가 대통령이 될 수도 있다는 확신을 나와 우리 팀에 불어넣었다. 뉴햄프셔에서의 패배는 내가 그 일을 해낼 수 있다는 자신감을 심어주었다.

나는 위기의 한가운데에서도 평정을 유지하는 이 성격 특질에 대해 종종 질문을 받는다. 그러면 그저 기질 문제라거나 하와이에서 자란 탓이라고 말하곤 한다. 기온이 26도이고 날이 화창하며 5분만 가면 해변이 있는 곳에서는 스트레스를 받기가 쉽지 않으니 말이다. 하지만 젊은이들과 만나는 자리에서는 내가 어떻게 시간이 지나면서 장기적 시야를 가지도록 스스로를 훈련했는지, 하루하루의 부침에 일희일비하기보다 목표에 집중하는 것이 얼마나 중요한지 이야기한다.

이 모든 대답이 진실이지만 또 다른 요인이 있었다. 나는 힘겨운 순간에 외할머니에게 연락하는 버릇이 있었다.

외할머니는 나를 키운 삼인방 중 마지막 생존자였으나 당시 연세가 여든다섯으로 건강이 악화하고 있었다. 골다공증과 평생의 나쁜 습관으로 만신창이가 된 몸에 암이 퍼졌다. 하지만 정신은 여전히 또렷했다. 외할머니는 더이상 비행기를 탈 수 없었고, 선거운동 때문에 연례 행사였던 성탄절 하와이 여행을 못 가게 된 나는 몇 주에 한 번씩 안부 전화를 했다.

뉴햄프셔 패배 뒤에도 나는 전화를 걸었다. 여느 때처럼 대화는 길지 않았다. 툿은 장거리 전화를 사치로 여겼다. 외할머니는 하와이 소식을 들려주었고 나는 말리아와 사샤가 최근에 저지른 장난을 얘기했다. 하와이에 사는 여동생 마야는 툿이 선거운동의 모든 우여곡절을 케이블 TV에서 시청한다고 알려주었다. 하지만 외할머니는 한 번도 내게 선거 얘기를 꺼내지 않았다. 내가 패배를 겪은 뒤 외할머니는 딱 한 가지 조언을 했다.

"뭘 좀 먹으렴, 베어. 너무 말라 보이는구나."

이것이 1922년 캔자스주 퍼루에서 태어난 매들린 페인 더넘의 전형적 모습이었다. 외할머니는 교사와 작은 정유 공장 경리의 딸로 태어나 대공황기에 어린 시절을 보냈다. 그녀의 부모 또한 농부와 정착민의 자녀였으며, 분별력 있는 사람들로서 열심히 일하고 교회에 나가고 공과금을 납부하고 허풍이나 공개적 감정 표출, 여하한 허튼짓에 대해 늘 의심을 품었다.

외할머니는 젊을 적에 이 작은 도시의 제약에 맞섰는데, 대표적 사례는 앞 문장에서 언급한 의심스러운 성격들을 지닌 외할아버지 스탠리 아머 더넘과 결혼한 것이었다. 두 사람은 전쟁 기간과 그 이후에도 파란만장하게 살았으나, 내가 태어날 즈음 툿의 반항적 기질에서 남은 것은 흡연, 음주, 잔혹한 스릴러를 좋아하는 취향뿐이었다. 툿은 하와이 은행에서 말단 사무직으로 출발하여 최초의 여성 부장 중 한 명이 되었고, 모든 면에서 탁월한 업무 능력을 발휘했다. 25년간 잡음 하나, 실수 하나 없었고, 자신이 훈련한 젊은 남자들이 자신을 앞질러 승진하는 것을 보면서도 불평 한 번 하지 않았다.

툿이 은퇴한 뒤에 하와이에서 그녀의 도움을 받았다는 사람들을 이따금 만났다. 어떤 남자는 그녀가 관여하지 않았다면 회사를 잃었을 거라고 말했고, 어떤 여자는 부동산 중개업을 시작하려고 대출을 받아야 했는데 별거 중인 남편의 서명을 요구하는 이상한 은행 방침을 툿이 넘어가주었다고 회상했다. 하지만 툿에게 이런 일들을 물으면 은행 일을 시작한 이유는 금융에 특별히 열정이 있거나 남들을 돕고 싶어서가 아니라 가족에게 돈이 필요했는데 마침 은행에 자리가 나서였다고 말할 것이다.

"때로는 해야 하는 일을 그저 해야 할 때도 있단다."

외할머니의 삶이 한때 당신이 상상한 길에서 얼마나 벗어났는지, 처음에는 남편을 위해, 그다음에는 딸을 위해, 그다음에는 손자를 위해 얼마나 많은 희생을 치렀는지 이해한 것은 내가 십 대가 되어서였다. 내겐 무척 비극적으로 느껴졌다. 그녀의 세상은 얼마나 답답했을까.

하지만 외할머니와 외할아버지가 은퇴 후에도 안락하게 살고 여행하고 자식에게 의지하지 않을 수 있었던 이유는 그녀가 짐을 마다하지 않았기 때문임을 나는 결코 잊지 않았다. 할머니는 매일 동트기 전에 일어나 정장을 입고 힐을 신고서 버스를 타고 시내 사무실에 가서 하루 종일 에스크로 서류를 들여다보다 아무것도 할 수 없을 만큼 기진맥진한 채 퇴근했다. 그녀가 가져다준 안정 덕에 우리 어머니는 띄엄띄엄한 급여와 해외 파견에도 불구하고 원하는 경력을 추구할 수 있었고 마야와 나는 사립학교와 명문 대학에 진학할 수 있었다.

툿은 수지 균형을 맞추는 법과 필요 없는 물건을 사지 않는 법을 내게 가르쳐주었다. 내가 가장 혁명가 같던 젊은 시절에도 건실하게 운영되는 기업을 높이 평가하고 경제지를 읽은 것, 다 무너뜨리고 백지에서 사회를 재건해야 한다는 허황한 주장을 무시해야겠다고 느낀 것은 외할머니 덕분이다. 그녀는 열심히 일하고 일이 맘에 들지 않아도 최선을 다하는 것, 불편하더라도 책임을 완수하는 것의 가치를 가르쳤다. 열정과 이성을 겸비하고, 삶이 잘 풀린다고 해서 환호작약하지 말고 삶이 안 풀린다고 해서 의기소침하지 말라고 가르쳤다.

이 모든 가르침을 내게 심어준 사람은 캔자스 출신의 나이 든 쓴소리꾼 백인 여성이었다. 선거운동을 하다가도 문득문득 그녀의 사고방식을 떠올렸다. 아이오와 농촌에서나 시카고 흑인 거주지에서 만난 많은 유권자에게서 그녀의 세계관을 목격했다. 그들에게도 자녀와 손자녀를 위해 치른 희생에 대한 조용한 자부심, 허세 부리지 않는 태도, 소박한 기대가 있었다.

툿의 양육 방식에는 놀라운 강점과 더불어 엄격한 한계가 있었기에 나는 우리 나라의 인종 문제가 처한 복잡하고 다면적인 진실도 배울 수 있었다. 나를 지독히 사랑하고 나를 위해서라면 말 그대로 못 할 일이 없으면서도, 어머니가 흑인인 아버지를 처음으로 저녁 식사에 데려왔을 때 그녀를 말없이 고뇌하게 한 신중한 보수주의만은 온전히 버리지 못했다.

　　　　　　　　　"블랙 아메리카가 있고 화이트 아메리카가 있고 라티노 아메리카가 있고 아시안 아메리카가 있는 게 아닙니다. 아메리카 **합중국**이 있는 것입니다."

이 구절이 나의 2004년 전당대회 연설에서 가장 많이 기억되고 있는 듯하다. 나는 이 구절에서 현실을 묘사하기보다는 염원을 천명했다. 내가 믿는 염원이었고 내가 추구하는 현실이었다. 우리가 인류로서 가진 공통점이 차이보다 더 중요하다는 생각은 나의 DNA에 아로새겨져 있었다. 내가 생각하는 실용적 정치관도 이런 식으로 표현할 수 있다. 민주주의에서는 큰 변화를 일으키려면 다수의 힘이 필요하며 미국에서 그것은 인종적, 민족적 경계선을 넘어 연대를 구축해야 한다는 뜻이라고.

흑인 인구가 전체의 3퍼센트 미만인 아이오와에서도 이것은 내게 분명히 참이었다. 하루하루 지날수록 우리 캠프는 이곳의 인구 구성을 걸림돌이 아니라 기정사실로 간주했다. 조직가들은 곳곳에서 인종적 적대감을 맞닥뜨렸다. 때로는 잠재적 지지자들이 대놓고 표출했다("그래요, 니거[흑인을 이르는 멸칭]에게 투표할까 생각하고 있어요"라는 말을 한두 번 들은 게 아니었다). 적대감이 무례한 발언이나 문전박대에 그치지 않을 때도 있었다. 우리의 가장 사랑하는 지지자들 중 한 명은 성탄절 전날에 일어나 보니 '오바마' 팻말이 찢어발겨져 마당에 널브러지고 집이 파손되고 인종적 욕설이 스프레이 페인트로 칠해져 있었다. 저열함에 비하면 둔감함은 더 흔했다. 자원봉사자들은 백인이 대부분인 환경에서 지낸 흑인이라면 친숙할 발언들을 받아넘겨야 했다. "그는 흑인이라고 생각되지 않아요, 사실…… 제 말은, 무척 지적이잖아요"라는 주제의 변주였다.

하지만 내가 아이오와주 전역에서 만난 백인 유권자들은 대체로 몇 년 전 일리노이 다운스테이트에서 만난 사람들처럼 다정하고 사려 깊었으며, 나의 후보 자격을 문제 삼지 않았고 피부색이나 심지어 무슬림처럼 들리는 이름보다는 젊음과 경험 부족, 일자리를 창출하고 이라크 전쟁을 끝낼 계획에 더 관심을 보였다.

정치적 조언자들은 우리가 이제껏 해온 것처럼 계속하면 된다고 말했다. 그렇지만 우리는 인종 문제를 얼버무리지 않았다. 나는 이민법 개혁과 민권 같은 뜨거운 쟁점에 대한 입장을 웹사이트에 똑똑히 밝혔다. 주민 간담회에서 질문을 받으면 망설이지 않고 인종 프로파일링(특정 인종 집단을 범죄 용의 선상에 우선적으로 올리는 차별 행위_옮긴이)이나 고용 차별의 현실을 백인 일색의 농촌 청중에게 설명했다. 캠프 안에서는 플러프와 액스가 흑인과 라틴계 운동원들의 우려에 귀를 기울였다. 누군가는 TV 광고를 수정하고 싶다고 했고(한번은 밸러리가 조심스럽게 물었다. "버락 이외에 흑인을 적어도 한 명 더 출연시킬 수 있을까요?") 누군가는 유색인 간부를 더 영입하기 위해 더욱 노력하자고 제안했다. (적어도 이 점에서 숙련된 고위급 정치 실무자들의 세계는 다른 직업과 별반 다르지 않았다. 유색인 청년들은 멘토와 인맥에 접근할 기회가 예외 없이 제한되었고, 전국 단위 캠페인을 진행하기 위한 지름길인 무급 인턴직에 지원할 여유가 없었다. 이 또한 내가 바꾸겠노라고 다짐한 것 중 하나였다.) 하지만 플러프, 액스, 깁스는 인종적 불만이라는 꼬리표가 달리거나 선거구를 인종에 따라 분열시키거나 나를 '흑인 후보'라는 틀에 가둘 수 있는 주제는 가차 없이 평가절하했다. 그들이 보기에 인종적으로 진보하는 공식은 간단했다. 우리가 승리하는 것이었다. 이 말은 진보적 백인 대학생들 외에 내가 백악관에 입성하는 장면을 머릿속에 그려본 적 없는 유권자들의 지지도 얻어내야 한다는 뜻이었다.

깁스는 종종 이런 재담을 날렸다. "장담컨대 사람들이 당신에 대해 무엇을 알고 있든 마흔두 명의 전임 대통령처럼 생기지 않았다는 건 모를 수 없다고요."

한편 나는 상원의원으로 선출된 뒤로 아프리카계 미국인들에게 늘 넘치는 사랑을 받았다. 전미유색인지위향상협회 지부들에서는 내게 상을 주고 싶다며 연락을 했다. 나의 사진은 《에버니》와 《제트》 같은 아프리카계 미국인 대상 잡지에 곧잘 실렸다. 나이 지긋한 흑인 여성들은 하나같이 나를 보면 아들 생각이 난다고 말했다. 하지만 미셸을 향한 사람들의 사랑은 차원이 달랐다. 전문직 자격증, 싹싹한 성격, 엄마로서의 단호한 헌신을 겸비한 그녀는 많은 흑인 가정이 추구하는 목표와 자녀들에게 바라는 모습만을 모아놓은 것 같았다.

그럼에도 나의 출마에 대한 흑인들의 태도는 복잡했는데 여기에는 두려움이 큰 몫을 차지했다. 흑인들의 경험에 비추어 보건대 자신들 중 하나가 주요 정당의 후보로 지명되는 것은 불가능한 일이었다. 미국 대통령은 말할 것도 없었다. 많은 사람의 머릿속에서는 미셸과 내가 성취한 것만도 이미 기적이었다. 그 이상을 바라는 것은 어리석어 보였다. 태양에 너무 가까이 날아가는 일 같았다.

마티 네스빗은 내가 출마 선언을 한 직후에 이렇게 말했다. "내 말 좀 들어봐요. 우리 어머니는 날 걱정하는 것처럼 당신을 걱정한다니까요." 성공한 기업인이자, 젊은 재키 로빈슨처럼 외모가 근사한 전직 고등학교 미식축구 스타이자, 훌륭한 의사와 결혼하여 대단한 다섯 자녀를 둔 마티는 아메리칸드림의 본보기 같았다. 그는 오하이오주 콜럼버스에서 간호사로 일하는 홀어머니 밑에서 자랐다. 더 많은 유색인 청소년을 프렙스쿨(대학 진학을 목표로 하는 사립 고등학교_옮긴이)과 대학에 진학시키는 특별 프로그램 덕분에 마티는 대다수 흑인의 희망이 평생을 조립 라인에서 일하는 것 정도인 동네를 벗어나 계층 이동 사다리를 올라갈 수 있었다. 하지만 그가 대학을 졸업한 뒤 제너럴 모터스(GM)의 안정적 일자리를 그만두고 부동산 투자라는 위험한 사업에 뛰어들기로 마음먹자 그의 어머니는 아들이 지금껏 이룬 모든 것을 잃을까 봐 노심초사했다.

마티가 내게 말했다. "어머니는 내가 안정적인 일자리를 포기하는 게 미친 짓이라고 생각했죠. 그러니 우리 어머니와 친구분들이 지금 당신에 대해 어떻게 느끼고 있을지 상상해봐요. 대통령 '출마'도 모자라서 '당선'될 수 있다고 정말로 믿는 것에 대해 말이에요!"

이런 사고방식은 노동자 계층에 국한되지 않았다. 밸러리 가족은 1940년대와 1950년대 흑인 전문직 엘리트의 표본이다. 그녀의 어머니는 의사의 아내로 유아 교육 운동의 등대 격인 인물이었지만 나의 출마에는 처음부터 남들처럼 회의적이었다.

밸러리가 말했다. "우리 어머니는 당신을 보호하고 싶은 거예요."

내가 물었다. "무엇으로부터요?"

그녀는 내가 살해당할지도 모른다는 더 구체적인 두려움은 묻어둔 채 이렇게만 말했다. "실망으로부터요."

우리는 그 말을 듣고 또 들었다. 선거운동 첫 몇 달간은 귀에 못이 박힐 지경이었다. 이러한 보호주의적 비관주의 속에서 흑인 커뮤니티의 분위기는 힐러리를 더 안전한 선택지로 여겼다. 제시 잭슨 주니어(와 별로 내켜진 않았지만 제시 시니어) 같은 전국적 유명인을 등에 업은 덕에 우리는 아프리카계 미국인 지도자, 특히 젊은 지도자들의 많은 지지를 일찌감치 끌어냈다. 하지만 훨씬 많은 사람은 내가 어떻게 하는지 지켜보는 쪽을 택했고, 다른 흑인 정치인, 기업인, 목사들은—클린턴 부부에 대한 순수한 충성심에서였든 압도적 유력 후보의 편에 서려는 열망에서였든—내가 소신을 밝힐 기회를 얻기도 전에 힐러리를 지지하고 나섰다.

한 하원의원이 내게 말했다. "이 나라는 아직 준비가 안 됐어요. 그리고 클린턴 부부는 기억력이 좋지요."

한편 나를 지지하면서도 우리 선거운동을 상징적 측면에서만 바라보는 운동가와 지식인들이 있었다. 셜리 치점, 제시 잭슨, 앨 샤프턴이 출전한 과거의 선거들처럼 일시적일지는 몰라도 인종적 불의에 대해 예언자적 목소리를 높일 요긴한 연단쯤으로 여긴 것이다. 승리할 수 있다고 확신하지 못했기에 그들은 내가 적극적 평등실현조치에서 노예제 배상에 이르는 모든 사안에 가장 비타협적인 입장을 취하길 기대했고, 덜 진보적인 중도층 백인에게 구애하는 데 시간과 에너지를 너무 많이 쏟을까 봐 끊임없이 눈을 부라렸다.

한 지지자는 이렇게 말했다. "흑인 표를 당연하게 여기는 저 이른바 지도자라는 사람들처럼 되지 말아요." 나는 이 비판을 예민하게 받아들였는데, 완전히 틀린 소리는 아니었기 때문이다. 많은 민주당 정치인은 정말로 흑인 표를 당연하게 여겼다. 리처드 닉슨이 백인의 인종적 분노를 부추기는 정치야말로 공화당이 승리하는 가장 확실한 길이라고 판단하여 흑인 유권자들을 갈 곳 없는 신세로 만들어버린 1968년 이후로는 분명히 그랬다. 백인 민주당 후보들만 이렇게 계산한 것이 아니었다. 자리를 유지하기 위해 백인 표에 의존한 흑인 선출직 공직자 중에서 액스, 플러프, 깁스가 적어도 암묵적으로 경고한 내용을 모르는 사람은 없었다. 민권이나 경찰의 폭력처럼 흑인 특유의 관심사로 간주되는 사안들에 너무 집중하면 더 넓은 유권자층으로부터 역풍까지는 아니더라도 의심을 불러일으킬 위험이 있다는 것이었다. 소신을 굽히지 않고 양심에 따라 발언하겠다고 결심할 수도 있지만, 여기에는 대가가 따른다는 것을 명심해야 한다. 흑인이 농민, 총기 애호가, 기타 민족 집단처럼 전형적인 특수 이익 정치를 하려면 위험을 감수해야 했다.

물론 그것이 내가 출마하는 이유 중 하나였다. 나는 우리가 그런 족쇄에서 풀려나도록 하려는 것 아니었나? 무엇이 가능한가를 다시 상상하려는 것 아니었나? 나는 언제나 권력의 주변부에 머물며 진보적 후원자들의 은혜를 구걸하는 탄원자가 되고 싶지도 않았고, 정당한 분노로 가득한 채 화이트 아메리카가 속죄하기를 기다리는 영원한 저항자가 되고 싶지도 않았다. 두 길은 많은 사람의 발걸음으로 단단히 다져져 있었다. 둘 다 근본적으로는 절망의 산물이었다.

요점은 승리였다. 나는 우리가 낡은 논리를 뛰어넘을 수 있음을, 진보 의제를 중심으로 실질적 다수를 규합할 수 있음을, 불평등이나 교육 기회 박탈 같은 사안을 전국적 논의의 한가운데에 놓고서 실제로 성과를 거둘 수 있음을 흑인들에게, 백인들에게, 모든 피부색의 미국인들에게 입증하고 싶었다.

목표를 이루려면 모든 미국인에게 호소하는 언어를 사용하고 모든 사람에게 도움이 되는 정책—**모든** 아동을 위한 최상의 교육, **모든** 국민을 위한 수준 높은 의료—을 제안해야 했다. 나는 백인을 변화의 장애물이 아니라 협력자로 받아들이고, 아프리카계 미국인의 투쟁을 공정하고 정의롭고 관용적인 사회를 위한 더 폭넓은 투쟁의 언어로 표현해야 했다.

위험이 따른다는 것은 알고 있었다. 경쟁자뿐 아니라 친구들도 숨죽이며 비판했다. 보편적 정책에 중점을 두면 오히려 그 혜택이 가장 필요한 사람들에게 집중할 수 없다는 비판. 공통 이익에 호소하면 차별이 낳은 지속적 결과를 간과하게 되며 백인들로 하여금 노예제, 짐 크로법, 인종주의적 태도가 낳은 결과에 대한 책임을 회피하게 해준다는 비판. 머나먼 이상에 짓눌린 채 흑인들이 정당한 분노와 좌절을 끊임없이 속으로 삼키도록 강요함으로써 심리적 부담을 지게 만든다는 비판.

흑인들에게 요구하기에는 버거운 일이었다. 낙관주의와 전략적 인내를 접목해야 했기 때문이다. 나는 유권자들과 선거운동을 이 미답의 영토로 이끌면서 이것이 추상적 운동이 아님을 끊임없이 절감했다. 나는 나름의 필요와 나름의 개인사가 있는 사람들로 가득하며 살과 피를 가진 구체적 공동체에 매여 있었다. 그중에는 내가 포괄하려는 모든 모순적 충동의 화신 같은 목사가 한 명 있었다.

내가 제러마이아 A. 라이트 주니어 목사를 처음 만난 것은 조직 활동을 하던 시기였다. 그가 담임 목사로 있는 트리니티 연합 그리스도 교회는 시카고에서 가장 큰 교회 중 하나였다. 필라델피아에서 침례교 목사와 학교 행정 직원의 아들로 태어난 그는 성장기에 흑인 교회 전통에 물들어 있으면서도 시내의 최고 명문고에 다녔다(학생은 대부분 백인이었다). 그는 곧장 목회에 투신하지 않고 대학 졸업 뒤에 해병대에 입대했다가 해군에서 복무하며 심폐기 기사 훈련을 받았고, 린든 존슨이 1966년 수술을 받은 뒤에 그를 간호한 의료진에 몸담았다. 1967년에 하버드 대학교에 입학하여 그 격동의 시대를 겪은 많은 흑인처럼 블랙 파워 운동의 강렬한 메시지, 아프리카적인 모든 것에 대한 관심, 미국 사회질서에 대한 좌파적 비판 등을 빨아들였다. 신학교를 졸업할 즈음에는 제임스 콘의 흑인 해방신학도 흡수했다. 이 기독교 신학은 어떠한 내재적인 인종적 우월성 때문이 아니라 (콘의 주장에 따르면) 하느님이 가장 억압받는 사람들의 눈으로 세상을 본다는 사실 때문에 흑인들의 경험에 중심적 역할이 있다고 주창했다.

라이트 목사가 백인이 압도적인 교파에서 목사가 되었다는 것에서 그의 실용주의적 측면을 볼 수 있다. 연합 그리스도 교회는 진지한 신학 연구를 중시했을 뿐 아니라—그는 이것을 일요일마다 강조했다—신도를 확보하는 데 도움이 될 자금과 기반이 있었다. 교인 수가 100명도 안 되던 고리타분한 교회는 그의 재임 기간에 6000명까지 성장하여 블랙 시카고를 구성하는 다양한 사람들—은행가와 전직 갱단원, 켄테 로브(색이 화려한 수직포로 만든 가나의 전통 의상_옮긴이)와 브룩스 브라더스 양복, 전통 가스펠과 〈할렐루야 합창〉을 한 예배에서 연주할 수 있는 합창단—이 흥겹게 북적거리는 곳이 되었다. 대중문화 요소, 속어, 유머, 진지한 종교적 성찰을 버무린 그의 설교는 교인들의 환호와 함성을 이끌어냈을 뿐 아니라 그에게 미국 최고의 설교자 중 하나라는 명성을 안겨주었다.

이따금 라이트 목사의 설교가 살짝 도를 넘었다는 생각이 들 때도 있었다. 그는 마태복음이나 누가복음을 강해하다가 마약과의 전쟁, 군국주의, 자본주의의 탐욕, 인종주의 같은 미국의 고질병에 대해 신랄한 비판을 불쑥 끄집어냈다. 그의 호통은 대체로 사실에 근거했지만 설교 맥락과는 동떨어졌다. 1968년의 대학 토론회와 영적 교신이라도 한 듯 구식으로 들릴 때도 많았다. 경찰 지휘관, 유명인, 부유한 기업인, 시카고 교육감 같은 잘나가는 신도를 이끄는 목사라고 보기 힘들 정도였다. 가끔은 명백한 오류를 주장했는데, 심야 퍼블릭 액세스 방송국(일반인이 제작한 프로그램을 내보내는 방송국_옮긴이)이나 길가 이발소에서 듣는 음모론과 다를 바 없었다. 마치 이 연한 피부색의 박식한 중년 흑인 남자가 길거리 민심을 얻으려고 '진짜배기'처럼 행동하려 안달하는 듯했다. 어쩌면 만성적 인종주의, 이성과 논리가 통하지 않는 현실과 평생 투쟁하면서 쌓인 분노를 주기적으로 발산해야 할 필요성을 신도나 자신의 내면에서 인식했는지도 모르겠다.

이러한 결함을 알았지만 내게는, 특히 시카고 흑인 공동체 안에서 신념과 위치를 확고하게 정하지 못한 젊은 시절에는 더더욱, 라이트 목사의 선함이 결함을 덮고도 남았다. 그 교회 신도와 목회에 대한 나의 존경심이 제도 종교에 대한 전반적인 회의감을 덮은 것과 마찬가지였다. 미셸과 나는 결국 트리니티 교회에 등록했다. 하지만 열심히 다니지는 못했다. 나도 미셸도 독실한 가정에서 자라지는 않았기에 처음에는 한 달에 한 번 출석하다가 시간이 갈수록 더 뜸해졌다. 하지만 일단 출석하는 날은 의미 있는 시간을 보냈다. 내가 정치에 입문한 뒤에는 중요한 행사에 라이트 목사를 초청하여 기원이나 축도를 부탁했다.

내가 출마 선언을 한 날의 계획도 이와 같았다. 라이트 목사는 내가 무대에 오르기 전에 기도로 회중을 이끌기로 되어 있었다. 행사를 하루 앞두고 스프링필드로 가던 길에 액스의 급한 전화를 받았다. 나의 출마에 대한 《롤링 스톤》 기사를 봤느냐는 것이었다. 최근 트리니티 예배에 참석한 기자가 라이트 목사의 불같은 설교를 기사에 인용한 것이 분명했다.

"어떻게 인용됐느냐면요······. 잠깐만요, 그대로 읽어드릴게요. '우리는 백인이 우월하고 흑인이 열등하다고 믿으며 이것을 하느님을 믿는 것보다 더 확실하게 믿습니다.'"

"정말로요?"

"장담하는데 라이트 목사가 내일 기도하면 톱뉴스가 될 거예요······. 적어도 폭스 뉴스에서는요."

기사 자체는 제러마이아 A. 라이트와 트리니티의 선교 활동을 대체로 공정하게 다뤘다. 나는 우리 목사가 미국의 공인된 기독교적 이상과 잔혹한 인종주의적 역사 사이의 간극을 지적한 것에 놀라지 않았다. 그럼에도 그가 구사한 언어는 이제껏 들은 어떤 언어보다 선동적이었다. 백인을 배려하여 이 나라의 적나라한 인종적 진실을 끊임없이 얼버무려야하는 것이 짜증스럽기도 했지만 현실 정치의 측면에서 나는 액스가 옳다는 사실을 알았다.

그날 오후 라이트 목사에게 전화하여 공식 기원을 생략하는 대신 연설전에 미셸과 내게 개인적으로 기도해줄 수 있느냐고 물었다. 그는 상심한 기색이 역력했지만 결국 새 계획에 찬성했고, 덕분에 우리 팀은 한시름 덜 수 있었다.

내가 보기에 이 일화에는 이 땅에서 가장 높은 공직에 출마하는 것에 대한 나의 온갖 의문이 뒤섞여 있었다. 나 자신의 삶을 하나로 통합한 것, 즉 시간이 지나면서 흑인 진영과 백인 진영을 매끄럽게 넘나드는 법을 배우고, 가족과 친구와 지인과 동료 사이에서 번역가이자 가교 역할을 하며 점점 팽창하는 궤도를 가로질러 연결을 맺음으로써 우리 외조부모의 세상과 라이트 목사의 세상을 하나의 통합된 전체로 파악하게 된 것은 의미 있는 성과였다. 하지만 이 연결들을 수백만의 낯선 사람들에게 어떻게 설명해야 하나? 온갖 잡음과 왜곡과 침소봉대에도 불구하고 대통령 선거운동이 400년간 굳어진 상처와 두려움과 의심에 돌파구를 마련할 것임을 어떻게 상상할 수 있을까? 미국 인종 문제의 현실은 촌철살인의 어구로 압축하기엔 너무 복잡했다. 설상가상으로, 내가 이 문제를 해결할 수 있다고 기대하기엔 나 자신이 너무 복잡했고 내 삶의 궤적이 평범한 미국인에겐 너무 뒤죽박죽이고 낯설었다.

《롤링 스톤》기사가 더 일찍 나와서 그 뒤에 불거질 문제들이 미리 드러났다면 출마하지 않기로 결심했을지도 모르겠다. 쉽게 답할 수 있는 문제는 아니다. 내가 말할 수 있는 것은— 조금은 얄궂게도, 아니면 아마도 섭리에 의해—또 다른 목사이자 라이트 목사의 절친한 친구인 오티스 모스 주니어 목사 덕에 불안감을 떨칠 수 있었다는 것이다.

오티스 모스는 민권운동 베테랑이었고, 킹 목사의 절친한 친구이자 동지였으며, 오하이오주 클리블랜드에서 가장 큰 교회 중 한 곳의 담임 목사였고, 지미 카터 대통령의 자문을 지냈다. 그를 잘 알지는 못했지만, 기사가 발표된 뒤 어느 날 저녁에 그가 내게 격려 전화를 걸었다. 그는 제러마이아와의 불미스러운 일을 알고 있다며, 내가 준비되지 않았다거나 너무 급진적이라거나 너무 주류에 속했다거나 흑인 자격이 충분치 않다고 주장하는 목소리들을 흑인 커뮤니티 내에서 들었다고 말했다. 그는 앞으로 더 힘들어질 거라면서도 낙심하지 말라며 격려했다.

모스 목사는 이렇게 말했다. "모든 세대는 자신이 아는 것의 한계에 갇혀 있소. 운동에 참여했던 사람들, 마틴 같은 거인, 나 같은 부관과 보병…… 우리는 모세 세대라오. 우리는 행진했고 농성했고 감옥에 갔고 때로는 연장자들에게 저항했지만, 실은 그들이 이룬 성과가 우리의 토대가 되었소. 우리는 출애굽을 해냈다고 말할 수 있을 거요. 하지만 거기까지가 우리의 한계였소.

버락, 당신은 여호수아 세대요. 당신과 당신 같은 사람들이 여정의 다음 구간을 책임져야 해요. 물론 나 같은 사람들이 경험에서 우러난 지혜를 전해줄 수는 있소. 우리의 실수에서 배울 게 있을지도 모르겠소. 하지만 궁극적으로 우리의 성과를 토대로 삼아 하느님의 도움으로 우리 민족과 이 나라를 황야 밖으로 인도하는 일은 당신에게 달렸소."

아이오와에서 승리하기 약 1년 전에 들은 이 말이 얼마나 힘이 됐는지는 아무리 강조해도 모자란다. 나의 첫 영감의 원천과 친밀하게 이어진 사람이 내가 하려는 일이 가치 있으며, 허영심이나 야심의 발로가 아니라 끊이지 않는 진보의 사슬에 동참하는 일이라고 말하는 것은 내게 엄청난 의미가 있었다. 더 현실적으로는 모스 목사를 비롯한 킹 목사의 예전 동료들이—예컨대 애틀랜타의 C. T. 비비언 목사, 남부 그리스도교 지도자 회의의 조지프 라워리 목사—기꺼이 내게 안수해준(비유적으로) 덕에 더 많은 흑인 지도자들이 초창기에 힐러리 캠프로 쏠리지 않았다.

이 흐름은 내가 2007년 3월 앨라배마주 셀마의 에드먼드 페터스 다리를 건너는 행진에 참가했을 때 가장 분명히 드러났다. 하원의원 존 루이스가 해마다 개최하는 행사였다. 나는 오래전부터 피의 일요일(1965년 3월 인종차별에 반대하며 거리 행진을 하는 흑인들을 경찰이 유혈 진압한 사건_옮긴이) 현장을 순례하고 싶었다. 민권 쟁취 투쟁의 분수령이 된 1965년 그날, 미국인들은 무엇이 위험에 처했는지 온전히 깨달았다. 하지만 나

172

의 방문은 간단한 문제가 아니었다. 듣기로 클린턴 부부도 참석한다고 했다. 참가자들이 다리를 건너기 위해 모이기 전에 힐러리와 나는 두 곳의 교회 예배에서 동시에 연설하기로 되어 있었다.

그뿐 아니라 주최자 존 루이스는 자신이 힐러리 쪽으로 기울었음을 시사했다. 좋은 친구였던 그가 결정을 내리기까지 고뇌했음을 알고 있었다. 그는 내가 상원의원에 당선된 것에 무척 자부심을 느꼈으며, 여기에 자신이 일조했다고 생각한 것은 정당한 평가였다. 그가 전화로 자신이 클린턴 부부를 얼마나 오랫동안 알았는지, 빌 행정부가 자신의 여러 입법 중점 과제를 얼마나 지원해줬는지 언급하며 지지 이유를 설명하는 것을 듣고서 그를 몰아세우지 않기로 했다. 이 다정하고 온화한 남자가 얼마나 큰 압박을 받고 있을지 상상할 수 있었다. 내가 백인 유권자들에게 나를 능력으로 판단해달라고 요청하면서 인종 연대를 노골적으로 호소하는 것이 위선처럼 느껴지리라는 것도 인식하고 있었다.

셀마 기념식은 불편한 정치적 구경거리가 될 수도 있었지만, 현장에 도착하자 기분이 편안해졌다. 나의 상상력과 삶의 궤적에서 그토록 큰 역할을 한 장소에 왔기 때문이었는지도 모르겠다. 어쩌면 피의 일요일을 기념하려고 모인 평범한 사람들의 반응 때문이었는지도 모르겠다. 그들은 나와 악수하고 포옹을 했고, 몇몇은 힐러리 배지를 달고 있었지만 내가 참가해서 기쁘다고 말했다. 하지만 가장 큰 이유는 존경받는 원로들이 나를 지지했기 때문이었다. 역사적 현장인 브라운 채플 아프리카 감리교 감독교회에 예배를 드리러 들어섰을 때, 라워리 목사가 나를 소개하기 전에 몇 마디 하겠다고 청한 사실을 알게 되었다. 80대를 훌쩍 넘긴 그는 여전히 재치와 카리스마가 넘쳤다.

그는 이렇게 말문을 열었다. "내 한 말씀 드리지요. 미친 일들이 벌어지고 있다는 얘기입니다. 사람들은 어떤 일들은 일어날 리가 없다고 말합니다. 하지만 누가 압니까? 누가 알겠습니까?"

신도석에서 누군가 소리쳤다. "말씀해주세요, 목사님."

"얼마 전에 의사를 찾아갔는데 제 콜레스테롤이 조금 높다고 하더군요. 하지만 콜레스테롤에는 두 종류가 있다고 제게 설명해줬습니다. 나쁜 콜레스테롤이 있고 좋은 콜레스테롤이 있다는 겁니다. 좋은 콜레스테롤은 있어도 괜찮습니다. 그 말을 들으니 그와 비슷한 게 참 많다는 생각이 들었습니다. 제 말은, 우리가 운동을 시작했을 때 많은 사람이 **우리가 미쳤다고** 생각했습니다. 안 그래요, C. T.?" 라워리 목사가 무대 위에 앉은 비비언 목사를 향해 고개를 끄덕였다. "저기 또 다른 **미친 니그로**가 있습니다. …… 그가 이 운동에 참가하는 사람들은 전부 약간 미쳤다고 말해줄 겁니다."

청중은 왁자하게 웃음을 터뜨렸다.

라워리 목사는 계속 말했다. "하지만 콜레스테롤처럼, 미친 것에도 **좋게** 미친 게 있고 **나쁘게** 미친 게 있습니다. 아시겠어요? 지하철도(19세기 미국에서 흑인 노예들의 탈출과 해방을 위해 활동한 조직_옮긴이)의 해리엇 터브먼(많은 흑인 노예가 탈출할 수 있도록 도운 흑인 운동가로 '검은 모세'라고 불린다_옮긴이), 그녀는 미쳐도 단단히 미쳤습니다! 그리고 바울이 아그립바왕에게 설교했을 때 아그립바가 말했죠. '바울, 그대는 미쳤다.' …… 하지만 이건 **좋게** 미친 겁니다."

청중의 박수와 환호 속에 라워리 목사가 결정적 한마디를 던졌다.

"오늘 여러분에게 말하노니 이 나라엔 좋게 미친 사람들이 더 필요합니다. …… 좋게 미친 사람들이…… 투표장에 가서 투표하면 상상도 못할 일이 일어날 겁니다!"

교인들은 기립했고, 무대 위 내 옆에 앉은 목사들은 낄낄대며 내 등을 두드렸다. 내가 자리에서 일어나 모스 목사가 해준 말을 출발점으로 삼아 모세 세대의 유산과 그것이 어떻게 나의 삶을 가능하게 했는지에 대해, 이 나라와 전 세계에서 흑인뿐 아니라 핍박받는 모든 사람을 위해 정의를 실현할 다음 걸음을 내디딜 여호수아 세대의 책임에 대해 연설하자 교회는 부흥회처럼 열광의 도가니가 되었다.

예배가 끝나고 밖에 나갔더니 킹 목사의 또 다른 동료 프레드 셔틀즈 워스 목사가 보였다. 전설적이고 두려움을 모르는 자유 투사인 그는 큐 클럭스 클랜(KKK)에게 집이 폭파당하고 백인 폭도에게 몽둥이, 쇠사슬, 브래스 너클(손가락에 끼우는 무기_옮긴이)로 구타당하고 두 딸을 백인들만 다니던 버밍엄의 고등학교에 등록시키려다 아내가 칼에 찔렸는데도 끝내 이겨냈다. 최근에 뇌종양 치료를 받아 쇠약해진 그는 이야기 좀 하자며 휠체어 가까이 오라고 손짓했다. 행진 참가자들이 모여들자 나는 다리를 건널 때 휠체어를 밀어드리겠다고 제안했다.

셔틀즈워스가 말했다. "그거 좋지요."

그렇게 우리는 눈부시게 푸른 아침 하늘 아래 갈색 흙탕물 위로 다리를 건넜다. 간간이 노래와 기도 소리가 울려 퍼졌다. 걸음을 내디딜 때마다 이 노인들이 40여 년 전에 무엇을 느꼈을지 상상했다. 말을 탄 무장 경찰 부대를 맞닥뜨렸을 때 젊은 심장이 쿵쾅쿵쾅 뛰었을 광경을 떠올렸다. 그들에 비하면 나의 짐은 얼마나 가벼운지 다시금 생각했다. 그들이 여전히 싸움을 벌이고 있고 좌절과 슬픔에도 불구하고 비탄에 빠지지 않았다는 사실은 내게 지칠 이유가 없음을 보여주었다. 나는 내가 있어야 할 곳에서 해야 할 일을 하고 있다는 확신, '좋게 미친' 기운이 이곳에 드리워 있다는 라워리 목사의 말이 옳을 수도 있겠다는 확신을 새로이 다졌다.


열 달 뒤 1월 둘째 주와 셋째 주에 사우스캐롤라이나로 캠페인 장소를 옮기면서 나는 우리의 믿음이 다시 시험받을 것임을 알았다. 우리에겐 승리가 절실했다. 숫자상으로 사우스캐롤라이나주는 우리에게 유리해 보였다. 아프리카계 미국인이 민주당 프라이머리 유권자의 상당수를 차지했고, 흑백을 아우르는 베테랑 정치인과 젊은 운동가들이 우리 편에 있었다. 하지만 여론조사에서는 백인 유권자들의 지지가 지지부진했다. 아프리카계 미국인 유권자들이 우리에게 필요한 숫자만큼 투표에 참여할지도 미지수였다. 우리의 희망은 인종을 초월한 승리를 거두고 슈퍼 화요일을 맞이하는 것이었다. 하지만 아이오와주 선거운동이 더 이상주의적인 정치의 가능성을 보여줬다면 사우스캐롤라이나주에서의 캠페인은 전혀 다른 모습으로 끝맺었다. 쓰라리고 피비린내 나는 인종적 역사에 대한 기억이 짙게 밴 풍경을 배경으로 드잡이와 구닥다리 정치 행태가 벌어졌다.

이 중 몇 가지는 치열한 경쟁, 커져가는 불안감, 네거티브 캠페인이 유리하게 먹힌다는 클린턴 캠프의 판단이 낳은 결과였다. 그들은 방송과 대리인을 내세워 더욱 매서운 공격을 퍼부었다. 미국 전역에서 관심을 기울이는 유권자들이 증가하면서 우리 모두 이번 프라이머리의 중요성을 자각했다. 그 주의 한 토론회는 나와 힐러리의 난타전으로 변했다. 힐러리와 내가 링 위의 검투사처럼 치고받는 동안 존 에드워즈(그의 캠페인은 막바지를 향해 달려가고 있었고, 그는 조만간 사퇴할 예정이었다)는 구경꾼 신세였다.

토론회가 끝나고 힐러리는 다른 곳의 캠페인을 위해 사우스캐롤라이나주를 떠났지만 흥분은 좀처럼 가라앉지 않았고, 그들 편에서 선거운동을 벌일 임무는 팔팔하고 기운차고 어디에나 등장하는 빌 클린턴에게 남겨졌다.

나는 빌의 처지에 연민을 느꼈다. 그의 아내는 끊임없는 감시와 공격에 시달렸다. 뿐만 아니라 워싱턴을 바꾸고 당파적 대치 상태를 뛰어넘겠다는 나의 약속은 그 자신의 유산에 대한 도전으로 느껴졌을 것이다. 네바다주에서 한 인터뷰에서 나는 빌 클린턴을 존경하지만 로널드 레이건이 1980년대에 미국 국민과 정부의 관계를 보수주의 원칙에 맞게 뜯어고친 방식으로 클린턴이 정치를 변화시켰다고 생각하진 않는다고 말했는데, 이 발언도 그런 인식을 부추겼을 것이다. 클린턴이 대통령 임기 내내 발목 잡기와 지독한 적의에 맞서 싸워야 했음을 생각하면 시건방지고 젊은 신출내기의 콧대를 납작하게 해주고 싶어 한 것에 대해 그를 탓하긴 힘들었다.

클린턴은 경기장에 복귀해서 기뻐하는 것이 분명했다. 범상치 않은 인물인 그는 사우스캐롤라이나주를 누비며 영리한 주장을 제기하고 소탈한 매력을 발산했다. 나를 공격하면서 도를 넘은 적은 거의 없었다. 그는 내가 경험이 일천하며 대통령에 당선되면 공화당의 밥이 될 거라고 말했는데, 내가 그였더라도 똑같이 공격했을 것이다.

하지만 그 너머에는 인종의 정치가 놓여 있었다. 클린턴은 과거에는 이것을 요리조리 피해 다녔지만 확실히 흑인 후보를 상대로 그러기는 쉽지 않았다. 뉴햄프셔 프라이머리를 앞두고 그가 이라크 전쟁에 대한 나의 몇몇 입장을 '허황한 이야기'라고 주장하자 일부 흑인들은 이것을 내가 대통령이 되는 것이 허황한 이야기라는 주장으로 알아들었다. 사우스캐롤라이나에서 가장 막강한 흑인 공직자이자 그때까지 신중하게 중립을 지킨 다수당 원내 총무 짐 클라이번 하원의원은 그를 공개적으로 질책했다. 클린턴이 힐러리가 그녀의 적수들은 못 하는 방식으로 "여러분에게 필요한 것을 줄 수 있다"라고 백인 청중에게 말했을 때, 그 스스로가 남부의 아들인 깁스는 공화당 전략가 리 애트워터와 편 가르기 정치 dog-whistle politics의 메아리를 들었고 우리 지지자들에게도 서슴없이 그렇게 주장했다.

돌이켜 보면 공정했던 것 같지는 않다. 빌 클린턴은 틀림없이 억울했을 것이다. 하지만 사우스캐롤라이나에서는 사실과 사실처럼 느껴지는 것을 구분하기 힘들었다. 주를 통틀어 나는 흑인과 백인 모두로부터 크나큰 온정과 환대를 받았다. 찰스턴 같은 도시에서는 장안의 화제인 뉴사우스(세계주의적이고 다양하고 상업적으로 활발한 분위기)를 경험했다. 게다가 나는 시카고에서 살았기에 인종 분리가 남부만의 현상이 아님을 잘 알고 있었다.

그럼에도 사우스캐롤라이나주를 돌며 대통령 선거 유세를 하면서 겪은 인종주의적 태도는 덜 암시적이고 더 직설적이었으며 때로는 완전히 노골적이었다. 내가 방문한 저녁 식사 자리에서 잘 차려입은 백인 여인이 악수하기를 한사코 거부한 일을 어떻게 해석해야 했을까? 우리의 캠페인 행사장 바깥에서 팻말을 들고, 남부연합기와 전미총기협회 구호를 흔들고, 주의 권리를 외치며 내게 꺼지라고 말하는 사람들의 동기를 어떻게 이해해야 했을까?

노예제와 인종 분리의 유산을 떠올리게 한 것은 그들이 외치는 구호와 남부연합 조각상들만이 아니었다. 나는 클라이번 하원의원의 제안으로 J. V. 마틴 중학교를 방문했다. 사우스캐롤라이나주 북동부의 농촌 타운 딜런에 있는 공립학교로, 학생 대부분이 흑인이었다. 건물의 일부는 남북전쟁이 끝나고 30년이 지난 1896년에 지어졌는데 지난 수십 년간 개축한 흔적이 없었다. 바스러지는 벽, 파손된 배관, 금 간 유리창, 눅눅하고 불 꺼진 복도, 아직도 건물 난방에 쓰이는 지하실 석탄 보일러. 학교를 나서면서 나는 한편으로는 침울해졌지만 다른 한편으로는 새로운 의욕이 솟았다. 매일 이 학교에 등교하는 학생들은 자신들이 권력자들에게 하찮은 존재이고 아메리칸드림의 의미가 무엇이든 자신들과는 상관없다는 확신 말고 어떤 메시지를 받았을까?

이런 순간 오랜 권리 박탈이 얼마나 좌절감을 주는지 확인할 수 있었다. 많은 사우스캐롤라이나 흑인들은 이런 좌절감의 필터를 통해 우리 캠페인을 흡수했다. 나는 내가 맞서고 있는 적의 진짜 성격을 이해하기 시작했다. 나는 힐러리 클린턴이나 존 에드워즈나 심지어 공화당 후보와 맞서고 있는 것이 아니었다. 과거의 무지막지한 무게, 그로 인한 무기력, 숙명론, 두려움과 맞서고 있었다.

유권자들을 동원해주고 대가를 받는 데 익숙한 흑인 성직자와 막후의 실세들은 우리가 풀뿌리 자원봉사자 모집에 주력하는 것을 불만스러워했다. 늘 그랬듯이 그들에게 정치란 원칙의 문제라기보다는 단순한 사업 기회의 문제에 가까웠다. 선거운동이 진행되는 동안 미셸은—그녀의 고조할아버지는 사우스캐롤라이나 벼농사 농장에서 노예의 자식으로 태어났다―악의 없는 흑인 여성들로부터 선거에서 지는 쪽이 남편을 잃는 쪽보다 나을 수도 있다는 말을 들었다. 내가 당선되면 틀림없이 암살당하리라는 의미였다.

희망과 변화는 사치라고, 열기에 시들어버릴 외래종 식물이라고 주민들이 우리에게 말하는 것 같았다.

프라이머리 전날인 1월 25일, NBC 여론조사에서는 나에 대한 사우스캐롤라이나 백인들의 지지율이 10퍼센트로 내려앉았다. 이 뉴스에 정치 평론가들이 입방아를 찧기 시작했다. 예견된 일이라고 읊어댔다. 아프리카계 미국인들의 투표율이 아무리 높아도 흑인 후보에 대한 백인들의 뿌리 깊은 반감을 극복할 수는 없다는 것이었다. 버락 후세인 오바마라는 이름으로는 더더욱 어림도 없었다.

언제나 재난이 일어난 것처럼 행동하는 액설로드는 블랙베리 휴대전화 화면을 스크롤하며 이 소식을 전했다. 그러고는 사우스캐롤라이나에서 패하면 선거운동은 끝장이라고 덧붙였는데, 별 도움이 되지 않는 조언이었다. 그것으로 모자란다는 듯 그는 우리가 가까스로 이기더라도 백인들의 지지율이 낮으면 언론과 클린턴 캠프가 승리를 평가절하하고 나의 본선 경쟁력에 타당한 의문을 제기할 것이라고 말했다.

프라이머리 당일에는 팀 전체가 바늘방석에 앉은 심정이었다. 이번 선거에 무엇이 달렸는지 알고 있었기 때문이다. 마침내 저녁이 되어 투표가 집계되기 시작했을 때 결과는 우리의 가장 낙관적인 전망마저 뛰어넘었다. 우리는 두 배가 넘는 득표율을 기록하며 힐러리를 꺾었는데, 흑인들에게서 80퍼센트 가까운 몰표를 얻었고 백인 득표율도 24퍼센트였다. 심지어 40세 이하 백인 유권자들 사이에서도 10퍼센트포인트 차로 승리했다. 아이오와 승리 이후 시련을 겪고 뭇매를 맞던 우리는 환호작약했다.

승리 연설을 하기 위해 컬럼비아의 한 강당 무대 위로 걸어가는 동안 사람들이 박자에 맞춰 발을 구르고 손뼉을 쳤다. 수천 명이 행사장에 들어찼지만 TV 방송국의 조명에 눈이 부셔서 맨 앞의 몇 줄만 보였다. 대부분 대학생으로, 백인과 흑인의 비율이 엇비슷했고 몇몇은 팔짱을 끼거나 어깨동무를 하고 있었으며 얼굴은 기쁨과 결의로 환히 빛나고 있었다.

사람들이 구호를 외쳤다. "인종은 상관없어! 인종은 상관없어! 인종은 상관없어!"

우리의 젊은 조직가와 자원봉사자 몇 명이 청중에 섞여 있는 것이 보였다. 다시 한번 그들은 비관론에 굴하지 않고 해냈다. 그들은 승리의 기쁨을 만끽할 자격이 있었다. 순수한 환희의 순간이었다. 청중을 조용히 시키고 연설을 시작하고서도 그들이 외친 선의의 구호를 감히 바로잡지 못한 이유는 그 때문이었다. 2008년에도 남부연합기와 이것으로 상징되는 모든 것이 불과 몇 블록 떨어진 주의회 의사당 앞에 걸려 있는 상황에서, 그들이 아무리 다르게 믿고 싶더라도 인종은 여전히 상관있다고는 차마 말할 수 없었다.

# 7장

사우스캐롤라이나의 승리 이후 다시
한번 돌파구가 열리기 시작한 듯했다. 1월 27일《뉴욕 타임스》기명 칼럼
에서 케네디 대통령의 딸 캐럴라인 케네디는 나를 지지한다고 선언하면
서 우리 캠페인 덕에 미국 젊은이들이 그녀의 아버지에게서 어떤 영감을
받았는지 처음으로 이해했다고 후하게 평가했다. 그녀의 작은아버지 테
드 케네디도 이튿날 동참하여, 아메리칸 대학교에 모인 수천 명의 학생
앞에 나와 함께 모습을 드러냈다. 테디는 우리를 전율케 했다. 옛 캐멀롯
의 마법을 모조리 끌어모아, 한때 자신의 형을 향했고 이제 나를 겨냥한
경험 부족론을 일축했다. 액스는 이것을 상징적인 횃불 전달식이라고 불
렀는데, 나는 어떤 의미인지 알 수 있었다. 우리 캠페인에서 친숙한 화음
을 알아들은 테디가 형들의 암살, 베트남전쟁, 백인의 반발, 폭동, 워터게
이트, 공장 폐쇄, 앨터몬트*, 에이즈 이전의 시대로, 진보가 낙관주의와
'할 수 있다' 정신—내 어머니의 젊은 시절 감수성을 형성하고 그녀가 내
게 전해준 정신—으로 가득하던 시대로 손을 뻗는 것 같았다.

---

* 1969년 캘리포니아주 앨터몬트에서 열린 롤링 스톤스 공연에서 경비를 서던 폭주족들이 흑
  인 청년을 살해하는 사건이 일어났다. 언론과 기성 세대의 비난을 받은 이 사건은 히피로
  대표되는 1960년대 문화의 종말에 관한 상징으로 여겨지기도 한다_옮긴이.

케네디의 지지 표명은 우리 캠페인에 시적 아름다움을 덧붙였고, 미국의 대의원 절반 이상이 단 하루에 결정되는 2월 5일 슈퍼 화요일을 대비할 수 있게 해주었다. 슈퍼 화요일이 어마어마한 난관이리라는 것은 일찌감치 알고 있었다. 우리가 아이오와와 사우스캐롤라이나에서 승리를 거뒀어도 힐러리의 지명도가 여전히 훨씬 높았다. 초창기에 이런 주들에서 벌인 소매점식 대면 캠페인은 캘리포니아와 뉴욕 같은 대도시 인구 밀집 지역에서는 아예 불가능했다.

하지만 우리에게는 나날이 늘어가는 풀뿌리 보병들이 있었다. 베테랑 대의원 전문가 제프 버먼과 집요한 현장책임자 존 카슨의 도움으로 플러프는 우리가 아이오와에서 했던 것처럼 한 곳에 초점을 맞추는 전략을 짰다. 거대 프라이머리 주에서 승리하려고 애쓰거나 어차피 패배할 곳에서 TV 광고에 거액을 쓰기보다는 코커스 주에―상당수는 작고 농촌이고 백인 인구가 압도적이었다―나의 시간과 우리의 현장 역량을 집중했다. 그곳에서라면 우리 지지자들의 열정에 힘입어 비교적 큰 득표율로 압승하여 대의원을 많이 끌어모을 수 있을 터였다.

아이다호가 좋은 사례였다. 그렇게 작고 공화당 세가 탄탄한 주에 유급 운동원을 보내는 것은 사리에 맞지 않았지만, '오바마를 지지하는 아이다호 주민들'이라는 결의에 찬 자원봉사자 집단이 자발적으로 조직되었다. 이들은 그 전해에 마이스페이스와 밋업 같은 소셜 미디어로 각종 사안에 대한 나의 입장을 알리고 개인 모금 페이지를 열고 행사를 계획하고 아이다호주를 전략적으로 공략했다. 슈퍼 화요일을 며칠 앞두고 플러프가 (우리가 빠르게 격차를 좁히고 있던) 캘리포니아에 하루를 더 투입하지 않고 보이시에서 캠페인을 진행할 예정이라고 말했을 때 나는 효과가 의심스럽다고 털어놓았다. 하지만 보이시 주 경기장 한 곳을 가득 메운 채 환호하는 아이다호 주민 1만 4000명을 보자마자 나의 회의론은 말끔히 치유되었다. 우리가 아이다호에서 얼마나 큰 표차로 이겼던지 인구가 다섯 배 이상 많은 뉴저지에서 힐러리가 승리했을 때와 비교해 확보한 대의원 수 차이는 오히려 앞섰다(아이다호에서 버락은 힐러리보다 12명 더 확보했고, 뉴저지에서는 힐러리가 버락보다 11명 더 확보했다_옮긴이).

이것은 패턴이 되었다. 우리는 슈퍼 화요일 경선 스물두 곳 중 열세 곳에서 승리했는데, 힐러리가 뉴욕과 캘리포니아에서 몇 퍼센트포인트 차로 승리하긴 했지만 전체를 보면 우리가 얻은 대의원 수가 열세 명 많았다. 이 놀라운 성취는 플러프와 우리 현장 운동원, 자원봉사자들의 솜씨와 역량을 보여주는 증거였다. 게다가 정치 평론가와 클린턴 캠프가 나의 본선 경쟁력에 끊임없이 이의를 제기하던 터라, 우리가 이른바 적색주(공화당을 지지하는 주_옮긴이)를 싹쓸이한 성과는 또 다른 기쁨이었다.

또 하나 놀라웠던 것은 우리의 승리에서 기술의 비중이 점점 커졌다는 것이다. 팀의 유능한 젊은이들 덕에 4년 전 하워드 딘 캠페인에서 선보인 디지털 네트워크를 도입하여 발전시킬 수 있었다. 뒤늦게 선거운동에 뛰어든 처지였던 우리는 인터넷에 빠삭한 자원봉사자들의 활력과 창의성에 거듭거듭 의존할 수밖에 없었다. 수백만 건의 소액 후원은 우리의 활동에 연료를 공급했고, 이메일 링크 전송은 거대 미디어가 못 하는 방식으로 캠프의 메시지를 전파했으며, 전에는 고립되어 있던 사람들이 새로운 커뮤니티를 형성하기 시작했다. 슈퍼 화요일을 거치면서 나는 영감에 사로잡혔다. 내가 미래를 엿보고 있다고 상상했다. 아래로부터의 참여가 부활하여 민주주의가 다시 힘을 발휘하도록 할 수 있을 것 같았다.

내가 아직 온전히 이해하지 못한 것은 이 기술이 얼마나 융통성이 큰지, 얼마나 빨리 상업적 이익에 흡수되어 기득권층에 활용될 수 있는지, 사람들을 단합시키는 데뿐 아니라 분열시키는 데도 얼마나 쉽게 악용될 수 있는지, 나를 백악관에 데려다준 바로 이 도구들의 상당수가 어떻게 언젠가 내가 대변하는 모든 것에 맞서 쓰일 수 있는지였다.

하지만 이런 것들을 깨달은 것은 훗날 일이었다. 슈퍼 화요일 이후 우리는 승승장구하여 2주에 걸쳐 열한 곳의 프라이머리와 코커스를 내리 석권했다. 평균 득표율 차는 36퍼센트였다. 어질어질한, 거의 초현실적인 파죽지세였다. 하지만 우리는 너무 일찍 샴페인을 터뜨리지 않으려고 조심조심했다("뉴햄프셔를 기억하라!"가 모두의 구호였다). 아직 결판이 나지 않았고, 우리의 실패를 보고 싶어 하는 사람들이 많다는 것을 알고 있었다.

『흑인의 영혼』에서 사회학자 W. E. B. 듀보이스는 20세기 여명기 흑인 미국인의 '이중 자의식'에 대해 서술한다. 미국의 토양에서 나고 자라면서 이 나라의 제도에 의해 빚어지고 그 신조를 주입받았음에도, 땀 흘리는 손과 뛰는 가슴으로 이 나라의 경제와 문화에 그토록 이바지했음에도, 이 모든 것에도 불구하고 흑인 미국인은 영원한 '타자'로 남고 언제나 외부의 시선으로 스스로를 보아야 하며 자신의 실제 모습이 아니라 결코 이룰 수 없는 모습에 의해 정의되는 '이중성'을 언제까지나 느낀다고 듀보이스는 말한다.

젊은 시절 나는 듀보이스의 글에서 많은 것을 배웠다. 하지만 독특한 혈통과 성장 환경 때문이든, 성년기를 맞았을 때의 시대 분위기 때문이든 '이중 자의식' 개념을 느껴본 적은 없다. 인종이 섞인 나의 상태와 인종차별이라는 사실의 의미와 씨름하기는 했다. 하지만 나의 근본적 '미국인다움'에는 의문을 품은 적이 없었고 남들도 내게 의문을 제기하지 않았다.

물론 전에는 대통령 출마를 한 적이 한 번도 없었지만.

내가 공식 출마를 선언하기 전부터 깁스와 홍보팀은 보수파 토크 라디오나 '드러지 리포트'(보수 성향의 인터넷 매체_옮긴이)와 폭스 뉴스가 자리 잡기 이전의 뜨내기 웹사이트가 퍼뜨리는 온갖 소문을 격퇴했다. 내가 인도네시아 마드라사(이슬람 학교_옮긴이)에 다녔다는 소문이 기승을 부리자 CNN 기자가 자카르타에 있는 초등학교에 직접 찾아가기도 했다. 그가 발견한 것은 서구식 교복을 입고 아이팟으로 뉴 키즈 온 더 블록의 음악을 듣는 아이들이었다. 내가 미국 시민권자가 아니라는 주장도 있었다(케냐에 있는 이복형제의 결혼식에서 아프리카 전통 복장을 입은 사진을 자료 화면으로 곁들였다). 선거운동이 진척되면서 더 새빨간 거짓말들이 유포되었다. 이것들은 나의 국적이 아니라 더 친숙하고 미국적이고 음울한 '이질성'과 관계 있었다. 내가 마약 거래를 했다는 거짓말, 내가 동성애 매춘부로 일했다는 거짓말, 내가 마르크스주의와 연계되었으며 혼외자가 여럿이라는 거짓말 등이었다.

어느 것 하나 진지하게 받아들이기 힘든 주장이었고, 적어도 처음에는 주목하는 사람이 거의 없었다. 2008년에는 인터넷이 아직 너무 느리고 자주 끊기고 주류 뉴스와 동떨어져 유권자들의 마음에 직접 파고들지 못했기 때문이다. 하지만 나의 혈통에 간접적이고 더 점잖게 의문을 제기하려는 시도들도 있었다.

9.11 테러 공격이 벌어지고 나서 나는 성조기 라펠 핀을 달았다. 엄청난 비극 앞에서 전국적 연대를 표하는 소박한 방법이라고 생각했기 때문이다. 그러다 부시가 시작한 테러와의 전쟁과 이라크 침공에 대한 논쟁이 길어지면서 조용히 핀을 뗐다. 존 케리가 부당하게 공격받는 것을 보았고, 이라크 전쟁에 반대하는 사람들이 칼 로브 같은 자들에게 애국심을 의심받는 것을 들었으며, 성조기 핀을 달고 다니던 상원 동료들이 제대 군인 지원 프로그램의 예산 삭감에 무턱대고 찬성표를 던지는 것에 실망했기 때문이었다. 항의 표시라기보다는 애국의 실질이 상징보다 훨씬 중요하다는 사실을 스스로에게 상기시키기 위해서였다. 이걸 눈여겨본 사람은 아무도 없는 것 같았다. 해군 전쟁 포로 출신 존 매케인을 비롯한 동료 상원의원 대다수도 곧잘 라펠에 성조기 핀을 달지 않았기에 더더욱 그랬다.

그랬기에 10월에 아이오와주의 한 지방지 기자가 왜 성조기 핀을 달지 않느냐고 물었을 때 나는 사실대로 이야기했다. 잡화점에서 파는 상징물의 착용 유무가 애국의 잣대라고는 생각지 않는다고 말했다. 얼마 지나지 않아 보수파 TV 논객들이 나의 핀 없는 라펠이 무슨 의미인지 떠들어댔다. **오바마는 성조기를 증오한다. 오바마는 우리 군대를 무시한**

다. 몇 달 뒤에도 그들은 이 문제를 물고 늘어졌고, 결국 내게도 불똥이 튀기 시작했다. 과거의 모든 대통령 후보는 놔두고 왜 하필 나의 핀 착용에만 갑자기 그토록 많은 관심을 두는 이유가 뭐냐고 묻고 싶었다. 놀랍지 않게도 깁스는 공적인 이의 제기를 삼가라고 조언했다.

그는 이렇게 충고했다. "뭐 하러 그 사람들 원하는 일을 해요? 이기고 있는데."

일리가 있었다. 하지만 아내를 겨냥한 같은 종류의 빈정거림은 잠자코 넘어가기 힘들었다.

아이오와 이후에도 미셸은 계속해서 선거 유세의 분위기를 띄워주었다. 아이들이 학교에 가야 했기에 우리는 경쟁이 치열할 때만 미셸을 등장시켰고, 그녀는 주로 주말에 동행했다. 언제 어디서나 재미있고 매력적이고 예리하고 직설적인 그녀는 아이 키우는 일에 대해, 일과 가정생활의 균형에 대해 이야기했다. 자라면서 배운 가치들에 대해 설명했다. 장인은 다발성 경화증을 앓으면서도 단 하루도 결근하지 않았고, 장모는 자녀 교육에 깊은 관심을 쏟았다. 그녀의 가족은 돈이 풍족하지는 않았지만 언제나 사랑으로 충만했다. 노먼 록웰의 그림이나 시트콤 〈비버에게 맡겨둬〉를 연상시키는 가정이었다. 처가 식구들은 미국 고유의 취향과 열망을 고스란히 실현했다. 나는 미셸만큼 주류에 속한 사람을 본 적이 없었다. 햄버거와 감자튀김을 즐겨 먹었고 〈앤디 그리피스 쇼〉 재방송을 애청했으며 토요일 오후에 상점가에서 쇼핑할 기회가 생기면 신나했다.

그런데 적어도 일부 아나운서에 따르면 미셸은⋯⋯ 달랐다. 퍼스트레이디감이 아니었다. 그녀는 '성난' 것처럼 보인다고 그들은 말했다. 한 폭스 뉴스 방송에서는 그녀를 '오바마의 베이비마마babymama'(남편이나 애인이 아닌 남자의 아기를 낳은 여성을 낮잡아 부르는 말_옮긴이)로 지칭했다. 보수파 미디어만 그런 것이 아니었다. 《뉴욕 타임스》 칼럼니스트 모린 다우드는 미셸이 연설에서 나를 부엌의 빵이 쉬도록 내버려두고 더러운 빨랫

감을 늘어놓는 빵점짜리 아빠로 짓궂게 묘사한 것이(청중에게서 어김없이 공감의 폭소를 끌어내는 표현이었다) 나의 인간미를 부각하는 게 아니라 남성성을 거세하여 당선 가능성에 타격을 가한다고 썼다.

물론 이런 논평이 흔하진 않았고, 일부 운동원은 선거판이 평소에도 그에 못지않게 추잡하다고 생각했다. 하지만 미셸은 그렇게 받아들일 수 없었다. 정치인의 아내가 감수해야 하는 제약(남편을 섬기고 고분고분하게 내조하고, 매력적이면서도 고집 세지는 않아야 한다는 것으로, 힐러리가 한때 이런 이미지를 거부했다가 줄곧 호된 대가를 치르고 있었다)과 더불어 흑인 여성에게 씌워지는 또 다른 고정관념이 있음을 알고 있었다. 금발 바비 인형을 처음 보거나 앤트 저마이마 시럽(제품 포장의 그림이 흑인 식모를 연상시킨다_옮긴이)을 팬케이크에 부은 날부터 흑인 여자아이들에게 꾸준히 주입되는 친숙한 이미지였다. 사회적으로 정해진 여성성 기준에 들어맞지 않는다는 이미지, 엉덩이가 너무 크고 머리카락이 너무 곱슬거린다는 이미지, 너무 시끄럽거나 다혈질이거나 남편 말꼬리를 끊는다는 이미지, 다시 말해 그들이 남성성을 '거세'할 뿐 아니라 그들 자체가 남성적이라는 이미지였다.

이 심리적 부담과 평생 맞서야 했던 미셸은 외모에 꼼꼼히 신경 쓰고, 자신과 주변을 통제하고, 매사를 부지런히 준비했다. 그러면서도 자신의 실제 모습과 다르게 행동하라는 압박은 단호하게 거부했다. 많은 흑인 여성이 수많은 부정적 메시지에 굴하지 않고 성공한 것처럼, 그토록 우아하고 위엄 있게 자신을 온전히 드러낸 그녀는 경이로웠다.

물론 통제가 이따금 엇나가는 것은 대통령 선거운동에서 어쩔 수 없는 일이었다. 미셸은 위스콘신주 프라이머리 직전에 그 일을 겪었다. 연설 중에 그녀는 수많은 사람이 우리 캠페인에서 힘을 얻는 것에 대한 경외감을 이렇게 표현했다. "어른이 된 뒤 처음으로 내 나라가 정말 자랑스럽습니다. …… 국민들이 변화에 굶주렸다는 게 느껴지기 때문입니다."

즉석에서 내뱉은 몇 마디를 보수파 매체가 자르고 깎고 무기로 쓸 수 있음을 보여주는 개프의 교과서적 사례였다. 우리 나라가 나아가는 방향, 정치 참여가 급증하는 희망적 현상이 뿌듯하다는 취지로 이전 연설들에서도 여러 번 같은 얘기를 했지만, 이번에 말이 꼬여버린 것이었다. 대체로 우리 팀과 나의 잘못이었다. 나는 연설문 작성, 사전 준비, 브리핑 담당자가 늘 곁에 있어서 생각을 정리하고 요점을 파악할 수 있었지만, 미셸은 그런 지원 없이 투입되었다. 민간인을 방탄조끼도 입히지 않고 포화 속으로 밀어 넣은 격이었다.

하지만 이미 엎지른 물이었다. 기자들이 달려들어 미셸의 발언이 캠페인에 얼마나 타격을 줄지, 오바마 부부의 속내를 얼마나 드러낸 것인지 추측을 늘어놓았다. 나는 이 소동이 밖에서 벌어지는 더 크고 추악한 전략의 일부임을 알고 있었다. 우리에 대한 부정적인 묘사가 고의로 유포되어 천천히 쌓이고 있었는데, 이 전략은 고정관념으로 이미지를 만들어내고 두려움으로 불을 지펴, 이 나라의 가장 중요한 사안들을 흑인이 백악관에서 흑인 가족과 함께 결정할지도 모른다는 전반적 불안감을 부추기려 했다. 이 모든 일이 선거에 어떤 영향을 미칠지 우려스럽긴 했다. 하지만 그보다는 미셸이 얼마나 상처받았는지, 강인하고 지적이고 아름다운 내 아내가 얼마나 스스로를 의심하게 되었는지 보는 것이 더 고통스러웠다. 위스콘신에서 실수를 저지른 그녀는 내게 자신이 한 번도 스포트라이트를 받고 싶은 적이 없었음을 상기시켰고, 유세에 참여하여 득보다 실이 많다면 당장 집에 가겠다고 말했다. 나는 캠프에서 그녀에 대한 지원을 늘릴 것이라고 안심시키고 유권자들에겐 당신이 나보다 훨씬 설득력 있다고 고집했다. 하지만 뭐라 말해도 그녀의 기분은 나아지는 것 같지 않았다.

이 모든 감정 기복을 겪으면서도 우리의 캠페인은 계속 성장했다. 슈퍼 화요일에 들어설 즈음에는 조직 규모가 부쩍 커져, 소박한 스타트업 수준에서 더 탄탄하고 자금도 풍부한 기업으로 탈바꿈했다. 우리가 묵는 호텔 방은 조금 넓어졌고 동선은 더 매끄러워졌다. 처음에는 일반 항공기를 탔고, 나중에는 저가 전세기를 탔는데 여러 번 낭패를 겪었다. 한 조종사는 우리를 엉뚱한 도시에 한 번도 아니고 두 번이나 내려줬다. 또 다른 조종사는 비행기 배터리를 충전한다며 연장선을 공항 라운지에 있는 일반 콘센트에 꽂았다. (조종사의 실험이 실패하자 나는 안도의 한숨을 내쉬었다. 이 때문에 인근 도시에서 배터리를 트럭에 실어 가져다줄 때까지 두 시간을 기다려야 했지만.) 예산이 커지자 이제는 승무원, 기내식, 완전히 뒤로 젖혀지는 좌석을 완비한 전용기를 임차할 수 있었다.

하지만 새로운 성장에는 규칙, 규정, 절차, 위계가 따랐다. 운동원들이 전국을 통틀어 1000명 이상으로 늘자 간부급 팀원들이 캠프의 시끌벅적하고 소탈한 문화를 지키려고 최선을 다했지만 내가 일하는 사람들을 대부분 안다고 자부하던 시절은 지나갔다. 친밀감이 사라지자 하루에 만나는 사람들 중에서 나를 '버락'이라고 부르는 사람이 점점 줄었다. 나는 이제 '서sir' 아니면 '의원님'으로 불렸다. 내가 방에 들어가면 운동원들은 종종 의자에서 일어나 다른 데로 자리를 옮겼다. 내가 방해받지 않기를 바란다고 생각하는 것 같았다. 그냥 있으라고 해도 그들은 수줍게 미소 지으며 나직한 소리로 뭐라고 중얼거릴 뿐이었다.

나는 나이 먹은 느낌이 들었고 점차 외로워졌다.

방식이 특이하긴 했지만, 집회에 모인 청중에게서도 같은 느낌을 받았다. 청중은 한 번에 1만 5000명, 2만 명, 심지어 3만 명으로 불었고, 어디서든 사람들이 빨간색, 흰색, 파란색의 오바마 캠페인 로고를 셔츠와 모자와 오버올(위아래가 붙은 작업복_옮긴이)에 달고 몇 시간을 기다려 행사장에 입장했다. 우리 팀은 일종의 식전 의식을 만들어냈다. 레지, 마빈, 깁스 그리고 나는 직원 출입구나 하역장에서 하차하여 선발팀의 안내에 따라 통로와 뒷길을 통과했다. 대개 현지 조직가들을 만났고, 핵심 자원봉사자와 지지자 100여 명과 사진을 찍고 포옹과 입맞춤을 하고 소소한 부탁을 받았으며, 책, 잡지, 야구공, 출생 증명서, 징집 영장 등 온갖 물건에 사인했다. 그러고 나면 기자 한두 명과 인터뷰를 했고, 아이스티, 견과류 믹스, 단백질 바를 비롯하여 내가 지나가는 말로라도 먹고 싶다고 말한 적이 있는 모든 음식이 생존주의자 방공호처럼 잔뜩 채워진 대기실에서 점심을 때웠고, 휴식 시간에는 피부가 TV 화면에서 번들거리지 않도록 마빈이나 레지가 건네준 젤을 이마와 코에 발랐다. 영상 촬영 기사 한 명은 젤이 발암 물질이라고 주장했지만.

스탠드나 관람석 아래로 무대까지 걸어가는 동안에는 점점 커지는 군중의 함성을 들을 수 있었다. 안내 방송(이걸 '하느님의 음성'이라고 부른다고 들었다)을 위해 음향 엔지니어에게 큐 사인이 떨어지면, 내가 무대 뒤에서 조용히 듣는 동안 현지 인사가 나를 소개하고 "미국 차기 대통령"이라는 말이 들리고 록그룹 U2의 노래 〈시티 오브 블라인딩 라이츠City of Blinding Lights〉(눈멀게 하는 빛의 도시)가 귀청을 울린 뒤에, 재빨리 주먹 인사를 하거나 "힘내요, 보스"라는 말을 듣고서 커튼 사이로 무대에 올랐다.

이 도시 저 도시, 이 주 저 주 다니면서 하루에 두세 번씩 이 일을 했다. 참신함은 금세 바랬지만 집회의 순수한 에너지는 언제나 나를 놀라움으로 가득 채웠다. 기자들은 우리 집회를 '록 콘서트 같다'고 묘사했는데, 적어도 소음 면에서는 정확한 표현이었다. 하지만 나는 무대 위에서 다른 것을 느꼈다. 나는 청중을 상대로 솔로 공연을 하기보다는 거울이 되려고 애썼다. 내 역할은 미국인들에게—그들이 들려준 이야기들을 통해—그들이 진정 소중히 여기는 모든 것을, 그들이 뭉쳤을 때 얼마나 큰 힘을 낼 수 있는지를 상기시키는 것이었다.

연설이 끝나고 무대에서 내려와 통로 좌우의 청중과 악수를 하다 보면 사람들이 함성을 지르고 밀치고 붙잡는 경우가 있었다. 어떤 사람들은 울음을 터뜨리거나 내 얼굴을 만졌고, 내가 못 하게 해도 젊은 부모들은 아기를 안아달라며 우는 아기를 낯선 사람들의 손에서 손으로 맡겨 앞쪽으로 보내곤 했다. 그 흥분은 신났고 이따금 무척 감동적이었지만, 조금 불안하기도 했다. 어느 본질적 차원에서 사람들이 더는 **나**를, 갖은 기벽과 단점이 있는 나를 보는 게 아님을 깨달았다. 그들이 손에 넣은 것은 나의 닮은꼴이었고, 그들은 그 그릇에 저마다 다른 수백만 가지 꿈을 담았다. 우리 캠페인과 내가 만든 이미지가 거기에 못 미쳐 실망할 때가 오리라는 것을 나는 알고 있었다.

또한 지지자들이 나의 조각들을 실제보다 과장된 희망의 상징으로 빚을 수 있다면 비판자들의 모호한 두려움도 그에 못지않게 쉽사리 증오로 응축할 수 있음을 깨달았다. 나의 삶에서 가장 큰 변화는 이 심란한 진실에 대처하는 과정에서 일어났다.

나는 선거운동이 시작되기 몇 달 전인 2007년 5월부터 비밀경호국의 보호를 받게 되었는데, '레니게이드Renegade(변절자)'라는 코드명으로 24시간 경호원이 따라다녔다(키퍼 서덜랜드가 주연한 영화 〈레니게이드〉를 좋아한 오바마가 직접 고른 코드명이다_옮긴이). 일반적인 사례는 아니었다. 현직 부통령이 아니라면(또는 힐러리처럼 전직 퍼스트레이디가 아니라면), 후보들은 지명이 확실해지고서야 경호를 받았다. 나의 사례가 이례적으로 처리된 이유, 해리 리드와 베니 톰프슨 하원 국토안보위원회 위원장이 신속한 경호 조치를 공식적으로 요구한 이유는 분명했다. 나를 겨냥한 위협은 비밀경호국이 이제껏 듣도 보도 못한 수준이었다.

나의 개인 경호실장 제프 길버트는 인상적인 남자였다. 아프리카계 미국인으로 안경을 쓰고 태도가 서글서글하고 다정한 그는 《포춘》이 선정한 100대 기업의 중역이라고 해도 믿길 정도였다. 첫 면담에서 그는 내가 후보로서 대중과 자유롭게 교류해야 한다는 점을 이해한다면서 최대한 티가 안 나게 경호에 착수하고 싶다고 강조했다.

제프는 약속을 지켰다. 경호국이 행사를 못 하게 한 적은 없었고, 요원들은 존재감을 드러내지 않으려고 최선을 다했다(이를테면 야외 무대 앞에 장벽을 설치할 때는 금속제 자전거 거치대가 아니라 건초 더미를 이용했다). 대부분 40대였던 조별 지휘관은 전문가적이고 정중했으며 은근히 유머 감각이 있었다. 종종 우리는 비행기나 버스 뒷좌석에 앉아 서로의 스포츠 팀을 놀림감으로 삼거나 자녀들에 대해 이야기했다. 제프의 아들은 플로리다 대학교의 스타급 공격라인맨이었고, 우리는 NFL 드래프트 전망을 모니터링하기 시작했다. 레지와 마빈은 젊은 요원들과 죽이 맞아서 캠페인 업무가 끝나면 함께 술집에 갔다.

그럼에도 무장한 사람들이 내가 가는 곳마다 주위를 서성거리고 묵는 방마다 밖을 지키면서 일상이 완전히 달라졌다. 보안의 베일에 가려져 내가 보는 바깥세상의 모습이 달라지기 시작했다. 이제 나는 건물에 비상계단이 있으면 정문으로 걸어 들어가지 않았다. 호텔 체육관에서 운동하려고 하면 혹시나 있을지 모르는 저격범의 시선을 차단하기 위해 요원들이 먼저 창문을 천으로 덮었다. 시카고 집의 침실을 비롯하여 내가 자는 모든 방 내부에 방탄벽이 설치되었다. 혼자서는 어디서도 운전할 수 없었고 동네를 한 바퀴 도는 것조차도 금지되었다.

후보 지명이 가까워질수록 세상은 더욱 쪼그라들었다. 요원이 증원되었고 행동반경은 더 좁아졌다. '즉흥적'이라는 말은 내 사전에서 완전히 사라졌다. 식료품점에서 장을 보거나 인도에서 낯선 사람과 담소를 나누는 것은 불가능하거나 적어도 힘들었다.

어느 날은 마빈에게 이렇게 불평했다. "서커스 우리에서 춤추는 곰이 된 것 같아요."

주민 간담회, 인터뷰, 사진 촬영, 모금으로 꽉 짜인 빡빡한 일정에 돌아버릴 정도로 신물이 나 불쑥 자리를 박차고 일어날 때도 있었다. 맛있는 타코가 간절하거나 인근 야외 콘서트의 소리에 홀렸다. 그러면 요원들은 나를 놓치지 않으려고 부산하게 움직이며 손목에 달린 마이크에 "레니게이드 이동 중"이라고 속삭였다.

레지와 마빈은 약간 신이 난 듯 이렇게 외쳤다. "곰이 탈출했다!"

하지만 2008년 겨울이 되자 이런 돌발 외출은 점점 드물어졌다. 예측할 수 없게 행동하면 요원들이 더 힘들고 위험해진다는 것을 깨달았기 때문이었다. 어쨌거나 나를 알아보고서 금세 몰려드는 군중과 기자들은 말할 것도 없었고, 안절부절못하는 요원들에게 둘러싸인 채 먹는 타코는 생각만큼 맛이 없었다. 짬이 나면 내 방에서 시간을 보내는 일이 많아졌다. 책을 읽거나 카드놀이를 하거나 조용히 야구 경기를 시청했다.

곰은 포획 생활에 적응했고 사육사들은 한숨 돌렸다.


2월 말이 되자 우리는 일반 대의원 수에서 힐러리에게 압도적 우위를 차지했다. 이즈음, 언제나 판단에 신중을 기하는 플러프가 시카고에서 전화하여 나도 어느 정도 아는 사실을 이야기했다.

"앞으로 몇 주간 우리가 제대로만 하면 미국 대통령 민주당 후보 지명자가 될 거라고 장담할 수 있을 것 같아요."

전화를 끊고 나서 홀로 앉아 내가 무슨 감정을 느끼고 있는지 들여다보았다. 자부심을 느낀 것 같긴 하다. 산악인이 발아래 삐죽삐죽한 땅을 내려다보면서 문득 느낄 법한 만족감이었다. 하지만 대부분의 감정은 어떤 고요함이었다. 환희나 안도감은 없었다. 통치의 책임이 더는 아득한 가능성이 아니라는 생각에 마음이 진지해졌다. 액스, 플러프, 나는 캠페인 강령을 놓고 논쟁하는 일이 잦아졌다. 나는 모든 공약이 심사를 통과할 수 있어야 한다고 주장했다. 선거 기간에 공약을 방어해야 하기 때문이라기보다는(경험이 쌓이면서, 세제 개혁이나 환경 규제에 대한 계획에 다른 모든 사람이 주목하는 것은 아님을 깨달았다) 이 공약들을 실천해야 할지도 모르기 때문이었다.

미래를 구상하는 데 더 많은 시간을 할애하지 못한 이유는 내가 후보에 지명되리라는 것이 수학적으로 확실했는데도 힐러리가 포기하려 들지 않았기 때문이었다.

다른 사람이라면 일찌감치 포기했을 것이다. 그녀는 자금이 바닥나고 있었다. 그녀의 캠프는 혼란에 빠졌고 운동원들의 상호 비방전이 언론에 유출되었다. 이제 힐러리가 후보로 지명될 수 있는 유일한 기회는 8월 전당대회에 자신을 선택해달라고 슈퍼 대의원들(수백 명의 민주당 선출직 공직자와 당 내부자들로, 전당대회에서 투표권을 가지며 원하는 후보에게 투표할 수 있다)을 설득하는 것뿐이었다. 매달리기에는 너무 연약한 지푸라기였다. 힐러리는 슈퍼 대의원 경쟁에서 초반에 큰 격차로 앞서 나갔지만(그들은 전당대회 한참 전에 누구에게 투표할지 밝히는 관행이 있었다), 예비선거가 진행될수록 우리 쪽으로 돌아서는 사람이 늘었다.

그럼에도 힐러리는 열세를 감내한 채 꿋꿋이 밀고 나갔다. 목소리에는 절박감이 묻어났고, 노동자 계층의 관심사를 논의할 때나 미국 가정을 위해 최선을 다해 싸우겠다는 증거로 캠페인을 완주하겠다고 주장할 때면 더욱 절박하게 들렸다. 텍사스와 오하이오 프라이머리가 임박하고(두 주는 백인 노인층과 히스패닉 유권자들이 많은데, 그들은 힐러리를 지지하는 경향이 있었다) 7주 뒤에 펜실베이니아 프라이머리가 예정된 상황에서 힐러리는 경선을 전당대회장까지 끌고 갈 계획임을 분명히 했다.

플러프가 투덜거렸다. "그녀는 망할 놈의 뱀파이어 같아요. 도무지 죽질 않네요."

힐러리의 끈기는 존경할 만했지만 나의 연민은 거기까지였다. 존 매케인 상원의원은 조만간 공화당 후보로 지명될 예정이었는데, 민주당 예비선거가 두세 달 더 치열하게 전개되면 그는 11월 본선거의 기반을 훌쩍 앞서 닦을 터였다. 게다가 18개월 가까이 논스톱으로 선거운동을 치르면 우리 팀의 누구 하나 휴가다운 휴가를 누릴 수 없었다. 다들 기력이 소진하고 있었기에 이것은 심각한 문제였다.

우리가 캠페인에서 중대한 전술적 잘못을 저지른 이유는 이 때문이었는지도 모르겠다.

기대 수준을 현실적으로 낮춰 오하이오를 사실상 양보하고 텍사스에 집중해야 할 상황에서 우리는 케이오 펀치를 날려 두 곳 모두에서 승리를 노리기로 작정했다. 우리는 각 주에 막대한 자원을 투입했다. 일주일 동안 나는 댈러스에서 클리블랜드로, 휴스턴으로, 톨레도로 동분서주했다. 목소리가 갈라졌고 눈이 충혈되어 도무지 평화의 전령처럼 보이지 않았다.

우리의 노력은 여론조사에 얼마간 영향을 미쳤지만, 텍사스와 오하이오에서 힐러리가 이기면 판세를 근본적으로 뒤집을 수 있다는 클린턴 캠프의 주장에 신빙성을 더하는 꼴이 되고 말았다. 정치 언론들은 이번 프라이머리가 나에 대한 후보 지명 이전의 최종 점검이라는 판단 때문에, 또한 케이블 뉴스 시청률을 끌어올리는 노다지로 판명된 드라마를 계속 끌어가려는 열망 때문에 힐러리의 공격을 더욱 비중 있게 보도했다. 그중에는 내가 위기 시 '새벽 3시에 걸려오는 전화'에 대처할 준비가 되지 않았다고 주장하는 광고도 있었다. 결과적으로 우리는 오하이오(완패)와 텍사스(석패)에서 패배했다.

프라이머리가 끝나고 샌안토니오에서 시카고로 돌아가는 비행기에서 우리 팀은 내내 침울한 분위기였다. 미셸은 거의 한 마디도 하지 않았다. 플러프가 분위기를 띄워보려고 우리가 버몬트에서 이겼다고 발표했지만, 사람들은 어깨를 으쓱하는 것이 고작이었다. 우리 모두 죽어서 연옥에 가면 힐러리와 영원토록 토론하는 벌을 받을 거라고 누군가 농담했을 땐 아무도 웃지 않았다. 너무나 사실적으로 느껴졌기 때문이었다.

힐러리의 승리가 대의원 수를 의미 있게 바꾸지는 못했지만, 치열한 예비선거를 적어도 두 달 더 끌고 가기에 충분한 동력은 확보했다. 이번 결과로 그녀의 캠프는 기자들 사이에서 호응받던 주장을 뒷받침할 근거를 얻었다. 내가 백인 노동자 계층 유권자들의 마음을 얻지 못한다는 주장, 라틴계가 나에 대해 좋게 말해 미적지근하다는 주장, 이렇게 중요한 선거에서 이런 약점들 때문에 내가 민주당 후보 지명자로서는 매우 위태로울 수 있다는 주장이었다.

일주일이 지났을 뿐인데, 그들이 옳을지도 모른다는 생각이 들었다.

내가 우리 목회자 제러마이아 라이트 목사 문제로 고심한 것은 벌써 1년 전 일이었다. 하지만 3월 13일 아침 ABC 뉴스는 그의 몇 년치 설교에서 토막 영상들을 추려 〈굿 모닝 아메리카〉의 2분짜리 포맷에 맞게 교묘하게 짜맞췄다. 영상에서 라이트 목사는 미국을 "KKK의 미합중국"이라고 불렀다. "신이여 미국을 **축복하소서**가 아니라, 신이여 미국을 **저주하소서**라고 해야 합니다"라고 말하는 장면도 있었다. 라이트 목사는 미국의 과거 군사 개입과 해외에서의 불필요한 폭력이 어떤 측면에서 9.11 비극을 자초했음을 적나라하게 설명하고는 "미국의 닭이 홰를 치러 돌아왔다"('자업자득'을 뜻하는 관용 표현_옮긴이)라고 말했다. 영상에는 맥락이나 배경 역사가 전혀 제시되지 않았다. 흑인 극단주의를 이보다 더 생생하게 그릴 수는 없었고, 미들 아메리카(미국 농촌과 소도시의 중산층_옮긴이)를 공격하는 수술 도구로 이보다 더 효과적인 것은 없었다. 로저 에일스(폭스 뉴스 최고경영자였으나 성추행 고발을 당해 퇴출당했다_옮긴이) 악몽을 꾸는 것 같았다.

방송이 처음 나가고 몇 시간 지나지 않아 사방에서 동영상이 재생되었다. 우리 캠프는 어뢰에 선체가 날아간 심정이었다. 나는 성명을 발표하여, 동영상에서 표현된 정서를 강력히 비난하면서도 라이트 목사와 트리니티 교회가 시카고에서 벌인 모든 선행을 강조했다. 이튿날 신문사 두 곳의 편집국과 사전 계획된 면담에 참석한 다음 전국 TV 방송사와 잇따라 인터뷰했는데, 그때마다 동영상에서 표현된 견해를 비난했다. 하지만 어떤 발언으로도 피해를 수습할 수 없었다. 라이트 목사의 모습이 TV 화면을 도배했고 케이블 TV 대담이 쉼 없이 이어졌으며 플러프마저도 우리가 이겨내지 못할 수 있다고 인정했다.

훗날 액스와 플러프는 1년 전 《롤링 스톤》 기사가 보도되었을 때 조사원들에게 동영상을 입수하도록 하지 않은 것을 자책했다. 그랬다면 피해를 수습할 시간을 벌었을 것이다. 하지만 비난을 짊어져야 할 사람은 나였다. 물론 라이트 목사가 문제의 설교를 할 때 내가 교회에 간 적이 한 번도 없었고 그토록 선동적인 표현을 들은 적이 한 번도 없었을지는 모른다. 하지만 흑인 커뮤니티—나의 커뮤니티—안에서 이따금 분노가 터져 나왔고 라이트 목사가 그 분노를 부추겼음은 익히 알고 **있었다**. 미국에서 흑인과 백인 사이에 공통점이 아무리 많더라도 인종 문제를 바라보는 시각은 전혀 다르다는 것을 똑똑히 알고 있었다. 내가 두 세상을 연결할 수 있다고 믿은 것은 순전히 오만이었다. 라이트 목사처럼 복잡한 인물이 주도하는 트리니티 같은 복잡한 공동체를 내 맘에 드는 것만 취사선택하며 들락날락할 수 있다고 생각한 것도 마찬가지로 오만이었다. 시민 개인으로서는 그럴 수 있었을지 몰라도 대통령에 출마한 공인으로서는 그래서는 안 됐다.

어쨌든 이미 너무 늦었다. 삶과 마찬가지로 정치에서도, 후퇴가 아니라 회피가 진정한 용기인 순간들이 있는가 하면 굳게 마음먹고 전부를 거는 것이 유일한 선택지인 순간들이 있다.

플러프에게 말했다. "연설을 해야겠어요. 경선에 대해서요. 이 문제에 대처하는 유일한 방법은 정면 돌파예요. 사람들이 라이트 목사를 이해할 수 있는 맥락을 제시해야 해요. 며칠 안에 해내야 해요."

우리 팀은 회의적이었다. 앞으로 사흘은 행사로 꽉 차 있었기에, 결과적으로 캠페인에서 결정적인 연설이 될 그 연설에 할애할 시간이 없었다. 하지만 선택의 여지가 없었다. 토요일 밤, 인디애나에서 하루 종일 유세를 한 나는 시카고 집에 돌아가 한 시간 동안 패브스와 통화하며 그전에 구상해둔 논증을 구술했다. 나는 라이트 목사와 트리니티 교회가 어떻게 해서 미국의 인종적 유산을 대표적으로 보여주는지, 신앙과 노동, 가족과 공동체, 교육과 신분 상승의 가치를 실현한 기관과 개인들이 어떻게 해서 자신이 사랑한 나라에 여전히 원한을 품고 배신감을 느낄 수 있는지 서술하고 싶었다.

하지만 나는 그 이상을 해내야 했다. 그 이면을, 왜 백인 미국인들이 불의不義에 항의하는 흑인들의 목소리를 반대하고 심지어 적대시하는지 설명해야 했다. 어쩌면 백인들은 모든 백인이 인종주의자라는 선입견이 싫을 수도 있고 그들의 실질적 두려움과 하루하루의 투쟁이 폄하되는 현실에 불만을 느끼는 것일지도 모른다.

우리가 서로의 현실을 인식하지 못하면 미국이 당면한 문제들을 결코 해결할 수 없으리라고 주장할 생각이었다. 그런 인식이 어떤 의미를 가질 수 있는지에 대한 본보기로서, 첫 책에서 이야기했지만 정치 연설에서는 거론하지 않은 이야기를 들려줄 작정이었다. 나의 십 대 시절에 툿이 버스 정류장 걸인이 두렵다고 말한 적이 있는데, 그 이유가 단지 그가 집요해서가 아니라 흑인이었기 때문임을 알고서 나는 고통과 혼란을 경험했다. 하지만 그 일로 외할머니에 대한 사랑이 식지는 않았다. 그녀는 나의 일부였기 때문이다. 더 간접적이긴 하지만 마찬가지 방식으로 라이트 목사도 나의 일부였다.

그렇게 둘 다 미국이라는 가정의 일원이었다.

패브스와의 통화를 마무리하다 보니 툿과 라이트 목사가 만난 일이 떠올랐다. 내 결혼식에서였다. 라이트 목사는 우리 어머니와 외할머니를 포옹하며, 나를 길러내다니 얼마나 근사한 일이냐며 자랑스러워해야 마땅하다고 말했다. 툿은 이전에 좀처럼 짓지 않은 표정으로 미소 지으며 어머니에게 목사가 어쩌면 저렇게 매력적이냐고 속삭였다. 결혼식 중에 라이트 목사가 신혼부부의 의무를 설명하면서 툿이 어릴 적 감리교 교회에서 들었던 어떤 말보다 노골적으로 표현했을 때는 조금 거북해하기도 했지만.

패브스는 초고를 썼고 나는 이틀 밤 동안 늦도록 편집하고 수정하여 연설 당일 새벽 세 시에 드디어 완성했다. 필라델피아 국립헌법센터 대기실에서 마티, 밸러리, 에릭 휘터커, 거기다 액스, 플러프, 깁스가 나와 미셸에게 다가와 행운을 빌었다.

마티가 물었다. "기분이 어때요?"

나는 진심을 담아 말했다. "좋아요. 효과가 있다면 우리가 이 시련을 이겨낼 수 있을 것 같아요. 아니라면 패배하겠죠. 하지만 어느 쪽이든 내가 믿는 대로 말할 거예요."

효과가 있었다. 방송사들은 연설을 생중계했고, 24시간 안에 100만 명 이상이 인터넷에서 연설을 보았다. 당시에는 기록적인 수치였다. 전국의 정치 평론가와 칼럼 필자들도 호의적으로 논평했고, 강당에 있던 사람들의 반응을 보건대—마티의 볼에 굵은 눈물방울이 흘러내리는 장면이 사진에 찍혔다—심금을 울린 것 같았다.

하지만 가장 중요한 논평은 그날 저녁에 발표되었다. 하와이의 외할머니에게 전화를 걸었을 때였다.

그녀가 말했다. "무척 좋은 연설이더구나, 베어. 쉽지 않았다는 거 안다."

"고마워요, 툿."

"내가 널 자랑스러워하는 거 알지?"

내가 말했다. "알아요."

전화를 끊고 나서야 마음 놓고 울 수 있었다.


연설 덕분에 출혈은 멎었지만, 라이트 목사 사건에는 대가가 따랐다. 민주당 유권자들이 고령이고 더 보수적인 펜실베이니아에서는 더더욱 그랬다. 우리가 그대로 고꾸라지지 않은 것은 자원봉사자들의 노고, 4주 동안 광고를 내보낼 수 있게 해준 소액 기부자들의 후원, 기꺼이 지지를 표명하여 백인 노동자 계층의 저변을 넓혀준 펜실베이니아주의 주요 공직자들 덕분이었다. 그중에서도 으뜸은 펜실베이니아주 주지사의 아들로 태어난 상냥한 아일랜드 가톨릭 교도이자 나의 상원 동료 밥 케이시였다. 나를 지지해봐야 이로울 것이 별로 없었던—힐러리는 고른 지지를 얻고 있었고 펜실베이니아주 승리가 유력했다—그는 라이트 목사 동영상이 뉴스에 오를 때까지 지지 선언을 하지 않은 상태였다. 그럼에도, 내가 부담을 덜어주려고 연설 전에 전화를 걸어 상황이 달라졌으니 지지하지 않아도 괜찮다고 말했을 때 그는 소신을 굽히지 않겠다고 고집했다.

그는 세계 최정상 수준의 절제된 표현으로 말했다. "라이트 사태가 대단히 좋은 일은 아니에요. 하지만 당신이 적임자라는 생각에는 변함이 없어요."

밥은 품위와 용기를 발휘하여 자신의 지지 선언을 뒷받침했다. 일주일 넘도록 펜실베이니아를 누비며 내 곁에서 선거운동을 도와준 것이다. 천천히 우리의 여론조사 수치가 반등하기 시작했다. 승리를 기대할 수 없다는 것은 알았지만, 3~4퍼센트포인트까지는 격차를 좁힐 수 있다고 생각했다. 그런데 하필이면 바로 그때 캠페인 기간을 통틀어 최대의 실수를 저질렀다.

우리는 대규모 모금 행사를 위해 샌프란시스코로 날아갔다. 근사한 저택에서 열리며 사진을 찍으려고 길게 줄 선 사람들, 표고버섯 오르되브르, 부유한 후원자들이 등장하는, 내가 대체로 꺼리는 행사였다. 대부분 개개인으로는 훌륭하고 너그럽지만, 집단적으로는 '카페라테를 마시고 도요타 프리우스 자동차를 모는' 웨스트코스트 리버럴에 대한 통념에 꼭 들어맞았다. 저녁 늦게까지 행사에 참석하고 있었는데, 의무적으로 따라오는 질문 답변 시간에 누군가 이런 질문을 던졌다. 펜실베이니아의 수많은 노동자 계층 유권자들이 자신들의 이익에 반해 공화당 후보를 당선시키는 이유가 뭐라고 생각하느냐는 것이었다.

이런 질문은 천 번도 더 들었다. 평상시였다면 경제적 불안, 묵묵부답인 듯한 연방정부, 낙태 같은 사회적 이슈에 대한 정당한 견해 차이 등이 어우러져 유권자들이 공화당을 찍는다고 설명했을 것이다. 하지만 정신적으로나 신체적으로 기진맥진한 탓인지, 아니면 그저 조급증 탓인지 입에서 엉뚱한 대답이 튀어나왔다.

"펜실베이니아의 이 소도시들에 가보면 중서부의 많은 소도시와 마찬가지로 20년째 일자리가 자취를 감췄고 무엇도 사라진 일자리를 대체하지 못한 것을 볼 수 있습니다. 그곳들은 클린턴 행정부와 부시 행정부 내 내 몰락했고, 행정부마다 이 지역들이 회생할 것이라고 말했지만 그런 일은 일어나지 않았습니다."

여기까진 괜찮았다. 내가 이렇게 말하기 전까진.

"그러니 그들이 억울해하고, 자신의 좌절감을 설명하는 방법으로 총기 나 종교, 자신과 다른 사람들에 대한 적개심, 반이민 정서, 반무역 정서에 집착하는 것은 놀랄 일이 아닙니다."

내가 여기에 당시의 발언을 정확히 인용할 수 있는 이유는 청중 가운 데 있었던 프리랜서 작가가 내 말을 녹음했기 때문이다. 그녀는 이 답변 이 노동자 계층 백인 유권자들에 대한 일부 캘리포니아 주민의 부정적 고정관념을 부추길 위험이 있다고 생각했고, 그래서 '허핑턴 포스트' 블 로그에 올릴 글감이 된다고 판단했다. (그 결정을 존중하지만, 글을 쓰기 전 에 내게 얘기해줬으면 더 좋았을 것이다. 진보파 저술가들이 보수파 저술가들과 다른 점이 바로 이것이다. 그들은 자기 편 정치인들에게도 인정사정 봐주지 않는 다.)

나는 오늘날까지도 저 문장을 철회하고 몇 가지를 간단히 고치고 싶 다. 개정판에서는 이렇게 말할 것이다. "따라서 그들이 좌절하는 것은 놀 랄 일이 아닙니다. 그들은 삶에서 변함없는 상수이던 전통과 생활양식— 신앙이든 사냥이든 블루칼라 일자리이든 가족과 공동체에 대한 더 전통 적인 개념이든—에 의지합니다. 공화당이 그들에게 우리 민주당이 이것 들을 경멸한다고 말한다면—또는 정말로 우리가 이것들을 경멸한다고 믿을 빌미를 우리가 제공한다면—세상에서 가장 좋은 정책도 그들에게 는 의미가 없습니다."

이게 나의 신념이었다. 내가 일리노이 다운스테이트와 아이오와에서 농촌 백인 유권자들의 표를 얻은 것은 이 때문이었다. 낙태나 이민 같은 사안에 대해 의견이 달랐음에도 내가 기본적으로 그들을 존중하고 관심 을 기울인다는 것을 느꼈기 때문이었다. 여러 면에서 그들은 그날 밤 샌프란시스코에서 나의 연설을 들은 사람들보다 더 내게 친숙했다.

그래서 나는 허투루 선택한 단어들로 이루어진 이 구절을 아직까지도 곱씹는다. 언론과 클린턴 캠프에 다시 처음부터 두드려 맞게 되어서가 아니라―이것도 즐거운 일은 아니었지만―이 단어들이 아주 오래도록 살아남았기 때문이다. '억울해하다'나 '총기나 종교에 집착한다' 같은 구절은 팝송의 후렴구처럼 쉽게 기억되었고, 내가 취임하고 한참 뒤까지도 내가 노동자 계층 백인들을 이해하지 못하거나 그들에게 관심이 없다는 증거로 인용되었다. 내가 채택한 입장과 주창한 정책들에서 오히려 그 반대임을 일관되게 보여주었는데도 말이다.

어쩌면 내가 그날 밤의 결과를 과장하고 있는지도 모르겠다. 어쩌면 어차피 그렇게 될 일이었고 내가 괴로운 이유는 내가 일을 망쳤다는 사실, 오해받는 것을 좋아하지 않는다는 단순한 사실 때문인지도 모르겠다. 어쩌면 명백한 사실조차 조심스럽고 신중하게 발언해야 하는 데 부아가 났는지도 모르겠다. 미국 역사를 통틀어 정치인들이 경제적, 사회적 여건에 대한 백인들의 좌절감을 흑인과 황인에게 쏠리게 하는 일이 식은 죽 먹기였음을 부인하지 않고도 백인 유권자들의 좌절감을 이해하고 공감할 수 있다는 사실 말이다.

한 가지만은 분명하다. 그날 밤의 실수가 낳은 여파는 내가 할 수 있었을 어떤 것보다 훌륭한 답변을 샌프란시스코의 질문자에게 선사했다.


　　　　　　　　우리는 펜실베이니아 캠페인이 끝나는 날까지 비치적거렸다. 필라델피아에서의 마지막 토론회는 성조기 핀, 라이트 목사, '억울해하다'에 대한 질문으로만 채워지다시피 한 잔혹극이었다. 기고만장한 힐러리는 펜실베이니아주를 누비며 총기에 대한 권리에 뜬금없는 애정을 과시했다. 애니 오클리(미국의 여성 명사수_옮긴이). 내가 그녀에게 붙인 별명이었다. 우리는 9퍼센트포인트 차이로 졌다.

오하이오와 텍사스 프라이머리에서도 그랬듯 이번에도 우리는 대의원 수에서 우위를 유지했다. 하지만 제대로 한 방 맞았다는 것은 부정할 수 없었다. 정치권 내부 인사들은 다음 두 번의 대규모 경선(힐러리가 탄탄한 우위를 점하고 있던 인디애나주와 우리가 훌쩍 앞서고 있던 노스캐롤라이나주)에서 우리의 지지세가 더 깎여 나가면 슈퍼 대의원들이 겁에 질려 힐러리에게 후보 지명을 낚아챌 현실적 기회를 줄 수도 있다고 추측했다.

며칠 뒤 그런 목소리가 더욱 커졌을 때 제러마이아 라이트가 대중 앞에 모습을 드러내기로 결심했다.

동영상이 공개된 뒤 나는 그와 단 한 번 대화했다. 그의 발언을 얼마나 단호히 반대하는지 알려주기 위해서였지만, 그와 교회를 또 다른 여파로부터 보호하고 싶다고 말해주기 위해서이기도 했다. 자세한 내용은 생각나지 않는다. 통화가 고통스럽고 짧았으며 그의 질문이 상처로 가득했다는 것만 기억에 남아 있다. 그는 이렇게 물었다. "소위 기자들 중에서 설교를 끝까지 들어본 사람이 있을까요? 어떻게 제가 평생 동안 한 일을 취사선택하여 2분으로 편집할 수 있습니까?" 이 자부심 강한 남자가 자신을 변호하는 말을 들으면서 그가 느낀 당혹감의 크기를 가늠하기조차 힘들었다. 그는 미국 유수의 대학교와 신학교에서 앞다투어 찾는 연사였고, 지역사회의 기둥이었으며, 흑인 교회뿐 아니라 많은 백인 교회에서도 선각자였다. 그런 그가, 찰나처럼 느껴지는 순간에 전국적으로 두려움과 조롱의 대상이 되었다.

이 모든 것이 나와의 관계 때문임을 알기에 나는 지독한 죄책감에 빠졌다. 그는 자신이 선택하지 않은 투쟁에서 봉변을 당한 피해자였다. 그럼에도 나는 그의 상처를 치유해줄 방법이 전혀 없었다. 당분간 몸을 낮추고 폭풍이 지나갈 때까지 기다리라는, 현실적이지만 명백히 이기적인 조언을 하면서도 이것이 그에게 또 한 번 상처가 되리라는 것을 알고 있었다.

라이트 목사가 빌 모이어스의 시사 토크쇼에서 인터뷰하고 디트로이트 전미유색인지위향상협회 만찬에서 기조 연설을 하고 워싱턴 내셔널 프레스 클럽에서 연설한다는 계획이 발표되었을 때—모두 인디애나와 노스캐롤라이나 프라이머리를 목전에 둔 5월 초였다—나는 진심으로 최악을 예상했다. 다행히 앞선 두 행사는 점잖기로 유명해서, 라이트 목사는 선동가라기보다는 신학자와 설교자 대접을 받았다.

그러다가 내셔널 프레스 클럽에서 댐이 터졌다. 정치 언론들의 질문 폭격에 시달리고 자신의 대답이 소 귀에 경 읽기인 것에 부아가 치민 라이트 목사는 천막 부흥회에서처럼 요란한 몸짓과 정당한 분노로 이글거리는 눈빛으로 길이 남을 사자후를 토했다. 그는 미국이 뼛속까지 인종주의적이라고 단언했다. 미국 정부가 에이즈 유행의 배후에 있다고 주장했다. 이슬람국가 지도자 루이스 파라칸을 칭송했다. 자신을 향한 공격은 모두 인종주의적 동기에서 비롯되었고, 자신의 초기 발언에 대한 나의 비난은 당선을 위해 '정치인들이 하는 짓'이라고 치부했다.

마티는 훗날 이렇게 표현했다. "걸레를 물고 불속에 들어가더군요."

생방송을 놓친 나는 재방송을 보면서 무엇을 해야 하는지 깨달았다. 이튿날 오후에 노스캐롤라이나주 윈스턴세일럼의 한 고등학교 라커 룸 벤치에 깁스와 함께 앉은 나는 미식축구 유니폼의 퀴퀴한 냄새가 떠도는 가운데 녹색 벽을 쳐다보면서, 지금의 나를 만드는 데 작지만 의미 있는 역할을 한 사람과의 관계를 영영 단절할 기자회견 발표를 기다리고 있었다. 라이트 목사는 나를 전국 무대에 올려놓은 연설의 구호로 쓰인 말을 했고, 지금은 용납될 수 없는 약점이 있긴 했지만 내게 다정함과 지지만을 보여주었다.

깁스가 물었다. "괜찮겠어요?"

"그럼요."

"쉽지 않으리라는 거 알아요."

나는 깁스의 걱정에 감정이 북받쳐 고개를 끄덕였다. 우리 둘은 자신이 처한 압박을 인정하는 경우가 드물었다. 깁스는 첫째로 전사요, 둘째로 악동이었다. 길 위에서 우리는 대개 시시껄렁한 농담과 불경한 유머를 주고받았다. 하지만 앨라배마에서 자라서인지는 몰라도 그는 경쟁, 종교, 가족의 복잡한 성격에 대해 좋은 것과 나쁜 것, 사랑과 증오가 같은 심장 안에서 얼마나 속절없이 얽힐 수 있는지에 대해 대다수 사람보다 잘 이해했다.

나는 그에게 말했다. "있잖아요, 힐러리가 틀린 건지 잘 모르겠어요."

"뭐에 대해서요?"

내가 말했다. "내가 하자 있는 제품이라는 얘기 말이에요. 가끔 그런 생각을 해요. 이건 나의 야심을 이루기 위한 일이 되어서는 안 된다고요. 이 나라를 더 나은 곳으로 바꾸기 위한 것이어야죠. 미국인들이 라이트 사건을 넘어가지 못하고 내가 후보 지명전에서 고전하다 본선에서 패하면, 내가 무슨 유익을 행한 것이겠어요?"

깁스가 내 어깨에 손을 얹고 말했다. "지지 않을 거예요. 사람들은 진짜를 찾고 있어요. 당신 안에서 그걸 보았고요. 이 말썽거리를 털어버리고, 왜 당신이 대통령이 되어야 하는지 상기시키는 일로 돌아가자고요."

라이트 목사를 명백히 비난하고 나 자신을 그와 분리한 짧은 성명은 효과가 있었다. 유권자들의 우려를 완전히 잠재우지는 못했더라도 내가 이 문제에 대해 더는 할 얘기가 없음을 기자들에게 확신시키는 데는 성공했다. 유세 현장으로 돌아간 우리는 사태가 어떻게 전개될지 정확히 알지 못한 채 보건 의료, 일자리, 이라크 전쟁에 다시 집중했다.

그때 뜻밖의 도움이 찾아왔다.

2008년 봄 내내 유가가 솟구쳤는데, 대체로 여러 공급선이 붕괴한 탓이었다. 고유가만큼 유권자들의 기분을 상하게 하는 것은 없다. 이 문제에서 선수를 치고 싶었던 존 매케인은 연방 유류세를 일시적으로 유예하자고 제안했다. 힐러리가 냉큼 그 제안에 동조하자 우리 팀은 내게 어떻게 하고 싶냐고 물었다.

나는 반대한다고 말했다. 당장은 솔깃할지 몰라도 이미 감소된 연방 고속도로 예산이 고갈되어 인프라 사업과 일자리가 더 줄어들리라는 것을 알기 때문이었다. 일리노이 주상원에서 비슷한 제안에 투표한 경험을 바탕으로 나는 소비자들에게 돌아가는 혜택이 크지 않다고 확신했다. 사실 주유소 주인들이 갤런당 3센트의 비용 절감을 운전자에게 돌아가게 하기보다는 가격을 인하하지 않고 이익을 독차지할 가능성이 있었다.

다소 놀랍게도 플러프와 액스는 내 의견에 동의했다. 사실 액스는 내 반대 의견을 내가 유권자들에게 솔직하다는 증거로 부각하자고 제안했다. 이튿날 나는 주유소 바깥에 서서 한 무리의 기자들에게 내가 생각하기에 진지하고 장기적인 정책을 매케인과 힐러리가 제안하는 전형적인 워싱턴식 해법과 대비하여 주장을 펼쳤다. 어떤 면에서 두 사람의 제안은 실제로 문제를 해결하지는 않으면서 행동하는 시늉만 하려는 정치적 제스처라고 나는 말했다. 이후 힐러리와 매케인이 나를 현실과 동떨어진 사람으로, 몇백 달러가 미국의 노동 계층 가정에 어떤 의미인지 상관하지 않는 사람으로 이미지를 덧칠하려 하자 우리는 한술 더 떠서 이 문제에 대한 TV 광고를 제작하여 인디애나주와 노스캐롤라이나주 전역에 쉬지 않고 내보냈다.

여론조사에 전전긍긍하지 않고, 우리가 미쳤다고 생각하는 전문가들의 면전에서 단호한 입장을 고수한 뿌듯한 순간 중 하나였다. 여론조사에서는 유권자들이 우리 주장에 호응한다는 신호가 보이기 시작했으나, 이제 우리는—플러프마저도—데이터를 온전히 신뢰하지 않았다. 조직 검사 결과를 기다리는 환자처럼 우리 캠프는 나쁜 결과를 늘 염두에 두고 있었다.

프라이머리 전날 밤 우리는 인디애나폴리스에서 스티비 원더의 공연과 함께 저녁 집회를 개최했다. 내 연설이 끝나고 밸러리, 마티, 에릭, 나는 작은 방에 처박혀 음악을 들으며 맥주와 차가운 닭고기로 저녁을 먹었다.

우리는 사색적인 분위기에 젖어 아이오와의 기쁨과 뉴햄프셔의 상심을, 자원봉사자들과 새로 사귄 친구들을 회상했다. 누군가 라이트 목사의 내셔널 프레스 클럽 연설을 입에 올리자 마티와 에릭은 앞서거니 뒤서거니 더 독한 대사를 내뱉었다. 그것이 탈진의 징후였는지, 이튿날 투표에 대한 초조함 때문이었는지, 우리가 처한 상황—시카고 사우스사이드의 아프리카계 미국인인 오랜 친구 넷이 닭고기를 먹고 스티비 원더 음악을 들으며 우리 중 하나가 미국 대통령 민주당 후보 지명자가 될지 지켜보는 것—이 얼마나 터무니없는지 깨달았기 때문이었는지 모르겠지만, 우리 모두 웃음이 터져 나와 멈출 수 없었다. 눈물이 나오고 의자에서 떨어질 만큼 깊은 웃음, 절망감의 친척과도 같은 웃음이었다.

그때 액스가 어느 때보다 비참한 표정으로 걸어 들어왔다.

여전히 웃음에 겨워 숨을 고르지 못한 채 내가 말했다. "무슨 일이에요?"

액스가 고개를 저었다. "방금 오늘 밤 지지율 결과를 받았는데요……. 인디애나에서 12퍼센트포인트 하락했어요. 아무래도 이겨낼 수 있을 것 같지 않아요."

잠시 다들 침묵에 빠졌다. 그러다 내가 말했다. "액스, 사랑해요. 하지만 당신은 산통 깨는 데 선수예요. 술병 들고 우리 옆에 앉든지 여기서 꺼져버려요."

액스는 어깨를 으쓱하더니 방에서 나갔다. 근심도 함께 가져갔다. 나는 친구들을 둘러보면서 맥주를 들어 건배했다.

내가 말했다. "담대한 희망을 위해." 우리는 병을 부딪치며 아까처럼 왁자하게 웃었다.


24시간 뒤 롤리의 호텔 방에서 깁스가 선거 결과를 읽어주었다. 우리는 노스캐롤라이나주에서 14퍼센트포인트 차로 승리했다. 더 놀라운 사실은 인디애나주에서 고작 몇천 표 차이로 패배하여 사실상 비겼다는 것이다. 민주당 예비선거가 공식적으로 끝나기까지는 경선을 여섯 번 더 치러야 했고, 힐러리가 때늦었지만 품위 있는 승복 연설과 지지 선언을 하려면 몇 주가 더 지나야 했지만, 그날 밤의 결과로 경주는 사실상 끝났다.

나는 미국 대통령 민주당 후보 지명자가 될 터였다.

그날 밤 연설에서 나는 본선거를 향해 방향을 전환하기 시작했다. 1분도 낭비할 시간이 없었다. 나는 존 매케인이 조지 W. 부시의 유산을 계승하지 못하도록 막기 위해 민주당이 단합하리라 확신한다고 청중에게 말했다. 러닝메이트 후보에 관해 액스와 잠시 이야기한 후 툿에게 전화하여 소식을 알렸다. (그녀가 말했다. "정말로 대단한 일이구나, 베어.") 자정을 훌쩍 넘긴 시각에 시카고 본부에 있는 플러프에게 전화했다. 우리 둘은 3개월도 채 남지 않은 전당대회를 준비하는 데 필요한 것들을 점검했다.

그러고 나서 침대에 누웠는데, 잠이 오지 않아 말없이 사람들을 떠올렸다. 미셸을 생각했다. 그녀는 나의 부재를 참아주었고 가정 전선을 지켰으며 정치에 대한 거부감을 내려놓고 유능하고 용감하게 유세에 참가했다. 딸들을 생각했다. 일주일간 보지 못해도 늘 생기 넘치고 안아주고 싶고 매력적인 아이들. 액스와 플러프, 다른 고위급 팀원들의 역량과 집중력을 생각했다. 그들은 돈이나 권력을 위해 일한다는 인상을 풍기지 않았고 무지막지한 압박 앞에서 나에게, 서로에게뿐 아니라 미국을 더 나은 나라로 만든다는 이상에 대해서도 충성심을 입증했다. 밸러리, 마티, 에릭 같은 친구들을 생각했다. 그들은 나의 기쁨을 함께 나누고 매 걸음마다 나의 짐을 가볍게 해주었으며 한 번도 대가를 요구하지 않았다. 그리고 궂은 날씨와 회의적인 유권자, 자기네 후보의 헛발질에도 흔들림 없이 용감하게 대처한 젊은 조직가와 자원봉사자들을 생각했다.

나는 젊고 검증되지 않은 신참을, 흑인일 뿐 아니라 이름 자체에서 낯선 인생사가 연상되는 사람을 믿어달라는 힘든 일을 미국 국민에게 요구했다. 나는 나를 지지하지 말아야 할 이유를 거듭거듭 그들에게 내놓았다. 들쭉날쭉한 토론회 성적, 생경한 입장, 어설픈 개프, 미합중국을 저주한 목사 등 한두 가지가 아니었다. 게다가 내가 상대한 적수는 준비와 패기가 검증된 인물이었다.

이 모든 것에도 불구하고 그들은 기회를 줬다. 정치 서커스의 소음과 잡담을 뚫고 그들은 뭔가 다른 것을 이야기하는 나의 외침을 들었다. 내가 늘 최상이었던 것은 아니지만 그들은 내 안에 있는 최상의 것을 알아봐주었다. 그것은 우리가 저마다 다르지만 하나의 국민으로 묶여 있다고, 선의를 지닌 사람들이 뭉치면 더 나은 미래를 향하는 길을 찾을 수 있다고 주장하는 목소리였다.

나는 그들을 실망시키지 않겠노라고 다짐했다.

# 8장

          2008년 여름을 맞이한 우리 캠프의 최우선 과제는 민주당을 단합시키는 일이었다. 질질 끌면서 양편에 상처를 입힌 예비선거는 힐러리 운동원들과 내 운동원들 사이에 앙금을 남겼고, 그녀의 열혈 지지자 일부는 내가 그녀를 러닝메이트로 지명하지 않으면 지지를 철회하겠다고 협박했다.

    언론은 우리의 불화가 회복 불가능하다고 추측했다. 6월 초 동료 상원의원 다이앤 파인스타인의 워싱턴 자택에서 예비선거 이후 처음 만난 우리는 긴장이 없진 않았지만 정중하고 현실적이었다. 처음에 힐러리는 가슴에 맺힌 몇 가지를 풀어야겠다고 느꼈다. 대부분은 (자신이 생각하기에) 우리 캠프의 부당한 공격에 대한 것이었다. 나는 승자로서 나 자신의 불만은 묻어두어야 한다고 생각했다. 앙금은 금방 걷혔다. 그녀는 민주당과 이 나라를 위해 자신이 팀 플레이어가 되고 싶다는 것이 핵심이라고 말했다.

    그녀가 나의 진실한 존경심을 감지한 것도 보탬이 되었을 것이다. 그녀를 러닝메이트로 지명하는 데는 변수가 너무 많다고 결국 판단했지만 —남편인 전직 대통령이 뚜렷한 직책도 없이 웨스트 윙을 서성거리는 모습이 얼마나 어색할지는 차치하더라도— 나는 이미 오바마 행정부에서 그녀에게 맡길 다른 역할을 고민하고 있었다. 힐러리가 나를 어떻게 느낄지는 장담할 수 없었다. 하지만 앞으로의 직무에 내가 준비되었는지를 얼마나 의심했든, 그녀는 전혀 내색하지 않았다. 몇 주 뒤 뉴햄프셔주의 작은 타운 유니티에서 처음으로 벌인 공식 합동 유세로부터(촌스럽지만 효과적이었다) 캠페인이 완전히 끝날 때까지 그녀와 빌은 우리가 부탁한 모든 일을 활력과 미소로 해냈다.

힐러리가 합류하면서 우리 팀과 나는 확대된 선거 전략을 구상하느라 여념이 없었다. 프라이머리와 코커스가 그렇듯 대통령 본선거는 복잡한 수학 퍼즐을 닮았다. 당선에 필요한 270장의 선거인단 표를 따내려면 주州의 어떤 조합에서 승리해야 할까? 적어도 20년간 양당 후보들은 같은 답을 내놓았다. 대다수 주는 공화당 아니면 민주당 텃밭이라고 가정하고 오하이오, 플로리다, 펜실베이니아, 미시간 같은 몇몇 대형 격전주에 시간과 자금을 쏟아붓는 것이다.

플러프의 생각은 달랐다. 끝없던 예비선거에서 우리가 거둔 행운의 부산물 중 하나는 미국의 모든 구석구석에서 선거운동을 벌였다는 것이다. 우리는 민주당이 그동안 간과한 여러 주에 자원봉사자들을 투입하여 실전 테스트를 마쳤다. 전통적으로 공화당이 우세한 지역에서 경쟁하는 일에 그 우위를 활용하지 못할 이유가 어디 있겠는가? 데이터를 바탕으로 플러프는 우리가 콜로라도와 네바다 같은 서부 주에서 승리할 수 있다고 확신했다. 소수자와 청년 유권자의 투표율을 부쩍 끌어올리면, 1976년 지미 카터 이후 대통령 선거에서 한 번도 민주당 손을 들어주지 않은 노스캐롤라이나주와 1964년 린든 존슨 이후 한 번도 민주당 편에 서지 않은 버지니아주에서도 기회가 있으리라 믿었다. 선거 지도를 확대하면 승리에 이르는 길이 다양해지고 대통령 선거와 동시에 출마하는 민주당 후보들에게도 도움이 되리라는 것이 플러프의 주장이었다. 최소한 존 매케인과 공화당으로 하여금 취약한 옆구리를 방어하느라 자원을 쓰도록 몰아세울 수 있을 터였다.

나는 언제나 대통령 후보 지명을 놓고 경쟁한 여러 공화당원 중 존 매케인이 가장 훌륭한 자격을 갖췄다고 생각했다. 워싱턴에 들어가기 훨씬 전부터 그를 흠모했다. 해군 조종사 경력과 5년 반의 비참한 전쟁 포로 시기에 보여준 상상할 수 없는 용기 때문만이 아니라 2000년 대통령 선거에서 보았듯 이민과 기후변화 같은 문제에서 공화당 당론에 반대하는 반항아적 감수성과 의지력 때문이기도 했다. 우리는 상원에서 가까운 사이는 아니었지만, 그가 사려 깊고 겸손하며 복도 양편의 가식과 위선을 타파하는 데 주저하지 않는다는 것을 종종 알 수 있었다.

매케인은 기자단의 호감을 반겼고(한번은 그들을 '주민 여러분'이라고 부르기도 했다), 일요일 아침 뉴스쇼에 나갈 기회를 결코 흘려보내지 않았으며, 동료들 사이에서 다혈질로 평판이 자자했다. 사소한 의견 차이에도 폭발하여 헬쑥한 얼굴이 붉어졌고, 새된 목소리는 모욕의 기미만 보여도 톤이 높아졌다. 하지만 그는 공화당의 이데올로그는 아니었다. 상원의 관습뿐 아니라 정부와 민주주의의 제도를 존중했다. 공화당 정치인들의 고질병인 인종주의적 이민족 배척 정서는 찾아볼 수 없었고, 진짜 정치적 용기를 발휘하는 모습도 여러 번 보여주었다.

한번은 우리 둘이 투표 차례를 기다리며 상원 의사당 중앙에 서 있는데 존이 자기 당의 여러 '미치광이들'을 참을 수 없다고 내게 실토했다. 이것이 그의 재능 중 하나임은 알고 있었다. 개인적으로는 민주당의 감수성에 맞장구치다가도 투표에서는 당론을 따르는 경우가 90퍼센트였으니 말이다. 하지만 공화당 극우에 대한 그의 경멸은 연기가 아니었다. 정치계의 성전聖戰이라고 할 만큼 점차 양극화되는 분위기 속에서 매케인의 온건한 이단 사상, 참된 신앙의 고백을 꺼리는 태도에는 혹독한 대가가 따랐다. 그의 당에 있는 '미치광이들'은 그를 불신했고, 라이노RINO(무 늬만 공화당Republican in Name Only)라고 불렀다. 러시 림보(보수주의 방송인이자 정치 평론가_옮긴이) 추종자들은 그를 뻔질나게 공격했다.

매케인에게는 애석하게도, 대통령 예비선거에서 투표할 가능성이 가장 큰 골수 공화당 유권자들을 움직이는 것은 바로 이 강성 우파의 목소리였지 그가 목표로 삼고 가장 편안해하는 친기업적이고 국방에 단호하고 사회적으로 중도적인 공화당원들이 아니었다. 공화당 예비선거가 진척되고 매케인이 스스로 경멸한다고 공언한 바로 그 사람들의 마음을 얻으려 들면서—재정적 강직함의 허울마저 벗어버린 채 자신이 한때 반대표를 던진 부시의 감세 조치보다 더 큰 감세 조치에 찬성했고, 기후변화에 대한 입장을 얼버무린 채 화석연료 업계의 이익을 대변했다—나는 그가 변하고 있음을 감지했다. 그는 고뇌하는 듯했으며 우유부단해 보였다. 한때 의기양양하고 불손한 전사였지만 변덕스러운 워싱턴 내부자로 탈바꿈했고, 약 30퍼센트의 지지율에 머물며 지독히 인기 없는 전쟁을 벌이는 현직 대통령의 올가미에 매여 있었다.

2000년 버전 존 매케인을 상대로는 이길 자신이 없었지만, 2008년의 매케인에게는 이길 수 있겠다는 자신감이 점점 커졌다.


그렇다고 해서 선거가 수월하리라고 생각하지는 않았다. 미국의 영웅과 맞서는 이번 선거를 좌우하는 요소는 이슈만이 아니었다. 우리가 짐작하기로 핵심적 질문은 젊고 경험이 일천하며 군 복무를 한 적도 없고 행정 업무조차 맡아본 적 없는 아프리카계 미국인 상원의원이 최고사령관 역할을 감당한다는 생각을 유권자 대다수가 흔쾌히 받아들일 수 있느냐였다.

이 분야에서 미국인들의 신뢰를 얻으려면 (무엇보다 이라크와 아프가니스탄에서 미국이 어떤 역할을 해야 하는가에 대해) 최대한 사안을 꿰뚫고 있어야 했다. 후보 지명을 고작 몇 주 앞두고 아흐레 동안 해외 순방을 떠나기로 결정한 것은 이 때문이었다. 계획된 일정은 강행군이었다. 쿠웨이트에 잠시 들렀다가 아프가니스탄과 이라크에서 사흘간 머무는 것 외에도 이스라엘, 요르단, 영국, 프랑스의 지도자들을 만나고 베를린에서 중요한 외교정책 관련 연설을 할 예정이었다. 순방을 잘 소화하면 세계 무대에서 유능하게 활동할 수 있는 역량에 대한 유권자들의 우려를 불식할 수 있을 뿐 아니라—부시 시절에 삐걱거린 동맹국들과의 관계에 유권자들이 깊이 우려하는 상황에서—새 시대에 걸맞은 미국의 지도력이 어떤 모습인지 부각할 수 있을 터였다.

물론 정치 언론이 나의 일거수일투족을 감시할 테니 문제가 생길 가능성은 얼마든지 있었다. 실수 하나만 저질러도, 내가 프라임타임을 장식할 준비가 되지 않았다는 인상을 부추기고 캠페인을 망칠 우려가 있었다. 하지만 우리 팀은 위험을 감수할 만한 가치가 있다고 판단했다.

플러프가 말했다. "그물 없이 줄타기하는 것, 그게 우리가 가장 잘하는 거죠."

나는 위태롭게 허공에 매달려 있는 것은 '우리'가 아니라 나라고 꼬집었다. 그럼에도 워싱턴을 떠난다니 즐거웠다. 1년 반 동안 선거운동에 매달리다 해외여행을 하게 되어 기분이 들떴다.

아프가니스탄과 이라크 일정에는 내가 좋아하는 동료 두 명이 합류했는데, 둘 다 외교정책에 잔뼈가 굵었다. 척 헤이글은 상원 외교위원회 간사였고 잭 리드는 군사위원회 위원이었다. 두 사람은 성격이 판이하게 달랐다. 로드아일랜드 출신의 진보파 민주당원 잭은 체구가 아담하고 학구적이고 겸손했다. 자랑스러운 웨스트포인트 사관학교 졸업생이면서도, 이라크 전쟁 승인에 반대표를 던진 소수의 상원의원 중 하나였다. 네브래스카 출신의 보수파 공화당원 척은 어깨가 넓고 활달하고 서글서글했다. 상이군인훈장을 두 번 받은 베트남전 참전 용사로, 이라크 전쟁에는 찬성표를 던졌다. 둘에게는 공통점도 있었는데, 미국 군대에 대한 한결같은 존경심과 미국의 힘을 신중하게 써야 한다는 믿음이었다. 전쟁이 발발한 지 6년이 되어가는 지금, 이라크 전쟁에 대한 둘의 견해는 하나로 합쳐졌고, 두 사람은 누구보다 예리하고 설득력 있게 전쟁을 비판했다. 그들이 당을 초월하여 합류한 덕에 이번 순방이 캠페인용 쇼라는 비판을 피할 수 있었다. 척은 선거를 고작 넉 달 앞두고 기꺼이 동행했을 뿐 아니라 대담하고 너그럽게도 나의 외교정책을 공개적으로 칭찬했다.

7월 중순 어느 토요일, 바그람 공군 기지에 착륙했다. 힌두쿠시 산맥의 뾰족뾰족한 봉우리를 배경으로 카불 북쪽에 들어선 15제곱킬로미터 규모의 이 시설은 아프가니스탄 최대의 미군 기지였다. 상황은 호락호락하지 않았다. 이라크가 무너진 뒤 종파 간 폭력이 빈발하자 부시 행정부가 이라크 주둔 병력을 지속적으로 증강한 탓에 아프가니스탄의 군사, 정보 역량이 빠져나갔다(2008년 현재 이라크 주둔 병력은 아프가니스탄의 다섯 배에 달했다). 초점이 이동한 탓에 탈레반(2001년부터 우리와 싸움을 벌이던 수니파 이슬람 반란 세력)이 계속 공세를 취할 수 있게 되었고, 그해 여름 아프가니스탄의 월간 미국 사상자는 이라크를 앞질렀다.

여느 때처럼 우리 군은 힘든 상황에서도 최선을 다하고 있었다. 새로 임명된 연합군 사령관 데이브(데이비드) 매키어넌 대장은 탈레반 본거지에 역공을 취하기 위한 조치들에 관해 우리에게 브리핑했다. 이튿날 카불의 미국 연합군 사령부 식당에서 저녁을 먹으면서 우리는 한 무리의 군인들이 열정과 자부심을 내뿜으며 임무를 설명하는 것을 들었다. 대부분 고등학교를 졸업한 지 몇 년 지나지 않은 이 성실한 젊은이들이 도로를 건설하고 아프가니스탄 병사들을 훈련하고 학교를 짓다가 인력이나 자원이 부족하여 곧잘 임무가 중단되거나 취소된다고 말하는 것을 듣고 있자니 초라한 기분과 좌절감이 동시에 들었다. 나는 기회가 주어진다면 그들을 더 많이 지원하겠노라 다짐했다.

그날 밤 중무장한 미국 대사관에서 자고 이튿날 아침 하미드 카르자이 대통령이 거주하는 웅장한 19세기 궁전으로 이동했다. 1970년대에 카불은 여느 개발도상국 수도와 다르지 않았고, 곳곳이 허름하기는 했지만 평화롭게 성장하고 있었으며, 근사한 호텔, 록 음악, 조국 근대화를 바라는 대학생들로 가득했다. 카르자이 내각은 그 시대의 산물이었으나, 1979년에 시작된 소련의 침공 기간이나 탈레반이 정권을 잡은 1990년대 중반에 많은 사람이 유럽이나 미국으로 피신했다. 카불을 공격한 미국은 역량 있는 망명객들이 새로운 민간 질서를 상징하는 아프가니스탄의 얼굴 역할을 하리라고 기대하며 카르자이와 그의 자문들을 불러들여 권좌에 앉혔다. 흠잡을 데 없는 영어 실력과 맵시 좋은 옷차림은 그들의 역할에 어울렸다. 우리 대표단이 연회에 참석하여 아프간 전통 음식을 맛보는 동안 그들은 미군과 현금이 계속 흘러든다면 현대적이고 관용적이고 자립적인 아프가니스탄을 건설할 수 있다며 우리를 설득하려고 안간힘을 썼다.

카르자이 정부에 만연한 부패와 관리 부실에 대한 보고서를 읽지 않았다면 그 말을 믿었을지도 모르겠다. 아프간 시골 지역은 대부분 카불의 통제권 밖이었고, 카르자이는 위험을 무릅쓰지 않고 그나마 가진 권력을 지키기 위해 미군뿐 아니라 현지 군벌들의 엉성한 연합체에 의존했다. 그날 블랙호크 헬리콥터 두 대를 타고 아프가니스탄 남부 고원 헬만드 근처의 미군 전방작전기지를 향해 산악 지형 위로 날아가는 동안, 그가 고립된 것 같다는 생각이 들었다. 공중에서 내려다보니 흙과 나무로 지어진 작은 마을들은 칙칙한 암석 지대와 구분되지 않았다. 포장도로나 전깃줄은 거의 보이지 않았다. 저 아래 있는 사람들이 자기네 가운데 있는 미국인들을, 호화로운 궁전에 있는 대통령을, 심지어 아프가니스탄이라고 불리는 국민국가 개념을 뭐라고 생각할지 상상해보았다. 별 생각이 없을 것 같았다. 그들은 바람처럼 끊임없고 예측 불가능한 힘에 휘둘리며 근근이 살아가고 있었다. 아프가니스탄의 미래에 대한 미국의 구상과 수백 년이 지나도록 변화를 거부하는 지형을 조화시키려면 무엇이 필요할지 생각했다. 워싱턴 전략가들이 세운 최상의 계획에도 불구하고 우리 군대의 용기와 역량만으로는 역부족이었다.

아프가니스탄을 떠나 쿠웨이트에서 하룻밤을 보내고 이라크로 향하는 동안 이런 생각이 머릿속에서 떠나지 않았다. 내가 이라크를 마지막으로 방문한 이후 추세는 호전되었다. 미군 병력이 늘었고, 시아파인 누리 카말 알말리키 총리의 당선이 국제적으로 승인되었으며, 미국이 중재한 서부 안바르 지역의 수니파 부족 지도자들과의 협상 덕분에 애초 미국의 침공과 도널드 럼즈펠드와 폴 브리머 같은 자들의 뒤이은 실책으로 벌어진 부족 간 대학살도 진정되었다. 존 매케인은 최근의 성과를 미국이 싸움에서 이기고 있으며 현상을 유지하면 계속 성공을 거두리라는 의미로 해석했고, 공화당이 즐겨 쓰는 구닥다리 비책에 따라 "현장의 우리 지휘관들에게 귀를 기울였다".

내 결론은 달랐다. 미국이 깊숙이 개입하고 사담 후세인이 사망하고 대량살상무기의 흔적이 전무하고 민주적으로 선출된 정부가 들어선 지 5년이 지났으니 이제 단계적 철군이 필요한 시점이었다. 그러면 이라크 안보군을 자립시키고 알카에다 이라크 지부의 마지막 잔재를 청소하며, 지속적 군사, 정보, 자금 지원을 보장하고, 이라크를 자국민에게 돌려줄 수 있도록 우리 군대의 복귀를 개시하는 데 필요한 시간을 벌 수 있을 터였다.

아프가니스탄에서처럼 우리는 군을 둘러보고 안바르 전방작전기지를 방문할 기회를 얻었으며, 이후 알말리키 총리를 예방했다. 완고한 인물인 그는 길쭉한 얼굴, 거뭇거뭇한 수염, 시선을 피하는 모습이 어딘지 닉슨을 닮았다. 새 임무가 까다로운 동시에 위험했기에 스트레스를 받을 만도 했다. 그는 자신을 당선시킨 국내 시아파 세력의 요구와 사담 치하의 이라크를 지배한 수니파의 요구 사이에서 균형을 맞추려 애썼다. 미국 후원자들과 이란 인사들의 상충하는 압박도 조율해야 했다. 사실 알말리키는 여러 해 망명 생활을 하는 동안 이란과 관계를 맺었고 일부 시아파 민병대와 불안스러운 연합을 형성했기에 사우디아라비아를 비롯한 페르시아만 지역의 미국 동맹국들은 그를 적대시했다. 그런 점에서 미국의 침공은 해당 지역에서 이란의 전략적 입지만 강화한 꼴이었다.

부시 백악관에서 미군의 이라크 파병을 명령하기 전에 이런 예측 가능한 결과를 거론한 사람이 하나라도 있었는지는 불분명하다. 하지만 이제 행정부가 골머리를 썩이고 있는 것은 분명했다. 여러 고위급 장성 및 외교관과 대화를 나눠보니 백악관이 이라크에 대규모 병력을 유지하는 이유는 단순히 안정을 확보하고 폭력을 줄이겠다는 바람 때문이 아님을 똑똑히 알 수 있었다. 그것은 우리가 저지른 실수를 이란이 활용하지 못하게 하기 위해서이기도 했다.

이 사안은 의회와 선거운동에서 외교정책의 주된 논쟁거리였기에 나는 통역사를 통해 알말리키에게 이라크가 미군 철수를 감당할 준비가 되었는지 물었다. 그의 분명한 대답은 우리 모두를 놀라게 했다. 그는 미국과 영국 군대의 노력에 깊이 감사하고 미국이 이라크군의 훈련과 유지에 계속 자금을 지원해주기를 바랐지만, 미군 철수에 관한 시한을 정해야 한다는 데는 나와 의견이 같았다.

알말리키가 미군의 조기 철수를 추진하기로 결정한 배경이 무엇인지는 불확실했다. 단순한 민족주의였을까? 친이란 정서 때문이었을까? 권력을 공고히 하려는 행보였을까? 하지만 미국에서 벌어지는 정치 논쟁의 맥락에서 보면 알말리키의 입장에는 중대한 의미가 있었다. 백악관과 존 매케인이 철군 시한을 정하자는 나의 요구를 나약하고 무책임한, 일종의 '내빼기'로 치부하기는 했지만, 새로 선출된 이라크 지도자의 같은 견해를 일축하는 것은 전혀 다른 문제였다.

물론 당시에 알말리키는 여전히 이라크를 통제하지 못하고 있었다. 실질적 통제권자는 이라크 연합군 사령관 데이비드 퍼트레이어스 대장이었다. 그와 나눈 대화는 내가 대통령 임기 동안 벌이게 될 중요한 외교정책 논쟁들의 예고편이었다.

호리호리하고 다부진 몸매에, 프린스턴 대학교에서 국제관계학 및 경제학 박사를 취득한 체계적이고 분석적인 정신의 소유자 퍼트레이어스는 이라크에서 우리의 상황이 개선된 배후의 브레인이자 백악관으로부터 대이라크 전략 수립을 사실상 위임받은 인물이었다. 우리는 바그다드 공항에서 함께 헬리콥터를 타고 중무장한 그린존(미군이 관리하는 안전 구역_옮긴이)으로 가는 내내 대화를 나눴다. 대화 내용을 어느 언론도 보도하지 않았지만 우리 캠페인 팀은 개의치 않았다. 우리 팀이 원한 것은 사진—내가 헤드셋과 조종사용 안경을 쓰고 블랙호크에 탑승하여 4성 장군 옆에 앉아 있는 모습—이었다. 나의 젊고 활기찬 모습과 대조적으로 그날 공화당의 적수는 사진 운이 따르지 않았다. 매케인이 조지 H. W. 부시 전 대통령과 나란히 골프 카트에 앉은 모습은 파스텔톤 스웨터를 입고 컨트리클럽 피크닉을 가는 두 노인 같았다.

퍼트레이어스와 나는 연합군 사령부에 있는 그의 널찍한 집무실에 앉아 군대에 아랍어 전문가가 더 필요하다는 것에서부터 민병대와 테러 집단을 퇴출하고 새 정부를 뒷받침하는 데 개발 사업이 필수적이라는 것에 이르기까지 온갖 주제를 논의했다. 부시가 침몰하는 배인 이라크를 바로잡을 인물로 이 장군을 택한 것은 탁월한 선택이었다는 생각이 들었다. 무한한 시간과 자원이 있었다면 퍼트레이어스의 접근법이 목표를 달성할 가능성은 어느 계획 못지않았다. 장기적 국가 안보 이익을 위해서는 반드시 이라크에 미국과 동맹을 맺은 정상적이고 민주적인 국가를 건설해야 했다.

하지만 우리에게는 무한한 시간과 자원이 없었다. 뭉뚱그리자면 이것이야말로 철군 논의의 모든 것이었다. 우리는 얼마나 많이 내줘야 하며 언제가 되어야 충분할까? 내가 보기에 우리는 그 결승선에 다가가고 있었다. 국가 안보에 필요한 것은 안정된 이라크이지 미국의 국가 건설을 과시할 본보기가 아니었다. 다른 한편으로 퍼트레이어스는 미국이 더 지속적으로 투자하지 않으면 그나마 거둔 성과마저 쉽사리 뒤집힐 것이라고 믿었다.

나는 영구적 변화를 달성하기까지 시간이 얼마나 걸리겠느냐고 물었다. 2년? 5년? 10년?

그는 답하지 못했다. 다만 확정된 철군 시한을 발표하면 적들에게 우리가 떠나기를 기다릴 기회만 줄 뿐이라고 생각했다.

하지만 그건 언제나 그렇지 않았던가?

그는 이 점에 대해서는 내 말을 인정했다.

시아파와 수니파를 막론한 이라크인 절대다수가 점령에 진저리를 내고 있고, 우리가 늦게 철군하기보다는 일찍 철군하기를 바란다는 설문조사 결과는 어떻게 받아들여야 하나?

그것이 우리가 해결해야 할 문제라고 그는 말했다.

대화는 화기애애했다. 임무를 완수하고 싶어 하는 퍼트레이어스를 탓할 수 없었다. 내가 그의 처지였더라도 같았을 거라고 그에게 말했다. 하지만 부하들이 고려하지 않아도 되는 갈등과 제약을 그 자신이 고려해야 하는 것과 마찬가지로 대통령의 임무를 수행하려면 더 큰 그림을 보아야 한다고 나는 말했다. 국가 차원에서 보자면, 매달 100억 달러 가까운 비용을 써가며 이라크에서 2~3년 더 주둔하는 것과 오사마 빈라덴 및 파키스탄 북서부의 알카에다 핵심 지역을 괴멸하는 것 중에서 어느 쪽이 더 중요할까? 우리 나라에 건설해야 할 학교 및 도로와 비교하면? 이 때문에 또 다른 위기가 터졌을 때 제대로 대비하지 못한다면? 우리 병사들과 그들의 가족이 겪을 인적 손실은?

퍼트레이어스 대장은 정중하게 고개를 끄덕이며 선거 뒤에 나를 만나고 싶다고 말했다. 우리 대표단이 그날 일정을 마치는 동안, 그가 나를 설득한 것만큼 그에게 나의 입장을 설득했는지 회의적인 생각이 들었다.

나는 세계 지도자가 될 준비가 되었나? 명령을 내릴 외교적 역량, 지식과 정력, 권위를 가졌나? 이번 순방은 이 질문들에 답할 수 있도록 구색을 갖춘 정교한 국제 무대 오디션이었다. 나는 요르단의 압둘라 국왕, 영국의 고든 브라운, 프랑스의 니콜라 사르코지와 일대일 회담을 벌였다. 독일에서는 앙겔라 메르켈을 만났고, 베를린의 역사적 건축물인 전승기념탑 앞에 모인 20만 명의 청중에게 연설했다. 나는 이전 세대가 한때 유럽을 갈라놓은 벽을 허문 것처럼 또 다른, 잘 보이지 않는 벽—부자와 가난한 자, 인종과 부족, 토박이와 이민자,

기독교인, 무슬림, 유대인을 나누는 벽―을 허무는 것은 이제 우리의 임무라고 선포했다. 이스라엘과 요르단강 서안 지구에서 이틀간 마라톤 일정을 소화하면서 에후드 올메르트 이스라엘 총리와 마무드 아바스 팔레스타인 대통령을 각각 만나 오래되고 고질적인 갈등 이면의 논리뿐 아니라 정서까지 이해하려고 최선을 다했다. 스데로트시에서는 인근 가자에서 발사된 로켓탄이 자녀의 침실 몇 미터 옆에 떨어졌을 때의 공포를 설명하는 부모들의 이야기에 귀를 기울였다. 라말라에서는 팔레스타인인들이 이스라엘 보안 검문소에서 매일 겪는 모욕에 대해 들었다.

깁스에 따르면 미국 언론은 내가 '대통령처럼 보이기' 시험을 멋지게 통과했다고 생각했다. 하지만 내게 이번 순방은 단순한 겉치레가 아니었다. 내가 승리했을 때 나를 기다리는 과제가 얼마나 어마어마한지, 대통령직을 감당하려면 얼마나 큰 은총이 필요한지를 미국에 있을 때보다 더욱 절감했다.

7월 24일 아침에 예루살렘 통곡의 벽에 도착했을 때도 머릿속에는 이 생각들이 들어 있었다. 2000년 전 성지인 성전산을 보호하기 위해 지어진 이곳은 신성으로 통하는 관문이자 하느님이 모든 방문자의 기도를 받으시는 장소로 간주된다. 수 세기 동안 전 세계 순례자들은 종이에 기도문을 적어 벽 틈새에 끼워 넣는 관습을 따랐기에, 그날 아침 이곳에 오기 전에 나도 호텔 메모지에 기도문을 썼다.

회색의 새벽빛 아래서 이스라엘 측 인사, 보좌관, 비밀경호국 요원, 찰칵거리는 언론사 카메라들에 둘러싸인 채 수염 기른 랍비가 성시聖市 예루살렘의 평화를 기원하는 시편을 낭송하는 동안 나는 벽 앞에 머리를 숙였다. 관례에 따라 무른 석회암에 손을 얹고 가만히 묵념한 뒤에 가져온 종이를 뭉쳐 벽의 틈새에 깊이 밀어 넣었다.

나는 이렇게 썼다. "주여, 저희 가족과 저를 지켜주소서. 저의 죄를 용서하시고 교만과 절망을 경계하도록 도와주소서. 옳고 바른 일을 할 수 있는 지혜를 주소서. 당신의 뜻을 이룰 도구로 저를 쓰소서."

나는 이 말이 나와 하느님 사이의 비밀일 줄 알았다. 이튿날 이스라엘 신문에 실리더니 인터넷에 유포되어 영생을 얻을 줄은 몰랐다. 우리가 떠난 뒤에 구경꾼이 종잇조각을 벽에서 끄집어낸 것이 틀림없었다. 나는 세계 무대에 발을 디뎠을 때 어떤 대가가 따르는지 실감했다. 사생활과 공적 생활의 경계가 녹아내리고 있었다. 이젠 나의 생각과 동작 하나하나가 국제적 관심거리였다.

익숙해지라고, 나는 스스로에게 말했다. 이 또한 감수해야 할 몫이니까.

해외 순방을 마치고 귀국했을 땐 고된 탐사를 막 끝내고 돌아온 우주 비행사나 탐험가처럼 아드레날린이 넘치고 일상생활에 적응이 잘되지 않았다. 민주당 전당대회까지 한 달밖에 남지 않았기에 가족과 함께 하와이에 일주일간 가서 일상을 회복해야겠다고 마음먹었다. 나는 플러프에게 이 문제는 토론거리가 아니라고 잘라 말했다. 17개월간 선거운동을 벌였으니 재충전이 필요했다. 미셸도 마찬가지였다. 툿의 건강도 급속히 악화하고 있었다. 외할머니에게 남은 나날이 얼마큼인지 정확히 알 수는 없었지만 어머니에게 했던 실수를 되풀이할 생각은 없었다.

무엇보다 딸들과 시간을 보내고 싶었다. 선거운동이 우리의 유대감에 악영향을 미치지 않은 것은 분명했다. 언제나처럼 말리아는 수다스럽고 궁금한 게 많았고 사샤는 활기차고 다정했다. 유세를 다닐 때면 밤마다 전화를 걸어 학교에 대해, 친구들에 대해, 최근 〈스펀지밥〉 방송에 대해 이야기를 나눴다. 집에 있을 때는 책을 읽어주고 보드게임을 하고 이따금 셋이서 몰래 나가 아이스크림을 사 먹었다.

그럼에도 한 주 한 주 지날 때마다 아이들이 쑥쑥 자라는 게 보였다. 팔다리는 언제나 내 기억보다 3~5센티미터 길어 보였고 저녁 식탁에서의 대화는 더 능청스러웠다. 이런 변화를 보면 내가 많은 것을 놓쳤다는 사실이, 아이들이 아플 때 곁에서 돌봐주지 못하고 겁에 질렸을 때 안아주지 못하고 농담에 웃어주지 못한 것이 실감 났다. 내가 하는 일이 중요하다고 믿는 만큼, 나는 그 시간을 돌이킬 수 없다는 것도 알았고, 둘을 맞바꾸는 게 현명한 일인지 곧잘 의문을 품었다.

죄책감을 느낄 만도 했다. 내가 대통령에 도전한 2년 동안 우리 가족에게 얼마나 많은 짐을 지웠는지, 미셸의 강인함과 육아 능력에 얼마나 의존했는지, 아이들의 초인적 활달함과 성숙함에 얼마나 의존했는지는 이루 말할 수 없을 정도다. 그해 여름에 미셸은 내가 7월 4일 몬태나주 뷰트에서 선거운동을 할 때 아이들과 함께 합류하기로 했다. 마침 그날은 말리아의 열 번째 생일이었다. 동생 마야의 가족도 오기로 했다. 우리는 광업 박물관을 관람하고 물총 싸움을 하면서 신나게 하루를 보냈지만 내 시간의 대부분은 득표 활동에 할애되었다. 내가 시내 퍼레이드 코스를 따라 악수하는 동안 아이들은 꼼짝없이 내 옆에서 터덜터덜 걸었다. 오후 집회에서는 내가 연설하는 동안 뙤약볕 아래 서 있어야 했다. 저녁에 약속한 불꽃놀이가 뇌우로 취소되자 우리는 현지 홀리데이 인 호텔 지하의 창문 없는 회의실에서 즉석 생일잔치를 열었다. 선발대가 최선을 다해 풍선 몇 개로 파티장에 생기를 불어넣었다. 동네 슈퍼마켓에서 사 온 피자와 샐러드와 케이크도 있었다. 그런데도 말리아가 촛불을 불어 끄고 한 해 소원을 비는 모습을 보면서 아이가 실망하지 않았을까, 언젠가 이날을 되돌아보면서 아빠가 우선순위를 잘못 매겼다는 증거로 여기지 않을까 하는 생각이 들었다.

바로 그때 미셸의 젊은 보좌관 중 한 명인 크리스틴 자비스가 아이팟을 꺼내 휴대용 스피커에 연결했다. 그러자 말리아와 사샤가 내 손을 잡고 의자에서 일으켰다. 얼마 안 가서 다들 비욘세와 조너스 브라더스의 노래에 맞춰 춤을 췄다. 사샤는 빙글빙글 돌았고 말리아는 짧은 곱슬머리를 흔들었으며 내가 어정쩡하게 박자를 맞추는 동안 미셸과 마야는 미친 듯이 몸을 흔들었다. 반 시간쯤 지나 다들 행복하게 숨을 헐떡이고 있는데 말리아가 내 무릎 위에 앉았다.

아이가 말했다. "아빠, 이때까지 중에서 최고의 생일이에요."

나는 아이의 머리에 입맞추고는 눈에 이슬이 맺히는 걸 보이지 않으려고 꼭 끌어안았다.

그런 아이들이 내 딸들이었다. 그것이 내가 그토록 많이 떨어져 있느라 포기한 것들이었다. 그것이 그해 8월 여론조사에서 매케인에게 조금 뒤지는 한이 있더라도 하와이에서 며칠을 보낸 이유였다. 아이들과 바다에서 물싸움을 하고, 아이들이 내게 모래찜질을 해주는 동안 화상회의에 참석하거나 공항에 가야 한다고 말하지 않아도 되는 것은 그럴 만한 가치가 있었다. 미셸에게 팔을 두른 채 태평양 너머로 해가 지는 모습을 바라보며 바람 소리와 야자수 서걱대는 소리를 듣는 것도 그럴 만한 가치가 있었다.

거실 소파에 웅크리고 앉은 툿이 고개를 제대로 들지도 못하면서도 증손녀들이 바닥에서 웃고 뛰노는 동안 흐뭇하게 미소 짓는 모습을 보는 것, 얼룩덜룩하고 푸른 핏줄 돋은 손이 어쩌면 마지막으로 내 손을 쥐는 감촉을 느끼는 것.

내게는 소중하고 성스러운 의식이었다.


그렇다고 해서 하와이에 있는 동안 선거운동에서 마냥 손을 놓을 수는 없었다. 나는 우리 팀의 현황 보고를 받았고, 지지자들에게 감사 전화를 받았고, 전당대회 연설 초안의 개요를 작성하여 패브스에게 보냈다. 그리고 후보로 지명된 지금 가장 중대한 결정을 내려야 했다.

누굴 러닝메이트로 삼아야 하나?

나는 팀 케인 버지니아 주지사와 동료 의원인 조 바이든 델라웨어주 연방상원의원으로 범위를 좁혔다. 당시에 나와 훨씬 가까운 쪽은 팀이었다. 그는 일리노이주 이외의 주요 선출직 공직자 중 처음으로 나를 대통령 후보로 지지했고, 우리의 최고위급 선거 대리인을 맡아 분투했다. 우리는 쉽게 친구가 되었다. 나이가 비슷했고 중서부 출신이라는 점, 기질, 심지어 약력도 비슷했다. (팀은 하버드 로스쿨 재학 중에 온두라스에서 선교 활동을 했고, 민권법 전문 변호사로 활동하다 정치에 입문했다.)

조로 말할 것 같으면, 객관적으로 볼 때 우리는 달라도 너무 달랐다. 그는 나보다 열아홉 살 연상이었다. 내가 워싱턴의 아웃사이더로 뛰고 있을 때 조는 상원에서 35년을 보내면서 사법위원회와 외교위원회의 위원장을 지냈다. 이곳저곳 떠돌아다니며 자란 나와 대조적으로 조는 펜실베이니아주 스크랜턴 토박이였고, 노동자 계층 아일랜드인 혈통을 자랑스러워했다. (우리의 아일랜드인 선조들이 둘 다 구두장이었고 다섯 주 간격으로 아일랜드를 떠나 미국에 왔다는 사실은 당선된 이후에야 알게 되었다.) 내가 기질적으로 냉철하고 침착하며 언어를 신중하게 구사하는 사람으로 통한 반면에 조는 늘 다정하고 매사에 거리낌이 없었으며 머리에 떠오르는 생각은 다 털어놓았다. 매력적인 성격이었다. 그는 사람들과 어울리는 것을 진심으로 좋아했다. 처음 만나는 사람들을 그가 어떻게 대하는지 보면 잘 알 수 있다. 언제나 잘생긴 얼굴에서 나오는 눈부신 미소를 던지며(누구와 이야기하든 얼굴을 코앞에 바짝 들이댄 채) 어디 출신인지 묻고 자신이 그들의 고장을 얼마나 사랑하는지 이야기하거나("제가 먹어본 칼초네 중에서 최고였어요.") 무엇무엇을 알아야 한다고 말하고("정말 대단한 친구죠, 세상의 소금이에요.") 그들의 자녀를 칭찬하거나("네가 근사하다고 얘기해준 사람 있었니?") 어머니를 추켜세우고는("마흔도 안 되신 것 같은데요!") 다음 사람, 또 다음 사람, 그렇게 방 안에 있는 모든 사람과 악수하고 포옹하고 입 맞추고 등 두드리고 칭찬하고 농담을 건넸다.

조의 열정에는 단점도 있었다. 자기 목소리를 듣고 싶어 하는 사람으로 가득한 동네에서 그는 천하무적이었다. 연설 시간이 15분이면 조는 적어도 30분을 떠들었다. 30분짜리 연설이라면 언제 끝날지 기약이 없었다. 위원회 청문회에서 그가 읊는 독백은 전설적이었다. 종종 여과되지 않은 발언으로 물의를 빚기도 했다. 예비선거 기간에 나를 '조리 있고 활달하고 깔끔하고 잘생긴 친구'로 표현한 적이 있었는데, 분명히 칭찬으로 한 말이었지만 어떤 사람들에게는 '흑인에게 이런 성격이 있다니 기특하다'라는 취지로 해석되었다.

하지만 조를 알게 되면서 그의 강점에 비하면 가끔 내뱉는 개프는 별 것 아님을 깨달았다. 국내 문제에 대해 그는 명석하고 실용적이었으며 제 몫을 다했다. 대외 정책 경험도 넓고 깊었다. 비교적 짧은 예비선거 기간 동안이었지만 그는 토론자로서의 역량과 절제, 전국 무대에서 주눅들지 않는 모습으로 내게 깊은 인상을 남겼다.

무엇보다 조는 가슴이 따뜻한 사람이었다. 어릴 적 말더듬증을 이겨냈고(그가 말에 그토록 애착을 보이는 것은 이 때문일 것이다) 중년에 두 차례의 뇌동맥류를 극복했다. 정계에서 일찍 성공을 맛보았고 치욕스러운 패배도 겪었다. 또한 상상할 수 없는 비극을 겪었다. 1972년, 상원의원에 당선된 지 몇 주 지나지 않았을 때 아내와 어린 딸이 교통사고로 목숨을 잃었다(두 어린 아들 보와 헌터는 부상을 입었다). 이 상실의 여파로 동료와 형제들은 그가 상원의원을 그만두지 않도록 설득해야 했지만, 그는 매일 델라웨어에서 워싱턴까지 한 시간 반씩 암트랙으로 통근하며 자녀들을 돌봤고 그 뒤로 30년간 그 생활을 유지했다.

조가 그런 상심을 이겨낼 수 있었던 것은 두 번째 아내 질 덕분이다. 사랑스럽고 다소곳한 교사인 그녀는 사고가 일어난 지 3년 뒤에 조를 만났고 그의 아들들을 제 자식처럼 키웠다. 바이든 가족이 함께 있는 모습을 보면 델라웨어 주검찰총장이자 주 정계의 떠오르는 샛별 보, 워싱턴 D.C.의 변호사 헌터, 윌밍턴의 사회복지사 애슐리, 그리고 아리따운 손주들까지, 그의 가족이 조에게 얼마나 힘이 되었는지 똑똑히 알 수 있다.

조를 지탱한 것은 가족이었지만 낙천적 성격도 한몫했다. 비극과 좌절이 그에게 흉터를 남겼을지는 몰라도 신랄하거나 냉소적인 사람으로 만들지는 못했다.

이런 인상을 바탕으로 나는 조에게, 미네소타에서 유세할 때 만나서 첫 점검 절차를 진행하자고 청했다. 그는 처음에는 떨떠름한 기색이었다. 대다수 상원의원처럼 건강한 자기중심주의자여서 제2바이올린 연주자가 되고 싶어 하진 않았다. 면담 첫머리에 그는 온갖 이유를 들며 부통령직이 자신에게 강등이라고 설명했다(자신이 최선의 선택인 이유도 한 가지 제시했다). 나는 형식적 대리인이 아니라 파트너를 찾고 있다며 그를 안심시켰다.

조가 말했다. "날 선택한다면 당신에게 최상의 판단과 솔직한 조언을 해드리고 싶군요. 대통령은 당신이니까 나는 당신의 결정을 무엇이든 변호할 겁니다. 하지만 중요한 결정이 내려질 때마다 마지막까지 방에 남아 있는 사람이 되고 싶군요."

나는 그것은 약속할 수 있다고 말했다.

액스와 플러프는 팀 케인을 좋아했고, 내 생각과 마찬가지로 그가 오바마 행정부에 딱 들어맞으리라는 것을 알고 있었다. 하지만 나와 마찬가지로 그들 또한 상대적으로 젊고 미숙하고 진보적인 민권 변호사 출신 두 명이 대통령과 부통령 후보로 내세우는 희망과 변화를 유권자들이 신뢰하지 못할 수도 있다고 생각했다.

조에게도 위험은 있었다. 우리는 그가 마이크 앞에서 자제력을 잃어 불필요한 논쟁을 자초할지도 모른다고 판단했다. 그는 구식이었고 각광받고 싶어 했으며 때로는 자의식 과잉일 때도 있었다. 정당한 대접을 받지 못한다는 생각이 들면 발끈할 수도 있겠다는 느낌이 들었다. 훨씬 젊은 상관을 대하다 보면 그런 성격이 튀어나올 수 있었다.

그럼에도 나는 우리가 대조적이라는 점에 끌렸다. 내게 무슨 일이 생기면 조가 대통령 역할을 더 잘 수행할 수 있으리라는 사실, 내가 너무 젊다고 여전히 우려하는 사람들을 안심시킬 수 있다는 사실도 맘에 들었다. 그의 대외 정책 경험은 미국이 두 개의 전쟁에 휘말린 시기에 귀중한 자산이 될 터였고, 의회와의 관계나 아프리카계 미국인 대통령을 뽑는 것을 아직도 꺼림칙해하는 유권자들에게 다가갈 수 있다는 잠재력도 마찬가지였다. 하지만 가장 중요한 것은 나의 직감이 말해준 것, 조가 품위 있고 충직하다는 사실이었다. 나는 그가 평범한 사람들에게 애정이 있고, 문제가 생겼을 때 내가 그를 신뢰할 수 있다고 믿었다.

그는 나를 실망시키지 않을 터였다.

덴버에서 열린 민주당 전당대회가 어떻게 굴러갔는지는 내게 대부분 수수께끼다. 나는 전당대회가 열리는 나흘 밤의 프로그램 순서, 논의될 주제, 예정된 연사에 대해 설명을 들었다. 자전적 동영상을 검토하여 승인했고 숙박을 제공받아야 하는 가족과 친구의 명단을 제출했다. 플러프는 전당대회 마지막 날 밤 행사를 전통적인 실내 체육관이 아니라 덴버 브롱코스 미식축구 팀의 홈구장 마일 하이 스타디움에서 치르면 어떻겠느냐고 물었다. 스타디움은 수용 인원이 8만 명 가까이 되기에 우리 캠페인의 토대가 되어준 전국의 자원봉사자 수만 명을 수용할 수 있었다. 하지만 지붕이 없어서 악천후에 노출된다는 문제가 있었다.

내가 물었다. "비가 오면요?"

플러프가 말했다. "8월 28일 오후 여덟 시 덴버의 100년치 과거 기상 자료를 검토했어요. 비가 온 건 딱 한 번이에요."

"올해가 두 번째라면요? 대안은 있어요?"

플러프가 말했다. "스타디움으로 정하면 돌이킬 수 없어요." 그는 내게 살짝 광기 어린 웃음을 지어 보였다. "기억해봐요. 우리는 언제나 그물이 없을 때 최선을 다했다고요. 왜 지금 그만둬요?"

하긴 그럴 이유가 없었다.

내가 주 몇 곳에서 유세하는 동안 미셸과 아이들은 하루 이틀 먼저 덴버에 가 있었다. 내가 도착할 즈음에는 축제 분위기가 한창이었다. 위성 트럭과 언론사 천막이 포위 작전을 펴는 군대처럼 경기장을 둘러쌌고,

행상인들은 떠오르는 태양 로고나 귀가 툭 튀어나온 내 얼굴로 장식된 티셔츠, 모자, 토트백, 장신구를 팔며 돌아다녔다. 관광객과 파파라치들이 정치인과 간간이 경기장을 돌아다니는 유명인들에게 카메라 셔터를 눌러댔다.

2000년 전당대회 때 나는 사탕 가게 유리창에 얼굴을 갖다 댄 아이였고 2004년 전당대회 때는 기조 연설 덕분에 화제의 중심에 섰던 반면에, 지금의 나는 찬란한 주연인 동시에 주변인이었다. 나는 호텔 스위트룸에 갇혀 있거나 비밀경호국 차량에 앉아 창밖이나 내다보는 신세였고, 전당대회 마지막 날 전날에야 덴버에 도착했다. 보안에 만전을 기하고 연출효과를 극대화하기 위해서라고는 하지만—내가 안 보이면 기대감이 더욱 증폭되리라는 논리였다—마치 특수한 상황에서만 상자 밖에 꺼내지는 값비싼 소품이 된 것마냥 불안하고 묘한 소외감이 들었다.

그 주의 몇몇 순간은 기억 속에 뚜렷이 남아 있다. 말리아와 사샤와 조의 손녀딸 셋이 호텔 스위트룸의 에어 매트리스 위에서 뒹굴던 광경이 떠오른다. 다들 깔깔거리며 자기들의 비밀 놀이에 열중한 채, 저 아래서 벌어지는 야단법석에는 관심을 두지 않았다. 힐러리는 강력한 화합의 제스처로 뉴욕 대의원을 대표하여 마이크 앞에서 나를 민주당 후보 지명자로 선출할 것을 공식적으로 제안했다. 미주리주의 어느 단란한 지지자 가족의 집 거실에 앉아 담소를 나누고 과자를 먹고 있는데 미셸이 옥색 드레스 차림으로 빛을 발하며 TV 화면에 등장하여 전당대회 개막 연설을 하던 장면도 기억난다.

나는 일부러 미셸의 연설 원고를 미리 읽지 않았다. 연설문 작성에 참견하거나 압박감을 가중하게 될까 봐서였다. 예전에 그녀가 유세하는 모습을 보았기에, 잘해내리라는 것은 조금도 의심하지 않았다. 하지만 미셸이 그날 밤 들려준 이야기에 귀를 기울이면서—그녀가 자신의 어머니와 아버지에 대해, 그들이 치른 희생과 전해준 가치에 대해 이야기하는 모습을 보고, 불가능해 보이던 여정을 되짚고 우리 딸들에 대한 바람을 이야기하는 것을 듣고, 내가 가족과 신념에 늘 충실했다는 사실을 이 여인에게서 확실히 보증받고, 대회장의 청중과 방송사 앵커와 내 곁에 앉은 사람들이 전율하는 것을 보면서—이보다 더 뿌듯할 수 없었다.

당시 몇몇 평론가가 말한 것과 달리 나의 아내는 그날 밤 자신의 목소리를 '발견'한 것이 아니었다. 전국의 청중이 그 목소리를 여과 없이 들을 기회를 마침내 가지게 된 것이었다.

48시간 뒤 나는 패브스, 액스와 함께 호텔 방에 틀어박힌 채 이튿날 저녁의 후보 수락 연설을 다듬었다. 연설문 쓰는 일은 고역이었다. 우리는 그 순간에 필요한 것이 시보다는 산문임을, 공화당 정책을 매섭게 비판하고 내가 대통령으로서 취하려는 구체적 조치들을 설명해야 한다는 것을, 그러면서도 너무 길거나 무미건조하거나 치우치지 않게 해야 한다는 것을 알고 있었다. 연설문을 수도 없이 고쳐야 했기에 연습할 시간이 거의 없었다. 모조 설교대 뒤에 서서 연설문을 낭독해보니, 영감에 사로잡혔다기보다는 고지식한 분위기가 느껴졌다.

후보 지명의 의미를 고스란히 체감한 것은 딱 한 번이었다. 공교롭게도 전당대회 마지막 날은 워싱턴 행진과 킹 목사의 '내겐 꿈이 있습니다' 연설 45주년과 겹쳤다. 내 연설을 미국 역사상 가장 위대한 연설 중 하나와 나란히 놓는다는 건 좋지 않은 생각인 듯하여 우리는 이 우연의 일치를 너무 부각하진 않기로 했다. 하지만 조지아 출신의 젊은 목사가 이룬 기적에 경의를 표하기 위해, 1963년 그날 내셔널 몰에 모인 사람들에게 그가 한 말을 연설 말미에 인용했다. "우리는 혼자 걸을 수 없습니다. 우리는 걸으면서 언제나 앞으로 나아가겠다고 맹세해야 합니다. 뒤로 돌아갈 수는 없습니다."

"우리는 혼자 걸을 수 없습니다." 이것은 내가 킹 목사의 연설에서 특별히 기억하는 구절은 아니었다. 하지만 이 구절을 소리 내어 읽으면서 전국의 우리 사무실에서 만난 나이 든 흑인 자원봉사자들을, 그들이 내 손을 꼭 잡고서 흑인이 실제로 대통령이 될 기회를 가지는 날을 보게 되리라고는 생각지 못했다고 말하던 것을 생각했다.

아프거나 장애가 있어도 예비선거일 아침 일찍 일어나 맨 앞 줄에 서서 투표했다고 편지에 쓴 노인들을 생각했다.

호텔, 회의장, 사무용 건물을 지나갈 때마다 맞닥뜨린 도어맨, 청소부, 비서, 점원, 접시닦이들을, 내게 엄지손가락을 치켜세우거나 수줍게 악수에 응하던 모습을 생각했다. 나이 지긋한 그 흑인들은 미셸의 부모처럼 가족을 먹이고 자녀를 학교에 보내고 이제 내게서 노고의 결실을 확인하고자 묵묵히 제 할 일을 했다.

40, 50년 전 감옥에 있었거나 워싱턴 행진에 참가한 모든 사람을 생각하다 보니 내가 덴버에서 그 무대에 오르면 그들이 어떤 느낌을 받을지, 이 나라가 얼마나 달라졌는지, 현실이 우리의 희망에 아직 얼마나 못 미치는지 궁금했다.

"저…… 잠깐만요." 목소리가 잠기고 눈물이 그렁그렁한 채 내가 말했다. 화장실에 들어가 얼굴에 물을 끼얹었었다. 몇 분 뒤에 돌아와보니 패브스, 액스, 텔레프롬프터 기사는 어찌할 바를 모른 채 침묵하고 있었다.

내가 말했다. "미안해요. 다시 처음부터 시작합시다."

두 번째에는 아무 문제 없이 연설문을 끝까지 읽을 수 있었다. 유일하게 방해받은 순간은 웅변을 절반쯤 했을 때였는데, 누가 문을 두드리기에 나가보니 호텔 종업원이 시저 샐러드를 들고 복도에 서 있었다. (액스가 멋쩍게 웃으며 말했다. "어쩔 수 없었어요. 배고파 죽을 것 같았다고요.") 이튿날 저녁이 되어 맑고 탁 트인 하늘 아래 넓은 파란색 양탄자가 깔린 무대 위로 걸어 나갈 때는 차분함만 느껴졌다.

밤은 따뜻했고 청중의 함성은 전염성이 있었으며 머리 위의 별빛을 반사하듯 수천 개의 카메라에서 플래시가 터졌다. 내가 연설을 마치자 미셸과 아이들, 그다음 조 바이든과 질 바이든이 무대에 합류하여 휘날리는 색종이들 사이로 손을 흔들었다. 경기장을 가로질러 사람들이 웃고, 끌어안고, 이제는 우리의 유세 테마곡이 된 컨트리 가수 브룩스 앤드 던의 노래 〈온리 인 아메리카Only in America〉(오직 미국에서만)의 박자에 맞춰 깃발을 흔들었다.

역사를 통틀어 대통령 후보는 전당대회를 성공적으로 치르면 여론조사에서 건강한 상승세를 탄다. 우리의 전당대회는 어느 모로 보나 거의 흠잡을 데 없었다. 우리의 여론조사원들은 덴버 이후로 나와 존 매케인의 격차가 실제로 5퍼센트포인트 이상 벌어졌다고 보고했다.

이 추세는 일주일가량 이어졌다.

존 매케인의 캠페인은 맥을 못 추고 있었다. 그는 나보다 3개월 전에 공화당 대선 후보로 지명되었음에도 추진력을 통 얻지 못했다. 부시가 이미 통과시킨 감세 조치들에 더해 추가 감세를 하겠다는 그의 제안은 부동층을 설득하지 못했다. 예전에 매케인은 이민법 개혁과 기후변화 등에 대해 소신을 굽히지 않아 당내에서 이단아라는 평판을 쌓았지만, 지금의 새롭고 더 양극화된 환경에서는 이런 사안들을 언급하는 것조차 망설이는 듯했다. 그도 그럴 것이 그에게는 운이 따르지 않았다. 이라크 전쟁은 언제나 인기가 없었고 이미 불황에 접어든 경제는 빠르게 악화했으며 부시의 지지율도 그와 함께 하락했다. 이번 선거의 관건은 변화에 관한 약속일 가능성이 컸지만 매케인의 말과 행동은 달라진 것이 없었다.

매케인과 그의 팀은 뭔가 극적인 조치가 필요하다고 깨달은 것이 틀림없었다. 그리고 그들이 정말 해냈다는 것은 나도 인정할 수밖에 없었다. 전당대회가 끝나고 다음 날, 펜실베이니아에서 며칠간 열릴 행사를 위해 미셸과 내가 질 바이든, 조 바이든과 함께 캠페인용 비행기에 타고 이륙을 기다리고 있는데, 액스가 달려와 매케인의 러닝메이트 소식이 새어 나왔다고 말했다. 조가 액스의 블랙베리에 뜬 이름을 보더니 내게 고개를 돌렸다.

그가 말했다. "세라 페일린이 대체 누구지?"

그 뒤로 2주간 전국의 언론이 이 질문에 매달렸는데, 매케인 캠프는 간절히 필요하던 아드레날린 주사를 맞은 격이었고 우리 캠프는 전파를 탈 기회를 전혀 얻지 못했다. 페일린을 부통령 후보로 지명하고 나서 매케인은 주말 동안 수백만 달러의 기부금을 긁어모았다. 여론조사 지지율도 급등하여 이제 우리와 막상막하가 되었다.

마흔네 살의 알래스카 주지사로 전국 정치 무대에 알려진 적 없던 세라 페일린은 무엇보다 판을 뒤흔들 수 있는 인물이었다. 젊고 여성이고 독자적 역량을 갖췄을 뿐 아니라 독보적인 스토리도 가지고 있었다. 그녀는 소도시의 농구 선수였고 미인 대회에서 우승했으며 다섯 개 대학을 거쳐 언론학 학위를 취득했다. 한동안 스포츠 캐스터로 일하다 알래스카주 와실라의 시장으로 선출되었고, 알래스카주에 뿌리 깊은 공화당 기득권층과 맞서 2006년 현직 주지사를 물리쳤다. 고등학생 때의 남자 친구와 결혼하여 다섯 자녀를 낳았고(십 대 아들 한 명은 이라크에 파병될 예정이었고 막내아들은 다운증후군을 앓았다) 보수파 기독교 신앙인이고 여가 활동으로 말코손바닥사슴과 와피티사슴 사냥을 즐겼다.

페일린의 이력은 워싱턴 정가를 증오하고 대도시 엘리트들이—재계든, 정계든, 언론계든—자기네 생활양식을 얕잡아본다는 (근거가 없지는 않은) 의혹을 품고 있던 노동자 계층 백인 유권자들에게 안성맞춤이었다.《뉴욕 타임스》편집국이나 NPR 시청자들이 자격을 문제 삼아도 그녀는 개의치 않았다. 오히려 그들의 비판이 자신의 진정성에 대한 증거라고 주장했다. 옛 미디어 관문들이 힘을 잃었고 전국 단위 공직의 후보 자격을 왈가왈부하던 벽이 무너졌으며 폭스 뉴스, 토크 라디오, 막 태동하는 소셜 미디어의 힘이 목표 청중에게 다가가는 데 필요한 모든 플랫폼을 제공할 수 있음을 그녀는 자신을 비판하는 많은 사람들보다 훨씬 일찍 간파했다.

페일린이 타고난 무대 체질인 점도 한몫했다. 9월 초 공화당 전당대회에서 한 45분짜리 연설은 소탈한 포퓰리즘과 정곡을 찌르는 재담을 겸비한 걸작이었다. ("어떤 후보는 사람들이 듣고 있을 때는 노동자들에게 아낌없이 찬사를 보내다가 그들이 듣지 않을 때는 그들이 종교와 총기에 집착한다고 말하더라고요. 소도시에 사는 우리는 그런 후보를 어떻게 판단해야 할지 도통 모르겠어요." 아이구야.) 대의원들은 열광했다. 전당대회가 끝나고 페일린과 함께 다니면서 매케인의 연설에 모이는 청중이 평소의 서너 배로 늘었다. 공화당 충성파들이 매케인의 연설에 예의 바르게 환호하긴 했지만, 그들이 보러 온 사람은 러닝메이트 '하키 맘'임이 점차 분명해졌다. 그녀는 새롭고 다르고 그들과 한편이었다.

그녀는 '진짜 미국인'이었고 그 자부심을 멋들어지게 표현했다.

시기와 장소가 달랐다면—이를테면 경합주의 상원의원이나 주지사 선거였다면—페일린이 공화당 저변 내에서 만들어내는 엄청난 활력이 내게 근심거리였을지도 모르겠다. 하지만 매케인이 그녀를 선택한 날로부터 페일린 광풍이 절정에 이를 때까지 나는 그의 결정이 그 자신에게 득이 되지 않으리라 확신했다. 페일린이 무대 위에서 아무리 재능을 발휘해도 부통령에게 가장 중요한 자격은 필요시에 대통령직을 맡을 수 있는 능력이었다. 존의 나이와 흑색종 병력으로 보건대 이것은 공연한 우려가 아니었다. 세라 페일린이 스포트라이트를 받자마자 분명해진 것은 이 나라를 다스리는 일에 관한 모든 주제에 대해 그녀가 자신이 무슨 말을 하고 있는지 전혀 모른다는 사실이었다. 재정 구조, 대법원, 러시아의 조지아 침공, 주제가 무엇이든 질문이 어떤 방식이든 상관없었다. 알래스카 주지사는 갈팡질팡하며 모르는 문제가 시험에 나왔을 때 얼버무리려 애쓰는 아이처럼 단어들을 주워섬겼다.

페일린의 후보 지명은 더 깊은 차원에서도 골칫거리였다. 그녀의 말이 앞뒤가 맞지 않아도 공화당 절대다수가 상관하지 않는다는 것은 진작부터 알고 있었다. 사실 그녀가 기자의 질문에 속절없이 무너질 때마다 그들은 이것을 진보 세력이 음모를 꾸민 증거라고 여기는 듯했다. 나의 경험 부족을 1년 내내 질타하고 적극적 평등실현조치, 지적 수준 하락, 다문화주의자들에 의한 서구식 문화의 타락을 수십 년째 매도한 사람들을 비롯한 유명 보수주의자들이 페일린의 앞잡이가 되어 부통령 후보가 대외 정책이나 연방정부의 기능에 관한 기초 지식이 있어야 한다는 요구가 지나치다며 대중을 설득하려다 제 발등을 찍는 것은 더더욱 놀라웠다. 세라 페일린은 레이건처럼 "감이 뛰어나고" 일단 임명되면 직무에 걸맞게 성장할 거라고 그들은 말했다.

물론 이것은 앞으로 닥칠 미래, 당파적 편들기와 정치적 편의주의가 모든 것—우리의 과거 입장, 우리가 천명한 원칙, 심지어 우리 자신의 감각과 우리의 눈과 귀로 똑똑히 보고 들은 것—을 덮어버릴 더 크고 암울한 현실의 전조였다.

# 9장

1993년에 미셸과 나는 하이드파크의 이스트 뷰 파크라는 빌라에 첫 집을 장만했다. 위치는 내 맘에 꼭 들었다. 맞은편에는 프로몬토리곶과 미시간 호수가 있고, 풍성한 마당에서는 층층나무가 봄마다 연분홍 꽃을 피웠다. 침실 세 개가 열차처럼 앞뒤로 나란히 배치된 우리 빌라는 넓지는 않았지만 나무 바닥과 적절한 채광, 호두나무 싱크대가 딸린 번듯한 식당을 갖췄다. 돈을 아끼려고 장모댁 2층에 살았을 때와 비교하면 사치스럽게 느껴질 정도였다. 우리는 예산이 허락하는 대로 크레이트 앤드 배럴 소파, 에이스 하드웨어 조명, 중고 탁자를 사들여 실내를 꾸몄다.

나는 저녁마다 부엌 옆에 있는 작은 서재에서 일을 했다. 미셸은 그곳을 '굴'이라고 불렀는데 책, 잡지, 신문 더미, 작성하던 준비 서면, 채점하던 시험 답안지로 언제나 꽉 차 있었기 때문이다. 한 달에 한 번쯤 필요한 물건을 찾지 못해 한 시간 동안 광적으로 굴을 치우고 나면 나 자신이 무척 뿌듯했지만, 사흘만 지나면 책과 문서와 잡동사니가 잡초처럼 다시 들어찼다. 굴은 집에서 내가 흡연할 수 있는 유일한 방이었는데, 아이들이 태어난 뒤에는 좀 허름한 뒤 베란다로 자리를 옮겼다. 그래서 이따금 우리가 버린 깡통을 뒤지던 아메리카너구리 가족을 방해할 때도 있었다.

아이들은 우리 집을 모든 측면에서 바꿔놓았다. 테이블 모서리에는 보호 패드가 붙었다. 식당은 천천히 제 모습을 잃어가는 대신 아기 울타리, 밝은 색깔의 매트, 내가 하루에 한 번씩 밟고 마는 장난감이 들어찬 창고로 변해갔다. 하지만 답답하기는커녕 우리 집의 적당한 면적은 가족의 즐거움과 소음—목욕하면서 물 튀기는 소리, 생일잔치를 가득 채운 까악까악 소리, 내가 아이들을 팔에 안고 빙글빙글 돌릴 때 벽난로 선반에 놓인 붐 박스에서 흘러나오던 모타운이나 살사 음악—을 증폭하기만 했다. 또래 친구들이 더 부유한 동네의 더 큰 집을 매입하는 동안에도 우리가 이사를 고려한 유일한 때는 여름에 생쥐 한두 마리가(정확히 몇 마리였는지는 모르겠다) 긴 복도를 왔다 갔다 할 때뿐이었다. 결국 부엌 마룻널을 수리하여 문제를 해결했는데, 생쥐 두 마리를 '들끓다'라고 표현하는 것에 내가 이의를 제기하자 미셸이 아이들을 데리고 집을 나가겠다고 협박하고 나서였다.

우리는 이 집을 27만 7500달러에 매입했는데, 선납금으로 40퍼센트를 내고(일부는 툿이 보태줬다) 나머지는 30년짜리 고정 금리 모기지를 받았다. 서류상으로는 우리 수입이면 매달 생활비를 거뜬히 감당할 수 있어야 했다. 하지만 말리아와 사샤가 크면서 보육비, 학교 등록금, 여름 캠프 참가비가 계속 증가한 반면에 우리의 대학과 로스쿨 학자금 대출 원금은 조금도 줄지 않는 듯했다. 호주머니 사정은 언제나 빠듯했다. 신용카드 적자는 증가했고 저축은 거의 하지 못했다. 그래서 마티에게서 모기지를 재융자하면 저금리 혜택을 볼 수 있다는 조언을 듣자 이튿날 동네 모기지 중개인에게 전화를 걸었다.

중개인은 스포츠머리에 정력적인 젊은 남자였는데, 재융자를 받으면 매달 100달러가량을 절약할 수 있다고 장담했다. 하지만 집값이 천정부지로 오르고 있었기에, 주택 가치의 일부를 이용하여 현금을 확보하는 방안을 생각해보았느냐고 내게 물었다. 그는 이것이 통상적인 방법이고 자신의 감정인이 전부 처리할 수 있다고 말했다. 처음에는 툿의 합리적 목소리가 귓가에 울려퍼지는 듯해 회의적이었지만, 신용카드 부채를 상환하여 절약할 수 있는 금액을 따져보니 중개인의 논리를 반박하기 힘들었다. 감정인도 중개인도 우리 집을 굳이 검사하지 않았고 나는 석 달치 급여 명세서와 몇 장의 은행 잔고 증명서만 제출하면 되었다. 나는 서류 몇 장에 서명하고서 4만 달러짜리 수표와 뭔가 해냈다는 막연한 느낌을 간직한 채 중개인 사무소를 나섰다.

　　　　　　　　　　　　이것이 부동산 골드러시가 한창이던 2000년대 초의 상황이었다. 시카고에서는 하루가 멀다 하고 새로운 개발 사업이 시작되는 것 같았다. 집값이 전례 없는 속도로 상승하고 금리는 낮고 일부 대부 업체는 주택 구입 시 선납금을 10퍼센트나 5퍼센트만 요구하거나 아예 한 푼도 요구하지 않는 상황에서 여분의 침실, 화강암 조리대, (잡지나 TV에서 중산층 삶의 기준이라 주장하는) 인테리어 공사가 된 지하실을 마다할 이유가 어디 있겠는가? 짭짤하고도 확실한 투자였다. 일단 구입만 하면 집 한 채가 개인 현금인출기가 되어 창문 인테리어를 하거나 오래전부터 바라던 멕시코 캉쿤 휴가를 가거나 작년의 임금 동결을 만회할 수 있었다. 돈벌이 기회를 놓치고 싶지 않은 친구들, 택시 운전수들, 교사들은 주택 되팔기를 시작했다고 내게 말했다. 다들 만기 일시 상환, 변동 금리 모기지, 케이스·실러 지수 같은 용어를 유창하게 구사했다. 내가 점잖게 조심하라고 말하면("부동산은 예측이 어긋날 수 있으니 너무 무리하진 말아요.") 그들은 떼돈을 번 사촌이나 삼촌과 얘기했다며 내가 물정을 모르는 게 조금 재미있다는 투로 날 안심시키려 들었다.

　내가 상원의원에 당선된 후 우리는 이스트 뷰 파크 빌라를 꽤 높은 금액에 팔아 주택담보대출과 홈에쿼티론(주택의 순 가치를 담보로 다시 받는 대출_옮긴이)을 갚고도 약간의 이익을 남겼다. 하지만 어느 날 밤 차를 몰고 귀가하다 보니 우리 모기지 중개인의 사무실이 비어 있고 창문에 '매매 혹은 임대'라는 안내문이 커다랗게 붙어 있었다. 리버노스와 사우스

루프에 새로 들어선 빌라들은 죄다 비어 있는 것처럼 보였다. 개발업자들이 할인에 또 할인을 해도 소용없었다. 정부 일을 그만두고 부동산 자격증을 딴 전직 보좌관이 내게 일자리가 있는지 물었다. 새 직업이 기대만큼 잘 풀리지 않는다고 했다.

나는 이런 상황에 놀라지도 겁먹지도 않았다. 시장의 주기적 부침에 불과하다고 생각했다. 하지만 워싱턴 D.C.에 있을 때 친구 조지 헤이우드와 의사당 근처 공원에서 샌드위치를 먹다가 우연히 시카고 부동산 시장이 침체하고 있다는 말을 꺼냈다. 조지는 하버드 로스쿨을 중퇴하고 전문 블랙잭 도박꾼이 되었다가 숫자에 밝고 위험을 감수하는 능력을 살려 월 스트리트 증권 중개인이 되었고, 결국 개인 투자로 큰돈을 벌었다. 그의 비결은 남들보다 한발 앞서는 것이었다.

그가 말했다. "이건 시작에 불과해."

"그게 무슨 뜻이지?"

조지가 말했다. "주택 시장 전체를 말하는 거야. 금융 시스템 전체. 이 모든 게 카드로 만든 집이야. 언제라도 무너질 수 있다고."

앉아서 오후의 햇살을 쬐는 동안 그는 급성장하는 서브프라임 모기지 시장에 대해 간략하게 설명해주었다. 한때는 은행이 자신들이 해준 모기지 대출을 자체 포트폴리오에 보유하는 것이 일반적이었지만, 이제는 그중 많은 비율이 월 스트리트에서 증권으로 묶여 팔렸다. 이렇게 하면 특정 채무자가 은행 채무에 대해 디폴트(채무 불이행)를 선언할 위험을 전가할 수 있었으므로, 이런 모기지 '증권화' 덕분에 은행들은 대출 기준을 꾸준히 완화했다. 증권 발행인들에게 경비를 받는 신용 평가 기관들은 저당 모기지의 디폴트 위험을 제대로 분석하지도 않은 채 이런 증권들에 'AAA', 즉 가장 안전하다는 평가를 내렸다. 현찰을 잔뜩 들고 고수익을 노리는 전 세계 투자자들이 이 상품들을 매입하려고 달려들어 점점 많은 자금이 주택 금융에 흘러들었다. 한편 주택 보유를 장려하기 위해 의회로부터 적격 모기지 구입 승인을 받은 두 거대 기업인 패니 메이(연방

주택저당공사)와 프레디 맥(연방주택대출저당공사)은—또한 이들은 준정부적 지위 덕분에 다른 기업보다 훨씬 낮은 금리로 돈을 빌릴 수 있었다—서브프라임 시장에 발을 깊숙이 담갔으며, 주택 시장이 부풀어 오르면서 이 회사의 주주들은 돈을 쓸어 담았다.

이 모든 현상이 전형적인 거품을 낳았다고 조지는 말했다. 주택 가격이 계속 상승하는 동안은 모두가 행복했다. 갑자기 선금을 한 푼도 내지 않고 꿈의 주택을 살 수 있게 된 가정들, 아무리 빨리 주택을 지어도 이 모든 신규 고객들을 만족시키지 못하는 개발업자들, 점점 복잡해지는 금융 상품을 팔아 두둑한 이익을 남기는 은행들, 빌린 돈으로 이 금융 상품들에 더욱 투자를 늘리는 헤지펀드와 투자은행들, 게다가 가구 소매업자, 양탄자 제조업자, 노동조합, 신문 광고 부서까지 그 누구도 파티가 끝나길 바라지 않았다.

하지만 수많은 부적격 구매자들이 시장을 떠받치는 상황에서는 파티가 결국 끝날 수밖에 없다고 조지는 확언했다. 내가 시카고에서 목격한 것은 미세한 진동에 불과하다고 그는 말했다. 일단 지진이 시작되면 서브프라임 대출이 가장 활발하던 플로리다, 애리조나, 네바다 같은 지역들이 훨씬 큰 피해를 입을 터였다. 주택 소유자들이 대규모로 디폴트를 시작하자마자 투자자들은 상당수 모기지 담보 증권이 AAA에 못 미쳤음을 깨닫게 된다. 그들은 최대한 빨리 증권들을 털어내면서 출구를 향해 돌진할 것이다. 이 증권들을 보유한 은행은 대량 인출 사태에 취약해지고, 손실을 만회하거나 자기자본비율을 유지하려고 대출을 회수할 것이며, 그러면 자격을 갖춘 가정도 모기지를 받기 힘들어져 주택 시장이 더욱 침체할 것이다.

이것은 악순환이 되어 시장에 공황을 초래할 수 있으며, 여기에 물린 액수가 하도 커서 그 결과는 우리가 생전에 겪어보지 못한 수준의 경제 위기가 될 것이다.

이 모든 설명을 들을수록 더욱 믿기지 않았다. 조지는 부풀려 말하는 성격이 아니었다. 돈에 대해서는 더욱 그랬다. 그는 자신이 강한 '숏' 포지션을 취했다고 말했는데, 이것은 모기지 담보 증권의 가격이 미래에 하락한다는 쪽에 내기를 거는 셈이었다. 전면적 위기의 위험이 그토록 크다면 왜 연방준비은행이나 은행 규제 기관을 비롯하여 그 누구도 이야기하지 않느냐고 그에게 물었다.

조지는 어깨를 으쓱했다. "자네가 내게 말하고 있잖아."

상원 사무실에 돌아간 나는 보좌관 몇 명에게 서브프라임 모기지 시장의 급상승에서 위험을 감지한 사람이 있는지 재정위원회 담당 보좌관들에게 확인해보라고 요청했다. 돌아온 보고는 미적지근했다. 연방준비제도(연준) 의장은 주택 시장이 약간 과열되었으며 결국 조정될 것임을 시사하면서도, 과거 추세로 보건대 금융 시스템이나 경제 전반에 대한 심각한 위협은 보이지 않는다고 말했다. 중간선거 캠페인의 출범을 비롯한 나머지 모든 사안이 발등의 불이었기에 조지의 경고는 내 머릿속에서 뒷전으로 물러났다. 사실 두어 달 뒤인 2007년 초에 그를 만났을 때는 금융 시장과 주택 시장 둘 다 침체하고 있었지만 심각한 문제는 없어 보였다. 조지는 막대한 손실을 입고 '숏' 포지션을 버릴 수밖에 없었다고 말했다.

"내기를 계속하기엔 현찰이 충분치 않아." 조지는 침착하게 말하더니 이렇게 덧붙였다. "사람들이 눈가림을 얼마나 유지하고 싶어 하는지를 내가 과소평가한 것 같군."

나는 조지에게 얼마나 손해를 봤느냐고 묻지 않았고 우리는 다른 주제로 넘어갔다. 그날 우리는 눈가림이 그리 오래 지속되지 않을 것임을 모른 채 작별했다. 그로 인한 끔찍한 여파가 고작 1년 반 뒤에 나의 대통령 당선에 결정적 역할을 하리라는 것도 그때는 알 수 없었다.


"의원님. 행크(헨리) 폴슨 전화입니다."

공화당 전당대회가 끝나고 열흘 정도가 지났고, 나와 존 매케인의 첫 토론회가 열하루 남은 때였다. 재무장관이 통화를 요청한 이유는 분명했다.

금융 시스템이 녹아내리고 있고 미국 경제까지 끌려들어가고 있었다.

캠페인을 시작할 때는 이라크가 가장 중대한 사안이었지만 나는 더 진보적인 경제정책이 필요하다는 것을 언제나 변화에 관한 주장의 핵심으로 삼았다. 내가 보기에 세계화와 혁신적 신기술의 조합은 적어도 20년째 미국 경제를 근본적으로 바꾸고 있었다. 미국 제조업체들은 생산 시설을 해외로 옮겨 저렴한 노동의 이점을 누렸으며 값싼 상품을 들여와 대형 할인점을 통해 판매했는데, 중소기업들은 이에 맞서 경쟁할 엄두도 내지 못했다. 최근에는 인터넷이 사무직 전 분야를, 경우에 따라서는 산업 전체를 쓸어버렸다.

이 새로운 승자 독식 경제에서는 자본을 통제하는 사람들이나 전문화되고 수요가 많은 기술을 가진 사람들—IT 기업가, 헤지펀드 매니저, 르브론 제임스(프로 농구 선수), 제리 사인펠드(코미디언) 같은 사람들—이 자산을 활용하고 전 세계를 대상으로 마케팅하여 인류 역사상 어느 집단보다 큰 부를 축적할 수 있었다. 하지만 일반 노동자에게 자본 이동성과 자동화는 협상력이 갈수록 약해진다는 의미였다. 제조업 도시들은 생기를 잃었다. 저물가와 값싼 평면 TV로는 해고, 노동 시간 단축과 임시직 노동, 임금 동결과 복지 혜택 축소를 상쇄할 수 없었다. 자동화를 통한 비용 절감이 어려운 두 분야인 의료비와 교육비가 계속 치솟는 상황에서는 더더욱 그랬다.

불평등은 더 큰 불평등으로 이어졌다. 중산층 미국인들조차 치솟는 집세 때문에 최고의 학교가 있는 지역이나 일자리 전망이 가장 좋은 도시에서 점차 밀려났다. 그들은 부유한 부모들이 자녀에게 제공하는 부가적 혜택—SAT 준비 과정, 코딩 캠프, 귀중하지만 무급인 인턴직—을 감당할 수 없었다. 2007년이 되자 미국 경제는 거의 모든 부자 나라보다 큰 불평등을 산출하고 있었을 뿐 아니라 상향 이동의 기회도 줄어들었다.

나는 이 결과들이 불가피하지 않았으며 로널드 레이건으로 거슬러 올라가는 정치적 선택의 결과라고 믿었다. 경제적 자유의 깃발 아래—'소유 사회'는 부시 대통령이 내세운 구호였다―미국인들은 부자 감세라는 식단을 꾸준히 공급받았고, 단체 교섭법이 무용지물이 되는 것을 목격했다. 사회 안전망을 민영화하거나 축소하려는 시도가 벌어졌으며 유아 교육에서 인프라까지 모든 분야에서 연방 예산의 투자 부족이 이어졌다. 이 모든 과정이 불평등을 가속화하는 바람에 가정들은 사소한 경제 변동조차 헤쳐 나가기 힘들었다.

나는 이 나라의 방향을 반대로 돌리자는 캠페인을 벌이고 있었다. 미국이 자동화를 되돌리거나 국제적 공급사슬로부터 단절할 수 있다고는 생각지 않았다(더 강력한 노동, 환경 조항을 무역 협정에 넣자고 교섭할 수는 있다고 생각했지만). 하지만 우리가 과거에 그랬듯 일하고자 하는 사람들이 공평한 기회를 얻을 수 있도록 법과 제도를 바꿀 수는 있으리라 확신했다. 어디에 들르든, 어느 도시와 어느 타운에서든, 나의 메시지는 한결같았다. 나는 꼭 필요한 교육, 연구, 인프라 투자의 재원을 마련하기 위해 고소득 미국인들의 세금을 인상하겠다고 약속했다. 노동조합을 강화하고 최저임금을 인상하는 것과 더불어 보편적 건강보장을 제공하고 대학 학비를 인하하겠다고 약속했다.

정부가 담대하게 조치한 선례가 있음을 사람들에게 알리고 싶었다. 프랭클린 D. 루스벨트는 자본주의를 스스로에게서 구함으로써 제2차 세계대전 이후 호황의 초석을 놓았다. 나는 강력한 노동법이 중산층의 번영과 국내 시장의 번영에 얼마나 도움이 되는지, 안전하지 않은 제품과 기만적 수법을 몰아냄으로써 소비자 보호법이 선량한 기업의 번영과 성장에 실제로 얼마나 도움이 되는지 곧잘 언급했다.

나는 탄탄한 공립학교와 주립대학과 제대군인 지원법이 어떻게 여러 세대에 걸쳐 미국인들의 잠재력을 끄집어내고 상향 이동을 유도했는지 설명했다. 사회보장과 메디케어(노인 의료보험 제도) 같은 프로그램은 바로 그 미국인들이 황금기에 안정을 누릴 수단을 선사했으며 테네시강 유역개발공사와 주간州間 고속도로 체계 같은 정부 투자 사업들은 생산성을 제고하고 수많은 기업에 발판을 제공했다.

나는 이런 전략들을 현재에 적용할 수 있으리라 확신했다. 어떤 구체적인 정책을 넘어서서, 기회를 확대하고 경쟁과 공정한 거래를 촉진하고 시장을 모두에게 봉사하도록 하는 일에 정부가 언제나 중요한 역할을 담당했음을 미국 국민의 마음속에 다시 인식시키고 싶었다.

다만 내가 예상하지 못한 것은 대규모 금융 위기였다.

친구 조지에게 일찌감치 경고를 들었음에도, 2007년 봄이 되어서야 경제 신문에서 심란한 헤드라인이 눈에 들어오기 시작했다. 서브프라임 주택 시장의 모기지 디폴트가 급증하면서 미국 2위의 서브 프라임 대부 업체 뉴 센추리 파이낸셜이 파산했다. 1위 대부 업체 컨트리와이드가 같은 운명을 피한 것은 연방준비제도°가 개입하여 뱅크 오브 아메리카와의 강제 결혼을 승인해준 덕분이었다.

충격에 빠진 나는 우리 경제팀과 논의한 뒤 2007년 9월 나스닥 연설에서 서브프라임 대출 시장의 규제 실패를 규탄하고 감독을 강화할 것을 촉구했다. 이것으로 다른 대통령 후보들보다 한발 앞섰을지는 모르지만, 월 스트리트에서 벌어지는 사건들이 통제 불능으로 치닫는 속도에 비하면 훨씬 뒤처져 있었다.

그 뒤로 몇 달간 금융시장은 안전 자산으로의 이동을 목격했다. 대부 업체와 투자자들은 정부 보증 재무부 증권으로 자금을 옮겼고 신용 한도를 바짝 조였으며 모기지 담보 증권과 관련하여 심각한 위험을 겪을지도 모르는 모든 회사에서 급히 자본을 회수했다. 전 세계 모든 대형 금융기관이 그런 상품에 직접 투자하거나(투자금을 조달하려고 부채를 지는 경우도

---

• 국가의 통화·금융정책을 수행하는 미국의 중앙은행이다. 대통령이 임명하고 상원이 승인한 이사 7명으로 이루어진 연방준비제도이사회(FRB)에서 운영하며, 미국 전역 12개 연방준비구에 연방준비은행을 하나씩 두고 있다. 가장 중요한 기능은 미국 달러 발행이다. 그 외에 지급준비율 변경, 주식 거래에 대한 신용 규제 등을 결정한다. 이들의 결정은 미국을 비롯해 세계 경제 전반에 영향을 미친다_옮긴이.

많았다) 그런 회사에 대출한 탓에 위험에 노출되어 있었다. 2007년 10월 메릴린치는 모기지 관련 손실을 79억 달러로 발표했다. 시티그룹은 손실이 110억 달러에 이를지도 모른다고 경고했다. 2008년 3월 투자 회사 베어스턴스의 주가가 하루 만에 57달러에서 30달러로 폭락하자 연준은 JP모건 체이스로 하여금 주식을 급매하도록 해야 했다. 월 스트리트의 나머지 주요 투자은행 세 곳인 골드만삭스, 모건스탠리, 특히 리먼브라더스에서 놀라운 속도로 자본이 유출되고 있었다. 이들도 비슷한 운명을 맞을지, 그리고 언제 맞을지는 누구도 알 수 없었다.

대중의 입장에서는 탐욕스러운 은행가와 헤지펀드 매니저들이 천벌을 받았다고 생각하고 싶을 법도 했다. 회사들이 도산하고, 보너스로 2000만 달러를 챙기던 임원들이 요트, 제트기, 햄프턴스(여름 휴양지로 유명한 해변 타운인 사우샘프턴과 이스트 햄프턴_옮긴이)의 주택을 팔아야 하더라도 대중은 방관하고 싶어 했다. 나는 월 스트리트 임원들을 개인적으로 많이 만나보았기에 (전부는 아니더라도) 상당수가 사람들의 고정관념과 비슷하게 산다는 사실을 알았다. 그들은 우쭐대고 거들먹거렸으며 돈을 흥청망청 썼고 자신의 결정이 다른 사람들에게 어떤 영향을 미칠지에 대해서는 무관심했다.

문제는 현대 자본주의 경제에서는 금융 공황 와중에 좋은 기업과 나쁜 기업을 구분하거나 무모하거나 부도덕한 기업만 고통을 겪게 하는 일이 불가능하다는 것이었다. 좋든 싫든 모두가, 모든 것이 연결되어 있었다.

봄이 되자 미국은 전면적 불황에 접어들었다. 주택 거품과 금융 완화 덕분에 미국 경제의 온갖 구조적 약점들은 10년 내내 가려져 있었다. 하지만 디폴트가 급증하고 신용이 경색하고 주식시장이 하락하고 주택 가격이 폭락하면서 크고 작은 기업들이 긴축에 돌입했다. 그들은 노동자를 해고하고 주문을 취소했다. 새로운 공장과 IT 시스템에 대한 투자를 연기했다. 이 회사들에서 일하던 사람들이 일자리를 잃고, 자신의 주택이나 퇴직연금의 가치가 주저앉고, 신용카드 대금을 납부하지 못하고 적금을 깨야 하는 상황에 내몰리면서 그들 또한 긴축에 돌입했다. 신차 구입을 미루고 외식을 중단하고 휴가를 연기했다. 판매가 하락하니 기업들은 임금과 지출을 더더욱 삭감했다. 이러한 수요 위축의 전형적 패턴은 달이 갈수록 점점 악화했다. 3월 데이터에 따르면 모기지 11개 중 1개가 기한을 넘기거나 압류되었고 자동차 판매량이 주저앉았다. 5월에는 실업이 0.5퍼센트포인트 증가했는데, 20년 만에 최대 월간 증가율이었다.

이제 부시 대통령이 해결해야 할 문제가 되었다. 경제 자문들이 강력히 촉구하자 그는 세액 감면 및 공제를 통해 소비 지출을 진작하고 경제에 자극을 가하기 위한 1680억 달러 경제 구제 대책에 대한 초당적 합의를 의회로부터 이끌어냈다. 하지만 구제 방안이 설령 효과를 발휘했더라도 그해 여름 휘발윳값 상승이 효과를 반감시켰으며 위기는 점점 악화하기만 했다. 7월에는 인디맥이라는 캘리포니아의 한 은행에서 절박한 고객들이 예금을 인출하려고 줄 선 광경을 미국 전역의 뉴스 방송사들이 보도했다. 인디맥은 즉각 도산했다. 덩치가 훨씬 큰 워코비아가 살아남은 것은 폴슨 재무장관이 파산을 막으려고 '시스템 리스크 예외'(연방예금보험공사가 정부 재정을 사용할 수 있도록 허용하는 조치_옮긴이)를 발동할 수 있었기 때문이다.

한편 의회는 미국 모기지의 90퍼센트 가까이를 보장한 두 거대 사기업 패니 메이와 프레디 맥이 무너지지 않도록 2000억 달러의 지원을 승인했다. 둘 다 새로 설립된 연방주택기업감독청을 통해 정부의 관리하에 들어갔다. 하지만 이렇게 큰 규모로 개입했는데도 시장은 여전히 붕괴의 기로에서 비틀거리는 것 같았으며 당국이 삽으로 자갈을 부어 넣어도 바닥의 구멍은 커져만 가는 듯했다. 잠깐이지만 정부의 자갈이 바닥난 적도 있었다.

이것이 재무장관 행크 폴슨이 전화한 이유였다. 나는 그가 골드만삭스 최고경영자일 때 처음 만났다. 키가 크고 머리가 벗어지고 안경을 쓴 그는 어색하지만 진솔한 태도의 소유자로, 면담 시간 내내 자신이 환경보호에 얼마나 열성적인지 말했다. 하지만 평상시의 걸걸하던 목소리는 이날 피로와 두려움에 맞서 싸우는 사람처럼 완전히 갈라져 있었다.

그날 아침, 9월 15일 월요일에 자산 6390억 달러의 회사 리먼브라더스가 파산을 신청한다고 발표했다. 재무부가 역대 최대의 파산 신청을 막으려고 개입하지 않았다는 사실은, 위기가 새로운 국면에 접어들고 있음을 보여주었다.

그가 말했다. "시장 반응이 매우 나쁠 것으로 예상됩니다. 상황이 호전되기 전에 악화할 가능성이 큽니다."

그는 리먼브라더스가 회생시키기에는 너무 허약하고 어떤 금융기관도 그 부채를 떠안으려 하지 않는다고 재무부와 연방준비제도가 판단한 이유를 설명했다. 부시 대통령이 폴슨으로 하여금 나와 존 매케인 둘 다에게 브리핑하도록 승인한 것은 추가 긴급 조치들에 정계의 초당적 지지가 필요하기 때문이었다. 폴슨은 두 캠프가 상황의 심각성을 인지하고 적절히 대응하기를 바랐다.

정치에 대한 폴슨의 우려가 옳았다는 것은 여론조사원이 없어도 알 수 있었다. 우리는 전국 선거를 7주 앞두고 있었다. 대중이 위기의 심각성에 대해 더 알게 되면서, 방만한 은행들을 구제하는 데 수십억 달러의 세금을 쓴다는 발상은 인기 순위 면에서 지독한 대상포진과 오사마 빈라덴 중간일 것이 틀림없었다. 이튿날 폴슨 재무부는 골드만삭스와 모건스탠리의 은행지주사 전환을 허용하여 두 기관이 연방정부의 보호를 받을 자격이 있는 상업은행을 설립할 수 있도록 함으로써 재난을 방지했다. 하지만 신용 등급이 높은 우량 기업조차 일상적 운영에 필요한 자금을 차입할 수 없게 되었고, 예전에는 현금만큼 안전하고 유동성이 크다고 여겨진 머니 마켓 펀드가 휘청거리기 시작했다.

민주당원들은 파국의 책임을 행정부에 돌리고 싶었을 테지만, 진실은 많은 민주당 의원이 서브프라임 호황 내내 주택 보유율 증가에 박수갈채를 보냈다는 것이다. 재선을 앞둔 공화당원들은 인기 없는 대통령과 경제 침체 때문에 이미 손해를 보고 있던 터라 월 스트리트 추가 '구제'에 찬성표를 던진다는 것은 제 무덤을 파는 격이었다.

나는 폴슨에게 말했다. "추가 조치를 취할 필요가 있다면, 추측컨대 가장 큰 문제는 내 쪽이 아니라 당신 쪽에서 발생할 것 같군요." 이미 많은 공화당원들은 부시 행정부의 금융 부문 개입이 제한적 정부라는 보수주의 원칙에 어긋난다고 불평하고 있었다. 그들은 연준이 권한을 남용한다고 질타했고, 몇몇은 정부 규제 기관들이 서브프라임 시장의 문제를 더 일찍 포착하지 못했다고 뻔뻔스럽게도 비판했다. 지난 8년간 모든 금융 규제를 찾아내는 족족 억누르려 했던 과거를 잊어버린 듯했다.

그때까지 존 매케인은 공식 논평을 내놓지 않았다. 나는 폴슨에게 상황이 진전되는 대로 내 경쟁자와 긴밀한 접촉을 유지하라고 당부했다. 공화당 후보인 매케인은 부시와 거리를 두는 사치를 누릴 수 없었다. 실은 부시의 경제정책을 대부분 계승하겠다는 그의 공약이 언제나 그의 가장 큰 약점 중 하나였다. 예비선거 기간 동안 그는 경제정책에 관해서는 아는 게 별로 없음을 실토했다. 최근 그는 집을 몇 채 소유했는지 잘 모른다고 기자에게 인정함으로써 자신이 현실과 동떨어져 있다는 인상을 더욱 굳혔다. (정답은 여덟 채였다.) 폴슨이 내게 들려준 말로 판단컨대 매케인의 정치적 문제는 조만간 더 악화할 듯했다. 그의 정치적 조언자들은 행정부가 시도하는 모든 금융 구제 시도와도 거리를 두어 유권자들에게 점수를 따라고 강권했을 것이 틀림없었다.

매케인이 정부 조치를 지지하지 않기로 한다면, 나 또한 그 뒤를 따르라는 거센 압박을 민주당으로부터, 또한 우리 운동원들로부터 받으리라는 것을 알고 있었다. 그럼에도 폴슨과의 대화를 마무리하면서 나는 매케인이 어떻게 하는지는 중요하지 않다는 것을 알고 있었다. 이렇게 중차대한 상황에서라면 나는 행정부가 사태를 안정시키도록 도울 수만 있다면 무슨 일이든, 정치와 관계없이 할 각오였다.

대통령이 되고 싶다면 그렇게 행동해야 한다고 나는 스스로에게 말했다.

예상대로 존 매케인은 급속히 전개되는 사건들에 대해 좀처럼 일관된 반응을 내놓지 못했다. 하필이면 리먼브라더스에 관한 발표가 있던 날, 그는 TV로 중계된 집회에서 대중을 안심시키려고 "경제의 기초는 탄탄합니다"라고 단언했다. 우리 캠프는 이것을 놓치지 않고 그를 말 그대로 달달 볶았다. (나는 그날 열린 집회에서 이렇게 물었다. "의원님, 당신이 말씀하고 있는 경제는 어떤 경제인가요?")

뒤이은 며칠간 리먼브라더스의 파산 소식이 금융시장을 완전한 공황으로 몰아넣었다. 주가가 폭락했다. 메릴린치는 이미 뱅크 오브 아메리카에 헐값으로 매각되었다. 한편 은행들에 2000억 달러를 융자해준다는 연방준비제도의 계획은 미흡한 것으로 드러났다. 패니 메이와 프레디 맥을 떠받치려고 거액이 투입된 것 이외에도, 서브프라임 증권 시장에 뛰어든 대형 보험회사 AIG를 정부가 긴급히 인수하기 위해 850억 달러가 추가로 쓰이고 있었다. '대마불사'—글로벌 금융 네트워크와 너무 긴밀히 연계된 탓에 이 회사가 무너지면 은행들의 연쇄 부도가 일어난다는 뜻—의 대표 격이었던 AIG는 정부가 개입한 뒤에도 계속해서 자금 이탈을 겪었다. 리먼브라더스가 무너지고 나흘 뒤에 부시 대통령과 폴슨 장관은 벤 버냉키 연방준비제도 의장과 크리스 콕스 증권거래위원회 위원장을 대동하고 TV에 출연하여 7000억 달러의 긴급 자금을 새로 마련하는 법안이 의회에서 통과되어야 한다고 발표했다(이 계획은 훗날 부실 자산 구제 프로그램, 즉 타프TARP로 알려지게 된다). 이것은 아마겟돈을 면하기 위해 그들이 추산한 비용이었다.

실수를 만회하기 위해서인지 매케인은 AIG에 대한 정부의 구제 조치에 반대한다고 선언했다. 하지만 하루 뒤에 입장을 번복했다. 타프에 대한 입장이 불분명했는데, 이론상 구제에 반대하면서도 현실적으로 이번 조치는 지지할 수도 있다는 식이었다. 이 모든 난맥상 가운데에서 우리 캠프는 부자와 권력자를 중산층보다 우대한 '부시·매케인' 경제 의제가 이 위기와 연관 있고, 매케인이 이 나라의 키를 잡아 힘겨운 경제 상황을 헤쳐 갈 준비가 되어 있지 않다고 주장하는 데 아무 어려움이 없었다.

그럼에도 나는 폴슨에게 한 약속을 지키려고 최선을 다했고, 부시 행정부가 의회의 구제 대책 승인을 얻어낼 기회를 위태롭게 할 수 있는 공식 논평을 자제하라고 우리 팀에 지시했다. 나는 내부 경제 자문 오스틴 굴즈비와 제이슨 퍼먼뿐 아니라 임시 자문단과도 상의하기 시작했다. 자문단에는 폴 볼커 전 연방준비제도 의장, 래리 서머스 전 클린턴 행정부 재무장관, 전설적 투자가 워런 버핏이 참여했다. 예전에 대규모 금융 위기를 겪어본 그들은 이번 위기가 차원이 다르다는 데 동의했다. 신속히 조치를 취하지 않으면 매우 실질적인 경제 붕괴 가능성에 직면하리라고 그들은 말했다. 수백만 명의 미국인이 집과 노후 대비 저축을 잃을 것이고 대공황 시대와 맞먹는 실업이 발생하리라는 것이었다.

그들의 브리핑은 내가 위기의 요점을 이해하고 다양한 대처 방안을 평가하는 데 더없이 귀중했다. 또한 그들은 나를 잔뜩 겁에 질리게 했다. 매케인과의 첫 토론회가 열릴 탬파에 도착할 즈음에는 적어도 경제의 핵심에 대해서는 제대로 알고 말할 수 있겠다는 자신감이 들었다. 그리고 위기가 길어졌을 때 미국 전역의 가정들이 입을 피해가 점점 두려워졌다.

미국에 드리운 위기에 정신이 팔려 있긴 했지만 토론회를 준비하는 사흘간 내내 호텔에 틀어박혀 있게 될 줄은 몰랐다. 예비선거 토론회에서 내가 일관된 모습을 보이지 못했음을 감안하면 이것은 필요한 과정이었다. 다행히 우리 팀은 변호사이자 정치 베테랑인 론 클레인과 톰(토머스) 도닐런을 영입했는데, 그들은 비슷한 역할을 맡아 앨 고어, 빌 클린턴, 존 케리 같은 후보들을 준비시킨 경험이 있었다. 내가 도착하자 그들은 토론회 형식을 자세히 알려주고, 제기될 가능성이 있는 모든 질문을 대략적으로 설명했다. 액스, 플러프, 홍보 자문 어니타 던, 그리고 나머지 팀원들과 함께 자신들이 듣고 싶은 정확한 답변이 나올 때까지 단어와 표현 하나하나까지 챙기며 몇 시간 동안 나를 훈련했다. 우리가 거점으로 삼은 낡은 빌트모어 호텔에서 론과 톰은 토론장을 정확히 복제한 무대를 만들어야 한다고 주장했고, 첫날 밤부터 온전한 90분짜리 가상 토론회를 진행하면서 속도부터 자세와 어조에 이르기까지 나의 토론 방식을 꼬치꼬치 따지고 들었다. 진이 빠지는 일이었지만 유익했다는 사실은 부정할 수 없다. 머리를 베개에 댈 즈음에는 논점들이 꿈에서까지 나올 것만 같았다.

그들은 최선을 다했지만, 나는 호텔 방 밖에서 벌어지는 뉴스들 때문에 정신이 산란했다. 연습 중간중간에 시장 추이와 행정부의 타프 입법 전망에 관한 뉴스를 읽었는데, 그것을 '입법'이라고 부르는 것은 과장이었다. 행크 폴슨이 의회에 제출한 법안은 부실 자산을 매입하고 더 일반적으로는 위기 통제에 필요하다고 생각되는 조치들을 취하기 위해 재무부가 7000억 달러의 긴급 자금을 사용하도록 승인한다는 세 쪽짜리 표준 문안으로 이루어져 있었다. 언론과 대중이 가격표에 비명을 지르고 복도 양편의 의원들이 구체적인 내용이 없다며 난색을 표한 탓에 행정부는 법안을 표결에 부치지도 못하고 있다고 피트 라우스가 내게 말했다.

해리 리드와 낸시 펠로시 하원 의장도 전화 통화에서 이 사실을 확인해주었다. 냉철한 정치인인 이들은 기회가 생겼을 때 다수 의석을 탄탄히 다지기 위해서라면 공화당에 맹공을 퍼붓는 데 거리낌이 없었다. 하지만 그 뒤로 몇 년간 거듭거듭 목격했듯 해리와 낸시는 중대 사안이 결부되었을 때는 기꺼이 (때로는 엄청나게 투덜거린 뒤에) 정치를 배제했다. 타프와 관련하여 그들은 내가 지침을 제시하길 바랐다. 나는 솔직한 견해를 밝혔다. 이번 조치가 월 스트리트에만 이익이 되지 않도록 몇 가지 조건을 달되 민주당이 법안 통과에 협조해야 한다고 했다. 고맙게도 두 당내 사령탑은 각자의 코커스를 설득하여 법안이 통과되도록 표를 끌어모으겠다고 말했는데, 다만 '만일 부시와 공화당 지도부가 공화당 표를 충분히 확보한다면'이라는 전제를 달았다.

나는 이 '만일'이 엄청나게 중요하다는 것을 알고 있었다. 인기 없는 법안, 얼마 남지 않은 선거, 어느 쪽도 상대편에 실탄을 쥐여주고 싶어 하지 않는 상황. 교착 상태가 벌어지기에 안성맞춤인 조건이었다.

난국을 타개하기 위해 나는 친구인 오클라호마주 공화당 상원의원 톰 코번이 제안한 돈키호테식 발상을 진지하게 검토하기 시작했다. 의회가 수정된 타프를 통과시킬 것을 지지하는 공동 성명을 매케인과 내가 내놓는다는 것이었다. 우리 둘 다 피 묻은 칼에 손을 올리면 표결에서 정치를 배제하여 초조한 의회가 선거에 미칠 영향에 휘둘리지 않고 합리적으로 결정할 수 있으리라는 논리였다.

매케인이 이 제안에 어떻게 반응할지는 알 수 없었다. 교묘한 수작처럼 보일 우려도 있었지만, 구제 대책이 통과되지 않으면 위기가 전면적 불황으로 비화하리라는 것을 알았기에 도전해볼 만하다고 판단했다.

나는 짧은 캠페인 행사를 마치고 호텔에 돌아가면서 매케인과 전화 통화를 했다. 그의 목소리는 부드럽고 정중했지만 신중했다. 그는 공동 성명의 가능성을 열어두겠다고 말했지만, 다른 아이디어를 고심하고 있었다. 우리 둘 다 선거운동을 연기하는 게 어떻겠느냐는 것이었다. 토론회를 연기하고 워싱턴으로 돌아가 구제 대책이 통과될 때까지 기다리자는 말이었다.

대통령 선거 캠페인 서커스의 무대를 워싱턴으로 옮기는 게 어떤 도움이 된다는 건지 상상이 되지 않았지만, 하루하루의 난타전을 초월하여 법안을 통과시키고 싶어 하는 듯한 매케인의 모습에 감명받았다. 나는 퇴짜 놓는 것처럼 들리지 않도록 주의하면서 우리 둘의 선거사무장들이 우리가 고려할 만한 방안들을 작성하여 한두 시간 뒤에 다시 연락하자고 제안했고, 그도 동의했다.

이만하면 진전이 있었다고 생각하며 전화를 끊었다. 그리고 플러프에게 전화를 걸어 매케인의 선거사무장 릭 데이비스와 통화하여 후속 조치를 진행하라고 지시했다. 몇 분 뒤 호텔에 도착해서 보니 플러프는 얼굴을 잔뜩 찌푸린 채였다. 방금 데이비스와 통화를 끝낸 참이었다.

그가 말했다. "매케인이 곧 기자회견을 열 거예요. 자신의 캠페인을 연기하고 워싱턴으로 날아간다는 계획을 발표하겠대요."

"뭐라고요? 10분 전에 이야기를 나눴는데요."

"네, 그게…… 그는 솔직하지 않았어요. 데이비스가 말하길 매케인은 구제 대책이 72시간 안에 통과되지 않으면 토론회에도 불참하겠다는군요. 당신도 캠페인 연기에 동참할 것을 매케인이 공개적으로 촉구할 거라네요. 이유가 뭔지 알아요? '매케인 상원의원은 지금은 정치가 뒷좌석으로 물러나야 한다고 생각한다'라는 거예요." 이 말을 내뱉는 플러프는 누구라도 한 대 치고 싶어 하는 듯한 표정이었다.

몇 분 뒤에 우리는 매케인이 성명을 발표하는 장면을 지켜보았다. 근심이 잔뜩 밴 목소리였다. 분노와 실망감을 억누르기 힘들었다. 너그럽게 해석하자면, 매케인이 저렇게 반응한 이유는 불신 때문이었을 것이다. 공동 성명이라는 내 제안이 선수 치려는 시도라고 우려하여 자기가 선수 치기로 결정했다는 뜻이다. 하지만 우리 운동원들의 한결같은 해석은 그보단 덜 너그러웠는데, 자포자기한 캠프가 또 한 번의 성급한 정치 쇼를 벌였다는 것이었다.

쇼였든 아니었든 워싱턴 정계의 내부자들은 모두 매케인의 행동을 묘수로 평가했다. 기자회견이 끝나자마자 민주당 컨설턴트와 벨트웨이(워싱턴 정가_옮긴이) 지지자들이 우려 섞인 메시지를 쏟아냈다. 지금은 국가적 비상사태이니 캠페인을 연기하지 않으면 주도권을 빼앗길지도 모른다는 것이었다. 하지만 기질상으로나 경험상으로나 우리는 통념을 따를 생각이 없었다. 나는 우리 둘이 워싱턴에 들어앉으면 타프가 통과될 가능성이 커지기보다는 줄어들 거라 생각했을 뿐 아니라 금융 위기로 인해 토론회 개최의 중요성이 훨씬 커졌다고 생각했다. 그래야 유권자들이 자신들을 미답의 바다로 안내하겠다며 겨루는 두 사람에게서 직접 이야기를 들을 수 있기 때문이었다. 그럼에도 매케인의 제안을 거부하는 것은 큰 도박처럼 느껴졌다. 나는 우리 팀을 불러모아 내 판단에 반대하는 사람이 있느냐고 물었다. 다들 주저없이 없다고 말했다.

나는 미소 지었다. "좋아요, 그렇다면."

한 시간 반 뒤에 나는 기자회견을 열어 캠페인을 연기하지 않겠다고 말했다. 이미 폴슨과 의회 지도부로부터 정기적으로 조언을 들었고, 필요하면 어느 때든 워싱턴으로 날아갈 수 있다고 지적했다. 그런 뒤에 내가 즉석에서 떠올린 문구는 뉴스에서 화제가 되었다. "대통령은 한 번에 한 가지 이상을 처리해야 하는 자리입니다."

유권자들이 어떻게 반응할지는 알 수 없었지만, 우리 모두 내 결정에 흡족해했다. 하지만 우리가 다음 단계로 넘어가려고 하던 찰나 플러프가 부시의 비서실장 조시 볼턴에게서 전화 통화를 요청하는 이메일을 받았다. 그는 방에서 뛰쳐나갔다가 몇 분 뒤에 돌아왔는데, 얼굴을 더욱 찌푸린 채였다.

"매케인이 내일 백악관에서 당신, 매케인, 의회 지도부와 타프 협상 타결을 위한 회의를 열라고 부시에게 요청한 게 분명해요. 어느 때든 부시가 전화를 걸어 축제에 초대할지 몰라요."

액스가 고개를 내둘렀다.

그가 말했다. "이건 말도 안 되는 개수작이에요."


백악관 국무회의실은 넓진 않아도 웅장한 방으로, 진홍색 양탄자에는 황금색 별들이 박혀 있고 크림색 벽에는 독수리 모양 촛대가 달려 있다. 회의실 북쪽에는 고전 양식으로 조각된 워싱턴과 프랭클린의 대리석 흉상이 벽난로 양쪽 벽감에서 실내를 내려다보고 있다. 중앙에는 반들거리는 마호가니로 만든 타원형 탁자 주위로 가죽 의자 스무 개가 놓여 있고, 의자 등받이 뒤쪽에는 대통령, 부통령, 각료들의 자리를 표시한 작은 놋쇠 판이 붙어 있다. 이곳은 역사의 무게를 짊어지기 위해 지어진 엄숙한 숙의의 공간이다.

평소에는 로즈 가든이 내다보이는 넓은 프렌치 도어(좌우로 열리는 유리문_옮긴이) 창문으로 햇살이 비쳐 든다. 하지만 9월 25일, 부시가 매케인의 요청으로 소집한 회의에서 내가 자리에 앉을 때는 하늘에 구름이 드리워 있었다. 탁자 주위로 대통령, 부통령 체니, 매케인, 내가 앉았고 행크 폴슨, 낸시 펠로시, 해리 리드, 공화당 지도부 존 베이너와 미치 매코널, 거기에다 유관 위원회들의 위원장 및 간사들이 동석했다. 백악관 직원들과 의원 보좌관들이 벽에 늘어서 메모하고 두꺼운 브리핑 자료집을 뒤적였다.

거기 있고 싶어 하는 사람은 아무도 없어 보였다.

전날 대통령과 내가 전화 통화를 했을 때 그는 시무룩한 기색이 역력했다. 나는 조지 W. 부시가 결정한 주요 정책 대부분에 반대했지만, 솔직하고 소탈한 성격, 자기 비하적 유머를 보고서 그를 좋아하게 되었다.

그가 사과하다시피 하는 말투로 말했다. "매케인이 왜 이걸 좋은 아이디어라고 생각하는지 모르겠군요." 그는 행크 폴슨과 내가 매일 두어 차례 의견을 교환했음을 알아주었고, 민주당이 법안에 찬성하도록 내가 막후에서 노력한 것에 감사를 표했다. 부시가 말했다. "내가 당신이라면 워싱턴에는 오고 싶지 않았을 거요. 하지만 매케인이 부탁했고 난 거절할 수가 없어요. 금방 끝나기만 바랄 수밖에요."

폴슨을 비롯한 부시 참모진이 설득력 있는 이유를 제시하며 회의에 반대했다는 사실은 나중에야 알게 되었다. 지난 며칠간 의회 지도부는 타프 입법에 대한 의견 차이를 좁히고 있었다. 바로 이날 아침, 잠정 합의가 도출되었다고 보도되었다(몇 시간 안에 하원 공화당에서 번복하기는 했지만). 이렇게 미묘한 국면에서 협상을 진행하고 있었기에 부시 참모진은 나와 매케인을 참여시키는 것이 도움보다는 방해가 되리라고 옳게 판단했다.

하지만 부시는 그들의 의견을 묵살했고 나는 그를 비난할 수 없었다. 자신의 당 안에서 타프에 대한 저항이 커져만 가는 상황에서 공화당 후보까지 자신에게 반대하는 것은 감당하기 힘들었으리라. 그래도 회의가 진행되는 전체 과정에는 정교한 가식의 분위기가 감돌았다. 방 안의 시무룩한 얼굴들에서 나는 우리가 모인 이유가 실질적 협상을 하기 위해서가 아니라 대통령이 한 사람을 구슬리도록 하기 위해서임을 깨달았다.

대통령은 단합을 짧게 강조하며 말문을 열고는 폴슨에게 회의 진행을 넘겼다. 폴슨은 현재 시장 상황을 보고한 뒤에, 타프 기금으로 은행들로부터 악성 모기지('독성 자산'이라고 불렸다)를 매입하여 수지를 개선하고 시장의 확신을 회복할 방안을 설명했다. 설명이 끝나자 부시가 말했다. "행크와 벤이 이 계획이 성공할 거라 생각한다면 나는 찬성하겠소."

의전에 따라 대통령은 펠로시 의장에게 발언권을 넘겼다. 하지만 낸시는 자신이 먼저 발언하지 않고, 내가 민주당을 대표하여 먼저 발언하는 것이 민주당의 의견임을 대통령에게 정중하게 밝혔다.

나를 선발 투입한다는 것은 낸시와 해리의 아이디어였고, 그들이 고마웠다. 그 덕에 숙의 과정에서 매케인에게 허를 찔리지 않을 수 있었을 뿐 아니라, 이것은 동료 민주당원들이 자신들과 나를 정치적 운명 공동체로 여긴다는 표시이기도 했다. 공화당은 이 수에 당황한 듯했고, 대통령은 수락의 뜻으로 고개를 끄덕이기 전에 낸시에게 자신의 전매특허인 능글맞은 웃음을 지어 보였다(기민한 정치인인 그는 상대방의 묘수를 인정할 줄 알았다).

그 뒤로 몇 분간 나는 위기의 본질을, 추진 중인 법안의 세부 내용을 이야기하고 감독, 임원 보상, 그리고 민주당이 여전히 필요성을 주장하는 주택 소유자 구제책 등의 남은 쟁점들도 언급했다. 금융 구제 노력에 정치를 개입시키지 않겠다는 매케인 상원의원과 나의 공개적 맹세를 거론하며 민주당이 법안 통과에 필요한 표를 던질 거라고 말했다. 하지만 일부 공화당 지도부가 후퇴하여 전혀 새로운 계획을 백지에서 시작하자고 주장한다는 보도가 조금이라도 사실이라면 협상이 수렁에 빠질 수밖에 없고 "그 결과는 심각할 것"이라고 경고했다.

부시가 매케인을 돌아보며 말했다. "존, 버락이 발언 기회를 얻었으니 당신이 다음 차례가 되어야 공평할 것 같군요."

다들 매케인을 쳐다보았다. 그는 입을 앙다물었다. 매케인은 뭐라고 말하려다 생각을 고쳐먹고는 의자에서 잠시 꼼지락거렸다.

마침내 그가 입을 열었다. "제 차례를 기다리도록 하죠."

인생에서처럼 선거전에서도 하나만 빼고 모든 가능한 경로가 갑자기 막히는 때가 있다. 그럴싸한 결과들이 폭넓게 퍼져 있다가 어느 순간 필연적인 하나로 수렴하는 것이다. 지금이 그런 순간이었다. 부시는 매케인을 보며 눈쌀을 찌푸리더니 어깨를 으쓱하고는 존 베이너에게 발언권을 넘겼다. 베이너는 백지에서 시작하자는 것은 아니라면서도 몇 가지 수정하고 싶은 게 있다고 말했다. 그중 그가 설명하느라 애를 먹은 수정안은 연방정부가 은행들의 자산을 매입하는 게 아니라 손실을 보장해주자는 내용이었다.

나는 폴슨에게 이 공화당 보험 방안을 들여다보았느냐고, 그러고도 효과가 있겠다고 판단했느냐고 물었다. 폴슨은 방안을 들여다보았으며 효과가 없을 거라고 잘라 말했다.

상원 재정위원회 간사 리처드 셸비가 말꼬리를 자르고는 타프가 효과가 없으리라는 얘기를 많은 경제학자에게 들었다고 말했다. 그는 의회가 모든 방안을 고려하도록 시간을 더 달라고 제안했다. 부시가 그의 말을 끊고는 이 나라에 더는 시간이 없다고 말했다.

토론이 길어질수록 공화당 지도부 모두가 최신 타프 법안의 실제 내용을—말이 나왔으니 말인데, 자신들이 제안한 변경 사항의 성격도—잘 모른다는 사실이 뚜렷해졌다. 그들은 힘든 표결을 회피할 방법을 찾으려고만 했다. 그들이 옥신각신하는 것을 몇 분간 듣다가 내가 다시 끼어들었다.

내가 말했다. "대통령님, 매케인 의원님에게 어떤 하실 말씀이 있는지 들어보고 싶군요."

다시 한번 좌중의 시선이 매케인에게 쏠렸다. 그는 손에 쥔 작은 메모지를 쳐다보고서 알아듣지 못할 소리를 중얼거리더니, 베이너가 코커스를 설득할 여지를 주어야 한다느니 하는 뻔한 얘기를 2~3분간 늘어놓았다.

그걸로 끝이었다. 계획은 전혀 없었다. 전략도 없었다. 서로 다른 두 입장을 조율할 방안에 대한 제안은 눈곱만큼도 없었다. 회의실에는 침묵이 감돌았고, 매케인은 자신이 삼진 아웃 당한 것을 아는 타자처럼 메모지를 내려놓고 눈을 내리깔았다. 측은한 생각이 들었다. 그의 팀이 그토록 결정적인 행보를 부추기고는 후보를 준비도 안 된 상태에서 회의에 내보낸 것은 정치적 배임 행위였다. 그날 그가 부진했다는 소문을 들은 기자들은 호의적으로 보도하지 않았다.

하지만 존의 기이한 행동이 낳은 더 직접적인 결과는 국무회의실에서 벌어진 난투극이었다. 낸시와 스펜서 바커스 하원 금융서비스위원회 공화당 간사가 최근 개정된 법안의 납세자 보호 조치 강화가 누구 덕인지를 놓고 설전을 벌이기 시작했다. 매사추세츠주의 강인하고 명민하고 유능한 민주당 의원으로, 폴슨을 도와 타프가 결승선을 가르도록 하기 위해 누구보다 열심히 일했을 바니 프랭크가 이렇게 거듭거듭 외치며 공화당 의원들을 조롱하기 시작했다. "당신들 계획은 뭐요? 당신들 계획은 뭐냐고요?" 얼굴들이 시뻘게지고 언성이 높아졌으며 목소리가 뒤섞였다. 그러는 내내 매케인은 의자에서 안절부절못하며 침묵했다. 회의장이 아수라장으로 변하자 마침내 부시 대통령이 일어섰다.

그가 말했다. "분위기가 도무지 수습이 안 되는군요. 이만합시다."

이 말과 함께 그는 빙글 돌더니 남쪽 문으로 빠져나갔다.

나는 이 모든 광경에 어안이 벙벙했다.

매케인과 공화당 지도부가 재빨리 회의실에서 나가자 나는 낸시, 해리, 나머지 민주당 의원들을 끌고 바로 옆의 루스벨트룸에 들어갔다. 민주당 의원들은 발끈한 정도가 제각각이었는데, 나는 기자들에게 회의에 대해 논평하지 않기로 했기에 의원들의 입에서 사태를 악화시킬 발언이 나오지 않게 하고 싶었다. 우리가 회의를 건설적으로 요약할 방법을 논의하고 있는데 폴슨이 얼떨떨한 표정으로 들어왔다. 동료 몇 명이 마치 놀이터에서 동무를 따돌리듯이 그를 쏘아붙이기 시작했다. 몇몇은 야유를 보내기까지 했다.

폴슨이 펠로시 옆에 우뚝 서서 말했다. "낸시, 제발요……." 그러더니 유머와 절박함을 절묘하고도 어딘지 서글프게 뒤섞은 채 196센티미터의 거구와 예순둘의 노구를 낮춰 한쪽 무릎을 꿇었다. "간곡히 부탁드립니다. 무산시키지 말아주세요."

펠로시의 얼굴에 금세 미소가 피어올랐다. 그녀가 말했다. "행크, 당신이 가톨릭인 줄 몰랐네요." 하지만 미소를 금방 거두고는 퉁명스럽게 덧붙였다. "못 보셨나 본데 무산시키려는 쪽은 우리가 아니에요."

나는 폴슨의 선의를 인정할 수밖에 없었다. 일어선 그는 몇 분 더 있으면서 민주당 의원들의 화풀이를 받아주었다. 언론 회동을 위해 밖으로 나갈 즈음에는 다들 마음을 가라앉혔고, 회의를 최대한 좋게 묘사하기로 합의했다. 행크와 나는 그날 밤 이야기를 나누기로 했다. 백악관을 나온 후 플러프에게 전화했다.

그가 물었다. "어떻게 됐어요?"

나는 잠시 생각하고는 이렇게 말했다. "우리한테는 잘됐어요. 하지만 방금 목격한 것으로 판단컨대 우리가 승리하지 않으면 나라가 결딴날 거예요."


나는 천성적으로 미신을 안 믿는다. 어릴 적에도 행운의 숫자를 정하거나 토끼 발을 간직하지 않았다. 유령이나 요정도 믿지 않았다. 생일 케이크 촛불을 끄거나 분수에 동전을 던지며 소원을 빌 때마다 어머니는 소원을 이루는 직접적인 방법은 노력하는 것이라며 대뜸 찬물을 끼얹었다.

하지만 선거운동을 치르다 보니 영적 세계에 몇 가지 양보를 하게 됐다. 어느 날 아이오와에서 행사가 끝난 뒤 오토바이족 복장에 온몸을 문신으로 뒤덮고 수염을 기른 건장한 남자가 성큼성큼 다가와 무언가를 손에 쥐여주었다. 자신에게 행운을 가져다준 금속 포커 칩이라고 설명했다. 이 칩 덕분에 라스베이거스에서 한 번도 돈을 잃은 적이 없다고 했다. 그는 내가 칩을 가지길 바랐다. 일주일 뒤에 뉴햄프셔에 사는 어린 맹인 소녀가 다가와 분홍색 유리로 만든 작은 심장 모형을 건넸다. 오하이오에서는 복숭아 씨처럼 주름진 얼굴에 미소가 가득한 수녀에게서 은 십자가를 받았다.

미니어처 불상, 오하이오버크아이나무 열매, 코팅한 네 잎 클로버, 원숭이 신 하누만의 작은 청동상, 온갖 모습의 천사, 묵주, 크리스털, 돌멩이에 이르기까지 부적 모음은 꾸준히 늘어갔다. 아침마다 그중 대여섯 개를 골라 주머니에 넣었다가, 유난히 운 좋은 날엔 내가 뭘 골랐는지 무심결에 눈여겨보는 버릇이 생겼다.

작은 보물 상자가 우주를 내게 유리하도록 기울여주지는 않았을지 몰라도 해롭지는 않을 것 같았다. 행사장에서 행사장으로 이동하는 동안 그것들을 손에서 굴리며 가볍게 쟁그랑거리면 마음이 편안해졌다. 각각의 부적은 내가 만난 모든 사람을 촉각으로 상기시키고 그들의 희망과 기대를 희미하지만 꾸준히 전해주었다.

토론회 당일에 지키는 특별한 리추얼도 생겼다. 오전에는 언제나 전략과 핵심 쟁점을 들여다보았고 이른 오후에는 가볍게 캠페인을 진행했다. 하지만 네 시부터는 일정을 비워두었다. 나는 과도하게 분비된 아드레날린을 해소하려고 약식으로 운동을 했다. 그러고는 토론장으로 출발하기 90분 전에 면도하고 뜨거운 물로 오랫동안 샤워한 다음 레지가 호텔 옷장 안에 새로 다린 파란색 양복과 함께 걸어둔 새 셔츠(흰색)를 입고 넥타이(파란색이나 빨간색)를 맸다. 저녁 식사로는 위안을 주는 음식을 먹었는데, 미디엄과 웰던 중간으로 익힌 스테이크에다 굽거나 으깬 감자, 삶은 브로콜리를 곁들였다. 토론회가 반 시간쯤 남았으면 수첩을 들여다보면서 이어폰이나 소형 휴대용 스피커로 음악을 들었다. 나중에는 몇 곡을 살짝 강박적으로 듣게 됐다. 처음에는 마일스 데이비스의 〈프레디 프리로더〉, 존 콜트레인의 〈마이 페이버릿 싱즈〉, 프랭크 시나트라의 〈럭 비 어 레이디Luck Be a Lady〉(행운이여, 나의 여인이 되어주오) 같은 재즈 고전 몇 곡을 들었다. (한번은 예비선거 토론회를 앞두고 〈럭 비 어 레이디〉를 두세 번 연달아 틀었는데, 그날은 토론회 준비에 자신감이 없었던 게 분명하다.)

결국 나를 사로잡은 것은 랩, 그중에서도 제이지의 〈마이 퍼스트 송〉과 에미넴의 〈루즈 유어셀프〉 두 곡이었다. 둘 다 역경에 굴하지 않고 모든 것을 걸어야 하고("이봐, 원했던 모든 걸 한순간에 쥘 수 있는 한 방이나 한 번의 기회가 생긴다면, 그걸 잡을 거야? 아니면 그냥 흘려보낼 거야…….") 무에서 유를 창조하는 기분을 느껴보고, 두려움을 허세로 가리고서 버티라는 내용이었다. 가사는 내가 약체이던 초창기 시절에 딱 맞는 듯했다. 토론장으로 향하는 비밀경호국 밴 뒷좌석에 홀로 앉아 산뜻한 복장과 매듭 아래 보조개가 파인 넥타이 차림으로 이 노래들의 비트에 맞춰 고개를 까딱거리면 나만의 반란을 벌이는 듯한 기분을 느낄 수 있었다. 나를 둘러싼 온갖 호들갑과 정중함보다 껄끄럽고 현실적인 무언가와 연결된 것 같았다. 이것은 인위적인 것을 꿰뚫고 진짜 나를 기억하는 방법이었다.

9월 말 존 매케인과의 첫 토론회를 앞두고 나는 리추얼을 정확히 지켰다. 스테이크를 먹고, 음악을 듣고, 무대 위로 걸어가면서 주머니에 든 부적의 무게를 느꼈다. 하지만 솔직히 말하자면 행운이 많이 필요하진 않았다. 미시시피 대학교 캠퍼스—약 50년 전에 제임스 메러디스라는 흑인이 단지 입학을 위해 대법원의 명령과 연방경찰 500명의 보호를 받아야 했던 곳—에 도착할 즈음 우리는 더는 약체가 아니었다.

이제 내가 선거의 주인공이었다.

예상대로 백악관 회의에서의 참사를 보도하는 언론은 매케인에게 인정사정 봐주지 않았다. 그의 캠프에서는 토론회를 고작 몇 시간 앞두고 —타프를 둘러싼 의회 협상에 그가 개입하여 '진전'이 있었다며—스스로의 캠페인 중단 조치를 철회하여 토론회에 참석할 거라고 발표했는데,

나의 입장으로 오히려 체면만 더 구긴 셈이 되었다. (우리는 사회자 짐 레러와 근사한 일대일 TV 대담을 하게 되는 한이 있더라도 토론회에 참석할 계획이었다.) 매케인의 최근 행보를 본 기자들은 그가 역풍을 부른 정치 쇼 이후에 황급히 내빼려 했음을 정확히 간파했다.

토론회 자체는 놀랄 거리가 거의 없었다. 매케인은 무대에서 여유로워 보였고, 유세 연설과 전형적 공화당 강령의 구절들을 버무려 유머와 매력을 듬뿍 뿌렸다. 그럼에도 시합이 길어질수록 그가 금융 위기의 자세한 내용을 꿰뚫지 못하고 자신의 계획에 대한 대답도 궁색하다는 사실이 뚜렷해졌다. 한편 나는 유리한 입장이었다. 훈련 교관 클레인과 도닐런에게 받은 특훈이 효과를 발휘했다. 나는 질문에 대한 뻔한 답변을 본능적으로 거부했고, 미리 대비한 덕에 오래 머뭇거리는 일도 없었다. TV 시청자와 정치 평론가들은 더 유창한 나의 답변에 설득력이 있다고 판단했다.

더 중요한 사실은 토론회를 대하는 태도가 매케인과 눈에 띄게 달랐다는 것이다. 힐러리를 비롯한 민주당 후보들과의 토론회는 세세한 것까지 깐깐하게 따지고 예술 점수를 평가하는 정교한 경기를 닮았지만 나와 존 매케인의 차이점은 실질적이고 뚜렷했다. 우리 중 누구를 선택하느냐는 수십 년간 수많은 사람에게 여파를 미칠 터였다. 팩트를 장악했다는 자신감, 이 나라가 직면한 과제에 대처하는 데 나의 아이디어가 존의 아이디어보다 성공 가능성이 높은 이유에 대한 확신 덕에 공방전에서 오히려 기운을 얻었고 무대 위에서의 90분을 만끽하다시피 했다.

토론회가 끝나고 부동층 유권자를 대상으로 진행된 즉석 여론조사에서는 내가 큰 격차로 이겼다. 우리 팀은 신이 나서 주먹 인사와 하이파이브를 나눴다. 몇몇은 몰래 안도의 한숨을 내쉬었을 것이다.

미셸은 만족해하면서도 기분이 가라앉아 있었다. 토론회에 가는 걸 싫어한 그녀의 묘사에 따르면 내가 무슨 소리를 듣거나 묵사발이 되어도 부글부글 끓는 속을 평온한 표정으로 덮으며 자리에 앉아 있는 것은 진

통제 노보카인 없이 치아에 구멍을 뚫는 격이라고 했다. 사실 산통을 깰까 봐서였든, 승리 가능성을 반신반의해서였든 그녀는 치열한 선거전을 대체로 언급하지 않았다. 그날 밤 늦게 침대에서 그녀가 나를 돌아보며 말했을 때 내가 놀란 것은 이 때문이었다. "당신은 이길 거야, 그렇지?"

"아직 변수가 많지만…… 그래. 내가 승리할 가능성이 꽤 높아."

나는 아내를 쳐다보았다. 마치 머릿속으로 퍼즐을 풀고 있는 듯 깊은 생각에 잠긴 표정이었다. 마침내 그녀가 스스로에게 고개를 끄덕이며 내 눈을 마주 보았다.

그녀가 나직이 말했다. "당신은 이길 거야." 그러고는 내 뺨에 입 맞추고 침대 등을 끄고 이불을 어깨 위로 끌어올렸다.


올 미스Ole Miss(미시시피 대학교를 일컫는 말_옮긴이) 사흘 뒤인 9월 29일, 부시의 타프 법안이 하원에서 열세 표 차로 부결되었다. 민주당 의원의 3분의 2가 찬성표를 던졌고 공화당 의원의 3분의 2가 반대표를 던졌다. 다우지수가 무려 778포인트 급락했다. 언론에서 뭇매를 맞은―퇴직연금이 증발하는 광경을 본 지역구민들의 전화가 빗발쳤을 것이다―양당 의원들은 입장을 뒤집어 며칠 뒤에 수정된 구제 대책을 통과시켰다.

무척 안도한 나는 행크 폴슨에게 전화하여 노고의 결실을 축하했다. 하지만 타프 통과가 금융 시스템을 구하는 데 중요한 역할을 한 것으로 드러났어도 공화당이, 나아가서 그들의 대통령 후보가 위기에 책임감 있게 대처하리라 신뢰할 수 없다는 여론을 뒤집기에는 역부족이었다.

한편 플러프가 몇 달간 밀어붙인 캠페인 전략이 성과를 거두고 있었다. 우리의 조직가와 자원봉사자 부대는 전국에 흩어져 수십만 명의 유권자를 새로 등록시켰고, 사전 투표가 허용된 주에서 유례없이 활발하게 활동했다. 온라인 기부금이 계속해서 흘러든 덕에 원하는 매체 시장을 골라잡을 수 있었다. 선거를 한 달 앞두고 매케인 캠프가 역사적으로 핵심적인 격전주 미시간에서의 선거운동을 중단하고 다른 곳에 자원을 집중한다고 발표하자 플러프는 거의 모욕당한 표정이었다. 그가 고개를 내두르며 말했다. "그들은 미시간 없인 이길 수 없다고요! 차라리 백기를 드는 게 낫지!"

매케인 캠프는 미시간에 에너지를 집중하지 않고 뜻밖에 숭배의 대상이 된 한 남자에게 주의를 돌렸다. 그의 이름은 조 워절바커였다.

나는 몇 주 전 오하이오주 톨레도에서 구식 호별 방문을 하다가 워절바커를 만난 적이 있었다. 나는 낙엽을 쓸거나 진입로에서 차를 손보는 사람들을 놀래키거나, 무슨 소동이 벌어졌나 싶어 자전거를 타고 몰려오는 아이들을 바라보는 캠페인 방식을 가장 좋아했다.

그날 내가 길모퉁이에 서서 사인을 하고 몇 사람과 이야기하고 있을 때 30대 후반으로 보이고 머리를 민 남자 하나가 자신을 조라고 소개하면서 나의 조세 계획에 대해 물었다. 그는 자신은 배관공인데 나 같은 진보주의자들 때문에 소기업주로서 성공하기가 힘들어질까 봐 걱정된다고 말했다. 기자단의 카메라가 돌아가는 동안 나는 내 계획에 따르면 미국에서 가장 부유한 2퍼센트만 세금이 인상될 것이고 이 수입을 교육과 인프라에 투자하면 경제와 그의 사업이 번창할 가능성이 커질 거라고 설명했다. 나는 이런 소득 재분배가—정확한 문구는 '부를 고르게 펴 바른다면'이었다—더 많은 사람에게 기회를 열어주는 데 언제나 중요한 역할을 했다고 말했다.

조는 정중했지만 설득되지 않았고 우리는 의견 차이를 인정한 채 악수하고 헤어졌다. 호텔로 돌아가는 밴 안에서 깁스가—여느 훌륭한 캠페인 홍보부장처럼 그도 대수롭지 않은 몇 마디 말이 어떻게 정치적으로 악용될 수 있는지 귀신같이 포착했다—부를 펴 바른다는 발언에 문제의 소지가 있다고 말했다.

"그게 무슨 소리예요?"

"그 표현은 표를 얻는 데 불리해요. 사람들이 공산주의를 떠올릴 거라고요."

나는 부시의 감세 조치를 되돌리는 것의 요점이 나 같은 사람들의 수입을 조 같은 사람들에게 재분배하는 것이라며 웃어 넘겼다. 깁스는 같은 실수를 거듭거듭 저지르는 자녀를 보는 부모처럼 나를 쳐다보았다.

아니나 다를까 나와 워절바커―냉큼 '배관공 조'라는 별명이 붙었다―의 영상이 공개되자마자 매케인이 토론회에서 이것을 물고 늘어지기 시작했다. 그의 캠프는 여기에 사활을 걸고는 세상의 소금 같은 이 오하이오 사내가 나의 비밀을, 사회주의적 소득 재분배 계약을 폭로했다며 미들 아메리카의 선지자로 떠받들었다. 방송 뉴스 앵커들이 별안간 조를 인터뷰했다. 배관공 조 TV 광고가 제작되었고, 매케인은 몇몇 집회에 조를 데리고 다녔다. 조 본인은 즐거워하다가 당혹스러워하다가 이따금 난데없는 명성에 짜증스러워했다. 하지만 모든 것을 고려하건대 대다수 유권자는 조를 차기 대통령 선출이라는 중대한 과제의 곁다리 정도로 보는 듯했다.

대부분은 그랬지만 예외도 있었다. 숀 해니티와 러시 림보 같은 극우 논객들의 뉴스를 접하는 사람들에게 배관공 조는 라이트 목사, 내가 급진적 커뮤니티 조직가 솔 얼린스키에게 충성 서약을 했다는 주장, 한때 웨더 언더그라운드라는 무장 단체 지도자이던 나의 이웃 빌 에이어스와의 우정, 나의 어렴풋한 무슬림 혈통 등이 어우러진 더 폭넓은 이야기 구조에 꼭 들어맞았다. 이 유권자들이 보기에 나는 사회 안전망을 넓히고 이라크 전쟁을 끝내려는 중도좌파 민주당원이 아니었다. 더 음흉한 것, 두려워해야 할 사람, 멈춰 세워야 할 사람이었다. 이 급박하고 애국적인 메시지를 미국 국민에게 전달하기 위해 그들은 가장 용감한 대변자 세라 페일린에게 점차 기대기 시작했다.

8월 이후로 페일린은 화제가 된 여러 언론 매체 인터뷰에서 죽을 쑤며 〈SNL〉을 비롯한 심야 코미디 쇼의 먹잇감이 되었다. 하지만 그녀의 강점은 다른 데 있었다. 10월 첫 주에 대규모 청중을 끌어모으고는 그들에게 이민족 배척이라는 독을 열렬히 주입했다. 무대에서는 내가 "자신의 나라를 겨냥할 테러범들과 어울린다"고 비난했다. 내가 "여러분과 제가 미국을 바라보는 것처럼 미국을 바라보는 사람이 아니"라고 주장하기도 했다. 집회 참가자들의 티셔츠에는 "페일린은 핏불(투견의 일종_옮긴이)이다"라거나 "공산주의자 사절" 같은 구호가 적혀 있었다. 보도에 따르면 청중들 가운데서 "테러리스트!", "죽여라!", "참수하라!" 같은 함성이 터져 나왔다고 한다. 오랫동안 현대 공화당 주변부에 도사리고 있던 악령―외국인 혐오, 반지성주의, 편집증적 음모론, 흑인과 황인종을 향한 적대감―이 페일린을 통해 중앙 무대로 나아가는 길을 찾은 듯했다.

존 매케인은 지지자가 페일린식 발언을 내뱉으며 접근할 때마다 정중히 물리치며 성품과 기본적 품위를 보여주었다. 미네소타 집회에서 한 남자가 마이크에 대고 내가 대통령이 될까 봐 두렵다고 말했을 때 매케인은 호응하지 않았다.

대신 이렇게 말했다. "분명히 말씀드리지만 그는 품위 있는 사람이며 미국 대통령이 된다고 해서 두려워할 필요는 없는 사람입니다." 청중은 원색적 야유를 쏟아냈다. 또 다른 질문에 대해서는 이렇게 답했다. "우리는 싸우고 싶습니다. 저는 싸울 것입니다. 하지만 우리는 존중을 보일 것입니다. 저는 오바마 상원의원과 그의 성취를 존경합니다. 저는 그를 존중할 것입니다. 저는 모두가 존중을 보이길 바랍니다. 우리가 그렇게 해야 하는 이유는 그것이야말로 미국에서 정치가 이루어져야 하는 방식이기 때문입니다."

매케인이 선택의 기회가 다시 주어져도―그녀의 화려한 부상과 후보 지명이 미래 정치인들에게 본보기가 되고 당의 중심과 이 나라 정치 전반을 자신이 혐오하는 방향으로 옮긴 것을 알고 난 뒤에도―페일린을 선택할지 궁금할 때가 있다. 물론 그에게 직접 묻지는 않았다. 그 뒤로 10년간 우리의 관계는 아웅다웅하면서도 순수한 존경심으로 발전했지만 2008년 선거는 쓰라린 기억으로 남을 수밖에 없었다.

기회가 다시 주어진다면 그가 다르게 선택했을지도 모른다고 생각하고 싶다. 나는 그가 정말로 자신의 나라를 최우선에 두었다고 믿는다.

1년여 전 사우스캐롤라이나주 그린우드의 작은 강당에서 커다란 모자를 쓴 이디스 차일즈로부터 시작된 구호는 이제 저절로 생명을 얻어, 때아닌 10월 더위에 아랑곳없이 축구장과 시내 공원을 가득 메운 4만~5만 명의 군중 속으로 물결쳤다. "준비됐다, 나가자! 준비됐다, 나가자!" 우리는 함께 무언가를 만들었고 그 에너지는 물리적 힘처럼 느껴졌다. 선거를 몇 주 앞두고서 우리 현장 사무소들은 자원봉사를 신청하는 사람들을 수용할 공간을 찾느라 동분서주했다. 먼 곳을 응시하는 내 얼굴을 빨간색, 흰색, 파란색으로 칠하고 '희망HOPE'이라는 제목을 단 셰퍼드 페어리의 그래픽 아트 포스터가 갑자기 사방에 나타났다. 캠페인이 정치를 뛰어넘어 대중문화의 영역으로 들어간 것 같았다. 밸러리는 이렇게 놀렸다. "당신은 최신 유행이에요."

나는 이 현상이 근심스러웠다. 우리 캠페인이 불러일으키는 영감, 변화를 일으키는 일에 투신한 수많은 젊은이들, 인종과 사회경제적 장벽을 넘어 미국인들을 단합시키는 것—내가 한때 정치를 통해 이룰 수 있으리라 꿈꾼 모든 것이 캠페인에서 실현된 격이었고 나는 이것이 뿌듯했다. 하지만 내가 상징으로 떠받들어지는 현상은 나의 조직가적 본능, 변화란 '나'가 아니라 '우리'가 만들어가는 것이라는 소신에 거슬렸다. 열기에 휩쓸리지 않도록 끊임없이 조심하고, 미화된 이미지와 실제의—결함 있고 종종 우유부단한—나 사이의 거리를 상기해야 하는 것도 개인적으로 혼란스러웠다.

대통령에 당선된 후 과도한 기대에 부응할 수 없으리라는 가능성과도 싸우고 있었다. 민주당 후보 경선에서 승리한 뒤로 신문 읽는 태도가 달라지기 시작했다. 신문을 읽을 때마다 가슴이 철렁했다. 모든 헤드라인과 기사, 폭로가 내겐 해결해야 할 또 다른 숙제였다. 게다가 문제들은 급속히 쌓여가고 있었다. 타프가 통과되었지만 금융 시스템은 여전히 마비되어 있었다. 주택 시장이 급전직하하고 있었다. 일자리가 더욱 빠르게 사라졌고 3대 자동차 제조사들이 조만간 위태로워지리라는 추측이 돌았다.

이 문제들에 대처할 책임이 두렵지는 않았다. 사실 그 기회가 반가웠다. 하지만 내가 알게 된 모든 사실로 보건대 상황이 개선되기 전에 심각하게 악화할 가능성이 컸다. 경제 위기를 해결하려면—두 전쟁을 단계적으로 축소하고 보건 의료를 제공하고 파국적 기후변화로부터 지구를 구하려고 노력하는 것은 말할 것도 없었다—길고 고된 강행군을 해야할 터였다. 필요한 것은 의회의 협조, 동맹국들의 의지, 깨어 있고 조직화되어 시스템에 가해지는 압박을 지탱할 수 있는 시민 의식이지 고독한 구원자가 아니었다.

그렇다면 변화가 충분히 빠르지 않을 때 어떤 일이 벌어질까? 지금 환호하는 군중은 불가피한 차질과 타협에 어떻게 반응할까? 나와 팀 사이에 이런 농담이 돌았다. "정말 승리하고 싶은 거 맞아? 포기하기엔 아직 늦지 않았어." 마티는 같은 정서에 민족적 색채를 가미했다. "232년을 기다려 이 나라를 형제에게 넘겨주기 전에 나라가 결딴나게 생겼어!"

저물어가는 10월에 내 기분을 무엇보다 울적하게 한 것은 선거운동이 아니라 하와이에서 날아온 소식이었다. 마야가 전화하여 툿이 오래 버티지 못할 거라고, 일주일도 남지 않았을 거라고 의사들이 말했다고 전했다. 툿은 거실의 임대용 병원 침대에서 꼼짝 못 한 채 호스피스 간호사와 통증 조절 약물의 신세를 지고 있었다. 전날 저녁에 갑자기 정신이 돌아와 선거운동의 최신 뉴스를 묻고 포도주와 담배를 달라고 말해 동생을 놀라게 했지만 지금은 의식이 오락가락하고 있었다.

선거를 열이틀 앞두고는 작별 인사를 하러 호놀룰루까지 36시간을 비행했다. 툿의 집에 도착하자 마야가 기다리고 있었다. 마야가 앉아 있던 소파에는 오래된 사진과 편지가 든 신발 상자 두 개가 놓여 있었다. 그녀가 말했다. "이 중에서 가져가고 싶은 게 있을 것 같아서." 나는 커피 테이블에서 사진 몇 장을 집었다. 외조부모와 여덟 살 먹은 어머니가 요세미티의 풀밭에서 웃고 있는 사진. 네다섯 살쯤 된 내가 외할아버지의 목말을 타고 있고 우리 주위로는 파도가 부서지는 사진. 우리 넷과 아직 걸음마쟁이인 마야가 크리스마스트리 앞에서 미소 짓는 사진.

침대 옆에 의자를 갖다놓고서 외할머니의 손을 잡았다. 외할머니의 몸은 쇠약했고 호흡은 힘겨웠다. 곧잘 몸이 흔들릴 정도로 격렬한 금속성의 기침을 했는데, 쇠를 가는 소리가 났다. 몇 번인가 나직이 중얼거렸지만 하나도 알아들을 수 없었다.

외할머니는 어떤 꿈을 꾸고 있었을까? 과거를 하나하나 떠올리고 있었을지, 그런 건 사치라고 여겼을지 궁금했다. 과거를 돌아보고 오래전 연인을 추억하며, 아니면 젊은 시절 약간의 행운을 경험하고 희망으로 가득한 드넓은 세상을 보았던 완벽하고 화창한 어느 날을 떠올리며 기뻐한다고 생각하고 싶었다.

고등학교 다닐 때 외할머니와 나눈 대화를 되짚어보았다. 그분이 만성 요통 때문에 오래 걷기 힘들어하던 즈음이었다.

외할머니는 이렇게 말했다. "나이를 먹더라도 말이지, 베어, 네 안에는 똑같은 사람이 들어 있단다." 두꺼운 다초점 안경 너머로 내가 잘 듣고 있는지 지켜보던 눈이 떠오른다. "망가지기 시작하는 이 망할 기계에 갇혀 있더라도 그건 여전히 너야. 알아듣겠니?"

이젠 알겠다.

그러고 한 시간가량 마야와 함께 앉아 그녀의 일과 가족 얘기를 하면서 툿의 메마르고 앙상한 손을 어루만졌다. 하지만 결국 방이 추억으로 가득 차 만화경 속 영상처럼 부딪치고 섞이고 굴절하는 바람에, 잠깐 나가 걷고 싶다고 마야에게 말할 수밖에 없었다. 깁스와 비밀경호국 요원과 상의한 끝에 아래층의 기자단에는 알리지 않기로 하고 엘리베이터를 타고 지하층으로 내려가 차고를 가로질러 왼쪽으로 돌아 아파트 건물 뒤의 좁은 길에 들어섰다.

길은 35년 전과 거의 달라지지 않았다. 작은 신도神道 절과 커뮤니티 센터 뒤쪽을 지나 간간이 3층짜리 콘크리트 아파트 건물을 끼고 줄지어 있는 목조 주택들 앞을 걸었다. 이 길에서 나의 첫 농구공을 튕겼다(열 살 때 아버지가 준 선물이었다). 근처 초등학교 농구장을 오가면서 울퉁불퉁한 인도를 따라 드리블을 했다. 툿은 망할 공이 10층 높이에서 떨어지는 소리가 들리면 내가 집에 오고 있음을 알 수 있었다고 말했다. 나는 이 길을 따라 슈퍼마켓에 가서 툿의 담배 심부름을 했다. 10분 안에 돌아오면 거스름돈으로 캔디바를 사도 좋다고 툿이 약속했기 때문이었다. 열다섯 살이 되었을 때는 첫 일터인 길모퉁이 배스킨라빈스에서 아이스크림을 푸다가 똑같은 길을 걸어 퇴근했다. 내가 월급이 쥐꼬리만 하다고 투덜대면 툿은 껄껄대며 웃었다.

또 다른 시간, 또 다른 삶, 다른 세상과 단절된 평범한 곳. 하지만 내게 사랑을 베푼 곳. 툿이 떠나면 그 삶을 기억하고 그곳의 나를 기억하는 사람은 아무도 남지 않을 터였다.

뒤에서 사람들이 우르르 몰려오는 소리가 들렸다. 내가 일정에 없는 외출을 했다는 소식을 들은 기자단이 인도에 모여들었다. 카메라맨들이 밀치락달치락하며 셔터를 눌러댔고 마이크를 든 기자들이 나를 멋쩍게 쳐다보았다. 이런 상황에서 질문을 외쳐대는 게 옳은 일인지 자기들도 혼란스러운 게 분명했다. 그들은 예의를 지켰다. 실은 자기 할 일을 하고 있는 것뿐이었다. 어쨌든 나는 네 블록도 지나지 못했다. 나는 기자단에 짧게 손을 흔들고는 뒤돌아 차고로 돌아갔다. 더 가봐야 의미가 없었다. 내가 찾는 것은 더는 거기에 없었다.

나는 하와이를 떠나 일터로 돌아왔다. 여드레 뒤인 선거 전날 마야가 전화하여 툿이 세상을 떠났다고 말했다. 캠페인 마지막 날이었다. 마지막 행사를 위해 버지니아로 날아가기 전인 그날 저녁에는 노스캐롤라이나에 있을 예정이었다. 행사장으로 향하기 전에 액스가 평상시의 캠페인 발언에 외할머니의 별세를 짤막하게 덧붙이기 위해 도움이 필요하냐고 자상하게 물었다. 나는 고맙지만 됐다고 말했다. 무슨 말을 해야 할지는 내가 알았다.

약한 비가 내려 서늘하고 아름다운 밤이었다. 음악과 환호와 구호가 잦아든 뒤 야외 무대에 올라서서 몇 분간 청중에게 툿에 대해—그녀가 대공황기에 어떻게 자랐는지, 외할아버지가 참전한 동안 어떻게 조립 라인에서 일했는지, 그녀가 우리 가족에게 어떤 의미인지, 청중에게는 어떤 의미일지—이야기했다.

"그녀는 미국 어디에나 있는 조용한 영웅 중 한 명이었습니다. 그들은 유명하지 않습니다. 그들의 이름은 신문에 나지 않았습니다. 하지만 하루하루 열심히 일합니다. 가족을 돌봅니다. 자녀를 위해, 손자녀를 위해 희생합니다. 그들은 주목받으려 애쓰지 않습니다. 그들이 노력하는 것은 오로지 옳은 일을 하기 위해서입니다.

이 청중 속에도 그런 조용한 영웅이 많습니다. 어머니와 아버지, 할머니와 할아버지, 그들은 열심히 일하고 평생을 희생했습니다. 그들은 자녀와, 어쩌면 손자녀와 증손자녀가 당신들보다 더 나은 삶을 사는 광경에서 만족을 느낍니다.

그것이 미국의 모습입니다. 그것을 위해 우리는 싸우고 있는 것입니다."

캠페인을 마무리하며 내가 할 수 있는 최상의 발언이었다는 생각이 들었다.


　　　　　　　　여러분이 후보라면, 선거일에는 놀랄 만큼 차분해질 것이다. 이제는 집회도 주민 간담회도 없다. TV와 라디오 광고도 더는 의미가 없다. 뉴스에서도 보도할 내용이 없다. 운동원과 자원봉사자들이 투표를 독려하려고 거리로 나가 캠페인 사무실은 텅 빈다. 전국에서 생면부지의 수많은 사람이 검은색 커튼 뒤에서 정책 선호도와 개인적 직감을 표명한다. 수수께끼 같은 집단적 연금술이 이 나라의 운명을, 여러분 자신의 운명을 결정한다. 이 깨달음은 명백하면서도 심오하다. 이제 선거는 여러분의 손을 떠났다. 여러분이 할 수 있는 일은 기다리는 것뿐이다.

플러프와 액스는 무력감을 이기지 못해 몇 시간째 블랙베리를 들여다보며 현장 보고, 풍문, 궂은 날씨 등 참고할 만한 것이면 무엇이든 뒤적였다. 나는 반대로 파도 위에 드러누운 채 불확실성에 스스로를 내맡겼다. 사실 아침에는 출근 시간대 라디오 방송국에 전화를 걸어—대부분 흑인 대상 방송국이었다—나가서 투표하라고 사람들을 독려했다. 7시 30분경 미셸과 함께 말리아와 사샤를 데리고 하이드파크의 집에서 몇 블록 떨어진 불라슈스미스 초등학교에 가서 투표하고 아이들을 등교시켰다.

그런 다음 인디애나폴리스에 잠깐 들러 현장 사무실을 방문하고 유권자들과 악수했다. 나중에 미셸의 오빠 크레이그, 오랜 친구 몇 명, 우리 모두를 열심히 뛰어다니게 할 만큼 날래고 힘센 친구 아들 몇 명과 농구를 했다(아이오와 코커스 아침에는 농구를 했는데 뉴햄프셔 프라이머리 당일에는 농구를 하지 못한 이후로 레지와 내게 생긴 미신 때문이었다). 치열한 접전 속에서 평소처럼 악의 없는 험한 말이 난무했으나 거친 파울은 하나도 없었다. 이것이 크레이그의 지령 때문인 것은 나중에야 알았다. 내가 시퍼렇게 멍든 눈으로 집에 돌아오면 동생에게 혼나리라는 걸 알았기 때문이었다.

한편 깁스는 격전주에서 들어오는 뉴스에 촉각을 곤두세웠다. 그는 사상 초유의 전국 투표율 때문에 일부 지역구에서는 유권자들이 네다섯 시간을 기다려야 투표할 수 있다고 보고했다. 현장 보도 화면에 따르면 사람들은 짜증스러워하기보다는 즐거워했고, 동네 잔치가 열린 듯 노인들이 야외용 의자에 앉아 있었고 자원봉사자들이 음료를 건네주더라고 말했다.

나는 나머지 오후 시간을 집에서 보내면서 미셸과 아이들이 머리를 매 만지는 동안 하릴없이 빈둥거렸다. 그러고는 서재에 홀로 앉아 승리 연설과 승복 연설의 초안을 다듬었다. 저녁 여덟 시경 액스가 전화하여 방송에서 펜실베이니아를 우세 지역으로 판정했다고 말했다. 마빈은 그랜트 파크의 군중에게 나서기 전에 결과를 보러 시내 호텔로 출발하자고 말했다.

정문 밖에 나와 보니 비밀경호국 요원과 차량의 수가 몇 시간 만에 두 배로 증가한 듯했다. 경호실장 제프 길버트가 나와 악수하고 짧게 포옹했다. 이맘때 시카고 날씨치고는 유난히 따뜻해서 최고 기온이 20도를 웃돌 정도였다. 레이크쇼어 드라이브를 따라 이동하면서 미셸과 나는 조용히 창밖으로 미시간호를 바라보며 아이들이 뒷좌석에서 장난 치는 소리를 들었다. 말리아가 불쑥 내 쪽을 보며 물었다. "아빠, 이겼어?"

"그런 것 같구나."

"그러면 성대한 축하 파티 하는 거야?"

"그렇지. 왜 물어?"

"파티에 사람이 많이 안 올 것 같아. 도로에 차가 한 대도 없어."

나는 딸의 말이 맞다는 걸 알고서 웃음을 터뜨렸다. 우리 차량 행렬 말고는 6차로 양방향이 완전히 비어 있었다.

호텔도 보안이 강화되어 무장한 경찰 특공대가 층계참에 배치되어 있었다. 우리 가족은 절친한 친구들과 함께 스위트룸에 들어갔다. 다들 미소 짓고 있었고 아이들은 방 안을 뛰어다녔으나 여전히 이상하리만치 먹먹한 분위기였다. 다들 앞으로 벌어질 일이 아직 실감 나지 않는 듯했다. 특히 장모는 여유로운 척을 전혀 하지 않았다. 소란스러운 와중에도 소파에 앉아 불안한 표정으로 TV에 시선을 고정하고 있었다. 그녀가 무슨 생각을 하고 있을지 상상해보았다. 시카고에 흑인들이 안전하게 들어갈 수도 없는 동네가 많던 시절, 사무직은 대다수 흑인들에게 먼 얘기였고 그녀의 아버지는 백인들이 휘어잡은 노조로부터 조합원증을 받을 수 없어 방문 판매원으로 먹고살아야 했던 시절, 흑인 미국 대통령이라는 발상이 돼지가 하늘을 나는 것만큼 엉뚱하게 여겨지던 시절, 그녀는 이곳에서 몇 킬로미터 떨어지지 않은 곳에서 어린 시절을 보냈다.

장모가 앉은 소파에 나도 나란히 앉고는 이렇게 물었다. "괜찮아요?"

메리언은 어깨를 으쓱하고는 계속 TV를 응시했다. 그리고 말했다. "마음을 추스르지 못하겠어."

"저도 알아요." 나는 그녀의 손을 잡아 꼭 쥐었다. 우리 둘은 침묵한 채몇 분 동안 앉아 있었다. 그러다 갑자기 TV 화면에 내 얼굴이 번득였고 ABC 뉴스에서 내가 44대 미국 대통령이 될 거라고 발표했다.

방 안은 흥분의 도가니였다. 위아래층에서도 함성이 들려왔다. 미셸은 나와 입을 맞춘 후 웃고 고개를 내두르며, 내가 상황을 정리할 수 있도록 슬며시 자리를 비켜주었다. 레지와 마빈이 뛰어 들어와 모두를 덥석 끌어안았다. 곧이어 플러프, 액스, 깁스가 걸어 들어왔고 나는 그들이 주별결과를 읊도록 몇 분간 내버려두었다가 내가 진실로 아는 것을 말했다. 내가 해낸 그 무엇 못지않게 그들의 역량, 노고, 통찰, 끈기, 열심, 정성이팀 전체의 헌신과 더불어 이 순간을 가능하게 했다고.

이후의 기억은 대부분 가물가물하다. 존 매케인의 전화를 받은 기억은난다. 그가 해준 말은 이후의 승복 연설만큼이나 너그러웠다. 그는 미국이 오늘 만들어진 역사를 자랑스러워해야 마땅하다고 강조하고는 내가성공하도록 돕겠다고 맹세했다. 부시 대통령과 외국 정상 몇 명도 축하전화를 했다. 해리 리드와 낸시 펠로시와도 대화했다. 둘은 자신의 코커스가 아주 즐거운 밤을 보냈다고 했다. 조 바이든의 91세 노모를 만난 것도 기억난다. 그녀는 조가 부통령 제안을 고사하려 하길래 혼쭐을 내주었다고 말하며 즐거워했다.

20만 명 넘는 사람이 그날 밤 그랜트 파크에 모였다. 무대는 시카고의반짝이는 스카이라인을 마주 보고 있었다. 무대에 오르는 나를 올려다보던 얼굴들 중 몇몇은 지금도 떠올릴 수 있다. 온갖 인종의 남자와 여자와 아이들, 그중에는 부자도 있었고 가난한 사람도 있었고 유명인도 있었고 평범한 사람도 있었고 환희의 미소를 짓는 사람도 있었고 흐느끼는 사람도 있었다. 나는 그날 밤 연설의 구절들을 다시 읽어보았고, 운동원과 친구들이 그곳에서 어떤 느낌을 받았는지도 들어보았다.

하지만 그날 밤의 기억들은 지난 12년간 일어난 대부분의 일들처럼, 내가 본 이미지들, 우리 가족이 무대를 가로질러 걸어가는 영상, 군중과 조명과 거대한 배경의 사진들에 가려져 있다. 아름답지만 언제나 생생한 경험에 비길 수는 없다. 사실 그날 밤 사진 중에서 내가 가장 좋아하는 것은 그랜트 파크에서 찍은 것이 아니다. 여러 해 뒤에 선물로 받은, 시카고에서 내가 연설하던 그 시간에 촬영한 링컨 기념관 사진이다. 계단에는 어둠 때문에 얼굴이 흐릿한 몇 사람이 모여 있고, 그들 뒤로 얼굴이 우락부락하고 눈은 살짝 내리간 거대한 대리석 형체가 밝게 빛나고 있다. 사람들이 내 수락 연설을 듣고 있는 장면이라고 들었다. 그들은 라디오를 들으며 국민으로서의 우리가 어떤 존재인지에 대해, 우리가 민주주의라 부르는 것의 궤적에 대해 조용히 사색하고 있다.

# 3부

# 레니게이드

# 10장

　　　　　상원의원으로 백악관을 방문한 적은 많지만 대통령에 당선되기 전에는 오벌 오피스에 들어가본 적이 없었다. 실내는 예상보다 좁아서 긴 쪽이 10미터를 약간 넘고 짧은 쪽이 9미터에 약간 못 미친다. 천장이 높고 웅장하며 내부 모습은 사진과 뉴스 자료 화면에서 보는 것과 비슷하다. 아이비가 줄기를 드리운 벽난로 선반 위에는 워싱턴 초상화가 걸려 있고 등받이가 높은 의자가 두 개, 양옆으로 소파가 하나씩 있다. 대통령이 부통령이나 외국 고관과 마주 앉는 곳이다. 부드럽게 굴곡진 벽과 자연스럽게 어우러지는 문이 두 개 있고—하나는 복도로 이어지고 다른 하나는 대통령 개인 보좌관들이 상주하는 '아우터 오벌Outer Oval'로 연결된다—대통령의 작은 내부 집무실이자 개인 식당으로 연결되는 세 번째 문이 있다. 오래전에 세상을 떠난 지도자들의 흉상과 프레더릭 레밍턴의 유명한 청동 카우보이 조각, 골동품 괘종시계와 매립형 책꽂이, 표정이 매서운 독수리가 한가운데 수놓아진 두꺼운 타원형 양탄자, 그리고 '레졸루트 책상Resolute desk'(오벌 오피스에 있는 미국 대통령 전용 책상. 대통령이 중요한 발표를 할 때 이 책상에 앉아서 한다_옮긴이)이 있다. 1880년 영국 빅토리아 여왕이 선물한 이 책상은, 실종됐다가 미국 포경선이 발견해 되돌려준 영국 범선 레졸루트호의 선체를 화려하게 깎아 만들었다. 비밀 서랍과 숨은 공간, 그리고 문처럼 열리는 가운데 가림 판이 있는데, 이곳을 통과할 기회를 얻은 아이들은 다들 즐거워한다.

오벌 오피스에서 카메라가 포착하지 못하는 한 가지는 빛이다. 실내는 빛으로 가득하다. 화창한 날이면 동쪽과 남쪽의 거대한 창문으로 빛이 쏟아져 들어와 모든 집기를 황금색으로 칠하고, 늦은 오후의 태양이 저물면 황금색이 자글자글해졌다가 얼룩덜룩해진다. 날씨가 궂으면 남쪽 잔디밭이 비나 눈이나 드물게는 아침 안개의 장막에 가려져 실내가 푸르스름해지지만 어두워지지는 않는다. 반자돌림대 뒤에 숨겨진 실내용 전구에서 천장과 벽으로 반사된 빛이 약해진 자연광을 보강하기 때문이다. 항상 조명이 켜져 있어서, 오벌 오피스는 한밤중에도 빛을 발하며 등대처럼 어둠을 밝힌다.

나는 8년간 대부분의 시간을 그 방에서 보내면서 심각한 표정으로 정보 보고에 귀를 기울이고 국가 원수들을 맞이하고 의원들을 구슬리고 동맹과 적을 상대로 논쟁하고 수천 명의 방문객과 함께 사진 포즈를 취했다. 보좌관들과 더불어 웃고 욕했으며 눈물을 삼킨 적도 한두 번이 아니었다. 이곳이 점점 편안해져서 나중에는 책상에 발을 올리거나 걸터앉기도 했고 바닥에서 아이와 뒹굴거나 소파에서 쪽잠을 자기도 했다. 이따금 동문으로 걸어 나가 진입로를 내려가서는 경비 초소와 철제 출입문을 지나 북적거리는 거리를 하릴없이 걸으며 내가 아는 삶에 다시 발을 디디는 상상을 했다.

하지만 오벌 오피스에 들어설 때마다 느낀 경외감은, 집무실이 아니라 민주주의의 성소에 들어서는 듯한 느낌은, 완전히 잊을 수는 없을 것이다. 날이 갈수록 그곳의 빛은 나를 편안하게 하고 기운을 북돋웠고 나의 부담과 의무가 특권임을 일깨웠다.

선거가 끝나고 며칠 후 오벌 오피스를 처음으로 방문했다. 오랜 관례에 따라 부시 부부가 미셸과 나를 초대하여 조만간 우리 집이 될 곳을 구경시켜준 것이다. 비밀경호국 차량을 타고 남쪽 잔디밭 진입로를 따라 빙 돌아 백악관으로 향하며 우리 둘은 석달 뒤면 이곳에 이사 온다는 사실을 받아들이려 애썼다. 날은 화창하고 따뜻했다. 나무들은 아직 잎이 무성했고 로즈 가든에는 꽃이 만발했다. 우리는 워싱턴의 긴 가을 덕에 반가운 휴식을 취할 수 있었다. 날이 금세 춥고 어두워져 북극의 바람이 나뭇잎을 떨궈버리는 시카고와는 딴판이었다. 이례적으로 온화했던 선거일 날씨는 마치 축하 행사가 끝나자마자 철거될 정교한 무대 장치의 일부였던 것 같았다.

부시 대통령과 영부인 로라 부시가 남쪽 현관에서 우리를 맞았다. 의무적으로 기자단에게 손을 흔든 뒤에 부시 대통령과 나는 오벌 오피스로 향했고 미셸은 차를 마시려고 부시 여사와 관저에 갔다. 사진을 몇 장 더 찍고 젊은 당번병에게 음료를 받아 든 뒤에 대통령은 내게 의자에 앉아보라고 권했다.

그가 물었다. "자, 기분이 어떤가요?"

내가 웃으며 대답했다. "이루 말할 수 없군요. 잊지 못하시겠어요."

"그럼요. 잊을 수 없죠. 어제 일 같은걸요." 그가 힘차게 고개를 끄덕였다. "하지만 이 말은 해야겠군요. 당신은 어마어마한 일을 겪게 될 거요. 이런 건 어디에도 없으니까. 그걸 하루하루 명심해야 해요."

제도에 대한 존중 때문이었는지, 아버지의 가르침 때문이었는지, 전임자와의 안 좋은 기억 때문이었는지(클린턴의 보좌관 몇 명이 나가면서 백악관 컴퓨터의 'W' 키를 뽑아버렸다는 소문이 있었다), 그저 기본적으로 품위가 있어서인지는 모르겠지만, 부시 대통령은 나의 당선과 자신의 퇴임 사이 열한 주가 순조롭게 흘러가도록 최선을 다했다. 백악관의 모든 부서는 자세한 '길잡이' 지침서를 우리 팀에 제공했다. 그의 보좌관들은 기꺼이 후임자와 만나 질문에 답했고 심지어 자신들이 일하는 내내 따라다니게도 해주었다. 성년이 된 부시의 두 딸 바버라와 제나는 일정을 조정하여 말리아와 사샤에게 백악관의 '재밋거리'들을 구경시켜주었다. 나는 때가 되면 후임자에게도 똑같이 대하겠노라 다짐했다.

첫 방문에서 부시 대통령과 나는 경제와 이라크, 기자단과 의회 등 다양한 주제를 논의했는데, 그는 한결같이 익살스럽고 살짝 어수선했다. 그는 몇몇 외국 지도자들을 직설적으로 평가했고 민주당 사람들이 내게 가장 큰 골칫거리 중 하나가 될 거라고 경고했으며 생존한 전직 대통령을 모두 초청하여 취임식 전에 오찬을 여는 계획에 동의해주었다.

하지만 대통령이 후임자와—특히 그토록 대립한 후임자와—이야기를 나눌 때 솔직함에 한계가 있을 수밖에 없음을 나는 알고 있었다. 아무리 쾌활해 보여도 자신이 곧 비워줘야 하는 사무실에 나와 함께 있으니 감정적으로 힘들리라는 것도 유념했다. 그래서 정책 사안을 너무 깊이 파고들지 않고 대화의 주도권을 그에게 맡겼다. 대개는 그저 귀를 기울였다.

딱 한 번 그가 깜짝 놀랄 이야기를 들려주었다. 금융 위기를 이야기하다가, 타프가 의회를 통과한 지금 은행 구제 계획을 수립하려는 폴슨 장관의 노력을 언급하던 참이었다. "좋은 소식은 말이죠. 버락, 당신이 취임할 때쯤이면 진짜 힘든 일들은 우리가 당신을 위해 해결해놨으리라는 거요. 새하얀 백지에서 시작할 수 있을 거예요."

나는 한동안 말문이 막혔다. 폴슨과 정기적으로 대화하고 있었기 때문에 은행의 연쇄 도산과 세계적 불황이 엄연한 가능성으로 남아 있음을 알고 있었다. 부시 대통령을 바라보며 그가 대통령 당선자로서 오벌 오피스에 처음 걸어 들어가면서 품었을 모든 희망과 확신을 상상해보았다. 나 못지않게 이 빛에 눈부셨을 테고, 나 못지않게 세상을 더 나은 곳으로 바꾸겠다는 열망을 품었을 테고, 나 못지않게 역사가 자신의 대통령 임기를 성공으로 평가하리라고 확신했으리라.

내가 마침내 입을 열었다. "타프를 통과시키는 건 당신에게 크나큰 용기가 필요한 일이었죠. 여론과 당신 당에 속한 많은 사람의 반대를 무릅쓰고 나라를 위해 결단을 내렸으니까요."

적어도 그것만은 사실이었다. 다른 말을 덧붙일 필요는 없을 것 같았다.

　　　　　　　　　　시카고 집으로 돌아오자 우리의 삶이 훌쩍 달라져 있었다. 집 안은 별다를 게 없었다. 아침이면 아침 식사를 준비하고 아이들 등교 준비를 시키고 전화를 받고 보좌관들과 대화했다. 하지만 누구든 현관을 나서면 딴 세상이 펼쳐졌다. 길모퉁이에는 카메라맨들이 최근 설치된 콘크리트 방벽 뒤에 진을 쳤다. 건물 옥상에서는 비밀경호국 대對저격팀이 망을 봤다. 몇 블록 떨어진 마티와 어니타의 집에 찾아가려면 큰맘을 먹어야 했고 예전 체육관에 다니는 것은 꿈도 꿀 수 없었다. 시내에 있는 임시 인수위원회 사무실로 차를 타고 가면서 선거일 밤에 말리아가 보았던 텅 빈 도로가 어느새 일상이 되었음을 깨달았다. 건물에 들어가고 나올 때마다 하역장과 화물용 엘리베이터를 이용해야 했고, 눈에 띄는 사람이라고는 소수의 보안 요원뿐이었다. 어딜 가나 유령 도시에 갇혀 있는 기분이었다.

　오후 시간은 정부 내각 조직에 할애했다. 일반적인 인식과 달리, 새 행정부가 들어서도 인원 변동은 많지 않다. 민간인과 군인을 합쳐 300만명 넘는 인력 중에서 대통령을 위해 봉사하는 이른바 정무직은 수천 명정도다. 그중 대통령과 정기적으로 유의미하게 소통하는 사람은 100명이내의 고위 관료와 개인 보좌관이다. 대통령으로서 나는 이 나라를 위해 비전을 제시하고 방향을 정하고 건강한 조직 문화를 진흥하고 명확한 책임 체계와 책무 기준을 확립해야 했다. 나의 눈높이까지 올라온 사안들에 대해 최종 결정을 내리고 국민에게 설명해야 했다. 이 모든 일을 해내려면 눈과 귀, 손과 발이 되어줄 소수의 사람들에게 의지해야 했다. 그들이 나의 매니저이자 관리자이자 조력자이자 분석가이자 조직가이자 팀장이자 확성기이자 조정자이자 문제 해결자이자 고충 처리 담당자이자 정직한 브로커이자 조언자이자 건설적 비판자이자 충성스러운 군인이 되어주어야 했다.

그러려면 조기 인선을 제대로 해내야 했다. 우선 비서실장을 뽑아야 했다. 애석하게도 내가 일순위로 물망에 올린 후보의 첫 반응은 떨떠름 했다.

"어림도 없어요."

이 사람은 람 이매뉴얼이었다. 리처드 M. 데일리의 전직 모금 담당자 이자 클린턴 행정부의 악동으로, 이제는 시카고 노스사이드의 연방하원 의원이며 하원을 탈환한 2006년 민주당 물결의 배후였다. 작고 날씬하 고 까무잡잡하게 잘생겼고 엄청나게 야심만만하며 광적인 추진력의 소 유자인 그는 의회의 대다수 동료보다 똑똑했으며 스스로 그 사실을 숨기 지 않았다. 또한 재미있고 다감하고 열성적이고 충성스러웠으며 불손하 기로 유명했다. 몇 해 전 그를 위한 자선 만찬에서 나는 람이 십 대 때 고 기 써는 기계에 가운뎃손가락을 잃고서 사실상 반벙어리가 되었다고 농 담을 했다.

선거 한 달 전에 연락했을 때 람은 이렇게 말했다. "이봐요, 그런 부탁 받아서 영광이에요. 도움이 필요하다면 무엇이든 하겠어요. 하지만 난 지금의 나로 만족해요. 아내와 아이들도 행복해하고요. 백악관이 가정 친화적이라는 얘길 믿기엔 아는 게 너무 많다고요. 어쨌든 나보다 훌륭 한 후보를 찾을 수 있을 거예요."

내 제안을 받아들이면 고난이 따를지를 놓고 람과 논쟁할 수는 없었 다. 현대 백악관에서 비서실장은 하루하루 쿼터백 역할을 해야 하며, 대 통령이 당면한 모든 사안이 우선 거쳐야 하는 깔때기의 맨 끝에 해당한 다. 정부에서 그보다 더 오래 일하거나 더 무지막지한 압박에 시달리는 사람은 (대통령을 비롯하여) 거의 없다.

하지만 더 나은 후보가 있으리라는 람의 말은 틀렸다. 2년간 고된 선 거전을 치른 플러프는 행정부에 처음부터 참여하지는 않겠다고 일찌감 치 선을 그었다. 선거 끝나고 고작 사흘 뒤에 그의 아내 올리비아가 아기를 낳은 탓도 있었다. 나의 상원 수석보좌관 피트 라우스와 클린턴 시절의 비서실장 존 포데스타도 인수위원회 운영은 돕겠다면서도 행정부 참여는 고사했다. 액스, 깁스, 밸러리는 백악관 고위직을 받아들였을 테지만 비서실장에게 필요한 역량과 경륜을 겸비하지는 못했다.

이에 반해 람은 정책을 알았고 정치를 알았고 의회를 알았고 백악관을 알았으며 월 스트리트에 몸담은 적이 있어서 금융시장도 알았다. 그는 성급하고 성마른 성격 탓에 어떤 사람들과는 잘 맞지 않았다. 나중에 알게 되었지만, 점수를 내려는 의욕이 지나쳐 합의 도출에 치중하느라 합의의 내용은 뒷전일 때도 있었다. 하지만 경제 위기가 발등의 불이었고 민주당이 장악한 의회에서 나의 의제를 관철하기가 쉽지 않을 것 같았기에 그의 불도저식 스타일이야말로 꼭 필요하다고 확신했다.

선거 직전 며칠간 나는 람을 달달 볶았다. 자부심에 호소했을 뿐 아니라 젠체하는 겉모습 뒤에 숨겨진 품위와 순수한 애국심에도 호소했다. (나는 이렇게 외쳤다. "이 나라가 우리 평생 가장 큰 위기를 맞았는데 빌어먹을 사이드라인에 앉아 있을 거예요?") 람을 잘 알고 활약상도 본 적 있는 액스와 플러프는 그가 비서실장 자리를 받아들이자 환호했다. 하지만 지지자들 모두가 그렇게 열광한 것은 아니었다. 람이 힐러리를 지지하지 않았느냐며 투덜거리는 사람들도 있었다. 그는 클린턴의 낡은 삼각화를 대변하고 다보스 포럼에 참석하고 월 스트리트에 물렁하고 워싱턴에 치우치고 우리가 반대한 민주당의 중도파 선회에 집착하지 않았나? 어떻게 신뢰할 수 있지?

이 의문들은 앞으로 몇 달간 거듭거듭 제기될 한 가지 질문의 변주였다. 내가 어떤 대통령이 되려 하느냐는 질문이었다. 선거운동 기간에 절묘한 수를 쓴 나는 초당적으로 협력하고 막무가내식 정치를 끝내겠다고 약속하여 무당파와 심지어 일부 온건한 공화당 지지자들의 호응을 얻으면서도 좌파적 열정을 간직했다. 하지만 각 사람에게 내가 말한 것은 그들이 듣고 싶어 하는 얘기가 아니라 내가 생각하는 진실이었다. 보편적 건강보장이나 이민법 개혁 같은 진보적 정책을 추진하면서 교조적 사고 방식을 멀리하는 것이 가능할 뿐 아니라 필요하다는 것, 효과적인 방법을 중시하고 상대의 말을 경청해야 한다는 것이었다.

유권자들이 이 메시지를 받아들인 이유는 내 말이 다르게 들렸고 그들이 변화에 굶주렸으며, 우리 캠페인이 이익집단들과 막후 실세의 지지에 기대지 않은 덕에 당의 엄격한 정통 노선으로부터 자유로웠고, 내가 새롭고 예상을 뛰어넘은 후보였을 뿐 아니라 이념적 스펙트럼이 다양한 지지자들이 변화에 대한 나름의 비전을 투사할 수 있는 빈 캔버스이기 때문이었다.

하지만 공약을 만들면서 우리 연합에 잠재한 저마다 다른 기대들이 표출되기 시작했다. 어쨌든 내가 행정부에 발탁한 사람들에게는 나름의 개인사와 이력, 지지자와 비판자가 있었다. 적어도 내부자들이 보기엔—정치인, 정치 실무자, 기자들의 임무는 행정부의 앞날을 점치는 것이다—인사 하나하나가 나의 진정한 정치적 의도를 드러내는 행위였다. 오른쪽으로 기울었는지 왼쪽으로 기울었는지, 과거와 단절할 작정인지 과거를 답습할 작정인지 보여주는 증거였다. 인물을 선택하는 것은 곧 정책을 선택하는 것이었으며, 선택을 할 때마다 사람들이 환멸을 느낄 가능성이 커졌다.

경제팀을 꾸릴 때가 되자 나는 참신한 재능보다 경륜을 우대하기로 마음먹었다. 그래야 할 상황이라고 생각했기 때문이었다. 선거 사흘 뒤에 발표된 10월 고용 보고서는 암담했다. 24만 명이 일자리를 잃었다(나중에 수정된 실제 수치는 48만 1000명이었다). 타프가 통과되고 재무부와 연방준비제도가 계속해서 긴급 조치를 취했지만 금융시장은 여전히 얼어붙어 있었고 은행들은 도산의 문턱에 서 있었으며 주택 압류는 진정될 기미를 보이지 않았다. 나는 선거운동 내내 조언해준 온갖 정치 유망주를 사랑했고, 위기를 낳은 비대하고 통제 불능인 금융 시스템을 시급히 개혁해야 한다고 생각하는 좌파 성향의 경제학자와 운동가들에게 동질감을 느꼈다. 하지만 세계 경제가 자유낙하하는 상황에서 최우선 과제는 경제 질서 재편이 아니라 재앙의 확산을 막는 것이었다. 그러려면 위기를 관리해본 사람들, 공황에 사로잡힌 시장을 진정시킬 수 있는 사람들이 필요했다. 그들은 과거의 죄악에 더럽혀진 사람일 수밖에 없었다.

재무장관 후보는 두 명으로 압축되었다. 빌 클린턴 밑에서 재무장관을 지낸 래리 서머스, 그리고 래리 밑에서 국장을 지내다 뉴욕 연방준비은행 총재가 된 팀(티머시) 가이트너였다. 래리는 더 확실한 선택지였다. 경제학 전공자이자 MIT 토론 대회 우승자로, 하버드 대학교의 최연소 종신 교수 중 한 명이며 최근 총장을 지낸 그는 세계은행 수석 경제학자, 재무부 국제업무국장, 재무부 차관을 거쳐 전임자이자 멘토인 밥(로버트) 루빈 재무장관에게서 고삐를 넘겨받았다. 1995년대 중엽 래리는 멕시코, 아시아, 러시아를 잇따라 집어삼킨 대규모 금융 위기―내가 넘겨받고 있던 위기와 가장 흡사한 사례―에 대한 국제적 대응을 조율했는데, 그를 가장 혹독하게 폄하한 사람들도 그의 명석함은 인정했다. 팀이 절묘하게 표현했듯 래리는 당신의 논증을 듣고서 당신보다 더 근사하게 새로 진술하고는 당신이 왜 틀렸는지 보여줄 수 있는 사람이었다.

래리는 오만하고 정치적으로 올바르지 않다는 평판을 듣기도 했는데, 반은 옳고 반은 틀렸다. 하버드 대학교 총장 시절에 그는 저명한 아프리카·미국학 교수 코넬 웨스트와 공개적으로 다퉜고, 일류 대학의 수학, 과학, 공학 전공자 중 여성이 적은 한 가지 이유는 남녀의 고차원적 적성이 선천적으로 다르기 때문일 수도 있다고 주장했다가 (이 때문만은 아니었지만) 총장직에서 물러나야 했다.

하지만 래리를 알아갈수록 그가 남들과 어울리는 데 어려움을 겪은 이유는 대부분 악의보다는 무심함 때문이었음을 알게 되었다. 요령과 절제 같은 성품은 그의 정신을 산란하게 할 뿐이었다. 비판을 받아도 감정을 상하거나 불안에 시달리지 않는 듯했고, 누구든 자신을 제대로 반박하거나 자신이 놓친 것을 생각해내면 (가벼운 놀라움과 더불어) 존경을 표했다. 그는 통상적 예절뿐 아니라 외모에도 관심이 없어서 걸핏하면 후줄근한 차림새에 단추가 달아난 셔츠 사이로 불룩한 배를 보이기도 했고 면도를 대충 해서 코밑이 거뭇거뭇할 때도 있었다.

팀은 달랐다. 선거를 몇 주 앞두고 뉴욕의 한 호텔에서 그를 처음 만났을 때 떠오른 단어는 '동안'이었다. 내 또래였지만 작은 체구와 겸손한 태도, 요정 같은 얼굴 덕에 훨씬 젊어 보였다. 한 시간가량 대화하는 내내 그는 나긋나긋하고 명랑한 평정심을 유지했다. 우리가 만나자마자 의기투합한 한 가지 이유는 어린 시절의 공통점이었다. 아버지가 국제 개발 전문가로 일한 탓에 외국에서 오랜 시간을 보낸 그는 나처럼 신중함이 몸에 배어 있었다.

동아시아학과 국제경제학 석사 학위를 취득한 팀은 헨리 키신저의 컨설팅 회사에서 아시아 전문가로 일하다 재무부에 들어가 무역 담당 초급 공무원으로 일본에 발령받았다. 무명의 팀을 자신의 특별 보좌역으로 발탁한 사람은 래리 서머스였다. 래리가 승진하면 팀도 승진했다. 잘 알려지지 않았지만 팀은 1990년대 여러 금융 위기에 대처한 핵심 인물 중 하나였고, 래리의 추천 덕에 뉴욕 연방준비은행의 수장이 되었다. 둘의 관계는 래리의 너그러움뿐 아니라 팀의 조용한 자신감과 지적 엄밀성을 보여주었다. 팀은 바로 전해 월 스트리트 붕괴를 막기 위해 행크 폴슨과 벤 버냉키와 함께 불철주야 활약하면서 이런 성격을 여지없이 발휘했다.

래리에 대한 충성심에서였든 순전히 기진맥진해서였든 정당한 죄책감 때문이었든(람과 마찬가지로—또한 나와 마찬가지로—팀에게는 자녀들과 더 평온한 삶을 바라는 아내가 있었다) 팀은 첫 면담 내내 재무장관직을 고사하려고 애썼다. 하지만 나는 다른 방면에서 확신을 얻었다. 누구든— 심지어 래리도—금융 위기의 현 상태에 대해 팀만큼 빠삭해지거나 전 세계의 현역 금융 관계자들과 친분을 쌓으려면 수 개월이 걸릴 듯했다.

우리에겐 시간이 없었다. 더 중요한 것은 팀에게 기본적 진실함, 한결같은 기질, 자존심이나 정치적 고려에 휘둘리지 않고 문제를 해결하는 능력이 있다는 나의 직감이었다. 직면한 과제를 해결하는 데 꼭 필요한 성품들이었다.

결국 나는 두 사람 다 영입하기로 작정했다. 래리에게는 대체 무슨 일을 해야 하는지 파악하는 임무를, 팀에게는 우리의 대응을 조직하고 지휘하는 임무를 맡길 생각이었다. 이 조합이 힘을 발휘하려면 래리를 설득하여 재무장관이 아니라 국가경제위원회(NEC) 위원장을 맡도록 해야 했다. 이 자리는 백악관의 최고위 경제 담당 직책이지만 중량감은 장관에 못 미쳤다. 위원장의 전통적 역할은 경제정책 입안 과정을 조율하고 여러 기관을 외교적으로 중재하는 것이었는데, 래리의 강점에 딱 들어맞지는 않았다. 하지만 이런 것들은 중요하지 않다고 나는 래리에게 말했다. 나에겐 그가 필요했고 그의 조국도 그가 필요했다. 나는 그가 팀과 대등하게 경제 계획을 수립하게 될 것이라고 장담했다. 나의 정성이 그의 판단에 조금 영향을 미쳤는지도 모르겠다. (람의 제안으로) 래리를 연방준비제도 이사회 차기 의장으로 앉히겠다는 약속도 그의 동의를 이끌어내는 데 한몫했겠지만.

채워야 할 요직들은 또 있었다. 모든 경제 사안에 대한 최상의 데이터와 분석을 대통령에게 제공하는 경제자문회의의 수장으로는 대공황에 대한 기념비적 연구 성과를 거둔 장밋빛 뺨의 UC 버클리 교수 크리스티나 로머를 낙점했다. 초당파적 의회예산처의 수장 피터 오재그는 관리예산처 처장직을 수락했고, 신중한 아프리카계 미국인 변호사이자 테드 케네디 상원의원의 수석자문을 지낸 멜로디 반스는 국내정책위원회의 책임자가 되었다. 좌파 성향의 노동경제학자 재러드 번스틴은 조 바이든 팀에 합류했으며, 빌 클린턴의 국가경제위원회 위원장으로 4년간 일한 논리 정연하고 안경을 쓴 정책 전문가 진 스펄링은 선거 캠프의 경제학자 오스턴 굴즈비와 제이슨 퍼먼과 함께 멀티플레이어 역할을 맡았다.

앞으로 몇 달간 나는 이 고문단 및 그들의 보좌관들과 많은 시간을 보내면서 질문하고 권고안들을 선별하고 슬라이드와 브리핑 자료를 들여다보고 정책을 수립하고 우리가 생각해낸 모든 아이디어를 가차 없이 심사할 터였다. 논쟁은 뜨거웠고 이견은 장려되었으며 어떤 아이디어도 초급 보좌관이 내놓았다거나 특정한 이념적 성향에 들어맞지 않는다는 이유로 퇴짜 맞지 않았다.

우리 경제팀을 주도한 인물은 팀과 래리였다. 두 사람은 클린턴 행정부의 중도적이고 시장 친화적인 경제 철학을 기반으로 삼았는데, 1990년대의 눈부신 경제 번영 덕분에 이 노선은 오랫동안 자부심의 대상이었다. 하지만 금융 위기가 악화함에 따라 그런 전력은 점차 비난의 대상이 되었다. 밥 루빈은 서브프라임 증권 시장에 깊이 관여하여 위기 확산에 일조한 금융기관 중 하나인 시티그룹의 수석 고문을 맡았다가 평판에 타격을 입고 있었다. 내가 경제팀을 발표하자마자 언론은 래리가 재무부 시절에 금융시장의 주요 규제 완화를 옹호했다고 지적했고, 논평가들은 뉴욕 연방준비은행 시절의 팀이—폴슨과 버냉키와 함께—서브프라임 시장이 금융 시스템에 가한 위험을 경고하는 데 너무 꾸물거린 것 아니냐며 의문을 제기했다.

일부 비판은 타당했지만 어떤 것은 터무니없었다. 분명한 것은 팀과 래리를 선택함으로써 내가 그들의 과거 이력에 나 자신을 붙들어 맸다는 것이다. 우리가 경제의 항로를 신속히 바로잡지 못하면 그들을 선택한 정치적 대가를 호되게 치러야 할 터였다.

경제팀 구성을 마무리할 즈음 레이건 내셔널 공항 내 소방서에서 비밀 회동을 준비해달라고 보좌관들과 비밀 경호국 요원들에게 부탁했다. 내가 도착했을 때 시설은 비워져 있었고, 차량 행렬이 들어갈 수 있도록 소방차들이 치워져 있었다. 음료가 차려진 라운지에 들어선 나는 탄탄한 체격에 회색 양복을 입고 앉아 있는 은

발 남자에게 인사를 건넸다.

나는 악수하며 말했다. "장관님, 시간 내주셔서 고맙습니다."

"축하합니다, 대통령 당선자님." 로버트 게이츠가 매서운 눈빛과 팽팽한 미소로 화답하자 우리는 자리에 앉아 본론으로 들어갔다.

부시 대통령의 국방장관과 나는 분명 같은 부류가 아니었다. 캔자스에 뿌리를 두었다는 공통점을 제외하면(게이츠는 위치타에서 나고 자랐다) 그렇게 다른 길을 걸은 두 사람이 같은 지점에 도달한다는 것은 상상하기 힘들었다. 러시아 전문가 게이츠는 이글 스카우트(21개 이상의 공훈 배지를 받고 등급이 높은 보이 스카우트 단원_옮긴이), 공군 정보장교, 중앙정보국(CIA) 직원을 거쳤다. 냉전이 한창일 때 닉슨, 포드, 카터 밑에서 국가안전보장회의(NSC)에 몸담았고 레이건 시절 CIA에 있다가 조지 H. W. 부시 때 CIA 국장이 되었다. (레이건이 CIA 국장으로 발탁한 적이 있었으나 이란·콘트라 사건 관련 의혹 때문에 고사했다.) 빌 클린턴이 당선되자 게이츠는 워싱턴 D.C.를 떠나 민간 기업 이사회로 자리를 옮겼다가 텍사스 A&M 대학교 총장을 지냈다. 2006년까지 총장으로 재임했는데, 그때 조지 W. 부시가 도널드 럼즈펠드 대신 펜타곤을 맡아 아수라장이 되어버린 이라크 전쟁의 전략을 새로 수립해달라고 요청했다.

게이츠는 공화당원이었고 냉전 시대 매파였으며, 국가 안보 조직의 주요 인사였고 대학 시절의 나라면 반대했을 대외 개입의 옹호자였으며, 지금은 내가 혐오하는 전쟁 정책을 밀어붙인 대통령의 국방장관이었다. 그럼에도 그날 소방서에서 그에게 국방장관으로 남아달라고 부탁할 작정이었다.

경제팀 인선처럼 나의 논리는 실용에 바탕을 두었다. 미군 18만 명이 이라크와 아프가니스탄에 주둔하는 상황에서 국방부를 전면적으로 개편하면 위험했다. 게다가 이라크를 침공한다는 초기의 결정에 대해 게이츠와 나의 견해가 어떻게 달랐든 간에 이후 상황이 전개되면서는 앞으로의 방향에 대한 견해가 비슷해졌다. 부시 대통령이 2007년 초에 —게이츠의 권고에 따라―이라크 주둔 미군 병력을 '대폭' 증원하라고 명령했을 때 내가 회의적이었던 이유는 병력 증강으로 폭력을 감소시킬 수 있음을 의심해서가 아니라 그 조치가 철군을 염두에 두지 않았기 때문이었다.

하지만 게이츠의 지휘하에 퍼트레이어스가 주도한 병력 증강은 (안바르주 수니파 부족들과의 연합을 주선한 것과 더불어) 폭력을 현저히 줄였을 뿐 아니라 이라크인들에게 정치적 해법을 모색할 시간과 공간을 벌어다 주었다. 콘돌리자 라이스 국무장관과 (특히) 라이언 크로커 이라크 주재 미국 대사의 고된 외교 노력에 힘입어 이라크는 적법한 정부를 구성해가고 있었고, 1월 말에는 선거를 치를 예정이었다. 나의 취임 준비가 중반에 이르렀을 때 부시 행정부는 2011년 말까지 미군을 이라크에서 철수시킨다는 주둔군지위협정(SOFA)을 알말리키 정부와 맺었다고 발표했다. 이 시한은 내가 선거운동 때 제시한 일정과 비슷했다. 한편 게이츠는 미국이 아프가니스탄으로 초점을 옮겨야 한다고 공개적으로 강조했는데, 이 또한 내 외교 정책의 핵심 기조 중 하나였다. 속도 조절, 자원 투입, 인적 구성 등의 전술적 문제가 남아 있었지만, 이라크에서의 전투 작전을 단계적으로 축소하고 아프가니스탄에 더 많은 역량을 투입한다는 기본 전략은 이제 탄탄히 확립되었다. 적어도 당분간은 이 전략을 현직 국방장관보다 잘 추진할 수 있는 사람은 없었다.

게이츠를 유임시키는 데는 타당한 정치적 근거도 있었다. 나는 끊임없는 당파적 대립을 종식하겠다고 공약했는데, 게이츠의 내각 참여는 내가 공약을 진지하게 여기고 있음을 보여줄 제스처였다. 그를 붙잡아두면 미군 내에서, 또한 정보공동체(IC라고 부른다)를 구성하는 여러 기관 내에서 신뢰를 쌓는 데도 도움이 될 터였다. 2위부터 38위까지 37개국의 국방 예산을 모두 합친 것보다 더 많은 예산을 주무르는 미국(1위) 국방부와 IC의 수장들은 견해가 확고했고 관료주의적 내부 다툼에 이골이 났으며 늘 해오던 방식을 바꾸지 않으려 들었다. 나는 겁먹지 않았고, 무슨 일을 하고 싶은지 똑똑히 알고 있었다. 그들에게는 상명하복의 태도가 깊이 새겨져 있기에 최고사령관의 의견이 맘에 들지 않더라도 명령을 받으면 경례하고 이행할 거라고 예상했다.

미국의 국가 안보 기구를 새로운 방향으로 움직이는 일은 어느 대통령에게든 쉽지 않다. 제2차 세계대전 연합군 최고사령관이자 디데이를 기획한 인물 중 하나인 드와이트 D. 아이젠하워 대통령조차 이른바 '군산복합체'에 번번이 좌절했다. 하물며 군 복무를 하지 않았고, 그들이 일생을 바쳐 추구하는 사명에 반대하며 국방 예산의 고삐를 당기고 싶어 하고, 만약 펜타곤에서 투표했다면 분명 상당한 표 차로 패배했을 신임 아프리카계 미국인 대통령이 개혁을 밀어붙이기는 더 힘들 가능성이 농후했다. 1~2년 뒤가 아니라 지금 문제를 해결하려면 게이츠처럼 내부가 어떻게 돌아가고 덫이 어디에 놓여 있는지 아는 사람이 필요했다. 내가 어떤 식으로든 쟁취해야 할 존경을 직함과 무관하게 이미 받고 있는 사람이 필요했다.

게이츠를 나의 팀에 넣고 싶었던 마지막 이유는 나 자신의 편견들에 제동을 걸기 위해서였다. 선거운동 과정에서 나의 이미지는 군사행동에 태생적으로 반대하고 국제 무대의 모든 문제를 고결한 대화로 해결할 수 있다고 믿는 비현실적 이상주의자로 굳어졌는데, 내가 여기에 전적으로 들어맞은 적은 한 번도 없었다. 물론 나는 외교의 힘을 믿었고 전쟁이 최후의 수단이어야 한다고 생각했다. 다자간 협력으로 기후변화 같은 문제에 대처할 수 있다고 믿었으며, 전 세계에서 민주주의가 꾸준히 신장되고 경제가 발전하고 인권이 개선되면 우리의 장기적 국가 안보 이익에도 유익하다고 믿었다. 내게 투표했거나 우리 캠프에서 일한 사람들은 대체로 그런 믿음을 공유했고, 우리 행정부에 포진할 가능성이 가장 컸다.

하지만 대외 정책에 대한 나의 견해는—그리고 초기의 이라크 침공 반대는—적어도 같은 비중으로 '현실주의' 학파에서 비롯했다. 억제를 중시하고, 정보가 불완전하거나 결과가 의도대로 나타나지 않을 수 있음을 가정하며, 미국예외주의를 믿되 세계를 우리의 생각대로 재건하는 능력에 대해서는 겸손으로써 그 믿음을 누그러뜨리는 접근법이었다. 나는 최근 대통령 중에서 조지 H. W. 부시의 대외 정책을 존경한다고 발언하여 종종 사람들을 놀라게 했다. 부시는 제임스 베이커, 콜린 파월, 브렌트 스코크로프트와 함께 냉전 종식과 걸프전 승리를 능숙하게 이끌어냈다.

그들과 일하며 잔뼈가 굵어진 게이츠가 이라크 군사작전을 관리하는 것을 보고 우리의 견해가 상당히 겹친다는 사실도 알게 되면서 함께 일할 수 있겠다는 확신이 들었다. 그의 목소리를 짐(제임스) 존스—퇴역한 4성 장군이자 전직 유럽사령부 수장으로, 내가 첫 국가안보보좌관(NSC를 총괄하는 백악관 최고위 참모_옮긴이)으로 점찍은 인물—의 목소리와 함께 논의 석상에 두면 중대 결정을 내리기 전에 폭넓은 견해를 듣고, 내가 틀렸을 때 지적할 깜냥과 자신감을 갖춘 사람들을 통해 나의 가장 깊숙한 가정들까지도 검증받을 수 있었다.

물론 모든 것은 나와 게이츠의 기본적 신뢰 수준에 달렸다. 동료를 통해 유임할 의향을 떠보자 그는 질문 목록을 보내왔다. 그가 알고 싶어 한 것은 내가 그를 얼마나 오랫동안 기용할 것인지, 이라크 철군 과정에서 융통성을 발휘할 의지가 있는지, 국방부 인력과 예산을 어떻게 다룰 것인지 등이었다.

소방서에서 마주 앉았을 때 게이츠는 내각 지명자 후보가 미래의 상관에게 이런 식으로 캐묻는 것이 일반적이지 않음을 인정했다. 그는 내가 이것을 주제넘은 처사로 여기지 않기를 바랐다. 나는 신경 쓰지 않는다고, 솔직함과 명료한 사고야말로 내가 찾고 있던 것이라고 말하여 그를 안심시켰다. 우리는 그의 질문 목록을 하나하나 짚어갔다. 나도 질문할 것이 몇 가지 있었다. 45분이 지나서 우리는 악수한 후 각자의 차량 행렬을 이끌고 헤어졌다.

돌아오자 액셀로드가 물었다. "결과는요?"

내가 말했다. "함께하기로 했어요. 그가 맘에 들더군요." 그러고는 이렇게 덧붙였다. "그도 나를 좋아하는지는 두고 봐야겠지만요."

국가안보팀의 다른 자리는 별다른 소란 없이 채워졌다. 오랜 친구이자 전직 외교관 수전 라이스를 유엔 주재 미국 대사로, 전직 캘리포니아주 하원의원이자 클린턴의 비서실장 시절 초당파적 태도로 평판을 닦은 리언 패네타를 CIA 국장으로, 퇴역 장군 데니스 블레어를 국가정보장으로 낙점했다. 캠프에서 나와 가장 가까웠던 자문들 상당수도 요직을 맡았다. 토론 훈련 교관 톰 도닐런은 국가안보부﹡보좌관으로, 젊고 유능한 인물인 데니스 맥도너, 마크 리퍼트, 벤 로즈는 NSC의 부보좌관보로, 서맨사 파워는 잔학 행위 방지와 인권 증진에 주력하도록 NSC에 신설된 직위에 기용했다.

남은 내각 지명자 후보들 가운데서 조금이나마 소란이 일어난 사람은 딱 하나였다. 나는 힐러리 클린턴을 국무장관으로 삼고 싶었다.

논평가들은 내가 힐러리를 선택한 이유를 여러 가지로 해석했다. 분열된 민주당을 통합해야 했다느니, 상원에서 그녀의 비판에 시달릴까 봐 선수를 쳤다느니, 도리스 컨스 굿윈의 책『권력의 조건: 라이벌까지 끌어안은 링컨의 포용 리더십』에 영향을 받아 과거의 정적을 내각에 앉힘으로써 의식적으로 링컨을 모방했다느니 하는 주장들이었다.

실제 이유는 간단했다. 나는 힐러리가 국무장관에 적임자라고 생각했다. 선거운동 기간 내내 나는 그녀의 지성과 준비성, 직무 윤리를 눈여겨보았다. 나에 대한 감정이 어떠했든 그녀의 애국심과 사명감을 신뢰했다. 무엇보다 오랫동안 외교를 홀대한 탓에 전 세계와의 외교 관계가 삐그덕거리거나 난항을 겪는 상황에서 힐러리처럼 지명도, 인맥, 세계 무대에서의 여유를 겸비한 국무장관이라면 누구도 못하는 방식으로 우리의 외교 역량을 키워줄 터였다.

캠페인의 상처가 아물지 않았기에 우리 캠프의 모두가 흔쾌히 받아들인 것은 아니었다. (한 친구는 이렇게 물었다. "TV 광고에서 당신이 최고사령관 준비가 안 됐다고 말한 사람을 정말 국무장관으로 앉히고 싶어?" 나는 부통령이 될 사람도 같은 얘기를 했다고 상기시켜야 했다.) 힐러리도 신중을 기했다. 선거가 끝나고 열흘 남짓 지나 시카고 인수위원회 사무실에서 그녀에게 국무장관 자리를 처음 제안했을 때는 정중하게 퇴짜를 맞았다. 그녀는 자신이 지쳤으며 더 안정적인 상원 일정에 전념하고 싶다고 말했다. 갚아야 할 선거 채무도 있었고, 빌 클린턴의 입장도 고려해야 했다. 빌은 클린턴 재단에서 국제 개발과 공중 보건 사업을 진행하며 전 세계에서 실질적인 변화를 이끌어냈다. 힐러리와 나는 잠재적 이해 충돌을 예방하는 과정에서—특히 모금과 관련하여—빌과 그의 재단이 새로운 제약을 받을 수 있음을 알았다.

타당한 우려였으나 해결 방안이 있으리라 생각했다. 그래서 시간을 두고 곰곰이 생각해보라고 권했다. 다음 일주일 동안 나는 포데스타, 람, 조 바이든, 상원 동료 몇 명을 비롯하여 도움이 될 만한 사람을 죄다 동원하여 힐러리 설득 작전을 폈다. 전방위 압박에도 불구하고 늦은 밤 전화 통화에서 그녀는 자신이 여전히 고사 쪽으로 기울어 있다고 말했다. 나는 다시 한번 끈질기게 매달렸다. 그녀에게 의심이 남아 있다면 국무장관 임무보다는 나와의 관계 설정 때문이라고 확신했기 때문이었다. 나는 이라크, 북한, 핵 확산, 인권에 대한 견해를 청했다. 국무부가 활력을 되찾게 할 방안을 물었다. 나와 상시적으로 직접 접촉할 수 있고 인사권도 직접 행사할 수 있을 것이라고 장담했다. 통화 말미에는 이렇게 말했다. "당신은 내게 너무 귀중하기에 '노'라는 답은 감당할 수 없어요."

이튿날 아침 힐러리는 제안을 받아들여 행정부에 합류하기로 결정했다. 일주일 반 뒤에 나는 시카고에서 기자회견을 열어 그녀와 나머지 국가안보팀을 선보였다(검찰총장[*]지명자 에릭 홀더, 국토안보부 장관 지명자 재닛 나폴리타노 주지사도 동석했다). 무대에 오른 사람들을 보니 대부분 나보다 훨씬 연상이었다. 정부 최고위직에서 수십 년간 경험을 쌓은 그들 중 적어도 두 명은 희망과 변화의 이야기에 공감하지 않고 딴 사람을 대통

---

[*] 미국에서는 검찰총장이 법무장관 역할을 겸한다_옮긴이.

령으로 지지했다. 어쨌거나 '라이벌까지 끌어안은' 팀이라는 생각이 들었다. 이것이 나의 지도력에 대한 굳건한 자신감인지, 큰코다칠 초보자의 어수룩한 믿음인지는 조만간 알게 될 터였다.

조지 워싱턴이 초대 대통령에 당선된 1789년에는 워싱턴 D.C.가 존재하지 않았다. 대통령 당선자는 취임 선서를 하기 위해 버지니아주 마운트버넌의 집에서 새 중앙정부의 임시 거처인 뉴욕시 페더럴 홀(옛 미국 의회 의사당_옮긴이)까지 바지선과 마차를 타고 이레 동안 여행해야 했다. 1만 명의 군중이 그를 반겼다. 그가 취임 선서를 낭독하자 "조지 워싱턴 만세"라는 함성이 울려 퍼지며 예포 열세 발이 발포되었다. 15분간의 조용한 취임 연설은 군중이 아니라 어두컴컴한 임시 의사당에 모인 의원들을 상대로 했다. 그다음 그는 예배에 참석하기 위해 인근 교회로 향했다.

이로써 건국의 아버지 워싱턴은 미국이 자신의 임기 이후에도 존속하도록 하는 임무에 곧장 착수할 수 있었다.

시간이 지나면서 대통령 취임식은 점차 복잡해졌다. 1809년 제임스 매디슨 대통령의 영부인 돌리 매디슨은 새 수도에서 첫 번째 취임 기념 무도회를 주최했다. 400명이 1인당 4달러씩 내고서 워싱턴 D.C. 최대 규모의 사교 행사에 참석하는 특전을 얻었다. 앤드루 잭슨은 포퓰리스트라는 평판에 걸맞게 1829년 취임식에서 지지자 수천 명에게 백악관 문을 개방했는데, 술 취한 군중이 난동을 부리는 바람에 창문으로 피신했다고 한다.

두 번째 취임식을 맞이한 테디 루스벨트는 분열식과 행군 악대에 만족하지 못하여 카우보이 단체와 아파치족 추장 제로니모를 출연시켰다. 1961년 존 F. 케네디의 차례에는 취임식이 여러 날 TV에 중계되는 볼거리가 되어 유명 음악인들이 공연하고 계관시인 로버트 프로스트가 시를 낭송했으며 수차례 열린 화려한 무도회에서 할리우드 유명 인사들이 신임 대통령 후원자와 운동원들의 넋을 빼놓았다. (프랭크 시나트라는 캐멀롯에 걸맞은 파티를 연출하려고 최선을 다했지만 친구이자 동료인 새미 데이비스 주니어와 불편한 대화를 나눠야 했다. 흑인인 데이비스와 피부가 백옥 같은 그의 스웨덴인 아내를 존 F. 케네디의 남부 지지자들이 달가워하지 않을 테니 취임 기념 무도회에 참석하지 않았으면 한다는 조 케네디의 말을 전하기 위해서였다.)

우리 캠페인이 흥분을 자아낸 탓에 사람들은 2009년 1월 20일로 예정된 취임식을 무척 기대했다. 민주당 전당대회와 마찬가지로 내가 시시콜콜 준비할 것은 별로 없었다. 우리가 조직한 위원회와 캠프의 조직 전문가 얼리사 매스트로모나코(당시 일정담당국장으로 내정되어 있었다)가 모든 사안을 잘 처리하리라 확신했기 때문이었다. 워싱턴 D. C. 퍼레이드 코스를 따라 무대가 세워지고 관람석이 설치되는 동안 미셸과 아이들, 나는 하와이에 가서 성탄절을 보냈다. 나는 중간중간 한숨 돌려가며 내각 인선을 최종 조율하고 경제팀과 매일같이 논의하고 취임 연설 초고를 작성했다.

어느 날 오후 마야와 함께 툿의 유품을 정리하고, 어머니에게 마지막 작별 인사를 하며 재를 바다에 뿌렸던 하나우마 베이 근처 바위 절벽을 걸었다. 옛 고등학교 농구부원 몇 명과 즉석 농구 시합도 했다. 우리 가족은 크리스마스 캐럴을 부르고 쿠키를 굽고 제1회 연례 장기 자랑을 개최했다(공정한 심사 결과 아빠들이 꼴찌를 차지했다). 어릴 적 즐겨 찾던 샌디 비치에서 보디서핑을 할 기회도 있었다. 부드럽게 부서지는 파도를 타며 물줄기에 구부러지는 햇빛과 하늘에 새겨진 새들의 비행을 보고 있자니, 잠수복 차림의 네이비 실 대원들로 둘러싸이고 멀리 보이는 해안경비정의 감시를 받으며 웃통을 드러낸 내 사진이 "대통령의 몸매" 같은 제목으로 전 세계 신문 1면에 실리리라는 현실을 잠시나마 잊을 수 있었다. 마침내 돌아갈 준비가 됐다고 그날 보안팀 팀장인 데이브 비치 요원에게 신호했다. 처음부터 나와 함께했고 이제는 친구 같아진 냉소적인 표정의 그는 고개를 기울여 귀에서 물을 빼내며 무미건조하게 말했다. "즐거우

셨길 바랍니다. 앞으로 아주 오랫동안 못 하실 테니까요."

그의 농담에 나는 웃음을 터뜨렸다. …… 아니, 농담 맞나? 선거운동 과 직후에 벌어진 일들 때문에 차분히 생각할 시간이 없었던 터라, 열대 지방에서의 이 짧은 막간을 기회 삼아 우리 모두—친구들, 가족, 보좌진, 비밀경호국—는 지금껏 벌어진 일들을 곱씹고 앞으로 닥칠 일들을 상상 했다. 다들 행복하면서도 약간 머뭇머뭇하는 눈치였고, 낯선 상황을 받 아들여도 되는지 확신하지 못한 채 변한 것은 무엇이고 변하지 않은 것 은 무엇인지 가늠하고 있었다. 내색하진 않았지만 이 불확실함을 누구보 다 절실하게 느낀 사람은 조만간 미국의 퍼스트레이디가 될 여인이었다.

선거운동 기간 동안 나는 미셸이 한결같은 우아함으로 새로운 상황에 적응하는 과정을 지켜보았다. 그녀는 유권자들을 매료시키고 인터뷰를 멋지게 해냈으며 근사하면서도 친근한 스타일을 완성했다. 변신이라기 보다는 발전에 가까웠다. 본질적 '미셸다움'은 잘 닦여 반짝반짝 빛났다. 그녀는 대중의 시선을 점차 편안해하긴 했지만 무대 뒤에서는 가족이 정 상적 삶을 누릴 수 있는 공간, 정치와 명성이 우리의 모습을 왜곡하지 않 는 장소를 확보하려고 필사적으로 노력했다.

선거 이후 몇 주간 미셸은 새 일자리 때문에 이사해야 하는 여느 부부 들처럼 온갖 준비에 매달렸다. 평소처럼 효율적으로 짐을 정리하고 포장 했으며 계좌를 해지하고 우편물이 새 주소로 배달되도록 하고 시카고 대 학병원의 후임자를 물색했다.

미셸은 무엇보다 아이들을 신경 썼다. 선거 다음 날부터 워싱턴 D. C. 학교들을 둘러볼 계획을 짰고(말리아와 사샤 둘 다 여학교는 일찌감치 후보에 서 제외했고, 첼시 클린턴이 다닌 퀘이커파 사립학교 시드웰 프렌즈를 선택했다) 아이들을 학기 중에 전학시키는 문제를 교사들과 상의했다. 언론을 막아 내는 법에 대해 힐러리와 로라 부시에게 조언을 구했고 아이들의 보안 요원이 놀이 약속과 축구 경기를 방해하지 못하게 해달라며 비밀경호국 을 닦달했다. 백악관 관저의 살림살이를 파악했으며 아이들 침실이 너무

고풍스럽게 보이지 않도록 가구를 장만했다.

미셸만 스트레스에 시달린 것이 아니었다. 2008년 당시 말리아와 사샤는 아직 어린아이였다. 얼마나 어렸느냐면 둘 다 머리를 양 갈래로 땋았고 이가 빠졌고 볼이 통통했다. 백악관은 아이들의 어린 시절에 어떤 영향을 미칠까? 아이들이 외톨이가 되지는 않을까? 우울해하거나 우쭐해하진 않을까? 밤이면 나는 미셸이 수집한 최신 정보에 열심히 귀를 기울이다가 그녀를 괴롭히는 이런저런 문제에 대한 의견을 말했고, 아이들이 부루퉁하거나 사소한 장난을 치는 것은 세상이 갑자기 뒤죽박죽이 돼서 그런 게 아니라며 안심시켰다.

하지만 최근 10년간 일상적 양육 부담은 대부분 미셸이 짊어졌다. 취임하기도 전부터 일의 소용돌이에 휘말린 나와 함께, 경력은 뒷전으로 밀려나고 절친한 친구들과 수백 킬로미터 떨어지고 저의가 의심스러운 사람들로 가득한 도시로 이주하게 된 그녀에겐 외로움에 대한 두려움이 구름처럼 드리웠다.

그래서 미셸은 자기 어머니에게 백악관에서 함께 살자고 부탁했다. 나는 장모 메리언 로빈슨이 이 제안을 선뜻 고려하자 놀랐다. 장모는 천성적으로 조심성이 많았고, 안정적인 일, 익숙한 하루 일과, 오랫동안 알고 지낸 소수의 가족과 친구 등에서 만족을 찾는 성격이기 때문이었다. 그녀는 1960년대 이후로 줄곧 같은 집에서 살았고 시카고 밖으로 나간 적이 거의 없었다. 유일한 사치는 올케 이본과 마마 케이와 함께 해마다 사흘씩 라스베이거스에 가서 슬롯머신 도박을 하는 것이었다. 손녀들을 사랑했고, 선거운동이 한창일 때 일찍 은퇴하여 미셸의 양육을 도와주었지만 우리의 시카고 집에서 시간을 때우는 일은 없었으며 육아가 끝나면 저녁 식사 전에 돌아갔다.

그녀는 씩씩거리며 말하곤 했다. "늙은 여편네들처럼 되진 **않을** 거야. 할 일이 없어서 애들 곁을 안 떠나는 여자들 말이야."

그럼에도 미셸이 같이 워싱턴에 가자고 부탁했을 때 메리언은 군소리하지 않았다. 정말 중요한 일이 아니면 딸이 부탁하지 않는다는 걸 알기 때문이었다.

현실적인 이유도 있었다. 우리가 백악관에서 지낼 첫 몇 해 동안 말리아와 사샤를 매일 등교시키고 미셸에게 일이 있을 때 학교에서 돌아온 아이들과 함께 있어주는 사람은 메리언이 될 터였다. 하지만 정말로 중요한 것은—아이들이 육아가 필요하지 않을 만큼 자라고 나서도 중요했다—메리언이 있는 것만으로도 우리 가족이 안정감을 느낄 수 있다는 것이었다.

장모는 잘난 체하는 일이 없었기에 우리 아이들도 그럴 생각조차 하지 않았다. 그녀는 소란 피우지 않고 사건 만들지 않는 것을 신조로 삼았으며 허풍이나 과장에 솔깃해하지 않았다. 미셸은 사진 촬영이나 만찬에 참석하여 언론으로부터 일거수일투족을 감시당하거나 헤어스타일을 품평받다가도 집에 오면 디자이너 드레스를 벗어던지고 청바지와 티셔츠를 걸치고, 백악관 꼭대기 방에서 언제나 기다리고 있는 엄마와 함께 앉아 TV를 보고 아이들과 사람들에 대해, 아니 무엇에 대해서든 이야기할 수 있었다.

장모는 무엇 하나 불평하는 일이 없었다. 장모와 대화할 때마다 명심하게 되는 사실은 어떤 골칫거리와 씨름하든 아무도 내게 대통령이 되라고 강요하지 않았으니 그저 받아들이고 할 일을 해야 한다는 것이었다.

장모는 얼마나 큰 선물이었던가. 그녀는 우리가 누구이고 어디서 왔는지 상기시키는 존재요, 우리가 한때 당연하게 여겼으나 알고 보니 생각만큼 당연하지 않던 가치들의 수호자가 되었다.


시드웰 프렌즈는 겨울 학기가 취임식 2주 전에 시작되었다. 우리는 새해를 맞은 뒤에 시카고로 날아가 아직 옮기지 않은 소지품들을 모두 챙겨서 관용 항공기를 타고 워싱턴으로 향했다. 백악관 영빈관인 블레어 하우스가 아직 준비되지 않아서 우리는 헤이애덤스 호텔에 묵었다. 이후 3주 동안 두 번 더 숙소를 옮겨야 했다.

말리아와 사샤는 호텔 생활을 개의치 않는 듯했다. TV를 보고 침대에서 뛰고 룸서비스 메뉴의 디저트를 모두 하나씩 맛봐도 엄마가 평소와 달리 너그러웠기에 더더욱 그랬을 것이다. 미셸은 전학 첫날 비밀경호국 차량에 함께 타고 아이들을 등교시켰다. 나중에 그녀는 소중한 아가들이 밝은색 코트에 백팩을 메고서는 마치 꼬마 탐험가들처럼, 무장한 거인들에게 둘러싸여 새로운 삶 속으로 걸어 들어가는 광경을 보면서 얼마나 안쓰러웠는지 모른다고 말하곤 했다.

하지만 그날 밤 호텔에서 아이들은 평소처럼 수다스럽고 활기 넘치는 모습으로 근사한 하루였다느니 점심이 옛날 학교보다 훌륭했다느니 벌써 친구를 많이 사귀었다느니 하는 얘기를 들려주었다. 아이들이 이야기하는 동안 미셸의 얼굴에서 긴장이 풀렸다. 그녀가 말리아와 사샤에게 학교 생활이 시작되었으니 평일 저녁에 디저트를 먹거나 TV 보는 것은 내일부터 금지이며 이제 이 닦고 잠자리에 들 시간이라고 말하는 것을 들으니 이제 괜찮겠구나 하는 생각이 들었다.

인수 작업은 착착 진행되었다. 국가안보팀 및 경제팀과의 첫 회의는 생산적이었다. 모두들 의제에 집중했으며 돌발적인 상황은 거의 없었다. 볼품없는 정부 사무실을 가득 메운 우리는 직업훈련, 항공 안전, 학자금 대출, 암 연구, 군수품 조달 등 상상할 수 있는 모든 주제와 기관에 관한 실무진을 구성했고, 나는 젊고 성실한 인재, 나이 지긋한 학자, 재계 지도자, 압력단체, 이전 행정부들의 백전노장들을 발탁하느라 시간을 보냈다. 어떤 사람들은 행정부 일자리를 위해 면접을 보았고 어떤 사람들은 지난 8년간 진척되지 않은 제안들을 채택해달라고 요청했다. 하지만 다들 백악관이 새로운 아이디어들을 시험할 의지가 있다는 사실에 반색하며 기꺼이 도우려 했다.

물론 걸림돌도 있었다. 내가 선호한 내각 후보 중 일부는 고사하거나 검증을 통과하지 못했다. 람은 시도 때도 없이 들어와 새로 도입되는 정책이나 조직 관련 분쟁을 어떻게 처리할지 물었다. 막후에서는 새로운 행정부라면 으레 그렇듯 일찍부터 직위, 세력, 연줄, 주차장 자리를 놓고 힘겨루기가 끊이지 않았다. 하지만 전반적으로는 신바람 나서 집중하는 분위기였고 우리 모두는 슬기롭고 신중하게 노력하면 약속대로 이 나라를 변화시킬 수 있으리라 확신했다.

왜 못 그러겠는가? 여론조사에 따르면 나의 지지율은 70퍼센트에 육박했다. 날마다 긍정적 언론 보도가 잇따랐다. 레지와 패브스 같은 젊은 보좌관들은 갑자기 워싱턴 D.C. 가십 칼럼의 단골 소재가 되었다. 취임식 당일은 무척 추울 것으로 예보되었지만 담당자들은 기록적인 청중이 모일 거라고 예상했으며 몇 킬로미터 밖의 호텔도 예약이 꽉 찼다. 선출직 공직자, 후원자, 먼 친척, 고등학교 지인, 거의 모르거나 심지어 일면식도 없는 온갖 중요 인물들로부터 특별 행사 입장권 요청이 쇄도했다. 미셸과 나는 요청들을 일일이 훑어보면서 너무 많은 사람의 감정을 다치게 하지 않으려고 최선을 다했다.

나는 이렇게 투덜거렸다. "우리 결혼식 같아. 하객 명단이 훨씬 길긴 하지만."

취임식 나흘 전 나는 미셸과 아이들과 함께 필라델피아로 날아갔다. 링컨이 1861년 취임식을 위해 스프링필드에서 워싱턴까지 기차로 여행한 일을 기념하여 구식 객차에 올라탔고, 윌밍턴에서 정차하여 조 바이든과 질 바이든을 태운 것을 제외하면 그 여정의 마지막 구간을 그대로 재현했다. 바이든 부부를 환송하려고 모여 환호하는 군중을 바라보면서, 조가 몇 년간 통근하며 알게 된 모든 암트랙 차장들에게 건네는 농담을 들으면서, 아주 오래전에 기쁨이 아니라 고통에 잠긴 채 처음으로 여행했던 철로를 다시 달리는 그의 머릿속에 무슨 생각들이 지나가고 있을지는 상상에 맡기는 수밖에 없었다.

나는 이번 여행에 초대한 수십 명의 손님과 담소하며 하루를 보냈는데, 대부분은 유세하는 동안 곳곳에서 만난 평범한 유권자들이었다. 그들이 말리아, 사샤, 나와 함께 〈해피 버스데이〉를 부르는 가운데 미셸이 케이크의 촛불을 불어 껐다(그녀의 마흔다섯 번째 생일이었다). 분위기는 미셸이 그토록 소중히 여기는 가족 모임 같았다. 이따금 기차 뒤쪽 발코니에 나가 얼굴을 스치는 바람을 맞고 바퀴의 당김음 박자에 어쩐지 시간이 느려지는 듯하다고 느끼며, 길가에 늘어선 사람들에게 손을 흔들었다. 수천 명이 멀찍이 서서 미소 짓고 있었는데, 트럭 짐칸에 서거나 울타리에 바싹 붙어 있는 사람도 있었다. 많은 사람이 직접 만든 팻말에 "오바마를 지지하는 할머니들", "우리는 믿어요", "그래, 우린 해냈어" 같은 문구를 써서 들고 있거나 아이들을 쳐들어 손을 흔들라고 시켰다.

이런 순간들이 이틀 더 계속되었다. 월터 리드 육군병원을 방문해 팔다리를 절단한 젊은 해병을 만났는데, 그는 침대에 누운 채 경례하고는 자신이 공화당원이지만 내게 투표했다며 나를 최고사령관으로 부르게 되어 뿌듯하다고 말했다. 워싱턴 남동부의 노숙인 쉼터에서는 험상궂게 생긴 십 대 소년이 말없이 나를 꼭 끌어안았다. 아버지의 새어머니 마마 세라는 취임식에 참석하려고 케냐 북서부의 작은 시골 마을에서 그 먼 길을 달려왔다. 공교육을 받지 못했고 수돗물도 하수구도 없는 양철 지붕 집에 사는 이 여인이 블레어 하우스에서 총리와 국왕들이 쓰던 도자기 그릇에 저녁을 대접받는 광경을 보면서 나는 미소를 지었다.

내 가슴이 어찌 뛰지 않을 수 있었으랴? 이 모든 것에 참된 무언가가, 오래 지속될 무언가가 있다고 어찌 믿지 않을 수 있었으랴?

몇 달 뒤 경제적 파국의 규모가 온전히 파악되고 국민 정서가 암울해지자 우리 팀과 나는—정치와 통치의 문제로서—선거 이후의 이 집단적 환희를 가라앉히고 우리 나라가 앞으로의 고난에 대비하도록 더 노력했어야 하지 않았는지 자문했다. 노력하지 않은 것은 아니다. 과거로 돌아가 취임 직전 인터뷰들을 읽어보면 내가 이렇게 심각했었나 하고 놀라게 된다. 나는 경제가 더 악화할 것이라고 주장했으며, 보건 의료를 하룻밤 사이에 개혁할 수는 없고 아프가니스탄 같은 나라들의 문제를 풀 간단한 해법은 없음을 주지시켰다. 취임 연설도 마찬가지였다. 나는 상황을 솔직하게 묘사하려고 노력하며 고상한 수사를 덜어내고 중대한 과제들에 맞서기 위한 책임감과 공동의 노력을 촉구했다.

연설문은 향후 몇 년이 어떻게 흘러갈지를 매우 정확히 평가했다. 하지만 사람들이 이 경고문을 듣지 못하는 편이 훨씬 나았을지도 모르겠다. 어쨌든 2009년 초에는 사람들이 두려움과 분노를 느끼고 정치인이나 기관들을 불신할 이유를 얼마든지 찾을 수 있었다. 아마도 필요한 것은 (덧없을지라도) 에너지 분출이었는지 모른다. 우리 미국인이 어떤 존재이며 어떤 존재가 될 것인지에 대한 희망찬 이야기, 가장 힘겨운 구간을 헤쳐 나갈 충분한 탄력을 부여하는 흥분감 말이다.

실제로 그랬던 것 같다. 적어도 미국이 몇 주간 냉소주의에서 벗어날 필요가 있다는 공감대가 형성되었다.


취임식 당일은 화창하고 바람이 불고 쌀쌀했다. 행사들이 군대처럼 정확하게 짜여져 있었는데 나는 고질적으로 15분씩 늦곤 했기에 제시간에 일어나려고 자명종을 두 개 맞춰두었다. 트레드밀에서 달리고 아침을 먹고 샤워와 면도를 하고 여러 차례의 시도 끝에 넥타이 매듭을 꼭 맞게 매고서 오전 8시 45분에 미셸과 함께 차를 타고 블레어 하우스에서 세인트 존 성공회 교회까지 25분을 달렸다. 개인적으로 예배를 드리려고 친구인 댈러스의 T. D. 제이크스 목사를 초청해두었다.

그날 아침 설교에서 제이크스 목사는 구약 다니엘서를 인용하여 어떻게 사드락, 메삭, 아벳느고가 왕궁에서 일하면서도 하느님을 섬겨 느부갓네살 왕의 금신상에 절하기를 거부했는지, 그리하여 어떻게 세 사람이 활활 타는 화덕 속에 던져졌는지, 그럼에도 그들이 믿음 덕분에 하느님의 보호를 받아 조금도 데지 않은 채 나왔는지 이야기했다.

이런 격동의 시기에 대통령직을 맡은 나 또한 불길 속에 던져진 셈이라고 제이크스 목사는 설명했다. 전쟁의 불길. 경제적 붕괴의 불길. 하지만 내가 하느님에게 진실하다면, 내가 옳은 일을 행한다면, 나 또한 두려워할 것이 없었다.

설교대의 목사는 검은 얼굴에 미소를 띠고 나를 내려다보며 우렁찬 바리톤 음성으로 말했다. "하느님이 당신과 함께 화덕 안에 계십니다."

교회에 있던 몇 사람이 박수를 치기 시작했고 나는 그의 말에 화답하여 미소 지었다. 하지만 내 마음은 전날 저녁으로 돌아가 있었다. 나는 저녁을 먹은 후 가족에게 양해를 구하고는 위층으로 올라가 블레어 하우스의 많은 방 중 하나에서 백악관 무관실장에게 '풋볼'에 대해 브리핑을 받았다. 작은 가죽 서류가방인 풋볼은 언제나 대통령 곁에 있어야 하며 안에는 핵 공격에 필요한 암호가 들어 있다. 풋볼을 휴대하는 임무를 맡은 무관 한 명이 DVR 사용법을 설명하듯 차분하고 꼼꼼하게 핵 가방 사용법을 설명했다. 여기에 함축된 의미는 명백했다.

내가 곧 전 세계를 날려버릴 수 있는 권한을 부여받으리라는 것이었다.

전날 밤 부시 대통령의 국토안보장관 마이클 처토프가 전화로 소말리아 국적자 네 명이 취임식에서 테러 공격을 계획하고 있는 듯하다는 신뢰할 만한 정보를 알려주었다. 이 때문에 내셔널 몰 주변에 대규모로 배치된 보안 병력을 증강해야 했다. 용의자들인 젊은 남자들은 캐나다 국경을 넘어올 것으로 예상되었는데 아직 잡히지 않았다. 이튿날 행사들을 강행해야 한다는 것은 말할 필요도 없었지만, 안전을 기하기 위해 처토프 팀과 함께 만일의 사태들을 점검했고, 내가 무대에 있을 때 공격이 발생하면 군중에게 발표할 대피 지령을 작성하도록 액스에게 지시했다.

제이크스 목사가 설교를 마무리하고 성가대의 마지막 찬송이 예배당을 채웠다. 테러의 위협은 소수의 보좌진만 알고 있었다. 스트레스를 더할까 봐 미셸에게도 말하지 않았다. 이곳에서 핵전쟁이나 테러를 생각하는 사람은 아무도 없었다. 그것은 나만의 몫이었다. 친구, 가족, 동료

등 신도석에 앉은 사람들을 둘러보면서—몇몇은 나와 눈이 마주치자 미소 짓거나 반색하며 손을 흔들었다—이것이 이제 내 임무 중 하나가 되었음을 절감했다. 어떤 일이 생길지 모르는 어두운 구덩이를 들여다보며 언제라도 혼란이 벌어질 가능성을 대비하여 만반의 준비를 갖추면서도 정상적인 겉모습을 유지하고 모두를 위해 우리가 안전하고 질서 정연한 세상에서 살아간다는 허구를 떠받쳐야 했다.

9시 55분에 백악관 북쪽 현관에 도착하자 부시 대통령 내외가 우리를 맞아 안으로 안내했다. 바이든 부부, 체니 부통령 가족, 의회 지도부와 배우자들이 간단한 환영회를 위해 모여 있었다. 우리 보좌진은 대규모 군중을 감안하여 15분 일찍 의사당으로 출발하자고 제의했다. 우리는 대기 중인 차량에 둘씩 짝지어 탑승했다. 상하원 지도부가 먼저, 그다음 질 바이든과 체니 여사, 미셸과 부시 여사, 조 바이든과 체니 부통령, 그리고 부시 대통령과 내가 마지막에 차에 탔다. 마치 노아의 방주에 오르는 것 같았다.

대통령의 이동에 쓰이는 커다란 검은색 리무진 '비스트'를 탄 것은 이번이 처음이었다. 폭파 공격에 버틸 수 있도록 보강된 차체는 무게가 수 톤이나 나갔는데, 좌석은 고급스러운 검은색 가죽이었고 전화기와 팔걸이 위 가죽 명판에는 대통령 문장紋章이 박음질되어 있었다. 문을 닫으면 아무런 소리도 들리지 않았다. 행렬이 펜실베이니아 애비뉴를 천천히 내려가는 동안 나는 부시 대통령과 담소하며, 방탄 창문 밖으로 아직 내셔널 몰로 향하고 있거나 이미 퍼레이드 코스를 따라 의자에 앉은 인파를 내다보았다. 대부분 축하 분위기에 젖어 있었으며, 차량 행렬이 지나가면 환호하거나 손을 흔들었다. 하지만 모퉁이를 돌아 마지막 구간에 접어들자 한 무리의 시위대가 나타나 "부시를 기소하라"나 "전쟁 범죄" 같은 문구가 쓰인 팻말을 들고 확성기로 구호를 외쳤다.

부시 대통령이 그들을 보았는지는 모르겠다. 나의 취임식 직후 텍사스주 크로퍼드에 있는 농장으로 돌아갈 예정인 그는 덤불 깎는 얘기에 열중하고 있었다. 하지만 나는 그의 입장이 되어 말 없는 분노를 느꼈다. 대통령으로서의 마지막 시간을 보내는 사람을 상대로 벌이는 시위는 품위 없고 불필요하다는 생각이 들었다. 나아가서 이 최후의 시위에서 보듯 분열되고 있는 나라 전체를, 한때 정치에서 지켜야 했던 예의의 경계가 점차 흐릿해지는 것을 생각하니 마음이 착잡했다.

지금 생각해보면 내 감정에는 이기심도 스며 있었던 것 같다. 몇 시간 뒤면 비스트 뒷좌석에는 나 혼자 타고 있을 터였다. 확성기와 팻말이 내 앞길을 가로막을 날도 머지않았다는 생각이 들었다. 이 또한 대통령이 감당해야 할 몫이었다. 그런 공격을 개인 차원에서 받아들이지 않으려고 노력하면서도—내 전임자도 종종 그랬을 테지만—유리창 반대편의 외침으로부터 스스로를 차단하려는 유혹을 이겨내야 했다.

일찍 출발한 것은 현명한 선택이었다. 길이 사람들로 가득 차 있어서 우리는 예정보다 몇 분 늦게 의사당에 도착했다. 우리는 부시 내외와 함께 하원 의장 사무실에 가서 악수하고 사진을 찍고 순서를 점검했다. 우리 아이들과 가족을 비롯한 참석자와 내빈이 행진을 위해 줄을 서기 시작했다. 취임 선서를 위해 의회도서관에서 빌린 성경이 미셸과 내게 전달되었다. 암적색 벨벳 표지에 금박 테두리를 두른 작고 두꺼운 이 성경을 링컨 역시 취임 선서에 썼다. 미셸이 차례가 되어 나가자 대기실에는 잠시 예전처럼 나, 마빈, 레지만 남았다.

내가 일부러 크게 미소를 지어 보이며 물었다. "이에 낀 거 없어요?"

마빈이 말했다. "깨끗해요."

내가 말했다. "밖이 추워요. 스프링필드에서랑 똑같네요."

레지가 말했다. "사람이 좀 많긴 하지만요."

무관 한 명이 방 안에 머리를 들이밀고는 시간이 됐다고 말했다. 나는 레지와 마빈에게 주먹 인사를 건네고는 취임식 준비위원회의 안내를 따라 긴 복도를 내려가, 의사당 로툰다(원형 홀)와 국립조각상전시관을 가로질러, 양쪽 벽에 줄지어 서서 행운을 비는 사람들을 지나쳐—의장대가 걸음마다 경례를 붙였다—마침내 취임식 연단으로 이어지는 유리문 앞에 도착했다. 바깥의 광경은 입이 벌어질 지경이었다. 내셔널 몰을 빽빽이 둘러싼 군중이 워싱턴 기념비를 지나 링컨 기념관까지 늘어섰다. 줄잡아 수십만 명이 흔드는 국기가 정오의 태양 아래 바다 물결처럼 일렁였다. 트럼펫 소리가 울려 퍼지고 내가 호명되기 전에 잠시 눈을 감고는 나를 이곳에 이끌어준 기도를, 대통령으로 지내는 매일 밤 되뇌게 될 기도를 떠올렸다.

내가 받은 모든 것에 감사하는 기도. 나의 죄를 용서해달라는 기도. 우리 가족과 미국 국민이 해를 입지 않고 안전하게 해달라는 기도.

나의 길을 이끌어달라는 기도.


존 F. 케네디의 친구이자 심복이자 수석 연설문 작성관이던 테드(시어도어) 소런슨은 초기부터 나를 지지했다. 처음 만났을 때 그는 여든이 가까웠지만 여전히 명석했으며 팽팽한 재치를 뽐냈다. 심지어 나 대신 유세를 돌면서, 설득력 있는—다소 손이 많이 가긴 했지만—선거 대리인 노릇도 했다. (한번은 우리의 차량 행렬이 아이오와의 폭풍우를 뚫고 고속도로를 질주할 때 앞쪽으로 몸을 내밀고는 운전대를 잡은 요원에게 이렇게 외쳤다. "이보게, 내가 눈이 반쯤 멀긴 했지만 자네가 저 차에 지랄맞게 바싹 붙어 있는 건 볼 수 있다고!") 테드는 너그럽게 조언하고 이따금 연설문 초고를 논평해주어 젊은 연설문 작성팀의 사랑을 받았다. 그는 케네디 취임 연설("나라가 여러분을 위해 무엇을 할 수 있는지 묻지 말고……")의 공동 작성자였다. 언젠가 연설문 작성팀이 미국 역사상 가장 위대한 연설로 다섯 손가락 안에 꼽히는 명연설을 쓴 비결이 뭐냐고 그에게 물었다. 그는 간단하다고 대답했다. 케네디와 함께 연설문을 쓰려고 앉으면 스스로에게 이렇게 말했다고 한다. "언젠가 명연설집에 실릴 만큼 훌륭하게 만들어보자고."

테드가 우리 팀에 영감을 주려던 건지 그냥 장난친 건지는 모르겠다.

내가 아는 것은 나의 연설이 존 F. 케네디의 높은 기준에 도달하지 못했다는 것이다. 이후 며칠간 내 연설보다 더 주목받은 것은 청중의 규모, 매서운 추위, 어리사 프랭클린의 모자, 선서 중간에 나와 존 로버츠 대법원장 사이에 벌어진 사소한 엇박자(이 때문에 우리는 이튿날 백악관 맵 룸에서 만나 공식 선서를 다시 해야 했다) 등이었다. 몇몇 논평가는 연설이 불필요하게 암울했다고 생각했다. 어떤 사람들은 전 행정부에 대한 부적절한 비판을 찾아냈다.

그럼에도 연설을 마치자 솔직하고 자신 있게 이야기했다는 만족감이 들었다. 테러 공격을 대비하여 가져간 메모를 가슴 호주머니에서 꺼낼 필요가 없었던 것도 다행스러웠다.

메인 이벤트가 끝난 후에는 긴장을 풀고 볼거리를 만끽했다. 부시 내외가 헬리콥터 계단을 오른 뒤 돌아서서 마지막으로 손을 흔들 때는 가슴이 찡했다. 미셸의 손을 잡고 퍼레이드 코스를 걸을 때는 뿌듯했다. 해병대, 멕시코 마리아치 악사, 우주 비행사, (미국 역사상 최초의 흑인 공군 부대인) 터스키기 공군 조종사, 무엇보다 미국 모든 주의 고등학교 밴드(나의 모교 푸나호우의 행군 악대 '고 버프 엔 블루!'도 참가했다)를 비롯한 퍼레이드 참가자들을 보자 신이 났다.

그날 일어난 슬픈 일은 딱 하나였다. 의사당에서 관례적 취임 오찬을 하다가 건배와 의원들의 발언 중간에 테디 케네디가 갑자기 발작을 일으켜 쓰러진 것이다(최근 악성 뇌종양 제거 수술을 받은 뒤였다). 오찬장에 정적이 감돌았고 구급대원들이 달려 들어왔다. 테디의 아내 비키는 겁에 질린 채 휠체어를 따라 나섰으며 나머지 사람들은 그가 어떻게 될지 걱정하며 망연자실했다. 그 순간 이후 전개될 정치적 결과를 상상한 사람은 아무도 없었다.

미셸과 나는 그날 저녁 총 열 건의 취임 기념 무도회에 참가했다. 하늘하늘한 흰색 가운을 걸친 미셸은 초콜릿브라운색 자태를 뽐냈다. 첫 번째 무도회에서 비욘세가 부르는 〈앳 라스트At Last〉의 근사한 반주에 맞춰 춤출 때 나는 그녀를 품에 안고 빙글 돌리며 실없는 말들을 귀에 속삭였다. 최고사령관 무도회에서는 춤추는 중간에 갈라져 매력적이면서도 초조한 표정의 젊은 군인 두 명을 각각 파트너로 삼았다.

나머지 여덟 건의 무도회는 가물가물해서 기억하려면 머리를 쥐어짜야 한다.

백악관에 돌아오자 자정이 훌쩍 지나 있었다. 우리 가족과 친구들을 위한 파티가 여전히 이스트 룸에서 벌어지고 있었는데, 재즈 밴드 윈튼 마살리스 5중주단은 공연을 끝낼 기미가 없었다. 미셸은 열두 시간 동안 하이힐을 신어서 발이 아팠고 이튿날 아침 다른 교회 예배를 위해 머리를 단장하려면 나보다 한 시간 일찍 일어나야 했기에 침실로 향했고 내가 남아서 손님들을 접대했다.

위층에 올라와보니 조명 몇 개만 켜져 있었다. 미셸과 아이들은 잠들었으며 야간 근무자들이 아래층에서 설거지하고 테이블 접는 소리만 들릴락 말락 했다. 종일 나 혼자만 있던 게 아님을 문득 깨달았다. 나는 잠시 서서 저 많은 문이 각각 어디로 이어지는지 모르는 채 넓은 중앙 홀을 위아래로 쳐다보았고, 크리스털 샹들리에와 소형 그랜드피아노를 눈여겨보았고, 여러 벽에 걸린 모네와 세잔의 그림을 들여다보았고, 책꽂이에서 책 몇 권을 꺼냈고, 작은 흉상과 공예품과 누군지 알 수 없는 사람들의 초상화를 둘러보았다.

나의 마음은 30년쯤 전 백악관을 처음 본 순간으로 돌아갔다. 젊은 지역사회 조직가이던 나는 학자금 지원 확대 법안을 의원들에게 로비하기 위해 한 무리의 학생들을 워싱턴에 데려왔다. 우리는 출입문 밖 펜실베이니아 애비뉴에 서 있었고 몇몇 학생이 웃긴 표정을 짓고 일회용 카메라로 사진을 찍었다. 2층 창문들을 올려다보는 순간 누군가 우리를 내려다보고 있지 않을까 생각한 기억이 난다. 그때 나는 그들이 무슨 생각을 하고 있을지 상상하려 했다. 일상생활의 리듬을 그리워하고 있을까? 외로울까? 이따금 가슴을 철렁하며 어쩌다 여기 오게 되었는지 궁금해할까?

　머지않아 답을 알게 되리라는 생각이 들었다. 넥타이를 풀고 천천히 복도를 걸으며 아직 남은 조명들을 껐다.

# 11장

스스로에게 뭐라고 말하든, 아무리 많은 책을 읽고 아무리 많은 브리핑을 받고 이전 행정부에서 아무리 많은 베테랑을 영입했든, 백악관에서의 첫 몇 주를 완벽하게 준비하는 것은 불가능하다. 모든 것이 새롭고 낯설고 의미로 가득하다. 장관을 비롯한 고위급 지명자의 절대다수는 몇 주, 때로는 몇 달 뒤에나 임명이 확정된다. 백악관 곳곳에서 보좌관들이 필수 신분증을 발급받고 어디 주차해야 하는지 묻고 전화기 조작법을 익히고 화장실을 찾아다니고 웨스트 윙의 비좁은 토끼 굴 사무실이나 인근 아이젠하워 대통령실동(EEOB)의 더 널찍한 방에 상자들을 나르면서 어리벙벙하게 보이지 않으려고 애쓰는 광경을 볼 수 있다. 마치 대학 기숙사에 처음 들어가는 날 같은데, 다른 점은 사람들이 대부분 중년에 양복 차림이고 지구상에서 가장 힘센 나라를 대통령과 함께 운영할 임무를 맡았다는 것이다.

나는 입주 걱정을 할 필요는 없었지만 하루하루 눈코 뜰 새가 없었다. 빌 클린턴이 취임 직후에 실수를 저질렀다가 임기 첫 2년 내내 애먹는 것을 본 람은 선거 이후 밀월 기간에 몇 가지 목표를 이룰 작정이었다.

그가 말했다. "정말입니다. 대통령직은 새 차와 같습니다. 영업소에서 끌고 나오는 순간 감가상각이 시작되거든요."

그는 초기에 추진력을 확보하기 위해 내가 펜 놀림 한 번으로 이룰 수 있는 선거 공약들을 파악하라고 인수위원회에 지시했다. 나는 고문을 금지하는 행정명령에 서명했고 쿠바 관타나모만 미군 수용소를 1년에 걸쳐 폐쇄하는 작업에 착수했다. 우리는 로비스트에 대한 제한을 강화하는 것을 비롯하여 백악관 역사상 가장 엄격한 윤리 규칙을 제정했다. 두어 주 뒤에 아동건강보험 프로그램 대상 아동을 400만 명 늘리기로 의회 지도자들과 합의했고 곧이어 연방 자금을 지원받는 배아 줄기세포 연구를 금지한 부시 대통령의 조치를 해제했다.

취임 아흐레 만에 첫 번째 법안에 서명했다. 수더분한 앨라배마 주민의 이름을 딴 릴리 레드베터 공정임금법이었다. 릴리 레드베터는 굿이어 타이어 앤드 러버 회사에 오랫동안 근속했는데 자신이 남성 동료보다 낮은 임금을 계속 받아왔다는 사실을 알게 되었다. 차별 사건으로 치자면 슬램 덩크여야 마땅했지만, 2007년 모든 상식을 뒤엎고 대법원이 소송을 기각했다. 새뮤얼 얼리토 판사는 민권법 7장에 의거하여 레드베터가 차별 행위가 처음 일어난 때로부터 180일 이내에—말하자면 첫 월급을 받은 지 6개월 이내에—소송을 제기했어야 했다고 언급했다. 하지만 그녀는 몇 년 뒤에야 임금 차별을 알게 되었다. 공화당 상원의원들은 1년 넘도록 시정 조치를 가로막았다(부시 대통령은 법안이 통과되면 거부권을 행사하겠다고 장담했다). 이제 다수파가 되어 용기를 얻은 민주당의 빠른 입법 조치 덕에 법안이 이스트 룸의 작은 의식용 책상에 놓였다.

나는 캠페인 기간에 릴리와 친해졌다. 그녀의 가족과 그녀의 투쟁에 대해서도 알고 있었다. 법안에 서명할 때 그녀는 옆에 서 있었고, 나는 이름의 한 글자 한 글자마다 다른 펜을 썼다. (이 펜들을 릴리와 법안 지지자들에게 기념품으로 선물한 일은 좋은 전통이 되었다. 내 서명이 열 살짜리가 쓴 것처럼 삐뚤빼뚤해지긴 했지만.) 나는 릴리뿐 아니라 어머니와 툿, 그리고 승진 기회를 얻지 못하거나 자기만 못한 사람보다 낮은 임금을 받으며 일해야 했던 전국의 여성들을 생각했다. 내가 서명한 법안이 수 세기에 걸친 차별을 뒤집진 못하겠지만 무언가는, 진일보는 될 수 있었다.

이것이 출마한 이유라고 나는 스스로에게 말했다. 이 일을 하기 위해 대통령이 되었다고.

우리가 첫 몇 달간 시행한 비슷한 조치들 중 어떤 것들은 언론이 소소하게 관심을 보였고 어떤 것들은 이해 당사자들만 주목했다. 평상시였다면 이걸로 충분했을 것이다. 작은 승리를 잇따라 거두는 동안 보건 의료, 이민법 개혁, 기후변화 등에 대한 더 거창한 법안들이 의회를 헤쳐 나가고 있었으니 말이다.

하지만 지금은 평상시가 아니었다. 대중과 언론에, 나와 우리 팀에 진정으로 중요한 사안은 딱 하나였다. 경제가 무너지지 않도록 하려면 무엇을 해야 하는가였다.

선거 전에도 상황은 암울했다. 하지만 취임 선서를 한 달여 앞둔 12월 중순 시카고에서 새 경제팀과 회의하면서 비로소 문제의 규모를 온전히 인식하기 시작했다. 명랑한 태도와 실용적 스타일이 1950년대 TV 시트콤에 등장하는 엄마를 연상시키는 크리스티 로머가 앞선 회의에서 액셀로드에게 들은 문구로 발표를 시작했다.

그녀가 말했다. "대통령 당선자님, 이제 당신의 우라질 순간입니다."

킥킥거리는 소리가 들렸지만 크리스티가 차트를 한 장 한 장 넘기자 금세 사그라들었다. 미국 최대의 금융기관 스물다섯 곳 중 절반 이상이 작년에 도산했거나 합병당했거나 파산을 피하기 위해 구조조정을 실시했다. 월 스트리트의 위기로 시작된 이 사태는 이제 경제 전반에 속속들이 파급했다. 주식시장은 가치의 40퍼센트를 잃었다. 230만 채의 주택이 압류 위기에 내몰렸다. 가계 자산이 16퍼센트 하락했는데, 팀이 나중에 지적했듯 비율로 따지면 1929년 대공황 이후의 다섯 배를 넘는 수치였다. 설상가상으로 만성적으로 높은 수준의 빈곤, 노동 연령층에서의 실제 노동 인구 비율 감소, 생산성 증가율 하락, 임금 중앙값 정체 등으로 경제가 몸살을 앓고 있었다.

이것으로 끝이 아니었다. 사람들은 자신이 가난해졌다고 생각하여 지출을 멈췄고 은행들은 손실 누적으로 대출을 중단했으며 이 때문에 더 많은 기업과 일자리가 위기에 처했다. 상당수 주요 소매업체가 이미 나자빠졌다. GM과 크라이슬러도 나락으로 떨어지고 있었다. 이젠 보잉과 화이자 같은 우량 기업들까지도 대량 해고를 벌인다는 뉴스가 매일같이 보도되었다. 크리스티에 따르면 모든 화살표는 1930년대 이후 최악의 불황을 가리켰으며 11월에만 53만 3000개로 추산되었던 일자리 손실은 더 악화할 전망이었다.

내가 물었다. "얼마나 나빠질까요?"

래리가 끼어들었다. "확실친 않습니다만 수백만은 될 겁니다." 그는 실업이 일반적으로 '후행 지표'라고 설명했다. 불황기 일자리 손실의 온전한 규모는 곧바로 나타나지 않으며 경제가 다시 성장하기 시작한 뒤로도 대체로 지속된다는 것이었다. 게다가 불황이 금융 위기에 의해 촉발된 경우에는 경기순환의 변동에 의한 경우보다 경제가 훨씬 느리게 회복된다. 연방정부가 신속하고 적극적으로 개입하지 않으면 제2의 대공황이 벌어질 확률이 '약 3분의 1'이라는 것이 래리의 계산이었다.

조 바이든이 중얼거렸다. "맙소사." 나는 시내 회의실의 창문 밖을 내다보았다. 함박눈이 잿빛 하늘을 소리 없이 맴돌고 있었다. 천막촌과 무료 급식소 앞에 줄 선 사람들의 모습이 머릿속에 떠올랐다.

나는 경제팀에 고개를 돌려 말했다. "그렇다면 좋습니다. 상황을 뒤집기엔 너무 늦었으니, 그나마 피해를 줄이려면 어떻게 해야 할까요?"

우리는 세 시간 동안 전략을 수립했다. 최우선 과제는 수요 위축의 악순환을 되돌리는 것이었다. 일반적 불황에서라면 통화정책을 쓸 수 있었다. 연방준비제도가 금리를 낮추면 주택에서 자동차, 가전제품까지 모든 것의 가격을 부쩍 낮출 수 있었다. 하지만 벤 버냉키 의장이 금융 공황을 진정시키기 위해 비정통적인 여러 전략을 시도할 작정이라고 팀이 설명했다. 연방준비제도가 지난해에 실탄을 대부분 써버렸기 때문이었다. 금리가 0에 가까웠기에, 이미 채무에 허덕이는 기업과 소비자가 빚을 더 지려는 기미는 전혀 보이지 않았다.

따라서 우리의 대화는 재정 부양책, 즉 정부 지출을 늘리는 방안에 집중되었다. 나는 경제학을 전공하진 않았지만, 현대 경제학의 거인 중 하나이자 대공황의 원인을 분석한 이론가 존 메이너드 케인스를 잘 알고 있었다. 케인스의 기본적 분석은 단순하다. 개별 가계나 기업의 관점에서는 심각한 불황기에 허리띠를 졸라매는 것이 합리적 대응이다. 문제는 절약이 경제의 목을 조를 수 있다는 것이다. 모두가 동시에 허리띠를 졸라매면 경제 여건이 개선될 도리가 없다.

이 딜레마에 대해 케인스가 내놓은 해법도 분석만큼이나 단순한데, 정부가 '최후의 지출자'로서 개입해야 한다는 것이다. 그의 발상은 톱니바퀴가 다시 돌아가기 시작할 때까지 경제에 돈을 쏟아붓는다는 것이다. 그러면 가계가 확신이 커져 차를 새로 사고 혁신적 기업들이 수요 증가를 예상하여 신제품을 다시 생산하기 시작한다. 일단 경제의 시동이 걸리면 정부는 수도꼭지를 잠그고 세입 확대를 통해 자금을 회수할 수 있다. 대공황이 한창이던 1933년 취임한 프랭클린 D. 루스벨트가 대체로 이 원리를 배경 삼아 뉴딜 정책을 추진했다. 미국 국립공원에 길을 내는 공사에 투입된 시민 자연보전단 젊은이든, 남는 우유를 정부에 팔 수 있었던 농부든, 공공사업진흥국 사업의 일환으로 공연을 할 수 있었던 극단이든, 뉴딜 사업들 덕에 실업자들은 절실히 필요한 수입을 얻을 수 있었고 정부가 철강이나 목재를 주문해준 덕에 기업들은 버텨낼 수 있었다. 이 모두가 민간 부문을 떠받치고 비틀거리는 경제를 안정시키는 데 이바지했다.

당시로서는 야심 찬 시도였지만 뉴딜 지출은 대공황을 완전히 해소하기엔 규모가 너무 작았던 것으로 드러났다. 특히 1936년 선거전의 압박에 시달린 루스벨트는 정부가 방만하다고 많은 엘리트 여론 주도층이 질타하자 지출을 너무 일찍 거둬들였다. 불황을 최종적으로 타개한 것은 '민주주의의 무기고' 건설에 미국 전체가 동원된 제2차 세계대전의 궁극적 부양 효과였다. 하지만 뉴딜 정책은 상황이 더 악화하는 것을 막았고, 많은 경제학자가 케인스 이론을 수용했다. 정치적으로 보수적인 경제학자들도 예외가 아니었다(공화당 성향의 경제학자들은 일반적으로 정부 사업보다는 감세 형태의 부양책을 선호했지만).

그렇다면 우리에게도 부양책이 필요했다. 규모가 얼마나 커야 효과가 나타날까? 선거 전에 우리는 1750억 달러 규모의 사업을 제안하면서 야심 찬 계획이라고 생각했다. 선거 직후 악화하는 데이터를 들여다보면서 우리는 금액을 5000억 달러로 늘렸다. 이제 경제팀은 훨씬 큰 지출을 권고했다.

크리스티가 1조 달러를 입에 올리자 상한 음식을 뱉는 만화 등장인물처럼 더듬거리며 람이 말했다. "그건 도저히 불가능합니다." 은행 구제에 이미 지출된 수천억 달러에 대해 국민들이 분노하는 상황에서 '조'로 시작되는 숫자는 공화당은 고사하고 많은 민주당 의원에게조차 씨알도 먹히지 않을 터였다. 나는 조를 돌아보며 동의의 뜻으로 고개를 끄덕였다.

내가 물었다. "얼마면 통과될 수 있을까요?"

람이 말했다. "7000억, 어쩌면 최대 8000억까지요. 그것도 무리하는 겁니다."

부양 자금을 어떻게 쓸 것인가도 문제였다. 케인스에 따르면 경제 활동을 산출하기만 하면 정부가 돈을 어디 쓰는가는 그다지 중요하지 않았다. 하지만 우리가 거론하는 수준으로 지출하면 다른 우선순위들에 오래도록 자금을 지원하지 못할 가능성이 있었으므로 나는 의의와 효과가 큰 사업을 생각해내라고 경제팀을 다그쳤다. 경제를 즉각적으로 부양할 뿐 아니라 미국의 장기적 경제 전망을 바꿀 수 있는 현대판 광역 고속도로 체계나 테네시강 유역개발공사가 필요했다. 전력 공급의 안정성과 효율을 높일 수 있는 전국 스마트 그리드(지능형 전력망)는 어떨까? 고도로 통합된 항공 관제 시스템을 도입하여 안전성을 향상시키고 연료비를 절감하고 탄소 배출량을 감소시키는 것은 어떨까?

테이블에 둘러앉은 사람들은 시큰둥했다. 래리가 말했다. "큰 영향을 미칠 수 있는 사업들을 이미 연방기관들에 문의했습니다만, 솔직히 말씀드려야겠지요, 대통령 당선자님. 그런 사업들은 엄청나게 복잡합니다. 개발하려면 시간이 걸리는데…… 안타깝지만 시간은 우리 편이 아닙니다."

가장 중요한 것은 돈을 사람들 호주머니에 최대한 빨리 꽂아주는 일이었다. 그 목표를 이루는 최선의 방법은 푸드스탬프(저소득층에게 식료품을 구입할 수 있는 교환권을 제공하는 제도_옮긴이)와 실업보험 확대, 중산층 세금 감면, 그리고 교사, 소방관, 경찰관을 해고하지 않아도 되게끔 주들을 지원하는 것이었다. 연구에 따르면 기반 시설에 지출하면 투자 대비 최대의 효과를 거둘 수 있는데, 그중에서도 도로 복구나 노후 하수도 정비처럼 지방정부가 당장 사람들에게 일거리를 줄 수 있는 평범한 사업에 더 집중해야 한다고 래리는 주장했다.

액스가 말했다. "푸드스탬프와 도로 재포장으로 국민적 호응을 얻긴 쉽지 않을 겁니다. 폼 나는 일은 아니죠."

팀이 못마땅한 말투로 대꾸했다. "불황도 폼 나지 않긴 마찬가지죠."

팀은 이미 구역질 나는 한 해를 위기의 전선에서 보냈다. 허황한 계획들에 휩쓸리고 싶어 하지 않는다고 해서 그를 비난하긴 힘들었다. 그의 가장 큰 근심거리는 대량 실업과 부도로 금융 시스템이 더 약해져 그의 말마따나 '부정적 피드백 고리'가 생겨나는 것이었다. 래리가 부양책을 주도하는 동안 팀과 그의 팀은 채권 시장의 경색을 풀고 금융 시스템을 확실히 안정시킬 계획을 구상했다. 팀은 무엇이 효과를 발휘할지, 그리고 남은 타프 기금 3500억 달러로 충분할지 확실치 않다고 자인했다.

할 일 목록은 이걸로 끝이 아니었다. 뉴욕시 주택보전개발부 최고 책임자를 지낸 주택도시개발장관 지명자 숀 도너번, 오랜 경제 자문이자 시카고 대학교 교수로 내가 경제자문회의에 임명할 예정인 오스턴 굴즈비를 비롯한 유능한 팀이 주택 시장을 지탱하고 압류의 홍수를 막을 계획을 수립하기 시작했다. 우리는 저명한 금융 전문가 스티브 래트너, 그리고 기업 구조조정에서 노조를 대표하여 자동차 산업 구출 전략을 내놓은 전직 투자은행가 론 블룸을 영입했다. 관리예산국장으로 내정된 피터 오재그는 단기간에 부양 자금을 마련할 계획을 세우면서도 장기적으로 연방 예산의 지속 가능성을 늘리는 계획을 세워야 하는 전혀 부럽지 않은 임무를 맡았다. 게다가 지금은 고강도 긴급 지출과 세입 감소로 연방 적자가 사상 처음으로 1조 달러를 넘어선 상황이었다.

피터의 고충을 위로하기 위해 우리는 회의를 마무리하고 케이크를 가져와 그의 마흔 번째 생일을 축하했다. 촛불 끄는 광경을 보려고 사람들이 테이블에 둘러서는데, 굴즈비가 내 곁에 다가왔다(그의 태평스러운 이름은 슈퍼맨 클라크 켄트의 친구 지미 올슨을 연상시키는 표정, 넘치는 유머, 텍사스주 웨이코 출신다운 비음 섞인 억양과 도무지 어울리지 않았다).

그가 말했다. "1932년 루스벨트 이후 신임 대통령이 받은 최악의 브리핑일 겁니다!" 끔찍한 상처를 보고 충격받은 소년의 말투였다.

내가 말했다. "굴즈비, 내가 받은 **이번 주** 최악의 브리핑도 아닌걸요."

이 말은 반만 농담이었다. 경제 분야 브리핑 외에도 나는 인수 기간 내내 창문 없는 회의실에서 이라크, 아프가니스탄, 각종 테러 위협에 대한 기밀 정보를 들었다. 그럼에도 경제팀 회의장을 나서며 실의보다는 활기를 느꼈다고 기억한다. 내 자신감의 일부는 선거 이후에 분출된 아드레날린—내가 당면 과제를 해낼 수 있다는 근거 없는 믿음, 어쩌면 망상—때문이었을 것이다. 내가 꾸린 팀도 느낌이 좋았다. 우리에게 필요한 해법을 누군가 내놓는다면 장본인은 이들일 거라고 생각했다.

하지만 나의 태도는 대체로 인생 새옹지마를 받아들이는 쪽이었다. 선거운동 기간에 누린 그 모든 행운을 생각하면 지금 받아 든 나쁜 패들에

외조부모는 캔자스 출신으로 진주만 폭격 직전에 몰래 결혼했다. 외조부는 패튼의 부대에서 복무했으며 외조모는 폭탄 조립 공장에서 일했다.
≪

≫
하와이에서 자라면 메숲을 걷고 해변에서 한가롭게 노니는 것은 타고난 권리이며 대문 밖으로 나가는 것만큼이나 간단한 일이다.

≪
자기가 한 스윙을 뿌듯해하고 있다.

어머니 앤 더넘은 관습에 반기를 들었으나 강령이나 절
대적인 것에도 의심을 품었다. 어머니는 내게 이렇게
말했다. "세상은 복잡하단다, 베어. 그래서 흥미롭지."

아버지 버락 오바마 시니어는 케냐에서 자랐으며
와이 대학교에서 경제학을 공부하다가 어머니를 만나
고 나중에는 하버드 대학교에서 공부했다. 이혼한 후
에는 아프리카로 돌아갔다.

어머니가 하와이 대학교에서 인류학
학사 학위를 받은 날 외할머니와 나
와 함께.

어머니와 이부동생 마야 소에토로 응(왼
이복 누나 아우마 오바마(오른쪽).

우리의 결혼식. 미셸의 아버지와 내 외조부는 함께 하진 못했지만 그날은 내가 세상에서 가장 행운아인 것 같았다.

나의 기쁨.

연방상원의원 선거운동 초기에 일리노이주 칠리코시에서 옛날 방식으로 비누 상자에 올라서서 연설하는 장면.

2004년 보스턴 민주당 전당대회에서 기조 연설을 하는 나의 모습이 믿을 수 없을 만큼 젊어 보인다. 공공장소에서 돌아다녀도 알아보는 사람이 없던 마지막 날이었다.

민주당 전당대회 연설을 마치고 미셸과 함께.

»

≫
전당대회가 끝나고 미셸과 나와 아이들은 일리노이주 다운스테이트에서 일주일간 승합차 유세를 시작했다. 아이들은 이때 처음으로 선거 유세의 참맛을 봤다.

≫
2004년 선거일 밤. 우리는 일리노이주 역사상 최다 표 차로 상원의원에 당선되었다. 아이들은 색종이에 더 혹했지만.

2004년 11월 2일 연방상원의원에 당선되었다.

신참 상원의원 주제에 피트 라우스를 설득하여 수석 보좌관으로 영입했다. 그는 신이 내린 선물이었다. 폭넓은 경험과 한결같은 품위를 갖췄으며 정가에서 '101번째 상원의원'으로 불렸다.

임시 사무실을 보면 알 수 있듯 워싱턴에 도착했을 때 나는 서열 99위였다. 하지만 쟁쟁한 팀과 함께한 덕에 처음부터 승승장구할 수 있었다.

나는 의회 흑인 코스에 참여해 나의 웅 존 루이스 하원원과 함께 일했다.

2005년 8월 상원의원으로서의 첫 공식 해외 방문으로 딕 루거 공화당 상원의원과 함께 우크라이나 도네츠크 재래식 무기 폐기 시설을 돌아보았다.

2006년 8월 미셸과 함께 케냐를 여행하다가 HIV 검사에 대한 인식을 제고하기 위해 직접 검사를 받았다. 사람들이 우리를 맞이하려고 도로에 진을 쳤다.

2007년 2월 10일 나는 대통령에 출마한다고 선언했다. 스프링필드는 살을 에는 강추위였지만 하나도 추운 줄 몰랐다. 나는 우리가 미국의 본질적이고 참된 무언가에 호소하고 있음을 직감했다.

≪

선거운동을 하면서 아이들과 많은 시간을 보내진 못했다. 하지만 아이오와주 농업 박람회에서 게임하고 과자를 먹고 범퍼카를 탄 날은 어땠을까? 이보다 좋을 순 없었다.

≫

텍사스주 오스틴에서의 유세 장면. 나는 실제보다 과장된 희망의 상징이자 수백만 가지 꿈이 담긴 그릇이 되었다. 지지자들을 실망시킬 때가 오지 않을까 두려웠다.

≫

2007년 톰 하킨의 연례 스테이크 굽기 행사에 나의 현장 조직가들을 대거 이끌고 참가했다. 아이오와에서 거둔 성공의 상당 부분은 누구도 멈출 수 없는 젊은 운동원과 자원봉사자들 덕분이었다.

아이오와 코커스가 한 달도 남지 않았을 때 우리는 디모인에서 집회를 열었다. 오프라 윈프리가 나를 소개했으며 집회장은 입추의 여지가 없었다.

2008년 7월 24일 베를린 전승 기념탑 연설에서 나는 이전 세대가 한때 유럽을 갈라놓은 벽을 허문 것처럼 또 다른, 잘 보이지 않는 벽—계층, 인종, 종교의 벽—을 허무는 것은 이제 우리의 임무라고 선포했다.

민주당 후보 수락을 위해 무대에 오르기 직전 나의 선거운동 기획자 데이비드 플러프와 함께. 그는 겸손한 성품 이면에 탁월한 전략가의 면모를 감추고 있었다.

존 매케인과 나는 2008년 9월 11일 선거운동을 잠시 중단하고 뉴욕시에서 9.11 희생자들을 추모했다. 며칠 지나지 않아 대형 은행들이 무너지기 시작했다(상당수는 몇 블록 떨어지지 않은 곳에 있었다).

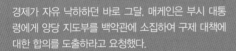

경제가 자유 낙하하던 바로 그달, 매케인은 부시 대통령에게 양당 지도부를 백악관에 소집하여 구제 대책에 대한 합의를 도출하라고 요청했다.

데이비드 액설로드는 유능한 전략가일 뿐 아니라 동지였다. 우리는 나의 상원의원 당선 가능성이 희박하던 2002년에 함께 일하기 시작했으며 그는 내가 가장 신뢰하는 자문 중 하나가 되었다. 한편 진중한 유세일정 담당관 마빈 니컬슨(오른쪽 뒤)은 수더분한 매력을 갖췄으며 모든 것을 꼼꼼히 챙겼다.

거까지 여섯 주도 채 남지 않았을 때 버지니아주 레더릭스버그에서 비를 맞으며 유세했다.

«
2008년 10월 18일어
주리주 세인트루이스
게이트웨이 아치에서
설했는데, 우리의 집호
에서 최대 규모였다. 1
명가량이 참가했다.

》
장모 메리언 로빈슨 옆에 앉아 선거일 밤 결
과를 지켜보는 장면. 그녀는 내게 말했다. "마
음을 추스르지 못하겠구나." 나는 이 말이 무
슨 뜻인지 알고 있었다.

≫
선거일 밤 20만 명 이상이 당선을 축하하기
위해 시카고 그랜트 파크에 모였다. 말리아는
도로에 차가 한 대도 없는 것을 보고 아무도
오지 않을까 봐 걱정했다.

그날 밤 사진들 중에서 내가 가장 좋아하는 것은 이것이다. 링컨 기념관 계단에 사람들이 모여 트랜지스터 라디오에서 흘러나오는 나의 수락 연설에 귀를 기울이고 있다.

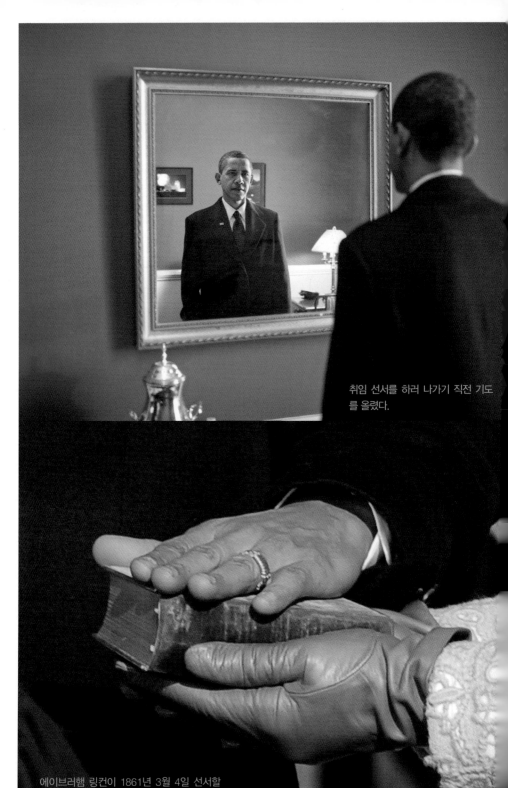

취임 선서를 하러 나가기 직전 기도를 올렸다.

에이브러햄 링컨이 1861년 3월 4일 선서할 때 쓴 성경에 나도 손을 얹고 선서했다.

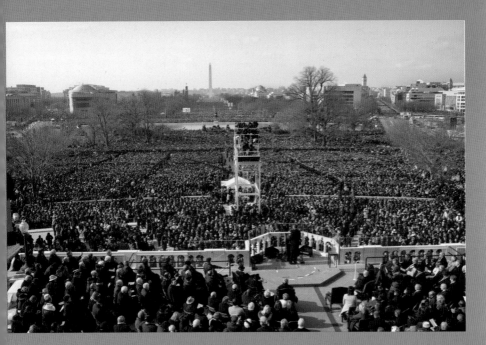

미국인의 바다. 그들이 햇빛 아래 흔드는 성조기는 바다 물결
처럼 일렁였다. 나는 그들에게 최선을 다하겠노라 다짐했다.
≫

취임식 퍼레이드 코스를 걷는 장면. 여느 때처럼 미셸이 인기를 독차지했다.
≫

≫

취임 첫날 레졸루트 책상 앞
에 앉아서. 이 책상은 1880년
빅토리아 여왕이 보낸 선물
로, 미국 포경선 승무원들이
발견한 영국 범선의 선체를
깎아 만들었다.

≪

하루 중에서 가장 좋은 때는
아이들이 들를 때였다.

불평할 처지가 아니었다. 이후 몇 주간 우리 팀에 여러 번 상기시켰듯, 미국 국민들은 상황이 통제 불능으로 치닫지 않았다면 나를 당선시키지 않았을지도 모른다. 이제 우리의 임무는 정치가 아무리 까다롭더라도 정책을 올바로 추진하고 최선의 조치를 취하는 것이었다.

어쨌든 나는 그렇게 말했다. 하지만 개인적으로는 정치가 그저 까다로운 정도가 아님을 알고 있었다.

정치는 잔혹했다.

취임까지 며칠간 나는 루스벨트의 첫 번째 임기와 뉴딜 정책을 다룬 책을 여러 권 읽었다. 두 위기를 비교하는 것은 유익했다. 우리에게 유리하지는 않았지만. 루스벨트가 당선된 1932년에는 대공황이 3년 넘게 기승을 부리고 있었다. 전 국민의 4분의 1이 실업자였고 수백만 명이 가난에 허덕였으며 미국의 풍경에 점점이 박힌 판자촌은 흔히 '후버빌'로 불렸다(루스벨트의 전임자인 허버트 후버 공화당 대통령을 국민이 어떻게 생각했는지 똑똑히 보여주는 표현이다).

얼마나 고통이 만연하고 공화당 정책이 신뢰를 잃었던지, 넉 달간의 대통령직 인수인계 기간에 뱅크런이 새로 일어나자 루스벨트는 도움을 요청하는 후버에게 번번이 퇴짜를 놓았다. 그는 자신의 대통령 임기가 과거의 잘못들에 더럽혀지지 않고 백지에서 시작한다는 인상을 대중에게 심어주고 싶었다. 운 좋게도 취임한 지 한 달 만에 경제가 회생의 기미를 보여서(그의 정책들이 아직 효과를 발휘하기 전이었다) 루스벨트는 흡족하게도 직전 행정부와 공을 나눠 가지지 않을 수 있었다.

반면 우리는 그런 명확한 구분의 이점을 누리지 못할 터였다. 어쨌든 나는 금융 위기에 대한 부시의 불가피하면서도 지독하게 인기 없는 조치를 돕기로 마음먹었으니 (비유적으로) 피 묻은 칼에 손을 얹은 셈이었다. 금융 시스템을 더욱 안정시키려면 그와 같은 조치들을 더 실시해야 한다는 것을 알고 있었다. (이미 나는 타프 기금 2차분인 3500억 달러를 지급하기 위한 표결을 얻어내려 몇몇 민주당 상원의원의 팔을 비틀어야 했다.) 상황이 더 나빠지고 있다고 유권자들이 생각하면—래리와 크리스티는 거의 확신했다—나의 인기는 이제 의회 다수당이 된 민주당과 더불어 추락할 것이 뻔했다.

지난 몇 달간의 소란과 2009년 초의 끔찍한 헤드라인들에도 불구하고, 대중이든 의회든 언론이든 심지어 (내가 조만간 알게 된바) 전문가들도 앞으로 상황이 얼마나 나빠질지 제대로 이해하지 못했다. 당시 정부 데이터만 놓고 보자면 불황은 심각하긴 했지만 파국의 지경은 아니었다. 우량 기업을 분석한 전문가들은 실업률이 8~9퍼센트에서 정점을 찍을 거라고 예견했으며 결국 10퍼센트까지 올라가리라고는 상상하지 못했다. 선거 몇 주 뒤에 경제학자 387명이—대부분 진보파였다—강력한 케인스주의적 부양책을 촉구하는 편지를 의회에 보냈는데, 그들이 붙인 가격은 우리가 제안하려던 규모의 절반가량인 3000억~4000억 달러였다. 가장 걱정 많은 전문가들마저 현실을 파악하지 못했음을 보여주는 일화다. 액설로드 말마따나 우리는 한 세대에 한 번 올까 말까 한 허리케인이 다가오고 있다는 사실을 우리 말고는 아무도 모르는 상황에서 모래주머니에 1조 달러 가까운 돈을 써야 한다고 미국 국민에게 말하려는 참이었다. 그 돈이 쓰이고 나면, 모래주머니가 아무리 효과적이었더라도 수많은 사람이 물에 잠길 터였다.

12월 회의가 끝나고 나와 나란히 걸으며 액스가 말했다. "상황이 나쁘다는 건 더 나쁠 수도 있었다는 거예요."

나도 동의했다. "맞아요."

그가 말했다. "사람들의 기대치를 현실화해야 해요. 하지만 국민이나 시장을 너무 겁먹게 하면 공포가 커져 경제가 더 큰 피해를 입을 거예요."

내가 말했다. "그 말도 맞아요."

액스가 울적한 표정으로 고개를 저으며 말했다. "중간선거는 죽 쑬 거예요."

이번에는 대꾸하지 않았다. 이따금 명백한 사실을 굳이 입 밖에 내는 그의 사랑스럽다시피 한 능력이 존경스러웠다. 그렇긴 해도 나는 그렇게 멀리 내다볼 사치를 누릴 수 없었다. 두 번째 문제, 더 다급한 정치적 문제에 집중해야 했다.

경기 부양 법안을 당장 의회에서 통과시켜야 했는데, 의회는 순조롭게 돌아가지 않았다.

내가 당선되기 전이나 대통령직을 수행하는 동안 워싱턴에는 의회가 초당적으로 협력하던 지난 시절에 대한 향수가 배어 있었다. 실제로 제2차 세계대전 이후 미국의 두 정당을 구분하는 선은 대체로 유동적이었다.

1950년대 들어 대다수 공화당 의원들은 뉴딜 시대의 보건, 안전 규제에 동의했고, 북동부와 중서부에서 배출된 수십 명의 공화당 의원은 자연 보전과 민권 같은 사안들에서 진보 쪽 극단에 섰다. 한편 남부 주민들은 뿌리 깊은 문화적 보수주의를 지향하고 (유권자의 상당 부분을 차지하는) 아프리카계 미국인의 권리에 완강하게 반대하면서 민주당을 굳건히 지지했다. 미국이 세계 경제를 독보적으로 지배하고, 공산주의의 위협 앞에서 대외 정책을 일사불란하게 추진하고, 여성과 유색인이 제 분수를 안다는 초당적 자신감이 사회 정책의 바탕을 이루면서 민주당과 공화당은 법안 통과에 필요하다면 스스럼없이 당의 경계선을 넘나들었다. 법률 개정을 발의하거나 공직 후보자에 대해 표결할 때 관례적 격식을 지켰으며, 당파적 공격과 냉혹한 전술을 구사하더라도 용납 가능한 테두리는 넘지 않았다.

이 전후 합의가 깨진 사연은 이전에도 숱하게 들었다. 그 시작은 린든 B. 존슨의 1964년 민권법 서명이었는데, 그는 남부가 민주당을 통째로 저버리게 될 거라고 예견했다. 존슨이 예견한 정치적 재편성은 그의 예상보다 오래 걸렸다. 하지만 꾸준히, 해가 갈수록—베트남전쟁, 봉기,

여성주의, 닉슨의 남부 전략을 거쳐, 강제 버스 통학(인종차별을 철폐하기 위해 백인과 유색인종 학생들을 뒤섞은 학교로 버스 통학을 시킨 제도_옮긴이), 로 대 웨이드 판결(1973년 연방대법원이 낙태를 최초로 합법화한 판결_옮긴이), 도심 범죄, 백인 이탈을 거쳐, 적극적 평등실현조치, 도덕적 다수Moral Majority(1979년 제리 폴웰 목사가 창설한 보수적 종교 조직으로 레이건 대통령 당선에 공을 세웠다_옮긴이), 노조 파괴 공작, 로버트 보크(보수적 법률가로 1987년 대법관 후보에 올랐으나 이념적 성향과 과거 행적을 이유로 인준을 거부당했다_옮긴이)를 거쳐, 공격용 무기 금지 조치와 뉴트 깅그리치의 부상, 동성애자 권리와 클린턴 탄핵을 거쳐—미국 유권자들과 그들의 대표들은 점차 양극화되었다.

정치적 게리맨더링이 이 추세를 강화했다. 양당은 유권자 성향을 분석하고 컴퓨터 기술을 활용하여 현직 의원에게 유리하고 모든 선거에서 경합 지역의 수를 최소화하는 선거구 지도를 그렸다. 한편 언론 매체가 분열되고 보수파 매체가 출현하면서 유권자들은 더는 월터 크롱카이트(미국 방송인이자 언론인으로 신뢰할 수 있고 객관적인 보도로 유명했다_옮긴이)에게서만 진실을 찾지 않았다. 이제 유권자들은 성향에 반하는 매체가 아니라 부추기는 뉴스 공급원을 선택할 수 있었다.

내가 취임할 즈음에는 붉은색과 파란색 사이의 이 '거대한 편 가르기'가 거의 완성되어 있었다. 상원에는 여전히 버티는 의원들이 있었지만—중도에서 진보 성향의 공화당 의원과 보수적 민주당 의원 여남은 명은 여전히 협력에 우호적이었다—대부분은 자리를 보전하려고 안간힘을 썼다. 하원에서는 2006년과 2008년 선거에서 민주당이 압승하면서 공화당 텃밭에서 보수적 민주당원 여남은 명이 당선되었다. 하지만 전반적으로 민주당 하원의원들은 특히 사회 문제와 관련하여 진보 쪽으로 기울었고 남부 민주당 의원들은 멸종위기종이 되었다. 하원 공화당은 훨씬 크게 변화했다. 그나마 남아 있던 온건파가 모조리 숙청되자 공화당 코커스는 현대 역사상 어느 때보다 오른쪽으로 기울었고, 새로 용기를 얻은 깅그리치의 후예들, 러시 림보식 폭격수들, 세라 페일린 지망생들, 에인 랜드(이성의 가치와 개인주의를 강조하고 자유시장경제를 옹호하여 보수주의 우파의 호평을 받는 작가_옮긴이) 문하생들과 더불어 구식 보수주의가 영향력을 다퉜다. 이들은 모두 타협을 용납하지 않았고 국방, 국경 안전, 법 집행, 낙태 금지를 제외한 어떤 정부 조치에도 회의적이었으며 진보가 미국을 파멸시키려 한다고 진심으로 믿는 것 같았다.

의석 숫자만 놓고 보면 경기 부양 법안은 통과될 수 있을 듯했다. 어쨌든 민주당은 하원에서 77석, 상원에서 70석을 차지한 다수당이었으니까. 하지만 아무리 상황이 좋더라도 역사상 최대 규모의 긴급 지출 법안을 기록적인 단시간에 의회에서 통과시키는 일은 비단뱀이 소를 삼키는 것과 비슷했다. 나는 제도화된 절차적 방해 공작인 상원 필리버스터와도 씨름해야 했다. 이것은 결국 임기 내내 지긋지긋한 정치적 두통거리가 되었다.

필리버스터는 헌법 어디에도 명시되어 있지 않다. 우연의 산물로 탄생했기 때문이다. 1805년 에런 버 부통령이 의회 다수당이 토의를 끝내고 표결에 부칠 수 있게 하는 일반적 의사 진행 조항인 본회의 심의 상정 동의를 폐지하도록 상원에 촉구했다. (보도에 따르면, 심사숙고하는 습관을 익히지 못한 듯한 그는 이 규정을 시간 낭비로 여겼다고 한다.) 이후 상원의원들은 토의를 끝낼 공식적 방법이 없는 상황에서는 발언대를 내주지 않고 끝없이 발언하는 것만으로 상원 의사 진행을 중단시킬 수 있다는 사실을, 그럼으로써 안달 난 동료들에게서 온갖 양보를 얻어낼 수 있음을 깨달았다. 1917년 상원은 '토론종결 제도'를 채택하여 이 수법에 제동을 걸었다. 상원의원 재석 인원의 3분의 2 이상이 동의하면 필리버스터를 끝낼 수 있게 한 것이다. 그 뒤로 50년간 필리버스터는 가뭄에 콩 나듯 쓰였다(대표적인 사례는 린치 반대 법안과 고용 평등 법안이 짐 크로법에 타격을 가할까 봐 남부 민주당 의원들이 벌인 필리버스터였다).

하지만 필리버스터는 점차 일상화되고 간편해졌으며 더 강력한 무기요, 소수당이 뜻을 관철하는 수단이 되었다. 필리버스터를 하겠다는 협박만으로도 법안을 얼마든지 좌절시킬 수 있었다. 1990년대 들어 공화당과 민주당 사이의 전선이 확고해지자 양쪽은 자신들이 소수당이 되었을 때 맘에 들지 않는 법안은 무엇이든 막아설 수 있었고 실제로도 그렇게 했다. 의원들이 일치단결하여 41표만 확보하면 필리버스터가 종결되지 못하도록 할 수 있었다(1975년, 토론종결에 필요한 표가 3분의 2인 67표에서 5분의 3인 60표로 줄었다_옮긴이).

헌법적 근거가 없고 국민적 논의도 없었고 대다수 미국인이 모르는데도 의회에서 법안을 통과시키려면 사실상 상원에서 60표—종종 '압도적 다수'라고 부른다—가 필요해진 것이다. 내가 대통령으로 당선되었을 즈음에는 필리버스터가 필수적이고 유서 깊은 전통으로 둔갑하여 상원 의사 진행에 깊숙이 스며들어 이것을 개혁하거나 없애려 논의하는 사람은 아무도 없었다.

내가 압도적 표 차로 당선되고 수년래 가장 압도적인 다수당의 지지를 얻었음에도, 일부 공화당 표를 얻지 못하면 우체국 이름도 바꿀 수 없고 경기 부양책 통과는 꿈도 꾸지 못한 것은 이 때문이다.

까다로워봤자 얼마나 까다롭겠느냐고?


백악관의 주요 정책은 준비하는 데만 여러 달이 걸린다. 다양한 기관과 수백 명의 담당자가 참석하는 회의가 수십 차례 열린다. 이해 당사자들에게도 폭넓게 자문을 받아야 한다. 백악관 공보팀은 엄격히 관리한 캠페인으로 정책안을 국민에게 설득해야 하며, 핵심 위원회 위원장과 간사들을 포섭하기 위해 부처 전체를 동원하기도 한다. 이 모든 작업을 진행해도 실제 법안이 기초되어 발의되기까지는 오랜 시간이 걸린다.

우리에게는 그럴 시간이 없었다. 내가 취임하기 전부터, 아직 공식 직함을 받지 못하고 대부분 무급으로 봉사하던 경제팀은 휴일까지 반납한 채 향후 '미국 경제회복 및 재투자법(경제회복법)'이 될 법안의 골자에 살을 붙여갔다('경기 부양책'이라고 하면 국민의 호응을 받지 못할 것이 뻔했다).

우리는 8000억 달러 가까운 자금을 크기가 비슷한 세 개의 양동이에 나눠 담자고 제안했다. 첫 번째 양동이에는 추가 실업수당을 지급하고 교사, 경찰관 등 공무원의 추가 대량 해고를 늦추기 위해 직접 주정부들을 지원하는 등의 긴급 지불 조치를 담았다. 두 번째 양동이에는 중산층을 겨냥한 세금 감면과 더불어, 기업들이 새 공장이나 설비에 대한 투자를 나중이 아니라 당장 실시하도록 대규모 유인책을 제시하는 다양한 기업 세금 우대 조치를 포함했다. 긴급 지불과 세금 감면은 집행하기 쉽다는 장점이 있었다. 빨리 돈을 꺼내 소비자와 기업의 호주머니에 꽂아줄 수 있기 때문이었다. 게다가 세금 감면은 공화당의 지지도 끌어낼 가능성이 있었다.

세 번째 양동이에 담은 조치들은 입안하기 힘들고 시행하는 데 시간이 걸리지만 장기적 효과가 더 큰 것들이었다. 도로 건설과 하수도 정비 같은 전통적 인프라 지출뿐 아니라 고속철도, 태양광 및 풍력발전 시설, 인터넷이 깔리지 않은 시골 지역의 광대역 전송망, 주州 교육 체계 개혁을 위한 유인책—이 모든 것은 일자리를 제공할 뿐 아니라 미국의 경쟁력을 끌어올리는 조치였다.

전국 각지에 아직 실시되지 않은 숙원 사업들을 살펴보았더니 경제회복법으로 지원할 만큼 규모가 크고 가치 있는 사업들을 찾기가 놀라울 정도로 힘들었다. 일부 유망한 아이디어들은 시행까지 시간이 너무 많이 걸리거나 거대한 관리 조직을 만들어야 하는 탓에 기각되었다. 또 다른 아이디어들은 수요를 충분히 진작할 수 없어 탈락했다. 경제 위기를 핑계 삼아 진보 진영의 불요불급한 사업들을 흥청망청 지원한다는 비판을 염두에 두고서—또한 진보적이든 아니든 불요불급한 사업들을 의회가 흥청망청 지원하지 못하게 하고 싶었기에—우리는 자금을 지원해달라고 요청하는 주정부와 지방정부에 대한 경쟁 신청 절차를 마련하고 엄격한 감사 및 보고 요건을 확립하는 한편 (의회의 원성을 살 게 뻔했지만) '지 정 예산earmark'―통과가 확실한 법안에 온갖 (대부분 미심쩍은) 선심성 사 업을 끼워 넣는 오래된 관행―을 금지하는 확고한 정책 등 '좋은 정부'를 위한 안전 조치를 마련했다.

군기를 바짝 잡고 높은 기준을 유지해야 한다고 나는 보좌관들에게 말 했다. 조금이라도 행운이 따른다면 경제회복법은 불황을 막는 것에 그치 지 않을 터였다. 솔직하고 책임지는 정부에 대한 국민의 신뢰도 회복할 수 있을 것이었다.

새해가 밝자 우리는 첫 임무를 대부분 완수했다. 기존 일정으로는 과 제를 해결할 수 없음을 주지한 조 바이든과 나는 제안으로 무장하고 (취 임식 2주 전인) 1월 5일 의사당에서 해리 리드 상원 다수당 대표, 미치 매 코널 상원 공화당 대표, 낸시 펠로시 하원 의장, 존 베이너 하원 공화당 대표 등 새로 구성된 111대 의회 지도부를 만났다. 법안을 통과시키려면 이들의 지지를 받아야 했다.

나는 핵심 지도부 네 명 중에서 해리를 가장 잘 알았지만 상원에서 활 동한 초창기에 매코널과도 적잖이 교류했다. 작달막하고 올빼미 같은 얼 굴에 매끄러운 켄터키 억양을 구사하는 매코널은 공화당 대표처럼 보이 지 않았다. 담소를 나누거나 등을 두드리거나 열변을 토하는 일에는 소 질이 없었다. 잘 알려졌듯이 자신의 코커스 안에서도 가까운 친구가 없 었다. 모든 선거 자금 개혁에 거의 종교적으로 반대하는 것 말고는 뚜렷 한 소신도 없어 보였다. 조는 자신이 발의한 법안을 가로막은 매코널과 상원 회의장에서 언쟁한 일화를 내게 들려주었다. 조가 법안의 이점을 설명하려 하자 매코널은 교통경찰관처럼 손을 번쩍 들고는 말했다. "제 가 거기 관심이 있으리라는 잘못된 인상을 받으신 게 틀림없군요." 하지 만 매코널에게는 카리스마 부족이나 정책에 대한 무관심을 보완할 자제 력, 약삭빠름, 뻔뻔함이 있었으며 권력을 추구하면서 이 특징들을 일관 되고 냉철하게 구사했다.

해리는 그를 견뎌낼 수 없었다.

베이너는 품종이 달랐다. 신시내티 외곽 출신 바텐더의 아들로 태어난 그는 사근사근하고 목소리가 걸걸했다. 줄담배를 피우고 피부를 까무잡잡하게 태우고 골프와 훌륭한 메를로 포도주를 좋아했기에 내게는 친숙했다. 스프링필드 주의회에서 접한 많은 공화당 의원과 같은 부류였다. 당의 노선이나 자신의 권력을 지켜주는 로비스트들을 거스르지 않는 호인이었지만 정치를 유혈 스포츠로 여기지 않았으며 정치적 대가가 너무 크지만 않다면 누구와도 손잡을 수 있는 사람이었다. 애석하게도 이 인간적 면모들 때문에 베이너는 자신의 코커스에 대한 장악력이 약했으며, 1990년대 후반 뉴트 깅그리치에게 충성하지 않았다가 지도부에서 밀려나는 굴욕을 겪은 뒤로는 보좌진이 준비해준 논점에서 좀처럼 벗어나지 않았다(적어도 공식 석상에서는). 하지만 해리와 매코널의 관계와 달리 그와 낸시 펠로시 하원 의장 사이에는 적대감이 없었다. 서로에게 불만을 품긴 했다. 낸시 쪽에서는 베이너가 협상 상대로 신뢰할 수 없고 표를 동원하지 못하는 경우가 많았고, 베이너 쪽에서는 낸시가 대체로 자신의 허를 찔렀기 때문이었다.

낸시가 허를 찌른 인물은 베이너뿐만이 아니었다. 디자이너 정장과 그에 어울리는 구두, 완벽하게 다듬은 헤어스타일을 갖춘 낸시는 부유한 샌프란시스코 리버럴처럼 보였다(실제로도 그랬다). 말이 속사포처럼 빨랐지만 당시 TV에서는 딱히 선전하지 못했다. 잘 단련된 성실함으로 모든 사안에 민주당식 처방을 내리는 경향이 있었는데, 사람들의 반응은 자선 행사의 식후食後 연설을 들을 때처럼 심드렁했다.

하지만 정치인(대체로 남성 정치인)들이 낸시를 과소평가하다가는 큰코다칠 수 있었다. 그녀가 권좌에 오른 것은 결코 요행이 아니었다. 이탈리아계 미국인으로 볼티모어 시장의 딸로 태어나 동부에서 자란 그녀는 어릴 적부터 소수민족 정계 보스와 항만 노동자의 방식을 익혔으며, 목표를 이루기 위해서라면 냉혹한 정치적 전술도 마다하지 않았다. 남편 폴과 함께 웨스트코스트로 이주하여 그가 기업인으로 성공하는 동안 집에서 다섯 자녀를 키운 낸시는 결국 자신이 받은 정치적 조기교육을 활용하여 캘리포니아 민주당과 의회의 계단을 꾸준히 올라가 미국 역사상 첫 여성 하원 의장이 되었다. 공화당 의원들이 곧잘 자신에게 비난의 화살을 돌려도 개의치 않았으며 민주당 동료들이 이따금 투덜거려도 괘념치 않았다. 사실 그녀보다 더 강인하거나 노련한 의회 전략가는 없었다. 그녀는 신중함, 모금 실력, 누구든 약속을 어기면 망신을 주는 독한 성격을 발휘하여 코커스를 일사불란하게 이끌었다.

해리, 미치, 낸시, 존. 이따금 우리는 그들을 '포 톱스Four Tops'로 불렀다(미국의 인기 4인조 보컬 그룹에 빗댄 표현_옮긴이). 이후 8년 내내 이들 사이의 역학 관계는 내가 대통령직을 수행하는 데 결정적 영향을 미쳤다. 나는 연석회의의 의례적 성격에 익숙해졌다. 한 번에 한 명씩 회의실에 입장하여 악수하고 조용히 상대방을 호명하고("대통령님…… 부통령님……") 모두 자리에 앉으면 조와 나, 그리고 이따금 낸시가 가벼운 농담을 시도했는데 나머지 셋은 거의 웃지 않았다. 그러는 동안 보좌진이 의무적인 사진 촬영을 위해 취재진을 들여보냈다. 기자들이 나가고 우리가 논의에 착수하면 넷은 자신의 패를 들키거나 꼬투리 잡힐 약속을 하지 않으려고 신중을 기했고, 발언 중에 상대방을 은근히 비난했다. 모두가 동의하는 것은 지금 이 자리에 있기 싫다는 것뿐이었다.

선거 이후 첫 회의여서인지, 각 당의 원내총무와 간사들이 동석해서인지, 사안의 무게 때문이었는지, 1월 초 그날 상원 회의장 바로 옆의 호화로운 LBJ 룸에 의회 지도부와 함께 모인 포 톱스는 한껏 예의를 차렸다. 내가 경제회복법을 설명하는 동안 이들은 신중하게 귀를 기울였다. 나는 우리 팀이 그들의 보좌진에게 연락하여 법안에 대한 의견을 수렴했으며 경기 부양책의 효과를 키울 수 있는 제안은 무엇이든 환영한다고 말했다. 취임식 직후에 그들의 코커스를 각각 찾아가 추가 질문에 답하고 싶다고도 말했다. 하지만 상황이 급속히 악화하고 있으니 속도가 관건이라고 덧붙였다. 100일이 아니라 30일 안에 법안이 내 책상에 놓여야 한다고 강조했다. 우리가 이 순간 무엇을 했는가로 역사가 우리 모두를 심판할 것이며, 불안하고 위태로운 국민의 자신감을 회복시켜줄 초당적 협력을 이끌어내길 바란다는 말로 발언을 마무리했다.

평상시라면 1년이 걸릴 입법 절차를 한 달로 압축해달라는 의회 지도부에 대한 요청을 감안컨대 방 안의 반응은 뜻밖에 차분했다. 오랜 친구 딕 더빈 상원 다수당 원내총무는 인프라에 배정된 경기 부양 자금의 비중을 늘려달라고 했다. 짐 클라이번 하원 다수당 원내총무는 뉴딜 정책이 흑인 지역사회를 외면했다는 날카로운 역사적 교훈을 제시하면서 자기 지역구인 사우스캐롤라이나 같은 곳에서 똑같은 일이 발생하지 않도록 할 방안이 무엇이냐고 물었다. 버지니아주 의원으로 하원 내 공화당 2인자이자 베이너의 자리를 탐내는 보수주의적 개혁파Young Turks 중 한 명인 에릭 캔터는 부양책의 몇몇 감세안을 칭송하면서도 푸드스탬프 같은 (자신이 생각하기에) 실패한 진보파 프로그램에 돈을 쓰기보다는 감세의 규모와 기간을 늘리는 게 낫지 않겠느냐고 물었다.

하지만 나와 조에게 현재의 실상을 가장 똑똑히 보여준 것은 해리, 미치, 낸시, 존의 발언이었다. 무척 예의를 갖춘 탓에 살짝 해독할 필요가 있긴 했지만.

낸시가 말했다. "대통령 당선자님, 미국 국민은 당신이 끔찍한 난장판을 물려받았다는 걸 똑똑히 알고 있으리라 생각합니다. 그저 끔찍할 따름이죠. 물론 우리 코커스는 당선자님이 물려받은 이 난장판을 청소하는 데 필요한 일을 할 준비가 되어 있습니다. 하지만 투수판에 올라선 것은 당선자님을 비롯한 민주당임을 복도 반대편의 우리 친구들이 기억하길 바랍니다. …… 정치적으로 불리하다는 사실을 알면서도 …… 부시 대통령의 타프 법안을 기꺼이 지원한 것은 민주당이었습니다. 당선자님 말마따나 매우 중대한 순간에 우리 공화당 의원님들이 그와 똑같은 책임감을 발휘하길 바랍니다."

**번역** 우리는 기회만 생기면 공화당이 금융 위기를 초래했다는 사실을 미국 국민에게 상기시킬 거예요.

해리가 말했다. "우리 코커스는 좋아하지 않겠지만 선택의 여지가 별로 없으니 그렇게 해야겠지요, 됐나요?"

**번역** 미치 매코널이 도와주려고 손가락 하나 까딱하리라 기대하지 말아요.

베이너가 말했다. "말씀은 반갑지만, 송구하게도 미국 국민이 또 다른 대규모 지출과 구제 조치를 바라고 있다고는 생각지 않습니다. 그들은 허리띠를 졸라매고 있고 우리에게도 그렇게 하기를 기대합니다."

**번역** 내가 조금이라도 협력할 기미를 보이면 우리 코커스가 나를 십자가에 매달 거요.

매코널이 말했다. "제안이 그다지 솔깃하다고 말씀드릴 순 없습니다, 대통령 당선자님. 하지만 저희 주례 오찬에 내방하여 한 말씀 해주시는 건 환영입니다."

**번역** 내가 거기 관심이 있으리라는 잘못된 인상을 받으신 게 틀림없군요.

회의가 끝나고 계단을 내려가다가 나는 조를 돌아보며 말했다.
"이만하길 다행이에요."
조가 말했다. "그렇죠. 주먹다짐을 하지 않은 것만도 어딥니까."
내가 웃음을 터뜨렸다. "봤죠? 그게 진전이라니까요!"

취임 이후 몇 주간 모든 일이 정신없이 돌아갔기 때문에 새로운 일상들이 얼마나 기묘한지 곱씹을 시간도 거의 없었다. 하지만 기묘한 것은 분명했다. 첫째, 이젠 내가 회의실에 들어설 때마다 다들 자리에서 일어섰다. 나는 "앉으세요"라고 볼멘소리를 하며 그런 격식은 내 스타일이 아니라고 우리 팀에게 말했다. 다들 미소 짓고 고개를 끄덕였지만 다음 번에도 똑같이 행동했다.

둘째, 내 이름은 사라지다시피 하여 미셸, 우리 가족, 마티 같은 절친한 친구만 쓰게 되었다. 그 밖의 사람들은 "네, 대통령님" 아니면 "아닙니다, 대통령님"이라고 했다. 시간이 지나면서 보좌진이 나에게 또는 나에 대해 말할 때 더 구어적인 호칭인 '포터스POTUS'('미국 대통령president of the United States'의 약자)를 쓰기는 했지만.

셋째, 나의 일일 스케줄이 온갖 보좌관, 기관, 유권자들 사이의 막후 줄다리기 대상이 되어버렸다. 모두가 자신의 의견이 부각되거나 자신의 사안이 다뤄지기를 원했고, 결과는 내가 온전히 이해하지 못한 은밀한 메커니즘을 통해 도출되었다. 한편 비밀경호국 요원들이 손목 마이크에 뭐라고 속삭일 때마다 내부 무선 채널로 나의 동선이 방송되고 있음을 알게 되었다. 요원들은 "레니게이드 관저로 향한다"라거나 "레니게이드 상황실 이동"이라거나 "레니게이드 제2홀드 이동"이라고 말했는데, 마지막 말은 내가 화장실에 간다는 것을 에둘러 표현한 것이다.

넷째, 어딜 가든 기자단이 있었다. 내가 백악관 구내를 벗어날 때마다 연락을 받은 취재 기자와 사진 기자들이 정부 제공 차량으로 따라다녔다. 공식 업무로 이동할 때는 납득이 됐지만, 알고 보니 이 방침은 모든 상황에—미셸과 내가 레스토랑에 갈 때든, 농구 하러 체육관에 갈 때든, 아이들 축구 경기 보러 근처 경기장에 갈 때든—적용되었다. 백악관 대변인이 된 깁스는 대통령의 일거수일투족이 기본적으로 뉴스 가치가 있으며, 중대한 일이 발생했을 때 언론이 현장에 있어야 하기 때문이라고 해명했다. 하지만 내가 추리닝 바지 차림으로 차에서 내리는 것보다 중대한 일을 기자단 차량에서 촬영한 기억은 전혀 없다. 백악관 문밖에서 누릴 수도 있었을 최소한의 사생활마저 사라져버렸다. 그 첫 주에 약간 짜증이 난 나는 개인 용무로 나갈 때는 기자단이 동행하지 않게 해줄 수 있느냐고 깁스에게 물었다.

깁스가 말했다. "좋은 생각이 아니에요."

"왜죠? 저 밴에 들어차 있는 기자들도 시간 낭비라는 걸 알잖아요."

깁스가 말했다. "그렇죠, 하지만 그들의 상사는 모르니까요. 행정부를 역사상 가장 개방적으로 운영하겠다고 약속한 점을 명심하세요. 기자단을 못 따라다니게 하면 아마 발작할 거예요."

내가 반론을 제기했다. "공무 얘기를 하는 게 아니잖아요. 아내와 데이트하는 걸 말하는 거예요. 바람을 좀 쐬는 것이나요." 나는 전임 대통령들에 대해 읽은 게 많아서 테디 루스벨트가 옐로스톤에서 두 주 동안 야영하며 말을 탔다는 사실을 알고 있었다. 대공황 때 프랭클린 D. 루스벨트가 동부 해안을 몇 주간 항해하여 노바스코샤 인근 섬까지 간 일도 알고 있었다. 나는 깁스에게 해리 트루먼이 대통령 재임 시절에 아침마다 워싱턴 거리를 오랫동안 산책했다는 사실을 상기시켰다.

깁스가 참을성 있게 말했다. "시대가 바뀌었어요, 대통령님. 이봐요, 이건 당신이 내린 결정이에요. 장담컨대 기자단을 내쫓으면 당장 불필요한 논란이 생길 거예요. 따님들과 관련해서도 협조를 구하기가 힘들어진다고요……."

나는 뭐라고 대답하려다 입을 닫았다. 미셸과 나는 아이들이 밖에 있을 때 기자들이 얼씬하지 않도록 하는 것이 급선무라고 이미 깁스에게 말했다. 깁스는 내가 아이들의 사생활이 노출될 만한 일을 결코 하지 않을 것임을 알고 있었다. 나의 반란을 성공적으로 진압한 그는 현명하게도 희희낙락하지 않았다. 그 대신 내 등을 두드리고는 내가 숨죽여 군소리하게 내버려둔 채 사무실로 돌아갔다. (고맙게도 기자단은 내 임기 동안 말리아와 사샤를 취재 대상에서 제외했으며 나는 이 최소한의 배려에 깊이 감사했다.)

우리 팀은 선심 쓰듯 내게 한 가지 자유를 허락했다. 블랙베리를 계속 쓰게 해준 것이다. 아니, 특별히 개조한 새 기기를 줬는데, 나는 온갖 사이버 보안 담당자들과 몇 주간 협상한 뒤에야 사용을 승인받을 수 있었다. 이메일을 보내고 받을 수 있었지만 심사를 거친 스무 명 남짓과만 연락할 수 있었고, 내장 마이크와 헤드폰 잭이 제거되어 전화 기능은 이용할 수 없었다. 미셸은 단추를 누르면 소리가 나고 불빛이 반짝이지만 실제로는 동작하지 않는 유아용 장난감 전화기 같다고 놀렸다.

이런 제약 때문에 나는 아우터 오벌에 상주하는 세 명의 젊은 개인 보좌관을 통해 바깥 세상과 대부분 접촉했다. 레지는 보디맨으로 남아주었고, 오하이오 출신의 꼼꼼한 친구 브라이언 모스텔러는 백악관 구내에서 나의 모든 일과를 관리했으며, 캠페인 때부터 플러프의 똑 부러지는 조수이던 케이티 존슨은 개인 비서가 되었다. 이들은 나의 비공식 문지기이자 개인적 생명 유지 시스템 역할을 했다. 전화를 연결하고, 이발 일정을 짜고, 브리핑 자료를 준비하고, 지각하지 않게 해주고, 다가오는 보좌관 생일을 알려주면서 서명할 카드를 챙겨주고, 넥타이에 수프가 묻었을 때 알려주고, 불평과 못된 농담을 참아주고, 한마디로 내가 하루 12~16시간을 버틸 수 있게 해주었다.

아우터 오벌에서 30대 중반이 넘은 유일한 사람은 백악관 사진사 피트 수자였다. 중년에 몸매가 탄탄하고 포르투갈인 혈통답게 피부가 까무잡잡한 피트는 레이건 행정부에서 공식 사진사로 일한 뒤 두 번째로 백악관에 몸담고 있었다. 여러 곳에서 사진을 가르치고 프리랜서로 일하다가 《시카고 트리뷴》에 들어가 아프가니스탄 전쟁 초기와 나의 초기 상원 활동을 촬영하기도 했다.

나는 피트가 처음부터 맘에 들었다. 복잡한 이야기를 한 장의 이미지로 포착하는 보도 사진가의 재능을 가진 그는 명민하고 겸손했으며 다소 괴팍하면서도 냉소적이지 않았다. 우리가 승리한 뒤에 그는 촬영에 제한을 받지 않는다는 조건하에 팀에 합류하기로 했다. 내가 동의한 이유는 그를 그만큼 신뢰했기 때문이었다. 이후 8년간 피트는 나를 끊임없이 따라다니며 모든 회의를 참관하고 모든 승리와 패배를 목격하고 이따금 원하는 앵글을 잡기 위해 삐걱거리는 무릎을 꿇었으며 끊임없이 휘리릭거리는 카메라 셔터음 말고는 어떤 소리도 내지 않았다.

또한 좋은 친구가 되었다.

백악관이라는 새롭고 몹시 폐쇄적인 거처에서 함께 일하는 사람들에게서 내가 느낀 애정과 신뢰, 그들이 나와 가족에게 보여준 친절과 지지는 구원의 은총이었다. 오벌 오피스에 배치된 두 명의 젊은 해군 당번병 레이 로저스와 퀸시 잭슨도 그랬다. 두 사람은 방문객에게 음료를 대접했고 식당 옆에 끼어 있는 좁은 간이 주방에서 매일 나에게 든든한 점심 식사를 만들어주었다. 백악관 통신국 직원들도 빼놓을 수 없다. 그중에서도 네이트 에머리와 루크 에머리 형제는 연탁演卓, 프롬프터, 비디오 촬영 장비를 눈 깜박할 사이에 설치했다. 바버라 스완은 매일 우편물을 가져다주었고 언제나 모두에게 미소 짓고 다정한 말을 건넸다.

관저 직원들도 마찬가지였다. 우리 가족의 새 보금자리는 집이라기보다는 고급 호텔의 스위트룸을 여러 개 붙여놓은 것 같았다. 체육관, 수영장, 테니스장, 영상실, 미용실, 볼링장, 진료실이 완비되어 있었다. 집사장 스티브 로숀이 직원들을 지휘했는데, 해안경비대 소장 출신인 그는 2007년 부시 부부에게 채용되어 최초의 아프리카계 미국인 집사장이 되었다. 청소 담당 직원들이 매일 들어와 관저를 티끌 하나 없이 청소하고, 순환제 조리팀이 우리 가족을 위해서 또는 이따금 수백 명의 손님을 위해서 식사를 준비하고, 집사들이 항상 대기하다 식사나 필요한 모든 것을 제공하고, 교환원들이 24시간 전화를 연결하고 아침에 우리를 깨워주고, 안내 직원들이 매일 아침 소형 엘리베이터에서 기다리다가 나를 일터로 내려다주고 저녁에 돌아오면 여전히 그곳에서 내게 인사하고, 시설 담당 직원들이 망가진 곳을 현장에서 수리하고, 관내 꽃꽂이 담당 직원들이 모든 방을 아름답고 다양하고 갓 자른 꽃으로 채웠다.

(여기서 짚고 넘어갈 것이 있는데—이야기를 듣고 놀라는 사람들이 있기 때문이다—대통령 가족은 새 가구를 자기 돈으로 사야 한다. 식료품에서 휴지, 대통령의 사적 디너파티를 위한 추가 인력까지, 모든 일상적 소비도 마찬가지다. 백악관 예산에는 신임 대통령이 오벌 오피스를 새단장하는 자금이 배정되어 있지만, 나는 의자와 소파의 커버가 좀 낡긴 했어도 역사적 불황기에 천 견본을 뒤적이는 건 적절치 않다고 판단했다.)

대통령을 위해서는 세 명의 해군 당번병이 배치되었는데, 첫 당번병은 목소리가 나긋나긋하고 덩치가 곰 같은 샘 서턴이라는 친구였다. 백악관에서 보낸 첫날 나는 침실과 욕실을 연결하는 복도의 옷장을 들여다보았는데, 셔츠와 양복, 바지 모두가 완벽하게 다림질되어 가지런히 걸려 있었고, 구두는 반짝반짝 광이 났고, 양말이나 반바지는 백화점 진열품처럼 개켜져 분류되어 있었다. 저녁에 오벌 오피스에서 돌아와 (아주 살짝 구겨진!) 양복을 옷장에 걸자(평소에 가장 가까운 문손잡이에 걸어 미셸의 눈살을 찌푸리게 했던 것에 비하면 장족의 발전이었다) 샘이 다가와 부드럽지만 단호한 목소리로 이제부터는 내 옷 관리를 자신에게 맡기는 게 낫겠다고 설명했다(이 변화는 나의 외모를 전반적으로 개선했을 뿐 아니라 결혼 생활에도 도움이 되었다).

물론 이 때문에 곤란한 적은 없었지만 조금 당혹스러웠다. 선거운동을 하면서 미셸과 나는 언제나 사람들에게 둘러싸여 지내는 데 익숙해졌지만 그들에게 우리 집을 내준 적은 없었다. 집사와 가사 도우미를 둔 적은 더더욱 없었다. 새롭고 호화로운 분위기에서 아이들이 응석받이가 되고 나쁜 습관에 물들까 봐 우리는 매일 아침 등교 전에 방을 청소하고 이부자리를 정돈해야 한다는 규칙을 정했다(성공률은 평균에 불과했다). 장모는 누가 자신을 시중드는 게 싫어서 직원에게 세탁기와 건조기 사용법을 배워 직접 빨래를 했다. 나는 다소 어리둥절해진 채 예전의 '굴'과는 달리 관저의 개인 서재인 트리티 룸에 책, 자료, 온갖 쓰레기를 쌓아두지 않으려고 노력했다.

관저 직원들의 꾸준한 너그러움과 전문성 덕에 우리는 점차 자리를 잡았다. 특히 매일 마주치는 정규 요리사와 집사들과 친해졌다. 내 시중을 든 직원들은 모두 흑인이나 라틴계, 아시아계 미국인이었으며 한 명빼고는 전부 남자였다(필리핀계 미국인 크리스테타 코머퍼드는 최근 여성 최초로 백악관 주방장이 되었다). 그들은 급여가 높고 안정적이고 혜택이 많은 일자리를 얻은 것에 기뻐했지만, 인종 구성은 이전 시대의 흔적이 뚜렷했다. 사회적 계층이 뚜렷이 구분되었던 당시에는 대통령직에 앉은 사람이 자신과 동등하지 않다고 간주되는 사람—따라서 자신을 평가할 수 없는 사람—에게 개인적으로 시중받는 것을 편안하게 느꼈다.

가장 고참인 집사들은 덩치가 우람하고 배가 불룩한 흑인 두 명이었는데, 능청스러운 유머 감각과 역사의 맨 앞줄에 앉은 사람다운 지혜가 있었다. 버디 카터는 닉슨 재임기의 끝자락부터 근무했으며, 처음에는 블레어 하우스를 방문하는 고위 관료들을 접대하다가 관저로 자리를 옮겼다. 본 에버렛은 레이건 시절부터 근무했다. 두 사람은 전직 대통령 가족에 대해 이야기할 때 적절한 분별력과 진실한 애정을 드러냈다. 하지만 말로 표현하진 않았어도, 우리를 돌보는 일에 대한 감정을 숨기지 않았다. 본이 사샤의 포옹을 얼마나 반갑게 받아주는지, 버디가 저녁 식사 뒤에 말리아에게 아이스크림을 몰래 한 숟가락 더 퍼주면서 얼마나 흐뭇해하는지, 그들이 메리언과 얼마나 쉽게 말동무가 되는지, 미셸이 유난히 예쁜 드레스를 입었을 때 그들이 얼마나 자부심 어린 표정을 짓는지 보면 알 수 있었다. 그들은 메리언의 형제나 미셸의 삼촌들과 거의 구별되지 않았으며, 그만큼 친근하게 우리를 더 배려했다. 우리가 부엌에서 자기 접시를 나르지 못하게 했고, 관저 직원 누구든 봉사에 조금이라도 소홀할까 봐 눈을 부라렸다. 집사들이 우리에게 식사를 내올 때 턱시도 대신 카키 바지와 폴로셔츠를 입도록 구슬리는 데는 몇 달이 걸렸다.

본이 설명했다. "여느 대통령처럼 대접받도록 해드리고 싶을 뿐입니다."

버디가 말했다. "그 말이 맞습니다. 보세요, 대통령님께서는 우리에게 어떤 의미인지 모르십니다. 여기서 대통령님을 모신다는 건……." 그가 고개를 저으며 말을 이었다. "결코 모르실 겁니다."


펠로시 의장과 데이브 오비 민주당 하원 세출위원회 위원장의 지지와, 여전히 인력 부족에 허덕이는 우리 보좌진의 영웅적 노력 덕에 경제회복법 초안이 작성되어 하원에서 발의되고 위원회를 통과하여 하원 전체 표결을 앞두고 있었다. 이 모든 일이 취임 후 일주일 안에 이루어졌다.

우리에게는 작은 기적 같았다.

민주당 의원들은 부양책의 핵심 요소들에 적극 찬성하여 원군이 되었지만, 한편으로 온갖 세부 사항을 놓고 구시렁거렸다. 진보파는 법인세 감면이 부자들에게 주는 선물이라고 불평했다. 중도파는 어마어마한 가격표를 보수주의적 유권자들이 어떻게 받아들일지 우려했다. 좌우를 막론하고 의원들은 주정부를 직접 지원하면 공화당 주지사들이―술 취한 뱃사람처럼 흥청망청 지출한다며 의회를 비난한 바로 그 주지사들이―균형 예산을 달성하여 마치 재무적 책임을 다한 것처럼 보일 거라며 투덜거렸다.

이런 유치한 불평은 백악관 주인이 누구이든 어느 주요 법안에서나 으레 뒤따랐다. 인적 구성이 더 다양하고 권위에 대한 반감이 더 크다는 등의 여러 이유 때문에 민주당이 특히 불평이 많았는데, 그들은 본질이 아닌 곁다리에 매달리는 데서 거의 변태적인 자부심을 느끼는 듯했다. 이 불만 중 일부가 언론에 새어 들어가 기자들이 몇 마디의 지엽적 발언을 여권 내 알력으로 침소봉대하면 람이나 나는 가장 도가 지나친 의원들에게 전화하여 "민주당 핵심이 오바마의 경기 부양 계획을 비난하다"나 "민주당이 텃밭 사수 의지를 분명히 밝히다" 같은 헤드라인이 목표에 딱히 도움이 되지 않는 이유를―분명하고도 가끔은 지면에 실을 수 없는 표현으로―설명했다.

우리의 메시지는 받아들여졌다. 우리는 법안 초안에서 몇 가지 부수적 사안을 양보하여 의원들이 중요시하는 사업들에 대한 지원 금액을 늘리고 일부 사업들에 대한 지원을 삭감했다. 하지만 차분하게 들여다보면 경제팀이 애초에 제안한 내용의 90퍼센트 가까이를 법안에 담았고, 국민적 신뢰를 갉아먹을 수도 있는 끼워 넣기식 지역구 지정 예산과 터무니없는 돈 낭비를 배제했다.

부족한 것은 단 하나, 공화당의 지지였다.

공화당의 몰표를 얻으리라고 기대한 사람은 처음부터 없었다. 금융 구제에 이미 수십억 달러가 지출된 뒤여서 더더욱 그랬다. 대다수 공화당 하원의원들은 자기네 당의 대통령에게 적잖이 압박을 받았을 때조차 타프에 반대표를 던졌다. 찬성표를 던졌던 의원들은 우파로부터 끊임없는 비판에 시달려 의기소침했다. 공화당 분파들 내에서는 잇따라 선거에서 참패한 이유 중 하나가 부시 대통령을 따르다 보수의 '작은 정부' 원칙들에서 벗어났기 때문이라는 믿음이 점차 커졌다.

의회 지도부와의 1월 초 회의를 마치고서 나는 공화당을 설득하는 데 더 힘쓰라고 우리 팀에 지시했다. 생색내기가 아니라 진지하게 노력하라고 했다.

이 결정은 일부 민주당 의원, 특히 하원의원들을 격분시켰다. 민주당 하원의원들은 10년 넘게 소수당 신세로 지내면서 입법 과정에서 철저히 배제되었다. 주도권을 쥔 지금, 예전에 자신들을 괴롭히던 자들에게 내가 양보하는 꼴을 볼 기분은 전혀 아니었다. 그들은 내가 어수룩해서 시간만 낭비한다고 생각했다. 한 의원이 내게 퉁명스럽게 말했다. "공화당 의원들은 당신에게 협력하는 데 관심이 없습니다, 대통령님. 당신을 무너뜨리고 싶어 한다고요."

그 말이 옳을지도 몰랐다. 하지만 여러 이유에서 적어도 정말인지 확인은 해봐야 할 것 같았다. 하원에서 공화당 표를 적잖이 확보하면 상원에서 필리버스터를 무력화하는 데 필요한 공화당 표 두 장을 얻기가 훨씬 쉬워질 터였다('많으면 안전하다'는 워싱턴의 거의 모든 정치인이 금과옥조로 여기는 금언이다). 공화당 표는 보수적인 지역에서 험난한 재선 경쟁을 벌여야 하는 민주당 의원들에게도 요긴한 정치적 보호막이 되어줄 터였다. 솔직히 말해서 공화당과 협상하는 행위는 우리 진영에서 이따금 튀어나오는 황당한 아이디어를 거부하는 손쉬운 변명거리가 되었다("유감입니다만, 의원님. 마리화나 합법화는 우리가 여기서 이야기하는 경기 부양에 해당하지 않습니다……").

내가 단지 전술적 문제 때문에 공화당 의원들과 타협하려 한 것은 아니다. 보스턴 전당대회 연설 이후로 선거운동 마지막 날까지 나는 전국 각지의 사람들이 정치 분야에서와 달리 분열되지 않았으며, 원대한 일을 해내려면 당파적 다툼에서 벗어나야 한다고 주장했다. 복도 맞은편에 손을 내밀려는 나의 노력은 진심이었다. 나는 우세한 위치에 있었고 하원 공화당의 지지 없이도 의제를 통과시킬 수 있었지만, 그들과 협력하려 했다. 어쩌면, 열린 마음과 약간의 겸손으로 공화당 지도부를 놀라게 하고 의심을 누그러뜨리면 다른 사안들에서도 협조를 얻을 수 있겠다는 생각이 들었다. 이 수가 먹히지 않고 공화당이 내 제안을 거절하더라도—그럴 가능성이 더 컸지만—적어도 유권자들은 워싱턴의 불통이 누구 탓인지 알 수 있을 터였다.

우리가 백악관 입법업무국의 수장으로 영입한 사람은 이 업무에 정통한 전직 하원 민주당 수석보좌관 필 실리로였다. 키가 크고 머리가 벗어진 그의 새된 웃음소리에는 조용한 강렬함이 숨어 있었다. 의회 회기 첫날부터 필은 협상 파트너를 물색했고, 필요하면 나나 람이나 조 바이든에게 개별 의원을 설득해달라고 부탁했다. 일부 공화당 의원들이 인프라 확충에 관심을 표하자 우리는 우선순위 목록을 달라고 했다. 또 다른 공화당 의원들은 피임 지원 자금이 경기 부양책으로 둔갑한 법안에는 투표할 수 없다고 말했는데, 우리는 민주당 의원들에게 그 조항을 삭제하라고 독촉했다. 에릭 캔터는 세금 조항 중 하나를 수정하자고 합리적으로 제안했는데, 그가 법안에 투표할 가능성이 없었지만 나는 보좌진에게 수정을 지시했다. 공화당을 논의에 참여시키려는 우리의 의지가 진심이라는 신호를 보내고 싶었기 때문이다.

그럼에도 날이 갈수록 공화당의 협조를 얻을 전망은 아득한 신기루처럼 멀어졌다. 협력에 관심을 보이던 의원들도 이젠 우리의 전화에 응답하지 않았다. 하원 세출위원회의 공화당 측 위원들은 우리가 의견을 진지하게 묻지 않았다며 경제회복법 청문회를 보이콧했다. 공화당은 언론을 통해 법안을 공격하는 데도 박차를 가했다. 조는 미치 매코널이 코커스 회원들에게 채찍을 휘둘러 경기 부양책과 관련하여 백악관과 얘기도 못 하게 한다고 보고했고, 민주당 하원의원들도 공화당 동료 의원에게서 같은 이야기를 들었다고 전했다.

공화당 의원 한 명은 분명히 말했다. "당신들과는 어울릴 수 없어요."

상황이 암울했지만 하원과 상원의 공화당 코커스를 방문하여 몇 명의 마음을 돌릴 기회는 아직 있으리라고 생각했다. 둘 다 하원 표결 전날인 1월 27일로 예정되어 있었다. 나는 시간을 더 들여 발표를 준비하고 모든 팩트와 수치를 달달 외웠다. 회의 당일 오전에 람과 필이 오벌 오피스에 찾아와 공화당이 가장 솔깃해할 주장들을 검토했다. 우리가 의사당에 가려고 차량을 준비시키는데 깁스와 액스가 오벌 오피스에 들어와 방금 들어온 AP 통신의 뉴스를 보여주었다. 베이너가 자신의 코커스와 회의한 직후에 나온 소식이었다. "하원 공화당, 경기 부양 법안에 반대하기로 결의."

기사를 훑어보며 내가 물었다. "어떻게 된 거죠?"

깁스가 말했다. "5분쯤 전 일입니다."

내가 물었다. "베이너가 전화로 미리 알려줬어요?"

람이 말했다. "아닙니다."

비스트를 타러 밖으로 나가면서 내가 말했다. "그렇다면 그들이 솔직하지 않게 이 짓거리를 했다고 보는 게 옳을까요?"

람이 말했다. "그럴 겁니다, 대통령님."

코커스와의 만남 자체는 적대적이진 않았다. 내가 도착했을 때 베이너, 캔터, 마이크 펜스 하원 공화당 코커스 의장은 이미 연단에 올라가 있었다(자신들이 방금 벌인 수작에 대한 개인적 대화를 요령 있게 피해 갔다). 베이너의 간단한 소개와 의례적인 박수 뒤에 내가 단상에 올랐다. 하원 공화당 회합에 참석한 것은 처음이었다. 장내가 획일적이라는 사실은 한눈에 알 수 있었다. 대부분 중년의 백인에 여성이 여남은 명, 히스패닉과 아시아인이 두세 명 있었다. 대다수가 굳은 표정으로 앉아 있는 가운데, 나는 경기 부양책을 짧게 설명하면서 경제 붕괴에 대한 최신 데이터, 신속하게 조처할 필요성, 공화당이 오랫동안 주장한 감세 조치가 우리 방안에 들어 있다는 사실, 위기가 지나가면 장기적 적자 감소 계획을 추진하겠다는 의지를 언급했다. 내가 질문(더 정확히 말하자면 질문을 가장한 발언)을 받겠다고 하자 객석은 활기가 돌았다. 나는 모든 질문에 성심성의껏 답했다.

"대통령님, 민주당에서 발의한 온갖 법률들 때문에 은행들이 부적격 차입자에게 모기지를 제공해야 했고 그것이 금융 위기의 진짜 원인인데, 이 법안에는 왜 그에 대한 조치가 빠졌나요?"(박수갈채.)

"대통령님을 위해 책을 하나 가져왔습니다. 뉴딜이 대공황을 끝낸 게 아니라 사실은 사태를 악화시켰음을 밝힌 책입니다. 민주당의 이른바 경기 부양이 그 실수를 되풀이하고 있을 뿐이며 미래 세대가 지워야 할 붉은 잉크의 바다를 남길 거라는 데 동의하십니까?"(박수갈채.)

"대통령님, 낸시 펠로시가 당파적 법안을 제쳐두고 미국 국민이 요구하는 진정으로 개방적인 절차를 시작하도록 지시하실 겁니까?"(환호, 박수갈채, 약간의 야유.)

상원의 분위기는 이보다는 차분했다. 조와 나는 테이블에 둘러앉았는데, 마흔 명가량의 상원의원 참석자들은 대부분 우리의 예전 동료였다. 하지만 회의 내용은 별로 다르지 않았다. 의원들은 입을 여는 족족 똑같은 찬송을 읊조리며, 경기 부양책이 선심성 사업으로 가득하고 예산을 축내는 '특수 이익 구제책'이니 민주당이 조금이라도 협조를 바란다면 이 조항들을 폐기해야 한다고 주장했다.

백악관으로 돌아오는 길에 람은 분기탱천했고 필은 낙심천만했다. 나는 괜찮다고, 실은 공방이 재미있었다고 말했다.

내가 물었다. "공화당에서 몇 명이나 동참할 것 같아요?"

람이 어깨를 으쓱했다. "운이 좋다면 여남은 명쯤 되겠죠."

알고 보니 그것도 낙관적 예상이었다. 이튿날 경제회복법은 244 대 188로 하원을 통과했다. 공화당 찬성표는 정확히 '0'이었다. 매코널, 베이너, 캔터, 그리고 나머지 공화당 의원들이 이후 8년간 일사불란하게 펼칠 전투의 첫 사격이었다. 상황이나 사안이 무엇이든, 이 나라에 어떤 결과가 미치든, 그들은 나와의—또는 우리 행정부 구성원과의—협력을 일관되게 거부했다.

　　　　　　독자 여러분은 선거에서 두 차례 완패한 공화당이 호전적이고 전면적인 방해 전략을 쓰는 것은 무척 위험한 발상이라고 생각할 것이다. 게다가 진짜 위기가 닥쳤을 때 그렇게 하는 짓은 분명 무책임했다.

하지만 매코널이나 베이너처럼 권력 탈환이 자신의 주요 관심사라면 최근의 역사에서 보듯 그런 전략은 효과가 있다. 미국 유권자들은 정치인들이 협력해야 한다고 말하지만 여당과 협력하는 야당에 표를 주는 일은 거의 없다. 1980년대에 로널드 레이건이 당선되어 나라가 오른쪽으로 쏠리고도 오랫동안 민주당이 하원을 장악할 수 있었던 데는(상원은 되찾지 못했지만) '책임감 있는' 공화당 지도부가 의회 정상화를 위해 노력한 탓도 있었다. 하원이 넘어간 것은 깅그리치가 주도한 공화당이 의회를 죽기 살기식 싸움판으로 바꿔놓은 뒤였다. 마찬가지로 공화당이 주도한 의회를 민주당이 잠식한 비결은 부시 대통령의 감세 법안이나 처방약 정책이 통과되도록 도와서가 아니었다. 민주당은 사회보장 민영화에서 이라크 전쟁에 이르기까지 사사건건 대통령과 공화당 지도부에 반대하기 시작하면서 비로소 하원과 상원을 되찾을 수 있었다.

매코널과 베이너는 그때의 교훈을 잊지 않았다. 행정부가 효과적이고 지속적으로 위기에 맞설 수 있도록 도와봐야 내게 정치적 이익을 가져다줄 뿐이요, 자신들이 내세운 정부 반대, 규제 반대에 관한 주장이 파산했음을 암묵적으로 인정하는 꼴임을 알고 있었다. 반면에 승산 없는 싸움이나마 계속 벌이면, 논란을 일으키고 톱니바퀴에 모래를 뿌리면, 적어도 자기네 저변에 활기를 불어넣고 국민이 조급할 수밖에 없는 이때에 나와 민주당의 발목을 잡을 기회를 얻을 수 있었다.

공화당 지도부는 전략을 실행하면서 두 가지 현상의 덕을 입었다. 첫번째는 현대 뉴스 보도의 속성이다. 나는 상원 활동과 선거 유세 시절부터 전국의 정치 담당 기자를 대부분 알고 지냈는데, 이들은 전반적으로 똑똑하고 성실하고 윤리적이고 사실을 올바르게 전달하려고 애썼다. 그와 동시에 대다수 뉴스 기자들의 정치 성향은 보수파의 생각처럼 정치적 스펙트럼에서 진보적인 극단이었다.

그렇다면 기자들이 매코널과 베이너의 계획에 동조할 가능성은 낮을 것이었다. 하지만 편견이 있어 보일까 봐서든, 갈등이 잘 팔리기 때문이든, 편집국의 요구 때문이든, 인터넷 시대 24시간 뉴스 주기의 마감을 맞추는 가장 쉬운 방법이기 때문이든, 워싱턴 정가에 대한 기자들의 보도 태도는 애석하게도 다음과 같은 예측 가능한 패턴에서 벗어나지 않았다.

한쪽의 말을 보도한다(짧은 문구를 인용한다).

반대쪽의 말을 보도한다(앞의 문구에 반대하는 문구를 인용하되, 모욕적이면 금상첨화다).

누가 옳은지 판단하는 일은 여론조사에 맡긴다.

시간이 지나면서 보좌진과 나는 'A가 말하길/B가 말하길' 보도 스타일을 하도 겪어서 체념한 탓에 농담까지 주고받았다. ("오늘 기자회견 대결에서는 지구 모양을 둘러싼 논쟁이 뜨거웠습니다. 오바마 대통령이 지구는 둥글다고 주장하자 공화당은 지구평면설을 입증하는 문서를 백악관이 숨기고 있다며 거세게 몰아붙였습니다.") 백악관 공보팀이 제대로 꾸려지지 않은 처음 몇 주 동안은 놀랄 일이 많았다. 공화당이 경제회복법에 대한 반쪽짜리 진실이나 노골적 거짓(이를테면 우리가 라스베이거스 조폭 박물관에 수백만 달러를 지원할 계획이라거나, 낸시 펠로시가 멸종위기종 생쥐를 구하는 3000만 달러 사업을 끼워 넣었다는 식의 주장)을 유포하면 언론은 이 새빨간 거짓말을 스트레이트 뉴스로 보도했다.

우리가 귀찮게 굴면 결국 언론사가 공화당의 주장을 팩트체크하는 기사를 내보내기도 했다. 하지만 진실이 1면 헤드라인에 올라오는 일은 드물었다. 정부가 돈을 낭비한다는 믿음에 세뇌된 대다수 미국인은 입법 과정을 자세히 들여다보거나 협상에서 누가 합리적이고 누가 비합리적인지 따져볼 시간도 의향도 없었다. 듣는 얘기는 민주당과 공화당이 다시 싸우고 정치인들이 돈을 물 쓰듯 하고 백악관의 새 주인이 변화를 위해 노력하지 않는다는 워싱턴 언론의 말뿐이었다.

물론 경제회복법을 깎아내리려는 시도는 공화당 지도부가 얼마나 대오를 일사불란하게 유지하느냐에 달렸다. 최소한 그들은 경기 부양책이 공화당 소신파의 지지를 얻어 '초당파적'으로 인식되지 않도록 해야 했다. 매코널은 훗날 이렇게 설명했다. "무언가에 초당파적이라는 꼬리표가 붙으면 차이가 해소되었다는 인상을 줍니다." 공화당 세력이 탄탄한 지역구나 주에서 공화당원 대다수가 목소리를 높이고 있었기 때문에 그들의 과제는 더 수월해졌다. 폭스 뉴스, 토크 라디오, 세라 페일린의 연설을 꾸준히 주입받은 그들의 유권자들은 타협할 의사가 전혀 없었다. 재선되기를 원하는 이 의원들을 가장 크게 위협한 걱정거리는 예비선거에서 자신이 리버럴과 가깝다는 비난을 도전자들에게 듣는 일이었다. 토크 라디오 진행자 러시 림보는 매케인 같은 공화당 의원들이 이제 선거가 끝났으니 나의 성공을 빈다고 말한 것을 거세게 힐난했다. 림보는 이렇게 사자후를 토했다. "저는 오바마가 실패하기를 바랍니다!" 2009년 초만 해도 공화당의 대다수 선출직 공직자들은 공식 석상에서 그렇게 노골적으로 말하는 것은 현명하지 않다고 생각했다(우리가 나중에 알게 된바, 사석에서 뭐라고 말하는가는 별개 문제였다). 하지만 림보와 정서가 다른 정치인들도 저 발언이 상당수 유권자들의 견해를 사실상 대변하고 형성한다는 사실을 알고 있었다.

보수파의 큰손 후원자들도 가세했다. 경제가 주저앉고 회원사들의 실적이 악화하자 상공회의소 같은 전통적 재계 단체들은 결국 경제회복법을 찬성했다. 하지만 그들이 공화당에 미치던 영향력은 이제 데이비드 코크와 찰스 코크 같은 억만장자 이데올로그 차지가 되었다. 수십 년간 수억 달러를 들여 싱크탱크, 압력단체, 언론사, 정치 실무자 등을 체계적으로 양성한 그들이 일관되게 천명한 목표는 현대 복지국가의 흔적을 마지막 하나까지도 지워버리는 것이었다. 그들이 보기에 모든 과세는 몰수요, 사회주의로 가는 길이었고, 모든 규제는 자유 시장 원칙과 미국적 삶의 방식에 대한 배신이었다. 그들은 나의 승리를 치명적 위협으로 여겼다. 그래서 내 취임식 직후에 미국에서 가장 부유한 보수주의자들을 캘리포니아주 인디언웰스의 한 호화 리조트에 불러 모아 콘클라베를 개최했다. 그들은 타협과 합의가 아니라 전쟁을 원했다. 그들은 내 정책에 사사건건 반대할 배짱이 없는 공화당 정치인들은 후원금이 말라버릴 뿐 아니라 예비선거에서 두둑한 자금 지원을 받는 도전자들의 표적이 되리라는 것을 분명히 했다.

지역구민, 후원자, 보수 성향 매체의 로비에도 불구하고 내게 협조하려는 유혹을 느끼는 공화당 의원들에게는 유서 깊은 '동조 압력'이 효과를 발휘했다. 인수 과정에서 나는 뉴햄프셔주의 유능하고 점잖은 공화당 상원의원 저드 그레그를 만나 상무장관직을 제안했다. 초당파적 정부를 꾸리겠다는 약속을 지키기 위한 노력의 일환이었다. 그는 흔쾌히 수락했고, 2월 초에 우리는 장관 지명을 발표했다. 하지만 경제회복법에 대한 공화당의 반대가 날이 갈수록 커지고 매코널을 비롯한 당 지도부가 코커스 회의와 상원 회의장에서 설득하고 (보도에 따르면) 전 퍼스트레이디 바버라 부시까지 우리 행정부에 참여하지 말라고 설득하자 저드 그레그는 자신을 잃었다. 지명 발표 일주일 뒤에 그가 전화하여 장관직을 고사한다고 말했다.

공화당 의원 모두가 급속히 달라지는 당내 분위기를 감지한 것은 아니었다. 경제회복법에 관해 상원에서 투표하는 날 나는 법안에 대한 국민적 지지를 북돋우기 위해 플로리다주 포트마이어스에서 열린 주민 간담회식 모임에 참석하여 경제 관련 질문에 답했다. 동석한 찰리 크리스트 플로리다 주지사는 온건파 공화당원으로, 성품이 다정하고 세련되었으며 외모가 배우 같았다. 은발에 피부는 까무잡잡하고 치아는 하얗게 반짝거렸다. 당시 엄청난 인기를 누린 크리스트는 첨예한 사회 문제를 멀리하고 경제와 관광 진흥에 치중하면서 당에 얽매이지 않는다는 이미지를 구축했다. 그는 플로리다주가 크나큰 곤경에 처했다는 사실도 알고 있었다. 서브프라임 대출과 주택 거품이 심각했던 지역 중 하나였기에 경제와 주정부 예산이 폭락했고 연방의 지원이 절실히 필요했다.

그렇기에 크리스트는 기질과 현실적 필요 둘 다에 따라 주민 간담회에서 나를 소개하고 경기 부양 법안을 공개적으로 지지하기로 했다. 포트마이어스의 주택 가치가 약 67퍼센트 하락했음에도(적어도 12퍼센트의 주택이 압류 처분을 받았다), 그날 모인 청중은 소란하고 활기찼다. 대부분 민주당 지지자였으며 세라 페일린이 훗날 '희망스럽고 변화스러운 것hopey, changey stuff'이라고 부른 분위기에 휩싸여 있었다. 크리스트가 경제회복법이 플로리다에 주는 혜택과 선출직 공직자들이 정당 정치보다 주민을 우선시해야 할 필요성을 지적하면서 법안을 지지하는 이유를 합리적이고 다소 신중하게 설명하자 나는 으레 하던 것처럼 '브로 허그bro hug'—악수하고 팔로 등을 감싸 안아 두드리며 눈에는 고마워하는 표정을 담고서 귓속말로 고맙다고 속삭이는 것—를 했다.

가련한 찰리. 이 2초의 짧은 몸짓이 그에게 정치적 죽음의 입맞춤이 되리라는 걸 내가 어떻게 알았겠는가? 집회가 끝나고 며칠 지나지 않아 '허그' 동영상이 우익 매체에—크리스트를 자르라는 요구와 함께—등장하기 시작했다. 몇 달이 지나자 크리스트는 공화당의 샛별에서 불가촉천민으로 전락했다. 그는 타협의 대명사, 물러 터진 자, 본때를 보여줘야 하는 기회주의자 라이노로 불렸다. 이 모든 소동은 먼 훗날에야 마무리되었다. 2010년 상원의원 선거에서 크리스트는 무소속으로 출마해야 했고, 신예 보수주의자 마코 루비오에게 완패했다. 크리스트는 당을 갈아타 민주당 소속으로 플로리다 하원의원 선거에서 승리한 뒤에야 마침내 정계에 복귀할 수 있었다. 어쨌거나 공화당 의원들은 당장의 교훈을 깊이 새겼다.

오바마 행정부와 협력했다가는 큰코다칠 수 있다는 것.

어쩔 수 없이 악수하더라도 절대 행복한 표정을 짓지 말 것.


그때를 돌이켜보면 대통령 임기 첫 몇 주 동안 전개된 정치적 역학 관계가 뇌리에서 떠나지 않는다. 우리가 무슨 말을 하건 무슨 행동을 하건 공화당은 재빨리 저항 태세를 확립했고 그 저항 때문에 언론과 (궁극적으로) 국민은 우리의 행동을 속속들이 색안경을 끼고 보게 되었다. 어쨌거나 이후 몇 달과 몇 년간 일어날 수많은 일의 향방을 결정한 역학 관계로 인해 미국의 정치적 감수성이 쪼개진 탓에 미국은 10년이 지난 지금도 대가를 치르고 있다.

2009년 2월에 나는 정치가 아니라 경제에 몰두하고 있었다. 그러니 찰리 크리스트 이야기에서 언급하지 않은 관련 정보를 짚고 넘어가는 게 좋겠다. 무대에 걸어 나가 그를 껴안기 몇 분 전에 람이 전화하여 경제회복법이 막 상원을 통과했다고 말했다. 법안의 의회 통과가 확실해졌다.

우리가 성사시킨 일이 내가 유세에서 약속한 새 정치의 본보기라고 말할 순 없다. 오히려 구태 정치의 표본이었다. 하원 투표 결과를 보고 법안이 초당적 지지를 받아 통과될 리 없음을 똑똑히 알게 된 우리는 상원에서 찬성표 61장을 확보하는 데 총력을 기울였다. 예순한 표가 필요한 이유는 어떤 공화당 상원의원도 오바마 법안을 통과시킨 단 한 표의 장본인이라는 꼬리표를 감당할 수 없기 때문이었다. 매코널이 조성한 강압적 분위기에서 우리에 대한 지지를 고려나마 할 수 있는 공화당 의원은 내가 대선에서 손쉽게 승리한 주 출신에다 온건파를 자처하는 세 명—메인주의 수전 콜린스와 올림피아 스노, 펜실베이니아주의 알런 스펙터—뿐이었다. 이 세 명은 네브래스카주의 벤 넬슨 상원의원—보수적인 주에서 당선된 민주당 의원 대여섯 명의 비공식 대변인으로, 모든 논쟁적 사안에서 그들의 우선순위는 해리 리드와 낸시 펠로시보다 무조건 오른쪽에 자리 잡아 워싱턴 정치 평론가들로부터 '중도파'라는 자랑스러운 이름표를 받는 것이었다—과 더불어 경제회복법이 통과해야 할 문지기가 되었다. 이들 모두가 두둑한 통행세를 물리고 싶어 했다.

두 차례 암으로 투병한 스펙터는 경제회복법 지원금 중 100억 달러가 국립보건원으로 가야 한다고 주장했다. 콜린스는 법안에서 학교 설립 항목을 빼고 'AMT 면제 한도액 설정'—중산층 미국인이 세금을 더 많이 내지 않도록 하는 과세 조항—을 넣으라고 요구했다(AMT는 '최저한세Alternative Minimum Tax'로, 고소득자의 세금 회피를 방지하기 위한 최저 금액을 일컫는다_옮긴이). 넬슨은 농촌 주에 메디케이드 자금이 추가로 지원되길 바랐다. 모든 요구를 들어주려면 수십억 달러가 필요했지만 그들은 전체 지원금이 8000억 달러 이하여야 한다고 주장했다. 그보다 큰 숫자는 "너무 많아" 보인다는 이유에서였다.

아무리 생각해도 이 요구들에는 어떤 경제 논리도 없었으며 정치적 위치 선정과 (자신들이 지렛대를 쥐고 있음을 아는 정치인들의) 고전적 압박 전술에 불과했다. 하지만 이 진실을 눈여겨보는 사람은 거의 없었다. 워싱턴 언론은 네 명의 상원의원이 '초당적'으로 행동한다는 사실만으로도 그들에게 솔로몬의 지혜와 분별을 부여했다. 한편 민주당의 진보적—특히 하원의—의원들은 내가 '사인방Gang of Four'에게 법안의 최종 내용을 사실상 결정하도록 한 것에 격분했다. 몇몇은 스노, 콜린스, 스펙터, 넬슨의 주에 가서 그들이 '몸값' 요구를 철회할 때까지 낙선 운동을 벌이라고 제안하기까지 했다. 나는 그렇게는 할 수 없다고 말했다. 강압적 전술은 역풍을 부를 우려가 있고, 훗날 통과시켜야 할 다른 법안에 대해 협조를

얻을 가능성이 사라질 수 있기 때문이었다(조, 람, 필, 해리, 낸시도 의견이
같았다).

어쨌든 시계는 계속 째깍거렸다. 액스가 나중에 표현했듯, 집이 불타
고 있는데 유일한 소방 호스를 가진 사람은 저 네 명의 상원의원이었다.
일주일간의 협상(그리고 나와 람, 특히 조의 구슬리기와 조르기, 달래기) 끝에
합의가 도출되었다. 사인방은 원하는 것을 대부분 얻었다. 그 대가로 우
리는 그들의 표를 얻었고, 애초에 내놓은 경기 부양 조치를 90퍼센트 가
까이 지킬 수 있었다. 1073쪽짜리 수정 법안은 콜린스, 스노, 스펙터의
표를 제외하면 당 노선에 한 치도 어긋나지 않은 채 하원과 상원을 통과
했다. 취임한 지 한 달도 지나지 않아 '미국 경제회복 및 재투자법'은 나
의 서명만을 남겨놓았다.

서명식은 덴버자연과학박물관에서 소
수의 참관인을 앞에 두고 열렸다. 우리는 종업원 소유 기업인 한 태양에
너지 회사의 최고경영자에게 나의 소개를 부탁했다. 그가 경제회복법이
자신의 회사에 어떤 의미인지 설명하는 것을 들으며 나는 그 순간을 만
끽하려 애썼다. 그의 회사는 정리해고를 면했고 신규 인력을 채용했고
녹색경제를 계속 추구할 수 있었다.

서명을 앞둔 법안은 기존의 어떤 잣대를 들이대더라도 역사적인 입법
이었고, 규모가 프랭클린 D. 루스벨트의 뉴딜 정책에 맞먹는 경제 회복
조치였다. 경기 부양책은 총수요를 끌어올리는 데 그치지 않을 터였다.
수백만 명이 경제적 파고를 헤쳐 나가도록 지원하고 일자리를 잃은 사람
들을 위한 실업보험을 확대하고 굶주린 사람들에게 식량을 지원하고 생
계가 막막한 사람들에게 의료 혜택을 제공하고 중산층과 노동 빈곤 가정
에 레이건 이후 최대의 한시적 세금 감면을 제공하고 기반 시설과 운송
체계에 아이젠하워 행정부 이후 최대의 신규 자금을 투입할 계획이었다.

이게 다가 아니다. 경제회복법은 단기 부양과 일자리 창출도 등한시하

지 않고 경제를 현대화하겠다는 나의 선거 공약들에 필요한 초기 자금을 대규모로 공급했다. 청정에너지 개발과 에너지 효율 개선 프로그램에 전례 없이 투자하여 에너지 부문을 탈바꿈시킬 전망이었다. 한 세대를 통틀어 가장 거대하고 야심 찬 교육 개혁 중 하나에도 자금을 지원할 계획이었다. 미국 의료 체계를 혁신할 잠재력이 있는 전자의무기록 전환을 촉진하고 초고속 정보통신망에서 배제된 교실과 농촌 지역에 광대역 통신망을 확대할 터였다.

이 중 하나라도 단독 법안으로 통과되었다면 대통령 행정부의 주요 업적으로 손꼽힐 만했고, 전체적으로 보자면 첫 번째 임기 전체의 성공으로 간주할 법했다.

하지만, 박물관 옥상의 태양광 전지판을 둘러보고 연단에 올라 지독한 압박 속에서 이 모든 일을 성사시킨 부통령과 우리 팀에 감사한 뒤에, 법안이 결승선을 통과하도록 도와준 의원들에게 고마움을 표한 뒤에, 여러 개의 펜으로 서명하고 모두와 악수하고 몇 차례 인터뷰하고 모든 일을 치른 뒤에 마침내 비스트 뒷좌석에 홀로 앉았을 때는 승리감이 아니라 깊은 안도감이 들었다.

더 정확히 말하자면 불길한 예감이 잔뜩 밴 안도감이었다.

1~2년 치 일을 한 달 만에 해낸 것이 사실이라면 우리는 1~2년 치의 정치적 자본을 그만큼 빨리 써버린 셈이었다. 이를테면 매코널과 베이너가 메시지의 전쟁터에서 우리를 두드려 팼다는 사실은 부정하기 힘들었다. 가차 없는 공격은 경제회복법의 범위에 끊임없이 영향을 미쳤고, 우리가 낭비와 불법을 저지른다는 터무니없는 비난들을 언론은 대서특필했다. 일부 정치 평론가들은 내가 법안을 작성하면서 충분히 협의하지 않아 초당적 통치의 약속을 저버렸다는 공화당의 논리를 받아들였다. 어떤 사람들은 콜린스, 넬슨, 스노, 스펙터와의 합의가 '우리가 믿을 수 있는 변화'라기보다는 워싱턴 정가의 냉소주의적인 정치적 흥정이라고 주장했다.

경제회복법이 통과되고 몇 주 동안은 국민적 지지가 상승했다. 하지만 머지않아 잡음이 끼어들어 추세가 역전되었다. 한편 민주당 지지자들 중 상당수는—여전히 선거일 밤의 자만심에 들떠 있었고 공화당이 패배를 인정하고 자중하지 않는 것에 발끈하여—우리가 경제회복법에 담아낸 모든 것에 만족하기보다는 포기해야 했던 극소수에 분노했다. 진보파 논 평가들은 내가 사인방의 요구를 더 단호하게 거부했다면 경기 부양의 규 모를 훨씬 키울 수 있었을 거라고 주장했다(몇 주 전까지만 해도 이들 중 상 당수가 요구하던 규모의 두 배였는데도). 여성 단체들은 피임 항목이 빠졌다 며 불만스러워했다. 운송 단체들은 대중교통 지원금 증액으로는 미흡하 다며 볼멘소리를 했다. 환경주의자들은 경제회복법이 재생 가능 에너지 에 대규모로 투자한 것에 환호하기보다는 청정 석탄 사업에 들어간 쥐꼬 리만 한 지원금을 성토하는 데 열을 올렸다.

공화당의 공격과 민주당의 불만 사이에 끼어 있자니 예이츠의 시 「재 림The Second Coming」이 떠올랐다. 나의 지지자들은 모든 신념을 잃었고 나 의 적대자들은 강렬한 격정으로 가득 찼다("최선은 모든 신념을 잃고, 최악 이 강렬한 격정으로 가득 찬다"라는 구절에 빗댄 표현_옮긴이).

경제회복법 통과만으로 경제를 다시 돌아가게 할 수 있었다면 나는 이 모든 것을 근심하지 않았을 것이다. 나는 우리가 법률을 실효성 있게 집 행하여 비판자들이 틀렸음을 입증할 수 있으리라 확신했다. 민주당 유권 자들이 오랫동안 내 편으로 남을 것이고 일반 국민의 지지율이 여전히 높다는 것도 알고 있었다.

문제는 위기를 끝장내려면 적어도 서너 차례의 대규모 조치를 더 취해 야 한다는 것이었다. 각각의 조치는 이번 못지않게 긴급하고 논쟁적이고 힘겨울 터였다. 마치 높은 산꼭대기에 오르고 나니 더 험준한 봉우리들 이 잇따라 보이는데 나는 발목을 삐고 악천후가 다가오고 식량은 절반만 남은 격이었다.

나는 이런 감정을 팀의 누구와도 나누지 않았다. 그들은 지금도 충분히 기진맥진했으니까. 나는 스스로에게 말했다. 혼자 삼켜. 신발 끈을 조이고 식사량을 줄여.

그리고 계속 가는 거야.

# 12장

오바마 대통령님께

오늘 저는 2009년 6월 30일부로 이 나라에서 급속히 증가하고 있는 실업
자 대열에 합류할 것임을 통보받았어요.

오늘 밤 아이들을 침대에 밀어 넣고 집어삼킬 듯한 공포와 싸우며 깨달은
것은 제가 부모로서 저의 부모가 가졌던 기회를 가지지 못하리라는 거예
요. 이제는 제 아이들에게 충분히 열심히 일하고 헌신하면 무엇이든 할 수
있다고 진심으로 말할 수 없어요. 오늘 제가 배운 것은 옳은 선택만 하고
옳은 일만 해도 충분하지 않을 수 있다는 거예요. 정부가 국민을 실망시켰
기 때문이에요.

우리 정부는 미들 아메리카를 지키고 돕는다고 떠벌렸지만 제가 목격한
것은 정반대예요. 제가 목격한 것은 로비스트와 특수 이익집단의 비위를
맞춰온 정부예요. 저는 금융기관을 구제하는 데 수십억 달러가 지출되는
것을 목격하고 있어요.

이 뒤숭숭한 밤에 저의 생각을 말씀드릴 수 있게 해주셔서 고마워요.

진심을 담아,

버지니아에서
니콜 브랜든

　이런 편지를 매일 밤 두세 통씩 읽은 듯
했다. 나는 편지를 서류철에 다시 넣고 책상 위에 높이 쌓인 문서 더미에
올려놓았다. 그날 밤 트리티 룸 괘종시계는 새벽 한 시를 알리고 있었다.
나는 눈을 비비며 스탠드를 더 좋은 걸로 바꿔야겠다고 생각하고는 육중
한 가죽 소파 위에 걸린 거대한 유화를 올려다보았다. 근엄해 보이고 투
실투실한 윌리엄 매킨리 대통령이 눈썹 짙은 교장처럼 서 있는 가운데
콧수염을 기른 남자들이 1898년 스페인·아메리카 전쟁 종전 조약에 서
명하는 장면이었다. 그들은 내가 앉아 있는 바로 이 탁자에 둘러서 있었
다. 박물관에 전시하기엔 좋은 작품이었지만 지금의 자택 사무실에는 어
울리지 않았다. 더 현대적인 그림으로 교체해야겠다고 메모를 남겼다.
　복도를 걸어가 아이들에게 이불을 덮어주고 미셸에게 굿나잇 키스를
한 5분을 제외하면 저녁 이후로 의자에 붙박여 있었다. 일주일 내내 똑같
은 밤을 보내고 있었다. 내게 이 시간은 하루 중에 가장 고요하고 생산적
이었다. 밀린 업무를 처리하고 다음 업무를 준비하는 시간, 서무실장이
내게 검토받으려고 관저로 보낸 자료 더미를 훑어보는 시간이었다. 최신
경제 데이터. 결정 메모. 정보 메모. 첩보 브리핑. 입법 제안. 연설문 초안.
기자 회견 논점.
　국민의 편지를 읽을 때마다 내 임무의 중대성을 가장 뼈저리게 느꼈
다. 나는 밤마다 자주색 서류철에 단정하게 정리된 편지 열 통을 받았다
(자필로 쓴 편지도 있었고 이메일을 출력한 것도 있었다). 이 편지들은 대체로
내가 잠자리에 들기 전에 마지막으로 들여다보는 문서였다.
　편지에 관한 아이디어는 취임 이틀째에 떠올렸다. 국민의 편지를 꾸준
히 읽으면 대통령직의 밀실 밖으로 나가 내가 섬기는 사람들의 목소리를
효율적으로 직접 들을 수 있을 듯했다. 현실로부터 배달된 링거 주사 같

은 편지들은 내가 국민에게 한 맹세, 내가 받은 신뢰, 내가 내린 결정이 사람들에게 미치는 영향을 매일 되새기게 했다. 나는 국민을 두루 대표하는 단면을 보겠다고 고집했다. (이제 선임고문이 되어 웨스트 윙에 상주하면서 요다처럼 스승 역할을 하는 피트 라우스에게 말했다. "지지자들이 보낸 화기애애한 편지들만 받고 싶지는 않아요.") 매일 백악관에 흘러드는 편지와 이메일 1만여 통 가운데 어느 것을 서류철에 넣을지 선정하는 임무는 서신부에 일임했다.

첫 주에 읽은 편지는 주로 축하 인사, 취임식 날 감동했다는 얘기, 아이들의 입법 제안("숙제의 양을 줄이는 법률을 통과시켜주세요.") 같은 반가운 소식들이었다.

하지만 한 주 한 주 지나면서 편지들은 점점 암울해졌다. 20년간 한 직장에서 일하던 남성은 아내와 아이들에게 해고 소식을 전하면서 얼마나 수치스러웠는지 이야기했다. 은행에 집을 압류당한 뒤에 편지를 쓴 한 여성은 당장 도움을 받지 못하면 길거리에 나앉을까 봐 걱정했다. 어떤 학생은 학자금 지원이 끊겨 대학을 중퇴하고 부모 집으로 들어갔다고 했다. 상세한 정책 제안이 담긴 편지가 있는가 하면 분노가 담긴 편지("왜 법무부는 월 스트리트 사기꾼들을 감옥에 처넣지 않는 거죠?")나 조용한 체념이 스민 편지("이 편지를 읽으실지 모르겠지만 우리가 여기서 고통받고 있다는 걸 아셔야 한다고 생각했어요.")도 있었다.

대부분은 다급히 도움을 요청하는 편지였으며, 나는 대통령 문장이 새겨진 카드에 우리가 취하고 있는 경제 회생 조치들을 설명하고 격려의 말을 적었다. 그런 다음 비서관이 참고하도록 편지에 지시 사항을 표시했다. "재무부에서 은행에 재융자 방안을 타진할 수 있는지 알아보세요"라거나 "이런 상황에 처한 제대군인들을 위한 대출 프로그램이 보훈부에 있나요?" 아니면 간단히 "우리가 도울 수 있을까요?"라고 적었다.

대개는 이렇게만 해도 유관 기관의 관심을 끌었다. 편지를 쓴 사람은 연락을 받았고, 며칠이나 몇 주 뒤에 나는 취해진 조치를 설명하는 후속 메모를 받았다. 이따금 주택 압류가 잠정적으로 중단되거나 직업훈련 프로그램 자리가 나는 등 사람들은 원하던 구제책을 얻었다.

그래도 낱낱의 사례에서 만족감을 느끼긴 힘들었다. 나는 하나하나의 편지 뒤에 전국 수백만 명의 절박한 사연이 있음을 알았다. 일자리나 집을 지키고, 한때 느끼던 안정감을 되찾기 위해 내게 의지하는 사람들이었다. 우리 팀과 내가 아무리 열심히 노력해도, 아무리 많은 사업을 추진하고 아무리 많은 연설을 해도, 부정할 수 없는 저 빌어먹을 사실들은 도무지 해결할 수 없었다.

내가 대통령이 되고 석 달이 지난 지금, 고통받는 사람들의 수는 더 늘었고, 확실한 해결책은 보이지 않았다.


경제회복법에 서명한 이튿날인 2월 18일, 나는 애리조나주 메이사로 날아가 주택 시장 붕괴를 막을 계획을 발표했다. 일반인들에게는 경제 위기의 여러 현상 중에서 주택 상실이 일자리 상실 다음으로 직접적인 영향을 미쳤다. 2008년에 300만 채 이상의 주택에 압류 조치가 취해졌으며 지금은 800만 채가 위험에 처해 있었다. 최근 석 달간 주택 가격은 20퍼센트 가까이 하락했는데, 이 때문에 부동산 채무를 감당할 수 있던 가구들까지 갑자기 '언더워터'—주택 가격이 대출금보다 낮은 상태—에 처했다. 주요 투자처이자 노후 대책이던 주택이 이제 그들의 목을 조였다.

문제가 가장 심각한 곳은 서브프라임 주택 거품의 중심지이던 네바다와 애리조나 등이었다. 아예 한 구획 전체가 유령 도시처럼 보이기도 했다. 블록마다 똑같이 생긴 주택들이 서 있었고 상당수는 신축 주택이었으나 인기척을 찾아볼 수 없었다. 개발되었지만 한 번도 팔리지 않았거나 팔리자마자 압류된 부동산들이었다. 이유가 무엇이든 집들은 비어 있었고, 창문에 널빤지를 덧댄 곳도 있었다. 아직 사람이 사는 몇몇 집이 작은 오아시스처럼 남아 있었는데, 코딱지만 한 잔디밭은 초록색으로 손질되고 차는 진입로에 주차되어 있었다. 이 외딴 집들은 황폐하고 적막한 풍경을 배경으로 서 있었다. 네바다에 유세하러 갔을 때 이런 개발 지역의 주택 소유자와 이야기한 기억이 난다. 흰색 티셔츠 차림의 건장한 40대였던 그가 잔디깎이를 끄고 나와 악수하는 동안 담황색 머리카락의 어린 소년이 빨간색 세발자전거를 타고 그의 뒤에서 왔다 갔다 했다. 그는 자신이 대부분의 이웃보다 운이 좋다고 말했다. 일하는 공장에서는 연차가 오래되어 첫 대량 해고를 면했고, 아내의 보육 일자리는 비교적 안정적이라고 했다. 그렇지만 거품의 절정기에 40만 달러를 주고 구입한 주택은 가치가 절반으로 떨어졌다. 부부는 담보대출에 대해 디폴트를 선언하고 손을 터는 게 최선인지를 놓고 조용히 논쟁을 벌였다고 했다. 대화가 끝나갈 무렵 남자가 아들을 돌아보았다.

그가 말했다. "제가 어릴 적 아버지가 아메리칸 드림에 대해 말씀하시던 생각이 나는군요. 가장 중요한 것은 열심히 일하는 거라고 하셨죠. 집을 사는 것. 가족을 부양하는 것. 옳은 일을 하는 것. 그 아메리칸 드림은 어떻게 된 거죠? 언제부터 한낱 헛소리가……?" 그는 화난 표정으로 말꼬리를 흐리더니 얼굴에서 땀을 닦고는 다시 잔디깎이에 시동을 걸었다.

문제는 이런 사람을 돕기 위해 우리 행정부가 무엇을 할 수 있느냐였다. 그는 집을 잃진 않았지만 우리 나라가 공유하는 진취성, 더 큰 이상에 대한 믿음을 잃었다.

의회의 적정가 주택 옹호자와 진보파는 집을 잃을 처지인 사람들의 월간 모기지 상환액을 줄이고 대출 잔액의 일부를 탕감하는 대규모 정부 계획을 추진하고 있었다. 한 옹호자 말마따나 '월 스트리트가 아니라 메인 스트리트를 구제하라'는 발상은 분명 매력적이었다. 하지만 전국적 주택 가치 손실분의 규모가 너무 커서 그런 원금 감액 프로그램은 비용을 감당할 수 없었다. 우리 팀의 계산에 따르면, (정치적으로 불가능한) 2차 타프 규모로 구제책을 실시해도 20조 달러의 미국 부동산 시장에 분산되면 효과가 미미할 터였다.

우리는 더 소박한 프로그램 두 가지에 착수하기로 했다. 그날 메이사에서 나는 두 프로그램을 자세히 설명했다. 모기지 대출 조정 프로그램(HAMP)은 적격 주택 소유자의 월간 모기지 상환액을 소득의 31퍼센트 이하로 줄여주는 대책이었고, 모기지 재융자 프로그램(HARP)은 주택이 언더워터 상태인 채무자도 자신의 모기지를 더 낮은 금리로 재융자하게 해주는 대책이었다. 하지만 우리는 모든 사람이 이 프로그램의 혜택을 볼 수는 없도록 했다. 이 프로그램은 소득으로 감당할 수 있는 것보다 많은 주택을 서브프라임 대출로 구입한 사람들에게는 해당하지 않았다. 주택을 되팔아 이익을 낼 작정으로 빚을 내 부동산을 매입한 사람들에게도 적용되지 않았다. 목표는 벼랑 끝에서 비틀거리는 수백만 가구—자기 주택에 실제로 거주하고, 무책임하지 않은 방식으로 주택을 매입했지만 이제 구제책이 없으면 버틸 수 없는 사람들—에 혜택이 돌아가도록 하는 것이었다.

이 제한적 프로그램을 시행하기 위해서도 온갖 현실적 걸림돌을 넘어야 했다. 이를테면 모기지 대부 업체의 입장에서는 사람들을 집에서 그대로 살게 하는 것이 유리했지만(주택 시장이 이미 침체한 상황에서 압류 주택을 헐값에 처분하면 대부 업체는 큰 손실을 입을 수밖에 없었다), 문제는 우리가 프로그램에 참여하도록 압박할 수 있는 개개의 은행들이 모기지를 보유하고 있지 않다는 것이었다. 모기지는 증권화되어 전 세계의 온갖 투자자들에게 조각조각 팔려 나갔다. 주택 소유자는 이 익명의 대부자들을 직접 상대하는 것이 아니라 모기지 상환금을 대출관리회사에 납부했다. 이 회사들은 보기에만 그럴듯할 뿐 수금원이나 다를 바 없었다. 우리는 이 대출관리회사들을 강제할 법적 권한이 없었기에 이들이 주택 소유자들에게 상환 유예를 제공하도록 인센티브를 제시하는 것이 최선이었다. 또한 대출관리회사들로 하여금 수백만 건의 신청서를 접수받아 모기지 조정이나 재융자를 받을 자격이 있는 사람이 누구이고 없는 사람이 누구인지 판정하도록—이들에게는 버거운 업무였다—설득해야 했다.

대체 누가 정부 보조를 받을 자격이 있을까? 이 질문은 경제 위기 내내 우리가 벌인 모든 정책 토론에 스며들어 있었다. 어쨌든 2009년에 상황이 열악하긴 했어도 절대다수의 주택 소유자들은 여전히 수단 방법을 가리지 않고 모기지를 계속 상환할 방법을 찾고 있었다. 많은 가정이 외식을 끊고 케이블 TV를 취소하고 노후나 자녀의 대학 진학을 대비하여 마련한 저축을 해지했다.

이 미국인들이 힘들게 벌어 납부한 세금을 상환에 실패한 이웃의 모기지 차감에 쓰는 게 공정할까? 그 이웃이 실제 깜냥보다 큰 집을 구입한 거라면? 더 저렴하지만 위험이 큰 모기지 상품을 선택한 거라면? 그 이웃이 모기지 중개인에게 속아 자신이 정당한 일을 한다고 생각했던들 그게 중요할까? 그 이웃이 그 돈을 비상금으로 간직하지 않고 전해에 아이들을 디즈니랜드에 데려가는 데 썼다면, 그러면 도움받을 자격이 줄어드는 걸까? 그들이 채무를 상환하지 못한 것이 새 수영장을 지었거나 휴가를 가서가 아니라 일자리를 잃었기 때문이라면, 가족이 병에 걸렸는데 직장 건강보험이 없었기 때문이라면, 공교롭게도 자신이 사는 주에서 주택 광풍이 불었기 때문이라면, 그러면 도덕적 판단이 달라질까?

위기를 막으려고 애쓰는 정책 입안자들에게는 이 질문들이—적어도 단기적으로는—관심사가 아니었다. 이웃집에 불이 났는데 소방서에서 소방차를 보내기 전에 화재가 벼락 때문에 났는지 침대에서 담배 피우다가 났는지 묻는 격이니까. 사람들이 바라는 것은 불길이 우리 집에 번지기 전에 진화되는 것뿐이다. 대규모 주택 압류는 모든 사람의 주택 가치를 허물어 경제를 무너뜨리는 최고 등급 화재나 마찬가지였다. 그리고, 적어도 우리 관점에서 보자면 우리는 소방서였다.

그럼에도 공정성에 대한 의문은 국민의 머릿속에 단단히 박혀 있었다. 전문가들이 우리의 주택 구제 방안을 비판하면서 750억 달러는 이 정도 규모의 문제를 해결하기에 너무 적다고 주장하거나 주택 관련 단체들이 원금 차감 조치가 빠졌다며 언론에 대고 비난했을 때 나는 놀라지 않았다. 우리 팀과 내가 예상하지 못했고 그날 메이사에서 가장 큰 관심을 받은 비판은 뜻밖의 곳에서 나왔다. 집회 이튿날 깁스는 릭 샌텔리라는 CNBC 경제 평론가가 방송에서 주택 정책을 장황하게 헐뜯더라고 말했다. 이런 문제에 대한 레이더를 언제나 켜놓는 깁스는 우려하는 표정이었다.

그가 말했다. "조회 수가 높아요. 언론에서도 제게 문의하고 있어요. 확인해보시는 게 좋겠어요."

그날 밤 노트북으로 동영상을 보았다. 나는 샌텔리를 잘 알았다. 그는 케이블 경제 프로그램의 단골 출연자들과 비슷했다. 그의 일은 시장의 풍문과 전날 뉴스를 밤 시간대 기사성 광고 진행자 같은 번드르르한 자신감으로 전달하는 것이었다. 영상 속의 그는 시카고상업거래소 입회장에서 생방송을 진행했는데, 분노로 가득한 연기를 하는 듯했고, 주변의 중개인들이 책상에서 시치미 떼듯 환호하는 가운데 뻔한 공화당식 논점을 제기하고 있었다. 그중 하나는 무책임하게 돈을 낭비하고 채무를 고의로 회피하다 제 발등을 찍은 자들—샌텔리는 '낙오자'라는 표현을 썼다—의 모기지를 우리가 탕감해주려 한다는 (부정확한) 주장이었다. 그는 이렇게 외쳤다. "정부가 못된 행동을 부추기고 있습니다! 욕실이 두 개 있으면서도 빚을 못 갚겠다는 이웃의 모기지를 대신 갚아주고 싶을 사람이 몇 명이나 될까요?"

샌텔리는 이어서 이렇게 선포했다. "건국의 아버지들, 벤저민 프랭클린과 제퍼슨 같은 사람들, 그들이 우리가 지금 이 나라에서 하는 짓을 보면서 무덤에서 통곡하고 있습니다." 그는 독백 중간쯤에 '7월 시카고 티파티'를 개최하여 정부가 흥청망청 선심 쓰지 못하도록 막아야 한다고 주장했다.

그 모든 말은 대수롭지 않아 보였다. 정보를 전달하기 위해서가 아니라 방송 시간을 채우고 광고를 팔고 경제 프로그램 〈스퀘크 박스〉 시청자들이 스스로를 진짜 내부자처럼—'낙오자'가 아니라—느끼게 해주려는 가벼운 흥밋거리처럼 보였다. 어쨌거나 그런 설익은 대중 선동을 진지하게 받아들일 사람이 어디 있겠는가? 시카고상업거래소 중개인들이 이 나라를 대표한다고 생각하는 미국인이 얼마나 되겠는가? 그들이 아직도 자리를 보전하고 있는 것은 금융 시스템이 무너지지 않도록 정부가 개입했기 때문 아니던가.

말하자면 그의 말은 헛소리였다. 샌텔리도 알고 있었다. 방송에서 그와 노닥거린 CNBC 앵커들도 알고 있었다. 그럼에도 적어도 중개인들은 샌텔리가 퍼뜨리는 말을 고스란히 받아들였다. 그들은 자신들이 벌이는 게임이 완전한 농간이었다는—그들이 직접 한 것은 아니더라도 그들의 고용주, 목조 패널로 장식된 이사회실에 둘러앉은 진짜 큰손들이 농간을 부렸다는—사실에 주눅이 들진 않은 듯했다. 감당할 수 있는 것보다 많은 주택을 사들인 '낙오자'가 한 명 있으면 분수에 맞게 살았으나 월 스트리트의 못된 도박에 휘말려 고통받는 사람이 스무 명 있다는 사실에도 개의치 않는 듯했다.

아니, 이 중개인들은 자신들이 곧 정부에 골탕을 먹으리라 확신하여 진심으로 억울해했다. '자신들'이 피해자라고 생각했다. 심지어 샌텔리의 마이크에 대고 우리의 주택 프로그램이 '도덕적 해이'라고 단언한 사람도 있었다. 일상어 사전에 들어온 이 경제 용어는 본디 은행을 누적 손실로부터 보호하는 정책이 어떻게 해서 향후에 더 무모한 금융 행위를 부추길 수 있는지 설명하는 표현이었다. 아무 잘못도 저지르지 않았는데 집을 잃게 생긴 가정들을 돕는 일에 반대하기 위해 이 용어가 쓰일 줄이야.

부아가 치민 나는 동영상 정지 단추를 클릭했다. 이런 수법은 익숙했다. 보수파 논객들이 사안을 가리지 않고 써먹는 교묘한 수사법으로, 약자들이 사회적 병폐를 고발하기 위해 쓰는 언어를 가져다 역으로 그들을 공격하는 짓이었다. 그들의 논리는 이렇다. 이제 문제는 유색인에 대한 차별이 아니라 소수 민족이 '인종이라는 카드를 써서' 부당한 혜택을 누리는 '역逆인종주의'라는 것이다. 문제는 직장 내 성희롱이 아니라 유머를 이해하지 못하고 정치적 올바름을 내세워 남자들을 들볶는 '페미나치'라는 것이다. 문제는 시장을 개인 카지노처럼 쓰는 은행가나 노조를 파괴하고 업무를 해외에 위탁하여 임금을 억누르는 기업이 아니라 경제의 진짜 '건설자와 행위자'에 빌붙으려는 게으르고 무기력한 자들과 그들의 동맹인 워싱턴 진보주의자라는 것이다.

이 주장들은 팩트와 무관했다. 분석하려 해도 허사였다. 그것들은 더 깊이, 신화의 영역으로 들어가 무엇이 공정한가를 다시 정의하고 피해자 지위를 다시 부여하고 가장 귀중한 선물—스스로가 무죄라는 확신과 그에 따르는 정당한 분노—을 시카고 중개인 같은 자들에게 선사했다.

샌텔리 동영상은 대통령 임기 동안 맞닥뜨릴 수많은 정치적 싸움의 예고편이었다. 그의 말에는 곁가지의 진실이 하나쯤 있었으니, 그것은 건국의 아버지들이 독립을 선언한 뒤로 200년에 걸쳐 정부에 대한 요구가 실제로 달라졌다는 것이다. 적을 격퇴하고 영토를 정복하고, 소유권을 확립하고 유산 계층 백인이 질서 유지에 필요하다고 여긴 문제들을 단속하는 기본 임무들을 제외하면 초창기 민주주의는 사람들이 각자 하고 싶은 대로 하도록 내버려두었다. 그러다 소유권을 확장하여 흑인을 가산으로 취급할 것인지를 놓고 피비린내 나는 전쟁이 벌어졌다. 누군가의 자유가 자신들의 예속을 의미한다는 사실을 경험한 노동자, 농민, 여성들이 운동을 벌였다. 불황이 닥치자 사람들은 하고 싶은 대로 할 자유가 궁핍과 수치를 의미할 수 있음을 깨우쳤다.

이 과정을 거치면서 미국을 비롯한 선진 민주 국가들은 현대적 사회계약을 맺었다. 사회가 복잡해짐에 따라 정부의 역할 중 많은 것이 사회보험의 형태를 띠어갔다. 이렇게 각자 조금씩 세금을 납부하여 우리 자신을 집단적으로 보호하는 수단의 예로는 허리케인에 집이 무너졌을 때를 대비한 재난 구호, 일자리를 잃었을 때를 대비한 실업보험, 노년을 대비한 사회보장과 메디케어, 수익성이 낮은 농촌 지역 주민들을 위한 안정적 전기 공급과 전화 서비스, 더 평등한 교육을 위한 공립학교 등이 있다.

이 방법은 어느 정도 효과가 있었다. 한 세대 만에 대다수 미국인의 삶이 더 나아지고 안전해지고 번창하고 공정해졌다. 중산층이 부쩍 두터워졌다. 부자들은 (자신들이 원하는 만큼은 아닐지라도) 여전히 부자였으며 가난한 사람들은 수가 줄었고 덜 가난해졌다. 세금이 너무 높거나 규제가 혁신을 저해하는지, '보모 국가'가 개인의 진취성을 고사시키거나 이런저런 프로그램이 낭비인지 이따금 논쟁이 벌어지면 우리는 모두에게 공정하(려고 적어도 노력하)고 최소한의 생활을 보장하는 사회에 이점이 있음을 대체로 납득했다.

하지만 이 사회적 합의를 유지하려면 신뢰가 필요했다. 우리가 (가족은 아니지만 공동체로서) 서로에게 매여 있는 존재이며 각 구성원은 배려받을 가치가 있고 원하는 것을 요구할 자격이 있다고 여겨야 했다. 곤경에 처한 사람들을 돕는 정부의 모든 조치가 자신에게나 자신과 같은 사람들에게 도움이 될 수 있음을, 아무도 시스템을 악용하지 않음을, 다른 사람들에게 고통을 일으키는 불운이나 실패나 상황이 언젠가 자신의 삶에서도 일어날 수 있음을 믿어야 했다.

세월이 흐르고 보니 그 믿음을 떠받치기란 쉬운 일이 아님이 드러났다. 무엇보다 인종이라는 단층선이 그 믿음을 위태롭게 했다. 아프리카계 미국인을 비롯한 소수집단이 정부로부터 별도의 도움을 받을 필요가 있음을—그들이 겪는 독특한 고난의 원인이 불변의 특징이나 개인적 선택 때문이 아니라 차별의 잔인한 역사로 거슬러 올라갈 수 있음을—받아들이려면 어느 수준의 공감, 즉 동료 의식이 필요했는데 많은 백인 유권자는 이런 감정을 느끼기 힘들어했다. 역사를 들여다보면 '40에이커와 노새 한 마리'(남북전쟁 이후 북군의 윌리엄 셔먼 장군이 흑인 해방 노예 400명에게 약속한 보상_옮긴이)에서 적극적 평등실현조치에 이르기까지 소수인종을 위한 프로그램들은 노골적 적개심을 맞닥뜨렸다. 공교육이나 공공 부문 고용처럼 폭넓게 지지받는 보편적 프로그램조차 흑인과 황인이 수혜자에 포함되면 어처구니없게도 논란거리가 됐다.

경제가 어려운 시기에는 시민 간의 신뢰 또한 유지하기 힘들었다. 1970년대에 미국의 성장이 느려짐에 따라 소득이 정체하고 대학 학위가 없어도 얻을 수 있는 좋은 일자리가 줄면서, 부모가 자신이 누린 삶을 자녀들도 누릴 수 있을지 우려하기 시작하면서 사람들의 관심 범위가 쪼그라들었다. 우리가 얻지 못하는 것을 딴 사람들이 얻을 가능성에 더 예민해졌으며 정부의 공정성을 신뢰할 수 없다는 주장에 더 귀를 기울였다.

이처럼 신뢰가 아니라 원한을 자극하는 이야기를 퍼뜨리는 것은 현대 공화당의 본질적 특징이 되었다. 교묘함과 성공의 정도는 달랐지만 공화당 후보들은 대통령에 출마하든 지역 교육위원에 출마하든 그 이야기를 중심 테마로 받아들였다. 그 이야기는 폭스 뉴스와 보수파 라디오의 본보기가 되었고 코크 형제가 후원하는 모든 싱크탱크와 정치활동위원회의 강령이 되었다. 정부가, 열심히 일하고 자격을 갖춘 **우리** 같은 사람들의 돈과 일자리, 대학 진학 기회, 사회적 지위를 빼앗아 **그들**—우리와 가치를 공유하지 않고 우리만큼 열심히 일하지 않고 자기네 문제가 우리 탓이라고 주장하는 사람들—에게 넘겨준다는 주장이었다.

이런 확신이 확고하게 자리 잡은 탓에 민주당은 수세에 몰렸고 지도자들은 새로운 정책을 과감하게 제안하지 못했으며 정치적 논쟁은 범위가 제한되었다. 깊숙하고 숨 막히는 냉소주의가 득세했다. 정부나 주요 기관의 신뢰 회복은 가망 없는 목표라는 논리, 선거 때마다 민주당과 공화당이 벌이는 싸움의 성패는 미국의 쪼그라든 중산층이 자신들의 고통을 부자와 권력자 탓으로 돌리느냐 빈곤층과 소수자 탓으로 돌리느냐에 달렸다는 논리는 양당 정치 컨설턴트들에게 자명한 진리가 되었다.

우리 정치가 할 수 있는 일이 이것뿐이라고는 믿고 싶지 않았다. 내가 출마한 이유는 분노를 부채질하고 비난의 화살을 딴 곳으로 돌리기 위해서가 아니었다. 미국 국민의 신뢰를—정부에 대한 신뢰뿐 아니라 서로에 대한 신뢰를—다시 구축하기 위해서였다. 우리가 서로를 신뢰하면 민주주의는 작동했다. 우리가 서로를 신뢰하면 사회적 합의가 유지되었고 임금 정체와 노후 안전망 감소 같은 중대한 문제들을 해결할 수 있었다. 하지만 시작이라도 하려면 어떻게 해야 할까?

경제 위기는 최근 선거들에서 민주당에 유리하게 작용했다. 하지만 공통의 목표 의식이나 정부가 도움 되는 일을 할 수 있다는 믿음이 조금이라도 회복되기는커녕 사람들은 더 분노하고 두려워하고 조작이 벌어지고 있다고 확신했다. 샌텔리와 매코널, 베이너가 알고 있던 것은 분노를 부추기기가 얼마나 쉬운가, 자신들의 주장을 전파하는 데 두려움이 얼마나 요긴한가였다.

그들로 대변되는 세력은 투표장에서의 최근 전투에서는 졌지만, 세계관, 가치, 서사의 충돌이라는 더 큰 전쟁에서는 승리하려고 안간힘을 쓰고 있었다.


지금은 이 모두가 명백해 보이지만 당시에는 그렇지 않았다. 우리 팀과 나는 너무 바빴다. 경제회복법 통과와 주택 계획 추진은 위기를 끝내기 위한 필요조건이었는지는 몰라도 충분조건으로는 어림도 없었다. 무엇보다 세계 금융 시스템이 여전히 무너져 있었고, 내가 문제를 해결하라고 임무를 부여한 사람은 순조롭게 출발하지 못하고 있었다.

팀 가이트너의 문제는 몇 주 전, 재무장관 인준 과정에서 시작되었다. 역사적으로 상원의 장관 인준은 비교적 형식적인 절차였으며 양당 상원의원들은 대통령에게 자기 팀을 선발할 권한이 있다고 전제했다(대통령이 고른 인물이 악당이나 천치 같아도). 하지만 요즘 들어 상원의 헌법적 책무인 '동의와 조언'은 끝없는 당파적 참호전에서 또 하나의 무기가 되었다. 이젠 야당 상원 보좌관들이 지명자의 기록을 샅샅이 훑으며 젊은 시절의 철없는 행동이나 경솔한 발언을 찾아내면 의원들이 이를 청문회에서 제기하거나 뉴스거리로 만들었다. 지명자의 사생활은 끝없고 집요한 대중적 취조의 대상이 되었다. 지명을 기어이 철회시키진 못하더라도— 결국 대다수 지명자는 인준되었다—행정부를 방해하고 정치적으로 곤란하게 만들려는 속셈이었다. 인사 청문회가 일종의 신고식이 되면서 또 다른 부작용이 생겼다. 연방 최고위직에 안성맞춤인 후보가 인준 과정의 시련—평판에 미칠 영향, 가족이 입을 피해—을 거론하면서 고사하는 일이 잦아진 것이다.

팀의 문제는 세금과 관계있었다. 국제통화기금(IMF)에서 일한 3년간 이 조직이 미국인 직원들의 급여세를 공제하지 않았다는 사실을 그도 그의 회계사들도 알아차리지 못한 것이었다. 고의성이 없고 명백히 흔한 실수였다. 재무장관을 고려조차 하기 2년 전인 2006년 회계 감사에서 이 문제가 불거지자 팀은 소득 신고를 수정하고 감사에서 밝혀진 금액을 납부했다. 하지만 정치적 분위기—그리고 재무장관으로서 국세청을 감독하게 된다는 사실—때문에 그의 잘못에 대한 반응은 가혹했다. 공화당은 세금 사기라고 주장했다. 심야 코미디 프로그램에서는 그를 조롱거리로 삼았다. 팀은 의기소침하여 액스와 람에게 내가 딴 사람을 지명해야 할지도 모르겠다고 말했다. 어느 늦은 밤 나는 그에게 전화하여 기운 내라며 "당신은 내 사람"이라고 확언했다.

팀은 며칠 뒤에 인준되었지만 자신이 미국 역사상 가장 아슬아슬하게 재무장관이 되었으며 국내외에서 신뢰도에 타격을 입었음을 절감했다. 나는 그리 걱정하지 않았다. 인준 투표 결과를 기억하는 사람은 없으며 그가 금세 신뢰도를 회복하리라 확신했기 때문이다. 하지만 인준 소동을 보면서 나는 팀이 여전히 민간인이고 평생을 막후에서만 일한 기술 관료였음을 상기했다. 스포트라이트의 눈부신 빛에 익숙해지려면—나도 그랬듯—시간이 좀 필요할 터였다.

인준 이튿날 팀과 래리가 금융 시스템의 암담한 상황을 브리핑했다. 신용이 얼어붙었으며 시장은 위태로웠다. 대형 금융기관 다섯 곳이 특히 위험했다(팀은 '대형 폭탄 다섯 개'라고 불렀다). 사실상 유일하게 주택 금융을 공급했던 패니 메이와 프레디 맥은 지난해 재무부가 투입한 세금 2000억 달러를 불사르고 있었다. 보험 업계의 거인 AIG는 모기지 담보 파생 상품을 보증했다가 막대한 피해를 입었고, 지난 넉 달간 타프 기금 1500억 달러를 지원받고도 간신히 목숨만 부지하고 있었다. 두 은행인 시티그룹과 뱅크 오브 아메리카는 미국 은행 예금의 약 14퍼센트를 보유하고 있었는데, 지난 넉 달간 주가가 82퍼센트 하락했다.

이 다섯 개 금융기관 중 하나에서라도 대량 인출 사태가 벌어지면 지급불능 사태가 일어날 수 있었고, 그러면 전 세계 금융계에 지금보다 더 큰 지각 변동이 초래될 수 있었다. 정부가 이들을 구제하기 위해 이미 수천억 달러를 쏟아부었지만 나머지 타프 기금 3000억 달러로는 현재의 손실 수준을 감당할 방법이 없었다. 연방준비제도에 따르면 전체 시스템이 조속히 안정되지 않으면 정부가 은행들에 3000억~7000억 달러의 현금을 추가로 투입해야 할 수도 있었는데, 이후에 620억 달러의 분기 손실을 발표한 AIG를 제외한 수치였다.

새는 양동이에 세금을 더 쏟아붓기보다는 구멍을 막을 방법을 찾아야 했다. 무엇보다 시장에 확신 비슷한 것이라도 심어주어 수조 달러의 개인 자본을 금융 부문에서 빼내 안전 자산으로 도피한 투자자들이 사이드라인에서 돌아와 재투자하도록 해야 했다. 패니 메이와 프레디 맥에 대해서는 우리가 의회의 승인 없이 추가로 자금을 투입할 권한이 있다고 팀이 설명했다. 두 곳이 이미 정부 관리 체제에 편입되었기 때문이었다. 우리는 곧장 2000억 달러의 신규 출자 약정에 합의했다. 홀가분한 선택은 아니었지만, 그러지 않으면 미국 모기지 시장 전체가 사실상 사라질 판이었다.

나머지 금융 시스템은 선택하기가 더 까다로웠다. 며칠 뒤에 또 한 번의 오벌 오피스 회의에서 팀과 래리는 세 가지 기본 방안을 설명했다. 첫째, 부시 정부에서 임명된 연방예금보험공사(FDIC) 총재 실라 베어가 대표적으로 지지하는 방안은 행크 폴슨의 원래 아이디어를 답습한 것으로,

정부가 하나의 '배드 뱅크bad bank'(금융기관의 부실을 정리하기 위하여 부실 채권이나 자산만을 사들여 전문적으로 처리하는 은행_옮긴이)를 설립하여 민간이 보유한 악성 자산을 모조리 매입함으로써 금융 부문을 깨끗이 청소해야 한다는 것이었다. 이렇게 하면 투자자들이 신뢰감을 되찾고 은행들이 대출을 개시할 수 있을 터였다.

시장은 이 접근법을 좋아했다. 미래의 손실을 사실상 납세자의 품에 떠넘기는 셈이었으니 말이다. 하지만 팀과 래리가 지적하듯 '배드 뱅크' 아이디어의 문제는 현재 은행 장부에 기록된 모든 악성 자산을 공정하게 평가할 방법을 아무도 모른다는 것이었다. 정부가 회수 자금을 너무 많이 지급하면 거의 무제한적인 또 다른 대규모 구제에 세금을 투입하게 될 터였다. 반면에 너무 적게 지급하면—아직 남아 있는 악성 자산의 규모가 1조 달러로 추산되는 상황에서 정부는 헐값에 매입하는 것밖에 여력이 없었다—은행들은 당장 막대한 손실을 떠안아 어차피 나자빠질 게 뻔했다. 실제로 위기가 시작되었을 때 행크 폴슨이 이 아이디어를 포기한 이유는 이런 가치 평가의 어려움 때문이었다.

두 번째 가능성은 표면상으로는 더 깔끔했는데, 파산한 금융기관 중에서 금융 시스템에 중요한—자산과 채무의 현 시장 가격을 바탕으로—곳들을 일시적으로 국유화한 다음 주주와 채권 소유자로 하여금 보유 자산에 대한 '헤어컷haircut'(유가증권의 보유 가치를 현재의 실제 가치에 맞게 재조정하는 것_옮긴이)을 시행하고 경영진과 이사회를 교체하는 등 파산 절차와 비슷한 구조조정을 실시하는 것이었다. 이 방안은 은행들을 이른바 '좀비'처럼 아직 살아 있지만 운용에 필요한 자본이나 신용이 없는 상태로 비틀거리게 내버려두기보다는 '밴드를 떼고' 시스템을 완전히 고치고 싶은 나의 바람과 맞아떨어졌다. 팀이 '구약성서의 정의'—잘못을 저지른 자들이 처벌받고 망신당하는 것을 보고 싶어 하는 국민들의 (납득할 만한) 소망—라고 즐겨 부르는 것을 충족한다는 이점도 있었다.

하지만 간단해 보이는 것도 실제로는 그렇지 않은 법이다. 정부가 은행 하나를 국유화하면 나머지 모든 은행의 투자자들은 자기네 은행이 다음 차례가 될까 봐 보유 자산을 최대한 빨리 처분할 게 뻔했다. 그런 뱅크런이 일어나면 두 번째로 허약한 은행을 국유화해야 하고, 그다음 은행, 또 그다음 은행순으로 정부가 미국 금융 부분을 차례로 인수하는 격이 될 터였다.

여기에는 어마어마한 비용이 들 뿐 아니라 미국 정부가 이 기관들을 매각 전까지 관리해야 한다는 문제가 있었다. 우리는 월 스트리트 당사자들뿐 아니라 강제 '헤어컷'에 격분한 연금 기금과 소액 투자자들로부터 수백만 건의 소송에 필연적으로 휘말리게 될 터였다. 다음과 같은 질문들도 해결해야 했다. 누가 이 은행들을 책임져야 할까? (경험이 있는 사람들은 거의 모두 서브프라임 대출에 어느 정도 관여한 원죄가 있을 테니까.) 그들의 급여와 보너스는 누가 정할까? 이렇게 국유화된 은행이 계속해서 손실을 내면 국민 정서가 어떻게 바뀔까? 애초에 이 소동이 벌어지는 데 비슷하게 공모했을 다른 은행들 말고 어느 곳에 정부가 이 은행들을 매각할 수 있을까?

팀이 세 번째 방안을 내놓은 데는 이 질문들에 대해 좋은 답이 없는 탓도 있었다. 그의 이론은 이랬다. 은행들이 열악한 형편이고 악성 자산을 잔뜩 보유하고 있다는 사실은 누구나 알지만, 시장의 공황 때문에 **모든** 자산의 가격이 짓눌렸음을 감안하면 실제 상황은 보기보다 나을지도 몰랐다. 어쨌든 절대다수의 모기지는 디폴트로 끝나지 않을 터였다. 모기지 담보 증권이 전부 휴짓조각은 아니었으며 은행들이 전부 잘못된 선택에 휘말린 것은 아니었다. 그럼에도 시장이 실제 지급불능을 일시적 유동성 부족과 제대로 구분하지 못하면 대다수 투자자는 금융 부문과 관계된 것은 무조건 외면할 터였다.

팀이 제안한 해결책은 훗날 '부하 검사'로 불리게 된다. 우선 금융 시스템에 중요한 은행 열아홉 곳이 최악의 시나리오에서 살아남는 데 필요한 자본이 각각 얼마인지에 대해 연방준비제도가 기준을 정한다. 그다음 연방준비제도가 감독관을 파견하여 각 은행의 장부를 들여다보고 불황을 이겨낼 금융 안전판이 충분한지 엄밀히 평가하고, 충분하지 않으면 민간 부문에서 자본을 조달하도록 6개월의 시한을 준다. 은행이 자본을 확보하지 못하면 정부가 개입하여 기준에 맞는 자본을 공급하되 정부 투입 금액이 50퍼센트를 초과할 경우에만 국유화를 추진한다. 어느 쪽이든 시장은 각 은행의 상태를 똑똑히 알 수 있게 된다. 주주들은 자신이 가진 은행 주식이 희석되는 것을 보아야겠지만, 그것은 은행의 회생에 필요한 자본의 양에 비례할 것이다. 그리고 납세자들에게 손을 벌리는 일은 마지막 수단으로만 남을 것이다.

팀은 이 세 번째 방안을 자세한 계획이라기보다는 얼개에 가깝게 제시했다. 이 방안에 회의적이었던 래리는 은행들이 구제 가능성이 없고 시장이 정부의 감사를 결코 신뢰하지 않을 것이고 그래봐야 필연적 파국을 늦추는 게 고작일 것이라고 말했다. 팀은 그런 위험이 있다고 인정했다. 부하 검사를 완료하는 데는 약 3개월이 걸릴 텐데, 그동안 더 단호한 조치를 취하라는 국민적 압박이 커져만 갈 것이고 어떤 사건이라도 발생하면 시장이 더 급락할 수도 있다고 덧붙였다.

발표를 끝낸 래리와 팀은 내 반응을 기다렸다. 나는 의자에 등을 기댔다.

내가 물었다. "메뉴는 이게 다인가요?"

"지금은 그렇습니다, 대통령님."

"별로 먹음직스럽진 않군요."

"그렇습니다, 대통령님."

나는 고개를 끄덕이며 가능성들을 따져보고 몇 가지를 질문한 다음 팀의 부하 검사 접근법이 최선이라고 결정했다. 근사해서가 아니라, 심지어 좋아서도 아니라 다른 방안들이 더 나빴기 때문이다. 래리는 의사가 대수술을 선택하기 전에 덜 위험한 치료법을 시도하는 것과 비슷하다고 말했다. 부하 검사가 효과를 발휘하면 금융 시스템을 더 빨리 수리하고 세금도 덜 쓰게 될 터였다. 효과가 없더라도 더 나빠질 일은 없었으며 적어도 어떤 대수술이 더 필요한지 감을 잡을 수 있을 것이었다.

물론 그 사이에 환자가 죽으면 허사겠지만.


두어 주 뒤인 2월 10일에 팀이 재무장관으로서 첫 대국민 발표를 했다. 장소는 재무부 건물의 캐시 룸이라는 대강당이었는데, 남북전쟁 이후 100년 넘도록 은행 역할을 하며 정부 금고에서 직접 현금을 꺼내 주던 곳이었다. 발표의 취지는 부하 검사의 얼개를 밝히고, 허우적거리는 은행들을 안정시키기 위해 취하고 있는 다른 조치들을 설명함으로써 지금이 불확실한 시기지만 우리가 냉철히 대처하며 믿음직한 계획도 있다는 신호를 보내는 것이었다.

물론 온전한 확신 없이는 확신을 전달하기 힘든 법이다. 인사 청문회의 상처가 아물지 않았고 턱없이 부족한 인력을 데리고 임기 첫 몇 주를 보내야 했고 부하 검사의 구체적인 내용을 여전히 정리하는 중이었던 팀은 그날 TV 카메라와 금융 담당 기자들 앞에서 처음부터 죽을 쒔다.

어느 모로 보나—그 자신의 기준에서도—발표는 재앙이었다. 안절부절못한 그는 텔레프롬프터를 처음 쓰느라 버벅거렸고 전체 계획을 두루뭉술하게 얼버무렸다. 경제팀은 더 이상 공포에 질리지 않아도 된다고 금융시장을 안심시킬 필요성을 강조했지만, 백악관 공보팀은 우리가 은행들에 강경할 것임을 부각하라고 그를 압박했다. 한편 금융 시스템을 규제할 책임을 맡은 온갖 알파벳 약어의 독립 기관들은 팀의 제안에 호응하지 않았고, 실라 베어 같은 몇몇 기관장은 자신이 선호하는 아이디어를 계속 밀어붙였다. 그 결과 모순된 압력들의 홍수 속에서 발뺌거리와 중구난방 메시지로 가득한 전형적인 위원회 발표처럼 되고 말았다. 게다가 계획을 서둘러 완성하느라 그즈음 연료가 바닥난 팀은 발표 연습을 할 시간이 거의 없었다.

팀이 발표하는 동안 주식시장은 3퍼센트 이상 하락했다. 그날 종가는

5퍼센트 가까이 떨어졌으며 금융 부문은 11퍼센트는 족히 내려앉았다. 팀의 발표는 뉴스에 도배되고 샅샅이 해부되었다. 래리가 예견했듯 많은 분석가는 부하 검사가 교묘한 허울이요 또 하나의 구제책에 불과하다고 생각했다. 좌우를 막론한 정치 평론가들은 이제 팀의 임기, 나의 대통령직, 전 세계 금융 시스템이 한꺼번에 쓰레기통으로 향하고 있는 게 아니냐고 공개적으로 질문했다.

이튿날 오전 평가 시간에 팀은 스스로를 탓했지만 나는 이것이 시스템의 실패이기도 하다고 생각했다. 또한 밑에서 일하는 사람에게 성공의 조건을 마련해주지 못한 나의 실패이기도 했다. 전날 기자회견에서 나는 무심하고 불공평하게도 팀의 발표에 잔뜩 바람을 넣었다. 그가 "명확하고 구체적인 계획"을 발표하고 "그날의 주인공이 될 것"이라고 기자들에게 호언장담한 것이다.

그 모든 교훈은 쓰라렸지만 유익했다. 그 뒤로 몇 달간 나는 우리 팀으로 하여금 절차를 더 엄격하게 진행하고, 유관 부처와의 소통을 개선하고, 결과를 발표하기 전에 문제를 예상하고 논란을 해소하여 우리의 아이디어가 외부의 압력에도 불구하고 받아할 적절한 시간과 공간을 확보하도록 했다. 나아가 대규모 과제의 인력 배치에 관심을 기울이고, 실질적 내용뿐 아니라 연출에도 공을 들이도록 했다.

한 가지 더. 나는 상황으로 보건대 충족되지 못할 기대감을 심어주는 입방정을 다시는 떨지 말자고 다짐했다.

그러나 이미 엎지른 물이었다. 우리의 성실하고 쟁쟁한 경제팀에 대한 세상의 첫인상은 표적을 명중시키지 못하는 갱단이었다. 공화당은 희희낙락했고, 람은 불안해하는 민주당 지지자들의 전화를 받았다. 이 재난에서 유일하게 긍정적인 것은 팀의 반응이었다. 넋이 나갈 법도 했으나 그러지 않았다. 오히려 부실한 발표의 대가를 달게 받으면서도 넓게 보면 자신이 옳다고 확신했다.

나는 그 점이 좋았다. 그는 여전히 내 사람이었다. 이제 우리가 할 수 있는 최선의 대응은 자세를 낮추고 정책을 실행하고 우리의 망할 계획이 실제로 효과가 있길 바라는 것이었다.

"하원 의장님…… 미국 대통령께서 입장하십니다!"

정확한 이유는 아직도 모르겠지만, 새로 선출된 대통령이 의회 합동회의에서 하는 첫 연설은 국정연설로 간주되지 않는다(취임 첫해에는 취임사로 국정연설을 대신하는 것으로 간주한다_옮긴이). 하지만 어느 모로 보나 대통령이 수천만 미국 국민에게 직접 연설할 기회를 가지는 연례 의례 중 첫 번째라는 의미에서 어엿한 국정연설이다.

첫 연설 날짜가 2월 24일로 정해졌기 때문에 나는 경제 구제 방안을 준비하느라 씨름하는 와중에도 패브스가 작성한 초안을 검토하느라 시간을 쪼개야 했다. 패브스에게나 내게나 쉬운 일은 아니었다. 다른 연설들은 더 포괄적인 주제를 다루거나 한 가지 사안에 집중할 수 있었다. 하지만 상하원 합동회의 연설, 이른바 소투SOTU, State of the Union(웨스트 윙 보좌관들은 이렇게 부른다)에서 대통령은 그해의 국내외 정책 우선순위를 둘 다 발표해야 했다. 계획과 제안을 일화나 근사한 문구로 아무리 포장해도 메디케어 확대나 공제 세액 환급 등을 자세히 설명하며 심금을 울리기란 쉬운 일이 아니었다.

상원의원을 해봤기에 소투에서의 기립 박수에 담긴 정치적 의미는 잘 알았다. 이 의례적 볼거리에서 여당 의원들은 사실상 세 문장이 끝날 때마다 일어서서 천장이 울리도록 환성을 보내는 반면에 야당은 적에게 호응하는 장면이 카메라에 잡힐까 봐 아무리 감동적인 사연에도 박수를 거부했다. (유일한 예외는 해외 파병 군인들을 언급할 때였다.) 이 우스꽝스러운 희극은 단결이 필요한 시기에 이 나라가 얼마나 분열되어 있는가를 똑똑히 보여주었을 뿐 아니라 끊임없이 연설을 방해하는 바람에 가뜩이나 긴 연설을 15분 이상 늘어지게 했다. 연설을 시작하면서 모든 참석자에게 박수갈채를 자제해달라고 요청할까 생각했지만 깁스와 공보팀은 회의장이 조용하면 TV로 볼 때 분위기가 살지 않는다며 만류했다.

하지만 소투를 준비하며 겪은 낭패감과 아이디어 고갈에 대한 조바심은—선거일 밤 연설과 취임식 연설을 했고 2년 가까이 쉬지 않고 말을 한 탓에 새로 할 말이 하나도 없으니 토머스 제퍼슨의 본보기를 따라 의원들이 시간 날 때 읽으라며 편지만 보내는 게 나라를 위해 더 좋지 않겠느냐고 패브스에게 여러 번 이야기했을 정도였다—화려한 하원 회의장 문턱에 도착하여 나의 입장을 알리는 경위의 목소리를 듣는 순간 모조리 사라졌다.

"하원 의장님……." 다른 무엇보다도 이 말과 그 뒤에 이어진 장면에서 내가 맡은 자리의 위엄을 인식하게 되었는지도 모르겠다. 우레 같은 박수갈채가 울려 퍼지는 가운데 회의장에 들어서서 중앙 통로를 따라 천천히 걷는 나를 향해 뻗은 사람들의 손길, 첫째 줄과 둘째 줄에 늘어앉은 각료들, 빳빳한 군복 차림의 합동참모본부 간부들과 중세 길드 조합원처럼 검은색 법복을 입은 대법관들, 양쪽에서 인사를 건네는 펠로시 하원 의장과 바이든 부통령, 하원 의장이 의사봉을 두드려 회의가 시작될 때 갤러리석에서 민소매 드레스 차림으로 손을 흔들고 키스를 날리는 아내의 환한 미소를 보았다(사람들이 미셸의 팔을 숭배하기 시작한 것은 이때부터였다).

나는 이라크 전쟁을 끝내고, 대對아프가니스탄 활동을 강화하고, 테러 조직과의 싸움을 수행할 계획도 이야기했지만 연설의 대부분은 경제 위기에 할애했다. 경제회복법, 주택 계획, 부하 검사의 원리를 설명했다. 하지만 더 중요하게 짚고 싶은 점도 있었다. 우리가 더 멀리 손을 뻗어야 한다는 것이었다. 오늘의 비상 상황만 해결하고 싶진 않았다. 오래가는 변화를 위해 터를 닦아야겠다고 생각했다. 일단 경제성장이 회복되면 단순히 예전으로 돌아가는 것에 만족할 순 없었다. 그날 밤 나는 미국의 장기적이고 포괄적인 번영의 토대를 놓을 구조 개혁—교육 개혁, 에너지 개혁, 기후 정책 개혁, 의료 및 금융 규제 개혁—을 추진하겠다는 의사를 분명히 밝혔다.

큰 무대에서 긴장하던 시절은 지나간 지 오래였다. 우리가 얼마나 많은 쟁점을 다뤄야 했는가를 생각건대 연설은 내가 바란 대로 순조롭게 진행되었다. 액스와 깁스에 따르면 평가도 괜찮아서, TV 논객들은 내가 '대통령답다'고 인정했다. 하지만 그들은 내 계획의 대담함, 경제 회생이라는 중점 과제 해결을 넘어서서 개혁을 밀어붙이겠다는 의지력에 놀란 것이 분명했다.

그동안 내가 제시한 선거 공약에 아무도 귀 기울이지 않았던 건가. 아니면 내 말이 진심이 아니라고 생각했거나. 이 연설에 대한 반응은 임기의 첫 2년 동안 줄기차게 제기될 비판을 미리 보여주었다. 내가 의욕이 지나치다는 비판, 위기 이전 상태로 돌아가는 것을 넘어서서 변화를 일개 구호 이상으로 여기는 생각은 잘해야 어수룩하고 무책임한 짓이요 못하면 미국에 대한 위협이라는 비판이었다.

경제 위기가 모든 것을 집어삼켰지만 햇병아리 행정부는 여기에만 매달려 다른 사안들을 미뤄둘 사치를 누릴 수 없었다. 전 세계에 팔을 뻗은 연방정부라는 기계는 가득 찬 미결 서류함과 함께 인간 수면 주기에 아랑곳없이 매일 매분 돌아갔다. 사회보장 수표 발행, 기상 위성 관리, 농민 융자 처리, 여권 발급 등 상당수의 업무는 인체가 뇌의 의식적 통제 없이도 숨 쉬고 땀 흘리듯 백악관의 구체적 지시 없이도 잘 굴러갔다. 하지만 우리가 매일 들여다보아야 하는 수많은 기관과 사람들로 가득한 부처도 많았다. 그들은 정책 지침이나 인력 지원을 요청했고, 내부 문제나 외부 사건으로 시스템이 무너졌다며 조언을 구했다. 첫 주간 오벌 오피스 회의를 끝내고, 전임 대통령 일곱 명을 모신 밥 게이츠에게 행정 부서 관리에 대해 조언할 말이 있느냐고 물었다. 그는 예의 짓궂으면서도 쭈글쭈글한 미소를 지어 보이며 말했다.

"딱 하나 분명한 것이 있습니다, 대통령님. 어느 날 어느 순간에든 누군가 어딘가에서 말썽을 일으키고 있으리라는 겁니다."

우리는 말썽을 최소화하는 일에 착수했다.

재무장관, 국무장관, 국방장관과의 정례 회의, 국가안보팀과 경제팀에게 받는 일일 브리핑 말고도 장관 한 명 한 명과 마주 앉아 부처의 전략 계획을 논의하고 장애물을 파악하고 우선순위를 정하도록 독려하는 시간을 정례화했다. 각각의 기관을 방문하여―종종 새 정책이나 정부 방침을 발표하는 기회를 활용했다―일반직 정부 직원 청중에게 연설하고 노고에 감사하고 그들의 임무가 얼마나 중요한지 상기시켰다.

기업인 원탁회의, 미국노동총동맹·산업별조합회의(AFL-CIO), 전국시장市長회의, 제대군인 지원 기관 등 온갖 압력단체들과 끝없이 면담하며 관심사를 듣고 지지를 부탁했다. 첫 연방 예산안 발표처럼 시간을 엄청나게 잡아먹는 대형 세트피스가 있는가 하면 첫 생방송 주민 간담회처럼 정부의 투명성을 증진하기 위한 혁신적 공개 행사도 있었다. 나는 매주 화상 연설을 했다. 전국과 지방을 망라한 여러 인쇄 매체 기자와 TV 앵커들과 마주 앉아 인터뷰했다. 국가 조찬 기도회에서 발언했고 의원들을 위해 슈퍼볼 파티를 열었다. 3월 첫째 주에는 외국 지도자와 두 건의 정상회담을 했는데―워싱턴 D.C.에서 고든 브라운 영국 총리와, 다른 한 번은 오타와에서 스티븐 하퍼 캐나다 총리와―매번 정책 목표와 외교 의전이 달랐다.

행사, 회의, 정책 발표 때마다 100명이 넘는 사람들이 무대 뒤에서 정신없이 일했을 것이다. 발표하는 모든 문서에 관해 사실 확인을 하고 회의 참석자 전원의 신원 조회를 하고 모든 행사를 분 단위로 계획하고 모든 정책 선언이 달성 가능하고 감당 가능하고 예상치 못한 결과를 낳지 않도록 꼼꼼히 점검했다.

퍼스트레이디가 소수의 부서를 거느리고 나름의 바쁜 일정을 소화하는 이스트 윙에서도 사람들이 집중하며 열심히 일했다. 백악관에 도착한 순간부터 미셸은 새 임무에 매진하는 한편 가족의 보금자리를 꾸렸다. 덕분에 말리아와 사샤는 새롭고 낯선 삶에 수월하게 적응하는 듯했다. 아이들은 관저를 관통하는 긴 복도에서 공놀이를 하고 백악관 요리사들과 쿠키를 구웠다. 주말은 새 친구들과의 놀이 약속과 생일잔치, 농구 동아리, 축구 리그전, 말리아의 테니스 레슨, 사샤의 무용 수업과 태권도 수련으로 빡빡했다. (사샤는 엄마를 빼닮아서 남이 귀찮게 하는 걸 싫어했다.) 미셸은 사람들 앞에서 매력을 발산했고, 패션 감각은 호의적인 주목을 끌었다. 연례 주지사 무도회 개최 준비를 맡은 미셸은 전통을 깨고 어스 윈드 앤드 파이어에게 반주를 맡겼는데, 관악기가 요란하게 울리는 리듬앤드블루스 펑크는 중년 공직자들의 초당적 모임에서는 생각지도 못한 춤사위를 댄스 플로어에서 이끌어냈다.

**아름답게 치장하라. 가족을 보살펴라. 품위를 유지하라. 남편을 보필하라.** 미국 역사를 통틀어 퍼스트레이디의 임무는 이 계명으로 정의되었으며 미셸은 모든 계명을 완벽히 지켰다. 하지만 새로운 역할이 처음에는 고역이었고 무척 불안했다는 사실을 바깥 세상에는 숨겼다.

미셸이 느끼는 좌절감은 익숙한 것이었다. 함께하는 내내 나는 아내가 많은 여성들이 그러하듯 고군분투하는 모습을 옆에서 지켜봤다. 미셸은 독립적이고 야심 찬 전문가로서의 정체성과 자신이 자라며 받은 보살핌과 관심을 똑같이 딸들에게 베풀려는 어머니로서의 바람을 조화시키려 애썼다. 나는 언제나 미셸에게 바깥일을 하라고 격려했으며 한 번도 집안일이 그녀만의 몫이라고 생각하지 않았다. 우리는 맞벌이였고 운 좋게도 끈끈하게 맺어진 친척과 친구들이 근처에 살았던 덕에 다른 가족들보다 유리한 입장이었다. 그럼에도 아이 있는 여자들이 매체, 동료, 고용주, 그리고 삶을 함께하는 남자에게서 받는 지독히 비현실적이고도 종종 모순된 사회적 압력은 그녀도 피해 갈 수 없었다.

내가 정치에 뛰어들어 집을 비우는 날이 많아지면서 미셸은 더욱 힘겨워했다. 아이들과 너무 오래 떨어져 있게 될까 봐 절호의 기회를 포기한 적도 많았다. 마지막 직장이었던 시카고 대학병원에서는 상사가 지지해주고 스케줄을 조절할 권한이 있었는데도 자신이 아이들이나 일, 또는 둘 다에 소홀하다는 생각을 온전히 떨치지 못했다. 그나마 시카고에서는 대중의 시선을 피하고 하루하루의 밀고 당기기를 혼자 처리할 수 있었다. 하지만 이제 모든 것이 달라졌다. 내가 당선되면서 그녀는 진짜 영향력을 미칠 수 있는 일을 포기해야 했고, 재능에 비해 턱없이 사소한—적어도 통념에 따르면—역할을 강요받았다. 한편 엄마 노릇에서도 새로운 문제들이 불거졌다. 학부모에게 전화하여 사샤가 놀이 약속에 가기 전에 왜 비밀경호국 요원들이 가택 수색을 해야 하는지 설명해야 했고, 쇼핑몰에서 친구와 어울려 다니는 말리아의 사진을 공개하지 말라고 보좌관들과 함께 타블로이드지에 압력을 넣어야 했다.

무엇보다 미셸은 미국에서 진행 중인 성별 전쟁에서 하나의 상징으로 덜컥 징집되었다. 선택 하나하나, 말 하나하나가 호들갑스럽게 해석되고 평가되었다. 별 뜻 없이 자신을 '가족의 최고사령관'으로 지칭하자 몇몇 논평가들은 그녀가 자신의 발언권으로 여성에게 걸맞은 자리가 있다는 고정관념을 깨지 않은 것에 실망감을 표했다. 그와 동시에 퍼스트레이디가 무엇을 해야 하고 하지 말아야 하는가의 범위를 넓히려는 시도에도 위험이 따랐다. 미셸은 선거운동 기간에 퍼부어진 악독한 공격 때문에 쓰라려했다. 퍼스트레이디가 정책 수립 비슷한 것을 시도할 때 사람들이 얼마나 득달같이 달려드는지는 힐러리 클린턴의 경험을 보면 알 수 있다.

이 때문에 처음 몇 달간 미셸은 새 사무실을 어떻게 활용할지 결정하고 어디서 어떻게 영향력을 행사할지 궁리하면서도 퍼스트레이디로서 임무에 맞는 분위기를 신중하고도 전략적으로 정하느라 시간을 보냈다. 그녀는 힐러리와 로라 부시에게 조언을 청했다. 막강한 팀을 꾸렸고, 신뢰할 만하고 노련한 판단력을 가진 전문가들로 보좌진을 채웠다. 그리고 개인적으로 의미 있는 두 가지 문제를 해결하려 노력하기로 마음먹었다.

하나는 급등하는 미국 아동 비만율이었고, 다른 하나는 미국 군인 가족에 대한 부실한 지원이었다.

두 과제 모두 이따금 느낀 좌절과 불안이 계기가 되었다. 비만에 주목한 계기는 몇 년 전 소아과 의사가 말리아의 체질량 지수가 꽤 증가한 것을 보고서 고도로 가공된 '아동 친화적' 식품의 과잉 섭취를 원인으로 지목했을 때였다. 이 소식은 우리의 어수선하고 눈코 뜰 새 없는 삶이 아이들에게 나쁜 영향을 미칠지도 모른다는 우려를 확인시켜주었다. 군인 가족에 대한 관심은 선거운동 기간에 파병 군인 배우자들과 원탁 토론을 하며 감정에 북받친 경험에서 촉발되었다. 그들이 외로움과 자부심이 뒤섞인 감정을 느낀다고 말할 때, 나라를 지킨다는 대의의 부산물로 취급되는 것에 이따금 분노가 치민다고 인정할 때, 이기적으로 비칠까 봐 도움 요청을 망설인다고 털어놓을 때 미셸은 자신의 처지가 메아리치는 것을 들었다.

바로 이런 개인적 연관성 때문에 나는 미셸이 두 사안에 실질적 영향을 미치리라 확신했다. 그녀는 머리가 아니라 가슴에서, 추상이 아니라 경험에서 출발하는 사람이었다. 내가 아는 것은 하나 더 있었다. 아내는 실패를 싫어했다. 새로운 역할에 어떤 이중적 감정을 느꼈든 그녀는 잘해내겠노라 다짐했다.

가족으로서 우리는 한 주 한 주 적응해갔고, 상황에 스스로를 맞추고 대처하고 즐기는 방법을 찾았다. 미셸은 불안감을 느끼면 든든한 어머니에게 조언을 청했고, 둘은 백악관 3층 일광욕실 소파에 앉아 이야기를 나눴다. 5학년 숙제에 여념이 없었던 말리아는 반려견을 들이겠다는 우리의 개인적 선거 공약을 지키라고 로비를 벌였다. 갓 일곱 살이 된 사샤는 아기 때부터 덮은 해진 셔닐사 담요를 끌어안은 채 잠들었고 몸집이 어찌나 쑥쑥 커지는지 하루하루 달라 보일 정도였다.

새로운 주거 환경은 특히 반가운 놀라움을 가져다주었다. 가게 위층에 사는 상점 주인처럼, 이제 항상 집에 있게 된 것이다. 대부분의 날에는 내가 일을 하러 가는 게 아니라 일이 내게 왔다. 나는 여행하지 않을 때는 매일 저녁 6시 30분에 저녁 식탁에 앉았다. 식사 끝나고 오벌 오피스에 다시 내려가기도 했지만.

말리아와 사샤가 일상에 대해 이야기하며 친구들의 사연, 괴짜 선생님, 종잡을 수 없는 남자애들, 실없는 농담, 문득 찾아온 깨달음, 끝없는 질문으로 이루어진 세상을 묘사하는 것을 들으면 얼마나 기쁘던지. 식사가 끝나 아이들이 숙제하러 올라가고 잠자리에 들 준비가 되면 미셸과 나는 그날 있었던 일을 나눴다. 정치 얘기는 줄이고, 옛 친구들 소식, 보고 싶은 영화, 무엇보다 아이들이 커가는 모습을 지켜보는 경이로운 경험에 대해 많이 이야기했다. 그러고는 아이들에게 잠자리 동화를 읽어주고 꼭 끌어안고 이불을 덮어주었다. 면 파자마를 입은 말리아와 사샤에게서는 따스함과 생명의 냄새가 났다. 매일 밤 그 한 시간 반가량이 내겐 재충전하는 시간이었다. 마음은 맑아졌고 가슴에서는 세계와 골치 아픈 문제 때문에 골머리를 썩여 생긴 상처가 치유되었다.

백악관에서 우리의 닻이 되어준 아이들과 장모 외에 다른 사람들도 초창기 스트레스를 견디게 도와주었다. 시카고에서 선거운동에 바빠지고 아이들 식습관에 대한 걱정이 극에 달했을 때 파트타임 요리사로 채용한 청년 샘 캐스는 우리와 함께 워싱턴에 와서 요리사이자 아동 비만 문제에 대한 미셸의 자문역으로 백악관에 합류했다. 아이들이 다니던 옛 학교 수학 교사의 아들이자 전직 대학 야구 선수인 샘은 태평스러운 매력이 있었고, 말끔히 밀어 반짝거리는 머리는 탄탄하고 멋진 외모를 돋보이게 했다. 어엿한 식품 정책 전문가이기도 했던 그는 단작 농법이 기후변화에 미치는 영향부터 식습관과 만성병의 관계에 이르기까지 모든 것에 정통했다. 샘은 미셸에게 귀중한 동료였다. 예컨대 미셸은 그와 브레인스토밍하면서 남쪽 잔디밭을 텃밭으로 가꾸는 아이디어를 떠올렸다. 하지만 우리가 덤으로 얻은 것이 있었으니, 아이들에게는 재미있게 놀아주는 삼촌, 미셸과 내게는 좋은 동생, 그리고 내가 열기를 좀 식혀야 할 때 언제든 농구공 던지기나 당구 게임을 할 수 있는—레지 러브와 더불어—친구가 생긴 것이다.

체육 트레이너 코넬 매클렐런에게서도 비슷한 도움을 받았다. 전직 사회복지사이자 무술 전문가인 그는 시카고에서 개인 체육관을 운영했다. 체격이 위압적이었지만 다정하고 상냥했다. 스쾃, 데드리프트, 버피, 런지로 우리를 고문할 때만 빼고. 그는 시간을 쪼개어 워싱턴 D.C.와 시카고를 오가며 대통령 가족의 몸매를 지켜주는 임무를 기꺼이 받아들였다.

월요일부터 목요일까지 아침마다 미셸과 나는 코넬, 샘과 함께 하루를 시작했다. 관저 3층의 작은 체육관에 우리 넷이 모이면 벽에 걸린 TV에서는 어김없이 ESPN 〈스포츠센터〉가 방송되었다. 미셸이 코넬의 수제자라는 사실은 논란의 여지가 없었다. 그녀가 변함없는 집중력을 발휘했고 운동하는 내내 기운이 넘친 반면에 샘과 나는 더 느렸고 세트 중간에 더 오래 쉬었다. 훈련이 우리가 즐기지 못할 정도로 격해지면 마이클 조던 대 코비 브라이언트, 톰 행크스 대 덴절 워싱턴 중 누가 나은가 등의 열띤 토론을 벌여 코넬의 주의를 산만하게 했다. 매일 체육관에서 보내는 시간은 미셸과 내가 숨통을 틔울 수 있는 기회였다. 여전히 우리를 이름으로 부르고 가족처럼 좋아해주며, 우리가 한때 알았던 세상과 우리가 늘 바라던 스스로의 모습을 상기시켜주는 친구들이 곁에 있기 때문이었다.


언급하고 싶지 않은 마지막 스트레스 해소 수단이자 우리 부부의 갈등 원인은 흡연이었다. 나는 여전히 하루에 담배를 다섯(또는 여섯, 또는 일곱) 개비씩 피웠다.

흡연은 반항적이던 젊은 시절부터 이어진 유일한 악덕이었다. 나는 미셸의 고집에 못 이겨 여러 차례 몇 년씩 금연했고, 집 안이나 아이들 앞에서는 담배를 피우지 않았다. 상원의원에 당선된 뒤에는 공적인 장소에서 흡연하지 않았다. 하지만 나의 완고한 한 조각은 이성의 압제에 저항했다. 선거운동의 압박감—옥수수밭을 지나는 끝없는 자동차 여행, 모텔 방의 고독—에 시달릴 때면 여행 가방이나 서랍 속 담뱃갑에 손이 갔다. 대통령에 당선되자 금연하기에 좋은 기회라고 스스로에게 말했다. 백악관 관저 밖은 사실상 공적인 장소이기 때문이었다. 하지만 업무가 너무 바빠서 결단의 시간을 차일피일 미뤘다. 점심 후 오벌 오피스 뒤의 수영장에 가거나 미셸과 아이들이 잠든 뒤에 3층 테라스에 올라가서는 담배 연기를 깊이 빨아들였다가 연기가 별들을 향해 꼬불꼬불 올라가는 것을 보면서, 업무가 좀 정리되면 영영 금연하겠다고 다짐했다.

문제는 업무가 정리되지 않았다는 것이다. 오히려 3월이 되자 하루 흡연량이 여덟(또는 아홉, 또는 열) 개비로 슬금슬금 늘었다.

그달에는 66만 3000명으로 추산되는 미국인이 추가로 일자리를 잃고 실업률이 8.5퍼센트까지 치솟을 전망이었다. 주택 압류는 줄어들 기미가 없었고 신용은 여전히 얼어붙었다. 주식시장은 최고점으로부터 57퍼센트 하락한 최저점을 찍었으며 시티그룹과 뱅크 오브 아메리카의 주가는 휴짓조각 수준까지 내려앉았다. 한편 AIG는 바닥 없는 구덩이 같아서, 타프 기금을 최대한 집어삼키는 것 말고는 하는 일이 없는 듯했다.

이 사태들만 해도 혈압을 오르게 했는데, 더 속 터지는 것은 우리가 불구덩이에서 끄집어내고 있던 월 스트리트 경영진들의 어처구니없는 바보짓이었다. 예컨대 대다수 주요 은행이 주가를 떠받치기 위한 타프 기금을 받았는데 그곳 총수들은 자신과 부하 직원들에게 10억 달러 이상의 연말 보너스를 책정하고 승인했다. 얼마 지나지 않아 시티그룹 경영진은 회사 전용기를 새로 주문하는 게 좋은 아이디어라고 판단했다. (이 일은 우리의 감시하에 벌어졌기에 팀의 부하 중 누군가가 회사 최고경영자에게 전화로 협박하여 주문을 철회하게 했다.)

은행 경영진들은 조금이라도 불이익을 당하거나 경영권이 제약받을 기미가 보이면 발끈했다(사적으로 그럴 때도 있었지만 종종 언론에 울분을 토했다). 적반하장의 대미를 가장 요란하게 장식한 인물은 월 스트리트에서 가장 약삭빠른 투자자인 골드만삭스의 로이드 블랭크파인과 JP모건 체이스의 제이미(제임스) 다이먼이었다. 두 사람은 자기네 회사가 여느 은행과 달리 부실한 경영 판단을 하지 않았으며 정부 지원은 필요하지도 않고 바라지도 않는다고 주장했다. 이 주장은 사실이었다. 두 회사의 지급 능력이 재무부와 연방준비제도가 나머지 금융 시스템을 떠받치는 능력에 전적으로 의존한다는 사실, 두 회사—특히 골드만삭스—가 서브프라임 담보 파생 상품을 가장 많이 팔아치웠고 바닥이 꺼지기 전에 어수룩한 고객들에게 떠넘겼다는 사실을 논외로 한다면.

그들의 건망증에 부아가 치밀었다. 위기를 대하는 월 스트리트의 태도는 일반인의 삶과 완전히 동떨어진 갑부들에 대한 고정관념에 들어맞았다. 그뿐 아니라 상황을 분간하지 못하는 성명서나 이기적 행동 때문에 경제를 구출하려는 우리의 노력이 훨씬 힘들어졌다.

일부 민주당 지지자들은 왜 우리가 은행에 더 모질게 굴지 않는지, 이를테면 왜 정부가 자산을 몰수하여 매각하지 않고, 혼란을 야기한 자들을 감옥에 보내지 않는지 물었다. 공화당은 의회에서 이 아수라장에 일조한 주제에 어떤 책임감도 느끼지 않고 기세등등하여 질문 공세에 숟가락을 얹었다. 팀은—골드만삭스에서 일한 적이 없고 경력의 대부분을 공직에 몸담았는데도 '전직 골드만삭스 은행가'라는 꼬리표가 달려 있었다—각종 의회 위원회의 증언대에 서서 부하 검사 결과를 기다려야 한다고 설명했다. 에릭 홀더 검찰총장이 나중에 지적했듯, 은행들의 행동이 위기의 원인일 수도 있다는 점에서 심각하긴 하지만 경영진이 법률로 기소 가능한 범죄를 저질렀다는 단서는 거의 없었고, 우리는 단지 헤드라인을 근사하게 장식하려고 그들에게 범죄 혐의를 씌울 생각은 없었다.

합리적이긴 했지만, 불안하고 분노한 대중에게 그런 대답은 별로 만족스럽지 않았다. 우리가 정치적 우위를 잃을까 봐 걱정한 액스와 깁스는 월 스트리트에 대해 비판의 날을 세우라고 독촉했다. 반면 팀은 그런 포퓰리즘적 조치가 역효과를 낳고 은행들의 자본 재구성에 필요한 투자자들을 접줘 쫓아버릴 것이라고 경고했다. 대중이 바라는 구약성서의 정의와 금융시장이 필요로 하는 안도감 사이에서 줄타기를 하려던 우리는 어느 쪽도 만족시키지 못했다.

어느 날 아침 깁스가 말했다. "인질극에 휘말린 것 같아요. 우리는 은행들 가슴에 폭탄이 묶여 있다는 걸 알지만 국민 눈에는 그들이 훔친 물건을 가지고 도망가게 우리가 내버려두는 것처럼 보이죠."

백악관 안에서 갈등이 커지자 나는 모두의 의견을 하나로 모으기 위해 3월 중순의 일요일에 경제팀을 루스벨트 룸에 불러 모아 마라톤 회의를 열었다. 우리는 여러 시간에 걸쳐 팀과 그의 보좌진에게 진행 중인 부하 검사를 어떻게 생각하는지—효과가 있을지, 효과가 없다면 팀에게 제2안이 있는지—캐물었다. 래리와 크리스티는 시티그룹과 뱅크 오브 아메리카의 손실이 누적되고 있는 상황을 보건대 선제적 국유화—스웨덴이 1990년대 금융 위기를 헤쳐 나가면서 결국 추진한 전략—를 고려할 시점이 되었다고 주장했다. 일본이 그 반대인 '관용' 전략을 썼다가 잃어버린 10년의 경제 침체에 빠졌다고 그들은 말했다. 그러자 팀은 스웨덴이 은행 두 곳만 최후의 수단으로 국유화했으며—스웨덴은 금융 부문의 규모가 미국보다 훨씬 작고 당시에 나머지 세계는 안정적이었는데도—나머지 네 곳에 대해서는 실질적 보증을 하는 데 그쳤다고 지적했다. 우리가 이에 해당하는 전략을 쓰면 이미 허약한 세계 금융 시스템이 와해할 수 있으며 최소 2000억~4000억 달러의 비용이 들 것이라고 말했다. (람이 의자에서 뛰어오르다시피 하며 외쳤다. "이 의회에서 타프 기금을 한 푼이라도 더 얻어낼 확률은 0에서 0 사이라고요!") 몇몇 팀원은 적어도 시티그룹과 뱅크 오브 아메리카에는 더 공세적이어야 한다고 주장했다. 이를테면 타프 기금을 추가로 지원받는 대가로 최고경영자와 현 이사회가 물러나야 한다는 것이다. 하지만 팀은 그런 조치들이 전적으로 상징에 불과하며 더 나아가 위기의 한가운데에서 낯선 조직을 이끌 대체 인력을 당장 찾아내는 일은 우리 책임이 될 거라고 말했다.

기운 빠지는 공방이었다. 회의가 저녁으로 접어들자 나는 관저에 올라가서 저녁 먹고 이발할 테니 돌아올 때까지 합의에 도달하길 바란다고 말했다. 사실 내가 회의에서 원한 것은 이미 얻었다. 래리나 크리스티 등이 정당한 이의를 제기하긴 했지만 현 상황에서는 부하 검사가 최선임을 나 자신에게 확인시켰으니까. (팀 말마따나 "계획이 무계획보다 낫다.")

또한 우리가 과정을 제대로 진행했다는 확신을 느낀 사실도 중요했다. 상상할 수 있는 모든 각도에서 문제를 들여다보았고, 어떤 잠재적 해결책도 배제하지 않았으며, 최고위급 각료에서 최신참 보좌관까지 모든 관련자에게 발언권을 부여했다. (같은 이유로 우리의 위기 처리 방식을 공개적으로 비판한 두 외부 경제학자 집단을—하나는 좌파였고, 다른 하나는 보수파였다—오벌 오피스에 초청하여 우리가 미처 고려하지 못한 아이디어가 그들에게 하나라도 있는지 확인했다. 결과는, 없었다.)

내가 과정을 강조한 이유는 필요 때문이었다. 내가 금세 발견한 대통령직의 특징은 내 책상에 놓이는 국내외 문제 중에서 깔끔한 100퍼센트짜리 해법이 있는 문제는 없다는 점이다. 그런 게 있다면 지휘 체계 아래쪽에서 이미 해결했을 테니까. 그 대신 나는 끊임없이 확률과 씨름했다. 이를테면 아무것도 안 하기로 결정했을 때 재앙을 맞을 확률은 70퍼센트, 이 방법 저 방법으로 문제를 해결할지도 **모르는** 확률은 55퍼센트(의도한 대로 정확히 효과를 발휘할 확률은 0퍼센트), 어느 쪽을 선택해도 전혀 효과가 없을 확률은 30퍼센트, 문제를 악화시킬 확률은 15퍼센트라는 식이다.

이런 상황에서 완벽한 해결책을 좇으면 도리어 옴짝달싹 못하는 신세가 된다. 반면에 직감에 너무 자주 의존하면 선입관이나 정치적 저항이 가장 적은 경로를 판단의 지침으로 삼고는 결정을 정당화하기 위해 사실을 취사선택하게 된다. 하지만 자아를 비우고 진심으로 귀 기울여 사실과 논리를 최대한 숙지하고 그것들을 목표와 원칙에 비추어 고려하는 건전한 과정을 거쳤다면 골치 아픈 결정을 내리고도 단잠을 잘 수 있음을 깨달았다. 적어도, 내 위치에서 나와 같은 정보를 가진 사람이 그보다 더 나은 결정을 내릴 수는 없음을 알았기 때문이다. 좋은 과정은 팀원 한 사람 한 사람이 결정에 주인 의식을 느끼게 할 수 있다는 뜻이기도 했다. 그러면 결정을 더 효과적으로 집행할 수 있고 백악관의 결정이《뉴욕 타임스》나《워싱턴 포스트》에 유출되어 다시 논란거리가 되는 일을 줄일 수 있다.

그날 밤 이발과 저녁 식사를 마치고 돌아와보니 일이 바란 대로 풀렸다는 느낌이 들었다. 래리와 크리스티는 더 급진적인 조치를 취하기 전에 부하 검사 결과를 기다려보는 게 합리적이라는 데 동의했다. 팀은 만에 하나 결과가 나쁠 때를 대비할 수 있는 유용한 조언들을 받아들였다. 액스와 깁스는 공보 전략을 개선할 아이디어를 내놓았다. 전반적으로 나는 이날의 결과에 매우 흡족했다.

누군가 AIG 보너스 문제를 제기할 때까지는.

지금껏 1700억 달러 이상의 타프 기금을 받았고 더 많은 자금이 필요한 AIG가 직원들에게 계약상 의무 보너스로 1억 6500만 달러를 지급하기로 결정한 것이다. 게다가 보너스의 상당 부분은 보험 업계의 거인 AIG를 서브프라임 파생 상품 사업에 과도하게 밀어 넣은 부서에 돌아갈 판이었다. AIG 최고경영자 에드워드 리디도—그는 공익을 위해 얼마 전에 회사의 키를 잡았기에 원죄가 없었고 급여도 연봉 1달러가 전부였다—보너스가 볼썽사납다는 사실을 알았다. 하지만 보너스 지급을 철회하려 했다가는 AIG 직원들에게 소송을 당해 패소할 수밖에 없으며 배상금이 원래 금액의 세 배에 이를 수도 있다고 변호사들이 그에게 조언했다. 설상가상으로 우리에게는 보너스 지급을 막을 어떠한 정부 권한도 없어 보였다. 여기에는 금융기관의 참여가 저조할까 봐 우려한 부시 행정부가 의회에 로비를 벌여 애초의 타프 법안에 환수 조항을 넣지 못하게 한 탓도 있었다.

나는 방 안을 둘러보았다. "이거 농담 맞죠? 나 놀리려고 그러는 거죠?"

아무도 웃지 않았다. 액스는 실패하는 한이 있어도 지급 중단을 시도해야 한다고 주장하기 시작했다. 이 모든 사태가 끔찍하다고 인정한 팀과 래리는 정부가 사인私人 간의 계약에 대해 위반을 강요하면 시장 시스템에 돌이킬 수 없는 피해를 입힐 것이라고 반박했다. 깁스는 도덕과 상식이 계약법보다 중요하다며 끼어들었다. 몇 분 뒤에 나는 모두를 제지했다. 나는 팀에게 AIG가 보너스를 지급하지 못하게 할 수 있는 방안을 계속 찾아보라고 지시했다(그가 빈손으로 돌아오리라는 것은 알고 있었다). 그다음 액스에게 보너스를 비판하는 성명을 내가 이튿날 발표할 수 있게 준비하라고 말했다(내가 뭐라 말해도 피해를 줄일 수 없으리라는 사실은 알고 있었다).

그러고 나서 나 자신에게는 아직 주말이고 마티니가 필요하다고 말했다. 대통령직이 내게 가르친 또 하나의 교훈이었다. 과정이 아무리 좋더라도 소용없는 경우가 있다는 것. 속수무책일 때가 있다. 그럴 땐 독주를 꺼내고 담뱃불을 붙이는 게 최선이다.

AIG 보너스 뉴스가 보도되자 몇 달간 억눌려 있던 분노가 걷잡을 수 없이 끓어올랐다. 신문 사설들은 통렬한 어조로 비판을 쏟아냈다. 하원은 연봉이 25만 달러 이상인 사람들의 보너스에 90퍼센트의 세금을 매기는 법안을 재빨리 통과시켰지만 상원에서 폐기되는 모습을 지켜볼 수밖에 없었다. 백악관 브리핑실에서 깁스가 받는 질문은 오로지 AIG 보너스뿐인 것 같았다. 분홍색 티셔츠, 분홍색 모자, 이따금 분홍색 목도리를 걸친 별난 반전 단체 코드 핑크(대부분 여성이다)가 여러 정부 건물 밖에서 시위하고, 팀이 출석하는 청문회장에 나타나 "우리의 $$$$$를 돌려줘" 등의 구호가 적힌 팻말을 흔들었다. 이들은 계약의 신성함을 주장하는 논거에 개의치 않았다.

더 이상 놀랄 일이 없도록 하기 위해 바로 최상위 은행과 금융기관의 최고경영자들을 백악관에 불러 회의를 열었다. 열다섯 명이 참석했는데, 다들 남자였고 다들 말쑥하고 세련됐으며, 다들 내 말에 차분히 귀를 기울였다. 나는 바닥난 국민의 인내심과 금융 위기가 전국에 가하는 고통, 그리고 정부가 그들의 기관을 지탱하기 위해 취한 특단의 조치들을 감안하면 최소한 약간의 자제력, 어쩌면 희생까지도 발휘해야 하지 않겠느냐고 말했다.

경영자들이 발언 차례가 되어 내놓은 답변은 표현은 조금씩 달라도 세 가지로 뭉뚱그릴 수 있었다. 1) 금융 시스템의 문제는 실은 자신들이 만든 것이 아니다, 2) 자신들은 인원을 감축하고 보수를 삭감하는 등 상당한 희생을 **이미** 치렀다, 3) 주가에 악영향을 미치고 업계의 사기를 떨어뜨리는 대중적 분노를 그만 부채질하면 좋겠다. 몇몇은 마지막 논점을 입증한다며 나의 최근 인터뷰를 언급했다. 우리 행정부가 금융 시스템을 지원하는 이유는 불황을 막기 위해서일 뿐 한 줌의 '뚱보 고양이 은행가들'을 돕기 위해서가 아니라고 말한 이 인터뷰 때문에 속상하다는 투였다('뚱보 고양이'는 부유한 정치 후원자를 일컬으며 종종 부정한 방법으로 돈을 벌었음을 암시한다_옮긴이).

한 은행가가 말했다. "지금의 위기 상황에서 미국 국민이 바라는 것은 우리 모두가 한 배를 타고 있음을 대통령님이 상기시키는 것입니다."

어안이 벙벙했다. "저의 **표현 방법**이 대중을 성나게 했다고 생각하시나요?" 심호흡을 하고는 테이블에 둘러앉은 사람들의 얼굴을 둘러보니 이 사람들은, 진심이었다. 샌텔리 동영상에 나오는 중개인들처럼 이 월스트리트 경영자들은 정말로 자신들이 억울하게 비난당한다고 생각했다. 그런 척하는 것이 아니었다. 나는 그들의 입장이 되어, 그들이 현재의 자리에 올라오려고 의심의 여지 없이 열심히 일했으며 동료들과 같은 게임을 벌였을 뿐이고 정상의 자리에서 누리는 찬사와 존경에 오랫동안 익숙했다는 사실을 되새기려 했다. 그들은 온갖 자선단체에 거액을 기부했다. 그리고 가족을 사랑했다. 그들은 왜 (한 참석자가 나중에 말해주었듯)

자녀들에게서 아빠가 '뚱보 고양이'냐는 질문을 받는지, 연봉을 5000만~6000만 달러에서 200만 달러로 삭감했는데도 왜 아무도 감동하지 않는지, 왜 대통령이 자신들을 진정한 동반자로 대접하지 않고 (하나만 예를 들자면) JP모건의 최고 인력을 행정부에 보내 규제 개혁 수립을 돕겠다는 제이미 다이먼의 제안을 받아들이지 않는지 이해할 수 없었다.

나는 그들의 관점을 이해하려 했으나, 할 수가 없었다. 그 대신 외할머니가 떠올랐다. 캔자스 농촌 출신인 그녀의 성격은 은행가에게도 있어야 하는 것들이었다. 정직, 신중함, 엄격함, 위험 회피, 편법을 거부하고 낭비와 사치를 싫어하고 만족을 미루라는 규칙에 따라 살고 조금은 따분한 일에 만족하기. 툿이 이 방에 나와 함께 앉은 은행가들을 어떻게 여길지 궁금했다. 번번이 그녀를 앞질러 승진한 남자들과 같은 사람들, 그녀가 평생 번 것보다 많은 돈을 한 달에 버는 사람들. 그들이 이렇게 거액을 챙긴 적어도 한 가지 이유는 악성 채무 무더기임을 알면서도—또는 알아야 했으면서도—스스럼없이 다른 사람들의 돈으로 수십억 달러짜리 도박을 벌였기 때문이었다.

마침내 내게서 웃음 같기도 하고 코웃음 같기도 한 무언가가 터져 나왔다. 언성을 높이지 않으려고 자제하면서 내가 말했다. "몇 가지 설명드리겠습니다, 여러분. 사람들이 분노하는 이유는 제가 부추겨서가 아닙니다. 그 분노는 자발적으로 우러난 겁니다. 사실 당신들이 쇠스랑에 얻어맞지 않게 막아주고 있는 건 우리뿐입니다."


그날의 발언이 내가 반기업적이라는 월 스트리트의 선입견을 강화하는 것 외에 별다른 영향을 미쳤는지는 모르겠다. 얄궂게도 나중에 좌파는 이 회의를 예로 들어 내가 월 스트리트에 무르고 여려서 위기에 대한 책임을 은행들에 묻지 못했다고 비판했다. 두 주장 다 틀렸지만 이것만은 사실이었다. 부하 검사를 실시하고 예비 결과가 나올 때까지 약 2개월간 기다려줌으로써 나는 은행들의 팔을 비틀 수단을 스스로 내려놓은 셈이었다. 나는 섣부른 조치에 거부감을 느꼈고 경제 위기의 수많은 전선에서 싸워야 했다. 그중 하나는 미국 자동차 산업이 절벽 아래로 굴러떨어지지 않도록 막는 것이었다.

월 스트리트의 붕괴가 세계 금융 시스템에 오랫동안 쌓인 구조적 문제의 절정이듯이 3대 자동차 제조사를 병들게 한 문제인 부실 경영, 부실 제품, 외국과의 경쟁, 연금 고갈, 치솟는 의료비, 고수익 저연비 SUV 판매에 대한 지나친 의존 등도 수십 년간 쌓인 것들이었다. 금융 위기와 불황 심화는 심판의 날을 앞당겼을 뿐이었다. 2008년 가을 자동차 판매량은 30퍼센트 하락하여 10여 년 만에 최저치를 기록했으며 GM과 크라이슬러는 현금이 바닥나고 있었다. 포드는 형편이 조금 나았지만(주된 이유는 운 좋게도 위기가 터지기 전에 채무를 재조정한 덕분이었다) 세 자동차 제조사 모두가 북아메리카 전역의 부품 공급 업체들에 의존했으므로 분석가들은 나머지 둘이 무너지면 포드가 살아남을 수 있을지 의문을 제기했다. 성탄절 직전에 행크 폴슨은 타프에서 승인된 권한을 창의적으로 해석하여 GM과 크라이슬러에 170억 달러 이상의 브리지론(일시적으로 자금을 조달하기 위한 단기 대출_옮긴이)을 공급했다. 하지만 더 영구적인 해결책을 밀어붙일 정치적 자본이 없던 부시 행정부는 내가 취임할 때까지 미봉책으로 버텼다. 이제 현금이 바닥날 지경이 되자 자동차 제조사들을 살리기 위해 수십억 달러를 더 투입해야 하느냐는 결정은 내 몫이 되었다.

이미 정권 인수 기간에 우리 팀 모두가 보기에 GM과 크라이슬러는 일종의 법정 관리 파산을 겪어야 했다. 그러지 않으면, 판매 전망이 아무리 낙관적이더라도 이 회사들이 매달 소진하는 현금을 충당할 방법이 전무했다. 파산만으로 충분한 것도 아니었다. 추가 정부 지원을 정당화하려면 자동차 제조사들은 고통스러운 전면적 기업 구조조정을 겪고 동시에 사람들이 사고 싶어 하는 차를 만들 방법을 찾아야 할 터였다. (보좌진에게 이렇게 말한 적이 한두 번이 아니었다. "왜 디트로이트에서 망할 놈의 도요타

코롤라를 안 만드는지 이해가 안 돼.")

두 과제 다 말은 쉬워도 실행하긴 까다로웠다. GM과 크라이슬러의 최고경영진을 보면 월 스트리트 무리가 선각자 같을 지경이었다. 막 꾸려진 인수위원회 경제팀과 만나 논의하는 자리에서 GM 최고경영자 릭 왜거너의 발표는 어쩌나 주먹구구식이고 장밋빛 전망으로 가득했는지—판매량이 위기 전 10년의 대부분 기간 동안 감소했는데도 해마다 2퍼센트씩 증가할 거라고 장담했다—래리마저도 한동안 말문이 막힐 정도였다. 파산 절차로 말할 것 같으면 GM과 크라이슬러 둘 다 가슴을 가르는 개흉 수술과 비슷하게 복잡하고 유혈이 낭자하고 위험투성이일 터였다. 경영진, 노동자, 공급 업체, 주주, 연금 수령자, 판매 업체, 신용 업체, 제조 공장이 있는 지역사회에 이르는 모든 이해 당사자가 단기적으로 잃을 게 있었기에, 두 회사가 다음 한 달을 살아남을 수 있을지조차 불확실해지면서 우리는 지루하고 살벌한 협상을 벌여야 했다.

유리한 조건도 몇 가지 있었다. 은행과 달리 GM과 크라이슬러의 구조조정을 강제하더라도 광범위한 공황이 촉발되지는 않을 터였다. 덕분에 정부 지원을 계속하는 대가로 양보를 요구할 여지가 컸다. 내가 전미자동차노조와 친분이 두텁다는 것도 한몫했다. 노조 지도부는 조합원들이 일자리를 지키려면 대대적인 변화가 필요함을 인정했다.

가장 중요한 사실은 백악관의 자동차 태스크포스가 분석에 엄밀성을 기하는 한편 이 일에 100만여 명의 일자리가 달려 있다는 인간적 측면까지 고려하는 탁월한 솜씨를 발휘했다는 것이다. 이 태스크포스는 스티브 래트너와 론 블룸이 주도했으며 브라이언 디스라는 서른 살의 명민한 정책 전문가가 참여했다. 내가 취임 선서를 하기도 전에 자동차 제조사들과 협상을 시작한 태스크포스는 GM과 크라이슬러에 회생 가능성을 입증할 수 있는 공식 구조조정 계획을 내놓으라며 60일 시한을 부여했다. 이 기간에 회사들이 망하지 않도록 점진적이지만 필수적인 일련의 개입도 설계했다. 그중 하나는 부품이 바닥나지 않도록 공급 업체들에 대한 두 회사의 어음을 묵묵히 보증한 일이었다.

3월 중순에 자동차 태스크포스가 오벌 오피스에서 평가 결과를 보고했다. GM과 크라이슬러가 제출한 계획은 둘 다 불합격이었다. 두 회사는 여전히 비현실적 판매 전망과 막연한 비용 통제 전략이라는 판타지 세계에 살고 있었다. 하지만 태스크포스는 GM이 공격적 법정 관리 파산을 거치면 정상화될 수 있으리라 생각했고, 회사가 구조조정 계획을 수정하도록 60일을 줄 것을 권고했다(릭 왜거너와 기존 이사회 교체에 동의한다는 전제하에서).

크라이슬러에 대해서는 의견이 엇갈렸다. 3대 자동차 제조사 중 규모가 가장 작은 크라이슬러는 재무 상황이 가장 열악했으며 지프 브랜드 말고는 건질 만한 생산 라인이 없어 보였다. 우리의 자원이 제한적이고 자동차 판매 상황이 전반적으로 위태롭다는 상황을 감안한 몇몇은 크라이슬러를 포기하면 GM을 구할 가능성이 커질 거라 주장했다. 다른 사람들은 상징적인 미국 회사가 무너지도록 방치하고 경제에 미칠 충격을 과소평가해서는 안 된다고 주장했다. 의견들을 들으니 크라이슬러의 상황이 빠르게 악화하므로 내가 당장 결정해야 한다는 사실을 알 수 있었다.

그때 비서 케이티가 오벌 오피스에 고개를 들이밀고는 상황실에서 국가안보팀과 회의해야 한다고 말했다. 미국 자동차 산업의 운명을 결정하려면 시간이 30분 넘게 걸릴 거라 예상한 나는 람에게 그날 오후 루스벨트 룸에서 선임고문 세 사람—밸러리, 피트, 액스—과 함께 태스크포스를 재소집하라고 요청했다. 그러면 양쪽의 의견을 들을 수 있을 터였다(더 많은 과정도!). 그 회의에서 진 스펄링은 크라이슬러를 구제해야 하는 이유를 설명했고, 크리스티 로머와 오스턴 굴즈비는 크라이슬러 지원이 돈 낭비인 이유를 언급했다. 정치적 측면에 예민한 람과 액스는 국민 여론이 추가적 자동차 산업 구제에 반대한다고—무려 2 대 1의 비율로—지적했다. 심지어 자동차 산업의 중심지 미시간에서도 지지율은 과반을 간신히 넘겼다.

래트너는 피아트가 최근 크라이슬러 지분의 상당 부분을 매입하는 데 관심을 나타냈으며 세르조 마르키온네 최고경영자가 휘청거리던 피아트를 2004년에 인수하여 1년 반 만에 이익을 내는 인상적 성과를 거뒀다고 말했다. 하지만 피아트와의 논의는 아직 잠정적이었고, 개입한다고 해서 크라이슬러가 정상화할지는 누구도 장담할 수 없었다. 51 대 49의 결정, 래트너는 상황을 이렇게 묘사했다. 크라이슬러가 파산하여 우리가 속사정을 더 분명히 알게 되면 성공 확률이 더 희박해 보일 가능성이 크다는 것이었다.

내가 차트를 넘기고 숫자를 들여다보고 벽에 걸린 시어도어 루스벨트와 프랭클린 D. 루스벨트의 초상화를 이따금 올려다보고 있는데, 깁스가 말할 차례가 되었다. 상원의원 데비(데버라) 스태버나우의 캠페인에서 일한 적이 있던 그는 슬라이드에서 중서부 소재 크라이슬러 공장을 모두 표시한 지도를 가리켰다.

그가 말했다. "대통령님, 저는 경제학자가 아니고 자동차 회사를 경영하는 법도 모릅니다. 하지만 지난 석 달간 제2의 대공황을 막으려고 노력했다는 사실은 압니다. 문제는 이 여러 도시에 공황이 이미 닥쳤다는 겁니다. 지금 크라이슬러의 숨통을 끊는 것은 지도에 보이는 모든 지점에 사형 선고를 내리는 것과 마찬가지인지도 모릅니다. 각 지역마다 우리에게 의지하는 수천 명의 노동자가 있습니다. 유세에서 만났던 사람들…… 그들이 의료 혜택과 연금 혜택을 잃을 겁니다. 나이 들어서 새로 시작할 수도 없는데도요. 대통령님이 어떻게 그들을 외면할 수 있을지 모르겠습니다. 이러려고 출마하시진 않았다고 생각합니다."

나는 지도 위의 점들을 쳐다보았다. 스무 개 이상이 미시간, 인디애나, 오하이오 곳곳에 퍼져 있었다. 내 마음은 시카고에서 조직가로 일하던 옛날로 돌아갔다. 그때 나는 해고된 철강 노동자들을 싸늘한 노조 회관이나 교회 지하실에서 만나 지역사회의 고민거리를 논의했다. 삶의 목표를 잃은 흰색, 검은색, 갈색 얼굴들이 말없이 절망감을 비치던 모습이 떠올랐다. 무거운 몸에 겨울 외투를 걸친 그들의 굳은살 박인 손이 갈라져 있었다. 당시에는 그들을 도와줄 수 없었다. 내가 찾아갔을 때 공장은 이미 폐쇄되었고, 나 같은 사람들은 그런 결정을 내린 먼 곳의 경영자들에 대한 영향력이 전혀 없었다. 정치에 입문한 이유는 언젠간 이 노동자들과 그들의 가족을 더 실질적으로 도울 수 있으리라는 기대 때문이었다.

그리고 지금 이곳에 내가 있었다. 나는 래트너와 블룸을 돌아보며 크라이슬러에 전화를 연결하라고 말했다. 우리의 도움으로 크라이슬러가 피아트와 협상을 타결하고 법정 관리 파산에서 벗어날 현실적이고 빈틈 없는 사업 계획을 내놓는다면 저 노동자들과 지역사회에 기회를 줘야 한다고 말했다.

저녁때가 가까워졌지만 오벌 오피스에서 해야 할 통화가 몇 건 남아 있었다. 회의를 끝내려던 참에 브라이언 디스가 머뭇머뭇 손을 들었다. 태스크포스의 막내로서 토론 중에는 거의 말을 하지 않은 그는 나중에 알고 보니 지도를 준비하고 크라이슬러를 망하게 내버려둘 때의 인간적 손실에 대해 깁스에게 브리핑한 장본인이었다. (고위 보좌진이 주장하면 무게가 실릴 것 같아서 그랬다고 몇 해 뒤에 내게 말했다.) 자기 편이 우세한 것을 보고 분위기에 휘말린 디스는 내 결정의 모든 잠재적 이점을 설명하기 시작했다. 그중 하나는 크라이슬러와 피아트가 손잡을 경우 미국 국적 기업이 처음으로 갤런당 40마일(리터당 17킬로미터_옮긴이)을 달릴 수 있는 차를 만들게 되리라는 것이었다. 긴장해서인지 "**시간**당 40마일(시속 64킬로미터_옮긴이)을 달릴 수 있는 차"라고 말해버렸지만.

방이 일순 조용해지더니 폭소가 터져 나왔다. 실수를 알아차린 디스는 콧수염과 턱수염을 기른 토실토실한 얼굴이 새빨갛게 물들었다. 나는 미소 지으며 의자에서 일어섰다.

서류를 정돈하며 내가 말했다. "이거 알아요? 우연하게도 내 첫 차가 76년형 피아트였어요. 대학 신입생 때 중고로 샀죠. 빨간색이고 5단 기어가 달렸어요. 기억하기로 시속 40마일은 넘었던 것 같아요……. 정비

소에 들어가 있을 때가 많았지만. 내가 소유했던 차 중에서 최악이었어요." 테이블을 돌아가 디스의 팔을 두드리고는 문을 향해 돌아서서 말했다. "크라이슬러 사람들은 당신에게 감사할 거예요. 그 말을 내가 결정하기 前에 하지 않아줘서."

경제가 호황이면 대통령이 과하게 칭찬받고 경제가 불황이면 대통령이 과하게 비난받는다는 말이 있다. 평상시에는 그 말이 맞다. 연방준비제도(법률에 의해 대통령이 관여할 수 없다)가 금리를 올리거나 내리는 결정, 들쭉날쭉한 경기순환, 건설 공사를 늦추는 악천후나 지구 반대편의 분쟁이 초래한 원자재 가격 급등 같은 온갖 요인이 하루하루 경제에 미치는 영향이 대통령의 어떤 결정보다 클 것이다. 심지어 대규모 감세나 규제 정비 같은 백악관의 주요 조치도 국내총생산(GDP) 성장이나 실업률에 미친 영향이 수치로 드러나려면 몇 달이나 때로는 몇 년이 걸리기도 한다.

이 때문에 대다수 대통령은 자신의 행동이 경제에 어떤 영향을 미치는지 모르는 채 일한다. 유권자들도 판단하지 않는다. 여기엔 본질적으로 불공정한 면이 있다. 대통령은 자신이 통제할 수 없는 일에 대해서도 사안에 따라 여론조사를 통해 징벌받거나 보상받을 수 있다. 한편 이러한 측면은 행정부에 어느 정도의 오차를 허용한다. 정책을 수립하는 지도자들은 만사가 자신이 올바른 결정을 내리는 데 달려 있지는 않음을 알기에 안심할 수 있다.

하지만 2009년에는 사정이 달랐다. 취임 첫 100일이 지났을 때 오차의 허용 범위는 전무했다. 모든 조치가 중차대했으며 모든 미국인이 예의 주시하고 있었다. 우리가 금융 시스템을 되살릴까? 불황을 끝낼까? 사람들을 일자리로 돌려보낼까? 사람들이 집을 지키게 해주려나? 우리의 득점표는 매일 게시되어 모두가 볼 수 있었으며 경제 데이터의 새로운 조각 하나하나, 뉴스 보도나 사건 하나하나가 판단 근거가 되었다. 우리 팀과 나는 잠에서 깨는 순간부터 잠자리에 드는 순간까지 이를 명심했다.

이따금 우리가 그 총체적 스트레스에 무너지지 않은 이유는 단지 눈코 뜰 새 없이 바빴기 때문이라는 생각이 든다. GM과 크라이슬러에 관해 결정한 뒤 전략의 주요 기둥들이 자리를 잡자, 이제는 실행에 초점을 맞출 수 있게 되었다. 자동차 태스크포스는 GM 경영진의 교체를 협상했고 피아트의 크라이슬러 지분 인수를 중개했으며 두 회사가 법정 관리와 구조조정을 현실적으로 계획하도록 도왔다. 주택팀은 HAMP 프로그램과 HARP 프로그램의 얼개를 짰다. 경제회복법에 따른 감세와 지원금이 주에 흘러들기 시작했으며, 조 바이든은 유능한 비서실장 론 클레인과 함께 인프라 사업에 투입된 수십억 달러가 낭비되거나 횡령되지 않도록 감시했다. 팀과 여전히 앙상한 그의 재무부 보좌진은 연방준비제도와 함께 금융 시스템 곳곳에서 계속 진화 작업을 했다.

업무 강도는 살인적이었다. 정기 오전 브리핑을 위해 경제팀을 만나면 오벌 오피스에 편자 모양으로 배치된 의자와 소파 위 얼굴들에서 기진맥진한 기색을 엿볼 수 있었다. 사람들이 참모 회의 때 서로 고함을 지르기도 했다는 얘기는 나중에야 전해 들었다. 이유는 정당한 정책 논쟁, 관료주의적 자리 다툼, 익명의 언론 제보, 빼앗긴 주말, 웨스트 윙 1층 네이비 메스 레스토랑에서 야식으로 피자나 칠리를 너무 많이 먹어서 등으로 다양했다. 이 갈등이 실제 원한으로 번지거나 업무에 차질을 빚지는 않았다. 직업의식 때문이든 대통령에 대한 존경심 때문이든 실패가 이 나라에 미칠 영향을 알기 때문이든 사방에서 점점 거세지는 공격을 함께 받아내며 빚어진 연대감 때문이든, 다들 어떻게든 버티며 위기를 끝장낼 우리의 계획이 실제로 효과를 발휘한다는 신호를, 어떤 신호라도, 기다렸다.

마침내 4월 하순에 신호가 왔다. 어느 날 오벌 오피스에 들른 팀이, 은행 실사 내내 입을 꽉 닫고 있던 연방준비제도가 드디어 재무부에 부하 검사의 예비 보고서를 보여줬다고 말했다.

팀의 표정을 읽으려 애쓰며 내가 말했다. "그래서요? 어떻던가요?"

"글쎄요, 숫자는 아직도 좀 수정해야 하지만……"

나는 안달 난 듯 손을 쳐들었다.

팀이 말했다. "기대보다 양호합니다, 대통령님."

"그 말의 뜻은?"

"이 말의 뜻은 우리가 고비를 넘겼다는 겁니다."

부하 검사를 받은 주요 기관 열아홉 곳 중에서 연방준비제도는 아홉 곳에 말끔한 건강 증명서를 발급하여 더는 자금을 조달할 필요가 없다고 결정했다. 다섯 곳은 연방준비제도의 기준에 맞추려면 자금이 더 필요했지만 민간 부문에서 자금을 조달할 수 있을 만큼 탄탄해 보였다. 이렇게 해서 추가 정부 지원이 필요한 기관은 뱅크 오브 아메리카, 시티그룹, GM의 금융 부서 GMAC 등 다섯 기관이 남았다. 연방준비제도에 따르면 전체 부족분은 750억 달러를 넘지 않을 듯했다. 그 정도는 필요할 경우 우리에게 남은 타프 기금으로 얼마든지 충당할 수 있었다.

팀이 브리핑을 마치자 내가 짐짓 엄숙한 표정으로 말했다. "내 그럴 줄 알았다니까."

그의 얼굴에서 미소를 본 것은 몇 주 만에 처음이었다.

팀은 부하 검사 결과가 자신의 정당성을 입증했다고 느꼈을지는 몰라도 겉으로는 내색하지 않았다(래리 서머스가 "당신이 옳았소"라고 말하자 무척 뿌듯했다고 몇 년 뒤에 털어놓긴 했지만). 당분간 이 초기 정보는 극소수만 알고 있었다. 김칫국부터 마실 수는 없었다. 2주 뒤 연방준비제도는 같은 결론의 최종 보고서를 내놓았고, 몇몇 정치 평론가가 여전히 회의적이었음에도 중요한 청중인 금융시장은 감사 결과가 엄밀하고 신뢰할 만하다고 여겨 새로이 확신을 품었다. 투자자들은 현금을 예전에 빼낼 때처럼 신속하게 금융기관들에 쏟아붓기 시작했다. 기업들은 이제 일상적 경영 자금을 마련하기 위해 차입할 수 있게 되었다. 서브프라임 대출 광란으로 은행들이 겪은 실제 손실이 두려움 때문에 한층 악화한 것과 정반대로 부하 검사는—미국 정부의 대규모 보증과 더불어—시장을 합리적 영역으로 돌려놓았다. 6월이 되자 부실 금융기관 열 곳이 660억 달러 이상의 민간 자본을 유치하여 부족분은 90억 달러만 남았다. 연방준비제도의 긴급 유동성 기금은 금융 시스템에 대한 투자의 비중을 3분의 2 이상 줄일 수 있었다. 미국 최대의 은행 아홉 곳은 재무부에 채무를 갚았는데, 자신들이 받은 타프 기금 670억 달러에 이자까지 얹어 상환했다.

리먼브라더스가 도산한 지 9개월 가까이 지나 드디어 공황이 진정된 듯했다.

내가 대통령 임기 초반에 겪은 이 위태로운 시기로부터 10여 년이 흘렀고 대다수 미국인은 자세한 내막을 어렴풋하게만 알지만 금융 위기에 대한 우리 행정부의 대처는 여전히 격렬한 논란거리가 되고 있다. 좁게 보자면 우리가 취한 조치에 토를 달기는 쉽지 않다. 미국 금융 부문이 유럽보다 훨씬 일찍 안정되었을 뿐 아니라 금융 시스템과 경제 전반도 이런 대규모 충격을 겪은 역사상 어느 나라보다 빨리 성장을 회복했다. 앞으로 1년 안에 미국 금융 시스템이 안정되고 타프 기금이 대부분 상환되고(세금을 쓰기보다는 오히려 **채워 넣었다**) 경제가 미국 역사상 최장 기간의 지속 성장과 일자리 창출을 시작할 거라고 취임 연설 당일 예견했다면 대다수의 평론가와 전문가는 내가 정신이 나갔거나 담배보다 독한 걸 피웠다고 생각했을 것이다.

하지만 생각이 많은 여러 비판자는 내가 위기 이전의 정상 상태를 회복했다는 사실이야말로 문제라고 생각한다. 절호의 기회를 놓쳤다거나 내가 노골적으로 배신했다는 것이다. 이 견해에 따르면 금융 위기는 정상의 기준을 재설정하여 금융 시스템뿐 아니라 미국 경제 전반을 개조할 천재일우의 기회였다. 내가 대형 은행을 무너뜨리고 몇몇 화이트칼라 범죄자들을 감옥에 보냈다면, 과도한 급여 체계와 월 스트리트의 '동전을 던져서 앞면이 나오면 내가 이기고 뒷면이 나오면 네가 진다'(자신들이 이길 수밖에 없게 해놓은 야바위 수법_옮긴이) 문화를 끝장냈다면, 오늘날의 체제는 한 줌의 억만장자가 아니라 노동자 계층의 이익에 봉사하고 더 공정해졌을지도 모른다는 얘기다.

좌절감은 충분히 이해한다. 여러 면에서 나도 똑같이 느끼고 있으니까. 이날까지도 미국의 불평등 심화, 상향 이동 감소, 여전히 정체한 임금에 대한 보도를 들여다보면서 이런 추세로 우리 민주주의에서 불거지는 온갖 분노와 왜곡을 절감할 때면 내가 그 초기 몇 달간 더 대담했어야 하는 건 아닌지, 경제 질서를 더 공정하게 영구적으로 변화시키기 위해 단기적인 경제적 고통을 더 감수했어야 하는 건 아닌지 의문이 든다.

그 생각들이 뇌리에서 떠나지 않는다. 하지만 시간을 거슬러 올라가 다시 기회가 주어지더라도 내가 다른 선택을 했을 것 같지는 않다. 추상적으로 보자면 비판자들이 제기하는 온갖 대안과 놓친 기회들은 그럴싸하다. 도덕적으로 흠잡을 데 없으니까. 하지만 세부적으로 파고들면 그들이 제안하는 각각의 방안대로 은행을 국유화하고 형법의 규정을 확장하여 은행 경영진을 처벌하고 도덕적 해이를 피하기 위해 금융 시스템 일부가 무너지게 내버려두었다면 사회질서가 파괴되고 정치적, 경제적 규범이 왜곡되어 오히려 상황이 더 나빠졌을 게 뻔하다. 언제나 디딜 구석이 있는 부자와 권력자에게 더 나빠지는 것이 아니라 내가 구하려 하는 바로 그 사람들에게 더 나빠졌을 것이다. 최상의 시나리오에서라면 경제 회복이 더 오래 걸리고 실업이 더 많아지고 주택 압류가 더 많아지고 폐업이 더 많아졌을 것이다. 최악의 시나리오에서라면 전면적 불황을 맞았을지도 모른다.

더욱 혁명적인 영혼의 소유자는 이 모든 일에는 그럴 만한 가치가 있다고, 오믈렛을 만들려면 달걀을 깨야 한다고 반박할지도 모르겠다. 하지만 나는 언제나 이념을 추구하면서 삶을 기꺼이 희생했지만 수많은 사람의 행복을 걸고 그런 위험을 감수할 생각은 없었다. 그런 의미에서 나의 임기 첫 100일은 정치적 성격의 기본 노선을 드러냈다. 나는 혁명가가 아니라 개혁가였고, 이상까지 그런지는 몰라도 기질적으로는 보수적이었다. 내가 보여준 것이 지혜인지 나약함인지는 다른 사람들이 판단할 것이다.

어쨌든 이런 성찰은 훗날의 일이었다. 2009년 여름에는 경주가 막 시작되었을 뿐이었다. 경제가 안정되자 세금, 교육, 에너지, 보건 의료, 노동법, 이민 등 선거운동에서 내세운 구조적 변화를 추진할 시간이 많아졌다. 체제를 근본적으로 더 공정하게 바꾸고 평범한 미국인들에게로 기회를 확대할 변화였다. 이미 팀과 그의 팀은 내가 의회에 제안할 포괄적인 월 스트리트 개혁 방안을 준비하고 있었다.

한편 나는 우리가 미국을 재앙으로부터 건졌고 우리의 노력이 어느 정도 효과를 내고 있음을 상기하려고 애썼다. 실업보험금 지급 대상이 확대되어 전국의 가정들이 생계를 유지할 수 있게 되었다. 소기업 감세 덕분에 더 많은 노동자가 일자리를 보전했다. 교사는 교실에 남았고 경찰은 순찰을 계속했다. 문을 닫겠다고 위협하던 자동차 공장은 아직 열려 있었고 모기지 재융자를 통해 누군가는 집을 지킬 수 있었다.

재앙이 사라지면 정상 상태를 보전하는 일은 주목을 끌지 못한다. 정책의 혜택을 입은 대다수 사람들은 자신들의 삶이 어떻게 달라졌는지 알지도 못할 터였다. 하지만 늦은 밤 트리티 룸에서 문서를 읽다가 자주색 서류철에서 이렇게 시작하는 편지를 만날 때가 있었다.

오바마 대통령님,
대통령님께서 이 편지를 읽으실 리 없겠지만 당신이 시작한 프로그램이 정말로 사람들의 목숨을 구했다는 걸 알고 싶으실 것 같아서요…….

나는 편지를 다 읽고 나면 카드에 짧게 답장을 썼다. 편지를 보낸 사람들이 백악관 공식 봉투를 받고 놀란 표정으로 열어보며 미소 짓는 광경을 상상했다. 그들은 편지를 가족에게 보여주고 어쩌면 일터에도 가져갈 것이다. 결국 편지는 서랍 속에 처박히고, 차곡차곡 쌓여가며 삶을 이루는 기쁨과 고통 아래서 잊힐 것이다. 그래도 괜찮았다. 자신들의 목소리가 내게 얼마나 의미가 큰지, 그 목소리들이 얼마나 내 정신을 떠받쳤는지, 늦고 고독한 밤 내게 속삭이는 의심들을 얼마나 몰아내주었는지 사람들이 이해하길 기대할 순 없었으니까.

# 13장

　　　　　　　내가 취임하기 전, 선거운동 기간에 대
외 정책 수석보좌관을 맡았고 조만간 국가안전보장회의(NSC) 전략커뮤
니케이션 책임자가 될 데니스 맥도너는 (자신이 생각하기에) 최우선 과제
를 위해 30분을 할애하라고 독촉했다.

"경례를 똑바로 하시도록 해드려야겠어요."

데니스는 군 복무를 하지 않았지만 동작이 절도 있고 신중함과 집중력
을 겸비한 탓에 어떤 사람들은 군 출신인 줄 알았다. 키가 크고 각진 외
모에 턱이 튀어나왔고 눈이 움푹 들어갔고 머리가 세어 실제 나이인 서
른아홉보다 더 들어 보이는 그는 미네소타주 스틸워터라는 작은 타운에
서 아일랜드 가톨릭 노동자 계층 가정의 열한 자녀 중 하나로 태어났다.
대학을 졸업한 뒤 라틴아메리카를 여행하고 벨리즈에서 고등학교 교사
를 하다가 돌아와 국제관계학 석사 학위를 받고는 당시 상원 민주당 대
표이던 톰 대슐 밑에서 일했다. 2007년에는 나의 상원 사무실 대외 정책
보좌관으로 영입되었고, 선거운동 기간에는 토론 준비를 돕고 브리핑 자
료를 취합하고 전당대회 전 해외 순방을 조직하고 수행 기자단과 끝없이
논쟁하는 등 임무가 갈수록 많아졌다.

A형 성격(심리학적 성격 분류 유형 중 하나로 A형은 조급해하고 경쟁적이

며, B형은 느긋하고 여유 있는 성격이 특징이다_옮긴이)으로 가득한 팀에서조차 데니스는 독보적이었다. 세부 사항을 꼼꼼히 챙겼고, 가장 힘들고 생색 안 나는 일을 자청했으며, 누구보다 많이 일했다. 아이오와 캠페인 기간에는 남는 시간을 쪼개어 집집마다 방문 유세를 했고 지독한 눈보라 뒤에는 주민들을 위해 눈을 쓸어 화제가 되었다. 코커스에서 나를 지지하겠다는 약속을 받아내기 위해서였다. 몸을 사리지 않은 덕에 마른 체구에도 불구하고 대학 미식축구 팀에서 스트롱 세이프티 수비수를 맡았지만, 몸을 돌보지 않다 건강을 해칠까 봐 우려스러울 때도 있었다. 백악관에 있을 때 한번은 독감 증세를 무릅쓰고 열두 시간 쉬지 않고 일해서 퇴근하라고 명령해야 했다. 이렇게 열심인 데는 종교적인 이유가 있다고 생각될 정도였다. 우상 파괴적 성향(그리고 아내 카리에 대한 연모) 때문에 신부의 길을 걷진 않았지만 그에게 일은 일종의 예배이자 자기희생이었다.

이제 지상에서 또 다른 선한 일을 하기 위해 데니스는 최고사령관이 된 나의 첫날을 준비시키는 임무를 자청했다. 취임식 전날 밤 그는 군 출신 두 명—그중 해군을 제대한 젊은이 맷 플래빈은 백악관 보훈 담당 보좌관으로 일하게 된다—을 인수위원회 사무실로 불러 나의 준비 상황을 점검했다. 먼저 이들은 전임 대통령들이 수준 미달인 자세로 경례하는 사진들—비틀린 손목, 구부러진 손가락, 개를 품에 안은 채 경례하려 하는 조지 W. 부시—을 보여주었다. 그다음 내 자세를 평가했는데, 탁월하지 않은 것은 분명했다.

한 사람이 말했다. "팔꿈치를 좀 더 내미십시오."

또 한 사람이 말했다. "손가락에 힘을 더 주십시오. 손끝이 정확히 눈썹에 와야 합니다."

20분쯤 지나 흡족한 표정으로 그들이 나가자 나는 데니스를 돌아보았고 농담을 건넸다.

"불안한 거 또 있어요?"

데니스는 머뭇머뭇 고개를 저었다. "불안하진 않습니다, 대통령 당선자님. 우리가 준비되었길 바랄 뿐입니다."

"무슨 준비요?"

데니스가 미소 지으며 말했다. "전부 다요."

미국 대통령에게 가장 중요한 단 하나의 임무는 미국 국민을 안전하게 지키는 것이다. 정치적 성향과 민심에 따라 공교육 문제 해결이나 학교에서의 기도 부활을 간절히 바랄 수도 있고, 최저임금 인상이나 공공 부문 노조 와해를 열렬히 소망할 수도 있다. 하지만 공화당이든 민주당이든 모든 대통령이 강박적으로 매달려야 하는 한 가지, 당선된 순간부터 깊숙이 파고드는 만성적이고 가차 없는 긴장의 근원은 모두의 안전이 자신에게 달렸다는 자각이다.

내가 이 과제에 어떻게 접근하느냐는 이 나라가 맞닥뜨린 위협을 어떻게 정의하느냐에 따라 달라진다. 우리가 가장 두려워하는 것은 무엇일까? 러시아의 핵 공격 가능성일까, 관료의 오판이나 소프트웨어 결함 때문에 우리의 핵탄두 하나가 실수로 발사되는 사태일까? 지하철에서 광신자가 터뜨리는 자살 폭탄일까, 정부가 여러분을 광신자들로부터 지킨다는 핑계로 이메일 계정을 들여다보는 것일까? 석유 수입이 차질을 빚어 벌어지는 휘발유 부족 사태일까, 해수면이 상승하고 지구가 뜨거워지는 일일까? 더 나은 삶을 찾아 몰래 강을 건너는 이민자 가족일까, 해외 빈국의 가난과 공공 서비스 미비로 인한 유행병이 우리 나라로 은밀히 흘러드는 것일까?

20세기 대부분의 기간 동안, 대부분의 미국인에게는 나라를 지키는 이유와 내용이 무척 분명했다. 우리는 또 다른 강대국에 공격당하거나 강대국들의 분쟁에 휘말리거나 어떤 세력이 미국의 (워싱턴의 현명한 사람들이 정의한) 중대한 이익을 위협할 가능성과 함께 살아왔다. 제2차 세계대전이 끝난 뒤에는 소련과 공산주의 중국, 그리고 그들의 (실제의 또는 가상의) 위성국가들이 (표면상으로는) 세계 지배 야욕을 품거나 우리의 삶을 위협했다. 그러다 중동발 테러 공격이 찾아왔다. 처음에는 시야의 주변부에서 벌어졌기에 두렵긴 해도 관리할 수 있었으나 새 세기가 시작되고 몇 달 지난 후 쌍둥이 빌딩이 무너지는 광경은 최악의 두려움을 현실화했다.

나도 이런 두려움 중 상당수를 간직한 채 자랐다. 내가 아는 하와이의 많은 가족이 진주만에서 사랑하는 이를 잃었다. 외할아버지, 그의 형, 외할머니의 남동생은 모두 제2차 세계대전에 참전했다. 나는 핵전쟁이 매우 실질적인 위협이라고 믿으며 자랐다. 초등학교에서는 뮌헨에서 올림픽에 출전한 선수들이 복면 괴한들에게 살해당하는 장면을 시청했고, 대학에서는 ABC 뉴스 앵커 테드 코펠에게서 미국인들이 이란에 인질로 잡힌 지 며칠이나 지났는지 들었다. 베트남의 고통을 직접 알기엔 너무 어렸지만 걸프전 때는 우리 군으로부터 명예와 절제만을 보았고, 대다수 미국인과 마찬가지로 9.11 이후 아프가니스탄 군사작전이 필요하고도 정당하다고 여겼다.

하지만 바깥 세상에서 살아가는 사람들에게 미국이 가지는 의미, 자유라는 이상에 토대한 나라의 상징권력에 대한 또 다른 이야기들—다르지만 모순되지는 않는 이야기들—도 내게 새겨져 있었다. 일고여덟 살 때 자카르타 변두리에 있는 우리 집의 차가운 타일 바닥에 앉아 호놀룰루의 고층 건물과 도심 조명, 넓은 포장도로를 묘사한 그림책을 친구들에게 보여주며 으스댄 기억이 난다. 내가 미국에서의 삶에 대한 친구들의 질문에 답하고, 어떻게 다들 책을 잔뜩 가지고 등교하는지 설명하고, 다들 일자리가 있고 먹을 게 충분해서 거지가 없다고 이야기할 때 그들의 얼굴에 떠오른 놀라움은 결코 잊지 못할 것이다. 청년 시절에는 어머니가 미국 국제개발처 같은 조직의 일원으로서 아시아 오지 마을의 여성들이 돈을 빌릴 수 있게 돕는 것을 목격했고, 대양 너머에 있는 미국인들이 자신들의 역경에 관심을 보여주는 것에 이들이 오래도록 고마워하는 것을 보았다. 처음 케냐를 방문했을 때는 새로 생긴 친척들과 마주 앉아 미국의 민주주의와 법치가 무척 존경스러우며, 케냐에 만연한 부족주의와 부패와는 딴판이라는 이야기를 들었다.

이 순간들을 통해 나는 미국을 타인의 눈으로 보는 법을 배웠다. 미국인임이 얼마나 다행인지 되새긴 나는 이 축복을 당연하게 여기지 않겠노라 다짐했다. 우리의 본보기가 전 세계 사람들의 가슴과 마음에 미치는 힘을 두 눈으로 보았다. 하지만 그에 따른 교훈도 얻었다. 우리의 행동이 이미지와 이상에 미치지 못할 때 어떤 위험이 따르고 어떤 분노와 증오가 생길 수 있고 어떤 피해가 생기는지에 대한 자각이었다. 1967년 군부독재로 이어진 인도네시아 쿠데타에서—CIA가 배후였다는 소문이 파다했다—수십만 명이 학살당했다는 말을 들으면서, 미국 기업들이 농촌을 어떻게 망치는지 조목조목 이야기하는 라틴아메리카 환경 운동가들에게 귀를 기울이면서, 9.11 이후 공항에서 수도 없이 '무작위' 검문을 당했다는 인도계 미국인이나 파키스탄계 미국인 친구들에게 공감하면서 미국의 국방이 약해지고 있음을 느꼈고, 시간이 지남에 따라 우리 나라를 점차 덜 안전하게 만드는 갑옷 속 틈을 보았다.

이 이중적 시각은 피부색 못지않게 나를 전임 대통령들과 구분했다. 지지자들은 이를 대외 정책에서의 결정적 강점으로 여겼고, 그 덕분에 내가 전 세계에서 미국의 영향력을 증진하면서도 분별없는 정책이 낳는 문제들을 예견할 수 있으리라 생각했다. 반면에 비판자들은 이를 나약함의 증거로 여겼고, 내가 확신 결여 때문에, 심지어 분열된 충성심 때문에 미국의 이익을 추구하는 데 주저할지도 모른다고 주장했다. 동료 시민 중 일부의 인식은 그보다 훨씬 나빴다. 아프리카 흑인의 아들이고 무슬림식 이름과 사회주의 이념을 지닌 자가 미국 정부를 장악하고 백악관에 들어앉았다는 사실은 그들에게 악몽이었다.

우리 국가안보팀의 고위급 보좌진은 스스로를 어느 정도 국제주의자로 여겼다. 미국의 지도력이 세상을 더 나은 방향으로 움직이는 데 필요하고, 영향력을 여러 형태로 발휘할 수 있다고 믿었다. 데니스처럼 진보에 가까운 사람들조차 테러리스트를 격퇴하기 위해 '하드 파워'(군사력, 경제력 따위를 앞세워 상대방의 행동을 바꾸거나 저지할 수 있는 힘_옮긴이)를 쓰는 것에 거리낌이 없었으며, 전 세계 모든 문제에 대해 미국을 비난하는 일로 먹고사는 좌파 비평가들을 경멸했다. 한편 우리 팀의 매파들은 공공 외교의 중요성을 이해했으며 대외 원조와 교환학생 프로그램 같은 이른바 소프트 파워(정보 과학이나 문화, 예술 따위를 앞세워 상대방의 행동을 바꾸거나 저지할 수 있는 힘_옮긴이)의 행사를 효과적인 대외 정책의 필수 요소로 여겼다.

문제는 무엇을 강조하느냐였다. 국경 너머의 사람들에게 얼마나 관심을 가져야 하고, 우리 국민을 얼마나 우려해야 할까? 우리의 운명은 외국 국민의 운명과 얼마나 밀접하게 엮여 있을까? 미국은 유엔 같은 초국적 기구와 얼마나 연대해야 하며 국익을 추구할 때는 어느 정도까지 독자 행동을 해야 할까? 혼란을 억제하는 데 도움이 되는 권위주의 정부와 손잡아야 할까? 아니면 민주 개혁 세력을 지지하는 전술이 장기적으로 더 현명할까?

이런 사안들에 대한 우리 행정부 구성원들의 노선을 늘 예측할 수 있는 것은 아니었다. 하지만 내부 토론에서는 모종의 세대 차이를 감지할 수 있었다. 젊은 유엔 대사 수전 라이스를 제외한 국가 안보 책임자들—게이츠 장관과 클린턴 장관, 리언 패네타 CIA 국장, 합동참모본부 구성원들, 그리고 짐 존스 국가안보보좌관, 데니 블레어 국가정보장—은 냉전의 절정기에 성년이 되었고 워싱턴의 국가 안보 조직에서 수십 년을 보냈다. 이 그물망에는 전현직 백악관 정책 입안자, 의원 보좌관, 학자, 싱크탱크 소장, 펜타곤 장성, 신문 칼럼니스트, 군납업자, 로비스트가 치밀하게 맞물려 있었다. 그들이 보기에 책임감 있는 대외 정책은 지속성, 예측 가능성, 통념을 크게 벗어나지 않아야 했다. 이런 성향 때문에 미국의 이라크 침공을 지지한 그들 대부분은 이라크 전쟁이 낳은 재앙 때문에 그 결정 자체를 재고할 수밖에 없었음에도 이라크 전쟁에 대한 초당적 지지가 미국 국가 안보의 틀을 근본적으로 바꿀 필요성을 나타내는지는 묻지 않으려 했다.

NSC 보좌진 대부분을 비롯한 젊은 국가안보팀 구성원들의 생각은 달랐다. 상관들보다 애국심이 덜하지 않았으나 9.11의 공포와 아부그라이브에서 미군 요원들이 이라크 수감자들을 학대한 사진들을 기억하고 있던 그들 상당수가 나의 선거운동에 동참한 이유는 중동 정책에서든 쿠바를 대하는 태도에서든 외교적 해결책을 모색하기를 주저하는 이른바 '워싱턴 각본'의 전제에 내가 이의를 제기하고 테러와의 싸움에서의 법적 가드레일이나 인권 신장, 국제 개발, 기후변화 등을 단순한 이타적 행위에서 우리 국가 안보의 핵심 요소로 복원하는 것이 중요하다고 역설했기 때문이었다. 선동가가 아니었던 이 젊은 보좌관들은 대외 정책에 잔뼈가 굵은 사람들의 제도화된 지식을 존중했지만 그와 동시에 과거의 족쇄에서 벗어나 거리낌없이 더 나은 것을 추구하고 싶어 했다.

이따금 대외정책팀의 새 수호자와 옛 수호자 사이에 불거진 갈등이 밖으로 새어 나갈 때도 있었다. 언론 매체는 우리 보좌진이 젊은이처럼 치기 어리고 워싱턴 방식을 기본적으로 이해하지 못하기 때문이라고 지적했다. 실제로는 그렇지 않았다. 데니스 같은 보좌관들이 펜타곤, 국무부, CIA와 종종 치고받는 이유는 워싱턴 방식을 너무 잘 알기 때문이었다. 대외 정책 관료들이 대통령의 새 지시를 어떻게 뭉개거나 곡해하거나 무시하거나 잘못 시행하거나 거부할 수 있는지 목격했기 때문이었다.

그런 의미에서 우리 대외정책팀의 갈등은 내가 자초한 일이기도 했다. 그것은 내 머릿속의 갈등을 해소하는 과정에서 나타났다. 나는 항공모함 함교에 서 있는 상상을 했다. 미국이 새로운 방향으로 키를 틀어야 하지만 그 변화의 실행은 더 숙련되고 때로는 회의적인 승무원들에게 전적으로 달려 있다고 확신했으며, 항공모함이 할 수 있는 일에는 한계가 있고 무리한 변침이 재앙으로 이어질 수 있음을 유념했다. 사안이 중대한 만큼 지도력, 특히 국가 안보 영역에서의 지도력은 합리적 정책을 실행하는 것이 전부가 아님을 깨달았다. 관습과 의례를 존중하는 것은 중요했다. 상징과 절차도 중요했다. 보디랭귀지도 중요했다.

나는 경례를 연습했다.

하루가 시작될 때마다 아침 식탁에서는 가죽 서류철이 나를 기다리고 있었다. 미셸은 '죽음, 파괴, 무시무시한 것들의 책'이라고 불렀는데 공식적으로는 대통령 일일 브리핑(PDB)이라고 한다. CIA가 다른 정보기관과 협조하여 대개 10~15쪽 분량으로 간밤에 작성하는 일급비밀인 PDB의 취지는 전 세계에서 일어난 사건—특히 미국의 국가 안보에 영향을 미칠 수 있는 것들—을 요약하고 정보를 분석하여 대통령에게 제공하는 것이다. 나는 소말리아 테러 조직이나 이라크의 소요 사태, 중국이나 러시아에서 개발 중이라는 신무기 체계 등에 대한 정보를 하루하루 읽어갔다. 막연하고 출처가 빈약하고 대처 방안이 없을지언정 잠재적 테러 음모에 대한 언급은 거의 빠지지 않았다. 정보 당국이 이처럼 신중을 기하는 이유는 9.11 이후에 벌어진 것과 같은 사후 비판을 면하기 위해서였다. PDB 내용 중에서 즉각 대처해야 하는 사안은 많지 않았다. PDB의 목표는 전 세계에서 벌어지는 온갖 사건—우리가 유지하려 하는 평형을 교란할 수 있는 크고 작고 때로는 거의 감지할 수 없는 변화—에 대한 감각을 언제나 새롭게 유지하는 데 있었다.

PDB를 읽고 나면 오벌 오피스로 내려가 국가안전보장회의와 국가정보장실 보좌진으로부터 브리핑을 받고 긴급한 사안을 논의했다. 브리핑 진행을 맡은 짐 존스와 데니 블레어는 상원에 있을 때 처음 만난 4성 장군 출신이다. (존스는 유럽연합군 최고사령관이었고 블레어는 해군 제독으로 태평양사령부를 담당하다 최근 전역한 상태였다). 두 사람은 키가 크고 몸이 다부졌으며 은발을 짧게 깎았고 꼿을대처럼 꼿꼿해서 천생 군인으로 보였다. 처음에는 군사 문제에 대해 조언을 구했는데 알고 보니 둘 다 국가

안보 사안에 대해서도 폭넓은 시각을 가지고 있었다. 존스는 아프리카와 중동에 관심이 깊었고 전역 뒤에는 서안 및 가자 지구에서 보안 업무에 종사했다. 블레어는 부상하는 중국을 상대할 경제적, 문화적 외교의 역할에 대해 방대한 자료를 집필했다. 그런 관심 덕에 두 사람은 이따금 분석가와 전문가들을 섭외하여 오전 PDB 시간에 대국적이고 장기적인 주제—이를테면 사하라 이남 아프리카의 경제성장이 민주화를 지속시키는 데 어떤 역할을 하는지, 기후변화가 향후 지역 분쟁에 어떤 영향을 미칠 수 있는지—를 브리핑하도록 했다.

우리의 오전 논의는 쿠데타, 핵무기, 폭력 시위, 국경 분쟁, 무엇보다 전쟁처럼 현재 벌어지고 있거나 벌어질 가능성이 있는 문제에 집중했다.

아프가니스탄 전쟁은 조만간 미국 역사상 가장 오래 끈 전쟁이 될 전망이었다.

이라크 전쟁에는 15만 명 가까운 미군 병력이 투입되어 있었다.

알카에다와의 전쟁도 빼놓을 수 없었다. 적들은 적극적으로 개종자를 모집하고 연계망을 구축하고 오사마 빈라덴의 이념에 고무되어 공격을 모의하고 있었다.

부시 행정부와 언론 매체에서 하나의 포괄적인 '테러와의 전쟁'이라고 부르는 이라크·아프가니스탄 전쟁의 누적 비용은 어마어마했다. 1조 달러 가까운 자금이 투입되었고 3000명 이상의 미군 병력이 사망했으며 부상자는 그 열 배에 달했다. 이라크와 아프가니스탄의 민간인 사상자는 그보다 훨씬 많았다. 특히 대이라크 작전은 나라를 분열시키고 긴장을 조성했다. 한편 제삼국 이송(테러 용의자들을 다른 나라로 이송해 고문을 받도록 하는 관행_옮긴이), 블랙 사이트(해외에 설치된 비밀 감옥_옮긴이), 물고문, 관타나모에서의 재판 없는 무기한 구금, 더 포괄적인 테러와의 전쟁을 명분 삼은 국내 감시 확대 등으로 인해 미국 안팎의 사람들은 우리 나라가 법을 지키려는 의지가 있는지 의심했다.

선거운동 기간에 나는 이 모든 사안에 분명한 입장을 밝혔다. 하지만 그것은 수십만 병력과 방대한 국가 안보 조직에 대한 통수권을 가지기 전 훈수꾼의 입장이었다. 이제는 어떤 테러 공격이 벌어지든 내 소관이었다. 미국 내에서든 해외에서든 미국인의 목숨이 희생되거나 위태로워지면 그 짐을 오롯이 내가 짊어져야 했다. 이 전쟁들은 이제 나의 전쟁이었다.

당면 목표는 군사 전략의 모든 측면을 점검하여 다음에 일어날 일에 신중하게 접근하는 것이었다. 내가 취임하기 한 달쯤 전에 부시 대통령과 알말리키 총리가 조인한 SOFA로 이라크 철수의 대략적인 얼개는 확정되었다. 미군 전투 병력은 2009년 6월 말까지 이라크의 도시와 농촌에서 나와야 했으며, 2011년 말까지는 전체 미군 병력이 이라크를 떠날 예정이었다. 유일하게 남은 문제는 철수 시점을 그보다 앞당길 수 있는가, 또는 앞당겨야 하는가였다. 선거운동 기간에 나는 취임 16개월 안에 미군 전투 병력을 이라크에서 철수시키겠다고 공약했지만, 당선 뒤에는 SOFA에서 규정한 시한을 지키되 속도에 융통성을 발휘할 의향이 있다고 밥 게이츠에게 말했다. 전쟁을 끝내는 것이 애매한 문제이고 전술적 결정을 내릴 때 일선 지휘관들의 의견을 존중해야 하며 전임 대통령들이 맺은 합의를 후임자들이 무턱대고 파기할 수는 없기 때문이었다.

2월에 게이츠는 이라크에 새로 부임한 지휘관 레이(레이먼드) 오디에어노와 함께 미군 전투 병력을 19개월 안에 이라크에서 철수시킨다는 계획을 발표했다. 내가 선거 공약으로 제시한 기한보다는 3개월 뒤였지만 군 지휘관들이 요구하는 것보다는 4개월 일렀다. 또한 계획에 따르면 비전투 요원 5만~5만 5000명을 2011년 말까지 잔류시켜 이라크군을 훈련하고 지원하도록 되어 있었다. 백악관의 일부 인사들은 왜 3개월을 추가하고 대규모 병력을 잔류시켜야 하느냐며 의회 민주당과 미국 국민이 철군 연기가 아니라 조기 철군에 적극 찬성하고 있음을 내게 상기시켰다.

그래도 나는 오디에어노의 계획을 승인한 뒤에 노스캐롤라이나주 캠프 르준을 찾아가 환호하는 해병 7000명 앞에서 결정을 발표했다. 나는 애초의 침공 결정에 단호히 반대했지만 이제 미국이 이라크의 안정에 전략적, 인도적 이해관계를 가지게 되었다고 믿었다. SOFA에 따라 불과 5개월 뒤에 전투 병력이 이라크 인구 밀집 지역에서 철수할 예정이었기에, 나머지 철군 일정을 진행하는 동안 우리 군 병력이 격전, 저격수, 급조폭발물(IED)에 노출될 위험이 한결 줄어들 터였다. 이라크에 새로 들어선 정부가 허약하고 이라크 안보군의 형편이 열악하며, 알카에다 이라크 지부(AQI)가 왕성히 활동하고 종파 간 적대감이 부글부글 끓고 있는 상황에서 다시 혼란이 벌어질 것에 대비한 일종의 보험으로 잔류 병력을 활용하는 것은 이치에 맞았다. 나는 람에게 결정을 설명하며 이렇게 말했다. "일단 나온 뒤에는, 다시 들어가야 하는 일만은 결코 없길 바라요."

　　　　　　　　　　이라크에 대한 계획은 비교적 간단했던 반면 아프가니스탄에서 철군할 방법을 찾는 것은 무척 까다로웠다. 이라크 전쟁과 달리 아프가니스탄 작전은 꼭 필요한 전쟁이라고 나는 일관되게 판단했다. 탈레반의 야심이 아프가니스탄에 국한되어 있긴 했지만 그들의 지도부는 여전히 알카에다와 느슨하게 연대하고 있었고, 다시 권력을 잡으면 아프가니스탄은 다시 한번 미국과 동맹국을 겨냥한 테러 공격의 발사대가 될 수 있었다. 게다가 파키스탄은 아프가니스탄·파키스탄 국경의 산악 오지 치외법권에 틀어박힌 알카에다 지도부를 쫓아낼 능력도 의지도 없어 보였다. 따라서 우리가 테러망을 포착하여 궁극적으로 파괴하려면 아프가니스탄 정부가 미군과 미국 정보기관의 자국 내 활동을 용인해야 했다.

안타깝게도 미국이 6년간 관심과 자원을 이라크로 돌린 탓에 아프가니스탄은 더욱 위험한 상황에 처했다. 3만 명 이상의 미군과 그에 못지않은 연합군 병력이 주둔했음에도 탈레반은 아프가니스탄의, 특히 파키스탄 접경 지대의 상당 부분을 장악하고 있었다. 미군이나 연합군의 힘이 미치지 못하는 지역에서는 탈레반 병력이 (수적으로 훨씬 우세하지만 훈련 상태가 열악한) 아프가니스탄 군대를 압도했다. 한편 경찰, 지방 통치 조직, 핵심 내각 내부의 관리 부실과 만연한 부패 때문에 하미드 카르자이 정부의 정당성이 훼손되었고, 세계에서 가장 가난한 나라 중 하나인 아프가니스탄 국민의 생활 여건을 개선하는 데 절실히 필요한 대외 원조 자금이 새어 나갔다.

미국의 전략에 일관성이 없다는 점도 사태를 악화시켰다. 누구와 이야기하느냐에 따라 아프가니스탄에서 우리의 임무는 좁을 수도 있고(알카에다 소탕) 넓을 수도 있었다(아프가니스탄을 서구와 손잡을 수 있는 현대적이고 민주적인 국가로 탈바꿈시키는 것). 우리의 해병과 육군 병사들이 어떤 지역에서 거듭거듭 탈레반을 몰아내도 반편이 지방 통치 조직조차 없는 상황에서 이 성과는 곧잘 무위로 돌아갔다. 과한 욕심 때문이든, 부패 때문이든, 아프가니스탄이 거부했기 때문이든, 미국이 후원한 개발 계획들은 약속대로 이행되지 않는 일이 허다했으며, 미국이 카불의 수상쩍은 사업자들과 대규모 계약을 맺는 바람에 아프간 국민의 신뢰를 얻기 위한 부패 척결 시도 자체가 빛이 바랬다.

모든 상황을 고려한 나는 게이츠에게 민간이든 군이든 우리 기구들이 명확히 규정된 임무와 일사불란한 전략을 가지는 것이야말로 최우선 관심사라고 말했다. 그는 반박하지 않았다. 게이츠는 1980년대에 CIA 부국장을 지내면서 아프가니스탄을 점령한 소련군과 싸울 아프간 무자헤딘을 무장시키는 일에 관여했다. 느슨하게 조직된 반란군이 막강한 적군赤軍(소련 정규군)을 격퇴하고 그 반란군의 일부가 훗날 알카에다로 진화하는 것을 본 그는 섣부른 행동이 의도하지 않은 결과를 낳을 수 있음을 잘 알고 있었다. 제한적이고 현실적인 목표를 확립하지 않으면 "실패를 준비하는" 셈이라고 그는 내게 말했다.

합동참모본부 의장 마이크 멀린 제독도 아프가니스탄 전략을 수정할 필요가 있다고 생각했다. 하지만 여기엔 함정이 하나 있었다. 그를 비롯한 군 지휘관들은 우선 미군 3만 명을 즉각 추가 파병하도록 내가 승인해주길 바랐다.

멀린을 위해 변명하자면 이것은 국제안보지원군 아프가니스탄 사령관 데이브 매키어넌 대장의 요청으로, 이미 여러 달째 계류 중이었다. 인수 기간에 부시 대통령은 나의 취임 전에 자신이 파병을 명령하기를 바라는지 의사를 타진했지만, 우리는 신임 팀이 상황을 온전히 평가할 때까지 보류하면 좋겠다고 의견을 밝혔다. 멀린은 매키어넌의 요청을 더는 미룰 수 없다고 말했다.

취임 후 이틀 만에 백악관 상황실(영어로는 '시추에이션 룸Situation Room'인데, 종종 '시트룸Sit Room'으로 불린다)에서 열린 첫 NSC 전원 참석 회의에서 멀린은 탈레반이 하계 공세를 취할 가능성이 있으며 이를 적시에 억제할 여단 병력이 추가로 필요할 거라고 말했다. 그는 매키어넌이 아프가니스탄 대통령 선거의 안전 보장에 대해서도 우려한다고 보고했다(선거는 원래 5월로 계획되었으나 나중에 8월로 연기되었다). 병력이 제때 도착하여 이 임무들을 수행하기를 바란다면 당장 조치를 취해야 한다고 멀린은 내게 말했다.

영화의 영향으로 나는 시트룸을 널찍한 최신식 공간으로 상상했다. 천장 높이까지 방을 에워싼 스크린은 고해상도 위성 영상과 레이더 영상으로 가득하고 온갖 기능을 갖춘 의복을 입은 사람들이 최첨단 장비를 조작하는 줄 알았다. 실제로는 그렇게 휘황찬란하진 않았다. 웨스트 윙 1층 구석의 작은 방들 가운데 하나인 작고 보잘것없는 회의실이었다. 창문들은 평범한 나무 셔터로 가려져 있었으며 벽은 세계 각국 수도의 시각을 보여주는 디지털시계와 인근 스포츠 바의 TV보다 조금 큰 평면 스크린 몇 대를 제외하면 휑했다. 실내는 비좁았다. 주요 참석자들은 기다란 회의용 테이블에 둘러앉고 부보좌관과 나머지 보좌진은 벽에 늘어선 의자에 비집고 들어갔다.

나는 너무 회의적으로 들리지 않도록 애쓰며 멀린에게 말했다. "그러니까 제가 이해하기에는 우리가 2만 명 이하의 미군 병력으로 5년 가까이 꾸려왔고 지난 20개월가량 1만 명을 추가 투입했는데 이제 펜타곤의 평가로는 앞으로 두 달을 기다리지 못하고 병력을 두 배로 늘려야 한다는 건가요?" 나는 추가 병력 투입을 꺼리는 건 아니라고 덧붙였다. 사실 선거운동 기간에 이라크 철군이 시작되면 아프가니스탄에 두 여단을 추가 파병하겠다고 공약하기도 했다. 하지만 평판 좋은 전직 CIA 분석관이자 중동 전문가 브루스 라이델을 불러들여 향후 아프가니스탄 전략을 수립하기 위한 60일 검토 작업을 의뢰하는 데 방 안의 모두가 동의한 상황에서 검토가 끝나기도 전에 미군 3만 명을 추가로 아프가니스탄에 보내는 일은 본말 전도 같았다. 나는 멀린에게 그보다 적은 규모의 파병으로 충분히 다리 역할을 할 수 있지 않겠느냐고 물었다.

그는 궁극적으로 결정은 내 소관이라면서도 병력을 줄이거나 파병을 더 연기하면 위험이 상당히 커질 거라고 덧붙였다.

나는 다른 사람들에게도 의견을 청했다. 이라크에서 임무를 성공적으로 완수하고 돌아와 중부사령부(이라크와 아프가니스탄을 비롯한 중동과 중앙아시아의 모든 군사작전을 담당한다) 사령관으로 승진한 데이비드 퍼트레이어스는 내게 매키어넌의 요청을 승인하라고 촉구했다. 힐러리와 패네타도 마찬가지였는데, 놀라운 일은 아니었다. 둘은 자기들의 기관을 관리하는 데는 유능했으나 매파적 본능과 정치적 배경 때문에 펜타곤발 조언에 반대하는 것에는 언제나 몸을 사렸다. 사적인 자리에서 게이츠는 아프가니스탄 파병 규모가 그렇게 커지는 것에 이중적 감정을 느낀다고 털어놓았다. 하지만 그의 직책을 감안컨대 나는 그가 지휘관들의 조언을 정면으로 묵살하리라 예상하지 않았다.

고위급 참석자 중에서 조 바이든만이 우려를 내비쳤다. 인수 기간에 나 대신 카불에 다녀온 그는 보고 들은 것(특히 카르자이와의 날선 면담에서)으로 판단컨대 아프가니스탄 접근법을 전면적으로 재고해야 한다고 확신했다. 그는 몇 해 전 이라크 침공을 지지한 것을 자책하고 있었다. 그

는 아프가니스탄을 위험한 수렁으로 여겼으며 나쁜 전략 때문에 문제가
생기고 나서 철군을 시도하기보다는 명확한 전략을 수립한 뒤에 병력을
투입하는 게 수월하리라며 병력 배치를 연기하라고 강권했다.

나는 그 자리에서 결정하지 않고 톰 도닐런에게 다음 주 동안 NSC 보
좌진과 상의하여 추가 병력 활용 방안과 여름까지 파병하는 것이 현실적
으로 가능한지 여부를 더 정확하게 판단하라고 지시했다. 나는 답이 나
온 뒤에 다시 논의하자고 말했다. 회의를 끝내고 문으로 나가 오벌 오피
스로 이어지는 계단을 오르는데, 조가 내 팔을 잡았다.

그가 말했다. "내 말 들어봐요, 보스. 내가 이 바닥에 너무 오래 있었는
지도 모르겠지만, 분명한 건 이 장군들이 신임 대통령을 옴짝달싹 못하
게 하려 든다는 거예요." 그는 얼굴을 내 얼굴에 바짝 붙인 채 다들 들으
라는 듯 속삭였다. "그들이 당신을 욱여싸지 못하게 해요."


　　　　　　　　　　　　게이츠를 비롯한 사람들은 아프가니스
탄 관련 논의를 회고하면서 백악관과 펜타곤을 이간질한 장본인 중 하나
로 바이든을 지목했다. 하지만 나는 군의 계획에 대한 바이든의 트집이
도움이 된다고 생각했다. 방 안에 반대파가 적어도 한 명 있었기에 모두
가 문제를 더 신중히 검토해야 했으며, 그 반대자가 내가 아니었기에 모
두가 자신의 의견을 좀 더 자유롭게 개진할 수 있었다.

나는 멀린, 또는 군 수뇌부의 참모와 사령관들의 동기를 의심하지 않
았다. 엔터테인먼트 사업을 하는 부모 밑에서 태어난 로스앤젤레스 토박
이 멀린은 언제나 사근사근하고 준비성이 철저하고 적극적이고 전문가
다웠다. 해병대 4성 장군인 제임스 '호스' 카트라이트 합참차장은 전직
전투기 조종사답지 않게 겸손하고 사색적이었지만 일단 입을 열면 국가
안보 문제 전반에 걸쳐 예리한 통찰과 창의적 해법을 쏟아냈다. 기질 차
이에도 불구하고 멀린과 카트라이트는 여느 고위 장성들에게서 찾아볼
수 있는 공통점이 있었다. 50대 후반이나 60대 초반 백인이었고(내가 취

임했을 때 여성 4성 장군은 단 한 명, 흑인 4성 장군도 단 한 명이었다) 수십 년간 계급의 사다리를 오르며 눈부신 전과를 쌓았고 고급 학위를 취득하기도 했다. 그들의 세계관은 세련되고 정교했으며, 통념과 반대로 군사행동의 한계를 너무나 잘 알았다. 포화 속에서 부대를 지휘했음에도 '불구하고'가 아니라 오히려 직접 전쟁에 참여했기 '때문'이었다. 실제로 내가 대통령으로 재임한 8년 동안 무력 사용을 자제하라고 조언한 사람들은 대부분 민간인이 아니라 군 장성이었다.

그럼에도 멀린 같은 사람들은 자신의 성년기를 모두 바친 미군이라는 시스템의 피조물이었다. 미군은 일단 임무가 시작되면 비용, 기간, 애초에 그 임무가 옳은가 여부와 무관하게 무조건 임무를 완수하는 것을 자랑으로 여기는 조직이었다. 이라크에서 임무를 완수하려면 모든 것이 더욱더 많이 필요했다. 더 많은 병력, 더 많은 기지, 더 많은 민간 군수업자, 더 많은 항공기, 더 많은 정보·감시·정찰(ISR)이 필요했다. 더 많은 투입이 승리를 낳지는 못했지만 적어도 굴욕적인 패배를 면하고 이라크가 완전히 붕괴하는 것은 막을 수 있었다. 아프가니스탄 또한 싱크홀로 빠져드는 것처럼 보이는 지금, 군 수뇌부가 그곳에도 더 많이 투입하기를 원하는 것은 어쩌면 자연스러운 일이었다. 최근까지도 그들은 좀처럼 자기네 계획에 의문을 제기하거나 요청을 거부하지 않는 대통령과 일했기 때문에, '얼마나 더'를 둘러싼 논쟁이 펜타곤과 백악관 사이에서 거듭 분란거리가 된 것은 어쩌면 필연적이었다.

2월 중순에 도닐런이 보고한 바에 따르면 매키어넌 대장의 요청을 조목조목 들여다본 보좌관들은 하계 전투 시기나 아프가니스탄에서 안전하게 선거를 치르는 데 유의미한 효과를 발휘할 만큼 적시에 파병하려면 병사 1만 7000명과 군사 훈련 요원 4000명 이상은 불가능하다고 결론 내렸다. 공식 검토가 종결되기까지는 한 달이 남았지만 바이든을 제외한 모든 수석 참석자는 그 규모의 병력을 당장 파병하라고 권고했다. 나는 경제회복법에 서명한 날인 2월 17일에 파병 명령을 내렸다. 가장 보수적인 전략에서도 인력 충원이 필요하리라고 판단했고 유사시에 파병할 수 있는 1만 명의 예비 병력이 있음을 알았기 때문이다.

한 달 뒤에 라이델 팀이 보고서를 완성했다. 보고서 내용에는 놀라운 점이 없었지만, '파키스탄과 아프가니스탄에서 알카에다를 교란, 해체, 패배시키고 향후에 이 조직이 두 나라에 복귀하지 못하도록 막는다'는 우리의 주요 목표를 분명히 하는 데 도움이 되었다.

보고서의 핵심은 파키스탄을 새로 강조한 점이었다. 파키스탄 군부, 특히 정보부 ISI는 파키스탄 접경 지역인 퀘타에 탈레반 본부와 지도부가 머무는 것을 용인했을 뿐 아니라 아프가니스탄 정부를 견제하고 아프간이 파키스탄의 숙적 인도와 손잡지 못하게 하려고 탈레반을 은밀히 지원하기까지 했다. 미국 정부가 이른바 동맹국의 이런 행동을 오랫동안 눈감아줬다는 사실은—파키스탄이 폭력적 극단주의자들과 공모하고 상당량의 핵무기 기술을 전 세계에 무책임하게 전파했음에도 불구하고 미국은 수십억 달러의 군사, 경제 원조를 제공했다—대외 정책의 견강부회식 논리에 대해 시사하는 바가 있었다. 적어도 단기적으로 보면 파키스탄에 대한 군사 원조를 전면 중단하는 방안은 고려 대상이 될 수 없었다. 아프가니스탄 작전의 보급로가 육로로 파키스탄을 통과해야 했을 뿐 아니라 파키스탄 정부가 영토 내의 알카에다 캠프에 대한 우리의 대테러 활동을 은밀히 지원했기 때문이다. 하지만 라이델 보고서에는 분명한 점이 하나 있었다. 파키스탄이 탈레반을 비호하는 행위를 중단하지 않는다면 아프가니스탄의 장기적 안정을 도모하는 우리의 노력은 실패하리라는 점이었다.

보고서의 나머지 권고들은 역량 강화에 중점을 두었다. 우리는 카르자이 정부가 나라를 통치하고 기초 서비스를 제공할 수 있는 역량을 극적으로 개선해야 했다. 아프가니스탄 군경을 훈련하여 미군의 도움 없이도 국경 내에서 안전을 유지하는 능력과 규모를 갖추도록 해야 했다. 이 모든 일을 정확히 어떻게 할 것인지는 여전히 막연했다. 하지만 분명한 것은 라이델 보고서에서 촉구하는 미국의 관여가 기초적 대테러 전략을 훌쩍 넘어 일종의 국가 건설을 지향한다는 것이었다. 미국이 탈레반을 카불에서 몰아낸 7년 전에 시작했다면 국가 건설은 이치에 맞는 목표였다.

물론 7년 전에 미국은 그렇게 하지 않았다. 그 대신 이라크를 침공하여 '저 나라'(조지 W. 부시가 연설에서 이라크를 가리켜 사용한 표현_옮긴이)를 무너뜨렸고 알카에다의 훨씬 악독한 분파가 탄생하는 데 일조했으며 그곳에서 비용이 많이 드는 대반란 작전(현존 정부의 전복을 목적으로 한 활동 및 무력 행사를 격퇴하기 위해서 취하는 포괄적인 군사, 준군사, 정치, 경제, 심리 및 대민 활동_옮긴이)을 주먹구구식으로 벌일 수밖에 없었다. 아프가니스탄만 놓고 보면 그 시절은 잃어버린 7년이었다. 우리의 군대, 외교관, 구호 요원들이 현장에서 벌인 꾸준하고도 용감한 노력을 감안한다면 아프가니스탄에서 백지부터 시작해야 한다는 말은 과장이었다. 하지만 그럼에도 카르자이가 협력하고 파키스탄이 고분고분하게 협조하고 우리의 목표가 게이츠 말마따나 '무난한 아프간'에 국한되는 최상의 시나리오에 따르더라도, 3~5년간 집중적으로 노력하고 수천억 달러의 비용을 치러야 하고 더 많은 미국인의 목숨이 희생되리라는 생각이 들었다.

맘에 들지 않는 조건이었다. 하지만 그 뒤로 으레 그랬듯 대안은 더 열악했다. 아프가니스탄 정부가 붕괴할 위험이나 탈레반이 주요 도시에서 거점을 확보할 위험을 감안하면 행동을 취하지 않았다가는 치러야 할 대가가 너무 컸다. 이라크 철군 계획 발표를 불과 넉 주 앞둔 3월 27일에 나는 국가안보팀을 대동하고 TV에 출연하여 라이델 권고안을 대부분 수용한 '애프팩Af-Pak' 전략을 설명했다. 발표가 어떤 반응을 얻을지는 알고 있었다. 많은 논평가가 반전 후보로 대통령에 출마한 내가 지금껏 불러들인 병력보다 더 많은 병력을 투입했다는 아이러니를 포착할 터였다.

아프가니스탄 대처 방안과 관련하여 병력 증강과 더불어 게이츠가 요청한 또 하나의 변화는, 솔직히 놀라웠다. 4월에 열린 오벌 오피스 회의에서 그는 현 아프가니스탄 사령관 매키어넌 대장을 전 합동특수작전사령부(JSOC) 사령관이자 현 합동참모본부 제1부장 스탠리 매크리스털 중장으로 교체할 것을 권고했다.

게이츠는 매키어넌에게 잘못이 없고 전쟁 중에 지휘관을 바꾸는 것이 매우 이례적인 조치임을 인정하면서도 이렇게 말했다. "데이브는 좋은 군인입니다. 하지만 그는 관리자입니다. 지금 같은 난국에는 다른 역량을 지닌 사람이 필요합니다. 대통령님, 저는 우리 병사들에게 최고의 지휘관을 붙여주지 못하면 밤잠을 이룰 수가 없었습니다. 저는 스탠리 매크리스털이 그런 적임자라고 확신합니다."

게이츠가 매크리스털을 왜 그렇게 높이 평가하는지는 쉽게 알 수 있었다. 미군 내에서 특수작전 요원들은 다른 혈통으로 간주되었다. 가장 위험한 여건에서 가장 힘든 임무를 수행하는 엘리트 전사 계급이었다(영화에서 헬리콥터를 타고 적진에 침투하여 낙하하거나 야음을 틈타 수륙양용 장갑차로 상륙하는 병사들을 떠올려보라). 그 고귀한 신분 중에서도 가장 존경받고 충성받는 사람이 바로 매크리스털이었다. 웨스트포인트 사관학교를 졸업한 그는 33년 군 복무 기간 동안 줄곧 두각을 나타냈다. JSOC 사령관으로서 특수작전사령부가 미국 방위 전략의 핵심으로 탈바꿈하는 데 일조했으며 수십 건의 대테러 작전을 직접 지휘하여 AQI를 대부분 궤멸하고 창시자 아부 무사브 알자르카위를 살해했다. 쉰넷의 나이에도 자기보다 절반 나이밖에 안 되는 레인저 부대원들과 훈련한다는 소문이 있었는데, 그가 게이츠와 함께 인사차 오벌 오피스에 들렀을 때 근육, 힘줄, 뼈로만 이루어진 몸, 길고 각진 얼굴, 날카롭고 매서운 눈빛을 보고서 그 소문을 믿을 수밖에 없었다. 매크리스털의 몸가짐은 삶에서 경솔함과 산만함을 모조리 태워버린 사람 같았다. 적어도 내 앞에 있을 땐 잡담도 전혀 하지 않았다. 대화 중에 그가 내뱉은 말은 "네", "아니요", "우리가 그 임무를 해낼 수 있으리라 확신합니다"가 대부분이었다.

나는 게이츠의 주장에 설득당했다. 사령관 교체가 발표되자 반응은 긍정적이었다. 논평가들은 매크리스털과 데이비드 퍼트레이어스에게서 전황을 바꿀 수 있는 전장의 혁신가다운 면모를 봤다. 상원이 신속하게 인준하여 (이제 4성 장군이 된) 매크리스털이 아프가니스탄 연합군 사령관을 맡을 준비가 된 6월 중순에 게이츠는 그에게 60일 안에 새롭고 철저한 상황 판단과 전략, 조직, 연합군 작전 지원의 변경에 대한 제안을 우리에게 제시하라고 요청했다.

겉보기엔 통상적인 이 요청이 어떤 결과를 가져올지 나는 잘 몰랐다.

애프팩 발표로부터 두어 달 지난 어느 날 오후 나는 홀로 남쪽 잔디밭을 가로질러—축구공을 든 무관 한 명과 보훈 담당 보좌관 맷 플래빈이 뒤에서 따라오고 있었다—마린 원 헬리콥터에 탑승하여 메릴랜드로 날아가 베세즈다 해군병원과 월터 리드 육군병원을 첫 번째로 정기 방문했다. 도착해서는 시설 지휘관들의 환영을 받았다. 그들은 입원 중인 부상병의 수와 상태를 간략히 설명하고는 미로 같은 계단, 엘리베이터, 복도를 지나 본 병동으로 안내했다.

한 시간 동안 나는 각 병실을 방문했는데, 필요한 경우에 손을 소독하고 수술복과 수술용 장갑을 착용한 채 복도에 서서 병원 직원들로부터 회복 중인 병사에 대한 설명을 들은 뒤에 문을 살살 두드렸다.

병원에는 각 군 출신 환자들이 모두 모여 있었지만, 임기 첫 몇 년간 만난 병사들은 대부분 육군과 해병대 소속이었다. 이라크와 아프가니스탄의 반란군 점령 지역을 순찰하다 화기나 급조폭발물에 부상을 입은 이들은 대부분 남성이고 노동자 계층 출신이었다. 시골 소도시나 쇠락하는 제조업 중심지에서 온 백인이 있었고 휴스턴이나 트렌턴 같은 도시에서 온 흑인과 히스패닉도 있었고 캘리포니아에서 온 아시아계 미국인과 태평양 섬 주민도 있었다. 대체로 가족들이 곁에 앉아 있었는데, 주로 부모, 조부모, 형제자매였으나 나이가 많은 병사는 아내와 아이들—무릎에서 꼼지락거리는 걸음마쟁이, 장난감 자동차를 가지고 노는 다섯 살배기, 비디오 게임을 하는 십 대—도 함께 있었다. 내가 병실에 들어서면 다들 자리를 비키며 수줍게 미소 짓고 어떻게 해야 할지 난처해하는 듯했다. 대통령이 되고서 맞닥뜨린 난감한 일 중 하나였다. 내가 등장하면 사람들은 어김없이 안절부절못하고 불안감을 느꼈다. 나는 언제나 분위기를 띄우고 사람들을 편안하게 해주려고 최선을 다했다.

몸을 조금이라도 움직일 수 있는 병사들은 대개 침대를 세우거나 튼튼한 금속제 침대 난간을 붙잡고 일어나 앉았다. 몇몇은 침대에서 일어나겠다고 고집을 부렸으며 종종 멀쩡한 쪽 다리로 균형을 잡으며 경례하고 나와 악수했다. 나는 그들의 고향을, 군 복무는 얼마나 했는지를 물었다. 어쩌다 부상당했는지, 언제쯤 재활을 시작하거나 의수족을 착용할 예정인지도 물었다. 우리는 종종 스포츠 얘길 했는데, 몇몇은 벽에 걸린 부대 깃발에 사인을 요청하기도 했다. 나는 모든 병사에게 군용 기념주화를 건넸다. 그러고서 다 함께 침대에 둘러서면 피트 수자가 카메라와 가족들 휴대폰으로 사진을 찍었고, 맷은 필요한 것이 있으면 언제든 개인적으로 연락하라며 명함을 건넸다.

이 병사들은 내게 얼마나 큰 감명을 주었던가! 용기와 결단력이 있었고 당장에라도 귀대하겠다고 고집을 부렸으며 호들갑을 떠는 법이 별로 없었다. 미식축구 경기의 요란한 의례, 시가행진에서 산만하게 흔드는 깃발, 정치인들의 장광설 등이 애국심의 징표라지만 그들 앞에서는 참으로 공허하고 진부해 보였다. 내가 만난 환자들은 치료를 담당한 병원 의료진—의사, 간호사, 잡역부—에게 칭찬을 아끼지 않았다. 의료진은 대부분 군인이었으나 일부는 민간인이었고 나이지리아, 엘살바도르, 필리핀 같은 외국 출신이 굉장히 많았다. 이 부상병들이 정성껏 치료받는 모습을 보고 있으면 가슴이 뿌듯했다. 먼지투성이 아프가니스탄의 마을에서 부상당한 해병이 일사불란하고 신속한 과정을 통해 가장 가까운 기지에 후송되어 안정을 취한 다음 독일을 거쳐 베세즈다나 월터 리드에 이송되어 최신식 수술을 받기까지는 며칠밖에 걸리지 않았다.

첨단 기술과 정밀한 수송, 고도로 훈련되고 헌신적인 인력이 어우러진

이 시스템—미군이 지구상의 어느 조직보다 잘하는 것—덕에 베트남전쟁에서라면 비슷한 부상으로 사망했을 병사들 중 상당수가 나와 함께 침대에 앉아 미식축구팀 시카고 베어스와 그린베이 패커스 중 어느 쪽이 더 나으냐를 놓고 논쟁할 수 있었다. 물론 아무리 정밀하고 훌륭한 시스템으로도 이 병사들이 겪은 부상의 잔혹하고도 근본적인 고통을 없앨 수는 없었다. 한쪽 다리를 잃은 병사, 특히 무릎 아래를 절단한 병사는 종종 자신을 행운아로 묘사했다. 이중 삼중 절단은 드문 일이 아니었으며 심각한 두부 외상, 척추 손상, 외모를 변형시키는 얼굴 부상, 시력이나 청력 같은 기본적 신체 능력의 상실도 흔히 볼 수 있었다. 내가 만난 병사들은 나라를 위한 희생을 조금도 후회하지 않는다고 단호히 말했으며 조금이라도 동정 어린 시선을 받으면 마땅하게도 발끈했다. 부상당한 아들들과 마찬가지로, 내가 만난 부모들은 자식이 회복되리라는 확신과 깊은 자부심만 표현하려고 애썼다.

하지만 병실에 들어설 때마다, 악수를 할 때마다 이 병사들 대부분이 놀랍도록 어리다는 사실이 눈에 밟혔다(상당수는 고등학교를 갓 졸업했다). (종종 나보다 젊은) 부모의 눈에 어린 고통을 똑똑히 볼 수 있었다. 평생 마비된 채 살게 될 몸으로 우리 앞에 누워 있는 잘생긴 아들이 그날 스물한 번째 생일을 맞았다고 말하던 아버지의 목소리에 담긴 가까스로 억누른 분노, 신나서 까르륵거리는 아기를 품에 안은 채, 목숨은 건졌지만 더는 의식을 회복하지 못할 남편의 삶을 생각하는 젊은 여인의 얼굴에 비친 공허한 표정은 영영 잊지 못할 것이다.

훗날 대통령 임기가 막바지에 접어들 무렵《뉴욕 타임스》가 나의 군병원 방문 기사를 실었다. 기사에서 전 행정부의 국가 안보 관료 한 사람은 그 행동의 의도가 아무리 좋더라도 최고사령관이 할 일은 아니라는 의견을 밝혔다. 부상병을 만나고 다니면 명료하고 전략적이어야 할 대통령의 판단력이 흐려질 수밖에 없다는 것이었다. 그 사람에게 연락하여 내가 월터 리드와 베세즈다에서 돌아오는 길에서만큼 명료했던 적은 한 번도 없었다고 설명하고 싶었다. 전쟁의 진짜 비용에 대해서, 누가 그 비용을 치르는가에 대해서, 전쟁이 얼마나 바보짓인가에 대해서, 우리 인간이 집단적으로 머릿속에 담아 후세에 전달하는 이야기―증오를 부채질하고 잔학 행위를 정당화하고 우리 중에서 가장 정의로운 이들마저 학살에 동참하도록 강요하는 이야기―가 얼마나 한심한지에 대해서, 대통령이라는 지위 때문에 나의 결정을 더 큰 대의로 어떻게든 정당화할 수는 있다 해도 스러지거나 산화한 목숨들에 대해 책임을 질 수밖에 없다는 것에 대해서 그때만큼 명료했던 적은 한 번도 없었다.

헬리콥터 창밖으로 아래의 작은 초록 풍경을 내려다보면서 남북전쟁 기간의 링컨을 생각했다. 그는 우리가 날고 있는 곳에서 그리 멀지 않은 지역의 임시 병원을 수시로 방문하여, 감염을 막을 소독약이나 통증을 가라앉힐 약물도 없이 괴저의 악취와 (죽음이 임박하여) 쌕쌕거리는 소리가 사방에서 진동하는 가운데 엉성한 침대에 누운 병사들과 다정하게 이야기를 나눴다.

링컨이 어떻게 버텼을지, 무슨 기도를 드렸을지 궁금했다. 그는 이것이 죄의 필연적 대가임을 알았을 것이다. 나도 같은 대가를 치러야 했다.

전쟁과 테러 위협이 모든 것을 집어삼킬 만큼 중대했지만 다른 대외 정책 사안들에도 관심을 쏟아야 했다. 그 중 하나는 금융 위기가 불러온 국제적 후폭풍에 대처하는 것이었다. 첫 장기 해외 순방에서도 이 주요 의제에 주력했다. 4월에 주요 20개국 정상회의 참석차 런던에 갔다가 이어서 여드레 동안 유럽 대륙, 터키, 이라크를 방문하는 일정이었다.

2008년 전까지만 해도 G20은 세계 20대 경제 대국을 대표하는 재무장관과 중앙은행 총재들이 해마다 만나 정보를 교환하고 세계화의 통상적 사항들을 관리하는 모임이었다. 미국 대통령들은, 세계 7대 경제 강국(미국, 일본, 독일, 영국, 프랑스, 이탈리아, 캐나다)과 러시아(지정학적 이유 때

문에 빌 클린턴과 토니 블레어 영국 총리가 1997년에 가입을 밀어붙였다) 지도
자들의 연례 회합으로 G20보다 소수 정예인 G8에만 참석했다. 이 관행
은 리먼브라더스 파산 이후에 부시 대통령과 행크 폴슨이 워싱턴에서 열
린 비상 회의에 G20 지도자들을 모두 초대하면서 바뀌었다. 오늘날의 상
호 연결된 세계에서 대규모 금융 위기에 대처하려면 협력의 폭을 최대한
넓혀야 한다는 사실을 인식했다는 점에서 현명한 조치였다.

"필요한 모든 추가 조치를 취한다"라는 막연한 다짐과 2009년에 다
시 모이기로 한 합의를 제외하면 워싱턴 G20 정상회의는 구체적인 행동
측면에서는 성과가 거의 없었다. 하지만 사실상 모든 나라가 불황을 맞
기 직전이었고 세계 무역의 9퍼센트 감소가 전망되는 상황에서 내가 런
던 정상회의에 참석한 이유는 신속하고 적극적으로 공동 대응하려면 다
양한 G20 회원국들을 단합할 필요가 있어서였다. 경제적 논리는 명백했
다. 신용카드 대출과 홈에퀴티론을 등에 업은 미국의 소비 지출은 여러
해 동안 전 세계 경제성장의 주된 동력이었다. 미국인들은 독일에서 만
든 차를 사고 한국에서 만든 가전제품을 사고 중국에서 만든 사실상 모
든 것을 샀다. 한편 이 나라들은 국제적 공급 사슬의 더 아래쪽에 있는
나라들로부터 원자재를 샀다. 하지만 이제 파티는 끝났다. 경제회복법과
부하 검사가 효과적이더라도 미국의 소비자와 기업들은 빚더미에서 빠
져나오느라 오랫동안 허덕일 터였다. 지속적 추락을 피하고 싶다면 다른
나라들도 나서야 했다. 나름의 경기 부양책을 실시하고 심각한 타격을
입은 나라들에 공급할 수 있도록 IMF를 통해 5000억 달러를 출연하고
대공황을 장기화한 보호무역주의와 근린빈곤화(자국의 경쟁력을 높이기 위
해 이웃 나라들을 곤경으로 내모는 정책_옮긴이) 정책을 되풀이하지 않겠다
고 맹세해야 했다.

모두 합당해 보였다. 적어도 서류상으로는. 하지만 정상회의 전에 팀
가이트너는 외국 정상들이 이 조치들에 동의하도록 하려면 수완이 필요
할 거라고 경고했다. 그가 말했다. "나쁜 소식은 세계 경제를 망쳤다며 다

들 우리에게 광분하고 있다는 겁니다. 좋은 소식은 우리가 아무것도 안 하면 어떻게 될지 두려워하고 있다는 것이고요."

기쁜 소식은 미셸이 순방 전반부에 동행하기로 결정한 것이었다. 그녀의 걱정거리는 내가 정상회의에서 잘해낼 것인가가 아니라—"당신은 잘할 거야"—어떤 옷차림으로 영국 여왕 폐하를 알현할 것인가였다.

내가 말했다. "모자는 작은 걸로 써. 핸드백도 작은 걸 들고."

그녀가 얼굴을 짐짓 찡그려 보였다. "도움이 안 되는군."

그때까지 스무 번 가까이 탄 에어포스 원이 미국의 힘을 얼마나 분명히 상징하는지 실감한 것은 첫 대서양 횡단 비행에서였다. 맞춤 제작된 보잉 747 두 대가 임무를 분담하는데, 동체는 20년 된 티가 났다. 두툼한 가죽 의자, 호두나무 탁자와 벽, 금빛 별무늬가 박힌 황갈색 양탄자로 장식된 실내는 1980년대 기업 이사회실이나 컨트리클럽 라운지를 연상시켰다. 승객용 통신 시스템은 안정적이지 않았다. 기내 와이파이는 나의 두 번째 임기가 시작되고도 한참 뒤에 설치되었고, 그나마도 대다수 민간 제트기보다 느릴 때가 많았다.

하지만 편의 시설(침실, 개인 사무실, 대통령 전용 샤워실, 널찍한 좌석, 회의실, 우리 팀을 위한 컴퓨터 작업 공간)에서 공군 승무원의 훌륭한 서비스(약 30명이 탑승하는데, 아무리 뜬금없는 요구에도 활기차게 응대한다), 고급 안전장치(세계 최고의 조종사, 방탄유리, 공중 급유 장치, 접이식 수술대를 비롯한 기내 의료 시설), 기자단 14명과 다수의 비밀경호국 요원들까지 수용할 수 있는 3개 층 4000제곱피트(370제곱미터)의 면적에 이르기까지 에어포스 원은 모든 면에서 견고함, 유능함, 위엄을 자랑한다.

세계 지도자 중에서 미국 대통령만이 타국 정부의 경호실이나 치안 유지 병력에 의존하지 않고 안전 대책을 완비한 채 이동한다. 무슨 말이냐면 비스트, 경호 차량, 구급차, 특수부대, (필요시) 대통령 전용 헬리콥터 마린 원으로 이루어진 함대가 공군 C-17 수송기로 운반되어 내가 도착할 주기장에서 대기하고 있었다는 것이다. 이처럼 다른 국가 수반들의 소박한 경호와 대비되는 중무장에 초청국 관료들이 난감해할 때도 있었다. 하지만 미군과 비밀경호국은 협상의 여지를 두지 않았으며, 초청국이 결국 수긍하는 이유 중 하나는 미국 대통령의 방문이 성대한 행사처럼 보이기를 그 나라 국민과 언론이 **기대**하기 때문이다.

실제로도 그랬다. 우리가 착륙할 때마다 공항 터미널 창문에 얼굴을 붙이거나 경계선 울타리 밖에 모인 사람들이 보였다. 에어포스 원이 활주로에서 속력을 줄일 때면 파란색의 멋진 착륙 장치, 동체에 또렷하면서도 수수하게 새겨진 '유나이티드 스테이츠 오브 아메리카', 꼬리날개에 단정하게 그려진 성조기를 엿보려고 지상 근무자들조차 일손을 멈췄다. 비행기 문을 나서면, 빠르게 찰칵거리는 카메라 셔터와 계단 아래쪽에 줄지어 선 대표단의 열렬한 미소에 둘러싸인 채 계단 꼭대기에서 의무적으로 손을 흔들었다. 전통 의상을 입은 여성이나 어린이에게 꽃다발을 받을 때도 있었고 나의 차량까지 깔린 붉은색 양탄자 양쪽으로 의장대나 군악대가 늘어서 있을 때도 있었다. 이 모든 의전에서 나는 옛 예식 —외교의 예식이자, 다른 한편으로는 제국에 올리던 예식—의 희미하지만 지울 수 없는 흔적을 감지했다.

미국은 지난 70년 가까이 세계 무대에서 지배적 위치를 유지했다. 제2차 세계대전의 여파로 세계 각국이 가난해지거나 잿더미가 되었을 때는 사업, 조약, 새 제도가 맞물린 체제를 주도적으로 확립하여 국제 질서를 효과적으로 재편하고 안정적 발전 경로를 만들어냈다. 마셜 계획은 서유럽을 재건하기 위한 방안이었다. 북대서양조약기구(NATO)와 태평양동맹은 소련에 맞서는 보루 역할을 했으며 과거의 적국을 서구와 연합하게 만들었다. 브레턴우즈 협정, IMF, 세계은행, 관세 및 무역에 관한 일반 협정(GATT)은 세계의 금융과 상거래를 규제하는 수단이었다. 유엔과 관련 초국적 기관들은 평화적인 갈등 해소를 촉진하고 질병 박멸에서 대양 보호에 이르는 모든 문제에 대해 협력을 증진하려는 시도였다.

이타적 동기로 이 체제를 세웠다고 보기는 힘들었다. 이 체제 덕에 우리는 안보를 확립하는 것 이외에도 상품을 팔 시장을 개척하고 선박이 다닐 항로를 확보하고 공장과 자동차를 위해 석유가 꾸준히 흘러들도록 할 수 있었다. 우리의 은행들이 대출금을 상환받고 초국적 공장들이 압류되지 않고 관광객들이 여행자수표를 현금처럼 쓸 수 있고 국제전화가 연결되도록 할 수 있었다. 우리는 이따금 국제기구들을 냉전 시대의 필요에 맞게 왜곡하거나 무시했다. 다른 나라의 문제에 개입하여 이따금 재앙적 결과를 낳기도 했다. 우리의 행동은 스스로 공언한 민주주의, 자결, 인권의 이상과 종종 모순됐다.

그럼에도 역사상 어느 초강대국도 범접하지 못할 수준으로 미국은 국제적 법률, 규칙, 규범에 스스로 구속되는 길을 선택했다. 대체로 일정한 자제력을 발휘하며 약소국을 상대했고, 국제조약을 지키기 위해 위협이나 강압에 대한 의존도를 줄여나갔다. 비록 불완전하긴 했지만 공동선을 추구하려는 의지는 우리의 영향력을 약화하는 게 아니라 오히려 강화했고 체제가 오래 지속되는 데 이바지했다. 언제나 두루 사랑받은 것은 아니었지만 적어도 두려움뿐 아니라 존경의 대상이기도 했다.

설령 미국의 세계상에 저항하는 것이 있었더라도 1991년 소련 붕괴로 무너져버린 듯했다. 10년이 조금 넘는 아찔한 기간 동안 독일에 이어 유럽이 통합되었고 옛 동구권 나라들이 나토와 유럽연합(EU)에 앞다퉈 가입했고 중국에서 자본주의가 시작되었고 아시아, 아프리카, 라틴아메리카의 수많은 나라가 권위주의 통치에서 민주주의로 이행했고 남아프리카공화국에서 아파르트헤이트가 종식되었다. 논평가들은 자유주의적이고 다원주의적이고 자본주의적인 서구식 민주주의가 최종 승리했다고 선언하며 독재, 무지, 비효율의 잔재는 역사의 종언에 의해, 세계가 평평해지면서 금세 사라질 것이라고 주장했다. 그런 자신감은 당시에도 손쉬운 놀림감이었다. 하지만 이것만은 사실이었다. 21세기 여명기에 미국은 스스로 빚은 국제 질서와 팍스 아메리카나 원칙 덕에 수십억 인구가 전보다 더 자유롭고 더 안전하고 더 번창하는 세상을 만들었노라 자부할 자격이 있었다.

내가 런던에 발을 디딘 2009년 봄에도 그 국제 질서는 효력을 발휘하고 있었다. 하지만 9.11 공격뿐 아니라 이라크에 대한 대처, 허리케인 카트리나 이후 뉴올리언스 길거리에 시신들이 떠내려가는 사진들, 무엇보다 월 스트리트 붕괴로 인해 미국의 지도력에 대한 신뢰는 타격을 입었다. 1990년대에 잇따라 일어난 소규모 금융 위기는 세계 체제의 구조적 취약성을 드러냈다. 이렇다 할 국제적 규제나 감시를 받지 않는 수조 달러의 민간 자본이 빛의 속도로 움직이며 일국의 경제를 교란하고 금세 전 세계 시장에 쓰나미를 일으켰다. 이런 진동의 상당수가 자본주의의 변두리로 여겨지는 태국, 멕시코, 여전히 허약한 러시아 같은 나라 등에서 시작되었고, 미국을 비롯한 선진국은 호황을 누리고 있었기에 이 문제들은 미숙한 정부가 의사 결정을 잘못하여 생긴 일시적 사건으로 치부되었다. 일이 벌어질 때마다 미국이 개입하여 문제를 해결했지만, 긴급 융자를 제공하고 세계 자본 시장에 계속 접근하게 해주는 대가로 밥 루빈과 앨런 그린스펀은─당시 루빈의 보좌관이던 래리 서머스와 팀 가이트너는 말할 것도 없이─비실거리는 나라들을 윽박질러 통화가치 절하, 공공 지출의 대폭 삭감, (국제 신용 등급을 끌어올리지만) 자국민에게 어마어마한 고통을 가하는 수많은 긴축 조치를 받아들이게 했다.

그토록 신중한 규제와 책임감 있는 재정 관리를 설교한 미국의 최고 금융 사제들이 정작 직무에 태만하여 라틴아메리카나 아시아에서 일어난 것 못지않게 무모한 자산 거품과 투기 광풍이 월 스트리트에서 일어나도록 방치한 사실을 알았을 때 이 나라들이 얼마나 황당했을지 상상해보라. 유일한 차이는 결부된 돈의 액수와 잠재적 피해뿐이었다. 어쨌든 상하이에서 두바이에 이르는 외국 투자자들은 미국 규제 당국이 제 할 일을 다하고 있는 줄 알고서 서브프라임 증권을 비롯한 미국 자산에 거액을 쏟아부었다. 중국과 레소토 같은 크고 작은 수출국들은 안정되고 팽창하는 미국 경제에 자국의 성장을 연동시켰다. 말하자면 우리는 자유 시장, 국제적 공급 사슬, 인터넷, 대출 기준 완화, 민주적 통치의 낙원으로 들어오라고 전 세계에 손짓했다. 적어도 당분간, 그들이 느끼기에는 우리가 그들을 벼랑 끝으로 이끈 셈이었다.

# 4부

## 선한 싸움

# 14장

        모든 국제 정상회의에는 정해진 순서가 있다. 리무진을 타고 대형 회의장 입구에 차례로 도착하는 각국 정상들이 밀집한 사진 기자들 앞을 지나 걸어간다. 근사한 드레스와 아리따운 남녀가 없다뿐이지 할리우드 레드 카펫 못지않다. 의전 담당관이 문 앞에서 대기하고 있다가 주최국 정상이 기다리는 홀로 안내한다. 카메라를 향해 미소 지으며 악수하고 귓속말로 가벼운 대화를 나누고, 다른 정상들이 모인 라운지에 가서 악수와 담소를 더 나눈다. 이후 모든 대통령, 총리, 국왕이 거대한 원탁이 놓인 엄청나게 넓은 회의실로 향한다. 각자의 자리에는 작은 명패, 국기, 조작법이 쓰여 있는 마이크, 기념용 메모지와 품질이 천차만별인 펜, 동시통역용 헤드셋, 잔과 생수(또는 주스)가 놓여 있고, 과자나 박하사탕이 접시나 그릇에 담겨 있을 때도 있다. 수행단은 뒤에 앉아 메모하고 메시지를 전달한다.

    주최자가 개회를 선언하고 개회사를 한다. 그러고 나면 하루 반 동안 자리에 앉아 시차 피로와 싸우며 발표에 관심 있는 것처럼 보이려고 애쓴다. 원탁에 둘러앉은 사람들은 그날의 회의 주제에 대해 꼼꼼히 작성된—수위는 온건하고 분량은 할당 시간을 훌쩍 초과하는—발표문을 한 명씩 돌아가며 읽는다. 중간중간 다른 정상들과의 일대일 회담(영어로는

'바이래터럴bilateral' 또는 '바일랫bilat'이라고 한다)을 위해 계획된 휴식 시간, '가족사진'(초등학교 3학년 단체 사진처럼 모두 줄 맞춰 서서 멋쩍게 미소 짓는다) 촬영 시간, 객실에 돌아가 저녁 만찬이나 (때로는) 회의를 위해 옷을 갈아입는 빠듯한 여유 시간 등이 끼어든다.

정상회의를 몇 번 경험한 뒤에는 잔뼈 굵은 참석자들의 생존 전술을 본받아, 처리해야 할 서류나 읽을거리를 가지고 다녔고, 남들이 발언할 때 다른 정상들을 살짝 불러내어 다른 볼일을 봤다. 하지만 첫 번째로 참석한 정상회의인 런던 G20 때는 자리에 가만히 앉아 발언 하나하나에 귀를 기울였다. 사람들이 나를 전학생 보듯 뜯어보고 있었기 때문에 내가 제안하려는 경제 조치들에 대해 호응을 얻으려면 새내기처럼 겸손해 보여야 유리하겠다고 생각했다.

회의실의 정상들 중 여럿을 이미 알고 있던 것도 도움이 됐다. 주최자인 고든 브라운 영국 총리는 몇 주 전 워싱턴에 날아와 나와 회담했다. 토니 블레어 노동당 정부의 재무장관 출신인 브라운은 전임자의 빛나는 정치적 재능은 물려받지 못했지만(브라운을 언급하는 모든 언론 기사에는 '시무룩하다'라는 단어가 들어가는 것 같았다) 드디어 총리가 되었는데 하필이면 그때 영국 경제가 몰락하고 국민들이 노동당의 10년 장기 집권에 염증을 느끼는 불운을 겪었다. 하지만 그는 사려 깊고 책임감 있고 세계 금융에 밝았다. 비록 재임 기간은 짧았지만 위기의 초창기 몇 달간 그와 파트너가 된 것은 내게 행운이었다.

런던 정상회의뿐 아니라 내 첫 임기를 통틀어 브라운과 더불어 가장 중요한 유럽 정상은 앙겔라 메르켈 독일 총리와 니콜라 사르코지 프랑스 대통령이었다. 유럽 대륙에서 가장 힘센 두 나라는 종종 피비린내 나는 전쟁을 벌이며 두 세기 가까이 패권을 다퉜다. 제2차 세계대전 이후 화해한 두 나라는 유럽연합의 주춧돌이 되어 전례 없는 평화와 번영의 토대를 닦았다. 유럽이 한 덩어리로 움직이고 세계 무대에서 미국의 조력자 역할을 할 수 있는가는 메르켈과 사르코지에게 협력 의지가 있는가에 달려 있었다.

둘은 서로에게 협조적이었지만 기질은 극과 극이었다. 루터파 목사의 딸로 태어나 공산주의 동독에서 자란 메르켈은 평범한 시민으로 살며 양자화학 박사 학위를 취득했다. 철의 장막이 해체된 뒤에야 정치에 입문하여 조직 능력, 전략적 감각, 굳건한 인내력으로 중도우파 기독교민주연합당의 사다리를 차근차근 올라갔다. 눈은 크고 연한 파란색이었으며 짜증 나거나 놀라거나 슬플 때면 티가 났다. 하지만 그러지 않을 때는 냉철하고 분석적인 기질에 걸맞게 무덤덤한 표정이었다. 감정 표출이나 과장된 수사를 마뜩잖아하는 것으로 유명했는데, 그녀의 보좌진이 나중에 털어놓은바 그녀는 나의 웅변술 때문에 처음에 나를 경계했다고 한다. 기분 상하지는 않았다. 대중을 선동할 가능성에 독일 지도자가 반감을 느끼는 것은 건전한 반응이라고 생각했기 때문이다.

반면에 사르코지는 감정 표출과 과장된 수사의 **화신**이었다. 그는 까무잡잡하고 표정이 풍부하며 어딘지 지중해인 같은 외모에(헝가리인 피가 절반, 그리스 유대인 피가 4분의 1 섞였다) 단신이었고(약 165센티미터지만 키 높이 구두를 신어서 그보다는 커 보였다) 앙리 드 툴루즈 로트레크의 그림에서 튀어나온 듯했다. 부유한 집안 출신이지만, 자신이 야심가가 된 이유 중 하나는 평생 스스로를 아웃사이더라고 느꼈기 때문이라고 했다. 메르켈과 마찬가지로 중도우파 지도자로 명성을 얻은 사르코지는 경제적 자유방임주의, 노동 규제 완화, 세금 인하, 복지국가 축소 등을 내걸고 대통령에 당선되었다. 하지만 메르켈과 달리 정책 면에서는 도무지 종잡을 수 없었고 뉴스 헤드라인이나 정치적 유불리에 휘둘리기 일쑤였다. 내가 G20을 위해 런던에 도착할 즈음 그는 이미 세계 자본주의의 폭주를 거세게 질타하고 있었다. 이념적 일관성이 없는 대신 대담성, 매력, 광적인 활력으로 이를 보완했으며, 그와 대화하면 재미와 분노가 번갈아 느껴졌다. 수탉처럼 가슴을 내밀고 끊임없이 손을 움직이는 그의 몸짓과 억양을 개인 통역사가(그는 메르켈과 달리 영어가 서툴렀다) 언제나 옆에서 필사적으로 흉내 냈고, 그는 내내 아첨과 엄포와 진실한 통찰 사이를 불쑥불쑥 오가면서도 자신이 모든 사건의 중심에 서야 한다는 것과 생색날 만한 일이면 뭐든 생색을 내야 한다는 주요 관심사를 굳이 숨기지 않았고 거기서 벗어나는 법도 없었다.

사르코지가 나의 선거운동을 일찌감치부터 도와줬다는 사실이 고맙긴 했지만(내가 선거 전 파리를 방문했을 때 요란한 기자회견을 열어 지지를 표명했다) 두 사람 중 어느 쪽이 더 믿음직한 파트너인지는 쉽게 알 수 있었다. 한편 메르켈과 사르코지는 서로를 유익하게 보완했다. 사르코지는 메르켈의 타고난 신중함을 존경하면서도 종종 그녀의 등을 떠밀어 행동하게 만들었으며 메르켈은 사르코지의 기벽을 눈감아주면서도 그의 충동적인 제안들에는 재빨리 고삐를 채웠다. 또한 서로의 친미적 성향을 북돋웠다(2009년에는 이러한 성향이 자국민들의 정서와 언제나 맞아떨어지진 않았다).

그렇다곤 해도 두 사람을 비롯한 유럽 정상들은 호락호락하지 않았다. 메르켈과 사르코지는 자국의 이익에 부합할 때는 우리가 런던에서 제안한 보호무역주의 반대 선언에 적극 찬성했으며(독일 경제는 수출 의존도가 매우 컸다) 국제적 긴급 기금이 유용하다고 인정했다. 하지만 팀 가이트너가 예견했듯, 재정 부양책에는 동조하지 않았다. 메르켈은 적자 지출을 우려했으며 사르코지는 주식시장 거래에 보편세를 물리는 방안을 선호했고 조세 회피지를 단속하고 싶어 했다. 팀과 나는 정상회의 일정의 대부분을 두 사람을 설득하는 데 할애하여, 위기에 직접 대응하는 방안들을 지지하고 G20 각국에 총수요 확대 정책의 시행을 촉구하도록 했다. 둘은 그러겠노라고 말하면서도 나머지 G20─특히 브릭스BRICS로 알려진 비서구 강국들─의 정상들이 자국에 큰 영향을 미치는 제안들을 거부하지 않도록 내가 설득해야 한다는 조건을 달았다.

브릭스 5개국—브라질, 러시아, 인도, 중국, 남아프리카공화국—은 경제적으로 공통점이 거의 없었다. 브릭스는 훗날에야 실제로 공식화되었다(남아프리카공화국은 2010년에야 브릭스에 공식 가입했다). 하지만 이 연합의 배후에서 꿈틀거리는 기운은 런던 G20에서도 분명히 느낄 수 있었다. 덩치가 크고 자부심 강한 이 나라들은 긴 잠에서 깨어 기지개를 켜고 있었다. 더는 역사의 변두리에 밀려나 있거나 지역 강국 취급을 받는 것에 만족하지 않았다. 세계 경제의 관리자로서 서구의 역할이 부풀려진 것에도 반감을 드러냈으며 현재의 위기를 반전의 기회로 여겼다.

적어도 이론상으로는 공감할 수 있었다. 브릭스는 세계 인구의 40퍼센트 이상을 차지했지만 GDP는 약 4분의 1에 불과했고 자산 보유량은 미미한 수준이었다. 자국 정부의 정책 결정보다 뉴욕, 런던, 파리의 기업 이사회실에서 내려진 결정이 자신들의 경제에 더 큰 영향을 미치는 경우도 비일비재했다. 중국, 인도, 브라질이 경제적으로 환골탈태했는데도 세계은행과 IMF 내에서의 영향력은 여전히 제한적이었다. 미국이 오랫동안 자국에 유리하게 작용한 세계 체제를 보전하고 싶다면 체제의 운영 방식을 놓고 이 신흥 강국들에 더 큰 발언권을 부여하면서 유지 비용에 대해서도 더 많은 책임을 부과하는 쪽이 이치에 맞았다.

그럼에도 정상회의 둘째 날 원탁 주위를 둘러보니 글로벌 거버넌스에서 브릭스의 역할을 확대하면 어떤 결과가 벌어질지 의문이 들었다. 이를테면 브라질의 루이스 이나시우 룰라 다시우바 대통령이 3월에 오벌 오피스를 방문했을 때 나는 깊은 인상을 받았다. 머리가 희끗희끗하고 매력적인 전직 노조 지도자인 그는 이전에 군사정부에 저항하여 투옥되었다가 2002년 대통령에 당선되어 일련의 실용주의적 개혁을 실시했다. 덕분에 브라질은 성장률이 치솟았고 중산층이 확대되었으며 수백만 빈곤층이 주거와 교육 혜택을 누렸다. 하지만 그는 태머니홀(18세기 말에 사교 단체로 출발하여 1800년경부터 1930년대까지 뉴욕시의 민주당을 지배한 파벌 기구_옮긴이) 보스만큼 비양심적이라는 평가를 받았으며 정실 인사와 담합을 일삼고 수십억 달러의 뇌물을 받았다는 소문이 돌았다.

한편 젊고 말쑥하며 근사한 유럽풍 맞춤 정장 차림의 드미트리 메드베데프 대통령은 새 러시아의 총아로 손색이 없어 보였다. 다만 실세는 따로 있었다. 그의 후원자 블라디미르 푸틴이 러시아의 실제 주인이었다. 전직 KGB 요원이자 2선 대통령을 지낸 푸틴은 당시 러시아 총리였으며 그가 다스리는 조직은 정상적인 정부라기보다는 범죄 조직을 닮았다(이 조직은 러시아 경제 구석구석에 촉수를 뻗고 있었다).

남아프리카공화국은 당시 대통령 칼레마 모틀란테가 조만간 제이컵 주마에게 자리를 넘겨줄 예정이어서 전환기를 맞고 있었다. 넬슨 만델라의 당이자 주마가 의장으로 있는 아프리카민족회의(ANC)가 그 나라 의회를 지배하고 있었다. 알고 보니 주마는 성품이 무척 상냥했다. 그는 공정 무역, 인간 개발, 인프라의 필요성을 유창하게 설파했으며 부와 기회가 아프리카 대륙에 더 골고루 분배되어야 한다고 역설했다. 하지만 만델라의 영웅적 투쟁 덕분에 쌓인 선의는 ANC 지도부의 부패와 무능 때문에 대부분 흩어져버렸고 흑인 인구의 대부분은 여전히 가난과 절망에 허덕였다.

그런가 하면 만모한 싱 인도 총리는 인도 경제의 현대화를 추진한 인물이었다. 점잖고 목소리가 나긋나긋한 70대 경제학자인 그는 시크교도의 상징인 흰 수염과 터번 때문에 서양인의 눈에는 성자처럼 보였는데, 1990년대에 인도 재무장관을 지내면서 수백만 인구를 빈곤에서 구출했다. 내가 겪어본 싱 총리는 현명하고 사려 깊고 매사에 정직했다. 하지만 인도는 경제가 뚜렷하게 발전했는데도 여전히 혼란스럽고 빈곤했다. 종교와 계급으로 분열되었고 부패한 지방 토호와 유지들에게 놀아났으며 변화에 저항하는 이기적 관료들에게 발목이 잡혀 있었다.

그리고 중국이 있었다. 덩샤오핑이 마오쩌둥의 마르크스·레닌주의를 사실상 폐기하고 수출 주도형 국가 관리식 자본주의를 채택한 1970년대 말 이후로 중국은 역사상 어느 나라보다 빠르게 발전했으며 어느 나라보다 많은 국민이 절대 빈곤에서 벗어났다. 한때는 저임금 노동력을 무진 장 공급받기 원하는 외국 기업들을 위한 질 낮은 제조 및 조립 중심지에 불과했으나 이젠 일류 엔지니어와 세계 수준의 기업들이 첨단 기술 분 야에서 활약하고 있었다. 엄청난 무역 흑자 덕에 모든 대륙에 통 크게 투 자했으며, 상하이와 광저우 같은 선진 도시들은 세련된 금융 중심지이 자 신흥 소비 계층의 보금자리가 되었다. 성장률과 경제 규모를 보면 중 국의 GDP는 언젠가 미국을 앞지를 것이 분명했다. 여기에다 막강한 군 대, 점점 숙련되는 노동력, 기민하고 실용주의적인 정부, 5000년 문화의 응집력을 더하면 결론은 명백했다. 세계 무대에서 미국의 우위에 도전할 나라가 있다면 그것은 중국이었다.

그럼에도 G20에서 중국 대표단의 처신을 보니 중국은 몇십 년 후에 나 미국에 도전할 수 있을 거라는 확신이 들었다. 또한 그런 일이 일어 난다면 필시 미국의 전략적 실수 때문일 듯했다. 후진타오 중국 주석은 60대 중반의 평범한 인물로, 머리카락이 새카맸는데(중국 지도자들은 나이 를 먹어도 머리가 허옇게 세는 사람이 거의 없는 것 같았다) 딱히 강한 지도자 로 보이지는 않았으며 중국공산당 중앙위원회의 나머지 위원들과 권력 을 나눠 가지고 있었다. 회의장 언저리에서 말을 나눠보니 미리 준비한 메모에서 절대 벗어나려 하지 않는 듯했으며 지속적으로 의견을 교환하 고 (그의 말마따나) '윈윈' 협력을 증진하자는 것 말고는 별다른 의제가 없 었다. 내게는 중국 경제정책의 최고 책임자 원자바오 총리가 더 인상적 이었다. 키가 작고 안경을 쓴 그는 메모 없이 이야기했고 현재 위기를 상 세히 파악하고 있었다. 미국의 경제회복법과 규모가 비슷한 중국판 경 기 부양책을 추진하겠다는 그의 확언은 내가 G20에서 들은 것 중 가장 반가운 소식이었을 것이다. 하지만 중국은 세계 질서의 고삐를 잡으려고 안달하지 않았으며 오히려 불필요한 두통거리로 여겼다. 원자바오 총리 는 금융 위기를 앞으로 어떻게 관리할 것인지는 거의 말하지 않았다. 중 국이 보기에 그걸 궁리할 책임은 우리에게 있었으니까.

런던 정상회의뿐 아니라 내가 대통령으로서 참석한 모든 국제회의에서 이러한 패턴이 반복되었다. 미국이 세계에서 수행하는 역할에 불만을 제기하는 사람들조차 우리가 체제를 유지해주기를 기대했다. 물론 규모는 다르지만 다른 나라들도 유엔 평화 유지 활동에 군대를 보내거나 기근 구호를 위해 현금과 물자를 지원하는 등 기꺼이 협력했다. 북유럽 국가들은 꾸준히 체급 이상으로 기여했다. 하지만 이런 경우를 제외하면, 편협한 국익을 초월하여 행동해야겠다는 의무감을 느끼는 나라는 거의 없었다. 자유주의적 시장 체제의 토대를 이루는 원칙들, 즉 개인의 자유, 법치, 확고한 소유권 집행과 중립적 분쟁 중재, 거기다 기본적 수준의 정부 책임성 및 능력 따위가 미국 못지않게 확고한 나라들은 경제적, 정치적 영향력이 없었을뿐더러 이 원칙들을 전 세계적 규모에서 추구할 외교, 정책 전문가 집단은 더더욱 없었다.

중국, 러시아, 심지어 브라질, 인도, 남아프리카공화국 같은 어엿한 민주 국가들도 미국과는 다른 원칙을 토대로 삼았다. 브릭스의 관점에서 책임감 있는 대외 정책은 제 밥그릇만 챙기는 것이었다. 그들은 자국의 이익에 부합할 때만 규칙을 지켰고, 그마저도 신념보다는 필요에 따라 움직였다. 규칙을 어겨도 무사하겠다 싶으면 거리낌없이 규칙을 어겼다. 다른 나라를 지원할 때는 상호주의적 태도를 취하고 반대급부를 기대했다. 체제 전체를 지탱할 사명감은 전혀 느끼지 않는 것이 분명했다. 이 나라들 입장에서 그런 일은 등 따습고 배부른 서구나 감당할 수 있는 사치였다.

G20에 참석한 브릭스 정상들 중에서 내가 가장 흥미롭게 교류한 인물은 메드베데프였다. 당시 미국과 러시아의 관계는 유난히 저조했다. 메드베데프가 취임하고 몇 달 뒤인 지난해 여름, 러시아는 이웃 나라인 옛 소련 공화국 조지아를 침공하여 두 주州를 불법 점령했다. 이 때문에 두 나라가 무력 충돌을 벌였으며, 국경을 맞

댄 나라들은 긴장이 고조되었다.

우리가 보기에 이는 푸틴이 점점 대담해지고 사나워지고 타국의 주권을 존중하지 않고 국제법을 더 공공연히 무시한다는 신호였다. 여러 면에서 그는 그러고도 무사했다. 부시 행정부는 외교 접촉을 중단하는 조치 외에는 러시아의 도발을 응징하지 않았으며 다른 나라들도 어깨만 으쓱할 뿐 모르는 체했기에, 이제 와서 러시아를 고립시키려 해봐야 실패할 게 뻔했다. 우리 행정부의 희망은 러시아와 이른바 '리셋'을 해서, 우리의 국익을 지키고 그 지역의 민주주의 파트너들을 지원하고 핵무기 확산 저지 및 군축을 위한 우리의 목표에 협조를 얻어낼 수 있도록 대화의 문을 여는 것이었다. 우리는 정상회의 하루 전에 메드베데프와의 비공식 회담을 준비했다.

나는 두 전문가에게 회담 준비를 맡겼다. 한 명은 국무부 정무 담당 차관 빌(윌리엄) 번스였고 다른 한 명은 NSC 러시아 및 유라시아 담당 선임 국장 마이클 맥폴이었다. 부시 행정부 때 러시아 대사를 지낸 직업 외교관 번스는 키가 크고 콧수염을 길렀으며 몸이 약간 구부정했는데, 목소리가 나긋나긋하고 옥스퍼드 대학교 출신답게 학구적 분위기를 풍겼다. 반면에 맥폴은 활력과 열정으로 가득했고 얼굴 전체로 미소를 지었으며 금발의 더벅머리였다. 몬태나 토박이여서 모든 말을 느낌표로 끝맺는 듯한 말투였다. 스탠퍼드 대학교 교수 시절에는 나의 선거운동에 자문을 해주었다.

둘 중에서 우리가 러시아에 영향을 미칠 수 있다고 더 낙관한 쪽은 맥폴이었는데, 한 가지 이유는 정치적 변화가 거세지던 1990년대 초에 모스크바에 살았기 때문이었다. 처음에는 연구자로, 나중에는 미국 정부가 (부분적으로) 후원하는 민주주의 옹호 단체의 현지 소장으로 머물렀다. 하지만 번스와 마찬가지로 그는 메드베데프에 대해 너무 큰 기대는 하지 말라고 충고했다.

맥폴은 이렇게 말했다. "메드베데프는 대통령님과 좋은 관계를 맺어서 자신이 세계 무대의 일원임을 입증하고 싶어 할 겁니다. 하지만 아직까지는 푸틴이 칼자루를 쥐고 있음을 명심하셔야 합니다."

메드베데프의 이력을 살펴보니 왜 다들 그를 푸틴의 졸개로 여기는지 알 수 있었다. 나이는 40대 초반이고 교수 부부의 외동아들로 비교적 풍족하게 자랐으며 1980년대 후반에 법학을 공부하여 레닌그라드 국립대학교(지금의 상트페테르부르크 국립대학교)에서 강사로 지냈다. 푸틴과는 소련이 해체된 1990년대 초 상트페테르부르크 시장 밑에서 함께 일할 때 알게 되었다. 푸틴이 정치를 계속하여 보리스 옐친 대통령 밑에서 총리까지 올라가는 동안 메드베데프는 정계 인맥을 활용하여 러시아 최대의 목재 회사 경영진이 되어 소유 지분을 확보했다. 당시에는 러시아가 국영 자산을 마구잡이로 민영화했기 때문에, 연줄이 좋은 주주들은 큰 돈을 벌 수 있었다. 조용히 부자가 된 그는 스포트라이트를 받지 않은 채 여러 공공사업에 관여했다. 그러다 1999년 말에 푸틴에 의해 모스크바의 고위직에 발탁됨으로써 정부에 복귀했다. 불과 한 달 뒤 옐친이 전격 사임하면서 푸틴은 총리에서 대통령 직무대행으로 승격했고 메드베데프도 뒤따라 승진했다.

말하자면 메드베데프는 기술 관료이자 막후 조종자였으며 지명도나 독자적인 정치적 기반은 별로 없었다. 회담을 위해 런던 외곽에 있는 미국 대사의 으리으리한 관저인 윈필드 하우스에 도착한 그의 모습도 이러한 인식에 들어맞았다. 체구가 왜소하고 흑발에 상냥했으며 약간 격식을 차렸고 지나치다 싶을 만큼 겸손했다. 정치인이나 당 기관원이라기보다는 국제 경영 컨설턴트 같았다. 영어를 알아듣는 것이 분명했지만 통역을 통해 말하는 쪽을 선호했다.

나는 러시아가 조지아를 군사적으로 점령한 일을 첫 번째 논의 주제로 꺼냈다. 예상대로 메드베데프는 공식 입장에서 한 치도 벗어나지 않았다. 조지아 정부가 위기를 자초했다고 비난했으며 러시아는 자국민을 폭력으로부터 보호하기 위해 조치를 취했을 뿐이라고 주장했다. 침공과 주둔이 조지아의 주권과 국제법을 위반한 행위라는 나의 주장을 일축하면서, 이라크에 주둔한 미군과 달리 러시아군은 해방자로서 진심으로 환영받았다고 꼬집었다. 그 말을 듣고 있자니 반체제 작가 알렉산드르 솔제니친이 소련 시절의 정치에 대해 한 말이 떠올랐다.

"거짓말은 도덕의 범주일 뿐 아니라 국가를 떠받치는 기둥이 되었습니다."

조지아 침공에 대한 반박을 보면서 메드베데프가 결코 어수룩하지 않음을 실감했지만, 말투에서는 어딘지 반어적인 거리감이 느껴졌다. 마치 자신이 하는 말을 자신도 정말로 모두 믿지는 않는다는 것을 내가 알아주길 바라는 것 같았다. 대화 주제가 바뀌자 그의 성격도 달라졌다. 아마도 금융 위기를 관리하는 데 필요한 조치들에 관해 충분히 브리핑을 받은 듯했으며 태도도 건설적이었다. 우리가 제안한 미·러 관계 '리셋'에도 적극 호응했다. 특히 교육, 과학, 기술, 교역 같은 비군사적 영역에서 협력을 확대하는 데 관심을 보였다. 그는 미군이 병력과 장비를 아프가니스탄으로 운반할 때 러시아 영공을 이용하라고 불쑥 제안하여 우리를 놀라게 했다(전례가 없는 일이었다). 그러면 비용이 많이 들고 때로는 신뢰할 수 없는 파키스탄 보급로에 대한 의존도를 줄일 수 있었다.

나의 최우선 사안—이란의 핵무기 개발 가능성을 비롯한 핵 확산을 저지하기 위한 미·러의 협력—에 대해 메드베데프는 솔직하고 융통성 있게 참여하겠다는 의사를 밝혔다. 2009년 말 만료되는 전략무기감축조약(스타트START)의 후속 조치로서 양국 전문가들이 핵 보유고를 감축하는 협상을 시작하자는 나의 제안도 받아들였다. 이란을 압박하려는 국제적 노력에 동참할 준비는 되어 있지 않았지만 손을 떼지는 않았고, 이란의 핵·미사일 개발 계획이 모스크바의 예상보다 훨씬 빨리 진척되었음을 인정했는데, 이것은 맥폴이나 번스가 러시아 관료에게서—심지어 사석에서도—듣지 못한 얘기였다.

하지만 메드베데프는 상대의 의견을 그저 묵묵히 따르는 사람은 아니었다. 핵 확산 저지를 논의하던 중간에는 러시아에 나름의 우선순위가 있음을 분명히 했으며, 폴란드와 체코공화국에 유도탄 방어 체계를 설치하겠다는 부시 행정부의 결정을 우리가 재고하길 바랐다. 그는 푸틴의 대리인으로서 말하는 듯했다. 폴란드와 체코가 우리의 방어 체계를 유치하고 싶어 하는 주된 이유는 자국 내에서 미군의 군사 역량이 강화되면 러시아의 위협에 또 다른 대비책이 되어주기 때문임을 푸틴은 정확히 간파했다.

사실 러시아는 몰랐지만 우리는 유럽의 지상 배치 유도탄 방어 개념을 재검토하고 있었다. 내가 런던으로 출발하기 전 로버트 게이츠는 부시 시절에 개발한 계획들이 가장 긴급한 위협(주로 이란)에 대해 애초 구상보다 효과가 적을 수 있다고 판단했음을 알려주었다. 게이츠는 어떤 결정이든 내리기 전에 다른 방안들을 검토하도록 명령하라고 제안했다.

다가올 스타트 협상에 유도탄 방어 재검토 방안도 포함하자는 메드베데프의 요청을 받아들일 생각은 없었다. 하지만 러시아의 불안을 덜어주는 것이 우리에게 유익하다고는 생각했다. 게다가 행운의 타이밍 덕에 메드베데프가 빈손으로 런던을 떠나지 않게 해줄 수 있었다. 나는 이 문제를 선의에서 논의하려는 의지를 보여주는 차원에서 유럽 관련 계획을 재검토할 의향을 내비쳤다. 그리고 이란 핵 개발 계획을 중단시키는 일이 진전된다면 나의 모든 결정에 틀림없이 영향을 미칠 것이라고 덧붙였다. 나의 노골적인 메시지에 메드베데프는 통역의 말을 듣기도 전에 반응했다.

그는 가볍게 미소 지으며 영어로 말했다. "알아들었습니다."

헤어지기 전에 메드베데프는 여름에 모스크바에 방문해달라고 초대했는데, 나도 수락할 의향이 있었다. 그의 차량 행렬을 배웅하고 나서 번스와 맥폴을 돌아보며 어떻게 생각하느냐고 물었다.

맥폴이 말했다. "솔직히 말씀드리죠, 대통령님. 어떻게 해도 이보다 나을 수는 없을 겁니다. 기대보다 훨씬 전향적으로 임하는 것 같더군요."

번스가 말했다. "마이크 말이 옳습니다만, 메드베데프가 한 말들이 어느 정도로 푸틴과 사전에 조율되었는지 궁금합니다."

나는 고개를 끄덕였다. "조만간 알게 되겠죠."

런던 정상회의 막바지에 G20은 세계 금융 위기에 대처하는 방안에 합의했다. 각국 정상들이 참석한 가운데 공동으로 발표할 최종 코뮈니케(성명서)에는 경기 부양을 위한 추가 노력과 보호무역주의 거부 같은 미국의 우선 과제들과 더불어 조세 회피지 폐지와 금융 감독 강화처럼 유럽인들이 중요시하는 방안들이 담겼다. 브릭스 국가들은 세계은행과 IMF에서의 입지 변화 가능성을 검토하겠다는 미국과 유럽연합의 약속을 성과로 가져갈 수 있었다. 나와 팀이 행사장을 떠나려는데 사르코지가 흥분에 겨워 우리 손을 잡았다.

그가 말했다. "이번 합의는 역사적이에요, 버락! 이게 성사된 건 당신 덕분이에요. …… 아니, 아니에요, 정말이에요! 그리고 여기 가이트너 씨도…… 대단했어요!" 그러더니 사르코지는 우리 재무장관의 성을 미식축구 팬처럼 연호하기 시작했는데, 하도 소리가 커서 행사장의 몇 사람이 고개를 돌려 쳐다보기까지 했다. 팀이 거북해하는 기색이 역력했을 뿐 아니라 메르켈이 고뇌에 찬 표정을 지었기 때문에 나는 웃음을 터뜨렸다. 막 코뮈니케의 문구를 살펴본 그녀는 엄마가 말썽꾸러기 아이 보듯 사르코지를 흘겨봤다.

전 세계 언론은 이번 정상회의를 성공으로 평가했다. 합의가 예상보다 실속 있었을 뿐 아니라 우리가 협상에서 주도적 역할을 한 덕에, 금융 위기로 미국의 지도력이 영구적 타격을 입었다는 견해를 조금이나마 뒤집었기 때문이다. 폐회 기자회견에서 나는 합의에 일조한 사람들을 빼먹지 않고 언급하려고 노력했다. 그리고 고든 브라운의 지도력을 칭송하며 이렇듯 서로 연결된 세상에서는 어떤 나라도 홀로 설 수 없다고 주장하고, 중대한 문제를 해결하려면 런던에서와 같은 국제 협력이 필요하다고 말했다.

이틀 뒤에 한 기자가 이 발언을 언급하며 미국예외주의에 대한 견해를 물었다. 내가 말했다. "저는 미국예외주의를 믿습니다. 이것은 영국인이 영국예외주의를 믿고 그리스인이 그리스예외주의를 믿는 것과 다를 바 없다고 생각합니다."

겸손과 예의를 표하려는 이 대수롭지 않은 발언을 공화당과 보수파 뉴스 매체들이 내가 유약하고 애국심이 부족하다는 증거라며 문제 삼았다는 사실은 나중에야 알게 되었다. 정치 평론가들은 내가 다른 나라 정상 및 시민들과 소통한 일을 '오바마의 사과 투어'로 규정하기 시작했는데, 실제로 내가 무슨 사과를 했는지 지적할 수 있는 사람은 없었다. 내가 외국 청중에게 미국의 우월성을 설파하지 않은 것을 괘씸하게 여긴 것이 틀림없었다. (우리의 불완전함을 인정하고 다른 나라들의 견해를 진지하게 고려한 일은 말할 것도 없었다.) 미국의 언론 매체 지형이 크게 분열되었으며 점차 유해해지는 당파성이 급기야 선을 넘기 시작했음을 상기시키는 사례였다. 이 새로운 우주에서는 전통적인 기준에 따른 모든 대외 정책 승리가 (적어도 국민 절반의 머릿속에서는) 패배로 둔갑했으며, 미국의 이익을 증진하고 외국의 선의를 끌어내는 메시지가 정치적 두통거리로 전락했다.

기분 좋은 얘길 하자면, 미셸의 국제 무대 데뷔는 대성공이었다. 특히 런던 도심의 여자중등학교 방문이 언론의 호평을 받았다. 백악관 생활 내내 그랬듯 그런 소통을 즐거워한 미셸은 나이와 배경에 상관없이 아이들과 금방 친해졌는데, 그 마법은 외국에서도 잘 통했다. 학교에서 그녀는 어린 시절과 자신이 넘어야 했던 장벽을, 교육이 열어준 기회를 이야기했다. 학생들은—다들 노동자 계층이었고 상당수는 서인도 제도나 남아시아 혈통이었다—이 매력적인 여인이 자신도 한때 그들과 똑같았다고 말하자 귀를 쫑긋 세웠다. 그녀는 이후 몇 년간 여러 차례 이 학교 학생들을 방문했고 한번은 백악관에 초청했다. 훗날 한 경제학자는 이 학생들의 학업 성취도를 조사하여 미셸과 교류한 덕에 표준 점수가 눈에 띄게 상승했다며 그녀의 영감을 주는 메시지와 친밀감이 실질적이고 측정 가능한 변화를 일으켰다고 결론 내렸다. 이 '미셸 효과'는 내게도 무척 친숙했다. 내게도 같은 영향을 미쳤으니까. 이 사례를 접한 우리는 퍼스트패밀리의 업무가 정치와 정책에만 국한되지 않음을 되새겼다.

미셸은 사소한 논란에 휘말리기도 했다. G20에 참석한 정상 부부가 버킹엄 궁전에서 엘리자베스 여왕과 함께하는 환영회에서 그녀가 폐하의 어깨에 손을 올리고 있는 장면이 사진에 찍혔다. 여왕은 개의치 않고 화답하여 미셸에게 팔을 둘렀지만, 이것은 왕족과 평민 사이의 의례를 위반한 일이었다. 또한 미셸은 여왕과 사전 면담하는 자리에서 드레스 위에 카디건 스웨터를 걸쳐 플리트 스트리트(과거에 영국의 주요 언론사들이 밀집했던 언론 중심지_옮긴이)를 경악게 했다.

이튿날 아침 내가 말했다. "내 조언대로 저 작은 모자 중 하나를 썼어야 했어. 어울리는 작은 핸드백도!"

그녀는 미소를 지으며 내 뺨에 입 맞추고 밝은 표정으로 말했다. "집에 돌아가면 소파에서 잘 각오 해. 백악관에는 소파가 아주 많으니까 아무거나 골라 잡아!"


그 뒤로 독일 바덴바덴과 프랑스 스트라스부르에서 열린 나토 정상회의에 참석하고, 체코공화국에서 회담과 연설을 하고, 이라크를 깜짝 방문하며 닷새를 정신없이 보냈다. 이라크에서는 환호하는 미군 병사들의 용기와 희생을 치하하고 알말리키 총리를 만나 우리의 철군 계획과 이라크의 의회주의 도입을 상의했다.

순방을 마칠 즈음엔 여러 이유로 흡족했다. 어디에서나 미국의 의제를 성공적으로 전파했다. 큰 실수는 저지르지 않았다. 가이트너와 게이츠 같은 각료에서 최신참 선발대에 이르기까지 대외정책팀 한 사람 한 사람이 빼어난 성과를 거뒀다. 방문한 나라들은 미국과 얽히기를 꺼리기는커

넝 우리가 지도력을 발휘하기를 갈구하는 듯했다.

그럼에도 이번 순방은 새 계획을 추진하기보다는 전임자 때 발생한 화재를 진화하다가 나의 첫 번째 임기가 끝날 것임을 보여주는 엄연한 증거였다. 이를테면 나토 정상회의에서 동맹국들로부터 애프팩 전략에 대한 지지를 끌어냈지만, 유럽 정상들은 이라크 침공 이후 미국과의 군사 협력에 자국민들이 얼마나 비판적인지, 추가 파병을 위한 정치적 지지를 확보하기가 얼마나 힘들지에 관해 볼멘소리를 했다. 러시아의 조지아 침공에 부시 행정부가 미지근하게 반응한 데 실망한 나토의 중·동유럽 회원국들은 자신들이 러시아로부터 비슷한 공격을 받았을 때 동맹의 보호를 신뢰해도 되겠느냐고 질문했다. 정곡을 찌른 지적이었다. 정상회의를 앞두고서 나는 나토가 모든 동맹국을 방어할 수 있는 계획이나 신속한 대응 능력을 갖추지 못했다는 사실을 알고 놀랐다. 내가 대통령이 되어 발견한 또 하나의 작고 추한 비밀이었다. 아프가니스탄에 관해 검토하다가 내가 알게 된 것, 이라크 침공 이후에 전 세계가 알게 된 것도 이와 같았다. 바로 체니와 럼즈펠드 같은 부시 행정부 매파들이 입으로는 강경한 발언을 일삼으면서도 자기 말을 일관되고 효과적인 전략으로 뒷받침하는 일에는 놀랄 정도로 무능했다는 사실이다. 데니스 맥도너는 더 적나라하게 표현했다. "백악관 서랍을 아무거나 열면 상한 샌드위치가 들어 있을 거예요."

나는 나토가 각 회원국을 개별적으로 방어하는 계획을 수립하도록 제안하고 상호 방위 의무와 관련하여 회원국 사이에 신참과 고참의 구별을 두지 않겠다고 선언함으로써 중유럽 문제를 가라앉히기 위해 할 수 있는 일을 했다. 이미 격무에 시달리는 보좌진과 군이 더 많은 일을 떠안아야 하겠지만, 나는 이런 상황에 너무 열받지 않으려고 애썼다. 모든 대통령이 전 행정부의 선택과 잘못을 떠안을 수밖에 없음을, 대통령 임무의 90퍼센트는 물려받은 문제와 예상치 못한 위기를 헤쳐나가는 것임을 되새겼다. 이 문제들을 절제와 목적의식을 가지고 해결하면 미래를 빚는 진짜 목표에 착수할 수 있을 테니까.

순방 막바지에 정말로 우려스러웠던 점은 특정 사안이라기보다는 전반적 인상이었다. 여러 이유로—어떤 것들은 우리가 자초했고 어떤 것들은 통제 범위 밖에 있었다—냉전 종식 이후 전 세계를 휩쓴 민주화, 자유화, 통합의 희망찬 조류가 물러나기 시작했다는 느낌이 들었다. 오래된 어둠의 세력이 힘을 키우고 있었으며 긴 경제 침체가 낳은 스트레스 때문에 상황이 악화할 가능성이 있었다.

이를테면 금융 위기가 일어나기 전에 상승세였던 터키는 세계화가 신흥 경제에 긍정적인 영향을 미친 모범 사례로 손꼽혔다. 인구 대다수가 무슬림인 터키는 정치적 불안정과 군사 쿠데타의 역사에도 불구하고, 1950년대 이후 서구와 폭넓게 협력했으며 나토 가입, 정기적 선거, 시장 체제, 그리고 여성 평등권 같은 현대적 원칙을 명시한 세속주의 헌법 등을 유시했다. 그러다 현 총리 레제프 타이이프 에르도안과 그의 정의진보당이 포퓰리즘적이고 (종종) 명백히 이슬람주의적인 주장을 내세워 2002~2003년에 정권을 잡으면서 세속주의적이고 군부가 주도하는 정치 엘리트들이 동요했다. 특히 팔레스타인 독립국가를 위해 투쟁하는 무슬림 형제단과 하마스에 에르도안이 공공연히 동조하자 워싱턴과 텔아비브는 골머리를 썩였다. 그럼에도 에르도안 정부는 터키 헌법을 준수하고 나토의 의무를 이행했으며 심지어 유럽연합에 가입할 자격을 갖추기 위해 일련의 온건한 개혁을 추진하는 등 경제를 효과적으로 관리했다. 일부 평론가는 에르도안이 그 지역 특유의 독재정치, 신정정치, 극단주의 운동의 대안으로서 온건하고 현대적이고 다원주의적인 정치적 이슬람의 본보기를 제시할지도 모른다고 주장했다.

터키 의회에서 연설하고 이스탄불 대학생들과 간담회를 하면서 나는 이런 낙관론을 표출하려 애썼다. 하지만 에르도안과 대화해보니 의심이 들었다. 나토 정상회의 기간에 에르도안은 자신의 팀에 평판 좋은 덴마크 총리 아네르스 라스무센의 나토 신임 사무총장 임명을 저지하라고 지시했는데, 그 이유는 라스무센이 자격 미달이라고 생각해서가 아니라 2005년에 예언자 무함마드를 묘사한 만평을 실은 덴마크 신문에 대한 터키의 검열 요구를 라스무센 정부가 거부했기 때문이다. 유럽인들이 언론 자유를 거론하며 호소해도 에르도안은 요지부동이었다. 그는 내가 라스무센을 설득해 터키인 부총장을 임명하도록 하겠다고 약속하고 만일 라스무센이 임명되지 않으면 다가올 터키 방문과 터키에 대한 미국 내 여론에 부정적 영향이 미칠 것이라고 으름장을 놓은 뒤에야 한발 물러섰다.

이후 8년간 비슷한 패턴이 반복되었다. 이기적 상호주의는 에르도안과 내가 협력 관계를 발전시키는 토대가 되었다. 터키는 유럽연합 가입을 미국이 지지해주길 바랐으며 사담 후세인의 사망에 용기를 얻은 쿠르드 분리주의자들과 싸우기 위해 군사, 정보 지원을 얻고 싶어 했다. 한편 우리가 테러와 싸우고 이라크를 안정시키려면 터키의 협조가 필요했다. 개인적으로 에르도안 총리는 싹싹했으며 내 요청에 대체로 호의적이었다. 하지만 그가 말하는 걸 들을 때면─큰 키를 살짝 구부리고 강하게 딱딱 끊어 말하는데, 이런저런 불만이나 (자신이 느끼기에) 모욕에 반응할 때는 목소리가 한 옥타브 올라간다─그가 권력 유지에 이로울 때에만 민주주의와 법치를 수용한다는 의심이 들었다.

민주적 가치의 지속 가능성이 의심되는 나라는 터키만이 아니었다. 내가 프라하에 들렀을 때 유럽연합 관료들은 유럽 전역에서 극우 정당이 부상하는 현상, 경제 위기로 민족주의, 반이민 정서, 통합 회의론이 증가한 현실에 우려를 표했다. 체코의 대통령 바츨라프 클라우스와의 짧은 만남에서도 우려스러운 모습을 찾아볼 수 있었다. 2003년에 대통령으로 취임한 그는 대표적인 '유럽통합회의론자Eurosceptic'로, 열렬한 자유시장주의자이자 푸틴의 추종자였다. 우리는 대화하면서 무거운 주제를 피하려고 노력했지만, 그의 공식 기록으로 보건대─체코 TV 방송을 검열하려는 시도를 지지했고, 게이와 레즈비언의 권리를 무시했으며, 기후변화를 부정하는 것으로 악명 높았다—중유럽의 정치적 추세에 딱히 희망을 품긴 힘들었다.

이 추세가 얼마나 오래갈지는 점치기 힘들었다. 나는 진보적 변화와 보수적 반동을 오락가락하는 것이 (미국의 민주주의를 비롯한) 민주주의의 성격이라고 스스로에게 말했다. 정작 놀라운 점은 클라우스를 미국 공화당 상원 코커스에 데려다 놔도 전혀 어색하지 않으리라는 사실이었다. 에르도안 또한 시카고 시의회의 지역 유지로 손색이 없었다. 이것이 내게 위안거리인지 근심거리인지는 판단이 서지 않았지만.

내가 프라하에 온 목적은 민주주의의 상태를 평가하기 위해서가 아니었다. 우리의 가장 중요한 대외 정책 목표—핵무기를 감축하고 궁극적으로 제거하는 것—를 천명하기 위해 순방 중 유일하게 대규모 대중 연설을 하기로 했다. 4년 전 상원의원으로 당선된 이후 줄곧 이 문제와 씨름한 나는 많은 사람이 이 목표를 유토피아적 발상으로 치부할 수도 있지만 어떤 면에서 그것이야말로 핵심이라고 우리 팀에 말했다. 이 문제를 약간이라도 진전시키려면 담대하고 포괄적인 이상이 필요하기 때문이었다. 내가 말리아와 사샤에게 물려주고 싶은 것이 하나 있다면 그것은 바로 인간이 자초하는 종말의 가능성으로부터 해방된 세상이었다.

내가 유럽 전역의 헤드라인을 장식하는 방안을 동원해가며 핵 문제에 집중한 좀 더 실질적인 두 번째 이유는 이란과 북한이 핵 개발 계획을 추진하지 못하도록 막을 방법을 찾기 위해서였다. (연설 전날 북한은 단지 우리의 주의를 끌기 위해서 장거리 로켓을 태평양에 발사했다.) 이제 강제적 경제 제재를 비롯하여 두 나라에 대한 국제적 압박의 강도를 높일 때가 됐다. 나는 미국이 전 세계적 군축 노력을 무작정 다시 시작하기보다 우선 자국의 핵 보유고를 적극적으로 감축하려는 의지를 보여주면 이 일이 훨씬 쉬워지리라는 것을 알았다.

연설 당일 오전, 핵 문제에 대한 해법이 허황한 돈키호테식 발상으로 들리지 않도록 구체적이고 실현 가능한 제안들을 준비했고, 이에 만족감이 들었다. 날은 화창했으며 주위 풍경은 장관이었다. 도시 광장 뒤로는 한때 보헤미아 국왕들과 신성로마제국 황제들의 거처이던 옛 프라하성이 서 있었다. 비스트가 시내의 좁고 울퉁불퉁한 거리를 천천히 나아가는 동안 우리는 연설을 듣기 위해 모인 수천 명의 체코인들 앞을 지났다. 연령대는 다양했지만 대부분 젊었다. 청바지, 스웨터, 스카프 차림의 젊은이들이 서늘한 봄바람을 맞으며, 상기되고 기대감에 찬 얼굴로 서 있었다. 1968년 프라하의 봄 막바지에 소련군 탱크에 해산된 군중도 이와 같았으리라. 불과 21년 뒤인 1989년에 바로 이 거리에서 훨씬 많은 군중이 평화 시위를 벌여 온갖 어려움 속에서도 공산주의 지배를 끝장냈다.

1989년에 나는 로스쿨에 재학하고 있었다. 하버드 광장에서 몇 킬로미터 떨어진 지하실 거처에 혼자 앉아 중고 TV 세트에 바싹 달라붙은 채 훗날 벨벳 혁명으로 알려진 사건의 전개 과정을 바라보던 기억이 떠올랐다. 시위 장면에서 눈을 떼지 못한 채 크나큰 감명을 받았다. 그에 앞서 같은 해에 톈안먼 광장에서 탱크를 막아선 한 사람을 봤을 때도 같은 감정을 느꼈고, 프리덤 라이더스(1961년 버스를 타고 남부를 돌며 인종차별 철폐를 요구한 비폭력 시위_옮긴이)나 셀마의 에드먼드 페터스 다리를 건너는 존 루이스와 동료 민권 전사들의 자글자글한 영상을 볼 때마다 같은 영감을 받았다. 평범한 사람들이 두려움과 타성을 벗어버리고 가장 깊숙한 신념에 따라 행동하는 모습, 젊은이들이 단지 자신의 삶에서 목소리를 내기 위해, 인간 정신을 짓누르는 낡은 잔혹성, 위계질서, 분열, 거짓, 불의를 세상에서 몰아내기 위해 모든 것을 거는 모습―그것이야말로 내가 믿은 것이요, 내가 속하길 갈망한 것임을 깨달았다.

그날 밤 잠을 이룰 수 없었다. 이튿날 수업을 위해 읽어야 하는 판례집을 내려놓고 밤이 깊도록 일기를 썼다. 머릿속은 다급하고 설익은 생각들로 가득했고, 이 거대한 지구적 투쟁에서 내 역할이 무엇인지는 불확실했지만 그때에도 법률 실무가 내게 기착지에 불과하다는 사실, 심장이 나를 딴 곳으로 데려가리라는 사실은 알고 있었다.

그날이 아주 오래전처럼 느껴졌다. 하지만 대통령 리무진 뒷좌석에서 전 세계에 방송될 연설을 준비하다 밖을 내다보면서 그 순간과 이 순간을 직접 연결하는, 있을 법하지 않은 끈이 있음을 깨달았다. 나는 그 젊은이의 꿈들이 낳은 산물이었다. 넓은 무대 뒤의 임시 대기실로 올라가면서 나의 일부를 정치인이 아니라 당시 군중 속에 있던 그 젊은이들 중 하나로 상상했다. 권력과 타협하지 않고 에르도안과 클라우스 같은 사람들의 비위를 맞추려고 전전긍긍하지 않고 오로지 새롭고 더 나은 세상을 추구하는 이들과 공동의 대의를 이루고자 하는 사람을 머릿속에 그렸다.

연설이 끝나고 바츨라프 하벨을 예방할 기회가 생겼다. 극작가이자 반체제 운동가이던 그는 2003년까지 체코공화국 대통령을 연임했다. 프라하의 봄에 참가했다가 소비에트 점령 이후 블랙리스트에 올랐고 작품 공연이 금지당했으며 정치 활동으로 번번이 투옥되었다. 하벨은 소비에트 시대를 끝장낸 풀뿌리 민주주의 운동에 누구 못지않게 고결한 도덕적 목소리를 부여했다. 넬슨 만델라를 비롯하여 아직 살아 있던 소수의 생존 정치인으로서 하벨은 내게 막연한 역할 모델이었다. 나는 로스쿨에서 그의 에세이들을 읽었다. 자기 편이 권력을 쟁취하고 자신이 대통령에 당선된 뒤에도 그가 도덕적 나침반을 내려놓지 않는 것을 보면서, 정치에 몸담고서도 영혼을 고결하게 유지할 수 있음을 확신했다.

바쁜 일정 때문에 만남은 짧았다. 하벨은 70대 초반이었지만 겸손한 태도, 온화하고 우락부락한 얼굴, 적황색 머리카락, 다듬은 콧수염 때문에 더 젊어 보였다. 사진 포즈를 취하고 기자단을 응대한 뒤에 회의실에 들어가 그의 개인 통역사의 도움을 받아 금융 위기, 러시아, 유럽의 미래에 대해 45분가량 이야기했다. 그는 옛 소련 위성국가들 전역에서 민주주의에 대한 의지가 아직 허약한데도 미국이 유럽 문제가 해결되었다고 착각할까 봐 우려했다. 옛 질서의 기억이 희미해지고 미국과 친밀한 자신 같은 지도자가 퇴장하면서 반자유주의가 다시 기승을 부릴 위험이 현실화되었다는 것이다.

하벨이 말했다. "어떤 면에서 소련 시절에는 적이 분명했습니다. 오늘날 독재자들은 더 교묘합니다. 선거를 지지한다면서도, 민주주의를 가능케 하는 제도들을 서서히 훼손합니다. 자유 시장을 옹호한다면서도, 과거와 같은 부패, 정실 인사, 착취를 저지릅니다." 그는 경제 위기 때문에 대륙 전역에서 민족주의와 포퓰리즘적 극단주의가 득세했다고 확언했으며, 러시아를 다시 협상장에 끌어들이려는 나의 전략에 동의하면서도 조지아 영토 합병은 푸틴이 그 지역 전체를 위협하고 간섭하려는 수많은 시도 중에서 가장 공공연한 사례에 불과하다고 경고했다. 그가 말했다. "미국이 관심을 기울이지 않으면 이 나라와 유럽 전역에서 자유가 시들 겁니다."

시간이 다 됐다. 나는 하벨의 조언에 감사를 표하고 미국이 민주적 가치를 흔들림 없이 추구하겠노라 확언했다. 그는 미소를 지으며 내게 짐을 더하진 않았기를 바란다고 말했다.

그가 악수하며 말했다. "사람들의 높은 기대는 당신에게 저주가 되었습니다. 그들이 실망하기도 쉽다는 뜻이니까요. 제게도 친숙한 일입니다. 그것이 덫이 될까 봐 두렵습니다."


워싱턴을 떠난 지 이레 뒤 기진맥진한 우리 팀은 에어포스 원에 다시 탑승했다. 집에 돌아가고 싶은 마음이 간절했다. 앞쪽 객실에서 잠을 좀 청하려는 찰나에 짐 존스와 톰 도닐런이 들어와 선거운동 기간에 한 번도 접해보지 않은 사안에 관한 상황 전개를 브리핑했다.

"해적이라고요?"

존스가 말했다. "해적입니다, 대통령님. 소말리아 해역에 있습니다. 미국인 선장이 있는 화물선에 올라타 선원들을 인질로 잡고 있는 것 같습니다."

새로운 문제는 아니었다. 소말리아는 수십 년째 파탄국가failed state였다. '아프리카의 뿔'(전략적 요충지이자 동서 세력의 각축장인 아프리카 북동부_옮긴이)에 자리 잡은 소말리아는 온갖 군벌, 씨족, (최근에는) 알샤밥이라는 악독한 테러 조직에 의해 분할되고 불안하게 분점되었다. 경제 활동이 멈춘 탓에 일자리를 구하지 못한 젊은이들이 해적이 되어 소형 모터보트, AK-47 소총, 직접 만든 사다리로 무장하고서, 수에즈 운하를 들락날락하며 아시아와 서구를 연결하는 상선에 올라타 인질을 잡고 몸값을 요구하곤 했다. 미국 국적선이 피해를 입은 것은 이번이 처음이었다. 소말리아인 네 명이 스무 명의 선원 중 한 명에게라도 위해를 가했다는 징후는 없었지만 게이츠 국방장관은 해군 구축함 베인브리지호와 호위함 핼리버튼호를 현장에 파견하라고 명령했으며, 우리가 워싱턴에 도착할 즈음에는 군함에서 피랍 선박이 육안으로 보일 만큼 접근할 예정이었다.

존스가 말했다. "새로운 상황이 발생하면 깨워드리겠습니다."

"알았어요." 지난 며칠간 용케 퇴치했던 피로가 뼛속에 눌러앉기 시작하는 듯했다. "메뚜기가 나타나도 깨워줘요. 역병이 돌아도요."

"대통령님?" 존스가 잠시 말을 멈췄다.

"농담이에요, 짐. 잘 자요."

# 15장

               이후 나흘간 국가안보팀 전원은 소말리아 공해상에서 전개된 드라마에 몰입했다. 화물선 머스크 앨라배마호의 기민한 선원들은 해적들이 탑승하기 전에 엔진을 무력화했으며 대부분은 안전한 선실에 숨었다. 한편 버몬트 출신의 용감하고 침착한 미국인 선장 리처드 필립스는 함교에 남아 있었다. 전장 155미터의 선박이 작동 불능 상태이고 자기네 소형 모터보트로는 바다를 건널 수 없었기에 소말리아인들은 덮개 달린 구명정을 타고 탈출하면서 필립스를 인질로 잡고 몸값 200만 달러를 요구했다. 인질범 한 명이 투항했지만 필립스 선장의 석방 협상은 지지부진했다. 한번은 필립스가 구명정 밖으로 뛰어내려 탈출을 시도했으나 다시 붙잡히고 말았다.

    상황이 시시각각 긴박해지자 나는 필립스가 위험에 처할 경우 언제라도 소말리아 해적들에게 발포하라는 스탠딩 오더standing order(명령권자가 철회할 때까지 유효한 명령_옮긴이)를 내렸다. 마침내 닷새째 상황이 종료되었다. 한밤중에 소말리아인 두 명이 밖에 나와 있고 나머지 한 명이 필립스에게 총을 겨누고 있는 모습이 작은 창문을 통해 목격되자 네이비실 저격수들이 총을 세 발 발사했다. 해적들은 전원 사살되었고 필립스는 안전하게 구출되었다.

이 뉴스로 백악관 곳곳에서 하이파이브가 벌어졌다.《워싱턴 포스트》
는 "오바마의 이른 군사적 성공"이라고 헤드라인을 달았다. 필립스 선장
이 가족과 재회하는 광경을 보면서 안도했고 우리 해군 병력의 상황 대
처에 자부심을 느꼈지만 우쭐해지지는 않았다. 한 가지 이유는 고작 몇
센티미터의 차이가 성공과 재앙을 갈랐다는 단순한 깨달음 때문이었다.
어둠 속으로 발사된 세 발의 총알이 갑자기 일어난 파도 때문에 아주 조
금만 방향이 틀어졌더라도 저격수들은 표적을 맞히지 못했을 것이다. 하
지만 더 중요한 깨달음은 예멘과 아프가니스탄, 파키스탄과 이라크 같은
전 세계 분쟁 지역에서 세 명의 소말리아인 사망자 같은 젊은이 수백만
명의 삶이—가장 나이 많은 해적이 열아홉 살이었으니 몇몇은 사실 어
린애였다—절망, 무지, 종교적 영광이라는 꿈, 주위의 폭력, 나이 든 자
들의 책략 때문에 틀어지고 억눌렸다는 것이었다. 이 젊은이들은 위험했
으며 종종 고의로나 무심코 잔학한 짓을 했다. 그럼에도, 적어도 뭉뚱그
려 보면 나는 그들을 어떻게든 구하고 싶었다. 학교에 보내고 직업을 갖
게 하고 머릿속에 들어찬 증오를 빼내주고 싶었다. 하지만 그들이 속한
세상과 내가 지휘한 기관(군) 때문에 나는 그들을 구하기보다는 죽일 때
가 많았다.

　　　　　　　　　　　　　　　나의 임무 중 일부가 사람들을 죽이라
고 명령하는 것임은 놀랄 일이 아니었다(대외적으로 그렇게 비치는 일은 드
물었지만). (게이츠가 즐겨 쓰는 표현대로) "우리의 10야드 선이 아니라 그들
의 10야드 선에서" 테러리스트와 싸우는 것이야말로 아프가니스탄 전쟁
과 이라크 전쟁의 본질이었다. 하지만 알카에다가 흩어지고 숨어들어 연
계 조직, 조직원, 잠복 조직원, 동조자들이 인터넷과 대포폰으로 연결된
복잡한 그물망으로 전이하자 우리 국가 안보 기관들은 더 정밀한 비정통
적 전투 방식을 구상해야 했다. 그중 하나는 살상용 드론으로 파키스탄
영토 내에서 알카에다 조직원을 제거한 작전이었다. 세계에서 가장 정교

한 전자정보 수집 기관인 국가안보국(NSA)은 수십억 달러어치 신형 슈퍼컴퓨터와 암호 해독 기술을 동원하여 사이버 공간을 샅샅이 뒤지며 테러리스트들의 통신과 잠재적 위협을 찾아냈다. 해군 네이비 실 부대들과 육군 특전 부대들이 포진한 펜타곤 합동특수작전사령부는 야습을 감행하여 테러 용의자들을 소탕했다(아프가니스탄과 이라크의 교전 지역 내에서 활동했지만 이따금 밖에서도 작전을 벌였다). CIA는 새로운 분석 및 정보 수집 방식을 개발했다.

백악관도 테러 위협에 대응하여 구조를 개편했다. 나는 매달 상황실에서 회의를 주재하면서, 정보기관들을 불러 모아 현황을 점검하고 기관들의 협력을 조율했다. 부시 행정부는 테러리스트 표적의 등급을 매겨 '톱 20' 명단을 만들었는데, 여기에는 사진, 가명, 야구 카드를 연상시키는 주요 수치가 실려 있다. 명단에 실린 누군가가 살해될 때마다 새 표적이 추가되었으며 람은 이 상황을 "알카에다 인사부는 21번 자리를 채우느라 필시 곤욕을 치렀을 겁니다"라는 식으로 표현했다. 사실 과민한 비서실장은—워싱턴에서 적잖은 시간을 보냈기에, 새로운 진보주의자 대통령이 테러에 유약하다는 이미지에서 탈피해야 한다는 점을 잘 알았다—명단에 집착했으며 10번이나 14번의 위치를 파악하는 데 왜 이렇게 오래 걸리냐고 표적 추적 담당자들을 닦달했다.

나는 이런 일이 즐겁지 않았다. 막강한 힘을 가졌다는 느낌도 들지 않았다. 내가 정치에 입문한 이유는 아이들이 더 나은 교육을 받고 가정들이 의료 혜택을 받고 빈곤국들이 더 많은 식량을 재배하도록 도와주기 위해서였다. 내가 가지고 싶은 힘은 이런 것들이었다.

하지만 이 임무는 꼭 필요한 일이었고, 우리의 작전이 최대한 효과적으로 수행되도록 하는 것은 나의 책임이었다. 일부 좌파와 달리 나는 부시 행정부의 대테러 접근법을 결코 도매금으로 비판하지 않았다. 알카에다와 그 연계 조직들이 무고한 사람들을 대상으로 끊임없이 끔찍한 범죄를 모의했음을 알 만큼의 정보는 접하고 있었다. 그 조직원들은 협상에

응하지 않았으며 일반적인 대응 규칙도 통하지 않았다. 음모를 격퇴하고 조직원들을 뿌리 뽑는 과정은 엄청나게 복잡했다. 9.11 직후 부시가 잘한 일이 몇 가지 있었다. 하나는 미국 내 반이슬람 정서를 가라앉히려는 조치를 신속하고도 일관되게 취했다는 것이다. 매카시즘과 일본인 강제수용소의 역사를 감안컨대 사소한 업적은 아니다. 다른 하나는 초기 아프가니스탄 작전에 대한 국제적 지지를 끌어냈다는 것이다. 나도 비판한 애국법처럼 논란을 일으킨 부시 행정부의 계획들도 기껏해야 남용 가능성이 있는 수단일 뿐이지 미국인의 시민 자유를 송두리째 침해한다고 보이지는 않았다.

하지만 부시 행정부가 이라크 침공을 국민이 지지하도록 정보를 조작한 행위는 그보다는 몹쓸 짓이었다(2004년 선거에서 테러리즘을 일종의 정치적 곤봉으로 휘두른 일은 말할 필요도 없다). 물론 나는 이라크 침공 자체를 수십 년 전 베트남 침공만큼이나 커다란 전략적 패착이라고 여겼다. 하지만 아프가니스탄과 이라크에서 벌어진 전쟁에서는 제2차 세계대전 같은 '선한' 전쟁에서도 일상적으로 벌어진 무차별 폭격이나 고의적 민간인 공격은 저질러지지 않았다. 아부그라이브라는 충격적 사례를 제외하면 파병된 우리 부대들은 인상적인 절제력과 군인 정신을 발휘했다.

그래서 나는 대테러 활동의 뿌리와 가지를 잡아 뜯어 처음부터 새로 시작하기보다는 대테러 활동 중에서 고쳐야 할 부분만 고치면 되겠다고 판단했다. 대표적인 시정 조치 중 하나로 관타나모만에 있는 군교도소 관타나모를 폐쇄하고 그곳에 수용되어 무기한 구금되는 수감자 행렬을 중단시켰다. 또 다른 조치는 고문을 금지하는 행정명령이었다. 대통령직 인수 관련 브리핑을 받으면서 제삼국 이송과 '강화 심문'(고문을 완곡하게 일컫는 표현_옮긴이)이 부시 대통령의 두 번째 임기에 중단되었으리라 확신했지만 전 행정부에서 유임된 고위 인사 몇 명이 내게 그 관행을 부정직하고 무감각하고 때로는 터무니없는 태도("용의자가 영구 손상을 입거나 사망하지 않도록 의사가 항상 입회합니다.")로 묘사하자 명확한 기준이 필요하다는 생각이 굳어졌다. 게다가 나의 최우선 목표는 확고한 '투명성, 책임, 감시 시스템'을 수립하는 것이었다(의회와 사법부를 망라한 이 시스템은 내가 씁쓸하게 예상한 장기적 투쟁을 진행하는 과정에서 신뢰할 만한 법적 근거가 되었다). 이를 위해서는 백악관, 펜타곤, CIA, 국무부 법률자문국에서 나의 지휘하에 일하는 (대부분 진보적인) 법률가들의 참신한 시각과 비판적 사고방식이 필요했다. 하지만 미국 대테러 활동의 심장부에서 활약하는 사람들도 필요했다. 내가 (틀림없이 불거질) 온갖 정책적 갈등을 해소하여 필요한 변화를 이끌어내도록 시스템의 핵심까지 파고들 수 있게 도와줄 사람이 필요했다.

존 브레넌이 그런 사람이었다. 그는 50대 초반으로 숱이 적은 은발에 얼굴은 아일랜드인 권투 선수 같고 고관절 통증(고등학교 농구 선수 시절 무리하게 덩크 슛을 한 결과였다)을 앓았는데, 대학에서 아랍어에 흥미를 느끼고 아메리칸 대학교 카이로 분교에서 공부한 후 1980년에 《뉴욕 타임스》 광고를 보고 CIA에 들어갔다. 그 뒤로 25년간 CIA에서 일일 정보 보고관, 중동 지부장을 거쳤으며 부시 대통령 시절에 부국장을 맡아 9.11 이후 CIA 산하 통합 대테러팀을 창설하는 임무를 수행했다.

이력과 터프가이 같은 외모에도 불구하고 신중하고 허세를 부리지 않는다는 점이 가장 인상적이었다(목소리도 외모와 어울리지 않게 나긋나긋했다). 알카에다와 연계 조직을 소탕하겠다는 결심이 확고했지만 이슬람 문화와 복잡한 중동 정세에 정통했기에 총과 폭탄만으로는 목표를 달성할 수 없음을 알고 있었다. 그가 상관이 승인한 물고문과 '강화 심문'에 개인적으로 반대했다는 말을 나는 믿었으며, 정보공동체에서 그가 얻은 신망이 내게 귀중한 자산이 되리라 확신했다.

그럼에도 브레넌은 물고문이 벌어지던 시기에 CIA에 있었다는 연관성 때문에 나의 첫 CIA 국장으로는 물망에 오르지 않았다. 그 대신 나는 NSC 국토 안보 및 대테러 담당 국가안보부보좌관직을 제안했다. 나는 그에게 말했다. "당신의 임무는 내가 우리의 가치에 부합하도록 이 나라를 지키도록 돕고 다른 사람들도 그렇게 하도록 하는 것이에요. 그럴 수 있겠어요?" 그는 할 수 있다고 말했다.

4년간 존 브레넌은 그 약속을 지키며 개혁에 관한 노력을 관장했으며, 때로는 회의적이고 때로는 저항하는 CIA 관료 조직을 상대로 중개자 역할을 했다. 실수 하나만 저질러도 사람들이 목숨을 잃을 수 있다는 부담감을 (나와 마찬가지로) 느꼈기에, 오벌 오피스 아래층의 창문도 없는 웨스트 윙 사무실에서 주말도 휴일도 없이 금욕적으로 일했다. 남들이 자는 동안에도 깨어 모든 정보 자료를 엄숙하고 끈질기게 들여다보는 그를 백악관 사람들은 '파수꾼'이라고 불렀다.

과거 대테러 관행의 부산물을 떨치고 새로운 관행을 제도화하는 일은 무척 느리고 고달플 것이 분명했다. 관타나모를 폐쇄하려면 기존 수감자와 앞으로 체포될 테러범들을 수용하고 합법적 조치를 취할 대안을 마련해야 했다. 정보자유법(FOIA)에 의거한 정보 공개 청구가 법원에서 통과됨에 따라 나는 CIA가 부시 시절에 저지른 물고문 및 제삼국 이송 관련 문서들을 기밀에서 해제할 것인지의 여부를 결정해야 했다(그런 관행을 정당화하는 법률자문국의 문건은 기밀 해제했다. 해당 문건과 고문 관행 자체는 이미 널리 알려졌기 때문이다. 하지만 사진은 해제하지 않았는데, 국제적 분노를 촉발하여 미국 군대나 외교관이 더 큰 위험에 빠질지도 모른다는 펜타곤과 국무부의 우려 때문이었다). 법무팀과 국가안보팀 보좌진은 사법부와 의회가 대테러 활동을 더 강력하게 감시할 방안을 마련하고 《뉴욕 타임스》를 읽는 테러리스트들에게 정보를 유출하지 않으면서도 투명성 의무를 준수할 방법을 찾느라 씨름했다.

우리는 세상 사람들이 보기에 임기응변식인 대외 정책 결정들을 중단하려는 노력과 테러를 막으려는 노력에 관한 두 건의 연설을 하기로 결정했다. 첫 번째 연설은 국민을 대상으로 미국의 장기적 국가 안보를 위해서는 헌법과 법치에 충실해야 한다고 역설하되 9.11 직후에 우리가 그 기준들에 못 미칠 때가 있었음을 인정하면서 대테러에 대한 행정부의 구상을 펼칠 생각이었다. 이집트 카이로에서 하기로 예정된 두 번째 연설은 전 세계 청중, 특히 전 세계 무슬림이 대상이었다. 나는 선거운동 시절에 이 연설을 하겠다고 약속했다. 우리 팀의 몇몇은 돌아가는 사정을 보아 연설을 취소하자고 제안했지만 나는 람에게 꽁무니를 빼는 것은 고려 대상이 아니라고 말했다. "이 나라들의 국민 여론을 하룻밤에 바꿀 수는 없을 거예요. 하지만 서구와 무슬림 세계가 갈등하는 원인을 명확히 언급하고 평화롭게 공존하는 방향을 제시하지 않으면 우리는 저 지역에서 앞으로 30년은 더 싸워야 할 거예요."

두 연설문을 작성하기 위해 나는 벤 로즈의 엄청난 재능을 활용했다. 서른한 살의 NSC 연설문 작성관인 그는 조만간 전략커뮤니케이션 담당 국가안보부부보좌관으로 임명될 예정이었다. 브레넌이 나와 국가 안보 기구를 연결하는 통로 역할을 했다면 벤은 나를 더 젊고 이상적인 나 자신과 연결했다. 맨해튼에서 진보적인 유대인 어머니와 텍사스 출신 변호사 아버지 사이에서—둘 다 린든 존슨 대통령 시절 정부에서 근무했다—자란 그가 뉴욕 대학교에서 소설 창작 석사 과정을 밟고 있을 때 9.11이 일어났다. 애국적 분노에 휩싸인 벤은 나라에 봉사할 방법을 찾으려고 워싱턴 D.C.로 향했고 결국 전직 인디애나주 연방하원의원 리 해밀턴 밑에 들어가 2006년 공개되어 큰 파장을 일으킨 이라크 스터디 그룹 보고서를 작성하는 데 참여했다.

키가 작고 머리가 벗어졌으며 까무잡잡한 이마에 주름살이 진 벤은 다짜고짜 수영장의 수심이 가장 깊은 쪽에 던져졌고, 인력 부족에 허덕이는 우리 캠프의 요청으로 처음부터 입장문, 보도자료, 주요 연설문을 쏟아냈다. 성장통도 있었다. 이를테면 내가 당선 전 베를린에서 한 대규모 연설 중 하나에서 그와 패브스는 여러 주제를 하나로 묶기 위해 "운명의 공동체"라는 아름다운 독일어 표현을 구사했는데, 내가 무대에 오르기 한두 시간 전에야 그 구절이 히틀러의 첫 라이히슈타크(제국의회) 연설

중 하나에서 쓰인 사실을 알게 되었다. (레지 러브가 정색한 표정으로 "의도하는 효과가 나지 않을지도 모르겠어요"라고 농담하자 나는 웃음을 터뜨렸고 벤은 얼굴이 시뻘게졌다.) 젊었지만 거리낌 없이 정책에 의견을 제시하고 나의 선임고문들에게 반론을 제시한 벤의 날카로운 지성과 고집스러운 열정은 자조적 유머와 건전한 풍자 감각을 통해 더욱 무르익었다. 그도 나처럼 작가적 감수성이 있었기 때문에 우리의 관계는 패브스와의 관계와는 성격이 달랐다. 벤에게 어떤 주제에 관해 한 시간만 나의 논증을 들려주면 며칠 뒤에 돌아온 초안에는 내 목소리뿐 아니라 더 본질적인 것이, 나의 기본적 세계관, 때로는 나의 가슴까지 배어 있었다.

우리 둘은 대테러 연설을 후딱 써냈지만, 벤의 보고에 따르면 의견을 구하려고 펜타곤이나 CIA에 초안을 보내는 족족 조금이라도 논란의 여지가 있거나 고문 관행을 비판하는 듯한 단어, 제안, 규정에 빨간 줄이 그어진 채 편집되어 돌아왔다. 직업 공무원들의 노골적인 저항이었다. 그들 중 상당수는 부시 행정부와 함께 워싱턴에 들어온 사람들이었다. 벤에게는 그런 교정을 대부분 무시하라고 했다. 5월 21일 나는 국립문서기록관리청에서, 독립선언문과 헌법, 권리장전 원본 옆에 자리를 잡고 연설을 했다. 정부 안팎에 이 연설의 요점을 파악하지 못하는 사람이 있을까 봐서였다.

두 번째 주요 연설인 이른바 '무슬림 연설'은 더 까다로웠다. 뉴스 보도나 영화에 나오는 테러리스트나 석유 재벌의 부정적 이미지를 제외하면 미국인들은 이슬람에 대해 아는 것이 많지 않았다. 한편 여론조사에 따르면 전 세계 무슬림들은 미국이 자기네 종교에 적대적이고, 미국의 중동 정책이 사람들의 삶을 개선하는 게 아니라 석유 공급로를 확보하고 테러리스트를 살해하고 이스라엘을 보호하는 데 치중한다고 믿었다. 이런 시각차를 고려하여 나는 벤에게 새 정책을 소개하기보다는 양편의 상호 이해를 증진하는 데 초점을 두라고 말했다. 그러려면 이슬람 문명이 수학, 과학, 예술 발전에 눈부시게 기여했고, 중동에서 벌어지고 있는 일부 분쟁은 식민주의의 잔재 때문임을 인정해야 했다. 과거 그 지역의 부패와 인권 탄압에 미국이 무관심했고 냉전 시기에 민주적으로 선출된 이란 정부의 전복에 공모했음을 자인해야 했으며, 피점령지에 거주하는 팔레스타인 사람들이 지독한 수모를 겪고 있음을 인정해야 했다. 이처럼 기본적인 역사적 사실을 미국 대통령이 말하면 많은 사람이 경계심을 풀고 다른 엄연한 사실들에도 마음을 열 것이라고 기대했다. 바로 무슬림 세계의 상당 부분을 장악한 이슬람 근본주의가 현대의 진보를 이끈 개방성 및 관용과 양립할 수 없다는 사실, 무슬림 지도자들이 곧잘 자신의 실패로부터 관심을 돌리기 위해 서구에 대한 불만을 부추겼다는 사실, 폭력과 반유대주의가 아니라 협상과 타협으로만 팔레스타인 국가를 건설할 수 있다는 사실, 어떤 사회도 여성을 조직적으로 억압하면서 진정으로 성공할 수는 없다는 사실이었다.

우리는 연설문 작성을 마치지 못하고 사우디아라비아 리야드에 도착했다. 나는 (메카와 메디나에 있는) 성스러운 모스크 두 곳의 수호자이자 아랍권에서 가장 막강한 지도자인 압둘라 빈 압둘아지즈 알 사우드 국왕을 만날 예정이었다. 이 왕국에 발을 디뎌본 적은 없었다. 성대한 공항 환영식에서 가장 먼저 눈에 띈 것은 주기장이나 터미널에 여성이나 아동이 없다는 것이었다. 검은 수염을 기른 남자들만이 군복이나 전통 복장 '토브'와 '구트라' 차림으로 늘어서 있었다. 물론 많은 기대를 하지는 않았다. 그게 걸프의 방식이었으니까. 하지만 비스트에 올라타면서도 이런 차별이 참으로 억압적이고 서글프다는 생각을 떨칠 수 없었다. 모든 색깔이 뭉개진 세상에 불쑥 들어온 것 같았다.

국왕은 리야드 외곽에 있는 자신의 목장을 우리의 숙소로 내주었다. 우리의 차량 행렬과 경찰 호위대가 이글거리는 태양 아래로 넓고 티 하나 없는 고속도로에 올라 속력을 올렸다. 웅장하고 수수한 사무용 건물, 모스크, 소매점, 고급 차 전시장이 금세 뒤로 물러나고 황량한 사막이 모습을 드러내는 것을 보니 사우디아라비아의 이슬람은 내가 어릴 적 인도네시아에 살 때 목격한 이슬람과 다르다는 생각이 들었다. 1960년대와 1970년대 자카르타의 문화에서 이슬람이 차지하는 위치는 미국의 도시나 타운에서 기독교가 차지하는 위치와 엇비슷했다. 즉, 영향을 미치되 지배하지는 않았다. 무아딘(이슬람교에서 기도 시간을 알리는 모스크 직원_옮긴이)이 외치는 '기도 부름'으로 그날의 시각을 알고 결혼식과 장례식은 이슬람에서 정한 의례를 따르고 금식 기간에는 활동을 자제하고 식당 메뉴에서는 돼지고기를 찾아보기 힘들었다. 그것만 제외하면 사람들은 마찬가지로 나름의 삶을 살았다. 여자들은 짧은 스커트와 하이힐 차림으로 스쿠터를 타고 출근하고 남자아이와 여자아이들이 함께 연을 쫓아 달리고 장발 청년들이 디스코텍에서 비틀스와 잭슨 파이브 음악에 맞춰 춤을 췄다. 무슬림은 기독교인이나 힌두교인, 내 의붓아버지처럼 대학 교육을 받은 비신자와 거의 구별되지 않았다. 사람들은 자카르타의 콩나물 시루 같은 버스에 욱여 타고 영화관을 가득 메운 채 최신 쿵푸 영화를 보고 노변 선술집 밖에서 담배를 피우고 소란한 시내를 거닐었다. 당시에는 신앙심을 공공연히 드러내는 사람이 드물었고, 시카고 지역에서 소책자를 나눠주는 여호와의 증인 신도처럼 조롱거리는 아닐지라도 별종 취급을 받았다.

사우디아라비아는 달랐다. 1932년에 권좌에 오른 이 나라 최초의 군주이자 압둘라 국왕의 아버지 압둘아지즈 이븐 사우드는 18세기 성직자 무함마드 빈 아브드 알와하브의 가르침에 심취했다. 아브드 알와하브의 추종자들은 타락하지 않은 순수한 이슬람을 실천해야 한다고 주장했고 시아파와 수피파를 이단으로 취급했으며 전통적 아랍 문화의 기준으로도 보수적인 교리를 지켜, 공공장소에서 남녀를 구분하고 무슬림 아닌 사람과 접촉하기를 회피하고 신앙에 방해가 될 수 있는 세속적인 미술이나 음악 같은 취미를 거부했다. 제1차 세계대전 이후 오스만제국이 무너지자 압둘아지즈는 경쟁하는 관계였던 아랍 부족들을 확고하게 장악한 후 이러한 와하비즘 원칙에 따라 근대 사우디아라비아를 건국했다. 그리고 예언자 무함마드의 탄생지이자 이슬람의 다섯 기둥(수니파의 기본적인 다섯 가지 의례_옮긴이)을 지키고자 하는 모든 무슬림 순례자의 목적지인 메카와 성시 메디나를 정복하여 전 세계 이슬람 교리에 크나큰 영향력을 미칠 토대를 확보했다.

사우디아라비아에서 유전이 발견되어 이루 말할 수 없는 부가 흘러들자 그 영향력은 더욱 확대되었다. 하지만 빠르게 현대화하는 세계의 한가운데에서 초보수적인 규례를 고수하려는 와중에 모순이 드러나기도 했다. 왕국에서 새로 발견된 보물을 온전히 누리기 위해 서구의 기술과 경험, 공급망이 필요했던 압둘아지즈는 현대식 무기를 장만하고 유전을 경쟁국들로부터 지키기 위해 미국과 동맹을 맺었다. 범汎왕가의 일원들은 서구 기업들이 어마어마한 자산을 계속 보유하도록 허용했으며 자녀를 케임브리지와 하버드에 보내 현대 경영 기법을 배우게 했다. 젊은 왕자들은 프랑스 빌라, 런던 나이트클럽, 라스베이거스 도박장의 매력에 눈떴다.

사우디 왕실이 언젠가 자신들의 종교적 신념을 재평가하여 와하비즘적 근본주의가 여느 종교적 절대주의처럼 근대성과 양립할 수 없음을 인정하고, 부와 권위를 이용하여 이슬람을 더 온건하고 관용적인 방향으로 이끌 수 있을지 가끔 궁금했다. 아마도 불가능할 것이다. 그러기엔 옛 방식이 너무 깊이 새겨져 있었다. 1970년대 후반 근본주의자들과의 갈등이 점차 커지면서 왕실은 종교 개혁이 달갑잖은 정치, 경제 개혁으로 이어질 수밖에 없다고 정확히 판단했는지도 모르겠다.

이웃 나라 이란에서 혁명이 일어나 이슬람 공화국이 수립되자 사우디 왕실은 이런 사태를 막기 위해 가장 강경한 성직자들과 계약을 맺었다. 성직자와 종교 경찰은 경제와 통치에 대한 사우드 가문의 절대적 지배권에 정당성을 부여하고 왕실의 일원들이 몰지각하게 행동해도 눈감아주는 대신 일상적 사회 활동을 단속하고 학교에서 무엇을 가르칠지 결정하고 계율을 어기는 자들에게 공개 태형, 손목 절단, 실제 십자가형 같은 처벌을 가할 권한을 얻었다. 더 중요한 사실은 왕실이 이 성직자들에게 수십억 달러를 지원하여 전 세계 수니파 지역에 모스크와 마드라사를 짓게 한 것인지도 모른다. 이 때문에 파키스탄에서 이집트, 말리, 인도네시아에 이르는 이슬람권에서는 근본주의가 더 강해지고 다른 형태의 이슬람 신앙에 대한 관용이 줄어들고 이슬람 통치를 촉구하는 목소리가 커지고 필요하다면 폭력을 써서라도 이슬람 영토에서 서구의 영향을 몰아내라는 요구가 점점 잦아졌다. 사우디 왕실은 국경 안에서와 걸프 주변국들에서 이란식 혁명을 막아낸 데 만족했을 것이다(체제를 유지하기 위해 여전히 억압적 치안 기구와 광범위한 매체 검열이 필요했지만). 하지만 여기에는 대가가 따랐으니, 서구의 영향을 경멸하고 사우디와 미국의 교류를 미심쩍게 여기고 수많은 무슬림 청년들을 급진화한 배양 접시로 기능한 초국적 근본주의 운동이 가속화된 것이다. 왕실 측근인 저명한 사우디 기업인의 아들 오사마 빈라덴과 9.11 공격을 (나머지 네 명과 함께) 계획하고 실행한 사우디 국적자 열다섯 명도 그들 중 하나였다.

　　　　　　　'목장'은 적당한 명칭이 아니었다. 금도금한 배관, 크리스털 샹들리에, 플러시 가구가 완비된 빌라 여러 채가 드넓은 대지에 들어선 압둘라 국왕의 주택 단지는 포시즌스 호텔을 사막 한가운데 떨어뜨려 놓은 것 같았다. 본관 입구처럼 보이는 곳에서 국왕이 우리를 따뜻하게 맞아주었다. 80대의 나이에도 콧수염과 턱수염이 새까맸다(남성미 과시는 전 세계 지도자들의 공통점인 것 같았다). 수염을 말끔히 깎고 그의 옆에 선 미국 주재 사우디아라비아 대사 아딜 알주비르는 미국에서 교육받은 외교관으로, 흠잡을 데 없는 영어 실력과 싹싹한 태도, 홍보 능력, 워싱턴과의 두터운 인맥을 갖췄기에 9.11 이후 사우디 왕국의 대처를 책임질 적임자였다.
　　그날 흉금을 털어놓은 국왕은 알주비르를 통역사 삼아 1945년 자신의 아버지가 퀸시호에서 프랭클린 D. 루스벨트와 회담한 일을 흐뭇하게 회상하고 자신이 미국·사우디 동맹 관계를 얼마나 중요시하는지 강조하며 나의 대통령 당선이 만족스러웠다고 토로했다. 카이로에서 연설한다는 나의 아이디어에 동의한 그는 이슬람이 평화의 종교라고 주장하고 자신이 종교 간 대화를 증진하기 위해 개인적으로 노력했다고 말했다. 또한 사우디 왕국이 우리 경제 자문단과 협력하여 금융 위기 이후의 경제 회복에 유가가 장애물이 되지 않도록 하겠노라 확언했다.

하지만 내가 두 가지 구체적 요구 사항을 꺼내자—사우디 왕국과 아랍연맹 회원국들이 팔레스타인과의 평화 회담에 시동을 걸 수 있도록 이스라엘에 성의를 보여달라는 것, 관타나모 수감자 일부를 사우디 교정 시설에 이송하는 방안을 우리 팀과 논의해달라는 것—국왕은 애매한 태도를 취했다. 논란이 벌어질까 봐 경계하는 것이 분명했다.

국왕이 우리 대표단을 위해 마련한 오찬에서는 대화 분위기가 한결 가벼웠다. 동화에나 등장할 법한 진수성찬이 나왔는데, 15미터 길이의 식탁이 양고기 구이와 수북한 사프란 쌀밥, 온갖 토속 음식과 서양 진미로 가득했다. 예순 명가량의 참석자 가운데 여성은 나의 일정 담당관 얼리사 매스트로모나코와 선임고문 밸러리 재럿을 포함한 셋뿐이었다. 얼리사는 사우디 관료들과 활달하게 담소했지만 머리쓰개가 수프 그릇에 떨어질까 봐 안절부절못하는 눈치였다. 국왕이 우리 가족에 대해 묻자 나는 미셸과 아이들이 백악관 생활에 어떻게 적응하고 있는지 이야기했다. 그는 아내가 열두 명이고—뉴스 보도에 따르면 서른 명가량—자녀가 마흔 명에 손자녀와 증손자녀도 수십 명에 이른다고 말했다.

내가 말했다. "실례가 되지 않는다면 한 가지 여쭙고 싶습니다만, 폐하. 열두 명의 아내를 어떻게 감당하시는지요?"

그가 진저리 치듯 고개를 내두르며 말했다. "아수라장입니다. 언제나 서로 시샘합니다. 중동의 정치보다 복잡하다니까요."

나중에 내가 머무는 빌라에 벤과 데니스가 찾아왔다. 카이로 연설을 마지막으로 다듬기 위해서였다. 일을 시작하려는데 벽난로 선반에 놓인 커다란 여행 가방이 눈에 띄었다. 걸쇠를 벗기고 뚜껑을 들어 올렸다. 한쪽에는 대리석 받침대 위에 사막 풍경을 묘사한 황금 미니어처 조각과 온도 변화를 동력원으로 이용하는 유리 시계가 들어 있었다. 반대쪽에는 벨벳 상자 안에 수십만 달러는 나갈 듯한 루비와 다이아몬드로 장식한 자전거 체인 절반 길이의 목걸이가 들어 있었고, 옆에는 목걸이와 짝을 이루는 반지와 귀고리가 놓여 있었다. 나는 벤과 데니스를 올려다보았다.

데니스가 말했다. "여사님을 위한 작은 선물 같습니다." 그는 다른 대표단의 숙소에도 상자 안에 값비싼 시계가 들어 있더라고 말했다. "선물 금지 규정을 사우디인들에게 말해준 사람이 없었나 보군요."

묵직한 보석을 들어 올리며, 사우디 왕국을 공식 방문한 외국 정상—선물 수령을 금지하는 규정이 없거나 적어도 강제 규정이 아닌 나라들의 정상—을 위해 이런 선물이 몇 번이나 은근슬쩍 놓여 있었을지 생각했다. 내가 사살을 명령한 소말리아 해적들을 다시 생각했다. 모두 무슬림이었고, 이웃 나라인 예멘과 이라크, 그리고 이집트, 요르단, 아프가니스탄, 파키스탄에도 그들 같은 젊은이들이 많았다. 내가 손에 든 목걸이 가격만큼의 돈은 평생 일해도 만져볼 수 없을 터였다. 이 젊은이들 중에 1퍼센트만 급진화되어도, 영원한 영광을 위해—또는 무언가 나은 것을 조금이라도 누리기 위해—기꺼이 목숨을 버릴 50만 명의 군대가 탄생하는 것이었다.

나는 목걸이를 내려놓고 가방을 닫으며 말했다. "됐어요. 이제 일합시다."

그레이트 카이로는 인구가 1600만 명을 넘는 수도권 대도시다. 그런데 이튿날 공항에서 이동하는 동안 시민이 한 명도 보이지 않았다. 몇 킬로미터를 가도 사방에 배치된 경찰관 말고는 혼잡하기로 이름난 도로들이 텅 비어 있었는데, 무바라크 이집트 대통령이 국가를 얼마나 확고하게 장악했는지, 또한 미국 대통령이 현지 극단주의 단체들에 얼마나 솔깃한 표적인지 보여주는 증거였다.

전통에 얽매인 사우디아라비아 왕실이 현대 아랍 통치 체제의 한 방향을 대표한다면 이집트의 독재 정권은 다른 방향을 대표했다. 1950년대 초 가말 압델 나세르라는 카리스마 넘치고 세련된 대령이 군사 쿠데타를 일으켜 이집트 군주제를 무너뜨리고 세속주의 일당 국가를 건설했다. 곧이어 수에즈운하를 국유화한 그는 군사적으로 개입하려는 영국과 프랑스의 시도를 격퇴함으로써 식민주의에 맞서 투쟁하는 세계적 거물이자 아랍권에서 가장 인기 있는 지도자가 되었다.

나세르는 수에즈운하 이외에도 핵심 산업을 국유화하고 토지개혁을 실시하고 대규모 공공 토목 사업을 벌였는데, 그 목표는 영국 통치의 잔재와 이집트의 봉건적 과거를 청산하는 것이었다. 대외적으로는 세속주의적이고 다소 사회주의적인 범아랍 민족주의를 주창하며 이스라엘과 싸웠다가 패전하고 팔레스타인해방기구(PLO)와 아랍연맹의 결성을 지원하며 비동맹 운동을 창립했다. 비동맹 운동은 냉전 체제 어느 쪽에도 가담하지 않는 비동맹주의를 표방했으나 나세르는 소련의 경제, 군사 원조를 받아들인 탓에 워싱턴의 의심과 분노를 샀다. 또한 그는 이집트 내에서 반체제 운동이 벌어지거나 경쟁 정당이 결성되지 못하도록 가차 없이 탄압했는데, 그중에서도 무슬림 형제단이 주요 표적이었다. 무슬림 형제단은 풀뿌리 정치 동원을 통한 이슬람 정부 건설을 추구하는 단체였으나 구성원 중 일부는 간혹 폭력에 의존했다.

나세르의 권위주의적 통치 방식이 어찌나 효과적이던지 1970년에 그가 죽은 뒤에도 중동 지도자들은 그의 방법을 모방했다. 하지만 나세르의 지략과 대중적 소통 능력을 갖추지 못한 시리아의 하페즈 알아사드, 이라크의 사담 후세인, 리비아의 무아마르 카다피 같은 자들이 권력을 유지하려고 주로 동원한 수법은 부패, 정경 유착, 잔혹한 탄압, 효과는 없을지언정 줄기차게 시도한 이스라엘 공격이었다.

나세르의 후계자 안와르 사다트가 1981년에 암살된 뒤 호스니 무바라크도 엇비슷한 공식을 이용하여 권력을 장악했는데, 그에게는 한 가지 유리한 점이 있었다. 사다트가 이스라엘과 평화 협정에 조인하여 이집트가 미국의 우방국이 된 이후로 미국 행정부는 이집트 정권의 점증하는 부패, 열악한 인권 실태, 간헐적 반유대주의를 눈감아주었다. 미국뿐 아니라 사우디아라비아를 비롯한 걸프 산유국으로부터 풍족한 지원을 받았기에 무바라크는 자국의 침체한 경제를 개혁하려 들지 않았고, 일자리를 찾지 못한 이집트 청년 세대는 정권에 불만을 품었다.

우리의 차량 행렬이 쿱바 궁전에 도착하여—19세기 중엽에 지어진 정교한 건축물로, 카이로에 있는 대통령궁 세 곳 중 하나다—환영식을 치른 후 무바라크는 나를 집무실에 초대하여 한 시간 동안 회담했다. 그는 여든한 살이었지만 어깨가 떡 벌어지고 몸이 탄탄했으며 매부리코와 뒤로 빗어 넘긴 흑발, 두툼한 눈꺼풀이 인상적이었다. 눈빛으로 보건대 자신의 권력에 익숙하면서도 조금은 경계심을 품고 있는 듯했다. 이집트 경제에 대해, 그리고 아랍·이스라엘의 평화를 구축하는 과정에 새로운 활기를 불어넣을 솔깃한 제안에 대해 이야기한 나는 인권 문제를 꺼내 정치범 석방과 언론 규제 완화를 위한 조치를 제안했다.

억양은 독특해도 알아들을 수는 있는 영어를 구사하는 무바라크는 나의 우려를 정중하게 일축하면서 보안 기관들은 이슬람 극단주의자만 표적으로 삼으며 이집트 국민은 자신의 단호한 접근법을 적극 지지한다고 주장했다. 다른 고령의 독재자들을 만났을 때에도 같은 인상을 받았는데, 그들은 궁전에 틀어박힌 채 주변의 철면피 아첨꾼들과만 소통하느라 사익과 국익을 구별하지 못했다. 통치의 목적은 권력의 기반인 정경 유착과 치부致富의 그물망을 유지하는 것에 불과했다.

그에 반해 활기 넘치는 청중으로 가득한 카이로 대학교 대강당은 어찌나 대조적이던지. 우리는 이집트 사회의 다양한 구성원이 연설을 듣도록 하라고 이집트 정부를 압박했다. 3000명의 청중 가운데 대학생, 언론인, 학자, 여성 단체 대표, 공산주의 운동가, 심지어 저명한 성직자와 무슬림 형제단 인사들이 포함된 사실만으로도 유일무이한 행사인 이 연설은 TV로 전 세계의 수많은 청중에게 전달될 예정이었다. 무대에 오른 내가 "앗살라무 알라이쿰" 하고 이슬람 인사말을 건네자 청중은 함성으로 화답했다. 나는 연설 한 번으로 고질적 문제들을 해결할 순 없을 것임을 조심스럽지만 분명히 밝혔다. 하지만 민주주의, 인권과 여성의 권리, 종교적 관용, 안전을 보장받는 이스라엘과 자치를 보장받는 팔레스타인 국가 사이의 참되고 영속적인 평화의 필요성 등을 언급하는 내내 환호성과 박수갈채가 끊이지 않는 것을 보면서 나는 새로운 중동의 시작을 상상할 수 있었다. 그 순간, 강당에 모인 젊은이들이 새로운 기업과 학교를 설립하고, 국민의 요구에 부응하여 제 역할을 다하는 정부를 이끌고, 전통을 지키면서도 다른 지혜의 근원에 마음을 여는 방식으로 자신들의 신앙을 새롭게 상상하기 시작하는 대안적 현실이 생생히 떠올랐다. 셋째 줄에 굳은 표정으로 앉아 있던 고위 관료들도 같은 상상을 했을 것이다.

오랫동안 기립 박수를 받으며 무대에서 내려와 습관처럼 벤을 찾았다. 그는 연설문 작성에 참여했을 때 으레 그러듯 불안감에 사로잡혀 연설을 직접 보지 못한 채 구석에서 블랙베리를 들여다보고 있었는데, 이번에는 입이 귀에 걸려 있었다.

내가 말했다. "연설이 통한 것 같아요."

비꼬는 기색이라곤 없이 그가 말했다. "역사적인 연설이었습니다."


훗날, 비판자들뿐 아니라 일부 지지자들은 카이로 연설의 숭고하고 희망찬 어조를 나의 두 차례 임기 동안 나타난 중동의 암울한 현실과 조목조목 대조했다. 어떤 사람들 눈에 나의 연설은 순진함의 해악을 입증하고 무바라크 같은 미국의 주요 우방을 깎아내려 혼돈의 세력에 자신감을 준 꼴이었다. 또 어떤 사람들이 보기에 문제는 연설에서 제시한 이상이 아니라 그 이상을 효과적이고 유의미하게 실천하지 못한 나의 실패였다. 물론 나는 반박하고 싶었다. 연설 첫머리에서 연설 한 번으로 이 지역의 오래된 문제들을 해결할 수는 없을 거라고 말하지 않았느냐고, 크건(이스라엘·팔레스타인 협상) 작건(예비 기업인 훈련 프로그램 개설) 그날 언급한 모든 구상을 우리가 힘껏 밀어붙이지 않았느냐고, 카이로에서 한 주장들을 지금도 똑같이 설파하고 있지 않느냐고 대꾸하고 싶었다.

하지만 결국은 결과로 평가받을 수밖에 없는 법이다. 젊은 조직가 시절에 처음 곱씹던 질문들이 다시 떠올랐다. 이상적인 세상의 모습을 묘사한들 그 세상을 이루려는 노력이 기대에 못 미친다면 무슨 유익이 있을까? 기대감을 높이면 사람들을 실망시킬 수밖에 없다는 바츨라프 하벨의 말이 옳았을까? 추상적 원칙과 고귀한 이상은 가식이요 땜질이요 절망을 무마하는 수단일 뿐이고, 실제로 우리를 움직이는 더 원초적인 충동 앞에서는 맥을 못 추며, 우리가 무슨 말을 하든 무슨 행동을 하든 역사는 정해진 경로를 따라 두려움, 굶주림과 갈등, 지배와 나약함의 끝없는 순환을 이어갈 수밖에 없을까?

심지어 당시에도 의심이 자연스럽게 찾아왔다. 연설의 고양감은 본국에서 기다리는 업무들과 나의 계획을 가로막는 세력들에 대한 생각들로 금세 대체되었다. 연설 직후 이동하면서 고민은 더욱 깊어졌다. 헬리콥터를 타고 넓은 도시 위로 높이 떠올라 15분간 날아가자 입체파를 연상시키는 크림색 건축물들이 어수선하게 늘어선 풍경은 어느덧 사라지고 사막과 태양, 그리고 수평선을 가로지르는 피라미드의 경이롭고 기하학적인 선만 끝없이 이어졌다. 착륙하자 카이로에서 으뜸가는 이집트학자가 우리를 반겼다. 유쾌한 괴짜 신사인 그는 〈인디애나 존스〉 영화 시리즈에서 막 나온 듯 챙이 넓고 헐렁한 모자를 썼다. 그 뒤로 몇 시간 동안 이곳에는 우리 팀과 나뿐이었다. 우리는 피라미드 표면의 거대하고 오래된 돌들의 크기를 가늠해보았다. 스핑크스의 그림자 속에 서서 저 고요하고 무심한 표정을 올려다보았다. 좁은 수직 통로를 따라 올라가 파라오의 어두컴컴한 내실에 섰다. 사다리를 타고 조심조심 내려가는데, 시간을 초월하는 액스의 말이 산통을 깼다.

"젠장, 람, 천천히 내려와요. 엉덩이가 내 얼굴에 닿는다고요!"

깁스와 보좌관 몇 명이 관광객의 의무인 사진을 찍으려고 낙타에 올라타느라 낑낑대는 모습을 지켜보는데, 피라미드의 작은 신전 통로에 있던 레지와 마빈이 나를 불렀다.

레지가 벽을 가리키며 말했다. "이것 좀 봐요, 보스." 매끄러운 다공성 암석에 한 남자의 시커먼 얼굴이 조각되어 있었다. 상형문자 특유의 옆얼굴이 아니라 정면을 바라보는 모습이었다. 긴 계란형 얼굴에 귀가 손잡이처럼 삐죽 나와 있었다. 어찌 된 일인지 영락없는 나의 형상이 고대에 조각된 것이었다.

마빈이 말했다. "친척이 분명해요."

다들 웃는 가운데 두 사람은 낙타를 타러 나갔다. 우리 가이드는 저 이미지가 누굴 묘사했는지, 연대가 피라미드 시대로 거슬러 올라가는지 알지 못했다. 나는 벽 앞에 잠시 서서 실제 인물을 상상했다. 왕실의 일원이었을까? 노예였을까? 감독관이었을까? 이 벽이 건축되고 수 세기가 지난 어느 밤에 여기서 야영하던 도굴꾼이 별과 자신의 외로움에 영감을 얻어 초상화를 스케치했는지도 모르겠다. 그를 집어삼켰을 근심과 분투, 그가 살아가던 세상의 성격을 상상해보려 했다. 그의 세상은 나름의 분쟁과 궁정 암투, 정복과 재앙, 내가 워싱턴에 돌아가자마자 맞닥뜨릴 일들 못지않게 급박한 사건 등으로 가득했을 것이다. 이 모든 것이 이젠 잊혀져 의미가 없었다. 파라오도, 노예도, 도굴꾼도 오래전에 먼지로 돌아갔다.

내가 한 모든 연설도, 내가 통과시킨 법률과 내가 내린 모든 결정도 곧 잊힐 것이다.

나와 내가 사랑한 모든 사람들도 언젠간 먼지로 돌아갈 것이다.

나는 귀국 전에 근래의 역사적 사건을
되짚었다. 사르코지 대통령이 연합군의 노르망디상륙작전 65주년 기념
식을 개최하면서 내게 연설을 부탁했다. 우리는 프랑스로 곧장 날아가
지 않고 독일 드레스덴에 들렀다. 제2차 세계대전 막바지에 연합군의 폭
격으로 인한 화염 폭풍이 이 도시를 집어삼켜 줄잡아 2만 5000명이 목숨
을 잃었다. 나의 방문은 이제 믿음직한 동맹국이 된 독일에 존경심을 표
하려는 의도적 행보였다. 앙겔라 메르켈과 나는 18세기에 지어진 유명한
교회를 둘러보았다. 이곳은 공습으로 파괴되었다가 50년 뒤에 재건되었
는데, 돔의 황금 십자가를 제작한 영국 출신 금세공인은 당시 폭격에 참
여한 조종사의 아들이었다. 금세공인의 작업은 옳은 편에서 전쟁을 치렀
더라도 적의 고통을 외면하거나 화해 가능성을 배제해서는 안 된다는 것
을 사람들에게 일깨웠다.

메르켈과 나는 노벨 평화상 수상 작가 엘리 위젤과 함께 부헨발트 강
제 수용소를 방문했다. 역시 현실적인 정치적 의미가 담긴 일정이었다.
처음에는 카이로 연설을 마치고 텔아비브로 가는 방안을 고려했으나, 팔
레스타인인들에게 내 연설의 초점을 문제 삼을 빌미를 주지 않으려는—
또한 중동 지역이 혼란스러운 근본 원인이 아랍과 이스라엘의 갈등 때문
이라는 인상을 부추기지 않으려는—이스라엘 정부의 바람을 존중하여
홀로코스트의 중심지 한 곳을 둘러보며 이스라엘과 유대인의 안전에 대
한 나의 확고한 의지를 표현하기로 했다.

이 순례에는 개인적 이유도 있었다. 대학생 때 위젤의 연설을 들으며
그가 부헨발트 생존자로서의 경험을 담담하게 서술하는 것에 깊은 감동
을 받았다. 또한 그의 책에서 내게 확신을 심어주는 동시에 더 나은 사람
이 되라고 채찍질하는 확고한 도덕적 핵심을 발견했다. 엘리와 친구가
된 일은 나의 상원 시절을 통틀어 가장 기쁜 순간 중 하나였다. 툿의 남
동생인 나의 외외종조부 찰스 페인이 1945년 4월 부헨발트의 보조 수용
소 중 한 곳에 도착해 사람들을 해방시킨 미군 보병 사단 소속이었다고

말했더니 엘리는 내게 언젠가 꼭 함께 가보자고 말했다. 이제 그 약속을 지키게 되었다.

우리 둘과 메르켈이 부헨발트 정문을 향해 천천히 자갈길을 걷는데, 엘리가 위풍당당하게 늘어선 참나무들에 손을 흔들며 나직이 말했다. "이 나무들이 말할 수 있다면." 하늘은 낮고 잿빛이었으며 기자들은 멀찍이 따라오고 있었다. 우리는 수용소에서 목숨을 잃은 사람들을 기리는 기념물 두 곳 앞에서 걸음을 멈췄다. 하나는 희생자들의 이름이 적힌 돌판이었는데, 엘리 아버지의 이름도 쓰여 있었다. 다른 하나는 온도가 37도로 유지되는 철판이었는데, 희생자들의 출신 국가 명단이 새겨져 있었다. 사람의 체온과 같은 이 온도는 증오와 불관용이 표출된 이 장소에서 우리가 공유하는 인간성의 의미를 일깨웠다.

우리는 한 시간 동안 수용소 구내를 걸으며 감시탑과 철조망 쳐진 벽을 지나고 어두운 소각장 내부를 들여다보고 수감자 막사의 터를 한 바퀴 돌았다. 그곳에 수용소의 예전 모습이 사진으로 남아 있었는데, 대부분 해방 당시 미군 부대원들이 찍은 것들이었다. 한 사진에서 열여섯 살의 엘리가 침상 밖을 내다보고 있었다. 잘생긴 얼굴과 우수에 젖은 눈빛은 지금과 같았지만 그 눈 속에는 굶주림과 질병, 목격한 모든 참상이 깃들어 있었다. 엘리는 자신과 수감자들이 생존을 위해 하루하루를 어떻게 보냈는지 나와 메르켈에게 말해주었다. 튼튼하거나 운 좋은 사람들은 허약하거나 죽어가는 사람들에게 몰래 식량을 가져다주었고, 하도 냄새가 고약해서 경비원들이 들어오지 않는 화장실에서 저항 회의를 열었으며, 어른들은 비밀 수업을 조직하여 아이들에게 산수, 시, 역사를 가르쳤다. 단순히 지식을 전달하는 것뿐 아니라 아이들이 언젠가 자유를 찾고 정상적으로 살 수 있다는 믿음을 잃지 않도록 하기 위해서였다.

나중에 메르켈은 독일인들이 과거를 기억해야 한다고 분명하고 겸손하게 말하면서, 자신들의 조국이 어떻게 이런 끔찍한 범죄를 저지를 수 있었느냐는 고통스러운 질문과 씨름하고 모든 편견에 맞설 특별한 책임이 이제 어깨에 지워져 있음을 인식해야 한다고 기자들에게 강조했다. 그다음 엘리가 나서서 역설적이게도 1945년에 자신이 어떻게 수용소에서 풀려나 미래에 대해 희망을 품었는지 이야기했다. 그는 자신이 희망을 품은 이유는 증오가 무익하고 인종주의가 어리석은 생각이며 "다른 사람들의 정신이나 영토나 꿈을 정복하려는 의지가 무의미하다"는 사실을 인류가 확실히 배웠으리라 생각했기 때문이었지만 캄보디아, 르완다, 다르푸르, 보스니아에서 벌어진 살육을 목격한 지금은 그런 낙관주의가 옳은지 확신하지 못하겠다고 말했다.

하지만 그는 부헨발트를 나설 때 다짐하라고, 평화를 가져오기 위해 노력하라고, 우리가 서 있는 이 땅에서 일어난 일을 기억함으로써 과거의 분노와 분열을 직시하고 연대에서 힘을 찾으라고 우리에게, 내게 간청했다.

그의 말을 가슴에 담고 이번 순방의 마지막에서 두 번째 기착지인 프랑스 노르망디로 향했다. 날씨는 화창했고 미군 묘지에는 수천 명이 운집해 있었다. 묘지는 하얗게 부서지는 푸른 파도가 내려다보이는 영국 해협의 높은 절벽 꼭대기에 있었다. 헬리콥터에서 아래에 펼쳐진 자갈 해변을 내려다보았다. 65년 전 15만 명 이상의 연합군이―절반 이상이 미군이었다―높은 파도를 뚫고 적군의 무차별 포화 속에 이곳에 상륙했다. 그들은 뾰족뾰족한 프앙테뒤오크 절벽을 점령하여 교두보를 확보함으로써 승전의 결정적 계기를 만들어냈다. 진녹색 잔디밭을 가로질러 새하얗게 늘어선 수천 개의 대리석 묘비가 당시의 희생을 말해주었다.

그날 디데이 합동 상륙작전과 더불어 낙하산 투하를 재현한 젊은 레인저 부대원들이 나를 환영했다. 정복으로 갈아입은 그들은 늠름하고 건장했으며 고된 훈련을 이겨낸 이들답게 으스대는 표정으로 미소 짓고 있었다. 나는 한 사람 한 사람과 악수하며 어디 출신인지, 어디 소속인지 물었다. 코리 렘스버그라는 중사는 이들 대부분이 이라크에서 막 돌아왔다고 설명했다. 그는 앞으로 몇 주간 아프가니스탄에서 복무할 예정인데, 이

번이 열 번째 파견이라고 했다. 그리고 재빨리 덧붙였다. "저분들이 65년 전 이곳에서 한 일에 비하면 아무것도 아닙니다. 우리의 삶은 저분들 덕분에 가능해졌으니까요."

그날 모인 청중을 조사했더니 디데이나 제2차 세계대전 참전 용사 중에서 아직 생존하여 그 자리에 참석할 수 있었던 사람은 극소수였고, 그들 상당수가 휠체어나 보행 보조기에 의존했다. 제2차 세계대전에서 입은 중상을 극복하고 워싱턴에서 가장 유능하고 존경받는 상원의원 중 한 명이 된 신랄한 캔자스내기 밥 돌도 와 있었다. 톳의 남동생 찰리도 아내 멜러니와 함께 내빈 자격으로 참석했다. 사서로 일하다 은퇴한 그는 내가 아는 사람들 중 가장 점잖고 겸손했다. 톳에 따르면 그는 참전 경험으로 어찌나 충격을 받았던지 귀국하고 여섯 달 동안 입을 거의 열지 않았다고 한다.

어떤 상처를 간직했든, 참전 용사 모자를 쓰고 말쑥한 블레이저에 반짝이는 훈장을 단 채 모인 이 사람들에게는 조용한 자부심이 배어 있었다. 그들은 서로 무용담을 주고받고 나를 비롯한 낯선 이들이 건네는 악수와 감사 인사를 받으며 자신의 전쟁 영웅 시절보다는 이후의 삶에 더 친숙할 자녀와 손자녀들에게 둘러싸여 있었다. 그들은 교사로 엔지니어로 공장 노동자로 가게 주인으로 살아왔다. 연인과 결혼하고 열심히 일해서 집을 장만하고 우울과 환멸을 떨쳐내고 리틀리그 아이들에게 야구를 가르치고 교회나 시나고그에서 자원봉사를 하고 아들딸이 결혼하여 일가를 이루는 모습을 지켜보았다.

무대에 서서 기념식이 시작되는 광경을 보고 있다가, 여든이 넘은 이 참전 용사들의 삶이 내 안에서 들끓는 의심들에 답을 제시하고도 남는다는 사실을 깨달았다. 어쩌면 카이로 연설은 아무 성과도 거두지 못할지 모른다. 어쩌면 중동의 난맥상은 내가 무엇을 하든 상관없이 스스로 드러날지도 모른다. 어쩌면 내가 바랄 수 있는 최선은 무바라크 같은 자들을 구슬리고 우리를 죽이려 드는 자들을 죽이는 것인지도 모른다. 어쩌면, 피라미드가 내게 속삭였듯 그 무엇도 결국은 중요하지 않을지도 모른다. 하지만 그나마 우리가 제대로 파악할 수 있는 시기인 지난 수 세기를 되짚어보건대, 65년 전 한 미국인 대통령의 행동은 세상을 더 나은 방향으로 이끌었다. 여기 앉은 사람들이 내가 방금 만난 젊은 레인저 부대원들과 비슷한 나이에 치른 희생이 그 모든 차이를 만들어냈다. 마찬가지로 그 희생의 수혜자인 엘리 위젤의 증언은 변화를 가져왔으며, 독일의 과거를 성찰하고 뼈아픈 교훈을 받아들인 앙겔라 메르켈의 의지도 변화를 가져왔다.

내가 연설할 차례가 되었다. 우선 우리가 존경을 표하기 위해 이곳에 초대한 몇 사람의 사연을 소개했다. 그리고 이렇게 결론 내렸다. "우리의 역사는 언제나 한 사람 한 사람의 선택과 행동의 총합이었습니다. 역사를 만들어가는 일은 언제나 우리에게 달려 있었습니다." 돌아서서 무대 위에 앉은 노인들을 바라보며 나는 이 말이 진실임을 믿었다.

# 16장

백악관에서 맞은 첫 봄은 일찍 찾아왔
다. 3월 중순이 되자 공기가 포근해지고 낮이 길어졌다. 봄날의 남쪽 잔
디밭은 개인 공원처럼 구경할 게 많았다. 넓고 무성한 풀밭에는 우람한
참나무와 느릅나무가 그늘을 드리웠고, 작은 연못이 울타리에 둘러싸여
있었다. 포장로에는 대통령 손자녀들의 손자국이 길 안내 화살표처럼 찍
혀 있었고, 술래잡기와 숨바꼭질을 할 곳도 있었다. 야생동물도 몇 마리
있었다. 다람쥐와 토끼뿐 아니라 견학 온 4학년생들이 링컨으로 이름 붙
인 붉은꼬리말똥가리, 늦은 오후에 멀찍이서 눈에 띄며 이따금 대담하게
도 콜로네이드까지 내려와 서성거리는 호리호리하고 다리가 긴 여우가
있었다.

겨우내 갇혀 지낸 우리는 새 마당을 한껏 활용했다. 사샤와 말리아를
위해 오벌 오피스 앞 수영장 근처에 그네를 달았다. 늦은 오후에 이런저
런 위기가 터져 회의하다 고개를 들어 창밖을 내다보면 아이들이 밖에서
노는 광경을 엿볼 수 있었다. 그네를 타고 높이 솟구치는 아이들의 얼굴
은 환희에 차 있었다. 테니스장 양쪽에 이동식 농구대도 두 개 설치했는
데, 내가 레지와 몰래 나가 호스 게임을 후딱 하고 오거나 보좌진이 5 대
5로 부서 대항전을 하기도 했다.

미셸은 샘 캐스와 백악관 원예사, 그리고 인근 초등학교의 열성적인 5학년생들과 함께 텃밭을 만들었다. 건강한 식습관을 장려하기 위해 소박하게 시작한 이 사업은 나중에 본격적 운동으로 발전하여 전국의 학교와 공동체 텃밭에 영감을 주었으며 전 세계의 관심을 끌었다. 첫 여름이 지났을 때는 콜라드그린, 당근, 후추, 회향, 양파, 상추, 브로콜리, 딸기, 블루베리 등을 풍성하게 수확했는데, 백악관 조리실에서 남는 채소를 인근 푸드뱅크에 기증할 정도였다. 뜻밖의 보너스도 있었다. 정원 관리인 한 명이 알고 보니 아마추어 양봉가여서, 우리는 그에게 작은 벌통을 설치해도 좋다고 했다. 벌통에서는 해마다 50킬로그램의 꿀이 생산되었으며, 네이비 메스 레스토랑의 진취적인 수제 맥주 양조가가 벌꿀로 맥주를 만들 수 있다기에 우리는 가정용 양조 장비를 구입했고, 나는 백악관에서 맥주를 빚은 최초의 대통령이 되었다. (조지 워싱턴은 위스키를 빚었다고 한다.)

백악관 첫해의 온갖 즐거움 중에서 가장 좋았던 일은 4월 중순에 보를 만난 것이다. 누가 봐도 안아주고 싶게 생긴 보는 다리가 넷 달린 검은 털뭉치 같았고 가슴과 앞발은 새하얬다. 선거운동 전부터 강아지를 입양하자고 로비를 벌인 말리아와 사샤는 보를 보자마자 기쁨의 비명을 지르며 함께 관저 바닥을 뒹굴고 보에게 귀와 얼굴을 핥게 했다. 아이들만 사랑에 빠진 게 아니었다. 미셸이 보에게 묘기를 가르치고 무릎 위에 놓고 안아주고 몰래 베이컨을 갖다주며 보내는 시간이 길어지자 메리언은 강아지를 들이자는 딸의 어릴 적 소원을 들어주지 않은 것이 후회된다고 털어놓았다.

나로 말할 것 같으면 (누군가 말했듯) 워싱턴의 정치인이 가질 수 있는 단 하나의 믿을 수 있는 친구를 얻었다. 보는 저녁 서류 작업을 미뤄두고 가족과 함께 남쪽 잔디밭에서 저녁 산책을 할 핑계가 되었다. 햇빛이 자줏빛과 황금빛 줄무늬로 희미해지고 개가 아이들과 쫓기 놀이를 하면서 덤불을 들락날락 뛰어다니는 동안 미셸이 미소를 띠며 내 손을 꼭 쥐고,

말리아가 우리에게 와서 새 둥지나 구름 모양 같은 것에 대해 묻고 사샤가 내 다리에 매달리고는 내가 어디까지 갈 수 있나 보는 그 순간들은 내가 정상적이고 온전하며 남자로서 누릴 수 있는 최고의 행운을 누리는 시간이었다.

테드 케네디와 비키 케네디가 선물한 보는 그들이 키우는 포르투갈워터도그 중 한 마리와 형제간이다. 두 사람은 무척 사려 깊었다. 포르투갈워터도그 품종은 알레르기를 덜 일으킬 뿐 아니라(말리아에게 개 알레르기가 있어서 필수 조건이었다) 케네디 부부에게 듣기로 보는 우리에게 오기 전에 파양된 적이 있었기 때문이다(예전에 오바마는 유기견 보호소에서 개를 입양하고 싶다고 밝힌 적이 있다_옮긴이). 하지만 감사 전화를 걸었을 때는 비키와만 이야기를 나눌 수 있었다. 테디는 약 1년 전에 악성 뇌종양 진단을 받았는데, 보스턴에서 계속 치료받았지만 예후가 좋지 않다는 사실은 누가 봐도―테디 자신에게도―분명했다.

나는 3월에 그를 만났다. 보편적 건강보장―의료비를 감당할 능력이 있든 없든 모든 사람에게 양질의 의료를 제공하는 시스템―입법을 추진하기 위해 우리가 개최한 백악관 콘퍼런스에 깜짝 참석한 것이다. 비키는 그의 여행을 우려했는데, 만나보니 이유를 알 수 있었다. 걸음걸이가 일정하지 않았고 몸무게가 하도 줄어서 양복이 거의 맞지 않았으며, 태도는 활기찼지만 눈동자가 횅하고 부연 것을 보니 똑바로 서 있기도 힘겹다는 것을 알 수 있었다. 그럼에도 그가 참석하겠다고 고집한 이유는 모든 사람이 적절한 의료를 적당한 가격에 받도록 하겠다고 35년 전 결심했기 때문이었다. 그의 아들 테디 주니어는 골암 진단을 받아 열두 살에 한쪽 다리를 절단해야 했다. 테디가 병원에 있으면서 알게 된 다른 환아의 부모들은 눈덩이처럼 쌓이는 병원비를 어떻게 감당할지 막막해했다. 거기서 그는 이 현실을 바꾸기 위해 무언가 하겠노라 다짐했다.

일곱 명의 대통령을 거치면서 테디는 선한 싸움을 벌였다. 클린턴 행정부 때는 아동건강보험 프로그램이 통과되는 데 한몫했다. 고령층 약제

급여를 위해서는 당내 일각의 반대를 무릅쓰고 부시 대통령에게 협조했다. 하지만 그의 영향력과 입법 역량으로도 보편적 건강보장을 확립하는 꿈은 한 번도 손에 잡히지 않았다.

테디 케네디가 병상에서 억지로 몸을 일으켜 우리 콘퍼런스에 온 것은 이 때문이었다. 그는 더는 싸움을 이끌 수는 없어도 자신의 짧지만 상징적인 참석이 영향을 미칠 수 있음을 알았다. 분명한 사실이었다. 그가 이스트 룸에 들어서자 참석자 150명이 환호성을 지르며 오랫동안 박수갈채를 보냈다. 콘퍼런스 개회를 선언한 나는 그에게 첫 축사를 요청했다. 그의 전직 보좌관 몇 명은 옛 보스가 연설하려고 일어나자 눈물을 쏟았다. 축사는 짧았다. 그의 바리톤 음성은 상원 회의장을 쩌렁쩌렁 울릴 때만큼 우렁차지 않았다. 그는 앞으로의 운동에서 '보병'이 되고 싶다고 말했다. 서너 번째 연사의 차례가 되었을 때 비키가 조용히 그를 데리고 나갔다.

이후 나는 그를 한 번 더 만났다. 두어 주 뒤 국가봉사사업 확대 법안(공화당과 민주당 둘 다 그를 기려 '에드워드 M. 케네디 봉사법'이라고 이름 붙였다)에 서명하는 자리에서였다. 이후에도 보가 트리티 룸에 들어와 고개를 떨구고 꼬리를 흔들다 내 발치에 웅크릴 때면 테디 생각이 났다. 그날 우리가 함께 이스트 룸에 들어가기 직전 테디가 해준 말이 떠올랐다.

그는 이렇게 말했다. "때가 됐소, 대통령님. 놓치지 마시게."


미국 정치권에서 보편적 건강보장 실시를 처음 시도한 때는 1912년으로 거슬러 올라간다. 공화당 대통령으로 8년 가까이 재임한 후 또다시 출마하기로 마음먹은 시어도어 루스벨트는 진보 의제를 선점하여 중앙 집중적 국민보건서비스를 실시하겠다는 공약을 내세웠다. 당시에는 민간 건강보험에 들었거나 필요성을 느끼는 사람이 거의 없었다. 대다수 미국인은 병원에 갈 때마다 비용을 지불했으나 의약품 분야가 급속히 정교해지고 진단 검사와 수술의 종류가 많아져 부대 비용이 증가하면서 건강과 부의 상관관계가 점차 뚜렷해졌다. 비슷한 문제에 맞닥뜨린 영국과 독일은 국민건강보험 시스템을 확립했고, 다른 유럽 나라들도 비슷한 제도를 채택했다. 루스벨트는 1912년 선거에서 낙선했지만 그의 당이 내세운 진보적 이상들은 누구나 적당한 가격에 누릴 수 있는 의료 서비스를 특권이라기보다는 권리로 인식할 씨앗을 심었다. 하지만 오래지 않아 의사들과 남부 정치인들은 정부가 어떤 형태로든 의료에 관여하는 것을 볼셰비즘으로 낙인 찍고 반대 목소리를 높였다.

프랭클린 D. 루스벨트가 제2차 세계대전 기간에 물가 상승을 억제하기 위해 전국적 임금 동결을 단행하자 많은 기업은 해외에 파병되지 않아 귀한 몸이 된 노동자들에게 보상하는 방안으로 민간 건강보험과 연금제도를 도입하기 시작했다. 직장 건강보험 제도는 전쟁이 끝나도 계속되었는데, 중요한 이유는 노동조합들이 좋아했기 때문이다. 단체협약을 통해 더 후한 복지 혜택을 얻어낼 수 있다는 점은 신규 조합원 모집에 유리하게 작용했다. 단점은 이 노조들이 (나머지 모든 사람에게 유익할) 정부 주도의 건강보험 프로그램을 요구할 동기를 느끼지 못했다는 것이다. 해리 트루먼은 국민건강보험 제도를 두 번 제안하고—1945년에 한 번, 1949년 페어딜 정책(뉴딜 정책을 계승한 사회복지 정책_옮긴이)의 일환으로 다시 한번—국민에게 지지를 호소했으나 미국의사협회를 비롯한 업계의 로비스트들이 막강한 자금력을 동원하여 벌이는 홍보 공세에는 상대가 되지 않았다. 그들은 트루먼의 시도를 짓밟는 것에 그치지 않았다. '의약품 사회화'가 배급으로 이어지고 주치의와 (미국인들이 그토록 중요시하는) 자유를 잃게 될 것이라고 대중을 설득했다.

진보파는 민간 보험과 정면 승부 하기보다는 시장에서 배제된 사람들을 돕는 일에 정력을 쏟았다. 이 노력들은 린든 B. 존슨의 '위대한 사회' 운동으로 결실을 맺었으니, 급여세 세입에서 일부를 지원받아 기금을 마련한 보편적 단일 보험자 프로그램이 고령층을 위해 도입되었고(메디케어) 연방 및 주 기금을 합쳐 운용되며 빈곤층을 대상으로 하는 제한적 프로그램이 제정되었다(메디케이드). 1970년대와 1980년대 초에는 이 조각보식 시스템이 잘 굴러가 약 80퍼센트의 미국인이 직장 건강보험이나 앞의 두 프로그램 중 하나의 혜택을 입었다. 한편 현 상태를 옹호하는 사람들은 영리 의료 산업이 자기공명영상(MRI)에서 구명 의약품에 이르는 수많은 혁신을 시장에 도입했다고 주장했다.

이 혁신들은 유용하기는 했어도 의료비 상승을 더욱 부추겼다. 보험사들이 국가적 의료비 지출을 떠받치는 상황에서는 제약회사들이 과다 청구를 하거나 의사와 병원이 수지를 맞추려고 중복 검사와 불필요한 치료를 처방하더라도 환자들이 이의를 제기할 동기가 별로 없었다. 한편 전국민의 5분의 1 가까이가 질병이나 사고 한 번이면 가계가 파탄 날 위험 속에서 살아가고 있었다. 보험에 들지 않은 사람들은 비용 부담 때문에 정기검진과 예방적 진료를 포기한 채 병이 위중해질 때까지 방치하다 응급실에 실려 가기 예사였는데, 이렇게 시기를 놓치면 병원에서도 더 고가의 치료법을 동원해야 했다. 병원들은 떼인 진료비를 벌충하기 위해 보험 가입자에게 청구하는 금액을 올렸으며 이는 보험료 인상으로 이어졌다.

이 모든 현상이 어우러져 미국은 1인당 의료비를 선진국 중에서 가장 많이 지출하면서도(캐나다의 112퍼센트, 프랑스의 109퍼센트, 일본의 117퍼센트) 보건 의료 수준은 비슷하거나 뒤처졌다. 이 나라들과의 의료비 차이는 연간 수천억 달러에 이르렀는데, 미국 가정에 양질의 아동 보육을 제공하거나 대학 학비를 깎아주거나 연방 적자의 상당 부분을 메울 수 있을 정도의 금액이었다. 치솟는 의료 비용은 미국 기업들에도 부담이 되었다. 일본과 독일의 자동차 제조사들과 달리 디트로이트는 조립 라인에서 차 한 대를 생산할 때마다 약 1500달러의 직원 및 퇴직자 건강보험 비용을 차 가격에 반영해야 했다.

사실, 미국 기업들이 1980년대 후반과 1990년대에 보험 비용 증가분을 직원들에게 전가하기 시작한 이유는 외국과의 경쟁 때문이었다. 부대 비용이 전혀 없거나 거의 없던 기존 보험 상품 대신 비용은 저렴하지만 더 높은 가입자 부담금, 기본 분담금, 평생보상한도를 비롯한 불리한 조항들이 깨알 같은 글자로 숨어 있는 상품으로 갈아탄 것이다. 노조들도 기존 보험 혜택을 유지하려면 종종 임금 동결에 동의하는 수밖에 없었다. 소기업들은 직원들에게 건강보험을 제공하는 것 자체가 힘겨워졌다. 한편 개인 시장에서 영업하는 보험회사들은 (보험 통계에 따라) 보험 제도를 이용할 가능성이 가장 많은 고객, 특히 '기존 질병'—암 발병에서 천식과 만성 알레르기에 이르는 무엇이든 포함되었다—이 있는 고객의 가입을 거부하는 기법을 완벽히 터득했다.

그러니 내가 취임했을 때 기존 시스템을 옹호하는 사람이 드물었던 것은 놀랄 일이 아니다. 4300만 명 이상의 미국인이 보험에 가입되어 있지 않았고, 가정당 보험료는 2000년 이후 97퍼센트 증가했으며 비용은 끝없이 오르고 있었다. 하지만 우리 팀은 역사적 불황의 정점에 대규모 보건 의료 개혁 법안을 의회에서 통과시켜야 한다는 사실이 마음에 걸렸다. 간질이 심한 딸에게 특수 치료를 제공하는 일이 얼마나 힘든지 경험하고 치료비를 감당하기 위해(다른 이유도 있었지만) 언론사를 나와 정치 컨설턴트가 된 액스조차도 확신하지 못했다.

임기 초에 이 주제를 논의할 때 액스는 이렇게 말했다. "데이터는 분명합니다. 전반적으로 불만이 있을진 몰라도 사람들 대부분은 보험에 가입되어 있습니다. 가족 중 누군가 병에 걸리기 전에는 시스템의 결함을 진지하게 생각하지 않아요. 자기네 의사에 대해서도 불만이 없고요. 워싱턴이 문제를 해결하리라 신뢰하지도 않습니다. 우리의 진정성을 믿더라도 시스템이 바뀌면 자기 돈으로 남을 돕는 꼴이 될까 봐 우려합니다. 게다가 의료 시스템을 어떻게 바꾸면 좋겠냐고 물으면 사람들이 바라는 건 비용이 얼마나 들든 효과가 있든 없든 가능한 모든 치료를 자신이 원하는 어느 병원에서나 원하는 모든 때에 받을 수 있어야 한다는 것입니다.

그것도 공짜로요. 물론 우리는 그렇게 해줄 수 없습니다. 그러고 나면 보험회사, 제약회사, 의사들이 광고를 내보내기 시작할…….

람이 얼굴을 잔뜩 찌푸리고 끼어들었다. "액스가 하려는 말은, 대통령님, 이게 우리 얼굴 앞에서 터질 수 있다는 겁니다."

람은 보편적 건강보장 입법이 최근에 추진될 때 자신이 선두에 섰음을 상기시켰다. 결국 힐러리 클린턴의 법안은 찢기고 불살라졌고 그 역풍으로 민주당은 1994년 중간선거에서 하원을 내줘야 했다. "공화당은 건강보장이 진보파의 새로운 돈 잔치이며 경제 위기를 해결하는 데 방해가 된다고 말할 겁니다."

내가 말했다. "제가 알기로는, 우리는 경제를 살리기 위해 모든 조치를 취하고 있잖아요."

"**저는** 압니다, 대통령님. 하지만 미국 국민은 모릅니다."

내가 물었다. "그렇다면 우리가 지금 무슨 얘길 하고 있죠? 민주당이 수십 년래 최다 의석으로 다수당이 되었고, 우리가 선거운동에서 약속했는데도, 건강보장을 실현하려고 노력하면 안 된다는 건가요?"

람이 액스를 쳐다보며 도움을 청했다.

액스가 말했다. "다들 우리가 노력해야 한다고 생각합니다. 다만 아셔야 할 것은 우리가 패하면 대통령의 힘이 심각하게 약해지리라는 겁니다. 그걸 매코널과 베이너보다 잘 아는 사람은 없죠."

나는 일어서서 회의 종료를 선언했다.

"그렇다면 패하지 말아야겠군요."


초창기의 그 대화를 떠올리면 내가 지나치게 확신했음을 부인하기 힘들다. 나는 보건 의료를 개혁해야 한다는 논리가 너무도 명백하기에 조직적 반대를 이겨내고 국민의 지지를 끌어낼 수 있으리라 확신했다. 이민법 개혁과 기후변화 입법 같은 대형 정책은 의회를 통과하기가 훨씬 힘들 터였다. 국민의 일상에 가장 큰 영향을 미치는 사안에서 승점을 기록하는 것이 나머지 입법 의제를 밀어붙일 추진력을 확보하는 최선의 방법이라고 생각했다. 액스와 람은 정치적 위험을 우려했지만 어차피 불황 때문에 여론 지지율은 타격을 입을 게 뻔했다. 몸을 사린다고 해서 현실을 바꿀 수는 없었다. 설령 바꿀 수 있더라도, 재선 전망에 불리하다는 이유로 수백만 명을 도울 기회를 날려버린다면 그것이야말로 내가 거부하겠다고 맹세한 근시안적이고 이기적인 행동이었다.

내가 보건 의료에 관심을 둔 이유는 정책이나 정치 문제이기 때문만이 아니었다. 테디와 마찬가지로 개인적 사연이 있었다. 아픈 자녀의 치료비를 마련하려고 애쓰는 부모를 만날 때마다 미셸과 내가 세 살배기 사샤를 응급실에 데려가야 했던 밤이 떠올랐다(병명은 바이러스성 수막염으로 밝혀졌다). 간호사들이 척추 천자를 하려고 사샤를 데려갈 때 우리는 공포와 무력감을 느꼈고, 한밤중에 편하게 전화할 수 있는 단골 소아과 의사가 없었다면 감염을 제때 발견하지 못했을 수도 있었음을 깨달았다. 병원비를 감당할 수 없어 무릎 통증이나 허리 통증으로 고생하는 농장 노동자나 슈퍼마켓 계산원을 유세 도중에 만났을 때는 절친한 친구 보비 팃컴을 생각했다. 하와이에서 어부로 일하는 그는 목숨이 위태로운 부상(다이빙 사고로 작살이 폐를 관통했을 때처럼)이 아니면 전문 의료에 의존하지 않았는데, 건강보험에 가입하면 일주일 내내 고기잡이해서 번 돈을 월 보험료로 날리기 때문이었다.

무엇보다 어머니를 생각했다. 6월 중순 나는 위스콘신주 그린베이로 향했다. 보건 의료 개혁 가능성에 관한 시민들의 의견을 듣고 교육하기 위해 전국에서 개최할 첫 번째 주민 간담회를 진행하기 위해서였다. 그날 나를 소개한 서른다섯 살의 로라 클리츠카는 공격적 유방암이 뼈에 전이되었다는 진단을 받았다. 남편이 보험에 가입되어 있었지만 수술, 방사선요법, 화학요법을 반복하면서 평생보상한도를 다 써버려 1만 2000달러의 의료비가 밀린 상태였다. 남편 피터는 치료를 중단하는 데 반대했지만 그녀는 치료를 더 받는 것이 가치가 있을지 고민하고 있었다. 행사장으로 출발하기 전 우리가 그들의 집 거실에 앉아 있을 때 피터는 바닥에서 뛰노는 두 아이를 지켜보느라 신경을 곤두세웠고, 로라는 그 모습을 보며 힘없이 미소 지었다.

로라가 내게 말했다. "가족과 최대한 많은 시간을 보내고 싶지만, 빚더미에 앉게 하고 싶진 않아요. 이기적인 일 같아요." 그녀의 눈가에 이슬이 맺히기 시작했다. 그녀의 손을 잡은 나는 어머니가 마지막 몇 달간 쇠약해지던 모습을 떠올렸다. 일찍 검사받았으면 병을 발견했을지도 모르지만 공교롭게도 그때 컨설팅 계약이 종료된 탓에 보험 혜택을 못 받을까 봐 검사를 미뤘던 때, 보험에 가입하기 전에 진단받은 적이 없는데 기존 질병을 공개하지 않았다는 이유로 보험사에서 장애 보험금 지급을 거절했을 때 어머니가 병상에서 받았을 스트레스를 생각했다. 이루 말할 수 없는 후회가 밀려들었으리라.

건강보험 법안을 통과시키더라도 어머니를 되찾을 수는 없었다. 마지막 숨을 쉴 때 곁에 있어드리지 못했다는 죄책감을 달랠 수도 없었다. 로라 클리츠카와 그녀의 가족을 돕기에는 너무 늦었을 수도 있었다.

하지만 언젠가 **누군가**의 어머니를 도울 수는 있었다. 싸워볼 가치가 있었다.


문제는 우리가 해낼 수 있느냐였다. 경제회복법은 통과가 까다롭긴 했지만 법안의 논리는 매우 단순했다. 정부가 최대한 빨리 돈을 펌프질하여 경제를 부양하고 사람들에게 일자리를 제공하는 것이 전부였다. 누군가의 호주머니에서 현금을 꺼내지도, 기업 운영 방식을 바꾸도록 강요하지도, 새 제도에 자금을 지원하려고 옛 제도를 폐기하지도 않았다. 당장만 놓고 보면 아무도 손해 보지 않는 거래였다.

이에 반해 대규모 보건 의료 법안이 통과되면 미국 경제의 6분의 1이 재편성될 전망이었다. 이 정도 규모의 입법에는 계속 논란거리가 될 수백 쪽의 개정안과 규제안이 필요한데, 새로운 것이든 옛 법률을 다시 쓴 것이든 모두가 큰 영향을 미칠 수 있었다. 법안에 끼워 넣은 조항 하나가 보건 의료 산업의 일부 부문에 수십억 달러의 이익이나 손실을 가져다줄 수도 있었다. 숫자 하나만 옮겨도, 여기의 0이나 저기의 소수점만 바꿔도 100만 가정이 보험 혜택을 받을 수도 있었고 그러지 못할 수도 있었다. 애트나, 유나이티드헬스케어 같은 보험회사들은 전국의 수많은 지역에서 주요 고용주였으며 지방 병원들은 많은 소도시와 카운티의 경제적 토대였다. 변화가 자신에게 미칠 영향을 사람들이 우려하는 데는 타당한 이유가―생사를 가르는 이유가―있었다.

법률을 시행하는 데 필요한 비용을 마련하는 것도 문제였다. 보건 의료에 더 많은 돈을 쓰지 않고도 더 많은 사람에게 혜택을 줄 수 있으며, 다만 돈을 더 현명하게 쓰기만 하면 된다고 나는 주장했다. 이론상으로는 옳았다. 하지만 한 사람의 낭비와 비효율은 다른 사람의 수익이나 편의였고, 보험금 지출은 개혁으로 인한 비용 절감보다 훨씬 일찍 연방 장부에 기록될 것이었다. 보험회사나 대형 제약회사의 주주들은 자신에게 한 푼이라도 손해를 끼치는 변화를 막으려고 만반의 준비를 갖춘 데 반해 개혁의 잠재적 수혜자들―종업원, 가족농, 하도급 업자, 암 생존자― 은 자신들을 대변할 몸값 높고 능수능란한 로비스트들을 의회에 보낼 수 없었다.

말하자면 보건 의료는 정치적 측면에서나 내용적 측면에서나 어마어마하게 복잡했다. 나는 이미 양질의 건강보험을 누리는 사람들이 포함된 미국 국민에게 개혁이 왜 어떻게 효과를 거둘지를 설명해야 했다. 그러려면 입법을 최대한 개방적이고 투명하게 추진해야겠다고 생각했다. 선거운동 기간에 유권자들에게 이렇게 말했다. "모두가 발언권을 가질 것입니다. 닫힌 문 뒤에서 협상하지 않고 모든 당사자를 한데 모으고 협상 과정을 C-SPAN TV에 중계하여 미국 국민들이 선택의 실상을 보도록 할 것입니다." 나중에 이 아이디어를 람에게 꺼냈더니 그는 내가 대통령이 아니면 좋겠다는 표정을 지었다. 그랬다면 내 계획이 얼마나 멍청한지 노골적으로 설명할 수 있을 테니까. 법안을 통과시키려면 수십 번의 거래와 타협을 거쳐야 하며, 주민 공청회처럼 진행되지도 않을 거라고 그는 말했다.

"소시지를 만드는 일은 아름답지 않습니다, 대통령님. 게다가 정말로 커다란 소시지를 요구하고 계시다고요."

람과 내가 동의한 한 가지는 우리가 몇 달 안에 법안의 각 항목에 대한 비용과 결과를 분석하고 모든 과정을 연방 각 기관 및 상하원과 조율하면서도 의료 공급 업체와 병원 당국에서 보험사와 제약회사에 이르는 보건 의료 업계의 주요 당사자들을 움직일 방안을 모색해야 한다는 것이었다. 모든 일을 해내려면 계획을 착착 추진할 최상급 보건의료팀이 필요했다.

다행히 우리는 입법 과정을 도와줄 훌륭한 여성 삼인방을 영입했다. 공화당 우세 지역인 캔자스에서 민주당 주지사를 연임한 캐슬린 시벨리어스는 보건복지부 장관으로 참여했다. 전직 주州 보험감독관이었기에 보건 의료의 정치적 경제적 측면 둘 다에 정통했고, 건강보험 개혁의 얼굴마담을 맡을 만큼 유능한 정치인이었으며—명민하고 재미있고 활달하고 강인하고 언론에 빠삭했다—우리가 하는 일을 설명하기 위해 TV에 내보내거나 전국의 주민 간담회에 파견할 수 있는 사람이었다. 텍사스 대학교 교수이자 메디케어·메디케이드 전문가 진 램브루는 보건복지부 건강보험개혁 사무국장이 되어, 사실상 우리의 선임 정책 자문관 역할을 맡았다. 키가 크고 성실하고 종종 정치 논리를 무시하는 그녀는 보건 의료 정책의 모든 팩트와 의미를 꿰고 있었으며 우리가 정치적 편의주의에 치우칠 때 균형을 잡아줄 수 있었다.

낸시앤 드팔은 우리 캠페인이 꼴을 갖춰갈 때 내가 가장 많이 의지한 사람이다. 테네시 출신 변호사로, 테네시주 보건 프로그램을 운영하다 클린턴 행정부에서 메디케어 사무국장을 지낸 낸시앤은 노력을 성공으로 바꾸는 데 익숙한 사람다운 명쾌한 전문성을 갖췄다. 테네시주의 작은 타운에서 중국계 미국인으로 자란 경험이 그런 추진력에 얼마나 영향을 미쳤는지는 알 수 없었다. 낸시앤은 자신에 대한 이야기를 많이 하지 않았다(적어도 내게는). 내가 아는 사실은 그녀가 열일곱 살 때 어머니가 폐암으로 돌아가셨다는 것이다. 짭짤한 사모펀드 회사 일자리를 포기하고 사랑하는 남편과 두 어린 아들과도 많은 시간을 떨어져 있어야 하는 직책을 선뜻 수락한 이유가 그 경험 때문인지도 모르겠다.

건강보험법 통과를 개인적 문제로 여기는 사람은 나만이 아닌 듯했다. 람, 필 실리로, 그리고 명민한 정치 실무자이며 선거운동에서 플러프의 오른팔 노릇을 한 짐 메시나 부비서실장과 더불어 우리의 보건의료팀은 입법 전략의 얼개를 그리기 시작했다. 경제회복법에 관한 경험에 비추어보건대 미치 매코널이 우리의 시도를 좌초시키려고 온갖 수단을 동원하리라는 것, 그리고 건강보험 법안처럼 거대하고 논쟁적인 사안에서 상원 공화당의 표를 얻을 전망이 희박하다는 것은 분명했다. 경기 부양 법안을 통과시킬 때는 민주당 코커스에 참석한 상원의원이 58명이었지만 건강보험 법안이 표결에 부쳐질 때는 60명을 확보할 수 있으리라는 사실은 우리에게 힘이 되었다. 앨 프랭큰은 미네소타주에서 논란 속에 이루어진 재검표 끝에 마침내 의석을 차지했으며, 알런 스펙터는 경제회복법을 지지했다가 찰리 크리스트처럼 공화당에서 사실상 퇴출되자 당적을 바꾸기로 결심했다.

그래도 필리버스터를 무력화할 수 있는 의석수에는 못 미쳤다. 위독한 테드 케네디와 노쇠한 웨스트버지니아의 로버트 버드가 포함되었기 때문이다. 또한 네브래스카의 벤 넬슨(전직 보험회사 임원) 같은 보수파 민주당 의원들은 언제든 옆길로 샐 수 있었다. 어느 정도 오차가 생길 수 있다는 사실 외에도, 보건 의료 개혁처럼 중대한 법안을 순전히 당론에 따라 통과시키면 향후에 법률이 정치적으로 더 취약해질 수 있었다. 그래서 우리는 몇몇 공화당 의원이라도 설득할 수 있도록 법안을 다듬는 게 합리적이라고 생각했다.

다행히 우리에게는 참고할 본보기가 있었다. 아이러니하게도 본보기는 공화당 대통령 경선에서 존 매케인의 적수 중 하나였던 밋 롬니 전 매사추세츠 주지사와 테드 케네디의 협력 속에서 탄생했다. 몇 해 전 예산이 부족해지고 메디케이드 기금 확보에 차질이 빚어질 가능성에 직면한 롬니는 더 많은 매사추세츠 주민을 정식으로 보험에 가입시킬 방안을 찾는 데 매달렸다. 그러면 비보험자 응급 진료에 대한 주정부 지출을 줄이고 (이상적으로는) 주민 건강을 전반적으로 개선할 수 있었다.

그와 보좌진은 자동차 소유자가 의무적으로 자동차 보험에 가입하듯 모든 사람이 의무적으로 건강보험에 가입하도록 하기 위해(개인의무가입 individual mandate) 다방면의 접근법을 내놓았다. 직장 건강보험에 가입할 수 없고 메디케어나 메디케이드 혜택을 받을 자격은 되지 않고 그렇다고 자력으로 보험료를 감당하기는 어려운 중산층은 정부 보조를 받아 보험에 가입할 수 있었다. 보조금은 각자의 소득에 따라 다르게 결정되며, 온라인 '거래소'를 설립하여 소비자들이 최상의 보험 상품을 쇼핑하도록 한다는 계획이었다. 한편 보험사들은 기존 질병을 이유로 보험 가입을 거절할 수 없게 될 터였다.

개인의무가입과 기존 질병이 있는 사람들을 보호하는 조치라는 두 가지 발상은 서로 맞물렸다. 정부 보조금을 받는 대규모의 새로운 고객 집단이 생기면 보험사는 더는 자신들 이익을 보호하기 위해 젊고 건강한 사람들만 선별할 핑계를 댈 수 없었다. 한편 의무 가입은 제도를 악용하여 병에 걸릴 때까지 기다렸다가 보험에 가입하는 편법을 방지할 수 있었다. 롬니는 이 계획을 기자들에게 홍보하면서 개인의무가입이 개인의 책임을 증진하는 '궁극적인 보수주의적 개념'이라고 불렀다.

민주당이 다수당인 매사추세츠 주의회는 처음에는 당연히 롬니의 계획을 미심쩍어했다. 공화당원이 계획을 내놓았기 때문만은 아니었다. 많은 진보주의자는 민간 보험과 영리 의료를 캐나다와 같은 단일 보험자(single-payer) 제도로 대체하는 방안을 신조로 삼았다. 우리가 백지에서 시작했다면 나도 찬성했을 것이다. 다른 나라의 증거를 봐도 단일한 국가건강보험 체제—기본적으로, 모두를 위한 메디케어—는 양질의 보건의료를 비용 대비 효과적으로 제공하는 방법이다. 하지만 매사추세츠도 미국도 백지에서 시작한 것이 아니었다. 순진한 진보주의자라는 평판에도 불구하고 언제나 실용주의적이었던 테디는 기존 체제를 해체하고 완전히 새로운 체제로 대체하기란 정치적으로 가망이 없을 뿐 아니라 경제적으로도 파국일 것임을 알고 있었다. 그래서 그는 롬니의 방안을 적극 받아들여 법안이 통과되는 데 필요한 주의회 민주당 표를 주지사가 확보할 수 있도록 지원했다.

'롬니케어'로 알려진 이 제도는 시행된 지 2년이 지났는데 명백한 성공으로 평가되었다. 매사추세츠주의 보험 미가입 비율은 4퍼센트 미만으로 전국에서 가장 낮았다. 테디는 상원 보건교육위원회 위원장으로 당선되기 몇 달 전에 이를 바탕으로 법안 초안을 준비하기 시작했다. 플러프와 액스는 선거운동 기간에 매사추세츠식 접근법에 지지를 표명하지 말라고 나를 설득했지만—보험 가입을 강제하는 발상은 유권자들에게 극도로 인기가 없었기에 당시 우리는 비용을 줄이는 방안을 계획의 초점으로 삼았다—이제 나는 전 국민 보험 가입이라는 목표를 달성할 가능성이 가장 높은 방안은 롬니 모델이라고 확신했다(대다수 건강보험 옹호자들도 생각이 같았다).

전국판 매사추세츠 제도의 형태에 대한 각론에서는 사람마다 의견이 갈렸다. 우리 팀과 내가 전략을 짜는 동안 많은 옹호자는 의회가 내용을 파악할 수 있도록 백악관이 구체적인 제안을 내놓아 문제를 조기에 일단락 지으라고 촉구했다. 하지만 우리는 그러지 않기로 했다. 클린턴의 실패에서 배운 교훈 중 하나는 핵심 민주당원들을 논의 과정에 참여시켜 법안에 대한 주인 의식을 심어줘야 한다는 것이었다. 충분한 협조를 얻지 못하면 법안이 수천 번의 자상을 입으며 서서히 죽을 수도 있었다.

하원에서 협력을 얻으려면 캘리포니아의 약삭빠르고 호전적인 연방하원의원 헨리 왁스먼 같은 구세대 진보파와 손잡아야 했다. 상원은 지형이 달랐다. 테디가 요양하는 동안의 핵심 주자는 몬태나 출신의 보수파 민주당원으로 막강한 재정위원회 위원장을 맡은 맥스 보커스였다. 위원회 회의 시간의 대부분을 차지하는 세금 문제와 관련하여 보커스는 종종 재계의 로비를 편들었는데, 나는 이 부분이 우려스러웠다. 게다가 상원의원으로 지낸 30년간 대형 법안을 통과시키는 데 앞장선 적이 없었다. 그럼에도 지난해 6월에 의회 보건 의료 정상회의를 주최하고 테디 케네디 및 그의 보좌진과 몇 달간 협력하면서 개혁 법안의 초안을 만든 걸 보면 이 문제에 정말 관심이 있는 듯했다. 재정위원회 공화당 간사인 척 그래슬리 아이오와주 상원의원과도 친분이 두터운 보커스는 법안에 대해 그래슬리의 지지를 얻어낼 수 있다고 낙관했다.

람과 필 실리로는 그래슬리를 설득할 수 있을지에 회의적이었다. 어쨌거나 경제회복법 논쟁에서 아수라장을 겪은 적이 있었으니까. 하지만 우리는 보커스에게 주도권을 주는 게 최선이라고 판단했다. 이미 자신의 아이디어를 언론에 소개한 보커스는 조만간 그래슬리와 두 명의 공화당 의원과 함께 건강보험 개혁 실무진을 구성할 예정이었다. 하지만 오벌오피스 회의에서 나는 그에게 그래슬리를 너무 믿지 말라고 경고했다.

보커스가 말했다. "날 믿으세요, 대통령님. 척과는 이미 얘기를 끝냈습니다. 7월까지는 마무리할 겁니다."

어느 일터에서든 예상치 못한 상황이 꼭 벌어진다. 장비의 핵심 부품이 고장 나기도 하고, 교통사고 때문에 배송 경로를 바꿔야 할 때도 있으며, 고객이 전화하여 계약 수주를 축하한다며 다만 주문 물량을 3개월 일찍 만들어내라고 요구하기도 한다. 한두 번 겪는 게 아니라면 여러분의 일터는 그런 상황을 처리할 시스템과 절차를 갖췄을지도 모른다. 하지만 최고의 조직이라도 모든 일을 예상할 수는 없다. 그 경우엔 목표에 맞게 임기응변으로 대처하거나 적어도 손실을 줄이는 게 최선이다.

대통령직도 다르지 않았다. 예상치 못한 일이 매일같이, 종종 파도처럼 연이어 몰려온다는 것만 빼면. 그 첫해 봄과 여름을 거치며 우리가 금융 위기, 두 개의 전쟁, 보건 의료 개혁 추진과 씨름하는 동안 예상치 못한 몇 가지 사건이 안 그래도 과적인 우리의 트럭에 짐을 더했다.

첫 번째는 진짜 재앙으로 이어질 수도 있는 사건이었다. 4월에 멕시코에서 심상치 않은 독감이 발병한 사례가 보도되었다. 독감 바이러스는 대개 노인, 유아, 천식 환자처럼 취약한 인구 집단에 가장 치명적이지만 이 바이러스 계통은 젊고 건강한 사람들에게도 타격을 가하는 듯했고 사망률도 이례적으로 높았다. 몇 주 안에 미국에서도 사람들이 바이러스에 감염되기 시작했다. 오하이오에서 한 명, 캔자스에서 두 명, 뉴욕시의 고등학교 한 곳에서만 여덟 명이 발병했다. 그달 말에 질병통제예방센터(CDC)와 세계보건기구(WHO)에서는 우리가 상대하는 것이 H1N1 바이러스의 변종이라고 확인해주었다. 6월에 WHO에서 40년 만에 처음으로 세계적 대유행(팬데믹)을 공식 선언했다.

나는 상원에 있을 때 미국에서 대유행할 수도 있는 전염병에 대비하는 작업에 관여했기에 H1N1을 웬만큼은 알고 있었다. 그래서 겁이 났다. 1918년에 '스페인 독감'으로 알려진 H1N1의 한 계통이 5억 명으로 추산되는 사람들에 감염하여 전 세계 인구의 약 4퍼센트인 5000만~1억 명의 목숨을 앗아갔다. 필라델피아에서만 몇 주 만에 1만 2000명 이상이 사망했다. 대유행의 영향은 충격적인 사망률과 경제 활동 중단에 그치지 않았다. 이후의 연구에 따르면 대유행 시기에 엄마 배 속에 있던 사람들은 성인이 되었을 때 소득과 학력이 낮고 신체장애 비율이 높았다.

이 새로운 바이러스가 얼마나 치명적일지 단정하기엔 아직 일렀다. 하지만 요행을 바랄 생각은 없었다. 캐슬린 시벨리우스가 보건복지부 장관으로 인준된 그날, 우리는 비행기를 캔자스로 보내 그녀를 의사당으로 데려와 급조한 취임식에서 선서하게 하고는 곧장 WHO 관료들과 멕시코, 캐나다의 보건부 장관들과 두 시간의 전화 회의를 주재해달라고 요청했다. 며칠 뒤에는 부처 합동 팀을 꾸려 미국이 최악의 시나리오에 얼마나 대비되어 있는지 평가했다.

결과는, 전혀 대비되어 있지 않다는 것이었다. 연례 독감 예방접종은 H1N1에 효과가 없다고 드러났으며, 백신이 제약회사에 수익을 가져다주는 일은 드물었기에 그나마 남아 있는 소수의 미국 백신 제조사들은 새 백신을 생산할 여력이 없었다. 항바이러스제를 어떻게 보급할지, 병원들이 어떤 지침을 독감 치료에 적용할지, 심지어 상황이 심각하게 악화하면 학교 폐쇄와 격리 조치를 어떻게 진행할지도 골칫거리였다. 포드 행정부의 1976년 돼지독감 대응팀에 참여한 여러 노장은 유행병이 발병했을 때 공황에 과잉 반응하거나 공황을 유발하지 않고 헤쳐나가기가 얼마나 힘든지를 경고했다. 재선 캠페인 중간에 단호한 조치를 취하고 싶었던 포드 대통령은 대유행의 심각성이 확인되기 전에 백신 의무 접종을 서둘렀는데, 이 때문에 미국에서는 독감으로 죽은 사람보다 백신과 연관된 신경계 질환을 앓은 사람이 더 많았다.

포드 행정부 보좌관을 지낸 인사가 내게 조언했다. "물론 직접 관여하셔야 합니다, 대통령님. 하지만 실무는 전문가들이 추진하도록 해야 합니다."

나는 시벨리우스의 어깨에 팔을 둘렀다. 그리고 고개를 끄덕이며 말했다. "잘 봐둬요. **이게**…… 바이러스의 얼굴이에요. 축하해요, 캐슬린."

그녀가 활기차게 말했다. "봉사하게 되어 기쁩니다, 대통령님. 봉사할 수 있어서 기뻐요."

캐슬린과 공중보건팀에 내린 지시는 간단했다. 최상의 과학에 근거하여 결정하고 대응의 각 단계를—무엇을 알고 무엇을 모르는지까지 상세하게—설명하라는 것이었다. 그 뒤로 6개월간 우리는 그렇게 했다. 여름에 H1N1 발병 사례가 감소하자 공중보건팀은 제약회사들과 협력하고 백신을 더 신속하게 생산할 수 있는 새 공정 개발에 인센티브를 제시할 시간을 벌었다. 전국에 의약품을 공급할 수 있도록 준비하고 독감 급증에 대처하도록 병원에 더 많은 자율성을 부여했다. 그해 나머지 기간에 학교를 폐쇄하는 방안도 검토했지만 결국은 폐기했고, 학교 당국과 기업, 주 및 지방 관료들과 협력하여 감염 확산 시 모든 사람이 대응에 필요한 자원을 확보하도록 했다.

무탈하게 넘어가지는 못해서 1만 2000명 이상의 미국인이 목숨을 잃었다. 하지만 이 H1N1 계통은 전문가들이 두려워한 것보다 덜 치명적이었다. 2010년 중반 대유행이 잠잠해졌다는 뉴스는 헤드라인을 장식하지 않았다. 그럼에도 나는 우리 팀의 훌륭한 대응에 무척 뿌듯했다. 그들은 팡파르를 울리거나 소란을 벌이지 않고 바이러스를 억제하는 데 한몫했을 뿐 아니라 미래의 공중보건 긴급 상황에 대비할 수 있는 태세를 강화했다. 이 대비 태세는 몇 해 뒤 서아프리카에서 발생한 에볼라가 전면적 공황을 촉발했을 때 효과를 입증했다.

이것이 대통령직의 본질임을 나는 깨달아갔다. 대통령의 가장 중요한 임무는 때론 아무도 주목하지 않는 가운데 문제를 해결하는 것임을.


두 번째 반전은 위기라기보다는 기회였다. 4월 말에 데이비드 수터 대법관이 전화하여 은퇴 의사를 밝혔는데, 내가 처음으로 미국 최고 법정의 자리를 채울 기회였다.

그동안 누가 대법관에 임명되어도 대성공을 거두지 못한 데는 미국 정부에서 법원의 역할이 언제나 논란거리였던 탓도 있었다. 어쨌든 국민의 대표자가 다수결로 통과시킨 법률을 선출되지 않은 검은 법복의 종신직 법률가 아홉 명에게 폐기할 권한을 부여한다는 발상은 썩 민주적으로 들리진 않는다. 하지만 대법원에 미국 헌법의 의미에 대한 최종 발언권을 부여하고 사법적 판단이 의회와 대통령의 행위보다 우선한다는 원칙을 확립한 1803년 대법원 재판인 '마버리 대 매디슨 사건' 이후로 견제와 균형 체제는 이런 식으로 굴러왔다. 이론상 권한을 행사하는 대법관들은 법을 '제정'하는 것이 아니라 헌법을 '해석'하여 헌법 조항의 원래 취지를 오늘날 우리의 삶에 적용하는 다리 역할을 한다.

대법원에 회부되는 대다수 헌법 관련 사건에서는 이 이론이 꽤 훌륭하게 작동한다. 대법관들은 대체로 헌법의 문구와 과거 법정에서 정한 선례에 구속받으며, 개인적으로 찬성하지 않는 결과가 나오더라도 의견을 고집하지 않는다. 하지만 미국 역사를 통틀어 가장 중요한 사건들은 '적법 절차', '특권 및 면책', '평등 보호', '국교화' 같은 문구를 어떻게 해석하느냐와 관계가 있었다. 이 용어들은 무척 애매모호하기에 내 생각에는 건국의 아버지들도 정확한 의미에 대해 합의하지 못했을 것 같다. 이 모호함 때문에 대법관 개개인이 자신의 도덕적 판단, 정치적 성향, 편견, 두려움이 담긴 '해석'을 할 여지가 다분하다. 이 때문에 1930년대에 보수파가 다수이던 대법원이 프랭클린 D. 루스벨트의 뉴딜 정책을 헌법 위반으로 판결했고, 40년 뒤에 진보파가 다수이던 대법원이 의회에 경제를 규제할 거의 무제한의 헌법적 권한을 부여할 수 있었다. 마찬가지로 '플레시 대 퍼거슨 사건'(1896년 미국 대법원이 인종 분리 정책에 대해 '분리하되 평등하다'며 정당화한 판결_옮긴이)에서는 일부 대법관들이 평등 보호 조항을 인종 분리가 평등 원칙에 위배되지 않는다는 의미로 해석할 수 있었고, '브라운 대 교육위원회 사건'(1954년 미국 대법원이 백인과 유색인종이 같은 학교에 다닐 수 없게 한 남부의 공립 교육 분리는 본질적으로 불평등하다고 규정한 판결_옮긴이)에서는 똑같은 법조문을 토대로 삼았는데도 만장일치로 정반대 결론에 도달할 수 있었다.

알고 보니 대법관들은 늘 법을 제정한 셈이었다.

시간이 흐르면서 언론과 대중은 대법원의 결정에 더 주목하기 시작했으며 법관 임명 과정에도 촉각을 곤두세웠다. 1955년 남부 민주당 의원들이 '브라운 대 교육위원회 사건' 판결에 반발하여 대법관 지명자를 상원 사법위원회 앞에 세워 법률적 견해를 따지고 드는 관행을 제도화했다. 1973년 '로 대 웨이드 사건' 판결로 대법관 임명에 더 많은 관심이 집중되면서 그 뒤로는 대법관이 지명될 때마다 낙태 찬성 세력과 반대 세력이 총력전을 벌였다. 1980년대 후반 로버트 보크의 인준이 거부된 유명한 사건이나 1990년대 초반 클래런스 토머스와 애니타 힐 사건 청문회는 TV 드라마를 방불케 했다(지명자가 성희롱 파문에 휘말렸다). 이 모든 역사의 의미는 분명했다. 수터 대법관을 대체할 적임자를 물색하는 일은 어렵지 않다. 다만 그 적임자를 우리의 다른 과제들을 탈선시킬 수 있는 정치 서커스 쇼를 피하면서 인준받는 일이야말로 어려울 것이었다.

하급 법원의 공석 수십 개를 메우는 작업을 진행하던 법무팀이 곧장 대법관 후보 명단을 철저히 취합하기 시작했다. 일주일도 지나지 않아 우리는 최종 후보 몇 명을 추렸는데, 이들은 FBI 신원 조회를 받고 백악관에서 면접을 치러야 했다. 최종 명단에 포함된 전 하버드 로스쿨 학장이자 현 송무차관 엘리나 케이건과 제7연방항소법원 판사 다이앤 우드는 내가 시카고 대학교에서 헌법학을 가르치던 시절부터 알고 지낸 일급 법학자다. 하지만 우리 팀이 각 후보에 관해 준비한 두툼한 브리핑 자료를 훑어봤더니 가장 흥미로운 후보는 만나본 적 없는 제2연방항소법원 판사 소니아 소토마요르였다. 푸에르토리코 혈통으로 브롱크스에서 태어난 그녀는 초등학교 3학년이 학력의 전부인 방문판매원이던 아버지를 아홉 살에 여의고 어머니 밑에서 자랐다. 그녀의 어머니는 전화 교환수였으며 나중에 간호사 자격증을 취득했다. 소니아는 집에서 스페인어를 주로 썼지만 학교에서 빼어난 실력을 발휘하여 프린스턴 대학교에 장학생으로 진학했다. 그곳에서 그녀가 경험한 것은 10년 뒤 미셸이 대학교에서 맞닥뜨린 경험과 판박이였다. 처음에는 캠퍼스에서 몇 안 되는 유색인 여학생 중 하나인 데서 오는 불안과 위화감을 느꼈고, 특권층 학생들과의 지식 격차를 만회하기 위해 남들보다 더 노력해야 하는 현실을 자각했으며, 다른 흑인 학생들과 자신을 지지해주는 교수들과 교류하면서 위안을 찾았고, 시간이 지나면서 자신이 동급생 중 누구 못지않게 똑똑하다는 깨달음을 얻었다.

소토마요르는 예일 로스쿨을 졸업하고 맨해튼 지방검찰청에서 검사로 두각을 나타내다 연방법원에 전격 발탁되었다. 17년 가까이 판사로 재직하면서 철저하고 공정하고 신중하다는 평판을 얻은 그녀는 미국법조협회로부터 최고 등급을 받기에 이르렀다. 그럼에도 내가 검토하는 최종 후보 명단에 소토마요르가 들어 있다는 정보가 새어 나가자 일부 법조인은 그녀의 자격이 케이건이나 우드에 못 미친다고 주장했으며, 좌파 성향의 여러 이익 단체는 그녀가 앤터닌 스캘리아 대법관 같은 보수파 이데올로그에게 맞설 지적 중량감을 갖췄는지 의문을 제기했다.

나 자신이 법조계와 법학계에 몸담았기 때문인지 몰라도—충분한 자격 요건을 갖추고 지능지수가 뛰어난 멍청이를 수없이 만났으며 여성과 유색인의 승진을 막으려고 골대를 옮기는 작태를 직접 목격했다—그런 우려는 단박에 일축할 수 있었다. 소토마요르 판사는 학문적 자격이 출중했을 뿐 아니라, 저런 배경에서 지금의 자리에 오르려면 어떤 지성, 투지, 적응력이 필요한지 알 수 있었다. 폭넓은 경험을 쌓고 삶의 굴곡에 친숙하고 지성과 감성을 겸비해야 지혜로울 수 있다고 나는 생각했다. 선거운동 중에 대법관 지명자에게 바라는 자질이 무엇이냐는 질문을 받았을 때 나는 법률적 능력뿐 아니라 공감 능력도 중요하다고 언급했다. 보수파 논평가들은 내 대답을 조롱하며, 내가 '객관적' 법 적용을 무시하는 비현실적이고 사회공학적인 진보주의자로 대법원을 채우려 한다고 주장했다. 하지만 그들의 판단은 완전히 거꾸로였다. 자신이 내리는 결정의 맥락을 이해하는 능력, 가톨릭 성직자에게뿐 아니라 십 대 임신부에게, 자수성가한 재벌에게뿐 아니라 조립 라인 노동자에게, 다수파에게뿐 아니라 소수파에게 삶이 어땠는지를 아는 능력이야말로 판사의 객관성을 담보하는 원천이라고 나는 생각했다.

소토마요르를 유력한 선택지로 만든 고려 사항은 이뿐만이 아니었다. 그녀는 라틴계로서는 최초의―여성으로서도 세 번째의―대법관이 될 터였다. 상원에서 이미 두 번이나 인준받은 적이 있었고 한 번은 만장일 치였다는 사실도 공화당이 그녀가 부적합하다고 주장하기 힘들게 했다.

나는 케이건과 우드를 높이 평가했기에, 소토마요르 판사가 면접을 위해 오벌 오피스에 왔을 때까지도 결정하지 못하고 있었다. 그녀는 얼굴이 넓적하고 다정했으며 잘 웃었다. 태도는 격식을 차렸고 단어 선택에는 신중을 기했지만, 아이비리그 학교와 연방법원에서 보낸 세월도 브롱크스 억양을 지워버리진 못했다. 우리 팀은 낙태 같은 구체적인 법적 논란거리에 대한 입장을 묻지 말라고 내게 주의를 주었다(공화당 의원들은 내가 후보를 선택할 때 '리트머스 시험'을 했는지 밝혀내려고 나와 지명자의 대화를 캐물을 게 뻔했다). 그 대신 소토마요르 판사와 나는 그녀의 가족과 검사 시절, 포괄적 법철학을 이야기했다. 면접이 끝날 즈음에는 내가 찾던 사람이라는 확신이 들었지만, 그 자리에서 말하진 않았다. 다만 이력에서 맘에 걸리는 게 하나 있다고 말했다.

그녀가 물었다. "그게 뭔가요, 대통령님?"

내가 말했다. "양키스 팬이시라는 거요. 하지만 브롱크스에서 자라 어릴 때 세뇌되었을 테니 기꺼이 눈감아드리죠."

며칠 뒤에 나는 소니아 소토마요르를 대법관 지명자로 선정했다고 발표했다. 이 뉴스는 긍정적 반응을 얻었으며, 그녀의 상원 사법위원회 출석을 준비하면서 공화당 의원들이 판결문이나 재판 태도에서 인준에 시비를 걸 트집거리를 찾아내지 못하는 것을 본 나는 고소해했다. 공화당 의원들은 반대 의견을 정당화하기 위해 인종과 관계된 두 가지 쟁점에 매달렸다. 첫 번째 쟁점은 2008년 코네티컷주 뉴헤이븐에서 열린 재판이었는데, 여기서 소토마요르는 백인 위주의 소방관들이 제기한 '역차별' 소송을 각하한 다수 의견에 동참했다. 두 번째 쟁점은 2001년 UC 버클리에서 한 연설이었다. 여기서 여성 판사와 소수자 판사가 연방법원에 부족한 다양한 관점을 더해줄 수 있다고 주장한 일에 대해 보수파는 그녀가 공평무사하게 재판에 임할 능력이 없다고 비판했다.

잠시 소란이 일었지만 인준 청문회는 용두사미로 끝났다. 소토마요르 판사는 상원에서 68 대 31로 인준되었다. 암 치료 때문에 결석한 테디 케네디를 제외한 민주당 의원 전원에다 공화당 의원 아홉 명이 가세했다 (양극화한 정치 환경을 생각하면 어떤 지명자도 이만한 지지를 얻기 힘들었다).

소토마요르 판사가 취임 선서를 마친 후 미셸과 나는 백악관에서 그녀 가족의 환영회를 개최했다. 신임 대법관의 어머니도 참석했는데, 머나먼 섬에서 자라 제2차 세계대전 때 영어도 거의 못하는 채로 미군 여군에 입대했으며 자신 앞에 첩첩이 쌓인 난관에도 불구하고 자녀들이 대단한 인물이 될 거라고 굳게 믿은 이 노부인의 머릿속에 어떤 생각이 스쳐 지나갔을지 생각하니 가슴이 뭉클했다. 어머니, 툿, 외할아버지 생각이 났다. 그들 중 누구도 이런 날을 맞지 못했다는 것이, 나에게 품었던 꿈이 실현되는 모습을 못 보고 돌아가셨다는 것이 문득 서글퍼졌다.

소토마요르 판사가 청중에게 연설하는 동안 감정을 추스르고는, 어리고 잘생긴 한국계 미국인 소년 둘—소토마요르의 남동생이 입양한 조카들—이 나들이옷을 입은 채 꼼지락거리는 모습을 바라보았다. 두 아이에게는 고모가 미국 대법원에서 국민의 삶에 중요한 결정을 내리는 일을 한다는 것이 이상하지 않을 것이다. 이 나라의 여느 아이들도 그렇게 여길 터였다.

좋은 일이었다. 진보는 그렇게 이루어진다.


보건 의료 개혁을 향한 느린 행진은 그해 여름을 대부분 잡아먹었다. 입법이 의회에서 지지부진하자 우리는 절차를 앞당길 기회를 엿보았다. 3월 백악관 정상회의 이후로 보건의료팀과 법무팀은 의사당에서 이 주제로 열린 수많은 회의에 참석했고, 일과가 끝나면 전장에서 기진맥진한 채 돌아오는 현장 지휘관처럼 터덜터덜 오벌 오피스에 와서 전투 경과를 보고했다. 좋은 소식은 핵심 위원회의 민주당 위원장들—특히 보커스와 왝스먼—이 전통적인 8월 휴회 전에 각자의 위원회에서 법안을 통과시키려고 애쓰고 있다는 것이었다. 나쁜 소식은 모두가 개혁을 시시콜콜 파고들수록 내용과 전략의 차이점이 점점 크게 불거지더라는 것이었다. 민주당과 공화당 사이에서뿐 아니라 하원 민주당과 상원 민주당 사이에서, 우리와 하원 민주당 사이에서, 심지어 우리 팀 사이에서도 이견이 드러났다.

대다수 논쟁은 보험에 가입하지 않은 수백만 명의 미국인에게 보험 적용을 확대하기 위해 무엇을 절감하고 어디서 새로운 수입원을 마련하느냐는 문제에 대한 것이었다. 보커스는 초당파적 법안을 내놓고 싶었고 그것이 자신에게 유리했기에 세금 인상으로 여겨질 수 있는 것이면 무엇이든 피하고 싶어 했다. 그 대신 그와 보좌진은 새로 창출되는 보험 가입 고객들이 병원, 제약회사, 보험사에 가져다줄 부가적 이익을 계산하여 이 수치를 각 업계로부터 수수료나 메디케어 지급액 삭감을 통해 수십억 달러의 분담금을 얻어낼 협상의 지렛대로 삼았다. 또한 당근을 제시하기 위해 정책에서 몇 가지를 양보하려 했다. 이를테면 캐나다로부터의 의약품 역수입을 허용하는 조항이 포함되지 않을 것이라고 제약 업계 로비스트들에게 약속했다. 제약 업계는 민주당의 이 제안을 환영했지만, 이 사례는 캐나다와 유럽의 정부 운영 보건 의료 체제가 거대한 협상력을 이용하여 대형 제약회사들이 미국 내에서 책정한 금액보다 훨씬 낮은 가격에 의약품을 공급받고 있음을 똑똑히 보여주었다.

정치적으로나 정서적으로나, 제약회사와 보험회사들을 몰아붙여 양보를 얻어낼 수 있는지 알아보는 쪽이 내게는 훨씬 흡족했다. 이 회사들은 유권자들에게 원성이 자자했는데, 그럴 만도 했다. 하지만 현실적으로 보자면 보커스의 더 유화적인 접근법을 반박하긴 힘들었다. 제약 업계의 큰손들과 암묵적으로나마 합의하지 않으면 대규모 보건 의료 법안에 대해 상원에서 60표를 얻을 방법이 없었다. 의약품 역수입은 정치적으로 중대한 사안이었지만 따지고 보면 우리에겐 결정권이 없었다. 그 이유 중 하나는 상당수 민주당 의원의 주에 대형 제약회사의 본사나 공장이 있기 때문이었다.

이 현실을 염두에 둔 나는 보커스와 의료 업계 대표들의 협상에 람, 낸 시앤, 짐 메시나(한때 보커스의 보좌관이었다)가 참석하는 것을 승인했다. 6월 말이 되자 그들은 협상을 타결하여 수천억 달러의 선지급과 메디케어를 이용하는 고령층에 대한 의약품 할인 확대를 얻어냈다. 이에 못지 않게 중요한 사실은 병원, 보험사, 제약회사로부터 신생 법안을 지지하겠다는—적어도 반대하지 않겠다는—약속을 받아낸 일이었다.

이로써 커다란 장애물이 제거되었다. 정치가 '가능한 것의 기예'(오토 폰 비스마르크의 격언_옮긴이)임을 보여주는 사례였다. 하지만 필리버스터를 걱정할 필요 없는 하원의 진보파 민주당 의원들과 여전히 단일 보험자 보건 의료 체제의 토대를 놓고 싶어 하는 진보적 압력단체들이 보기에 우리의 타협은 항복한 꼴이요 악마와의 거래였다. 람이 예언한 대로 업계와의 협상이 C-SPAN에 중계되지 않은 것도 불리하게 작용했다. 언론은 우리의 논의를 '밀실 협상'이라고 부르며 시시콜콜 보도하기 시작했다. 내게 어둠의 편으로 돌아섰느냐고 물은 유권자가 한두 명이 아니었다. 왁스먼 위원장은 보커스나 백악관이 업계 로비스트들에게 어떤 양보를 했든 자신은 얽매일 생각이 없다고 공공연히 말했다.

하원 민주당은 고고한 척할 수 있는 기회를 잡는 데 재빠른 것 못지않게, 특권이 위협받거나 정치적 영향력이 있는 유권자들에게 유리할 때는 기꺼이 현 상태를 유지하려 들었다. 이를테면 보험회사와 제약회사의 이윤에서 자금을 뽑아내는 것만으로는 더 많은 사람에게 보험 혜택을 제공하기에 충분하지 않다는 사실은 보건경제학자들 대부분이 동의하는 바였다. 개혁이 효과를 발휘하려면 의사와 병원들이 청구하는 천정부지의 비용에도 조치를 취해야 했다. 그러지 않으면 시스템에 새로 자금을 투입해도 혜택받는 사람들은 시간이 지날수록 줄어들 터였다. '비용 곡선을 구부리는' 최선의 방법 중 하나는 정치와 특수 이익 단체의 로비에 휘둘리지 않고 치료법의 상대적 효과를 토대로 메디케어 급여율을 정하는 독립 위원회를 설립하는 것이었다.

하원 민주당은 이 발상을 싫어했다. 그러면 어떤 치료법을 메디케어에 포함하고 포함하지 않을지를 결정하던 자신들의 권한을 잃기 때문이었다(그 권한에 수반되는 선거 자금 모금 기회도 사라질 수 있었다). 최신 의약품이나 TV에서 광고하는 진단 검사를 받지 못하는 괴팍한 노인들에게 시달릴까 봐 우려하기도 했다(그것이 실은 돈 낭비임을 전문가들이 입증할 수 있는데도).

하원 민주당은 비용을 통제하려는 또 다른 거창한 제안에도 회의적이었다. 이른바 캐딜락 보험 상품―건강 증진과 무관한 온갖 종류의 프리미엄 서비스를 제공하는 고비용의 고용주 부담 상품―의 세금 공제액에 한도를 두자는 제안이었다. 기업 관리직과 고소득 전문직을 제외하면 이런 상품의 혜택을 받는 주된 집단은 노조 조합원들이었으며, 노조는 이른바 '캐딜락세'에 완강히 반대했다. 조합원들은 고급 입원실이나 불필요한 2차 MRI보다는 임금 실수령액을 인상하기를 바랐지만 이런 사실은 노조 지도부의 관심 밖이었다. 개혁으로 인한 비용 절감이 조합원들에게 돌아가리라 믿지 않은 노조 지도부는 기존 의료 체제가 조금이라도 바뀌면 비난받을 거라고 믿었다. 안타깝게도 노조가 캐딜락세에 반대하는 한 대다수 민주당 하원의원도 반대할 게 뻔했다.

이런 실랑이는 금세 언론에 새어 나가 논의 과정이 엉망이고 뒤죽박죽인 것처럼 보이게 했다. 7월 말 여론조사에서는 내가 보건 의료 개혁을 추진하는 방식에 찬성하는 사람들보다 반대하는 사람들이 많게 나타났다. 나는 공보 전략에 대해 액스에게 불평했다. 나는 이렇게 주장했다. "우리는 이 사안에서 옳은 편에 있어요. 유권자들에게 설명만 더 잘하면 된다고요."

액스는 자신이 애초에 경고한 바로 그 문제 때문에 자기 팀이 비난받는 데 부아가 났다. 그가 내게 말했다. "설명이야 지겹도록 할 수 있죠. 하지만 이미 건강보험이 있는 사람들은 개혁이 자신들에게 유리할지 회의적인데, 팩트와 수치를 아무리 들이대도 그런 생각을 바꿀 순 없어요."

동의하지 못한 나는 의제를 더 대대적으로 홍보해야겠다고 마음먹었다. 백악관 출입 기자들로 가득한 이스트 룸에서 건강보험만을 주제로 삼은 프라임타임 기자회견이 열린 것은 그 때문이었다. 이미 상당수 기자가 나의 1번 입법 발의에 부고를 쓰고 있었다.

　　　　　　　　나는 생중계되는 기자회견의 즉흥적 성격을 즐겼다. 선거운동 기간의 첫 보건 의료 포럼에서 죽을 쑤고 힐러리와 존 에드워즈만 띄워주었을 때와 달리 이번에는 주제를 확실하게 파악하고 있었다. 사실 **너무** 잘 파악해서 문제였는지도 모르겠다. 기자회견을 하면서 나는 논란이 되는 사안의 모든 측면을 시시콜콜 설명하는 옛 버릇으로 돌아갔다. 법안에 관한 온갖 협상을 C-SPAN이 중계하도록 하는 데 실패하고서 이를 만회하기 위해 미국 건강보험 정책에 대해 한 시간짜리 대국민 상세 집중 강좌를 한 셈이었다.

기자단은 나의 철저한 준비를 썩 반기지 않았다. 한 기사는 내가 이따금 '교수 냄새 나는' 어조를 구사했다고 지적했다. 마지막 질문 시간이 되었을 때 오랫동안 알고 지낸 《시카고 선타임스》의 고참 기자 린 스위트가 주제와 동떨어진 질문을 던지기로 마음먹은 것은 이 때문이었는지도 모르겠다.

린이 말했다. "최근 헨리 루이스 게이츠 주니어가 케임브리지의 자택에서 체포되었습니다. 이 사건은 대통령님에게 어떤 의미이고 미국의 인종 문제에 대해서는 무엇을 시사하는지요?"

무엇부터 시작해야 하나? 하버드 대학교의 영어 및 아프리카·미국학 교수 헨리 루이스 게이츠 주니어는 미국에서 가장 저명한 흑인 학자 중 한 명이었다. 나와는 사교 모임에서 이따금 마주치는 데면데면한 친구이기도 했다. 그 주에 게이츠는 중국 방문을 끝내고 케임브리지 자택에 돌아왔는데, 현관문이 통 열리지 않았다. 게이츠가 문을 억지로 열려고 하는 모습을 목격한 이웃 주민이 주거 침입이 의심된다며 경찰에 신고했다. 신고를 받은 제임스 크롤리 경사는 현장에 도착하여 게이츠에게 신분증을 요구했다. 게이츠는 처음에는 이를 거부하면서 (크롤리에 따르면) 그를 인종주의자라고 불렀다. 결국 신분증을 보여주었지만 포치에서 물러나는 경관에게 계속해서 욕을 퍼부었다고 한다. 크롤리와 그가 지원을 요청하여 도착한 경관 두 명은 조용히 하라는 경고를 게이츠가 따르지 않자 수갑을 채우고 경찰서로 연행하여 치안문란행위로 입건했다. (입건은 금세 취소되었다.)

사건은 예상대로 전국적 뉴스거리가 되었다. 백인들은 대부분 게이츠가 체포당해도 싸다고 생각했으며, 마땅히 따라야 할 통상적인 법 집행 절차를 존중하지 않은 단순한 사건이라고 여겼다. 하지만 흑인들은 이 사건을 (구체적으로) 경찰로부터, (일반적으로) 백인 권력 기관으로부터 당하는 크고 작은 모욕과 불공평의 또 다른 사례로 봤다.

내가 추측하는 사건의 진상은 단순한 흑백 대결의 도덕론으로 치부하기에는 더 특수하고 인간적이었다. 나는 케임브리지에서 살아봤기에 그곳 경찰서에 불 코너(1960년대 흑인 민권운동을 탄압한 버밍엄 공공안전국장_옮긴이) 같은 자들이 득시글거리진 않는다는 사실을 알고 있었다. 한편 명민하고 목소리가 크며, W. E. B. 듀보이스와 마스 블랙먼(넷플릭스 시리즈 〈당신보다 그것이 좋아〉 주인공으로, 스포츠를 좋아한다_옮긴이)의 모습을 겸비한 스킵—게이츠의 별명—은 입이 험했다. 나는 그가 점잖은 경관도 불알을 걷어차고 싶어질 정도로 걸쭉한 욕설을 내뱉는 모습을 상상할 수 있었다.

그럼에도, 다친 사람은 없었지만 나는 이 사건을 접하고서 기분이 울적했다. 흑인으로서 최고의 성취를 이루고 백인 위주의 환경에 가장 잘 적응한 사람조차도 인종적 역사의 구름에서 벗어날 수 없다는 사실이 생생히 떠올랐기 때문이었다. 게이츠에게 일어난 일을 듣자마자 내가 겪은 경험들이 저절로 떠올랐다. 컬럼비아 대학교 도서관으로 걸어가다가 몇 번이나 학생증을 보여달라고 요구받았던 일(백인 동급생들은 이런 일을 한 번도 겪지 않았다). '근사한' 시카고 동네들을 방문할 때 이유 없이 검문받던 일. 크리스마스 선물을 고르는데 백화점 경비원이 나를 따라다니던 일. 양복과 넥타이 차림으로 한낮에 길을 걷는데 들리던 차 안에서 문을 잠그는 소리.

나의 흑인 친구, 지인, 이발소 방문객들에게는 일상적인 순간들이었다. 가난하거나 노동자 계층이거나 험한 동네에 살거나 점잖은 니그로처럼 처신하지 못하는 사람이라면 필시 더 고역을 치렀을 것이다. 미국의 모든 흑인 남성에게, 흑인 남성을 사랑하는 모든 여성에게, 흑인 소년의 모든 부모에게, 그날 케임브리지에서 무슨 일이 일어났든 이것만은 분명했다. 부유하고 유명하며 키 167센티미터 몸무게 64킬로그램에 어릴 적 다리를 다쳐 지팡이를 짚는 쉰여덟 살의 **백인** 하버드 대학교 교수라면 자신의 망할 집에 서 있는데 신분증을 억지로 요구하는 경찰에게 무례하게 굴었다는 이유만으로 수갑이 채워져 경찰서로 끌려가지는 않았으리라는 것이다. 이렇게 결론 내리는 것은 편집증이나 '인종이라는 카드'를 쓰거나 법 집행을 무시하는 것과는 무관했다.

물론 나는 이렇게 시시콜콜 이야기하지 않았다. 어쩌면 그래야 했는지도 모르겠다. 하지만 내가 내놓은 답변은 내 생각에 지극히 평범한 발언이었다. 우선 경찰이 911 전화에 적절히 대응한 점과 게이츠가 친구이므로 내가 편견을 가졌을 수도 있음을 인정했다. 내가 말했다. "제가 거기 있지 않았고 모든 사실을 보지 않았기 때문에 인종이 어떤 역할을 했는지는 모르겠습니다. 하지만 이것만은 말씀드릴 수 있을 것 같습니다. 첫째, 그런 상황에서는 누구라도 무척 화가 났을 겁니다. 둘째, 케임브리지 경찰은 누군가가 자신의 집에 있다는 증거가 있는데도 그를 체포하는 바보짓을 저질렀습니다. 셋째, 이 사건과 별개로 이 나라에서 아프리카계 미국인과 라틴계가 월등히 자주 법 집행 기관의 제지를 받은 오랜 역사가 있다는 것은 다들 알고 계시리라 생각합니다."

그걸로 끝이었다. 나는 4분을 할애한 이 언급이 한 시간을 쏟아부은 보건 의료 회견에 관한 기사에 짧게 덧붙으리라 생각하며 기자회견장을 나섰다.

웬걸, 나의 착각이었다. 이튿날 아침 경찰이 '바보짓'을 했다는 나의 주장이 모든 방송에 톱뉴스로 올라왔다. 경찰 노조 대표들은 내가 크롤리 경사와 법 집행 기관을 싸잡아 비방했다며 사과를 요구했다. 익명의 소식통은 게이츠의 입건이 법원 출석도 없이 취소된 데는 뭔가 흑막이 있다고 주장했다. 희희낙락하는 기색을 감추지 않은 보수파 매체들은 내 발언을 엘리트주의적인(교수 냄새 나고 거만한) 흑인 대통령이 자신과 막역한(입이 걸고 인종 카드를 휘두르는) 하버드 대학교 친구를 편들면서, 임무를 다했을 뿐인 백인 노동자 계층 경찰을 비방한 사건으로 침소봉대했다. 백악관 일일 언론 브리핑에서 깁스가 받은 질문 중 다른 주제는 거의 없었다. 나중에 그는 내게 해명 발표를 고려하겠느냐고 물었다.

내가 되물었다. "뭘 해명하라는 거죠? 처음부터 명백했던 것 같은데요."

"사람들이 받아들이는 방식이 문제입니다. 대통령님이 그 경찰을 바보라고 불렀다고 생각하니까요."

"난 그들이 바보라고 말하지 않았어요. 바보짓을 했다고 말했지. 그건 다르잖아요."

"저도 압니다. 하지만……."

내가 말했다. "해명은 안 할 거예요. 금방 사그라들 거라고요."

하지만 이튿날이 되어도 논란은 사그라들지 않았다. 오히려 보건 의료를 비롯한 모든 사안을 휩쓸어버렸다. 의사당에서 불안에 떠는 민주당 의원들의 전화를 상대하던 람은 다리에서 뛰어내리고 싶은 사람 같아 보였다. 누가 보면 내가 기자회견에서 다시키(서아프리카 전통 의상_옮긴이)

를 입고 경찰에게 직접 욕설을 퍼부은 줄 알 정도였다.

결국 나는 피해 수습책에 동의했다. 우선 크롤리 경사에게 전화하여 '바보짓'이라는 단어를 쓴 것에 대해 미안하다고 말했다. 나는 너그럽고 상냥한 그에게 게이츠와 함께 백악관에 방문하면 좋겠다고 제안했다. 셋이서 맥주를 마시면서 선한 사람들은 오해를 풀 수 있음을 온 국민에게 보여주면 어떻겠느냐고 말했다. 크롤리와 (크롤리와의 통화 직후에 전화한) 게이츠 둘 다 이 아이디어에 반색했다. 그날 언론 브리핑에서 나는 게이츠 교수가 자신의 집에서 경찰의 출동에 과잉 반응한 것처럼 경찰이 게이츠를 체포한 것 또한 과잉 반응이라는 것이 나의 여전한 신념이라고 기자들에게 말했다. 또한 원래 발언을 세심하게 다듬었으면 좋았을 거라고 인정했다. 게이츠 사건 때문에 백인 유권자들 사이에서 나의 지지율이 폭락했다는 사실은 내부 여론조사 구루이자 액스 휘하의 부보좌관 데이비드 시마스를 통해 나중에야 알게 되었다(대통령 임기 8년을 통틀어 어떤 단일 사건보다도 큰 폭으로 하락했다). 이때 떨어진 지지율은 온전히 회복되지 않았다.

엿새 뒤에 조 바이든과 나는 백악관에서 크롤리 경사와 스킵 게이츠와 함께 앉아 훗날 '맥주 정상회의'로 알려진 모임을 가졌다. 분위기는 소박하고 화기애애하고 약간은 어색했다. 전화 통화를 하면서 예상한 대로 크롤리는 사려 깊고 점잖았으며, 게이츠는 조신하게 굴었다. 한 시간가량 우리 넷은 어린 시절에 대해, 일에 대해, 경찰관과 아프리카계 미국인 공동체의 신뢰와 소통을 증진할 방법에 대해 이야기했다. 시간이 다 되었을 때 크롤리와 게이츠는 우리 보좌진이 가족들에게 백악관 구경을 시켜준 것에 감사를 표했으며 나는 다음번에는 더 손쉬운 방법으로 백악관 초대를 얻어내길 바란다고 농담했다.

그들이 떠난 뒤에 나는 오벌 오피스에 홀로 앉아 이 모든 일을 곱씹었다. 미셸, 밸러리와 마티 같은 친구들, 에릭 홀더 검찰총장, 수전 라이스 유엔 대사, 론 커크 미 무역대표부 대표 같은 흑인 고위 공직자들─우리는 모두 백인 일색의 제도권 내에서 승승장구하기 위해 장애물 코스를 달려야 했고 그 일에 익숙했다. 우리는 사소한 모욕에 반응하기를 자제하고 언제나 백인 동료들을 선의로 해석하는 데 잔뼈가 굵었으며, 인종에 관해 발언할 때 신중에 신중을 기하지 않으면 백인들이 겁에 질릴 수 있음을 늘 유념했다. 그럼에도 게이츠에 대한 나의 발언에 쏟아진 반응은 우리 모두를 놀라게 했다. 이것은 흑인과 경찰의 문제가 미국인의 삶을 그 어느 주제보다 첨예하게 갈라놓는다는 사실을 처음 깨닫는 계기가 되었다. 이 일은 미국 정신의 깊은 저류에 닿아 가장 원초적인 신경을 건드리는 것 같았다. 아마도 우리 나라의 사회질서가 단 한 번도 동의에 기반하지 않았음을, 백인이 수 세기 동안 국가의 비호하에 흑인을 비롯한 유색인에게 저지른 폭력이 질서의 토대였음을, 법적으로 승인된 폭력을 통제하고 그 폭력이 누구에게 어떻게 행사될지 정한 자들이 우리의 부족적 정신 속 한구석에서 여전히 우리가 인정하고 싶은 것보다 훨씬 큰 영향을 미치고 있음을 흑백을 막론한 모두에게 상기시켰기 때문일 것이다.

밸러리가 내 상태를 보려고 고개를 들이미는 바람에 상념이 흩어졌다. 그녀는 '맥주 정상회의'에 대한 보도가 대체로 긍정적이라면서도 흑인 지지자들이 불만 섞인 전화를 많이 했다고 털어놓았다. "크롤리가 환영받는 느낌을 받게 하려고 우리가 애쓴 이유를 그들은 이해하지 못해요."

내가 물었다. "뭐라고 말해줬나요?"

"이 모든 일에 한눈팔면 안 된다고, 당신은 나라를 다스리고 건강보험을 통과시키는 일에 전념하고 있다고 말했어요."

나는 고개를 끄덕였다. "우리 흑인 직원들은…… 어떤가요?"

밸러리가 어깨를 으쓱했다. "젊은 친구들은 좀 실망했어요. 하지만 그들도 이해해요. 당신이 모든 상황을 고려해야 한다는 걸 아니까요. 다만 당신이 이런 위치에 처한 모습을 보고 싶지 않은 거죠."

내가 말했다. "어떤 위치요? 흑인이라는 거요, 대통령이라는 거요?"

우리는 한바탕 웃음을 터뜨렸다.

# 17장

2009년 7월 말 건강보험 법안 하나가 비로소 하원의 유관 위원회들을 모두 통과했다. 상원 보건교육위원회도 임무를 끝마쳤다. 남은 순서는 법안이 맥스 보커스의 상원 재정위원회를 통과하는 것뿐이었다. 이 일이 해결되면 중복되는 법안들을 하원 법안 하나와 상원 법안 하나로 정리하여 이상적으로는 휴회 전인 8월에 각각을 통과시킬 수 있었다. 목표는 해가 끝나기 전에 최종 법안이 내 책상에 놓이는 것이었다.

하지만 아무리 보커스를 닦달해도 일을 마무리할 수 없었다. 늦어지는 이유가 이해는 갔다. 여느 하원 위원회 위원장들은 공화당을 고려하지 않고 엄격한 당론 표결로 법안을 통과시켰지만 보커스는 초당파적 법안을 내놓을 수 있다는 희망을 버리지 않았다. 하지만 여름이 지나갈수록 낙관은 망상으로 보이기 시작했다. 매코널과 베이너는 우리의 입법 활동을 극렬하게 반대했으며 건강보험 법안은 정부가 보건 의료 시스템을 장악하려는 시도라고 주장했다. 이름난 공화당 전략가 프랭크 런츠는 건강보험 입법을 깎아내리는 최상의 방법을 찾기 위해 40건에 이르는 개혁 반대 메시지의 시장성을 평가한 결과 '정부의 장악'을 들먹이는 것이 가장 좋다는 결론을 얻었다는 메모를 유포했다. 그때부터 보수파는 지침에 따라 이 문구를 주문처럼 되뇌었다.

사우스캐롤라이나 출신의 보수파 논객 짐 더민트 상원의원은 공화당의 속내를 더 노골적으로 드러냈다. 그는 보수파 운동가들과의 전국 전화 회의에서 이렇게 단언했다. "이 사안에서 오바마를 멈춰 세울 수 있으면 이것이 그의 워털루가 될 겁니다. 그는 파멸할 겁니다."

분위기를 보면 보커스와의 초당적 논의에 초대받은 공화당 상원의원 세 명이 둘로 줄어든 일은 놀랍지 않았다. 남은 사람은 척 그래슬리와 메인주의 온건파 올림피아 스노뿐이었다. 우리 팀과 나는 보커스가 그들의 지지를 얻을 수 있도록 노력을 기울였다. 나는 그래슬리와 스노를 여러 차례 백악관에 부르고 몇 주에 한 번씩 전화하여 동태를 살폈다. 보커스의 법안 초안에서 수십 가지 조항을 수정하라는 그들의 요구도 받아들였다. 낸시앤이 그들의 상원 사무실에 붙박이로 머물며 스노와 하도 자주 저녁을 먹어서 우리는 남편이 질투하겠다고 농담을 했다.

낸시앤이 면담하려고 나갈 때마다 내가 말했다. "올림피아에게 이 망할 법안을 맘대로 작성해도 된다고 말해요! 스노 계획이라고 불러줄게요. 법안에 찬성해주면 백악관도 내주겠다고 하세요. …… 미셸과 내가 아파트로 이사할게요!"

그래도 진척이 없었다. 중도파라는 평판에 자부심을 느낀 스노는 보건 의료에 관심이 깊었다(그녀는 부모가 암과 심장병으로 잇따라 사망하여 아홉 살에 고아가 되었다). 하지만 공화당이 오른쪽으로 한껏 기운 탓에 그녀는 자신의 코커스에서 점차 고립되었고, 우유부단함을 감추기 위해 정책의 세부 내용을 꼬치꼬치 따지고 들며 평소보다 훨씬 신중을 기했다.

그래슬리는 상황이 달랐다. 그는 신뢰할 만한 보험에 가입하기 힘든 아이오와주의 가족농들을 돕고 싶다고 입바른 소리를 했으며, 1990년대에 힐러리 클린턴이 보건 의료 개혁을 추진했을 때는 우리가 제안하는 매사추세츠식 계획과 여러 모로 비슷하며 개인의무가입이 포함된 대안을 공동 발의했다. 하지만 스노와 달리 민감한 사안에서 당 지도부의 뜻을 거스르는 일이 거의 없었다. 길고 처량해 보이는 얼굴에 말투가 중서부식으로 느리고 걸걸한 그는 법안에 이런저런 문제가 있다며 얼버무릴 뿐 우리가 어떻게 해야 그가 찬성할지에 대해서는 확답을 피했다. 필의 결론은 그래슬리가 매코널의 지령에 따라 보커스를 옭아매며 입법 과정을 지연시키고 우리가 다른 의제로 넘어가지 못하게 방해하고 있을 뿐이라는 것이었다. 백악관 상주 낙관주의자인 나조차도 결국 진절머리가 나서 보커스를 백악관으로 호출했다.

7월 말 오벌 오피스에서 회의하다가 그에게 말했다. "시간이 다 됐어요, 맥스. 당신은 최선을 다했어요. 그래슬리는 글렀어요. 솔직히 얘기하지 않았을 뿐이라고요."

보커스가 고개를 내저으며 말했다. "그 말씀을 정중히 반박합니다, 대통령님. 저는 척을 압니다. 제 생각엔 그를 설득하기까지 **이만큼** 남은 것 같습니다." 그가 엄지손가락과 집게손가락을 2~3센티미터 벌리며, 암 치료법을 발견하고서 멍청한 회의론자들을 상대해야 하는 사람처럼 미소 지었다. "척에게 시간을 조금만 더 주고 휴회 끝난 뒤에 표결에 부칩시다."

나의 일부는 자리에서 일어나 보커스의 어깨를 붙들고 정신 차릴 때까지 흔들고 싶었다. 나는 그래봐야 효과가 없으리라 판단했다. 나의 또 다른 일부는 다음번 그가 재선에 도전할 때 정치적 지지를 거두겠다고 위협할까도 생각했지만, 그는 지역주 몬태나에서 나보다 지지율이 높았기에 그 방법도 통하지 않을 것 같았다. 대신 30분 더 다그치고 구슬린 끝에, 즉각적인 당론 투표를 연기하는 대신 9월 개회로부터 2주 안에 법안을 표결에 부친다는 그의 계획에 합의했다.

　　　　　　　　상하원이 휴회하고 표결이 연기되었기에 우리는 8월의 첫 두 주 동안 몬태나, 콜로라도, 애리조나처럼 개혁에 대한 대중적 지지가 위태로운 지역에서 건강보험에 관한 주민 간담회를 열기로 했다. 우리 팀은 나를 달래기 위해 미셸과 아이들이 동행하고 도중에 국립공원을 방문하는 방안을 제시했다.

나는 제안에 반색했다. 말리아와 사샤가 관심을 받지 못했다거나 여름에 놀거리가 부족해서는 아니었다. 두 가지 다 충분했으며 놀이 약속, 영화 관람, 빈둥거리기 등 할 일은 많았다. 종종 저녁에 돌아와 3층에 올라가면 파자마 파티를 하러 온 잠옷 차림의 여덟 살, 열한 살 여자아이들이 일광욕실을 점거하고 있었다. 아이들은 에어매트리스에서 팔짝팔짝 뛰고 팝콘과 장난감을 사방에 널브러뜨리고 어린이 TV 채널 니켈로디언을 보면서 깔깔댔다.

우리 딸들이 정상적인 유년기 비슷한 것이나마 보낼 수 있도록 미셸과 나는 (한없는 인내심을 베푼 비밀경호국 요원들의 도움으로) 무척 애썼지만, 평범한 아빠가 자녀를 데려가는 곳에 아이들을 데려가는 일은 힘들거나 아예 불가능했다. 함께 놀이공원에 갈 수도 없었고 도중에 햄버거 가게에 들를 수도 없었다. 한때는 일요일 오후에 아이들과 한가롭게 자전거를 탔지만 이젠 그럴 수도 없었다. 아이스크림을 사러 가거나 서점에 들르려 해도 도로가 차단되고 특수부대가 출동하고 기자들이 사방에 진을 치는 호들갑이 벌어졌다.

아이들은 상실감을 느꼈을진 몰라도 티를 내지는 않았다. 하지만 나는 뼈저리게 느꼈다. 무엇보다 내가 경험한 장거리 여름 자동차 여행을 말리아와 사샤에게 시켜줄 기회가 없으리라는 사실이 가슴 아팠다. 내가 열한 살 때 어머니와 툿은 마야와 내게 미국 본토를 구경시켜줄 때가 됐다고 생각했다. 한 달간의 그 여행은 내 마음속에 영영 지워지지 않는 인상을 남겼다. 디즈니랜드에 갔기 때문만은 아니었다(디즈니랜드도 굉장했지만). 우리는 퓨젓만에서 간조 때 조개를 캐고, 애리조나주 캐니언 드 셰이 바위 계곡 자락에서 개울을 따라 말을 타고, 기차 창밖으로 끝없이 펼쳐지는 캔자스 프레리 초원을 바라보고, 옐로스톤의 어둑어둑한 들판에서 들소 떼를 찾아내고, 제빙기와 (이따금) 수영장, 쾌적한 에어컨과 깨끗한 시트가 딸린 모텔에서 소박한 호사를 누리며 매일 밤을 마무리했다. 그 한 번의 여행에서 나는 탁 트인 도로의 아찔한 자유를 느꼈고, 미국이 얼마나 드넓고 경이로움으로 가득한지를 엿보았다.

우리 아이들에게 그 경험을 재현해줄 수는 없었다. 에어포스 원으로 날아가고 차량 행렬에 갇혀 이동하는 데다, 하워드 존슨 모텔 같은 곳에서는 묵지 않으니 그럴 수가 없었다. A 지점에서 B 지점으로 이동하는 일은 너무 신속하고 안락했으며, 하루하루가 사전에 계획되고 보좌진의 감시를 받았다. 뜻밖의 사건, 사고, 지루함처럼 누구에게나 친숙한 여행의 요소들이 빠져 있었기에 어엿한 자동차 여행이라고 할 수는 없었다. 하지만 그럼에도 미셸과 아이들, 나는 8월 한 주를 신나게 즐겼다. 올드 페이스풀 간헐 온천이 물을 내뿜는 광경을 보았고, 그랜드캐니언의 거대한 황갈색 협곡을 내다보았다. 아이들은 워터 슬라이드를 탔다. 밤이면 보드게임을 하고 별자리 이름 맞히기를 했다. 아이들을 침대에 누이며, 온갖 소란이 우리를 둘러싸고 있지만 아이들이 풍성한 삶의 가능성과 아름다운 미국의 풍경을 마음속에 간직하길 바랐다. 한때 내가 그랬던 것처럼. 그리고 언젠가 우리가 함께한 여행을 돌아보며 그것들이 어찌나 사랑스럽고 매혹적이고 생기 넘치던지, 부모가 해줄 수 있는 일은 그 광경을 함께 나누는 것뿐이었음을 깨닫길 바랐다.

물론 말리아와 사샤는 서쪽으로 여행하는 내내 아빠가 하루가 멀다 하고 빠져나가 대규모 청중과 TV 카메라 앞에서 건강보험에 대해 이야기하는 것을 견뎌야 했다. 이번 주민 간담회는 앞서 봄에 했던 것과 비슷했다. 사람들은 기존 건강보험 체제가 가족에게 도움이 되지 못한 사연을 이야기했으며 새로운 법안이 자신들의 보험에 어떤 영향을 미칠지 질문했다. 우리의 계획에 반대하는 사람들조차 열심히 귀를 기울였다.

하지만 간담회장 바깥의 분위기는 사뭇 달랐다. 우리는 훗날 '티파티 여름'으로 알려진 사태의 한가운데에 있었다. 이 사태는 미국의 변화에 대한 사람들의 솔직한 두려움에 우익 정치 의제를 접목하려는 조직화된 시도였다. 간담회장을 오가는 길마다 수십 명의 성난 시위대를 맞닥뜨려야 했다. 메가폰으로 고함치는 사람도 있었고 가운뎃손가락을 치켜들어 욕설하는 사람도 있었다. 상당수는 "오바마케어는 구리다"나 (본의 아니게 반어적인) "정부는 나의 메디케어를 건드리지 말라" 같은 구호가 적힌 팻말을 들었다. 몇몇은 내 사진을 영화 〈다크 나이트〉에서 히스 레저가 분한 조커처럼 눈을 시커멓게 칠하고 얼굴을 두껍게 화장하여 악귀처럼 보이게 합성한 팻말을 흔들었다. 어떤 사람들은 식민지 시대 독립파의 의상을 입고서 "나를 밟아보시지"라고 쓴 깃발을 쳐들었다. 다들 나에 대한 전반적 경멸감을 표출하는 데 여념이 없는 듯했는데, 이 정서를 가장 잘 요약한 것은 셰퍼드 페어리가 만든 나의 유명한 캠페인 포스터를 개작한 것으로, 내 얼굴을 빨간색, 흰색, 파란색으로 칠한 점은 같았지만 '희망 HOPE'이라는 문구를 '됐어NOPE'로 바꿨다.

미국 정치에 난데없이 출현한 이 새로운 세력은 몇 달 전 타프와 경제 회복법에 반대하는 소수의 어중이떠중이 시위에서 시작되었다. 초기 참가자 중 상당수는 론 폴 공화당 하원의원의 돈키호테식이고 자유지상주의적인 대통령 선거 캠페인에서 떨어져 나온 듯했다. 그는 연방 소득세와 연방준비제도 철폐, 금본위제 복귀, 유엔과 나토 탈퇴를 주장했다. 2월에 릭 샌텔리가 우리의 주택 정책을 비방한 악명 높은 텔레비전 방송은 느슨하게 연결되어 있던 보수파 운동가들이 단결하는 계기가 되었고, 머지않아 웹사이트와 이메일을 통해 번지며 집회 규모가 점점 커지고 전국에 티파티 지부가 들어섰다. 초창기 몇 달간만 해도 그들은 경기 부양책의 통과를 중단시킬 동력이 없었으며 4월 납세일에 벌인 전국 시위는 별 반향을 얻지 못했다. 하지만 러시 림보와 글렌 벡 같은 보수파 논객들의 지지에 힘입어 티파티 운동은 차츰 힘을 얻었으며, 처음에는 지역 단위에서, 나중에는 전국 단위에서 공화당 정치인들이 티파티 꼬리표를 받아들였다.

여름이 되자 이 단체는 자신들이 '오바마케어'라고 이름 붙인 흉물을 중단시키는 데 총력을 기울였다. 그들은 오바마케어가 사회주의적이고 억압적인 새 질서를 미국에 도입할 것이라고 주장했다. 내가 서부에서 차분하게 건강보험에 관한 주민 간담회를 진행하는 동안 뉴스는 주민 간담회와 나란히 전국에서 벌어지는 의회 행사들을 보도하기 시작했는데, 상하원 의원들은 자신의 지역구에서 분노하며 야유하는 청중을 난데없이 맞닥뜨렸다. 티파티 회원들은 고의로 행사 진행을 방해했으며 그들에게 시달리다 못한 일부 정치인은 공식 행사를 모조리 취소했다.

이 모든 일을 어떻게 받아들여야 할지 감이 잡히지 않았다. 세금과 규제, 정부에 반대한다는 티파티의 선언은 새롭지 않았다. 부패한 진보파 엘리트들이 연방정부를 장악하여 열심히 일하는 미국인들의 호주머니를 털어 복지에 퍼주고 기업인 친구들에게 은혜를 갚는다는 그들의 기본적 스토리라인은 공화당 정치인과 보수파 매체들이 몇 년째 퍼뜨리던 것이었다. 알고 보니 티파티는 그들의 주장과 달리 자발적 풀뿌리 운동도 아니었다. '번영에 찬성하는 미국인들'처럼 코크 형제와 연계한 조직과 나의 취임 직후에 코크 형제가 주최한 인디언웰스 회합에 참석한 억만장자들이 인터넷 도메인 이름을 등록하고 집회 허가를 얻고, 조직가를 훈련하고 콘퍼런스를 후원하고, 궁극적으로 티파티의 자금, 기반, 전략적 방향의 상당 부분을 제공함으로써 이 운동을 신중하게 키워왔다.

그럼에도 티파티가 공화당 내부의 순수한 포퓰리즘적 열망을 대변한다는 사실은 부인할 수 없었다. 티파티에 참여한 참된 신자들은 캠페인 막바지에 세라 페일린 지지자들이 표출한 것과 똑같은 풀뿌리 열정과 날선 분노에 사로잡혀 있었다. 그 분노의 일부는 나도 이해할 수 있었다(방향을 잘못 잡았다고 생각하지만). 티파티에 호감을 느끼는 노동자 계층과 중산층 백인의 상당수는 임금이 정체하고 생활비가 오르고 (탄탄한 노후를 보장하던) 안정적 블루칼라 일자리가 사라진 탓에 수십 년째 고통을 겪었다. 부시와 제도권 공화당은 그들을 위해 아무것도 하지 않았고, 금융 위기는 지역사회를 더욱 공동화했다. 우리는 경기 부양 지출과 구제 자금으로 1조 달러 이상을 쏟아부었지만, 내가 지휘봉을 잡고 있는 동안 경제는 줄곧 악화했다. 이미 보수 이념에 경도된 사람들에겐 나의 정책이 자신들의 호주머니를 털어 딴 사람들을 도우려는 수작이라는—이것이 짜고 치는 판이고 나도 한통속이라는—주장이 무척 그럴듯했을 것이다.

우리가 캠페인에서 활용한 소셜 미디어 및 풀뿌리 조직 전술을 티파티 지도부가 똑같이 써먹어 이토록 빨리 탄탄한 추종 세력을 확보하고 뉴스 보도를 장악한 현실은 씁쓸하지만 인정할 수밖에 없었다. 나는 정치 인생 내내 우리 민주주의를 괴롭히는 병폐의 치료제로서 시민 참여를 활성화하려고 노력했다. 단지 내 의제에 반한다는 이유로 저렇게 열성적인 시민 참여를 이끌어내는 운동에 불만을 품을 수는 없다고 스스로에게 말했다.

하지만 시간이 흐르면서 티파티 운동을 주도하는 더 심란한 충동들을 외면하기 힘들어졌다. 페일린 집회에서와 마찬가지로, 티파티 행사를 참관한 기자들은 참가자들이 나를 동물이나 히틀러에 비유하는 광경을 목격했다. 아프리카 주술사처럼 차려입고 뼈다귀를 코에 꿴 내 사진 밑에 "당신 근처의 병원에 조만간 오바마케어가 찾아온다"라고 쓴 팻말들이 등장했다. 나의 건강보험 법안이 사람들의 치료 자격을 평가하는 '사망 선고 위원회death panel'를 설립하여 '정부 주도 안락사'를 위한 길을 닦을 것이라느니, 복지에 의존하고 민주당에 투표하는 유권자들로 이 나라를 채운다는 나의 장기적 목표를 이루기 위해 불법 이민자들에게 혜택을 줄 것이라느니 하는 음모론이 횡행했다. 티파티는 내가 무슬림일 뿐 아니라 실제로는 케냐에서 태어났고 따라서 헌법에 따르면 대통령 출마 자격이 없다는 선거 캠페인 당시의 낡은 소문도 되살려 불을 지폈다. 9월이 되자 이민족 배척 정서와 인종주의가 티파티의 부상에 얼마나 영향을 미쳤는가 하는 문제가 케이블 토크쇼의 주요 토론 주제가 되었다. 전직 대통령이자 평생 남부인으로 산 지미 카터가, 나에 대한 극단적 독설이 적어도 부분적으로는 인종주의적 시각에서 비롯했다는 의견을 제시한 뒤로는 논란이 더 거세졌다.

백악관은 이 논란에 아무런 논평을 하지 않기로 했다. 나를 지지하는 상당수를 포함한 백인 유권자들이 인종에 대한 설교에 반감을 느낀다는 사실을 액스가 수많은 데이터로 입증했기 때문만은 아니었다. 원칙상 나는 대통령이 유권자들의 비판에 공개적으로 불만을 표해선 안 된다고 믿었으며—대통령의 임무에는 비판을 달게 받는 일도 포함된다—백인 전임자들 모두 악독한 개인적 공격과 훼방을 적잖이 감내했음을 기자와 친구들에게 상기시켰다.

더 현실적인 측면을 보자면 나는 사람들의 동기를 가려낼 재간이 없었다. 인종주의적 태도가 미국 역사의 모든 구석에 얽혀 있는 상황에서는 더더욱 그랬다. 티파티 회원이 '주州의 권리'를 지지하는 이유는 그것이 자유를 증진하는 최선의 방법이라고 진심으로 생각해서였을까, 연방이 개입하여 짐 크로법 폐지, 인종 격리 폐지, 남부 흑인의 정치적 권리 신장이 이루어진 것에 격분해서였을까? 보수파 운동가가 사회복지국가 확대에 무작정 반대하는 이유는 개인적 자주성을 침해한다고 믿어서였을까, 방금 국경을 넘은 황인들에게만 혜택이 돌아간다고 확신해서였을까? 본능이 내게 뭐라고 말하고 역사책에서 어떤 진실을 제시하든 적수에게 인종주의자라는 꼬리표를 붙여서는 어느 유권자의 마음도 얻을 수 없음을 나는 알고 있었다.

한 가지는 분명했다. 내가 도와주려던 바로 그 사람들 중 일부를 비롯한 미국 국민의 상당수가 내 말을 신뢰하지 않았다. 그즈음 어느 날 밤 리모트 에어리어 메디컬이라는 자선단체에 대한 뉴스 보도를 시청했다. 이 단체는 전국에서 임시 진료소—경기장과 박람회장 바깥에 주차된 트레일러—를 운영하면서 의료 서비스를 제공했다. 보도에 등장한 환자는 대부분 테네시, 조지아, 웨스트버지니아 같은 지역의 백인 남부인이었다.

일자리가 있지만 직장 건강보험이 없거나 가입자 분담금을 낼 여력이 없는 사람들이었다. 상당수는 수백 킬로미터를 운전하여 동트기 전부터 줄선 수백 명에 합류했다. 밤이면 난방을 위해 시동을 켜놓은 차 안에서 자는 사람들도 있었다. 자원봉사 의사가 이들의 충치를 뽑고 복통의 원인을 진단하고 가슴의 혹을 검사했다. 수요가 어찌나 많은지 동튼 뒤에 도착한 환자들은 돌아가야 할 때도 있었다.

가슴이 아프면서도 분통이 터졌다. 방송은 미국처럼 부유한 나라가 저토록 많은 국민을 외면하는 현실을 고발하고 있었다. 하지만 나는 무료 진료를 받으려고 기다리는 저 사람들의 대부분이 붉은색의 공화당 지역—우리 건강보험 법안을 강력하게 반대하고 티파티를 가장 열렬히 지지하는 곳—출신임을 알고 있었다. 주상원의원으로 일리노이주 남부를 돌아다닐 때, 훗날 대통령 선거운동 초창기에 아이오와주 농촌을 누빌 때처럼 내가 저 유권자들과 교류할 수 있던 시절도 있었다. 그때만 해도 나는 희화화의 표적이 될 만큼 널리 알려지지 않았기에, 이름이 이국적인 시카고 출신 흑인에 대해 사람들이 선입견이 있더라도 간단한 대화와 작은 호의로 해소할 수 있었다. 함께 저녁을 먹거나 농업 박람회장에서 불만 사항을 듣고 나서도 많은 사안에 대한 동의나 표를 얻지 못할 수는 있었다. 하지만 적어도 소통은 할 수 있었고, 우리에게 공통의 희망, 투쟁, 가치가 있음을 재확인한 채 헤어질 수 있었다.

철문과 경비원 뒤에 갇혀 사는 지금, 나의 이미지를 (시청자들에게 분노와 두려움을 주입하는 비즈니스 모델에 사활을 건) 폭스 뉴스 같은 매체가 걸러내는 지금, 그런 일이 아직도 조금이라도 가능한지 궁금했다. 나는 소통의 여지가 남아 있다고 믿고 싶었다. 하지만 아내는 나만큼 확신하진 못했다. 자동차 여행이 막바지에 이른 어느 날 밤, 아이들을 재운 뒤에 미셸이 TV를 보는데, 분노한 군중이 깃발을 흔들고 선동적 구호를 외치는 티파티 집회 장면이 나왔다. 그녀는 리모컨으로 TV를 껐다. 분노와 체념 사이 어딘가를 떠도는 표정이었다.

그녀가 말했다. "문제야, 안 그래?"

"뭐가?"

"그들이 당신을 두려워하는 거. **우리**를 두려워하는 거."

그녀는 고개를 내두르며 잠자리로 향했다.

테드 케네디가 8월 25일에 세상을 떴다. 장례식 날 아침 보스턴 하늘이 어두워지더니 우리 비행기가 착륙할 즈음 거리에 굵은 빗줄기가 떨어졌다. 장례식이 열린 교회 안의 모습은 테디의 넉넉한 삶에 걸맞았다. 전직 대통령, 국가 원수, 상원의원과 하원의원, 수백 명의 전현직 보좌관이 신도석을 메웠으며 의장대가 성조기로 덮인 관 옆에 섰다. 하지만 그날 가장 의미가 컸던 것은 그의 가족, 무엇보다 그의 자녀들이 들려준 이야기였다. 패트릭 케네디는 천식 발작으로 몸을 못 가눌 때 아버지가 차가운 타월을 이마에 대고 잠들 때까지 돌봐준 일을 회상했다. 아버지가 항해에 데려간 일, 심지어 폭풍우가 칠 때도 함께 배를 탔던 일을 이야기했다. 테디 주니어는 암으로 다리를 잃은 뒤에 아버지가 눈썰매를 타러 가자고 고집해 눈 덮인 오르막을 힘겹게 걸어 올라간 사연을 들려주었다. 넘어지면 일으켜주고 포기하고 싶어 할 때 눈물을 닦아준 아버지와 함께 결국 꼭대기까지 올라가 내리막을 신나게 내려왔던 일을 이야기했다. 그것은 아들에게 세상이 끝나지 않았다는 증거를 보여주기 위해서였다고 테디 주니어는 말했다. 이 이야기들은 원대한 목표와 야심을 품었으되 크나큰 상실과 의심에 시달린 한 남자의 초상이었다. 그는 바로잡는 삶을 살았다.

테디 주니어가 말했다. "아버지는 구원을 믿었습니다. 결코 굴복하지 않았고, 당신 탓이든 우리 탓이든 잘못을 바로잡는 일을 결코 멈추지 않았습니다."

그 말을 간직하고 워싱턴에 돌아왔다. 이곳에는 패배주의가 점차 팽배하고 있었다. 적어도 건강보험 법안 통과와 관련해서는 비관론이 지배적이었다. 티파티는 목표를 달성했다. 정책에 부정적인 여론을 조성했고 건강보험 개혁이 너무 많은 비용이 들거나 기존 체제를 무너뜨리거나 빈곤층에만 도움이 될 거라는 대중적 두려움을 부추겼다. 전문성을 갖춘 직원들과 함께 모든 예산 관련 입법의 비용을 산정하는 임무를 맡은 독립 부처인 의회예산처의 예비 보고서에서는 하원에서 최초 발의된 건강보험 법안의 비용을 무려 1조 달러로 매겼다. 법안이 수정되고 명확해지면서 보고서의 수치는 하향 조정되었지만 뉴스 헤드라인은 정적들에게 우리 머리통을 후려칠 요긴한 막대기를 쥐여준 셈이었다. 경합 지역의 민주당 의원들은 벌벌 떨었고, 법안을 밀어붙이는 짓은 자살행위라고 철석같이 믿었다. 한편 공화당은 협상을 바라는 듯한 허울조차 벗어버리고는 내가 할머니의 산소호흡기를 떼고 싶어 한다는 티파티의 주장을 앵무새처럼 반복했다.

이 모든 소동의 유일한 소득은 척 그래슬리를 회유하려는 맥스 보커스의 집착을 치유할 수 있었다는 것이다. 9월 초 오벌 오피스에서 두 사람과 마지막으로 면담하는 자리에서 그래슬리가 자신이 최종 법안에 만족하지 못하는 새로운 다섯 가지 이유를 읊는 동안 나는 끈기 있게 들었다.

내가 마침내 입을 열었다. "질문 하나 하죠, 척. 맥스가 당신의 최종 제안을 모두 수락하면 법안을 지지할 수 있어요?"

"그건……."

"당신의 표를 얻을 수 있는 변화가 **하나라도** 있나요?"

어색한 침묵이 흐른 뒤에 그래슬리가 고개를 들어 내 시선을 맞받았다.

"없을 것 같습니다, 대통령님."

**없을 것 같습니다.**

백악관 분위기가 급속도로 어두워졌다. 몇몇은 이제 손을 뗄 때가 된 것 아니냐고 묻기 시작했다. 람은 유난히 침울했다. 예전에 빌 클린턴과 함께 이 로데오를 벌였던 그는 나에 대한 여론 지지율이 하락하면 경합주 민주당 의원들의 재선 전망에 어떤 영향을 미칠지 너무나 잘 알았다(상당수 의원은 그가 발탁하고 당선에 일조한 사람들이었다). 물론 나의 2012년 재선 전망에도 타격이 갈 터였다. 수석보좌관 회의에서 우리가 취할 수 있는 방안을 논의하다가 람은 규모를 크게 줄인 법안을 가지고 공화당과 협상하자고 제안했다. 60~65세의 국민이 메디케어에 가입할 수 있도록 하고 아동건강보험 프로그램의 범위를 확대하자는 것이었다. 그가 말했다. "원하는 수준에는 못 미치겠지만요, 대통령님. 하지만 그래도 많은 사람에게 도움이 될 겁니다. 우리가 다른 의제를 진척시킬 가능성도 커질 테고요."

참석자 몇몇이 동의했다. 다른 사람들은 포기하기엔 너무 이르다고 생각했다. 필 실리로는 의사당에서 주고받은 대화를 소개한 뒤에, 민주당 표만 가지고도 완전한 법안을 통과시킬 방법이 남아 있다고 생각한다면서도 100퍼센트 장담할 순 없다고 말했다.

"묻고 싶은 게 있습니다, 대통령님, 자신이 운이 좋다고 느끼시나요?"

나는 그를 바라보며 미소 지었다. "여기가 어디죠, 필?"

필은 질문에 함정이 있을까 봐 잠시 머뭇거렸다. "오벌 오피스요?"

"그리고 내 이름은 뭐죠?"

"버락 오바마요."

나는 미소 지었다. "버락 **후세인** 오바마예요. 그런데도 내가 여기 **오벌 오피스**에 여러분과 있잖아요. 이봐요, 난 **언제나** 운이 좋다고 느껴요."

나는 팀원들에게 현재 방침을 고수한다고 말했다. 솔직히 말하면 그 결정은 내가 얼마나 운을 타고났다고 느끼는가와는 별 상관이 없었다. 실패할 위험에 대한 람의 생각은 틀렸다. 정치 환경이 달랐다면, 사안이 달랐다면, 나는 공화당에 많은 것을 양보하고 협상하자는 그의 제안을 받아들였을지도 모른다. 하지만 이 사안에서는 공화당 지도부가 우리에게 구명줄을 던질 기미가 보이지 않았다. 우리는 부상을 입었는데 그들의 지지 기반은 피를 보고 싶어 했다. 우리가 제안하는 개혁이 아무리 온건해도 그들은 협력하지 않을 온갖 이유를 찾아낼 것이 틀림없었다.

그뿐 아니라 법안의 규모를 축소하면 절박한 처지에 놓인 수백만 명, 그린베이의 로라 클리츠카 같은 사람들을 도울 수 없었다. 그들을 포기한다는 것은, 대통령이 정치적 잡음을 차단하고 자신이 옳다고 생각하는 일을 해낼 만큼 용감하고 유능하고 설득력을 갖추지 못했다는 이유로 그들을 방치한다는 것은, 내가 받아들일 수 없었다.

당시 나는 여덟 개 주에서 주민 간담회를 열어 보건 의료 개혁의 의미를 전반적이고 세부적인 측면에서 설명했다. TV 생방송에서 미국은퇴자협회 회원들과 통화하며 메디케어 혜택 공백기간(환자가 진료비를 전액 부담해야 하는 의료비 구간_옮긴이)에서 생전유서(죽음이 임박했을 때 생명 연장 치료를 유보 또는 중지해달라고 요청하는 문서_옮긴이)에 이르는 온갖 질문에 대답했다. 늦은 밤 트리티 룸에서 쏟아져 들어오는 메모와 표를 들여다보면서 위험분산risk corridor(초과 잉여를 얻은 보험사가 초과 손해를 겪은 보험사를 지원하는 것_옮긴이)과 재보험 상한선의 세세한 쟁점들을 이해했는지 점검했다. 방송에 넘쳐나는 수많은 거짓 정보를 보면서 이따금 의기소침해지고 화까지 날 때면, 전투가 추악해졌을 뿐 아니라 승리할 전망이 불투명해졌는데도 포기하지 않고 더 힘차게 밀어붙이는 우리 팀의 투지를 떠올리며 감사한 마음을 품었다. 그런 끈기야말로 백악관 보좌진 모두를 이끄는 원동력이었다. 데니스 맥도너는 "냉소와 싸우라"라는 문구가 새겨진 스티커를 모든 사람에게 나눠주었다. 요긴한 구호이자 우리의 신조가 되었다.

건강보험에 관한 논쟁을 정상 궤도로 돌리려면 뭔가 큰 건을 시도해야 한다고 생각한 액스는 의회 합동회의에서 프라임타임 연설을 하자고 제안했다. 판돈이 큰 도박이고 지난 16년간 단 두 번만 쓰였지만 수백만 시청자에게 직접 이야기할 기회라고 그는 설명했다. 나는 나머지 두 합동회의 연설이 무엇에 대한 것이었느냐고 물었다.

"최근 연설은 9.11 이후 부시가 테러와의 전쟁을 선포할 때였어요."

"다른 하나는요?"

"빌 클린턴이 자신의 건강보험 법안에 대해 이야기한 것이었죠."

나는 웃음을 터뜨렸다. "잘도 효과가 있었네요, 안 그래요?"

선례가 상서롭진 않았지만 우리는 시도해볼 만하다고 판단했다. 노동절 이틀 뒤에 미셸과 나는 비스트 뒷좌석에 올라타 의사당 동문에 도착하여 7개월 전 밟았던 계단을 다시 밟아 하원 회의장 출입문으로 향했다. 경위의 입장 선언, 조명, TV 카메라, 박수, 중앙 통로를 따라 이어지는 악수 등의 모든 것이 겉보기엔 2월과 같았다. 하지만 이번에는 회의장 분위기가 달랐다. 미소는 조금 억지스러웠고 주위에는 긴장과 의심의 중얼거림이 감돌았다. 달랐던 것은 단지 내 기분이었는지도 모르겠다. 내가 취임 직후에 느낀 것이 현기증이었든 개인적 승리감이었든 이제 그 감정은 소진되었고 더 튼튼한 무언가—끝장을 보고야 말겠다는 결의—가 그 자리를 대신했다.

그날 저녁 한 시간 동안 이 개혁 방안이 지금 TV를 보고 있을 가정들에 어떤 의미인지를 최대한 간결하게 설명했다. 즉, 어떻게 적당한 가격의 보험을 필요한 사람들에게 제공하면서도 이미 가입한 사람들이 불이익을 받지 않도록 할 것인지, 어떻게 보험사들이 기존 질병을 가진 사람들을 차별하지 못하도록 하고 로라 클리츠카 가족 같은 사람들에게 부담을 지우는 평생보상한도를 폐지할 것인지를 이야기했다. 어떻게 고령층의 구명 의약품 구입비를 지원하고 보험사들로 하여금 정기검진과 예방적 치료를 추가 비용 없이 제공하도록 할 것인지도 구체적으로 언급했다. 정부의 보건 의료 시스템 장악이니 사망 선고 위원회니 하는 것은 터무니없는 소리이고, 이번 입법은 적자를 한 푼도 늘리지 않을 것이며 이 계획을 실행에 옮길 때는 바로 지금이라고 강조했다.

그 며칠 전에 테드 케네디의 편지를 받았다. 5월에 썼지만 자신이 죽을 때까지 기다렸다가 보내라고 비키에게 말해두었다고 했다. 두 장짜리

고별의 편지에서 그는 내가 보건 의료 개혁의 대의를 이어받은 것에 감사하면서 이를 "우리 사회의 중대한 미완성 사업"이자 자기 삶의 이유라고 일컬었다. 그는 자신이 오랜 세월을 바쳐 노력한 일이 나의 책임하에 마침내 결실을 맺으리라 믿으며 편안하게 눈을 감을 것이라고 덧붙였다.

나는 그날 밤 연설을 마무리하면서 그 편지의 한 구절을 인용했다. 그의 말이 나를 감동시켰듯 이 나라를 감동시키길 바랐다. 그는 이렇게 썼다. "우리가 맞닥뜨린 과제는 무엇보다 도덕적 사안입니다. 중요한 것은 정책의 세부 내용만이 아닙니다. 이번 일은 사회정의의 기본 원칙들과 우리 나라의 성격을 좌우할 것입니다."

여론조사에 따르면 나의 의회 연설로 건강보험 법안에 대한 국민적 지지가 일시적으로나마 상승했다. 더 중요한 사실은 갈팡질팡하던 민주당 하원의원들의 등이 꼿꼿하게 펴졌다는 것이다. 하지만 회의장에 있던 공화당 의원 중에서 마음을 바꾼 사람은 없었다. 이 사실은 연설을 시작한 지 30분도 지나지 않아 명백해졌다. 법안이 미등록 이민자들에게 보험 혜택을 제공한다는 가짜 주장을 내가 반박하자 조 윌슨이라는 사우스캐롤라이나 출신의 그리 알려지지 않은 5선 공화당 하원의원이 분노로 얼굴이 벌게진 채 몸을 앞으로 숙이고 나를 가리키며 소리쳤다. "거짓말은 당신이 하고 있어!"

그 짧은 찰나, 아연한 침묵이 회의장에 내려앉았다. 나는 훼방꾼을 찾으려고 주위를 둘러보았다(펠로시 의장과 바이든도 범인을 탐색했는데, 낸시는 경악했고 조는 고개를 내둘렀다). 단상을 나서 통로를 따라 내려가 그자의 머리통을 후려치고 싶은 충동을 느꼈다. 하지만 그냥 "그건 사실이 아닙니다"라고만 응수한 뒤 연설을 이어갔고, 그동안 민주당 의원들은 윌슨에게 야유를 보냈다.

누구에게 물어봐도 합동회의 연설에서 이런 일이 일어난 적은—적어도 현대에는—한 번도 없었다. 의원들의 비판은 신속하고 초당파적이었다. 이튿날 아침 윌슨은 결례를 공개적으로 사과하고, 람에게 전화하여 내게도 유감의 뜻을 전해달라고 부탁했다. 이번 사건을 대수롭지 않게 여긴 나는 기자에게 내가 사과를 받아들이며 누구나 실수를 저지른다고 말했다.

하지만 다음 주에, 재선 캠페인에 나선 그에 대한 온라인 기부금이 부쩍 증가했다는 뉴스 보도가 눈에 걸리는 것은 어쩔 수 없었다. 분명히, 많은 공화당 유권자가 보기에 그는 영웅이요, 권력 앞에서 진실을 말하는 자였다. 이것은 티파티와 그들 매체의 동맹이 건강보험 법안을 악마화한다는 목표보다 더 많은 것을 성취했음을 암시했다. 그들은 나를 악마화함으로써 모든 공화당 공직자에게 이런 메시지를 보냈다. 내 행정부에 반대할 때 옛 규칙에 얽매이지 말라는 것이었다.

　　　　　　　나는 하와이에서 자랐지만 요트 항해술을 배운 적은 없었다. 우리 가족이 감당할 수 있는 취미가 아니었다. 이후 석 달 반 동안 나는 상상컨대 사나운 폭풍우가 지나간 망망대해를 헤치는 뱃사람들의 심정을 느꼈다. 일은 여전히 고되고 때로는 지겨웠으며 그 와중에 새는 곳을 메우고 물도 퍼내야 했다. 시시각각 변하는 바람과 조류에 대처하며 속력과 항로를 유지하려면 인내와 솜씨, 주의력이 필요했다. 하지만 생존자가 느끼는 감사한 마음을 한동안 가슴속에 품을 수 있었다. 언젠가 항구에 도착할 수 있으리라는 새로운 믿음은 우리가 일상적 작업을 해나가는 원동력이 되었다.

무엇보다 몇 달간의 연기 끝에 보커스가 마침내 건강보험 법안을 상원 재정위원회에 안건으로 회부했다. 그의 법안은 우리가 도입한 매사추세츠 모델을 따랐는데, 비보험자에 대한 보조금은 우리가 바란 것보다 인색했다. 우리는 모든 직장 건강보험에 과세한다는 그의 방안을 부유층 증세로 교체하라고 주장했다. 하지만 공정하게 평가하면 위원회 논의는 대체로 실속 있었고, 이목을 끌려는 돌출 행동은 없었다. 3주간의 철저한 검토 끝에 법안이 14 대 9로 위원회를 통과했다. 올림피아 스노는 공화당 의원으로는 유일하게 찬성표를 던졌다.

그다음 펠로시 의장은 2009년 11월 7일 표결을 실시하여 하원 단일안을 공화당의 한결같고 거센 반대 속에 빠르게 통과시켰다. (법안은 사실 그전에 준비되었지만 낸시는 상원 표결이 흐지부지되지 않는다는 확신이 들 때까지는 법안을 하원 표결에 부쳐 동료 의원들에게 난처한 정치적 선택을 강요하고 싶어 하지 않았다.) 만일 이와 비슷한 단일안을 크리스마스 휴회 이전에 상원 본회의에서 통과시킬 수 있다면 1월에 상원 법안과 하원 법안의 차이를 조율하고 통합 법안을 양원에서 승인받아 운이 따를 경우 2월까지는 최종 법안이 내 책상에서 서명을 기다릴 수 있으리라는 판단이 섰다.

거대한 이 '만일'에 관한 일정의 성사 여부는 오랜 친구 해리 리드에게 달려 있었다. 상원 다수당 대표 리드는 인간 본성에 대한 시각이 비관적인 사람답게 건강보험 법안 최종안이 본회의에 회부되었을 때 올림피아 스노가 찬성하리라 장담할 수 없다고 생각했다. (그는 무덤덤하게 말했다. "매코널이 정말로 족치면 그녀는 싸구려 양복처럼 구겨질 거요.") 필리버스터 가능성을 배제하려면 해리가 자신의 60인 코커스 중에서 단 한 명도 잃지 않아야 했다. 경제회복법 때도 그랬듯, 이 때문에 각 의원들은 법안 수정을 요구할—그 요구가 아무리 이기적이거나 무분별해도—어마어마한 영향력을 손에 넣었다.

고매한 정책 논의에는 유리한 상황이 아니었지만 해리는 개의치 않았다. 그는 누구도 범접 못 할 솜씨로 모의하고 협상하고 압박했다. 그 뒤로 여섯 주에 걸쳐 법안 단일안이 상원 본회의에 회부되어 절차 문제에 대한 지루한 논쟁이 시작되었는데, 정작 중요한 일은 해리 사무실의 닫힌 문 뒤에서 벌어졌다. 그는 버티는 의원들을 한 사람씩 만나 무엇을 해주면 찬성하겠느냐고 물었다. 몇몇은 의도는 좋지만 효과는 거의 없는 자신의 숙원 사업을 지원해달라고 요구했다. 상원에서 가장 진보적인 의원 여러 명은 평소에는 대형 제약회사와 민간 보험사들의 과도한 이익을 성토하더니 돌연 자기네 주에 있는 의료 장비 제조사들의 과도한 이익은 문제 삼지 않고 업계에 책정된 세금을 도로 줄이라고 해리를 압박했다. 메리 랜드루 상원의원과 벤 넬슨 상원의원은 수십억 달러의 메디케이드 예산이 루이지애나와 네브래스카에 명시적으로 책정되어야 한다는 조건을 내걸었는데, 공화당에서는 여기에 '루이지애나 매입'(1803년 미국 정부가 프랑스로부터 루이지애나 영토를 단돈 1500만 달러에 사들인 사건에 빗댄 표현_옮긴이)과 '옥수수 탈곡기 킥백'('옥수수 탈곡기Cornhusker는 네브래스카 주민을 일컫는 속칭이며 '킥백kickback'은 재료나 톱날이 작업자에게 튀는 것이지만 '뇌물'이라는 뜻으로도 쓰인다_옮긴이)이라는 재치 있는 이름을 붙였다.

어떤 대가가 따르든 해리는 승부욕에 불탔다. 때로는 너무 불탔지만. 그는 흔쾌히 우리 팀과의 소통 창구를 열어두어 개혁의 핵심 요소에 악영향을 미칠 수 있는 법안 수정 요구를 필이나 낸시앤이 물리칠 수 있게 해주면서도 이따금 꼭 성사시키고 싶은 거래가 있으면 무리를 했는데, 그럴 때면 내가 전화로 개입해야 했다. 그는 나의 의견에 귀를 기울이고는 대개 수긍했지만, 내 식대로 해서는 어떻게 법안을 통과시킬 수 있을지 모르겠다는 투덜거림도 빼먹지 않았다.

한번은 이렇게 말했다. "대통령님, 당신은 건강보험 정책에 대해 저보다 훨씬 많이 알고 있습니다. 하지만 저는 상원에 대해 안다고요, 알겠어요?"

민권법이나 로널드 레이건의 1986년 세제개혁법처럼 규모가 크고 논쟁적인 법안이나 뉴딜 같은 포괄적 정책을 통과시키기 위해 상원 지도부가 전통적으로 동원한 극악무도한 선심성 정책, 결탁, 반대급부에 비하면 해리의 방법은 매우 온건했다. 하지만 저 법안들이 통과된 시기에는 워싱턴의 정치적 흥정을 언론이 거의 보도하지 않았고 24시간 뉴스 채널도 없었다. 상원에서 벌어지는 줄다리기는 홍보 측면에서 우리에게 악몽이었다. 해리의 법안이 다른 상원의원을 달래기 위해 변경될 때마다 기자들은 '밀실 협상' 운운하는 기사를 쏟아냈다. 나의 합동회의 연설로 반등한 국민 여론은 금세 주저앉았고, 해리가 나의 승인하에 '공공보험 옵션'을 법안에서 빼기로 결정하자 여론은 부쩍 악화했다.

건강보험 논쟁이 처음 시작될 때부터 좌파 정책 전문가들은 매사추세츠 모델을 수정하여 온라인 '거래소'에서 애트나와 블루크로스 블루실드 같은 보험사뿐 아니라 정부가 소유·경영하는 신규 보험사로부터 보험 상품을 구입할 수 있도록 소비자에게 선택권을 주라고 요구했다. 보험회사들이 공공보험 옵션을 거부한 일은 놀랍지 않았다. 이익을 내야 한다는 압박 없이 운영되는 정부 보험 상품이 등장하면 자신들은 경쟁 상대가 못 될 거라고 주장했으니 말이다. 물론 공공보험 옹호론자들에게는 그것이 핵심이었다. 정부 보험의 비용 대비 효과를 부각하고 민간 보험 시장의 과도한 낭비와 부도덕성을 폭로함으로써 공공보험을 통해 단일 보험자 제도로 가는 길을 닦겠다는 것이 그들의 바람이었다.

이 현명한 발상은 낸시 펠로시가 하원 법안에 반영할 때만 해도 상당한 지지를 받았다. 하지만 상원에서는 공공보험 옵션에 60표를 얻기란 어림도 없는 일이었다. 상원 보건교육위원회 법안에는 정부가 운영하는 보험사가 민간 보험사와 같은 보험료를 청구하도록 의무화하는 완화된 형태가 포함되었지만, 그러면 공공보험 옵션의 목적이 송두리째 무효화될 게 뻔했다. 우리 팀과 나는 보험사가 너무 적어서 실질적 경쟁이 이루어지지 않고 공공 보험사가 전반적 보험료 인하에 일조할 수 있는 지역에서만 공공보험 옵션을 제공하는 쪽으로 타협이 이루어질지도 모른다고 생각했다. 하지만 그조차도 민주당 코커스의 보수적 의원들이 받아들이기에는 버거운 방안이었다. 코네티컷의 조 리버먼은 추수감사절 직전에 공공보험 옵션이 포함된 법안에는 찬성표를 던지지 않겠다고 공언했다.

공공보험 옵션이 상원 법안에서 배제되었다는 소식이 새어 나가자 좌파 운동가들은 격분했다. 전직 버몬트 주지사이며 대통령 후보로 나서기도 한 하워드 딘은 "상원에서 의료 개혁이 사실상 무산되었다"라고 선언했다. 그들이 특히 분노한 이유는 해리와 내가 조 리버먼의 변덕에 장단을 맞췄다고 생각했기 때문이다. 리버먼은 이라크 전쟁을 강경하게 지지하다가 2006년 민주당 상원의원 예비선거에서 패하여 무소속으로 재선에 출마해야 했던 일로 진보파에게 조롱거리였다. 리버먼에 대한 불쾌감에도 불구하고 내가 실용주의를 선택한 것은 이번이 처음이 아니었다. 지난 대통령 선거에서 그가 친구 존 매케인을 지지한다고 선언했음에도 해리와 나는 그를 각종 위원회에서 퇴출시키라는 요구를 무마했다. 그가 코커스에서 탈퇴하여 믿을 만한 표 하나가 사라지는 상황을 감당할 수 없었기 때문이다. 우리의 판단은 옳았다. 리버먼은 나의 국내 의제를 일관되게 지지했다. 하지만 그가 보건 의료 개혁의 조항들에 결정권을 행사하는 것처럼 보인 탓에 일부 민주당 지지자 사이에서는 내가 동지보다 적을 우대하며 나를 당선시킨 진보주의자들에게 등을 돌린다는 통념이 득세했다.

나는 이 모든 소동에 울화통이 치밀어서 보좌진에게 이렇게 투덜거렸다. "예순 표가 꼭 필요하다는 사실을 왜 이해하지 못할까요? 건강보험 적용을 받지 못하는 3000만 명에게 당신들이 끝끝내 공공보험 옵션을 가져야겠다면 10년 더 기다려야 할 거라고 말해줘야 하나요?"

동지들의 비판은 언제나 가장 쓰라렸지만 거기서 그치지 않았다. 그들의 불만은 민주당에 바로 정치적 영향을 미쳤다. 우리의 지지 기반을 혼란시키고(일반적으로 그들은 공공보험 옵션이 뭔지도 몰랐다) 코커스를 분열시키는 바람에 건강보험 법안이 결승선을 넘는 데 필요한 표를 결집하기가 더 힘들어졌다. 그들은 사회보장과 메디케어를 비롯하여 미국 역사상 위대한 사회복지적 발전은 모두 불완전하게 출발하여 시간이 흐르면서 다듬어졌다는 사실도 무시했다. 불완전할지언정 기념비적인 승리가 될 수 있는 사안을 미리부터 쓰라린 패배로 몰아감으로써 그들의 비판은 민주당 유권자들이 장기적으로 의욕을 상실하는 데 일조했으며—"아무것도 안 바뀐다면 뭐 하러 투표하지?"라는 심리로도 알려져 있다—이 때문에 향후에 우리가 선거에서 승리하고 진보 입법을 추진하기가 더 힘들어졌다.

공화당이 그 반대의 경향을 보인 데는 이유가 있다고 나는 밸러리에게 말했다. 로널드 레이건이 연방 예산, 연방 적자, 연방 인력을 대폭 늘렸는데도 공화당 충성파들이 그를 연방정부 축소에 성공한 인물로 떠받드는데는 이유가 있었다. 그들은 정치에서는 어떻게 이야기하느냐가 어떤 내용을 달성하느냐만큼이나 중요하다는 점을 알았다.

나머지 임기 동안 '공공보험 옵션'이라는 문구는 민주당 이익집단이 정치적 중력을 무시하고 자신들이 무엇을 요구하든 우리가 그것의 100퍼센트에 못 미치는 성과를 냈다고 불평하는 상황을 가리키는 요긴한 약어가 되었지만 우리는 이런 생각을 입 밖에 내지 않았다. 대신 우리는 뾰로통한 지지자들에게 하원 법안과 상원 법안을 통합할 때 세부 사항을 다듬을 시간이 얼마든지 있음을 상기시키며 불만을 가라앉히려 최선을 다했다. 해리는 여전히 자기 할 일을 했으며 휴가를 위한 휴회 시기가 몇 주 지나도록 상원 회기를 연장했다. 그의 예언대로 올림피아 스노는 오벌 오피스에 불쑥 들이닥쳐 법안에 반대표를 던질 거라고 말했다. (그녀는 해리가 법안을 마구잡이로 밀어붙인 탓이라고 주장했지만, 찬성표를 던지면 중소기업위원회 간사 자리를 빼앗겠다고 매코널이 협박했다는 소문이 있었다.) 하지만 이런 일들은 아무 의미도 없었다. 워싱턴이 눈에 덮이고 거리가 텅 빈 크리스마스이브에, 상원은 건강보험 법안을 심의 24일 만에 '환자보호 및 부담적정보험법'이라는 제목으로 통과시켰다. 찬성표는 딱 60표였다. 크리스마스이브에 상원 표결이 이루어진 것은 1895년 이후 처음이었다.

몇 시간 뒤에 나는 에어포스 원 좌석에 기대 앉아 미셸과 아이들이 보가 첫 비행기 여행에 얼마나 훌륭히 적응하는지 이야기하는 것을 듣고 있었다. 우리는 휴가를 보내기 위해 하와이로 향하는 중이었다. 긴장이 조금 풀리기 시작하는 듯했다. 우리는 해낼 거라고, 나는 스스로에게 다짐했다. 아직 부두에 도착하지는 못했지만, 우리 팀 덕분에, 낸시, 해리,

그리고 힘겨운 표결에 참여한 모든 민주당 의원 덕분에 마침내 육지가 시야에 들어왔다.

우리 배가 암초에 부딪히기 직전임은 까맣게 몰랐다.

우리가 마법처럼 상원에서 필리버스터를 무력화하는 의석을 확보하고 있었던 것은 단 한 가지 이유 때문이었다. 테드 케네디가 8월에 사망하자 매사추세츠 주의회는 보궐선거를 열 때까지 의석을 비워두지 않고 민주당 소속 주지사 더발 패트릭이 후임자를 지명할 수 있도록 주법을 개정했다. 하지만 이것은 임시방편에 불과했으며, 보궐선거가 1월 19일로 정해진 지금은 민주당이 당선되어야 했다. 다행히도 매사추세츠는 민주당 지지율이 미국에서 가장 높은 주 중 하나여서 지난 37년간 공화당 상원의원이 한 명도 당선되지 못했다. 민주당 상원의원 지명자인 마사 코클리 주검찰총장은 별로 알려지지 않은 공화당 적수 스콧 브라운 주상원의원을 상대로 두 자릿수 우위를 꾸준히 유지하고 있었다.

순조로운 선거가 예상되자 우리 팀과 나는 1월 첫 두 주 동안 건강보험 법안을 하원 민주당과 상원 민주당 둘 다 받아들이도록 중재하는 데 열중했다. 유쾌한 일은 아니었다. 상원과 하원이 서로를 경멸하는 것은 정당조차 초월하는 워싱턴의 유서 깊은 전통이다. 상원의원들은 대체로 하원의원들이 충동적이고 편협하고 이기적이고 무식하다고 생각하는 반면 하원의원들은 상원의원들이 장광설에 잘난 체하고 무능력하다고 여겼다. 2010년이 시작되면서 이 경멸은 노골적 적개심으로 명울졌다. 자신들이 압도적 다수인데도 힘을 쓰지 못하고 보수파 의원들에게 발목 잡힌 상원 민주당 코커스에서 자신들의 야심 찬 진보 의제가 좌절되는 데 신물이 난 하원 민주당은 상원 건강보험 법안을 하원에서 받아들이지 않겠노라 주장했다. 하원이 진보성을 과시하려고 자신들을 제물로 삼는 데 진절머리가 난 상원 민주당도 완강하긴 마찬가지였다. 양쪽을 중재하려는 람과 낸시앤의 노력은 효과가 없었으며, 가장 두루뭉술한 조항조차 논쟁거리가 되었고 의원들은 서로 욕설을 퍼부으며 논의를 중단하겠다고 협박했다.

이렇게 일주일이 지나자 더는 두고 볼 수 없었다. 나는 펠로시, 리드, 그리고 양쪽 협상단을 백악관에 불러들였으며 1월 중순 사흘 내리 국무회의실에서 둘러앉아 모든 쟁점을 체계적으로 들여다보고 하원이 상원의 제한을 고려해야 할 부분과 상원이 양보해야 할 부분을 가려냈다. 그러는 내내 나는 실패는 선택지가 아니며 합의에 이르기 위해서라면 다음 달에도 매일 밤 이렇게 논의할 거라며 모두를 협박했다.

진척은 느렸지만 전망은 밝아 보였다. 그러던 어느 오후 액설로드의 작은 사무실에 들렀는데, 그와 메시나가 말기 환자의 엑스선 사진을 검사하는 의사들처럼 컴퓨터 앞에 몸을 숙이고 있었다.

내가 물었다. "왜 그래요?"

액스가 고개를 저으며 대답했다. "매사추세츠에 문제가 생겼어요."

"얼마나 나빠요?"

액스와 메시나가 한목소리로 말했다. "아주 나빠요."

그들은 우리의 상원의원 후보 마사 코클리가 당선을 확신한 탓에 유권자들과 대화하기보다는 선출직 공직자, 후원자, 노동계 거물들과 노닥거린다고 설명했다. 설상가상으로 그녀는 선거를 단 3주 앞두고 휴가를 떠나 언론의 호된 비판을 받았다. 한편 공화당 스콧 브라운의 선거운동에는 불이 붙었다. 태도가 수더분하고 잘생긴 브라운은 픽업트럭으로 주 구석구석을 누비고 다녔다. 불황에 직격탄을 맞고 내가 연방 건강보험법 통과에 매달리는 것을 엄청난 시간 낭비로 여기는—이미 모든 주민에게 건강보험이 제공되는 주에 살고 있었기에—노동자 계층 유권자들의 두려움과 좌절을 효과적으로 활용했다.

여론조사 격차가 좁혀지고 우리 팀과 해리가 전화하여 걱정해도 무기력에 빠진 코클리를 흔들어 깨울 수는 없었다. 전날 한 기자가 선거운동 스케줄이 왜 이렇게 널널하냐고 묻자 그녀는 질문을 일축하며 이렇게 말했다. "저보고 펜웨이 파크 밖에 서 있으라고요? 이 추위에요? 악수하면서요?" 스콧 브라운이 새해 첫날 보스턴의 유명한 야구장에서 벌인 선거운동을 비꼰 대답이었다. 그날은 보스턴의 아이스하키팀 보스턴 브루인스가 필라델피아 플라이어스를 상대로 연례 NHL 윈터 클래식 경기를 벌이고 있었다. 스포츠 팀을 숭배하는 도시에서 유권자들을 뭉텅이로 떨구는 데 이보다 효과적인 방법은 생각해내기 힘들었다.

나는 어안이 벙벙해서 말했다. "저렇게 말했을 리 없어요."

메시나가 컴퓨터를 향해 고갯짓을 했다. "《보스턴 글로브》 웹사이트에 버젓이 올라와 있는걸요."

"아아아아안 돼!" 나는 액스의 옷깃을 움켜쥐고 과장되게 흔들며 신음하다가 걸음마쟁이가 심통 부리듯 발을 쿵쿵 굴렀다. "안 돼, 안 돼, 안 돼!" 저 발언이 미칠 영향을 생각하니 어깨가 축 처졌다. 내가 마침내 입을 열었다. "그녀는 낙선할 거예요, 안 그래요?"

액스와 메시나가 대답할 필요도 없었다. 선거 일주일 전에 나는 난국을 타개하기 위해 보스턴으로 날아가 코클리 집회에 참가했다. 하지만 너무 늦었다. 브라운은 여유 있게 승리했다. 전국의 언론이 "충격적 역전"과 "역사적 패배"라는 헤드라인으로 도배되었다. 워싱턴의 평결은 신속하고 가차 없었다.

오바마 건강보험법은 사망했다.

　　　　　　　　나는 지금도 매사추세츠의 패배를 똑바로 바라보기 힘들다. 어쩌면 통념이 옳은지도 모르겠다. 어쩌면 내가 그 첫해에 건강보험을 그렇게 거세게 밀어붙이지 않았다면, 그 대신 온갖 공식 행사와 일자리와 금융 위기에 대한 발표에 주력했다면 우리가 상원 의석을 지킬 수 있었을지도 모르겠다. 우리가 정책의 가짓수를 줄였다면, 우리 팀과 내가 일찌감치 경고 신호를 포착하여 코클리를 더 혹독하게 몰아붙였다면, 내가 매사추세츠에서 선거운동을 더 많이 지원했다면, 틀림없이 결과가 달라졌을 것이다. 하지만 경제가 암울한 상황에서 우리가 할 수 있는 일이 없었을 가능성도 얼마든지 있다. 역사의 수레바퀴는 우리의 미약한 간섭에 꿈쩍도 하지 않았을 것이다.

엄청난 실수를 저질렀음은 당시에도 우리 모두가 느끼고 있었다. 논평가들도 그렇게 평가했다. 기명 칼럼들은 우리 팀을 교체하라고, 람과 액스부터 자르라고 촉구했다. 나는 개의치 않았다. 나는 모든 실수를 내 책임으로 여겼으며, 일이 틀어졌을 때 희생양을 찾지 않는 문화를 만들어낸 것에―선거 캠프에서든 백악관에서든―자부심을 느꼈다.

하지만 람은 그런 수군덕질을 무시하기 힘들었다. 경력의 대부분을 워싱턴에서 보낸 그에게 하루하루의 뉴스는 행정부의 성적일 뿐 아니라 자신의 입지에서도 득점을 기록하는 방법이었다. 워싱턴 여론 주도층들에 끊임없이 구애한 그는 승자가 얼마나 빨리 패자로 바뀌는지, 실패를 겪었을 때 백악관 보좌관들이 얼마나 무자비하게 난도질당하는지 알고 있었다. 그는 자신이 부당하게 비난받는다고 생각했다. 건강보험 법안을 강행하면 정치적으로 위험하다고 누구보다 강하게 경고한 사람이 바로 자신이었는데 말이다. 상처받거나 억울할 때 누구나 그러듯 그도 주위 친구들에게 하소연했다. 문제는 친구의 범위가 너무 넓었다는 것이다. 매사추세츠 선거가 끝나고 한 달쯤 지났을 때《워싱턴 포스트》칼럼니스트 데이나 밀뱅크는 람을 변호한 칼럼에서 "오바마의 가장 큰 패착은 건강보험과 관련하여 이매뉴얼의 말에 귀 기울이지 않은 것"이라고 주장하면서 규모가 축소된 건강보험 방안이 더 현명한 전략인 이유를 구구절절 설명했다.

대통령이 싸움에서 녹다운되었는데 비서실장이 거리를 두는 것은 이상적 상황이라고 보기 힘들다. 칼럼으로 인해 심기가 불편했지만 람이 고의로 언론 플레이를 했으리라고는 생각지 않았다. 스트레스 때문에 방심한 탓으로 여겼다. 하지만 모두가 나처럼 금세 용서하지는 않았다. 언제나 나의 수호자를 자임하는 밸러리는 격분했다. 코클리의 패배로 이미 뒤숭숭한 수석보좌관들의 반응은 분노에서 실망까지 다양했다. 그날 오후 람이 오벌 오피스에 들어왔다. 후회하는 기색이 역력했다. 그는 그럴 의도는 없었다면서도 자신이 나를 실망시켰으며 사임할 각오가 되어 있다고 말했다.

내가 말했다. "그만두지 말아요." 나는 그가 말썽을 일으켰으며 다른 팀과 앙금을 풀어야 하리라는 것은 인정했다. 하지만 그가 훌륭한 비서실장이었고 잘못이 반복되지 않으리라 확신하며 그가 꼭 필요하다고 말했다.

"대통령님, 그래도 될는지……."

내가 말꼬리를 잘랐다. 그의 등을 두드리고는 문 쪽으로 데려가면서 말했다. "당신이 진짜로 받아야 할 벌이 뭔지 알아요?"

"뭡니까?"

"망할 놈의 건강보험 법안을 통과시키는 거예요!"

이게 여전히 가능하다는 소망은 보기만큼 정신 나간 생각은 아니었다. 하원 민주당과 상원 민주당이 협상으로 타협안을 도출하여 양원에서 통과시킨다는 애초 계획은 이제 물 건너갔다. 59석으로는 필리버스터를 피할 도리가 없었다. 하지만 매사추세츠 선거 결과가 나온 그날 밤 필이 알려준 바에 따르면 길이 하나 남아 있었다. 그것은 상원으로 돌아가지 않는 방법이었다. **하원에서 상원 법안을 수정 없이 통과시킬 수만 있다면** 곧장 내 책상에 올려 서명을 받아 법률로 공포할 수 있다. 필은 그다음에 예산 조정이라는 상원 입법 절차를 발동하면 된다고 했다. 이것은 재정에 국한된 입법의 경우 평상시의 60표가 아니라 상원의원 단순 과반수의 동의만으로 법안을 표결에 부칠 수 있는 제도다. 이 경우 별도 입법을 통해 제한적이나마 상원 법안을 개선할 수도 있었다. 그럼에도 하원 민주당이 대뜸 거부한 바 있는 보건 의료 개혁 방안—공공보험 옵션이 빠지고, 노조가 반대하는 캐딜락세가 포함되고, 사람들이 통합된 한 군데 시장에서 보험 상품을 살 수 있는 게 아니라 50개 주의 거래소가 복잡하게 얽혀 있는 법안―을 다시 받아들여달라고 요청해야 한다는 사실만은 피할 수 없었다.

필이 웃음기 띤 얼굴로 내게 물었다. "지금도 운이 좋다고 느끼시나요?"

실은, 그렇지 않았다.

하지만 하원 의장에 대한 확신은 느끼고 있었다.

지난해는 낸시 펠로시의 입법 역량에 대한 나의 평가를 다시금 확인한 한 해였다. 강인하고 실용주의적인 그녀는 잠잠할 날 없는 코커스의 구성원들을 지휘하는 데 명수였다. 하원 민주당 동료 의원들이 정치적으로 용납될 수 없는 입장을 취해도 공개적으로 옹호하는가 하면 막후에서 다독여 일이 성사되는 데 꼭 필요한 타협을 이끌어내기도 했다.

이튿날 낸시에게 전화하여, 우리 팀이 규모를 부적 축소한 건강보험 법안을 비상용으로 준비하긴 했지만 그보다는 상원 법안의 하원 통과를 밀어붙이고 싶으며, 그러려면 그녀의 지지가 필요하다고 설명했다. 그 뒤로 15분간 나는 낸시의 전매특허인 의식의 흐름 호통을 고스란히 들어야 했다. 그녀는 상원 법안에 어떤 결함이 있는지, 그녀의 코커스 회원들이 왜 그토록 분노했는지, 상원 민주당이 왜 겁쟁이이고 근시안적이고 무능한지 조목조목 이야기했다.

마침내 그녀가 말을 멈추고 숨을 고르자 내가 말했다. "그래서 그 말씀은 내 의견에 동의한다는 뜻인가요?"

낸시가 성마르게 말했다. "그야 물론이죠, 대통령님. 지금 와서 포기할 순 없잖아요." 그녀는 잠시 생각에 잠겼다. 그러더니 나중에 코커스에서 써먹을 논거를 시험하듯 이렇게 덧붙였다. "이대로 그만두면 저렇게 비열하게 군 공화당에 상을 주는 격이에요, 안 그래요? 희희낙락하게 해주진 않을 거예요."

전화를 끊고 나서 필과 낸시앤을 쳐다보았다. 두 사람은 레졸루트 책상 옆을 서성거리면서 전화 통화에서 내가 하는 말에—거의 하지 않았지만—귀를 기울이며 내 표정에서 무슨 일이 일어나는지 읽어내려 하고 있었다.

내가 말했다. "나는 저 여인을 사랑해요."

의장이 팔을 걷어붙이고 나섰지만 하원에서 필요한 표를 확보하는 작업은 만만치 않았다. 무엇보다 울고불고 발버둥치는 진보파를 다독여 맥스 보커스와 조 리버먼의 취향에 맞게 뜯어고쳐진 법안을 지지하게 만들어야 했다. 게다가 중간선거가 1년도 남지 않은 상황에서 스콧 브라운이 당선되자 치열한 경쟁이 예상되는 중도파 민주당 의원들은 겁에 질렸다. 암담한 분위기를 반전시켜 낸시에게 의원들을 설득할 시간을 벌어줄 무언가가 필요했다.

알고 보니 우리에게 반대하는 자들이야말로 우리에게 필요한 무언가였다. 몇 달 전 하원 공화당 코커스는 1월 29일로 예정된 연례 수련회의 질의응답 순서에 나를 초청했다. 공화당 의원들이 건강보험 문제를 제기할지도 모른다고 예상한 우리는 행사를 언론에 공개하자고 막판에 제안했다. 소외된 기자들의 원성에 시달리고 싶지 않아서인지, 스콧 브라운의 승리에 기고만장해서인지 모르겠지만 존 베이너는 수락했다.

그러지 말았어야 했다. 볼티모어의 평범한 호텔 회의실에서 코커스 의장 마이크 펜스가 사회를 보고 케이블 방송사들이 모든 대화를 촬영하는 가운데 나는 1시간 22분 동안 무대에 서서 공화당 하원의원들의 질문을 받았다. 대부분 건강보험에 대한 내용이었다. 모두가 보는 앞에서, 이 사안을 다루던 사람들이 이미 알고 있던 사실이 다시금 확인되었다. 공화당 하원의원의 절대다수는 자신들이 그토록 격렬히 반대하는 법안의 실제 내용을 몰랐고, 자신들이 제시한 대안(그런 게 있다는 전제하에서)도 잘 몰랐으며, 외부와 단절된 보수파 매체의 틀 바깥에서는 이 주제를 논의할 준비가 되어 있지 않았다.

백악관으로 돌아온 나는 여세를 몰아 포 톱스와 의회 핵심 지도부의 초당파적 모임을 블레어 하우스에 초청하여 건강보험 회의를 온종일 진행했다. 다시 한번 우리는 회의가 생중계되도록 했는데 이번에는 C-SPAN에서 방송했다. 형식은 전과 마찬가지로 공화당 의원들이 원하는 쟁점을 무엇이든 제기하고 원하는 질문을 무엇이든 하도록 했다. 방심했다 큰코다친 공화당은 이번에는 대본을 준비했다. 하원 공화당 원내총무에릭 캔터는 2700쪽에 이르는 하원 법안 사본을 가져와 보건 의료를 장악하려는 정부의 고삐 풀린 시도를 상징하듯 탁자에 털썩 올려놓았다. 베이너는 우리 법안이 '위험한 실험'이며 처음부터 새로 시작해야 한다고 주장했다. 존 매케인은 밀실 협상에 대해 장광설을 늘어놓았는데, 듣다 못한 내가 그에게 선거운동이 끝났음을 상기시켜야 했다. 하지만 실제 정책에 들어가자—의료 비용을 낮추고 기존 질병이 있는 사람들을 보호하고 보험에 가입할 수 없는 3000만 미국인에게 혜택을 주기 위해 구체적으로 어떤 정책을 제안하느냐고 공화당 지도부에 물었더니—그들의 대답은 척 그래슬리가 몇 달 전 오벌 오피스에 들렀을 때만큼이나 군색했다.

TV에서 이 대화를 5분이라도 본 사람보다는 그 주의 볼링 대회를 시청한 사람이 더 많았을 것이다. 또한 질의응답 시간에 내가 한 말은 공화당의 행동에 아무 영향도 미치지 못했을 것이다(앞으로 자기네 코커스에 내가 참석할 때 TV 카메라를 금지하고 싶어 하리라는 것만 빼면). 중요한 사실은 두 사건 덕분에 하원 민주당이 기운을 차렸다는 것이다. 그들은 우리가 보건 의료 사안에서 옳은 편에 서 있으며 상원 법안의 결함에 집착하기보다는 법안이 수백만 명에게 도움이 될 수 있다는 사실에서 힘을 얻을수 있음을 되새겼다.

3월 초가 되자 우리는 상원 규칙을 활용하여 예산 조정을 통해 상원 법안의 일부를 다듬을 수 있겠다는 확신을 얻었다. 우리는 더 많은 사람이 혜택을 얻도록 보조금을 강화했다. 노조를 달래기 위해 캐딜락세를 쳐내고 '옥수수 탈곡기 킥백'과 '루이지애나 매입'의 난감한 쌍둥이 조항을 없앴다. 밸러리의 시민참여팀은 미국가정의협회, 미국의사협회, 미국간호사협회, 미국심장협회 등의 단체로부터 지지를 끌어내는 놀라운 성과를 달성했고, 압력단체와 자원봉사자의 풀뿌리 네트워크는 대중을 교육하고 의회에 압력을 가하기 위해 불철주야 노력했다. 미국 최대의 보험사 중 하나인 앤섬이 보험료를 39퍼센트 인상한다고 발표하자 사람들은 다시 한번 현행 체제의 문제점을 인식했다. 미국가톨릭주교회의에서 법안을 지지할 수 없다고 발표했을 때는 (낙태 수술에 연방 보조금을 이용하지 못하게 하는 조항이 충분히 명시적이지 않다는 이유 때문이었다), 상냥하고 언제나 활기차게 미국의 가톨릭 병원들을 이끄는 캐럴 키언 수녀가 뜻밖의 지원군이 되어주었다. 자비의딸 소속 수녀인 예순여섯 살의 키언은 환자를 돌보는 자기 단체의 사명을 실천하려면 법안이 꼭 통과되어야 한다고 주장하여 주교들과 의견을 달리했을 뿐 아니라 미국의 5만여 수녀를 대표하는 가톨릭 여성 성직자회와 가톨릭 여성 단체의 지도자들을 설득하여 법안에 찬성하는 공개 서한에 서명하도록 했다.

나는 필과 낸시앤에게 말했다. "나는 수녀님들을 사랑해요."

이 모든 노력에도 불구하고, 머릿수를 세어보니 법안을 통과시키려면 적어도 열 표가 더 있어야 했다. 여론은 여전히 첨예하게 분열되어 있었다. 언론은 참신한 기삿거리가 바닥났다. 정치를 수월하게 해줄 극적인 조치나 정책 변경도 더는 없었다. 이제 성패는 경합 지역을 대변하는 민주당 하원의원 30여 명의 선택에 달렸다. 이들은 부담적정보험법에 찬성표를 던졌다가는 의석을 잃을 수도 있다는 경고를 듣고 있었다.

나는 날마다 때로는 오벌 오피스에서, 대개는 전화로 이들과 일대일로 대화하느라 많은 시간을 보냈다. 몇몇은 지역구의 여론조사 결과와 유권자들의 편지와 전화를 꼼꼼히 모니터링하면서 정치에만 관심을 쏟았다.

나는 그들에게 솔직한 판단을 제시하려고 노력했다. 건강보험 법안이 통과되면 지지율이 높아질 것이고(중간선거 이후까지 장담할 수는 없지만), 반대표를 던지면 공화당 지지자와 무당파의 호응을 얻기보다는 민주당 지지자에게 외면받을 것이며, 그들이 어떻게 하든 6개월 뒤의 운명은 경제 상황과 나의 정치적 입지에 좌우될 공산이 크다고 말했다.

건강보험과 무관하게 자신이 관여하는 사업이나 법안을 백악관이 지지해주길 바라는 의원들도 있었다. 나는 그런 요청들을 람이나 피트 라우스에게 전달하여 우리가 할 수 있는 일이 있는지 알아보게 했다.

하지만 대부분의 대화는 타산적이지 않았다. 돌려 말하긴 했어도 의원들이 원하는 것은 명확함이었다. 그들은 자신이 누구인지, 자신의 양심에 무엇이 필요한지 알고 싶어 했다. 이따금 나는 그들이 전개하는 찬반 논리에 귀를 기울였다. 우리에게 영감을 선사하여 정치에 입문하게 한 계기를 견주었고 그 첫 번째 선거의 초조한 흥분과 그 뒤에 우리가 이루고자 한 모든 것, 우리가 이 자리에 오기까지 자신과 가족이 치른 희생, 지금껏 우리를 도와준 사람들에 대해 이야기했다.

내가 마지막으로 이 말을 했다. "바로 이거예요. 이게 모든 것의 핵심이에요. 당신에게는 지금 역사를 더 나은 방향으로 바꾸는, 극소수에게만 허락된 드문 기회가 찾아온 거라고요."

놀라운 사실은 이렇게만 말해도 충분할 때가 많았다는 것이다. 인디애나 남부의 배런 힐, 노스다코타의 얼 포머로이, 미시간 어퍼반도의 독실한 가톨릭 신자이며 나와 함께 낙태 지원 조항을 자신이 찬성할 수 있는 수준까지 다듬은 바트 스투팩 같은 노장 정치인들은 보수적 지역구의 적극적인 반대를 무릅쓰고 동참을 결심했다. 콜로라도의 벳시 마키, 두 명의 젊은 이라크 참전 용사인 오하이오의 존 보치에리와 펜실베이니아의 패트릭 머피 같은 정치 신예들도 힘을 보탰다. 이들은 민주당에서 떠오르는 별로 인정받고 있었다. 사실, 설득할 필요가 가장 적었던 사람들은 대부분 잃을 게 가장 많은 사람들이었다. 버지니아주의 드넓은 공화당 우세 지역에서 간신히 승리한 서른다섯 살의 인권 변호사 출신 톰 페리엘로는 법안에 찬성표를 던지기로 한 결정을 설명하면서 이들의 정서를 대변했다.

그가 내게 말했다. "재선되는 것보다 중요한 것들이 있잖아요."

의회를 증오하는 사람들, 의사당이 허풍쟁이와 겁쟁이로 가득하고 선출직 공직자 대부분이 로비스트와 고액 후원자의 손아귀에서 놀아나고 권력을 탐한다고 확신하는 유권자들은 쉽게 찾아볼 수 있다. 나는 그런 비판을 들으면 대개 고개를 끄덕이며 고정관념에 들어맞는 사람들이 있음을 인정한다. 하원이나 상원 회의장에서 매일같이 벌어지는 실랑이를 목격하다 보면 심지가 아무리 굳어도 낙담할 거라는 데 동의한다. 하지만 건강보험 법안 표결 전에 톰 페리엘로가 내게 해준 말도 사람들에게 해준다. 그를 비롯한 여러 의원이 처음 당선된 직후에 한 일을 설명한다. 오랫동안 꿈꿔오던 경력을 위험에 빠뜨리면서까지 더 원대한 선을 추구할 것을 요구받는, 그런 시험에 처하는 사람이 우리 중에 얼마나 되겠는가?

그런 사람들도 워싱턴에서 찾아볼 수 있다. 그것 또한 정치다.


2010년 3월 21일에 건강보험 최종 표결이 실시되었다. 우리가 백악관 정상회의를 열고 테드 케네디가 깜짝 참석한 지 1년이 지난 뒤였다. 웨스트 윙의 모든 사람이 촉각을 곤두세웠다. 필과 낸시의 비공식 집계에 따르면 고비를 넘길 수는 있을 것 같았지만 안심할 정도는 아니었다. 언제든 하원의원 한두 명이 갑자기 마음을 바꿀 가능성이 있었는데, 우리에게는 한 표가 아쉬웠다.

내겐 또 다른 근심거리가 있었다. 애써 외면하려 했지만 처음부터 내 등 뒤에 도사리고 있었다. 우리는 미국인 수천만 명의 삶에 영향을 미칠 906쪽짜리 법안을 작성하고 방어하고 고심하고 협상했다. 부담적정보험법은 촘촘하고 포괄적이고 정치적으로 한 편에만 인기가 있고 영향력이 크고 (틀림없이) 불완전했다. 그리고 이젠 집행해야 할 때가 되었다. 그날 오후 늦게 표결을 앞둔 의원들에게 낸시앤과 함께 마지막으로 전화한 뒤에 자리에서 일어나 창밖의 남쪽 잔디밭을 내다보았다.

내가 그녀에게 말했다. "이 법이 효과가 있으면 좋겠어요. 내일부턴 우리가 미국 보건 의료 체제를 소유하게 되니까요."

나는 하원 회의장에서 몇 시간 동안 진행되는 사전 연설은 지켜보지 않기로 했고, 대신 표결이 시작되는 오후 7시 30분경에 부통령과 다른 팀이 있는 루스벨트 룸에 합류하기로 했다. 하원의원들이 전자 투표기의 '찬성yea'이나 '반대nay' 단추를 누를 때마다 전광판 TV 화면에 투표 결과가 하나씩 쌓였다. '찬성'이 느릿느릿 올라가자 메시나를 비롯한 몇 사람이 숨죽여 "제발…… 제발" 하고 중얼거리는 소리가 들렸다. 마침내 득표 수가 216표에 도달했다. 필요한 표수를 한 표 넘겼다. 우리의 법안은 결국 일곱 표 차이로 통과되었다.

방 안에서는 환호성이 터져 나왔고, 사람들은 마치 자신의 야구팀이 끝내기 홈런으로 승리한 것처럼 얼싸안거나 하이파이브를 했다. 조가 내 어깨를 움켜쥐었다. 그의 유명한 미소는 평소보다도 더 컸다. 그가 말했다. "결국 해냈군요!" 람과 나는 부둥켜안았다. 그는 그날 저녁 표결 장면을 보여주려고 열세 살배기 아들 재크를 백악관에 데려왔다. 나는 허리를 숙여 재크에게 아버지 덕에 수백만 명이 병에 걸리면 건강보험 혜택을 누릴 수 있게 되었다고 말했다. 아이가 활짝 웃었다. 나는 오벌 오피스에 돌아와 낸시 펠로시와 해리 리드에게 축하 전화를 걸었다. 할 일을 다 끝냈을 때 액설로드가 문가에 서 있었다. 눈시울이 조금 붉어져 있었다. 그는 딸 로런이 처음 간질 발작을 일으켰을 때 자신과 아내 수전이 겪은 일들에 대한 상념이 밀려드는 바람에 표결이 끝나고 사무실에 잠시 혼자 있어야 했다고 말했다.

액스가 목멘 소리로 말했다. "꿋꿋이 버텨줘서 고마워요." 나는 그에게 팔을 둘렀다. 나도 감정이 벅차올랐다.

내가 말했다. "이게 우리가 일하는 이유잖아요. 바로 이 일을, 바로 여기서 말이에요."

나는 법안에 참여한 모든 사람을 관저에 초대하여 사적으로 축하연을 열었다. 모두 100명가량이 참석했다. 사샤와 말리아가 봄 방학이어서 미셸이 며칠간 뉴욕에 데리고 갔기에 관저에는 나만 있었다. 저녁 날씨가 포근해서 우리는 실외 트루먼 발코니에서 담소를 나눴다. 멀리 워싱턴 기념비와 제퍼슨 기념관에 불이 켜져 있었고, 그날만은 주중에 술을 마시지 않는다는 규칙에 예외를 두었다. 마티니를 들고 돌아다니며 필, 낸시앤, 진, 캐슬린을 끌어안고 노고에 감사했다. 수십 명의 초급 직원들과도 악수했다. 상당수는 처음 본 사람들이었는데, 자신들이 여기 있는 것에 다소 안절부절못하는 기색이 역력했다. 숫자를 계산하고 초안을 작성하고 보도자료를 보내고 의회의 질의에 답하느라 뒤에서 고생한 자신들의 업무가 얼마나 중요한지 그들이 알기를 바랐다.

이 축하연은 내게 의미가 컸다. 선거에서 승리하고 그랜트 파크에서 보낸 밤은 경이로웠지만, 그때 우리가 이룬 것은 아직 실현되지 않은 약속이었을 뿐이었다. 오늘 밤의 의미가 더 큰 이유는 약속이 실현되었기 때문이었다.

자정이 지나 다들 떠난 뒤에 복도를 걸어 트리티 룸에 갔다. 보가 바닥에 엎드려 있었다. 녀석은 저녁 내내 발코니에서 손님들과 지냈는데, 사람들 사이를 누비면서 머리를 쓰다듬어주거나 간식거리로 카나페를 떨어뜨려줄 사람을 찾아다녔다. 지금은 기분 좋게 피곤한 채 잠들 준비가 된 듯했다. 몸을 숙여 녀석의 귀 뒤를 긁어주었다. 테드 케네디를 생각하고 어머니를 생각했다.

좋은 하루였다.

# 5부

# 세계의 실상

# 18장

마린 원이나 에어포스 원에 타거나 군
을 사열할 때마다 반복하느라 경례가 몸에 밴 것과 마찬가지로 최고사
령관 역할도 점차 편안해지고 효율적으로 바뀌었다. 거듭 등장하는 대외
정책 관련 인물, 시나리오, 갈등, 위협에 우리 팀과 내가 친숙해짐에 따라
아침 PDB도 간결해졌다. 한때 모호하기만 하던 관계들이 이제는 명확
하게 보였다. 아프가니스탄에서 어느 연합군이 어디에 배치되어 있는지,
전투력이 얼마나 믿을 만한지, 이라크 장관 중에서 누가 열렬한 민족주
의자이고 누가 이란의 하수인인지 바로 말할 수 있게 되었다. 그래도 사
안 하나하나가 틀에 박힌 일상 업무로 취급하기엔 위험이 너무 크고 문
제가 복잡했다. 그래서 폭탄 제거 전문가가 전선을 끊을 때나 줄광대가
밧줄에 발을 디딜 때 느낄 법한 긴장감을 느꼈다. 과도한 두려움을 벗어
버리고 집중하는 법을 배웠지만 어처구니없는 실수는 없도록 너무 편안
해하지는 않으려 애썼다.

전혀 편안해질 수 없는 임무도 있었다. 일주일에 한 번쯤 개인 비서 케
이티 존슨이 조서弔書에 나의 서명을 받아 군인 사망자 유가족에게 보내
기 위해 서류철을 책상에 올려놓았다. 나는 집무실 문을 닫고 서류철을
열어 편지 하나하나의 이름을 주문을 외듯 낭독하면서 젊은 남성의 이미

지와 그의 삶을 떠올리려 노력했다(여성 사망자는 드물었다). 자란 지역과 다닌 학교, 어린 시절을 수놓은 생일잔치와 여름 수영 캠프, 활동한 스포츠 팀, 그리워한 연인을 상상했다. 부모에 대해, 결혼했다면 아내와 자녀에 대해서도 생각했다. 손목을 갈고리처럼 구부리고 쓰는 왼손잡이 자세 때문에 두꺼운 베이지색 종이에 얼룩이 지지 않도록 조심하면서 한 장 한 장에 서명했다. 서명이 원하는 모양으로 나오지 않으면 편지를 다시 인쇄해달라고 했다. 어떻게 해도 흡족하지 않으리라는 걸 잘 알면서도.

나뿐만 아니라 국방장관 로버트 게이츠도 이라크와 아프가니스탄에서 목숨을 잃은 군인들의 유가족에게 편지를 보냈지만, 우리는 이 얘기를 거의 주고받지 않았다.

오벌 오피스에서 정기적으로 만나며 게이츠와 나의 협력 관계는 점차 끈끈해졌다. 그는 현실적이고 침착하고 후련하게 직설적이었으며 자신의 주장을 내세우고 이따금 내 생각을 바꿀 만큼 조용한 자신감에 차 있었다. 그가 펜타곤을 능숙하게 주무르는 솜씨를 보면 한때 나를 그렇게 주무르려 했던 시절쯤은 기꺼이 눈감아줄 수 있을 것 같았다. 그는 국방부라는 신성한 존재와 대결하는 것을 두려워하지 않았다. 그 대결 중 하나는 국방 예산의 고삐를 죄려고 노력한 것이었다. 이따끔 젊은 백악관 보좌관들에게도 까탈스럽게 굴었다. 그와 나는 나이, 성장 배경, 경험, 정치 성향이 달라서 친구가 되지는 못했지만 서로에게서 공통의 직무 윤리와 의무감을 알아보았다. 우리가 안전하게 지켜야 할 임무를 부여받은 국가뿐 아니라 매일같이 우리에게 용맹한 모습을 보여주는 군인들에게, 그들 뒤에 남은 가족들에게도 그런 의무감을 느꼈다.

덕분에 대다수 국가 안보 사안에서 판단이 일치했다. 이를테면 2009년 여름에 접어들면서 게이츠와 나는 이라크 전황을 신중하게 낙관했다. 상황은 장밋빛이 아니었다. 이라크는 전쟁으로 나라의 기반 시설 대부분이 파괴되었으며 치솟는 국제 유가 때문에 국고가 바닥나 경제가 만신창이였다. 또한 의회가 교착 상태여서 이라크 정부는 가장 기초적인 임무마저 어려워했다. 4월에 이라크를 잠깐 방문했을 때 나는 알말리키 총리에게 행정부에 필요한 개혁을 받아들이고 이라크 수니파와 쿠르드 족을 더 적극적으로 포용하라고 제안했다. 그는 예의를 차리면서도 방어 적 태도를 취했는데, 제임스 매디슨의 「연방주의자 논문 제10호」를 공부 하지 않은 것이 분명했다(파벌의 폐해에 대처하는 방법을 논하는 글이다_옮 긴이). 그가 생각하기에 이라크에서는 시아파가 다수이고, 자기 당이 주 도하는 연합이 의회를 석권했고, 수니파와 쿠르드족이 비합리적 요구를 내세워 발전을 가로막고 있으니, 미국이 압박하지만 않는다면 소수파의 이익을 배려하고 권리를 보호할 이유가 없었다.

알말리키와 대화하면서 선거만으로는 민주주의가 제대로 작동하도 록 할 수 없음을 깨달았다. 이라크 정부가 시민권적 제도를 강화하는 방 법을 찾고 지도자들이 타협하는 습관을 익힐 때까지 이라크의 고투는 계 속될 터였다. 그럼에도 알말리키와 경쟁자들이 적대감과 불신을 총구가 아니라 정치라는 수단으로 표출한다는 사실은 발전이라고 할 수 있었다. 미군이 인구 밀집 지역에서 철수하고 있었는데도 AQI가 후원한 테러 공 격은 계속해서 감소했으며 우리 지휘관들은 이라크 안보군의 역량이 꾸 준히 나아진다고 보고했다. 핵심 부처에 조언하고 안보군을 훈련하고 파 벌 간 교착 상태를 타개하고 국가 재건에 자금을 지원하는 등 미국이 앞 으로도 몇 년간 이라크에서 중요한 역할을 해야 한다는 데 게이츠와 나 는 의견이 일치했다. 그래도 (중대 반전이 일어나지만 않는다면) 미국이 벌 이고 있는 이라크 전쟁의 끝이 마침내 시야에 들어왔다.

아프가니스탄에 대해서는 그렇게 말할 수 없었다.

내가 2월에 승인한 추가 병력은 일부 지역에서 탈레반 세력의 확장을 저지하는 데 일조했으며 대통령 선거를 안전하게 치르도록 준비했다. 하 지만 우리 군은 깊어만 가는 아프가니스탄의 폭력과 불안정의 악순환을 역전시키지 못했으며, 교전 지역이 확대됨에 따라 사상자도 급증했다.

아프가니스탄인 사상자도 증가했는데, 군인보다 많은 민간인이 교차 사격, 자살 공격, 반란 세력이 길가에 설치한 정교한 폭탄에 희생되었다. 미국의 전술(이를테면 탈레반 무장 세력이 숨어 있다고 의심되는 주택에 대한 야간 급습)에 대한 아프간 국민의 불만이 점차 커졌다. 그들은 이런 전술이 위험하고 갈등을 부추긴다고 여겼지만 우리 지휘관들은 임무 수행에 필요하다고 생각했다. 정치 전선으로 눈을 돌리면 주로 현지 실세를 매수하고 정적들을 협박하고 여러 민족 파벌을 교묘하게 이간질하는 카르자이 대통령의 재선 전략이 펼쳐졌다. 한편 외교적 측면에서 파키스탄 관료와 우리 고위급 인사들의 접촉은 효과가 없는 듯했고, 파키스탄은 자국 내의 탈레반 은신처를 계속해서 눈감아주었다. 그러는 와중에 파키스탄 국경 지대에서 재건된 알카에다의 활동은 여전히 위협적이고 심각했다.

의미 있는 진전을 이루지 못하는 상황에서 우리는 신임 국제안보지원군 사령관 스탠리 매크리스털 대장이 현재 상황을 평가하기를 기다렸다. 아프가니스탄에서 민군 자문단과 함께 몇 주를 보낸 매크리스털은 게이츠가 요구한 철저한 평가를 8월 말에 제출했으며, 며칠 뒤 펜타곤은 보고서를 백악관에 보냈다.

보고서는 명쾌한 답을 제시하기보다는 골치 아픈 질문들을 새롭게 들고 나왔다.

매크리스털의 평가는 대부분 이미 아는 내용의 시시콜콜한 나열이었다. 아프가니스탄의 상황은 열악한 데다 점점 악화했고, 탈레반은 대담해졌고, 아프간군은 허약하고 사기가 떨어졌고, 폭력과 속임수로 얼룩진 선거에서 정권을 잡은 카르자이가 여전히 정부를 장악했고, 아프간 국민은 정부가 부패하고 무능하다고 생각했다. 하지만 모두의 눈길을 끈 것은 보고서의 결론이었다. 상황을 반전시키기 위해 매크리스털이 제안한 해법은 전면적 대반란 작전이었다. 이 군사 전략은 반란 세력을 억지하고 진압하기 위해 전투를 치르는 동시에 일반 국민이 안전하게 살아갈 수 있도록 한다는 내용으로, 반란 세력이 애초에 무기를 든 계기였던 분노를 가라앉히는 것을 이상적 목표로 삼았다.

매크리스털은 내가 봄에 라이델 보고서의 권고를 받아들이면서 생각한 것보다 야심 찬 접근법을 제안했을 뿐 아니라 최소 4만 명의 추가 파병을 요구했다. 이렇게 되면 아프가니스탄에 파병된 미군의 총인원은 조만간 10만 명에 이를 전망이었다.

액스가 말했다. "반전주의자 대통령에게는 무리한 요구네요."

미끼에 걸려들었다는 느낌을 지우기 힘들었다. 일단 병력 1만 7000명과 군사 훈련 요원 4000명을 파병하자는 나의 소극적 증원 방안을 펜타곤이 받아들인 것은 더 많은 것을 얻기 위한 일시적 전술적 후퇴였다는 생각이 들었다. 우리 팀은 아프가니스탄 문제를 놓고 2월부터 의견이 엇갈렸는데, 이젠 견해차가 굳어지기 시작했다. 마이크 멀린 합참의장과 데이비드 퍼트레이어스는 매크리스털의 대반란 전략에 전적으로 찬성했다. 그의 제안을 조금이라도 충족시키지 못하면 작전에 실패할 수도 있으며, 그러면 미국의 결의가 위험 수준으로 약해졌다는 신호를 우방과 적 모두에게 보내는 셈이라는 주장이었다. 힐러리와 패네타도 선뜻 동조했다. 외국의 점령에 저항하기로 이름난 아프가니스탄에서 군사작전의 규모를 키우는 것에 우려를 표했던 게이츠는 이들보다는 신중했으나, 매크리스털의 제안보다 적은 미군 병력으로는 성공할 수 없다는 주장에 설득력이 있다고 말했다. 또한 아프가니스탄 안보군과 긴밀히 협력하여 현지 주민을 보호하고 병사들이 그곳 문화를 존중하도록 훈련을 강화하면 1980년대 소련이 겪은 문제를 피할 수 있다고 덧붙였다. 반면에 조 바이든과 상당수의 NSC 보좌관은 매크리스털의 방안이 고삐 풀린 군부가 무익하고 값비싼 국가 건설 작업에 미국을 더 깊이 끌어들이려는 시도에 불과하며, 우리는 알카에다를 상대로 대테러 활동을 벌이는 데 집중할 수 있는 상황이고 또 그래야 한다고 주장했다.

매크리스털의 66쪽짜리 보고서를 읽은 나도 조와 마찬가지로 회의적이었다. 내가 보기에는 명확한 출구 전략이 없었다. 매크리스털의 계획에 따르면 미군 병력을 다시 지금 수준으로 줄이는 데만도 5~6년이 걸릴 전망이었다. 비용은 어마어마했다. 1000명을 파병할 때마다 적어도 10억 달러가 소요되었다. 10년 가까이 전쟁을 치르면서 이미 네댓 번 파병된 우리 병사들은 더 큰 고통을 겪을 터였다. 탈레반의 적응력과 카르자이 정부의 무기력으로 보건대 성공한다는 보장은 전혀 없었다. 게이츠와 장군들은 매크리스털의 계획을 지지한 문서에서 "부패가 만연하고 국민을 착취하는 아프가니스탄 정부의 기본적 성격이 남아 있는 한" 미군 병력을 아무리 투입해도 아프가니스탄을 안정시킬 수 없음을 인정했다. 그 상황이 조만간 달라질 가능성은 전혀 보이지 않았다.

그럼에도 몇 가지 엄연한 사실 때문에 매크리스털의 계획을 대뜸 거부할 수는 없었다. 무엇보다 현 상태를 용납할 수 없었다. 우리는 탈레반이 다시 권력을 잡는 상황을 감당할 수 없었다. 아프간 안보군을 더 유능하게 훈련하고 알카에다와 지도부를 소탕하려면 시간도 더 필요했다. 나는 내 판단을 확신했지만, 이라크를 어느 정도 안정시키고 아프가니스탄에서 격전을 벌이고 있는 백전노장들의 한결같은 권고를 무시할 수도 없었다. 그래서 매크리스털의 제안을 조목조목 검토하고 이것이 우리가 천명한 목표에 부합하는지 살펴보고 최선의 방안을 확정하기 위해, 의회의 정치적 개입과 언론의 불평에 시달리지 않도록 은밀하게 NSC 회의를 연달아 개최하라고 짐 존스와 톰 도닐런에게 지시했다.

알고 보니 장군들에게는 꿍꿍이가 있었다. 내가 보고서를 받은 지 고작 이틀 뒤에 《워싱턴 포스트》가 데이비드 퍼트레이어스와 인터뷰한 기사를 보도했는데, 그는 아프가니스탄에서 조금이라도 성공할 희망을 품으려면 상당한 규모의 추가 파병과 "온전한 자원을 갖춘 포괄적인" 대반란 전략이 필요하다고 단언했다. 열흘 뒤 상황실에서 매크리스털의 제안이 처음으로 논의된 뒤에 마이크 멀린은 사전에 예정된 상원 군사위원회 청문회에 출석하여 같은 내용을 주장했다. 그는 전략의 규모가 조금이라도 축소되면 알카에다를 격퇴하고 아프가니스탄이 향후 미 본토 공격의 기지가 되지 못하게 막는다는 목표를 달성하기에 부족하다고 못 박았다. 며칠 뒤인 9월 21일 《포스트》는 밥 우드워드가 입수한 매크리스털 보고서의 요약본을 "매크리스털: 병력 증강이냐 '임무 실패'냐"라는 제목으로 공개했다. 곧이어 매크리스털은 〈60분〉(CBS의 시사 보도 프로그램_옮긴이) 인터뷰와 런던 강연에서 자신의 대반란 전략이 다른 대안보다 우월하다고 홍보했다.

반응은 예상대로였다. 존 매케인과 린지 그레이엄 같은 공화당 매파는 장군들의 언론 공습에 화답하여 내가 "현장의 지휘관들에게 귀를 기울여" 매크리스털의 요청을 받아들여야 한다는 친숙한 레퍼토리를 읊었다. 백악관과 펜타곤의 간극이 벌어지고 있다고 호들갑 떠는 뉴스가 매일같이 보도되었다. 칼럼니스트들은 내가 '미적거린다'고 비판했으며 전시에 나라를 이끌 배짱이 있는지 의문이라고 주장했다. 람은 펜타곤이 대통령을 궁지에 몰아넣으려고 이렇게 일사불란하게 대중적 캠페인을 벌이는 경우는 워싱턴에서 한 번도 못 봤다고 말했다. 바이든은 한마디로 요약했다.

"지독하게 악랄하네요."

내 생각도 같았다. 팀 내의 견해차가 언론에 새어 나간 것은 처음이 아니었다. 하지만 휘하의 부처 전체가 독자 행동을 한다는 느낌은 대통령 임기를 통틀어 처음 느꼈다. 나는 이런 일이 되풀이되지 않게 하겠노라 결심했다. 멀린이 의회에서 증언한 직후에 나는 그와 게이츠를 오벌 오피스로 불러들였다.

다들 자리에 앉자 내가 직접 커피를 대접하고는 말했다. "어디 보자, 매크리스털의 제안을 평가할 시간이 필요하다고 분명히 말씀드리지 않았나요? 아니면 당신네 부처는 나에 대한 존중이 기본적으로 없는 건가요?"

두 사람은 소파에서 불편한 듯 몸을 비비 꼬았다. 평소에 화가 났을 때 그러듯 이번에도 나는 언성을 높이지 않았다.

내가 말을 이었다. "저는 취임 선서를 한 날부터 모든 사람의 견해를 듣는 환경을 조성하려고 무척 노력했어요. 국가 안보를 위해 필요하다고 생각되면 인기 없는 결정도 기꺼이 내리는 모습을 보여줬다고 생각하는데요. 동의하나요, 밥?"

게이츠가 말했다. "그렇습니다, 대통령님."

"그렇다면 제가 수천억 달러의 비용을 들여 수만 명의 병력을 위험한 전장에 보낼지 결정하는 절차를 수립해뒀는데, 최고 군 지휘관들이 그 절차를 건너뛰고 자기네 입장을 공개적으로 천명하는 것을 보면 이런 의문이 들 수밖에 없군요. 그건 자기들이 저보다 잘 안다고 생각하여 제 질문에 번거롭게 대답하고 싶지 않아서인가요? 제가 젊고 군 복무를 하지 않았기 때문인가요? 제 정치 성향이 맘에 들지 않아서인가요……?"

나는 여운을 남기며 말을 멈췄다. 멀린이 밭은기침을 했다.

그가 말했다. "모든 장성을 대표해서 말씀드리겠습니다. 대통령님, 저희는 대통령님과 백악관에 최고의 경의를 표하고 있습니다."

나는 고개를 끄덕였다. "좋아요, 마이크. 그 말 믿기로 하죠. 이제 펜타곤의 조언과 (제가 생각하기에) 무엇이 국익에 가장 부합하는가를 바탕으로 스탠리의 제안에 대해 결정하겠다는 제 의견을 말씀드려야겠군요." 강조 효과를 위해 몸을 앞으로 숙이며 말했다. "하지만 제가 그럴 때까진, 저의 군사 고문들이 조간신문 1면에서 제게 이래라저래라 지시하는 일은 없으면 좋겠어요. 제 요구가 합당한가요?"

그가 고개를 끄덕였다. 우리는 다음 문제들로 넘어갔다.

나는 멀린이나 퍼트레이어스, 매크리스털이 나를 조종하려고 계획을 조율하진 않았다는 게이츠의 말을 믿고 싶다(매크리스털의 참모가 우드워드에게 보고서를 유출했다는 말을 신뢰할 만한 소식통으로부터 들었다고 훗날 그가 실토하기는 했지만). 나는 세 사람 모두 자신이 옳다는 진실한 확신에 따라 행동했으며 정치적 결과를 계산하지 않고 공개 증언이나 언론을 통해 솔직한 평가를 제시하는 것이 군 장교의 의무라고 생각했음을 안다. 게이츠는 멀린의 거리낌 없는 태도가 부시 대통령의 심기를 불편하게 한 적도 있다고 언급했는데, 백악관 고위 관료들도 종종 막후에서 언론을 활용하지 않느냐는 그의 지적은 옳았다.

하지만 이 일화는 부시 시절에 군이 원하는 모든 것을 얻는 데 얼마나 익숙했는지, 전쟁과 평화뿐 아니라 예산 우선순위, 외교적 목표, 그리고 안보와 그 밖의 가치 사이에 생길 수 있는 상충 관계에 대한 기본적 정책 결정 권한이 펜타곤과 CIA에 얼마나 많이 넘어갔는지를 보여준다. 배후의 요인은 쉽게 알 수 있다. 9.11 이후 정부는 테러 방지에 필요하다면 무슨 일이든 하려 했고, 백악관은 대테러 활동에 지장을 줄까 봐 민감한 질문을 꺼렸고, 군은 이라크 침공 결정이 낳은 난국을 해소해야 했고, 대중은 정책을 입안하는 민간인보다 군이 더 유능하고 미덥다고 (정당하게) 여겼고, 의회는 까다로운 대외 정책 사안을 책임지기를 피하려 했고, 언론은 어깨에 별을 단 사람이라면 누구든 지나치게 존경했다.

멀린, 퍼트레이어스, 매크리스털, 게이츠 같은 사람들은 앞에 놓인 어마어마한 난국에 모든 역량을 집중한 검증된 지도자들이었으며 단지 제 할 일을 했을 뿐이었다. 이들이 포진했다는 것은 미국에 행운이었고, 이라크 전쟁 후반기에 이들이 내린 판단은 대부분 옳았다. 하지만 내가 당선 직전 이라크에서 퍼트레이어스를 처음 만나 이야기했듯 대통령은 협소한 시각이 아니라 폭넓은 시각으로 문제를 봐야 하고, 군사행동의 비용과 이익을 따질 때도 나라를 부강하게 만드는 다른 모든 요소를 고려해야 한다.

아프가니스탄 논쟁의 행간에는 전략이나 전술에 대한 구체적인 차이 못지않게 민간인의 정책 결정 통제, 헌법 체제에 따른 대통령과 군사 보좌관의 역할, 전쟁을 결정할 때 각자가 염두에 두어야 하는 사항 등 근본적 문제들이 있었다. 나와 게이츠의 차이는 이런 사안들에서 뚜렷이 드러났다. 워싱턴에서 가장 명석한 책사 중 한 명인 게이츠는 의회의 압박, 여론, 예산 제약을 누구보다 깊이 꿰뚫고 있었다. 하지만 그에게 이것들은 결정에 반영해야 할 정당한 요인이 아니라 피해야 할 장애물이었다. 아프가니스탄 논쟁 내내, 매크리스털의 계획에 필요한 연간 300억 ~400억 달러의 추가 지출에 관해 의회의 표결을 얻어내기 힘들다거나 10년 가까이 전쟁을 치르면 국민이 진저리를 느낄지도 모른다며 람이나 바이든이 반론을 제기하면 게이츠는 대뜸 그것을 한낱 '정치'로 치부했다.

게이츠는 내 앞에서는 그러지 않았지만 이따금 다른 사람들 앞에서 나의 전쟁 수행 의지와 내가 3월에 채택한 전략에 의문을 제기했다. 그 전략 또한 '정치'로 치부했으리라는 것은 의심할 여지가 없었다. 자신이 정치로 치부한 것이 다름 아닌 민주주의의 작동 방식이라는 사실—우리의 임무란 적을 물리치는 것만이 아니라 그 과정에서 이 나라가 거덜나지 않도록 하는 것이고, 수천억 달러를 학교나 아동 보건이 아니라 미사일과 전방작전기지에 써야 하느냐는 질문이 오히려 국가 안보의 핵심을 관통하는 것이며, 또한 그가 이미 파병된 병사들에 대해 느끼는 막중한 책임감과 그들이 꼭 성공하도록 해주겠다는 진정하고도 감탄할 만한 열망이 전장에 배치되는 미국 젊은이들의 수를 제한하는 일에 관심을 두는 사람들이 느끼는 애국심이나 열망과 사실상 일치한다는 것—을 깨닫는 일이 그에게는 어려웠다.

물론 그런 문제를 생각하는 것은 게이츠의 일이 아니라 내 일이었다. 그리하여 9월 중순부터 11월 중순까지 나는 시트룸에서 아홉 차례에 걸쳐 2~3시간씩 회의를 주재하며 매크리스털의 계획을 평가했다. 숙의에 쏟은 어마어마한 시간은 워싱턴에서 이야깃거리가 되었다. 내가 게이츠와 멀린과 대화를 시작하면서 고위급 장성들의 온 더 레코드 발언은 중단되었지만 유출, 익명의 인용, 추측이 하루가 멀다 하고 언론에 보도되었다. 나는 잡음을 차단하려고 최선을 다했다. 나를 가장 소리 높여 비판하는 사람들의 상당수가 이라크 침공의 광풍에 적극 가담했거나 거기에 휩쓸린 논평가와 이른바 전문가들임을 알았기에 그들의 말에 휘둘리지 않을 수 있었다.

매크리스털의 계획을 채택하라는 주요 논거 중 하나는, 이라크 미군이 단기적으로 증강되었을 당시 퍼트레이어스가 실시했던 대반란 작전과 비슷하다는 것이었다. 퍼트레이어스가 영토를 점령하고 반란 세력을 살해하기보다는 현지 군을 훈련하고 현지 통치를 개선하며 현지 주민을 보호하는 데 중점을 둔 것은 일반적으로 이치에 맞았다. 하지만 2009년 아프가니스탄은 2006년 이라크가 아니었다. 두 나라는 상황이 달랐기에 필요한 해법도 달랐다. 시트룸 회의를 할 때마다 매크리스털이 아프가니스탄에 대해 구상한 포괄적 대반란 작전은 알카에다를 격퇴하는 데 필요한 수준을 넘어섰을 뿐 아니라 나의 임기 안에 달성할 수 있는 수준까지도 —작전 목표를 달성하는 것이 가능하다면— 넘어섰다는 사실이 점차 분명해졌다.

존 브레넌은 탈레반이 알카에다 이라크 지부와 달리 아프가니스탄 사회에 너무 깊숙이 엮여 있어 근절할 수 없으며, 탈레반이 알카에다에 동질감을 느끼긴 하지만 아프간 밖에서 미국이나 동맹국을 공격하려는 징후는 전혀 보이지 않는다고 재차 강조했다. 카불 대사인 전직 장성 칼 아이켄베리는 카르자이 정부의 개혁 실천 가능성에 회의적이었으며, 대규모 병력이 투입되고 전쟁이 더욱 '미국화'되면 카르자이가 정신 차릴 가능성이 아예 사라질까 봐 우려했다. 병력 투입과 철수에 대한 매크리스털의 장황한 일정표는 이라크식 단기 증강보다는 장기적 점령과 비슷했다. 바이든은 알카에다가 파키스탄에 있고 거의 모든 공격을 드론으로 벌이는 상황에서 왜 이웃 나라를 재건하는 데 병력 10만 명을 투입해야 하느냐는 의문을 제기했다.

매크리스털을 비롯한 장성들은 적어도 내 앞에서는 이런 우려에 성실하게 답했는데, 때로는 설득력이 있었고 때로는 그렇지 않았다. 그들은 인내심과 예의를 발휘했지만 자신들의 전문가적 판단이—특히 군복을 한 번도 입지 않은 사람들에게—반박당하면 불쾌감을 감추지 못했다. (바이든이 성공적인 대테러 작전에 필요한 사항을 설명하면 매크리스털이 눈살을 찌푸린 적이 한두 번이 아니었다.) 백악관 보좌진과 펜타곤 사이에 갈등이 고조되었으며, NSC 보좌진은 제때 정보를 얻지 못하는 것에 답답해했고 게이츠는 NSC가 사사건건 참견하는 것에 조용히 발끈했다. 악감정은 부처 **내부**의 관계에까지 번졌다. 제임스 '호스' 카트라이트 합참차장과 더글러스 루트 중장—부시 행정부 마지막 2년간 '전쟁 차르'였으며 내가 남아달라고 부탁한 NSC 보좌관—은 바이든을 도와 매크리스털의 계획보다 병력을 적게 투입하고 대테러 작전에 주력하는 대안을 수립하겠노라 동의하는 순간 펜타곤 내에서 입지가 좁아졌다. 한편 힐러리는 아이켄베리가 국무부 공식 채널을 우회한 것을 항명에 준하는 행위로 간주하여 교체를 요구했다.

이런 상황에서 늘 켜져 있는 형광등, 맛없는 커피, 퀴퀴한 공기, 거기다 파워포인트 슬라이드, 작전 지도, 걸핏하면 멈추는 동영상을 서너 차례 겪고 나니 다들 아프가니스탄이며 회의는 물론이고 서로에게 진저리가 날 만도 했다. 나로 말할 것 같으면 취임 이후로 대통령직의 무게가 이만큼 버거운 적은 없었다. 감정을 드러내지 않으려고 중립적인 표정을 지은 채 질문하고 수첩에 필기하고 보좌진이 준비한 메모지 여백에 이따금 낙서를 했다(대부분 추상적 무늬였으며 이따금 사람 얼굴이나 야자나무와 파도 위로 갈매기가 나는 광경 같은 바닷가 풍경을 그렸다). 종종 짜증이 치솟았는데, 집요한 질문을 받은 누군가가 우리의 '결의'를 보이기 위해 더 많은 병력을 파병해야 한다고 주장할 때면 더더욱 그랬다.

"그게 무슨 뜻이죠?" 나는 이렇게 질문했다. 때로는 신랄함을 고스란히 드러내기도 했다. "우리의 잘못된 결정을 두 배로 늘리자는 건가요? 우리가 아프가니스탄에서 앞으로 10년 더 허송세월하는 것이 우방에게 감명을 주고 적에게 두려움을 심어줄 거라 생각하는 사람이 있어요?" 회의실에 앉아 있자니 파리를 잡으려고 거미를 삼킨 노파에 대한 동요가 떠오르더라고 나는 훗날 데니스에게 이야기했다.

내가 말했다. "결국 말馬을 삼키게 되죠."

데니스가 말했다. "물론 죽었고요."

마라톤 회의를 끝내면 오벌 오피스 옆의 작은 수영장에 가서 담배를 피우며 침묵에 빠지곤 했다. 너무 오래 앉아 있어서 등, 어깨, 목이 쑤셨는데 내 마음 상태도 꼭 그와 같았다. 아프가니스탄에 대한 결정이 결의의 문제였다면, 단지 의지와 강철과 불의 문제였다면 얼마나 좋을까. 링컨이 북군을 구하려고 노력했을 때, 미국과 전 세계가 팽창주의 열강으로부터 절체절명의 위협을 맞닥뜨리고 프랭클린 D. 루스벨트가 진주만을 지키려고 노력했을 때는 정말로 그랬다. 그런 상황에서는 가진 것을 모조리 동원하여 전면전을 치러야 한다. 하지만 지금 여기서 마주한 위협이란—무시무시하지만 국적이 없는 테러 조직망, 대량살상무기를 손에 넣으려 하는 허약한 불량국가—실질적이지만 실존적 위협은 아니었기에 선견지명 없는 결의는 없느니만 못했다. 우리로 하여금 잘못된 전쟁을 치르게 하고 아수라장에 뛰어들게 했기 때문이었다. 적대적 환경을 관리해야 했던 우리에게는 죽인 적보다 새로 생겨나는 적이 더 많아졌다. 타의 추종을 불허하는 무력 덕분에 미국은 누구와 언제 어떻게 싸울지 선택할 수 있게 되었다. 우리의 안전과 세계 속에서의 입지를 지키기 위해 상황 불문하고 최대한 오랫동안 할 수 있는 모든 일을 해야 한다는 주장은 말하자면 도덕적 책임을 포기하는 격이요, 그 안에 담긴 확신은 위안을 주는 거짓에 불과했다.


2009년 10월 9일 새벽 여섯 시경 백악관 전화 교환수가 난데없이 잠을 깨우더니 로버트 깁스가 전화를 걸었다고 말했다. 보좌관이 이렇게 일찍 전화하는 일은 드물었기에 심장이 철렁했다. 테러 공격이 벌어졌나? 자연재해일까?

깁스가 말했다. "노벨 평화상을 수상하셨습니다."

"그게 무슨 소리예요?"

"방금 몇 분 전에 발표됐습니다."

"선정 이유는요?"

깁스는 요령 있게 질문을 피하고, 성명 발표를 돕기 위해 패브스가 오벌 오피스 밖에서 기다리고 있을 거라고 말했다. 전화를 끊자 미셸이 무슨 통화냐고 물었다.

"내가 노벨 평화상을 받는대."

그녀는 "정말 잘됐다, 자기"라고 말하더니 돌아누워 다시 잠을 청했다.

한 시간 반 뒤에 아침을 먹고 있는데 말리아와 사샤가 식당에 들렀다. 말리아가 책가방을 어깨에 메며 말했다. "좋은 소식 있어, 아빠. 아빠가 노벨상 받았어…… 그리고 오늘이 보의 생일이야!"

"게다가 사흘 연휴라고!" 사샤가 한마디 거들며 작은 주먹을 흔들었다. 둘은 내 뺨에 입 맞추고는 학교로 갔다.

로즈 가든에 모인 기자들에게 대통령이 된 지 1년도 지나지 않은 내가 세상에 변화를 가져온 과거 수상자들과 어깨를 나란히 할 자격이 없는 것 같다고 말했다. 나는 이 상을 내게 행동을 촉구하는 요청으로 받아들였다. 미국의 지도력이 필요한 대의들, 즉 핵무기와 기후변화의 위협을 줄이고 경제 불평등을 해소하고 인권을 신장하고 종종 분쟁의 원인이 되는 인종적, 민족적, 종교적 분열을 치유하는 일에 탄력을 부여하려는 노벨상 위원회의 시도라고 생각했다. 나는 이 상을 세계 곳곳에서 정의, 평화, 인간 존엄을 위해 묵묵히 일하는 사람들과 나누고 싶다고 말했다.

오벌 오피스로 돌아오면서 밀려들기 시작하는 축하 전화들을 잠시 연결하지 말라고 케이티에게 지시하고는 내 대통령직에 대한 기대와 현실 사이에서 점점 벌어지는 격차를 몇 분간 고민했다. 엿새 전 아프간 무장 세력 300명이 힌두쿠시에 있는 소규모 미군 전초 기지를 공격하여 우리 병사 8명을 죽이고 27명에게 부상을 입혔다. 10월은 8년 전 아프가니스탄 전쟁이 시작된 이래 미군에게 최악의 한 달이 될 전망이었다. 나는 평화의 새 시대를 열기는커녕 더 많은 병사를 전쟁에 내보내는 방안을 저울질하고 있었다.

그달 말에 에릭 홀더 검찰총장과 한밤중에 비행기를 타고 델라웨어에 있는 도버 공군기지로 날아가 아프가니스탄에서 연이은 사고로—치명적인 헬리콥터 추락 사고가 일어났고 칸다하르주에서 노변 폭탄 테러가 두 건 벌어졌다—목숨을 잃은 미군 병사 15명과 마약 단속 요원 3명의 유해가 미국 땅에 돌아오는 광경을 지켜보았다. 군에서 '존엄한 운구'라고 부르는 이 예식에 대통령이 참석하는 일은 드물었지만, 지금 어느 때보다 나의 참석이 중요하다고 생각했다. 걸프전 이후로 국방부는 전사자의 관이 귀향하는 장면을 언론이 취재하지 못하도록 금지했지만, 나는 그해 초에 게이츠의 도움으로 이 방침을 수정하여 가족의 허락을 받으면 가능하도록 했다. 이 운구식의 일부나마 공개 기록으로 남기면 우리 나라가 전쟁의 대가와 사별의 고통을 더 분명히 인식할 것 같았다. 그리하여 아프가니스탄 전쟁을 통틀어 가장 큰 피해가 발생했고 전쟁의 미래를 여전히 논쟁하던 달의 마지막 날 밤에 유가족들 중 한 가족을 선정하여 운구식을 촬영했다.

기지에서는 네댓 시간 내내 침묵이 감돌았다. 작고 소박한 예배당에서 홀더와 나는 유가족들과 함께 자리에 앉았다. 성조기에 덮인 관 열여덟 구를 실은 C-17 수송기 화물칸에서 종군목사가 엄숙히 기도하는 소리가 철제 벽에 부딪혀 메아리쳤다. 주기장에서 경례 자세로 선 우리는, 군 작업복을 입고 흰 장갑을 끼고 검은 베레모를 쓴 병사 여섯 명이 무거운 관을 영구차에 하나씩 운반하는 광경을 지켜보았다. 웅웅거리는 바람 소리와 발걸음 소리를 제외하면 사위는 고요했다.

동이 트려면 몇 시간 남은 어둠 속에서 워싱턴으로 돌아가는 비행기에 앉아 있는데 한 병사의 어머니가 한 말이 내내 기억났다. "아직도 거기 남아 있는 아이들을 내버려두지 말아요." 그녀는 지친 표정이었으며 슬픔으로 얼굴이 수척했다. 나는 내버려두지 않겠노라고 약속했다. 하지만 그것이 그녀의 아들을 희생시킨 임무를 끝내기 위해 더 많은 병사를 보내는 것일지, 다른 자녀들의 목숨을 빼앗을 혼란스럽고 지루한 분쟁을 단계적으로 축소하는 것일지는 알 수 없었다. 결정은 내 몫이었다.

일주일 뒤에 또 다른 재난이 군을 덮쳤다. 이번에는 본토에서 사건이 일어났다. 11월 5일 니달 하산이라는 미군 소령 군의관이 텍사스주 킬린에 있는 포트 후드 군사기지의 한 건물에 들어가 인근 총기 판매점에서 구입한 반자동 권총을 발사하여 열세 명을 죽이고 수십 명에게 부상을 입힌 뒤에 자신도 총상을 입고 기지 내 경찰관들에게 체포되었다. 나는 그곳으로 날아가 애도하는 가족을 위로하고 야외 추도식에서 연설했다. 트럼펫이 울려 퍼지고 구슬픈 선율 사이사이 추도객들이 숨죽여 흐느끼는 동안, 사망한 병사들의 기념품에 나의 시선이 닿았다. 사진 액자, 빈 전투화 한 켤레, 소총 위에 놓인 헬멧.

존 브레넌과 로버트 뮬러 FBI 국장이 총격 사건을 브리핑하며 한 말을 생각했다. 미국 태생의 무슬림 하산은 돌출 행동을 했다는 기록이 있었으며 인터넷을 통해 성향이 극단적으로 변한 듯했다. 특히 카리스마를 지닌 예멘계 미국인 성직자 안와르 아울라끼에게 큰 영향을 받았고 그에게 여러 차례 이메일도 보냈다. 전 세계적으로 많은 추종자를 거느린 아울라끼는 점차 활발히 활동하는 알카에다 예멘 지부의 핵심 인물이었다. 뮬러와 브레넌에 따르면 국방부, FBI, 합동대테러전담반 모두 하산이 극단주의에 치우칠 수 있다는 경고를 각각 받았다. 기관 간 정보 공유 시스템이 제대로 작동하여 단서들을 연결했다면 비극을 막았을지도 모르나 그러지 못했다는 초기 징후가 있었다.

추도사가 끝났다. 트럼펫이 다시 울려 퍼졌다. 포트 후드 곳곳에서 병사들이 아프가니스탄 파병과 탈레반과의 전투를 분주하게 준비하는 광경을 떠올렸다. 더 큰 위협은 사실 딴 곳에, 예멘이나 소말리아뿐 아니라 자생적 테러의 망령 속에, 하산 같은 사람들의 열성적인 마음속과 국경 없는 사이버 세계에 있을지도 모른다는 생각을 떨칠 수 없었다. 저 사이버 공간의 위력과 범위를 우리는 아직 온전히 파악하지 못하고 있었다.

2009년 11월 말에 아홉 번째이자 마지막 아프가니스탄 작전 검토 회의를 열었다. 우여곡절이 많았지만 우리 팀 내부의 중대한 견해차는 상당히 줄었다. 장군들은 아프가니스탄에서 탈레반을 섬멸하는 계획이 비현실적임을 인정했다. 조와 NSC 보좌진은 탈레반이 아프가니스탄을 점령하거나 우리의 정보 수집을 방해하면 우리가 알카에다에 맞서 대테러 활동을 벌일 수 없음을 인정했다. 우리는 달성 가능한 목표들에 합의했다. 주요 인구 밀집 지역에 위협이 되지 않는 수준으로 탈레반의 활동을 억제하고, 카르자이로 하여금 정부 전체를 개조하도록 하기보다는 그를 압박하여 국방부와 재무부 같은 몇몇 핵심 부처를 개혁하도록 하며, 현지 병력을 더 빨리 훈련하여 최종적으로는 아프간 국민이 제 나라를 스스로 지키도록 하는 것이었다.

우리 팀은 수위가 낮아진 이 목표들을 달성하기 위해서도 미군을 추가 파병해야 한다는 데도 동의했다.

남은 논쟁거리는 얼마나 많이 얼마나 오랫동안 파병하느냐였다. 장군들은 매크리스털이 애초 요구한 4만 명을 고집하면서도, 목표가 축소되었는데 필요한 병력의 수가 한 명도 줄지 않은 이유는 그럴듯하게 설명하지 못했다. 바이든이 호스 카트라이트와 더글러스 루트와 함께 작성한 '대테러 플러스' 방안은 대테러 활동과 훈련을 전담할 2만 명을 추가로 요청했으나, 대테러든 훈련이든 왜 그렇게 많은 미군이 추가로 필요한지는 명확하지 않았다. 둘 다 우리의 목표보다는 이념적, 조직적 관심사가 반영되었다는 생각이 들었다.

결국 게이츠가 현실성 있는 해법을 내놓았다. 내게 건넨 비공개 문서에서 그는 애초에 매크리스털이 네덜란드군과 캐나다군이 철수시키겠다고 밝힌 병력 1만 명을 미국이 대체하는 상황을 예상했다고 설명했다. 내가 3개 여단 총 3만 명의 미군 파병을 승인하면 이를 내세워 동맹국 병력 1만 명을 붙잡아둘 수 있을지도 모른다는 것이었다. 게이츠는 병력의 복귀 속도를 앞당기고 18개월의 철수 시한을 정함으로써 신규 병력 투입을 무제한 주둔이 아니라 단기적 증강으로 규정한다는 것에도 동의했다.

내게는 게이츠가 시한을 받아들인 것이 무엇보다 의미가 있었다. 예전에 합참의장과 퍼트레이어스 편에 선 그는 시한을 정하면 적에게 우리가 나갈 때까지 기다리면 된다는 신호를 줄 수 있다고 주장하며 반대했다. 그런데 이제는, 우리가 병력을 조기에 철군하지 않으면 카르자이는 끝끝내 아프가니스탄 정부의 책임에 대해 흐지부지 굴 거라는 주장에 설득되었다.

조, 람, NSC 보좌진과 논의한 나는 게이츠의 방안을 받아들였다. 여기에는 단순히 매크리스털의 계획과 바이든이 작성한 방안의 차이를 절충하는 것 이상의 근거가 있었다. 단기적으로 매크리스털은 탈레반의 발호를 막고 인구 밀집 지역을 보호하고 아프간군을 훈련하는 데 필요한 병력을 얻을 수 있었다. 하지만 대반란 작전에 명확한 제약을 두어 2년 뒤에는 규모가 축소된 대테러 접근법을 반드시 채택하도록 했다. 아직 3만명 상한선을 얼마나 엄격하게 지킬 것인지(펜타곤은 승인된 병력을 파병한 뒤에 다시 찾아와서 의무병이나 정보병 같은 '지원 병력'은 총원에 포함되지 않는다며 수천 명을 더 요청하는 꼼수를 곧잘 부렸다)에 대한 줄다리기가 남았고 게이츠가 이 방안으로 펜타곤을 설득하려면 시간이 필요했다. 하지만 추수감사절 며칠 뒤 게이츠, 멀린, 퍼트레이어스와 람, 짐 존스, 조와 함께 오벌 오피스에서 저녁 회의를 소집하여 사실상 모두에게 서명란에 사인하도록 했다. NSC 보좌진은 내 명령을 정리한 상세한 서류를 준비해두고는, 람과 조를 앞세워 나를 설득했다. 펜타곤 장성들을 불러다 놓고 문서로 작성된 합의안에 동의하도록 해야만 전쟁이 어그러졌을 때 그들이 나의 결정을 공개적으로 비판하지 못한다는 것이었다.

이것은 이례적이고 다소 강압적이며 게이츠와 장성들에게는 모욕적인 처사였다. 나는 곧바로 후회가 들었다. 역설적으로 우리 행정부의 어수선하고 힘겨웠던 논의 과정에 걸맞은 결말인지도 모르겠다고 생각했다. 하지만 검토 보고서가 제 몫을 했다는 사실이 조금은 만족스러웠다. 게이츠는, 완벽한 계획을 내놓지는 못했지만 오랜 논쟁을 거치면서 계획이 더 나아졌음을 인정했다. 이를 통해 우리는 '임무 변경'(애초의 파병 목표가 스멀스멀 확대되는 현상_옮긴이)을 방지할 수 있도록 아프가니스탄에서 미국의 전략적 목표를 재정의해야 했다. 이번 회의는 상황에 따라서는 병력 배치에 시한을 두는 것이 유익할 수 있음을 입증했다(워싱턴 국가 안보 기관들은 이 문제를 오랫동안 논쟁했다). 또한 펜타곤이 내 임기 동안 독자 행동을 벌이지 못하게 하는 것을 넘어서 미국의 국가 안보 정책 수립을 민간이 통제한다는 대원칙을 재확인했다.

그럼에도 더 많은 젊은이를 전쟁에 보내야 한다는 사실은 변함이 없었다.

12월 1일 우리는 미국 사관학교 중에서 가장 오래되고 유명한 웨스트포인트에서 병력 배치 계획을 발표했다. 독립전쟁 당시 대륙군(1775년 영국과 독립전쟁을 벌이기 위해 조직된 군대_옮긴이)의 기지였던 이곳은 경치가 아름다웠다. 넓고 구불구불한 허드슨강이 내려다보이는 높은 초록 언덕 사이에 검은색과 회색의 화강암 구조물이 소도시처럼 펼쳐져 있었다. 나는 연설 전에 웨스트포인트 교장과 함께 교내를 걸으며 미국에서 가장 뛰어난 전공을 세운 군 지휘관들—율리시스 그랜트와 로버트 리, 조지 패튼과 드와이트 아이젠하워, 더글러스 맥아더와 오마 브래들리, 윌리엄 웨스트모얼랜드와 노먼 슈워츠코프 등—을 배출한 건물과 대지를 둘러보았다.

그들이 대표하는 전통, 나라를 세우고 파시즘을 물리치고 전체주의의 행군을 중단시킨 노고와 희생 앞에서 겸손과 감동을 느끼지 않을 수 없었다. 하지만 리가 노예제를 보전하기 위해 남군을 지휘했고 그랜트가 인디언 부족들에 대한 살육을 관장했다는 사실, 맥아더가 한국전쟁에서 트루먼의 명령을 거역하여 재앙을 일으켰고 웨스트모얼랜드가 베트남전쟁 확전을 지휘하여 한 세대에게 상흔을 남긴 사실도 되새겨야 했다. 영광과 비극, 용기와 우둔―한쪽이 참이라고 해서 다른 쪽이 거짓인 것은 아니다. 왜냐하면 미국 역사와 마찬가지로 전쟁이 모순덩어리였기 때문이다.

내가 도착할 즈음 웨스트포인트 캠퍼스 가운데의 커다란 강당이 가득 차 있었다. 게이츠, 힐러리, 합참 의장 같은 귀빈을 제외하면 청중은 대부분 사관생도였다. 회색 제복 상의의 흰 깃에 검은색 장식을 두른 생도 중 흑인, 라틴계, 아시아계, 여성이 적잖은 것을 보니 1805년 첫 졸업생을 배출한 뒤로 많이 변화했음을 실감할 수 있었다. 군악대의 팡파르가 울려 퍼지는 가운데 무대에 입장하자 생도들이 일제히 일어나 박수를 쳤다. 너무도 진지하고 젊음의 열기로 가득하고 자신의 운명을 확신하고 나라를 지키고자 열망하는 얼굴들을 보자 아버지가 된 듯한 자부심으로 가슴이 벅차올랐다. 나를 비롯하여 저들을 지휘하는 사람들이 저들의 신뢰에 값할 수 있기만을 기도했다.


아흐레 뒤 노벨 평화상을 수상하기 위해 노르웨이 오슬로로 날아갔다. 젊은 생도들의 모습이 나를 짓눌렀다. 나는 평화상 수상과 전쟁 확대 사이의 갈등을 무시하지 않고 오히려 이것을 수상 연설의 알맹이로 삼기로 결정했다. 벤 로즈와 서맨사 파워의 도움을 받아 쓴 초고에서 나는 라인홀드 니부어와 간디 같은 사상가들의 저작에 기대어 논증을 체계화했다. 전쟁은 끔찍하면서도 때로는 필요하다, 모순되어 보이는 이 개념을 조화시키려면 각국의 공동체가 전쟁을 정당화하거나 수행하는 데 있어 더 높은 기준을 적용해야 한다, 전쟁을 피하기 위해서는 공정한 평화가 필요하며 그것은 정치적 자유에 대한 공동의 헌신, 인권에 대한 존중, 전 세계에 경제적 기회를 확대하는 구체적 전략에 기반한다. 에어포스 원에서 연설문을 탈고하니 한밤중이 되었고 미셸은 객실에서 잠들어 있었다. 피곤에 지친 내 눈은 원고를 떠나 대서양 위에 떠 있는 희끄무레한 달로 자꾸 향했다.

노벨상 시상식은 수백 명이 참석한 강당에서 밝은 조명 아래 치러진다. 노르웨이의 모든 것이 그렇듯 합리적이고 검소했다. 젊은 재즈 연주자 에스페란자 스폴딩의 감미로운 연주에 이어 노벨상 위원회 위원장의 소개말, 그리고 나의 연설까지 모든 것이 90분 만에 끝났다. 연설은 호평을 받았고, 일부 보수파 논평가들도 미군의 희생이 수십 년간 평화를 떠받쳤음을 내가 유럽 청중에게 상기시킨 것에 주목했다. 그날 저녁 노벨상 위원회에서 나를 위해 만찬을 열었다. 내 옆에 앉은 노르웨이 국왕은 기품 있는 노인으로, 노르웨이 피오르를 항해한 이야기를 들려주었다. 동생 마야가 마티와 어니타 등의 친구들과 함께 날아와 합류했고, 다들 세련된 모습으로 샴페인을 마시고 말코손바닥사슴 구이를 먹고 놀랍도록 훌륭한 스윙 오케스트라에 맞춰 춤췄다.

하지만 가장 기억에 남는 것은 만찬이 시작되기 전 호텔에서 목격한 장면이었다. 미셸과 내가 옷을 다 입자 마빈이 문을 두드리고는 40층 객실 창밖을 내다보라고 말했다. 블라인드를 걷으니 초저녁 어스름에 수천 명이 좁은 거리를 가득 메웠다. 모두가 촛불을 하나씩 들고 있었다. 이것은 매해 노벨 평화상 수상자를 환영하는 오슬로시의 전통 행사였다. 별들이 하늘에서 내려온 듯한 마법적 광경이었다. 미셸과 내가 몸을 내밀어 손을 흔드는 동안 상쾌한 밤공기가 뺨을 스쳤고 군중은 열띤 환호를 보냈다. 이 모습을 보면서 이라크와 아프가니스탄을 집어삼키고 있는 하루하루의 전투를, 우리 행정부가 이제야 가까스로 대처하기 시작한 그 모든 잔혹과 고통과 불의를 생각하지 않을 수 없었다. 내가, 또는 어느 한 사람이, 그런 혼돈에 질서를 가져올 수 있다는 생각은 터무니없는 듯했다. 어떻게 보면 저 아래의 군중은 환각에 환호를 보내는 셈이었다. 그럼에도 깜박거리는 촛불에서 다른 무언가도 볼 수 있었다. 전 세계 수많은 사람의 정신이 그곳에 표현된 모습을 보았다. 칸다하르의 기지에 배치된 미군 병사, 딸에게 읽기를 가르치는 이란 어머니, 용기를 내어 시위에 참가하는 러시아의 민주주의 운동가—이 모든 사람은 삶이 나아질 수 있으며 어떤 위험과 고난에 처할지라도 자신에게 할 일이 있다는 믿음을 버리지 않았다.

그들의 목소리가 들렸다.

**당신이 무엇을 하든 충분하지 않을 거예요. 그래도 노력하세요.**

# 19장

대통령에 출마하면서 나는 국민에게
9.11 이후와는 다른 대외 정책을 추진하겠다고 약속했다. 이라크와 아프
가니스탄은 일단 전쟁이 벌어지면 대통령의 선택 범위가 얼마나 빨리 좁
아지는지를 똑똑히 보여주었다. 나는 부시 행정부뿐 아니라 워싱턴 대부
분을 사로잡은 사고방식, 즉 사방에서 위협만을 보고, 상대국을 고려하
지 않은 일방적 행동에 변태적 자부심을 느끼고, 대외 정책 과제를 해결
하는 통상적 수단으로 군사행동을 활용하는 습성을 바꾸겠노라 결심했
다. 우리는 다른 나라들과 교류할 때 고집스럽고 근시안적으로 굴었으며
연대와 합의를 쌓아가는 힘들고 느린 방식을 거부했다. 우리는 다른 관
점들로부터 스스로를 차단했다. 나는 미국의 안보가 동맹과 국제기구를
강화하는 데 달렸다고 믿었다. 군사행동은 처음이 아니라 마지막에 동원
해야 할 수단이라고 여겼다.

우리는 이미 치르고 있는 싸움을 관리해야 했다. 하지만 외교에 대한
나의 폭넓은 신념을 시험해보고도 싶었다.

우리는 어조를 바꾸는 것부터 시작했다. 새 행정부가 출범하면서부터
우리는 백악관에서 발표하는 모든 대외 정책 성명에서 국제 협력을 강조
했으며, 상대국이 크든 작든 상호 이익과 상호 존중의 토대에서 대할 것

이라고 천명했다. 우리는 정책을 변화시킬 작지만 상징적인 방법들을 모색했다. 이를테면 국무부 국제관계 예산을 늘리고, 부시 행정부와 공화당이 주도한 의회가 몇 년째 지급을 미룬 유엔 분담금을 납부했다.

'성공의 8할은 보여주기에 있다'라는 격언대로, 부시 행정부가 테러와 중동에 온 신경을 쏟으며 무시했던 나라들을 방문했다. 특히 힐러리는 첫해에 눈코 뜰 새 없이 바빴으며 마치 대통령 선거운동 하듯 악착같이 이 대륙 저 대륙을 돌아다녔다. 그녀가 외국의 수도를 방문할 때마다 나타나는 열띤 흥분을 보면서 그녀를 미국의 최고 외교관으로 임명한 판단이 옳았음을 확인했다. 전 세계 정상들이 그녀를 대등하게 대했기 때문만은 아니었다. 그녀가 어딜 가든 그 나라 국민은 이를 미국이 자신들을 중시한다는 신호로 받아들였다.

나는 NSC 팀에 이렇게 말했다. "다른 나라들이 우리의 우선순위를 지지하게 하고 싶으면 무작정 윽박질러선 안 돼요. 우리가 그 나라의 처지를 고려하고 있다는 사실—적어도 그 나라를 지도에서 찾을 수 있다는 것—을 보여줘야 해요."

존재를 인정받기, 목소리를 인정받기, 고유한 정체성과 가치를 인정받기. 이는 모두 보편적 인간의 욕구이며, 개인뿐 아니라 나라와 민족도 마찬가지다. 내가 이런 기본적 진실을 전임자보다 잘 이해했다면 그 이유는 어린 시절의 대부분을 외국에서 보냈고 오랫동안 '후진국'이나 '저개발국'으로 치부되던 나라에 가족이 살고 있기 때문일 것이다. 어쩌면 아프리카계 미국인으로서 자기 나라에 온전히 속하지 못한 경험을 해봤기 때문인지도 모르겠다.

이유가 무엇이든 나는 방문하는 나라의 역사, 문화, 민족에 흥미를 보였다. 벤은 나의 해외 연설을 단순한 알고리즘으로 축약할 수 있다고 농담했다. "(외국어로 인사—발음은 엉망일 때가 많음.) 세계 문명에 뚜렷한 족적을 남긴 이 아름다운 나라에 오게 되어 기쁩니다. (현안 목록.) 우리 두 나라 사이에는 오랜 친교의 역사가 있습니다. (감동적인 일화.) 미국이 지금처럼 위대한 나라가 된 것은 자랑스러운 수백만 (……계 미국인)의 기여 덕분이기도 합니다. 그들은 우리 나라에 이주하여 정착한 이민자들의 후손입니다." 진부했을지는 몰라도, 미소 짓고 고개를 끄덕이는 외국 청중을 보노라면 단순히 상대방을 인정하는 행위가 얼마나 중요한지 알 수 있었다.

같은 이유로, 외국을 방문할 때마다 그 나라 명승지를 꼭 둘러보려고 애썼다. 이런 노력은 호텔과 왕궁 대문을 벗어날 핑계도 되어주었다. 터키나 베트남의 일반 시민은 내가 이스탄불의 블루모스크를 관광하거나 호치민시의 현지 식당을 방문하는 것을 일대일 회담이나 기자회견 발언보다 훨씬 오래 기억할 것이다. 그에 못지않게 중요한 것은 (많은 나라에서 일반 국민과 동떨어진 부류로 여겨지는) 정부 관료와 부유한 엘리트뿐 아니라 평범한 사람들과 조금이나마 교류할 기회였다는 것이다.

무엇보다 가장 효과적인 공공 외교 수단은 나의 선거운동 각본에 쓰여 있었다. 외국을 여행할 때마다 젊은이들과 간담회를 가지는 것이었다. 이 생각을 처음 실현하느라 프랑스 스트라스부르 나토 정상회의 기간에 3000여 명의 유럽인 학생들 앞에 섰을 때는 결과를 확신할 수 없었다. 야유를 받으려나? 장황한 답변으로 청중을 따분하게 하려나? 하지만 대본 없이 진행한 한 시간의 간담회 동안 청중은 기후변화에서 테러와의 투쟁에 이르는 온갖 사안을 열정적으로 질문했고, 우스운 이야기(이를테면 '버락'이 헝가리어로 '복숭아'를 의미한다는 사실)도 들려주었다. 우리는 간담회를 외국 방문의 정식 일정에 포함하기로 했다.

간담회는 대개 그 나라 국영 방송국에서 생중계되었으며, 부에노스아이레스에서든, 뭄바이에서든, 요하네스버그에서든 수많은 사람이 방송을 시청했다. 세계 여러 나라의 사람들은 국가수반이 시민들에게 직접 질문받는 광경을 참신하게 여겼고, 나는 어떤 강의보다 효과적으로 민주주의를 설파할 수 있었다. 우리는 해당국 주재 미국 대사관에 자문하여 소수 종교 신자, 소수민족, 난민, LGBTQ 학생 같은 소수집단의 젊은 운동가들을 간담회에 초청했다. 그들에게 마이크를 쥐여주고 자신의 이야기를 들려주게 함으로써 자기 주장의 정당성을 국민에게 직접 소통할 수 있게 했다.

간담회에서 만난 젊은이들은 끊임없는 개인적 영감의 원천이었다. 그들은 나를 웃게 했고 때로는 눈물을 쏟게 했다. 그들의 이상주의를 보면서 나를 대통령으로 만들어준 젊은 조직가와 자원봉사자들을 떠올렸다. 두려움을 내려놓는 법을 배웠을 때 인종, 민족, 국가의 장벽을 넘어 공유되는 유대감을 떠올렸다. 간담회장에 들어가기 전에 좌절하고 낙심했더라도 나올 때는 시원한 숲속 계곡에 몸을 담근 듯 재충전된 기분이었다. 그런 젊은이들이 지구 방방곡곡에 존재하는 한 희망을 품을 이유가 있다고 나는 스스로에게 말했다.

내가 취임한 뒤로 전 세계에서 미국에 대한 대중적 인식이 꾸준히 호전되었다. 초창기의 외교적 노력이 성과를 거두고 있다는 증거였다. 인기가 높아지자 동맹국들은 자국군의 아프가니스탄 파병을 유지하고 심지어 증강하기가 수월해졌다. 자국민이 미국의 지도력을 신뢰한다는 사실을 알기 때문이었다. 덕분에 나와 팀 가이트너는 금융 위기에 대한 국제적 대응을 보다 수월하게 조율할 수 있었다. 북한이 탄도미사일 실험을 시작하자 수전 라이스가 유엔 안전보장이사회에서 단호한 국제 제재를 통과시킬 수 있었던 데는 그녀의 역량과 끈기가 작용했지만, 그녀 말마따나 "많은 나라가 당신과 한편으로 보이고 싶어 한" 덕도 있었다.

그럼에도 외교적 '매력 공세'로 이룰 수 있는 일에는 한계가 있었다. 결국 각국의 대외 정책을 결정하는 요인은 자국의 경제적 이익, 지정학, 민족적·종교적 분열, 영토 분쟁, 건국신화, 지속적 트라우마, 오랜 적대감, 그리고 무엇보다 권력을 쥔 자와 그 권력을 유지하려는 자들의 욕구였다. 도덕적 설득만으로 감화할 수 있는 외국 지도자는 흔치 않았다. 억압적 정부의 꼭대기에 앉은 자들은 여론을 무시하고도 대부분 멀쩡했다. 가장 까다로운 대외 정책 사안들을 진전시키려면 두 번째 종류의 외교가 필요했다. 완고하고 무자비한 지도자들이 계산을 바꾸도록 계획한 구체적 보상과 처벌이었다. 임기 첫해 내내 이란, 러시아, 중국 세 나라 정상과의 교류는 이 일이 얼마나 힘들 것인지를 일찌감치 보여주었다.

그중 하나인 이란은 미국의 장기적 이익을 심각하게 위협하지는 않았지만 '가장 적극적인 적대국'이었다. 대★페르시아 제국의 계승자로 이슬람 중세 황금시대에 과학과 예술의 중심지이던 이란은 오랫동안 미국 정책 입안자들의 머릿속에서 거의 자리를 차지하지 않았다. 서쪽으로 터키와 이라크에, 동쪽으로 아프가니스탄과 파키스탄에 인접한 그저 그런 가난한 중동 나라로 간주되었고, 내전과 유럽 열강의 침략으로 영토까지 쪼그라들었다. 하지만 1951년에 세속주의적이고 좌파 지향적인 의회가 유전을 국유화하여 (이란 최대 석유 생산, 수출 회사의 대주주이던) 영국 정부에 흘러들던 이익의 통제권을 손에 넣었다. 쫓겨나서 기분이 상한 영국인들은 이란이 석유를 구매자들에게 운송하지 못하도록 해상 봉쇄를 벌였다. 또한 이란의 새 정부가 소련에 치우쳐 있다고 아이젠하워 행정부를 설득했다. 이에 아이젠하워가 아약스 작전을 승인하자, CIA와 영국 비밀정보부(MI6)의 배후 조종으로 쿠데타가 일어나 민주적으로 선출된 이란 총리가 물러나고 젊은 군주 모하마드 레자 팔라비가 권력을 장악했다.

냉전 시기 내내 개발도상국들을 상대로 아약스 작전과 같은 판단 착오를 거듭한 미국은 민족주의 열망을 공산주의 음모로 착각하고 상업적 이익을 국가 안보와 동일시했으며 유리하다 싶으면 민주적으로 선출된 정부를 전복하여 독재자와 손잡았다. 그럼에도 첫 27년간 미국의 정책 입안자들은 이란에서의 수가 묘수였다고 자평했을 것이다. 샤(왕을 뜻하는 페르시아어_옮긴이)는 충실한 동맹이 되어 미국 석유 회사들과 계약을 연장하고 값비싼 미국 무기를 잔뜩 사들였다. 그는 이스라엘과 친밀한 관계를 유지하고 여성에게 투표권을 부여하고 증가하는 국부를 활용하여 경제와 교육 체계를 현대화하고 서구 기업인이나 유럽 왕족과 스스럼없이 어울렸다.

외부인에게는 잘 알려지지 않았지만 샤의 헤픈 씀씀이, 무자비한 탄압(그의 비밀경찰은 반체제 인사들을 고문하고 살해하여 악명이 자자했다), 보수파 성직자와 많은 추종자가 보기에 이슬람의 핵심 교리에 어긋나는 서구 사회규범을 옹호하는 언행 등에 대한 불만이 들끓었다. CIA 분석관들이 주목하지 못한 또 하나의 요인은 추방된 메시아주의적 시아파 성직자 아야톨라 호메이니의 영향력이 커지고 있다는 사실이었다. 그는 글과 연설에서 샤를 서양의 꼭두각시로 비난하며, 신자들에게 기존 질서를 무너뜨리고 샤리아(이슬람 율법, 신의 뜻에 따른 올바른 삶의 방식을 가리킨다_옮긴이)가 지배하는 이슬람 국가를 건설하라고 촉구했다. 1978년 초에 이란에서 벌어진 일련의 시위가 전면적 대중 혁명으로 비화하자 미국 관료들은 당혹했다. 시위가 잇따라 벌어지면서 호메이니 추종자들뿐 아니라 불만을 품은 노동자, 일자리가 없는 청년, 입헌 통치 복귀를 추구하는 민주주의 옹호 세력이 반정부 대열에 합류했다. 1979년 초에 시위대의 수가 수백만 명으로 늘자 몰래 출국한 샤는 치료 명목으로 미국 입국을 일시적으로 허가받았다. 미국의 심야 뉴스 방송은, 흰 수염을 기르고 눈빛이 예언자처럼 이글거리는 아야톨라가 추방에서 돌아와 자신을 사모하는 인파의 환호를 받으며 비행기에서 내려오는 장면으로 도배되었다.

대다수 미국인은 혁명이 진행되는 동안 이 역사를, 머나먼 나라의 국민들이 왜 난데없이 엉클 샘 인형을 불태우며 "미국에 죽음을"이라고 외치는지를 몰랐다. 나도 그랬다. 당시 열일곱 살로 고등학교에 다니던 나는 정치 의식에 갓 눈을 떴다. 이후 구체적으로 벌어진 사건들, 즉 호메이니가 어떻게 최고지도자가 되어 세속주의적이고 개혁주의적인 동맹국들을 내쳤는지, 어떻게 준(準)군사 조직 이슬람혁명수비대를 창설하여 새 정권에 도전하는 자들을 짓밟았는지, 급진화된 학생들이 미국 대사관을 점거하여 미국인들을 인질로 잡았을 때 그가 이 사건 전개를 어떻게 활용하여 혁명을 굳건히 하고 세계 최강국에 굴욕을 안겼는지는 막연하게만 이해했다.

하지만 30년이 지난 지금도 이 사건들의 여파가 내 대통령 임무의 지정학적 환경을 조성했음은 아무리 강조해도 지나치지 않다. 이란 혁명은 그 성공을 모방한 여러 급진적 이슬람 운동에 영감을 주었다. 호메이니가 수니파 아랍 왕권을 타도하자고 촉구하면서 이란과 사우디 왕가는 철천지원수가 되었으며 중동 전역에서 종파 갈등이 첨예하게 불거졌다. 1980년에는 이라크가 이란을 침공하고 그 뒤로 8년간 피비린내 나는 전쟁이 벌어졌다. 걸프 국가들은 사담 후세인에게 자금을 지원했고 소련은 호메이니에게 화학 무기를 비롯한 군사적 지원을 했다. 이란은 적국의 군사적 우위를 무력화하기 위해 테러에 더더욱 의존했다. (레이건 치하의 미국은 대외적으로 이라크를 지지하면서도 비밀리에 이란에 무기를 판매하는 이중적 태도를 취했다.) 호메이니가 이스라엘을 지도에서 지워버리겠다고 호언장담함에 따라 이슬람혁명수비대는 레바논에 근거한 시아파 무장 조직 헤즈볼라와 팔레스타인 저항 단체의 군사 부문 하마스 같은 무장 세력을 지원했다. 이란 정권은 이스라엘의 최대 안보 위협이 되었으며, 이스라엘도 주변국들과 평화적 분위기를 조성하기보다 전반적으로 강경해졌다. 더 폭넓게 보자면 세계를 알라의 세력과 '대大악마'(미국)의 세력이 벌이는 마키아벨리적 충돌로 바라보는 호메이니의 시각은 미래 지하디스트의 마음속뿐 아니라 이미 무슬림을 의혹과 두려움의 대상으로 바라보던 서구인의 마음속에도 독처럼 스며들었다.

호메이니는 1989년에 사망했다. 그의 뒤를 이은 아야톨라 알리 하메네이도 이슬람 성직자였는데, 이란 밖으로 거의 나가본 적이 없었고 나중에도 나가지 않았으며 호메이니 못지않게 미국을 증오했다. 하메네이는 최고지도자의 호칭을 달고 있었지만 절대적 권위를 행사하지는 못했기에 막강한 성직자 위원회와 협의하여 국사를 처리해야 했으며 정부를

운영하는 일상적 책임은 민선 대통령 몫이 되었다. 클린턴 행정부 말기
와 부시 행정부 초기에 이란 내 중도파 세력이 약간 추진력을 얻어 미·
이란 관계에 해빙의 전망이 보였다. 9.11 이후 당시 이란 대통령 모하마
드 하타미는 인접국 아프가니스탄에 미국이 대응하면 지원하겠다고 부
시 행정부에 제안하기까지 했다. 하지만 미국 관료들은 성의를 무시했으
며, 이란을 이라크와 북한과 더불어 '악의 축'으로 명명한 부시 대통령의
2002년 국정연설은 외교적 창문을 처닫은 격이었다.

　　　　　　　　　내가 취임할 즈음 새 대통령 마무드 아
마디네자드가 주도하는 보수주의 강경파가 다시 테헤란을 장악했다. 아
마디네자드는 이란 정권의 가장 혐오스러운 모습들만 뽑아낸 듯 광적인
반反서구 발언을 쏟아내고 홀로코스트를 부정하고 동성애자를 비롯하여
자신에게 위협적인 이들을 박해했다. 이란은 이라크와 아프가니스탄에
서 미국인을 살해하려 하는 무장 세력에 계속 무기를 공급했다. 그러다
미국이 이라크를 침공하자 중동 지역에서 이란의 전략적 위상이 부쩍 높
아졌다. 불구대천의 원수이던 사담 후세인이 제거되고 이란의 입김이 작
용하는 시아파 정부가 들어선 것이다. 이란의 대리인 격인 헤즈볼라는
레바논에서 가장 강력한 세력이 되었으며 이란에서 공급받은 미사일은
이스라엘 텔아비브까지 날아갈 수 있었다. 사우디아라비아와 이스라엘
은 이란의 영향하에 있는 '시아파 초승달'이 확장되는 것에 경고의 목소
리를 냈으며 미국이 주도하여 정권을 교체할 가능성에 대한 바람을 숨기
지 않았다.

이란은 미국 행정부의 A급 두통거리였다. 이란이 핵 개발 계획에 박차
를 가하면서 악화한 상황이 전면적 위기로 치달을 위험이 커졌다.

이란 정권은 샤 시절에 건설된 핵 시설을 물려받았으며 유엔 핵확산
금지조약에 따라 핵에너지를 평화적으로 이용할 권리가 있었다. 이란은
1970년 조약 비준 이후로 가맹국 지위를 유지하고 있었다. 문제는 핵 발

전소에 연료를 공급하기 위해 저농축 우라늄을 농축하는 원심분리 기술을 응용하면 무기로 쓸 수 있는 고농축 우라늄을 만들어낼 수 있다는 것이었다. 한 전문가는 이렇게 표현했다. "고농축 우라늄만 충분하면 물리학을 공부하는 똑똑한 고등학생이 인터넷에서 얻은 정보로 폭탄을 만들 수 있습니다." 2003년부터 2009년 사이에 이란은 우라늄 농축 원심분리기를 100기에서 5000기로 늘렸는데, 이는 평화적 이용이라는 명분으로 정당화할 수 없는 규모였다. 미국 정보공동체는 이란이 아직 핵무기를 보유하지 않았다고 합리적으로 확신했다. 하지만 이란의 '브레이크아웃 용량'—실전에 투입할 수 있는 핵무기를 제작하기에 충분한 우라늄을 생산하기까지 걸리는 시간—이 위험 수준에 이르렀다는 사실도 확신했다.

이란 핵무기가 미국 본토에만 위협이 되는 것이 아니었다. 중동에서 핵 공격이나 핵 테러가 벌어질 가능성만 존재해도 이후 미국 대통령은 인접국에 대한 이란의 도발을 억제할 선택지가 심각하게 제한될 터였다. 사우디아라비아가 이에 맞서 독자적인 '수니파 원폭' 개발을 추진하면 세계에서 가장 불안한 지역에서 핵무기 경쟁이 벌어질 우려가 있었다. 한편 신고되지 않은 핵무기를 보유하고 있다고 알려진 이스라엘은 핵무장한 이란을 실존적 위협으로 여겼으며 이란 핵 시설을 선제 타격하는 계획을 세운다고 추정되었다. 이 중 한 나라라도 행동이나 대응, 오판을 하면 (이란 국경 지대를 따라 배치된 18만 병력이 위협에 고스란히 노출되어 있고 유가 급등이 세계 경제를 더욱 수렁으로 빠뜨릴 수 있는 절체절명의 시기에) 중동—과 미국—이 또 다른 분쟁에 휘말릴 수 있었다. 임기 중에 이따금 우리는 이란과 충돌할 경우 전개될 시나리오를 논의했다. 그런 대화를 마칠 때마다 만일 전쟁이 불가피해지면 내가 이루려 노력한 거의 모든 일이 물거품이 된다는 생각에 마음이 무거워졌다.

이 모든 이유 때문에 우리 팀과 나는 인수 기간 내내 이란이 핵무기를 보유하지 못하게 하는 방안을 논의했다. 이상적인 방안은 또 다른 전쟁을 시작하지 않고 외교로 해결하는 것이었다. 우리는 2단계 전략을 확정했다. 1980년 이후로 미국과 이란 사이에는 고위급 접촉이 전무하다시피 했기 때문에 1단계는 직접적 소통 창구를 마련하는 것이었다. 내가 취임 연설에서 말했듯 우리는 주먹을 펴고자 하는 이들에게는 언제든 손을 내밀 준비가 되어 있었다. 취임한 지 몇 주 지났을 때 유엔에 있는 이란 외교관들과의 채널을 통해 아야톨라 하메네이에게 비밀 편지를 보내어 이란 핵 개발 계획을 비롯한 사안들에 대해 양국이 대화하자고 제안했다. 하메네이의 답장은 퉁명스러웠다. 이란은 직접 대화에 관심이 없다는 것이었다. 하지만 그는 이 기회를 이용하여 미국이 제국주의 깡패에서 벗어날 수 있는 방법들을 제안했다.

페르시아어로 쓰인 하메네이 편지의 번역본을 읽고서 람이 말했다. "조만간 주먹을 펴지는 않을 것 같군요."

내가 말했다. "내게 가운뎃손가락을 치켜드는 것 같은데요."

백악관에서 긍정적 반응을 기대한 사람은 없었다. 그래도 편지를 보낸 이유는 미국의 비타협적 태도가 외교의 걸림돌이 아님을 확실히 해두고 싶어서였다. 걸림돌은 이란의 비타협적 태도였다. 나는 3월에 전통적인 페르시아 새해(누루즈)의 인사를 온라인에 공개하여 소통을 원한다는 메시지를 이란의 국민에게 보냈다.

사실 돌파구가 열릴지도 모른다는 초기의 전망은 2009년 6월에 물거품이 되었다. 당시 이란의 야권 후보 미르호세인 무사비는 정부 관료들이 아마디네자드 재선을 위해 부정선거를 저질렀다고 비난했다. 이 고발은 신빙성이 있었다. 이란에서 수백만 명의 시위대가 선거 결과에 항의하여 길거리로 나와 자칭 '녹색 운동'을 벌여 1979년 혁명 이후 이슬람 국가에 거세게 도전하는 사태가 일어났다.

뒤이은 진압은 무자비하고 신속했다. 무사비를 비롯한 야권 지도자들은 가택 연금을 당했다. 평화적으로 행진하던 시위대가 구타당하고 많은 사람이 목숨을 잃었다. 어느 날 밤 안락한 관저에서 온라인으로 시위 보도를 훑어보다 젊은 여성이 길거리에서 총에 맞는 동영상을 보았다. 피가 거미줄처럼 얼굴에 번지며 그녀는 죽어갔다. 책망하듯 눈을 치뜬 채였다.

전 세계의 수많은 사람이 정부의 통치 방식에 목소리를 내려다 치르는 대가가 떠올라 뇌리에서 떠나지 않았다. 처음 든 생각은 시위를 확고하게 지지한다는 의사를 표명해야겠다는 것이었다. 하지만 내가 국가안보팀을 소집했더니 이란 전문가들은 그런 조치를 만류했다. 내가 성명을 발표하면 반드시 역효과가 일어난다는 것이었다. 이미 이란 정권의 강경파는 외국 세력이 시위를 배후 조종한다는 거짓말을 퍼뜨리고 있었으며, 이란 내 운동가들은 미국 정부의 지지가 운동에 대한 평판을 떨어뜨리는 데 악용될까 봐 우려했다. 나는 이런 경고들을 귀담아들어야겠다고 생각했기에 무미건조하고 관료주의적인 성명을 잇따라 발표하여—"우리는 전체 상황을 면밀하게 주시하고 있습니다", "집회와 표현의 자유라는 보편적 권리는 존중되어야 합니다"—이란 국민의 의지가 반영된 평화적 해결을 촉구했다.

폭력이 격화하면서 나의 비판 수위도 올라갔다. 그럼에도 이런 수동적 접근법은 성에 차지 않았다. 내가 살인 정권을 비호한다는 공화당의 울부짖음을 들어야 했기 때문만은 아니었다. 나는 대통령직에 관한 엄중한 교훈들을 배우고 있었다. 나의 심장이 이젠 전략적 고려와 전술적 분석에 묶이고 나의 신념이 반직관적 논리에 얽매인다는 것, 지구상에서 가장 막강한 자리에 있음에도 내가 뜻하는 바대로 말하고 느끼는 바대로 행동할 자유는 내가 상원의원으로서—또는 젊은 여성이 자신의 정부로부터 피격되는 장면에 격분하는 평범한 시민으로서—가진 자유보다 오히려 줄어들었다는 사실이었다.

대화 창구를 열려는 시도는 거절당하고 이란이 혼돈과 더 심한 억압으로 빠져들자 우리는 핵 확산 저지 전략 2단계를 발동했다. 국제사회를 결집하여 이란을 협상 테이블에 끌어 앉힐 수 있는 강력한 다국적 경제 제재를 시행하는 방안이었다. 유엔 안전보장이사회는 이란에 우라늄 농축 행위를 중단하라고 촉구하는 결의안을 이미 여러 차례 통과시켰다. 또한 이란에 대한 제한적 제재를 승인했고 P5+1—미국, 영국, 프랑스, 러시아, 중국의 상임이사국 5개국에 독일을 포함한 것—을 결성하여 이란 정권을 핵확산금지조약에 복귀시키기 위해 이란 관료들을 만났다.

문제는 기존 제재들이 실질적 영향력을 발휘하기엔 너무 약하다는 것이었다. 독일 같은 미국의 동맹국들조차 이란과 적잖은 사업 관계를 맺고 있었으며 거의 모든 나라가 이란 석유를 구입했다. 부시 행정부는 추가 제재를 미국 독자적으로 단행했지만, 미국 기업들은 1995년 이래로 이란에서 영업을 금지당했기에 이는 대부분 상징적 조치에 불과했다. 유가가 높고 경제가 성장하고 있었기에 이란은 P5+1에 협력하는 척하면서 추가로 대화하겠다는 약속 말고는 어떤 양보도 없이 협상을 질질 끌었다.

이란의 관심을 끌려면 다른 나라들을 설득하여 바이스를 죄어야 했다. 그러려면 원칙상 제재를 좋아하지 않고 이란과 친밀한 외교적, 상업적 관계를 맺고 있으며 미국의 의도를 테헤란 못지않게 불신하는 강력한 역사적 적국들의 동의를 얻어야 했다.

나는 1960년대와 1970년대에 성년기를 맞았기에 냉전이 국제관계를 규정하는 현실이자 유럽을 둘로 가르고 핵무기 경쟁을 부추기고 전 세계에서 대리전을 일으킨 힘이라는 사실을 알고 있었다. 냉전은 어린 시절 나의 상상력을 사로잡았다. 교과서, 신문, 스파이 소설, 영화를 보면 소련은 자유와 독재의 경쟁에서 무시무시한 적수였다.

나는 자국 정부에 의문을 제기하는 법을 배우고, 냉전적 사고 때문에 미국이 스스로의 이상을 저버릴 수 있음을 목격한—매카시즘의 발호에서 남아프리카공화국 아파르트헤이트 정권 지지에 이르기까지—베트남 전쟁 이후 세대이기도 했다. 이런 자각에도 마르크스주의적 전체주의가 확산하지 못하게 막아야 한다는 믿음에는 변함이 없었다. 하지만 늘 우리는 선하고 저쪽은 악하다는 관념, 톨스토이와 차이콥스키를 배출한 민족이 우리와 본질적으로 다르다는 관념을 경계했다. 그보다는, 소련 체제의 악덕은 추상적 이론과 완고한 정통주의가 억압으로 멍울질 수 있음을 보여주는 보편적인 인간적 비극의 변주곡 같았다. 우리 또한 기꺼이 도덕적 타협을 정당화하고 자유를 포기하지 않는가. 권력은 부패할 수 있고 두려움은 비겁함을 낳을 수 있고 언어는 저열해질 수 있지 않은가. 그것은 소련이나 공산주의에 국한된 문제가 아니라고 생각했다. 우리 모두 마찬가지였다. 철의 장막 뒤에서 벌어진 반체제 인사들의 용감한 투쟁은 미국을 비롯하여 세계 어디서나 벌어지는 인간 존엄을 위한 보편적 투쟁과 별개가 아니라 그중 하나인 것 같았다.

1980년대 중엽 미하일 고르바초프가 소련 공산당 서기장이 되어 페레스트로이카와 글라스노스트로 알려진 신중한 자유화 정책을 추진할 때 나는 상황 전개를 예의 주시하며 이것이 새 시대의 서막을 알리는 조짐일지 궁금해했다. 고작 몇 해 뒤에 베를린장벽이 무너지고 러시아의 민주주의 운동가들이 보리스 옐친을 권좌에 앉혀 옛 공산주의 질서를 쓸어버리고 소비에트연방을 해체했을 때 나는 이것이 단지 서구의 승리가 아니라 조직화된 시민의 힘을 보여주는 증거이자 전 세계 폭군들에게 보내는 경고라고 생각했다. 1990년대 러시아를 집어삼킨 격변—경제 붕괴, 고삐 풀린 부패, 우익 포퓰리즘, 음침한 올리가르히들(소련 해체 이후 국영 기업들을 헐값에 인수해 부를 쌓고 정치권과 결탁해 권력을 휘두른 신흥 계층을 일컫는다_옮긴이)—을 보면서 고개를 갸우뚱하기도 했지만 자유 시장과 대의민주주의를 향한 (필연적으로 힘겨울 수밖에 없는) 이행을 통해 더 공정하고 왕성하고 자유로운 러시아가 탄생하리라는 희망은 버리지 않았다.

나는 대통령이 될 즈음 그런 낙관주의에서 벗어났다. 옐친의 후계자로 1999년에 권좌에 오른 블라디미르 푸틴이 마르크스·레닌주의로의 복귀에 전혀 관심을 보이지 않은 것은 사실이었다(마르크스·레닌주의를 '실수'라고 부른 적도 있다). 그가 국가 경제를 안정시킨 데는 유가가 상승하여 국가 수입이 막대하게 증가한 것이 큰 몫을 했다. 이제 선거는 러시아 헌법에 따라 치러졌고 어디에나 자본가들이 있었으며 러시아의 일반 국민이 해외여행을 할 수 있었고 체스 명인 가리 카스파로프 같은 민주주의 운동가들은 굴라크 수용소에 갇힐 걱정 없이 정부를 비판할 수 있었다.

그럼에도 푸틴이 권력을 누리는 기간이 길어질수록 새 러시아는 점차 옛 러시아를 닮아갔다. 시장경제와 정기적 선거는 권력을 점차 푸틴의 손에 집중시키고 반체제의 여지를 축소하는 이른바 '연성 권위주의'와 병존했다. 푸틴과 손잡은 올리가르히들은 세계적 부호가 되었다. 푸틴과 결별한 사람들은 온갖 범죄 혐의로 고발당해 재산을 빼앗겼으며 카스파로프는 푸틴 반대 행진을 주도했다가 며칠간 투옥되기도 했다. 러시아의 주요 언론 매체는 푸틴의 친구들에게 장악되었으며, 나머지는 국영 매체가 공산당 지도자들을 칭송했듯 푸틴을 최대한 긍정적으로 보도해야 했다. 독립 언론인과 시민 지도자들은 KGB의 후신인 연방보안국(FSB)의 감시를 받았으며 때로는 시신으로 발견되었다.

게다가 푸틴의 권력은 단순히 강압에 의존한 것이 아니었다. 그는 실제로 인기 있는 지도자였다(러시아 내에서 그의 지지율은 60퍼센트 밑으로 내려가는 일이 드물었다). 그 인기의 뿌리는 철 지난 민족주의이자 어머니 러시아의 옛 영광을 되찾고 지난 20년간 수많은 러시아인이 겪은 좌절감과 모욕감을 씻어주겠다는 약속이었다.

푸틴이 러시아인들을 설득할 수 있었던 이유는 그 자신도 비슷한 좌절을 겪었기 때문이다. 연줄이나 특권 하나 없는 가정에서 태어난 그는 소비에트의 사다리를 차근차근 밟아 올라갔다. 적군 예비역 훈련을 받았고 레닌그라드 국립대학교에서 법학을 공부했으며 KGB에서 경력을 쌓았다. 몇 년간 충성스럽고 유능하게 국가에 봉사하고서 대단하진 않지만 안정되고 존경받는 자리에 올랐으나, 1989년 베를린장벽이 무너지면서 인생을 바친 체제가 하룻밤 새 몰락하는 것을 보아야 했다. (당시 KGB 요원이었던 그는 동독 드레스덴에 파견되어 있었는데, 알려진 바에 따르면 그 뒤로 며칠간 서류를 폐기하고 약탈에 대비하여 경계를 섰다고 한다.) 그는 소비에트 이후 등장한 현실에 재빨리 적응하여 민주주의 개혁가 아나톨리 솝차크 의 편에 섰다. 법대 시절 그의 멘토였던 솝차크는 당시 상트페테르부르 크 시장을 지내고 있었다. 전국 정치 무대에 뛰어든 푸틴은 옐친 행정부 의 사다리를 숨 가쁘게 올라갔으며 (FSB 국장을 비롯한) 여러 직위에서 권 력을 이용하여 동지를 가려내고 특혜를 베풀고 비밀을 수집하고 경쟁자 를 물리쳤다. 1999년 8월 옐친은 푸틴을 총리로 임명했는데 넉 달 뒤― 부패 추문, 건강 악화, 전설적인 음주 문제, 재앙적 경제 실패에 시달리다 ―갑자기 대통령직에서 물러나 모두를 놀라게 했다. 러시아 현직 대통령 이 된 47세의 푸틴은 유리하게 출발한 덕에 석 달 뒤 정식 대통령 선거에 서도 당선되었다. (푸틴은 맨 처음 취한 조치에서 옐친의 모든 범법 행위를 사 면했다.)

약삭빠르고 무자비한 자에게는 혼돈이 곧 축복이었다. 하지만 본능에 서든 계산에서든 푸틴은 러시아 대중이 질서를 갈망한다는 사실도 알고 있었다. 집단농장과 텅 빈 상점의 시절로 돌아가고 싶어 하는 사람은 거 의 없었지만, 그들은 지치고 겁에 질렸으며 (국내에서든 국외에서든) 옐친 의 나약함을 악용한 (듯한) 자들을 증오했다. 그들은 강자를 선호했으며 푸틴은 얼마든지 강자가 되어줄 수 있었다.

그는 인구의 대다수가 무슬림인 체첸을 다시 러시아에 편입시켰는데, 체첸 분리주의자들의 잔혹한 테러 전술에 무자비한 군사적 폭력으로 대 응했다. 국민의 안전을 지킨다는 명분으로 소비에트식 감시 권력을 부활 시켰다. 독재 성향을 비판한 민주주의 운동가들을 서구의 꼭두각시로 치 부했다. 그는 공산주의 이전의 상징과 심지어 공산주의 상징까지 되살렸 고, 오랫동안 탄압받던 러시아 정교회를 받아들였다. 과시적 공공사업을 좋아하여 대규모 장관을 연출하는 데 터무니없는 비용을 들였는데, 여름 휴양지인 소치에 동계올림픽을 유치한 것도 그중 하나다. 십 대처럼 인스타그램에 집착하여 끊임없이 사진을 올리고 우스울 정도로 남성미를 과시하면서도(웃통을 벗고 말 타는 푸틴, 하키를 하는 푸틴) 피상적 쇼비니즘과 동성애 혐오를 표출하고 러시아의 가치가 외국 문물에 오염된다고 주장했다. 모든 행동은 그의 확고하고 가부장적인 영도하에 러시아가 과거의 힘을 되찾았다는 서사를 떠받쳤다.

푸틴에게는 딱 한 가지 문제가 있었다. 러시아가 더는 초강대국이 아니라는 것이었다. 미국에 이어 두 번째로 많은 핵을 보유했지만, 동맹과 기지의 방대한 네트워크라는, 미국이 전 세계에 군사력을 투입할 수 있는 배경은 보유하지 못했다. 러시아의 경제 규모는 이탈리아, 캐나다, 브라질보다 작았으며 석유, 천연가스, 광물, 무기 수출에 대부분 의존했다. 모스크바의 첨단 쇼핑가에서는 러시아가 낡은 국가 주도 경제에서 벗어나 억만장자를 배출하는 경제에 들어섰음을 알 수 있었지만 일반 국민의 궁핍한 삶은 이 새로운 부가 골고루 퍼지지 않았음을 웅변했다. 여러 국제 지표에 따르면 러시아의 부패와 불평등 수준은 개발도상국과 맞먹었으며 2009년의 남성 기대 수명은 방글라데시보다 낮았다. 아프리카, 아시아, 라틴아메리카의 청년들 중에서 러시아로부터 사회 개혁 투쟁의 영감을 얻거나 러시아의 영화나 음악에 상상력을 자극받거나 러시아 유학의 꿈을 꾸는 사람은—이민은 말할 것도 없었다—거의 또는 전혀 없었다. 이념적 토대가 무너지고 노동자들이 뭉쳐 계층 사슬을 끊어버린다는 왕년의 찬란한 약속이 공염불이 된 뒤 푸틴의 러시아는 고립된 채 외부 세력을 경계했다. 두려움의 대상일지는 몰라도 본받고 싶은 대상은 아니었다.

러시아가 외국을 점차 호전적으로 대한 이유는 현대 러시아의 실상과 초강대국에 대한 푸틴의 집착 사이에 벌어진 간극 때문이었다. 분노는 대부분 미국을 향했다. 푸틴은 공개 발언에서 미국의 정책을 날카롭게 비판했다. 미국이 지지하는 방안이 유엔 안보리에 회부되면 저지하거나 물타기했다. 인권에 관한 사안은 더더욱 그랬다. 더 중대한 문제는 (이제는 독립국이 된) 옛 소련의 위성국가들이 러시아의 궤도에서 떨어져 나가지 못하게 하려고 더욱 기를 썼다는 것이다. 미국 외교관들은 러시아의 이웃 나라들로부터 러시아의 협박, 경제적 압박, 거짓 정보 공작, 은밀한 선거 개입, 친러시아 정당 후보 지원, 노골적 뇌물 제공에 대한 불만을 숱하게 들었다. 우크라이나를 예로 들자면 모스크바가 반대하는 개혁주의 운동가이자 훗날 대통령이 된 빅토르 유셴코가 영문도 모른 채 독극물에 중독되는 사건이 있었다. 물론 2008년 여름에 벌어진 조지아 침공도 빼놓을 수 없다.

러시아가 이 위험한 행보를 어디까지 이어갈지는 알기 힘들었다. 당시 푸틴은 더는 러시아의 대통령이 아니었다. 그는 여론조사에서 압도적 우위를 차지하고 있었지만 세 번 연임하는 것을 금지한 러시아 헌법을 따르겠다며 자신의 보좌관을 지낸 드미트리 메드베데프와 자리를 바꿨다. 메드베데프는 2008년에 대통령에 당선되자마자 푸틴을 총리로 임명했다. 분석가들은 푸틴에게 출마 자격이 생기는 2012년까지만 메드베데프가 대통령 노릇을 할 거라는 데 의견이 일치했다. 그럼에도 푸틴이 단순히 자리만 내놓은 것이 아니라 비교적 자유주의적이고 서구 친화적이라는 평판을 듣고 자신보다 젊은 인물을 발탁한 걸 보면 적어도 이목에 신경 쓴다는 것을 알 수 있었다. 푸틴이 선출직 공직을 영영 그만두고 권력 실세이자 노장 정치인으로 물러나 새 세대 지도자들이 러시아를 현대적이고 준법적인 민주주의 국가로 만들게 할 가능성도 있었다.

하지만, 가능성일 뿐 현실성은 없었다. 역사가들에 따르면 차르 시대 이후로 러시아는 대의 정부나 현대 관료제든, 자유 시장이나 국가사회주의든 유럽의 최신 이념을 열렬히 받아들이더라도 결국은 그 개념을 기존 개념에 종속시키거나 폐기하고 사회질서를 유지하는 낡고 무자비한 방식으로 돌아갔다. 러시아의 정체성 투쟁에서는 두려움과 숙명론이 희망과 변화를 짓누르는 경우가 대부분이었다. 몽골의 침략, 음모와 막후공작, 대기근, 만연한 농노제, 걷잡을 수 없는 폭정, 무수한 봉기, 피비린내 나는 혁명, 나라를 만신창이로 만든 전쟁, 여러 해 지속된 포위, 무수히 살육된 사람들, 이 모든 비극의 무대가 된 혹독한 동토…… 1000년의 역사가 이런 식이었다면 저렇게 반응하는 것도 이해할 만했다.

지난 4월 G20 정상회의에서 메드베데프가 초대하고 내가 수락함에 따라 7월에 대통령으로서 러시아를 처음으로 공식 방문하기 위해 모스크바로 날아갔다. 나는 우리가 제안한 '리셋'을 이어가 공통 관심 영역에 집중하면서 중대한 견해차를 인정하고 관리할 수 있겠다고 생각했다. 학교 여름 방학을 맞아 미셸, 말리아, 사샤가 동행했다. 아이들에게 도움이 필요하다는 핑계로 미셸은 장모와 우리의 절친한 친구 마마 케이에게 함께 가자고 설득했다(또한 러시아 일정이 끝나고 G8 정상회의차 이탈리아에 갈 때 바티칸 관광과 교황 알현을 약속했다).

딸들은 여행을 힘들어하지 않았다. 해마다 아홉 시간씩 시카고와 하와이를 민간 항공기로 왕복하는 여정도 씩씩하게 견뎠고 징징거리거나 투덜거리거나 앞 좌석을 발로 차지도 않으며 미셸이 군대처럼 정확하게 정해진 시간마다 배급하는 게임과 퍼즐과 책에 몰두했다. 에어포스 원으로 비행하는 것은 아이들에겐 분명 업그레이드였다. 기내 영화를 고를 수 있고 진짜 침대에서 잘 수 있고 승무원이 온갖 간식을 가져다줬으니 말이다. 하지만 미국 대통령과 해외여행을 하려니 새로운 골칫거리가 생겼다. 아이들은 몇 시간 만에 잠에서 깨어 착륙했을 때 후줄근해 보이지 않도록 새 드레스와 예쁜 구두를 신고 머리를 가지런히 빗어야 했다. 계단을 내려가면서 사진사들에게 미소 지어야 했고 주기장에 일렬로 서서 기다리는 은발의 고관들에게 자기소개를 해야 했다(눈싸움하지 말고 웅얼거리지 말라고 엄마에게 배웠다). 아이들은 아빠가 무의미한 잡담을 나누다 같이 비스트에 올라탈 때까지 지루한 표정을 짓지 않으려고 애썼다. 모스크바 고속도로를 달리면서 말리아에게 긴장되지 않느냐고 물었다. 아이의 갈색 눈동자는 초조한 듯 내 어깨 위의 한 점을 멍하니 응시하고 있었다.

말리아가 말했다. "내 **평생** 가장 지루한 여행 같아."

아이들은 아침나절 조금 자고 일어나더니 시차 피로가 싹 가신 듯했다. 우리가 모스크바에서 함께 지낸 순간들 중 일부는 어제 일처럼 생생하다. 사샤가 크렘린궁에서 붉은 양탄자가 깔린 웅장한 방들을 나와 나란히 걸으며 제복 입은 우람한 러시아 장교들이 뒤따르는 가운데 마치 좁쌀만 한 비밀 요원인 양 황갈색 트렌치코트 주머니에 손을 넣고 있던 순간. 말리아가 붉은 광장이 내려다보이는 옥상 레스토랑에서 캐비어를 맛보겠노라 호기롭게 선언하고는 얼굴을 찡그리지 않으려고 안간힘을 쓰던 순간. (그걸 본 사샤는 내 숟가락에 담긴 검고 물컹물컹한 곤죽을 먹지 않으려고 했다. 맛보면 아이스크림 가게에 데려가준다고 했는데도 요지부동이었다.)

하지만 퍼스트패밀리로서 여행하는 것은 선거운동 기간의 여행과 달랐다. 그때는 승합차를 타고 이 타운 저 타운을 누볐으며 시가행진이나 농업 박람회가 벌어지는 동안 미셸과 아이들이 내 곁에 있었다. 하지만 이제 내겐 내 일정이 있었고 가족들에겐 가족 일정이 있었다. 별도의 지원 인력, 브리핑, 공식 사진사도 있었다. 모스크바에서의 첫날이 저물고 우리는 리츠칼튼 호텔에서 재회했다. 우리 넷이 침대에 누워 있는데, 말리아가 나보고 왜 자기들과 함께 러시아 무용수와 인형 장인을 보러 가지 않았느냐고 물었다. 미셸이 사샤에게 몸을 기울이며 음모라도 꾸미듯 귓속말했다. "아빠는 재미를 누리는 게 허락되지 않아. 하루 종일 지루한 회의장에 앉아 있어야 해."

사샤가 "불쌍한 아빠"라고 말하며 내 머리를 쓰다듬었다.

메드베데프와의 공식 회담장은 꽤 인상적이었다. 크렘린궁의 높은 도금된 천장과 정교한 가구는 차르 시절의 영광을 연상시키도록 복원되었다. 대화는 화기애애하고 전문적이었다. 합동 기자회견에서 우리는 조지아와 유도탄 방어 체계에 대한 마찰을 교묘히 얼버무렸는데, 그것 말고도 발표할 거리는 얼마든지 있었다. 그중 하나는 새 전략무기 조약 협상의 틀에 합의한 내용이었는데, 이를 통해 양국의 핵탄두 및 발사 체계의 보유 허용량을 3분의 1까지 감축할 예정이었다. 깁스는 러시아가 미국의 축산품 수출에 대한 제한을 해제하기로 동의한 것에 더 반색했는데, 이 조치로 미국의 축산 농가들이 얻을 이익은 10억 달러 이상이었다.

그가 웃는 얼굴로 말했다. "고국에 있는 사람들의 진짜 관심사잖아요."

그날 저녁 미셸과 나는 도심에서 몇 킬로미터 떨어진 메드베데프의 다차(러시아의 별장_옮긴이)에서 열리는 사적 저녁 식사에 초대받았다. 예전에 읽은 러시아 소설들을 떠올린 나는 크지만 소박한 전통적 교외 주택을 상상했다. 그런데 우리 눈앞에 나타난 것은 키 큰 나무들 속에 숨어 있는 으리으리한 대저택이었다. 메드베데프와 그의 아내 스베틀라나가 현관에서 우리를 맞았다. 스베틀라나는 활달하고 수더분한 금발 여인으로 그날 미셸과 아이들을 데리고 많은 시간을 보냈다. 저택을 잠깐 둘러보고는 정원으로 나가 목조 기둥이 있는 넓은 정자에서 저녁을 먹었다.

정치 얘기는 거의 꺼내지 않았다. 메드베데프는 인터넷에 매혹되어 있었는데, 내게 실리콘밸리에 대해 꼬치꼬치 물으며 러시아의 IT 분야를 발전시키려는 바람을 드러냈다. 나의 운동 스케줄에 지대한 관심을 보이면서 자신은 매일 30분씩 수영한다고 말했다. 우리는 법학을 가르친 경험을 이야기했으며 그는 딥 퍼플 같은 하드록 밴드를 좋아한다고 고백했다. 스베틀라나는 열세 살짜리 아들 일리야가 대통령의 아들이라는 부담감을 안고 청소년기를 어떻게 헤쳐나갈지 걱정스러워했는데, 그 일이 얼마나 힘든지는 미셸과 나도 너무 잘 알고 있었다. 메드베데프는 아들이 외국 대학에 가고 싶어 할 거라고 생각했다.

후식을 먹고 나서 우리는 메드베데프 부부에게 작별 인사를 했다. 보좌진이 여행용 밴에 모두 탔는지 확인한 뒤에 우리의 차량 행렬은 저택을 빠져나왔다. 깁스와 마빈은 저택 모처에서 메드베데프 보좌진과 즐거운 시간을 보내며 보드카와 슈납스를 잔뜩 들이켠 탓에 기분이 들떠 있었고 이튿날 모닝콜에도 일어나지 못했다. 어두운 차 안에서 미셸이 내 곁에 잠들어 있는 동안 이 밤이 얼마나 평범했던가를 생각했다. 식사하는 동안 통역사가 우리 뒤에 다소곳이 서 있던 것만 빼면 부유한 미국 교외에서 열리는 디너파티와 다를 게 없었다. 메드베데프와 나는 공통점이 꽤 많았다. 둘 다 법학을 공부하고 학생들을 가르치다 몇 년 뒤에 결혼하여 가족을 꾸렸으며 정치에 입문하여 나이 많고 노회한 정치인들에게 도움을 받았다. 그러다 보니 우리의 차이점 중에서 성격과 기질로 설명할 수 있는 것은 얼마큼인지, 단지 상황이 달랐기 때문인 것은 얼마큼인지 의문이 들었다. 그와 달리 나는 10억 달러 뇌물을 눈감아주거나 정적들을 협박하지 않아도 정치적으로 성공할 수 있는 나라에서 태어난 행운아였다.

이튿날 모스크바 외곽의 다차로 찾아가 처음으로 블라디미르 푸틴을 만났다. 러시아 전문가 마이클 맥폴과 빌 번스, 그리고 짐 존스가 동행했다. 푸틴과 교류한 적이 있는 번스는 모두冒頭 발언을 짧게 하라고 조언했다. "푸틴은 모욕에 민감합니다. 자기가 지도자로서 더 선배라고 생각하죠. 회담을 시작할 때 우선 미·러 관계에 대한 의견을 물어 가슴속에 맺힌 몇 가지 이야기를 토해내도록 하는 게 좋을 겁니다."

위압적인 출입문을 돌아 긴 진입로를 따라가다 맨션 앞에 차가 멈췄다. 푸틴이 우리를 반기며 으레 그러듯 사진 촬영을 했다. 그는 신체적으로는 평범했다. 키가 작고 레슬링 선수처럼 몸매가 탄탄했으며 모래색 머리카락은 가늘고 코는 오뚝하고 하늘색 눈으로 사람을 뚫어져라 쳐다보았다. 서로 상대편 대표단과 인사를 주고받는데, 그의 스스럼없는 동작이 인상적이었다. 짐짓 무관심한 듯한 그의 목소리는 부하와 탄원자들에게 둘러싸여 권력을 휘두르는 데 익숙한 사람의 목소리였다.

세련된 외무장관이자 전직 유엔 주재 대사 세르게이 라브로프를 대동한 푸틴은 우리를 넓은 야외 테라스로 안내했다. 달걀과 캐비어, 빵과 차로 공들인 상차림이 우리를 위해 펼쳐져 있었으며 전통적 농민 복장에 굽 높은 가죽 부츠를 신은 남자 종업원들이 시중을 들었다. 나는 푸틴의 환대에 감사를 표하고는 양국이 전날의 합의에 이른 과정을 설명하고서 그의 재임 중 미·러 관계를 어떻게 평가하느냐고 물었다.

푸틴의 가슴속에 맺힌 게 있으리라는 번스의 말은 농담이 아니었다. 내가 질문을 끝마치기도 전에 푸틴은 우렁차고 끝나지 않을 듯한 독백을 시작하여 자신과 러시아 국민이 미국인의 손에 겪어야 했던 온갖 불의, 배신, 모욕을 줄줄이 읊었다. 그는 부시 대통령을 개인적으로 좋아했으며 9.11 이후에 연락하여 연대를 약속하고 공동의 적과 싸우기 위해 정보를 공유하겠다고 제안했다고 말했다. 아프가니스탄 작전을 위해 키르기스스탄과 우즈베키스탄의 공군기지를 미국에 제공했으며 심지어 사담 후세인의 처리를 돕겠다고 제안하기까지 했다.

그런데 그 결과가 무엇인가? 자신의 경고에 귀 기울이지 않고 부시는 제멋대로 이라크를 침공하여 중동 전체를 불안정하게 만들었다고 그는 말했다. 7년 전 탄도탄요격유도탄조약(ABMT)을 폐기하기로 한 미국의 결정과 러시아 접경 지역에 유도탄 방어 체계를 설치한다는 계획이야말로 전략적 불안정의 항구적 요인이라고 했다. 클린턴 행정부와 부시 행정부에서 옛 바르샤바 조약국들을 나토에 받아들여 러시아의 '영향권'을 꾸준히 침탈했으며 조지아, 우크라이나, 키르기스스탄의 '색깔 혁명'을 ('민주주의 증진'이라는 번드르르한 미명하에) 지원하여 러시아의 우방국들을 모스크바에 적대적인 정부로 돌려세웠다고도 했다. 푸틴은 미국인들이 오만하고 남을 무시하고 러시아를 대등한 파트너로 대우하지 않고 끊임없이 다른 세계에 지시하려 든다고 생각했다. 이 모든 요인 때문에 미래 관계를 낙관하기 힘들다고 그는 말했다.

한 시간으로 예정된 회담에서 30분가량이 지나자 우리 보좌관들이 시계를 훔쳐보기 시작했다. 하지만 나는 말을 끊지 않기로 했다. 푸틴이 모든 발언을 사전에 준비한 것은 분명해 보였지만 그의 불만은 진심이었다. 내가 메드베데프와 진전을 볼 수 있었던 것도 푸틴이 양해해준 덕분임을 알고 있었다. 45분쯤 지나자 푸틴은 마침내 이야깃거리가 바닥났으며 나는 일정에 구애받지 않고 그의 질문에 조목조목 답하기 시작했다. 나는 개인적으로 이라크 침공에 반대하지만 모든 나라는 개입 없이 동맹과 경제적 관계를 결정할 권리가 있다고 믿기에 조지아에 대한 러시아의 행위 또한 받아들일 수 없다고 말했다. 이란의 미사일 발사에 대비하기 위한 제한적 방어 체계를 갖추는 것이 러시아의 막강한 핵 전력에 조금이라도 영향을 미칠 거라고는 생각하지 않지만 유럽에 유도탄 방어 체계를 설치하기 위한 추가 조치를 실시하기 전에 검토 작업을 진행하겠다는 계획을 언급했다. 우리가 제안한 '리셋'에 대해서는, 목표는 두 나라의 모든 차이를 없애는 것이 아니라 냉전 시대의 관행에서 벗어나 차이를 다스리고 공통의 이익을 토대로 삼을 수 있는 현실적이고 성숙한 관계를 맺는 것이라고 설명했다.

이따금 대화가—특히 이란과 관련하여—논쟁적으로 흘러갔다. 푸틴은 이란 핵 개발에 대한 나의 우려를 일축했으며, 러시아에서 설계한 강력한 S-300 지대공 미사일 체계를 이란 정권에 판매하는 계획을 연기해달라는 요청에 발끈했다. 그는 그 체계가 순전히 방어용이라고 말하며 8억 달러어치의 계약을 취소하면 러시아 무기 제조 업체들의 수익과 평판이 위태로워질 수 있다고 덧붙였다. 하지만 대개는 내 말에 유심히 귀를 기울였으며 두 시간의 마라톤 회담이 끝날 즈음에는 리셋 방안에 대해 (열의까지는 아니더라도) 가능성을 열어두었다.

대기 중인 차량으로 나를 안내하면서 푸틴이 말했다. "물론 이 모든 사안에 대해서는 드미트리와 협력하셔야 할 겁니다. 그가 결정할 사항이니까요." 악수하면서 눈이 마주쳤을 때 그가 방금 한 말에 미심쩍은 점이 있다는 것을 우리 둘 다 알았지만, 적어도 지금으로서는 승인에 가장 가까운 반응이었다.

푸틴과의 회담 때문에 그날의 나머지 일정은 뒤죽박죽이 되었다. 우리는 서둘러 모스크바로 돌아갔다. 국제경영·금융학을 공부한 반짝거리는 눈의 러시아 젊은이들에게 졸업식 축사를 하기로 되어 있었다. 그전에 무대 옆 대기실에서 옛 소련 지도자 미하일 고르바초프와 짧게 면담했다. 78세이지만 여전히 정정하며 특유의 붉은 모반이 이마에 퍼져 있던 그는 내 눈에 기이하리만치 비극적인 인물이었다. 한때 세계 최고의 권력자 중 하나였던 여기 이 사람의 개혁 본능과 비핵화 노력은—비록 일시적이었지만—거대한 변화로 이어졌고 그에게 노벨 평화상을 안겨주었다. 하지만 이젠 자기 나라에서도 대체로 찬밥 신세였다. 그가 서구에 굴복했다고 생각하는 사람들이나 그를 오래전에 시효가 끝난 공산주의 퇴물로 여기는 사람 모두 그를 경멸했다. 고르바초프는 리셋과 나의 세계 비핵화 제안을 열렬히 환영한다고 말했지만, 나는 축사를 하기 위해 15분 만에 면담을 끝내야 했다. 그는 이해한다고 말하면서도 실망한 기색을 감추지 못했다. 그 순간 우리 둘은 공적인 삶이 얼마나 덧없고 무상한지를 실감했다.

이후 메드베데프와 약식 크렘린 오찬을 하고 중요 인사들과 무도회를 한 다음 미·러 재계 총수들과 원탁 토의를 하면서 경제 협력 확대를 바란다는 상투적 덕담을 주고받았다. 맥폴이 조직한 미·러 시민사회 지도자 회담 장소에 도착했을 즈음에는 시차 피로가 밀려들었다. 하지만 자리에 앉아 숨을 가다듬고는 내 앞에서 이야기하는 사람들의 발언을 듣고 있으니 만족감이 밀려들었다.

민주주의 운동가, 비영리단체 지도자, 풀뿌리 단위에서 주택, 공중 보건, 참정권 확대 같은 문제와 씨름하는 지역사회 조직가들이 모였다. 이들은 나와 같은 부류였다. 대부분 이름 없이 분투했고 활동 자금을 마련하려고 동분서주했고 자신이 사는 도시를 떠날 기회는 거의 없었는데, 미국 대통령의 초청을 받아 그렇게 할 기회는 더더욱 없었다. 한 미국인은 내가 시카고에서 조직 활동을 할 때 함께 일한 사람이었다.

내가 푸틴과의 대화를 계속 곱씹은 이유는 나의 과거와 현재가 대비되었기 때문인지도 모르겠다. 액스가 푸틴에 대한 인상을 묻자 나는 그가 신기하게 친숙하더라고 말했다. "핵무기와 유엔 안보리 거부권을 가진 것만 빼면 정계 보스와 비슷하더군요." 액스가 웃음을 터뜨렸지만 농담이 아니었다. 사실 푸틴을 보면 한때 시카고 정치 조직이나 태머니홀을 운영한 자들이 떠올랐다. 거칠고 약삭빠르고 무정하며 자신이 무엇을 알고 무엇을 모르는지 알고 자신이 경험한 좁은 영역을 결코 벗어나지 않고 낙하산, 뇌물, 금품 수수, 사기, 이따금 저지르는 폭력 등을 정당한 수단으로 여기는 자들 말이다. 그들의 삶은 제로섬 게임이었다. 자기 부족 이외의 사람들과 거래할 수 있을지는 몰라도 결코 그들을 신뢰하지는 못했다. 자신을 보살피는 것이 최우선이었고 그다음은 자신에게 딸린 것들을 지키는 것이었다. 그런 세상에서는 양심의 가책을 느끼지 못하는 것이, 권력을 쌓는 것을 넘어선 고결한 열망을 조롱하는 것이 흠이 아니라 미덕이었다.

미국에서는 여러 세대에 걸친 저항, 진보적 입법, 탐사 언론, 집요한 운동으로 그런 노골적 권력 행사를 (완전히 없애지는 못했을지라도) 제어하게 되었다. 그런 개혁 전통이야말로 내가 정치에 입문하게 된 중요한 계기였다. 그럼에도 핵 재앙이나 또 다른 중동 전쟁의 위험을 줄이기 위해, 틀림없이 이 방 안의 모든 러시아 운동가를 사찰했을 것이고 자신이 원하면 언제든 그들 중 누구라도 학대하거나 투옥하거나 더 심한 짓이라도 저지를 수 있는 독재자에게 아양 떨면서 나는 이날 오전을 보냈다. 푸틴이 이 운동가들 중 한 명을 탄압한다면 나는 어느 정도까지—그래봐야 그의 행동이 달라지지 않을 것임을 알면서—그를 비난할 수 있을까? 스타트 협상 타결을 위험에 빠뜨리면서까지? 이란에 대한 협력을 포기하면서까지? 게다가 그런 상충 관계들을 어떻게 견준단 말인가? 물론 무슨 일에나 타협은 필요하며 미국에서도 일을 성사시키려면 태도가 푸틴과 비슷하고 윤리적 흠결이 있는 정치인들과 거래해야 하지 않았던가. 하지만 이건 다르게 느껴졌다. 장부의 대변과 차변 둘 다 감수해야 할 위험이 너무 컸다.

마침내 연단에 서서 방 안에 모인 사람들의 용기와 헌신을 치하하고 민주주의와 민권뿐 아니라 일자리, 교육, 보건 의료, 적정 주거를 공급할 구체적 전략에도 주력할 것을 촉구했다. 러시아인 청중을 향해서는 미국이 그들 대신 싸워줄 수도 없고 그래서도 안 되며 러시아의 미래는 그들이 결정해야 한다고 말하면서도 나는 모든 사람이 인권, 법치, 자결의 원칙을 바란다는 굳은 확신으로 그들을 지지할 것이라고 덧붙였다.

박수갈채가 터졌다. 맥폴은 활짝 웃었다. 힘겹고 때로는 위험한 일을 하는 좋은 사람들의 기분을 잠시나마 북돋울 수 있어서 기뻤다. 나는 이런 노력이 러시아에서도 결국은 결실을 맺을 거라고 믿었다. 그럼에도 푸틴의 일 처리 방식이 내가 받아들일 정도 이상의 세력과 추진력을 가졌으며 지금 같은 세상에서는 희망에 찬 이 운동가들 중 상당수가 조만간 자신의 정부에 의해 소외되거나 탄압받을지도 모른다는 두려움, 그들을 보호하기 위해 내가 할 수 있는 일이 거의 없으리라는 두려움을 떨칠 수 없었다.

# 20장

　　나는 9월 하순에 메드베데프를 또다시
만났다. 전 세계 국가수반이 연례 유엔총회 첫 회의를 위해 맨해튼에 모
인 자리에서였다. 우리는 이 시기를 '엉거 주간UNGA Week'('UNGA'는 '유엔
총회U.N. General Assembly의 약자_옮긴이)이라고 불렀으며 나와 대외정책팀에
게는 72시간의 수면 박탈 장애물 코스를 의미했다. 도로가 차단되고 보
안이 강화된 뉴욕의 교통은 여느 때보다 더―심지어 대통령 차량 행렬
이 통과하기에도―지옥 같았다. 모든 외국 정상이 회담을 하거나 적어
도 자국민에게 보여줄 사진을 찍고 싶어 했다. 유엔 사무총장과의 면담,
내가 주재해야 하는 회의, 참석해야 하는 오찬, 주최해야 하는 환영회, 주
창해야 하는 대의, 중재해야 하는 협상, 써야 하는 각종 연설문이 있었다.
그중에서도 총회 본연설은 일종의 세계 국정연설이었는데, 벤과 나는 함
께 일한 8년 동안 유일무이하게 연설 시각 15분 전이 되어서야 연설문
작성을 끝마칠 수 있었다.

　　정신없는 스케줄을 소화해야 했지만 유엔 본부를 보면―본관은 하늘
로 치솟은 채 이스트강을 내려다보는 하얀 거석 같다―언제나 희망찬
기대감에 사로잡혔다. 내 생각에는 어머니 때문이었다. 어릴 적, 아마 아
홉 살이나 열 살 때 어머니에게 유엔에 대해 물은 기억이 난다. 제2차 세

계대전이 끝난 뒤 세계 정상들은 각국의 사람들이 만나 차이를 평화적으로 해소할 수 있는 장소가 필요하다고 판단했다고 어머니는 설명했다.

어머니는 이렇게 말했다. "사람은 짐승과 그렇게 다르지 않단다, 베어. 우리는 자신이 모르는 걸 두려워하지. 사람들을 두려워하고 위협을 느끼면 전쟁을 벌이거나 다른 바보짓을 하기가 쉬워진단다. 국제연합은 나라들이 만나서 서로에 대해 배우고 두려워하지 않는 법을 배우는 수단이야."

어머니는 여느 때처럼 인류의 원초적 충동에도 불구하고 결국은 이성, 논리, 진보가 승리하리라 굳게 믿었다. 대화를 나누고 나니 유엔에서 벌어지는 일들이 마치 미국인, 러시아인, 스코틀랜드인, 아프리카인, 벌컨인이 항성을 함께 탐사하는 〈스타 트렉〉의 한 장면 같았다. 피부색이 저마다 다른 달덩이 얼굴의 아이들이 색색의 옷을 입고 다 함께 신나는 노래를 부르는 디즈니랜드 '작은 세상' 놀이 기구가 연상되기도 했다. 훗날 학교 숙제로 1945년 유엔 헌장을 읽으면서 "전쟁의 불행에서 다음 세대를 구하고, 기본적 인권……에 대한 신념을 재확인하며, 정의와 조약 및 기타 국제법의 연원으로부터 발생하는 의무에 대한 존중이 계속 유지될 수 있는 조건을 확립하며, 더 많은 자유 속에서 사회적 진보와 생활수준의 향상을 촉진한다"는 취지가 어머니의 낙관론과 맞아떨어지는 것에 감탄했다.

물론 유엔이 이 고귀한 취지에 언제나 부응한 것은 아니었다. 불운한 전신前身 국제연맹과 마찬가지로 유엔은 가장 힘센 회원국들이 허락하는 만큼만 힘을 발휘할 수 있다. 중대한 조치를 취하려면 안보리 상임이사국 5개국—미국, 소련(지금의 러시아), 영국, 프랑스, 중국—이 합의해야 하며 각국은 절대적 거부권을 행사할 수 있다. 냉전이 한창일 때는 어떤 합의에도 도달할 가능성이 희박했다. 소련 탱크가 헝가리로 진격할 때나 미국 폭격기가 베트남 농촌에 네이팜탄을 떨어뜨릴 때 유엔이 수수방관한 것은 이 때문이다.

안보리의 분열은 냉전이 끝난 뒤에도 여전해서 유엔이 문제를 해결하는 데 지장을 초래했다. 회원국들은 소말리아 같은 파탄국가를 재건하거나 스리랑카 같은 나라에서 벌어지는 민족 학살을 막을 수단이나 집단적 의지가 없었다. 회원국의 자발적 병력 지원에 의존하는 평화 유지 임무는 언제나 인력과 물자 부족에 허덕였다. 이따금 총회는 가식과 위선으로 얼룩졌으며 일방적으로 이스라엘을 성토하는 마당으로 전락했다. 유엔 기구는 여러 번 부패 추문에 휘말렸으며 하메네이의 이란과 아사드의 시리아 같은 흉악한 독재국가가 유엔 인권위원회 위원직을 차지하기도 했다. 공화당은 유엔을 악랄한 통일적 세계주의의 상징으로 여겼으며, 진보파는 유엔이 불의 앞에서 무능하다고 한탄했다.

나는 온갖 결점에도 불구하고 유엔이 꼭 필요한 역할을 수행한다고 확신했다. 유엔 보고서와 조사 결과는 각국에 창피를 주어 행동을 개선하게 하거나 국제 규범을 강화하는 계기가 될 수 있었다. 유엔의 중재 및 평화 유지 노력은 휴전을 이루고 분쟁을 막고 목숨을 구했다. 유엔은 80여 곳의 식민지가 주권국가 지위를 얻는 데 한몫했다. 유엔 기구들은 수천만 명을 빈곤에서 구해내고 천연두를 박멸하고 폴리오바이러스와 메디나충을 거의 쓸어버리는 데 이바지했다. 유엔 본부를 걸을 때마다, 지구촌 곳곳에서 온 갖가지 얼굴 모양과 피부색의 외교관과 스태프들이 비밀경호국 요원들에게 제지당하면서도 악수하거나 손을 흔들려고 양탄자 깔린 넓은 복도에 몰려들었다. 나는 저 안에서 수많은 사람이 정부를 설득하여 백신 접종 계획과 빈곤층 아동을 위한 학교에 자금을 지원하도록 하고 소수집단이 학살당하거나 젊은 여성들이 납치되는 일을 중단시키기 위해 하루하루 바위를 밀며 전 세계를 결집하려 애쓰고 있음을 되새겼다. 이 사람들이 인생을 건 이념은 내 어머니를 사로잡은 바로 그 이념이었다. 총회장의 거대한 돔 아래에 걸린 태피스트리에는 이 이념이 담긴 시가 수놓아져 있다.

인류가 한 몸의 팔다리임은
처음에 하나의 영혼에서 나왔기 때문이지.

벤은 이 구절을 쓴 사람이 13세기 페르시아 시인으로 이란 문명에서 가장 사랑받는 인물 중 하나인 사디라고 알려주었다. 내가 엉거에서 이란의 핵무기 개발을 저지하려고 보낸 시간을 생각하면 역설적인 상황이었다. 하메네이와 아마디네자드는 사디의 온화한 감수성을 공유하지 않는 것이 분명했다.

나의 일대일 회담 제안을 거부한 이란은 핵 개발 계획을 철회할 기미를 보이지 않았다. 이란 협상단은 P5+1 회원국과의 회의에서 원심분리기와 농축 우라늄 보유분이 전부 민간용이라고 발뺌하며 억지를 부렸다. 터무니없는 주장이었지만 러시아와 중국은 이를 핑계 삼아 안보리가 이란 정권에 대한 제재 강화를 고려하지 못하게 했다.

우리는 계속해서 주장을 밀어붙였고, 두 가지 진전 덕에 러시아의 태도가 바뀌었다. 첫째, 유능한 핵 확산 저지 전문가 게리 세이모어가 이끄는 우리 무기통제팀이 국제원자력기구(IAEA)와 협력하여 이란의 진짜 의도를 검증할 수 있는 창의적 제안을 내놓았다. 이란이 기존 저농축 우라늄 보유고를 러시아에 보내면 러시아가 이를 고농축 우라늄으로 처리하여 프랑스로 보내고, 프랑스는 이를 민간용으로는 쓸 수 있지만 군사적 목적으로는 이용할 수 없는 형태의 연료로 전환한다는 내용이었다. 이란의 핵 시설을 고스란히 내버려두었고 이란이 앞으로 저농축 우라늄을 더 농축하지 못하도록 금지하지도 않은 임시방편의 제안이었다. 하지만 기존 보유고를 고갈시키면 '브레이크아웃 용량'을 최장 1년까지 지연시켜 더 영구적인 해결책을 협상할 시간을 벌 수 있었다. 그에 못지않게 중요한 사실은 러시아를 주요 실행 파트너로 삼음으로써 이란에 대해 모든 합리적 조치를 시도하겠다는 의지를 모스크바에 보여주었다는 것이다. 엉거 기간 중에 러시아는 제안을 수락했고, 우리는 이것을 '러시아 방안'이라고도 불렀다. 그 말은 그해 말 제네바에서 열리는 P5+1 회의에서 이란이 끝내 제안을 거부하면 체면을 구기는 나라는 미국뿐이 아니라는 뜻이었다. 아직까지 이란을 편드는 극소수의 나라 중 하나인 러시아도 모욕을 당하는 셈이었다.

엉거 기간에 열린 비공개 회담에서 내가 메드베데프와 라브로프에게 폭탄 같은 정보를 건넴에 따라 러시아·이란 관계의 균열이 더욱 깊어졌다. 우리는 이란이 고대 도시 콤 근처의 산 지하에 건설 중인 비밀 농축 시설이 완공을 눈앞에 두고 있다는 사실을 알아냈다. 규모, 구성, 입지(군사시설에 자리 잡고 있다) 등 어느 모로 보나 시설 내 활동을 탐지와 공격으로부터 보호하려는 의도가 보였다. 민간용 시설이라기에는 앞뒤가 맞지 않았다. 메드베데프에게 우리가 증거를 공개하기 전에 먼저 보여주는 이유는 미봉책으로 대응할 시기가 지났기 때문이라고 말했다. 러시아가 더 강력한 국제 제재에 동의하지 않으면 외교적 해결 가능성은 물 건너갈 것이라고 말이다.

우리의 설명에 러시아는 동요한 듯했다. 메드베데프는 이란의 행동을 옹호하려 들지 않고 정권에 실망감을 표했으며 P5+1 접근법을 재고해야 할 필요성을 인정했다. 심지어 이후 공개 발언에서 "제재가 생산적 결과로 이어지는 경우는 드물지만 경우에 따라서는 제재가 불가피하다"라고 언론에 말했다. 우리 쪽에서 보자면 그의 발언은 뜻밖의 반가운 소식이었으며, 메드베데프를 파트너로 신뢰할 수 있겠다는 생각이 더욱 굳어졌다.

우리는 내가 주재하기로 되어 있던 유엔 안보리 핵 안보 회의에서 콤 핵 시설의 존재를 밝히지는 않기로 했다. 극적 효과를 거둘 수 있는 상황이었지만, IAEA와 P5+1 회원국들에 충분한 브리핑을 제공하려면 시간이 필요했다. 이라크 전쟁 이후 이라크 대량살상무기와 관련한 콜린 파월의 극적인 안보리 발표와 비교당하는 상황도 피하고 싶었다(파월의 주장은 결국 거짓으로 드러났다). 그 대신 G20 정상들이 피츠버그에서 만나기 직전《뉴욕 타임스》에 정보를 건넸다.

효과는 확실했다. 기자들은 이스라엘이 콤에 미사일 공격을 할지도 모른다고 추측했다. 의회에서는 즉각적 조치를 촉구했다. 사르코지 프랑스 대통령과 브라운 영국 총리와 함께한 합동 기자회견에서 나는 강력한 국제적 대응이 필요하다고 강조하면서도, 메드베데프가 이 문제를 푸틴과 논의하기 전에 그를 몰아붙이지 않으려고 구체적인 제재 방안은 언급하지 않았다. 메드베데프가 계속 동참하리라 전제한다면 우리가 넘어야 할 주된 외교적 걸림돌은 이제 하나 남았다. 회의적인 중국 정부를 설득하여 주요 석유 공급원 중 하나에 대한 제재에 찬성표를 던지게 해야 했다.

맥폴이 내게 물었다. "전망이 어떤가요?"

내가 말했다. "아직은 모르겠어요. 전쟁을 피하는 게 전쟁을 벌이는 것보다 힘들 줄이야."

7주 뒤에 에어포스 원이 나의 첫 중국 공식 방문을 위해 베이징에 착륙했다. 우리는 정부에서 지급받은 것 이외의 전자 기기를 모두 비행기에 놓아두고 모든 통신이 도청된다는 가정 하에 행동하라는 안내를 받았다.

중국의 감시 능력은 바다 건너에서도 인상적이었다. 선거운동 기간에 그들은 우리 선거 본부의 컴퓨터 시스템을 해킹했다. (나는 그 사건을 당선 가능성을 의미하는 긍정적 신호로 받아들였다.) 어떤 휴대폰이든 원격 녹음 장치로 만들어버리는 그들의 능력은 널리 알려져 있었다. 호텔에서 국가 안보 관련 통화를 하려면 복도로 나와 민감정보차폐시설(SCIF)이 갖춰진 객실로 가야 했다. 방 한가운데 커다란 파란색 천막처럼 설치된 이 시설은 오싹하고 환각적인 소음을 발생시켜 주변의 모든 도청을 차단한다. 모든 객실에 몰래카메라가 전략적으로 설치되었으리라 추정되었기에 우리 팀의 일부 보좌관들은 불을 끄고 옷을 갈아입고 샤워했다. (반면에 마빈은 불을 켜고 알몸으로 방 안을 돌아다닌다고 했다. 자신감의 표시인지 항의의 표시인지는 확실치 않았지만.)

중국의 뻔뻔스러운 정보 수집은 코미디를 방불케 할 때도 있었다. 한 번은 게리 로크 상무장관이 회의를 준비하러 나가다가 객실에 두고 온 물건이 떠올랐다. 돌아와서 객실 문을 열어보니 청소부 두 명이 침대를 정리하는 동안 양복 차림의 남자 두 명이 책상 위의 서류를 뒤적이고 있었다. 게리가 뭐 하느냐고 묻자 남자들은 말없이 그를 지나쳐 사라졌다. 청소부들은 게리가 투명인간이라도 된 것처럼 고개를 들지 않고 묵묵히 타월을 갈았다. 게리의 사연을 듣고서 우리 팀의 많은 사람이 고개를 내두르며 킥킥거렸다. 물론 나중에 외교 실무진 누군가가 정식으로 항의했을 것이다. 하지만 공식 회담을 위해 후진타오 주석을 비롯한 중국 관료들과 마주 앉았을 때 이 문제를 꺼낸 사람은 없었다. 이런 걸로 불평하기엔 중국과 할 일이 너무 많았다(게다가 우리 쪽 첩보 활동도 만만치 않았다).

이것은 당시 미·중 관계를 단적으로 보여주는 일화다. 표면상으로 우리가 물려받은 관계는 비교적 안정되어 보였으며 러시아와 같은 고위급 외교 마찰은 없었다. 팀 가이트너와 힐러리는 임명되자마자 중국 당국자를 여러 차례 만났으며 다양한 양국 사안을 해결하기 위해 실무진을 구성했다. 내가 런던 G20에서 후진타오 주석과 회담했을 때 우리는 두 나라에 이익을 가져다줄 수 있는 윈윈 정책을 추진하자고 이야기했다. 하지만 외교적 의례의 배후에는 무역이나 간첩 활동 같은 구체적 갈등뿐 아니라 중국의 부활이 국제 질서와 미국의 위상에 어떤 의미인지에 대한 근본적 질문을 둘러싸고 오랫동안 끓어오르던 긴장과 불신이 도사리고 있었다.

중국과 미국이 30년 넘도록 공공연한 충돌을 피할 수 있었던 것은 단순한 행운이 아니었다. 중국이 경제를 개혁하고 단호하게 서구에 문호를 개방하기 시작한 1970년대부터 중국 정부는 덩샤오핑의 도광양회韜光養晦(자신의 힘을 숨기고 때를 기다린다) 지침을 충실히 따랐으며 대규모 군사력 증강보다는 산업화를 우선시했다. 저임금 노동력을 찾는 미국 기업들을 받아들여 중국에 공장을 이전하도록 했으며, 역대 미국 행정부와 친분을 쌓아 2001년에 세계무역기구(WTO)에 가입함으로써 미국 시장에 더 효과적으로 진출했다. 중국 공산당은 국내 정치를 엄격하게 통제했지만 자국의 이념을 수출하려 들지 않았다. 타국의 내치를 판단하지 않는 게 상책이라며 민주주의든 독재든 모든 나라와 기꺼이 교역 관계를 맺었다. 중국은 영토 분쟁이 일어나면 실력 행사에 나섰으며 서구가 인권 상황을 비판하면 발끈했다. 하지만 미국이 타이완에 무기를 수출하는 것과 같은 민감한 사안에서도 중국 관료들은 분쟁을 외교적 차원에서 해소하려고 최선을 다했다. 강경한 어조의 서한이나 일대일 회담 취소를 통해 불만을 표출하기는 했어도 중국산 운동화, 가전제품, 자동차 부품을 미국 항구와 월마트에 실어 나르는 컨테이너선의 흐름에 지장을 줄 정도로 사태를 키우는 일은 없었다.

이 전략적 인내 덕에 중국은 자원을 허비하지 않고 비용이 많이 드는 대외 모험주의를 피할 수 있었으며, 화평굴기和平崛起(평화적 부상)하는 동안 전 세계가 합의한 모든 교역 규칙을 체계적으로 회피하거나 왜곡하거나 어겼다는 사실을 얼버무릴 수 있었다. 오랫동안 중국은 국가 보조금과 환율 조작, 덤핑 무역을 동원하여 수출품 가격을 인위적으로 떨어뜨림으로써 미국 제조업에 대해 가격 경쟁력을 유지했다. 자국의 경쟁력을 높이기 위해 노동 및 환경 기준도 무시했다. 한편으로는 수입할당제와 금수 조치 같은 비관세 장벽을 이용하고 미국의 지식재산권을 탈취했으며 중국에서 활동하는 미국 기업들을 압박하여 핵심 기술을 넘겨받아 국제적 공급 사슬의 위쪽으로 치고 올라갔다.

물론 중국만 그런 것은 아니었다. 미국에서 일본에 이르는 모든 부자 나라는 각각의 발전 단계에서 중상주의 전략을 동원하여 경제를 부흥했다. 중국의 관점에서 그 성과는 논란의 여지가 없었다. 대기근으로 수백만 명이 죽은 지 불과 한 세대 만에 중국은 세계 3대 경제 대국으로 탈바꿈하여 세계 철강 생산의 절반가량, 제조업의 20퍼센트를 차지했으며 미국인이 구입하는 의류의 40퍼센트를 생산했다.

놀라운 것은 워싱턴의 미온적 대응이었다. 일찍이 1990년대 초부터 노조 지도부는 커져만 가는 중국의 불공정 무역 관행에 경보를 울렸으며 많은 의회 민주당, 특히 러스트벨트(미국 중서부와 북동부의 쇠락한 공업 지대_옮긴이) 주 출신 의원들이 그들의 주장에 동조했다. 공화당도 중국 비판에 열을 올렸다. 팻 뷰캐넌 부류의 포퓰리스트들은 미국이 외세에 서서히 굴복한다며 격분했고, 노쇠하는 냉전 시대 매파들은 공산주의의 저돌적 전진을 여전히 우려했다.

하지만 클린턴과 부시 시절에 세계화가 가속화하면서 이 목소리들은 소수파로 전락했다. 막대한 금전적 이익 때문이었다. 미국 기업과 주주들은 생산 시설을 중국으로 이전하여 노동 비용이 절감되고 이익이 급등하자 환호작약했다. 미국 농민들은 콩과 돼지고기를 사들이는 새로운 중국 고객들을 환영했다. 월 스트리트 회사들은 새로 얻은 부의 투자처를 찾는 중국 억만장자들을 반겼으며, 미·중 교역 확대로 일거리가 늘어난 변호사, 컨설턴트, 로비스트들도 마찬가지였다. 의회 민주당 대다수가 중국의 무역 관행에 여전히 불만을 품었고 부시 행정부가 중국을 여러 차례 WTO에 제소하긴 했지만, 내가 취임할 즈음 미국 대외 정책 엘리트와 민주당 고액 후원자들 사이에는 대략적인 합의가 조성되어 있었다. 미국이 보호무역주의로 회귀하지 말고 중국의 방식을 본받으라는 것, 1등을 유지하고 싶으면 더 열심히 일하고 더 많이 저축하고 자녀들에게 수학, 과학, 공학, 그리고 중국어를 더 많이 가르치라는 것이었다.

중국에 대한 나의 시각은 어느 진영에도 들어맞지 않았다. 나는 나를 지지하는 노조가 자유무역에 본능적으로 반대하는 데 동조하지 않았고, 세계화를 원점으로 되돌릴 수 있다고 믿지 않았다(인터넷을 차단하는 것만큼이나 불가능해 보였다). 나는 클린턴과 부시가 중국을 다독여 세계 경제에 편입시킨 것은 옳은 선택이라고 생각했다. 역사를 돌이켜보면 미국에 더 큰 위협을 가한 것은 번영하는 중국이 아니라 혼란스럽고 빈곤한 중국이었다. 내가 보기에 중국이 수억 명의 인구를 절대 빈곤에서 건져낸 일은 대단한 인도적 성취였다.

그럼에도 중국이 국제무역 체제를 교란할 때 미국이 종종 피해를 입는 것은 엄연한 사실이었다. 자동화와 로봇공학 발전이 미국 내 제조업 일자리 감소의 더 큰 요인이었는지는 모르지만 중국의 관행은 이러한 추세를 부추겼다(기업들의 중국 아웃소싱도 일조했다). 중국 제품이 미국에 밀려들면서 평면 TV가 저렴해지고 물가가 낮게 유지되었지만 여기에는 미국 노동자들의 임금 하락이라는 대가가 따랐다. 나는 이 노동자들을 위해 교역 조건을 개선하겠노라 약속했으며 그 약속을 지킬 작정이었다.

하지만 세계 경제가 실낱같은 목숨을 간신히 부지하고 있는 터라 언제 어떻게 조치를 취하는 것이 최선인지를 고려해야 했다. 중국은 미국 채무 7000억 달러와 막대한 외화 보유고를 지녔기에 금융 위기에 대처하는 데 꼭 필요한 파트너였다. 미국과 세계를 침체에서 끌어올리려면 중국 경제가 (후퇴하는 게 아니라) 성장해야 했다. 중국은 우리 행정부가 단호하게 압박하지 않으면 교역 관행을 바꿀 생각이 없었다. 그렇다고 해서 무역 전쟁을 벌여 세계를 불황에 빠뜨리고 (내가 돕기로 맹세한 바로 그) 노동자들에게 피해를 입힐 수는 없었다.

중국 방문을 준비하면서 우리 팀과 나는 너무 센 대응과 너무 약한 대응 사이에 바늘을 꿸 전략을 마련했다. 우선 후진타오 주석에게 현실적 기간과 해결하고 싶은 분야의 명단을 제시하되 위태로운 금융시장이 겁먹을 공공연한 대립은 피할 생각이었다. 중국이 조치를 취하지 않으면 여론 압박의 수위를 꾸준히 높이고 (이상적으로는 경제 상황이 더는 취약하지 않을 때) 보복 조치를 시행할 작정이었다.

중국의 행동 변화를 유도하기 위해 주변국들에 도움을 요청한다는 계획도 세워두었다. 그러려면 어느 정도 물밑 작업이 필요했다. 부시 행정부가 중동 문제에만 매달리고 월 스트리트가 낭패를 겪으면서 일부 아시아 지도자들은 미국이 아시아 문제에 관여할 의지와 역량이 있는지 의문을 품었다. 한편 중국 경제가 활황을 맞으면서 일본과 한국처럼 미국과 가까운 동맹국들조차 중국 시장 의존도가 점차 커졌으며 중국과 척지는 것을 경계했다. 반면 미국에 유리한 여건 한 가지는 최근 몇 년간 중국이 지나친 자신감을 품기 시작하여 자기보다 약한 교역 상대국에 일방적 양보를 요구하고 전략적으로 중요한 남중국해 일부 섬들의 영유권을 차지하려고 필리핀과 베트남을 위협한다는 것이었다. 미국 외교관들은, 중국의 고압적 전술에 대한 분노가 커지고 있으며 힘을 억제할 균형추로서 미국이 지속적으로 관여하길 바라는 분위기가 조성되었다고 보고했다.

이 틈새를 활용하기 위해 우리는 일본과 한국을 방문하고 동남아시아 국가연합(아세안) 10개국과 싱가포르에서 회담하는 일정을 잡았다. 그 과정에서 부시 행정부가 협상의 단초를 놓은 미·아시아 무역 협정의 바통을 넘겨받겠다는 의지를 천명하되, 북미자유무역협정(NAFTA) 같은 과거 협상에서 강제적 노동 및 환경 관련 조항이 누락되었다는 민주당과 노조의 불만을 고려하여 이번에는 이 조항들을 포함할 것임을 강조할 작정이었다. 우리는 기자들에게 '아시아 중심 전략pivot to Asia'(이후에 우리가 부른 명칭)의 전반적 목표가 중국을 견제하거나 중국의 성장을 옥죄려는 것이 아니라 미국과 아시아의 유대를 재확인하고 (중국을 비롯한) 아시아·태평양 전역의 나라들이 그토록 짧은 기간에 그토록 고도 성장한 토대인 국제법 틀을 강화하려는 것이라고 설명했다.

중국도 그렇게 볼지는 미지수였지만.


　　　　　　　　　　20년만의 아시아 방문이었다. 이레간의 순방은 도쿄에서 시작되었다. 나는 미·일 동맹의 미래에 대해 연설하고 하토야마 유키오 총리를 만나 경제 위기, 북한, 오키나와 미 해병대 기지 이전을 논의했다. 유쾌하지만 대하기 쉽지 않은 인물인 하토야마는 3년이 채 안 되는 기간 사이 네 번째—내가 취임한 이후 두 번째—총리였다. 지난 10년간 일본 정치가 얼마나 경직되었고 목표를 상실했는가를 보여주는 징후였다. 그는 내가 방문한 지 7개월 뒤 사임했다.

고쿄皇居에서 짧게 만난 아키히토 천황과 미치코 황후는 인상적이었다. 몸집이 왜소하고 일흔을 훌쩍 넘긴 두 사람은 완벽한 영어로 내게 인사했다. 천황은 양복을 입었고 황후는 양단 기모노 차림이었으며, 나는 존중의 표시로 허리를 숙였다. 안내받은 접견실은 크림색 방에 전통 일본식 가구가 띄엄띄엄 놓여 있었다. 그들은 차를 마시면서 미셸과 아이들, 미·일 관계에 대한 나의 인상을 물었다. 격식을 차리면서도 겸손한 매너였으며 목소리는 빗소리처럼 나직했다. 나는 황제의 삶을 상상해보았다. 신으로 추앙되는 아버지에게서 태어나 일본 제국이 처절하게 패배한 지 수십 년 뒤에 상징적 어좌에 앉혀지는 느낌은 어땠을까? 황후의 사연은 더욱 흥미로웠다. 부유한 기업가의 딸로 태어난 그녀는 가톨릭 학교에서 공부하고 대학에서 영문학을 전공했으며 2600년 황위皇位 역사상 처음으로 평민 신분으로 황가와 결혼했다. 그래서 일본 대중에게 사랑받았지만 (소문에 따르면) 인척들과는 갈등을 겪었다고 한다. 황후는 작별 선물로 자신이 쓴 피아노 곡을 건네면서 음악과 시에 대한 애정 덕에 외로움을 견딜 수 있었다고 놀랄 만큼 솔직하게 털어놓았다.

나를 초대한 일본인 연장자에 대한 예의로 단순히 허리를 숙인 것 때문에 미국에서 보수파 논평가들이 발끈했다는 사실은 나중에야 알았다. 한 무명 블로거는 내 행동을 '반역적'이라고 불렀는데, 그의 글은 주류 언론에 인용되고 증폭되었다. 이 모든 소동에 대해 들으면서 의례적 의무에 짓눌린 천황과, 곱게 늙어가는 미모와 우수에 젖은 미소를 띤 황후를 떠올렸다. 이 간극 사이에서 제정신을 잃을 정도로 겁에 질리고 불안에 떤 미국 우파가 대체 몇 명인지 궁금했다.

도쿄에서 싱가포르로 날아가 아세안 10개국 정상들을 만났다. 나의 참석에는 논란거리가 있었다. 아세안 회원국 미얀마는 40년 넘도록 잔혹하고 억압적인 군사정부가 지배하고 있었으며 클린턴 대통령과 부시 대통령 둘 다 미얀마가 포함되는 한 아세안의 회담 초청을 거절했다. 하지만 내가 보기에 한 나라에 대한 반감을 표하기 위해 아홉 개 동남아시아 나라를 소외하는 것은 합리적이지 않았다. 미국은 베트남과 브루나이를 비롯하여 민주적 덕목의 귀감이라 보기 힘든 여러 아세안 나라와 친밀한 관계를 유지했기에 더더욱 그랬다. 미국은 미얀마를 포괄적으로 제재했다. 그 이상으로 미얀마 정부에 영향을 미칠 최선의 기회를 잡으려면 대화 의지를 피력해야 했다.

미얀마 총리는 테인 세인이라는 온순하고 작달막한 장군이었다. 그와는 악수를 짧게 교환하는 정도의 교류만 있었고 별다른 소동은 벌어지지 않았다. 아세안 정상들은 미국이 아시아 문제에 다시 관심을 기울이겠다는 메시지에 반색했으며, 아시아 언론들은 내가 어릴 적에 아시아와 관계를 맺었다는 사실을 부각했다. 이런 인연이 있는 미국 대통령은 내가 처음이며, 현지 길거리 음식을 좋아하고 인도네시아 대통령에게 인도네시아어로 인사한 걸 보면 분명한 연관성을 볼 수 있다고 그들은 말했다.

실은 간단한 인사와 메뉴 주문 말고는 인도네시아어를 대부분 잊어버렸다. 하지만 오랫동안 떠나 있었음에도 나른하고 습한 공기, 과일과 향신료 내음, 사람들이 교류할 때 미묘하게 삼가는 태도 같은 동남아시아의 특징이 여전히 친숙해서 놀라웠다. 하지만 싱가포르의 넓은 대로, 공원, 사무용 고층 빌딩에는 어릴 적 기억에 남아 있던 단정한 영국 식민지 시절의 흔적이 거의 남아 있지 않았다. 말레이인, 인도인, 중국인으로 구성된 도시국가 싱가포르는 자유 시장 정책, 유능한 관료제, 공직자의 청렴성, 엄격하기로 악명 높은 정치적·사회적 통제 덕에 1960년대에 외국 투자의 중심지가 되었고, 당시에도 이미 동남아시아의 성공 사례 중 하나였다. 아시아의 세계화와 폭넓은 성장 추세 덕에 싱가포르 경제는 더욱 승승장구했다. 양복 차림의 회사원과 최신 힙합 패션을 걸친 젊은이들로 북적거리는 고급 레스토랑과 명품 매장에서 드러나는 부의 과시는 뉴욕이나 로스앤젤레스에 뒤지지 않았다.

어떤 면에서 싱가포르는 예외적인 나라였다. 다른 아세안 나라들은 대부분 정도는 다르지만 고질적 빈곤에 허덕였으며 민주주의와 법치의 수준도 들쭉날쭉했다. 하지만 이 나라들의 국민은 공통적으로 자국의 위상에 대한 생각이 달라져 있었다. 국가수반이든 기업인이든 인권 운동가든 내가 이야기 나눈 사람들은 미국의 힘을 여전히 존경했다. 하지만 더 이상 서구를 세계의 중심으로 여기지 않았으며 자기 나라가 언제까지나 조역에 머물 거라 생각하지도 않았다. 그들은 스스로를 과거 식민 종주국과 적어도 동등하게 여겼다. 자국민에 대한 인식도 더는 지리나 인종에 제약받지 않았다.

긍정적인 현상이었다. 모든 사람이 존엄하다는 미국의 신념이 확장되었고, 우리가 오래전에 전 세계에 했던 약속—우리의 뒤를 따르고 경제를 자유화하면 당신들의 정부와 당신들도 우리와 함께 번영을 누릴 수 있으리라는 약속—이 실현되었기 때문이다. 일본과 한국처럼 우리 말을 믿는 아세안 국가들이 점점 많아졌다. 미국 대통령으로서 나의 임무 중 하나는 이 나라들이 공정하게 경기하도록 하는 것, 즉 우리가 그들에게 시장을 개방한 것만큼 그들이 우리에게 시장을 개방하도록 하는 것, 그들의 지속적 발전이 노동자를 착취하거나 환경을 파괴하면서 이루어지지 않도록 하는 것이었다. 평평한 운동장에서 우리와 경쟁하는 한 동남아시아의 발전은 두려워해야 할 대상이 아니라 환영해야 할 대상이라는 것이 나의 판단이었다. 보수파 비판자들이 나의 대외 정책에서 그토록 못마땅하게 여긴 것이 바로 이것 아니었을까, 이것이야말로 내가 연장자인 일본 천황에게 허리를 숙인 일이 그토록 분노를 촉발한 이유 아니었을까, 하는 생각이 든다. 그들과 달리 나는 세계가 우리를 따라잡고 있다는 사실에 대해 위협을 느끼는 것처럼 보이지 않았으니까.

중국 방문의 첫 기착지인 상하이는 싱가포르를 몇 배 농축한 듯한 모습이었다. 시각적인 면에서는 2000만 명의 소란한 인구가 거주하는 넓고 현대적인 대도시라는 이름에 부합했다.

어디나 부산하게 움직이는 상업, 교통, 건설 기중기로 빈틈이 없었다. 전 세계 시장으로 향하는 제품들을 실은 거대한 선박과 바지선들이 황푸강을 오르락내리락했다. 수많은 인파가 드넓은 강변 산책로를 거닐다가 이따금 멈춰 서서, 사방으로 뻗은 채 라스베이거스 거리처럼 휘황찬란하게 밤을 밝히는 미래풍 마천루들에 경탄했다. 상하이 시장은—공산당의 전도유망한 인재로, 맞춤 양복과 쾌활한 세련미가 어딘지 배우 딘 마틴을 닮았다—화려한 연회장에서 우리 대표단과 미·중 기업 총수들에게 오찬을 대접하기 위해 온갖 공을 들였다. 산해진미와 포도주는 리츠칼튼 호텔에서의 초호화 결혼식에 내놓아도 손색이 없을 듯했다. 모든 종업원이 하늘하늘한 흰색 드레스 차림에 패션모델처럼 늘씬하고 아름다운 젊은 여자들인 것에 가장 감명받은 사람은 나의 영원한 보디맨 레지 러브였다.

그가 고개를 내두르며 말했다. "공산주의자들이 저렇게 생긴 줄 누가 알았겠냐고요."

중국의 공식 이념과 저렇게 두드러지는 부의 과시 사이에서 불거지는 모순은 같은 날 간담회에서 대학생 수백 명을 만났을 때는 찾아볼 수 없었다. 중국 당국은 대본에 의존하지 않는 나의 평상시 진행 방식에 경계심을 품고서 상하이 최고의 명문 대학들에서 참가자들을 선별했다. 참가자들은 예의 바르고 열성적이었지만 질문에서는 다른 나라 젊은이들이 으레 드러내던 집요하고 불손한 구석을 발견하기 힘들었다. ("미국과 중국의 도시들이 이런 친밀한 관계를 더욱 증진할 수 있도록 어떤 조치를 취하실 생각인가요?"가 가장 도발적인 질문이었다.) 당 간부들이 모든 질문을 사전 검열했는지 학생들이 스스로를 곤경에 빠뜨릴 수 있는 말을 알아서 삼갔는지는 알 수 없었다.

행사가 끝나고 학생 몇 명과 악수하고 담소한 뒤에 나는 이들의 열렬한 애국심만은 보여주기용이 아니라는 결론을 내렸다. 그들은 문화혁명의 공포를 경험하거나 톈안먼 광장의 시위 진압을 경험했기엔 너무 젊었다. 그 역사는 학교에서 가르치지 않았으며 부모들이 알려줬을 것 같지도 않았다. 학생 몇 명이 정부의 웹사이트 접속 차단에 짜증을 내긴 했지만 그들은 중국의 억압적 기구가 전면적으로 작동하는 방식을 추상적으로만 경험했을 것이다. 아마도 미국의 교외 중산층 백인 아이들이 미국 형법 체계에 대해 느끼는 것만큼이나 자신과 동떨어진 문제로 느꼈을 것이다. 그들이 살아온 시절 내내 중국의 체제는 그들과 그들의 가족을 상승 궤도로 밀어 올렸으며, 적어도 멀리서 봤을 서구 민주주의는 시민사회의 의견 대립과 경제적 비효율로 가득한 채 옴짝달싹 못 하는 것처럼 보였을 것이다.

시간이 흐르면, 중국의 성장률이 느려져 그들의 물질적 기대가 좌절되기 때문이든 그들이 일정 수준의 경제적 안정에 도달한 뒤에 GDP로는 측정할 수 없는 것들을 원하기 시작하기 때문이든 이 학생들의 태도도 달라질 것이라 생각하고픈 유혹이 들었다. 하지만 그러리라는 보장은 없었다. 사실 중국이 경제적으로 성공하면서 중국식 권위주의적 자본주의가 상하이뿐 아니라 모든 개발도상국의 젊은이들에게 서구식 자유주의의 어엿한 대안으로 자리 잡았다. 두 체제 중 어느 쪽을 그들이 최종적으로 받아들이느냐가 다음 세기의 지정학을 판가름할지도 모른다. 간담회장을 떠나면서 나는 이 새 세대를 설득하려면 민주적이고 권리를 존중하는 미국식 다원주의 체제가 여전히 더 나은 삶에 대한 약속을 달성할 수 있음을 보여줘야 한다는 사실을 절감했다.

베이징은 상하이만큼 현란하지는 않았지만, 공항을 출발하여 약 30킬로미터를 달리면서 새로 건설된 고층 빌딩들을 지나다 보니 밤새 열 개의 맨해튼이 세워진 게 아닌가 싶을 정도였다. 도심에 도착하자 상업 지구와 주거 지구는 정부 건물과 으리으리한 기념물에 자리를 내주었다. 후진타오 주석과의 면담은 여느 때처럼 지루하기 짝이 없었다. 주제가 무엇이든 그는 미리 준비한 두꺼운 메모를 읽으며 수시로 영어 통역을 위해 말을 멈췄는데, 미리 준비된 듯한 통역 문구는 언제나 원래 발언보다 길었다. 내 발언 차례가 되자 그는 메모를 뒤적이면서 보좌진이 준비해준 답변을 찾았다. 분위기를 띄우려고 개인적 일화나 즉석 농담을 건네면(이를테면 기둥이 늘어선 웅장한 건물인 인민대회당이 1년도 안 돼 완공되었다는 얘길 듣고서 나는 "건축업자 이름 좀 알려주시죠"라고 말했다) 그는 멍한 표정으로 나를 쳐다봤는데, 시간을 절약하기 위해 그냥 문서를 교환하고 서로 시간 날 때 읽어보는 게 어떻겠느냐고 제안하고픈 유혹을 느낀 적도 한두 번이 아니었다.

그럼에도 후진타오 주석과 보낸 시간은 경제 위기와 북한 핵 개발에 대한 대처, 남중국해 해상 분쟁의 평화적 해결, 중국 내 반체제 인사들에 대한 처우, 이란에 대한 신규 제재 추진 같은 미국의 우선순위를 명토 박을 기회였다. 마지막 사안과 관련하여 나는 중국의 국익에 호소하여, 유의미한 외교적 조치가 취해지지 않으면 우리나 이스라엘이 이란 핵 시설을 공격할 수밖에 없으며 그러면 중국의 석유 공급선이 훨씬 큰 타격을 받을 것이라고 경고했다. 예상대로 후진타오 주석은 제재에 대해 이렇다 할 언급을 하지 않았으나, 그의 몸짓이 달라지고 장관들이 내 말을 정신없이 받아 적는 것을 보건대 이란에 대한 메시지를 심각하게 받아들여야 한다고 느낀 듯했다.

이튿날 원자바오 총리를 만나서 무역 문제들에도 비슷한 강공책을 썼다. 그는 후진타오보다 직책은 낮았지만 중국 경제 부문의 핵심 의사 결정권자였다. 후진타오와 달리 그는 즉석에서 의견을 주고받는 것에 거리낌이 없었으며 중국의 무역정책을 단도직입적으로 옹호했다. 그가 말했다. "상하이와 베이징에서 무엇을 보셨든 우리가 아직 개발도상국이라는 사실을 명심하셔야 합니다, 대통령님. 우리 인구의 3분의 1은 아직도 심각한 빈곤 속에서 살아갑니다. …… 그런 사람들이 미국의 전체 인구보다 많습니다. 당신 나라 같은 선진국에 적용되는 것과 똑같은 정책을 우리에게 기대하시면 안 됩니다."

그는 요점을 짚었다. 중국이 눈부시게 발전했지만 평균적 가정의 소득은—특히 주요 도시를 제외하면—미국의 최저 빈곤층 수준에 불과했다. 나는 그의 입장에서, 정보화 시대와 봉건제에 양다리를 걸친 경제를 통합적으로 관리하면서도 남아메리카와 북아메리카를 합친 규모의 인구를 먹여 살릴 만큼 일자리를 창출해야 하는 고충에 대해 생각했다. 국가의 계약과 면허를 가족들에게 몰아주고 수십억 달러를 해외 계좌에 빼돌리는 (원자바오 총리를 비롯한) 고위급 공산당 간부들의 관행을 몰랐다면 더욱 공감할 수 있었겠지만.

그래도 나는 원자바오 총리에게 양국의 막대한 무역 불균형을 감안컨대 미국이 중국의 환율 조작을 비롯한 불공정 관행을 더는 눈감아줄 수 없으며, 중국이 방향을 바꾸지 않으면 보복 조치를 취할 수밖에 없다고 말했다. 이 말을 들은 원 총리는 전술을 바꿔 중국이 더 구매하길 바라는 미국 제품의 목록을 주면 자신이 할 수 있는 일을 알아보겠다고 제안했다. (무엇보다 그는 국가 안보를 이유로 중국 수출이 금지된 군사 및 첨단 제품을 목록에 넣고 싶어 했다.) 나는 찔끔찔끔 얻는 양보가 아니라 구조적 해결책이 필요하다고 설명했다. 그와 실랑이를 벌이다 보니 세계 최대의 경제 대국 두 곳이 무역정책을 협상하는 게 아니라 시장 좌판에서 닭고깃값을 흥정하는 듯한 느낌이 들었다. 원 총리를 비롯한 중국 지도자들이 대외 정책을 여전히 타산적으로 여기고 있음을 다시 한번 실감했다. 그들이 얼마큼을 주고 얼마큼을 받을지 결정하는 잣대는 추상적인 국제법 원칙이 아니라 상대방의 힘과 영향력을 그들이 얼마나 높게 평가하느냐였다. 저항이 없으면 그들은 하던 대로 계속했다.

베이징에서의 첫날은 의무적 국빈 만찬으로 마무리되었다. 전통 중국 오페라, 티베트, 위구르, 몽골 무용단의 공연 메들리(사회자는 세 소수민족 모두가 중국에서 존중받는다고 설명했는데, 티베트와 위구르의 정치범 수천 명에게는 금시초문이었을 것이다), 중국인민해방군 군악단이 나를 위해 연주한 스티비 원더의 〈아이 저스트 콜드 투 세이 아이 러브 유I Just Called to Say I Love You〉 등 다채로운 문화 행사가 펼쳐졌다. (후진타오 주석이 내게 몸을 숙이며 말했다. "당신이 좋아하는 가수인 걸 알고 있습니다.") 밤낮이 뒤바뀐 채 도로에서 닷새를 보낸 뒤였기에 우리 일행은 모두 기력이 바닥났다. 옆 테이블에서는 래리 서머스가 입을 벌리고 머리를 젖힌 채 잠들어 있었다. 이 광경을 본 패브스는 이렇게 단체 이메일을 보냈다. "누군가 두 번째 자극('stimulus'에는 '경기부양'이라는 뜻도 있다_옮긴이)이 필요해 보이는군요."

(래리를 비롯하여) 다들 기진맥진했지만 정신을 바짝 차리고 시차 피로와 싸우며 이튿날 만리장성을 방문했다. 날은 쌀쌀했고 바람은 살을 에었으며 태양은 잿빛 하늘에 희미한 흔적으로만 남았다. 산등성이를 따라 구불구불하게 이어진 가파른 석조 성곽을 터덜터덜 걷는 동안 아무도 입을 열지 않았다. 만리장성은 기원전 200년부터 축조되기 시작했으나 우리가 서 있는 구간은 명 왕조가 몽골과 만주족의 침략을 막기 위해 15세기에 지었으며 성벽은 수백 년을 버텼다고 가이드가 설명했다. 이 말을 들은 레지가 내게 명 왕조가 어떻게 멸망했느냐고 물었다.

내가 말했다. "내분이었어요. 권력 투쟁, 부패, 부자들의 탐욕이나 무관심 때문에 굶주리는 농민들……."

레지가 말했다. "늘 그렇네요."

나는 고개를 끄덕였다. "늘 그렇죠."


대통령이 되면 시간관념이 달라진다. 노력이 당장 결실을 맺는 일은 드물다. 그러기엔 책상에 놓인 문제들 대부분이 너무 방대하고 관련된 요인들이 너무 다양하다. 이 때문에 작은 단계들로 발전을 가늠하고—각 단계는 여러 달이 걸리기도 하는데, 대중적 관심을 끌지 못한다—궁극적 목표가 (설령 달성되더라도) 실현되기까지 1~2년 또는 전체 임기가 걸릴 수도 있다는 사실을 받아들이는 법을 배우게 된다.

이 말이 가장 들어맞는 분야가 바로 대외 정책이다. 따라서 2010년 봄에 주요 외교정책들의 결과가 나타나기 시작했을 때 나는 무척 고무되었다. 팀 가이트너는 중국이 위안화 절상을 조용히 내버려두기 시작했다고 보고했다. 나는 4월에 체코 프라하로 날아가 메드베데프 러시아 대통령과 신전략무기감축조약(뉴 스타트) 조인식에 참석했다. 이 협정은 배치된 핵탄두의 개수를 양측이 3분의 1씩 감축하도록 했으며 이행 여부를 확인하기 위한 엄격한 조사 절차를 규정했다.

6월에는 러시아와 중국의 결정적 찬성표 덕분에 유엔 안보리에서 결의안 1929호가 통과되어 무기 판매 금지, 이란 은행의 국제 금융 활동 중지, 이란의 핵무기 개발 계획 확대에 일조할 수 있는 모든 상거래를 금지하는 폭넓은 명령을 비롯한 전례 없는 신규 제재를 이란에 부과했다. 이란이 제재의 효과를 온전히 실감하려면 한두 해가 더 걸리겠지만 우리는 새로운 제재들과 더불어 이란이 협상에 응하지 않으면 말을 들을 때까지 이란 경제를 멈추게 할 수단을 확보했다. 또한 이스라엘을 비롯하여 핵 문제를 미·이란 군사 대결의 손쉬운 핑곗거리로 여기는 나라에 인내하라고 조언할 강력한 근거를 얻었다.

러시아와 중국의 동참은 팀워크가 이끌어낸 성과였다. 힐러리와 수전 라이스는 러시아와 중국의 당국자를 어르고 구슬리고 때로는 협박하느라 많은 시간을 투자했다. 맥폴, 번스, 세이모어 모두가 필수적인 전략적, 기술적 뒷받침을 한 덕에 러시아와 중국의 협상단이 어떤 반론을 내놓더라도 격퇴하거나 우회할 수 있었다. 나와 메드베데프의 친분도 제재가 최종 확정되는 데 결정적인 역할을 했다. 내가 참석하는 모든 국제 정상회의 중간중간에 그와 나는 시간을 쪼개어 협상의 물꼬를 틀 방안을 논의했으며, 안보리 표결을 앞두고는 일주일에 한 번씩 전화 통화를 했던 것 같다. (한번은 마라톤 통화를 끝낼 즈음 그가 이렇게 농담했다. "이러다 귀에 탈 나겠습니다".) 번스와 맥폴은 모스크바와 이란이 오랫동안 유대 관계를 유지했으며 새 제재가 발효되면 연줄 좋은 러시아 무기 제조업자들이 수백만 달러를 잃게 되므로 메드베데프의 협조에 한계가 있으리라 생각했으나 메드베데프는 매번 예상을 뛰어넘었다. 안보리 투표일인 6월 9일 메드베데프는 이란에 대한 S-300 미사일 판매를 취소한다고 선언하여 다시 한번 우리를 놀라게 했다. 이것은 자신의 예전 입장뿐 아니라 푸틴의 입장까지도 뒤집은 것이었다. 러시아의 손실을 일부 보전하기 위해 우리는 이란에 무기를 판매한 적이 있는 러시아 회사 몇 곳에 대한 제재를 풀기로 합의했고, 러시아의 뒤늦은 WTO 가입을 위한 협상에도 속도를 내기로 했다. 그럼에도 메드베데프는 대통령직을 위험에 빠뜨리면서까지 이란 문제를 놓고 우리 편에 섬으로써 미국과의 관계를 증진하려는 의지를 보여주었다. 향후 우리의 다른 국제적 관심사에서도 협력할 수 있으리라는 희망적인 신호였다. 나는 람에게 말했다. "푸틴이 그의 손발을 묶지 않는다면 말이지만요."

이란 제재 통과, 뉴 스타트 조인, 중국의 무역 관행 개선 조치 등은 세상을 변화시키는 승리로 평가되지는 않았다. 노벨상을 받을 정도의 업적은 아니었다. 이 일들이 여덟아홉 달 일찍 일어났다면 상을 받을 때 조금 덜 겸연쩍었을지도 모르겠지만. 이 성과들은 기껏해야 벽돌이요, 기나긴 미답의 길에 놓인 계단이었다. 우리가 핵 없는 세상을 만들 수 있을까? 중동에서 또 다른 전쟁이 벌어지지 않도록 막을 수 있을까? 가장 막강한 경쟁국들과 평화롭게 공존할 방법이 있을까? 답을 아는 사람은 없었다. 하지만 적어도 당분간은 우리가 그 길에 서 있는 듯했다.

# 21장

어느 날 저녁 식사를 하면서 말리아가 내게 호랑이들을 어떻게 할 거냐고 물었다.

"그게 무슨 소리니, 애야?"

"내가 호랑이를 제일 좋아하는 거 알잖아."

몇 해 전 연례 성탄절 귀성차 하와이에 갔을 때 동생 마야가 당시 네 살이던 말리아를 호놀룰루 동물원에 데려갔다. 다이아몬드 헤드 근처 카피올라니 공원 한구석에 있는 아담하지만 매력적인 동물원이다. 나는 어릴 적 그곳에서 시간을 보내면서 반얀나무에 올라가고 풀숲을 뒤뚱뒤뚱 걷는 비둘기에게 먹이를 주고 대나무 서까래 높은 곳의 긴팔원숭이들을 향해 깩깩 소리를 냈다. 말리아는 동물원에서 호랑이 한 마리에게 매료되었는데, 마야가 기념품 가게에서 작은 호랑이 봉제 인형을 사줬다. '타이거'는 발이 통통하고 배가 볼록했으며 알쏭달쏭한 모나리자 미소를 짓고 있었다. 타이거와 말리아는 떨어질 수 없는 사이가 되었다. 백악관에도 함께 입주했다. 털은 낡디낡았고 음식물 세례를 숱하게 받았으며, 파자마 파티 때 몇 번 없어질 뻔했고 여러 번 세탁되었고 짓궂은 사촌의 손에 잠시 납치되기도 했다.

나도 타이거가 마음에 들었다.

말리아가 말을 이었다. "학교에서 호랑이에 대한 과제를 내줬는데, 사람들이 숲의 나무를 베는 바람에 서식처가 사라지고 있대. 더 큰 문제는 오염 때문에 지구가 더워지고 있다는 거야. 게다가 호랑이를 죽여서 털과 뼈 같은 걸 파는 사람들도 있어. 그래서 호랑이는 곧 멸종할 거야. 그건 끔찍한 일이라고. 아빠는 대통령이니까 호랑이들을 구해줘야 해."

사샤가 끼어들었다. "뭐라도 해봐, 아빠."

미셸을 쳐다보자 어깨를 으쓱하며 말했다. "대통령은 당신이잖아."

실은 어린 딸들이 주위 어른들에게 지구를 건강하게 유지할 책임을 상기시켜줘서 고마웠다. 나는 거의 평생 도시에서 살았지만 가장 좋은 추억들은 대부분 야외와 얽혀 있다. 내가 하와이에서 자란 탓도 있다. 그곳은 울창한 숲을 걷거나 오후마다 청록색 파도를 가르며 서핑하는 일이 타고난 권리였으며 대문 밖으로 나가는 것만큼 간단했다. 한 푼도 들지 않고 누구의 전유물도 아니고 모두가 누릴 수 있는 즐거움이었다. 인도네시아에서 지낼 때는 다랑논을 따라 달리면 물소가 진흙투성이 주둥이를 들어 나를 쳐다보았는데, 그러면서 탁 트인 공간에 대한 애정이 더욱 깊어졌다. 20대 때의 여행도 마찬가지였다. 그땐 어디에도 매이지 않았고 싸구려 숙소도 견딜 수 있었기에 애팔래치아산맥 탐방로를 걷고 미시시피강에서 카누를 타고 세렝게티 초원 위로 해돋이를 구경할 수 있었다.

어머니는 자연에 대한 친밀감을 더 북돋워주었다. 잎맥, 개미 떼의 분업, 창백한 달빛 같은 자연의 위대한 설계를 보면서 남들이 종교적 신앙심을 느끼는 것 못지않은 경이감과 겸손을 느낀 어머니는 마야와 내가 어릴 적부터 인간이 도시를 건설하거나 석유를 채굴하거나 쓰레기를 폐기할 때 조심하지 않으면 자연에 피해를 입힐 수 있다고 가르쳤다. ("사탕 껍질 주우렴, 베어!") 살 곳을 선택할 수 없고 오염된 물과 공기로부터 스스로를 보호할 수 없는 가난한 사람들이 피해를 가장 자주 겪는다는 사실도 알려주었다.

하지만 어머니가 마음속으로는 환경주의자였더라도 스스로 환경주의자를 자처하지는 않았다. 가장 오래 일한 인도네시아에서는 굶주림 같은 더 긴박한 위험 앞에서 오염의 위험을 내세울 수 없었기 때문이었을 것이다. 개발도상국에서 근근이 살아가는 수백만의 시골 주민들에게는 석탄 발전소나 굴뚝에서 연기를 내뿜는 공장이 새로 들어서는 것이야말로 소득이 증가하고 뼈 빠지는 고역에서 벗어날 최상의 기회였다. 태곳적 풍경과 매혹적 야생을 보전하는 일에 대한 관심은 서구인이나 누릴 수 있는 사치였다.

어머니는 곧잘 이렇게 말했다. "사람을 무시하면서 나무를 구할 수는 없단다."

대다수 인류는 기본적인 물질적 욕구가 충족된 뒤에야 환경에 관심을 가진다는 이 생각은 내게 깊이 각인되었다. 여러 해 뒤 지역사회 조직가로 활동할 때는 공공주택 입주민들을 조직하여 석면을 제거하도록 요구하는 운동을 벌였으며, 주의회에서 '녹색' 투표를 한다는 신뢰를 얻은 덕에 연방상원의원에 출마했을 때는 자연보전유권자연맹이 나를 지지한다고 선언해주었다. 의회에 들어와서는 여러 오염 방지 법률을 약화하려는 부시 행정부의 시도를 비판하고 오대호 보전 활동을 지지했다. 하지만 정치 경력에서 환경 문제를 주된 활동 분야로 내세운 적은 없었다. 환경 문제가 중요하다고 생각하지 않아서가 아니라 노동자 계층이 상당수를 차지하는 내 선거구민들에게 열악한 공기 질이나 공업 폐수는 주거, 교육, 보건 의료, 일자리 등의 개선에 비해 부차적인 관심사였기 때문이다. 나무는 다른 누군가가 걱정해줄 거라 생각했다.

하지만 불길한 기후변화 현실 앞에서는 관점을 바꿀 수밖에 없었다.

상황은 해마다 나빠지는 듯했다. 발전소, 공장, 승용차, 트럭, 비행기, 산업 규모의 축산, 벌목을 비롯하여 성장과 근대화의 모든 상징이 뿜어내는 이산화탄소와 온실가스 구름이 점점 커지면서 기온이 번번이 최고치를 경신했다. 내가 대통령에 출마할 즈음 과학자들 사이에서는 국제사회가 배출 가스를 줄이기 위해 대담하고 일사불란하게 행동하지 않으면 지구 온도가 몇십 년 안에 2도 상승하리라는 뚜렷한 공감대가 형성되어 있었다. 그 시점을 지나면 지구는 빙모氷帽 해빙, 해수면 상승, 극단적 기후가 가속화하여 돌이킬 수 없게 될 것이다.

급속한 기후변화가 사람들에게 미칠 영향을 예측하기란 쉬운 일이 아니다. 하지만 최상의 시나리오에 따르더라도 심각한 해안 침수, 범람, 산불, 허리케인이 무시무시하게 결합하여 수백만 명이 보금자리를 잃을 것이며 대다수 정부는 속수무책일 것이다. 이 때문에 국제적 분쟁과 곤충 매개 질병의 위험도 커진다. 자료를 읽으면서, 갈라진 땅을 헤매며 경작 가능한 땅을 찾는 길 잃은 영혼들의 행렬을, 모든 대륙에서 카트리나급 재난이 빈발하고 섬나라들이 바닷물에 잠기는 광경을 떠올렸다. 하와이는, 알래스카 대빙하나 뉴올리언스는 어떻게 될까? 말리아, 사샤, 우리 손자녀들이 내가 당연하게 여기며 자란 경이로운 풍경을 빼앗긴 채 더 혹독하고 위험한 세상에서 살아가는 모습을 상상했다.

내가 자유세계를 이끌고자 한다면 기후변화를 선거운동과 대통령직의 우선순위로 삼아야겠다고 마음먹었다.

하지만 어떻게? 기후변화는 정부가 대처하기 힘들기로 악명 높은 사안 중 하나다. 미래에 서서히 펼쳐질 위기를 막기 위해 **지금** 정치인들이 거추장스럽고 값비싸고 인기 없는 정책을 입안해야 하기 때문이다. 앨고어 전 부통령처럼 선견지명이 있는 몇몇 지도자 덕분에 인식이 개선되고는 있었다. 그는 대중에게 지구온난화를 교육한 업적으로 노벨 평화상을 받았으며, 기후변화를 줄이기 위해 여전히 열심히 싸우고 있었다. 젊고 진보적인 유권자들이 특히 적극적으로 호응했다. 그럼에도 핵심 민주당 이익집단, 특히 대형 산업 노조는 조합원들의 일자리를 위협할지도 모르는 모든 환경 조치에 저항했다. 선거운동 초기의 여론조사에 따르면 평균적 민주당 유권자의 관심사 중에서 기후변화는 꼴찌에 가까웠다.

공화당 유권자들은 더욱 회의적이었다. 한때 연방정부의 환경보호가 양당의 지지를 받던 시절이 있었다. 공화당 대통령 리처드 닉슨은 의회 민주당과 협력하여 1970년 환경보호국을 설립했다. 조지 H. W. 부시는 1990년 청정대기법 강화를 지지했다. 하지만 그런 시절은 지나갔다. 남부와 서부에서는 석유 채굴업자, 광산 관계자, 개발업자, 목축업자들이 오래전부터 환경 보전 활동 때문에 골머리를 썩이고 있었는데, 공화당의 지지 기반이 그곳으로 이동하면서 환경보호는 당파적 문화 전쟁의 또 다른 전선戰線으로 전락했다. 보수파 매체는 나무를 끌어안는 극단주의자들이 기후변화 거짓말을 지어내 일자리를 없앤다고 선전했다. 거대 석유 기업들은 기후변화에 관한 사실을 물타기하는 싱크탱크와 홍보 회사들에 수백만 달러를 쏟아부었다.

아버지와 대조적인 조지 W. 부시와 그의 행정부 사람들은 지구온난화의 증거를 적극적으로 경시했으며, 임기 전반부에 미국이 세계 최대의 이산화탄소 배출국이었음에도 온실가스를 감축하려는 국제적 노력에 동참하기를 거부했다. 의회 공화당은 인류가 기후변화를 일으켰다는 사실을 인정하기만 해도 당 운동가들에게 의심을 샀다. 기후변화에 대응하는 정책 변경을 시사했다가는 예비선거에서 고전할 수도 있었다.

명목상 친환경적 투표 이력이 있던 전직 공화당 상원 동료가 어느 날 씁쓸한 표정으로 내게 말했다. "우리는 낙태에 반대하는 민주당 의원들과 비슷합니다. 조만간 멸종할 테니까요."

이런 현실을 염두에 두고서 우리 팀과 나는 선거운동 기간에 기후변화를 강조하되 표를 너무 많이 깎아먹지는 않도록 조심했다. 나는 온실가스 감축을 위한 야심 찬 배출권 거래제를 일찌감치 옹호했지만, 미래의 정적들에게 짭짤한 표적이 될까 봐 구체적으로 파고들지는 않았다. 연설에서는 기후변화 예방 조치와 경제성장의 갈등을 되도록 언급하지 않았으며 에너지 효율 개선으로 인한 비환경적 혜택—이를테면 외국산 석유에 대한 의존도를 줄일 수 있다는 것—을 부각했다. 중도파의 표심을 얻기 위해, 미국이 청정에너지로 이행하는 동안에도 국내 석유, 가스 생산 시설을 지속적으로 개발하도록 허용하고 에탄올, 청정 석탄 기술, 핵 발전에 자금을 지원하는 '만물상'식 에너지 정책을 펴겠다고 공약했다. 이런 입장은 환경주의자들에게는 인기가 없었지만 경합주 유권자들에게는 무척 중요한 문제였다.

고통 없이 탄소 없는 미래로 전환한다는 나의 장밋빛 구상에 일부 기후변화 운동가들은 불만을 토로했다. 내가 실존적 위협에 대처하기 위해 (석유와 가스 채굴에 대한 유예 조치나 전면적 금지를 비롯한) 더 큰 희생과 힘겨운 선택을 촉구하길 바랐기 때문이다. 완벽하게 합리적인 세상에서는 그런 생각이 일리 있었을지도 모른다. 하지만 지독히도 비합리적인 미국 정치의 현실에서 보좌진과 나는 종말론적 시나리오를 내세우는 것은 나쁜 선거 전략이라고 확신했다.

플러프는 환경운동 단체들의 질문을 받으면 이렇게 받아쳤다. "오하이오와 펜실베이니아에서 지면 환경보호를 위해 아예 아무 일도 못 하게 될 거라고요!"

경제가 추락하는 상황에서 기후변화를 둘러싼 정치 환경은 선거 이후로 더욱 나빠졌으며(액스가 단도직입적으로 말했다. "자기 집이 압류되는데 태양전지판에 신경 쓸 사람은 없어요.") 언론에서는 우리가 환경 문제를 조용히 한쪽으로 제쳐둘지도 모른다는 추측이 돌았다. 그래야겠다는 생각이 내 머릿속에 한 번도 떠오르지 않은 이유는 내가 자신만만했기 때문이요, 환경 문제가 그만큼 중요했기 때문이다. 나는 람에게 기후변화를 우선순위 면에서 보건 의료와 대등하게 취급하고 의제를 추진할 팀을 꾸리라고 지시했다.

우리는 클린턴 행정부에서 환경보호국장을 지낸 캐럴 브라우너를 설득하여 핵심 기관들을 조율하는 신설 직책인 백악관 '기후 차르'(에너지기후변화정책실장_옮긴이)에 앉히면서 순조롭게 출발했다. 키가 크고 호리호리하며 과민한 에너지와 긍정적 열정을 사랑스럽게 겸비한 캐럴은 환경 문제에 정통했고 의회에서 마당발이었으며 모든 주요 환경단체의 신임을 받았다. 환경보호국장에는 리사 잭슨을 임명했다. 그녀는 아프리카계 미국인 공학자로, 환경보호국에서 15년간 일했으며 그 뒤에 뉴저지 환경보호감독관을 지냈다. 정치 실무에 밝았으며 뉴올리언스 출신다운 매력과 수더분한 유머 감각을 갖췄다. 에너지장관 스티븐 추는 미국 에너지 부문의 전환에 관한 과학적 쟁점을 우리에게 속속들이 가르쳐주었다. 스탠퍼드 대학교 출신의 노벨 물리학상 수상자이며 캘리포니아의 유명한 로런스 버클리 국립연구소에서 소장직을 역임했다. 금속 테 안경을 쓴 그는 열성적이지만 약간 분위기가 산만한 천생 학자였으며, 스케줄을 깜박하여 회의 직전에 엉뚱한 곳에 가 있는 통에 직원들이 백악관 구내를 뒤져야 한 적이 한두 번이 아니었다. 하지만 이력에서 보듯 두뇌가 명석했으며 매우 전문적인 사안을 나 같은 둔재도 이해할 수 있는 언어로 설명하는 재능이 있었다.

캐럴을 앞세운 우리의 기후변화 고문단은 방대한 정책 의제를 제안했는데, 그중 하나는 탄소 배출 상한선을 정해 (만일 성공한다면) 미국의 온실가스 배출량을 2050년까지 80퍼센트 감축한다는 것이었다. 그래도 지구 온도가 2도 이상 상승하는 현상을 막기엔 충분치 않겠지만, 적어도 첫 단추를 꿰고 향후에 더 공격적인 감축 조치를 취할 토대를 놓을 수는 있었다. 이에 못지않게 중요한 사실은 야심 차면서도 현실적인 목표를 정함으로써 전 세계의 주요 배출국—특히 중국—에 미국을 본받으라고 압박할 자격이 생긴다는 것이었다. 우리의 목표는 나의 대통령 임기가 끝나기 전에 대규모 국제 기후 협약을 협상하여 조인하는 것이었다. 우리는 경제회복법에서 출발했다. 경기 부양 자금을 이용하여 에너지 부문을 변혁하고 청정에너지 연구, 개발에 투자하여 풍력과 태양광 발전 비용을 훨씬 낮출 수 있음을 알았기 때문이다. 우리의 계산은 간단했다. 온실가스를 감축한다는 목표를 달성하려면 미국 경제가 화석연료에 대한 의존에서 벗어나야 하며 효과적 대안이 없다면 불가능하다는 논리였다.

2009년에만 해도 전기 자동차가 그저 신기한 물건이었다는 사실을 명심해야 한다. 태양전지판 제조업체들은 틈새시장에 머물러 있었다. 태양광발전과 풍력발전이 미국의 전체 전기 생산량에서 차지하는 비중은 미미했다. 석탄 발전소와 가스 발전소에 비해 여전히 비용이 많이 들기 때문이기도 했고, 해가 나지 않거나 바람이 불지 않을 때 안정적으로 전기를 공급할 수 있겠느냐는 정당한 의문 때문이기도 했다. 전문가들은 청정 발전 시설이 보급됨에 따라 비용이 계속 하락하고, 더 효율적인 축전 기술이 개발되면 안정성 문제를 해결할 수 있다고 확신했다. 하지만 발전소를 짓는 데는 돈이 많이 들었으며, 에너지 연구·개발도 마찬가지였다. 민간 부문 투자자나 주요 전기 회사들은 청정에너지를 위험한 도박으로 여겨 관심을 보이지 않았다. 가장 성공적인 청정에너지 기업들조차 사업을 유지하느라 애를 먹는 상황에서는 그럴 수밖에 없었다.

사실 첨단 차량 제조사에서 생물 연료 생산 업체에 이르는 모든 재생 가능 에너지 기업이 같은 딜레마에 처해 있었다. 아무리 훌륭한 기술이 있어도 100여 년에 걸쳐 석유, 가스, 석탄 위주로 구축된 경제 속에서 사업해야 했기 때문이다. 이런 구조적 불이익은 자유 시장 참가자들 때문만은 아니었다. 연방정부, 주정부, 지방정부는 값싼 화석연료를 꾸준히 공급하고 지속적 수요를 유지하기 위해—직접 보조금과 감세 조치를 통해서든, 파이프라인과 고속도로와 항만 터미널 같은 기반 시설 건설을 통해서든—수조 달러를 투입했다. 미국 석유 회사들은 수익률이 세계에서 가장 높은 기업에 속했는데도 연방정부로부터 해마다 수백만 달러의 감세 혜택을 받았다. 청정에너지 부문이 공정한 경쟁 기회를 얻으려면 통 큰 부양 조치가 필요했다.

우리는 바로 그것을 경제회복법에서 기대했다.

우리는 약 8000억 달러의 가용 경기 부양 기금 중에서 900억 달러 이상을 전국 청정에너지 사업에 지원했다. 1년이 지나지 않아, 내가 선거운동 기간에 방문했을 때 불황으로 문을 닫았던 아이오와주 메이텍사의 공장이 다시 가동하여 첨단 풍력 터빈을 생산하고 있었다. 우리는 세계 최대의 풍력발전 단지 중 한 곳의 건설에도 자금을 투입했다. 새로운 축전 시스템 개발을 지원하고, 전기 및 하이브리드 트럭, 버스, 승용차 시장에 마중물을 부었다. 건물과 기업의 에너지 효율을 높이는 계획에 자금을 제공하고, 재무부와 협력하여 한시적으로 기존 연방 청정에너지 세액 공제를 직접 지불 방식으로 변경했다. 에너지부 차원에서는 경제회복법 자금으로 에너지고등연구계획국(ARPA-E)을 설립했다. 이 고위험 고수익 연구 계획의 모델인 방위고등연구계획국(DARPA)은 소련의 스푸트니크호 발사 뒤에 설립된 유명한 국방 연구 부서로 스텔스 기술 같은 무기 체계뿐 아니라 초기의 인터넷, 자동 음성 구동, GPS를 개발한 바 있다.

흥미진진한 사업이었다. 다만, 혁신적 에너지 기술을 추구하다 보면 경제회복법 투자의 일부는 회수하지 못할 것이 분명했다. 가장 눈에 띄는 실패는 부시 행정부 시절에 시작된 에너지부 융자 사업을 확장하여 유망한 청정에너지 기업에 장기 운용 자금을 제공하기로 한 결정이었다. 전반적으로 에너지부 융자 보증 사업은 인상적인 실적을 거뒀으며, 자동차 회사 테슬라 같은 혁신적 기업들이 다음 단계로 도약하는 데 일조했다. 융자에 대한 채무 불이행 비율은 3퍼센트에 불과했으며 성공한 사업들에서 자금을 회수하면 소수의 실패 사례를 만회하고도 남을 듯했다.

하지만 안타깝게도 대규모 채무 불이행 사태 중 하나가 내 임기 중에 벌어졌다. 무려 5350만 달러를 융자받은 태양전지판 회사 솔린드라가 문제였다. 이 회사는 혁신적이라고 인정받은 기술의 특허를 가지고 있었지만, 모든 투자에는 위험이 따르는 법이다. 두둑한 정부 보조금을 받은 중국 회사들이 만든 값싼 태양전지판이 시장에 넘쳐나자 솔린드라는 휘청거리기 시작하다가 2011년에 결국 나자빠졌다. 채무 불이행 규모로 보건대 솔린드라는 홍보 측면에서 악몽이 되었다(첫 재무 경보가 울리기 시작하던 때 우리 팀의 계획에 따라 내가 솔린드라의 캘리포니아 시설을 방문한 사실은 말할 것도 없다). 언론은 몇 주 동안 이 이야기를 떠들어댔고 공화당은 희희낙락했다.

나는 의연히 대처하려고 애썼다. 무엇 하나 계획대로 정확히 되지 않는 것이야말로 대통령직의 본질임을 스스로에게 상기시켰다. 심지어 가장 순수한 의도에서 출발하여 훌륭히 집행된 성공적인 사업에도 대개 숨은 결함이나 예상치 못한 결과가 도사리고 있었다. 일이 성사되는 과정에서 비판을 받는 것은 불가피했다. 그러지 않으면─안전한 길만 걷고 논쟁을 피하고 여론조사만 쫓아다니면─변변찮은 성과만 거둘 뿐 아니라 나를 당선시켜준 시민들의 희망을 배신하게 될 터였다.

그럼에도 재생 가능 에너지 부문에 활력을 불어넣은 경제회복법의 눈부신 성공이 솔린드라의 실패에 가려지는 것을 보면서 분통이 터졌다(이따금 만평에서처럼 귀에서 김이 뿜어져 나오는 장면이 정말로 머릿속에 그려지기도 했다). 우리의 '청정에너지 문샷'('문샷moonshot'은 미국의 달 탐사 계획에 빗댄 표현으로, 창의적이고 혁신적인 발상을 뜻한다_옮긴이)은 시행 첫해부터 경제를 활성화하고 일자리를 창출하고 태양광 및 풍력발전의 급성장과 에너지 효율의 도약을 견인하고 기후변화와 맞서 싸울 신기술을 배출하기 시작했다. 나는 전국 순회 연설에서 이 모든 일이 얼마나 중요한지 설명했다. 이렇게 외치고 싶었다. "효과가 있다고요!" 하지만 환경운동가와 청정에너지 기업을 제외하면 누구도 관심이 없는 듯했다. 한 기업 임원 말마따나 경제회복법 덕분에 "미국의 태양광, 풍력 산업 전체가 결딴나지 않았다"는 사실은 뿌듯했어도, 장기적 이익을 가져다주지만 지금도 우리 머리통을 후려치는 정책들을 언제까지 추진할 수 있을지 의문이 드는 것은 어쩔 수 없었다.

청정에너지 투자는 온실가스를 줄인다는 목표를 달성하기 위한 첫 단계였다. 다음으로는 미국의 일상적 에너지 이용 습관을─기업들이 건물 냉난방에 대해 다시 생각하는 것이든 가정들이 다음 차를 살 때 환경을 고려하는 것이든—변화시켜야 했다. 우리는 경제 전반에서 청정에너지에 인센티브를 부여하는 기후변화 법안으로 그중 일부를 달성하고자 했다. 하지만 리사와 캐럴에 따르면 기업과 소비자의 행동 중 적어도 일부를 바꾸는 것은 의회의 행동을 기다릴 필요가 없었다. 기존 법률에 따른 우리의 규제 권한을 최대한 활용하면 됐다.

이 법률들 중에서 가장 중요한 것은 청정대기법이었다. 1963년에 제정된 이 기념비적 법률은 연방정부에 대기오염을 감시할 권한을 부여했으며, 덕분에 미국은 1970년대에 강제력 있는 청정 대기 기준을 확립할 수 있었다. 최근인 1990년에도 의회 양당의 지지로 재승인된 이 법률에는 환경보호국이 "공중 보건이나 복리를 위협할 것이라고 합리적으로 예상할 수 있는 수준의 대기오염을 야기하거나 일조한다고 판단되"는 자동차 배출 가스를 억제하기 위해 "규제를 통해" 기준을 정할 수 있다고 명시되어 있다.

기후과학을 믿는다면 자동차 배기구에서 뿜어져 나오는 이산화탄소는 분명히 대기오염 물질로 규정할 수 있다. 부시 대통령의 환경보호국장은 아닌 게 틀림없지만(과학을 믿지 않았다는 얘기다). 2003년에 그는 청정대기법이 환경보호국에 온실가스 규제 권한을 부여하지 않는다고 판단했으며 설령 부여하더라도 자신은 이 권한으로 배출 기준을 변경하지 않겠다고 말했다. 여러 주와 환경단체가 소송을 제기했는데, 2007년 대법원에서 근소한 표 차로 통과된 '매사추세츠 대 환경보호국 사건' 판결에서는 부시 대통령의 환경보호국이 판단을 내리는 과정에서 과학에 근거한 '합리적 판단'을 적용하지 않았다면서 집에 가서 숙제를 다시 해 오라고 명령했다.

그 뒤로 2년간 부시 행정부는 아무것도 하지 않았지만, 지금 우리는 대법원의 결정을 써먹을 수 있는 위치였다. 리사와 캐럴은 과학적 증거를 수집하여 온실가스가 환경보호국 규제 대상에 포함된다는 결과를 발표하고 그 즉시 권한을 발동하여 미국에서 제작되거나 판매되는 모든 승용차와 트럭의 연비 기준을 상향하라고 권고했다. 이런 규칙을 제정하기에 지금보다 유리한 상황은 없었다. 미국 자동차 제조사와 전미자동차노조는 일반적으로 연비 기준 상향에 반대했지만 내가 자동차 산업을 부양하기 위해 수십억 달러의 타프 자금을 계속 투입하기로 결정하자 (캐럴이 절묘하게 표현한 것처럼) "더 전향적"으로 바뀌었다. 리사는 우리가 충분히 빠르게 행동한다면 자동차 제조사들이 내년 모델을 출시하기 전에 규제를 발효할 수 있다고 생각했다. 그렇게 해서 미국 휘발유 소비량이 감소하면 약 180억 배럴의 석유를 아끼고 연간 온실가스 배출량을 20퍼센트 감축할 수 있었다. 또한 향후에 환경보호국이 다른 온실가스 배출원을 규제할 수 있는 요긴한 선례를 확립하는 셈이었다.

내가 보기에 이 계획은 더 생각할 필요도 없는 문제였으나, 람과 나는 자동차 제조사들의 동의를 얻더라도 환경보호국이 새로운 연비 기준을 발표하면 상당한 정치적 반발이 일어나리라는 데 동의했다. 어쨌든 공화당 지도부는 연방 규제 철폐를 부자 감세와 더불어 1급 우선순위로 간주했다. 재계 단체와 코크 형제 같은 보수파 고액 후원자들은 '규제'를 금기어로 만드는 10개년 캠페인에 거액을 투자했다. 《월 스트리트 저널》 사설란에는 통제 불능의 '규제 국가'를 비난하는 글이 매일 실렸다. 규제 반대파에게 연비 기준 상향의 장단점보다 더 중요한 것은 새 규칙이 무엇을 상징하는가였다. 그것은 선출직도 아닌 워싱턴 관료 집단이 국민의 삶에 시시콜콜 간섭하여 미국 경제의 활력을 빼앗고 사유재산권을 침해하고 대의 정부라는 건국의 아버지들의 이상을 훼손한다는 것이었다.

나는 그런 주장에 동의하지 않았다. 일찍이 진보 시대(19세기 후반부터 제1차 세계대전 발발 때까지 이어진 시기로, 정부의 역할이 확대되고 복지 수준이 높아졌다_옮긴이)부터 석유 트러스트와 철도 독점기업들은 미국 경제를 옥죄는 자신들의 권력을 약화시키려는 정부의 시도를 공격하면서 이와 비슷한 언어를 구사했다. 루스벨트의 뉴딜에 반대한 자들도 마찬가지였다. 그럼에도 20세기를 통틀어 의회는 꾸준한 입법과 양당 대통령과의 협조를 통해 증권거래위원회에서 직업안전위생관리국, 연방항공국에 이르는 수많은 전문 기관에 규제 및 강제 권한을 부여했다. 이유는 간단했다. 사회가 복잡해지고 기업의 힘이 강해지고 시민들이 정부에 요구하는 것이 많아진 탓에 선출직 공직자들이 온갖 산업을 규제할 시간이 부족했기 때문이다. 금융시장 전반에 적용되는 공정거래 규칙을 제정하고 최신 의료 기기의 안전성을 평가하며, 새 오염 데이터를 해석하고 고용주가 인종이나 성별을 이유로 직원을 차별하는 온갖 행태를 금지하는 데 필요한 전문 지식도 선출직 공직자들에게는 없었다.

여러분이 좋은 정부를 바란다면 전문성은 중요한 문제다. 공공 기관은 중요한 일들에 신경 쓰는 임무를 수행함으로써 일반 국민이 신경 쓸 일 없도록 해주는 사람들로 채워져야 한다. 이 전문가들 덕에 숨 쉬는 공기나 마시는 물의 질을 우려하지 않아도 되고, 우리가 받아야 하는 초과근무수당을 고용주가 지급하지 않을 때 조치를 취할 수 있으며, 처방전 없이 구입하는 일반 의약품의 안전성을 신뢰할 수 있고, 자동차를 운전하거나 민간 항공기를 타는 일이 불과 20년, 30년, 50년 전보다 기하급수적으로 안전해졌다. 보수파가 그토록 지독히 비난한 '규제 국가'는 미국의 삶을 지독히도 개선했다.

그렇다고 해서 연방 규제에 대한 비판이 모두 거짓이라는 말은 아니다. 관료주의적 번문욕례가 기업에 불필요한 부담을 가하고 혁신적 제품의 시장 진출을 지연시킬 때가 있었다. 일부 규제는 효과에 비해 비용이 더 들기도 했다. 특히 환경단체들은 정보규제사무국이라는 모호한 행정부 하위 기구가 모든 신규 연방 규제에 비용, 편익 분석을 실시하도록 한 1980년 법률을 증오했다. 이 절차가 기업에 유리하다고 확신했기 때문인데, 일리 있는 생각이었다. 기업의 이익과 손실을 평가하는 일이 멸종 위기 조류를 보전하거나 아동이 천식에 걸릴 가능성을 줄이는 비용을 산정하는 일보다 훨씬 쉽기 때문이었다.

그럼에도 정책적 이유에서든 정치적 이유에서든 진보가 경제를 무시해서는 안 된다고 나는 생각했다. 정부가 거창한 문제를 해결할 수 있다고 믿는 사람들은, 의도가 선하다고 해서 결과도 좋을 거라고 무작정 믿어서는 안 되며 우리의 결정이 미칠 현실적 영향에 관심을 가질 의무가 있다. 어느 기관이 습지를 보전하려고 제정한 규칙 때문에 가족농이 경작지를 잃는다면 그 기관은 정책을 추진하기 전에 해당 가족의 손실을 고려해야 한다.

시카고 로스쿨의 옛 동료 캐스 선스틴을 정보규제사무국장으로 임명하여 비용·편익 전문가 역할을 맡긴 이유는 이 문제를 제대로 처리하고 싶었기 때문이었다. 저명한 헌법학자로 여남은 권의 책을 썼고 미래의 대법원장으로 종종 언급되는 캐스는 정보규제사무국장 자리를 맡고 싶다고 내게 로비를 벌였는데, 봉사에 대한 열의, 체면 차리지 않는 소탈함, 이 일에 안성맞춤인 높은 너드 지수를 보여주는 대목이다. (누구보다 다감하고 세계적 수준의 스쿼시 선수인 그의 책상은, 내가 지금껏 본 책상 중 가장 지저분했다.) 그 뒤로 3년간 캐스와 그의 소수 정예 팀은 백악관의 도로 맞은편에 있는 허름한 사무실에서 불철주야 일하면서 우리가 제안한 규제가 비용을 정당화할 만큼 사람들에게 실제로 도움이 되는지를 검증했다. 또한 불필요하거나 쓸모가 없어진 규제를 없애기 위해 기존의 모든 연방 규제를 철저히 검토하는 일도 떠맡았다.

캐스는 몇 가지 특이 사례를 발굴했다. 병원, 의사, 간호사가 연간 10억 달러 이상을 의무적인 서류 작성과 불필요한 행정 업무에 쓰게 하는 오래된 요건들이 있는가 하면 우유를 '기름'으로 분류하여 낙농가에 연간 1억 달러 이상의 비용을 부과한 괴상한 환경 규제가 있었고 트럭 운전사로 하여금 운행 시마다 양식을 채우느라 17억 달러분의 시간을 허비하게 만드는 무의미한 의무 조항이 있었다. 하지만 캐스가 검토한 규제의 절대다수는 검증을 통과했으며, 내 대통령 임기가 끝날 즈음에는 공화당 분석가들조차 우리 규제의 편익이 비용을 6 대 1로 능가했다고 결론 내렸다.

연비 기준을 높이자는 리사와 캐럴의 제안은 이런 규제들 중 하나였다. 내가 승인하자마자 그들은 작업에 착수했다. 교통장관 레이 러후드가 훌륭한 파트너가 되어주었다. 피오리아 출신의 전직 연방하원의원이자 점잖은 구식 공화당원인 그는 사교적인 성격과 초당적 협력에 대한 열성으로 복도 양편에서 인기를 끌었다. 5월의 어느 화창한 날 나는 자동차 산업 총수들과 전미자동차노조 위원장을 대동하고 로즈 가든에 서서 이제부터 생산되는 승용차와 소형 트럭의 연비를 리터당 11.7킬로미터에서 2016년까지 리터당 15킬로미터로 높인다는 합의문을 발표했다. 이 계획은 신차의 수명 주기 동안 온실가스 배출량을 9억 미터톤 이상 감축할 전망이었는데, 1억 7700만 대의 승용차를 도로에서 없애거나 석탄 화력발전소 194곳을 폐쇄하는 효과와 맞먹었다.

그날 자동차 제조사들의 발언은 발표 취지를 벗어나지 않았다. 그들은 새 목표를 달성할 수 있다는 자신감과 (제각각의 주법州法을 누더기처럼 그러모은 것이 아니라) 단일한 국가 기준이 자동차 산업에도 이로우리라는 확신을 표명했다. 우리가 논란 없이 속전속결로 협상을 타결한 것에 기자들은 어리둥절했으며, 몇몇은 캐럴에게 난데없이 새로 촉발된 쿰바야(흑인 영가에서 비롯한 표현으로, 경건하고 낙관적인 태도를 뜻한다_옮긴이) 정신에 자동차 산업 구제 조치가 영향을 미쳤느냐고 물었다. 그녀는 이렇게 잘라 말했다. "협상 중에 구제 조치를 거론한 적은 없습니다." 나중에 오벌 오피스에서 그 말이 사실이냐고 물었다.

그녀가 대답했다. "그렇다마다요. 물론 구제 조치를 전혀 떠올리지 않았으리라고는 말할 수 없지만요……."

한편 나는 전구에서 업소용 에어컨에 이르는 모든 제품의 에너지 효율 기준을 정하는 권한을 에너지부에 부여한 (발동된 적은 거의 없는) 1987년 법률을 발동하여 효율성 기준을 발견하는 족족 갱신하는 임무를 스티븐 추에게 맡겼다. 그는 사탕 가게에 들어간 아이처럼 최신 기준 선정 결과를 시시콜콜 설명하여 나를 기쁘게 했다. ("냉장고 효율을 단 5퍼센트만 높여도 환경에 어떤 영향을 미칠 수 있는지 알면 놀라실 겁니다!") 세탁기와 건조기에 대한 그의 흥분에 맞장구치기는 쉽지 않았지만, 결과는 정말이지 놀라웠다. 내가 퇴임할 즈음 이 새로운 가전제품 기준이 시행되면서 해마다 2억 1000만 미터톤의 온실가스를 대기 중에서 제거할 수 있었다.

이후 몇 년간 자동차 제조사와 가전제품 제조사들은 상향된 효율 기준을 별다른 불평 없이, 일정을 앞당겨 달성함으로써 야심 찬 규제 기준이 제대로 시행된다면 오히려 업계의 혁신을 자극한다는 스티븐의 주장을 입증했다. 소비자들은 에너지 효율이 높은 승용차나 가전제품이 이따금 더 비싸더라도 불평하지 않았다. 가격 차이는 전기 요금이나 연료비 절감으로 상쇄되었고, 신기술이 널리 보급되면 가격은 대개 원래 수준으로 낮아졌다.

놀랍게도 매코널과 베이너도 에너지 규제에 법석을 떨지 않았다. 자기들에게 유리한 사안이라고 생각하지 않아 오바마케어를 무찌르는 일에 전념하려고 그랬는지도 모르겠지만. 그러나 모든 공화당원이 자제력을 발휘하지는 않았다. 어느 날 피트 라우스가 오벌 오피스에 들어와 미네소타주 연방하원의원 미셸 바크먼의 발언들이 담긴 방송 동영상을 보여주었다. 하원 티파티 코커스 창립자인 바크먼은 훗날 공화당 대통령 후보 경선에도 출마했다. 그녀는 에너지 효율성이 높은 최신 전구가 비미국적인 '빅 브라더 간섭'이자 공중 보건에 대한 위협이라고 성토하고, 급진적 '지속 가능성' 의제를 강제하려는 민주당의 더 큰 음모를 암시한다고 단언했다. 그리고 결국 모든 미국 시민이 강제로 "도심으로 이주하여 다세대주택에 살면서 경전철을 타고 정부 직장에 출근"하게 되리라고 주장했다.

피트가 말했다. "우리의 비밀이 발각된 것 같습니다, 대통령님."

나는 심각한 표정으로 고개를 끄덕였다. "폐지 분리수거함을 감추는 게 좋겠군요."

에너지를 절약하는 승용차와 식기세척기가 일보 전진이기는 했지만 궁극적 해결책이 영구적 변화로 이어지려면 포괄적 기후 입법이 의회에서 통과되어야 했다. 법안은 차량과 가전제품뿐 아니라 온실가스 배출에 일조하는 모든 경제 부문에 영향을 미칠 수 있었다. 그뿐 아니라 입법 과정에서 촉발되는 뉴스 기사와 공적 담론이 지구 온도 상승의 위험을 국민에게 인식시키고, 모든 일이 잘 풀린다면 의회가 최종 산물에 주인 의식을 느낄 수도 있었다. 가장 중요한 사실은 규제는 미래의 공화당 행정부가 일방적으로 철회할 수 있지만 연방 입법은 진정한 지속력을 가진다는 것이었다.

물론 입법을 성사시키려면 상원 필리버스터라는 걸림돌을 넘어야 했다. 경제회복법 때는 의원들을 닦달해 필요한 민주당 표를 모조리 동원할 수 있었지만 이번에는 석유나 석탄을 생산하는 주의 민주당 상원의원으로 재선 전망이 어두운 두어 명이 틀림없이 반대표를 던질 거라고 해리 리드가 경고했다. 예순 표를 얻으려면 공화당 의원 중 적어도 두세 명이, 자신의 유권자 대다수가 단호히 반대하고 미치 매코널이 막아내겠노라 공언한 법안을 지지하도록 설득해야 했다.

처음에 생각한 최상의 후보는 내가 대통령 선거에서 패배시킨 사람이었다.

존 매케인은 기후변화 입법을 지지했지만 선거운동 기간에는 티를 내지 않았다. 자신이 선택한 러닝메이트의 에너지 정책—"드릴, 베이비, 드릴!Drill, baby, drill!"—이 공화당 청중에게 먹힌다는 사실을 알고는 더더욱 몸을 사렸다. 하지만 솔직히 말하자면 그는 상원의원 초창기에 표명한 입장을 통째로 버린 적이 없었고, 선거 이후의 (매우) 짧은 밀월 기간에 나와 함께 기후 법안 통과를 위해 머리를 맞대기도 했다. 보도에 따르면 내가 취임 선서를 할 즈음 그는 상원의 막역지우 조 리버먼과 손잡고, 환경공공사업위원회 위원장인 바버라 복서 캘리포니아주 민주당 의원이 발의한 진보적 법안의 대안인 초당적 법안을 작성하고 있었다.

안타깝게도 공화당 진영에서 매케인의 초당적 타협 이미지는 한물간지 오래였다. 우익은 공화당이 상하원에서 패배한 이유는 그에게 보수주의적 신념이 결여된 탓이라며 그를 어느 때보다 경멸했다. 2009년 1월 말 J. D. 헤이워스라는 연방하원의원 출신 우익 라디오 진행자가 이듬해 애리조나주 예비선거에서 매케인에 맞서 출마할 가능성을 내비쳤다. 매케인이 22년 전 상원에 입성한 뒤로 처음 맞는 심각한 도전이었다. 내 생각엔 이처럼 지독하게 굴욕적인 상황에 매케인의 피가 끓어올랐을 게 틀림없지만 그의 내면에 있는 정치인은 재빨리 오른쪽 옆구리를 단련해야겠다고 결정했다. 주요 환경 입법에 관해 나와 힘을 합치는 것이 그 일에 도움이 되지 않으리라는 것은 분명했다. 얼마 안 가서 우리는 리버먼의 사무실을 통해 매케인이 법안에서 손을 뗀다는 말을 들었다.

한편 하원 공화당에는 기후 입법 공동 발의를 고려하는 의원조차 없었다. 이제 독자적으로 법안을 작성하여 민주당 표만으로 통과시키겠다는 의원은 유관 위원회의 고참 민주당 하원의원인 캘리포니아주 헨리 왝스먼과 매사추세츠주 에드 마키만 남았다. 단기적으로 보면 우리에게 유리했다. 왝스먼과 마키는 정책을 놓고 우리와 폭넓게 협력했으며 이들의 보좌진은 현안을 파악하고 있었고 우리의 제안을 환영했다. 문제는 두 하원의원이 코커스 내에서 합의된 것보다 덜 진보적인 법안을 검토할 필요성을 거의 느끼지 않는다는 것이었다. 이 때문에 그들이 내놓은 법안이 환경단체의 희망 사항 목록으로 치부되어 관망적 민주당 상원의원의 상당수를 심장마비에 걸리게 할 가능성이 커졌다.

하원과 상원의 난국을 타개하기 위해 람은 필 실리로에게 왝스먼을 설득하여 (리버먼을 비롯하여) 법안을 발의할 가능성이 있는 상원의원들과 대화를 시작하도록 하라는 달갑잖은 임무를 맡겼다. 그렇게만 된다면 양측의 차이를 좁히는 일에 착수할 수 있었다. 일주일쯤 지나 필을 오벌 오피스로 불러 왝스먼과의 대화가 어떻게 됐느냐고 물었다. 필은 껑충한 몸을 소파에 던지고는 커피 테이블에 놓인 그릇에서 사과를 하나 집더니 어깨를 으쓱했다.

"아주 좋진 않습니다." 웃음과 한숨 사이 어딘가에 놓여 있는 목소리였다. 우리 팀에 합류하기 전 필은 왝스먼의 사무실에서 몇 년을 보냈으며 최근에는 수석보좌관을 지냈기에 왝스먼과 잘 알았다. 왝스먼은 잔소리를 늘어놓았고 상원 민주당의 과거 죄상을 낱낱이 읊으며—경제회복법을 축소한 것, 온건하거나 보수적인 상원의원들이 곤란해질까 봐 각종 하원 법안을 표결에 부치지도 않은 것, 전반적으로 줏대 없는 무골충 도구 노릇을 하는 것 등—하원 민주당이 상원 민주당(과 우리)에게 느끼는 불만을 쏟아냈다고 했다.

필이 말했다. "상원은 '좋은 아이디어가 죽으러 가는 곳'이라고 하더군요."

내가 말했다. "그건 반박할 수 없군요."

필이 낙관적인 어조를 띠려고 안간힘을 쓰며 말했다. "양원에서 각자 법안을 통과시킨 뒤에 양원협의회에서 이견을 조정해야 할 것 같습니다."

하원의 법안과 상원의 법안에 적어도 대화의 여지는 남아 있도록 하기 위해 노력하던 우리에겐 한 가지 유리한 점이 있었다. 리버먼과 복서, 그리고 하원 민주당과 대다수 환경단체는 내가 선거운동 기간에 지지한 것과 비슷한 배출권 거래제를 대규모 온실가스 감축 방안으로 선호했다. 작동 방식은 이렇다. 연방정부는 기업들이 배출할 수 있는 온실가스의 양을 제한하되 그 목표를 달성하는 방법은 각 기업에 일임한다. 한도를 초과하는 기업은 벌금을 문다. 한도에 미달한 기업은 쓰고 남은 오염 물질 배출권을 덜 효율적인 기업에 팔 수 있다. 오염 물질에 가격을 매기고 환경 친화적 조치를 위한 시장을 창출함으로써 배출권 거래제는 기업들이 최신 녹색 기술을 개발하고 채택할 유인책을 제공하며, 기술이 발전할 때마다 정부는 한도를 점점 낮춰 혁신의 선순환이 꾸준히 이루어지도록 유도한다.

온실가스 배출에 가격을 매기는 방법은 이것만이 아니었다. 일부 경제학자들은 이를테면 모든 화석연료에 '탄소세'를 부과하여 사실상 가격을 인상함으로써 사용을 억제하는 게 더 간단하다고 생각했다. 하지만 모든 당사자가 배출권 거래제를 선호한 한 가지 이유는 이 방안을 이미 성공적으로 그것도 **공화당 대통령**이 시도한 적이 있기 때문이다. 1990년에 조지 H. W. 부시 행정부는 공장 굴뚝에서 뿜어져 나와 산성비를 유발하여 동부 해안 전역의 호수와 숲을 파괴하는 이산화황을 억제하기 위해 배출권 거래제를 실시했다. 이 조치가 공장 폐쇄와 대량 정리해고로 이어지리라는 암울한 예측에도 불구하고 오염 기업들은 공정을 개선하는 비용 효율적 방법들을 금세 찾아냈으며 몇 년 안 가서 산성비는 거의 자취를 감췄다.

하지만 온실가스에 배출권 거래제를 도입하는 일은 규모와 복잡성 면에서 차원이 달랐다. 세부 사항을 놓고 치열한 싸움이 벌어지고, 로비스트들이 득시글거리며, 우리가 표를 구걸해야 하는 모든 의원이 이런저런 양보를 요구할 터였다. 건강보험 입법을 통과시키기 위한 투쟁에서도 배운 바 있듯 공화당이 자기네 의원의 정책 아이디어를 한때 지지했다고 해서 민주당 대통령이 내놓은 **완전히 똑같은 아이디어**를 지지하리라는 보장은 전혀 없었다.

그럼에도 나는 성공적인 선례가 있으니 합의 가능성이 있다고 믿어야 했다. 캐럴과 필을 비롯한 백악관 입법 보좌진은 2009년 봄 내내 양원을 왔다 갔다 하며 행동을 촉구하고 문제를 해결하고 주요 당사자와 그들의 보좌진에게 필요한 기술적 지원이나 정책 조언을 아끼지 않았다. 이 모든 일을 진행하는 동시에 경제를 개선하고 건강보험 법안을 가다듬고 이민 정책을 마련하고 사법부 지명자들을 인준받고 여남은 가지 소소한 정책을 의회에서 추진해야 했으니, 법무팀이 얼마나 혹독하게 스스로를 몰아붙였을지는 말할 필요도 없었다. 람의 사무실도—장식이 거의 없었으며 한가운데 있는 커다란 회의 탁자에는 커피 컵, 다이어트 콜라 캔, 이따금 반쯤 베어 문 과자가 널브러져 있었다—항공관제탑처럼 불철주야 바쁘게 돌아갔다.

그러다 6월 하순의 어느 후덥지근한 날 우리의 노고가 결실을 맺기 시작했다. 백악관 사교국에서 보좌진 소풍을 준비했는데, 내가 남쪽 잔디밭의 인파 속을 돌아다니며 아기들을 안아주고 뿌듯해하는 보좌진의 부모들과 사진 포즈를 취하기 시작했을 때 람이 돌돌 말린 종이 뭉치를 손에 들고 풀밭을 가로질러 뛰어왔다.

그가 말했다. "방금 하원에서 기후 법안을 통과시켰습니다, 대통령님."

내가 그에게 하이파이브를 하며 말했다. "잘됐네요! 표 차는 얼마나 났나요?"

람이 자신의 계산을 보여주었다. 219 대 212였다. "온건파 공화당 여덟 명이 찬성했습니다. 믿었던 민주당 두어 명을 잃었지만, 제가 그들을 손봐주겠습니다. 일단은 낸시, 왝스먼, 마키에게 고맙다고 연락하셔야 합니다. 의원들을 정말 호되게 몰아붙여야 했으니까요."

람은 이처럼 우리가 확실한 승점을 기록하는 날을 위해 살았다. 하지만 오벌 오피스로 돌아가면서 사람들과 인사를 나누다가 평상시에 활력이 넘치던 우리 비서실장이 조금 침울하다는 사실을 알아차렸다. 람은 고민을 털어놓았다. 지금까지 상원은 기후 법안을 유관 위원회에 회부하는 것은 고사하고 독자적 법안을 작성하지도 못했다는 것이었다. 한편 매코널은 상원 표결을 저지하는 데 발군의 재능을 발휘하고 있었다. 안 그래도 지지부진한 입법 절차를 감안컨대 12월 휴회 전에 기후 법안을 처리할 여지는 급격히 줄어들고 있었다. 그때를 놓치면 법안이 결승선을 통과하기는 더더욱 곤란해질 터였다. 중간선거 캠페인이 막 시작된 상황에서 상하원 민주당이 또 다른 논쟁적인 대형 법안을 표결하기를 꺼릴 것이기 때문이다.

내가 람의 등을 두드리며 말했다. "믿음을 가져요."

람은 고개를 끄덕였지만, 평상시보다 더 어두운 그의 눈에는 의심이 깃들어 있었다.

그가 말했다. "이 모든 비행기를 착륙시킬 활주로가 충분한지 모르겠습니다."

한두 대가 추락할지도 모른다는 의미였다.

내가 배출권 거래제 입법을 12월까지 처리하고 싶었던 이유는 의회의 변덕스러운 분위기 때문만이 아니었다. 12월에 코펜하겐에서 유엔 기후변화 세계 정상회의가 열리기로 되어 있었다. 조지 W. 부시 시절 미국이 국제 기후 협상에서 발을 뺀 지 8년이 지난 지금 해외에서는 기대감이 만발했다. 미국이 앞장서서 본보기를 보이지 않으면 기후변화에 적극적으로 대응하라고 다른 나라 정부들에 촉구하기 힘들었다. 미국 내에서 법안이 통과되면 다른 나라들과의 협상에서 우위를 차지하고 지구를 보호하는 데 필요한 공동 행동에 박차를 가할 수 있었다. 어쨌거나 온실가스는 국경을 존중하지 않으니 말이다. 한 나라에서 배출 감축 법안이 통과되면 그 나라 국민은 도덕적 우월감을 느낄지 모르지만, 다른 나라들이 동참하지 않으면 기온은 계속 상승할 것이다. 람과 법무팀이 의사당에서 바쁘게 일하는 동안 대외정책팀과 나는 국제적으로 기후변화에 대응하는 노력에서 미국이 주도적 위치를 되찾을 방안을 모색했다.

이 분야에서 미국의 주도권은 한때 누구나 인정하는 바였다. 1992년 전 세계가 리우데자네이루에 모여 훗날 '지구 정상회의'로 알려진 회의를 열었을 때 조지 H. W. 부시 대통령은 153개국 대표와 함께 유엔 기후변화협약을 조인했다. 온실가스 농도가 파국적 수준에 도달하기 전에 안정시키기 위해 최초로 맺어진 국제 협약이었다. 클린턴 행정부는 곧장 바통을 넘겨받아 다른 나라들과 협력하여 리우에서 천명된 포괄적 목표들을 구속력 있는 조약으로 탈바꿈시켰다. '교토 의정서'라 불리는 최종 결과물에서는 구체적 온실가스 감축 목표, 배출권 거래제와 비슷한 세계 탄소 거래 시스템, 빈국이 청정에너지를 받아들이고 아마존 같은 탄소

중립 산림을 보전하도록 자금을 지원하는 체계를 비롯한 국제적 공동 행동의 세부 계획이 제시되었다.

환경주의자들은 교토 의정서가 지구온난화와의 싸움에서 전환점이 되었다고 칭송했다. 전 세계에서 참가국 정부들이 조약을 비준했다. 하지만 조약을 비준하려면 상원의 3분의 2가 찬성표를 던져야 하는 미국에서 벽에 부딪혔다. 1997년에는 공화당이 상원 다수당이었으며 기후변화를 진짜 문제로 여기는 사람은 몇몇에 불과했다. 실제로, 당시 상원 외교위원회 위원장인 초보수주의자 제시 헬름스는 거만한 태도로 환경주의자, 유엔, 다자간 조약을 골고루 경멸했다. 로버트 버드 웨스트버지니아 상원의원 같은 실세 민주당 의원들도 자신의 주에 필수적인 화석연료 산업에 피해를 줄 수 있는 조치들에는 잽싸게 반대했다.

불길한 낌새를 눈치챈 클린턴 대통령은 패배하기보다는 미루는 게 낫다고 생각하여 교토 의정서를 상원 표결에 회부하지 않기로 했다. 탄핵에서 살아남은 뒤에 클린턴의 정치적 운이 돌아오긴 했지만 교토 의정서는 그의 임기가 끝날 때까지 서랍에 처박혀 있었다. 조약이 결국 비준되리라는 희망의 기미는 2000년 선거에서 조지 W. 부시가 앨 고어를 꺾으면서 사라졌다. 그 결과 교토 의정서가 완전히 발효된 지 1년 뒤인 2009년, 협정에 불참한 고작 다섯 개 나라 중 하나에 미국이 끼어 있었다. 나머지 네 나라는 (무작위 순서로) 안도라와 바티칸 시국(두 나라의 인구를 합쳐도 약 8만 명에 불과한 작은 나라들로, 참가를 요청받지 않고 '참관국 observer' 지위를 부여받았다), 타이완(참가할 수만 있다면 기꺼이 참가했겠지만 독립국 지위를 중국이 여전히 문제 삼은 탓에 참가할 수 없었다), 아프가니스탄(점령과 피비린내 나는 내전을 30년간 겪으며 만신창이가 되었기에 참가하지 않는다고 해서 뭐랄 수 없었다)이었다.

벤이 고개를 내두르며 말했다. "가장 가까운 동맹국들이 우리가 어떤 사안에서 북한보다 못하다고 생각한다면 내려갈 때까지 내려간 거죠."

이따금 이 역사를 되살펴보면서 냉전 직후 경쟁자가 없는 미국이 막강한 힘과 권위를 발휘하여 기후변화와 싸우는 평행 우주를 상상했다. 달성되었을지도 모르는 세계 에너지 체제의 변화와 온실가스 감축, 석유 달러와 그 달러가 지탱하는 독재정권의 영향력 약화로 인한 지정학적 이득, 선진국과 개발도상국에서 뿌리내렸을 지속 가능성 문화를 상상했다. 하지만 우리 팀과 함께 이 우주를 위한 전략을 세우려고 분투하면서 나는 엄연한 현실을 인정할 수밖에 없었다. 민주당이 상원을 장악했지만 내가 기존 교토 체제를 비준할 67표를 확보할 방법은 전무하다는 사실이었다.

상원으로 하여금 실행 가능한 국내 기후 법안을 내놓도록 하는 것은 만만한 일이 아니었다. 바버라 복서 존 케리 매사추세츠 민주당 상원의원은 여러 달 동안 법안 초안을 작성했지만 공동 발의에 참여할 공화당 동료 의원을 찾을 수 없었다. 법안이 통과될 가능성이 희박하며, 새롭고 더 중도적인 접근법을 써야 한다는 신호였다.

존 매케인을 공화당 내 우군으로 삼을 가능성이 사라지자 우리는 상원에서 그와 가장 가까운 친구 중 하나인 린지 그레이엄 사우스캐롤라이나 주 의원에게 희망을 걸었다. 체구가 작고 얼굴은 퍼그를 닮았으며 부드럽고 느릿느릿한 남부 사투리를 순식간에 온화한 말투에서 위협적 어조로 바꿀 수 있는 그레이엄은 열성적 국가 안보 매파로 알려져 있었다. 그와 매케인, 리버먼은 이른바 '스리 아미고'(영화 〈Three Amigos〉에 빗댄 표현_옮긴이)로, 이라크 전쟁을 부추긴 일등공신이었다. 그레이엄은 명민하고 매력적이고 풍자적이고 염치없고 언론에 빠삭했으며 이따금 보수파 정통으로부터 이탈했는데―여기에는 매케인에 대한 순수한 존경심도 한몫했다―대표적으로는 이민법 개혁을 지지한 일을 들 수 있다. 6년 임기로 재선되어 위험을 감수할 여유가 있었던 그레이엄은 기후변화에 관심을 보인 적은 없었지만 매케인의 빈자리를 대신하여 유의미한 초당적 합의를 중재하는 일에 구미가 동한 듯했다. 10월 초에 그는 기후 입법을 상원에서 통과시키는 데 필요한 소수의 공화당 표를 확보해주겠다고 제안했지만, 리버먼이 입법 과정을 지휘하고 케리가 환경주의자들을 설득하여 핵 발전 산업에 대한 보조금 지원과 미국 해안선의 해양 석유 채굴 범위 확대에 대해 양보를 얻어내야 한다는 조건을 내걸었다.

나는 그레이엄에게 의지하는 것이 탐탁지 않았다. 상원의원 시절에 겪어본 그는 세련되고 합리적인 보수주의자 역할을 즐겼고, 자기 당의 맹점을 직설적으로 평가하고 정치인들이 이념적 구속복을 벗어야 할 필요성을 역설하여 민주당과 기자들을 매료시켰다. 하지만 실제로 표를 던져야 할 때나 정치적 대가를 치를지도 모르는 입장을 취해야 할 때가 되면 빠져나갈 핑곗거리를 찾곤 했다. (나는 람에게 이렇게 말했다. "스파이 스릴러나 은행 강도 영화에서 처음에 등장인물들을 어떻게 소개하는지 알죠? 린지는 자기 목숨을 구하려고 모두의 뒤통수를 치는 부류예요.") 하지만 현실적으로 우리에게는 선택지가 많지 않았다. (람이 대답했다. "링컨과 테디 루스벨트가 저 문으로 들어오지 않는다면 그가 우리의 유일한 희망입니다.") 백악관과 조금이라도 얽히는 것에 그가 기겁하리라는 것을 감안하여 우리는 그레이엄과 공동 발의자들에게 독자적 법안을 작성할 여지를 충분히 주기로 마음먹었다. 문제의 소지가 있는 조항은 이후의 입법 과정에서 바로잡으면 된다고 생각했다.

한편 우리는 코펜하겐에서 처리할 일들을 준비했다. 교토 의정서가 2012년에 만료될 예정이었기에 이미 1년 전부터 유엔의 주관하에 후속 조약을 위한 협상이 진행되고 있었는데, 목표는 12월 정상회의 전까지 협상을 마무리하는 것이었다. 하지만 우리는 원본과 비슷한 새 조약에는 조인하고 싶지 않았다. 고문단과 나는 교토 의정서의 정책 설계가, 특히 '공통적이면서도 차등적인 책임'이라는 개념이 우려스러웠다. 이 개념은 온실가스 배출을 줄이는 의무를 미국, 유럽연합, 일본 같은 에너지 집약적 선진국에 거의 전적으로 부여했다. 공정성만 놓고 보자면 기후변화와 관련하여 가난한 나라보다 부자 나라에 더 많은 것을 요구하는 것은 지극히 타당했다. 지금까지 축적된 온실가스는 대부분 100년에 걸친 서구 산업화의 결과였을 뿐 아니라 부자 나라들의 1인당 탄소 발자국이 다른 나라들보다 훨씬 컸기 때문이다. 말리, 아이티, 캄보디아처럼 배출량이 아직 미미하고 많은 국민이 기본적 전기 공급조차 받지 못하는 곳에는 배출량을 제한해봐야 실익이 크지 않았다(게다가 그 나라들의 단기적 성장을 저해할 우려도 있었다). 이에 반해 미국이나 유럽은 실내 온도를 몇 도 올리거나 내리는 것만으로도 훨씬 큰 효과를 거둘 수 있었다.

문제는 '차등적인 책임'에 대한 교토 의정서의 해석에 따르면 중국, 인도, 브라질 같은 신흥 강국이 배출량을 줄일 의무를 **전혀** 지지 않는다는 것이었다. 교토 의정서가 작성된 12년 전은 세계화로 세계 경제가 완전히 재편되기 전이었기에 그 해석에 일리가 있었을지도 모른다. 하지만 극심한 불황의 와중에 미국인들이 지속적 일자리 아웃소싱에 대해 이미 속을 끓이는 상황이었기에, 국내 공장들에 환경 제약을 부과하면서 상하이나 방갈로르의 공장에는 동등한 조치를 요구하지 않는 조약이 통과될 리 만무했다. 게다가 2005년에 중국의 연간 이산화탄소 배출량은 미국을 앞질렀으며 인도의 배출량도 증가하고 있었다. 중국이나 인도의 평균적 국민이 소비하는 에너지는 여전히 평균적 미국인에 비해 새 발의 피였지만 전문가들의 추산에 따르면 20억이 넘는 인구가 부자 나라들과 같은 현대식 편의를 추구하면서 이 나라들의 탄소 발자국은 수십 년 안에 두 배로 증가할 전망이었다. 그러면 나머지 모두가 어떤 행동을 취하더라도 지구는 물에 잠길 수밖에 없었다. 이것은 미국이 아무것도 하지 않는 까닭에 대해 공화당(적어도 기후변화를 완전히 부정하지는 않는 자들)이 즐겨 내세우는 변명거리였다.

우리에게는 참신한 접근법이 필요했다. 힐러리 클린턴과 토드 스턴 국무부 기후변화특사의 긴요한 조언에 따라 우리 팀은 규모가 축소된 잠정 협정 방안을 내놓았다. 우리 방안은 세 가지 공동 의무를 핵심으로 삼았다. 첫째, 협상은 중국과 인도 같은 신흥 강국을 비롯한 **모든** 나라가 온실가스 감축 계획을 스스로 결정하여 제출하도록 요구한다. 각국의 계획은 부, 에너지 소비 행태, 발전 단계에 따라 다를 수 있으며 경제적, 기술적 역량이 증가함에 따라 정기적으로 개정해야 한다. 둘째, 각국의 계획은 조약의 의무와 같이 국제법이 강제하지는 않지만 각국은 공표한 감축 계획을 이행했는지의 여부를 다른 당사국들이 독자적으로 검증할 수 있도록 하는 조치에 동의한다. 셋째, 부국들은 빈국들이 (훨씬 축소된) 의무를 충족할 경우 이 나라들의 기후변화 대응 및 적응을 위해 수십억 달러의 원조를 제공한다.

이 새로운 접근법이 제대로 설계된다면 중국을 비롯한 신흥 강국들의 동참을 강제하면서도 '공통적이면서도 차등적인 책임'이라는 교토 의정서의 개념을 유지할 수 있을 터였다. 또한 다른 나라의 감축 노력을 검증할 수 있는 신뢰할 만한 시스템을 확립함으로써 우리는 독자적인 국내 기후변화 입법을 통과시킬 필요성을 의회에 더욱 강력하게 요구할 수 있고 (바라건대) 가까운 장래에 더 실효성 있는 조약의 토대를 놓을 수 있으리라고 판단했다. 하지만 클린턴 행정부 시절 교토에서 수석 협상가로 활약한 치밀하고 꼼꼼한 법률가 토드는 우리 제안을 국제사회가 쉽게 받아들이지 않을 거라 경고했다. 교토 의정서를 비준하고 배출 감축 조치를 취한 유럽연합 국가들은 법적 구속력이 있는 미국과 중국의 감축 약속이 협약에 포함되길 바랐다. 다른 한편으로 중국, 인도, 남아프리카공화국은 현 상태가 유지되길 바랐으며, 교토 의정서를 조금이라도 바꾸려 들면 격렬히 저항했다. 전 세계 운동가와 환경단체들도 정상회의에 참석할 예정이었다. 상당수는 코펜하겐에서 이판사판 결판을 낼 작정이었으며 엄격한 새 한도를 명시한 구속력 있는 조약에 미달하는 것은 모조리 실패로 여겼다.

더 구체적으로 말하자면 그것은 **나의** 실패일 터였다.

캐럴이 말했다. "공정하진 않지만, 그들은 대통령님이 기후변화를 진지하게 여긴다면 의회와 다른 나라들을 설득하여 필요한 일을 하도록 할 수 있어야 한다고 생각해요."

환경주의자들이 기준을 높게 정하는 것을 탓할 수는 없었다. 과학에 근거한 요구였기 때문이다. 하지만 나는 지킬 수 없는 약속이 무의미하다는 것도 알고 있었다. 야심 찬 기후 조약을 미국 국민이 지지하도록 설득할 수 있으려면 시간이 더 필요했고 경제가 더 좋아져야 했다. 또한 중국을 설득하여 협조하도록 해야 했다. 그러려면 상원에서 더 큰 폭으로 다수 의석을 차지해야 할 터였다. 미국이 코펜하겐에서 구속력 있는 조약에 조인하기를 전 세계가 기대하고 있다면 나는 그 기대를 낮춰야 했다. 우선 유엔 사무총장 반기문의 기대부터 현실화해야 했다.

세계에서 가장 저명한 외교관으로서 임기 2년차를 맞은 반기문은 아직 세계 무대에 별다른 인상을 남기지 못했다. 사무총장 임무의 성격 때문이기도 했다. 유엔 사무총장은 수십억 달러의 예산, 방대한 관료 조직, 수많은 국제기구를 관장하지만 독자적으로 권력을 행사할 수 있는 경우는 드물었고, 권력은 193개국을 공통의 방향 비슷한 무언가로 이끌 수 있는 능력에 달려 있었다. 반 총장의 비교적 낮은 인지도는 절제되고 체계적인 업무 방식의 결과이기도 했다. 기계적 형식주의로 외교에 접근하는 그의 태도는 고국인 한국에서 37년간 대외 업무와 외교관 생활을 하는 동안에는 유리하게 작용했겠지만 전임자 코피 아난의 세련된 카리스마와는 극명히 대조되었다. 반 총장과의 회담에서는 흥미진진한 이야기나 재치 있는 여담, 눈부신 통찰을 기대할 수 없었다. 그는 상대방의 가족이 무슨 일을 하는지 묻지 않았고 업무 이외의 개인적 삶을 드러내지도 않았다. 힘차게 악수를 나누고, 자신을 만나러 온 것에 대해 감사를 연발하고 나면 반 총장은 곧장 안건과 자질구레한 사실을 늘어놓았다. 그의 영어는 유창하지만 외국어 억양이 매우 강했으며 유엔 코뮈니케에 쓰이는 딱딱하고 정형화된 어휘를 구사했다.

비록 활기는 없었지만 나는 반 총장을 좋아하고 존경하게 되었다. 그는 정직하고 직설적이었으며 못 말릴 정도로 긍정적이었다. 꼭 필요한 유엔 개혁을 위해 회원국들의 압박에 여러 차례 맞섰으며 남들을 자기

편으로 늘 끌어들이지는 못했지만 본능적으로 옳은 편에 섰다. 끈기도 있었는데, 자신이 최우선 과제 중 하나로 지목한 기후변화 문제에는 더더욱 집요했다. 내가 취임한 지 두 달이 채 되지 않아 오벌 오피스에서 처음 만났을 때 그는 코펜하겐 정상회의에 참석하겠다는 약속을 받아내려고 나를 압박했다.

반 총장이 말했다. "대통령님, 당신의 참석은 기후변화에 대해 국제 협력이 시급히 필요하다는 아주 강력한 신호를 보낼 것입니다. 아주 강력한 신호가 될 것입니다."

나는 국내적으로 미국의 배출량을 감축하기 위한 온갖 계획을 설명하고, 교토 의정서 방식의 조약은 이른 시일에 상원을 통과하기 힘들다고 덧붙였다. 우리의 잠정 협정 아이디어를 소개하고는 중국과 공통분모를 찾을 수 있는지 알아보기 위해 유엔이 주관하는 협상과 별개로 '주요 배출국 그룹'을 결성하고 있다고 밝혔다. 내가 말하는 동안 반 총장은 정중하게 고개를 끄덕이며 이따금 수첩에 메모하거나 안경을 고쳐 썼다. 하지만 내가 무슨 말을 해도 그는 주된 임무에서 한 치도 벗어나려 들지 않았다.

그가 말했다. "당신의 참여가 긴요합니다. 그러면 우리가 이 협상을 성공적 협정으로 이끌 수 있으리라 확신합니다."

그 뒤로 몇 달간 계속 이런 식이었다. 유엔에서 주관하는 협상의 진척 상황에 내가 몇 번이나 우려를 표해도, 구속력 있는 교토 의정서 방식의 조약에 대한 미국의 입장을 직설적으로 설명해도 반 총장은 12월 코펜하겐에 내가 꼭 참석해야 한다는 얘기로 돌아갔다. 그는 G20 회의에서 이 문제를 꺼냈다. G8 회의에서도 이 문제를 제기했다. 9월 뉴욕에서 열린 유엔총회 본회의에서 나는 마침내 승복하여 회의에서 우리가 받아들일 수 있는 협정이 도출된다면 참석하도록 최선을 다하겠다고 반 총장에게 약속했다. 그리고 나서 수전 라이스를 돌아보며, 숙맥 같은 친구가 하도 사정해서 어쩔 수 없이 졸업 무도회에 같이 가주기로 한 고등학생의 심정을 알겠다고 말했다.

12월 코펜하겐 회의가 시작될 즈음에는 내가 두려워한 최악의 상황이 벌어지는 듯했다. 국내적으로는 상원이 배출권 거래제 입법 표결 일정을 아직까지도 정하지 않았고 유럽에서는 조약에 관한 논의가 일찌감치 막다른 골목에 부딪혔다. 우리는 힐러리와 토드를 먼저 보내 우리가 제안한 잠정 협정에 대해 지지를 확보하도록 했다. 힐러리와 토드는 회의장이 혼란스럽다고 전화로 알렸다. 중국을 비롯한 브릭스 정상들은 자신들의 입장을 고수했고 유럽은 미국과 중국 둘 다에 불만이었으며, 빈국들은 재정 지원을 확대하라고 아우성쳤고 덴마크와 유엔 담당자들은 어찌할 바를 몰랐으며, 참석한 환경단체들은 점점 아수라장이 되어가는 상황에 절망했다. 실패가 임박했다는 조짐이 역력했기에 람과 액스는 내가 꼭 참석해야 하느냐고 물었다. 내가 성탄절 휴회 전에 다른 중요 입법을 의회에서 통과시키려고 동분서주 중이었다는 사실은 말할 것도 없었다.

염려스럽기는 했지만 나는 다른 정상들을 구슬려 국제 협정을 체결할 일말의 가능성이라도 있다면 실패의 후폭풍을 감당할 가치가 있다고 판단했다. 여행의 괴로움을 덜어주기 위해 얼리사 매스트로모나코는 일정을 대폭 줄여 내가 오벌 오피스에서 하루 일정을 끝내고 코펜하겐으로 날아가 약 10시간을 보낸 뒤에—연설하고 국가수반 몇 명과 일대일 회담을 하기에 딱 맞는 시간이었다—돌아오도록 했다. 그럼에도 대서양 야간 비행을 위해 에어포스 원에 오르는 심경은 착잡하기만 했다. 회의실의 두꺼운 가죽 의자에 자리 잡고 몇 시간이나마 눈을 붙일 수 있을까 싶어 보드카 한 잔을 주문하고는 마빈이 대형 TV 채널을 돌리며 농구 경기를 찾는 광경을 지켜보았다.

내가 말했다. "내가 유럽을 왕복하면서 대기 중에 배출하는 이산화탄소의 양을 생각해본 사람 있어요? 빌어먹을 지구상에서 탄소 발자국이 가장 큰 사람은 틀림없이 비행기, 헬리콥터, 차량 행렬을 번갈아 이용하는 나일 거예요."

마빈이 말했다. "흠, 그렇겠네요." 그는 우리가 보고 싶던 경기를 찾아 소리를 높이더니 이렇게 덧붙였다. "그 얘기 내일 연설에서는 안 하시는 게 좋겠어요."

우리는 어둑어둑한 북국의 아침에 코펜하겐에 도착했다. 도시로 들어가는 도로에는 안개가 드리워 있었다. 회의장은 쇼핑몰을 개조한 곳 같았다. 우리는 미로처럼 얽힌 엘리베이터와 복도를 헤매다—이유는 알 수 없지만 마네킹이 늘어선 곳도 있었다—힐러리와 토드를 만나 현재 상황을 전해 들었다. 나는 힐러리에게 잠정 협정 제안의 일환으로 미국이 온실가스 배출량을 2020년까지 17퍼센트 감축하겠다고 약속하고 빈국들의 기후변화 대응과 적응을 지원하기 위한 1000억 달러 규모의 녹색기후기금에 100억 달러를 약정할 권한을 부여해두었다. 힐러리에 따르면 여러 나라가 대안에 관심을 표했지만, 유럽은 온전한 구속력이 있는 조약을 고집한 반면에 중국, 인도, 남아프리카공화국은 회의를 결렬시켜 미국에 책임을 돌리고 싶어 하는 듯했다.

힐러리가 말했다. "유럽과 중국이 잠정 협정을 지지하도록 설득할 수 있다면 나머지 나라들이 합류할 가능성이 있어요. 가능성이 꽤 높을 수도 있어요."

우리는 일정에 따라 라르스 뢰케 라스무센 덴마크 총리를 예방했다. 그는 협상 회의의 후반부를 주재하고 있었다. 여느 북유럽 나라와 마찬가지로 덴마크는 국제 문제에서 돋보이는 활약을 했으며, 라스무센에게는 내가 덴마크인 하면 떠올리는 여러 특징이 있었다. 즉, 사려 깊고 현안에 정통하며 실용주의적이고 인간적이었다. 하지만 세계 최대의 강국들이 대립하는 복잡하고 논쟁적인 문제에 대해 국제적 합의를 끌어내야 하는 그의 임무는 누구에게도 버거웠을 것이다. 45세의 나이에 취임한 지 8개월 된 작은 나라의 지도자에게는 불가능한 임무였다. 언론은 어떻게 라스무센이 회의의 주도권을 잃었는지, 대체 교사를 괴롭히는 천방지축

십 대 학생들처럼 대표단이 그의 제안에 번번이 반대하고 그의 결정에 이의를 제기하고 그의 권위에 도전했는지를 시시콜콜 보도했다. 우리가 만났을 즈음 이 불쌍한 남자는 넋이 나간 표정이었다. 밝은 파란색 눈동자는 피로에 찌들어 있었고 금발은 레슬링 경기를 막 끝낸 사람처럼 엉겨 붙어 있었다. 우리의 전략을 설명하는 동안 열심히 귀를 기울인 그는 잠정 협정이 발휘할 효과에 대해 몇 가지 구체적 질문을 했다. 하지만 대체로는 내가 협상을 구원하기 위해 나선 것에 안도하는 모습이었다.

우리는 커다란 임시 강당으로 장소를 옮겼다. 그곳에서 나는 본회의 참석자들에게 우리가 제안한 잠정 협정의 세 가지 요소와 대안—지구가 천천히 불타는 동안 아무것도 하지 않은 채 독설을 주고받는 것—을 설명했다. 청중은 조용했지만 정중했으며 반 총장은 무대 뒤에서 기다리고 있다가 축하 인사와 함께 양손으로 내 손을 잡았다. 내가 교착 상태에 빠진 협상을 구출하여 마지막 순간에 즉흥적으로 다른 세계 정상들과 합의를 이끌어내리라고 당연히 기대한다는 투였다.

나머지 시간은 그동안 대통령으로서 참석한 정상회의들과 달랐다. 어수선한 본회의가 진행되는 동안 우리는 이 정상 저 정상 찾아다니며 막간 회담을 했다. 복도는 목을 길게 뺀 채 사진을 찍는 사람들로 꽉 차 있었다. 나를 제외하고 그날 참석자들 중에서 가장 중요한 인물은 원자바오 중국 총리였다. 그는 대규모 대표단을 대동했는데, 지금까지의 회의에서 그들은 뻣뻣하고 고압적인 태도로 중국의 배출량에 대한 모든 국제적 조사를 거부했다. 그들의 자신감은 브라질, 인도, 남아프리카공화국과 연대하여 어떤 안건이든 부결시킬 수 있는 표수를 확보했다는 데서 나왔다. 일대일 회담을 위해 원 총리와 만난 자리에서 나는 중국이 투명성에 관한 의무를 모조리 회피하고 이를 단기적 승리로 여기더라도 장기적으로 보면 지구에 재앙을 가져올 것이라고 경고하며 반격했다. 우리는 그날 다시 만나 논의를 이어가기로 합의했다.

진전은 있었지만 희망은 실낱같았다. 협상이 계속되는 동안 오후가 감쪽같이 증발했다. 우리는 협정안을 도출하여 유럽연합 회원국과 여러 대표의 승인을 얻었으나 중국과의 후속 회담에는 진척이 없었다. 원 총리가 참석을 거부하면서 대신 보낸 하급 실무자들은 예상대로 융통성이 조금도 없었다. 이후 나는 또 다른 방에 안내되었는데, 이번에는 불편한 기색의 유럽인들이 가득했다.

메르켈, 사르코지, 고든 브라운을 비롯한 주요 정상이 대부분 와 있었다. 다들 게슴츠레한 눈에 짜증스러운 표정이었다. 부시가 물러가고 민주당이 의회를 장악했는데 미국이 교토 의정서 방식의 조약을 비준하지 못하는 이유가 무엇인지 그들은 알고 싶어 했다. 유럽에서는 극우 정당조차 기후변화를 사실로 인정한다며 미국인들은 뭐가 잘못된 거냐고 물었다. 중국이 문제라는 사실은 알지만, 기다렸다가 나중에 또 다른 협정으로 구속하면 되지 않겠느냐는 것이었다.

(내가 느끼기에) 족히 한 시간 동안 그들이 분통을 터뜨리게 내버려두고 질문에 답하고 우려에 공감했다. 마침내 우리가 처한 현실에 대한 공감대가 방 안에 형성되자 메르켈이 발언했다.

그녀가 차분하게 말했다. "버락이 설명하는 건 우리가 바란 방안이 아닌 것 같지만, 오늘 우리에겐 유일한 방안인지도 모르겠군요. 그러니…… 중국과 다른 나라들이 뭐라고 말하는지 두고 본 다음 결정하죠." 그녀가 나를 돌아보았다. "지금 만나러 가실 건가요?"

"그럼요."

메르켈이 말했다. "그렇다면 행운을 빌어요." 그녀는 고개를 약간 기울이고 입꼬리를 내리고 눈썹을 살짝 치켜든 채 어깨를 으쓱했다. 달갑지 않지만 어쩔 수 없는 일을 받아들여야 하는 사람의 몸짓이었다.

유럽인들과 면담하며 조금이나마 탄력을 얻는 듯 했지만 그 분위기는 힐러리와 내가 대기실로 돌아온 순간 사라졌다. 마빈에 따르면 매서운 눈보라가 동부 해안 전역을 휩쓸고 있어서 안전하게 워싱턴 D.C.에 돌아가려면 두 시간 반 안에 에어포스 원을 이륙시켜야 했다.

나는 시계를 쳐다보았다. "원자바오 총리와의 후속 면담이 몇 시죠?"

마빈이 말했다. "저, 보스. 그게 또 다른 문제입니다. 통 보이지 않습니다." 보좌진이 중국 파트너에게 물어봤더니 원 총리가 이미 공항으로 출발했다고 말하더라고 했다. 원 총리가 아직 건물에 남아 배출량 감시에 반대하는 정상들과 회담하고 있다는 소문이 돌았으나 진위는 확인할 수 없었다.

"그러니까 그가 나를 피하고 있다는 말이군요."

"사람들을 보내 찾고 있습니다."

몇 분 뒤에 마빈이 돌아와 원 총리와 브라질, 인도, 남아프리카공화국의 정상들이 몇 층 위 회의실에서 목격되었다고 전했다.

내가 말했다. "좋았어요. 그렇다면." 나는 힐러리를 돌아보았다. "마지막으로 파티 불청객이 된 게 언제였어요?"

그녀가 웃음을 터뜨렸다. 부모에게 사사건건 간섭받다 일탈을 저지르기로 마음먹은 아이의 표정을 지으며 그녀가 말했다. "한참 됐죠."

시끌벅적한 보좌진과 비밀경호국 요원들을 데리고서 우리는 위층으로 올라갔다. 긴 복도 끝에 우리가 찾는 곳이 있었다. 유리 벽으로 둘러싸인 방은 회의 테이블 하나 들어가기에도 빠듯해 보였다. 테이블 주위에 원 총리, 싱 총리, 룰라 대통령과 주마 대통령, 그리고 그들의 장관 몇 명이 앉아 있었다. 중국 경호원들이 우리를 제지하려고 다가왔다. 멈추라고 명령하는 듯 손을 쳐들었지만 우리가 누구인지 알고서는 머뭇거렸다. 힐러리와 나는 미소 지은 채 고개를 끄덕이면서 그들을 지나쳐 방에 들어섰다. 뒤에서는 경호국 요원들과 보좌진이 요란하게 실랑이를 벌였다.

나는 어안이 벙벙한 중국 지도자를 보면서 소리쳤다. "나랑 이야기할 준비됐어요, 원 총리님?" 그러고는 테이블을 돌면서 한 사람 한 사람과 악수했다. "신사 여러분! 여러분을 찾으려고 사방을 돌아다녔습니다. 이제 협상을 타결할 수 있는지 볼까요?"

누군가 이의를 제기하기 전에 나는 빈 의자를 뒤로 빼서 걸터앉았다.

테이블 맞은편의 원 총리와 싱 총리는 무덤덤한 표정이었지만 룰라와 주마는 소심한 표정으로 앞에 놓인 문서를 내려다보았다. 나는 방금 유럽 정상들을 만났으며, 각국의 감축 약속 이행 여부를 독자적으로 검증할 신뢰할 만한 절차 수립을 보장하는 문구에 여기 모인 나라들이 동의한다면 유럽인들은 우리가 제안한 잠정 협정을 기꺼이 받아들일 준비가 되어 있더라고 설명했다. 그러자 정상들은 교토 의정서는 멀쩡하게 작동하고 있었다, 서구는 지구온난화에 책임이 있으면서도 이제 가난한 나라들이 그 문제를 해결하기 위해 발전을 희생하길 바란다, 미국의 계획은 '공통적이면서도 차등적인 책임' 원칙에 어긋난다, 미국이 제안한 검증 절차는 주권을 침해한다 등등 우리의 제안을 받아들일 수 없는 이유를 한 사람씩 설명했다. 반 시간쯤 지난 뒤에 나는 의자에 등을 기대고서 원 총리를 정면으로 쳐다보았다.

내가 말했다. "총리님, 시간이 없으니 바로 본론으로 들어가겠습니다. 제가 이 방에 들어오기 전에 당신의 계획은 다 함께 여기에서 나가 새 합의의 불발은 미국의 책임이라고 선언하는 것이었겠죠. 당신은 끝까지 버티면 유럽 정상들이 다급해져서 교토 의정서와 비슷한 또 다른 조약을 조인할 거라 생각합니다. 문제는 당신이 원하는 조약이 우리 의회에서 비준되지 못하리라는 것을 내가 그들에게 똑똑히 밝혔다는 겁니다. 세계 최대의 배출국들이 수수방관하는 상황에서 자국의 산업이 경쟁에서 불이익을 당하도록 하고 가난한 나라들이 기후변화에 대처하는 비용을 지원하는 방안을 유럽 유권자들이나 캐나다 유권자들, 일본 유권자들이 받아들인다는 보장은 전혀 없습니다.

물론 제 생각이 틀렸을 수도 있습니다. 어쩌면 우리 잘못이라고 당신이 모두를 설득할 수도 있겠지요. 하지만 그렇게 해서는 지구가 더워지는 걸 막지 못합니다. 명심하세요. 제게도 메가폰이 있다는 걸요. 그것도 아주 큰 게 있다고요. 제가 합의하지 못하고 이 방을 나서게 된다면 맨 처음 들를 곳은 모든 국제 언론이 뉴스를 기다리는 아래층 홀입니다. 그들에게 저는 온실가스의 대규모 감축과 수십억 달러의 신규 지원을 약속할 준비가 되어 있는데 여러분은 아무것도 하지 않는 게 나으리라 판단했다고 말할 겁니다. 신규 자금으로 혜택을 입을 가난한 나라들에도 똑같이 말할 겁니다. 당신네 나라에서 기후변화로 가장 큰 고통을 겪는 사람들에게도요. 그들이 누구 말을 믿는지 두고 보자고요."

방 안의 통역가들이 내 말을 전하자 둥근 얼굴에 안경을 쓰고 건장한 중국 환경장관이 벌떡 일어나 중국어로 이야기하기 시작했다. 목소리는 높았고 양손은 내 쪽을 가리키고 있었으며 얼굴은 붉으락푸르락했다. 그가 1~2분간 그러는 동안 나머지 사람들은 무슨 일이 벌어지는지 영문을 알지 못했다. 결국 원 총리가 핏줄 돋은 가느다란 손을 들자 환경장관이 냉큼 자리에 앉았다. 나는 터져 나오려는 웃음을 참은 채 원 총리의 통역사인 젊은 중국인 여인에게 몸을 돌렸다.

내가 물었다. "저 친구가 방금 뭐라고 했나요?" 그녀가 대답하기 전에 원 총리가 고개를 저으며 뭐라고 귓속말을 했다. 통역사는 고개를 끄덕이더니 나를 돌아보았다.

그녀는 이렇게 설명했다. "원 총리께서는 환경장관이 한 말은 중요하지 않다고 말씀하십니다. 원 총리께서는 대통령님께서 제안하는 협정안의 구체적 조항을 여기서 다 함께 다시 살펴보고 싶다고 말씀하십니다."

실랑이는 반 시간 더 이어졌다. 나는 주머니에 넣고 다니던 구겨진 문서를 꺼내 몇 가지 항목을 볼펜으로 표시했고, 그러는 동안 정상과 장관들이 힐러리와 내 위로 몸을 숙이고 협정안을 들여다봤다. 하지만 방을 나설 즈음에는 모두가 우리 제안에 동의했다. 나는 허겁지겁 아래층으로 내려가 또 30분간 유럽 정상들에게 개발도상국 정상들이 요구한 온건한 수정 사항을 받아들이도록 했다. 문안은 재빨리 인쇄되어 유포되었다. 힐러리와 토드는 주요국 대표들과 만나 공감대를 확대했다. 나는 언론에 잠정 협정을 선언하는 짧은 성명을 발표했고, 우리는 곧바로 차량 행렬에 올라타 공항으로 달렸다.

우리는 마지노선 10분 전에 가까스로 이륙했다.

돌아오는 비행기 안은 활기찬 소음으로 떠들썩했다. 보좌관들은 현장에 없었던 사람들에게 이날의 모험담을 들려주었다. 나와 오랜 세월을 함께해서 이젠 무엇에도 감동하지 못하게 된 레지조차 내가 브리핑 메모를 뒤적거리고 있던 객실에 고개를 들이밀며 활짝 웃어 보였다.

그가 내게 말했다. "제가 보기엔요, 보스. 정말이지 조폭들이나 하는 짓이었어요."

정말 기분이 좋았다. 가장 큰 무대에서 중차대한 사안을 놓고 초침이 째깍거리는 가운데 모자에서 토끼를 꺼냈다. 잠정 협정에 대한 언론 반응은 엇갈렸지만 회의장의 혼란상과 중국의 고집을 감안하면 나는 이번 일이 승리이자 우리의 기후변화 법안을 상원에서 통과시킬 징검다리라고 여겼다. 가장 중요한 사실은 서구뿐 아니라 모든 나라가 기후변화를 늦추기 위해 노력할 책임이 있음을 중국과 인도가 받아들이게 하는 데 성공했다는 것이다(마지못해 잠정적으로 받아들였지만). 7년 뒤 이 기본 원칙은 파리 협정이라는 돌파구를 여는 데 긴요한 역할을 했다.

창밖으로 비행기 날개 끝에서 몇 초에 한 번씩 번쩍이는 조명이 어둠을 밝히는 것을 내다보며 책상 앞에 앉아 있자니 점점 진지한 생각들에 사로잡혔다. 무수한 시간을 바친 유능하고 헌신적인 보좌진의 노고, 막후 협상과 계약서 들이밀기, 원조 약속, 마지막으로 어떤 합리적 논증 못지않게 나의 반사적 허세가 한몫한 막판 개입에 이르기까지, 협상을 성사시키기 위해 우리가 얼마나 노력했는지 생각했다. 이 모든 노력으로 얻어낸 잠정 협정은 계획대로 차질 없이 진행되더라도 기껏해야 지구적 비극의 해결을 향한 시험적이고 머뭇거리는 걸음에 불과했다. 이글거리는 불길에 물 한 바가지 부은 것에 지나지 않았다. 내가 앉아 있는 자리에 엄청난 권력이 있음에도 더 나은 세상을 위해 내가 달성해야 하는 일과 하루, 일주일, 1년 안에 내가 실제로 달성할 수 있는 일 사이에 언제나 간극이 있을 것임을 깨달았다.

예보된 눈보라는 우리가 착륙할 즈음 워싱턴을 덮쳤다. 낮게 깔린 구름이 눈과 얼음비를 추적추적 뿌렸다. 시카고 같은 북부 도시였다면 이미 제설차가 출동하여 도로를 청소하고 염화칼슘을 뿌렸겠지만 여건이 미비하기로 악명 높은 워싱턴 지역은 눈이 눈곱만큼만 와도 도시가 마비되고 학교가 폐쇄되고 차량이 뒤엉켰다. 날씨 때문에 마린 원이 우리를 태울 수 없어서 차량 행렬이 얼음장 도로를 엉금엉금 기어 백악관으로 돌아가느라 시간이 더 걸렸다.

관저에 들어왔을 때는 이미 늦은 시각이었다. 미셸은 침대에서 책을 읽고 있었다. 그녀에게 오늘 여행에 대해 이야기하고 아이들이 어떠냐고 물었다.

그녀가 말했다. "눈이 와서 무척 신났어. 나는 아니지만." 그녀가 나를 바라보며 공감의 미소를 지었다. "말리아가 아침 식사 시간에 당신이 호랑이들을 구했느냐고 물어볼지도 몰라."

나는 넥타이를 풀며 고개를 끄덕였다.

"노력하고 있어."

# 6부

# 통 속에서

# 22장

            정치의 속성은 난국을 헤쳐나가는 것이다. 대통령직의 속성도 마찬가지다. 난국이란 멍청한 실수, 예상치 못한 상황, 합리적이지만 인기 없는 결정, 소통 실패 등으로 언론 헤드라인이 난장판이 되고 대중이 당신을 손가락질하는 상황을 가리킨다. 이런 상황은 문제를 해결하거나 잘못을 공개적으로 뉘우치거나 성과를 거두거나 더 중요한 사건이 생겨서 당신이 1면에서 밀려나고 언론이 두드려 패는 데 흥미를 잃을 때까지 두어 주, 어쩌면 한 달까지도 지속된다.

  하지만 난국이 오래가면 문제가 복잡해지고 당신과 대통령직에 대한 전반적 인상으로 굳어지는 두려운 상황이 생길 수도 있다. 부정적 이야기는 사그라들 줄 모르고 인기도 떨어진다. 정적들은 물속에서 피 냄새를 맡고는 당신을 더 바싹 쫓아다니는데, 원군은 늑장을 부린다. 언론은 행정부의 다른 문제들을 파헤치기 시작하여 당신이 정치적 곤경에 처했다는 느낌을 확신으로 바꾼다. 나이아가라폭포에 뛰어든 바보들처럼 통 속에 갇힌 당신은 사나운 물살에 이리저리 휘둘리며 상처 입고 방향을 잃은 채 어디가 위쪽인지도 모르고 하릴없이 추락하면서 그저 바닥에 부딪혔을 때 그 충격에서 살아남기를 기대하는 신세다.

  임기 2년차 내내 우리는 통 속에 갇혀 있었다.

물론 난국이 닥쳐오는 것은 알고 있었다. 티파티로 물든 여름과 부담적정보험법을 둘러싼 야단법석을 겪은 뒤에는 더더욱 그랬다. 취임 직후 6개월간 꾸준히 유지되던 지지율은 가으내 뚝뚝 떨어졌다. (아프가니스탄 추가 파병 결정 같은) 중요한 이슈든 (워싱턴의 관심 끌기 좋아하는 괴짜 부부 태러그 샐러히와 미카엘레 샐러히가 국빈 만찬에 불청객으로 참석하여 나와 사진 찍은 사건 같은) 황당한 이슈든 언론은 점점 비판적으로만 보도했다.

곤경은 휴일에도 쉬지 않았다. 성탄절에 암스테르담을 출발하여 디트로이트에 도착하는 노스웨스트 항공편에 탑승한 우마르 파루크 압둘무탈라브라는 나이지리아 청년이 속옷에 꿰맨 폭발물을 터뜨리려고 했다. 기계 장치가 작동하지 않은 덕분에 비극은 피할 수 있었다. 테러범이 될 뻔한 그의 담요 밑에서 피어오르는 연기와 불꽃을 본 한 탑승객이 제지하고 승무원들이 불을 끈 덕에 비행기는 안전하게 착륙했다. 미셸과 아이들을 데리고 간절히 바라던 열흘 휴가를 보내러 하와이에 막 도착한 나는 며칠 내내 국가안보팀, FBI와 통화하며 압둘무탈라브가 누구인지, 누구와 일하는지, 왜 공항 보안팀과 테러리스트 감시망이 미국행 비행기 탑승을 막지 못했는지 파악했다.

나는 본능이 시키는 대로 72시간 내에 TV에 등장하여 국민에게 무슨 일이 벌어졌는지 설명하고 여행의 안전성을 확신시켜야 했지만 그러지 못했다. 물론 우리 팀이 내게 기다려달라고 요청한 것은 타당한 조치였다. 그들 말마따나 대통령이 대국민 발표를 하기 전에 모든 정보를 확인하는 것은 중요한 일이었다. 하지만 나의 임무는 정부를 관장하거나 팩트를 올바로 전달하는 것뿐만이 아니었다. 국민은 혼란스럽고 때로 두려운 세상을 대통령이 설명해주길 바랐다. 내가 방송 전파를 타지 않은 것은 신중한 처사가 아니라 직무 유기로 치부되었고, 얼마 지나지 않아 좌우를 막론하고 비난이 빗발쳤다. 인정사정없는 논평가들은 내가 본토에 대한 위협보다 여름휴가에 더 관심을 쏟는다고 주장했다. 평소에는 빈틈없던 재닛 나폴리타노 국토안보장관이 TV 인터뷰에서 안보가 어디서 고장 났느냐는 질문에 순간적으로 "시스템은 작동했습니다"라고 말실수한 것도 사태를 악화시켰다.

이른바 '속옷 폭파범'을 잘못 처리한 탓에 공화당은 민주당이 테러에 무르다는 비난을 쏟아냈고 우리는 관타나모 수용소 폐쇄 같은 사안에서 입지가 좁아졌다. 첫해에 벌어진 개프와 자초한 잘못들이 그랬듯 이번 실수도 나의 지지율 급락에 톡톡히 한몫했다. 하지만 액스가 정당, 연령, 인종, 성별, 지리, 그리고 하느님만이 아시는 요인들을 정치 데이터에 대입하여 분석한 결과, 2010년이 밝아오는 시점에 나의 정치적 운을 저물게 하는 결정적 요인은 하나였다.

경제가 여전히 엉망이라는 사실이었다.

수치만 보면 우리의 긴급 조치들과 연방준비제도의 개입은 효과를 발휘하는 듯했다. 금융 시스템은 정상적으로 돌아갔고, 은행들은 지급 능력을 갖춰가고 있었다. 주택 가격은 정점보다는 여전히 낮았지만 적어도 일시적으로나마 안정되었고, 미국 내 자동차 판매량도 상승하기 시작했다. 경제회복법 덕에 소비 지출과 사업 지출이 약간 반등했고, 주정부와 지방정부에서 해고하는 교사와 경찰을 비롯한 공무원이 (중단까지는 아니더라도) 줄어들었다. 전국에서 대규모 건설 사업이 추진되어 주택 건설 붕괴가 낳은 불경기에 조금이나마 숨통을 틔웠다. 조 바이든과 (나의 토론 코치였던) 론 클레인 부통령 비서실장은 경기 부양 자금의 흐름을 훌륭하게 감독했다. 조는 사업을 일정보다 늦게 추진하거나 보고를 똑바로 못하는 주정부, 지방정부 공무원들에게 전화로 호통치다가 하루가 저물 때도 많았다. 그들의 노고 덕에 감사 결과, 경기회복법 자금 중 부적절하게 지출된 것은 0.2퍼센트에 불과했다. 자금의 액수와 사업의 개수를 감안컨대 민간의 최우량 기업들도 부러워할 실적이었다.

그럼에도 위기의 여파와 씨름하는 수백만 미국인이 느끼기에 상황은 좋아지는 게 아니라 나빠지고 있었다. 여전히 주택을 압류당할 위험에 시달렸으며 저축이 바닥나거나 통째로 날아가기도 했다. 무엇보다 심란한 사실은 아직도 일자리를 찾을 수 없다는 것이었다.

래리 서머스는 실업이 '후행 지표'라고 경고했다. 기업들은 불황이 닥치고 여러 달이 지나고서야 직원을 해고하기 시작했으며, 불황이 끝나고 한참이 지나도 인력을 새로 채용하지 않았다. 일자리 감소 속도는 2009년에 분명 점차 느려졌지만 실업자 수는 꾸준히 증가했다. 실업률은 10월에야 정점을 찍었는데, 1980년대 이후 최고치인 10퍼센트를 기록했다. 뉴스가 어찌나 한결같이 나빴던지 노동부에서 백악관에 월간 고용 보고서를 제출하는 매달 첫째 주 목요일이면 속이 뒤틀렸다. 케이티는 우리 경제팀의 몸동작을 보면 보고서 내용을 짐작할 수 있다고 주장했는데, 시선을 피하거나 목소리를 낮추거나 마닐라지 봉투를 내게 직접 건네지 않고 대신 전해달라며 그녀에게 건네면 또다시 험난한 한 달이 시작된다는 뜻이었다.

미국인들은 지지부진한 경기 회복에 실망했고—이건 이해할 만했다—은행 구제 조치에는 꼭지가 돌았다. 사람들은 타프를 증오했다! 또한 긴급 프로그램이 기대보다 성과가 좋았다거나, 은행에 지원한 자금의 절반 이상이 이자까지 붙어 상환되었다거나, 자본시장이 다시 돌아가지 않으면 경제 전체가 회복을 시작하지도 못했으리라는 사실에는 주목하지 않았다. 좌우를 막론하고 유권자들은 은행 구제 조치가 금융 귀족들을 위기에서 건져내기 위한 사기라고 여겼다.

그러한 인식이 사실과 다름을 지적하고 싶어 했던 팀 가이트너는 월스트리트가 치른 대가를 줄줄이 나열했다. 실제로 투자은행들이 도산했고 은행 최고경영자들이 쫓겨났으며, 주식이 희석되었고 수십억 달러의 손실이 발생했다. 마찬가지로 홀더 검찰총장 휘하의 법무부 법률가들은 위법 사례가 드러난 금융기관들로부터 기록적인 합의금을 긁어모으기 시작했다. 그럼에도 미국의 경제적 우환에 가장 책임이 큰 자들이 엄청난 부를 건사하고 처벌을 면한 이유는, 현행법이 기업 이사회실이나 증권거래소에서 벌어진 엄청나게 무모하고 부정직한 행동을 가게를 턴 십 대 청소년의 행동보다 덜 위중하다고 보았기 때문이라는 사실은 변명의 여지가 없었다. 타프가 경제적으로 얼마나 유익하든, 형사 소추를 압박하지 않기로 법무부가 결정한 법적 논리의 이면이 무엇이든, 모든 것에서 불공정의 악취가 풍겼다.

"내 구제 조치 어디 갔지?"라는 말이 인구에 회자되었다. 나의 이발사는 왜 감옥에 간 은행 임원이 없느냐고 내게 물었다. 장모도 똑같은 질문을 했다. 주거 관련 단체들은 은행들에 수천억 달러의 타프 자금을 쏟아부으면서 압류 위험에 처한 주택 소유자들의 모기지 상환을 직접 지원하는 금액은 어째서 쥐꼬리만 하냐고 물었다. 미국 주택 시장의 엄청난 규모를 감안할 때 타프처럼 규모가 큰 사업조차도 압류율에 미치는 영향은 미미하며 의회에서 얻어내는 추가 자금을 주택 문제 해결보다는 고용 촉진에 쓰는 게 더 효과적이라는 우리의 대답은 무정하고 공허하게 들렸다. 우리가 주택 소유자의 재융자를 지원하거나 모기지를 조정하려고 실시한 계획들이 기대에 턱없이 못 미친 상황에서는 더더욱 그랬다.

의회는 국민적 분노를 모면하거나 적어도 불똥에 맞지 않으려고 각종 감시 위원회를 설립했다. 민주당과 공화당은 번갈아 가며 은행을 비난하고 규제 당국의 결정에 의문을 제기하며 상대 당에 책임을 전가했다. 2008년 상원은 타프를 점검할 특별 감찰관으로 닐 버로프스키라는 전직 검사를 임명했다. 금융은 잘 몰랐지만 충격적 헤드라인을 뽑아내는 솜씨가 발군이었던 그는 우리의 의사 결정을 열렬히 공격했다. 금융이 붕괴할 가능성이 시야에서 멀어질수록 타프가 애초에 필요했는지 의문을 제기하는 사람들이 많아졌다. 이제 책임자는 우리였기에 팀을 비롯한 행정부 일원들은 가시방석에 앉은 채, 변호할 수 없는 것을 변호해야 했다.

공화당은 뻔뻔스럽게도 이 기회를 놓칠세라 타프가 처음부터 민주당의 아이디어였다고 우겼다. 또한 매일같이 경제회복법과 경제 정책을 공격하며 '경기 부양'이 통제 불능의 진보주의적 선심성 지출과 특수 이익집단 구제 확대의 또 다른 이름에 불과하다고 주장했다. 부시 행정부로부터 물려받은 어마어마한 연방 적자도 경제회복법 탓이라고 비난했으며, 경제를 고치는 최선의 방법은 전국의 곤궁한 가정이 "허리띠를 졸라 매듯" 정부가 예산을 삭감하고 재정을 건전하게 만드는 것이라며 훈계하기에 이르렀다.

설상가상으로 2010년 초 여론조사에 따르면 나를 경제의 관리자로 인정하는 미국인보다 인정하지 않는 미국인이 유의미하게 많았다. 이 빨간불 때문에 매사추세츠에서 우리는 테드 케네디의 의석을 잃었고 (불과 12개월 전에 내가 낙승을 거둔) 뉴저지와 버지니아의 홀수 해off-year(대선이나 중간선거가 없는 홀수 해에 치러지는 선거_옮긴이) 주지사 선거에서 민주당은 낙선했다. 액스가 조사한 포커스 그룹은 내가 물려받은 타프와 경기 부양책을 구분하지 못했다. 그저 연줄 좋은 자들이 혜택받는 동안 자기들은 찬밥 신세일 뿐이라고만 생각했다. 또한 위기에 대응하여 예산을 감축하라는 공화당의 처방―경제학 용어로는 '긴축'―이 정부 지출을 늘리는 우리의 케인스주의적 조치보다 직관적으로 더 합리적이라고 생각했다. 재선 전망이 암담해지자 초조해진 경합주 민주당 의원들은 벌써부터 경제회복법으로부터 거리를 두고 '경기 부양'이라는 단어를 삼가기 시작했다. 더 왼쪽에 있는 사람들은 건강보험 법안에서 공공보험 옵션이 빠진 것에 격분하여 경기 부양의 규모가 충분하지 않았고 팀과 래리가 월 스트리트를 너무 봐줬다며 불만을 쏟아냈다. 낸시 펠로시와 해리 리드조차 백악관의 공보 전략에 의문을 던지기 시작했다. 무엇보다 우리가 공화당을 몰아붙이기보다 워싱턴의 '과도한 당파성'과 '특수 이익'을 비판하는 방식에 의문을 품었다.

한번은 낸시가 전화로 말했다. "대통령님, 저는 코커스 의원들에게 당신이 이토록 짧은 시간에 이런 성과를 거둔 것은 역사적 업적이라고 말해요. 정말 자랑스러워요. 하지만 지금 국민은 당신이 무엇을 성취했는지 잘 몰라요. 공화당이 사사건건 발목을 잡으며 얼마나 못되게 굴고 있는지 모른다고요. 당신이 이야기하지 않는데 유권자들이 어떻게 알겠어요?"

공보 업무를 감독하는 액스는 내가 하원 의장과의 대화를 언급하자 격분하며 불만을 토로했다. "10퍼센트의 실업률을 국민에게 어떻게 설명할지 낸시에게 좀 들어보면 좋겠네요." 그는 당파적 아귀다툼에 뛰어들지 않고 워싱턴을 변화시키겠다고 했던 나의 선거 공약을 상기시켰다. "공화당을 얼마든지 비판할 순 있어요. 하지만 우리가 유권자들에게 할 수 있는 최선의 변명이 '상황이 엉망이기는 하지만 우리가 아니었다면 더 나쁠 수도 있었습니다'뿐이라면 배에는 계속 물이 찰 겁니다."

그는 핵심을 짚었다. 경제 상황을 고려하건대 어떤 홍보 전략을 쓰더라도 운신의 폭이 좁았다. 불황기의 정치가 험난할 것임은 처음부터 알았다. 하지만 낸시의 비판도 옳았다. 어쨌거나 나는 경제 위기에 대응하면서 (정치적 중력의 법칙으로부터 자유로운 존재인 양) 단기적인 정치적 고려를 배제한 것에 대단한 자부심을 느끼지 않았던가. 월 스트리트를 너무 혹독하게 비판하면 은행이 자본을 재구성하는 데 필요한 민간 투자의 의욕이 꺾여 금융 위기가 장기화할 거라고 팀이 우려하자 나는 액스와 깁스의 반대에도 불구하고 어조를 누그러뜨리는 데 동의했다. 그런데 현재 대다수 국민은 내가 자신들보다 은행들을 더 애지중지한다고 생각했다. 래리가 경제회복법에 따른 중산층 감세를 한꺼번에 실시하기보다는 격주로 꾸준히 해야 한다며 (연구에 따르면) 그래야 소비 지출이 많아져 경제가 더 빨리 활성화할 것이라고 하자―람은 매달 급여가 조금 올라봐야 아무도 눈치채지 못할 거라고 경고했지만―나는 좋은 생각이라며 그렇게 하자고 했다. 그런데 막상 여론조사 결과를 봤더니 대다수 미국인은 내가 자신들의 세금을 내린 게 아니라, 은행 구제 조치와 경기 부양책, 건강보험 비용을 충당하려고 **올린** 줄 알고 있었다.

프랭클린 D. 루스벨트라면 이런 실수를 저지르지 않았을 것이다. 그는 미국을 불황에서 건져내려면 뉴딜 정책 하나하나를 똑바로 추진하는 데 급급하기보다 전체 계획에 확신을 불어넣어 정부가 상황을 장악하고 있다는 인상을 국민에게 심어주어야 한다는 점을 알았다. 위기를 겪는 사람들에게 필요한 것은 자신들의 고난을 설명하고 감정에 호소하는 이야기, 선인과 악인이 뚜렷하여 쉽게 이해할 수 있는 도덕론이라는 것도 잘 알았다.

말하자면 루스벨트는 효과적으로 통치하려면 기본이 되는 정치 요인을 무시할 만큼 고결해서는 안 된다는 것을 알았다. 계획을 홍보하고 지지자들을 만족시키며, 정적들을 혼내주고 대의에 이로운 사실들을 부각하고 그렇지 않은 사실들은 얼버무려야 했다. 문득 우리가 선을 악으로 바꿔버린 게 아닌가 하는 생각이 들었다. 내가 고결성이라는 덫에 갇힌 채 국민에게 믿음직한 이야기를 들려주지 못한 것은 아닌지, 비판자들에게 넘겨줘버린 정치적 서사를 뒤늦게라도 되찾을 수 있을지 궁금했다.

가혹하리만치 열악한 경제 수치를 1년 이상 겪자 마침내 희망의 여명이 어슴푸레 밝았다. 2010년 3월 고용 보고서에 따르면 16만 2000개의 일자리가 창출되었다. 2007년 이후 첫 월간 순증가였다. 래리와 크리스티 로머가 뉴스를 전하려고 오벌 오피스에 들어오자 나는 주먹 인사를 나누고는 두 사람을 '이달의 직원'으로 선포했다.

크리스티가 물었다. "상패는 각자 받나요, 대통령님?"

내가 말했다. "상패 만들 돈이 없어요. 하지만 다른 팀원들에게 자랑하셔도 돼요."

4월과 5월 보고서도 긍정적이었다. 마침내 회복세로 돌아선 듯한 조짐이 어렴풋이 보였다. 물론 백악관의 그 누구도 9퍼센트 넘는 실업률을 승리로 여기지는 않았다. 하지만 내가 연설을 통해 이 상승세를 더 확실하게 강조하는 것이 경제적으로나 정치적으로나 타당하다는 데는 다들 동의했다. 우리는 초여름에 전국 순회 연설을 하면서 회복 중인 지역과 고용을 재개한 기업들을 부각할 계획을 세웠다. 이 여름은 훗날 '회복의 여름'으로 기억될 터였다.

그리스가 무너지지만 않았다면.

금융 위기는 월 스트리트에서 시작되었지만 유럽 전역이 직격탄을 맞았다. 미국 경제가 다시 성장하기 시작한 지 몇 달이 지났지만 유럽연합은 여전히 불황이었다. 은행들은 위태위태했고 주요 산업들은 국제 교역의 급감으로부터 아직 회복하지 못했으며 일부 국가의 실업률은 무려 20퍼센트에 이르렀다. 유럽인들은 미국처럼 주택 시장 붕괴와 씨름할 필요가 없었고, 넉넉한 사회 안전망이 취약한 인구를 불황의 영향으로부터 보호해준 반면 공공서비스, 세수 감소, 은행 구제 조치 등으로 인한 재정 수요가 늘면서 정부 예산이 심한 압박을 받았다. 미국이 위기 때에도 적자 증가분을 값싸게 메울 수 있는 것과 달리—위험 회피형 투자자들이 앞다퉈 재무부 증권을 사들이므로—아일랜드, 포르투갈, 그리스, 이탈리아, 스페인 같은 나라들은 자금을 조달하기가 점차 힘들어졌다. 금융시장을 달래려고 정부 지출을 줄였으나 가뜩이나 허약한 총수요가 감소하여 오히려 불황이 더욱 깊어지고 말았다. 이 때문에 예산 적자가 더 커져서 더 높은 금리로 추가 융자를 받아야 했으며 금융시장의 불안은 더더욱 커졌다.

우리는 이 모든 사태를 수수방관할 처지가 아니었다. 유럽의 문제는 미국의 회복을 가로막는 주요인이었다. 어쨌거나 유럽연합은 우리의 최대 무역 상대였으며 미국과 유럽의 금융시장은 사실상 일심동체였다. 2009년 내내 팀과 나는 경제를 개선하기 위해 더 단호한 조치를 취하라고 유럽 정상들을 닦달하고, 은행 문제를 한번에 정리하라고 조언했다(유럽연합 규제 당국이 자국 금융기관에 적용한 '부하 검사'가 어쩌나 엉성했던지 아일랜드의 은행 두 곳은 건전성 검증을 통과하고 몇 달 지나지 않아 정부 구제 조치를 받아야 했다). 재정이 튼튼한 나라들에는 기업들이 투자하도록 시동을 걸고, 대륙 전체의 소비 수요를 증가시키기 위해 미국과 맞먹는 경기 부양 정책을 실시하라고 독려했다.

하지만 진전이 없었다. 미국 기준으로는 진보적일지 몰라도, 유럽의 경제 강국들은 대부분 중도우파 정부가 권력을 잡았는데, 이들은 정부 지출 증대가 아니라 균형 예산과 자유 시장 개혁을 공약으로 내걸고 당선되었다. 특히 유럽연합의 유일한 진짜 경제 대국이자 가장 영향력 있는 회원국인 독일은 재정 건전성이야말로 모든 경제적 문제의 해답이라는 신념을 고수했다. 나는 앙겔라 메르켈을 알아갈수록 그녀가 맘에 들었다. 그녀는 꾸준하고 솔직하며 지적으로 엄밀하고 천성적으로 다정하지만 보수적인 기질도 있었다. 명민한 정치가라는 것은 두말할 필요도 없었다. 자신의 유권자들을 파악하고 있었던 그녀는 내가 독일이 인프라 지출 확대나 감세로 모범을 보여야 한다고 촉구할 때마다 정중하지만 단호하게 반박했다. 그녀는 내가 허튼 수작이라도 부린 듯 얼굴을 살짝 찌푸리며 말했다.

"이봐요, 버락. 우리에겐 최상의 방안이 아닌 것 같은데요."

사르코지에게는 균형추 역할이 무리였다. 개인적으로 만났을 때 그는 프랑스의 높은 실업률을 거론하며 경제 부양 아이디어에 공감을 표했다("걱정 말아요, 버락…… 앙겔라와 협력하고 있으니 두고 봐요"). 하지만 자신이 과거에 채택한 재정 보수주의에서 쉽게 벗어나지 못했으며, 유럽 전체는 커녕 자기 나라를 위한 뚜렷한 계획을 세울 깜냥도 없어 보였다.

고든 브라운 영국 총리는 유럽 각국 정부가 단기 지출을 확대할 필요가 있다며 우리와 뜻을 같이했지만 그의 노동당은 2010년 5월에 다수 의석을 잃었고, 브라운은 보수당 당수 데이비드 캐머런에게 총리직을 넘겨야 했다. 40대 초반의 나이에 젊어 보이는 외모와 의도된 소탈함을 갖춘(국제 정상회의에 참석할 때마다 처음부터 양복 상의를 벗고 넥타이를 헐겁게 풀었다) 이튼 출신의 캐머런은 인상적인 현안 장악력, 언어 구사력, 고생이라곤 모르고 산 듯한 여유로운 자신감을 겸비했다. 서로 머리를 들이받을지언정 개인적으로는 맘에 드는 사람이었다. 그 뒤로 6년간 그는 기후 변화(과학을 믿었다)에서 인권(동성 결혼을 지지했다), 개발도상국 원조(임기 내내 영국 예산의 1.5퍼센트를 대외 원조에 할애했는데, 내가 미국 의회에서 승인받은 것보다 훨씬 높은 비율이었다)에 이르기까지 숱한 국제적 현안에서 죽이 맞는 파트너였다. 하지만 경제 정책에서만큼은 자유 시장을 신봉했으며, 적자를 해소하고 정부 서비스를 줄이며 규제를 개혁하고 교역을 확대하여 영국의 경쟁력을 키우는 새 시대를 열겠노라고 유권자들에게 약속했다.

하지만 예상대로 영국 경제는 더 깊은 불황에 빠져들었다.

주요 유럽 정상들이 모든 반대되는 증거에도 아랑곳없이 엄격한 긴축을 추진하는 것은 여간 답답한 일이 아니었다. 하지만 이것 말고도 온갖 과제가 산적해 있었기에 그동안 유럽의 상황 때문에 밤잠을 못 이룬 적은 없었다. 하지만 2010년 2월 그리스 국가 부채 위기가 유럽연합을 와해 위기에 몰아넣으면서 모든 것이 달라지기 시작했다. 나와 경제팀은 세계 금융 공황이 또다시 벌어지는 것을 막으려고 동분서주했다.

그리스의 경제 문제는 새로운 일이 아니었다. 그리스는 수십 년째 낮은 생산성, 비대하고 비효율적인 공공 부문, 만연한 조세 회피, 연금 고갈 등에 시달렸다. 그럼에도 2000년대 내내 국제 자본시장은 미국의 서브프라임 모기지를 기꺼이 받아준 것과 마찬가지로 꾸준히 증가하는 그리스의 적자를 기꺼이 메워주었다. 하지만 월 스트리트 위기의 여파로 분위기가 점점 각박해졌다. 새 그리스 정부가 발표한 최근 예산 적자가 예상치를 훨씬 웃돌자 유럽 은행들의 주가가 폭락했으며 국제 대부자들은 그리스에 대한 추가 융자를 거부했다. 그리스는 순식간에 부도 위기에 몰렸다.

정상적인 상황이었다면 작은 나라가 빚을 제때 못 갚을 것 같아도 국경 밖에 미치는 영향은 제한적이었을 것이다. 그리스의 GDP는 대략 메릴랜드주 규모였다. 비슷한 문제에 직면했던 다른 나라들은 채권자 및 IMF와 합의하여 채무를 재조정하고 국제 신용등급을 유지하고 결국 제 발로 일어섰다.

하지만 2010년의 경제는 정상적인 상황이 아니었다. 가뜩이나 휘청이는 유럽에 달라붙어 있던 그리스의 국가 부채 문제는 불붙인 막대기를 화약 공장에 던지는 격이었다. 유럽연합 공동 시장에서는 기업과 사람들이 통일된 규칙에 따라 국경에 구애받지 않은 채 일하고 여행하고 교역했기에 그리스의 경제 문제가 유럽 전역에 쉽게 전파될 수 있었다. 그리스의 주요 대부자 중에는 다른 유럽연합 국가의 은행들도 있었다. 또한 그리스는 유로화를 받아들인 16개국 중 하나여서 자체 통화가 없었기에 자국의 통화가치를 절하하거나 독자적 통화정책 수단을 쓸 수 없었다. 유로존의 동료 국가들이 당장 대규모 구제 조치를 취하지 않으면 그리스는 통화 협정에서 탈퇴하는 것 말고는 대안이 없었는데, 이는 전례가 없는 일이었으며 경제에 어떤 영향을 미칠지도 불확실했다. 이미 그리스에 대한 시장의 우려 때문에 은행들이 아일랜드, 포르투갈, 이탈리아, 스페인의 국가 부채에 매기는 이자율이 부쩍 높아졌다. 팀은 그리스가 실제로 채무 불이행 선언을 하거나 유로존에서 탈퇴하거나 두 가지를 다 단행할 경우 겁먹은 자본시장이 나머지 큰 나라들에 대해서도 융자를 사실상 틀어막을지도 모르며, 그러면 금융 시스템이 우리가 겪은 것과 비슷하거나 더 심한 충격을 받을 것이라고 우려했다.

팀이 머리가 쭈뼛 서는 여러 시나리오를 말하자 내가 물었다. "이거 나만 그런 거예요, 아니면 모두들 한숨 돌릴 시점을 못 찾고 있는 거예요?"

그렇게, 난데없이, 그리스를 안정시키는 일이 우리의 최우선 경제·대외 정책 과제 중 하나가 되었다. 그해 봄 팀과 나는 시장을 진정시키고 그리스가 채무를 변제할 수 있도록 강력한 구제책을 내놓으라며 대면 회의와 전화 통화로 유럽중앙은행과 IMF를 전방위로 압박하는 한편, 새 그리스 정부가 국가의 구조적 적자를 줄이고 성장을 회복할 현실적 계획을 수립하도록 지원했다. 또한 국가 부채 위기가 다른 유럽 나라들에 전파되는 것을 막기 위해 유럽인들에게 튼튼한 '방화벽'을 설치하라고 권고했다. 방화벽은 비상시에 유로존이 회원국의 부채를 보증할 수 있다는 확신을 자본시장에 줄 수 있을 정도의 규모를 지닌 일종의 공동 차관 기금이다.

　이번에도 우리의 유럽 정상들은 생각이 달랐다. 독일과 네덜란드를 비롯한 여러 유로존 회원국은 그리스가 허튼 통치와 헤픈 씀씀이로 위기를 자초했다고 생각했다. 메르켈은 그리스의 채무 불이행을 방치하지 않고 "리먼브라더스 사태가 재연되게 내버려두지는 않겠다"고 내게 확언했지만, 그녀와 긴축주의자인 볼프강 쇼이블레 재무장관은—이미 만신창이가 된 그리스 경제를 더욱 쥐어짜봤자 역효과만 낳는다는 나의 경고에도 불구하고—그리스가 합당한 속죄를 하지 않으면 결코 지원하지 않겠노라 단단히 벼른 듯했다. 유럽의 최초 제안에는 구약성서의 정의를 실현하고 도덕적 해이를 방지하겠다는 의지가 담겨 있었다. 그리스의 2개월 치 부채를 감당하기에도 빠듯한 최대 250억 유로를 지원하면서 새 정부에 노동자 연금을 삭감하고 세금을 대폭 인상하고 공공 부문 임금을 동결하라고 요구한 것이다. 정치적으로 자살하고 싶지 않았던 그리스 정부는 고맙지만 사양하겠다고 말했다. 유럽의 제안이 보도된 뒤 그리스 유권자들이 대규모 시위와 파업을 벌이자 그리스 정부는 더더욱 거부감을 드러냈다.

　비상 방화벽에 대한 유럽의 초기 계획안도 딱히 나을 것이 없었다. 유로존 당국이 차관 기금을 조달하기 위해 제시한 최초의 500억 유로는 턱없이 부족한 액수였다. 팀은 유로존 재무장관들에게 전화하여, 기금이 효과를 발휘하려면 규모가 적어도 열 배는 되어야 한다고 설명했다. 유로존 관료들은 회원국이 기금을 이용할 때 해당국의 채권자들이 강제 '헤어컷'을 당해야 할 것이라고 주장했다. 말하자면 일정한 비율의 소유 지분 상실을 받아들여야 한다는 주장이었다. 이런 정서는 충분히 이해할 수 있었다. 대부자들이 대출에 부과하는 이자에는 차입국이 채무 불이행을 저지를 위험이 반영되어야 하니 말이다. 하지만 현실적으로 보자면 헤어컷 요건이 하나라도 존재할 경우 민간 자본은 아일랜드와 이탈리아처럼 부채에 허덕이는 나라에 대출을 꺼릴 것이고, 그러면 방화벽의 목적 자체가 무너질 수 있었다.

이 모든 과정을 보고 있자니 월 스트리트 위기 이후 미국에서 벌어진 논쟁을 TV 더빙 재방송으로 시청하는 것 같았다. 나는 메르켈과 사르코지 같은 유럽 정상들이 해야 할 일을 조목조목 지적했지만 그들이 처한 정치적 속박에도 공감했다. 어쨌거나 은행을 구제하고 타인의 주택 압류나 실업을 막기 위해 수십억 달러의 세금을 지출하는 일의 타당성을 미국 유권자들에게 설득하느라 내가 진땀을 빼긴 했어도, 이것은 미국 안에서 이루어진 구제 조치였다. 반면에 메르켈과 사르코지는 딴 나라 사람들을 구제하는 일의 타당성을 자기 나라 유권자들에게 설득해야 했다.

나는 그리스 부채 위기가 세계 금융의 문제인 것 못지않게 지정학적 문제임을 깨달았다. 유럽은 더 큰 통합을 향해 수십 년간 행진했지만 그 밑바닥에는 해결되지 않은 모순들이 있음이 이번 사태에서 드러났다. 베를린장벽이 무너진 이후 체계적 재건이 추진되던 격동의 시기에 유럽 통합 계획의 원대한 구상—공동 시장, 유로화, 유럽의회, 브뤼셀에 본부를 두고 다양한 규제 사안에 대해 정책을 결정할 권한을 가진 관료 조직—에는 수백 년에 걸쳐 피비린내 나는 갈등을 일으킨 유독한 민족주의를 제거하고 유럽 대륙을 진정으로 통일할 수 있으리라는 낙관론이 스며 있었다. 그 실험은 놀라운 성과를 거뒀다. 주권의 일부 요소를 포기하는 대가로 유럽연합 회원국들은 인류 역사상 어떤 인구 집단도 누리지 못한 수준의 평화와 폭넓은 번영을 구가했다.

하지만 언어, 문화, 역사, 경제 발전의 격차 같은 국가 정체성은 쉽게 사라지지 않았다. 경제 위기가 악화하면서 호시절에는 가려져 있던 온갖 차이들이 드러나기 시작했다. 유럽에서 더 부유하고 효율적인 나라의 시민은 이웃 나라의 의무를 떠안거나 자신들의 세금이 국경 밖 사람들에게 재분배되는 상황을 받아들일 준비가 얼마나 되어 있을까? 경제적 고통을 겪는 나라의 시민은 자신이 아무런 유대감도 느끼지 못하고 아무 권력도 행사하지 못하는 먼 곳의 관료들이 희생을 강요하면 고분고분 받아들일까? 그리스에 관한 논쟁이 점차 뜨거워지면서 독일, 프랑스, 네덜란드 같은 몇몇 유럽연합 터줏대감 나라들의 공적 담론에서는 단순히 그리스의 정부 정책을 비판하는 것이 아니라 그리스인을 싸잡아—얼마나 일을 대충 하는지, 얼마나 부패에 너그러운지, 세금 납부 같은 기본적 의무에도 얼마나 안이한지—비난하기도 했다. G8 정상회의장 화장실에서 손을 씻다가 한 유럽연합 관료가 동료에게 하는 이야기를 들은 적이 있다.

"그 사람들은 생각하는 게 우리랑 달라요."

메르켈과 사르코지처럼 유럽 통합에 깊이 관여하는 지도자들은 그런 고정관념을 내비치진 않았지만 정치 여건 때문에 모든 구제 계획에 신중을 기해야 했다. 그들은 그리스의 최대 대부자들 중 독일과 프랑스의 은행들이 있다거나 그리스의 누적 부채가 독일과 프랑스의 수출품을 사들이느라 쌓였다는 사실—그리스를 채무 불이행으로부터 구해주는 것이 어째서 자기네 은행과 산업을 구하는 셈인지를 유권자들에게 분명히 보여줄 수 있는 사실—은 좀처럼 언급하지 않았다. 어쩌면, 그랬다가는 역대 그리스 정부들의 실패가 아니라 은행의 대출 관행을 감독할 책임이 있는 독일과 프랑스 관료들의 실패에 유권자들의 관심이 쏠릴까 봐 우려했는지도 모르겠다. 아니면 유권자들이 유럽 통합의 본질적 의미, 즉 자신들의 경제적 운명이 좋게든 나쁘게든 '우리랑 다른' 자들의 경제적 운명과 긴밀히 연결되리라는 것을 온전히 이해하면 통합에 선뜻 찬성하지 않을까 봐 두려웠는지도 모르겠다.

어쨌든 5월 초가 되자 금융시장이 잔뜩 겁에 질리는 바람에 유럽 정상들도 현실을 직시했다. 그리고 향후 3년간 그리스에 자금을 지원하는 유럽연합과 IMF의 공동 구제 금융안에 합의했다. 모두 알고 있었듯 이 방안은 여전히 그리스 정부가 감당하기에는 너무 버거운 긴축 조치를 포함했지만, 적어도 다른 유럽연합 정부들이 합의를 받아들이기 위한 정치적 핑곗거리가 될 수 있었다. 그해 하반기에 유로존 나라들은 팀이 제안한 규모의 방화벽에도 잠정적으로 동의하고 강제 '헤어컷' 조항도 삭제했다. 유럽 금융시장은 2010년 내내 롤러코스터를 탔으며, 그리스뿐 아니라 아일랜드, 포르투갈, 스페인, 이탈리아도 위태로웠다. 팀과 나는 유럽이 근본적 문제를 영구적으로 해결하도록 강제할 힘이 없었기에 일시적으로 폭탄의 뇌관을 제거하도록 돕는 것에 만족해야 했다.

유럽 경제 위기가 미국 경제에 미친 영향은 그해 초에 그나마 생겨난 회복세가 완전히 멈춰버렸다는 것이다. 그리스발 뉴스는 미국 주식시장을 급락시켰다. 새로운 불확실성 때문에 경영자들이 계획된 투자를 연기하면서 월간 여론조사에 따른 기업의 확신 지수도 하락했다. 6월 고용 보고서는 마이너스로 돌아섰으며 가을까지 회복하지 못했다.

'회복의 여름'은 파산했다.

2년 차에 접어들면서 백악관 분위기가 달라졌다. 사람들이 자기 자리를 당연하게 여기기 시작했다는 말이 아니다. 오히려 역사를 쓰는 일에 참여하는 것이 얼마나 큰 특권인지를 하루가 멀다 하고 깨우쳤다. 노력의 강도도 전혀 줄지 않았다. 사람들이 서로 친해지고 자신의 역할과 책임에 익숙해지면서 보좌관 회의가 한가해진 듯 보였을지도 모르겠다. 하지만 여유로운 농담 이면에서는 다들 상황이 얼마나 엄중한지 인식하고 있었다. 일상적 업무조차 가장 엄격한 기준에 맞춰 진행해야 한다는 점을 똑똑히 이해했다. 나는 백악관의 누구에게도 열심히 하라거나 분발하라고 말한 적이 없다. 채찍질은 애초에 필요가 없었다. 일을 망칠지도 모른다는 두려움, 나, 동료들, 그리고 우리에게 의지하는 국민을 실망시킬지도 모른다는 두려움이야말로 그들이 스스로를 몰아붙인 원동력이었다.

다들 늘 수면 박탈 상태였다. 상급 보좌관들의 업무 시간은 대개 하루 열두 시간 이상이었으며 대부분 주말에도 출근했다. 나와 달리 1분 만에 출퇴근할 수 없었던 이들에게는 장보기, 요리, 세탁물 수거, 아이들 학교 데려다주기 같은 일을 대신할 요리사, 당번, 집사, 비서도 없었다. 미혼인 보좌관들은 결혼할 기회를 찾을 수 없었다. 운 좋게 배우자가 있는 보좌관들은 외로운 배우자에게 집안일까지 떠넘겨야 했고, 미셸과 나도 경험했던 만성적 가정 내 갈등을 겪어야 했다. 자녀의 축구 경기와 무용 발표회를 보러 가지 못했으며 너무 늦게 퇴근하느라 아기를 침대에 누일 수도 없었다. 람이나 액스처럼 가족을 고생시키지 않으려고 아예 워싱턴에 데려오지 않은 사람들은 배우자와 자녀의 얼굴을 통 보지 못했다.

이런 일이 불만스럽더라도 드러내놓고 이야기하는 사람은 없었다. 모두 행정부 일이 어떤 희생을 요구하는지 알고 있었다. '워라밸'('워크 라이프 밸런스Work-life balance'의 약자로, 업무와 사생활의 균형을 뜻한다_옮긴이)은 언감생심이었다. 경제와 세계가 위험에 처해 있었기에, 밀어닥치는 일의 양은 줄어들 기미가 없었다. 운동선수들이 라커 룸에서 만성 통증을 하소연하지 않듯, 백악관 팀 사람들은 참고 견디는 법을 배웠다.

그럼에도 피로가 쌓이면서—분노가 점점 커지는 국민, 매정한 언론, 환멸을 느끼는 지지자들, 모든 일에 끝끝내 발목을 잡을 수단과 의지를 겸비한 야당 등도 일조했다—신경이 과민해지고 쉽게 화를 냈다. 람이 오전 보좌관 회의에서 이따금 폭발하는 것에 대한 불만의 목소리, 래리가 경제 정책 논의에서 사람들을 배제한다는 비판, 밸러리가 우리 부부와의 친분을 내세워 백악관 정식 절차를 무시할 때 소외감을 느낀다는 숙덕공론이 들려오기 시작했다. 데니스와 벤처럼 공식 절차를 거치기 전에 비공식적으로 내게 아이디어를 들려주는 데 익숙한 젊은 대외 정책 보좌관들은 상명하복을 절대시하고 하급자의 일탈을 용납하지 않는 군대 문화에 익숙한 짐 존스 국가안보보좌관과 갈등을 겪었다.

장관들도 고충이 있었다. 힐러리, 팀, 로버트 게이츠, 에릭 홀더가 업무 성격상 나의 관심을 독차지하는 동안 다른 내각 수장들은 의지할 곳 없이 묵묵히 일했다. 혈기 왕성한 전직 주지사 톰 빌색 농무장관은 고전하는 농촌 지역을 위해 경제회복법 자금을 활용한 여러 경제개발 전략을 추진했다. 힐다 솔리스 노동장관과 그녀의 팀은 저임금 노동자들이 초과

근무 수당을 쉽게 받을 수 있도록 대책을 마련했다. 전직 시카고 교육감을 지내다 교육장관이 된 나의 오랜 친구 안 덩컨은 학력이 부진한 전국 학교들의 수준을 끌어올리는 과제를 이끌었다. 교사 노조와 보수파 운동가들이 분노했지만 그는 뚝심 있게 밀고 나갔다(교사 노조는 시험 횟수를 늘리는 모든 변화에 타당한 경계심을 품었고, 보수파 운동가들은 공통의 핵심 교과과정 제정이 아이들을 세뇌하려는 진보파의 음모라고 생각했다).

여러 성과를 거뒀지만 연방 부처를 운영하는 하루하루의 업무는 일부 장관이 상상한 근사한 역할(대통령의 자문이자 측근이 되어 백악관을 제집처럼 드나드는 것)에 늘 들어맞지는 않았다. 링컨 같은 대통령들이 정책 수립 권한을 내각에 일임하다시피 하고 백악관 보좌진은 최소 인원으로 대통령의 개인 용무와 서신 교환을 처리하는 임무만 맡은 적도 있었다. 하지만 현대에 연방정부의 기능이 확대됨에 따라 대통령들은 의사 결정을 점차 한 지붕 아래 집중하고자 했으며 그에 따라 백악관 인력의 규모와 영향력은 갈수록 커졌다. 한편 내각은 대통령과 긴밀히 소통하기보다는 거대하고 폭넓은 영역을 관리하기 위해 점차 전문화되었다.

권력 이동은 나의 스케줄에서도 드러났다. 람이나 짐 존스 같은 사람은 거의 매일 나를 만났지만 장관 중에서는 힐러리, 팀, 게이츠만 오벌 오피스 회의에 일상적으로 참석했다. 다른 장관들은 자기 부처의 문제가 백악관에서 최우선순위가 되지 않는 이상 나의 스케줄을 차지하려고 다퉈야 했다. 분기에 한 번 개최(하려고 노력)한 내각 전체 회의는 사람들이 정보를 공유할 기회였으나 실제 업무를 처리하기에는 너무 규모가 크고 거추장스러웠다. 전원이 국무회의실에 착석하는 것만 해도 예삿일이 아니었는데, 참석자들은 차례로 꼴사납게 몸을 틀어 육중한 가죽 의자 사이로 비집고 들어가야 했다. 대통령과의 거리와 접근성이 영향력의 잣대로 간주되었기에(이것은 수석보좌관들이 길 건너 아이젠하워 대통령실동의 널찍한 방보다 웨스트 윙의 비좁고 어두컴컴하고 쥐가 들끓기로 악명 높은 사무실을 탐내는 이유였다) 머지않아 일부 장관들은 자신이 홀대받고 과소평가된다고 느끼기 시작했다. 업무의 변방에 밀려나 어리고 미숙한 백악관 보좌관들의 변덕에 휘둘린다고 여긴 것이다.

어느 대통령도 이 문제를 피해 갈 수 없었다. 우리 내각과 보좌진이 이런 고달픈 업무 환경에서도 집중력을 잃지 않은 것은 아무리 칭찬해도 지나치지 않다. 극소수의 예외를 제외하면 이전 행정부들의 고질병이던 공공연한 대립과 끊임없는 정보 누설은 일어나지 않았다. 추문은 한 번도 터지지 않았다. 나는 취임 때부터 윤리적 잘못에 결코 관용을 베풀지 않겠다고 선언했으며, 그런 문제가 있는 사람들은 애초에 우리와 함께하지 않았다. 그럼에도 나는 하버드 로스쿨 동기 놈 아이젠을 윤리·정부 개혁 담당 대통령 특별 고문으로 임명하여 나를 비롯한 모든 사람이 정도正道를 벗어나지 않도록 감시하게 했다. 놈은 성격이 활달하고 꼼꼼하며 예리한 이목구비에 광신자처럼 커다란 눈은 한 번 깜박이지도 않았다. 그는 이 일에 적임자였으며 '닥터 노'라는 별명을 훈장처럼 자랑스러워했다. 참석해도 되는 외부 회의가 무엇인지 알려달라고 행정부 관료가 질문하자 그는 간단명료하게 답했다.

"즐거운 시간이 될 것 같으면 가지 마세요."

반면에 사기 진작은 남에게 맡길 수 없었다. 나는 칭찬을 아끼지 않았으며 비판에 신중하려고 애썼다. 회의에서는 하급 직원을 비롯한 모든 사람에게 의견을 물었다. 사소한 일도 꼼꼼하게 챙겼다. 이를테면 생일을 맞은 직원에게는 케이크를 선물했고, 직원 부모의 기념일에는 축하 전화를 걸었다. 이따금 몇 분이라도 스케줄이 비면 웨스트 윙의 좁은 복도를 돌아다니며 여기저기 사무실에 고개를 들이밀고는 가족에 대해, 지금 하고 있는 일에 대해, 개선했으면 하는 점에 대해 물었다.

아이러니하게도, 관리자로서 내가 진작 더 면밀히 주의를 기울였어야 하지만 그러지 못한 것 중 하나는 여성과 유색인 직원의 업무 환경이었다. 오래전부터 다양한 관점이 논의에 더해질수록 조직의 성과가 좋아진다고 믿었으며 우리가 역사상 가장 다채로운 내각을 꾸렸다는 사실에 자부심을 느꼈다. 따라서 백악관 인력은 멜로디 반스 국내정책위원회 위원장, 모나 섯픈 부비서실장, 패트릭 개스파드 정무비서관, 세실리아 무뇨스 정부간협력국장, 크리스 루 백악관 내각사무처장, 리사 브라운 서무실장, 낸시 서틀리 환경위원회 위원장 등 유능하고 노련한 아프리카계 미국인, 라틴계 미국인, 아시아계 미국인, 여성들이 다수 포진했다. 모두가 업무의 귀감이 되었으며 정책 입안에서 핵심적인 역할을 했다. 상당수는 귀중한 자문역에 그치지 않고 좋은 친구가 되었다.

내각의 관료들은 백인이 아니고 남성이 아니어도 일터에 적응하는 문제로 고민할 필요가 없었다. 건물 안에서 먹이사슬의 꼭대기에 있었으며 남들이 그들에게 적응해야 했기 때문이다. 이에 반해 백악관에서 근무하는 여성과 유색인은 기업 사무실이나 대학 학과 사무실 같은 직업 환경에서 여성과 유색인이 겪는 것과 똑같은 지긋지긋한 의문, 좌절, 의심과 씨름해야 했다. 상황과 정도는 제각각이었지만. '래리가 대통령님 앞에서 내 제안서를 퇴짜 놓은 이유는 내용이 구체적이지 못해서였을까, 내가 충분히 적극적이지 않아서였을까? 아니면 그가 여성을 진지하게 대하지 않기 때문이었을까?' '람이 그 사안에 관해 내가 아니라 액스와 상의한 이유는 정치적 안목이 필요해서였을까, 둘의 오랜 친분 때문이었을까? 아니면 흑인과 교류하는 게 거북해서였을까?'

**뭐라고 한마디 했어야 하나? 내가 너무 민감한 걸까?**

최초의 아프리카계 미국인 대통령으로서 나는 포용적 일터의 본보기를 보여야 한다는 남다른 의무감을 느꼈다. 그러면서도 업무의 역학관계에 인종과 성별이 실제로 작용하는 현실을 과소평가하는 경향이 있었다 (이것은 스트레스에 시달리는 A형 우등생들을 비좁은 방에 가둬두었을 때 으레 생기는 갈등과는 다르다). 모두가 내 앞에서는 행동을 조심했기 때문인지도 모르겠다. 보좌진 사이에서 불거지는 문제를 내가 전해 듣는 경로는 대개 피트나 밸러리였는데, 남들이 두 사람에게 편안하게 흉금을 터놓은 이유는 나이와 기질 때문이었을 것이다. 여성이나 유색인 팀원들이 이따금 람, 액스, 깁스, 래리의 성마른 스타일을—정치적 입장 때문이겠지만, 누가 이민이나 낙태, 소수집단 대 경찰 문제처럼 민감한 쟁점에 확고한 입장을 취할 때면 조건반사로 나오는 신경질적 반응하며—다르게 받아들인다는 사실은 나도 알고 있었다. 그런데 사실 넷은 서로를 비롯하여 **모든 사람**에게 호전적이었다. 그들을 알 만큼 아는 사람으로서 말하건대 미국에서 자란 우리 누구도 편견에서 자유로울 수 없으며 그들도 그 범주를 넘어서지 않았다. 나는 어처구니없는 얘기가 들려오지 않는 한 내가 솔선하여 사람들을 예의와 존중으로 대하는 모범을 보이는 것으로 충분하다고 생각했다. 매일처럼 나타나는 상처 입은 자아, 자리 다툼, 모욕 등은 그들 스스로 해결할 수 있으리라 여겼다.

하지만 임기 첫해 하반기에 밸러리가 면담을 요청하여 보고한 바로는 백악관 고위급 여성들 사이에 불만이 커지고 있었다. 나는 그때 처음으로 스스로의 맹점을 들여다보기 시작했다. 밸러리는 회의에서 질책당하고 눈물을 쏟은 여성이 한두 명이 아니라고 했다. 견해가 번번이 묵살되는 것에 진절머리가 나 회의에서 아예 입을 닫는 이들도 있었다. 밸러리가 말했다. "남자들은 자신이 어떤 모습으로 비치는지도 모르는 것 같아요. 여자들이 보기엔 그것도 문젯거리라고요."

심란해진 나는 보좌진 여성들이 고충을 토로할 수 있도록 여남은 명을 저녁 식사에 초대했다. 우리는 관저 1층 올드 패밀리 다이닝 룸에서 모였다. 높은 천장, 검은색 나비넥타이를 맨 집사들, 근사한 백악관 사기그릇이 놓인 화려한 분위기 때문인지 사람들이 입을 열기까지는 시간이 좀 걸렸다. 식탁에 둘러앉은 사람들이 느끼고 있던 감정은 저마다 달랐고, 노골적인 성차별적 발언을 들었다고 말한 사람은 없었다. 하지만 두 시간가량 이야기를 듣다 보니, 이 출중한 여성들은 고위급 남성 상당수가 제2의 천성처럼 지닌 행동 패턴—정책 논쟁 중에 고함을 지르거나 욕설하기, 끊임없이 다른 사람(특히 여성)의 말을 잘라 대화를 주도하기, 다른 사람(종종 여성 보좌관)이 30분 전에 제기한 논점을 마치 자신의 생각인 양 다시 말하기—으로 인해 폄하되고 무시당한다는 느낌을 받았으며 자신의 의견을 피력하는 것을 점차 꺼리게 되었음이 분명해졌다. 상당수 여성들은 내가 회의 중에 견해를 적극적으로 청하는 것을 고마워했고 내가 그들의 업무를 존중한다는 점을 의심하지 않았지만, 나 스스로도 거울을 들여다보게 되었으며 남자다움을 추구하는 성향—치고받는 회의 분위기를 용인한 것, 걸쭉한 입씨름을 즐긴 것—이 그들을 불편하게 하지 않았는지 자문하지 않을 수 없었다.

그날 밤 제기된 문제들을 우리가 모두 해결했다고는 말할 수 없다. (나는 나중에 밸러리에게 이렇게 말했다. "가부장주의를 저녁 식사 한 번에 타파하긴 힘들어요.") 내가 흑인, 라틴계, 아시아계, 아메리카 원주민 팀원들을 정기적으로 챙긴다고 해서 그들이 언제나 소속감을 느낀다고 장담할 수도 없었다. 그래도 람을 비롯한 고위급 남성들에게 여성 동료들이 어떻게 느끼는지 이야기했더니 그들은 놀라고 뉘우치며 더 잘하겠노라 다짐했다. 한편 여성들은 토론 중에 더 적극적으로 의견을 개진하라는 나의 조언을 진심으로 받아들인 듯했다("누가 당신 말을 중간에 끊으려 들면 아직 내 말 안 끝났다고 말하세요!"). 나는 이런 대응이 정신 건강에 좋을 뿐 아니라, 내가 임무를 제대로 수행하려면 그들의 지식과 통찰을 들어야 하기 때문이라고 말했다. 몇 달 뒤에 웨스트 윙에서 아이젠하워 대통령실동으로 함께 걸어가다 밸러리가 보좌진이 교류하는 방식이 약간 나아졌다고 말했다.

그녀가 내게 물었다. "대통령님은 어떻게 견디고 있어요?"

나는 계단 꼭대기에서 걸음을 멈추고는 회의에 필요한 메모를 찾으려고 재킷 호주머니를 뒤지며 말했다. "난 괜찮아요."

그녀가 환자의 증상을 들여다보는 의사처럼 눈을 가늘게 뜨고 내 얼굴을 뜯어보며 물었다. "정말이에요?" 나는 찾던 것을 찾아서 다시 걷기 시작했다.

"그럼요, 정말이에요. 왜요? 내가 달라진 것 같아요?"

밸러리가 고개를 저으며 말했다. "아니요. 전과 똑같아 보여요. 그게 이

해가 안 돼요."

　　　　　　　　　　　내가 대통령이 되고서도 거의 달라지
지 않았다는 밸러리의 언급은 처음이 아니었다. 칭찬으로 한 말임은 알
고 있었다. 내가 자기만 아는 인간이 되지 않은 것, 유머 감각을 잃지 않
은 것, 신랄하고 성난 얼간이가 되지 않은 것에 대한 안도감을 표현하는
나름의 방법이었다. 하지만 전쟁과 경제 위기가 길어지고 정치적 문제가
쌓여가면서 밸러리는 내가 **너무** 차분하게 행동하는 게 아닌지, 스트레스
를 꾹꾹 억누르고 있는 게 아닌지 우려하기 시작했다.

그녀만이 아니었다. 마치 내가 중병에 걸린 사실을 방금 알았다는 듯
친구들이 진지하고 진심 어린 격려의 글을 보내기 시작했다. 마티 네스
빗과 에릭 휘터커는 이곳으로 날아올 테니 한가롭게 야구 경기를 보면
어떻겠느냐고 말했다. 내가 근심에서 벗어나도록 '남자들의 밤'을 보내자
는 것이었다. 마마 케이는 관저에 왔다가 내가 멀쩡한 것을 보고서 놀라
워했다.

나는 허리를 숙여 그녀를 끌어안으며 이렇게 놀렸다. "뭘 기대한 거예
요? 얼굴에 뾰루지라도 났을 줄 알았어요? 머리가 빠졌을 거라 생각했
나요?"

그녀가 장난스럽게 내 팔을 때리며 말했다. "오, 그만해요." 그녀는 몸
을 뒤로 젖히더니 밸러리처럼 나를 뜯어보며 이상한 데가 없나 찾아보았
다. "전보다 지쳐 보이는 것 같아요. 밥은 잘 먹고 있어요?"

어느 날 깁스에게 이 염려와 배려들이 어리둥절하다고 이야기했더
니 그는 빙긋 웃으며 말했다. "내 말 좀 들어봐요, 보스. 케이블 TV 뉴스
를 보면 **당신도** 당신이 걱정스러울 거예요." 나는 깁스가 무슨 말을 하는
지 알았다. 대통령이 되는 순간부터 나에 대한 사람들의 인식은—심지
어 나를 가장 잘 아는 사람들의 인식도—매체에 의해 형성된다. 최근 뉴
스 보도 몇 개를 훑어보고서야 언론이 우리 행정부에 대한 기사를 내보

낼 때 쓰는 자료 화면이 최근 달라졌다는 사실을 깨달았다. 우리가 승승 장구할 때, 선거운동이 막바지에 이르러 나의 대통령 취임이 임박했을 때는 대부분의 뉴스에서 내가 활기찬 모습으로 미소 지으며 악수하거나 근사한 배경 앞에서 연설하는 장면을 내보냈다. 몸동작과 표정은 활력과 위엄을 내뿜었다. 그런데 부정적 보도가 대부분인 지금은 내 모습이 달라졌다. 늙어 보이는 모습으로 혼자서 콜로네이드를 걷거나 남쪽 잔디밭을 지나 마린 원을 타러 가는데, 어깨는 처지고 눈은 내리깔았으며 얼굴은 직무의 부담으로 초췌하고 쭈글쭈글했다.

통 속에 갇힌 나는 언제나 더 안쓰러운 모습으로 비쳤다.

하지만 실제 삶이 그렇게 지독하진 않았다. 보좌진처럼 나도 잠이 부족했다. 하루하루가 짜증, 걱정, 실망의 연속이었다. 내가 저지른 실수를 곱씹고, 실패한 전략을 분석했다. 참석하기 두려운 회의, 한심해 보이는 기념식, 내키지 않는 대화가 있었다. 사람들에게 고함지르지는 않았지만 욕설과 불평을 입에 달고 살았으며, 적어도 하루에 한 번은 내가 부당한 중상모략을 당한다고 느꼈다.

선거운동 기간에 깨달은바 장애물과 고투는 나를 속속들이 뒤흔들지 못했다. 그보다는 내가 쓸모없고 목적을 잃었다는 느낌이 들 때, 시간을 낭비하거나 기회를 허비하고 있을 때 낙심하기가 더 쉬웠다. 하지만 대통령으로서 최악의 나날을 보낼 때도 우울을 느낀 적은 없었다. 대통령의 임무는 지루함이나 실존적 마비를 허락하지 않았다. 우리 팀과 함께 앉아서 까다로운 문제를 해결하려고 궁리할 때면 기운이 빠지기보다는 오히려 샘솟았다. 제조 공장을 견학하고 제품이 생산되는 과정을 보거나 실험실을 찾아가 과학자들에게 최신 연구 성과에 대해 듣는 등의 모든 방문이 상상력을 자극했다. 폭풍우로 이재민이 된 농촌 가정을 위로하거나, 자포자기한 아이들의 마음을 열려고 분투하는 도심 학교 교사들과 만나, 그들의 경험을 잠시나마 나의 경험으로 느낄 때면 가슴이 뭉클해졌다.

대통령이라서 겪는 호들갑, 허식, 언론, 물리적 제약 등은 감당할 수 있었다. 하지만 실제 일은?

나는 일을 사랑했다. 일이 나를 사랑해주지 않아도 나는 일을 사랑했다.

업무를 벗어나서는 유폐된 삶에 익숙해지려고 노력했다. 나는 아침 운동, 가족과의 저녁 식사, 남쪽 잔디밭 저녁 산책의 의식을 지켰다. 임기 초기에는 아이들을 침대에 누이기 전에 밤마다 사샤에게 소설 『파이 이야기』의 한 장을 읽어주는 순서도 의식에 들어 있었다. 하지만 다음 책을 고를 때가 되자 사샤는 아빠가 읽어주는 책을 듣기엔 자기도 언니처럼 나이가 들었다고 말했다. 나는 서운함을 감춘 채 샘 캐스와 심야 당구를 치는 의식으로 변경했다.

저녁 식사 후 미셸과 그날 있었던 일들을 이야기하고 샘이 부엌을 청소하고 나면 3층에서 만났다. 내가 아이팟으로 마빈 게이나 아웃캐스트나 니나 시몬의 음악을 틀고, 전날 밤에 진 사람은 당구대에 공을 삼각형으로 모았다. 우리는 반 시간가량 포켓볼을 쳤는데, 샘은 백악관 풍문을 들려주거나 자신의 연애 생활에 대해 조언을 청하기도 했다. 나는 아이들에게 들은 웃긴 얘기를 들려주거나 정치적 불만을 짧게 토로했다. 하지만 대개는 악의 없는 입씨름을 하고 고난도의 묘기를 시도했다. 나는 초구初球가 삼각형을 부수는 소리나 공이 구석 포켓에 굴러 떨어지는 부드러운 딸깍 소리에 마음이 개운해진 채 저녁 업무를 처리하러 트리티 룸으로 향했다.

원래 당구는 집에서 빠져나가 3층에서 담배를 피우기 위한 핑곗거리이기도 했다. 담배를 끊으면서 몰래 빠져나가는 일도 그만뒀다. 부담적정보험법에 서명한 직후였다. 그날을 금연 시작일로 정한 이유는 상징적 의미가 있을 것 같아서였지만 실제 결심은 그보다 몇 주 전에 했다. 말리아가 나의 숨에서 담배 냄새를 맡고는 얼굴을 찡그리며 담배 피우느냐고 물었기 때문이었다. 딸에게 거짓말하거나 나쁜 본보기를 보일 위기에 처한 나는 백악관 주치의에게 전화하여 니코틴 껌을 한 상자 보내달라고 부탁했다. 니코틴 껌은 효과가 있었다. 그 뒤로는 담배를 한 대도 피우지 않았으니까. 하지만 다른 중독에 빠지고 말았다. 나머지 임기 동안 나는 줄기차게 껌을 씹었으며 내 호주머니에서는 빈 껍질이 끝없이 쏟아져 바닥에, 책상 밑에, 소파 쿠션 사이에 반짝거리는 네모난 빵 부스러기 같은 흔적을 남겼다.

농구도 듬직한 피난처가 되었다. 일정에 여유가 생기면 레지 러브는 주말에 경기를 잡아 포트 맥네어 공군기지나 FBI 본부, 내무부의 실내 농구장을 예약하고 친구들을 불러 모았다. 경기는 격렬했다. 두어 번의 예외를 제외하면 참가자들은 대부분 디비전 1(디비전은 전미대학체육협회가 지정한 단계로 1~3단계가 있다_옮긴이) 대학 농구 선수 출신으로 나이는 20대 후반이나 30대 초반이었다. 인정하기는 정말 싫었지만 나는 대개 최약체 선수 중 하나였다. 그럼에도 너무 욕심부리지만 않으면 내 몫을 하면서 수비수를 막고 득점권에 있는 팀원에게 공을 배급하거나 내 앞이 비었을 때 점프 슛을 던지고 수비 대형을 돌파하면서 경쟁의 몰입감과 동료애를 경험할 수 있었다.

이런 즉석 경기는 내게 연속성의 감각을 부여했으며 나를 예전의 나 자신과 이어주는 끈이 되었다. 우리 팀이 레지 팀을 이기면 나는 일주일 내내 경기 결과를 들먹였다. 하지만 농구하면서 느낀 즐거움은 사샤의 4학년 농구 동아리 리그전에서 응원할 때의 흥분—과 스트레스—에 비하면 아무것도 아니었다.

아이들은 팀 이름을 바이퍼스Vipers(독사들)로 지었다(이 이름을 생각해낸 사람이 누군지 모르지만 존경한다). 시즌이 개막하면 미셸과 나는 토요일 아침마다 메릴랜드의 작은 공원 체육관에 가서 다른 가족들과 함께 관람석에 앉아 선수들 중 누구든 골대 가까이 공을 던지기만 해도 열광적으로 환호했고 사샤에게 박스아웃(상대 팀이 슛을 하면 골 지역에서 먼저 리바운드 볼을 잡기 위해 유리한 포지션을 미리 확보하는 것_옮긴이)하라거나 수비 위치로 돌아가라고 외쳤다. 심판에게 고함지르는 '그런 학부모'는 되지 않으려고 조심했다. 조의 손녀이자 사샤의 가장 친한 친구 중 한 명인 메이지 바이든이 팀의 스타플레이어였는데, 대부분의 아이들은 정식 농구가 처음이었다. 내가 보기엔 코치들도 마찬가지였다. 다정한 젊은 커플인 두 사람은 시드웰 교사였으며 농구가 주종목이 아니라고 인정했다. 사랑스럽지만 어수선한 경기를 두어 번 관람한 뒤에 레지와 나는 경기 계획을 작성하고는 일요일 오후에 비공식 연습을 몇 번 시켜주겠노라 자청했다. 우리는 기본기(드리블, 패스, 코트에 뛰쳐나가기 전에 신발 끈 묶기)를 가르쳤다. 레지가 훈련을 좀 지나치게 열심히 시키긴 했지만("페이지, 이 저벨한테 그렇게 맥없이 물러나면 안 돼!") 아이들은 우리만큼이나 즐거워하는 것 같았다. 바이퍼스가 18 대 16의 아슬아슬한 승리로 리그전에서 우승하자 레지와 나는 전미대학체육협회(NCAA) 결승전에서 승리한 것마냥 환호했다.

모든 부모는 그런 순간을 만끽할 때가 있다. 그럴 때면 세상이 느려지고 근심거리가 머릿속 한구석으로 물러나며, 중요한 것은 오로지 여기서 자녀가 자라는 기적을 온전히 목격하는 것뿐이다. 나는 선거운동과 의정 활동 때문에 오랜 시간을 아이들과 함께하지 못했기에 정상적인 '아빠 노릇'이 그만큼 더 소중했다. 물론, 이제는 우리 가족의 삶이 정상적이지 않았다. 이곳이 워싱턴 아니랄까 봐 이듬해에 시드웰의 경쟁 팀 학부모들이 바이퍼스 코치들에게—아마 학교에도—레지와 내가 왜 자기네 아이들은 훈련해주지 않느냐고 불만을 표하기 시작했다. 우리는 연습에 특별한 내용은 없었다며(실은 사샤와 시간을 더 보내기 위한 핑곗거리였다) 다른 학부모들도 자녀의 팀을 직접 연습시키도록 도와주겠다고 제안했다. 하지만 알고 보니 불만은 농구와 아무 관계가 없었고(레지는 "대통령님이 코치해줬다는 걸 하버드 대학교 지원서에 넣고 싶어서 그러는 거예요"라며 코웃음 쳤다), 바이퍼스 코치들이 계속 시달리느니 내가 일개 팬으로 돌아가는 게 모두에게 낫겠다고 판단했다.

이런 화나는 사건이 몇 건 있었지만 퍼스트패밀리라는 위치의 덕을 많이 봤다는 사실은 부정할 수 없다. 시내 박물관들은 우리가 인파를 피할수 있도록 폐장 시각 이후에 입장시켜주었다(코코런 미술관에 갔을 때 남성의 누드를 매우 정밀하게 묘사한 대형 초상화를 우리 아이들이 볼까 봐 마빈이 일부러 그림 앞에 서 있던 일을 떠올리면 우리는 아직도 웃음을 터뜨린다). 미국영화협회에서 신작 DVD를 보내줬기 때문에 우리는 백악관 영상실을 즐겨이용했다. 미셸과 나는 취향이 다를 때가 많았다. 그녀는 로맨틱 코미디를 좋아한 반면에 내가 좋아하는 영화는 대부분 (그녀에 따르면) "사람들이 끔찍한 일을 겪은 다음 죽는" 이야기였다.

경이로운 백악관 직원들 덕에 손님 접대도 훨씬 수월했다. 어린아이를 둔 여느 맞벌이 부부라면 직장에서 일주일을 보낸 뒤에 어떻게 기력을 끌어모아 장 보고 요리하고 토네이도 맞은 듯한 집을 정돈하나 암담하겠지만 우리는 그럴 필요가 없었다. 정기적으로 만나는 친구들과의 주말모임 이외에도 몇 달에 한 번씩 미술가, 작가, 학자, 재계 총수 등 인연이닿았거나 궁금한 사람들을 초대하여 작은 디너파티를 열었다. 만찬은 곧잘 자정을 넘겼다. 포도주를 연료 삼아 꽃피운 대화는 우리에게 영감을 선사하고(위엄 있으면서도 짓궂은 토니 모리슨은 제임스 볼드윈과의 우정에 대해 이야기해주었다) 지식을 선사하고(과학기술자문위원회 공동위원장 에릭 랜더 박사는 의학유전학의 최신 성과를 소개해주었다) 매혹을 선사하고(메릴 스트립은 허리를 숙인 채 몇 년 전에 배운 한시를 중국어로 나직이 낭송했다) 대개는 인류의 미래를 낙관하게 했다.

하지만 백악관의 특혜 중 최고는 음악 아니었을까. 퍼스트레이디로서 미셸의 목표 중 하나는 백악관을 방문한 사람들이 더 환대받는 느낌을 받도록 하는 것이었다. 백악관은 세상과 동떨어지고 배타적인 권력의 요새가 아니라 어떤 방문객도 소외감을 느끼지 않는 '국민의 집'이어야 했다. 그녀는 백악관 사교국의 협조를 받아 인근 학교 학생들을 위한 견학행사를 더 많이 조직했으며 불우 아동을 백악관 직원과 짝짓는 멘토십 프로그램을 시작했다. 핼러윈 사탕 나눠주기 행사를 위해 남쪽 잔디밭을 개방했으며 군인 가족들을 위해 영화 상영회를 열었다.

그런 노력의 일환으로 영부인실은 백악관이 공영방송사와 손잡고 정기 공연 시리즈를 주최하게 했다. 스티비 원더, 제니퍼 로페즈, 저스틴 팀버레이크 같은 유명 가수뿐 아니라 리언 브리지스 같은 유망주와 B. B. 킹 같은 살아 있는 전설에 이르는 유수의 예술가들이 지역 청소년들과 일일 음악 워크숍을 진행하고 이스트 룸이나 (때로는) 남쪽 잔디밭에 모인 100~200명의 관객 앞에서 공연을 했다. 이 음악 시리즈는 빼어난 작곡가나 연주자를 조명하기 위해 백악관에서 전통적으로 해마다 개최하는 거슈윈상 연주회와 더불어 우리 가족이 1년에 서너 차례 객석 맨 앞줄에서 스타들로 가득한 음악적 향연을 만끽하는 기회가 되었다.

모타운의 음악과 브로드웨이 삽입곡, 클래식 블루스와 피에스타 라티나(흥겨운 라틴 음악_옮긴이), 가스펠과 힙합, 컨트리, 재즈, 클래식 등 모든 장르가 망라되었다. 음악인들이 공연 전날 예행연습을 하면 드럼과 베이스와 전기기타 소리가 관저 위층 트리티 룸까지 울려 퍼졌다. 이따금 관저 뒤 계단을 몰래 내려가 눈길을 끌지 않으려고 뒤에 서서 연습 광경을 바라봤다. 듀엣이 화음을 맞출 때도 있었고 공연자가 하우스 밴드와 편곡을 수정할 때도 있었다. 나는 모든 사람이 악기를 얼마나 능숙하게 다루는지, 연주자들의 마음과 몸과 영혼이 어우러지고 서로를 얼마나 배려하는지 보면서 경탄했다. 그들의 작업에서 느껴지는 순수하고 분명한 기쁨이 내가 선택한 정치의 길과 이토록 대조적인 것에 질투심마저 들었다.

실제 연주로 말할 것 같으면, 그들은 전율을 불러일으켰다. 밥 딜런이 베이스, 피아노, 그리고 자신의 기타만으로 〈더 타임스 데이 아 어체인징 The Times They Are a-Changin'〉을 부드럽게 부르는 장면이 아직도 머릿속에 떠오른다. 연주가 끝나자 그는 무대에서 내려와 내 손을 잡고 살짝 웃은 뒤 우리 부부에게 고개를 끄덕하고는 아무 말 없이 퇴장했다. 푸에르토리코 혈통의 젊은 극작가 린마누엘 미란다도 기억난다. 그는 시, 음악, 이야기가 어우러진 저녁 공연을 앞두고 포토 라인에서, 미국 최초의 재무장관 알렉산더 해밀턴의 일생을 소재로 한 힙합 뮤지컬의 첫 곡을 선보이겠다고 말했다. 우리는 정중히 격려하면서도 내심 회의적이었는데, 그가 무대에서 랩을 시작하자 객석은 열광의 도가니였다.

폴 매카트니가 아내 미셸에게 〈미셸Michelle〉을 불러준 적도 있었다. 그녀는 약간 당황한 채 웃음을 터뜨렸고 다른 관객은 박수갈채를 보냈다. 나는 이 곡이 발표된 1965년에 누군가 미셸 부모의 사우스사이드 집 문을 두드리며 언젠가 이 곡을 쓴 비틀스 멤버가 백악관 무대에서 당신네 딸에게 이 노래를 불러줄 거라고 말했다면 그들이 뭐라고 대꾸했을지 궁금했다.

미셸은 이 음악회들을 나만큼이나 좋아했다. 하지만 주최자보다는 관객으로 참석하는 쪽을 더 좋아했을 것 같다. 표면적으로 보면 그녀는 새로운 삶에 나름대로 적응했으며 현재의 삶에 만족할 이유가 충분했다. 아이들은 행복해 보였고 자신은 말리아와 사샤 친구의 엄마들이 대부분인 새 친구들을 금세 사귀었으며, 남의 눈에 띄지 않고 백악관 구내를 벗어나기가 나보다는 좀 수월했으니 말이다. 아동 비만을 줄이자는 '레츠 무브!' 활동은 호응이 좋았으며 이미 의미 있는 성과를 내고 있었다. 그녀는 질 바이든과 손잡고 군인 가족을 지원하는 '조이닝 포시스Joining Forces'라는 사업도 시작했다. 공립학교 교실을 방문하든 심야 TV 쇼에서 선의의 비판을 주고받든 미셸이 대중 앞에 나서면 사람들은 그녀의 진솔함과 따스함, 미소와 재치에 하릴없이 끌려드는 듯했다. 사실, 이 말은 꼭 해야겠는데, 나와 달리 그녀는 워싱턴에 도착한 순간 이후로 발을 헛디디거나 박자를 놓친 적이 없었다.

그렇게 성공하고 인기를 누렸지만 그녀에게서는 숨겨진 기계의 희미한 소음처럼 미묘하지만 끊임없는 긴장의 암류暗流가 계속해서 느껴졌다. 우리가 백악관의 담장 안에 갇혀 지냄에 따라 과거에 그녀를 짜증스럽게 한 모든 것이—내가 온종일 일에 몰두하는 것이든, 정치 때문에 가족이 끊임없이 감시와 공격을 받는 것이든, 친구와 가족조차 그녀의 역할을 부차적인 것으로 취급하는 것이든—더욱 농축되고 생생해진 것 같았다.

무엇보다 백악관은 그녀에게 삶의 기본 요소들을 더는 자신이 통제할 수 없음을 날마다 상기시켰다. 우리가 누구와 시간을 보낼지, 어디로 휴가를 떠날지, 2012년 대선 이후에 어디서 살지, 심지어 안전에 이르는 모든 것이 어느 정도는 나와 웨스트 윙 직원들의 임무 수행 여부, 유권자나 기자단이나 미치 매코널의 변덕, 일자리 개수, 지구 반대편에서 일어나는 뜻밖의 사건 등에 좌우되었다. 이젠 무엇 하나 확실히 정해진 것이 없었다. 어림도 없었다. 그랬기에, 소소한 승리와 기쁨을 누리며 하루나 일주일이나 한 달을 보내는 동안에도 그녀의 일부는 의식적이든 아니든 경계 태세를 유지하고 재난에 대비하며 다음 불운을 기다리고 주시했다.

미셸은 그런 감정을 자주 털어놓지 않았다. 내가 얼마나 많은 짐을 짊어졌는지 알았으므로 또 다른 짐을 보태봐야 소용없으리라 생각했다. 적어도 가까운 장래에는 상황을 바꾸려고 내가 할 수 있는 일이 별로 없었기 때문이다. 그녀가 대화를 중단한 이유는 내가 두려움을 이성적으로 논박하려 들거나 시답잖은 수법으로 달래려 들거나 태도 변화가 필요할 뿐이라고 암시하리라는 것을 알기 때문이었다.

내가 괜찮다면 자신도 괜찮아야 한다고 그녀는 생각했다.

정말 괜찮은 것처럼 느껴지는 때에도, 우리 둘이 담요를 덮고 바싹 붙어 TV 쇼를 볼 때나 일요일 오후 아이들과 보와 함께 양탄자에 앉아 관저 2층을 웃음소리로 가득 채울 때에도, 긴장은 사라지지 않았다. 미셸은 저녁을 먹으면 자신의 서재에 올라가버리고 나는 긴 복도를 따라 트리티 룸에 가는 일이 잦아졌다. 내가 일을 마칠 즈음이면 그녀는 이미 잠들어 있었다. 나는 옷을 벗고 이를 닦고 그녀를 깨우지 않도록 조심하면서 이불 속으로 들어갔다. 백악관에 있는 동안에는 매일 지쳐서 머리를 베개에 대면 5분 안에 곯아떨어졌기에 불면증은 거의 없었지만, 어둠 속에서 미셸 옆에 누워 우리 사이의 모든 것이 더 수월하던 시절, 그녀의 미소가 더 한결같고 우리의 사랑이 덜 방해받던 시절을 생각하면 그 시절이 돌아오지 않을지도 모른다는 생각에 문득 가슴이 죄어왔다.

돌이켜보면 우리가 겪은 모든 변화에 미셸이 더 솔직하게 반응했고, 위기가 쌓여가는 동안 내가 겉으로는 담담해하고 결국 모든 것이 해결되리라 고집하면서도 실은 스스로를 보호하고 있었을 뿐이며, 그러면서 그녀를 더욱 외롭게 했던 게 아닐까.

그즈음 같은 꿈을 거듭해서 꾸기 시작했다. 꿈에서 나는 어느 이름 없는 도시의 길거리에 서 있다. 나무, 가게, 신호등이 보인다. 날은 화창하고 따스하며 산들바람이 분다. 사람들은 쇼핑을 하거나 개를 산책시키거나 일을 끝내고 퇴근하고 있다. 자전거를 탄 사람도 있지만 대부분은 걷고 있다. 딱히 아무 생각 없이 거닐다가 문득 아무도 나를 알아보지 않는다는 것을 깨닫는다. 보안 요원도 간데없다. 나는 어디에도 있어야 할 필요가 없다. 나의 선택은 세상에 아무런 영향을 미치지 않는다. 모퉁이 가게에 들어가 생수 한 병과 아이스티 한 잔을 구입하고는 계산원과 잡담을 주고받는다. 근처 벤치에 앉아 생수 뚜껑을 따고 한 모금 마신 뒤에 세상이 흘러가는 것을 물끄러미 바라본다.

복권에 당첨된 느낌이다.


람은 정치적 탄력을 되찾을 해결책을 가지고 있다고 생각했다. 월 스트리트 위기가 금융시장을 규제하는 시스템이 고장 났다는 사실을 드러냈으므로 나는 인수인계 과정에서 앞으로 위기가 일어날 가능성을 낮출 입법 개혁을 추진하라고 경제팀에 요청했다. 람이 보기엔 우리가 '월 스트리트 개혁' 법안을 입안하여 투표에 부치는 시기는 이를수록 좋았다.

그가 말했다. "그러면 우리는 다시 정의의 편에 서게 됩니다. 공화당이 법안을 막으려 들면 혼쭐을 내주는 겁니다."

새 금융 규제를 놓고 미치 매코널이 우리와 싸울 이유는 얼마든지 있었다. 어쨌거나 그는 기업의 나라 미국이 무엇이든 내키는 대로 하지 못하게 가로막는 정부 규제(환경 법규, 노동 법규, 직장 안전 법규, 선거 자금 법규, 소비자 보호 법규)에 막무가내로 반대하면서 경력을 쌓았다. 하지만 작금이 정치적으로 위태로운 상황이라는 것도 알고 있었다. 유권자들은 공화당 하면 여전히 거대 기업들과 요트를 소유한 억만장자들을 떠올렸다. 그는 통상적으로 규제에 반대하는 자기 당의 입장이 상원 다수당을 확보하는 데 걸림돌이 되길 바라지 않았다. 그리하여 나의 의제를 사사건건 필리버스터로 저지하겠다는 의도는 감추지 않았지만—매사추세츠 상원 선거에서 스콧 브라운이 승리하여 민주당이 예순 번째 투표권을 빼앗기면서 이 일이 더욱 수월해졌다—자신의 의원 사무실에서 팀을 만나 월스트리트 개혁만은 예외로 해주겠다고 밝혔다. 팀이 면담에서 돌아와 말했다. "우리가 무슨 제안을 하든 찬성표를 던질 겁니다. 그의 코커스도 대부분 동참할 테고요. 하지만 우리에게 협력할 공화당 의원 대여섯 명은 우리가 직접 찾아야 하고, 자신은 그들을 제지하지 않겠다고 했습니다."

내가 물었다. "다른 건 없었어요?"

팀이 말했다. "그들이 할 수 있는 건 그것뿐이니까요. 자신의 선택에 꽤 만족해하는 것 같았습니다."

매코널이 여론에 승복한 일은 중요한 변화였지만 월 스트리트 개혁을 의회에서 통과시키는 일은 쉽지 않았다. 은행 업계 경영진은 경제를 아수라장으로 만든 일을 뉘우치는 기색이 없었다. 우리가 불 속에서 건져준 일도 전혀 고마워하지 않았다(내가 '반기업적'이라는 비난은 금융계 언론의 단골 레퍼토리가 되었다). 오히려 자신들의 활동을 강하게 규제하려는 우리의 시도를 무리한 요구나, 심지어 노골적 공격으로 간주했다. 이들은 워싱턴에서 가장 막강한 로비 군단을 거느렸고, 전국에 지지층이 있었으며, 양당에 선거 자금을 뿌릴 만큼 호주머니가 두둑했다.

은행들의 총력 반대 외에 또 다른 문제는 현대 금융 시스템을 규제하는 일이 엄청나게 복잡하다는 사실이었다. 은행이 고객의 예금을 유치하여 그 돈으로 가계나 기업에 단순히 대출해주는 식으로 미국의 돈이 순환하는 시절은 지나갔다. 지금은 수조 달러가 눈 깜박할 사이에 여러 국경을 넘나들고 있었다. 헤지펀드와 사모펀드 같은 새로운 방식의 금융 업체들이 은행 못지않은 거금을 운용했으며, 컴퓨터 이용 거래와 파생상품 같은 기기묘묘한 투자 상품들이 시장을 창출하거나 무너뜨릴 힘을 얻었다. 미국에서는 이 다종다양한 시스템을 관리하는 권한이 여러 연방 기관(연방준비제도, 재무부, 연방예금보험공사, 증권거래위원회, 상품선물거래위원회, 통화감독국)에 분산되었는데, 이 기관들은 대부분 독자적으로 활동했고 자기 영역을 지키려고 눈을 부릅떴다. 개혁이 효과를 거두려면 다양한 규제 기관들을 공통된 규제 틀 안으로 끌어모아야 했다. 또한 다른 나라의 규제 기관과도 공조해야 했는데, 안 그러면 금융회사들이 본거지를 해외로 옮겨 엄격해진 규정을 회피하기 때문이었다.

마지막으로, 개혁의 형태와 범위를 둘러싼 민주당 내의 첨예한 의견 차를 해소해야 했다. 정치적으로 중도에 기운 사람들(팀과 래리, 의회 민주당 다수가 포함된다)이 보기에 최근 위기에서 드러난 결함들은 심각하지만 해결할 수 있었으며 그것만 빼면 금융 시스템은 탄탄했다. 그들은 월 스트리트가 성장과 혁신 덕분에 세계를 선도하는 금융의 중심이 되었으며, 경기순환—또한 이에 따른 비합리적 활황과 비합리적 공황—은 현대 자본주의뿐 아니라 인간 심리에 내재된 특징이라고 주장했다. 그들은 투자자와 회사가 지는 위험을 모조리 제거하는 것은 가능하지 않을뿐더러 바람직하지도 않다고 생각하여 개혁의 목표를 좁게 규정했다. 시스템에 가드레일을 설치하여 무모하게 위험을 추구하지 못하게 하고, 주요 기관들이 투명하게 영업하도록 하며, 래리 말마따나 "시스템이 실패에 대해 안전하도록" 함으로써 도박을 잘못 건 개인이나 금융기관이 모두를 위험으로 끌고 들어가지 못하게 하는 것이었다.

많은 좌파는 이런 식으로 표적을 정하는 접근법이 지금 필요한 개혁에 터무니없이 못 미친다고 주장했으며, 국민에게 도움이 못 되는 시스템을 심판하는 (해묵은) 과제를 뒤로 미룰 뿐이라고 생각했다. 그들은 경제에서 가장 심란한 추세들이 나타나는 이유는 비정상적으로 비대해지고 도덕적으로 수상쩍은 금융 부문 때문이라고 비난했다. 재계가 단기적 이익을 끌어올리는 방법으로 장기적 투자보다 비용 절감과 해고를 선호하는 것이든, 특정 사모펀드가 차입 금융으로 인수한 기존 기업을 분해하여 부품처럼 팔아치움으로써 부당 이득을 취하는 것이든, 소득 불평등이 꾸준히 증가하고 최상위 부자들이 납부하는 세금 비율이 줄어드는 것이든, 어쨌든 원흉은 금융이었다. 이런 왜곡 효과를 줄이고 걸핏하면 금융 위기를 촉발하는 투기 광풍을 중단시키려면 월 스트리트를 더 급진적으로 뜯어고쳐야 한다고 주장했다. 그들이 선호하는 개혁에는 미국 은행의 규모에 상한선을 두는 일과 글래스·스티걸법을 원상 복구하는 일이 포함되었다. 대공황 시절 연방예금보험공사의 보증을 받은 은행들이 투자금융에 종사하지 못하도록 금지한 이 법은 클린턴 행정부에서 대부분 폐지되었다.

금융 규제를 둘러싼 당내 분열을 보고 있노라면 여러 측면에서 건강보험 논쟁이 떠올랐다. 단일 보험자 체계를 옹호하는 사람들은 기존 민간 보험 체계에 조금이라도 유리한 방안은 배신 행위로 치부했다. 건강보험 논쟁 때도 그랬듯 나는 현 상태를 비판하는 좌파에 어느 정도 공감했다. 월 스트리트는 자본을 생산 활동에 효율적으로 배분하기보다는 조 단위의 판돈을 굴리는 카지노와 비슷해졌고, 차입과 투기의 규모를 늘리며 더욱 많은 이익과 보수를 거둬들였다. 월 스트리트가 분기 실적에 집착하면서 기업의 의사 결정이 왜곡되고 근시안적 사고방식이 만연했다. 금융시장은 어느 한 장소에 얽매이지 않고 세계화가 노동자와 지역사회에 미치는 영향에 무관심했다. 일자리의 해외 이전을 가속화하고 부를 소수의 도시와 경제 부문에 더욱 집중시킨 탓에 이 나라의 대다수 지역에서 자금, 인재, 희망이 고갈되었다.

이 문제들에 영향을 미치려면 규모가 크고 대담한 정책들을 동원해야 했다. 대부분 세제를 개편하고 노동법을 강화하고 기업 지배 구조의 규칙을 바꿔야 하는 일이었다. 세 가지 목표 모두 우리의 할 일 목록에서 윗자리를 차지했다.

하지만 이 나라의 **금융**시장을 규제하여 시스템의 안정성을 높인다는 측면에서 보면 좌파의 처방은 초점이 어긋났다. 미국 은행들의 규모를 제한한다고 해서 최근의 위기를 예방할 수 있었다거나 시스템 붕괴를 막기 위해 연방이 개입하지 않아도 됐으리라는 증거는 없었다. 베어스턴스와 리먼브라더스의 자산은 JP모건에 비하면 새 발의 피였으나 공황이 시작된 이유는 이 작은 회사들이 증권화 서브프라임 모기지를 놓고 대규모 차입을 통해 도박을 벌였기 때문이다. 1980년대에 미국에서 일어난 마지막 대규모 금융 위기는 대형 은행과 무관했다. 당시 시스템이 흔들린 원인은 자본력이 부실한 전국 도시와 작은 타운의 소규모 지역 저축대부조합 수천 곳이 고위험 대출을 대량으로 시행했기 때문이다. 업무 범위로 보건대 규제 기관들이 시티그룹이나 뱅크 오브 아메리카 같은 거대 은행들을 강하게 감시하는 방안은 타당하지만, 자산을 반토막 낸다고 해서 은행들을 변화시킬 수는 없었다. 대다수 유럽과 아시아 나라의 금융 부문은 미국보다 더 집중화되어 있었기에 미국 은행들의 규모를 제한하면 우리 은행들이 국제시장에서 큰 불이익을 받을 터였으며, 그런다고 해서 시스템에 미치는 위험을 모두 제거할 수도 없었다.

비슷한 이유로, 비非은행 금융 부문이 성장하면서 투자은행과 연방예금보험공사의 보증을 받는 상업은행을 구분하는 글래스·스티걸법의 기준은 대체로 시효가 지났다. 서브프라임 모기지 증권에 가장 많이 투자한 기관은 AIG, 리먼브라더스, 베어스턴스, 메릴린치, 그리고 패니 메이와 프레디 맥으로, 이들은 연방 보증 기관의 보증을 받는 상업은행이 아니었다. 투자자들은 보증이 없어도 개의치 않고 (이 기관들이 무너지기 시작했을 때 전체 금융 시스템이 위협받을 만큼) 막대한 자금을 쏟아부었다. 이와 반대로 워싱턴 뮤추얼과 인디맥처럼 연방예금보험공사의 보증을 받는 전통적 은행들이 어려움에 처한 이유는 투자은행처럼 행동하여 고수익 증권을 인수했기 때문이 아니라 수익을 끌어올리기 위해 부적격 구매자들에게 어마어마한 서브프라임 융자를 제공했기 때문이다. 자본이 더 높은 수익을 찾아 금융 부문 이곳저곳을 흘러 다니기가 쉬워진 상황에서 시스템을 안정시키려면 관련된 기관이 어떤 종류인가보다는, 우리가 막으려는 위험한 행위가 무엇인가에 초점을 맞춰야 했다.

그다음으로 고려해야 할 것은 정치였다. 우리가 단일 보험자 건강보험 제도를 통과시키는 데 필요한 표를 확보하지 못했던 것과 마찬가지로 지금의 상원 의석으로는 글래스·스티걸법을 되살리거나 미국 은행들을 축소하는 입법을 통과시키는 것은 어림도 없었다. 심지어 하원에서도 민주당은 유권자들이 도를 넘었다고 느낄까 봐—무엇보다 금융시장이 다시 몸을 사려 경제가 악화할까 봐—우려했다. 교외 지역의 민주당 의원 한 명이 내게 말했다. "우리 지역구민들은 월 스트리트를 증오합니다. 하지만 다 때려부수기를 바라지는 않습니다." 프랭클린 D. 루스벨트는 3년간 고된 대공황을 겪은 뒤 미국 자본주의의 구조 조정을 비롯한 모든 조치를 시도할 권한을 유권자들에게 부여받았을지도 모르지만, 우리에게 위임된 권한은 훨씬 적었다. 아이러니하게도 우리가 상황이 더 이상 악화하지 못하게 막아낸 탓도 있었다. 내 생각에 이 권한을 확대할 가장 좋은 방법은 할 수 있는 동안 몇 차례의 승리를 기록하는 것이었다.

2009년 6월, 몇 달간의 미세한 조정 끝에 금융 개혁을 위한 법안 초안을 의회에 회부할 준비가 끝났다. 좌파가 바라는 모든 조항이 포함되지는 않았지만 20세기 규제를 21세기 경제에 맞게 개조하려는 야심 찬 시도였다.

법안의 핵심은 '시스템'에 중요한 모든 금융기관—은행이든 은행 아닌 금융기관이든—의 보유 자본 비율을 높이는 것이었다. 보유 자본을 늘리려면 고위험 투자를 위한 차입을 줄여야 한다. 이렇게 해서 유동성이 커지면 이 기관들은 시장 하강기에 갑작스러운 인출 사태가 일어나도 견딜 여력이 생긴다. 월 스트리트의 주요 기관들로 하여금 손실에 대비하여 더 큰 자본 완충재를 준비하도록 하면 시스템을 전반적으로 강화할 수 있다. 자본 요건을 충족했는지 여부를 확인하기 위해 우리는 위기의 절정기에 했던 것 같은 부하 검사를 정기적으로 시행할 계획이었다.

다음으로는 아무리 크건 작건 회사 하나가 파산했을 때 시스템 전체가 타격을 입지 않도록 규격화된 메커니즘을 마련해야 했다. 연방예금보험공사는 연방의 보증을 받는 모든 은행이 일종의 체계적 파산 절차를 거치도록 할 권한을 이미 가지고 있었는데, 여기에는 자산을 청산하는 방안과 남은 자산을 청구인들에게 분배하는 방안을 결정하는 규정들이 포함되어 있었다. 우리의 법안 초안은 연방준비제도가 시스템에 중요한 모든(은행이든 아니든) 기관에 대해 이와 비슷한 '정리 권한'을 행사하도록 했다.

우리는 법을 일관성 있게 집행하기 위해 여러 연방기관의 역할과 책임을 합리화하자고 제안했다. 시장이 대규모로 붕괴하면 더 빠르게 대처하도록 연방준비제도와 재무부가 최근 위기에서 시행한 많은 긴급 조치(우리 경제팀은 '활주로에 소화消火 거품 살포하기'라고 불렀다)의 권한을 명확하게 규정했다. 잠재적 문제가 커지기 전에 진화할 수 있도록 금융 시스템이라는 배관의 대부분을 차지하는 특수 시장을 규율하는 규칙들을 강화했다. 우리는 파생상품 매수와 매도에 특별히 주목했다. 서브프라임 모기지 시장이 붕괴했을 때 난해한 형식의 증권들이 시스템 전반의 손실을 증폭시켰기 때문이다. 물론 파생상품에는 타당한 쓰임새도 있었다. 파생상품은 모든 종류의 기업이 환율이나 상품 가격이 급변하는 현상에 대비해 활용하는 위험 분산 대책이었다. 하지만 무책임한 거래인들이 시스템 전체를 위험에 빠뜨릴 만큼 대규모 도박을 벌일 수 있는 무진장한 기회가 되기도 했다. 우리의 개혁 방안은 이 거래들 대부분을 공개적 교환의 장으로 유도하여 더 명확한 규칙과 더 철저한 감독을 적용한다는 것이었다.

이 제안들은 대부분 매우 전문적이었으며 관련된 금융 시스템의 요소들은 대중의 눈에 멀고 생소해 보였다. 대신 입법 초안의 마지막 항목은 대규모 금융 거래보다는 사람들의 일상생활과 관계가 컸다. 월 스트리트 위기는 서브프라임 모기지 대출이 폭발적으로 성장하지 않았다면 일어나지 않았을 것이다. 이 대출은 대부분 약삭빠른 차입자—변동 금리 모기지와 만기 일시 상환의 위험을 알면서 플로리다의 콘도를 되팔기하거나 애리조나의 별장을 매입한 사람들—들에게 제공되었지만 노동자 계층 가정에 판촉되고 판매된 경우도 많았다. 흑인과 히스패닉이 상당수였던 이들은 드디어 아메리칸 드림을 실현하게 되었다고 믿었으나 오히려 주택과 저축을 압류당하는 신세가 되었다.

불공정하거나 오해의 소지가 있는 대출 관행으로부터 소비자를 보호하지 못한 분야는 모기지뿐만이 아니었다. 열심히 일해도 늘 돈에 쪼들리는 수백만 미국인은 신용카드 업체, 고리대금업자payday lender(상당수는 우량 은행이 비밀리에 소유하거나 자금을 지원하고 있었다), 중고차 판매인, 저가 보험회사, 할부 가구 판매업자, 주택 연금 사업자 등이 부과하는 과도한 고금리, 숨은 수수료, 불공정 계약에 번번이 시달려야 했다. 채무 증가, 연체, 신용불량, 압류의 악순환을 겪으며 처음보다 더 깊은 구렁텅이에 빠지는 경우도 비일비재했다. 부실한 금융업 관행 때문에 미국 전역에서 불평등이 커지고 상향 이동이 줄었으며 숨은 부채 거품 때문에 경제가 대규모 붕괴에 더욱 취약해졌다.

신용카드 업계를 개혁하는 법안에 이미 서명한 나는, 위기를 겪은 지금이야말로 소비자 보호를 더욱 강화할 유일한 기회라는 우리 팀의 주장에 동의했다. 마침 하버드 법학 교수이자 파산 전문가 엘리자베스 워런이 우리가 추구하는 목표를 달성할지도 모를 아이디어를 내놓았다. 새로운 소비자 금융 보호 기관을 설립하여 들쭉날쭉하게 시행되던 기존의 주·연방 규제를 강화하고, 소비자제품안전위원회가 조잡하거나 위험한 소비재의 판매를 금지하는 것처럼 미심쩍은 금융 상품으로부터 소비자를 보호한다는 내용이었다.

나는 오래전부터 워런의 연구를 존경했다. 2003년에 출간된 『맞벌이의 함정』에서 워런과 공저자 어밀리아 티아기는 자녀가 있는 맞벌이 가정이 점점 큰 압박에 내몰리고 있는 상황을 예리하고 열정적으로 묘사했다. 여느 학자와 달리 워런은 재무적 분석을 일반인이 이해할 수 있는 이야기로 풀어내는 재능이 뛰어났다. 그녀는 금융 업계에서 가장 유능한 비판자 중 하나로 떠올랐으며, 해리 리드는 타프를 감독할 의회 위원회 위원장으로 그녀를 임명했다.

팀과 래리는 나만큼 워런에게 매혹되지는 않았는데, 공교롭게도 둘 다 그녀의 위원회에 여러 차례 출석을 요구받은 경험이 있었다. 두 사람은 그녀의 지성을 인정했고 소비자 금융 보호 기관이라는 아이디어에 동의했지만 그녀가 타인의 관심에 집착한다고 생각했다.

회의 중에 팀이 이렇게 말했다. "워런은 우리에게 무차별 사격을 가하는 데 정말 명수입니다. 우리가 이미 하고 있는 일 이외에 대안이 없다는 걸 알면서도 말이죠."

나는 짐짓 놀란 표정으로 그를 올려다보며 말했다. "그것 참 충격적이군요. 감독 위원회에 몸담고 있으면서 대중에게 영합하다니. 람, 이런 일 들어본 적 있어요?"

람이 말했다. "없습니다, 대통령님. 천인공노할 일이네요."

팀조차도 웃음을 참지 못했다.


월 스트리트 개혁을 의회에서 통과시키는 일은 부담적정보험법 때만큼 까다롭지는 않았으나 그만한 관심을 끌지는 못했다. 개혁의 대상이 다른 탓도 있었다. 입법을 무산시키려던 의원과 로비스트들조차도 위기 직후에 월 스트리트를 변호하는 것처럼 보일까 봐 몸을 낮췄고, 법안의 많은 세부 사항은 대중적 언론의 관심을 끌기에는 너무 난해했다.

사안 하나가 헤드라인을 장식했는데, 연방예금보험공사의 보증을 받는 은행들이 독자적으로 증권을 거래하거나 자체 헤지펀드와 사모펀드를 운영하지 못하도록 금지하는 폴 볼커 전前 연방준비제도 이사회 의장의 방안이었다. 볼커에 따르면 이런 규정은 글래스·스티걸법이 상업은행에 부과한 신중한 제한 중 일부를 간단하게 복원하는 방법이었다. 미처 깨닫기 전부터, '볼커 룰Volcker Rule'을 법안에 포함하겠다는 우리의 의지는 많은 좌파들 사이에서 우리가 월 스트리트 개혁에 얼마나 진지한가를 판단하는 리트머스 시험지가 되어 있었다. 목소리가 걸걸하고 시가를 즐기며 키가 2미터에 이르는 경제학 전공자 볼커는 뜻밖에도 진보파들의 영웅이었다. 연방준비제도 의장이던 1980년에 그는 당시 미국에서 혹독한 불황과 10퍼센트의 실업률을 일으킨 극심한 인플레이션을 꺾기 위해 금리를 전례 없는 수치인 20퍼센트로 대폭 인상했다. 연방준비제도가 처방한 쓴 약은 당시 노조와 많은 민주당 인사를 격분시켰으나 결국 인플레이션을 진정시켰을 뿐 아니라 1980년대와 1990년대의 안정적 경제성장을 위한 토대를 놓았다. 이로써 볼커는 뉴욕과 워싱턴에서 두루 존경받는 인물이 되었다.

최근 볼커는 월 스트리트가 벌인 최악의 무절제를 직설적으로 비판하여 진보 진영에서도 일부 추종자를 얻었다. 그는 나의 선거운동 초기에 지지를 선언했고, 그의 전문성을 높이 평가하여 당선 뒤에 경제 위기를 다루는 자문 위원회의 위원장으로 임명했다. 자유 시장의 효율성과 공공기관과 공공선을 신봉하며 허튼소리를 용납하지 않는 그는 구세대 인물이었다(외할머니는 그를 좋아했을 것이다). 오벌 오피스에서 개인적으로 면담하며 자기 자본 매매proprietary trading(금융회사가 고객의 자본이 아닌 자사 자본을 투자하여 수익을 내는 활동_옮긴이)를 제한해야 한다는 그의 제안에 설득되었다. 팀과 래리에게 이 방안을 꺼냈더니 둘은 회의적이었다. 관리하기 힘들 뿐 아니라 은행이 고객에게 제공하는 적법한 서비스에 악영향을 미칠 수도 있다는 논리였다. 하지만 내가 보기에 이 반론은 허술했다. 함께 일하는 동안 그들이 입증된 사실보다 금융 업계의 시각에 더 공감한다는 느낌을 받은 드문 경우 중 하나였다. 나는 몇 주 내리 이 문제로 그들을 압박했다. 2010년 들어 지지부진해지기 시작한 월 스트리트 개혁을 우려한 팀은 마침내 볼커 룰을 법안에 포함하라고 권고했다.

팀이 말했다. "법안을 통과시키는 데 도움이 된다면 방법을 찾아보죠."

팀이 정치적 고려에 양보한 드문 사례였다. 우리 행정부가 은행에 너무 무르다고 생각하는 유권자가 60퍼센트에 이른다는 여론조사 결과로 나의 메일함을 도배하던 액스와 깁스는 이 소식에 반색했다. 두 사람은 백악관에서 볼커를 대동하고 이 방안을 발표하자고 제안했다. 나는 이렇게 모호한 규칙 변경을 일반 대중이 이해할 수 있겠느냐고 물었다.

깁스가 말했다. "이해할 필요 없습니다. 은행들이 싫어하면, 대중은 좋은 거라고 짐작할 테니까요."

입법의 기본 틀이 갖춰지자 법안 통과를 지원하는 임무는 이제 하원 금융서비스위원회 위원장 바니 프랭크와 상원 금융위원회 위원장 크리스 도드의 몫이 되었다. 둘은 달라도 너무 다른 한 쌍이었다. 바니는 진보파 논객이자 의회에서 최초로 커밍아웃한 동성애자로 이름을 알렸다. 굵은 안경테, 후줄근한 양복, 억센 뉴저지 억양에서 노동자 분위기를 풍기는 그는 의회의 누구보다 강인하고 명민하고 박식했다. 속사포 같은 언변으로 상대방의 혼을 빼놓는 통에 기자들에게 총애를 받았으나 정적들에게는 두통거리였다. (바니는 내가 하버드 로스쿨 학생일 때 수업에서 강연한 적이 있는데, 그때 나의 질문을 멍청하다고 생각했는지 나를 혼쭐냈다. 나는 그 질문이 멍청하다고 생각하지 않았지만. 다행히도 그는 우리의 첫 만남을 기억하지 못했다.)

반면 크리스 도드는 완벽한 워싱턴 내부자의 인상을 풍겼다. 흠잡을 데 없는 옷차림에 은발은 TV 뉴스 앵커처럼 윤이 나고 곱슬거렸으며 언제나 의회의 풍문이나 아일랜드 기담奇談 한 대목을 풀어낼 준비가 되어 있었다. 전직 상원의원의 아들이자 테드 케네디의 절친한 친구였으며 진보적 투표 성향에도 불구하고 어떤 업계 로비스트와도 친분이 두터웠다. 나는 상원에 있을 때 그와 돈독한 관계를 맺었는데, 여기에는 상원의 부조리한 상황을 그가 유쾌하게 인정한 것도 한몫했다(동료 의원이 어떤 법안을 열렬히 옹호하다 사석에서는 그 법안을 적극적으로 깎아내리면 그는 한쪽 눈을 깜박이며 이렇게 말했다. "저게 진심이라고 생각한 건 아니죠?"). 자신의 입법 능력에 자부심을 품은 그는 실제로 가족의료휴직법 같은 굵직한 법률들이 통과되도록 막후에서 지원한 인물 중 하나였다.

막강한 팀을 이룬 두 사람은 각각 하원과 상원의 정치에 들어맞았다. 하원에서는 민주당이 압도적 다수를 차지했기에 금융 개혁 법안이 통과될지 여부는 걱정할 필요가 없었다. 주요 과제는 민주당 의원들을 단속하는 것이었다. 바니는 입법의 세부 내용을 확고하게 파악했을 뿐 아니라 민주당 코커스 내에서 동료 진보파 의원들의 비현실적 요구를 눅일 만큼의 신망과, 특수 이익을 위해 법안을 물타기하려는 이해타산적 민주당 의원들의 시도를 물리칠 배짱이 있었다. 표 하나가 아쉬운 상원에서는 가장 완고한 공화당 의원에게도 손을 내미는 크리스의 포용력과 참을성, 인자함이 보수파 민주당 의원들의 불만을 누그러뜨리는 데 일조했다. 또한 그는 법안에 반대하지만 자신에게 질색하지는 않는 업계 로비스트들을 우리와 이어주는 요긴한 통로 역할을 했다.

이런 이점에도 불구하고, '도드·프랭크법'으로 알려진 월 스트리트 개혁 법안을 통과시키는 일은 건강보험 법안 때처럼 일종의 '소시지 만들기'였다. 온갖 타협이 난무하는 모습을 보면서 속으로 열불이 난 적이 한두 번이 아니었다. 예컨대 우리가 거세게 반대했음에도 자동차 판매업자들은 신설된 소비자 보호 기관의 감독 대상에서 제외되었다. 의원들의 지역구마다 내로라하는 자동차 판매점이 들어서 있었기 때문이다. 이들 상당수는 지역 리틀리그 팀이나 지역 병원을 후원하는 지역사회의 기둥이었기에, 규제에 적극 찬성하는 민주당 의원도 예상되는 후폭풍에 겁을 먹었다. 금융 시스템을 감독하는 규제 기관의 수를 줄이려는 시도는 불명예스러운 죽음을 맞았다. 각 기관은 저마다 다른 의회 위원회의 관할하에 있었기에(이를테면 상품선물거래위원회는 상하원 농업위원회에 속해 있었다) 민주당 위원회 위원장들은 금융 업계에 대한 영향력을 포기하지 않으려고 거세게 저항했다. 바니가 팀에게 말했듯이 증권거래위원회와 상품선물거래위원회 통합은 상상할 수 있는 일이었으나 "다만 미국에서는 불가능했다."

필리버스터를 무력화하기 위해 예순 표를 확보해야 하는 상원에서는 의원 한 사람 한 사람이 협상력이 있었기에 우리는 온갖 요구를 일일이 상대해야 했다. 건강보험 법안을 통과시키는 과정에서 해리 리드가 벌인 '밀실 협상'을 거세게 성토하여 재미를 본 스콧 브라운 공화당 의원은 월 스트리트 개혁에 찬성표를 던질 의향이 있다면서도 매사추세츠 은행 두 곳을 새 규제에서 제외해달라는 조건을 내걸었다. 그는 자신의 행동에서 전혀 모순을 느끼지 못했다. 어느 좌파 성향 민주당 의원들은 볼커 룰의 자기 자본 매매 제한을 강화한다는 수정안을 요란한 팡파르와 함께 발의했다. 하지만 개정안의 깨알 같은 글자들을 읽어보면 이 상원의원들의 주에서 큰 사업을 운영하는 온갖 이익집단들을 위한 구멍이 보였다.

크리스는 이렇게 말했다. "세상에서 가장 신중하게 숙의한다는 기관의 두 얼굴이죠."

이따금 어니스트 헤밍웨이의 『노인과 바다』에 나오는 어부처럼 내가 해안으로 끌고 가는 물고기를 상어 떼가 물어뜯고 있는 듯했다. 하지만 몇 주가 지나고 보니 개혁안의 핵심은 기나긴 수정을 거치고도 놀랍도록 고스란히 살아남았다. 의원들이 끼워 넣은 조항들 중 상당수 때문에 법안은 사실 더 좋아졌다. 이를테면 공기업 임원 보상에 대한 정보 공개를 개선하고, 신용 평가 기관의 투명성을 높이며, 월 스트리트 임원들이 미심쩍은 행위의 결과로 거액의 보너스를 챙기지 못하게 하는 새 환수 절차를 마련한 일 등이었다. 발의를 주도한 두 사람이 긴밀하게 협력한 덕에, 상하원 법안의 차이를 해소하는 위원회는 건강보험 협상 때와 달리 옥신각신하지 않았다. 2010년 7월 중순 하원에서 237 대 192로, 상원에서 60 대 39로(상하원에서 공화당 의원 세 명이 찬성표를 던졌다) 표결이 종료된 뒤에 열린 백악관 기념식에서 도드·프랭크 금융개혁 및 소비자 보호법에 서명했다.

의미 있는 승리였다. 우리는 미국 금융 부문을 다스리는 규칙들을 뉴딜 이후 가장 포괄적으로 변화시켰다. 물론 군더더기와 달갑잖은 타협이 포함된 이 법률만으로 월 스트리트의 바보짓, 탐욕, 근시안, 부정직을 일소할 순 없었다. 하지만 (팀이 즐겨 표현했듯) 일종의 '더 나은 건축 기준, 연기 감지기, 스프링클러 시스템'을 확립함으로써 무분별한 행위를 제어하고 규제 기관이 금융계의 화재를 제때 진화하도록 장비를 제공하고 비슷한 위기가 일어날 가능성을 부쩍 낮췄다. 소비자금융보호국(CFPB)이 신설되면서 미국 가정들은 든든한 버팀돌이 생겼다. 더 공정하고 투명한 신용 시장을 기대할 수 있었으며, 주택을 구입하고 차량 구입 자금을 조달하고 가족의 긴급 상황에 대처하고 자녀를 대학에 보내고 노후를 설계할 실질 저축을 확보하게 되었다.

우리 팀과 나는 실질적 성과에 자부심을 느꼈지만, 법안에 서명하기 전부터 분명한 사실을 인정해야 했다. 도드·프랭크의 역사적 개혁이 정치적으로는 별 보탬이 안 되리라는 사실이었다. 패브스를 비롯한 연설문 작성관들이 영웅적으로 노력했지만 '파생상품 중앙 청산소'와 '자기 자본 매매 금지'를 획기적 변화로 인식시키기란 쉬운 일이 아니었다. 법률이 금융 시스템을 어떻게 개선했는가는 대중이 체감하기 어려웠다. 손에 잡히는 이익을 주기보다는 나쁜 결과를 예방하는 일이었기 때문이다. 금융 상품을 관장하는 소비자 기구를 만든다는 발상은 유권자들에게 인기가 있었지만, 소비자금융보호국이 설립되기까지는 시간이 걸릴 텐데 사람들은 당장 도움을 받고 싶어 했다. 보수파는 법안을 미래의 구제를 위한 포석이자 사회주의를 향한 또 한 걸음이라고 비난했고, 진보파는 은행들을 더 철저히 뜯어고치지 않았다며 불만스러워했다. 이런 탓에 유권자들은 도드·프랭크법을 둘러싼 소란이 워싱턴의 그저 그런 실랑이라고 결론 내리기 십상이었다. 설상가상으로, 법안이 통과될 즈음에는 바다 밑바닥에서 기름을 콸콸 내뿜는 구멍에 온 국민의 관심이 쏠려 있었다.

# 23장

1930년대 후반 멕시코만의 얕은 바다에서 해양 석유를 채굴하는 일은 간단한 작업이었다. 목재 플랫폼만 설치하면 되었기 때문이다. 기술이 발전하고 미국이 점점 석유에 목말라하면서 기업들은 육지에서 멀리 떨어진 곳까지 진출했고, 2010년에는 3000여 개의 시추 및 채굴 플랫폼이 텍사스, 루이지애나, 미시시피, 앨라배마 해안 수평선에 죽마 탄 성처럼 늘어섰다. 이 시설들은 석유가 지역 경제에서 중심적 역할을 한다는 사실을 확고하게 상징했다. 해양 석유 채굴은 연간 수십억 달러를 벌어들였으며, 고대 동식물의 유해가 변성된 끈적끈적한 검은 황금을 뽑아 올리는 일에 수만 명의 생계가 직간접적으로 달려 있었다.

시추 장비로 말할 것 같으면 딥워터 호라이즌호보다 압도적인 구조물은 찾아보기 힘들었다. 높이는 30층 빌딩만 하고 길이는 축구장보다 길고 가격은 5억 달러인 이 이동식 반잠수형 해양굴착장치는 수중 3000미터에서 수 킬로미터 깊이로 탐사정探査井을 뚫을 수 있었다. 이 규모의 장비를 운용하려면 하루에 약 100만 달러가 들었지만 대규모 석유 회사들은 그만한 비용을 들일 가치가 있다고 여겼다. 회사가 계속 성장하고 이윤을 거두려면 전에는 닿지 못하던 깊이의 거대한 매장지를 찾아내야 했기 때문이다.

스위스의 시추 회사 트랜스오션이 소유한 딥워터 호라이즌호는 세계 최대의 석유 회사 중 하나인 BP가 2001년부터 임차하여 쓰고 있었다. BP 는 이 장비로 멕시코만의 미국 구간을 탐사하여 높은 수익이 기대되는 거대한 매장지를 적어도 두 곳 발견했다. 그중 하나인 타이버 유전에만도 무려 30억 배럴의 석유가 매장된 걸로 추정되었다. 딥워터 호라이즌호 승무원들은 이 매장지에 접근하기 위해 2009년에 역사상 가장 깊은 유정 중 하나를 굴착했다. 수심 1260미터에서 1만 680미터 깊이로 파들어 갔으니 해수면에서 에베레스트산 높이보다 더 깊이 내려간 셈이었다.

그 성공을 재현하고자 BP는 2010년 초 마콘도라는 유망한 유전에 딥워터 호라이즌호를 파견했다. 루이지애나 해안에서 약 80킬로미터 떨어진 마콘도 유전은 깊이가 '고작' 6000미터가량으로, 타이버 유전만큼 깊지는 않았다. 하지만 초심해 시추 작업에서는 예상치 못한 일이 다반사였다. 매장지에 접근할 때마다 각각 다른 난관을 겪어야 했으며 임기응변, 복잡한 계산, 즉석 결정을 하다 몇 주가 지나가버릴 때도 많았다. 마콘도 시추는 유난히 까다로웠는데, 주된 이유는 지층이 약하고 유압이 불규칙했기 때문이다.

작업은 눈 깜박할 사이에 몇 주일이 지체되어 BP에 수십억 달러의 손실을 입혔다. 엔지니어, 설계 업체, 공사 업체가 탐사정 도면을 놓고 논쟁했다. 그래도 4월 20일에는 해저 아래 5600미터까지 파 들어가 작업이 완료되는 듯했다. 사업에 투입된 공사 업체 핼리버턴의 작업팀이 파이프 끝을 밀봉하기 위해 탐사정 구멍에 시멘트를 주입했다. 시멘트가 굳자 BP 엔지니어들은 딥워터 호라이즌호를 다음 작업 장소로 옮기기 위해 일련의 안전 검사를 실시하기 시작했다.

오후 다섯 시 직후에 실시한 검사에서 시멘트 마개를 통해 가스가 누출되고 있을 가능성이 드러났다. 위험한 상황이 벌어질 수도 있다는 징후였다. 하지만 BP 엔지니어들은 경고 신호를 무시하고 작업을 강행하여, 굴착 과정에서 나타난 압력 불균형을 상쇄하기 위해 주입한 진흙 윤활유를 펌프질하여 뽑아냈다. 오후 아홉 시 반이 되자 세차게 분출한 가스가 시추 파이프에 밀려들었다. 폭발 방지기라 불리는 400톤짜리 비상 밸브—압력이 급증하면 유정을 밀봉하도록 설계되었다—가 오작동하여 고압의 가연성 가스가 플랫폼을 통해 분출했고 시커먼 진흙 윤활유를 간헐천처럼 공중으로 내뿜었다. 시추 장비 엔진 제어실에 들어찬 가스 구름에 금세 불이 붙어 구조물이 송두리째 덜컹거릴 정도의 격렬한 폭발이 두 차례 일어났다. 화염 기둥이 밤하늘을 밝혔고 승무원들은 허겁지겁 구명정에 타거나 폭발 잔해가 떠다니는 물속에 뛰어들었다. 시추 장비에 탑승한 126명 중 98명은 부상 없이 탈출했고 17명은 부상을 입었으며 11명은 실종되었다. 딥워터 호라이즌호는 36시간 동안 계속 불탔는데, 몇 킬로미터 밖에서도 거대한 불덩이와 연기가 보였다.

　　　　　　나는 민주당 의원 후보들을 위해 서부 해안에서 열린 모금 행사에서 막 돌아와 관저에 있다가 멕시코만에서 사고가 일어났다는 보고를 받았다. 처음 든 생각은 '이번은 아니길'이었다. 불과 열닷새 전에 웨스트버지니아에 있는 매시 에너지사의 어퍼 빅 브랜치 탄광에서 석탄가루가 폭발하여 광부 29명이 사망했다. 근 40년래 최악의 탄광 재난이었다. 사고 원인 조사는 초기 단계였지만, 매시 에너지사는 오래전부터 여러 차례 안전 규정을 위반했다. 반면에 딥워터 호라이즌호는 7년간 심각한 사고를 한 번도 겪지 않았다. 그럼에도 두 사건을 뭉뚱그려 전 세계가 화석연료에 의존하면서 일어나는 인적 손실을 따져보지 않을 수 없었다. 우리의 연료통을 채우고 조명을 밝히기 위해, 또한 먼 곳에 있는 경영진과 주주들에게 어마어마한 부를 안겨주기 위해 매일같이 폐와 팔다리와 때로는 목숨을 위험에 빠뜨릴 수밖에 없는 사람들이 얼마나 많은지 생각했다.

나는 이 폭발이 우리의 에너지 정책에 중대한 영향을 미치리라는 것도 알고 있었다. 사건이 일어나기 몇 주 전 나는 내무부의 근해 임대 허용을 승인했는데, 이로써 멕시코만 동부와 대서양 연안주와 알래스카 일부 바다에서 석유 탐사(실제 채굴은 아니더라도)가 가능해졌다. 선거 공약을 지키기 위한 조치였다. 휘발유 가격이 급등하는 한편 미국의 모든 해안선에서 석유 채굴을 허용하겠다는 매케인과 페일린의 제안이 여론조사에서 호응을 얻고 있었기에 나는 '만물상'식 에너지 전략의 일환으로 제한적 시추 확대를 고려하겠노라 약속한 바 있었다. 정책 측면에서 청정에너지 주도의 미래로 완전히 전환하려면 수십 년이 걸릴 터였기에, 미국 내 석유 및 가스 생산량을 늘려 러시아와 사우디아라비아 같은 산유국에 대한 수입 의존도를 낮추는 것은 타당한 방안이었다.

무엇보다 나는 당시 인공호흡기로 목숨을 부지하던 기후변화 입법을 구하기 위한 최후의 시도로 신규 시추를 허용하기로 결정했다. 작년 가을, 린지 그레이엄 공화당 상원의원은 초당적 기후 법안 작성을 돕겠다면서도 필리버스터를 무력화할 만큼 공화당의 지지를 얻어내려면 우리가 무언가를 포기해야 할 거라고 경고했다. 해양 채굴 확대는 그의 최우선순위였다. 그레이엄의 말을 곧이들은 조 리버먼과 존 케리는 캐럴 브라우너와 협력하여 이 거래의 타당성을 환경단체들에 설득하느라 몇 달을 보냈다. 그들은 기술이 발전하여 해양 채굴이 환경에 미치는 위험이 감소했으며, 최종 합의에서는 북극권 국립야생보호구역처럼 생태적으로 민감한 지역에서의 채굴을 금지할 것이라고 말했다.

적어도 일부 환경단체는 협력할 의사가 있었다. 하지만 몇 달이 지나는 동안 그레이엄이 약속을 지킬 수 없다는 사실이 뚜렷해졌다. 그도 노력하긴 했다. 석유 회사들을 협상에 찬성하도록 했으며 수전 콜린스와 올림피아 스노 같은 온건파 공화당 의원과 알래스카의 리사 머카우스키 같은 석유 생산 주의 상원의원들에게 법안을 공동 발의하자며 구애했다. 하지만 케리와 리버먼이 아무리 많이 양보해도 그레이엄은 공화당 코커스에서 찬성파를 한 명도 확보하지 못했다. 우리 행정부와 협력했다가 치러야 할 정치적 대가가 너무 컸기 때문이다.

그레이엄 본인도 기후 법안을 추진하다가 지역구민과 보수파 매체 양쪽으로부터 비난받기 시작했다. 그가 법안에 계속 찬성하는 조건으로 점점 많은 것을 요구하자 케리는 환경단체들을 붙잡아두기가 점차 힘들어졌다. 우리는 신규 채굴 지역을 확대할 토대를 놓고 있다고 발표했는데, 이것조차 그레이엄의 화를 돋웠다. 그는 우리의 발표를 선의의 표현으로 여기지 않고 우리가 핵심적 협상 카드를 제풀에 버려 자기 입지를 좁혔다며 불만을 표했다. 그가 법안에서 아예 손을 뗄 기회를 엿보고 있다는 소문이 돌기 시작했다.

이 모든 일이 벌어지던 와중에 딥워터 호라이즌호 사고가 터졌다. 시추 장비가 불타는 무시무시한 뉴스 화면을 보면서 우리는 해양 석유 채굴을 확대하는 모든 법안을 환경단체들이 거부할 것임을 직감했다. 한편 이 사건으로 그레이엄은 배에서 탈출할 핑곗거리를 얻었다. 어떤 각도에서 보아도 내가 이끌어낼 수 있는 결론은 하나였다. 중간선거 전에 기후 입법을 통과시킬 전망이 희박하게나마 있었다면 이제는 아예 연기 속으로 사라졌다.


딥워터 호라이즌호 사고 이튿날 아침, 폭발로 유출된 석유가 바다 표면에서 불타고 있다는 보고에 조금 안심이 되었다. 환경 피해가 심각해질 가능성이 조금이나마 줄었기 때문이다. 캐럴은 BP의 비상 선박과 미국 해안경비대가 신속히 현장에 도착했고 실종 노동자를 수색하고 구조하는 활동이 진행 중이며 주·지방 당국과 긴밀히 연락하고 있다고 말했다. 1989년 알래스카에서 유조선 엑슨 밸디즈호 사고가 일어난 뒤에 통과된 연방법에 따르면 유출된 오염 물질을 정화할 모든 책임은 BP에 있었다. 그럼에도 나는 해안경비대와 환경보호국, 내무부를 동원하여 피해 규모를 평가하고 회사를 지원하도록 했다.

나는 우리가 상황을 합리적으로 통제하고 있다고 판단하여 일정대로 이튿날 뉴욕에 가서 월 스트리트 개혁에 대해 연설했다. 하지만 돌아올 즈음 재난은 한층 심해져 있었다. 계속된 화재로 약해진 딥워터 호라이즌호가 통째로 무너져 바다에 가라앉아 3만 3000톤의 구조물이 검은 연기를 내뿜으며 시야에서 사라졌고, 해저의 시설도 손상된 것이 틀림없었다. 사태가 예측 불허의 상황으로 치닫자 람에게 나의 복귀에 맞춰 해양 채굴을 감독할 책임이 있는 새드 앨런 해안경비대 사령관, 재닛 나폴리타노 국토안보장관, 켄 살라사르 내무장관을 소집하여 브리핑을 준비하도록 지시했다. 확인해보니 우리가 한자리에 모일 수 있는 시각은 오후 여섯 시뿐이었다. 제40주년 지구의 날 기념일을 축하하기 위해 계획한 로즈 가든 환영회에서 내가 초대객 200명에게 연설한 직후였다.

절묘한 아이러니였지만 전혀 음미할 기분이 아니었다.

참석자들이 오벌 오피스에 들어오자 내가 앨런 제독과 악수하며 말했다. "끝내주는 고별 투어를 선사해드린 셈이 되었네요, 새드." 몸매가 탄탄하고 붉은 얼굴에 빗자루 콧수염을 기른 앨런은 해안경비대에서 39년을 일하고 은퇴를 한 달 남겨둔 상태였다.

앨런이 대답했다. "제가 떠나기 전에 이 난국을 통제할 수 있었으면 좋겠습니다, 대통령님."

나는 모두에게 자리에 앉으라고 손짓했다. 해안경비대가 수색 및 구조활동의 전망이 어두워졌다고 설명하자 분위기가 침울해졌다. 시간이 너무 많이 흐른 탓에 실종 승무원 열한 명이 바다에서 살아 있을 가능성은 희박했다. 바닷물 정화와 관련해서는 BP와 해안경비대 대응팀이 특수장비를 갖춘 보트로 폭발에서 남은 기름을 수면에서 걷어내고 있다고 보고했다. 기름을 작은 방울로 분해하는 화학 분산제를 투하하기 위해 고정익 항공기들이 대기 중이었으며, 해안에 퍼지는 기름을 막기 위해 해안경비대가 BP 및 인근 주들과 협력하여 붐(스펀지와 플라스틱으로 만들어 물에 뜨는 장벽)의 위치를 정하고 있었다.

나는 살라사르에게 물었다. "BP는 어떻게 책임지겠다고 하던가요?" 대머리에 안경을 썼으며 카우보이모자와 볼로 타이를 좋아하는 쾌활한 기질의 켄은 2004년에 나와 같이 상원의원에 당선되었다. 콜로라도주 천연자원국을 이끌다 주 최초의 히스패닉 검찰총장이 된 그는 믿음직한 동료였으며 내무장관으로 적임자였다. 콜로라도주 중남부 샌루이스 밸리에 있는 기막히게 아름다운 목장 지대에서 자랐고 그의 가문은 1850년대부터 그곳에 살았기에 연방토지(연방정부 소유의 국유지_옮긴이)를 활용하고 보전하려는 두 충동이 상충하며 이것이 그 지역의 역사에서 큰 비중을 차지하고 있음을 잘 알았다.

살라사르가 말했다. "오늘 이야기를 들었습니다, 대통령님. BP는 유류오염책임신탁기금에 포괄되지 않는 피해액을 모두 부담하겠다고 확언했습니다." 희소식이었다. 개개의 석유 회사는 오염 물질을 정화하는 비용 전액을 부담할 책임이 있었지만 의회에서는 어민이나 해안 기업 같은 제삼자의 피해를 보상할 의무에는 상한선을 두었는데, 금액이 7500만 달러에 불과했다. 대신 석유 회사들은 추가 피해를 최대 10억 달러까지 보상하기 위한 공동 신탁 기금에 분담금을 납부할 의무가 있었다. 하지만 캐럴은 유막을 효과적으로 차단하지 못하면 이걸로 충분하지 않을지도 모른다고 이미 경고했다. BP로부터 부족액을 전부 부담하겠다는 약속을 일찌감치 받아낸 덕에 우리는 피해 주민들이 손해를 보상받을 수 있으리라며 해당 주들을 어느 정도 안심시킬 수 있었다.

회의 끝 무렵에 새로운 사항이 생기면 계속 알려달라고 부탁하고는 경제적, 환경적 악영향을 완화하기 위해 모든 연방 자원을 동원하라고 당부했다. 다들 오벌 오피스에서 나가는데, 캐럴이 수심에 잠겨 있었다. 단 둘이 이야기하려고 그녀를 불러 세웠다.

내가 물었다. "우리가 놓친 게 있나요?"

캐럴이 말했다. "그렇진 않아요. 최악의 상황을 대비해야 한다는 생각이 들었을 뿐이에요."

내가 물었다. "무슨 뜻이죠?"

캐럴이 어깨를 으쓱하며 말했다. "BP는 유정에서는 기름이 유출되고 있지 않다고 주장해요. 우리가 운이 좋다면 그 말이 옳을 거예요. 하지만 해저의 유정에 연결되는 이 파이프는 길이가 1500미터나 돼요. 그러니 누구도 확실히 알지 못할 거예요."

내가 물었다. "BP가 틀렸으면 어떻게 되죠? 수면 아래에서 유출되면 어떻게 되는 건가요?"

그녀가 말했다. "신속하게 밀봉하지 못하면 악몽을 맞이할 거예요."

캐럴의 우려가 현실이 되기까지는 이틀이 채 걸리지 않았다. 정말로 마콘도 유정 수면 아래에서 기름이 유출되고 있었다. 찔끔찔끔 흘러나오는 정도가 아니었다. 처음에 BP 엔지니어들은 시추 장비가 가라앉을 때 파이프가 파열되어 기름이 유출되는 것으로 파악했으며 하루에 1000배럴 정도가 멕시코만에 유출된다고 추정했다. 그런데 4월 28일에 수중 카메라로 확인해보니 유출 지점은 두 곳이 더 있었다. 추정 유출량도 하루 5000배럴로 늘었다. 수면에서는 약 1550제곱킬로미터로 넓어진 유막이 루이지애나 해안 가까이 접근하여 물고기, 돌고래, 바다거북을 중독시키고 있었으며 조류와 야생동물의 보금자리인 습지, 강어귀, 만의 장기적 피해가 우려되었다.

더 우려스러운 사실은 유정을 완전히 막는 데 시간이 얼마나 걸릴지를 BP도 모른다는 것이었다. BP는 몇 가지 현실적 방안이 있다고 주장했다. 원격조종 이동 수단을 이용하여 폭발 방지기를 고치거나, 고무 같은 재료를 구멍에 쑤셔 넣거나, 유정 위에 차단용 돔을 설치하고 좁은 통로를 통해 기름을 수면에 뽑아 올려 회수하거나, 기존 유정과 교차하는 감압정減壓井을 뚫고 시멘트를 뿜어 넣어 기름 분출을 막을 수 있다는 것이었다. 하지만 우리 쪽 전문가들에 따르면 앞의 세 가지 방안은 성공하리라는 보장이 없었으며 네 번째 방안은 "여러 달이 걸릴" 수도 있었다. 우리가 추정하는 속도로 기름이 뿜어져 나오고 있다면 그 기간 동안의 유출량은 7192만 리터에 달해 엑슨 밸디즈호 사고의 유출량을 약 70퍼센트 웃돌 전망이었다.

미국 역사상 최악의 환경 재앙이 눈앞에서 벌어지고 있었다.

우리는 새드 앨런에게 국가 사고에 대처하는 지휘관의 임무를 맡기고 신규 해양 석유 채굴을 30일간 중지시켰으며 오염 지역에서의 조업을 금지하고 마콘도 유전 사고를 '유류 및 유해물질 유출로 인한 국가재난사태'로 선언했다. 연방정부는 시민 자원봉사자들을 비롯한 여러 조직을 지휘하며 대응을 조율했다. 얼마 안 가서 2000명 이상이 기름 유출을 차단하기 위해 불철주야 일했으며 예인선, 바지선, 유류 흡착 작업선을 비롯한 선박 75척과 항공기 수십 대, 84킬로미터 길이의 부유식 붐으로 이루어진 함대가 투입되었다. 나는 나폴리타노, 살라사르, 리사 잭슨 환경보호국장을 멕시코만에 보내어 작업 상황을 점검하도록 했고, 밸러리에게 루이지애나, 앨라배마, 미시시피, 텍사스, 플로리다의 주지사들과(공교롭게도 모두 공화당 소속이었다) 매일 통화하여 우리가 도울 일이 있을지 알아보라고 말했다.

나는 밸러리에게 말했다. "문제가 있으면 제게 직접 이야기하라고 전해 줘요. 우리 목소리만 들으면 멀미가 날 정도로 재깍재깍 응대할 테니까."

내가 정화 작업을 직접 확인하기 위해 루이지애나주 베니스의 해안경비대 부대를 방문한 5월 2일에 우리는 이 재난에 모든 것을 쏟아붓고 있다고 해도 과언이 아니었다. 여느 대통령 방문처럼 이번에도 관건은 새로운 정보를 수집하기보다는 우려 사항을 청취하고 해결하는 것이었다. 나는 퍼붓는 비를 맞으며 부대 밖에서 언론 발표를 하고 어민들과 이야기를 나눴다. 최근 BP에 고용되어 유출 경로에 붐을 설치하는 작업을 한 그들은 기름 유출이 생계에 장기적 영향을 미칠까 봐 우려했다.

그날 보비 진덜과도 많은 시간을 보냈다. 연방하원의원 출신인 그는 부시 행정부에서 보건 정책 전문가를 지냈으며 날선 보수주의를 내세워 미국 최초의 인도계 미국인 주지사가 되었다. 명석하고 야심 찬 30대 후반의 진덜은 공화당의 유망주로 통했으며 TV에서 나의 첫 합동회의 연설에 대한 공화당의 답변을 발표할 인사로 선발되기도 했다. 하지만 이 사고로 수산업과 관광 같은 루이지애나의 핵심 산업이 존폐 기로에 놓이자 그는 난감한 입장이 되었다. 그간 여느 공화당 정치인처럼 거대 석유 기업을 옹호하고 환경 규제 강화에도 격렬히 반대했으니 말이다.

진덜은 대중의 정서가 변화하는 낌새를 놓치지 않으려고 안간힘 쓰며 루이지애나 해안의 일부를 따라 방어용 섬, 즉 둑을 빨리 세운다는 계획을 설명하는 데 대부분의 시간을 할애했다. 이렇게 하면 해안에 침투하는 유막을 막을 수 있다는 주장이었다.

그가 말했다. "공사를 맡을 업체들을 이미 확보했습니다." 어조는 자만심에 가까울 정도로 자신감에 차 있었으나 까만 눈동자에서는 미소 지을 때조차도 피로와 고통이 엿보였다. "육군 공병대의 승인을 얻고 BP가 비용을 지불하는 것만 도와주시면 됩니다."

'둑' 아이디어는 이미 들었다. 하지만 전문가들의 예비 평가에서 비현실적이고 값비싸고 오히려 역효과를 낼 수도 있는 방안으로 분류되었다. 나는 진덜도 그 정도는 알고 있으리라 생각했다. 그의 제안은 대체로 정치적 제스처였으며, 사전 대책을 강구하는 모습을 보이면서도 이번 유출로 제기된 심해 채굴의 위험성에 대한 전반적 우려를 막으려는 시도였다. 그럼에도 위기의 규모 때문에 어떤 아이디어도 대뜸 일축하고 싶지는 않았던 나는 진덜에게 공병대가 그의 둑 계획을 신속하고도 철저히 평가할 것이라고 답했다.

날씨가 너무 궂어서 마린 원이 뜰 수 없었기에 우리는 차량으로 오랫동안 이동해야 했다. 나는 SUV 뒷좌석에 앉아 미시시피강 양편과 멕시코만 안쪽에 들쭉날쭉하게 퍼져 있는 식물, 진흙, 토사, 습지의 듬성듬성한 막을 관찰했다. 수 세기 동안 인간은 이 원시적 지형을 뜻대로 주무르려고 분투했다. 지금 진덜이 둑을 짓겠다고 말하는 것처럼 상업과 확장을 위해 제방, 댐, 부두, 수로, 수문, 항구, 다리, 도로, 고속도로를 지었으며 허리케인과 범람이 지나가면 무자비한 물살의 기억을 잊고 또다시 시설을 지었다. 이런 고집은 약간 숭고하기까지 했다. 이것이 미국을 건설한 '할 수 있다' 정신의 일부였다.

그러나 바다와 억센 강을 보고 있자니 공학의 승리는 덧없었고 자연을 통제할 수 있으리라는 희망은 환각이었다. 기후변화 때문에 해수면이 상승하고 멕시코만 허리케인이 더 격렬해지면서 루이지애나에서는 해마다 4000헥타르 이상의 토지가 유실되고 있었다. 선박과 화물이 수월하게 통행할 수 있도록 미시시피강을 끊임없이 준설하고 제방을 쌓고 물길을 바꾼 탓에 상류에서 씻겨 내려오는 퇴적물이 감소하여 유실 토사가 복원되지 못하고 있었다. 이 지역을 상업 중심지로 발전시키고 석유 산업을 부흥시킨 바로 그 활동이 지속적 해진海進(해수면이 상승하여 바다가 육지를 덮어 바다가 넓어지는 일_옮긴이)을 가속화하고 있었다. 빗줄기가 줄무늬를 그리는 창문의 너머를 바라보면서 내가 달리는 도로와 주유소와 휴게소를 파도가 집어삼킬 때까지 시간이 얼마나 남았을지 생각했다.

대통령은 언제나 여러 일을 동시에 처리해야 한다. (미셸은 이렇게 말한 적이 있다. "당신은 접시 여러 개를 돌리는 서커스 단원 같아.") 알카에다는 금융 위기가 터졌어도 사정을 봐주지 않았고, 아이티의 대규모 지진 역시 오랫동안 계획해왔고 내가 의장을 맡은 47개국 핵안보정상회의의 첫 회의 개최 타이밍을 고려해주지 않았다. 그래서, 딥워터 호라이즌호 재난으로 스트레스에 시달리기는 했지만 여기에 정신을 온통 빼앗기지는 않으려고 애썼다. 루이지애나 방문 몇 주 뒤에는 상세한 일일 브리핑을 받아 대응을 면밀히 파악하면서도 나의 관심이 필요한 다른 시급한 문제들에도 주의를 기울였다.

버펄로의 제조 공장을 방문해서는 경제 회복을 논의했으며 미국의 장기적 적자를 안정시킬 방안을 모색하는 초당적 재정위원회와 지속적으로 협력했다. 메르켈과는 그리스 문제로, 메드베데프와는 스타트 비준 문제로 통화했으며 국빈 방문을 한 펠리페 칼데론 멕시코 대통령과 국경 협력을 중점적으로 논의했고 카르자이 아프가니스탄 대통령과 업무상 오찬을 함께했다. 통상적인 테러 위협 브리핑, 경제팀과의 전략 회의, 온갖 의례적 임무를 수행하면서도 4월 초에 은퇴한다고 발표한 존 폴 스티븐스 대법관의 후임자 후보들을 면접했다. 나는 하버드 로스쿨 학장을 지낸 젊고 명석한 송무차관 엘리나 케이건을 낙점했는데, 그녀는 소토마요르 대법관과 마찬가지로 상원 청문회를 비교적 무사히 통과하여 몇 달 뒤에 인준되었다.

하지만 아무리 많은 접시를 공중에서 돌리고 있어도 하루를 마무리할 때면 마음은 늘 딥워터 사고로 돌아왔다. 눈을 크게 뜨고 찾아보면 **일부** 진전이 있었다고 말할 수는 있었다. BP는 파열된 파이프에 로봇으로 밸브를 달아 수중 유출 지점 세 곳 중 가장 작은 곳을 차단하는 데 성공했다. 앨런 제독은 해수면 정화 작업을 일사불란하게 지휘했다. 5월 중순이 되자 작업 인원은 1000척 가까운 선박에다 BP 직원, 해안경비대 및 주방위군, 새우잡이 어민, 고기잡이 어민, 자원봉사자를 망라해 약 2만 명의 군단으로 늘었다. 밸러리는 기름이 유출될 위협에 처한 다섯 개 주의 주지사들과 긴밀히 소통하는 일을 훌륭히 해냈다. 주지사들은 당과의 관계에도 불구하고 연방의 대응에 대체로 긍정적이었다. (밸러리가 미소 지으며 앨라배마 공화당 주지사에 대해 이렇게 말했다. "저와 밥 라일리는 절친이 됐어요.") 유일한 예외는 진덜 주지사였다. 밸러리에 따르면 그는 몇 가지 사안을 도와달라고 백악관에 요청하고는 10분 뒤에 기자회견을 열어 우리가 루이지애나를 무시한다고 비난한 적이 한두 번이 아니었다.

그래도 기름은 계속 유출되고 있었다. 먹통이 된 폭발 방지기에는 BP의 로봇이 접근할 수 없었기에 주요 유출 부위 두 곳은 밀봉되지 않은 상태였다. 차단용 돔을 유출 부위에 씌우려는 첫 번째 시도도 낮은 온도로 인한 문제 때문에 실패했다. 정확히 어떻게 해야 할지를 BP 작업팀이 모른다는 사실이 점차 분명해졌다. 통상적인 유출 사고를 처리하는 연방기

기념비적 기후 법안이 하원에서 방금 통과되었다고 내게 알리는 람. 비서실장은 우리가 분명한 승점을 기록할 때면 며칠씩 이런 표정이었다.

(왼쪽부터) 래리 서머스, 팀 가이트너, 크리스티 로머를 비롯한 우리 경제팀과의 일요일 마라톤 회의.

상원 다수당 대표 해리 리드와 나는 일찍부터 의기투합했다. 나이와 경륜의 차이에도 불구하고 우리 둘 다 열세를 극복한 경험이 있었다.

백악관에서의 처음 몇 달간 압박을 헤쳐 나가면서도 미셸과 나는 언제나 서로를 웃게 했다. 그리고 친구이자 선임고문 밸러리 재럿이 곁에 있어준 덕에 모든 것이 더 수월했다.

보는 백악관에 찾아온 첫날부터 탐구열을 불태웠다. 테드 케네디와 비키 케네디의 선물이었는데, 금세 백악관을 제 집처럼 여겼다.

» 가자 피라미드를 관광하면서 우리가 죽고 오랜 시간이 지난 뒤에도 이 세상이 남아 있을 것임을 숙연하게 상기했다.

« 2009년 6월 4일 가자의 팔레스타인인들이 나의 카이로 연설을 시청하는 장면. 나는 선거운동 중에 전 세계 무슬림들에게 연설하겠노라 공약했다. 서구와 무슬림 세계의 갈등의 원인을 인정하는 것이 평화 공존을 향한 첫걸음이라고 믿었기 때문이다.

» 소니아 소토마요르가 공식적으로 대법관이 되기 직전 축하하는 장면. 나는 그녀가 자신의 인생 경험을 바탕으로 대법원의 판결에 결부된 현실적 맥락을 더 온전히 이해할 수 있으리라 믿었다.

데니스 맥도너는 나의 가장 가까운 대외 정책 자문 중 한 명이자 좋은 친구였다. 그는 세부 사항에 집중했고, 가장 힘들고 생색 안 나는 일을 자청했으며, 누구보다 많이 일했다.

《

2009년 7월 G8 정상회의에서 니콜라 사르코지 프랑스 대통령과 앙겔라 메르켈 독일 총리—기질적으로 이보다 다를 수 없는 두 정상—와 함께.

》

《

벤 로즈는 나의 국가안전보장회의 연설문 작성관으로 출발했는데, 알고 보니 없어서는 안 될 존재였다. 그가 내놓는 초안에는 나의 목소리가 담겼을 뿐 아니라 나의 세계관이 배어 있었다.

블라디미르 푸틴의 다차를 방문했을
때 푸틴은 자신과 러시아 국민이 미
국인의 손에 겪어야 했던 온갖 불의,
배신, 모욕을 줄줄이 읊었다.

아이들과 함께하면 모든 순방이 더
즐거웠다. 여덟 살배기 사샤가 좁쌀
만 한 비밀 요원인 양 트렌치코트 차
림으로 크렘린궁을 걷는 장면.

나의 '보디맨' 레지 러브와 나는
사샤의 4학년 농구팀 코치를 자
청했다. 바이퍼스가 18 대 16의
아슬아슬한 승리로 챔피언 결정
전에서 승리하자 우리는 전미대
학체육협회(NCAA) 결승전에서
승리한 것마냥 환호했다.
　　　　　　　　　　》

《
대변인 로버트 깁스(가운데)는 재
치 있는 유머와 예리한 본능으로
여러 번 나를 곤경에서 구했으며
레지 러브는 농구장에서 나를 한
번도 봐주지 않았다.

》 짬을 내어 독서하는 장
면. 고요한 시간은 결코
오래가지 못했다.

대통령에 출마하기 전에 내가 미셸에게 제시한 논거 중 하나는 내가 승리할 경우 전 세계 아이들이 자신과 자신의 가능성을 다르게 보리라는 것이었다. 오직 그것만으로도 가치가 있을 터였다.

〈더 타임스 데이 아 어체인징〉을 감동적으로 편곡하여 부른 밥 딜런의 음성이 아직도 귓가에 생생하다. 노래를 마친 뒤 그는 나와 악수하고는 아무 말 없이 퇴장했다.

아프가니스탄에서 목숨을 잃은 미국인 열여덟 명의 '존엄한 운구'를 위해 에릭 홀더 검찰총장(오른쪽 끝)과 함께 도버 공군기지에서. 대통령이 운구식에 참석하는 것은 드문 일이었지만, 나는 최고사령관이 전쟁의 진짜 대가를 직시하는 것이 중요한 일이라고 생각했다.

2009년 12월 1일 웨스트포인트에서 아프가니스탄 병력 배치 계획을 설명하는 장면. 더 많은 젊은이를 전쟁에 내보내는 것은 대통령으로서 가장 힘든 결정 중 하나였다.

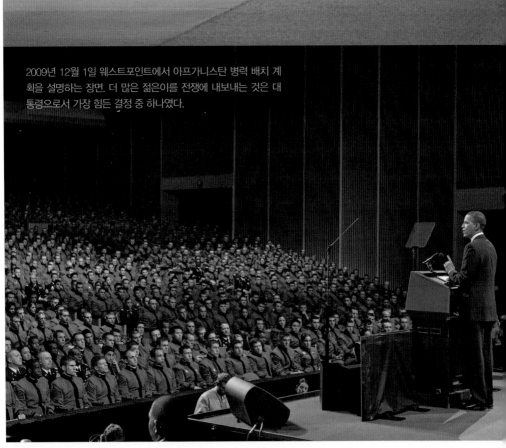

내가 노르망디에서 코리 렘스버그 중사를 처음 만났을 때 그는 몇 주 뒤 열 번째 아프가니스탄 파병을 앞두고 있었다. 우연히 베세즈다 해군병원에서 다시 만났을 때 그는 급조폭발물에 중상을 입은 뒤였다. 나는 몇 년간 그를 위문하고 연락을 주고받았다.

2010년 3월 아프가니스탄에서 우리의 용감한 젊은이들을 만나는 장면. 그들은 내게 크나큰 감명을 주었다.

웨스트포인트에 모인 국가안보팀 구성원들. 병력 배치 계획을 놓고 벌인 장시간 논쟁에서 우리는 '임무 변경'을 방지할 수 있도록 아프가니스탄에 관한 미국의 전략적 목표를 재정의해야 했다.

엘리자베스 2세 여왕은 미국과 영국의 특별한 관계를 상징하는 인물로, 미셸과 나는 그녀와 시간을 보내는 일이 언제나 즐거웠다.

베이징 인민대회당에서 후진타오 주석과 함께.

연설문 작성관 존 패브로
와 함께 보건 의료 개혁에
관한 의회 합동회의 연설
문을 살펴보는 장면. 나는
깐깐한 편집자였을 것이
다.

2010년 3월 21일 부담적정보험
법이 법안 통과에 필요한 표를 확
보했을 때 루스벨트 룸에서 조 바
이든 및 보좌진과 함께 일어선 장
면. 나는 암으로 돌아가신 어머니
를, 오랫동안 이 법률이 필요했던
모든 미국인을 생각했다.

캐슬린 시벨리어스 보건
복지부 장관과 낸시 펠로
시 하원 의장과 함께 부
담적정보험법 통과를 축
하하는 장면. 낸시는 내가
만난 사람 중에서 가장 강
인하고 유능한 입법 전략
가였다.

멕시코만을 방문하여 딥워터 호라이즌호 재난에 대해 브리핑을 받는 장면. 새드 앨런 해안경비대장(왼쪽, 착석)과 리사 잭슨 환경보호국장(오른쪽 끝)은 기름 유출에 대한 우리의 대응을 관리하는 팀의 필수 멤버였다.

»

열한 살 말리아와의 그네 회담. 말리아는 언제나 질문거리가 한가득이었다. 지금은 기름 유출에 대해 묻고 있다.

»

국가안전보장회의에서 잔학 행위 방지와 인권 증진에 주력한 서맨사 파워는 친한 친구이자 내 양심의 체온계였다.

나는 세상에 변화를 가져온 과거 노벨 평화상 수상자들과 어깨를 나란히 할 자격이 없다고 느꼈다. 나는 이 상을 내게 행동을 촉구하는 요청으로 받아들였다.

우리의 월 스트리트 개혁 법안인 도드·프랭크법에 서명하려고 조와 함께 가는 장면. 나는 중요한 결정이 내려질 때마다 마지막까지 방에 있는 사람이 되게 해주겠다는 그와의 약속을 지켰다. 그 대가로 내가 얻은 것은 현명한 조언과 또 한 명의 형제였다.

2010년 8월 31일. 부시 대통령이 이라크 전쟁을 선포한 바로 그 책상에서 이라크 전투 작전을 종료한다고 발표하기 직전. 오랜 시간이 걸렸지만 약속을 지켰다.

2011년 5월 1일 국가안보팀과 함께 네이비 실이 오사마 빈라덴의 저택을 습격하는 광경을 지켜보고 있다. 내가 대통령으로서 군사작전이 전개되는 장면을 실시간으로 본 것은 이번이 처음이었다.

뉴델리 대통령궁 만찬에서 만모한 싱 인도 총리와 함께. 그는 비상한 지혜와 품격의 소유자다.

《

》 마무드 아바스 팔레스타인 대통령, 호스니 무바라크 이집트 대통령, 베냐민 네타냐후 이스라엘 총리가 공식적 일몰을 확인하려고 시계를 보는 장면. 이슬람교라마단월이어서 단식이 해제되어야 만찬장에 앉을 수 있었다.

《 2010년 중간선거에서 민주당이 참패한 이튿날 기자단을 만날 준비를하는 장면.

가족과 보낸 시간은 모두가 소중했다. 리우데자네이루 구세주 그리스도상 관람은 마법과도 같은 경험이었다.

8년간 웨스트 콜로네이드 통행로는 나의 하루를 규정했다. 집에서 일터로, 다시 집으로 돌아오는 1분짜리 야외 출퇴근길이었다.

관들도 마찬가지였다. 앨런 제독은 이렇게 설명했다. "저희는 유조선 사고나 파이프가 파열되어 유출된 기름에는 익숙합니다. 하지만 해수면에서 1500미터 아래의 살아 있는 유정을 밀봉하는 것은…… 우주 탐사에 가까운 일입니다."

적절한 비유였다. 내가 스티븐 추에게 도움을 청하기로 한 이유는 바로 그 때문이었다. 에너지장관은 직함과 달리 평상시에는 석유 채굴을 관장하지 않는다. 하지만 노벨상을 수상한 물리학자가 우리의 대응에 합류해도 나쁘지 않겠다는 생각이 들었다. 수중 유출이 확인되자 우리는 추 장관에게 유출 부위 차단에 관한 과학적 사실을 대응팀에 브리핑해달라고 부탁했다. 간결하게 설명해달라는 캐럴의 부탁에도 불구하고 그의 상황실 발표는 배정된 시간의 두 배를 잡아먹었으며 슬라이드 서른 장이 동원되었다. 다섯 번째 슬라이드가 넘어가자 방 안의 대다수는 내용을 따라갈 수 없었다. 나는 그에게 지력을 우리에게 낭비하지 말고 BP 대응팀 본부가 있는 휴스턴에 가서 엔지니어들과 해결책을 모색하라고 지시했다.

한편 국민 여론이 달라지기 시작했다. 유출 사고가 터지고 첫 몇 주간은 BP에 비난의 화살이 집중되었다. 미국인들이 석유 회사에 부정적이기 때문만은 아니었다. BP의 최고경영자 토니 헤이워드는 걸어다니는 홍보 재앙이었다. 그는 "아주 큰 바다"에서 "비교적 적은" 양의 기름이 유출된 것에 불과하다고 발표했고, 또 다른 인터뷰에서는 구멍이 메워지길 누구보다 간절히 바라는 사람은 바로 자신이라며 그 이유를 "내 삶을 되찾고 싶어서"라고 말했다. 오만하고 일반인의 삶과 동떨어진 초국적 임원에 대한 고정관념에 대체로 부합했다. (그의 둔감함을 보니 BP의 이름이 예전엔 브리티시 석유회사였고 처음에는 앵글로·페르시아 석유회사였다는 사실이 떠올랐다. 이 기업이 이란 정부에 사용료를 내지 않겠다고 버틴 탓에 1950년대에 쿠데타가 일어났으며 이 사태는 결국 이란의 이슬람 혁명으로 이어졌다.)

하지만 위기가 30일을 넘기면서 국민의 관심은 사태에 대한 행정부의 책임으로 점차 이동했다. 무엇보다 BP가 광물관리국으로부터 표준 안전·환경 지침을 잇따라 면제받은 사실이 뉴스 보도와 의회 청문회에서 연일 부각되었다(광물관리국은 임대 허가, 사용료 징수, 연방해역 해양 채굴 감독을 맡은 내무부 산하기관이다). 광물관리국이 마콘도 유정과 관련하여 BP에 부여한 면제 조치는 특별한 일이 아니었다. 심해 채굴의 위험을 관리하는 문제와 관련하여 광물관리국 관료들은 소속 과학자와 공학자들의 의견을 번번이 무시했으며 업계 전문가들이 최신 공정과 기술에 더 정통하리라 생각하여 그들에게 귀를 기울였다.

물론 그게 바로 문제였다. 내가 취임하기 전에 우리는 광물관리국이 석유 회사들과 유착하고 제대로 규제되지 않는다는 말을 듣고 개혁을 약속했다. 부시 행정부 말기에 일어난 뇌물, 약물, 성 상납 관련 추문은 널리 알려진 사례였다. 실제로도 켄 살라사르는 내무부를 맡자마자 몇몇 중대한 문제들을 제거했다. 하지만 시간과 자원이 부족한 탓에 광물관리국을 근본적으로 개편하지는 못했으며, 이 때문에 석유 업계처럼 부유하고 기술적으로 복잡한 산업을 엄격하게 규제할 역량을 갖출 수 없었다.

살라사르만 탓할 수는 없었다. 정부 기관 내부의 관행과 문화를 바꾸는 일은 힘들었으며 몇 달 안에 마무리되는 경우는 드물었다. 금융 시스템을 규제하는 기관들에서도 우리는 비슷한 문제를 맞닥뜨렸다. 과로와 박봉에 시달리는 규제 담당자들이 거대한 국제 금융기관의 복잡하고 끊임없이 진화하는 영업 방식을 따라잡기란 여간 힘든 일이 아니었다. 그렇다고 해도 시추 지역을 확대한다는 내무부의 계획을 승인하라고 내게 권고하기 전에 광물관리국에 아직도 이런 심각한 문제가 있다고 경고한 사람이 우리 팀에 없었다는 사실은 변명의 여지가 없었다. 어쨌든 위기의 한가운데에서 연방기관에 더 많은 자금을 투입해야 한다는 말을 듣고 싶은 사람은 아무도 없었다. 공무원 임금을 인상하면 이 기관들이 경영을 개선하고 민간 부문 못지않게 최고의 기술 인재를 영입할 수 있다는 말을 듣고 싶어 하지도 않았다. 사람들이 알고 싶은 것은 구멍을 막는 법도 모르는 BP가 해저 5600미터까지 구멍을 뚫도록 허가한 사람이 누구인가뿐이었다. 그리고 엄연한 사실은 이 사고가 나의 임기 중에 벌어졌다는 것이었다.

기자들이 광물관리국에 대한 의문을 파헤치느라 여념이 없던 5월 말 BP가 수중 카메라로 찍은 실시간 유출 동영상을 공개하기로 결정하면서 여론이 완전히 돌아섰다(나는 투명성이라는 측면에서 이 조치에 찬성했다). 불타는 딥워터 호라이즌호의 초기 영상은 이미 널리 보도되고 유포되었다. 하지만 물 위에서 찍은 유출 장면은 앞으로 닥칠 참상을 온전히 보여주지 못했다. 대부분 녹청색 바닷물을 배경으로 주홍색 줄이 희미하게 보이는 항공 촬영이었기 때문이다. 기름으로 번들거리는 파도와 타르 볼(바다로 배출되는 폐유가 파도에 휩싸여 공 모양으로 형성된 물질_옮긴이)이라는 덩어리가 루이지애나와 앨라배마의 바깥쪽 해안에 도달하기 시작했을 때조차 카메라 촬영 기사들은 눈길을 끄는 장면을 많이 포착하지 못했다. 수십 년간 해양 석유 채굴이 벌어진 탓에 멕시코만의 물이 깨끗하지 못한 탓도 있었다.

수중 동영상이 이 모든 것을 바꿔놓았다. 갑자기 전 세계 사람들이 잔해 중심에서 기름이 굵은 기둥 모양으로 분출하는 광경을 봤다. 기름 기둥은 카메라 조명에 따라 어떤 때는 유황색이었고 어떤 때는 갈색이나 검은색이었다. 너울거리는 기둥은 지옥에서 뿜어져 나오는 듯 세차고 위압적이었다. 케이블 뉴스 방송들은 이 장면을 화면 구석에 24시간 내보내기 시작했으며 유출 시점으로부터 시간이 얼마나 경과했는지를 일, 분, 초 단위로 디지털 타이머에 표시했다.

영상은 BP와는 달랐던 우리 분석가들의 계산을 입증하는 듯했다. 어디에서나 일일 5000배럴이라는 원래 추정치의 4~10배로 기름이 유출되는 듯했다. 하지만 물속으로 콸콸 쏟아져 나오는 기름의 영상을 보면서—기름을 뒤집어쓴 펠리컨의 영상이 급증하는 것과 더불어—사람들은 무시무시한 숫자보다 더 생생하게 위기를 실감했다. 기름 유출에 관심이 없던 사람들도 왜 우리가 유출을 중단시키려고 노력하지 않는지 갑자기 궁금해했다. 살라사르는 치과에서 응급 치근단 절제술을 받다가 천장에 설치된 TV에서 영상을 봤다. 공화당은 유출 사고를 '오바마 카트리나'라고 불렀으며 얼마 지나지 않아 민주당도 우리에게 포화를 퍼부었다. 대표적인 인물은 클린턴 보좌관을 지낸 루이지애나 토박이 제임스 카빌이었다. 그는 〈굿 모닝 아메리카〉에 출연하여 카랑카랑한 목소리로 나를 겨냥하며 재난 대응 상황을 맹렬히 공격했다. "이봐요, 이리 내려와서 상황을 통제하라고요! 책임자를 앉혀서 일이 돌아가게 하란 말이에요!" 메이크어위시 재단의 주선으로 휠체어를 타고 오벌 오피스를 방문한 아홉 살 소년은 내가 빨리 유출을 막지 못하면 "많은 정치적 문제를 겪을 것"이라고 경고했다. 사샤마저도 어느 날 아침 내가 면도하는 욕실에 들어와 이렇게 물었다. "아직 구멍 못 막았어, 아빠?"

내 머릿속에서 저 시커먼 기름 사이클론은 끊임없는 위기의 사슬을 상징하게 되었다. 그보다, 저것들이 살아 있는 듯하다는 것이 무시무시했다. 기름은 나를 따라다니는 사악한 존재가 되었다. 그때까지 대통령직을 수행하면서 은행이든 자동차 회사든 그리스든 아프가니스탄이든 아무리 나쁜 일이 일어나도 건전한 과정과 현명한 선택으로 언제나 해결책을 찾을 수 있다고 확신했다. 하지만 이 유출 사태는 제때 해결하는 것이 불가능해 보였다. BP나 우리 팀을 아무리 닦달해도, 시트룸에서 아무리 많이 회의를 열고 전쟁 계획 회의를 할 때처럼 데이터와 도표를 들여다보아도 소용이 없었다. 일시적 무력감을 느끼면서 내 목소리에도 어떤 씁쓸함이 배어들기 시작했다. 자기 불신에 동반되는 씁쓸함이었다.

카빌의 공격을 들은 나는 람에게 으르렁거렸다. "그는 내가 뭘 하고 있다고 생각하는 거죠? 빌어먹을 아쿠아맨 복장을 하고 렌치 들고 직접 헤엄쳐 내려가라는 건가요?"

비판의 합창은 5월 27일 백악관 기자회견에서 절정에 이르렀다. 기자들은 기름 유출에 대한 매서운 질문들을 한 시간가량 쏟아냈다. 나는 우리가 시행한 모든 일을 체계적으로 나열하고는 유정을 막기 위해 시도하고 있는 여러 전략의 기술적 난점을 설명했다. 광물관리국에 문제가 있다는 것과 BP 같은 기업이 위험을 대비할 수 있으리라고 내가 지나치게 확신했음을 인정했다. 이 재난을 평가하고 향후에 이런 사고를 예방하는 방안을 궁리할 국가 위원회를 설립하겠다고 발표했으며, 더러운 화석연료에 대한 의존도를 낮추고 장기적으로 대응할 필요가 있다고 재차 강조했다.

10년이 지난 지금 당시의 녹취록을 읽어보니 내가 얼마나 차분하고 설득력 있게 말했는지 놀라울 따름이다. 내가 놀란 이유는 내가 기억하기로 당시 감정이나 기자들 앞에서 **정말로** 하고 싶었던 말이 녹취록에 담기지 않았기 때문인지도 모르겠다.

광물관리국이 임무를 수행할 준비를 온전히 갖추지 못한 중요한 이유는 지난 30년간 미국 유권자의 상당수가 '정부가 문제이고 기업이 언제나 더 잘 안다'라는 공화당 논리에 설득당해, 환경 규제를 철폐하고 정부 기관의 예산을 옥죄고 공무원을 폄하하고 오염 유발 산업이 제멋대로 하게 내버려두는 것을 사명으로 삼은 지도자들을 선출했기 때문이었다.

정부가 BP보다 나은 기술을 동원하여 구멍을 신속하게 막지 못한 이유는 그런 기술을 갖추는 데는 비용이 많이 들지만 우리 미국인들은 세금을 많이 내고 싶어 하지 않기 때문이었다. 발생하지도 않은 문제를 대비해야 하는 경우엔 더더욱 그랬다.

보비 진덜 같은 인물의 비판은 진지하게 받아들일 만한 수준이 아니었다. 그는 경력 내내 거대 석유 기업의 지시를 따랐으며, 한시적으로 채굴을 유예하는 우리의 조치를 무산시키기 위해 석유 업계가 연방법원에 제소하는 과정을 지원했다. 그를 비롯한 멕시코만의 선출직 공직자들이 주민들의 안녕을 정말로 신경 썼다면 기후변화의 영향을 부정하지 말라고 공화당에 촉구했을 것이다. 멕시코만 주민들이야말로 지구 온도가 높아질 때 보금자리나 일자리를 잃을 가능성이 가장 크기 때문이다.

미래에 또 다른 재앙적 석유 유출 사고가 일어나지 않도록 보장하는 유일한 방법은 채굴을 완전히 중단하는 것이지만, 그러기가 불가능한 이유는 (총체적 재앙이 우리를 정면으로 노려볼 때를 제외하고는) 우리가 환경보다는 값싼 휘발유와 대형 승용차를 더욱 사랑하기 때문이었다. 매체는 재앙이 벌어지지 않는 한 화석연료 의존에서 벗어나려는 노력이나 기후법안을 통과시키려는 분투를 거의 보도하지 않았다. 장기적 에너지 정책에 관해 대중을 **교육**하는 일은 따분하고 시청률에 불리하기 때문이었다. 한 가지는 분명했다. 우리가 습지와 바다거북과 펠리컨을 보면서 온갖 분노를 표출했지만 우리 대다수가 정말로 원한 것은 문제를 눈앞에서 사라지게 하는 것이었다. 사람들은 수십 년 동안 누적된 문제를 내가 빠르고 손쉬운 해결책으로 청소해주길 바랐다. 그래야 자연과 야생동물에게 죄책감을 느끼지 않은 채 탄소를 내뿜고 에너지를 낭비하는 생활방식으로 돌아갈 수 있기 때문이었다.

나는 이런 말을 한마디도 하지 않았다. 대신 책임을 엄중히 받아들여 "이 문제를 해결하는 것이 나의 임무"라고 말했다. 그런 뒤에 언론팀을 야단쳤다. 우리가 유출된 기름을 정화하기 위해 벌이는 온갖 노력을 더 효과적으로 전달했다면 한 시간 동안 헛소리를 받아내느라 난리굿을 치지 않아도 됐을 거라고 말이다. 언론팀은 상처받은 표정이었다. 그날 밤 늦게 트리티 룸에 홀로 앉아 내가 뱉은 말을 후회했다. 분노와 좌절감을 엉뚱한 데 풀었다는 생각이 들었다.

내가 정말로 욕을 퍼붓고 싶었던 대상은 저 망할 놈의 기름 기둥이었다.


그 뒤로 6주간 기름 유출은 줄곧 톱뉴스였다. 유정을 막으려는 시도가 번번이 실패하자 우리 팀은 점수를 만회하려고 내가 직접 관여하는 모습을 더 많이 내보냈다. 나는 루이지애나를 두 번 더 방문했으며 미시시피, 앨라배마, 플로리다에도 찾아갔다. 위기가 끝날 때까지 은퇴를 미루는 데 동의한 앨런 제독과 힘을 합쳐 모든 주지사의 요청을 들어줄 방법을 모색했다(진덜의 둑 아이디어도 규모를 줄여 받아들였다). 살라사르는 광물관리국을 사실상 해체한 다음 에너지 개발, 안전 규제 집행, 사용료 징수의 책임을 세 곳의 신설 독립 기구에 분할했다. 나는 해양 석유 채굴이 낳을지도 모를 미래의 재앙을 예방하기 위한 방안을 권고할 초당적 위원회를 설립한다고 발표했다. 위기에 대처하기 위해 내각 전체 회의를 열었고, 폭발 사고로 희생된 딥워터 호라이즌호 노동자 열한 명의 유가족을 찾아가 애도를 표했다. 유출 사고에 관해 오벌 오피스 연설까지 했는데, 이런 식의 연설은 취임 이후 처음이었다. 내가 레졸루트 책상 뒤에 앉아 있는 형식이었는데, 부자연스럽고 시대착오적으로 느껴졌으며 누가 봐도 별로였다.

뻔질나게 얼굴을 내밀고 성명을 발표하자 기대대로 부정적인 언론 기사들이 (완전히 없어지지는 않았어도) 잠잠해졌다. 하지만 우리가 궁극적으로 위기를 헤쳐나갈 수 있었던 원인은 내가 내린 두 가지 결정 덕분이었다.

첫 번째 결정은 BP가 피해를 입은 제삼자에게 보상하겠다는 약속을 지키도록 한 것이었다. 일반적으로 손해배상을 청구하려면 피해자는 관료주의의 온갖 걸림돌을 통과해야 하고 심지어 변호사를 고용해야 했다. 결정이 나기까지는 여러 해가 걸리기도 했는데, 그즈음이면 소형 유람선 업주나 레스토랑 소유주는 이미 사업이 망한 뒤였다. 우리는 피해자들이 곧바로 구제받아야 한다고 생각했다. 또한 지금이야말로 최대한의 영향력을 행사할 적기라고 판단했다. BP는 주가가 폭락하고 전 세계에서 이미지가 추락했으며, 형사적 과실 혐의로 법무부의 조사를 받았다. 우리가 부과한 연방 채굴 유예 조치로 BP 주주들도 불안해하고 있었다.

람이 물었다. "그들을 더 쥐어짜볼까요?"

내가 말했다. "부디 그래줘요."

작업에 착수한 람은 자신만이 할 수 있는 방식으로 그들을 조르고 구슬리고 을렀으며, 6월 16일 루스벨트 룸에서 나와 마주 앉은 토니 헤이워드와 칼헨릭 스반버그 BP 회장은 백기를 흔들 준비가 되어 있었다. (헤이워드는 면담에서 말을 거의 하지 않았는데, 몇 주 뒤 회사를 떠난다고 발표했다.) BP는 유출 피해자들에게 보상하기 위한 대응 기금에 200억 달러를 내놓는 데 동의했으며, 우리는 그 돈을 켄(케네스) 파인버그에게 예탁하여 독립적으로 관리하도록 했다. 그는 9.11 피해자 기금을 관리하고 타프 기금을 지원받은 은행들의 임원 보상 계획을 검토한 바로 그 변호사였다. 기금으로 환경 재앙이 해결되지는 않았다. 하지만 고기잡이 어민, 새우잡이 어민, 어업 기업을 비롯하여 위기로 손실을 입은 모든 사람이 마땅한 보상을 받게 하겠다는 약속은 지킬 수 있었다.

내가 내린 두 번째 좋은 결정은 스티븐 추를 투입한 일이었다. 우리 에너지장관은 BP 엔지니어들과의 첫 소통에서 전혀 기가 죽지 않았으며 (추 장관이 말했다. "자기네가 뭘 상대하고 있는지 모르더군요.") 얼마 안 가 휴스턴과 워싱턴 D.C.를 왔다 갔다 하면서 새드 앨런에게 BP가 "제 허락 없이는 아무것도 하면 안 된다"라고 못 박았다. 그는 지체 없이 지구물리학자와 수문학자들을 영입하여 문제를 해결할 팀을 꾸렸다. 그는 BP를 설득하여 감마선 영상 기법으로 폭발 방지기의 문제를 진단하도록 했으며, 유정 아래쪽의 실제 데이터를 얻기 위해 압력계를 설치하도록 했다. 추 장관 팀은 유출을 차단하기 전에 그 작업이 통제 불가능한 지하 유출을 연쇄적으로 촉발하여 더 무시무시한 재앙을 일으킬 위험이 있는지 철저히 점검해야 한다고 강조했다.

추 장관과 BP 엔지니어들이 합의한 최상의 해결책은 고장 난 폭발 방지기 위에 크기가 작은 두 번째 폭발 방지기인 이른바 덮개탑capping stack을 장착함으로써 차례로 연결된 밸브를 닫아 유출 부위를 차단하는 것이었다. 하지만 추 장관이 BP의 최초 설계를 살펴본 뒤에—또한 로스앨러모스 국립연구소 등의 정부 과학자와 공학자들이 슈퍼컴퓨터로 일련의 시뮬레이션을 시행한 뒤에—미흡하다고 판단하자 대응팀은 신속히 설계를 수정했다. 액스가 어느 날 오벌 오피스에 들러 이야기해주길, 방금 근처 식당에서 추 장관을 만났는데 음식에는 거의 손도 대지 않고 냅킨에 온갖 덮개탑 모형을 그리고 있더라는 것이었다.

"그 장치가 어떻게 작동하는지 설명을 시작하더군요. 그래서 점심 메뉴 고르는 것만 해도 골치가 아프다고 얘기했죠."

최종 덮개탑은 무게가 75톤에 높이가 9미터였으며, 추 장관의 강력한 요청에 따라 장치의 효과에 대한 필수 데이터를 얻을 수 있도록 압력계를 여러 개 달았다. 몇 주 안에 덮개탑이 유정에 설치되어 테스트 준비가 끝났다. 7월 15일에 BP 엔지니어들이 덮개탑의 밸브를 닫았다. 덮개는 압력을 버텨냈다. 87일 만에 처음으로 마콘도 유정에서 기름이 새지 않았다.

그런데 다음 주에 열대 폭풍이 마콘도 해역을 통과한다는 소식이 들렸다. 추 장관, 새드 앨런, 밥 더들리 BP 전무는 방제 작업에 투입된 선박들과 덮개탑 상태를 모니터링하는 BP 직원들이 폭풍 경로에서 대피하기 전에 밸브를 다시 열 것인지 말 것인지를 신속하게 결정해야 했다. 심층 압력에 대한 계산이 틀리면 덮개탑이 버티지 못할 위험이 있었으며 심지어 해저에 균열이 일어나 기름이 더 많이 유출될 수도 있었다. 물론 밸브를 연다는 것은 기름이 다시 멕시코만에 흘러들게 한다는 뜻이었는데, 누구도 바라지 않는 일이었다. 최종 계산을 마친 추 장관은 도박을 할 만한 가치가 있으며 폭풍이 지나가는 동안 밸브를 닫아둬야 한다는 데 동의했다.

다시 한번 덮개는 버텨냈다.

이 소식을 들은 백악관에서는 아무런 축하 행사도 열지 않았다. 안도의 한숨을 크게 내쉬었을 뿐이다. 이후로도 두어 달 동안 추가 조치들을 시행한 BP는 마콘도 유정이 영구적으로 밀봉되었다고 선언했고 정화 작업은 여름내 계속되었다. 조업 금지는 점차 해제되었고 멕시코만 수산물은 안전성을 검증받았다. 해수욕장도 재개장했는데, 8월에 나는 지역 관광업 활성화를 위해 가족과 함께 플로리다주 패너마시티비치에서 이틀간 '휴가'를 보냈다. 피트 수자가 촬영하고 나중에 백악관이 공개한 사진에서 나와 사샤는 헤엄치고 있는데, 이 장면은 멕시코만에서 수영해도 안전하다는 사실을 국민에게 알리는 메시지였다. 말리아가 사진에 없는 이유는 여름 캠프에 참가하고 있었기 때문이며, 미셸이 빠진 이유는 (내가 당선된 직후에 그녀가 설명했듯) "퍼스트레이디로서 주요 목표 중 하나는 결코 수영복 차림으로 사진 찍히지 않는 것"이었기 때문이다.

여러 면에서 우리는 최악의 시나리오를 면했다. 그 뒤로 몇 달간 제임스 카빌 같은 비판자들조차 우리의 대응이 제대로 평가받지 못했다고 인정했다. 멕시코만의 해안선과 해수욕장에서 눈에 띄는 피해는 예상보다 적었으며 사고가 일어난 지 불과 1년 뒤 이 지역의 관광업은 사상 최대의 호황을 맞았다. 우리는 BP에 부과한 추가 벌금으로 멕시코만 해안선 복원 사업을 시작했는데, 이 사업은 사고가 일어나기 오래전에 훼손된 환경을 연방, 주, 지방 당국이 복원하는 계기가 되었다. 연방법원의 중재하에 BP는 결국 200억 달러의 대응 기금으로 모자란 부분을 벌충하는 합의금을 추가 지불했다. 새로 설립한 석유 유출 위원회의 예비 보고서에서는 광물관리국이 BP의 마콘도 유전 개발을 제대로 감독하지 못했고 우리가 폭발 직후 유출의 규모를 정확히 판단하지 못했다고 비판했으나, 가을 즈음에는 언론과 대중 모두 별다른 관심을 기울이지 않았다.

그럼에도, 갈라진 땅에서 바다의 으스스한 심연으로 뿜어져 나오는 기름 기둥의 이미지는 나의 뇌리에서 떠나지 않았다. 행정부의 전문가들은 유출 사고가 환경에 미친 피해의 진짜 규모를 파악하려면 여러 해가 걸릴 거라고 말했다. 최상의 추정에 따르면 마콘도 유전에서는 최소 400만 배럴의 석유가 바다에 유출되었으며 그중 3분의 2 이상이 회수되거나 소각되거나 사라졌다. 나머지 석유가 도달한 곳에서 야생 생물이 어떤 끔찍한 피해를 입었는지, 얼마나 많은 석유가 해저에 가라앉았는지, 멕시코만 생태계 전체에 어떤 장기적 영향이 미칠지를 온전히 파악하려면 오랜 세월이 걸릴 터였다.

하지만 유출 사고의 정치적 영향은 당장 실감할 수 있었다. 위기가 지나가고 중간선거가 시야에 들어오자 우리는 대중에게 신중한 낙관론을 설파할 준비가 되었다고 느꼈다. 이 나라가 마침내 반환점을 돌았다고 주장하고 우리 행정부가 지난 6개월간 사람들의 삶을 구체적으로 변화시키기 위해 시행한 모든 일을 부각할 생각이었다. 하지만 유권자들에게 남은 유일한 인상은 또 한 번의 재난에서 정부가 무력한 모습을 보였다는 것이었다. 나는 액스에게 민주당이 하원 다수당을 유지할 가능성이 최대 얼마큼이냐고 물었다. 그는 농담이라도 들은 듯 나를 쳐다보며 말했다.

"우린 망했어요."

취임 첫날부터 우리는 중간선거가 힘겨우리라 생각했다. 역사를 살펴보면 백악관을 차지한 당은 2년간 집권한 뒤에 거의 언제나 의회에서 의석을 잃었다. 적어도 일부 유권자는 실망할 이유를 찾아내기 때문이다. 중간선거에서는 투표율도 부쩍 낮아지는데, 여기에는 유권자를 오랫동안 차별하고 투표를 필요 이상으로 어렵게 만드는 복잡한 절차를 많은 주가 고집하는 탓도 있었다. 투표율 하락세가 가장 두드러지는 계층은 민주당에 투표하는 경향이 있는 인구 집단인 청년, 저소득층, 소수집단 등이었다.

이 모든 상황 때문에 우리는 비교적 평화와 번영을 누리는 시기에조차 중간선거에서 고전하리라고 예상했는데, 물론 지금은 그런 시기도 아니었다. 기업들이 채용을 다시 시작했지만 실업률은 6월과 7월 내내 9.5퍼센트 언저리에 머물러 있었다. 주된 이유는 자금이 바닥난 주정부와 지방정부가 여전히 직원들을 쳐내고 있었기 때문이다. 나는 적어도 일주일에 한 번씩 루스벨트 룸에서 경제팀과 머리를 맞대고, 공화당 상원의원 중 몇 명에게라도 지지를 얻을 수 있는 추가 경기 부양 계획을 궁리했다. 하지만 의회가 8월에 휴회하기 전에 긴급 실업수당 기한을 마지못해 연장한 것을 제외하면 매코널은 자신의 코커스를 일사불란하게 단속했다.

공화당 상원의원 한 사람은 다른 문제로 백악관을 찾았다가 내게 이렇게 말했다. "이런 말 드리긴 싫지만 사람들이 지금 당장 괴롭다고 느낄수록 우리에겐 유리해요."

우리가 맞은 역풍은 경제만이 아니었다. 여론조사에서 공화당은 국가 안보와 관련하여 일반적으로 민주당보다 우위였는데, 취임 첫날부터 공화당은 이 이점을 밀어붙였으며 국방에 나약하고 테러에 무르다는 이미지를 우리 행정부에 덮어씌울 기회를 놓치지 않았다. 하지만 그들의 공격은 대부분 실패했다. 유권자들은 나의 경제 관리에 실망했지만 국방 분야만큼은 계속해서 확고하게 지지했다. 이런 추세는 포트 후드 공격과 실패한 성탄절 폭탄 테러 이후에도 꾸준히 이어졌다. 심지어 파키스탄에서 자라 파키스탄 탈레반에게 훈련받은 귀화 미국인인 파이잘 샤자드라는 사람이 2010년 5월 타임스 광장 한가운데에서 차량 폭탄을 터뜨리려다 실패한 뒤에도 지지율은 거의 변하지 않았다.

그럼에도 미군 18만 명이 해외에서 벌어지는 전쟁에 파병되어 있다는 사실은 중간선거에 먹구름을 드리웠다. 이라크에서는 철군이 최종 단계에 접어들어 마지막 전투 여단이 8월에 복귀할 예정이었으나 아프가니스탄에서는 하계 교전 시기에 다시 한번 미군 사상자가 증가하리라고 전망되었다. 나는 아프가니스탄에서 스탠리 매크리스털이 연합군을 지휘하며 보여준 능력에 감명받았다. 내가 승인한 추가 병력은 탈레반으로부터 영토를 탈환하는 데 일조했고, 아프간군의 훈련도 강화되었다. 심지어 매크리스털은 카르자이 대통령으로 하여금 궁 밖으로 나와 (자신이 대변한다는) 국민과 직접 소통하도록 설득하기까지 했다.

그럼에도 월터 리드 육군병원과 베세즈다 해군병원에서 부상병을 만날 때마다 이런 점진적 발전의 엄청난 대가를 실감했다. 예전에는 군병원 방문이 한 시간이면 끝났지만, 이제는 병상이 모자랄 만큼 환자가 증가하여 적어도 두 배는 오래 머무는 일이 잦았다. 한번은 병실에 들어서자 급조폭발물에 다친 병사가 침대에 누워 어머니에게 간호받고 있었다.

젊은 병사의 머리 한쪽은 부분 면도를 한 채 굵은 실로 봉합되어 있었다. 오른쪽 눈은 실명한 듯했고 몸의 일부는 마비되었으며 중상을 입은 한쪽 팔은 보호대에 싸여 있었다. 병실에 들어가기 전에 의사에게 듣기로 환자는 석 달간 혼수상태였다가 의식을 되찾았다고 했다. 영구 뇌 손상을 겪은 그는 막 두개골 재건 수술을 받았다.

병사의 어머니가 격려하듯 말했다. "코리, 대통령님이 널 보려고 오셨단다." 청년은 말을 할 수 없었지만 옅은 미소를 지으며 고개를 끄덕였다.

그의 멀쩡한 손을 잡고 조심스럽게 악수하며 내가 말했다. "만나서 반가워요, 코리."

그때 어머니가 말했다. "사실 두 사람은 전에도 만난 적이 있어요. 기억나세요?" 그녀는 벽에 붙여둔 사진을 가리켰다. 다가가서 들여다보니 내가 미소 띤 레인저 부대원들과 함께 찍은 사진이었다. 그러자 침대에 누워 있는 부상병이 연합군의 노르망디 상륙 기념식에서 나와 이야기를 나눈 씩씩한 젊은 낙하산병 코리 렘스버그 중사라는 사실이 생각났다. 1년도 지나지 않은 일이었다. 그때 그는 열 번째 파견으로 아프가니스탄에 가는 길이라고 했다.

나는 어머니를 바라보며 말했다. "물론 기억하죠…… 코리." 그녀의 눈은 아들을 알아보지 못한 나를 용서했다.

"상태는 어때요?"

어머니가 말했다. "상태가 어떤지 보여드리렴, 코리."

느릿느릿 무척 힘겹게 그가 팔을 들어 내게 엄지손가락을 치켜들었다. 우리의 사진을 찍는 피트의 얼굴엔 동요한 빛이 역력했다.

유권자들의 마음속에서는 코리 같은 수많은 병사에게 일어난 일이 맨 앞자리를 차지하지 않았을지도 모른다. 1970년대에 모병제로 전환한 뒤로는 가족이나 친구, 이웃 중에 참전 용사가 있는 미국인이 점차 줄었다. 그렇다고는 해도 사상자가 늘어만 가면서 가뜩이나 전쟁에 지친 이 나라는 끝나지 않을 듯한 이 전쟁이 어느 방향으로 가고 있는지 통 갈피를 잡을 수 없었다. 6월에 스탠리 매크리스털에 대한 장문의《롤링 스톤》특집 기사가 발표되자 불확실성은 더욱 커졌다.

"독불 장군"이라는 제목의 이 기사는 미국의 전쟁 수행을 전반적으로 비판하면서 내가 펜타곤에 휘둘려 가망 없는 전쟁에 병력을 증원했다고 암시했다. 새로운 비판은 아니었다. 워싱턴의 눈길을 사로잡은 것은 매크리스털이 기자에게 허락한 방대한 취재 권한과 연합군, 선출직 공직자, 행정부 구성원들에게 그와 그의 팀이 퍼부은 신랄한 조롱이었다. 한 대목에서 기자는 매크리스털과 부관이 바이든 부통령을 농담거리로 삼는 장면을 묘사한다. (기사에서 매크리스털은 이렇게 말한다. "바이든 부통령에 대해 묻는 겁니까? 그게 누구죠?" 그러자 부관이 맞장구친다. "'바이트 미Bite Me, 나를 물어'라고 말씀하셨습니까?") 다른 대목에서 매크리스털은 파리에서 프랑스의 장관과 가진 만찬을 불평하고("차라리 맞는 게 낫지.") 힐러리의 특별 자문이자 오랫동안 외교관 생활을 한 리처드 홀브룩의 이메일을 폄하한다("열고 싶지도 않습니다."). 나는 최악의 조롱만은 면했지만, 매크리스털의 부관 한 명이 내가 그를 연합군 사령관으로 임명하기 직전에 가진 면담을 자신의 상관이 실망스러워했다며 내가 개인적으로 더 관심을 기울였어야 했다고 주장한다.

기사는 반감을 불러일으켰을 뿐 아니라 매크리스털과 참모들을 건방진 대학 사교 클럽 무리처럼 보이게 했다. 나는 아프간 팀 내의 갈등이 해소되길 바랐지만 기사는 다시금 분열을 조장했다. 코리 렘스버그의 부모가 기사를 읽고 어떤 느낌이 들었을지는 상상하기도 힘들었다.

게이츠가 사태를 수습하려고 내게 말했다. "그가 대체 무슨 생각을 했는지 모르겠습니다."

내가 무뚝뚝하게 대꾸했다. "생각한 게 아니에요. 놀아난 거죠."

우리 팀은 내게 이 사건을 어떻게 처리하길 바라느냐고 물었다. 나는 아직 결정하지 못했지만 마음을 정하는 동안 매크리스털이 당장 워싱턴으로 돌아오길 바란다고 말했다. 처음에는 호된 질책으로 끝낼 생각이었다. 그가 여전히 최적임자라고 밥 게이츠가 주장했기 때문만은 아니었다. 나와 수석보좌관의 개인적 대화를 녹음하면 우리도 아주 고약한 자들로 비칠 수 있음을 알기 때문이기도 했다. 매크리스털과 그의 이너 서클이 부주의 때문이든 허영심 때문이든 기자 앞에서 그런 말을 내뱉을 정도로 판단력이 형편없긴 했지만, 하지 말아야 할 말을 기자 앞에서 한 적이 없는 사람은 백악관에 없었다. 나는 힐러리, 람, 밸러리, 벤이 '학교 밖'에서 한 이야기를 가지고 그들을 해임할 생각이 없었다. 매크리스털이라고 달리 취급할 이유가 어디 있나?

하지만 24시간 동안 곰곰이 생각한 뒤에 이번은 경우가 다르다고 판단했다. 모든 군 지휘관이 내게 곧잘 상기시켰듯 미군은 엄격한 규율, 명확한 행동 수칙, 결속력, 상명하복을 철저히 따졌다. 그 이유는 이런 덕목을 어겼을 때 치러야 할 대가가 크기 때문이다. 한 번이라도 팀의 일원으로 행동하지 못하면, 한 사람이라도 실수를 저지르면, 체면을 구기거나 손해를 보는 것에 그치지 않았다. 사람들이 죽을 수도 있었다. 만일 상병이나 대위가 상관들을 그렇게 모욕적인 어조로 공공연히 깔아뭉갰다가는 혹독한 대가를 치렀을 것이다. 4성 장군이라고 해서 다른 규칙을 적용해야 할 이유는 없었다. 아무리 유능하고 용감하고 혁혁한 전공을 세웠더라도 말이다.

책임과 규율의 필요성은 문민 통제의 문제에도 적용할 수 있었다. 내가 오벌 오피스에서 게이츠와 멀린에게 강조한 대목이기도 했다. 충분한 효과를 거두지는 못한 듯했지만. 나는 사실 매크리스털의 반골 기질을 존경했다. (자신이 보기에) 정당하게 쟁취하지 않은 허위와 권위를 경멸하는 것도 마음에 들었다. 이 덕분에 그가 더 나은 지휘관이 되었다는 사실은 의심할 여지가 없었다. 휘하 병력이 그에게 열렬한 충성을 바치는 것도 이런 까닭이었다. 하지만 저 《롤링 스톤》 기사를 읽으며 내가 느낀 것은 부시 시절 일부 군 최고위층의 사고방식, 즉 자신이 무슨 짓을 해도 괜찮다는 사고방식이었다. 일단 전쟁이 시작되면 누구도 일선 지휘관에게 이의를 제기하면 안 된다는 사고방식, 정치인들은 군인들이 원하는 대로 해주고 간섭하지 말아야 한다는 사고방식이었다. 매크리스털 같은 역량을 지닌 사람에게는 특히나 솔깃한 사고방식이었다. 또한 이것은 대의민주주의라는 우리의 기본 원칙을 훼손할 우려가 있었다. 나는 이 관행을 끝장내기로 마음먹었다.

후덥지근한 아침, 매크리스털과 나는 오벌 오피스에서 단둘이 마주 앉았다. 그는 풀이 죽었지만 침착한 표정이었다. 자신의 발언에 대해 변명은 한마디도 하지 않았다. 자신의 말이 와전되었다거나 거두절미하고 인용되었다고 주장하지도 않았다. 그저 실수에 대해 사과하고는 사직서를 내밀었다. 나는 그를 존경하고 그의 임무 수행에 감사하면서도 사의를 받아들이기로 결정한 이유를 설명했다.

매크리스털이 나간 뒤에 나는 로즈 가든에서 기자회견을 열어 이유를 설명하고 데이브 퍼트레이어스 대장이 아프가니스탄 연합군 사령관이 될 것이라고 발표했다. 퍼트레이어스를 그 자리에 앉히는 것은 톰 도닐런의 아이디어였다. 미국에서 가장 유명하고 존경받는 군 지휘관이었을 뿐 아니라 중부사령부 사령관으로서 이미 우리의 아프가니스탄 전략에 친숙했기 때문이다. 발표는 기대할 수 있는 최고의 반응을 얻었다. 그럼에도 기자회견을 마치고 걸어가면서 이 모든 사태에 분통이 터졌다. 나는 짐 존스에게 당장 국가안보팀을 소집하라고 말했다. 회의는 오래 걸리지 않았다.

나는 목소리를 점차 높이며 말했다. "여러분 모두에게 분명히 말해두겠는데, 난 이 사태가 지긋지긋해요. 언론에서 매크리스털에 대한 어떤 논평도 듣고 싶지 않아요. 언론 플레이나 소문이나 험담도 더는 없으면 좋겠어요. 내가 원하는 건 각자가 맡은 일을 하는 거예요. 여기 있는 사람 중에서도 한 팀으로서 행동하지 못하는 사람이 있다면 내보낼 거예요. 진심이에요."

방에는 침묵이 감돌았다. 나는 몸을 돌려 방에서 나갔다. 연설이 예정되어 있었기에 벤이 뒤따랐다.

　나는 그와 함께 걸으면서 나직이 말했다. "나는 그가 좋았어요."

　벤이 말했다. "선택의 여지가 없었습니다."

　내가 고개를 저으며 말했다. "없었죠. 나도 알아요. 그런다고 해서 기분이 좋아지진 않지만요."


　　　　　　　　　　　매크리스털을 해임한 일이 헤드라인을 장식했지만(또한 공화당 신봉자들에게는 내가 최고사령관으로서 자격 미달이라는 확신을 더욱 굳히는 계기가 되었지만) 선거에서 부동층을 움직일 만한 기삿거리는 아니었다. 중간선거가 다가오면서 공화당은 더 정곡을 찌르는 국가 안보 사안에 집중했다. 알고 보니 미국인의 절대다수는 미국 땅의 민간 형사 법원에서 테러 용의자를 재판한다는 발상을 별로 좋아하지 않았다. 사실 대부분은 테러범을 정식으로 재판하거나 공정하게 재판하는 일에도 딱히 관심이 없었다.

　우리는 관타나모 수용소를 폐쇄하겠다는 공약을 이행하려 하면서 비슷한 경험을 했다. 추상적으로 보면 의회 민주당은 외국인 수감자를 재판 없이 무기한 구금하는 것이 나쁜 일이라는 나의 주장에 동의했다. 이 관행은 우리의 헌법 전통에 어긋나고 제네바협약에도 위배되었다. 이 관행 때문에 대외 정책이 애로를 겪었으며 가장 가까운 우방들마저 대테러 활동에 협력하길 주저했다. 또한 역설적이게도 알카에다 지원자가 급증하고 우리는 전반적으로 더 위험해졌다. 존 매케인을 비롯한 몇몇 공화당 의원들도 이 사실에 동의했다.

　하지만 관타나모 수용소를 폐쇄하려면 취임 당시에 수감 중이던 242명을 어떻게 할지 결정해야 했다. 상당수는 훈련도 제대로 받지 못한 하급 병사였고 마구잡이로 전장에 투입되었으며 미국에 거의 또는 전혀 위협이 되지 않았다. (부시 행정부도 이런 수감자 500여 명을 본국이나 제삼국에 석방한 적이 있었다.) 하지만 수감자 중 일부는 '고가치 구금자high-value detainee'(HVD)로 알려진 지능적 알카에다 조직원이었다. 9.11 공격의 배후 조종자를 자처하는 칼리드 셰이크 모하메드도 그중 하나였다. 이 범주에 속하는 자들은 무고한 사람들을 살해하는 데 직접 관여한 혐의를 받았으며, 내가 보건대 이들을 석방하는 것은 위험할 뿐 아니라 부도덕한 처사였다.

해결책은 분명해 보였다. 하급 구금자들을 본국으로 보내 자국 정부가 감시하여 사회에 동화되도록 하는 한편 HVD는 미국 형사 법원에서 재판한다는 방안이었다. 문제는 내막을 들여다볼수록 장애물이 산적해 있더라는 것이었다. 송환만 놓고 보더라도 많은 하급 구금자들의 출신국은 그들을 안전하게 받아들일 능력이 없었다. 사실 구금자 중에는 예멘 출신이 99명으로 가장 많았는데, 찢어지게 가난한 이 나라에는 제 기능을 거의 못하는 정부, 뿌리 깊은 부족 갈등, 파키스탄 소수민족자치주 (FATA)에 이어 두 번째로 활발한 알카에다 지부가 있었다.

또한 국제법은 자국 정부에 학대받거나 고문당하거나 살해당하리라 믿을 만한 근거가 있는 구금자의 송환을 금지했다. 관타나모에 수감된 위구르족들이 이 경우에 해당했다. 무슬림 소수민족인 이들이 아프가니스탄으로 달아난 이유는 본국인 중국에서 잔혹하고 오래된 탄압에 시달렸기 때문이다. 위구르족은 미국에 원한이 없었다. 하지만 베이징은 그들을 테러리스트로 간주했으며, 그들이 중국에 송환되었을 때 혹독한 대접을 받으리라는 것은 의심할 여지가 없었다.

HVD를 미국 법정에 세우는 일은 더욱 복잡했다. 무엇보다 부시 행정부는 연쇄적 증거를 보전하거나 구금자가 체포될 당시의 상황에 대한 명확한 기록을 보유하는 데 우선순위를 두지 않았기에 수많은 수감자의 서류가 엉망진창이었다. 또한 칼리드 셰이크 모하메드를 비롯한 많은 HVD가 심문 중에 고문당했기 때문에 자백뿐 아니라 심문에서 얻은 증거들이 일반 형사 소송에서 채택될 수 없었다.

부시 행정부 관료들이 이를 문제로 여기지 않은 이유는 모든 관타나모 구금자가 '불법적 적敵 전투원'으로 규정되므로 제네바협약의 보호를 받지 못하고 민간 법정에서 재판받을 권리가 없다고 생각했기 때문이었다. 부시 행정부는 이들을 재판하기 위해 '군법회의military commission'라는 별도 기구를 만들어 미국 군판사가 유무죄를 판단하도록 했는데, 이곳은 증거 판단 기준이 낮고 절차적 보호 장치가 미비했다. 부시 행정부의 접근법이 적법 절차의 최소 요건이나마 충족한다고 여기는 법조인은 거의 없었으며, 끊임없는 법률적 난점, 지연, 절차상의 애로 때문에 군법회의가 2년간 판결한 사건은 세 건에 불과했다. 한편 내가 당선되기 한 달 전 관타나모에 수감된 위구르족 열일곱 명을 대리하는 변호사들이 미국 연방판사에게 구금의 적법성을 재검토해달라고 청원했는데, 판사는 이들을 군사적 구금으로부터 석방하라고 명령했으며 이 일은 사법권을 둘러싼 기나긴 법적 분쟁의 단초가 되었다. 다른 수감자들에 관한 비슷한 청원도 계류 중이었다.

관타나모에 관한 회의 중 하나가 끝난 뒤에 데니스가 말했다. "이건 그냥 상한 샌드위치가 아니에요. 썩은 잡탕이라고요."

어려움이 많았지만 우리는 문제를 하나하나 벗겨내기 시작했다. 나는 군법회의에 회부된 새로운 사건들의 재판을 유예하라고 명령했다(펜타곤을 달래기 위해, 민간 법원에서 재판할 수 없는 일부 구금자의 경우 군법회의를 개편하여 대체 재판소로 이용할 수 있도록 내부 검토를 진행하는 데 동의했다). 우리는 구금자들을 본국으로든, 받아들일 용의가 있는 다른 나라로든 안전하게 석방하도록 정식으로 평가하는 절차를 마련했다. 에릭 홀더 검찰총장과 법무부 검사팀은 펜타곤 및 CIA의 법률가들과 협력하여 관타나모의 각 HVD를 법정에 세워 유죄 판결을 얻는 데 필요한 추가 증거를 확인하기 위해 수감자 서류를 검토하기 시작했다. 우리는 관타나모에서 이송될 구금자들의 최종 수감 장소를 결정하는 동안 그들을 당장 수용할 수 있는 미국 내 시설을—군 기지에 있는 곳이든 기존 연방교도소에 속한 곳이든—물색하기 시작했다.

그때부터 의회가 들썩이기 시작했다. 공화당은 우리가 위구르족을 버지니아에 재정착시키는 방안을 고려한다는 소문을 듣고는(대부분은 결국 버뮤다와 섬나라 팔라우 같은 제삼국으로 보내졌다) 유권자들에게 우리 행정부가 테러리스트들을 이웃에, 심지어 옆집에 이주시킬 계획이라고 방송에서 떠들었다. 이 때문에 불안해진 의회 민주당은 재판을 위해 구금자를 미국으로 이송하는 경우에만 세금을 쓰도록 하는 조항을 국방비 지출 법안에 추가하는 데 동의했고, 밥 게이츠는 새 시설을 선정하고 관타나모를 폐쇄하기 전에 공식 계획을 의회에 제출해야 했다. 2010년 봄 딕 더빈은 일리노이주 톰슨에 거의 비어 있는 주교도소가 있는데 그곳에 관타나모 구금자를 90명까지 수감할 수 있다고 귀띔했다. 경제 위기에 직격탄을 맞은 농촌 타운 주민들에게 일자리를 제공할 기회였음에도 의회는 주교도소를 매입하여 개조하는 데 필요한 3억 5000만 달러를 승인 거부했다. 심지어 일부 진보파 민주당 의원은 미국 땅에 구금 시설이 하나라도 있으면 향후 테러 공격의 주요 표적이 되리라는 공화당의 논리를 앵무새처럼 되풀이했다.

일리가 있는 주장은 없었다. 테러 음모를 꾸미는 자들은 네이비 실이 아니었다. 알카에다가 다시 미국을 공격하려고 계획한다면 인적이 드문 곳에서 중무장한 미군이 철통같이 지키는 교정 시설보다는 뉴욕 지하철이나 혼잡한 로스앤젤레스 쇼핑몰에서 조잡한 폭발물을 터뜨리는 것이 훨씬 효과적이고 수월했다. 사실 유죄 판결을 받은 100여 명의 테러리스트가 이미 전국 각지의 연방교도소에서 탈 없이 복역하고 있었다. 나는 분통을 터뜨리며 데니스에게 말했다. "사람들은 이자들이 제임스 본드 영화에 나오는 슈퍼 악당인 것처럼 굴고 있어요. 이 구금자들은 슈퍼맥스 교도소(최고 수준의 보안을 갖춘 교도소_옮긴이)에 있는 보통 수준 죄수에게도 간식거리 정도일 텐데 말이에요."

그럼에도 나는 사람들의 두려움이 매우 실질적임을 알고 있었다. 이 두려움은 아직까지 남아 있는 9.11의 트라우마에서 생겨났으며, 과거 행정부와 매체(수많은 영화와 TV 드라마는 말할 것도 없다)는 이 두려움을 10년 가까이 계속 부추겼다. 부시 행정부 출신의 몇몇 인사, 특히 딕 체니 전 부통령은 그 두려움을 계속 부채질하는 것을 사명으로 삼았으며 테러 용의자 처우를 개선하겠다는 나의 결정을 자신들의 업적에 대한 공격으로 여겼다. 체니는 잇따른 강연과 TV 출연을 통해 9.11 공격보다 "훨씬 거대하고 훨씬 심각한 것"을 막을 수 있었던 이유는 물고문과 무기한 구금 같은 전술 덕이라고 주장했다. 내가 테러리스트를 '군사적 위협 개념'으로 이해하지 못하고 2001년 이전의 '치안 사고방식'으로 돌아갔다고 비난한 그는 내가 또 다른 공격의 위험을 키우고 있다고 주장했다.

우리 행정부가 알카에다를 군사적 위협으로 취급하지 않는다는 체니의 주장은 내가 아프가니스탄에 군대를 추가 파병하고 수십 명의 알카에다 조직원을 드론으로 공격했다는 사실과 아귀가 맞지 않았다. 사실 체니는 **어떤** 주장에도 최선의 전달자는 아니었다. 그는 미국 대중에게 인기가 없었는데, 이라크에 대해 파국적 판단을 내린 것도 중요한 이유였다. 그럼에도 우리가 테러리스트를 '일반 범죄자'처럼 대우해서는 안 된다는 생각에는 많은 유권자가 공감했다. '속옷 폭파범' 우마르 파루크 압둘무탈라브가 지난 성탄절에 제트기를 폭파하려고 시도한 뒤에는 이런 주장이 더욱 힘을 얻었다.

그 사건을 처리하는 과정에서 법무부와 FBI는 절차를 지켰다. 에릭 홀더의 지시에 따라—펜타곤과 CIA도 동의했다—연방 공무원들은 노스웨스트 항공 비행기가 디트로이트에 착륙하자마자 나이지리아 태생의 압둘무탈라브를 체포 및 이송하여 치료받게 했다. 급선무는 다른 폭파범이 다른 비행기를 공격할 예정인지 등 공공 안전에 대한 즉각적 위협이 남아 있는지 확인하는 일이었으므로 압둘무탈라브를 처음 심문한 FBI 요원들은 그에게 미란다 원칙을 읽어주지 않았는데, 적극적 위협을 무력화할 때 법 집행 기관에 예외를 인정하는 확고한 법적 선례를 따른 일이었다. 용의자는 한 시간 가까이 요원들에게 진술하면서 알카에다와의 연계, 예멘에서 받은 훈련, 폭발물 출처, 자신이 아는 다른 음모 등 귀중한 정보를 제공했다. 그는 차후에 자신의 권리를 통보받았으며 변호인 접견도 허용되었다.

그런데 우리를 비판하는 자들은 우리가 그자를 사실상 풀어주었다고 주장했다. 전직 뉴욕 시장 루디(루돌프) 줄리아니는 TV에서 이렇게 일갈했다. "대체 왜 테러리스트 심문을 중단하려는 거요?" 조 리버먼은 압둘 무탈라브가 적 전투원의 기준에 들어맞으므로 심문과 구금을 위해 군 당국에 넘겨야 했다고 주장했다. 당시 열띠게 진행된 매사추세츠 상원의원 선거에서 공화당의 스콧 브라운은 우리의 대응을 문제 삼아 민주당의 마사 코클리를 수세에 몰았다.

아이러니한 사실은 에릭 홀더가 즐겨 지적했듯 부시 행정부가 (9.11의 배후 기획자 중 하나인 자카리아스 무사위를 비롯하여) 미국 땅에서 체포한 테러 용의자들을 **똑같은 방식으로** 처리했다는 점이다. 미국 헌법에 그렇게 명시되어 있기 때문이다. 부시 행정부가 미국에서 체포한 테러 용의자를 무기한 구금이 가능한 '적 전투원'으로 규정한 적이 두 번 있었는데, 그때마다 연방법원이 개입하여 용의자를 형법 체계로 돌려보냈다. 게다가 법을 준수하면서도 얼마든지 효과를 거둘 수 있었다. 부시의 법무부는 테러 용의자 100여 명에 대해 유죄 판결을 받아냈으며 최종 판결은 군법회의에 회부된 극소수 못지않게 엄중했다. 이를테면 무사위는 종신형을 선고받아 연방교도소에 수감되었다. 이런 합법적 형사 기소는 과거에 줄리아니를 비롯한 보수파의 아낌없는 찬사를 받았다.

어느 날 에릭이 내게 말했다. "줄리아니 같은 자들이 자기 말을 실제로 믿는다면 제가 이렇게 분통 터지진 않을 겁니다. 하지만 그는 전직 검사입니다. **알 만큼** 안다고요. 염치가 없어도 유분수지."

미국의 대테러 관행을 헌법적 원칙에 맞추는 임무를 맡은 에릭은 이 가장된 분노의 예봉을 받아내야 했다. 그는 임무에는 으레 비판이 따른다는 사실을 알았기에 개의치 않았지만, 자신이 공화당의 독설과 폭스

742

뉴스가 제기하는 음모론의 단골 표적인 것은 우연이 아니라고 생각했다.

에릭이 심술궂은 미소를 띠고 내 등을 두드리며 말했다. "그들이 저에게 삿대질하지만 실은 대통령님을 염두에 두고 있다는 걸 압니다."

나는 나의 대통령직에 반대하는 사람들이 왜 에릭을 손쉬운 대타로 여겼는지 알 수 있었다. 키가 크고 성격이 차분한 에릭은 바베이도스 혈통의 중산층 부모에게서 태어나 뉴욕주 퀸스에서 자랐다. (나는 그에게 이렇게 말했다. "당신의 섬사람 기질은 부모님께 물려받은 거예요.") 그는 나의 모교 컬럼비아 대학교에 나보다 10년 전에 입학하여 농구를 하고 학내 농성에 참여했으며 로스쿨에서 민권에 흥미를 느껴 전미유색인지위향상협회에서 여름 인턴을 했다. 나처럼 그도 기업 로펌에서 일자리를 구하지 않고 공직을 선택했다. 법무부 공직자청렴성수사국에서 검사로 일하다 워싱턴 D.C. 고등법원 연방판사를 지냈다. 빌 클린턴은 그를 컬럼비아 특별구 연방검사로, 다시 법무부 부장관으로 임명했다. 두 직책 모두 아프리카계 미국인으로서는 최초였다.

에릭과 나는 법에 대한 믿음이 있었다. 합리적 논증을 구사하고 민주주의의 이상과 제도에 충실하면 미국을 더 낫게 바꿀 수 있다는 믿음이었다(개인적 경험과 역사 지식이 이 믿음을 담금질했다). 내가 그를 검찰총장으로 두고 싶었던 이유는 우리가 친하거나 특정 사안에 의견이 일치했기 때문이 아니라 이런 공통의 신념 때문이었다. 이런 까닭에 나는 계류 중인 소송과 수사에 백악관이 개입하지 못하도록 법무부를 철저히 보호했다.

이런 개입을 명시적으로 금지하는 법률은 없었다. 어쨌거나 검찰총장과 부장관들은 행정부 소속이기에 대통령의 심기를 거스를 수 없다. 하지만 검찰총장은 대통령의 콘실리에레(마피아 두목의 법률 고문_옮긴이)가 아니라 국민의 변호사다. 법무부의 수사와 기소 결정에서 정치를 배제하는 것은 민주주의의 필수 요건이다. 워터게이트 청문회에서 리처드 닉슨의 검찰총장 존 미첼이 백악관의 비행을 은폐하는 데 적극 관여하고 대통령 정적의 범죄 수사에 착수했다는 사실이 드러났는데, 이 사건은 정치 배제의 필요성을 똑똑히 보여주는 계기가 되었다. 부시 행정부는 2006년 자신들의 이념적 지향에 동조하지 않는다고 여겨지는 연방검사 아홉 명을 해임함으로써 이 규범을 위배했는데, 에릭 홀더의 흠 없는 이력에서 유일한 오점은 법무부 부장관 시절 정치적 압력에 굴복하여 클린턴 행정부 쇠퇴기에 빌 클린턴의 주요 후원자에 대한 사면을 지지했다는 주장이었다. 에릭은 훗날 이 결정을 후회한다고 말했으며, 나는 결코 그런 상황에 처하고 싶지 않았다. 그래서 우리가 정기적으로 만나 법무부 정책을 두루 논의했지만 미국의 최고위 법 집행관으로서 그의 독립성을 침해하거나 그렇게 보일 수 있는 사안이 제기되지 않도록 조심했다.

그럼에도, 백악관 보좌진이 내게 곧잘 상기시켰고 에릭이 이따금 망각했듯 검찰총장의 모든 결정이 정치적 영향을 낳는다는 사실을 피할 도리는 없었다. 이를테면 내가 취임한 지 한 달 뒤 그는 '흑인 역사의 달' 연설을 사전에 승인받지 않았다는 이유로 액스에게 질책당했을 때 놀라고 불쾌해했다. 연설에서 그는 미국이 인종 문제를 논의하기 꺼린다는 점에서 '겁쟁이의 나라'라고 말했는데, 충분히 일리 있는 주장이었으나 취임 몇 주 만에 보고 싶은 헤드라인은 아니었다. 금융 위기에 연관된 은행 임원들을 한 명도 기소하지 않기로 한 법무부의 결정은 법적으로는 타당했으나 정치적으로는 치명적이었는데, 이 때문에 백악관에서 벌어진 언쟁은 그의 허를 찔렀다. 이런 순진함 때문이었는지 논리와 이성이 결국 승리하리라는 확신 때문이었는지는 모르겠으나, 2009년 말 에릭은 정치적 지형이 얼마나 빨리 변하는지 알아차리지 못한 채 칼리드 셰이크 모하메드를 비롯한 9.11 공모자 다섯 명이 마침내 로어맨해튼 법정에서 재판받을 것이라고 발표했다.

문서만 봤을 때는 우리 모두 그 방안이 타당하다고 생각했다. 관타나모에서 가장 악명 높은 수감자들을 기소하면서 이를 미국 형사 체계가 테러 사건을 공명정대하게 다룰 수 있음을 과시하는 계기로 삼지 말아야 할 이유가 어디 있겠는가? 그 끔찍한 범죄로 가장 큰 고통을 겪은 도시보다, 그라운드 제로(9.11테러로 붕괴한 세계무역센터가 있던 자리_옮긴이)에서 몇 블록 떨어진 법정보다 정의 구현에 더 나은 장소가 어디 있겠는가? 몇 달간 고되게 작업한 에릭과 검찰은 '강화 심문'을 통해 얻은 정보에 의존하지 않고도 9.11 음모자들을 기소할 수 있다고 확신했다. 이전에는 관여하기를 꺼린 나라들로부터 협조를 얻은 것도 한몫했다. 마이클 블룸버그 뉴욕 시장도 에릭의 계획을 승인했다. 뉴욕의 고참 상원의원인 민주당의 척 슈머도 찬성했다.

그러다 성탄절 폭탄 테러 시도를 전후한 몇 주 동안 뉴욕의 여론이 180도 달라졌다. 9.11 희생자 유가족들이 에릭의 결정에 항의하며 잇따라 시위를 벌였다. 나중에 알게 된 사실이지만, 펜타곤 공격에서 목숨을 잃은 조종사 중 한 명의 누이가 결성한 단체는 부시 시절의 국가 안보 정책을 뒤집으려는 모든 시도에 반대하는 것이 목표였는데, 보수파 후원자들에게 자금을 지원받았으며 체니의 딸 리즈(엘리자베스) 체니를 비롯한 공화당 저명 인사들에게 지지를 받고 있었다. 다음으로 블룸버그 시장이 재판에 비용이 너무 많이 들고 분열을 조장한다면서 돌연 지지를 철회했다(보도에 따르면 재판이 재개발 계획에 악영향을 미칠까 봐 우려하는 부동산 이익집단으로부터 압박을 받고 있었다). 척 슈머도 잽싸게 입장을 바꿨으며, 다이앤 파인스타인 상원 정보위원회 위원장도 마찬가지였다. 뉴욕 공직자들, 목소리 큰 9.11 유가족 대표들, 민주당의 유력 인사들도 모두 반대하자 에릭은 전술적 후퇴를 해야 했다. 그는 9.11 공동 음모자들을 군 법원이 아니라 민간 법원에서 재판하겠다는 결정은 유효하지만 법무부에서 뉴욕 이외의 장소를 물색하겠다고 밝혔다.

관타나모를 폐쇄하려는 전체 전략에 심각한 차질이 생겼다. 시민의 자유를 옹호하는 단체와 진보적 칼럼니스트들은 나의 백악관이 재판에 대한 정치적 반발을 예상하지 못하고 계획이 어그러졌을 때 더 단호하게 대처하지도 못했다며 비난을 퍼부었다. 그들의 말이 옳았는지도 모르겠다. 우리가 건강보험이나 금융 개혁이나 기후변화나 경제에 쏟을 힘을 오로지 여기에만 한 달가량 쏟았다면 대중을 우리 편으로 돌려세우고 뉴욕시 공직자들을 굴복시켰을지도 모른다. 나는 그런 싸움을 마다할 생각이 없었다. 분명 가치 있는 싸움이었을 것이다.

하지만, 동시에 백악관의 누구도 우리가 그 싸움에서 이길 수 있다고 생각하지 않았다. 람은 에릭의 계획이 무산되자 틀림없이 만족했을 것이다. 겁에 질린 민주당 의원들로부터 너무 많은 바위를 언덕 위로 굴리려 들지 말라고 간청하는 전화를 하루 종일 받아야 했으니 말이다. 사실 대통령으로 야심 찬 첫 해를 보낸 뒤 남은 정치적 자본은 별로 없었다. 그나마 남은 자본은 2010년 중간선거에서 당의 주도권을 내주기 전에 최대한 많은 의제를 의회에서 통과시키기 위해 아껴두어야 했다.

사실 람은 그해 여름 끝 무렵에 내가 관련 논쟁에 뛰어든 것이 불만스러웠을 것이다. 그라운드 제로 근처에 이슬람 커뮤니티 센터와 모스크가 건설될 예정이었는데, 칼리드 셰이크 모하메드의 맨해튼 재판에 반대한 바로 그 9.11 유가족 단체가 반대 캠페인을 벌였다. 이 단체는 이 건설 사업이 모욕적이며 세계무역센터 공격으로 목숨을 잃은 사람들에 대한 추모에 찬물을 끼얹는 일이라고 주장했다. 블룸버그 시장은 고맙게도 종교 자유의 견지에서 건설 사업을 적극 옹호했고, 다른 시 공직자들과 일부 9.11 유가족도 입장이 같았다. 그럼에도 우익 논객들이 금세 이 사안에 달려들었는데, 노골적 반反이슬람 정서를 앞세우는 경우가 많았다. 전국 여론조사에 따르면 대다수 미국인은 모스크가 그곳에 들어서는 것에 반대했다. 공화당 정치 실무자들은 중간선거에 출마하는 민주당원들을 괴롭힐 기회를 놓치지 않았다.

공교롭게도 논쟁이 비등점에 도달한 바로 그 주에 우리는 라마단월을 맞아 여러 미국인 무슬림 지도자와 함께 백악관에서 이프타르(라마단 기간 중 해가 진 이후 금식을 마치고 하는 식사_옮긴이) 만찬을 진행하기로 되어 있었다. 조용히 치러질 예정인 만찬은 다른 종교들의 주요 축일에도 하던 행사를 무슬림에 적용한 것뿐이었다. 람과 이야기하면서 나는 이 기회에 공개적으로 모스크 건축을 찬성하는 편에 서겠다고 말했다.

저녁 먹으러 관저로 가기 전 가방에 서류를 쑤셔 넣으며 내가 말했다. "분명히 말하겠는데, 이게 바로 미국이에요. **미국**에서는 특정 종교 집단을 지목하여 자기네 부지에 예배 장소를 짓지 말라고 할 수 없어요."

람이 말했다. "무슨 말씀인지 알겠습니다. 하지만 뭐라고 하시든 전국 모든 경합주에 있는 우리 후보들의 목이 그 말씀에 걸려 있다는 걸 아셔야 합니다."

내가 문간으로 걸어가면서 대답했다. "그 말이 백번 옳아요. 하지만 이 기본적인 견해도 천명하지 못한다면 우리가 여기 있는 게 무슨 의미가 있는지 모르겠군요."

람이 한숨을 내쉬며 말했다. "하지만 이런 식으로 가다간 여기 있지 못할지도 모릅니다."

8월에 우리 가족은 열흘간의 휴가를 보내러 마서스 비니어드로 날아갔다. 나는 코드곶 연안에 있는 그 섬을 15년쯤 전 법률회사의 상사였던 앨리슨 데이비스의 초대를 받아 처음 방문했다. 어릴 적 그곳에서 가족과 여름을 보낸 밸러리도 추천했다. 넓은 해변과 바람이 빚은 모래 언덕, 부두에 돌아오는 어선, 참나무숲과 옛 돌벽에 둘러싸인 작은 농장과 푸른 초원이 있는 이 섬의 고적한 아름다움과 느긋한 분위기는 우리에게 안성맞춤이었다. 역사도 인상적이었다. 그곳에 처음 정착한 사람들 중에는 해방 노예들이 있었고, 흑인 가정들이 여러 세대에 걸쳐 여름 별장을 빌렸다. 그렇게 이 섬은 흑인과 백인이 동등하게 편안히 지낼 수 있는 드문 휴양지가 되었다. 우리는 2년에 한 번씩 여름에 한두 주 동안 아이들을 데려갔는데, 주로 오크 블러프스에 있는 작은 별장을 빌렸다. 그곳은 자전거를 타고 갈 수 있을 만큼 타운과 가까웠으며 포치에 앉아 해가 지는 광경을 바라볼 수 있었다. 우리는 밸러리를 비롯한 친구들과 맨발로 모래사장을 밟고 책을 읽고, 아이들은 좋아하지만 나의 하와이 체질에는 약간 차가운 물속에서 헤엄치고 이따금 해변 가까이 다가온 물범 무리를 구경하며 여유로운 나날을 보냈다. 그러고 나서 낸시스 레스토랑에 걸어가서 세계 최고의 새우 튀김을 먹고 나면 말리아와 사샤는 친구들과 뛰쳐나가 아이스크림을 먹거나 소형 회전목마를 타거나 인근 오락실에서 게임을 했다.

하지만 퍼스트패밀리가 된 지금은 그럴 수 없었다. 우리는 페리가 아니라 마린 원 헬리콥터를 타고 오크 블러프스에 도착했다. 우리는 섬의 근사한 지역에 있는 11헥타르의 저택을 빌렸는데, 보좌진과 비밀경호국 요원들을 모두 수용할 만큼 넓고 외곽 보안도 유지할 수 있을 만큼 외딴 곳에 있었다. 해변에 우리만 있을 수 있도록 양 방향으로 약 1.6킬로미터까지 출입이 통제되었으며 자전거는 엄격히 지정된 경로를 맴돌아야 했다. 아이들은 내 성화에 못 이겨 딱 한 번 자전거를 타더니 '시시하다'고 잘라 말했다. 심지어 나는 휴가 중에도 PDB를 읽고 데니스나 존 브레넌으로부터 전 세계에서 발생한 사건들을 브리핑받으며 하루를 시작했다. 저녁 먹으러 레스토랑에 갈 때면 언제나 군중과 TV 취재진이 우리를 기다리고 있었다.

그럼에도 바다 내음과 늦여름 나뭇잎에 반짝이는 햇빛, 미셸과의 해변 산책, 모닥불 가에서 마시멜로를 굽는 말리아와 사샤, 명상이라도 하듯 집중한 아이들 얼굴 등 모든 장면이 기억에 생생하다. 늦잠을 자고, 웃음을 터뜨리고, 방해받지 않은 채 사랑하는 이들과 시간을 보내면서 활력이 돌아오고 자신감이 회복되었다. 그 덕에 워싱턴에 돌아온 2010년 8월 29일 즈음 나는 우리가 중간선거에서 승리하여 민주당이 상하원을 계속 장악할 가능성이 아직 남아 있다는 확신을 품었다. 여론조사와 통념이 뭐라든 상관없었다.

왜 못 그러겠는가? 우리가 불황의 위험으로부터 경제를 구한 것은 사실 아니던가. 우리는 세계 금융 시스템을 안정시키고 미국 자동차 산업을 붕괴 직전에 건져냈다. 월 스트리트에 가드레일을 설치하고 청정에너지와 인프라에 역사적인 규모로 투자했다. 공유지를 보호하고 대기오염을 줄였다. 시골 학교에 인터넷을 깔고 학생 대출 프로그램을 개편하여 예전이라면 은행 금고에 들어갔을 수백억 달러를 경제적 사정으로 대학 진학이 어려운 청년 수천 명에게 장학금으로 지급했다.

이 모든 사실을 고려하면 우리 행정부와 민주당이 주도하는 의회는 지난 40년간의 단일 회기 중 가장 많은 업적을 이루고 미국인의 삶에 실제로 영향을 미치는 중요 입법을 통과시켰다고 자평할 자격이 있었다. 할 일이 많은 것은 사실이지만—아직 일자리를 찾지 못했거나 집을 잃게 생긴 사람이 너무 많았고, 우리는 기후변화 입법을 통과시키지도, 엉망인 이민 체계를 바로잡지도 못했다—우리가 엄청난 규모의 난맥상을 물려받았고 공화당이 방해와 필리버스터를 일삼은 탓이었다. 이 세 가지 과제는 미국 유권자들이 11월에 표를 던져 바꿀 수 있었다.

유세 연설을 구상하려고 오벌 오피스에 마주 앉은 패브스에게 이렇게 말했다. "문제는 내가 이 건물에 틀어박혀 있었다는 거예요. 유권자들에게 들리는 건 워싱턴발 발언들뿐이니—펠로시가 이렇게 말했느니 매코널이 저렇게 말했느니—뭐가 옳고 그른지 가려낼 방법이 없어요. 이제 우리가 밖으로 나와 이 상황을 타개할 때가 되었어요. 경제에 실제로 벌어진 일을 명확하게 이야기해주는 거예요. 공화당이 운전대를 잡은 마지막 순간에 어떻게 차를 도랑에 처박았는지, 우리가 차를 끄집어내려고 지난 2년을 어떻게 보냈는지…… 우리가 차를 고쳐놓자마자 미국 국민이 저들에게 열쇠를 돌려주게 내버려둘 수는 없어요!" 말을 멈추고 패브스를 쳐다보았다. 그는 컴퓨터에 타이핑하느라 분주했다. "어떻게 생각해요? 내 생각엔 효과가 있을 것 같은데."

패브스가 말했다. "어쩌면요."

내가 기대한 열광적인 반응은 아니었다.

그 뒤로 선거까지 6주 동안 나는 오리건주 포틀랜드에서 버지니아주 리치먼드까지, 네바다주 라스베이거스에서 플로리다주 코럴 게이블스까지 전국을 돌며 민주당 후보들을 지지해달라고 호소했다. 농구장과 공원을 가득 메운 청중은 열광의 도가니 속에서 내가 대통령에 출마했을 때처럼 큰소리로 "우린 할 수 있어!"와 "준비됐다! 나가자!"를 연호하고 팻말을 치켜들었으며, 내가 표가 필요한 민주당 의원이나 주지사를 소개할 때 열렬히 환호하고 차 열쇠를 공화당에게 내어줄 순 없다고 말할 때 야유를 보냈다. 겉보기에는 예전과 똑같았다.

하지만 굳이 여론조사 결과를 보지 않아도 유세 현장 분위기가 변했음을 알 수 있었다. 집회 때마다 의심의 기운이 감돌았으며, 환호와 웃음에는 억지스러운, 거의 필사적인 기색이 스며 있었다. 마치 청중과 내가 숨 가쁜 연애의 끝자락에서 이젠 희미해지기 시작한 감정을 끌어내려 애쓰는 연인이 된 것 같았다. 어떻게 그들을 탓할 수 있으랴? 그들은 내가 당선되면 나라가 달라지고 정부가 일반인을 위해 봉사하고 워싱턴이 품위를 되찾으리라 기대했다. 하지만 많은 이의 삶은 더 고달파졌고, 워싱턴은 어느 때 못지않게 망가지고 동떨어지고 지독히 분열된 것처럼 보였다.

대통령 선거운동 기간에 나는 집회 때마다 꼭 한두 명씩 나타나는 훼방꾼에 익숙해졌다. 대부분 낙태 반대 시위자들인 그들은 내게 고함을 지르다 청중의 야유에 묻힌 채 경비원에게 고분고분하게 끌려 나갔다. 하지만 이제는 내가 지지하는 운동을 하는 사람들, 자신의 의제가 추진되지 않는 것에 실망한 운동가들이 훼방꾼인 경우가 더 많았다. '오바마의 전쟁'을 끝내라는 팻말을 든 시위대도 여러 번 맞닥뜨렸다. 젊은 히스패닉들은 왜 행정부가 여전히 미등록 노동자를 추방하고 국경에서 가족들을 떼어놓느냐고 물었다. LGBTQ 운동가들은 이성애자가 아닌 군인이 성적 지향을 숨길 수밖에 없게 만드는 '묻지 말고, 말하지 말라' 정책(입영 대상자의 성적 지향을 묻지 않지만 동성애자임이 드러나면 강제 전역시키는 미군의 성소수자 정책_옮긴이)을 왜 폐지하지 않는지 답하라고 요구했다. 유난히 목소리가 크고 끈질긴 대학생 단체는 아프리카에 에이즈 기금을 지원하라고 외쳤다.

연설을 서너 차례 방해받고 난 뒤에 집회장을 나서면서 깁스에게 물었다. "우리가 에이즈 기금을 늘리지 않았나요?"

그가 말했다. "늘렸죠. 저 말은 **충분히** 늘리지 않았다는 거예요."

나는 10월 말까지 꾸준히 유세를 다녔다. 회의 때문에 백악관에서 하루 이틀을 보낼 때 말고는 유세장을 떠나지 않았다. 마지막 순간에는 유권자들에게 호소하는 목소리가 갈라질 정도였다. 내가 휴가에서 얻은 비합리적 낙관주의는 오래전에 사라졌고, 선거일인 2010년 11월 2일 즈음의 문제는 하원을 내줄 것이냐가 아니라 얼마나 꼴사납게 내줄 것이냐였다. 상황실에서 테러 위협에 대해 브리핑받고 오벌 오피스에서 밥 게이츠와 회의하는 중간에 액스의 사무실에 들렀다. 그와 짐 메시나는 전국 경합주에서 들어오는 초기 투표 데이터를 추적하고 있었다.

내가 물었다. "어때 보여요?"

액스가 고개를 저었다. "최소 서른 석은 잃을 겁니다. 더 잃을 수도 있고요."

나는 밤샘하지 않기로 하고 평소처럼 퇴근 시각에 관저로 향했다. 액스에겐 집계가 대부분 끝나면 확인하겠노라 말하고, 비서 케이티에겐 그날 밤 내가 해야 할 통화 목록을 보내달라고 부탁했다. 우선 의회 지도부 네 명과 통화하고 그다음엔 낙선한 민주당 현역 의원들을 위로해야 했다. 저녁을 먹고 아이들을 침대에 누인 뒤에야 트리티 룸에 가서 액스에게 전화하여 결과를 보고받았다. 투표율이 저조하여 유권자 열 명당 네 명만이 표를 던졌으며, 청년 유권자의 투표율이 급감했다. 민주당은 참패했다. 하원에서 63석을 잃을 전망이었는데, 프랭클린 D. 루스벨트의 두 번째 임기 중간선거에서 72석을 잃은 이후로 민주당이 겪은 최악의 패배였다. 설상가상으로 가장 촉망받던 젊은 하원의원들 중 상당수가 낙선했다. 버지니아의 톰 페리엘로와 오하이오의 존 보치에리, 펜실베이니아의 패트릭 머피와 콜로라도의 벳시 마키처럼 건강보험과 경제회복법에서 힘겨운 표결에 참여한 의원들, 경합주에 있으면서도 로비스트들의 압박과 여론조사와 심지어 정치 참모들의 조언에도 굴하지 않고 자신이 옳다고 생각하는 일을 한 의원들이 의석을 잃었다.

나는 액스에게 말했다. "다들 이렇게 떠나보내기엔 너무 아까운 사람들인데요."

그가 말했다. "그래요. 아까운 사람들이죠."

액스는 아침에 더 자세한 결과를 알려주겠다며 전화를 끊었다. 나는 홀로 앉아 수화기를 든 채 한 손가락으로 훅 스위치를 눌렀다. 머리가 생각으로 복잡했다. 잠시 뒤에 백악관 교환수에게 다이얼을 돌렸다.

내가 말했다. "전화 좀 해야겠어요."

그녀가 말했다. "네, 대통령님. 케이티에게서 명단을 받았습니다. 누구부터 시작하고 싶으신가요?"

# 24장

"누가 선언할 차례예요?"

에어포스 원 회의실 테이블을 사이에 두고 피트 수자와 나, 마빈과 레지가 마주 앉아 있었다. 우리 넷은 게슴츠레한 눈으로 자기 카드를 들여다보고 있었다. 아흐레의 아시아 순방에서 첫 번째 목적지인 뭄바이에 가는 길이었다. 이번 순방에는 나의 첫 인도 방문 이외에도 자카르타 방문, 서울에서 열리는 G20 회의, 일본 요코하마에서 열리는 아시아태평양경제협력체(APEC) 회의가 예정되어 있었다. 비행 초기에만 해도 기내는 활기가 넘쳤다. 보좌관들은 노트북으로 작업하고 정책 자문관들은 일정을 점검했다. 하지만 중간에 독일 람슈타인 공군기지에 들러 재급유받은 것을 빼면 하늘에서 열 시간을 보내고 나자 앞쪽 객실의 미셸, 회의실 밖 소파의 밸러리, 바닥에 괴상한 각도로 몸을 뻗은 수석보좌관 몇 명을 비롯하여 대부분이 곯아떨어졌다. 나는 긴장을 늦출 수 없어서 정규 멤버 4인조를 소집하여 스페이드 게임을 벌였다. 그러면서 중간중간에 브리핑 자료집을 훑어보고 편지에 서명하려고 노력했다. 이렇게 주의가 분산된 탓에, 게임당 10달러가 걸린 내기에서 마빈과 피트가 우리를 6 대 2로 이기고 있었는지도 모르겠다(레지가 진토닉을 두 잔째 마신 것도 한몫했겠지만).

마빈이 말했다. "대통령님 차례입니다."

내가 물었다. "몇 점 나겠어요, 레지?"

레지가 말했다. "아마도 1점이요."

내가 말했다. "최소로 하겠어요."

피트가 말했다. "우리는 8점으로 하겠습니다."

레지가 넌더리 치듯 고개를 내두르고는 술을 한 모금 더 마시더니 이렇게 중얼거렸다. "다음 판에 카드를 바꿔야겠어요. 이 카드는 재수가 옴 붙었어요."


중간선거가 끝난 지 사흘밖에 지나지 않은 터라 워싱턴을 벗어나게 되어 기뻤다. 선거 결과에 민주당은 망연자실했고 공화당은 쾌재를 불렀다. 이튿날 아침 나는 피로, 상처, 분노, 수치가 뒤섞인 채 잠에서 깼다. 헤비급 경기에서 패한 권투 선수의 심정을 알 것 같았다. 선거 이후 언론 보도의 주된 논조는 통념이 언제나 옳았다는 것, 내가 일을 너무 많이 벌여 경제에 집중하지 않았다는 것, 오바마케어가 치명적 실수라는 것, 여러 해 전 빌 클린턴조차 사망 선고를 내린 대규모 지출, 큰 정부 방식의 진보주의를 되살리려고 안달했다는 것이었다. 선거 다음 날 기자회견에서 내가 그런 의견을 전격적으로 받아들이지 않았고 여전히 우리 행정부의 정책이—비록 효과적으로 홍보하지는 못했지만—옳았다는 생각을 고수하는 듯 굴었다는 점을 논평가들은 오만과 망상이요, 회개하지 않는 죄인의 징표로 읽었다.

사실을 말하자면 나는 2000만 국민이 건강보험에 가입하는 길을 닦은 일을 전혀 후회하지 **않았다.** 경제회복법을 후회하지도 않았다. 침체기의 긴축 정책이 재앙을 낳았으리라는 것은 확고한 증거로 뒷받침되는 사실이다. 우리의 선택지를 감안컨대 나는 금융 위기에 대처한 방법도 후회하지 않았다(주택 압류의 물결을 막을 더 나은 방안을 생각해내지 못한 것은 후회스럽지만). 기후변화 법안을 발의하고 이민법 개혁을 밀어붙인 것에 어떤 유감도 없었다. 어느 법안도 아직 의회에서 통과시키지 못한 것이 분할 따름이었다. 이렇게 된 주된 이유는 취임 첫날에 해리 리드와 민주당 상원의원들에게 의사 규칙을 개정하여 필리버스터를 영영 없애버리라고 말할 선견지명이 내게 없었기 때문이었다.

이번 선거는 우리의 의제가 틀렸음을 입증한 게 아니었다. 재능이 부족해서든 약삭빠름이나 매력이나 행운이 부족해서든, (프랭클린 D. 루스벨트와 달리) 내가 옳다고 믿는 것을 추구하기 위해 이 나라를 단결시키지 못했음을 입증했을 뿐이었다.

그래도 속상하긴 매한가지였다.

나의 완고하고 고통받은 영혼이 고스란히 드러나기 전에 기자회견이 끝나자 깁스와 공보 보좌진은 안도의 한숨을 내쉬었다. 나는 과거를 정당화하는 것보다 다음 할 일을 계획하는 것이 중요함을 깨달았다.

공화당과의 협상에서 우위를 차지하기 위해서뿐 아니라 재선을 위해서는 국민의 마음을 다시 얻을 방법을 찾아야 했다. 경제가 호전되면 도움이 되겠지만, 그마저도 장담하기 힘들었다. 백악관 밀실 밖에서 더 자주 유권자들과 소통해야 했다. 한편 액스는 무엇이 잘못되었는지를 나름대로 판단했는데, 그에 따르면 우리는 성과를 내려고 서두르다 워싱턴을 변화시키겠다는 약속을 게을리했다. 그는 우리가 특수 이익집단을 배제하고 연방정부의 투명성과 재정 운용의 책임성을 증진해야 했다고 말했다. 우리를 떠난 유권자들을 되찾으려면 그 과제들을 되살려야 한다는 주장이었다.

하지만 그 진단이 옳을까? 나는 확신이 들지 않았다. 물론 우리가 부담적정보험법을 둘러싼 소시지 만들기 과정에서 내상을 입었고, 은행 구제 조치 때문에 (공정하든 아니든) 오점을 찍은 것은 사실이었다. 그에 반해 전직 로비스트를 채용하는 데 제한을 둔 조치든, 일반인도 연방 기관의 자료에 접근하도록 한 조치든, 기관 예산을 샅샅이 뒤져 낭비를 없앤 조치든 우리가 도입한 수십 가지의 '좋은 정부' 정책을 내세울 수도 있었다. 이 모든 조치는 칭찬받을 만했고, 나는 우리가 그것을 해내서 기뻤다.

덕분에 우리 행정부에서는 추문이 터지지 않았다.

하지만 정치적으로 보자면 정부를 정화하려는 노력을 눈여겨본 사람은 없는 듯했다. 법안 하나하나에 공화당의 의견을 반영하려고 애썼음을 인정해주는 사람도 없었다. 우리의 가장 중요한 약속 중 하나는 당파적 다툼을 끝내고 시민의 요구를 해결하는 실용적 노력에 집중하겠다는 것이었다. 미치 매코널이 처음부터 간파했듯 문제는, 공화당이 한결같이 제의를 거부하고 온건한 제안에도 펄쩍 뛰며 항의하는 한 우리의 모든 언행이 당파적이고 논쟁적이고 급진적이고 심지어 불법적으로 보일 수 있다는 사실이었다. 사실 진보주의자 동지들 중 상당수는 우리가 **충분히** 당파적이지 않다고 생각했다. 그들이 보기에 우리는 너무 많이 타협했다. 또한 당리당략을 초월한다는 헛된 약속을 끝없이 좇다가 매코널에게 힘을 실어주었고 민주당이 압도적 다수를 차지했던 절호의 기회를 날려버렸을 뿐 아니라 지지 기반에 찬물을 끼얹은 셈이었다. 이것은 수많은 민주당 지지자가 중간선거에서 투표장을 찾지 않은 결과로 입증되었다.

나는 메시지와 정책의 개편을 모색해야 했고 대폭적인 백악관 인사 개편도 앞두고 있었다. 대외정책팀에서는 NSC 수장 짐 존스가 10월에 사임했다(그는 강점이 많았지만 지휘관으로 오랜 세월을 보낸 뒤 맡은 보좌역에 적응하기 어려워했다). 다행히 톰 도닐런은 자신이 진짜배기 일꾼임을 증명했으며 국가안보보좌관 역을 훌륭히 넘겨받았다. 데니스 맥도너가 국가안보부副보좌관으로 승진했으며 벤 로즈는 데니스의 기존 역할 중 상당수를 이어받았다. 경제정책팀에서는 피터 오재그와 크리스티 로머가 민간 부문으로 돌아가면서 생긴 공석을 잭 루와 오스턴 굴즈비가 채웠다. 루는 빌 클린턴 밑에서 관리예산국을 관리한 노련한 예산 전문가였고, 굴즈비는 우리와 함께 경제 회복을 위해 노력한 인물이었다. 래리 서머스도 떠났다. 9월 어느 날 오벌 오피스에 들른 그는 우리가 금융 위기를 넘기면 퇴장하겠다고 말했다. 그는 올해 말에 그만둘 거라고 했다.

내가 반농담조로 물었다. "당신이 떠나면 제가 왜 틀렸는지 설명해줄 사람이 없는데, 어떡해야 하죠?" 래리는 미소를 지었다.

그가 말했다. "대통령님은 사실 대부분의 다른 대통령보다 덜 틀리셨습니다."

떠나는 사람들은 내가 무척 좋아한 이들이었다. 그들은 나를 훌륭히 보좌했을 뿐 아니라 (다들 개성이 독특하면서도) 합리와 증거에 근거한 정책 결정에 헌신한다는 목표를 진지하게 추구했는데, 이 목표는 국민에게 옳은 일을 하려는 욕망에서 비롯했다. 하지만 가장 심란한 일은 최측근 정치 보좌관 두 명을 곧 잃게 된다는 것과 새 비서실장을 찾아야 한다는 것이었다.

액스는 중간선거가 끝나면 떠날 계획이었다. 가족과 떨어져 산 지 2년이 지났기에 나의 재선 캠페인에 합류하기 전에 휴가가 절실히 필요했다. 내가 상원 예비선거에서 승리한 뒤로 줄곧 생사고락을 함께한 깁스도 기진맥진했다. 대변인으로서 언제나 믿음직하고 대담했지만, 매일같이 연단에 서서 모든 공격을 받아내야 하는 긴장 때문에 백악관 기자단과의 관계가 삐걱거렸으며, 공보팀은 이 때문에 보도에 부정적 영향이 미칠까 봐 우려했다.

액스와 깁스 없이 정치 투쟁을 벌여야 한다는 사실이 실감 나지 않았지만, 우리의 2007년 선거운동 시작 때부터 두 사람과 긴밀히 협력하여 메시지를 관리한 젊고 능숙한 홍보담당관 댄(대니얼) 파이퍼가 공백을 메워주어 안심했다. 람으로 말할 것 같으면 그가 누군가를 죽이거나 심장 발작으로 죽지 않고 그때까지 버틴 것은 작은 기적이었다. 우리는 날씨가 허락하면 으레 야외에서 마무리 회의를 했는데, 남쪽 잔디밭을 에두르는 진입로를 두세 바퀴 거닐면서 최근의 위기나 논쟁에 어떻게 대처할지 궁리했다. 우리가 왜 이렇게 사서 고생하는지 자문한 적도 여러 번이었다.

어느 날 내가 그에게 말했다. "이 일이 끝나면 단순한 일을 해봐야겠어요. 가족과 하와이로 이사 가서 해변에 스무디 가게를 여는 건 어때요?"

람이 말했다. "스무디는 너무 복잡합니다. 저희는 티셔츠를 팔 겁니다. 흰색 티셔츠만요. 사이즈는 미디엄으로요. 그게 전부입니다. 딴 색깔이나 패턴이나 사이즈는 절대 안 됩니다. 결정해야 하는 상황은 절대 사절입니다. 딴 걸 원하는 고객은 딴 데 가라죠."

람이 번아웃 직전이라는 징후가 보이긴 했지만 내년까지는 기다려줄 줄 알았다. 하지만 9월 초 저녁에 함께 산책하던 그는, 시카고에서 오랫동안 시장을 지낸 리처드 M. 데일리가 7연임을 하지 않겠노라 선언했다고 내게 말했다. 람은 정치에 입문한 뒤로 꿈꾸던 출마를 하고 싶어 했다. 선거가 2월로 예정되어 있었기에 선거에 뛰어들려면 10월 1일까지는 백악관을 떠나야 했다.

그는 정말로 고뇌하는 표정이었다. 그가 말했다. "곤란하게 해드렸다는 건 압니다만 선거운동을 할 기간이 다섯 달 반밖에 남지 않아서……."

나는 그의 말을 끊고는 물심양면으로 지원하겠노라고 말했다.

일주일쯤 뒤 관저에서 열린 비공개 송별회에서 나는 취임 첫 주에 노트에 써서 그에게 전달했던 할 일 목록을 액자에 담아 선물했다. 거의 모든 항목에 체크 표시가 되어 있었는데 나는 이것이 그가 얼마나 유능했는가를 보여주는 잣대라고 자리에 모인 보좌진에게 말했다. 람은 눈물을 쏟았다. 훗날 그는 나 때문에 자신의 터프가이 이미지가 손상됐다고 투덜댔다.

인사 변동은 행정부에서 새삼스러운 일이 아니다. 내가 보기에 물갈이에는 이로운 점도 있다. 우리는 너무 고립되었고 일사불란하게 통제되어 참신한 관점이 부족하다는 비판을 여러 번 들었다. 하원 민주당이 입법 추진을 도와주지 않았다면 람은 역량을 제대로 발휘하지 못했을 것이다. 피트 라우스가 비서실장 직무 대행을 맡는 동안 나는 람의 후임으로 퇴임 예정인 시카고 시장의 동생이며 클린턴 행정부에서 상무장관을 지낸 빌(윌리엄) 데일리를 채용하는 쪽으로 마음이 기울었다. 머리가 벗어지고 나보다 열 살가량 연상이며 아일랜드 노동자 계층의 뿌리를 떠올리게 하는 뚜렷한 사우스사이드 억양을 지닌 빌은, 유능하고 실용적인 협상가로 평판이 자자했고 노동계와 재계 양쪽과 관계가 돈독했다. 나는 그를 람만큼 잘 알지는 못했지만 처음보다 차분해진 우리 행정부에는 그의 서글서글하고 이념에 치우치지 않는 태도가 잘 어울릴 듯하다고 생각했다. 새로운 얼굴들과 더불어, 1월에 돌아오는 한 사람이 나를 설레게 했다. 데이비드 플러프가 가족과 2년간 안식년을 보내고 선임고문으로 복귀하기로 했다. 그는 선거운동 기간에 큰 도움이 되었던 전략적 사고, 치열한 집중력, 겸손한 태도를 백악관에서도 발휘할 터였다.

그럼에도 새해가 되면 내가 대통령이 되기 전부터 알았던 동료들이 줄어 있을 거라 생각하니 어쩔 수 없이 조금 울적해졌다. 내가 지치고 혼란스럽고 격분하고 패배하는 모습을 보면서도 결코 나를 저버리지 않은, 친구이기도 한 상당수 동료들을 이제 더는 볼 수 없었다. 주위도 마음도 쓸쓸했다. 회의와 행사로 꽉 찬 하루 일정이 일곱 시간도 채 남지 않았는데 마빈, 레지, 피트와 카드놀이를 한 이유는 그 때문이었는지도 모르겠다.

이번 판이 끝나고 피트에게 물었다. "또 이겼어요?"

피트가 고개를 끄덕였고, 레지는 카드를 모으고선 의자에서 일어나 쓰레기통에 던졌다.

마빈과 함께 대승을 거둔 피트가 기쁨을 굳이 감추지 않으며 말했다. "헤이, 레지, 아직 멀쩡한 카드였는데! 누구나 때로는 지게 마련이잖아요."

레지가 피트를 무섭게 노려보며 말했다. "져도 상관 안 하는 사람 있으면 데려와봐요. 패배자가 어떤 건지 내 보여줄 테니까."


인도에 가본 적은 없었지만 이 나라는 나의 상상에서 언제나 특별했다. 어마어마한 크기 때문이었는지도 모르겠다. 인구는 세계 인구의 6분의 1이고 민족은 2000개로 추정되며 700여 개의 언어를 구사하는 나라 아닌가. 어쩌면 어릴 적 인도네시아에서 살 때 「라마야나」와 「마하바라타」 같은 인도 서사시를 들었기 때문이거나 동방 종교에 대한 관심 때문이거나 내게 달과 키마 요리법을 가르쳐주고 발리우드 영화의 매력을 알게 해준 파키스탄과 인도 출신 대학 친구들 때문이었는지도 모르겠다.

하지만 내가 인도에 매혹된 이유는 무엇보다 마하트마 간디 때문이었다. 간디는 링컨, 킹, 만델라와 더불어 나의 사상에 심대한 영향을 끼쳤다. 젊은 시절 공부한 그의 글은 나의 가장 깊은 본능에 목소리를 부여했다. '진리에 대한 헌신'을 뜻하는 그의 '사탸그라하' 개념과 양심을 흔들어 깨우는 비폭력 저항의 힘, 우리에게 공통된 인간성이 있고 모든 종교가 기본적으로 하나라는 그의 지론, 모든 사회는 정치적·경제적·사회적 방법을 통해 모든 사람의 동등한 가치와 존엄을 인정해야 한다는 신념 등의 모든 사상이 내 머릿속에서 메아리쳤다. 간디의 말보다 나를 더욱 뒤흔든 것은 그의 실천이었다. 그는 목숨을 걸고 감옥에 갇히고 인도 국민의 투쟁에 자신을 내던짐으로써 자신의 신념을 입증했다. 영국으로부터 독립을 쟁취하기 위해 1915년부터 30년 넘게 지속한 그의 비폭력 운동은 제국을 굴복시키고 나라의 대부분을 해방시키는 데 이바지했을 뿐 아니라 전 세계에서 도덕적 각성을 촉발했다. 비폭력 운동은 (짐 크로법에 짓눌린 남부 흑인을 비롯한) 억압받고 소외된 집단이 자유를 위해 투쟁할 때 등대가 되어주었다.

미셸과 나는 인도 방문 초기에 마니 바반에 찾아갔다. 뭄바이의 한적한 동네에 자리 잡은 소박한 2층 건물인 그곳에 간디는 오랫동안 머물렀다. 가이드는 파란색 사리를 입은 우아한 여인이었는데, 관람이 시작되기 전에 1959년 킹 목사가 사인한 방명록을 우리에게 보여주었다. 그가 인도를 찾은 이유는 인종 정의를 위한 미국의 투쟁에 세계인의 이목을 집중시키고 자신에게 영감을 준 스승에게 경의를 표하기 위해서였다.

그러고 나서 가이드는 우리를 위층에 있는 간디의 개인 공간으로 안내했다. 신발을 벗고 들어선 단출한 방에는 무늬가 새겨진 매끄러운 타일이 깔려 있었으며 열린 테라스 문으로 산들바람과 희뿌연 햇빛이 들어왔다. 검소한 요와 베개, 물레들, 구식 전화기와 앉은뱅이 나무 책상을 바라보며 간디가 방 안에 있는 모습을 상상해보았다. 수수한 면 도티(인도 남성들이 입는 전통 의상_옮긴이) 차림에 작달막한 갈색 피부, 책상다리를 한 채 영국인 총독에게 편지를 쓰거나 소금 행진(영국이 부과한 소금세를 폐지하라고 주장하며 일어난 시민 불복종 행진_옮긴이)의 다음 단계를 구상하는 모습을 떠올렸다. 그 순간, 그의 옆에 앉아 이야기 나누고 싶다는 열망이 솟았다. 이렇게 적은 것으로 그 많은 일을 해낸 힘과 상상력이 어디에서 비롯했는지 묻고 싶었다. 실망감을 어떻게 극복했는지 묻고 싶었다.

그는 무수한 실패를 겪었다. 특출난 재능으로도 인도의 뿌리 깊은 종교적 분열을 치유하거나 나라가 힌두교 인도와 이슬람교 파키스탄으로 나뉘는 것을 막을 수는 없었다. 이 어마어마한 사태로 헤아릴 수 없이 많은 사람이 종파 간 폭력에 목숨을 잃었고 수백만 가구가 황급히 짐을 챙겨 새로 그어진 국경을 건너야 했다. 그는 노력을 쏟아부었지만 인도를 옥죄는 카스트제도를 철폐하지 못했다. 그래도 70대까지 행진하고 단식하고 설교했다. 1948년의 그 마지막 날, 기도하러 가는 길에 그의 종교다원주의를 신앙의 배신이라고 여긴 젊은 힌두교 극단주의자에게 지근거리에서 총격을 받았다.


거듭된 정권 교체와 정당들 내부의 격렬한 반목, 여러 무장 분리주의 운동, 온갖 부패 추문을 이겨낸 현대 인도는 여러 면에서 성공 스토리로 손색이 없었다. 1990년대에 시장 중심적 경제로 전환하면서 인도인들은 남다른 기업가적 재능을 한껏 발휘했다. 성장률이 치솟았고 첨단 부문이 번성했으며 중산층이 꾸준히 확대되었다. 인도의 경제적 변모를 설계한 중심 인물인 만모한 싱 총리는 이 발전에 꼭 들어맞는 상징 같았다. 박해받는 소수 종교인 시크교 출신으로 인도 최고위직에 오른 그는 자신을 내세우지 않는 기술 관료로서 사람들의 감정에 호소하기보다 삶의 질을 향상시킨 청렴한 관료라는 평판을 유지하여 신뢰를 얻었다.

싱과 나는 그동안 돈독하고 생산적인 관계를 발전시켰다. 그는 대외 정책에 신중을 기했고 역사적으로 미국의 의도를 의심하던 인도 관료 집단의 태도에서 섣불리 벗어나지 않았지만, 함께 시간을 보내면서 그의 지혜와 품격이 비상하다는 첫인상을 재확인했다. 수도 뉴델리를 방문한 동안 우리는 대테러, 세계 보건, 핵 안보, 무역에 대한 미국·인도 협력을 강화한다는 합의에 도달했다.

내가 알 수 없었던 것은 싱이 권좌에 오른 사건이 인도 민주주의의 미래를 보여주는지, 아니면 한낱 일탈인지였다. 델리에서의 첫 저녁, 그와 그의 아내 구샤란 카우르는 관저에서 나와 미셸을 위해 디너파티를 열어주었다. 촛불 밝힌 뜰에서 다른 손님들과 어울리기 전에 싱과 나는 몇 분간 단둘이 담소를 나눴다. 늘 곁을 지키던 경호원과 그의 말을 받아 적던 보좌관이 곁에 없자 싱 총리는 인도에 드리운 먹구름을 더 솔직히 털어놓았다. 경제가 걱정이라고 했다. 인도는 금융 위기의 여파를 다른 여러 나라보다 훌륭히 헤쳐 나왔지만, 세계 경제 침체로 인해 인도의 급속히 증가하는 청년 인구를 위한 일자리 창출은 한층 힘들어질 터였다. 파키스탄 문제도 있었다. 2008년 호텔을 비롯한 뭄바이 여러 지역에서 벌어진 테러 공격을 수사하는 과정에서 파키스탄은 번번이 협조를 거부했다. 이 탓에 두 나라 사이에 긴장이 부쩍 커졌는데, 여기에는 테러를 벌인 조직 라슈카레 타이바가 파키스탄 정보부와 연계되었다는 의심도 한몫했다. 싱은 파키스탄에 보복하라는 요구에 응하지 않았지만 이 때문에 정치적 대가를 치러야 했다. 반무슬림 정서가 만연하면서 힌두 민족주의 정당인 인도 제1야당 인도인민당의 영향력이 커진 현실도 우려했다.

싱이 말했다. "불확실한 시대에는 종교적, 민족적 연대에 대한 호소가 사람들을 취하게 만들 수 있습니다. 인도에서든 어디에서든 정치인들이 이를 악용하기란 어려운 일이 아닙니다."

프라하 방문 중에 바츨라프 하벨과 나눈 대화와 유럽에서 반자유주의가 기승을 부릴 것이라는 그의 경고를 떠올리며 나는 고개를 끄덕였다. 세계화와 역사적 규모의 경제 위기로 인해 비교적 부유한 나라들에서 도—티파티의 사례에서 보듯 심지어 미국에서도—이런 추세가 벌어진 상황에서 인도가 어떻게 무사할 수 있겠는가? 사실 인도 민주주의의 저력과 인상적인 경제 성과에도 불구하고 인도는 여전히 간디가 꿈꾼 평등하고 평화롭고 지속 가능한 사회와는 닮은 점이 거의 없었다. 인도 재계의 거물들은 과거의 통치자들조차 부러워할 풍족한 삶을 누렸지만, 여전히 인도 전역에서 수백만 명이 햇볕조차 가릴 데 없는 마을이나 미로 같은 빈민가에서 누추한 삶을 이어가고 있었다. 공적으로든 사적으로든 폭력이 아직도 인도인의 삶에 속속들이 스며 있었다. 파키스탄에 대한 적개심을 표출하는 것은 나라를 가장 빠르게 단결시키는 방법 중 하나였다. 많은 인도인은 자기 나라가 파키스탄에 맞설 핵무기 프로그램을 개발했다는 데 대단한 자부심을 느꼈으며, 단 한 번의 판단 착오로 한 나라가 쑥대밭이 될 수 있는데도 개의치 않았다.

무엇보다 인도 정치는 아직까지도 종교, 씨족, 카스트를 중심으로 돌아갔다. 그런 의미에서 싱이 총리에 오른 일은, 종파적 분열 극복이 진전되었음을 보여주는 징표로 칭송되지만 조금은 기만적이었다. 그가 처음에 총리가 된 것은 자신의 인기 때문이 아니었다. 사실 그는 소냐 간디에게 자리를 빚지고 있었다. 고故 라지브 간디 전 총리의 아내이자 인도국민회의 대표인 이탈리아 태생의 소냐 간디는 정당 연합을 승리로 이끌었으나 총리직을 고사하고 대신 싱을 지명했다. 그녀가 싱을 선택한 이유는 전국적 정치 기반이 전무한 데다 고령의 시크교도인 싱이 인도국민회의를 물려받기 위해 훈련 중인 그녀의 마흔 살 된 아들 라훌에게 아무런 위협이 되지 않아서였다는 것이 정치 평론가들의 중론이었다.

소냐와 라훌 간디도 그날 밤 만찬에 참석했다. 60대의 매력적인 여인인 소냐는 전통 의상 사리를 입고 있었는데, 검은 눈은 상대방을 꿰뚫어 보는 듯했으며 조용하면서도 위엄이 있었다. 유럽 태생의 전업 주부 출신인 그녀가 1991년 남편(라지브)이 스리랑카 분리주의자의 자살 폭탄 공격에 사망한 뒤 저명한 전국 정치인이 된 것을 보면 가문의 위력이 얼마나 공고한가를 알 수 있었다. 라지브는 인도의 첫 총리이자 독립운동의 상징 자와할랄 네루의 외손자다. 그의 어머니 인디라 간디는 네루의 딸로 도합 16년간 총리를 지냈는데, 아버지보다는 무자비한 스타일로 통치했다. 그러다 인디라도 1984년에 암살당했다.

그날 밤 만찬에서 소냐 간디는 말하기보다는 듣는 쪽이었으며, 정책 문제가 나오면 조심스럽게 싱에게 발언권을 넘기고 종종 아들에게 화제가 집중되도록 했다. 하지만 내가 보기에 그녀의 권력은 교묘하고 강압적인 정보기관에서 비롯했음이 분명했다. 라훌은 똑똑하고 성실해 보였으며 훌륭한 외모는 어머니를 닮았다. 그는 진보 정치의 미래에 대한 생각을 풀어냈으며 이따금 나의 2008년 선거운동에 대해 자세히 캐물었다. 하지만 그에게는 불안하고 미숙한 구석이 있었다..마치 과제를 끝내고 교사에게 인정받고 싶지만 마음속 깊은 곳에는 그 과목을 숙달할 소질이나 열성이 없는 학생 같았다.

밤이 이슥해지면서 싱이 졸음과 싸우는 모습이 눈에 띄었다. 그는 연신 안경을 치켜올리며 잠을 깨우려고 물을 마셨다. 나는 미셸에게 이제 작별 인사할 시간이라고 신호를 보냈다. 총리 부부가 우리를 차까지 데려다주었다. 어슴푸레한 조명 속 싱의 모습은 허약하고 실제 나이인 78세보다 더 늙어 보였다. 차가 움직이기 시작하자 만일 그가 퇴임하면 무슨 일이 벌어질지 궁금해졌다. 라훌이 성공적으로 바통을 넘겨받아 어머니가 계획한 운명을 실현하고, 인도인민당이 내세우는 분열적 민족주의에 맞서 인도국민회의의 우위를 지킬 수 있을까?

왠지 회의적인 생각이 들었다. 싱의 잘못은 아니었다. 그는 냉전 이후 전 세계에서 전개된 자유민주주의의 각본에 따라 헌정 질서를 수호하고 GDP 상승을 위한 평범하고 종종 기술적인 과업에 전념하고 사회 안전망을 넓히면서 제 몫을 해냈다. 나와 마찬가지로 그는 이것이야말로 우리가 민주주의에서 기대할 수 있는 전부라고 믿었다. 인도와 미국처럼 커다란 다민족, 다종교 사회에서는 더더욱 그랬다. 우리가 할 수 있는 일은 혁명적인 도약이나 대대적인 문화적 개편이 아니었다. 모든 사회 병폐에 대한 해법이나 삶에서 목적과 의미를 찾는 사람들에게 영원불변의 대답을 제시하는 것도 아니었다. 차이를 해소하거나 적어도 관용할 수 있게 해주는 규칙을 지키는 것, 인간의 추악한 충동을 억누를 만큼 삶의 질을 개선하고 교육을 향상시키는 것이 우리의 최선이었다.

하지만 이젠 그런 충동—폭력, 탐욕, 부패, 민족주의, 인종주의, 종교적 불관용, 미래가 불확실하고 죽음을 피할 수 없고 삶이 무의미하다는 생각에서 벗어나기 위해 남을 짓누르려는 인간적 욕망—이 너무 강해져서 어떤 민주주의도 이를 영구적으로 억제하지 못하게 되었다는 의심이 들었다. 그 충동들은 어디에나 잠재해 있다가 성장률이 정체하거나 인구 구성이 달라지거나 카리스마적 지도자가 국민의 두려움과 분노에 편승할 때마다 불쑥 고개를 내밀었다. 내가 아무리 소망하더라도, 그런 충동을 다스리는 법을 알려줄 마하트마 간디는 어디에도 없었다.

언제나 그렇듯 선거일부터 성탄절 휴회까지 6~7주 동안에는 의원들이 별다른 야심을 품지 않는 경향이 있다. 의회의 주도권이 뒤바뀔 예정일 때는 더더욱 그렇다. 의기소침한 패자들은 집에 가고 싶어 할 뿐이고, 승자들은 새 의회가 선서할 때까지 시간을 끌고 싶어 한다. 2011년 1월 5일이 되면 1947년 이후 가장 많은 공화당 하원의원이 의석에 앉을 예정이었다. 신임 하원 의장 존 베이너의 찬성 없이는 어떤 법안도 표결에 부칠 수 없다는 뜻이었다(통과는 어림도 없었다). 그의 계획은 의심할 여지가 없었다. 부담적정보험법을 전면 폐지하는 법안을 맨 처음 표결에 부칠 것이라고 일찌감치 공언했으니 말이다.

하지만 우리에겐 다가올 레임덕 회기 동안 기회가 남아 있었다. 아시아 순방에서 돌아온 나는 핵 확산 저지를 위해 러시아와 협상한 뉴 스타트 조인, 게이와 레즈비언과 양성애자가 성적 지향을 공개한 채 군대에서 복무하는 것을 금지하는 '묻지 말고 말하지 말라'(DADT)Don't Ask, don't tell 정책 폐지, 미등록 이민자 자녀 중 상당수에게 시민권을 부여할 드림법DREAM Act 통과 같은 여러 핵심 의제를 의회가 연말 휴회에 들어가기 전에 마무리할 작정이었다. 둘이 합쳐 의회 경험이 70년에 이르는 피트 라우스와 필 실리로는 내가 '레임덕 할 일 목록'을 읊자 설마 하는 표정을 지었다. 액스는 낄낄거리기까지 했다.

그가 비꼬듯 물었다. "그게 전부예요?"

실은 전부가 아니었다. 미셸이 아동 비만과의 싸움에서 주요 목표로 내건 아동 영양 법안도 통과시켜야 한다고 말하는 걸 깜박했다.

"이건 좋은 정책이에요. 미셸 팀은 아동 보건 단체들의 지지를 얻어내는 훌륭한 성과를 거뒀어요. 이 법안이 통과되지 않으면 난 집에 들어가지도 못할 거라고요."

이렇게 야심 찬 의제를 추진하는 일에 보좌진이 회의적인 이유는 이해할 만했다. 이 논쟁적 법안들이 통과되는 데 필요한 60표를 확보할 수 있더라도, 해리 리드가 이렇게 많은 법안을 이렇게 짧은 기간에 표결에 부칠 수 있을 만큼 미치 매코널의 협력을 얻어낼지는 미지수였다. 그럼에도 내가 망상에 빠졌다고는 생각지 않았다. 내 목록의 항목들은 대부분 일정한 입법 추진력을 받았으며 하원을 통과했거나 통과할 전망이었다. 이전에는 공화당이 주도하는 상원 필리버스터를 무력화하는 데 행운이 별로 따르지 않았지만 나는 매코널이 큰 건 하나를 간절히 성사시키고 싶어 한다는 사실을 알고 있었다. 이른바 부시 감세의 시효가 올해 말에 자동으로 만료되는데, 이를 연장하는 법률을 통과시켜야 했던 것이다.

우리에게 협상 카드가 생긴 셈이었다.

나는 전임자 부시의 대표적 국내 입법을 오래전부터 반대했다. 2001년과 2003년에 통과된 이 법률들은 고소득자에게 막대한 혜택이 돌아가고 부와 소득의 불평등이 커지는 방향으로 세제를 개편했다. 워런

버핏이 곧잘 지적했듯 이 법률 덕에 그는 자본 소득과 배당금이 대부분인 자신의 소득에 대해 (봉급 생활자인) 자기 비서보다 훨씬 낮은 세율을 적용받았다. 이 법률의 상속세 규정만으로도 미국 내 상위 2퍼센트 부자들의 세금 부담이 1300억 달러 이상 줄었다. 그뿐 아니라 약 1조 3000억 달러로 추정되는 세수를 재무부에서 빼앗아 빌 클린턴 정부 시절 흑자이던 연방 예산이 적자로 돌아서도록 했다. 어처구니없게도 많은 공화당 의원은 이 적자를 핑계 삼아 사회보장, 메디케어, 메디케이드를 비롯한 사회 안전망을 줄이라고 요구했다.

부시 감세는 나쁜 정책이었지만 대다수 미국인의 납부 세액을 조금 낮추기도 했다. 그래서 세제를 원상회복시키는 것은 정치적으로 까다로운 문제였다. 여론조사에 따르면 절대다수의 미국인은 부자들에게 더 높은 세금을 매기는 방안에 찬성했다. 하지만 부유한 변호사와 의사들조차 자신을 부자로 여기지 않았다. 생활비가 비싼 지역에 사는 사람들은 더더욱 그랬다. 소득 하위 90퍼센트의 임금이 10년째 그대로인 상황에서 자신의 세금이 많아져야 한다고 생각하는 사람은 거의 없었다. 우리 팀과 나는 선거운동 기간에 모두를 만족시킬 듯한 정책을 고안했다. 부시 감세를 선택적으로 폐지하여 가구 연 소득이 25만 달러 이상(또는 개인 연 소득이 20만 달러 이상)인 경우에만 적용되도록 했다. 의회 민주당이 전폭적으로 지지한 이 방안은 최상위 부자 2퍼센트에만 영향을 미쳤으며, 그러고도 향후 10년간 약 6800억 달러의 추가 세수를 기대할 수 있었다. 그러면 이 돈을 저소득층을 위한 아동 보육, 보건 의료, 직업훈련, 교육 프로그램에 쓸 수 있었다.

나는 이 방안을 바꿀 생각이 없었다. 부자가 더 많은 세금을 내게 하는 것은 공정의 문제일 뿐 아니라 새로운 사업에 자금을 조달하는 유일한 방법이었다. 하지만 나의 수많은 선거 공약과 마찬가지로, 금융 위기가 터지면서 이 방안을 **언제** 시도할지를 고민해야 했다. 이 나라가 불황에 빠져들 듯했던 임기 초기에 경제팀은 세금을 조금이라도 인상하면—

심지어 부자와 포춘 500대 기업만 대상으로 해도—역효과를 낳을 것이라고 설득력 있게 주장했다. 개인과 기업이 경제 활동을 벌이고 지출해야 할 바로 그때 경제의 자금줄을 틀어막는 꼴이 된다는 주장이었다. 경제가 근근이 회복하고 있을 때에도 경제팀은 세금 인상 가능성에 난색을 표했다.

이런 와중에 미치 매코널은 부시 감세의 전면 연장이 아니라면 그 무엇도 받아들이지 않겠다고 을러댔다. 따라서 부시 감세를 당장 없앨 수 있는 유일한 방안이자 많은 진보파 논평가가 촉구한 방안은, 아무것도 하지 않은 채 1월 1일에 모두의 세율이 클린턴 시절의 더 높은 수준으로 저절로 돌아가게 하는 것이었다. 그러면 민주당은 새해에 의회에 복귀하여 연 소득 25만 달러 미만의 미국인에 대한 세율을 낮추는 대체 입법을 제안할 수 있었다. 사실상 반대할 테면 해보라고 공화당을 도발하는 셈이었다.

우리는 이 전략을 심각하게 고려했다. 하지만 조 바이든과 법무팀은, 중간선거에서 우리가 참패한 상황에서 중도파 민주당이 대오에서 이탈하고 공화당이 그 틈을 노려 감세를 영구화할 수 있는 표를 모을지도 모른다고 우려했다. 나는 (정치를 논외로 하더라도) 공화당과 치킨 게임을 벌이면 여전히 허약한 경제에 바로 영향을 미치게 된다고 판단했다. 우리가 민주당 의원들을 단속하고 공화당이 결국 압력에 굴복하더라도, 양분된 의회에서 세금 법안을 통과시키는 데는 몇 개월이 걸릴 수 있었다. 그러는 동안 중산층과 노동자 계층의 임금은 줄어들 것이고 기업들은 투자를 더욱 줄일 것이고 주식시장은 다시 침체할 것이고 경제는 불황으로 돌아갈 것이 거의 틀림없었다.

여러 시나리오를 검토한 나는 조를 의사당에 보내 매코널과 협상하도록 했다. 우리는 부시 감세를 통째로 2년 연장하는 데 찬성하는 조건으로 긴급 실업수당 지급, 경제회복법에 의한 중하층 세액공제(근로장려세제 Making Work Pay), 또한 같은 기간 동안 근로 빈곤층을 위한 환급 세액공제에 공화당이 동의할 것을 요구했다. 매코널은 처음에는 난색을 표했다. "우리가 달성하려는 목표 중 가장 중요한 한 가지는 오바마 대통령을 단임 대통령으로 만드는 것"이라고 단언한 그로서는 내가 공화당의 압박을 받지도 않았는데 자발적으로 대다수 미국인의 세금을 깎아주겠다고 발표하는 것이 죽기보다 싫었을 것이다. 놀라운 일은 아니었다. 내가 조에게 중재 역할을 맡긴 이유 중 하나는—그의 상원 경험과 입법 역량과 더불어—매코널 입장에서는 부통령과 협상하는 쪽이 (흑인에 무슬림에 사회주의자인) 오바마에게 협조하는 것보다 공화당 지지 기반을 격분시킬 가능성이 적었기 때문이다.

여러 차례 밀고 당기기를 벌이고 근로장려세제 공제를 급여세 감면과 맞바꾸는 데 우리가 동의하자 매코널도 마침내 누그러졌다. 2010년 12월 6일 나는 포괄적 합의가 이루어졌음을 발표할 수 있었다.

정책 관점에서는 만족스러운 결과였다. 2년 연장한 부자 감세가 괴롭긴 했지만 우리는 중산층 가정의 세금 감면을 확대하고 도움이 가장 절실한 미국인들을 대상으로 2120억 달러의 추가 경기 부양 자금을 확보할 수 있었다. 이 부양책을 별도 법안으로 추진했다면 공화당이 주도하는 하원에서 통과될 가능성은 전무했다. 나는 밸러리에게 협상 이면의 정치적 계산에 대해 설명해주었다. 2년이라는 시한은 공화당과 나 사이에 큰 판돈이 걸린 도박이었다. 나는 2012년 11월이면 재선 캠페인에 성공하여 우월한 위치에서 부자 감세를 끝장낼 수 있으리라는 쪽에 내기를 걸었다. 반면에 그들은 자신들이 나를 꺾고 새 공화당 대통령이 부시 감세를 영구화하리라는 쪽에 내기를 걸었다.

좌파 논평가들이 다짜고짜 분통을 터뜨린 이유는 차기 대통령 선거가 협상에서 이토록 중요한 변수가 되었기 때문이었는지도 모르겠다. 그들은 내가 매코널과 베이너에게 굴복했으며, 월 스트리트 친구들과 래리나 팀 같은 보좌진에게 설득당해 타협했다고 비난했다. 급여세 감면이 사회보장신탁기금을 약화시킬 것이고, 근로 빈곤층을 위한 환급 세액공제가 단명할 것이며, 2년이 지나면 공화당이 늘 바라던 대로 부시의 부자 감세가 영구화할 것이라고 경고했다.

말하자면 그들도 나의 재선 패배를 예상했다.

공교롭게도 우리가 매코널과의 합의를 발표한 12월 중순의 그 주에 빌 클린턴이 나를 찾아와 오벌 오피스 식당에 합석했다. 선거운동 기간에 생긴 갈등은 이즈음에는 거의 사라졌다. 클린턴은 1994년 중간선거에서 뉴트 깅그리치에게 참패하고 배운 교훈을 전해주었다. 내게도 유익한 이야기였다. 그러다 내가 방금 타결한 세금 협상의 핵심으로 들어가자 클린턴이 더없는 열의를 보였다.

일부 민주당 진영에서 불어온 역풍을 언급하며 내가 말했다. "그 말 좀 우리 친구들에게 해주시죠."

클린턴이 말했다. "기회가 생기면 그렇게 할게요."

그 말을 듣자 아이디어가 떠올랐다. "바로 지금 기회가 생기면 어떡하실래요?" 그가 대답하기도 전에 나는 케이티의 책상으로 걸어가 언론팀을 통해 건물 안의 기자들을 죄다 수소문해달라고 부탁했다. 15분 뒤 빌 클린턴과 나는 백악관 브리핑실에 들어섰다.

어리둥절한 기자들에게, 최근 미국 역사에서 최고의 경제 호황을 주도한 사람이 우리의 세금 협상을 어떻게 생각하는지 들어보자고 설명하고는 클린턴에게 연단을 넘겼다. 클린턴 전 대통령이 브리핑실을 장악하는 데는 오랜 시간이 걸리지 않았다. 그는 쳇소리를 내고 입술을 깨물며 아칸소 사람다운 매력을 총동원하여 우리와 매코널의 합의를 옹호했다. 실은 즉석 기자회견이 시작된 직후에 내게 다른 일정이 있다는 게 생각났지만, 클린턴이 하도 즐거워하고 있어서 그의 말을 끊고 싶지 않았다. 그래서 마이크에 대고 나는 나가야 하지만 클린턴은 계속 있을 거라고 말했다. 나중에 깁스에게 회견이 어떻게 됐느냐고 물었다.

깁스가 말했다. "보도는 대단했습니다. 논객 몇 명은 대통령님이 클린턴에게 연단을 내어주면서 존재감이 사라졌다고 말했지만요."

별로 걱정되지 않았다. 나는 당시 클린턴의 여론 지지율이 나보다 훨씬 높다는 사실을 알고 있었다. 한때 그를 비방하던 보수 언론들이 그를 나와 대조하는 게 짭짤하다는 사실을 깨달았기 때문이었다. 이 언론들은 클린턴이 공화당과 협력할 수 있는 합리적이고 중도적인 민주당 인사라고 말했다. 이렇게 주가가 높아진 클린턴의 지지 선언은 일반 대중에게 협상 결과를 홍보하고 의회 민주당이 제기할지도 모르는 모든 반발을 가라앉히는 데 한몫할 터였다. 이것은 나를 비롯한 많은 현대 지도자가 결국 받아들이게 되는 아이러니였다. 현직 대통령이 무슨 짓을 해도 뒷전에 물러난 전 대통령만큼 똑똑해 보일 수는 없는 법이니까.

세금 문제에서 매코널과 잠정적 데탕트 분위기가 조성되었기에 우리는 나머지 레임덕 할 일 목록에 집중했다. 미셸의 아동 영양 법안은 이미 공화당으로부터 충분한 지지를 받아 12월 초에 순탄하게 통과되었다. 미국 부모들이 소신껏 자녀를 먹일 수 있는 자유를 미셸이 빼앗아 가려 한다고 (이제는 폭스 뉴스 출연자가 된) 세라 페일린이 비난하긴 했지만. 한편 하원은 식품 안전 법안을 상세히 검토하여 그달 하반기에 통과시켰다.

상원에서 뉴 스타트를 비준받는 일은 더 까다로웠다. 조약 비준은 60표가 아니라 (상원의 3분의 2인) 67표가 필요한 데다, 무엇보다 국내의 유권자 집단이 비준을 소리 높여 요구하지 않았다. 나는 레임덕 회기에 이 사안에 집중해달라고 해리 리드를 들볶아야 했다. 미국의 신뢰가 걸렸을 뿐 아니라 조약 비준에 실패하면—내가 다른 세계 정상들을 볼 낯이 없어진다는 것은 말할 것도 없고—이란 제재를 강행하고 다른 나라들로 하여금 자국의 핵 안보를 다잡게 하려는 우리의 노력에도 차질이 생긴다고 설명했다. 해리가 조약을 표결에 부치겠노라 마지못해 약속하자(그는 전화로 이렇게 투덜거렸다. "표결할 시간을 낼 수 있을지 모르겠군요, 대통령님. 하지만 당신이 중요하다시니 최선을 다해보죠, 됐나요?") 우리는 공화당 표를 끌어들이는 일에 착수했다. 조약에 찬성한 합참도 힘을 보탰으며, 오랜 친구 딕 루거의 전폭적 지지도 한몫했다. 루거는 상원 외교위원회 공화당 간사를 계속 맡고 있었는데, 뉴 스타트가 자신이 추진한 핵 확산 저지 노력의 연장선상에 있다고 옳게 파악했다.

그럼에도 협상을 타결하기 위해서는 보수파 애리조나 상원의원 존 카일의 요구에 따라 여러 해 동안 수십억 달러를 들여 미국 내 핵 저장 시설을 현대화하겠노라 약속해야 했다. 핵무기 근절은 나의 장기적 목표였고, 수십억 달러의 연방 자금을 더 유용하게 쓸 방법은 얼마든지 있었기에 이 양보는 악마의 거래처럼 느껴졌지만, 내부 전문가들은 (그중 상당수는 핵 군축에 심혈을 기울인 사람들이었는데도) 파국적인 판단 착오나 사고의 위험을 줄이려면 노후한 핵무기 체계를 개선해야 한다고 잘라 말했다. 뉴 스타트가 마침내 상원에서 71 대 26으로 통과되자 나는 안도의 한숨을 내쉬었다.

연말연시(원어는 'holiday season'으로, 미국에서는 대개 추수감사절부터 새해 첫날까지를 일컫는다_옮긴이)의 백악관은 어느 때보다 아름다워 보였다. 붉은 벨벳 리본이 달린 커다란 소나무 화환이 콜로네이드 벽과 이스트 윙 중앙 통로를 따라 늘어섰고, 로즈 가든의 참나무와 목련은 조명으로 뒤덮였다. 백악관 공식 크리스마스트리인 우람한 전나무가 말이 끄는 수레에 실려 와 블루 룸의 대부분을 차지했지만, 그에 못지않게 웅장한 나무들이 관저의 공용 공간마다 들어섰다. 사흘간 사교국에서 조직한 자원봉사자들이 나무와 복도와 현관 로비를 근사한 장식물로 단장했고, 백악관 제빵사들은 관저를 본뜬 정교한 생강 케이크를 만들었는데 가구와 커튼과—그리고 내 임기 중에는—보의 미니어처까지 완벽하게 갖춰져 있었다.

연말연시에 우리는 3주 하고도 반 내내 사실상 오후와 저녁마다 파티를 열었다. 한 번에 300~400명이 초대받는 성대한 행사에서 사람들은 웃고 떠들며 양갈비와 게살 케이크를 먹고 에그노그(달걀노른자에 우유와 설탕 등을 섞어서 만드는 성탄절 음료_옮긴이)를 마셨으며 붉은 코트 차림

의 세련된 미 해병 군악대가 캐럴을 연주했다. 나와 미셸에게 오후 파티
는 식은죽 먹기였다. 잠깐 들러 차단선 뒤의 모든 사람에게 행운을 빌기
만 하면 됐으니 말이다. 하지만 저녁 행사 때는 외교 접견실에서 두 시간
넘게 머물면서 거의 모든 손님과 사진 포즈를 취해야 했다. 미셸은 비밀
경호국 요원 가족들과 관저 직원 가족들을 위해 개최한 파티에서 고생하
는 것은 개의치 않았다. 하이힐을 신고 오랫동안 서 있느라 발이 아프다
고 불평하긴 했지만. 그러나 의원과 정치 언론인들이 참석하는 행사에서
는 의욕을 잃었다. 신경 쓸 일이 더 많아서였거나(중간에 잠깐 휴식할 때 그
녀는 곧잘 이렇게 속삭였다. "시시한 잡담 좀 그만해!") TV에 뻔질나게 출연하
여 남편의 머리를 꼬챙이에 꿰어야 한다고 주장하던 자들이 뻔뻔하게도
그녀에게 팔을 두르고 고등학교 절친처럼 카메라 앞에서 미소 짓는 꼴을
보기 싫어서였을 것이다.

웨스트 윙에 돌아온 우리 팀은 성탄절 전 몇 주 동안 내 목록에 있
는 법안들 중에서 가장 논쟁적인 두 건에 에너지를 집중했다. 하나는
DADT('묻지 말고 말하지 말라')였고 다른 하나는 드림법이었다. 낙태, 총
기 그리고 인종에 관한 모든 것과 더불어 LGBTQ 권리와 이민 문제는 수
십 년간 미국 문화 전쟁의 주무대를 차지했다. 이 사안들이 우리 민주주
의에서 가장 기본적인 질문을 제기한 탓도 있었다. 말하자면 우리가 미
국이라는 가족의 진짜 식구로 인정하는 사람들은 누구인가? 우리가 스
스로에게 기대하는 것과 같은 권리, 존중, 배려를 받을 자격이 있다고 판
단되는 사람들은 누구인가? 나의 신념은 이성애자뿐 아니라 동성애자가
포함되도록, 정문으로 들어오진 않았어도 이곳에 뿌리 내리고 자녀를 키
우는 이민자들이 포함되도록 그 가족의 개념을 폭넓게 정의해야 한다는
것이었다. 그들을 배제해야 한다는 바로 그 논리가 나처럼 생긴 사람들
을 배제하는 데 곧잘 동원된 상황에서 내가 어떻게 달리 생각할 수 있었
겠는가?

그렇다고 해서 LGBTQ 권리와 이민자 권리에 대해 생각이 다른 사람

들을 무정하고 편견에 사로잡혔다고 치부하지는 않았다. 무엇보다 게이, 레즈비언, 트랜스젠더에 대한 나의 견해가 늘 옳지는 않았음을 알 만큼의 자의식은 있었다(또는, 적어도 그 정도의 기억력은 있었다). 내가 청소년기를 보낸 1970년대에는 LGBTQ의 삶을 커뮤니티 밖의 사람들이 접할 기회가 거의 없었다. 그런 탓에 알런 할머니(톳의 동생이자 내가 가장 좋아하는 친척)은 하와이에 있는 우리를 방문할 때마다 20년 된 자신의 파트너를 '나의 친한 친구 마지'라고 소개해야 했다.

당시 여느 십 대 소년들처럼 친구들과 나는 서로를 '패그fag'나 '게이gay'라고 부르며 흉허물 없이 놀렸다. 남성성을 과시하면서 자신의 불안을 숨기려는 미숙한 행동이었다. 하지만 대학에 들어가 동성애를 커밍아웃한 동료 학생과 교수들과 친해지면서 그들이 공공연한 차별과 증오를 받고 있으며 주류 문화로부터 고독과 자기 불신을 강요당한다는 사실을 알게 되었다. 나는 과거의 잘못이 부끄러웠고, 그 뒤로는 언행을 조심했다.

이민으로 말할 것 같으면 나는 엘리스섬과 자유의 여신상에 대한 모호한 신화를 대중문화에서 보고 들은 것 말고는 이민 문제를 고민한 적이 거의 없었다. 이후 시카고에서 조직 활동을 하다가 멕시코인들이 주로 사는 지역인 필슨과 리틀 빌리지를 접하고 견해가 발전하기 시작했다. 그곳 가정들은 국내 출생 미국인, 귀화 시민권자, 영주권자, 미등록 이민자로 나뉜 기존 범주에 거의 들어맞지 않았다. 대부분 혹은 상당수의 가정이 네 범주 모두에 포함되었기 때문이다. 시간이 지나면서 사람들은 출신지를 숨겨야 하고 자신이 힘겹게 일군 삶이 한순간에 뒤집힐지도 모른다는 두려움에 늘 시달려야 하는 고충을 내게 털어놓았다. 또한 몰인정하거나 자의적인 이민 당국을 상대하면서 겪는 극심한 피로와 대가, 자신이 이민자 신분임을 악용하여 최저임금에도 못 미치는 급여를 지급하는 고용주를 위해 일해야 하는 무력감을 호소했다. 이처럼 대학생과 사회 초년생 때 LGBTQ 사람들과 교류하고, 시카고 동네에서 사람들과 친분을 쌓고 이야기를 들으면서 나는 주로 추상적으로만 생각하던 문제들을 인간적 차원에서 들여다보게 되었다.

　내가 보기에 DADT의 상황은 분명했다. LGBTQ가 성적 지향을 공개한 채 복무하는 것을 금지하는 정책은 미국의 이상에 반할뿐더러 군에도 해로웠다. 선거운동 과정에서 LGBTQ의 군 복무에 대한 전면적 금지를 철폐하겠다고 주장한 빌 클린턴과 그런 변화가 군의 기강과 병력 유지에 악영향을 미친다고 주장한 합동참모본부가 잘못 타협한 결과였다. 1994년에 발효된 DADT는 군인을 보호하거나 품위를 높이는 역할을 거의 하지 못했고, 1만 3000명 이상이 순전히 성적 지향 때문에 전역당하는 결과를 빚었다. 군에 남은 사람들은 자신이 어떤 사람인지, 누구를 사랑하는지 숨겨야 했으며 스스럼없이 업무 공간에 가족 사진을 두거나 기지에서 열리는 사교 행사에 파트너와 함께 참석할 수 없었다. 최초의 아프리카계 미국인 최고사령관으로서 내가 DADT 정책을 끝장내야겠다는 특별한 책임감을 느낀 이유는 군에 입대한 흑인이 전통적으로 제도화된 편견에 시달리고 지휘관 역할에서 배제되고 수십 년간 별도의 부대에서 따로 복무해야 했음을 잘 알았기 때문이다(마지막 정책은 해리 트루먼이 행정명령을 내린 1948년에야 폐지되었다).

　문제는 변화를 어떻게 성취하는 것이 최선인가였다. 처음부터 LGBTQ 운동가들은 트루먼의 본보기를 따라 단도직입적으로 DADT 정책을 취소하는 명령을 공표하라고 촉구했다. 무엇보다 내가 행정명령과 교서를 동원해 LGBTQ에게 불리하게 작용하던 규제들을 철폐하여 연방 직원의 동거인에게 병원 방문권을 부여하고 복지 혜택을 확대한 전례가 있었다. 하지만 행정명령은 법안을 통과시킬 때 거쳐야 하는 합의 도출 과정을 건너뛴다는 점에서 새 정책에 대한 군 내부의 반발을 불러일으키고 법집행이 지지부진해질 우려가 있었다. 후임 대통령이 한 번의 펜놀림으로 얼마든지 무효화할 수 있다는 점도 문제였다.

　나는 최선의 해결책은 의회에 맡기는 것이라고 결론 내렸다. 그러려면 군의 최고 지휘관들을 적극적이고 자발적인 파트너로 삼아야 했다. 두 개의 전쟁을 치르는 와중이었으므로 쉽지 않은 일이었다. 이전 합동참모본부가 DADT 폐지에 반대한 논리는 커밍아웃 동성애자가 복무하면 부대의 단결과 규율에 악영향을 미칠 수 있다는 것이었다. (존 매케인을 비롯한 의회 내 반대파는 전시에 그런 분열적 정책을 새로 도입하는 것은 군을 배신하는 꼴이라고 주장했다.) 하지만 밥 게이츠와 마이크 멀린은 임기 초에 내가 DADT를 철폐할 작정이라고 말했을 때 개의치 않았다. 게이츠는 이 문제에 대한 내부 계획에 조용히 착수하라고 이미 부관들에게 지시했다고 말했다. 정책을 바꾸는 데 개인적으로 열성이 있어서라기보다는 연방법원이 DADT가 헌법에 위배된다고 판단할 경우 하룻밤 새 변화를 강제로 수용해야 할지도 모른다는 현실적 우려 때문이었다. 그와 멀린은 내게 입장을 바꾸라고 설득하려 들기보다는 태스크포스를 만들고 그 변화가 군 작전에 미칠 영향을 평가하게 해달라고 요청했다. 태스크포스는 커밍아웃한 동성애자 부대원에 대한 병사들의 태도를 포괄적으로 조사할 예정이었다. 그 목적은 혼란과 분열을 최소화하는 것이라고 게이츠는 말했다.

그는 이렇게 덧붙였다. "대통령님이 이 일을 하시겠다면 우리 입장에서는 적어도 어떻게 해야 옳은지를 말씀드릴 수 있어야 합니다."

게이츠와 멀린에게 나는 LGBTQ 차별을 국민투표 사안으로 여기지는 않는다고 경고했다. 그럼에도 요청을 수락한 데는 그들이 공정한 평가 절차를 확립하리라고 신뢰한 탓도 있지만 주된 이유는 게이와 레즈비언에 대한 우리 병사들의—대다수는 고위 장성보다 수십 년은 젊었다—인식이 사람들의 예상보다 더 포용적임이 조사에서 드러날 것이라고 예상했기 때문이다. 2010년 2월 2일 상원 군사위원회에 출석한 게이츠는 DADT를 재검토한다는 "대통령의 결정을 전적으로 지지한다"고 말함으로써 나의 신뢰를 입증했다. 하지만 같은 날 뉴스거리가 된 것은 마이크 멀린의 위원회 증언이었다. 성적 지향을 공개한 LGBTQ의 복무를 허용해야 한다고 미군 고위급 지휘관이 공공연히 주장한 역사상 첫 사례이기 때문이었다. "위원장님, 전적으로 제 주관적 판단입니다만, 제 개인적 소신은 게이와 레즈비언이 성적 지향을 공개한 채 복무하도록 허용하는 것이 옳은 일이라는 것입니다. 이 문제를 아무리 들여다보아도, 동료 시민을 지키고자 하는 젊은 남녀가 자신이 어떤 사람인지에 대해 거짓말하도록 강요당하는 정책을 우리가 유지한다는 것이 늘 마음에 걸립니다. 개인적으로 보건대 이것은 진실성의 문제로 귀결됩니다. 그들에게는 개인으로서의 진실성, 우리에게는 기관으로서의 진실성이 결부된 것입니다."

백악관의 누구도 이 발언을 멀린과 사전 조율하지 않았다. 멀린이 무슨 말을 할지 게이츠가 미리 알았을지도 분명치 않다. 하지만 그의 명쾌한 발언은 대중적 논쟁의 흐름을 즉시 바꿔놓았으며, 관망적 태도를 취하던 상원의원들에게 든든한 정치적 보호막이 되어주었다. 멀린 덕에 정책 폐지를 받아들이는 것이 정당하다는 확신을 얻을 수 있었기 때문이다.

멀린이 증언한 시기는 그와 게이츠가 요청한 평가 절차가 끝나기 몇 개월 전이었는데, 이는 사소한 정치적 골칫거리를 낳았다. 폐지 찬성론자들은 합참의장이 정책 변경을 지지하는 상황에서 왜 내가 간단하게 행정명령을 공표하지 않는지 이해할 수 없다며 사석에서나 언론에서나 우리를 몰아붙이기 시작했다. 게다가 조사가 진행되는 동안에도 LGBTQ 군인들이 전역당하고 있었다. 밸러리 팀은 아군의 총격을 받아내야 했는데, 동성애자 커뮤니티와의 주요한 소통 채널이던 저명한 게이 운동가 브라이언 본드가 가장 시달렸다. 본드는 여러 달 동안 나의 의사 결정을 옹호하느라 회의적인 친구, 예전 동료, 언론으로부터 변절했다는 소리를 들어야 했으며 운동의 진정성까지 의심받았다. 이 일로 그가 얼마나 큰 대가를 치렀는지는 상상조차 하기 힘들었다.

게이츠가 예견한 대로 2010년 9월 캘리포니아 연방지방법원에서 DADT가 헌법에 위배된다고 판결이 내려지자 비판의 목소리가 더욱 커졌다. 나는 항소를 진행하는 동안 모든 강제 전역을 공식적으로 연기할 것을 게이츠에게 요청했다. 하지만 아무리 압박해도 그는 나의 요청을 번번이 거절하면서 DADT가 존재하는 한 이를 시행하는 것이 자신의 의무라고 주장했다. 그가 스스로 부적절하다고 생각하는 일을 하라고 명령했다가는 새 국방장관을 찾아야 할지도 모른다는 것을 알고 있었다. 내가 게이츠에게 소리를 지를 뻔한 것은 그때가 유일했을 것이다. 그의 법률적 판단에 문제가 있다고 생각했기 때문만은 아니었다. 그는 LGBTQ 운동가들의 불만이—그의 휘하에 있는 게이 및 레즈비언 군인들의 고통스러운 사연은 말할 것도 없고—자신의 의사 결정에서 핵심적 고려 사항이라기보다는 또 하나의 '정치'에 불과하며 내가 이 정치로부터 그와 펜타곤을 보호해줘야 한다고 생각하는 듯했다. (결국 그는 DADT 행정절차를 수정하여 이 문제가 해결될 때까지 거의 모든 전역을 중단시켰다.)

다행히도, 그달 말을 앞두고 군대 내 조사 결과가 마침내 취합되었다. 결과는 내 생각과 일치했다. 조사 대상의 3분의 2는 성적 지향을 공개한 게이, 레즈비언, 양성애자 동료의 복무가 군의 임무 수행 능력에 영향을 거의 또는 전혀 미치지 않는다고—어쩌면 임무 수행 능력을 실제로 향상시킬 수도 있다고—생각했다. 사실 대다수 병사들은 이미 LGBTQ 군인과 일하고 있거나 일한 경험이 있었으며 그들의 임무 수행 능력에서 어떤 차이도 발견하지 못했다.

이를 보면서, 다른 이들의 진실을 접하면 사람들의 태도도 달라질 수 있다는 생각이 들었다.

조사 결과가 입수되자 게이츠와 멀린은 DADT 폐지를 공식적으로 승인했다. 오벌 오피스에 모인 나머지 합참 참모들은 새 정책을 지체 없이 집행하겠다고 약속했다. 해병대 사령관이자 강경한 폐지 반대론자이던 제임스 에이머스 장군은 미소 지으며 이렇게 말했다. "대통령님, 장담컨대 각 군 중에서 이 일을 가장 빠르고 확실히 해내는 곳은 미 해병대가 될 것입니다." 12월 18일 상원은 법안을 65 대 31로 통과시켰으며 공화당에서도 여덟 명이 찬성표를 던졌다.

며칠 뒤 법안 서명식에서는 전현직 LGBTQ 군인들이 내무부 강당을 가득 메웠다. 상당수는 정복 차림이었으며 얼굴에는 기쁨, 자부심, 안도 감, 눈물이 뒤섞여 있었다. 청중에게 연설하면서 보니 몇 주 전만 해도 우리를 가장 격렬히 비판하던 많은 운동가도 흐뭇하게 미소 짓고 있었다. 브라이언 본드가 눈에 띄자 나는 고개를 끄덕여 보였다. 하지만 그날 가장 큰 박수갈채를 받은 사람은 마이크 멀린이었다. 진심 어린 기립 박수가 오래도록 이어졌다. 멀린 제독이 무대에 서서, 얼굴에 어색한 웃음을 짓긴 했지만 감동한 기색이 역력한 것을 보면서 나는 더없이 행복했다. 참된 양심의 행위가 저렇게 인정받는 것은 드문 일이라고 생각했다.

　　　　　　　이민으로 말할 것 같으면 시스템이 망가졌다는 것은 누구나 동의하는 바였다. 미국에 합법적으로 이주하는 절차는 기간이 10년 또는 그 이상이 걸릴 수도 있었으며 출신국과 재산에 따라 결과가 좌우되는 일이 많았다. 한편 우리와 남쪽 이웃 나라의 경제적 격차 때문에 해마다 수십만 명이 일자리와 더 나은 삶을 찾아 약 3111킬로미터 길이의 미·멕시코 국경을 무단으로 건넜다. 의회는 울타리, 카메라, 드론을 동원하고 국경 순찰을 확대하고 경비대를 무장시켜 국경을 강화하는 일에 수십억 달러를 썼다. 하지만 이런 조치로도 이민자의 물결은 멈추지 않았으며 오히려 인간 화물을 야만적이고 때로는 치명적인 수단으로 운반하여 거액을 버는 밀입국 조직—코요테—이 번성했다. 정치인과 언론들은 멕시코와 중앙아메리카의 가난한 이민자들이 국경을 넘는 것에 주로 관심을 두었지만, 미국 내 미승인 이민자의 약 40퍼센트는 공항을 비롯한 합법적 경로로 입국했다가 비자 기한이 만료된 뒤에도 출국하지 않은 사람들이었다.

2010년 현재 1100만 명으로 추정되는 미등록자가 미국에 거주했는데, 그들은 대부분 미국의 삶이라는 직물에 완벽하게 엮여들었다. 상당수는 미국에 거주한 지 오래되었으며, 그들의 자녀는 미국 땅에서 태어난 미국 시민권자이거나 워낙 어릴 적에 미국에 들어와 서류만 빼고는 모든 면에서 어엿한 미국인이었다. 미국 경제의 모든 부문이 그들의 노동에 의존했다. 미등록 이민자들은 식료품점에 진열될 과일과 채소를 수확하고 사무실 바닥을 닦고 식당에서 설거지하고 노인을 돌보는 등 쥐꼬리만 한 임금에도 가장 힘들고 더러운 일을 마다하지 않았다. 하지만 미국인 소비자들은 이 보이지 않는 노동력의 혜택을 누리면서도 이민자들이 시민들에게서 일자리를 빼앗고 사회 서비스 프로그램에 부담을 지우고 이 나라의 인종적, 문화적 구성을 변화시킨다고 두려워했으며 불법 이민을 단속하라고 정부에 요구했다. 이 분위기가 가장 강한 곳은 주로 공화당 선거구였으며, 이민족 배척 정서가 점차 강해지는 우익 언론이 이를 부추겼다. 하지만 정치적 견해가 당파적 노선에 딱 들어맞지는 않았다. 이를테면 전통적 민주당 지지층인 노조 조합원들은 건설 현장에 미등록 노동자들이 증가하면서 자신들의 생계가 위협받는다고 여긴 반면에 공화당을 지지하는 재계 단체들은 값싼 노동력(실리콘밸리의 경우에는 외국 태생의 컴퓨터 프로그래머와 엔지니어)을 꾸준히 공급받고 싶기에 종종 이민에 찬성했다.

실제로 지난 2007년 존 매케인의 이단아적 자아와 그의 단짝 린지 그레이엄은 테드 케네디와 함께 수백만 명의 미등록 이민자에게 시민권을 부여하는 한편 국경 보안을 강화하는 포괄적 개혁 법안을 입안했다. 법안은 부시 대통령의 전폭적 지지를 얻었음에도 상원을 통과하지 못했다. 하지만 공화당에서 열두 표를 얻어 미래의 초당적 합의 가능성을 남겨두었다. 나는 선거운동 기간에 만일 당선되면 비슷한 입법을 다시 추진하겠노라 공약했다. 이민관세집행국과 관세국경보호국을 감독하는 기관인 국토안보부의 장관으로 재닛 나폴리타노 전 애리조나 주지사를 임명한 이유는 국경 문제에 대한 그녀의 지식과, 이민 문제를 온정적이면서도 단호하게 처리했다는 평판 때문이기도 했다.

하지만 나는 법안을 통과시키려는 바람을 이루지 못했다. 경제가 위기를 맞고 미국인들이 일자리를 잃는 상황에서 이민 같은 첨예한 쟁점을 떠맡으려는 의원은 거의 없었다. 케네디는 세상을 떠났다. 매케인은 이민에 비교적 온건한 입장을 취했다가 우파들에게서 비판받은 뒤로는 깃발을 드는 일에 통 관심을 보이지 않았다. 설상가상으로 우리 행정부는 미등록 노동자 추방에 속도를 내고 있었다. 내가 지시했기 때문이 아니라 이민관세집행국의 예산을 늘리고 (범죄 이력이 있는 미등록 이민자의 추방을 확대하기 위해) 이민관세집행국과 지방 법 집행 부처의 협력을 강화한 2008년 의회명령 때문이었다. 우리 팀과 나는 물려받은 정책을 당장 뒤집지는 않는 쪽을 전략적으로 선택했는데, 주된 이유는 민주당이 기존 이민법의 집행을 꺼린다고 주장하는 비판 세력의 먹잇감이 되고 싶지 않아서였다(그런 통념이 퍼지면 향후에 개혁 법안을 통과시킬 기회가 무산될 수도 있다고 생각했다). 하지만 2010년이 되자 우리는 이민자 권리 단체와 라틴계 압력단체들로부터 개혁 추진이 왜 이렇게 지지부진하냐는 비판을 듣고 있었다. LGBTQ 운동가들이 DADT 문제로 우리를 닦달한 것과 비슷한 상황이었다. 나는 이민법 개혁을 통과시키라고 계속 의회를 재촉했지만 중간선거 전에 새로운 포괄적 법률을 내놓을 현실적 방안이 없었다.

그때 드림법이 떠올랐다. 어릴 때 미국에 들어온 젊은 미등록 이민자들을 위해 지원책을 마련하면 어떻겠느냐는 발상은 여러 해 동안 논의선상에 올라 있었으며, 2001년 이후로 적어도 열 가지 종류의 드림법이 국회에 발의되었다(그때마다 의결 정족수를 채우는 데는 실패했지만). 옹호론자들은 드림법이 더 포괄적인 개혁의 길로 나아가는 중간 단계로서 미흡하지만 의미가 있다고 주장했다. 이 법안들에서는 '드리머Dreamer'(미등록 청년들을 일컫는다)가 일정한 기준을 충족할 경우 잠정적인 합법적 거주권과 시민권을 획득할 기회를 부여했다. 가장 최근 법안에서 제시한 조건은 열여섯 살 전에 미국에 입국하여 5년간 지속적으로 거주하고 고등학교를 졸업하거나 고등검정고시에 합격하고 2년간 대학에 다니거나 군에서 복무하는 것이었다. 중범죄 기록도 없어야 했다. 그러면 각 주에서는 드리머에게 공립대학의 학비를 감면받을 수 있는 합법적 자격을 부여할 수 있었다(많은 드리머에게 이것은 고등교육을 받을 수 있는 유일한 현실적 방법이었다).

드리머는 미국 학교를 다니고 미국 스포츠를 하고 미국 TV를 보고 미국 쇼핑몰을 다니며 자랐다. 부모에게서 자신이 시민권자가 아니라는 얘기를 한 번도 듣지 못한 청년도 있었으며, 운전면허증을 신청하거나 대학 학자금 지원을 신청하려다 비로소 자신의 미등록 신분을 알게 되는 경우도 있었다. 나는 백악관에 들어가기 전이나 들어간 뒤에 많은 드리머를 만났다. 그들은 똑똑하고 자신만만하고 활달했으며 우리 딸들처럼 잠재력으로 가득했다. 드리머는 미국에서 태어난 상당수 청년들보다 미국에 덜 냉소적이었는데, 바로 (자신이 처한 환경으로부터) 이 나라에서의 삶이 당연하게 주어지는 것이 아님을 배웠기 때문이다.

이런 청년들이 미국에 남게 해줘야 한다는 주장이 도덕적으로 어찌나 설득력이 있던지—이들 상당수에게 미국은 자신이 아는 유일한 나라였다—케네디와 매케인은 2007년 자신들의 이민 법안에 드림법을 포함했다. 미국 이민법에 대한 더 포괄적인 개정안이 가까운 장래에 통과될 전망은 전무했기에 해리 리드는—중간선거를 몇 달 앞두고 자신의 지역구인 네바다에서 재선 가도에 빨간불이 켜지는 바람에 선거에서 승리하려면 히스패닉 투표율을 부쩍 끌어올려야 했으므로—레임덕 회기 중에 드림법을 표결에 부치겠노라 약속했다.

애석하게도 해리는 유세 막판에 이 약속을 발표하면서 우리에게도, 상원 동료들에게도, 이민법 개혁 단체들에도 귀띔해주지 않았다. 낸시 펠로시는 해리가 자신과 사전 조율하지 않은 것에 실망하기는 했지만("전화기만 들면 됐을 텐데 왜 그렇게 조급했을까요?") 재빨리 법안을 하원에서 통과시켜 자신의 몫을 했다. 하지만 상원에서는 매케인과 그레이엄이 해리의 결정을 선거용 쇼로 폄하하며 국경 강화와 연계되지 않은 독자적 법안으로서의 드림법에는 찬성표를 던지지 않겠다고 말했다. 2007년 매케인·케네디 법안에 찬성표를 던진 인사 중에서 아직 현직인 공화당 상원

의원 다섯 명은 의사를 분명히 밝히진 않았지만 동요하는 기색이 역력했다. 민주당 의원 전부가 법안을 지지하리라 기대할 수 없었기에—중간선거 참패 이후에는 더더욱—백악관의 우리 모두는 상원이 그해 업무를 마감하기 전의 파장 분위기에서도 필리버스터 무력화에 필요한 60표를 확보하기 위해 안간힘을 썼다.

세실리아 무뇨스 백악관 정부간협력국장이 최전방 공격수로 나섰다. 내가 상원의원일 때 그녀는 미국 최대의 라틴계 지원 조직인 전미라라자 la Raza위원회에서 정책 및 입법 담당 수석 부의장이었으며 그 뒤로 줄곧 이민을 비롯한 문제들에 관해 내게 조언해주었다. 미시간에서 볼리비아 이민자의 딸로 태어나고 자란 세실리아는 신중하고 겸손하고—내가 종종 농담하듯—"그냥 훌륭"했으며, 누구나 좋아하는 젊은 초·중학교 교사를 떠올리게 했다. 강인하고 끈질긴 면도 있었다(미시간의 미식축구 광팬이기도 했다). 몇 주 지나지 않아 그녀의 팀은 드림법을 지지하는 매체 전면전을 개시하여 스토리를 홍보하고 통계를 구사하고 사실상 모든 각료와 부처(국방부 포함)를 동원하여 이벤트를 열게 했다. 더 중요한 사실은 세실리아가 젊은 드리머들을 끌어모았다는 것이다. 미등록 신분을 기꺼이 공개한 그들은 아직 마음을 정하지 못한 상원의원들과 언론 매체에 개인적 사연을 들려주었다. 세실리아와 나는 여러 차례 이 젊은이들의 용기에 대해 이야기했으며 우리가 그 나이였다면 결코 그런 압박을 감당하지 못했을 거라는 데 동의했다.

그녀가 내게 말했다. "그들을 위해서라도 꼭 이기고 싶어요."

그럼에도, 우리가 무수한 시간을 회의와 전화에 쏟아부었음에도 드림법 통과에 필요한 60표를 확보할 가능성은 점점 희박해졌다. 우리가 가장 기대한 인물 중 하나는 미주리주 민주당 상원의원 클레어 매캐스킬이었다. 클레어는 일찌감치 나를 지지했고 상원에서 절친한 친구였으며 날카로운 재치와 넉넉한 가슴을 지니고 위선이나 가식은 한 톨도 없는 유능한 정치인이었다. 하지만 그녀는 보수적이고 공화당 색채가 짙은 주 출신이었으며 상원 주도권을 되찾으려는 공화당의 솔깃한 표적이었다.

내가 전화하자 클레어는 이렇게 말했다. "제가 그 아이들을 돕고 싶어 한다는 거 아시잖아요. 하지만 미주리주 여론조사를 보면 이민과 관계된 것은 죄다 바닥이에요. 제가 여기에 찬성표를 던졌다가는 의석을 잃을 가능성이 커요."

나는 그녀의 말이 틀리지 않았음을 알았다. 그녀가 패배하면 우리는 상원을 잃을지도 모르며, 그와 더불어 드림법이나 포괄적 이민법 개혁을 통과시킬 가능성도 물 건너갈 수 있었다. 그 위험과 내가 만난 젊은이들의 절박한 운명을, 그들이 하루하루 짊어져야 하는 불안과 두려움을, 그들 중 누구라도 아무 예고도 없이 이민관세집행국 단속에 체포되어 감방에 갇혔다가—내게 낯선 것만큼이나—낯선 땅에 추방될 가능성을 어떻게 저울질해야 하나?

전화를 끊기 전에 클레어와 나는 불가능한 일을 시도해보기로 합의했다. 내가 말했다. "당신의 표가 우리에게 예순 표를 만들어주는 단 한 표라면 그 아이들에게는 당신이 필요할 거예요, 클레어. 하지만 우리가 예순 표에 훨씬 못 미치면 당신의 정치적 자살은 무의미해요."

성탄절 전주의 흐린 토요일, DADT 폐지 표결이 이루어진 바로 그날에 상원은 드림법도 표결에 부쳤다. 나는 피트 수자, 레지, 케이티와 함께 오벌 오피스에 앉아 의원들이 표결하는 장면을 작은 TV로 지켜보며 찬성표 개수를 셌다. 40, 50, 52, 55. 정적이 흘렀다. 회의장은 시간이 멈춘 것 같았다. 상원의원이 마음을 바꿀 마지막 기회였다. 마침내 의사봉이 떨어졌다.

우리는 다섯 표 차이로 졌다.

나는 웨스트 윙 2층에 올라가 세실리아의 사무실로 향했다. 그녀와 젊은 팀원들이 투표를 지켜보고 있었다. 대부분 눈물을 흘렸다. 나는 한 사람 한 사람 안아주었다. 나는 그들의 노고 덕에 드림법이 과거의 어느 때보다 통과에 가까이 갔으며 우리가 여기 있는 한 마침내 목표를 이룰 때까지 계속 노력하는 것이 우리의 임무라고 말했다. 다들 말없이 고개를 끄덕였으며 나는 아래층으로 내려왔다. 케이티가 표결 결과를 출력하여 책상 위에 놓아두었다. 손가락으로 페이지를 훑다가 클레어 매캐스킬이 찬성표를 던진 것을 보았다. 나는 클레어에게 전화를 연결해달라고 케이티에게 부탁했다.

클레어가 전화를 받자 내가 말했다. "법안이 막상막하가 아니라면 당신이 반대표를 던질 줄 알았어요."

클레어가 말했다. "젠장, 대통령님, 저도 그럴 줄 알았어요. 하지만 제가 투표할 차례가 되었을 때 제 사무실에 찾아왔던 아이들이 떠오르기 시작하는 거예요……." 그녀는 감정에 북받쳐 목소리가 잠겼다. "그 아이들에게 그런 짓을 할 수는 없었어요. 제가 무관심하다고 아이들이 생각하게 할 수는 없었어요." 그녀가 마음을 추스리고는 말을 이었다. "어쨌든 제가 선거 자금을 두둑이 모금할 수 있도록 도와주셔야 할 것 같아요. 제가 이민에 대해 물러터졌다고 공격할 공화당 광고에 반격해야 하니까요."

나는 그러겠노라고 클레어에게 약속했다. 그녀가 참석할 법안 서명식도 없었고 그녀에게 기립 박수를 보낼 청중도 없었지만, 내 친구의 조용한 양심적 실천은 마이크 멀린의 발언 못지않게 더 나은 미국을 향한 한 걸음이었다.

드림법 통과 실패는 삼켜야 할 쓴 약이었다. 그럼에도 백악관의 우리 모두는 현대사를 통틀어 가장 생산적인 레임덕 회기를 보냈다는 사실에 안도했다. 여섯 주 만에 하원과 상원은 무려 48일간 회의를 열어 99건의 법률을 제정했다. 111대 의회가 2년간 통과시킨 총 입법 건수의 4분의 1을 넘는 성과였다. 게다가 의회의 생산성이 급증한 것을 국민도 알아차린 듯했다. 액스는 소비자 신뢰 지수와 나의 지지율이 둘 다 올라갔다고 보고했다. 나의 메시지나 정책이 달라져서가 아니라 워싱턴이 많은 일을 해냈기 때문이었다. 정당 간의 통상적 주고받기, 이익집단의 밀고 당기기, 은총이자 저주인 타협에 이르기까지 마치 한 달 반의 기간 동안 민주주의가 다시 정상으로 돌아온 것 같았다. 이런 아쉬움이 들었다. 임기 첫 날부터 이런 분위기였다면 더 많은 것을 성취할 수 있지 않았을까? 경제 회복이 훨씬 진척되지 않았을까?

# 7부

# 줄타기

# 25장

2010년 말 중동에서 다음번 대규모 위기가 일어날 가능성이 가장 큰 곳이 어디냐고 누가 묻는다면 손꼽을 나라는 얼마든지 있었다. 가장 먼저 떠오른 곳은 이라크였다. 다소 안정되긴 했지만, 시장 폭탄 테러나 민병대의 공격이 한 번만 일어나도 다시 혼란에 빠져들 것만 같은 때가 한두 번이 아니었다. 이란은 우리가 핵 개발 계획에 대응하여 실시한 국제 제재로 고통을 느끼기 시작했는데, 이란 정권이 저항하거나 자포자기하면 통제 불능의 충돌이 벌어질 가능성이 있었다. 세계에서 가장 운 나쁜 나라 중 하나인 예멘은 알카에다의 아라비아반도 본부가 되었는데, 이곳은 테러 조직망 중에서 가장 활동적이었고 무모했다.

이스라엘과 팔레스타인의 영토를 가르는 서안과 가자 지구의 구불구불한 국경 수백 킬로미터에서도 분쟁이 끊이지 않았다.

비교적 작은 저 땅덩어리 때문에 잠을 설친 미국 행정부는 우리가 처음이 아니었다. 1917년 팔레스타인을 점령하고 있던 영국이 밸푸어 선언으로 아랍인 인구가 절대다수이던 지역에 '유대인의 민족적 터전'을 마련하겠다고 천명한 뒤로 한 세기 가까이 이 지역에서는 아랍인과 유대인의 갈등이 아물지 않은 상처로 남아 있었다. 그 뒤로 20여 년에 걸쳐 시온주의 지도자들은 유대인들을 팔레스타인에 대량으로 이주시켰으며 정착촌을 보호하기 위해 고도로 훈련된 무장 세력을 조직했다. 제2차 세계 대전의 여파가 가시지 않은 1947년, 언어도단의 범죄인 홀로코스트의 그림자 속에서 유엔은 유대 국가와 아랍 국가의 두 주권 국가를 건설하고 (무슬림, 기독교인, 유대인이 모두 성스러운 도시로 여기는) 예루살렘을 국제기구가 관할한다는 분할 계획을 승인했다. 시온주의 지도자들은 이 계획을 받아들였지만 아랍계 팔레스타인인과 식민 지배에서 갓 벗어난 주변 아랍국들은 거세게 반발했다. 영국이 철수하자 양측은 금세 전쟁을 벌였으며, 1948년 유대 민병대가 승전을 선언하면서 이스라엘국이 공식적으로 출범했다.

유대인들에게는 꿈의 실현이었다. 수백 년에 걸친 추방과 종교 박해, 최근의 홀로코스트 비극을 겪은 뒤 마침내 역사적 본향에 나라를 건설한 것이다. 하지만 나라를 잃고 자기네 땅에서 쫓겨난 약 70만 명의 아랍계 팔레스타인인들에게는 똑같은 사건이 나크바Nakba, 즉 '재앙'의 시작이었다. 그 뒤로 30년간 이스라엘은 아랍 주변국들과 잇따라 분쟁을 벌였는데, 그중에서 가장 결정적인 1967년의 6일 전쟁(제3차 중동전쟁)에서는 수적으로 훨씬 열세이던 이스라엘 군대가 이집트, 요르단, 시리아 연합군을 궤멸시켰다. 그 과정에서 이스라엘은 요르단으로부터 서안과 동예루살렘을, 이집트로부터 가자 지구와 시나이반도를, 시리아로부터 골란 고원을 빼앗았다. 이런 패배의 기억과 굴욕감은 아랍 민족주의의 결정적 계기가 되었으며, 팔레스타인의 대의에 대한 지지는 아랍 대외 정책의 핵심적 신조가 되었다.

한편 피점령지에 사는 팔레스타인인들은—대부분 난민촌에 거주했다—이스라엘 방위군의 통제를 받았으며 이동과 경제활동에 심각한 제약을 겪었다. 주민들은 무장 저항을 촉구했고 이는 팔레스타인해방기구(PLO)의 부상으로 이어졌다. 아랍 정치인들은 걸핏하면 노골적 반유대주의 발언을 내뱉으며 이스라엘을 비난했으며, PLO와 그 연계 조직들이 비무장 시민에 대한 유혈 테러 공격의 강도를 높였음에도 중동의 대다수 정부는 야세르 아라파트 PLO 의장을 자유의 투사로 치켜세웠다.

미국은 이 모든 사태에서 결코 방관자의 입장이 아니었다. 유대계 미국인들은 (이 나라에서 여러 세대에 걸쳐 차별받긴 했지만) 서구에서 이스라엘로 이주한 여느 유대인들과 마찬가지로 백인 기독교인 형제들과 언어, 문화, 외모를 공유했으며, 미국 국민은 아랍보다 이들에게 훨씬 공감했다. 해리 트루먼은 외국 지도자 중에서는 처음으로 이스라엘을 주권국으로 공식 인정했으며, 미국 내 유대인 공동체는 미국 관료들을 압박하여 신생국 이스라엘을 지원하게 했다. 냉전 시기 두 초강대국이 중동에서 패권을 놓고 다투는 상황에서 미국은 이스라엘의 주요 후원자가 되었으며 이와 더불어 이스라엘의 주변국 문제는 미국의 문제가 되었다.

그 뒤로 사실상 모든 미국 대통령은 아랍·이스라엘 분쟁을 해결하려고 노력했으며 각각 나름의 성과를 거뒀다. 1978년 지미 카터가 중재한 역사적인 캠프 데이비드 협정은 이스라엘과 이집트의 영구 평화를 달성했으며 시나이반도를 이집트에 돌려주었다. 또한 메나헴 베긴 이스라엘 총리와 안와르 사다트 이집트 대통령에게 노벨 평화상을 안겨준 이 협정으로 이집트는 소련의 궤도에서 더 멀어졌으며, 이스라엘과 이집트 두 나라는 미국의 필수적 안보 파트너가 되었다(또한 미국의 경제·군사 원조를 세계에서 가장, 그것도 독보적으로 많이 받았다). 하지만 팔레스타인 문제는 여전히 해결되지 않은 채였다. 15년 뒤 냉전이 종식되고 미국의 영향력이 정점에 달했을 때 빌 클린턴은 이츠하크 라빈 이스라엘 총리와 아라파트를 불러들여 1차 오슬로 협정을 조인하게 했다. 협정에서 PLO는 마침내 이스라엘의 생존권을 인정했으며, 이스라엘은 PLO를 팔레스타인 국민의 정당한 대표로 인정하는 한편 서안과 가자 지구를 제한적이지만 유의미하게 통치할 팔레스타인자치정부 설립에 동의했다.

또한 오슬로 협정에서는 요르단이 이집트의 본보기를 따라 이스라엘과의 평화 협상을 마무리할 권한을 부여받았으며 팔레스타인 자치 국가의 궁극적 설립을 위한 토대가 마련되었다. 이상적인 상황이었다면 팔레스타인 국가는 이스라엘과 공존하고 이스라엘은 안전을 누리며 주변국들과 평화롭게 지낼 수 있었을 것이다. 하지만 해묵은 상처와, 타협에 반대하는 양측 파벌들이 느끼는 폭력의 유혹은 극복하기 힘들었다. 라빈은 1995년 이스라엘 극우 극단주의자에게 암살당했다. 진보주의자 시몬 페레스가 그의 후임이 되었으나 7개월 만에 치러진 조기 선거에서 베냐민 '비비' 네타냐후에게 패배했다. 네타냐후는 한때 팔레스타인 영토를 완전히 합병한다는 강령을 내걸기도 한 우익 리쿠드당의 당수였다. 하마스와 팔레스타인 이슬람 지하드 같은 강경파 단체들은 오슬로 협정에 불만을 품고서 아라파트와 파타당에 대한 팔레스타인인들의 신뢰를 깎아내리기 시작했으며 아랍 영토를 되찾고 이스라엘을 바닷속에 처넣겠다며 무장투쟁을 촉구했다.

1999년 선거에서 네타냐후가 패배한 뒤 진보적인 후임자 에후드 바라크는 과거 이스라엘의 제안들보다 전향적인 2국가 해법(1967년 '6일 전쟁' 이전의 국경선을 기준으로 이스라엘과 팔레스타인이 각각 독립 국가를 건설하여 평화롭게 공존하도록 하는 방안_옮긴이)을 제시하는 등 중동에 폭넓은 평화를 정착시키려고 노력했다. 하지만 아라파트는 더 많은 양보를 요구했으며 회담은 비방전 속에 무산되었다. 한편 2000년 9월 어느 날 아리엘 샤론 리쿠드당 당수가 이스라엘 의원들을 이끌고 이슬람에서 가장 성스러운 장소 중 하나인 예루살렘 성전산을 대대적으로 방문했다. 의도적 도발이었다. 이스라엘의 영토 확장을 위해 계획된 이 쇼는 바라크의 지도력에 대한 도전이었으며 모든 아랍국을 격분시켰다. 넉 달 뒤 샤론은 이스라엘의 차기 총리가 되었는데, 그의 재임기에 제2차 인티파다(아랍어로 '민중 봉기'를 뜻하며 팔레스타인의 반反이스라엘 투쟁을 통칭한다_옮긴이)가 벌어졌다. 4년간 양측의 폭력이 이어졌는데, 돌을 던지는 시위대를 향해 최루가스와 고무탄이 발사되고, 이스라엘의 나이트클럽과 (노인과 학생이 타고 있던) 버스에서 팔레스타인 자살 폭탄이 터졌다. 이스라엘 방위

군은 무시무시한 보복 공격을 벌이고 팔레스타인인 수천 명을 마구잡이로 체포했으며, 하마스가 가자에서 이스라엘 국경 도시로 로켓을 발사하자, 미국에서 제공한 이스라엘의 아파치 헬리콥터가 인근 지역을 초토화했다.

수십 명의 어린이를 비롯하여 대략 1000명의 이스라엘인과 3000명의 팔레스타인인이 이 기간에 목숨을 잃었다. 폭력이 잦아든 2005년 즈음에는 근본적 갈등을 해결할 전망이 전혀 새로운 국면에 접어들었다. 부시 행정부는 이라크, 아프가니스탄, 테러와의 전쟁에 몰두한 탓에 중동 평화를 걱정할 여력이 없었으며, 부시는 2국가 해법을 공식적으로 지지하면서도 샤론을 압박하기를 꺼렸다. 사우디아라비아를 비롯한 걸프 나라들은 대외적으로는 팔레스타인의 대의를 여전히 지지했지만, 이란의 영향력을 억제하고 자신들의 정권에 대한 극단주의의 위협을 분쇄하는 데 점점 많은 관심을 쏟았다. 팔레스타인인들은 2004년 아라파트 사후에 분열되었다. 가자는 하마스의 통제하에 들어갔다가 금세 이스라엘에 엄격한 봉쇄 조치를 당했으며, 서안을 여전히 통치하던 파타당 주도의 팔레스타인자치정부는 일부 지지자들이 보기에도 무능하고 부패했다.

가장 중요한 사실은 평화 회담에 대한 이스라엘의 태도가 강경해졌다는 것인데, 여기에는 이스라엘이 평화 없이도 안전과 번영을 구가하게 된 탓도 있었다. 많은 미국인에게 키부츠 공동체 생활과 생필품 배급으로 기억되는 1960년대 이스라엘은 이제 현대식 경제 강국으로 탈바꿈했다. 이스라엘은 더는 적대적인 골리앗들에 둘러싸인 용감한 다윗이 아니었다. 수백억 달러에 이르는 미국의 군사 원조 덕에 이스라엘군은 중동 최강의 전력을 보유하게 되었다. 이스라엘 내에서는 폭탄 테러와 공격이 사라지다시피 했는데, 여기에는 이스라엘이 서안의 팔레스타인 인구 밀집 지역을 차단하는 약 644킬로미터의 장벽을 세우고 장벽 곳곳에 검문소를 전략적으로 배치하여 팔레스타인 노동자들의 이스라엘 출입을 통제한 것도 한몫했다. 그럼에도 가자에서 발사된 로켓은 이스라엘 국경

도시에 사는 사람들을 여전히 위협했으며, 서안의 유대계 이스라엘인 정착민 때문에 이따금 유혈 충돌이 벌어졌다. 하지만 예루살렘이나 텔아비브에 사는 대다수 주민에게 팔레스타인인은 보이지 않는 존재였으며 그들의 투쟁과 울분은 심란하기는 하지만 자신과 동떨어진 문제였다.

내가 대통령이 되었을 때 이 모든 문제가 이미 산적해 있었기에, 이스라엘과 팔레스타인 파벌들 사이의 폭력이 재발하는 것만 방지하고 나머지 문제들은 내버려둔 채 현 상태를 관리하는 데 주력하고픈 유혹을 느꼈다. 하지만 더 폭넓은 관점에서 대외 정책을 고려했더니 그럴 수는 없다는 판단이 들었다. 이스라엘은 미국의 주요 우방국이었으며, 위협이 감소했다지만 테러 공격이 벌어져 이스라엘 국민과 이스라엘에 거주하거나 여행하는 미국인 수천 명을 위험에 빠뜨리고 있었다. 그와 동시에 세계 모든 나라는 이스라엘이 팔레스타인 영토를 점령하고 있는 것이 국제법 위반이라고 생각했다. 그리하여 우리 외교관들은 이스라엘의 조치에 반대하면서도 이스라엘을 옹호해야 하는 난감한 입장에 처했다. 또한 미국 관료들은 인권을 내세워 중국이나 이란 같은 나라를 압박하면서 팔레스타인의 권리를 등한시하는 것은 위선 아니냐는 질문에 답해야 했다. 한편 이스라엘의 팔레스타인 점령은 아랍권을 계속해서 격분시켰으며 이슬람권 전역에서 반미 정서를 부추겼다.

말하자면 이스라엘과 팔레스타인이 평화롭게 공존하지 않으면 미국의 안전이 위협받을 수밖에 없었다. 달리 말하자면 양측이 협상하여 실현 가능한 해법을 도출하도록 하면 우리의 안보 입지를 강화하고 적들을 약화시키고 우리가 전 세계에서 인권 증진을 위해 벌이는 노력의 신뢰성을 높일 수 있었다. 그야말로 일거삼득이었다.

사실 이스라엘·팔레스타인 분쟁은 개인적인 의미가 있었다. 내가 어머니에게서 맨 처음 배운 도덕적 가르침 중에는 홀로코스트와 관련된 것도 있었는데, 어머니는 홀로코스트가 잔인무도한 만행이며 노예제처럼 타인의 인간성을 인식하지 못하거나 인식하려 들지 않는 데 그 뿌리가 있기 때문이라고 설명했다. 우리 세대의 여느 미국인 아이들과 마찬가지로, 1947년 엑소더스 이야기는 내 뇌리에 깊이 새겨졌다. 6학년이 되었을 때 키부츠에서 산 적이 있던 유대인 캠프 지도자의 말을 듣고서 이스라엘에 환상을 품었다. 이스라엘은 모두가 평등하고 모두가 배려받고 모두가 세상을 개조하는 기쁜 투쟁에 참여할 수 있는 나라라고 그는 말했다. 고등학교에서는 유대인 작가 필립 로스, 솔 벨로, 노먼 메일러의 작품을 탐독하며, 자신을 환영하지 않는 미국에서 자리를 찾으려 애쓰는 사람들의 사연에 감동했다. 훗날 대학에서 초창기 민권운동을 공부할 때는 마르틴 부버 같은 철학자들이 킹 목사의 설교와 저작에 미친 영향을 탐구했다. 유대인 유권자들이 다양한 사안에서 어느 민족 집단보다 진보적인 성향을 보이는 것에도 감명받았다. 시카고에서 나의 가장 충실한 친구와 지지자들 중 상당수는 유대인 공동체 출신이었다.

나는 추방과 고통을 겪고서도 정의를 향한 집단적 갈망을 통해 결국 이를 해소한 이야기, 타인에 대한 깊은 연민, 고양된 공동체 의식 등 흑인의 경험과 유대인의 경험 사이에 기본적 연관성이 있다고 생각했다. 이 때문에 나는 유대인이 자신의 국가를 가질 권리를 열렬히 옹호했지만, 아이러니하게도 바로 그 공통의 가치 때문에 점령지 팔레스타인인들의 고통도 무시할 수 없었다.

물론 아라파트의 전술 중에는 혐오스러운 점도 많았다. 팔레스타인 지도자들이 평화의 기회를 날려버린 경우도 허다했다. 그들에게는 이스라엘 여론을 움직일 도덕적 힘을 가지고 비폭력 운동을 조직할 수 있는 하벨이나 간디 같은 인물이 전혀 없었다. 하지만 독재국가의 국민들조차 향유하는 자결권과 여러 기본권을 수백만 팔레스타인인이 누리지 못하고 있다는 사실은 부정할 수 없었다. 그들은 빈궁하고 옥죄인 세상에서 말 그대로 '탈출할 수 없이' 수 세대를 살았다. 그들의 일상생활을 지배하는 것은 멀리 있고 종종 적대적인 정권의 변덕이었으며, 검문소를 지날 때마다 무표정한 얼굴에 소총을 멘 군인들에게 의심의 눈초리를 받으며 서류를 보여줘야 했다.

내가 취임할 즈음 의회 공화당은 팔레스타인인들이 겪는 일에 관심을 보이는 시늉조차 하지 않았다. 공화당의 가장 든든한 텃밭인 백인 복음주의자의 절대다수는 이스라엘의 건국과 점진적 확장이 하느님께서 아브라함에게 하신 약속의 실현이요, 그리스도의 궁극적 재림을 예고한다고 믿었다. 한편 민주당 쪽에서는 굳건한 진보주의자들조차 공화당 못지않게 이스라엘 편을 들었다. 무엇보다 그들 상당수가 유대인이거나 적잖은 유대인 유권자를 대변하고 있었다.

또한 양당 의원들은 미국이 이스라엘을 확고하게 지지하도록 하는 일에 전념하는 막강한 초당적 로비 단체인 미국이스라엘공공문제위원회(AIPAC)와 척질까 봐 전전긍긍했다. AIPAC은 사실상 미국의 모든 지역구에 영향력을 행사했으며, 회원들은 나를 비롯한 워싱턴의 모든 정치인의 핵심 지지자이자 후원자였다. 예전에는 이 단체가 중동 평화에 관한 다양한 견해를 포용하기도 했지만, 이스라엘 정치가 오른쪽으로 치우치면서 AIPAC의 정책 노선도 우회전했다. 이전에 이들이 지지(또는 후원)의 대가로 주로 내건 요구 사항은 미국의 지속적인 대對이스라엘 원조를 지지하고 유엔을 비롯한 국제기구를 통해 이스라엘을 고립시키거나 비난하려는 시도에 반대하라는 것이었다. 하지만 이제 AIPAC의 직원과 지도부는 미국 정부와 이스라엘 정부 사이에 견해차가 있어선 안 된다고 주장했으며, 이스라엘이 미국의 정책에 반하는 행동을 할 때는 더더욱 이스라엘 편을 들라고 요구했다. 이스라엘 정책을 너무 요란하게 비판했다가는, '반이스라엘'(어쩌면 반유대인)이라는 꼬리표가 붙어 다음 선거에서 두둑한 선거 자금을 후원받는 적수와 맞붙을 위험이 있었다.

나는 대통령 선거에서 AIPAC에 밉보인 처지였다. 나의 유대인 지지자들은, 시나고그에서나 이메일을 통해 내가 이스라엘을 충분히 지지하지 않는다는—심지어 적대시한다는—주장이 유포되고 있다고 말했다. 이런 귓속말 캠페인은 나의 특정한 입장 때문이라기보다는(나는 다른 후보들처럼 2국가 해법을 찬성하고 이스라엘 정착촌을 반대했다) 팔레스타인 일반인들에 대한 관심 표명, 운동가이자 중동 연구자인 라시드 칼리디를 비롯하여 이스라엘의 정책을 비판하는 사람들과의 교분, 벤이 직설적으로 표현했듯 "흑인에다 이름이 무슬림식이면서 루이스 파라칸과 같은 동네에 살고 제러마이아 라이트의 교회에 다녔다"는 사실 때문이었다. 선거 당일 나는 유대인 표의 70퍼센트 이상을 얻었지만, 많은 AIPAC 회원이 보기에는 수상한 사람, 두 주군을 섬기는 사람, (액스의 친구가 적나라하게 표현했듯) 이스라엘을 "키슈케스kishkes로부터" 지지하지 않는 사람이었다 ('키슈케스'는 이디시어로 '뱃속'을 뜻한다).

람은 2009년에 이렇게 경고했다. "미국 대통령과 이스라엘 총리의 정치적 배경이 다르면 평화를 진척시킬 수 없습니다." 얼마 전 비비 네타냐후가 이스라엘 총리로 복귀한 일을 이야기하던 중이었다. 리쿠드당이 맞수인 중도파 카디마당보다 한 석 뒤졌음에도 우파 연립정부를 꾸리는 데 성공한 덕이었다. 이스라엘군에서 민간인 자원봉사자로 잠깐 일했고 빌 클린턴의 오슬로 협상에서 최일선 실무를 진행한 람은 상황 악화를 막기 위해서라도 이스라엘·팔레스타인 평화 회담을 재개해야 한다는 데 동의했다. 하지만 낙관하진 않았다. 나 또한 네타냐후와 그의 팔레스타인 쪽 상대인 마무드 아바스와 시간을 보낼수록 그 이유를 실감했다.

라인배커(미식축구 수비수_옮긴이)의 체구에 각진 턱, 넓은 이목구비, 대머리를 감추려고 올려 빗은 은발의 소유자 네타냐후는 똑똑하고 영리하고 강인했으며 히브리어와 영어를 능수능란하게 구사했다. (이스라엘에서 태어났지만 청소년기의 대부분을 필라델피아에서 보낸 그의 매끄러운 바리톤 음성에는 이 도시의 억양이 남아 있었다.) 그의 가문은 시온주의 운동에 깊이 관여했다. 랍비인 그의 할아버지는 1920년에 폴란드에서 영국령 팔레스타인으로 이주했으며, 그의 아버지는 스페인 종교재판 시기의 유대인 박해에 대한 저술로 널리 알려진 역사학 교수로 이스라엘 건국 이전에 시온주의 운동 내 전투적 분파의 지도자였다. 네타냐후는 세속주의적 가정에서 자랐지만 이스라엘 국방에 대한 아버지의 헌신적 태도를 물려받았다. 그는 이스라엘 방위군 특수부대에서 복무했으며 1973년 욤키푸르 전쟁에 참전했다. 그의 형은 1976년 전설적인 엔테베 구출 작전에서 전사했다. 이 작전에서 이스라엘 특공대 대원들은 팔레스타인 테러리스트들에게 납치된 에어 프랑스 여객기 승객 102명을 구출했다.

아랍을 향한 아버지의 노골적 적개심('아랍인은 분쟁을 일으키려는 성향을 타고났다. 아랍인은 본질적으로 적이다. 그들의 성격은 타협도 협상도 허락하지 않는다')까지 물려받았는지는 판단하기 어려웠다. 분명한 사실은 그가 강자의 이미지를 내세우고 있으며, 유대인이 한가롭게 신앙에 몰두할 때가 아니라는—억센 이웃 나라들에 둘러싸여 있으므로 이스라엘도 억세져야 한다는—메시지를 토대로 정치적 페르소나를 구축했다는 것이다. 이 철학 때문에 그는 AIPAC에서 가장 강경한 자들뿐 아니라 공화당 공직자, 부유한 미국 우익들과 어깨를 나란히 했다. 네타냐후는 목적에 부합할 때면 매력을 발산하거나 적어도 아부를 떨 줄 알았다. 이를테면 내가 연방상원의원에 당선된 직후 그는 나를 만나려고 시카고 공항 라운지까지 찾아와서는 내가 일리노이 주의회 시절에 사소한 친이스라엘 법안을 지지한 일을 떠들썩하게 치켜세웠다. 하지만 그는 유대인의 최고 수호자를 자처하면서 권력욕을 정당화했으며, 미국의 정치와 매체에 빠삭했기에 우리 같은 민주당 행정부가 어떤 압박을 가해도 주눅 들지 않을 배짱이 있었다.

우리는 세계관이 전혀 달랐지만 그와 초창기에 나눈 대화는—전화 통화도 했고 그가 워싱턴을 방문하기도 했다—화기애애했다. 그는 (자신이 이스라엘 안보의 최대 위협으로 여기는) 이란에 대한 논의를 무척 흥미로워했고, 우리는 테헤란이 핵무기를 손에 넣지 못하도록 협력하기로 합의했다. 하지만 내가 팔레스타인과 평화 회담을 재개할 가능성을 제기하자 대화를 피하는 기색이 역력했다.

네타냐후가 말했다. "분명히 말씀드리지만 이스라엘은 평화를 바랍니다. 하지만 참된 평화는 이스라엘의 안보에 이바지해야 합니다." 그는 아바스에게 평화 회담의 의지도 능력도 없다는 자신의 판단을 분명히 피력했으며, 이를 공공연히 강조했다.

나는 그의 의중을 이해할 수 있었다. 네타냐후가 평화 회담 재개를 꺼리는 이유는 이스라엘의 힘이 커지고 있었기 때문이었다. 반면에 아바스 팔레스타인 대통령이 회담을 꺼리는 이유는 정치적으로 수세에 몰려 있었기 때문이었다. 백발에 콧수염을 길렀으며 태도가 온화하고 동작이 신중한 아바스는 아라파트의 파타당 창립을 도왔으며, 카리스마적 당수 아라파트의 그늘에서 외교와 행정에 주력했다. 파타당은 훗날 PLO의 주역이 되었다. 아라파트 사후에 미국과 이스라엘이 그를 팔레스타인 지도자로 선호한 첫 번째 이유는 그가 이스라엘을 확고하게 인정하고 오랫동안 폭력을 거부했기 때문이다. 하지만 타고난 신중함을 발휘하고 이스라엘 안보 기구와 기꺼이 협력하다가―행정부 내의 부패 추문은 말할 것도 없었다―자국민에게는 신망을 잃었다. 이미 2006년 의원 선거에서 가자의 통제권을 하마스에 내준 탓에 그는 위험을 감수하면서까지 이스라엘과 평화 회담을 추진할 의사가 없었다(적어도 자신에게 정치적 보호막이 되어줄 실질적 양보를 얻어내지 못하는 한).

당장의 문제는 네타냐후와 아바스를 어떻게 구슬려 협상 테이블에 앉히느냐였다. 나는 해법을 모색하기 위해 유능한 외교 인력을 동원했다. 힐러리는 무엇보다 이 문제에 정통했으며 이미 중동의 많은 주요국과 친분을 맺고 있었다. 나는 이 문제가 나의 우선순위임을 강조하기 위해 상원 다수당 대표를 지낸 조지 미첼을 중동 평화 특사로 임명했다. 미첼은 역전의 용사였다. 메인주 억양이 두드러진 그는 거침없고 실용주의적인 정치인으로, 북아일랜드의 구교와 신교 사이의 수십 년 묵은 갈등을 종식한 1998년 성금요일 협정(벨파스트 협정)을 중재하여 조정자로서 솜씨를 입증했다.

우리는 우선 양측의 진지한 협상을 가로막는 주된 걸림돌인 서안의 신규 정착촌 건설을 잠정적으로 동결하라고 이스라엘에 요구했다. 정착촌 건설은 한때 유대교 신자들의 소규모 전초 기지에 국한되었으나 시간이 지나면서 사실상 정부 정책으로 확대되었으며, 2009년에는 약 30만 명의 이스라엘 정착민이 공식 국경의 바깥에 거주하고 있었다. 한편 개발업자들은 서안과 동예루살렘 안팎에 소규모 필지를 계속 건설했는데, 동예루살렘은 주민의 대부분이 아랍인이며 팔레스타인의 수도로 예정된 분쟁 지역이었다. 정착촌 건설을 후원하는 정치인들은 정착 운동의 종교적 신념을 공유하거나 정착민들에게 영합하여 정치적 이익을 꾀하거나, 아니면 단순히 이스라엘의 주택 문제를 해소하고 싶어 하는 자들이었다. 팔레스타인 입장에서 폭발적인 정착촌 증가는 자신들의 땅이 시나브로 합병된다는 뜻이었으며 팔레스타인자치정부의 무능을 상징했다.

우리는 네타냐후가 동결 방안을 거부할 수도 있음을 알았다. 정착민들은 중요한 정치 세력이 되었으며 정착 운동은 네타냐후 연립정부 내에서 확고한 세를 얻고 있었다. 게다가 그는 우리가 팔레스타인에 대가로 요구할 선의의 제스처―아바스와 팔레스타인자치정부가 서안 내에서의 폭력 선동을 중단하기 위해 취하는 구체적 조치―를 평가하기가 매우 힘들다고 불평할 것이 뻔했다. 하지만 이스라엘과 팔레스타인 사이에 존재하는 힘의 불균형을 참작하면―어쨌거나 이스라엘은 원하는 것 대부분을 아바스로부터 쉽게 빼앗을 수 있었다―힘센 쪽에 평화를 위한 더 큰 첫걸음을 요구하는 것이 합리적이었다.

예상대로 우리가 제안한 정착촌 동결에 대한 네타냐후의 첫 반응은 무척 부정적이었으며 워싱턴에 있는 그의 뒷배들은 대뜸 우리가 미국·이스라엘 동맹을 약화시킨다고 공공연히 비난했다. 백악관 전화통에 불이 났다. 기자, 미국 내 유대인 단체 지도자, 유력 지지자, 의원들이 국가안보팀에 전화하여, 팔레스타인의 폭력이 평화의 주된 걸림돌이라는 사실을 모르는 사람이 없는데 왜 애먼 이스라엘을 괴롭히고 정착촌을 문제 삼느냐고 타박했다. 어느 날 오후 벤이 허겁지겁 회의실에 들어왔다. 격분한 진보파 민주당 의원에게 족히 한 시간은 전화로 시달리고 나서 망연자실한 표정이었다.

내가 말했다. "그는 정착에 반대하는 쪽 아니던가요?"

벤이 말했다. "맞습니다. 그런데 우리가 정착을 중단시키는 것에도 무조건 반대하더군요."

이런 압박이 2009년 내내 이어졌다. 내 '키슈케스'에 의문을 제기하는 사람도 많았다. 우리는 유대인 단체 지도자나 의원들을 주기적으로 백악관에 초대하여 면담했다. 이스라엘의 안보와 미국·이스라엘 관계에 대한 우리의 의지가 확고함을 보여주기 위해서였다. 간단한 논리였다. 정착촌 동결을 놓고 나와 네타냐후의 견해가 다르긴 했지만 나는 미국·이스라엘의 전반적 협력을 강화하겠다는 약속을 이행하여, 이란의 위협에 맞서고 '아이언 돔'(가자나 레바논 내 헤즈볼라 근거지에서 날아오는 시리아제 로켓을 격추하기 위한 이스라엘의 대공 방어 체계_옮긴이) 개발에 자금을 지원했다. 그럼에도 네타냐후가 지휘한 소음은 그의 의도대로 우리의 시간을 잡아먹고 우리를 수세에 몰았다. 나는 이스라엘 총리와 정책에 대한 견해가 다르면—심지어 허약한 연립정부를 이끌고 있는 총리인데도—영국, 독일, 프랑스, 일본, 캐나다를 비롯한 어떤 우방과의 관계에서도 겪은 적 없는 정치적 대가를 국내에서 치른다는 사실을 절감했다.

하지만 2009년 6월 초 나의 카이로 연설 직후 네타냐후는 한 연설에서 처음으로 2국가 해법에 대한 조건부 지지를 선언하여 내 제안에 화답함으로써 진전으로 향하는 문을 열었다. 몇 달간 실랑이를 벌인 끝에 마침내 그와 아바스는 해마다 세계 정상이 모이는 9월 말 유엔총회에서 나와 얼굴을 맞대고 논의하기로 합의했다. 두 사람은 서로를 정중하게 대했지만(네타냐후는 말이 많고 여유로워 보인 반면에 아바스는 이따금 고개를 끄덕일 때 말고는 시종 무표정했다) 평화를 위해 약간의 손해를 감수하라는 나의 조언은 들은 체 만 체했다. 두 달 뒤 네타냐후는 서안의 신규 정착촌 건설 허가를 10개월간 동결하는 데 동의했다. 하지만 동결 조치를 동예루살렘 으로 확대하라는 제안은 대뜸 거부했다.

네타냐후의 양보가 가져다준 낙관은 금세 사라졌다. 그가 잠정적 동결 을 선언하자마자 아바스는 동예루살렘이 빠진 것과 기존에 승인된 건설 사업들이 여전히 속속 진행되는 것에 불만을 제기하며 동결 조치가 무의 미하다고 일축했다. 그는 전면 동결이 이루어지지 않으면 어떤 회담에도 참석하지 않겠다고 우겼다. 다른 아랍 정상들도 냉큼 이런 분위기에 가 세했다. 알자지라의 논평이 이를 부추겼다. 카타르의 언론 매체로 중동 지역의 대표적 뉴스 공급원이 된 알자지라는 폭스 뉴스가 미국에서 보수 적 백인 유권자들을 솜씨 좋게 요리한 것과 똑같이 정교한 알고리즘을 구사하여 아랍인들 사이에서 분노와 울분을 부채질함으로써 인기를 끌 었다.

조 바이든이 이스라엘을 친선 방문한 2010년 3월, 공교롭게도 이스라 엘 내무장관이 동예루살렘 주택 1600채의 신규 건설을 승인한다고 발표 하면서 상황이 더 꼬이고 말았다. 네타냐후는 총리실이 승인 시기 결정에 관여하지 않았다고 주장했지만 이번 조치로 동결이 속임수고 미국도 한 패라는 팔레스타인의 선입견이 더욱 커졌다. 힐러리에게 네타냐후에게 전화하여 나의 불편한 심기를 전하라고 지시했으며, 이스라엘 정부가 정 착촌 확장에 더 신중해야 한다는 주장을 재차 강조했다. 하지만 그달 워 싱턴에서 열린 AIPAC 연례 회의에서 그가 내놓은 "예루살렘은 정착촌이 아니라 우리의 수도입니다"라는 대답은 우레와 같은 박수갈채를 받았다.

이튿날 네타냐후와 나는 백악관에서 마주 앉았다. 나는 커져가는 긴장 을 외면한 채, 정착촌 건설 승인 발표가 단지 오해였다는 변명을 받아들 였으며 우리의 논의는 정해진 시간 동안 순조롭게 진행되었다. 나는 다 른 약속이 있었는데, 네타냐후가 몇 가지 더 논의하고 싶다고 하기에, 한 시간 있다가 대화를 재개하자며 그동안 그의 대표단이 루스벨트 룸에 다시 모일 수 있도록 조치하겠다고 말했다. 그는 기꺼이 기다리겠다고 말했으며, 두 번째 회의를 마친 그날 저녁 우리는 두 시간여의 만남을 화기 애애한 분위기에서 마무리했다. 하지만 이튿날 람이 집무실에 들이닥치더니 내가 네타냐후를 고의로 기다리게 하여 모욕했다는 언론 보도를 내밀었다. 내 개인적 반감 때문에 미국과 이스라엘의 중대한 관계에 피해를 끼쳤다는 것이었다.

나는 람에게 험한 말을 한 적이 거의 없었지만 그때만은 참을 수 없었다.

이따금 그때를 돌이켜보면서 '지도자 개개인의 성격이 역사 발전에 어떤 영향을 미치는가'라는 유서 깊은 질문을 곱씹는다. 권력의 자리에 오르는 사람들은 깊고 무정한 시간이 흘러가는 수로에 불과할까, 아니면 앞으로 일어날 일에 부분적으로나마 저자로서 참여하는 것일까? 우리의 불안과 희망, 어릴 적 트라우마나 뜻밖의 도움을 받은 기억이 기술 변화나 사회경제적 추세만큼 위력을 발휘하는지 궁금하다. 힐러리 클린턴 대통령이나 존 매케인 대통령이라면 양편으로부터 더 큰 신뢰를 얻어냈을까. 네타냐후 아닌 다른 사람이 총리 자리를 차지했거나 아바스가 더 젊었고 비판을 모면하는 데 급급하기보단 족적을 남기고 싶어 했다면 상황이 다르게 전개되었을까.

내가 아는 것은 힐러리와 조지 미첼이 왕복 외교에 많은 시간을 들였음에도 평화 회담 계획은 2010년 8월까지 한 발짝도 나아가지 못했다는 사실이다. 정착촌 동결 해제를 고작 한 달 앞둔 그 시점에 아바스가 마침내 직접 대화에 동의했는데, 여기에는 호스니 무바라크 이집트 대통령과 압둘라 요르단 국왕의 중재가 큰 몫을 했다. 하지만 아바스는 회담에 참석하는 조건으로 이스라엘이 정착촌 동결을—자신이 지난 아홉 달 동안 무의미하다고 매도한 바로 그 동결을—유지하려는 의지를 보여야 한다고 고집했다.

한시도 지체할 수 없었기에 9월 1일 우리는 회담을 개시하기 위한 회의 겸 비공식 백악관 만찬에 네타냐후, 아바스, 무바라크, 압둘라를 초대했다. 그날 일정은 대체로 형식적이었다(협상을 타결하는 고된 작업은 힐러리와 미첼, 협상팀 몫이었다). 그래도 우리는 모든 순서에 사진 촬영과 언론취재를 진행했으며 최선을 다해 팡파르를 울렸다. 네 정상이 모인 분위기는 시종일관 화기애애했다. 나한테는 우리 다섯 사람이 무바라크 대통령의 시계를 보면서 해가 공식적으로 졌는지 확인하는 사진도 있다. 그때가 이슬람교 라마단월이었기에 율법으로 규정된 단식이 해제되어야 다들 만찬장에 앉을 수 있기 때문이었다.

올드 패밀리 다이닝 룸의 은은한 조명 아래서 우리는 돌아가며 미래에 대한 구상을 이야기했다. 우리는 베긴과 사다트, 라빈과 요르단 국왕 후세인 등 오랜 분열을 해소할 용기와 지혜를 발휘한 전임자들을 이야기했다. 끝없는 갈등의 대가, 집에 돌아오지 못하는 아버지들, 자녀를 묻은 어머니들을 이야기했다.

외부인이 보기엔 희망찬 순간, 새로운 시작 같았을지도 모르겠다.

하지만 그날 밤 늦게, 만찬이 끝나고 정상들이 호텔로 돌아간 뒤 트리티 룸에 앉아 이튿날 브리핑 자료를 살펴보면서 막연한 불안감을 떨칠 수 없었다. 연설, 담소, 살가운 친밀감 이 모든 것이 **너무** 편안하게, 마치 의식儀式처럼 느껴졌다. 변화를 일으킬 수 있다고 믿는 미국 대통령을 어르기 위해 그들이 수십 번은 보여주었을 연기였다는 생각이 들었다. 배우들이 무대 뒤에서 의상을 벗고 분장을 지우듯 그들이 악수를 나눈 뒤에 자신이 아는 세상으로 돌아가는 상상을 했다. 네타냐후는 분쟁의 책임을 아바스의 허약함 탓으로 돌리면서도 그를 계속 허약하게 만들려고 갖은 노력을 다하는 세상으로, 아바스는 이스라엘의 전쟁 범죄를 공공연히 비난하면서도 남몰래 이스라엘과 사업 계약을 협상하는 세상으로, 아랍 정상들은 점령지 팔레스타인인들이 겪는 불의를 개탄하면서도 자신의 권력을 위협할지도 모르는 반대 세력과 불평분자들을 자신의 치안 병력으로 발본색원하는 세상으로 돌아간다. 그리고 모든 아이들을 생각했다. 가자에서든 이스라엘 정착촌에서든 카이로와 암만의 길거리에서든 폭력과 억압과 두려움에 시달리고 증오를 부추김당하며 자라는 아이들. 이렇게 된 이유는 내가 만난 지도자들이 마음속 깊숙한 곳에서는 다른 어떤 세상도 가능하다고 생각지 않기 때문이었다.

환상 따윈 없는 세상—그들은 자신들의 세상을 이렇게 불렀을 것이다.

팔레스타인과 이스라엘은 대면 평화 회담을 단 두 차례 열었다. 첫 번째는 백악관 만찬 이튿날 워싱턴에서 만났고, 두 번째는 열이틀 뒤 이집트의 휴양 도시 샤름엘셰이크에서 무바라크의 중재하에 양자 대화를 나누고서 네타냐후의 예루살렘 관저로 자리를 옮겼다. 힐러리와 미첼은 실질적 논의가 이루어졌으며 미국이 양쪽에 당근을 제시했다고 보고했다. 그중에는 원조 확대도 있었고, 심지어 이스라엘을 위해 스파이 행위를 벌여 많은 이스라엘 우익의 영웅이 된 미국인 조너선 폴러드의 조기 석방도 고려되었다.

하지만 아무 소용 없었다. 이스라엘은 정착촌 동결을 연장하기를 거부했으며 팔레스타인은 협상에서 철수했다. 2010년 12월이 되자 아바스는 유엔에 가서 팔레스타인 국가를 승인받고 국제형사재판소에 가서 가자의 전쟁범죄 혐의로 이스라엘을 기소하겠다고 으름장을 놨다. 네타냐후는 팔레스타인자치정부를 더 괴롭힐 거라고 협박했다. 조지 미첼은 북아일랜드 분쟁을 종식하는 협상에서 "700일간 죽 쑤다가 단 하루 운이 따랐다"라며 시야를 넓히라고 주문했다. 그럼에도, 적어도 단기적으로는 평화 협상의 창문이 닫힌 것만 같았다.

그 뒤로 몇 달간 아바스와 네타냐후, 무바라크와 압둘라 국왕과의 만찬을, 그 광대놀음을, 그들의 의지박약을 종종 떠올렸다. 중동의 낡은 질서가 영영 유지될 거라 주장하는 것, 절망에 빠진 아이들이 그 질서를 유지하는 자들에 맞서 떨쳐 일어날 리 만무하다고 믿는 것, 알고 보니 그것이야말로 더없이 커다란 환상이었다.

백악관에서 우리는 북아프리카와 중동이 맞닥뜨린 장기적 난제를 자주 논의했다. 경제 다각화에 실패한 산유국들의 석유 매장량이 고갈되면 무슨 일이 벌어질지 자문했다. 여성과 여자아이들이 학교에 가지 못하고 일자리를 얻지 못하고 심지어 자동차를 운전하지도 못하게 하는 억압을 개탄했다. 성장 정체와 이 때문에 아랍어권 젊은이들이 겪는 엄청난 피해를 눈여겨보았다. 중동 인구의 약 60퍼센트는 서른 살 미만이었는데, 이들의 실업률은 나머지 세계의 두 배에 이르렀다.

무엇보다 거의 모든 아랍 정부가 독재적이고 억압적이라는 사실이 우려스러웠다. 이 나라들에는 참된 민주주의가 없을 뿐 아니라 권력을 쥔 자들은 국민에게 아무런 책임감을 느끼지 않는 듯했다. 나라마다 여건은 달랐지만 대다수 지도자들이 권력을 유지하는 방법은 정치 참여와 정치적 표현의 제한, 경찰이나 치안 병력을 통한 일상적 위협과 감시, 제 역할을 못하는 사법 체계와 적법 절차 보장의 미비, 부정선거(선거를 아예 치르지 않는 경우도 있었다), 기득권이 된 군부, 엄격한 언론 검열, 만연한 부패 같은 낡은 수법이었다. 상당수 정권은 수십 년간 건재했는데, 이를 지탱한 것은 민족주의적 호소, 공유된 신앙, 부족적 연대, 가문의 결합, 정경 유착의 그물이었다. 반대파 탄압과 지독한 무기력의 결합은 이 정권들을 한동안 유지하기에 충분했을 것이다. 하지만 우리 정보기관들이 테러망의 움직임을 추적하는 데 치중하고 우리 외교관들이 '아랍 길거리'에서 벌어지는 일에 그다지 주목하지 않았음에도, 평범한 아랍인들 사이에서 불만이 커진다는 징후가 드러나고 있었다. 이런 좌절감을 표출할 합법적 배출구가 없다면 말썽이 벌어지겠다는 우려가 들었다. 나는 첫 중동 방문에서 돌아와 데니스에게 이렇게 말했다. "언젠가 어디선가 일이 터질 것 같아요."

그걸 안다면 무엇을 해야 하나? 문제는 거기에 있었다. 반 세기 넘도록 미국의 중동 정책은 안정을 유지하고 석유 공급에 차질이 없도록 적국(처음에는 소련, 다음에는 이란)의 세력 확장을 저지하는 데 초점을 맞췄다. 9.11 이후에는 대테러 활동이 무대 중앙을 차지했다. 이 목표들을 추구할 때마다 미국은 독재자들과 동맹을 맺었다. 그들은 적어도 예측 가능했으며 현상 유지는 그들의 이해관계와도 맞아떨어졌다. 그들은 미국의 군사기지를 유치했고 미국의 대테러 활동에 협력했다. 물론 미국 기업들과 거래도 많이 했다. 중동에 있는 미국의 국가 안보 기구들은 그들의 협력에 의존했으며 그들과 속속들이 얽히는 경우가 비일비재했다. 펜타곤이나 랭글리(CIA 본부가 있는 도시_옮긴이)에서 올라오는 보고서는 미국이 중동 파트너를 상대할 때 인권과 지배 구조 문제에 더 관심을 기울여야 한다고 권고할 때가 많았다. 하지만 그럴 때마다 사우디아라비아가 미국행 화물기에 폭발물이 실릴 거라는 중요 첩보를 제공하거나 바레인의 미국 해군기지가 호르무즈 해협에서 이란과의 충돌에 대처하는 데 필수적인 시설임이 드러났고, 그 보고서들은 서랍 맨 밑에 처박혔다. 중동에서 민중 봉기가 일어나 우방국 중 하나가 무너질지도 모른다는 가능성에 대한 미국 정부의 전반적인 반응은 체념이었다. 물론 지독한 허리케인이 멕시코만을 덮치거나 대지진이 캘리포니아를 강타하듯 그런 일은 얼마든지 일어날 수 있었다. 하지만 정확히 언제 어디서 일어날지 알 수 없고 어차피 막을 수도 없었기에 만일의 사태에 대비한 계획을 세우고 피해를 줄이는 게 우리가 할 수 있는 최선이었다.

나는 우리 행정부가 그런 숙명론을 거부한다고 믿고 싶었다. 나는 인터뷰와 공개 발언 때마다 카이로 연설을 바탕으로 개혁을 촉구하는 시민의 목소리에 귀 기울이라고 중동 정부들에 촉구했다. 우리 팀은 아랍 정상들과 면담할 때 인권 문제를 줄기차게 의제에 올렸다. 국무부는 언론인을 보호하고 정치적 반대파의 방면을 이끌어내고 시민이 참여할 공간을 확대하려고 막후에서 부지런히 노력했다.

그럼에도 미국이 이집트나 사우디아라비아 같은 우방국의 인권 침해를 공공연히 거론하는 일은 드물었다. 이라크, 알카에다, 이란에 대한 우려를 고려하면—이스라엘의 안보를 보장해야 할 필요성은 말할 것도 없었다—그들과의 관계가 틀어졌을 때 치러야 할 대가가 너무 컸다. 이런 현실주의를 받아들이는 것도 대통령의 임무 중 하나라고 스스로에게 말했다. 문제는 여성 권리 운동가들이 리야드에서 체포되고 있다는 기사가 내 책상에 올라오거나 국제 인권 단체의 현지 직원이 카이로의 감옥에서 고초를 겪는 사연을 듣는 일이 허다하다는 것이었다. 조바심이 들었다. 우리 행정부가 중동을 민주주의의 오아시스로 탈바꿈시킬 수 없다는 것을 알고 있었지만 그 방향으로 진보하도록 독려하기 위해 힘써 노력할 수 있고 그렇게 해야 한다고 믿었다.

내가 서맨사 파워와 점심 먹을 시간을 낸 것은 그런 생각에 사로잡혀 있을 때였다.

나는 상원에 있을 때 서맨사를 처음 만났다. 퓰리처상을 받은 그녀의 책 『미국과 대량 학살의 시대』를 읽은 뒤였다. 집단 살해에 대한 미국의 미온적 대응을 질타한 이 책은 대규모 잔학 행위를 예방하기 위해 더 강력한 국제적 지도력이 필요하다는 점을 감동적이면서도 탄탄한 논리로 설파했다. 그녀는 당시 하버드에서 가르치고 있었는데, 다음번에 워싱턴 D.C.에 오면 저녁을 먹으며 아이디어를 교환하자는 나의 제안에 반색했다. 그녀는 30대 중반이었고 예상보다 어려 보였는데, 키가 크고 호리호리했으며 머리카락은 빨간색이고 얼굴엔 주근깨가 나 있었다. 눈은 크고 속눈썹이 짙어 슬픔에 잠긴 듯 보였으며 웃을 때마다 눈가에 주름이 졌다. 그녀는 열정적이었다. 아홉 살 때 아일랜드인 어머니와 함께 미국에 이주한 그녀는 고등학교에서 농구를 했고 예일 대학교를 졸업했으며 프리랜서 기자로 일하면서 보스니아 전쟁을 취재했다. 그곳에서 학살과 인종 청소를 목격한 뒤 세계의 광기를 치유할 수단을 얻고 싶어서 법학 학위를 취득했다. 그날 저녁 그녀가 미국의 대외 정책에서 고쳐야 할 오류를 낱낱이 읊은 뒤에 나는 잠시 상아탑을 벗어나 함께 일할 생각이 없느냐고 물었다.

그날 밤 저녁을 먹으며 시작된 대화는 그 뒤로 여러 해 동안 이어졌다. 서맨사는 대외 정책 보좌관을 맡아 나의 상원 보좌관들과 함께 당시 다르푸르에서 벌어지던 집단 살해 등의 문제들에 관해 조언했다. 그녀는 나의 대통령 선거 캠프에서 일하다 미래의 남편—내 친구이자 결국 규제 차르가 된 캐스 선스틴—을 만났으며 우리 대외 정책 분야의 최고 대리인 중 한 명이 되었다. (사실 나는 그녀를 페널티 박스에 넣어 선거운동에서 배제한 적이 있는데, 오프 더 레코드인 줄 알고 기자 앞에서 힐러리를 '괴물'이라고 불렀기 때문이었다.) 선거 이후에는 NSC 특별보좌관으로 채용되어 정부 투명성을 증진하고 세계 각국의 부패를 줄이기 위한 폭넓은 국제적 방안을 구상하는 등 화려하진 않아도 빼어난 성과를 거뒀다.

서맨사는 백악관에서 나와 가장 친한 친구 중 하나였다. 벤과 마찬가지로 그녀를 보면 젊은 시절 내가 품었던 이상주의가 떠올랐다. 냉소주의, 냉정한 이해타산, 지혜로 포장된 경계심에 오염되지 않은 나의 일부를 보는 것 같았다. 그녀는 나의 그런 성격을 간파했고 나의 어떤 측면에 호소하면 효과적인지 알았기에 이따금 나를 돌아버리게 했다. 나는 그녀를 매일같이 만나진 않았는데, 이게 화근이었다. 서맨사는 나의 일정표에서 시간이 빌 때마다 내가 아직 바로잡지 않은 잘못들을 꼬치꼬치 지적했다. (나는 이렇게 묻곤 했다. "자, 우리가 최근에 배신한 이상은 무엇인가요?") 이를테면 '아르메니아 학살 추모의 날'에 20세기 초 터키인들이 저지른 아르메니아인 집단 살해를 내가 명시적으로 인정하지 않자 그녀는 기함했다(집단 살해를 확실하게 거명해야 한다는 것이 그녀의 저서 『미국과 대량 학살의 시대』의 핵심 주제였다). 내가 당시에 성명을 발표하지 않은 데는 이유가 있었다. 터키는 이 문제에 무척 민감했으며 나는 이라크 철군을 관리하는 문제로 에르도안 대통령과 긴밀하게 협상하고 있었다. 하지만 그녀의 말에 죄책감이 들었다. 고집이 짜증스럽긴 해도 정기적으로 그녀의 열의와 성실을 주입받아야 했다. 내 양심의 체온을 재는 방법이었기 때문이다. 또한 그녀는 행정부의 누구도 시간을 들여 생각하지 않는 까다로운 문제들에 대해 구체적이고 창의적인 해법을 곧잘 내놓았다.

2010년 5월 우리가 함께한 점심이 좋은 예다. 서맨사는 그날 중동에 대한 이야깃거리를 준비하고 나타났다. 무엇보다 1981년 무바라크 당선 이후 계속 발효되고 있던 '긴급조치법'을 최근 이집트 정부가 2년 연장하기로 한 것에 미국이 공식 항의하지 않았다는 사실을 거론했다. 연장 조치는 이집트인들의 입헌적 권리를 유예함으로써 무바라크의 독재 권력을 법적으로 뒷받침한다는 것이었다. 서맨사가 말했다. "이집트를 전략적으로 고려하고 계신 걸 알지만 그게 좋은 전략인지 의문을 제기하는 사람이 한 명이라도 있나요?"

물론 나도 고민했다고 말했다. 나는 무바라크를 썩 좋아하진 않았지만, 30년 가까이 지속된 법률을 비판하는 일회성 성명은 그다지 효과가 없으리라고 결론 내렸다. 내가 말했다. "미국 정부는 원양 정기선이에요. 쾌속정이 아니라고요. 중동에 대한 접근법을 변경하려면 점진적으로 효과를 쌓아가는 전략이 필요해요. 펜타곤과 정보공동체 친구들의 동의도 받아야 할 테고요. 중동의 동맹국들이 적응할 시간을 가질 수 있도록 전략을 조절해야 해요."

서맨사가 말했다. "그 일을 하고 있는 사람이 있나요? 그 전략을 내놓는 사람 말이에요."

그녀의 머릿속 톱니바퀴가 돌아가는 것을 보고서 나는 미소 지었다.

얼마 지나지 않아 서맨사와 세 명의 NSC 동료—데니스 로스, 게일 스미스, 제러미 와인스틴—는 중동과 북아프리카 전역의 안정에 관한 미국의 이해관계가 권위주의 정권에 대한 무비판적 지지 때문에 악영향을 받고 있음을 천명하게 될 '대통령연구지시Presidential Study Directive, PSD'의 청사진을 내밀었다. 나는 8월에 이 대통령지시를 내려 중동 국가들이 안정을 해치는 봉기, 폭력, 혼란과 갑작스러운 변화에 동반되는 예측 불허의 결과를 피하려면 '열린 정부' 원칙을 받아들여야 하며, 미국이 이를 위해 유의미한 정치적·경제적 개혁을 장려할 방법을 검토하라고 국무부, 펜타곤, CIA, 그 밖의 정부 기관들에 명령했다. 이에 NSC 팀은 각 정부 부처의 중동 전문가들과 격주로 회의하며 미국의 정책 방향을 바꿀 구체적 방안을 발전시켰다.

그들과 이야기를 나눈 베테랑 외교관과 전문가 상당수는 정책을 바꿀 필요성에 예상대로 회의적이었다. 아랍 동맹국 일부에 불미스러운 점이 있지만 현 상태가 미국의 핵심적 이익에 유리하며 더 포퓰리즘적인 정부가 그들을 대체하면 이 이익이 보장되지 않는다는 주장이었다. 하지만 시간이 지나면서 NSC 팀은 전략 변화의 지침이 될 일관된 원칙들을 도출했다. 이 계획을 실행하면 각 기관의 미국 관료들이 여러 나라에서 정치적, 시민적 삶에 자유를 부여할 구체적 권고를 발전시키고 이 권고를 채택하도록 새로운 유인책을 제시함으로써 개혁의 필요성에 대해 일관되고 일사불란한 메시지를 내놓을 수 있었다. 12월 중순이 되자 전략을 정리한 문서들이 준비되어 나의 승인을 기다렸다. 이걸 가지고 중동을 하룻밤에 바꿀 수는 없음을 알았지만 우리가 대외 정책 체계를 올바른 방향으로 틀기 시작했다는 사실이 뿌듯했다.

타이밍이 조금만 빨랐다면 얼마나 좋았을까.


같은 달에 북아프리카 튀니지에서 가난한 과일 노점상이 지방정부 건물 밖에서 제 몸에 불을 질렀다. 절망에서 비롯한 항거의 행동이었고, 요구를 들어주지 않은 썩어빠진 정부에 분노한 한 시민의 대응이었다. 어떤 기준에서 보더라도 스물여섯의 청년 모하메드 부아지지는 운동가가 아니었다. 정치에 특별히 관심이 있는 것도 아니었다. 그의 세대가 성장하는 동안 튀니지는 제인 엘아비디네 벤 알리라는 강압적 독재자 치하에서 경제 침체를 겪었다. 관청 단속반원들에게 번번이 괴롭힘을 당하고 판사 앞에서 심문받게 해달라는 요구까지 거부당하자 그는 자포자기했다. 한 행인에 따르면 부아지지는 분신하는 순간—딱히 아무에게랄 것도 없었지만 그와 동시에 모두에게—"이래선 내가 어떻게 생계를 유지할 수 있단 말입니까?"라고 외쳤다고 한다.

과일 노점상의 울분을 계기로, 튀니지 정부에 맞선 전국적 시위가 몇 주째 벌어졌으며 2011년 1월 14일 벤 알리는 가족과 함께 사우디아라비아로 달아났다. 한편 대부분 젊은이들로 이루어진 비슷한 시위가 알제리, 예멘, 요르단, 오만에서 일어나기 시작했다. 아랍의 봄으로 알려진 사건은 이렇게 시작되었다.

1월 25일 국정연설을 준비하면서 우리 팀은 중동과 북아프리카에서 무서운 속도로 번지고 있는 사건들을 어느 수준으로 논평해야 하는지를 놓고 논쟁했다. 대중 저항이 튀니지에서 독재자를 사실상 몰아내자 그 지역에서는 더 폭넓은 변화 가능성에 대한 희망이 싹텄다. 그럼에도 복잡한 문제가 산더미였으며 좋은 결과를 장담하기도 어려웠다. 결국 연설에 간단한 문장 하나를 덧붙이는 것으로 논평을 대신했다.

"오늘 밤 분명히 말씀드리고 싶은 것은 미국이 튀니지 국민 편이며 모든 사람의 민주적 열망을 지지한다는 것입니다."

미국의 관점에서 가장 중요한 사태가 벌어지는 곳은 이집트였다. 이집트 청년 단체, 운동가, 좌익 야당, 저명 작가와 예술가들이 연대하여 무바라크 대통령 정권에 맞선 대규모 저항을 전국적으로 촉구하고 나선 것이다. 내가 국정연설을 한 바로 그날 5만 명 가까운 이집트인이 카이로 시내 타흐리르 광장에 쏟아져 나와 긴급조치법, 경찰의 잔혹 행위, 정치적 자유의 제한을 중단하라고 요구했다. 전국에서 벌어진 비슷한 시위에도 수천 명이 참여했다. 경찰은 곤봉, 물대포, 고무탄, 최루탄으로 군중을 해산하려 했으며, 무바라크 정부는 공식 시위 금지령을 발표했을 뿐 아니라 시위대가 집회를 조직하거나 바깥 세상과 소통하지 못하도록 페이스북, 유튜브, 트위터를 차단했다. 그 뒤로 며칠 밤낮에 걸쳐 타흐리르 광장은 상설 야영지를 방불케 했다. 수많은 이집트인이 대통령에 반대하며 '빵, 자유, 존엄'을 요구했다.

우리의 대통령연구지시에서 피하고자 한 바로 그 시나리오였다. 미국

정부는 억압적이지만 믿음직한 동맹을 선택할 것인가, 우리가 옹호하는 민주적 열망을 부르짖으며 변화를 요구하는 민중을 선택할 것인가의 기로에 놓였다. 놀랍게도 무바라크는 주위에서 벌어지는 봉기를 의식하지 못하는 것 같았다. 불과 일주일 전에 그와 전화 통화를 했는데, 그는 이스라엘과 팔레스타인을 구슬려 다시 협상 테이블에 앉히는 방안을 논의하고 무슬림 극단주의자들의 알렉산드리아 콥트 교회 폭탄 테러에 대해 단합을 촉구하는 이집트 정부의 요청을 전하면서 협조적이고 적극적인 태도를 보였다. 하지만 내가 튀니지에서 시작된 저항이 이집트에 번질 가능성을 제기하자 무바라크는 "이집트는 튀니지가 아닙니다"라며 일축했다. 그는 자신의 정부에 맞선 저항은 금세 진압될 거라고 확언했다. 그의 목소리를 들으면서 우리가 처음 만났을 때 대통령궁의 화려하게 장식된 거대한 방에 그가 앉아 있던 모습을 떠올렸다. 방에는 커튼이 쳐져 있었고 그는 등받이가 높은 의자에 앉은 채 오만한 표정을 짓고 있었으며 보좌관 몇 명이 그의 말을 받아 적거나 가만히 서 있으면서 언제라도 분부를 따를 수 있도록 대기하고 있었다. 그가 세상과 단절된 채 보고 싶은 것만 보고 듣고 싶은 것만 듣는다는 생각이 들었다. 둘 다 좋은 징조는 아니었다.

한편 타흐리르 광장발 뉴스 보도는 또 다른 기억을 떠올리게 했다. 처음 며칠간 시위에는 대부분 청년과 세속주의자들이 참여했다. 나의 카이로 연설에 청중으로 참석했던 학생, 운동가들과 다르지 않은 사람들이었다. 나와 면담한 그들은 사려 깊고 박식해 보였으며, 비폭력의 결의를 확고하게 드러내고 민주적 다원주의, 법치, 그리고 일자리와 삶의 질 향상을 가져다줄 현대적이고 혁신적인 경제에 대한 바람을 표명했다. 억압적 사회질서에 맞서는 그들의 이상주의와 용기는 베를린장벽을 무너뜨린 사람들이나 톈안먼 광장에서 탱크를 막아선 사람들과 다르지 않았다. 내가 대통령에 당선되도록 도와준 젊은이들과도 별로 다르지 않았다.

나는 벤에게 말했다. "내가 20대 이집트인이었다면 저 사람들과 함께

거리에 있었을 거예요."

물론 나는 20대 이집트인이 아니었다. 나는 미국 대통령이었다. 이 젊은이들이 눈에 밟히긴 했지만, 이들이 대변하는 사람들은—이들과 함께 시위 일선에 나선 대학 교수, 인권 운동가, 세속주의 야당, 노동조합을 포함하더라도—이집트 전체 인구의 극소수에 불과하다는 사실을 스스로에게 상기시켜야 했다. 무바라크가 물러나 갑작스러운 권력 공백이 발생했을 때 그들이 그 자리를 메울 가능성은 희박했다. 무바라크의 독재가 낳은 비극 중 하나는 힘 있는 정당, 독립된 사법부와 매체, 공정한 선거 감시, 넓은 저변을 갖춘 시민 연대, 효과적인 대민 서비스, 소수자 권리의 존중 등 이집트가 민주주의로 이행하도록 효과적으로 관리할 수 있는 제도와 전통이 발전하지 못했다는 것이었다. 이집트 사회 곳곳에 깊숙이 뿌리내려 경제의 큰 몫을 차지했다고 알려진 군부를 제외하면 가장 강력하고 단합된 세력은 무슬림 형제단이었다. 수니파에 기반한 이슬람 조직인 이들의 목표는 이집트—와 아랍권 전체—를 이슬람 율법인 샤리아로 통치하는 것이었다. 풀뿌리 조직화와 빈민 구제 활동 덕에 무슬림 형제단은 무바라크의 공식적 금지 조치에도 불구하고 많은 회원을 거느리고 있었다. 또한 목표를 추구하는 수단으로 폭력이 아니라 정치 참여를 채택했으며, 공정하고 자유로운 선거가 시행된다면 이 조직의 지지를 받는 후보가 당선될 가능성이 컸다. 그럼에도 이 지역의 많은 정부가 보기에 무슬림 형제단은 정부 전복을 꾀하는 위험한 존재였으며, 이 단체의 근본주의 철학은 민주적 다원주의의 관리자로서는 신뢰할 수 없을 뿐 아니라 미국·이집트 관계에도 문제를 일으킬 소지가 있었다.

타흐리르 광장에서는 시위대 규모가 계속 불어나고 있었고 시위대와 경찰의 무력 충돌도 증가했다. 무바라크는 드디어 잠에서 깬 듯 1월 28일 이집트 TV에 출연하여 자신이 개각을 하고 있다고 발표했지만 폭넓은 개혁 요구에 부응할 의향은 전혀 밝히지 않았다. 문제가 저절로 사라지지 않을 것이 확실했기에 나는 국가안보팀과 상의하여 효과적 대응

책을 구상했다. 팀 내에서는 의견이 엇갈렸는데, 견해차는 세대 구분선과 거의 일치했다. 오랫동안 무바라크를 알고 함께 일한 조, 힐러리, 게이츠, 패네타처럼 나이 많은 선임 보좌관들은 신중을 기하라고 조언했다. 그들은 무바라크 정부가 이스라엘과 평화를 유지하고 테러와 싸우고 수많은 중동 문제에서 미국에 협력하면서 오랫동안 중요한 역할을 담당했음을 강조했다. 개혁을 압박해야 할 필요성은 인정하면서도 누가, 무엇이 그를 대체할지 알 방법이 없다고 경고했다. 한편 서맨사, 벤, 데니스, 수전 라이스, 그리고 조의 부통령실 국가 안보 보좌관 토니 블링컨은 무바라크가 이집트 국민에게서 정당성을 잃었으며 이젠 돌이킬 수 없게 되었다고 확신했다. 그들은 무너지기 일보 직전인 (또한 시위대에 더욱 강경하게 무력을 사용하도록 승인하고 있는 듯한) 부패한 권위주의적 질서에 영합하기보다는 변화를 주도하는 세력과 연대하는 것이 미국 정부 입장에서 전략적으로 현명하고 도덕적으로도 올바르다고 생각했다.

나는 젊은 보좌관들의 희망과 나이 든 보좌관들의 두려움에 둘 다 공감했다. 긍정적 결과를 내기 위한 최선의 방안은 긴급조치법을 해제하고 정치와 언론의 자유를 복원하고 자유롭고 공정한 전국 선거 일정을 정하는 등 일련의 실질적 개혁을 받아들이도록 무바라크를 설득하는 것이라고 판단했다. 힐러리 말마따나 이런 '질서 정연한 이행'을 통해 야당과 야권 후보들은 세력을 형성하고 확실한 통치 계획을 수립할 시간을 벌 수 있을 터였다. 또한 무바라크를 원로 정치인으로 물러나게 하면, 사소한 말썽의 징후만 보여도 우리가 오랜 동맹을 헌신짝처럼 버리려 든다는 중동 지도자들의 의심을 가라앉힐 수 있을 것 같았다.

노쇠하고 궁지에 몰린 독재자에게 퇴진을 설득하는 일이 (설령 그것이 그에게 유리하더라도) 간단하지 않음은 말할 필요도 없었다. 상황실 논의가 끝나고 나는 무바라크에게 다시 전화하여 더 대담한 개혁 조치를 내놓는 게 좋겠다고 조언했다. 그러자 그는 호전적 태도로 돌변하여 시위대를 무슬림 형제단으로 매도하며 상황이 금세 정상화될 것이라고 주장했다. 하지만 더 포괄적인 개인적 조언을 위해, 1980년대 후반 이집트 주재 미국 대사를 지낸 프랭크 와이즈너를 특사로 카이로에 보내겠다는 요청은 수락했다.

와이즈너를 보내 이집트 대통령과 얼굴을 맞대고 직접 호소한다는 것은 힐러리의 아이디어였는데, 나도 일리가 있다고 생각했다. 와이즈너는 말 그대로 미국 대외 정책 기구의 '아들'이었다. 그의 아버지는 CIA 설립의 주역이었으며, 그는 무바라크가 잘 알고 신뢰하는 사람이었다. 한편 와이즈너는 무바라크와 특별한 관계이고 미국 외교에 대한 접근법이 구식인 탓에 변화 전망을 보수적으로 평가할 우려가 있었다. 그래서 그가 출발하기 전에 전화하여 대담하게 행동하라는 분명한 지시를 내렸다. 선거 이후에 퇴임하겠다는 발표를 하도록 그가 무바라크를 압박하길 바랐다. 이렇게 극적이고 구체적인 조치를 취하면 변화가 정말로 다가오고 있음을 시위대에 널리 알릴 수 있으리라 생각했다.

우리가 와이즈너의 임무 수행 결과를 기다리는 동안 매체는 우리 행정부의 위기 대응에, 더 구체적으로는 우리가 어느 편인지에 점점 더 주목했다. 지금껏 우리의 공식 성명은 시간을 벌기 위한 일반론에서 크게 벗어나지 않았다. 하지만 대부분 젊은 시위대의 대의에 뚜렷이 공감한 워싱턴 기자들은 왜 우리가 민주주의 세력과 분명히 연대하지 않느냐고 깁스를 몰아붙이기 시작했다. 한편 이 지역의 지도자들은 왜 우리가 무바라크를 더 확고하게 지지하지 않는지 알고 싶어 했다. 비비 네타냐후는 이집트의 질서와 안정을 유지하는 것이 무엇보다 중요하다며, 그러지 않으면 "당신은 2초 안에 또 하나의 이란을 보게 될 것"이라고 말했다. 압둘라 사우디아라비아 국왕은 더 불안해했다. 이 지역에 확산되는 시위는 내부의 반발을 오랫동안 진압해온 왕가에는 실존적 위협이었다. 또한 그는 이집트 시위대에 배후가 있다고 믿었다. 그가 시위의 배후로 지목한 '네 파벌'은 무슬림 형제단, 헤즈볼라, 알카에다, 하마스였다.

이 지도자들의 분석은 검증을 통과하지 못했다. 이집트인의 절대다수를 차지하는 수니파는 시아파 이란과 헤즈볼라의 영향력에 거의 휘둘리지 않았으며, 알카에다나 하마스가 어떤 식으로든 시위의 배후에 있다는 근거도 전혀 없었다. 그럼에도 요르단의 압둘라 국왕을 비롯한 중동의 젊은 개혁 성향 지도자들은 반대 운동이 자기 나라를 집어삼킬까 봐 두려워했으며 (더 세련된 표현을 쓰기는 했지만) 비비 말마따나 미국이 '혼란'보다 '안정'을 선택하길 분명히 바랐다.

1월 31일이 되자 이집트군의 탱크가 카이로 전역에 배치되었고, 정부는 도시 전역의 인터넷을 차단했으며, 시위대는 이튿날 전국 총파업을 계획하고 있었다. 무바라크와 면담한 와이즈너가 보고를 했다. 무바라크 이집트 대통령은 다음 임기 불출마를 공식 발표하겠다고 했으나 긴급조치법을 해제하거나 평화적 정권 이양을 지지하는 것까지는 받아들이지 않았다. 보고가 들어오자 국가안보팀의 분열은 더욱 심해졌다. 고위급들은 무바라크의 양보로 그와의 연대가 정당화되었다고 생각한 반면에 젊은 보좌관들은 이번 조치가—이집트 국가정보국 국장 우마르 술라이만을 부통령으로 전격 임명한 것과 마찬가지로—시간 끌기 전술에 불과하며 시위대를 달래지 못할 것이라고 생각했다. 톰 도닐런과 데니스의 보고에 따르면 보좌진의 논쟁이 험악한 지경에 이르렀으며, 조와 힐러리의 신중을 기한 온건한 발표와 깁스를 비롯한 행정부 인사들의 매서운 무바라크 비판 사이의 온도 차를 기자들이 주목하기 시작했다.

다음 단계들을 결정할 때 모두가 한목소리를 내도록 하기 위해 나는 2월 1일 오후 상황실에서 열리는 NSC 장관급 회의에 예고 없이 참석했다. 논의가 시작되기도 전에 보좌관 한 명이 무바라크가 전국 방송에서 대국민 발표를 시작했다고 말했다. 우리는 상황실 TV 모니터를 켜고 실시간으로 방송을 시청했다. 검은색 양복 차림으로 준비된 원고를 읽는 무바라크는 와이즈너에게 한 약속을 지키는 것처럼 보였다. 그는 다음 임기에 자신을 대통령으로 지명할 생각이 결코 없었다며 (전적으로 자신이 통제하는) 이집트 의회를 소집하여 선거 일정을 앞당기는 방안을 논의할 것이라고 말했다. 하지만 실제 정권 이양의 조건이 너무 모호해서 방송을 보는 이집트인들은 누구나 시위가 잦아드는 순간 무바라크가 약속을 뒤집을 수 있고 그렇게 할 거라고 결론 내릴 것 같았다. 사실 무바라크는 선동꾼과 익명의 정치 세력이 시위에 개입하여 이집트의 안보와 안정을 해치고 있다고 비난하는 데 연설의 상당 부분을 할애했다. 그는 "결코 권력을 좇은 적 없는" 사람으로서 혼란과 폭력을 조장하는 자들로부터 이집트를 보호할 책임을 다할 것이라고 주장했다. 연설이 끝나자 누군가 모니터를 껐다. 나는 의자에 뒤로 기댄 채 머리 뒤로 팔을 뻗었다.

내가 말했다. "저래서는 안 될 텐데요."

나는 실제 정권 이양에 착수하도록 무바라크를 설득할 마지막 수단을 시도하기로 했다. 오벌 오피스에 돌아와 그에게 전화하고 보좌관들이 들을 수 있도록 스피커폰을 켰다. 우선 재출마하지 않겠다는 그의 결정을 치하했다. 무바라크가, 내가 대학생 때 처음 권좌에 올라 나의 전임 대통령 네 명을 거치며 그 권력을 유지한 사람이, 내가 이제 하려는 말을 듣는 것이 얼마나 괴로울지는 상상하기도 힘들었다.

내가 말했다. "정권 이양을 위한 역사적 결정을 내리셨으니 이제 절차가 어떻게 진행될지를 논의하고 싶군요. 깊은 존경심을 담아 말씀드립니다만…… 목표를 달성하려면 어떻게 해야 하는지에 대해 제 솔직한 판단을 들려드리고 싶습니다." 그러고는 곧장 본론으로 들어갔다. 나는 그가 대통령직을 유지하면서 정권 이양 과정을 질질 끌면 시위가 계속되고 걷잡을 수 없이 번질 것이라고 말했다. 무슬림 형제단의 조종을 받지 않는 책임감 있는 정부가 선출되길 바란다면 지금은 대통령직에서 물러나 자신의 지명도를 활용하여 막후에서 새 이집트 정부의 출범을 도울 때라고 조언했다.

무바라크와 나는 평소에 영어로 이야기했지만 그는 이번에는 아랍어로 말했다. 그의 목소리에 불안감이 배어 있음은 통역 없이도 알 수 있었다. 그가 목소리를 높이며 잘라 말했다. "당신은 이집트인의 문화를 이해하지 못해요. 오바마 대통령님, 그런 정권 이양은 이집트에 가장 위험한 방식일 겁니다."

나는 내가 이집트 문화를 그만큼은 모른다는 것과 그가 나보다 훨씬 오래 정치에 몸담았다는 것을 인정했다. "하지만 역사에는 과거에 그랬다는 이유만으로 미래에도 똑같은 일이 벌어지지는 않는 순간들이 있습니다. 당신은 30년 넘게 이집트에 훌륭히 봉사했습니다. 이 역사적 순간을 놓치지 말고 위대한 유산을 남기시길 바랍니다."

몇 분간 이런 식으로 주거니 받거니 대화하는 동안 무바라크는 자신이 자리를 지켜야 한다고 주장하며 시위가 곧 끝날 거라는 말을 되풀이했다. 통화 말미에 그가 말했다. "나는 우리 국민을 압니다. 이집트인은 감정적인 사람들이에요. 조만간 다시 대화하죠, 대통령님. 내가 옳았다는 걸 보여드릴 테니까."

전화를 끊었다. 잠시 정적이 흘렀다. 모든 사람의 눈이 내게 고정되어 있었다. 나는 무바라크에게 내가 할 수 있는 최선의 조언을 했다. 명예롭게 퇴진할 계획을 제시했다. 그를 대체하는 지도자가 누구이든 미국의 파트너로 그보다 못하리라는 것, 어쩌면 이집트 국민에게도 그보다 못하리라는 것을 나는 알았다. 솔직히 말하자면 그가 어떤 이양 계획을 내놓든 그것이 진실하기만 하다면—설령 정권의 기존 체제를 거의 고스란히 남기는 방식이라도—받아들일 수 있었다. 타흐리르 광장의 젊은이들이 끈질기게 고집하지 않았다면 내 임기가 끝날 때까지 무바라크와 함께하리라 생각했을 만큼 충분히 현실주의적이었다. 중동과 북아프리카를 통치한 그 밖의 (벤 말마따나) "부패하고 썩어가는 권위주의 질서"와도 기꺼이 협력할 작정이었으니까.

타흐리르 광장에 모인 청년들만 아니었다면. 하지만 그들이 더 나은 삶을 자신만만하게 외치자 어머니와 노동자와 구두공과 택시 운전수들이 합세했다. 수십만 명이 잠시나마 두려움을 잊었다. 그들은 무바라크가 자신이 아는 유일한 방법—구타와 총격, 구금과 고문—으로 두려움을 다시 심어주지 않는 한 시위를 멈출 생각이 없었다. 나는 임기 초기에 녹색 운동 시위대를 이란 정권이 잔혹하게 탄압할 때 나서서 영향력을 행사하지 않았다. 중국이나 러시아가 자국의 반체제 인사들을 짓밟아도 속수무책이었을 것이다. 하지만 무바라크 정권은 미국인이 낸 세금 수십억 달러를 받았다. 우리는 그들에게 무기를 공급하고 정보를 건네고 군장교의 훈련을 지원했다. 그런 원조를 받은 자가, 우리가 동맹이라 부르는 자가 전 세계인이 지켜보는 가운데 평화 시위에 불필요한 폭력을 저지르도록 내버려두는 것, 그 선만은 넘고 싶지 않았다. 그것은 미국의 이념에 너무 큰 피해를 입히리라고 생각했다. 내게도 너무 큰 피해를 입힐 터였다.

"성명을 준비합시다. 무바라크에게 지금 물러나라고 요구할 겁니다."


아랍권의 많은 이들(또한 적잖은 미국 기자들)이 믿는 것과 반대로 미국은 상대국의 끈을 제멋대로 당기는 거대한 인형술사가 아니다. 우리의 군사적, 경제적 원조에 의존하는 정부들조차 자신의 생존을 최우선으로 고려하며 무바라크 정권도 예외가 아니었다. 이집트가 신속하게 새 정권으로 권력 이양을 시작할 때라는 확신을 내가 공개적으로 천명한 뒤에도 무바라크는 저항하며 자신이 시위대를 어디까지 겁줄 수 있는지 시험했다. 이튿날 이집트군이 수수방관하는 가운데 무바라크 지지자들이 타흐리르 광장을 습격하여—일부는 낙타와 말을 탄 채 채찍과 곤봉을 휘두르고 일부는 주변 건물 옥상에서 화염병과 돌을 던지며—시위대를 공격하기 시작했다. 시위대 세 명이 목숨을 잃고 600명이 부상을 당했으며 며칠에 걸쳐 당국은 50여 명의 기자와 인권 운동가를 구금했다. 폭력은 이튿날에도 이어졌으며, 정부가 조직한 대규모 친정부 시위가 벌어졌다. 무바라크 찬성 세력은 심지어 외국인 기자들에게까지—그들이 적극적으로 반대를 선동한다고 비난하며—폭력을 휘둘렀다.

그 긴박한 며칠간 나의 가장 중요한 과제는 우리 행정부의 모든 사람이 같은 편에 서게 하는 것이었다. 백악관에서 나오는 메시지는 분명했다. 깁스는 이집트의 정권 이양이 '지금' 시작되어야 한다는 나의 말이 무슨 뜻이냐는 질문에 단 세 마디로 답했다. "지금은 어제를 뜻합니다." 우리는 유럽 동맹국들이 나와 같은 취지의 공동 성명을 발표하게 하는 데에도 성공했다. 하지만 비슷한 시기에 힐러리는 뮌헨에서 열린 안보 관련 회의에서 인터뷰하다가 이집트의 조속한 정권 이양에 결부된 위험을 경고하는 돌출 발언을 했다. 같은 회의에서 프랭크 와이즈너는—행정부에서 공식적 역할을 맡고 있지 않았기에 개인 자격으로 이야기할 뿐이라고 주장하며—무바라크가 정권 이양 기간에 권력을 유지해야 한다는 견해를 표명했다. 나는 이 말을 듣고서 케이티에게 힐러리 국무장관을 찾아내라고 지시했다. 그녀가 전화로 연결되자 나는 불쾌감을 감추지 않았다.

내가 말했다. "무바라크와 결별했을 때 문제가 생길 수 있다는 건 잘 알고 있어요. 하지만 나는 결정을 내렸어요. 그러니 지금 모순되는 메시지들이 돌아다니는 건 용납할 수 없어요." 힐러리가 대답하기 전에 한마디 덧붙였다. "그리고 와이즈너가 무슨 자격으로 이야기하는지는 내 알바 아니고 당장 입 닥치라고 전해요."

무바라크 없는 이집트를 여전히 불편해하는 국가안보팀 사람들을 상대하면서 이따금 불만을 느끼긴 했지만 내가 보기에 이들—특히 펜타곤과 정보공동체—이 이집트의 최종 결과에 미친 영향은 백악관에서 나온 어떤 고위급 성명보다 컸다. 우리는 하루에 한두 번씩 게이츠, 멀린, 패네타, 브레넌 등을 이집트 군부와 정보기관의 고위급 간부들과 접촉하게 하여 군이 시위대를 진압하면 향후 미국·이집트 관계에 심각한 결과가 초래될 수 있음을 분명히 했다. 이러한 군 대 군의 소통이 띠는 의미는 명확했다. 미국과 이집트의 협력과 그에 따르는 원조가 무바라크의 권력 유지를 조건으로 하지 않는다는 것, 따라서 이집트의 장군들과 정보 책임자들은 어떻게 행동하는 것이 자기네 기관의 이익에 가장 유리할지 곰곰이 따져봐야 한다는 것이었다.

우리가 전달한 메시지는 효과를 발휘한 듯했다. 2월 3일 저녁이 되자 이집트군이 개입하여 친親무바라크 세력을 시위대로부터 갈라놓았다. 이집트 기자와 인권 운동가들의 체포도 감소하기 시작했다. 군의 입장 변화에 고무되어 더 많은 시위대가 평화적으로 광장에 몰려들었다. 무바라크는 "외국의 압박"에 굽히지 않겠다며 일주일 더 버텼다. 하지만 2월 11일, 타흐리르 광장에서 첫 대규모 시위가 벌어진 지 두 주 반 만에 초췌한 모습의 술라이만 부통령이 이집트 TV에 출연하여 무바라크가 사임했으며 군사최고평의회가 주도하는 과도정부가 새 선거 절차를 시작할 것이라고 발표했다.

백악관에서 우리는 타흐리르 광장에서 군중의 축하 열기가 터져 나오는 장면을 CNN 방송으로 시청했다. 많은 보좌관도 환호했다. 서맨사는 행정부의 일원이어서 참으로 자랑스럽다는 메시지를 내게 보냈다. 기자들에게 성명을 발표하려고 콜로네이드를 걸어가는 동안 벤은 얼굴에서 미소를 지우지 못했다. 그가 말했다. "이렇게 역사의 한 부분이 된다는 건 정말 대단한 일입니다." 케이티가 전송 사진을 출력하여 내 책상에 놓아두었다. 이집트의 광장에서 청년 시위대가 흔드는 팻말에는 이렇게 쓰여 있었다.

**우린 할 수 있어.**

안도한 나는 조심스럽게 희망을 품었다. 그럼에도 이따금 무바라크 생각이 났다. (불과 몇 달 전 올드 패밀리 다이닝 룸에 손님으로 왔었다.) 고령의 지도자 무바라크는 이집트에서 달아나지 않고 샤름엘셰이크에 있는 개인 저택에 들어앉은 듯했다. 호화로운 물건들에 둘러싸인 그가 희미한 빛이 드리우는 그림자를 얼굴에 받으며 홀로 앉아 생각에 잠긴 모습을 그려보았다.

이 모든 환희와 낙관에도 불구하고 이집트의 정권 이양은 아랍권의 정신을 차지하려는 투쟁의 시작에 불과했다. 그 투쟁이 어떤 결과로 이어질지는 안갯속이었다. 내가 무바라크에게 사임을 촉구한 직후에 아부다비의 왕세제이자 사실상 아랍에미리트의 통치자인 무함마드 빈 자이드와 나눈 대화가 기억났다. 젊고 세련되고 사우디아라비아와 가까우며 걸프 지역에서 가장 사정에 밝은 지도자 MBZ(우리가 부르는 호칭)는 이 소식을 중동 지역에서 어떻게 받아들이는지를 얼버무리지 않고 설명했다.

MBZ는 이집트에 대한 미국의 성명을 걸프 지역에서 면밀히 주시하고 있으며 경계심이 커지고 있다고 말했다. 바레인의 시위대가 하마드 국왕의 퇴위를 요구하면 무슨 일이 일어날까? 미국은 이집트에 했던 것과 비슷한 성명을 내놓으려나?

나는 무슬림 형제단을 선택하느냐, 정부와 국민 사이의 유혈 충돌 가능성을 선택하느냐의 기로를 피할 수 있도록 그를 비롯한 중동 지도자들과 협력하겠다는 의지를 밝혔다.

MBZ가 내게 말했다. "보시다시피 대통령님의 담화는 무바라크에게는 영향을 미치지 않아도 그 지역에는 영향을 미칩니다." 그는 이집트가 무너지고 무슬림 형제단이 권력을 잡으면 나머지 아랍 지도자 여덟 명도 몰락할 것이며, 자신이 나의 성명에 비판적인 이유는 그 때문이라고 말했다. "미국은 장기적으로 의지할 수 있는 파트너가 아닌 듯합니다."

그의 목소리는 차분하고 냉랭했다. 도움을 호소하기보다는 경고하는 목소리였다. 무바라크에게 무슨 일이 일어났든, 옛 질서는 싸워보지도 않고 권력을 내어줄 생각이 전혀 없었다.


한편 무바라크 사임 이후 다른 나라들의 반정부 시위는 규모와 강도가 나날이 커졌다. 변화가 가능하다고 믿는 사람들이 점점 늘었다. 몇몇 정권은 시위대의 요구에 부응하여 적어도 상징적인 개혁을 추진하면서 대규모 유혈 사태나 격변을 막아냈다. 알제리는 19년 된 긴급조치법을 해제했고, 모로코 국왕은 선출직 의회의 권한을 소폭 확대하는 헌법 개혁을 시행했으며, 요르단 군주도 조만간 같은 조치를 취할 예정이었다. 하지만 많은 아랍 통치자가 이집트에서 주로 배운 교훈은 저항이 벌어지면 엄청난 폭력을 동원해야 하고, 엄청난 국제적 비난을 사는 한이 있더라도 조직적이고 무자비하게 시위를 진압해야 한다는 것이었다.

최악의 폭력 사태가 벌어진 곳은 시리아와 바레인이었다. 두 나라는 종파 갈등이 첨예했으며 다수파는 소수파 특권층의 지배에 분노하고 있었다. 시리아에서는 2011년 3월 시내 담장에 스프레이 페인트로 반정부 낙서를 한 학생 열다섯 명이 체포되어 고문당한 사건을 계기로 수니파가 우세한 여러 지역에서 바샤르 알아사드 대통령의 알라위 시아파 정권에 맞선 대규모 시위가 벌어졌다. 최루탄, 물대포, 구타, 대량 체포로도 시위가 진압되지 않자 아사드의 치안 병력은 여러 도시에서 실탄과 탱크, 가택 수색을 동원한 전면적 군사작전을 실시했다. 한편 MBZ가 예언한 대로 작은 섬나라 바레인에서는 하마드 빈 이사 빈 살만 알할리파 국왕의 정부에 반대하는 시아파의 주도로 수도 마나마에서 시위가 벌어졌는데, 바레인 정부가 무력으로 대응하여 시위대 수십 명이 사망하고 수백 명이 부상당했다. 경찰의 잔학 행위에 분노가 일면서 시위의 규모가 더욱 커지자 사면초가에 몰린 하마드는 한술 더 떠서 자신의 국민을 진압해달라며 사우디아라비아와 아랍에미리트에 무장 병력을 요청하는 전례 없는 조치를 단행했다.

우리 팀과 나는 시리아와 바레인에서 벌어지는 사건들에 영향을 미칠 방안을 마련하느라 골머리를 썩였다. 쓸 수 있는 방안은 무척 제한적이었다. 시리아는 미국의 숙적으로, 역사적으로 러시아와 이란의 동맹이었으며 헤즈볼라의 후원자이기도 했다. 이집트와 달리 경제적, 군사적, 외교적 지렛대가 없었기에 아사드 정권을 공식적으로 비난해도(이후에 금수 조치를 시행했어도) 실질적 효과는 전혀 없었다. 우리가 유엔 안전보장이사회를 통해 국제적으로 제재하려 해도 러시아가 거부권을 행사할 것이 뻔했다. 바레인은 정반대 문제가 있었다. 이 나라는 오랫동안 미국의 우방이었으며 미 해군 제5함대가 주둔하고 있었다. 이런 관계 덕에 우리는 하마드와 그의 장관들로 하여금 시위대의 요구를 일부 수용하고 경찰의 폭력을 제지하도록 압박할 수 있었다. 그럼에도 바레인 지배층은 시위대를 이란의 사주를 받은 적으로 여겼으며 진압해야 한다고 생각했다. 바레인 정권은 사우디아라비아와 아랍에미리트와 손잡고 우리에게 선택을 강요할 작정이었다. 걸프 지역 세 나라와의 관계를 단절하면 중동에서 전략적 위치가 위태로워지는 상황에서, 우리가 대안 없이 이 위험을 감수할 수 없음을 누구나 알고 있었다.

　2011년에는 우리가 시리아에 미칠 수 있는 영향이 제한적이라는 데 아무도 의문을 제기하지 않았다. 나중에 인식이 달라지긴 했지만. 그러나 우리 행정부는 바레인에서 벌어지는 폭력을 비난하는 성명을 여러 차례 발표하고 정부와 온건 시아파 야권 지도자들의 대화를 중재하려고 노력했음에도, 하마드와 갈라서지 못했다는 이유로—무엇보다 무바라크에게 사임을 요구한 것과 비교되어—호된 비판을 받았다. 나는 뚜렷한 모순을 명쾌하게 해명할 도리가 없었다. 세상이 뒤죽박죽이라는 것, 대외 정책을 추진하다 보면 이전 행정부의 선택과 현재의 우연들로 생겨난 이해관계의 충돌을 끊임없이 조율해야 한다는 것, 인권 의제를 항상 우위에 놓을 수는 없다고 해서 미국의 최우선 가치를 증진하기 위해 내가 할 수 있는 일을 할 수 있을 때 시도하지 말라는 법은 없다는 것을 변명거리로 내세우는 수밖에 없었다. 하지만 어떤 정부가 자국민을 수백 명이 아니라 수천 명씩 학살하고 있고 미국이 그런 만행을 중단시킬 힘이 있다면? 그렇다면 어떻게 해야 할까?


　　　　　　　무아마르 카다피가 42년간 리비아를 통치하면서 드러낸 악랄함은 다른 독재자들이 보기에도 광기가 서려 있었다. 요란한 몸짓, 두서없는 고성, 괴상한 행동을 일삼았음에도—2009년 뉴욕 유엔 총회에 앞서 자신과 수행단을 위해 센트럴 파크 한가운데 거대한 베두인족 천막을 치게 해달라고 요구하기도 했다─국내의 반대파를 짓밟는 일에는 냉철한 효율성을 발휘했다. 그는 비밀경찰, 치안 병력, 국가의 뒷배를 받는 민병대를 동원하여 자신에게 감히 반대하는 사람을 모조리 투옥하고 고문하고 살해했다. 1980년대 내내 그의 정부는 전 세계 테러리즘을 후원하는 주요국 중 하나였으며, 1988년 미국인 189명을 비롯한 21개국 국민의 목숨을 앗은 팬암 항공 103편 폭파 사건 같은 끔찍한 범죄를 사주했다. 최근에는 국제 테러리즘에 대한 지원을 중단하고 갓 착수한 핵 개발 계획을 폐기하여 책임감 있는 지도자의 모습을 보이기도 했다(이 덕분에 미국을 비롯한 서구 나라들과 외교 관계를 복원할 수 있었다). 하지만 리비아 국내에서는 아무것도 달라지지 않았다.

이집트에서 무바라크가 권좌에서 내려온 지 일주일도 지나지 않아 카다피의 치안 병력은 인권 변호사 체포에 항의하여 모인 대규모 민간인 군중에게 발포했다. 며칠 안에 시위가 확산되었으며 100여 명이 목숨을 잃었다. 일주일 뒤에 나라의 대부분이 공공연한 반란을 일으켰으며 반카다피 세력이 리비아 제2의 도시 벵가지를 장악했다. 유엔 주재 리비아 대사를 비롯한 리비아의 외교관과 과거 충성파들이 정부에 반기를 들고는 국제사회에 리비아 국민을 지원해달라고 호소했다. 카다피는 시위대를 알카에다의 하수인으로 비난하면서 폭력 진압을 명령했다. 그는 "전부 불태워버려"라고 말했다. 3월 초가 되자 사망자는 1000명에 이르렀다.

증가 일로의 대학살에 경악한 우리는 카다피를 멈추기 위해 군사력 동원을 제외한 모든 수단을 신속히 동원했다. 나는 그에게 전화하여 이젠 통치의 정당성을 잃었으니 권력을 포기하라고 말했다. 우리는 경제를 제재하고 그와 그의 가족이 소유한 수십억 달러의 자산을 동결했다. 유엔 안전보장이사회는 무기 금수 조치를 통과시키고 리비아 사건을 국제형사재판소에 회부하여 카다피를 비롯한 가해자들이 반인권 범죄 행위에 대해 재판받을 수 있도록 했다. 하지만 카다피는 굴하지 않았다. 전문가들은 카다피의 군대가 벵가지에 진주하면 수만 명이 죽을 수도 있다고 예측했다.

이즈음 미국이 카다피를 저지하기 위해 군사행동을 해야 한다는 목소리를 처음에는 인권 단체와 소수의 칼럼니스트가, 그다음에는 의원들과 매체들이 내기 시작했다. 여러 면에서 도덕적 진보의 신호라는 생각이 들었다. 미국 역사를 통틀어 타국 정부가 자국민을 살해하지 못하도록 하려고 미국의 전투력을 동원한다는 생각은 터무니없는 발상으로 치부되었다. 왜냐하면 그런 국가 주도 폭력은 늘 일어났기 때문이요, 미국의 정책 입안자들은 무고한 캄보디아인, 아르헨티나인, 우간다인의 죽음을 미국의 이익과 무관하다고 여겼기 때문이요, 많은 가해자가 공산주의와 투쟁하는 과정에서 미국 편이었기 때문이다. (어머니와 내가 인도네시아에 도착하기 2년 전인 1965년, 공산주의 정부를 전복하기 위한 CIA의 배후 조종으로 군사 쿠데타가 일어나 이후 50만~100만 명이 사망한 사건도 한 예다.) 하지만 1990년대에는 그런 범죄가 더 빠르게 전 세계에 보도되었고, 냉전 이후 유일한 초강대국이 된 미국의 방관에 대한 인식이 달라졌으며, 보스니아 내전 때는 미국이 주도한 나토의 개입이 성공을 거두었다. 사실 미국이 잔혹 행위 예방을 대외 정책의 우선순위로 삼아야 한다는 주장이야말로 서맨사의 책에 담긴 핵심 주제였으며 내가 그녀를 백악관에 불러들인 이유 중 하나였다.

무고한 국민을 독재자로부터 구하려는 마음은 서맨사와 같았지만 나는 리비아에 군사행동을 취하라고 선뜻 명령할 수 없었다. 민간인을 자국 정부로부터 '보호할 책임'이 전 세계에 있다는 명시적 주장을 노벨상 연설에 포함하라는 그녀의 주장을 내가 거절한 것과 같은 이유에서였다. 개입의 의무는 어디서 끝날까? 그 기준은 무엇일까? 얼마나 많은 사람이 살해되고 얼마나 많은 사람이 위험에 처했을 때 미국이 군사적으로 대응해야 할까? 이를테면 리비아에는 군사 개입을 요구하면서, 잇따른 내전으로 민간인 수백만 명이 사망한 콩고에는 왜 그런 요구를 하지 않나? 우리는 미국인이 사망할 가능성이 없을 때만 개입해야 할까? 1993년 빌 클린턴이 미국의 평화 유지 활동을 지원하기 위해 군벌 조직의 조직원들을 체포할 특수부대를 소말리아에 파견했을 때 그는 그런 위험이 낮다고 생각했다. 하지만 '블랙호크 다운'으로 알려진 사건이 벌어져 군인 18명이 사망하고 73명이 부상당했다.

진실은 전쟁이 결코 명쾌하지 않으며 언제나 뜻밖의 결과를 초래한다는 것이다. 허약해 보이는 나라를 상대로 정의로운 대의를 위해 전쟁을 벌일 때도 마찬가지다. 리비아의 경우에 미국의 개입을 옹호하는 사람들은 비행금지구역을 지정하면 카다피의 전투기를 격추하고 포격을 방지할 수 있다는 아이디어에 매달려 현실을 얼버무리려 했다. 이렇게 하면 위험을 전혀 감수할 필요 없이 간단하게 리비아 국민을 구할 수 있다는 주장이었다. (당시 백악관 기자들이 으레 던지는 질문은 이것이었다. "얼마나 많은 사람이 더 죽어야 이 조치 하나를 취할 건가요?") 그들이 놓친 사실은 리비아 영공에 비행금지구역을 지정하려면 우선 수도인 트리폴리에 미사일을 발사하여 리비아 대공 방어망을 파괴해야 한다는 것이었다. 이것은 우리를 위협하지 않은 나라를 상대로 한 명백한 전쟁 행위였다. 그뿐 아니라 비행금지구역 지정이 효과를 발휘할지도 미지수였다. 카다피가 반대 세력의 근거지를 공격하는 수단은 공중 폭격이 아니라 지상군 투입이었기 때문이다.

또한 미국은 이라크와 아프가니스탄에서 전쟁에 깊숙이 발을 담그고 있었다. 쓰나미로 후쿠시마가 초토화되면서 체르노빌 이후 최악의 핵 사고가 벌어지자 나는 태평양 미군에 일본을 지원하라고 명령했다. 우리는 방사능 낙진이 미국 서해안에 도달할 수도 있다는 점을 심각하게 우려했다. 거기다 여전히 아슬아슬한 미국 경제와 씨름하고 있었으며, 우리 행정부가 첫 2년간 달성한 모든 것을 원점으로 돌리겠노라 공언한 공화당 의회를 상대해야 했다. 그러니 미국에 전략적으로 중요하지 않은 머나먼 나라에서 새로운 전쟁을 벌인다는 발상이 현명하게 들리지 않은 것은 당연했다. 나만 그런 것이 아니었다. 1월에 비서실장이 된 빌 데일리는 누군가 그런 생각을 떠올린다는 것 자체를 어처구니없어했다.

저녁에 마무리 회의를 하다가 그가 말했다. "제가 뭔가 놓쳤는지도 모르겠습니다, 대통령님. 하지만 대통령님이 중동 사태에 충분히 대처하지 않는다고 유권자들이 생각한 탓에 우리가 중간선거에서 참패했다고는 생각지 않습니다. 길거리에서 물어보면 열에 아홉은 그놈의 리비아가 어디 있는지도 모른다고요."

그럼에도 끔찍한 부상을 입은 환자들로 병원이 만원이고 젊은이들이 길거리에서 마구잡이로 처형된다는 보도가 계속해서 리비아에서 흘러나오자 전 세계에서 개입을 지지하는 목소리가 힘을 얻었다. 아랍연맹은 많은 이의 예상을 뒤엎고 카다피에 대한 국제사회의 개입을 지지하는 안을 의결했다. 이 사건은 리비아의 폭력 수위가 얼마나 심각해졌는가를 보여줄 뿐 아니라 독재자 카다피가 괴팍한 행동과 타국에 대한 간섭을 일삼다 아랍 지도자들로부터 소외되었음을 입증했다. (시리아와 바레인 같은 나라가 버젓이 회원국으로 남아 있던 것을 보면 표결은 중동 나라들이 자국의 인권 침해로부터 관심을 돌리는 간편한 수법이었는지도 모르겠다.) 한편 튀니지의 벤 알리 정권을 끝까지 지지했다가 프랑스에서 혹독하게 비판당한 니콜라 사르코지는 불쑥 리비아 국민을 구해내는 것을 개인적 사명으로 천명했다. 그는 국제적 연합이 리비아에 비행금지구역을 지정하도록 승인하는 결의안을 데이비드 캐머런과 함께 (각각 프랑스와 영국을 대표하여) 유엔 안전보장이사회에 즉각 발의하겠다고 발표했다. 이제 우리도 이 결의안에 대해 입장을 정해야 했다.

3월 15일에 안보리결의안을 논의하기 위해 국가안보팀 회의를 소집했다. 우선 카다피의 상황에 대해 브리핑받았다. 중무장한 리비아 병력이 벵가지 외곽에 있는 도시를 점령하기 일보 직전이었다. 그렇게 되면 군은 벵가지 주민 60만 명의 물, 식량, 전기를 차단할 수 있었다. 카다피는 병력을 집결한 채 "이 나라에서 먼지와 오물을 쓸어낼 때까지 집집마다 골목골목마다 사람사람마다" 뒤지겠노라 공언했다. 나는 마이크 멀린에게 비행금지구역이 어떤 효과를 거둘 수 있는지 물었다. 그는 사실상 아무 효과도 없으며, 카다피가 지상군만 동원하고 있기에 벵가지 공격을 중단시키는 유일한 방법은 그의 병력을 직접 공습하는 것뿐이라고 확언했다.

내가 말했다. "말하자면 뭔가 하는 것처럼 보일 뿐 실은 벵가지를 구하지 못할 비행금지구역 지정에 우리가 참여를 요청받고 있군요."

그다음 나는 사람들에게 조언을 청했다. 게이츠와 멀린은 이미 우리 군이 이라크와 아프가니스탄 작전에 피로를 느끼고 있다고 강조하며 군사행동에 완강히 반대했다. 그들은 사르코지와 캐머런이 말잔치를 벌이고는 있지만 리비아에 대한 군사작전의 부담을 대부분 미군이 짊어질 것이라고 확신했다(나도 동의했다). 조는 또 다른 전쟁에 뛰어드는 것이 바보짓이라고 생각했으며, 빌은 우리가 그런 논쟁을 한다는 것 자체에 여전히 놀라움을 표했다.

하지만 나머지 사람들의 의견은 개입 쪽으로 기울었다. 파리에서 열린 G8 회의 때문에 화상회의로 참여한 힐러리는 그곳에서 만난 리비아 야권 지도자에게 감명받았다고 말했다. 그녀는 이집트에 대해 현실정치 realpolitik(목적을 이루기 위해 모든 수단과 방법을 강구한다는 권모술수주의_옮긴이)적 태도를 취했음에도 불구하고—어쩌면 그 때문에—이제는 국제적 군사작전에 동참하는 방안을 선호했다. 뉴욕 유엔 사무실에서 회의에 참여한 수전 라이스는 지금 상황을 보니 1994년 르완다 집단 살해에 국제사회가 개입하지 못한 일이 떠오른다고 말했다. 그녀는 당시 빌 클린턴의 NSC 팀에서 일했는데, 르완다 사태에 대응하지 못한 것이 아직까지도 마음에 걸린다고 했다. 비교적 온건한 조치로 사람들의 목숨을 구할 수 있다면 그렇게 해야 한다고 그녀는 주장했다. 다만 비행금지구역 방안에 동참하기보다는 리비아 민간인들을 카다피의 무력으로부터 보호하는 데 필요한 모든 조치를 취하겠다는 포괄적 권한을 부여하는 독자적 결의안을 제출할 것을 제안했다.

젊은 보좌관 몇 명은 리비아에 군사행동을 하면 이란 같은 나라들이 향후 미국의 공격에 대비해 핵무기가 필요하다고 판단하는 예상 밖의 결과가 나타날지도 모른다고 우려했다. 하지만 이집트에서 그랬듯 벤과 토니 블링컨은 중동에서 민주적 변화를 위해 저항하는 세력을 지원할 책임이 우리에게 있다고 느꼈다. 아랍 나라들과 우리의 가장 가까운 동맹국들이 우리와 함께 행동할 준비가 된 상황에서는 더더욱 그랬다. 서맨사는 평소와 달리 담담한 어조로, 우리가 행동하지 않을 경우 벵가지에서 목숨을 잃을 사람의 수를 언급했는데, 나는 그녀가 도움을 청하는 리비아인들과 매일 직접 접촉한다는 사실을 알고 있었다. 그녀의 입장은 물어볼 필요도 없었다.

시계를 보니 관저 블루 룸에서 미군 사령관들과의 연례 부부 동반 만찬을 주최할 시간이 되었다. 내가 말했다. "좋아요. 나는 아직 결정할 준비가 안 됐어요. 하지만 여러분의 말을 들으니 우리가 하지 **않을** 일은 분명하군요. 허술한 비행금지구역으로는 목표를 달성할 수 없으니 거기엔 참여하지 않을 거예요."

나는 두어 시간 뒤에 다시 회의하자고 말했다. 그때쯤이면 작전 비용, 인적 자원, 위험에 대한 분석을 비롯하여 효과적 개입에 관한 실질적 방안을 들을 수 있으리라 기대했다. 내가 말했다. "제대로 할 게 아니라면 단지 우리 마음 편하자고 벵가지를 구하는 일에 진지한 척하지는 맙시다."

블루 룸에 도착하니 미셸과 손님들이 모여 있었다. 우리는 사령관 부부와 일일이 사진을 찍고 아이들에 대해 잡담을 나누고 골프 경기에 대해 농담을 주고받았다. 만찬 테이블의 내 옆자리엔 젊은 해병이 아내와 함께 앉았다. 그는 아프가니스탄에서 폭탄 전문가로 일하다 급조폭발물을 밟아 두 다리를 잃었다. 아직도 의족이 익숙하지 않다고 말했지만 활기차 보였으며 제복 입은 모습이 근사했다. 그의 아내의 얼굴에는 자부심, 결의, 억눌린 고뇌가 뒤섞여 있었다. 지난 2년간 군인 가족들을 만나면서 너무도 많이 보아온 표정이었다.

그러는 동안 내 머릿속은 온갖 계산으로 복잡했다. 버디와 본과 다른 집사들이 디저트 접시를 치우자마자 내가 해야 할 결정을 생각했다. 멀린과 게이츠가 리비아에서의 군사행동에 반대하며 제시한 근거는 설득력이 있었다. 나는 옆에 앉은 해병 같은 젊은이 수천 명을 이미 전장에 내보냈다. 현장에서 한발 떨어져 있는 사람들이 뭐라고 생각하든 새로운 전쟁에서 사람들이 이런 부상이나 더 심각한 고통을 겪지 않으리라는 보장은 없었다. 나는 사르코지와 캐머런이 나를 몰아붙인 것이 못마땅했으며—그들에게는 국내의 정치적 문제를 해결하려는 속내도 있었다—아랍연맹의 위선을 경멸했다. 빌의 말은 옳았다. 워싱턴 바깥에서는 미국이 요청받는 행동을 지지하는 사람이 적었으며, 리비아에서 미국의 군사작전이 조금이라도 틀어지는 순간 나의 정치적 문제는 악화할 것이 뻔했다.

우리가 총대를 메지 않으면 유럽인들의 계획이 진척되지 못한다는 것도 알고 있었다. 카다피의 병력은 벵가지를 점령할 터였다. 지루한 충돌이 이어질 것이다. 그나마 최선의 상황은 전면적 내전이 벌어지는 것이었다. 최악의 상황은 수만 명이나 그 이상이 굶주리거나 고문당하거나 총살당하는 것이었다. 적어도 그 순간, 나는 온 세상을 통틀어 그런 일이 벌어지지 않게 막을 수 있는 단 한 사람이었다.

만찬이 끝났다. 미셸에게는 한 시간 뒤에 가겠다고 말하고 상황실로 돌아갔다. 다들 선택지 검토를 마치고 추가 지시를 기다리고 있었다.

내가 말했다. "효과를 발휘할 수 있을 만한 계획이 떠올랐어요."

# 26장

　　우리는 그날 밤 상황실에서 두 시간 더
논의하면서, 내가 만찬 중에 구상한 계획을 조목조목 따져보았다. 조건
은 리비아에서 대학살이 벌어지는 상황을 막으면서도 이미 한계에 도달
한 미군이 짊어질 위험과 부담을 최소화해야 한다는 것이었다. 나는 카
다피에게 의미 있는 태도를 취하고 리비아 국민에게 새 정부를 건설할
기회를 선사할 준비가 되어 있었다. 하지만 동맹국의 지지를 받고 임무
의 기준을 명확하게 규정하여 신속하게 이 일을 해내야 했다.

　　나는 우리 팀에 수전 라이스의 제안에서 출발하고 싶다고 말했다. 프
랑스와 영국을 설득하여 비행금지구역 방안을 철회하도록 한 다음, 리비
아 민간인을 보호하기 위해 카다피 병력의 공격을 중단시킬 더 폭넓은
권한을 요구하는 수정 결의안을 유엔 안보리에 제출한다. 한편 펜타곤은
동맹국 간에 임무를 명확히 배분하는 군사작전을 세운다. 작전 1단계에
서 미국은 카다피의 벵가지 진출을 막고 그의 방공 체계를 무력화한다.
우월한 공중전 능력에 걸맞은 임무였다. 그 뒤에 본격적인 작전은 유럽
과 아랍 참가국에 넘긴다. 유럽 전투기들은 주로 카다피의 병력이 민간
인 밀집 지역으로 전진하지 못하도록 표적 공습을 하는 임무를 맡고(사
실상 비행금지구역 및 통행금지구역을 지정하는 셈이었다) 아랍 동맹국들은

병참 지원에 주력한다. 북아프리카는 우리가 아니라 유럽의 뒷마당에 있으므로, 카다피가 실각한 뒤에 리비아를 재건하고 민주주의로 이행하도록 지원하는 데 필요한 원조는 대부분 유럽인들에게 요청한다.

나는 게이츠와 멀린에게 어떻게 생각하느냐고 물었다. 두 사람은 두 개의 전쟁을 치르는 와중에 벌이는 인도주의적 군사작전을 여전히 마뜩잖아하면서도 이 계획이 현실적이고 미군 병력에 대한 비용과 위험을 줄이며 카다피의 기세를 며칠 안에 꺾을 수도 있으리라고 인정했다.

수전과 그녀의 팀은 밤새 서맨사와 머리를 맞댔으며, 이튿날 우리는 수정된 결의안 초안을 유엔 안보리 회원국에 배포했다. 표결을 앞둔 우리의 주요 관심사는 러시아가 새 조치에 거부권을 행사할 것인가였다. 그래서 수전이 유엔 회의장에서 러시아 인사들을 설득하는 동안, 우리는 지난 2년에 걸친 드미트리 메드베데프와의 협력을 바탕으로 그의 지지를 얻어낼 수 있을 거라고 기대하면서 대규모 잔학 행위를 방지하는 것이 도덕적 명령일 뿐 아니라 리비아 내전이 장기화하여 이 나라가 테러의 온상이 되지 않도록 막는 것이 러시아와 미국에 유익하다고 강조했다. 메드베데프는 정권 교체로 이어질 수 있는 서구 주도의 군사행동에 분명 깊은 의구심을 품은 듯했지만 카다피의 뒤치다꺼리를 할 생각은 없어 보였다. 결국 안전보장이사회는 3월 17일 우리 결의안을 찬성 10, 반대 0, 기권 5로 승인했다(러시아는 기권했다). 나는 유럽의 두 주요 정상인 사르코지와 캐머런에게 전화를 걸었다. 그들이 내려올 수 있도록 내가 사다리를 건넨 것에 대해 두 사람은 안도감을 감추지 않았다. 며칠 안에 작전 준비가 모두 끝났다. 유럽은 자국 병력이 나토의 지휘를 받는 데 동의했으며 요르단, 카타르, 아랍에미리트 등 여러 아랍국이 참여한 덕에 서구 열강이 이슬람을 상대로 또 다른 전쟁을 벌인다는 비난을 면할 수 있었다.

펜타곤이 공습 준비를 마치고 나의 공격 개시 명령을 기다리는 동안 나는 공개적으로 카다피에게 마지막 기회를 제시하여 병력을 철수시키고 리비아 국민의 평화적 저항권을 존중하라고 촉구했다. 전 세계와 맞서야 하는 상황에서 그의 생존 본능이 작동하여 제삼국으로 안전하게 탈출하는 방안을 협상하길 바랐다. 그러면 오랫동안 여러 스위스 은행 계좌에 넣어둔 수백만 달러의 석유 자금으로 여생을 보낼 수 있을 터였다. 하지만 카다피는 현실 감각을 모두 잃어버린 것 같았다.

공교롭게도 그날 저녁 미국에 대한 라틴아메리카의 이미지를 개선하려는 나흘간의 3개국 순방을 위해 브라질로 떠나야 했다. (부시 행정부의 마약 금지 조치와 쿠바 정책, 그리고 이라크 전쟁은 그곳에서 호응을 얻지 못했다.) 가장 좋았던 것은 말리아와 사샤의 봄 방학과 겹치도록 순방 일정을 조정한 것이었다. 덕분에 우리 가족이 함께 여행할 수 있었다.

하지만 임박한 군사적 충돌은 미처 예상하지 못했다. 에어포스 원이 브라질 수도 브라질리아에 착륙할 때 톰 도닐런은 카다피의 병력이 물러설 기미를 보이기는커녕 벵가지 인근으로 진격한다고 보고했다.

그가 말했다. "오늘 중으로 명령하셔야 할 것 같습니다."

상황이야 어땠든, 타국을 방문하는 와중에 개시하는 군사행동은 문제의 소지가 있었다. 게다가 브라질은 국제분쟁이 벌어졌을 때 어느 쪽 편도 들지 않으려 했다(안보리의 리비아 군사 개입 표결에서도 기권했다). 나는 대통령으로서 처음 남아메리카를 방문하는 길이었고, 브라질의 신임 대통령 지우마 호세프도 처음으로 만났다. 경제학자 출신인 그녀는 카리스마 넘치는 전임자 룰라 다시우바의 비서실장을 지냈으며 무엇보다 미국과의 교역 관계를 개선하는 문제에 관심이 많았다. 그녀와 장관들은 대통령궁에 도착한 우리 대표단을 따뜻하게 맞아주었다. 대통령궁은 날개 모양 버팀벽과 높은 유리 벽을 갖춘 날렵하고 현대적인 건축물이다. 몇 시간 동안 우리는 에너지, 무역, 기후변화에 대한 미국·브라질 협력을 심화할 방법을 논의했다. 하지만 리비아 공습을 언제 어떻게 시작할 것인가를 놓고 전 세계가 촉각을 곤두세우고 있던 터라 긴장감을 떨치기 힘들었다. 나는 상황 때문에 분위기가 어색해진 것에 대해 호세프에게 사과했다. 그녀는 어깨를 으쓱했다. 의심과 걱정이 섞인 검은 눈이 나를 지그시 쳐다보고 있었다.

그녀가 포르투갈어로 말했다. "우리 일은 알아서 할게요. 이 때문에 곤란해지지 않으셨으면 좋겠군요."

호세프와의 회담이 끝나자 톰과 빌 데일리가 나를 가까운 대기실로 서둘러 데려가 카다피의 병력이 여전히 이동 중이며 지금이 전화할 최적의 시점이라고 보고했다. 군사작전을 공식적으로 개시하려면 내가 마이크 멀린에게 연락해야 했다. 문제는 최첨단 보안 무선통신 장비—내가 지구상 어디에서도 최고사령관 역할을 할 수 있도록 해주어야 할 장비—가 작동하지 않았다는 것이다.

"죄송합니다, 대통령님……. 아직 연결이 안 됩니다."

우리 통신 기술자들이 헐거워진 선과 오류가 난 연결부를 점검하느라 동분서주하는 동안 의자에 앉아 사이드테이블 위의 그릇에서 아몬드를 한 줌 집었다. 그동안 나는 매우 유능한 인력들에 언제나 둘러싸여 있었기에 대통령직에 따르는 기술적 세부 사항에 신경 쓸 필요가 없었다. 방 안에 있는 사람들의 이마에서 땀방울이 흘러내렸다. 이번이 비서실장으로서 첫 해외 방문인 빌은 노심초사하며 발을 동동 굴렀다.

그가 말했다. "어떻게 이럴 수가 있지?" 목소리가 한껏 높아져 있었다.

나는 시계를 보았다. 10분이 지났다. 브라질 인사들과의 다음 면담이 기다리고 있었다. 나는 빌과 톰을 보았다. 둘 다 누군가의 목을 조르기 직전이었다.

내가 빌에게 말했다. "그냥 당신 휴대폰을 쓰면 안 돼요?"

"예?"

"오래 걸리진 않을 거예요. (전파 감도를 표시하는) 막대가 충분한지만 확인해봐요."

내가 비비화非秘話 통신을 이용해도 무방한지 상의한 끝에 빌은 번호를 누르고는 휴대폰을 건넸다.

내가 말했다. "마이크? 내 말 들려요?"

"들립니다, 대통령님."

"작전을 승인합니다You have my authorization."

나는 피자를 주문하는 데 쓰였을지도 모르는 휴대폰에 대고 대통령 임기 중 최초의 새로운 군사 개입을 시작하는 네 단어를 말했다.

그 뒤로 이틀간 미국과 영국의 전함이 토마호크 미사일을 발사하여 리비아 방공망을 파괴하는 동안에도 우리는 스케줄을 대부분 그대로 진행했다. 나는 미국과 브라질의 최고경영자들을 만나 교역 관계를 확대하는 방안을 논의했다. 정부 관료들과 칵테일 연회를 하며 미국 대사관 직원 가족들과 사진을 찍었다. 리우데자네이루에서는 브라질에서 가장 저명한 정계, 시민사회, 재계 지도자 2000명 앞에서 양국이 아메리카 대륙에서 가장 거대한 민주국가로서 공유하는 어려움와 기회에 대해 이야기했다. 하지만 그러는 내내 톰을 통해 리비아 소식을 확인하면서 8000킬로미터 이상 떨어진 곳에서 벌어지는 장면들—허공을 가르는 미사일, 연쇄 폭발의 파편과 연기, 하늘을 쳐다보며 생존 가능성을 계산하는 카다피 충성파들의 얼굴—을 상상했다.

정신이 산란했지만, 이 나라 인구의 절반 이상을 차지하며 미국의 흑인처럼 뿌리 깊은—종종 부인되지만—인종주의와 빈곤을 경험한 아프리카계 브라질인들에게 나의 브라질 행보가 얼마나 중요한지 잘 알고 있었다. 나는 미셸, 아이들과 함께 리우데자네이루 서쪽 끝에 있는 확장 일로의 파벨라(빈민가)를 방문하여 청소년 센터에서 카포에라(브라질 전통 무술_옮긴이) 공연을 관람했으며 현지 어린이들과 축구를 했다. 우리가 떠날 때쯤 센터 밖에는 수백 명이 모여 있었다. 비밀경호국 요원은 이 동네를 걸어서 지나겠다는 내 아이디어는 거절했지만, 정문으로 나가 군중에게 인사하게 해달라는 설득은 받아들였다. 나는 좁은 길거리 한가운데 서서 검은색, 갈색, 구리색 얼굴들에게 손을 흔들었다. 주민들이 지붕과 작은 발코니에 옹기종기 모여 있거나 경찰 바리케이드에 바싹 붙어 있었다. 상당수는 아이들이었다. 우리와 함께 다니며 모든 광경을 목격한 밸러리는 미소 지으며 말했다. "손을 흔들어준 덕에 저 아이들 중 몇몇은 삶이 영영 달라졌을 거예요."

정말일까 궁금했다. 그것은 내가 정치 여정을 시작하면서 스스로에게 한 말이자 대통령에 출마하면서 미셸에게 제시한 근거였다. 나는 흑인 대통령이 당선되어 나라를 이끌면 모든 아이와 청년이 스스로와 자신의 세상을 바라보는 방식을 바꿀 수 있다고 말했다. 그럼에도 나는 알고 있었다. 나의 짧은 방문이 파벨라의 이 아이들에게 무슨 영향을 미쳤든, 그들로 하여금 얼마나 똑바로 서고 더 원대한 꿈을 꾸게 했든, 그들이 매일같이 맞닥뜨리는 지긋지긋한 가난을 상쇄할 순 없음을. 부실한 학교, 오염된 공기, 더러운 물, 단지 살아남기 위해 헤쳐가야 하는 지독한 무질서를 해결해줄 순 없었다. 추정컨대 가난한 아이들과 그 가족의 삶에 내가 지금껏 미친 영향은—심지어 미국에서도—미미했을 것이다. 빈곤층의 사정이 국내에서든 해외에서든 더 나빠지지 않도록 하는 것, 세계적 불황 때문에 극한에 내몰리거나 노동 시장에서 빌 디딜 곳이 아예 사라지지 않도록 하는 것, 치명적인 홍수나 폭우를 일으킬 수 있는 기후변화를 막는 것, (리비아의 경우에) 미치광이의 군대가 길거리에서 사람들에게 총질하지 못하도록 하는 것만 해도 내 시간을 온통 잡아먹었다. 하지만 미미하더라도 의미가 있다는 생각이 들었다. 이 정도면 충분하다고 스스로를 속이려 들지 않는 한.

호텔로 돌아오는 짧은 비행 동안 마린 원 헬리콥터는 해안선을 따라 숲이 우거진 우람한 산줄기 위를 날았다. 코르코바도로 알려진 원뿔 모양 봉우리 꼭대기에서 리우데자네이루의 상징인 30미터 높이의 '구세주 그리스도'상이 불쑥 눈에 들어왔다. 그날 저녁 그곳을 방문할 예정이었다. 나는 사샤와 말리아 쪽으로 몸을 기울여 그리스도상을 가리켰다. 흰색의 그리스도가 통옷 차림으로 양팔을 뻗은 채 파란 하늘을 배경으로 멀리 서 있었다.

"보렴……. 오늘 밤 저기 갈 거란다."

두 아이는 아이팟의 이어폰을 귀에 꽂은 채 미셸의 잡지를 뒤적이며 눈으로는 내가 모르는 물광 피부 유명인들의 번들거리는 사진들을 훑고 있었다. 내가 주의를 끌려고 손을 흔들자 이어폰을 빼고 창문을 바라보고는 말없이 고개를 끄덕이더니 내 기분을 맞춰주려는 듯 한 박자 쉬었다가 다시 이어폰을 꼈다. 미셸은 아무 말도 하지 않았는데, 자기 아이팟으로 음악을 들으며 조는 듯했다.

나중에 호텔 야외 레스토랑에 앉아 저녁을 먹다가 코르코바도에 짙은 안개가 깔려 구세주 그리스도상 관람이 취소될지도 모른다는 말을 들었다. 말리아와 사샤는 그다지 실망한 것 같지 않았다. 아이들이 종업원에게 디저트 메뉴를 묻는 모습을 보면서, 녀석들의 심드렁한 태도에 조금 속상했다. 나는 리비아의 사태 전개를 파악하느라 오랜 시간을 보내야 한 탓에 가족을 볼 시간이 집에 있을 때보다 더 적었다. 딸들이 예상보다 더 빨리 자라고 있다는 생각에 심경이 복잡했다(이런 일이 부쩍 잦아졌다). 말리아는 열세 살을 앞두고 있었는데, 치아 교정기가 반짝거렸고 머리카락은 땋아 묶었으며 투명한 장대에 묶인 듯 꼿꼿한 몸은 밤새 길고 가늘어져 거의 엄마만큼 컸다. 아홉 살 사샤는 귀여운 미소와 보조개 파인 뺨을 보면 아직 어린애 같았지만, 나를 대하는 태도가 달라졌다. 내가 간지럼 태우는 것을 예전만큼 좋아하지 않았고 짜증이 늘었으며 내가 공공장소에서 손을 잡으려 하면 조금 난처해했다.

두 아이가 얼마나 한결같은지, 괴상하고 특이한 성장 환경에 얼마나 훌륭히 적응했는지 보면서 끊임없이 경탄했다(교황을 알현하고 나서 곧장 쇼핑몰을 구경하러 가는 일에 전혀 위화감을 느끼지 않았다). 아이들은 특별 대우나 지나친 관심에 알레르기 반응을 일으켰으며 다른 학생들과 같은 대접을 받고 싶어 했다. (4학년 첫날 반 친구가 사샤의 사진을 찍으려 하자 사샤는 카메라를 낚아채고는 다시는 그러지 말라며 혼쭐을 냈다.) 두 아이 다 친구 집에서 노는 걸 무척 좋아했는데, 과자를 먹거나 TV를 오래 봐도 괜찮기 때문이기도 했지만 가장 큰 이유는 자신들의 삶이 정상적인 척하기가 더 수월했기 때문이다(비밀경호국 요원이 집 밖에서 지키고 있긴 했지만). 이 모든 건 상관없었다. 아이들이 나와 함께 있지 않을 때 비로소 정상적인 삶을 누릴 수 있었다는 사실만 빼면. 나는 아이들이 둥지에서 날아가버리기 전에 함께할 수 있는 귀중한 시간을 잃을지도 모른다는 두려움을 떨칠 수 없었다.

마빈이 우리 테이블에 다가와 말했다. "잘됐어요. 안개가 걷혔다네요."

우리 넷은 SUV 뒷좌석에 욱여 탄 채 가로수가 늘어선 구불구불한 도로를 따라 어둠 속을 달렸다. 그러다 조명이 환하게 켜진 넓은 광장 앞에서 차량 행렬이 불쑥 멈췄다. 빛을 발하는 거대한 형상이 안개 속으로 우리를 부르는 것 같았다. 이 광경을 눈에 담느라 목을 뒤로 꺾고 몇 걸음 내디디는데 사샤가 내 손을 잡았다. 말리아는 내 허리에 팔을 둘렀다.

사샤가 물었다. "기도 같은 거 해야 할까?"

내가 말했다. "안 될 거 없지." 우리는 한데 모여 조용히 고개를 숙였다. 나는 그날 밤 나의 기도 중 적어도 하나는 응답받았음을 알았다.


그 산꼭대기까지의 짧은 순례가 나의 다른 기도도 이루어지게 했는지는 잘 모르겠다. 내가 아는 사실은 리비아 작전이 처음 며칠 동안 더없이 순조롭게 진행되었다는 것이다. 카다피의 방공망은 금세 궤멸했다. 유럽의 제트기들은 약속대로 투입되어(사르코지는 프랑스 비행기가 리비아 영공을 처음으로 가로지를 거라고 장담했다) 벵가지로 진격 중인 군대에 공습을 퍼부었다. 며칠 지나지 않아 카다피 군이 후퇴했으며, 리비아 동부의 대부분 지역이 사실상 비행/통행금지구역으로 지정되었다.

그럼에도 라틴아메리카를 순방하는 내내 초조했다. 나는 아침마다 보안 화상회의에서 국가안보팀과 상의하고, 작전 사령관 카터 햄 대장과 펜타곤의 군 지휘부로부터 전황을 보고받고, 다음 단계의 세부 목록을 검토했다. 나는 우리가 군사적 목적을 얼마나 훌륭히 달성하고 있는지 정확히 파악하는 것 이외에도 동맹국들이 약속을 지키고 미국의 역할이 내가 정한 좁은 기준 이상으로 확대되지 않기를 바랐다. 우리가 하는 일에 대한 미국 국민의 지지가 취약하며 조금이라도 문제가 생기면 엄청난 재앙으로 이어지리라는 것을 알았기 때문이다.

실제로 우리가 두려워하던 사태가 일어났다. 칠레 산티아고에 도착한 첫날 밤 미셸과 나는 사교적인 중도우파 억만장자이며 불과 1년 전 대통령으로 당선된 세바스티안 피녜라가 주최한 국빈 만찬에 참석했다. 주빈석에 앉아 중국에서 칠레산 포도주 수요가 증가하고 있다는 피녜라의 이야기에 귀를 기울이고 있는데, 누군가 내 어깨를 두드리기에 돌아보니 톰 도닐런이 평소보다 근심스러운 표정으로 서 있었다.

내가 물었다. "무슨 일이에요?"

그가 허리를 숙여 귓속말을 했다. "방금 미군 전투기가 리비아에서 추락했다는 보고를 받았습니다."

"격추된 건가요?"

그가 말했다. "기계적 결함이었습니다. 승무원 두 명은 추락 전에 탈출했는데, 그중에서 조종사는 구출했습니다. 그는 상태가 양호합니다만…… 사격수가 아직 행방불명입니다. 추락 지점 근처에 수색구조대를 파견했으며 제가 펜타곤과 직접 연락하고 있습니다. 새로운 소식이 들어오는 대로 보고하겠습니다."

톰이 걸어나가자 피녜라가 내 안색을 살폈다.

그가 물었다. "다 괜찮은 겁니까?"

나는 "네, 방해해서 죄송합니다"라고 대답했지만 머릿속에서는 여러 시나리오가 바쁘게 돌아갔다. 대부분 나쁜 시나리오였다.

그 뒤로 약 90분에 걸쳐 피녜라와 영부인 세실리아 모렐 몬테스가 자녀들에 대해, 자신들이 어떻게 처음 만났는지, 파타고니아를 방문하기에 가장 좋은 계절이 언제인지 이야기하는 동안 나는 의례적으로 미소 짓고 고개를 끄덕였다. 이어 로스 하이바스라는 칠레 포크록 밴드가 〈헤어 Hair〉(반전이 주제인 브로드웨이 뮤지컬로, 영화로도 만들어졌다_옮긴이)의 스페인어 버전처럼 들리는 곡을 연주하기 시작했다. 그러는 내내 나는 톰이 어깨를 두드리기만 기다렸다. 전장에 투입되어 부상당했거나 생포당했거나 더 나쁜 일을 당했을지도 모르는 젊은 군인 말고는 아무것도 생각할 수 없었다. 나도 모르게 고함이 터져 나올 것만 같았다. 만찬이 끝나고 미셸과 비스트에 올라타려는 찰나에야 톰이 숨을 조금 헐떡이며 우리 쪽으로 왔다.

그가 말했다. "찾았습니다. 우호적인 리비아인들에게 발견된 것 같습니다. 괜찮을 겁니다."

그 순간 톰에게 입 맞추고 싶었지만, 대신 미셸에게 입 맞췄다.

미국 대통령이 된다는 게 어떤 느낌이냐고 누가 물으면 칠레의 국빈 만찬장에 하릴없이 앉아 성공과 재앙이 종이 한 장 차이임을 곱씹으며 시간을 보내던 일이 종종 떠오른다. 이 경우에 생사를 가른 것은 한밤중에 머나먼 사막 위에서 군인의 낙하산이 어디로 흘러갔는가였다. 나의 모든 결정이 거액의 도박이었다는 말은 아니다. 포커에서는 플레이어가 그날 결국 돈을 따더라도 중간에 몇 차례 크게 잃으리라 예상할 수 있고 감당할 수도 있지만 나의 결정에서는 한 번의 불운으로 누군가 목숨을 잃을 수 있었다. 그 결과는 내가 달성했을지도 모르는 원대한 목표를 압도할 것이다(정치 언론에서든 내 마음속에서든).

다행히 전투기 추락은 비교적 사소한 사건으로 끝났다. 워싱턴에 돌아올 즈음 국제적 연합군의 압도적으로 우월한 공군력 앞에서 카다피 충성파는 숨을 곳을 잃었으며, 반대파 민병대가 서쪽으로 진격하기 시작했다(리비아군을 이탈한 고급 장교 여럿도 합류했다). 작전이 시작된 지 열이틀 만에 나토가 지휘권을 넘겨받았으며, 여러 유럽 나라가 카다피 군을 격퇴하는 임무를 맡았다. 내가 3월 28일 대국민 연설을 할 즈음 미군은 병참 지원, 항공기 재급유, 표적 식별 같은 보조 역할로 물러나기 시작했다.

많은 공화당 의원이 개입을 소리 높여 촉구했으므로 신속하고 정밀한 리비아 작전 성공을 마지못해 칭찬했으리라 예상할지도 모르겠다. 하지만 내가 여행하는 동안 우스운 일이 일어났다. 내가 리비아에 개입해야 한다고 주장한 바로 그 공화당 의원들이 이제는 개입에 반대하기로 마음먹은 것이다. 의원들은 이 임무가 너무 포괄적이거나 너무 때늦었다고 비판했다. 내가 작전 전날 밤 의회 지도부와 만났음에도 의회와 충분히 상의하지 않았다고 불평했다. 또한 내 결정의 법적 근거를 문제 삼으며 전쟁권한법에 따라 내가 의회의 승인을 요청해야 했다고 주장했다. 이 사안은 대통령의 권한에 관한 정당하고 유서 깊은 주제였으나, 전쟁 같은 대외 정책에 대해 전임 행정부에 거듭거듭 백지 위임장을 내준 정당이 할 얘기는 아니었다. 공화당은 이런 모순에도 떳떳했다. 어떻게 보면 전쟁과 평화, 삶과 죽음의 문제조차 이젠 냉혹하고 무자비한 당파적 게임의 일부라고 통고한 셈이었다.

공화당만 게임을 한 것은 아니었다. 블라디미르 푸틴은 대리비아 군사행동에 대한 폭넓은 권한을 허용했다는 이유로 유엔 결의안을—따라서, 암묵적으로 메드베데프를—공공연히 비난했다. 푸틴은, 결의안에 거부권을 행사하지 않고 기권하기로 한 메드베데프의 결정을 분명 재가했을 것이다. 그가 결의안의 범위를 오해했을 리도 없었다. (메드베데프 본인이 푸틴의 발언에 답변하며 지적했듯) 연합군 전투기들이 카다피 군대를 계속 폭격한 이유는 카다피가 군대를 철수하거나 자신이 사주한 악독한 용병들에게 입마개를 씌울 기미를 보이지 않았기 때문이었다. 하지만 그런 해명은 초점이 어긋난 것이 분명했다. 메드베데프를 공개적으로 비판함으로써 푸틴은 자신의 손으로 뽑은 후임자에게 일부러 먹칠을 하려고 작정한 듯했다. 푸틴이 러시아의 고삐를 공식적으로 다시 쥐려 한다는 신호였다.

그럼에도 3월이 지나도록 리비아에서는 미군이 한 명도 사망하지 않았으며 약 5억 5000만 달러의 비용으로—이라크와 아프가니스탄의 군사작전에 소요되는 하루치 비용보다 그리 많지 않았다—우리는 벵가지와 인근 도시, 그리고 어쩌면 수만 명의 목숨을 구한다는 목표를 달성했다. 서맨사에 따르면 대규모 잔학 행위를 방지하기 위한 국제적 군사 개입이 이토록 신속하게 완수된 적은 현대 역사에 없었다. 리비아 정부가 어떻게 될지는 여전히 불분명했다. 카다피가 나토의 폭격을 당하면서도 추가 공격을 명령하고 반란군 민병대의 느슨한 연합이 정권 반대파에 합류하는 것을 보면서 우리 팀과 나는 내전이 장기화될 수도 있겠다고 우려했다. 힐러리가 갓 출범한 과도통치위원회 연락관으로 벵가지에 파견한 미국 외교관에 따르면 야권은 자유롭고 공정한 선거, 인권, 법치의 중요성을 강조하며 카다피 이후의 리비아가 나아가야 할 방향에 대해 적어도 입으로는 옳은 소리를 하고 있었다. 하지만 참고할 만한 민주적 전통이나 제도가 없었기 때문에 위원들은 백지에서 시작해야 했으며, 카다피의 경찰이 사라지자 벵가지를 비롯한 봉기 지역의 치안 상황은 무법천지 미국 서부를 방불케 했다.

관련 보고를 듣고서 내가 물었다. "우리가 벵가지에 보낸 사람이 누구죠?"

데니스가 말했다. "크리스 스티븐스라는 친구입니다. 트리폴리 미국 대사관의 임시대리대사였습니다. 그전에는 중동 여러 지역에서 근무했고요. 소규모 인원을 이끌고 그리스 화물선으로 벵가지에 잠입했을 겁니다. 큰일을 해낸 거죠."

내가 말했다. "용감한 친구네요."


　　　　　　　　　4월의 어느 고요한 일요일, 관저에 홀로 앉아 있다가—아이들은 친구들과 놀러 나갔고 미셸은 친구들과 점심을 먹고 있었다—아래층에 내려가 일을 좀 해야겠다고 생각했다. 날씨는 서늘했고 구름 사이로 해가 보였다. 기온은 15~20도였다. 콜로네이드를 따라 걸으며, 관리인들이 로즈 가든에 심은 노란색, 빨간색, 분홍색 튤립의 화사한 꽃밭을 감상했다. 주말에는 레졸루트 책상에서 일하는 일이 드물었다. 웨스트 윙 관람이 언제나 적어도 몇 건씩 진행되었는데, 내가 자리에 없어야 관람객들이 붉은 벨벳 로프 뒤에서 오벌 오피스를 조금이나마 볼 수 있기 때문이었다. 그 대신 오벌 오피스에 붙어 있는 식당 겸 서재를 주로 이용했다. 이 안락하고 사적인 공간은 내가 오랫동안 수집한 기념물로 가득했다. 그중에는 존 루이스가 사인한 《라이프》의 셀마 행진 표지, 에이브러햄 링컨의 스프링필드 법률 사무소에서 가져온 벽돌, 무하마드 알리의 권투 글러브, 테드 케네디가 그린 코드곶 해안선 풍경(그의 사무실에서 보고 감탄했다가 선물로 받았다)도 있었다. 구름이 걷히고 햇살이 창을 가득 메우자 식당 테라스로 나갔다. 외부와 단절된 이 아늑한 공간의 한쪽에는 울타리와 식물이 있고 다른 쪽에는 작은 분수가 있었다.

읽을거리를 한 묶음 가져갔지만 이런저런 생각이 계속 머릿속을 맴돌았다. 나는 얼마 전 재선에 출마한다고 선언했다. 실은 형식적 절차였다. 서류의 빈칸을 채우고 짧은 동영상 발표를 녹화하는 것이 전부였다. 4년전 어질어질하고 쌀쌀한 어느 날 스프링필드에서 수천 명의 군중을 앞에 두고 희망과 변화를 약속하며 출마를 선언할 때와는 사뭇 대조적이었다. 낙관과 젊음의 에너지, 부정할 수 없는 순진무구함이 넘쳐흐르던 그 시절로부터 영원의 시간이 흐른 것 같았다. 나의 재선 캠페인은 전혀 다르게 진행될 예정이었다. 내가 약해졌다고 확신한 공화당에서는 나와 맞서려는 후보들이 이미 진을 치고 있었다. 우리 정치팀은 비용이 많이 드는 난투극이 벌어지리라 예상하여 일찌감치 모금 행사들을 내 일정에 끼워 넣기 시작했다. 나의 일부는 그렇게 일찍 선거의 시동을 거는 것에 반대했다. 첫 선거운동이 아득한 기억처럼 느껴진 반면 대통령으로서 실제 업무는 이제 막 시작한 듯했기 때문이다. 하지만 논쟁해봐야 소용없었다. 여론조사를 보면 분명히 알 수 있었으니까.

아이러니한 사실은 지난 2년간의 노고가 마침내 결실을 맺기 시작했다는 것이다. 나는 대외 정책 사안을 다루지 않을 때는 전국을 돌아다니며 폐쇄되었다가 다시 문을 연 자동차 공장, 살아난 소기업, 청정에너지의 미래를 보여주는 풍력발전 단지와 에너지 고효율 차량을 강조했다. 경제회복법의 지원을 받은 인프라—도로, 커뮤니티 센터, 경전철—건설 사업도 상당수가 완공되었다. 수많은 부담적정보험법 조항이 시행되었다. 여러 면에서 우리는 연방정부를 더 낫고 더 효율적이고 더 적극적인 곳으로 탈바꿈시켰다. 하지만 경제가 실제 회복세로 돌아서지 않으면 정치적으로 의미가 없었다. 지금껏 우리는 '더블딥'(경기 침체 후 잠시 회복기를 보이다가 다시 침체에 빠지는 현상_옮긴이) 2차 침체를 그럭저럭 막아냈는데, 여기에는 레임덕 회기에 부시 감세를 연장해주면서 덧붙인 수십억 달러의 경기 부양 자금이 큰 몫을 했다. 하지만 전망은 여전히 아슬아슬했다. 게다가 아무리 봐도 새 하원 다수당은 경제 회복을 무산시킬 작정인 듯했다.

존 베이너는 1월에 하원 의장으로 선출된 순간부터 하원 공화당이 이른바 "일자리를 박살 내는 지난 2년간의 흥청망청 지출"을 끝장내겠다는 공약을 반드시 지키겠다고 주장했다. 내가 2011년 국정연설을 하자 폴 라이언 하원 예산위원회 위원장은 이런 통제 불능의 지출 때문에 연방 채무가 "금세 경제 전반에 먹구름을 드리우고 앞으로 몇 년 안에 재앙적 수준으로 증가할" 것이라고 예언했다. 새로 의회에 진출한 공화당 의원들은—상당수는 티파티 강령을 내걸고 당선되었다—연방정부 규모를 즉각적이고 대폭적이고 영구적으로 감축하라며 베이너를 몰아붙였다. 이들은 그러면 헌정 질서를 복원하고 부패한 정치, 경제 엘리트로부터 나라를 되찾을 수 있으리라고 계산했다.

경제 문제만 보면 백악관의 모든 사람은 연방 지출을 대폭 삭감하겠다는 하원 공화당의 계획이 반드시 재앙을 낳을 거라고 생각했다. 실업률은 여전히 약 9퍼센트에 머물러 있었다. 주택 시장은 아직 회복되지 못했다. 미국인들은 지난 10년간 쌓인 1조 1000억 달러의 신용카드 빚과 다른 채무를 아직도 갚지 못했으며, 수백만 명이 주택 가격을 웃도는 모기지를 떠안고 있었다. 기업과 은행들도 비슷한 채무 후유증에 시달리느라 투자 확대나 신규 대출을 꺼렸다. 내가 취임한 후 연방 적자가 가파르게 상승한 것은 사실이었지만, 주요 원인은 훗날 '대침체Great Recession'로 알려진 불황의 여파 속에서 세입을 줄이고 복지 프로그램 지출을 늘린 탓이었다. 나의 요청에 따라 팀 가이트너는 경제가 완전히 반등할 경우 적자를 위기 이전의 수준으로 낮추는 계획도 수립하고 있었다. 또한 나는 클린턴 비서실장을 지낸 어스킨 볼스와 와이오밍 상원의원을 지낸 앨런 심프슨이 이끄는 위원회를 설립하여 장기적 적자, 채무 감축을 위한 합리적 계획을 내놓도록 했다. 하지만 지금으로서는 경제성장을 북돋우는 일이 적자를 낮추는 최선의 대책이었다. 지금처럼 총수요가 약한 상황에서 경기를 부양하려면 연방 지출을 줄이는 게 아니라 늘려야 했다.

문제는 내가 중간선거에서 이런 논리로 유권자들을 설득하지 못했다는 것이다. 적어도 여론조사에 참여한 사람들만 놓고 보면 사람들은 내 주장에 동조하지 않았다. 이 때문에 공화당은 자신들이 지출 절감을 바라는 유권자들의 의지를 대변한다고 주장할 수 있었다. 선거 결과로 워싱턴의 모두가 적자와 관련해서는 매파로 돌아선 것 같았다. 매체들은 미국의 지출이 도를 넘었다며 난데없이 경보를 울려댔다. 논평가들은 우리가 미래 세대에 부채의 유산을 떠넘긴다고 매도했다. 최고경영자와 월스트리트 내부자들처럼 금융 시스템 구제 조치로 직간접적 혜택을 입은 사람들조차 뻔뻔하게도 적자 반대 여론에 편승하여 지금이야말로 워싱턴 정치인들이 '자격급여지출entitlement spending'을 삭감하는 '용감한' 조치를 단행할 적기라고 주장했다. 오해의 소지가 있는 용어인 '자격급여지출'은 사회보장, 메디케어, 메디케이드 등의 사회 안전망 프로그램을 포괄적으로 일컫는다. (지금이 위기라면서도 이를 해소하기 위해 자신의 세금 감면액을 토해내겠다는 사람은 거의 없었다.)

2011 회계 연도 나머지 기간의 지출 규모를 놓고 베이너와 벌인 첫 설

전에서 우리는 380억 달러의 지출 삭감이라는 양보를 했다. 이 액수는 베이너가 보수파 코커스에 내밀 수 있을 만큼 컸지만(그들이 애초에 삭감하려 한 금액은 두 배에 달했다) 3조 6000억 달러의 예산에 비하면 실질적인 경제적 피해를 면할 만큼 소액이었다. 삭감액의 상당 부분은 회계적 착시 효과여서 필수적인 서비스나 프로그램은 타격을 입지 않았다. 하지만 베이너는 공화당이 조만간 더 많이 요구할 것임을 시사했으며, 심지어 우리가 이후의 요구를 들어주지 않으면 자신의 코커스가 법정부채한도 증액에 필요한 표를 내주지 않을 수도 있다고 암시했다. 하지만 우리는 공화당이 정말 그렇게 무책임하게 행동할 것이라고 믿지 않았다. 어쨌든 부채 상한선을 높이는 것은 양당이 지켜온 통상적 입법 의무였으며, 의회가 이미 승인한 지출 항목에 대해 비용을 지급하는 방법이었다. 법정부채한도를 증액하지 못하면 미국은 역사상 최초로 채무 불이행을 선언해야 했다. 그럼에도 베이너가 그런 극단적 발상을 거론했다는 사실은 이것이 티파티 회원들과 보수파 언론 매체의 호응을 금세 얻었다는 사실과 더불어 앞으로 닥칠 일을 예감하게 했다.

나의 대통령 임무 수행이 어쩌다 이런 수준까지 낮아졌는지 착잡했다. 공화당이 미국 경제를 사보타주하여 내가 이룬 모든 것을 무효화하지 못하게 하려고 승산 없는 싸움을 벌여야 하나? 나에 대한 반대를 단결의 원칙으로, 모든 것에 우선하는 목표로 여기는 당과 공통분모를 찾을 가망이 있을까? 베이너가 우리의 최근 예산 협상 결과를 자신의 코커스에 설명하면서 내가 논의 중에 얼마나 '격분'했는지 강조한 데는 이유가 있었다. 사실이 아니었지만 요긴한 허구였기에, 나는 협상을 순조롭게 추진하기 위해 우리 팀에 인터넷에서 이 문제로 논란을 일으키지 말라고 했다. 베이너의 코커스 입장에서는 내가 성냈다는 것보다 더 확실한 판단 근거는 없었으니까. 세라 페일린의 선거 유세 막바지와 '티파티 여름' 내내 처음 목격한 분위기가 공화당 변두리에서 중심으로 이동하고 있음을 점점 실감했다. 그 분위기는 내가 대통령이라는 사실에 대한 정서적이고 거의 본능적인 반응이었고, 정책이나 이념의 차이와도 뚜렷이 달랐다. 마치 내가 백악관에 있다는 사실 자체가 그들의 깊숙한 공포를, 자연 질서가 교란됐다는 감각을 자극하는 것 같았다.

도널드 트럼프는 이 현상을 정확하게 간파했다. 그는 내가 미국에서 태어나지 않았으며 그렇기 때문에 적법한 대통령이 아니라는 주장을 퍼뜨리고 다니기 시작했다. 흑인이 백악관에 들어갔다는 사실에 기겁한 수백만 미국인에게 인종주의적 불안을 해소하는 묘약을 주겠노라 약속했다.

내가 미국에서 태어나지 않았다는 주장은 새롭지 않았다. 어떤 보수파 골통 하나는 이 이론을 내가 일리노이주에서 연방상원의원 선거를 치를 때부터 주장했다. 대통령 예비선거 캠페인 때는 불만을 품은 일부 힐러리 지지자들이 이 주장을 다시 유포했으며, 그녀의 캠프에서는 극구 부인하지만 보수파 블로거와 토크 라디오 출연자들이 이를 이어받았고 우익 운동가들이 이메일을 통해 열성적으로 퍼 날랐다. 나의 취임 첫 해에 티파티가 이 주장을 받아들였을 즈음에는 이야기가 본격적 음모론으로 만개했다. 내가 케냐에서 태어났다는 것으로 모자라 비밀 무슬림 사회주의자이며 미국 정부 최고위층에 침투하기 위해 어릴 적부터 세뇌받았고 위조 서류를 이용하여 미국에 투입된 꼭두각시 후보라는 것이었다.

그럼에도 이집트에서 호스니 무바라크가 사임하기 전날인 2011년 2월 10일까지는 이 터무니없는 이론이 실제로 영향력을 발휘하진 못했다. 워싱턴에서 열린 보수정치행동회의(미국보수연합ACU이 주최하는 연례 총회로, 미국 보수 진영의 최대 행사_옮긴이) 연설에서 트럼프는 대통령 출마를 암시하면서 이렇게 주장했다. "현 대통령은 하늘에서 떨어졌습니다. …… 함께 학교에 다닌 사람들은 한 번도 그를 보지 못했고 그가 누군지도 모릅니다. 귀신이 곡할 노릇이죠."

처음에는 전혀 관심을 기울이지 않았다. 내 이력은 문서로 철저히 검증되었기 때문이다. 나의 출생 증명서는 하와이에 보관되어 있었으며,

우리는 이른바 '버서리즘birtherism'(오바마의 출생지를 문제 삼는 음모론_옮긴이)이 처음 불거진 2008년에 이에 대처하기 위해 내 웹사이트에 출생 증명서를 공개했다. 외조부모는 내 출생을 알린《호놀룰루 애드버타이저》1961년 8월 13일 자를 스크랩해두었다. 나는 어릴 적 날마다 학교 가는 길에, 어머니가 나를 낳은 카피올라니 병원 앞을 지나쳤다.

트럼프로 말할 것 같으면 나는 그를 만난 적이 없었다. 물론 시간이 지나면서 간접적으로 접하긴 했다. 내가 아는 그는 처음에는 이목을 끌고 싶어 하는 부동산 개발업자였고, 더 불길하게는 나중에 센트럴 파크 5인조 사건에 불쑥 끼어든 사람이었으며—흑인과 라틴계 십 대 다섯 명이 조깅하던 백인을 잔혹하게 강간한 혐의로 투옥된(결국은 무죄로 판명났다) 사건으로, 그는 사형 제도 부활을 요구하는 전면 광고를 4대 일간지에 게재했다—마지막으로는 자신과 자신의 브랜드를 자본주의적 성공과 요란한 소비의 정점으로 판촉하는 TV 출연자였다.

임기 2년 중 대부분의 기간 동안 트럼프는 나의 임무 수행에 찬사를 보냈으며 블룸버그통신에는 "전반적으로 그가 매우 훌륭한 일을 해냈다고 생각한다"고 말했다. 내가 TV를 많이 보지 않아서인지는 몰라도 그는 위험 인물로 여겨지지는 않았다. 내가 아는 뉴욕의 개발업자와 재계 지도자들은 한결같이 그를 허풍선이요, 잇따라 파산하고 계약을 어기고 월급을 떼어먹고 불법적 금융 거래를 일삼은 자요, 자신이 소유하지도 경영하지도 않는 사업체에 이름을 빌려주는 것을 주업으로 하는 자로 평했다. 사실 내가 트럼프와 가장 가깝게 접촉한 계기는 2010년 딥워터 호라이즌호 사고 때였다. 그는 뜬금없이 액스에게 전화하여 유정을 밀폐하는 책임을 맡겨달라고 주장했다. 유정이 거의 밀봉된 것을 알고는 전략을 바꿔 우리가 최근 백악관 남쪽 잔디밭에 천막을 치고 국빈 만찬을 주최한 일을 언급하며 백악관 구내에 "근사한 연회장"을 지어주겠노라 액스에게 말했다(물론 액스는 제안을 정중하게 거절했다).

내가 예견하지 못한 것은 트럼프가 난데없이 버서리즘을 들고 나왔을 때 매체들이 보인 반응이었다. 뉴스와 오락의 경계가 하도 흐릿해지고 시청률 경쟁이 치열해진 탓에 근거 없는 주장에도 매체들이 앞다퉈 발언대를 내주리라고는 미처 생각지 못했다. 이 현상을 가속화한 것은 당연하게도 폭스 뉴스였다. 이 방송사는 트럼프가 악용하려 드는 바로 그 인종주의적 공포와 분노를 부추겨 영향력과 이익을 얻었다. 밤이면 밤마다 폭스 뉴스의 방송 진행자들은 트럼프를 가장 인기 있는 프로그램에 출연시켰다. 폭스의 〈오라일리 팩터〉에서 트럼프는 이렇게 단언했다. "미국 대통령이 되려면 이 나라에서 태어나야 합니다. 그런데 그가 미국에서 태어났는지에 대해 의혹이 있습니다. …… 그는 출생 증명서가 없습니다." 아침 프로그램 〈폭스 앤드 프렌즈〉에서는 내 출생 증명서가 위조되었을지도 모른다고 주장했다. 사실 트럼프는 폭스에 뻔질나게 출연하는 바람에 금세 소재가 동나 뭔가 새로운 걸 던져야겠다고 생각하여, 내가 "점수가 엉망"이면서도 하버드에 들어간 것에서 뭔가 구린내가 난다고 말했다. 또한 보수 논객 로라 잉그러햄에게, 나의 시카고 이웃이자 급진적 운동가 출신인 빌 에이어스가 『내 아버지로부터의 꿈』의 진짜 저자라고 확신한다고 말했다. 나 같은 지적 능력을 가진 사람이 썼다기엔 너무 좋은 책이라는 이유에서였다.

폭스만 그런 것이 아니었다. 우리가 리비아와 전쟁을 벌인 직후인 3월 23일, 그는 ABC의 〈더 뷰〉에 출연하여 말했다. "그가 출생 증명서를 보여주면 좋겠습니다. 그 출생 증명서에는 그가 좋아하지 않는 정보가 담겨 있습니다." 트럼프의 리얼리티 쇼 〈더 셀레브리티 어프렌티스〉를 프라임 타임에 방송했으며 쇼의 주인공이 유명해지는 것에 불만이 없던 NBC의 쇼 〈투데이〉 진행자에게 트럼프는 나의 출생 증명서를 확인하기 위해 하와이에 탐정들을 보냈다고 말했다. "사람들을 보내 조사했습니다. 그들 말로는 자신들의 눈을 믿지 못하겠다더군요." 나중에 CNN의 앤더슨 쿠퍼에게는 이렇게 말했다. "아주 최근에 들은 얘기가 있는데요, 앤더슨, 출생 증명서가 사라졌다는군요. 거기 없고 어디에도 없다는 말을 들었습니다."

하지만 폭스 우주의 바깥에 있는 주류 언론인들은 이런 기이한 주장에 명시적으로 신빙성을 부여하지 않았다. 모두가 정중히 의심을 표명했는데, 이를테면 왜 조지 부시와 빌 클린턴은 출생 증명서를 내놓으라는 요구를 한 번도 받지 않은 것 같으냐고 트럼프에게 물었다. (그러면 그는 대개 이런 식으로 답했다. "글쎄요, 그들이 이 나라에서 태어난 걸 우리가 아니까요.") 하지만 단도직입적으로 트럼프가 거짓말한다고 지적하거나 그가 퍼뜨리는 음모론이 인종주의적이라고 언급하지는 않았다. 그의 이론이 외계인 납치설이나 『시온 장로 의정서』의 반유대주의 음모론처럼 도를 넘었다고 지적하려는 노력을 거의 또는 전혀 하지 않았다. 매체들이 산소를 주입할수록 음모론은 점점 뉴스 가치가 커졌다.

우리는 이 모든 주장을 백악관 공식 논평으로 굳이 반박하지 않았다. 트럼프에게 더 큰 관심이 쏠리게 하고 싶지 않았고 더 중요한 일들이 있었기 때문이다. 웨스트 윙에서는 버서리즘을 실패한 농담으로 취급했으며 젊은 보좌관들은 심야 TV 진행자들이 '더 도널드'(언론에서 트럼프를 조롱할 때 흔히 부르는 별명_옮긴이)를 곧잘 씹어대는 것에 환호했다. 하지만 나는 매체 종사자들이 트럼프를 단순히 인터뷰 대상으로만 여기지 않는다는 생각을 떨칠 수 없었다. 그가 기자회견을 열고 조기 선거주 뉴햄프셔를 방문하는 등 대선 행보를 보이는 동안 매체들은 숨 가쁘게 보도를 쏟아냈다. 여론조사를 보면 이제 공화당 지지자의 약 40퍼센트는 내가 미국에서 태어나지 않았다고 확신했으며, 액스에게 듣기로 (그가 아는 공화당 여론 전문가에 따르면) 트럼프는 출마 선언도 하지 않았는데 공화당 후보군 중에서 수위를 달리고 있었다.

그 뉴스는 미셸에게 알리지 않기로 했다. 그녀는 트럼프와 매체의 공생 관계를 떠올리기만 해도 치를 떨었다. 그 모든 서커스의 본질을 간파했기 때문이다. 이 서커스는 선거운동 기간에 성조기 핀과 주먹 인사에 대해 언론이 보인 집착의 또 다른 표현이었으며, 내가 수상한 인물이고 극악무도한 '이방인'이라는 주장을 정적과 기자들이 기꺼이 받아들인 것과 맥락이 같았다. 그녀는 트럼프와 버서리즘이 우려스러운 이유는 나의 정치적 미래 때문이 아니라 가족의 안전 때문이라고 똑똑히 밝혔다. 그녀가 말했다. "사람들은 그게 다 게임에 불과하다고 생각해. 자기들 말을 곧이곧대로 믿는 사람들 중에 수천 명이 총을 가지고 있다는 건 신경 쓰지 않는다고."

나는 반박하지 않았다. 거짓임을 알면서도 목표를 달성하기 위해 음모론을 퍼뜨리는 트럼프가 그 결과에 신경 쓰지 않는다는 것은 분명했다. 그는 수용 가능한 정치 담론의 경계를 규정한 가드레일이 오래전에 부서져버렸음을 간파했다. 그런 의미에서 베이너나 매코널도 트럼프와 별로 다르지 않았다. 두 사람도 자신의 말이 참인지는 중요하지 않다는 것을 알고 있었다. 그들은 내가 이 나라를 파산시키고 있다거나 오바마케어가 안락사를 조장한다고 실제로 믿을 필요가 없었다. 사실 트럼프의 정치 스타일이 그들과 유일하게 다른 점은 자제력이 전무하다는 것뿐이었다. 그는 보수파 저변에 가장 큰 영향을 미치는 것이 무엇인지 본능적으로 알았으며 그것을 순수한 형태로 내놓았다. 대통령에 출마하기 위해 기꺼이 사업 지분을 포기하거나 필요한 검증을 받을 것 같지는 않았지만, 그가 부추기는 열정, 조장하고 정당화하는 음침한 대안적 전망이야말로 나의 남은 임기 동안 맞서 싸워야 할 적이 되리라는 것은 알고 있었다.

공화당에 대해 걱정할 시간은 나중에도 얼마든지 있다고 나는 스스로에게 말했다. 예산 문제, 선거운동 전략, 미국 민주주의의 현실도 마찬가지였다. 사실 그날 테라스에서 생각한 온갖 것 중 앞으로 몇 주 동안 나의 관심을 사로잡을 문제는 단 하나임을 알고 있었다.

나는 오사마 빈라덴으로 판단되는 표적을 타도하기 위해 파키스탄 깊숙이 침투하는 습격 작전을 승인할지 말지 결정해야 했다. 이 작전이 실패하면 재선은 결코 기대할 수 없었다.

# 27장

　　　　　　　　　오사마 빈라덴의 정확한 소재는 그간
수수께끼였다. 3000명 가까운 무고한 인명을 앗아간 9.11 테러로부터
석 달 뒤인 2001년 12월, 아프가니스탄과 파키스탄 접경 산악 지대인 토
라보라의 본거지로 미군과 연합군이 포위망을 좁혔을 때 그는 간발의 차
이로 탈출했다. 수년간 집중적인 수색 작전을 펼쳤지만, 내가 취임할 즈
음 빈라덴의 행적은 오리무중이었다. 하지만 그는 여전히 그곳에 있었
다. 파키스탄 소수민족자치주(FATA) 지역을 근거지 삼아 알카에다가 서
서히 조직을 재건하는 동안 그들의 지도자 빈라덴은 주기적으로 음성과
영상 메시지를 발표하여 서구 열강에 맞선 지하드를 지지자들에게 촉구
했다.

　2002년 연방상원의원 경선 당시 시카고 페더럴 플라자에서 이라크
전쟁에 반대하며 9.11에 대한 미국의 대응을 처음 언급한 이후 나는 줄
곧 빈라덴을 심판하는 쪽에 초점을 맞추자고 주장했다. 대통령 경선 때
도 같은 주장을 제기하여 파키스탄 정부가 빈라덴을 제거할 능력이나 의
지가 없다면 우리가 파키스탄에 들어가 잡겠노라 공언했다. 하지만 조,
힐러리, 존 매케인을 비롯한 워싱턴의 대다수 인사는 그 약속을 쇼로 치
부했다. 대외 정책에 문외한인 신참 상원의원이 센 척하려는 수작이라

고 여겼다. 내가 취임한 뒤에도 일부 사람들은 내가 다른 사안들을 처리하기 위해 빈라덴 문제를 제쳐둘 거라 생각했을 것이다. 하지만 2009년 5월, 테러 위협에 대한 상황실 회의를 마친 뒤 나는 람, 리언 패네타, 톰 도닐런 등 자문 몇 명을 오벌 오피스에 불러들이고 문을 닫았다.

내가 말했다. "빈라덴 사냥을 최우선 과제로 삼고 싶어요. 그를 찾을 방안에 관한 공식적 계획을 보고 싶군요. 진척 상황 보고서를 30일마다 내 책상에 올려줬으면 해요. 그리고 톰, 모두의 의견이 통일되도록 이걸 대통령지시에 넣어줘요."

내가 빈라덴에게 집중하는 데는 분명한 이유가 있었다. 그가 자유를 누리는 것은 9.11 희생자 유가족들에게 고통을 안기고 미국의 힘을 조롱하는 셈이었다. 그는 깊숙이 숨어 있으면서도 무척 효과적으로 알카에다 대원을 모집했으며, 현실에 불만을 품은 전 세계 젊은이들을 급진화했다. 분석가들에 따르면 내가 당선될 즈음 알카에다는 수년 전보다 더 위험해졌으며, FATA발 테러 음모에 대한 경고는 내가 받는 브리핑의 단골 메뉴였다.

빈라덴 제거는 미국 대테러 전략의 방향을 바꾼다는 나의 목표에도 긴요했다. 9.11을 실제로 계획하고 저지른 소수의 테러리스트에 초점을 맞추지 못한 채 테러 위협을 막연하고 포괄적인 '테러와의 전쟁'으로 규정한 탓에 미국이 전략적 함정에 빠졌다고 판단했다. 이 때문에 미국은 알카에다의 평판을 띄우고 이라크 침공을 합리화하고 대다수 이슬람권을 소외하고 대외 정책을 10년 가까이 왜곡했다. 나는 방대한 테러망에 대한 공포를 자극하고 자신이 성전聖戰에 참여하고 있다는 극단주의자들의 환상을 부추기기보다는 이 테러리스트들이 망상에 빠진 악독한 살인자 무리—우리가 체포하거나 재판하거나 투옥하거나 살해할 수 있는 범죄자—에 지나지 않음을 세상에 (더 중요하게는 나 자신에게) 상기시키고 싶었다. 이를 입증하는 가장 좋은 방법은 빈라덴을 제거하는 것이었다.

9.11 9주기 추모식 전날 리언 패네타와 마이크 모렐 CIA 부국장이 내

게 면담을 청했다. 두 사람은 죽이 잘 맞아 보였다. 의회에서 대부분의 경력을 보내고 빌 클린턴의 비서실장을 지낸 72세의 패네타는 CIA를 안정적으로 관리했을 뿐 아니라 공개 석상을 마다하지 않았고 의회 및 언론과 돈독한 관계를 유지했으며 국가 안보 사안의 정치적 측면에 대해 예리한 감각을 발휘했다. 반면에 전형적 내부자인 모렐은 분석관처럼 사고방식이 꼼꼼했으며, 50대 초반인데도 CIA 경력이 수십 년에 이르렀다.

리언이 말했다. "대통령님, 매우 잠정적이긴 하지만 빈라덴의 꼬리를 잡은 것 같습니다. 토라보라 이후로 가장 확실한 정보입니다."

나는 침묵한 채 뉴스를 흡수했다. 리언과 마이크의 설명에 따르면―수천 조각의 정보를 취합하고 패턴을 분석하는 끈질기고 고된 작업 덕에―알카에다 연락책이며 빈라덴과 연계된 것으로 생각되는 아부 아메드 알쿠웨이티라는 자의 소재를 분석가들이 알아냈다. 분석가들이 그의 전화기와 일상적 습관을 추적하여 찾아낸 곳은 FATA의 외딴 지역이 아니라 파키스탄의 수도 이슬라마바드에서 북쪽으로 56킬로미터 떨어진 도시 아보타바드 외곽 부촌에 있는 복합 저택이었다. 마이크는 저택의 크기와 구조를 보건대 아마도 중요한 인물이 살고 있을 것이며 알카에다 고위직일 가능성이 크다고 말했다. 정보공동체는 저택을 감시하기 시작했으며, 리언은 거주자를 알아내는 대로 보고하겠다고 약속했다.

두 사람이 나간 뒤 나는 기대감을 누그러뜨리려고 애썼다. 저택에 누가 있을지는 아직 모르는 일이었다. 알카에다와 연계된 자일 수는 있겠으나 도심 인구 밀집 지역에 빈라덴이 머물고 있을 가능성은 희박했다. 하지만 12월 14일 리언과 마이크가 다시 찾아왔다. 이번에는 CIA의 간부와 분석관을 대동했다. 분석관은 의원 보좌관처럼 말쑥하고 앳된 젊은이였고, 간부는 호리호리하고 수염이 짙었는데 분석관보다는 나이가 많으며 약간 후줄근하고 전문가적인 분위기를 풍겼다. 알고 보니 그는 CIA 대테러센터 책임자이자 빈라덴 사냥 팀장이었다. 나는 땅굴에 틀어박혀 컴퓨터와 두꺼운 마닐라지 서류에 둘러싸인 그가 세상사를 잊고 자료 더미를 뒤지는 모습을 상상했다.

두 사람은 아보타바드 저택을 찾아내기까지의 모든 과정을 설명했는데, 참으로 탐정 수사의 놀라운 위업이었다. 저택을 가명으로 구입한 사람은 다름 아닌 연락책 알쿠웨이티였다. 저택은 유난히 넓고 경계가 삼엄했으며 주변의 주택보다 여덟 배나 컸다. 저택을 둘러싼 3~5미터 높이의 담장 꼭대기에는 철조망이 쳐졌으며 안쪽에 담장이 한 겹 더 있었다. 분석관들은 그곳에 거주하는 사람들이 정체를 숨기려고 무척 공을 들인다고 말했다. 유선전화나 인터넷을 전혀 쓰지 않았고 저택에서 나오는 일도 거의 없었다. 쓰레기는 밖에 내놓지 않고 안에서 소각했다. 하지만 저택의 본관에 있는 아이들의 나이와 인원수는 빈라덴의 자녀와 일치하는 듯했다. 우리 팀은 항공 감시를 통해 한 키 큰 남자가 (결코 구내를 벗어나진 않았지만) 담장 안의 작은 정원에서 정기적으로 원을 그리며 걷는 모습을 관찰했다.

지휘관이 말했다. "저희는 그를 보행자라고 부릅니다. 빈라덴일 수도 있다고 판단하고 있습니다."

질문할 게 산더미였지만 가장 중요한 질문은 이것이었다. 보행자의 신원을 확인하기 위해 그 밖에 할 수 있는 일은 무엇인가? 분석관들은 가능한 전략들을 계속 시도했지만 기대는 하지 않는다고 털어놓았다. 저택의 구조와 위치, 거주자들의 조심스러운 태도로 보건대 '보행자'가 실제로 빈라덴인지 더 확실히 알아보려다가는 금세 의심을 살 수도 있었다. 그러면 우리가 모르는 사이에 그들은 흔적 없이 사라질 터였다. 나는 지휘관을 쳐다보았다.

내가 물었다. "당신이 판단하기엔 어때요?"

머뭇거리는 기색이 역력했다. 나는 그가 이라크 전쟁 준비에도 참여했으리라고 의심했다. 정보공동체는 사담 후세인이 대량살상무기를 개발하고 있다는 부시 행정부의 주장을 뒷받침했다는 오명을 아직 씻지 못했다. 그럼에도 그의 얼굴에는 까다로운 퍼즐을 푼 사람의 뿌듯한 표정이 엿보였다. 비록 입증할 수는 없었지만.

그가 말했다. "그가 표적일 가능성이 매우 크다고 생각합니다. 하지만 확신할 순 없습니다."

보고 내용으로 판단컨대 저택 공격 방안을 수립하기에 충분한 정보가 수집된 것 같았다. CIA 팀이 보행자의 신원을 계속 추적하는 동안 나는 톰 도닐런과 존 브레넌에게 습격 작전을 구상하라고 요청했다. 또 다른 난관은 비밀을 엄수하는 일이었다. 빈라덴의 꼬리를 잡았다는 정보가 조금이라도 새어 나가면 기회가 사라질 게 뻔했다. 그렇기에 작전의 계획 단계에 관여한 사람은 연방정부를 통틀어 열 손가락에 꼽을 정도였다. 난관은 하나 더 있었다. 우리가 어떤 방안을 채택하든 파키스탄을 결부시킬 수는 없었다. 파키스탄 정부가 많은 대테러 작전에서 협조하고 아프가니스탄 파병 미군에 긴요한 보급로를 제공했지만 파키스탄 군부, 특히 정보기관 내 일부가 탈레반과, 심지어 알카에다와 여전히 유착한 사실은 공공연한 비밀이었다. 그들은 아프가니스탄 정부의 힘을 약화시키고 아프간이 파키스탄의 주적 인도와 손잡지 못하게 하기 위해 알카에다를 전략적 자산으로 활용했다. 특히 아보타바드 저택은 미군의 웨스트포인트에 해당하는 파키스탄 군부 기관으로부터 불과 몇 킬로미터 떨어져 있었기에 우리가 파키스탄에 건네는 모든 정보가 표적의 귀에 들어갈 가능성이 컸다. 우리는 아보타바드에서 어떤 작전을 추진하든 동맹 격인 나라의 영토를 전쟁에 버금가는 가장 무도한 방식으로 침해하게 될 터였다. 이 때문에 외교적 부담이 커지고 작전이 복잡해질 수밖에 없었다.

3월 중순, 리비아에 대한 군사 개입과 나의 라틴아메리카 순방을 앞두고 우리 팀은 아보타바드 저택 공격의 개념을 발표했다(잠정적 개념이라는 단서를 붙이긴 했지만). 대략 두 가지 선택지가 있었다. 첫 번째는 저택을 공습하여 파괴하는 방안이었다. 이 방법의 이점은 분명했다. 파키스탄 땅에서 미국인의 목숨이 위험에 처할 우려가 없었으니까. 또한 이 방안은 적어도 대외적으로는 부인할 여지가 있었다. 물론 파키스탄은 우리가 공습을 감행했음을 알겠지만, 우리가 아닐지도 모른다는 허구를 내세워 자국민의 분노를 가라앉히기가 수월할 터였다.

하지만 미사일 공격을 세부적으로 검토했더니 무시할 수 없는 단점들이 드러났다. 우리가 저택을 파괴하면 빈라덴이 거기 있었다는 것을 어떻게 확인할 수 있겠는가? 알카에다가 빈라덴의 사망을 부인한다면 우리는 파키스탄 깊숙이 자리 잡은 주택을 날려버린 것을 어떻게 정당화할 수 있을까? 게다가 아보타바드 저택에는 성인 남성 네 명과 더불어 여성다섯 명과 아동 스무 명이 산다고 추정되었다. 타격을 실행하면 1차 시도에서 저택뿐 아니라 인근 주택 여러 채가 초토화될 것이 분명했다. 회의가 시작된 지 얼마 지나지 않아 나는 호스 카트라이트 합참차장에게 발표는 이만하면 됐다고 말했다. 저택에 빈라덴이 있는지도 확실치 않은 상황에서 서른 명 이상을 살해하는 작전을 승인할 수는 없었다. 공습하려면 훨씬 정교한 계획을 내놓아야 했다.

두 번째 방안은 특수작전 임무를 승인하는 것이었다. 선발된 팀이 헬리콥터로 파키스탄에 잠입하여 저택을 습격하고, 파키스탄 경찰이나 군이 대응하기 전에 빠져나오는 작전이었다. 비밀을 유지하고 문제가 생겼을 때 부인할 수 있도록 우리는 펜타곤이 아니라 CIA의 지휘하에 작전을 수행해야 했다. 한편 이 정도 규모에 이 정도 위험이 따르는 임무를 위해서는 군 최고의 두뇌가 필요했다. 그래서 합동특수작전사령부 사령관인 국방부의 윌리엄 맥레이븐 중장을 회의실에 불러 습격 작전의 개요를 설명하게 했다.

임기 2년간 미군 장병과 긴밀하게 협력하고 그들의 팀워크와 사명감을 직접 목격한 경험은 나를 무척 겸손하게 만들었다. 우리 군의 모든 것을 대표하는 사람을 한 명만 고르라면 나는 맥레이븐을 고를 것이다. 50대 중반에 서글서글하고 솔직담백한 얼굴, 진지한 표정의 유머 감각, 입바르고 자신감 있는 태도를 겸비한 그는 연한 금발의 톰 행크스를 연상시켰다. 톰 행크스가 네이비 실 직업 군인이었다면 딱 저랬을 것이다.

그는 합동특수작전사령부 부사령관일 때 사령관이던 스탠리 매크리스털과 마찬가지로 특수작전 교범을 집필하는 데 참여했다. 맥레이븐은 18년 전 대학원 논문을 쓰기 위해 1943년 히틀러가 명령한 무솔리니 글라이더 구출 작전과 1976년 이스라엘의 엔테베 인질 구출 작전 같은 여러 20세기 특공대 작전을 연구했다. 그러면서 고도로 훈련되고 철저한 예행 연습을 거친 소규모의 병사가 잠행 능력을 이용하여 규모나 화력이 우월한 병력에 대해 단기적 우위를 차지할 수 있는 조건을 분석했다.

맥레이븐이 발전시킨 특수작전 모델은 전 세계를 무대로 하는 미국의 군사 전략을 정립했다. 상상할 수 있는 가장 위험한 조건에서 1000여 회의 특수작전을 지휘하거나 수행하여 전설적인 경력을 쌓은 그는 최근에는 아프가니스탄의 고가치 표적을 추적했다. 그는 압박을 받는 상황에서 냉철함을 유지하는 것으로도 유명했다. 네이비 실 대장 시절인 2001년에는 낙하산 사고가 일어나 점프 중에 의식을 잃고 낙하산이 제대로 펴지기까지 1200미터를 추락하고도 목숨을 건졌다. (이 사고로 척추가 부러지고 다리 근육과 골반 힘줄이 파열되었다.) CIA에도 특수작전팀이 있었지만 리언은 현명하게도 아보타바드 습격 작전을 맥레이븐과 상의했다. 리언은 어떤 CIA 요원도 맥레이븐의 네이비 실 팀의 역량과 경험에 필적하지 못한다고 결론 내리고는 나에게서 자신을 거쳐 맥레이븐으로 직접 연결되는 이례적인 명령 체계를 권고했다. 그러면 맥레이븐은 임무를 설계하고 수행할 전권을 가지게 된다.

항공 사진에서 수집한 데이터를 기반으로 CIA는 아보타바드 저택의 작은 삼차원 모형을 제작했는데, 3월 회의에서 맥레이븐은 습격을 어떻게 진행할지를 설명했다. 선발된 네이비 실 팀이 아프가니스탄 잘랄라바드에서 한 대 이상의 헬리콥터를 타고 야음을 틈타 표적까지 한 시간 반 가까이 비행하여 저택의 높은 담장 안쪽에 하강한다. 주변의 모든 출입구, 문, 창문을 확보한 뒤에 3층 본관에 진입하여 건물 안을 수색하면서 모든 저항을 무력화한다. 빈라덴을 생포하거나 살해하면 다시 헬리콥터로 빠져나와 파키스탄 모처에 들러 재급유하고 잘랄라바드 기지로 돌아온다. 맥레이븐이 발표를 끝내자 나는 그의 팀이 해낼 수 있을 것 같으냐고 물었다.

그가 말했다. "대통령님, 지금은 개념을 대략적으로 설명드렸을 뿐입니다. 대규모 팀을 꾸려 예행연습을 몇 차례 진행하기 전에는 이 구상이 최선의 방안인지 알 수 없을 겁니다. 어떻게 진입하고 탈출할지도 말씀드릴 수 없습니다. 그 문제는 세부적 항공 계획이 필요합니다. 제가 말씀드릴 수 있는 건 저희가 그곳에 들어간다면 습격에 성공할 수 있다는 것입니다. 하지만 숙제를 마칠 때까진 작전을 권고할 수 없습니다."

나는 고개를 끄덕였다. "그럼 숙제를 하도록 하죠."

두 주 뒤인 3월 29일에 우리는 다시 상황실에 모였으며 맥레이븐은 습격을 실행할 수 있으리라 확신한다고 보고했다. 반면에 빠져나오는 일은 좀 더 빠듯할지도 모른다고 말했다. 하지만 비슷한 습격 작전 경험과 사전 예행연습을 바탕으로 그는 파키스탄 당국이 영문을 알기도 전에 팀이 임무를 끝낼 수 있으리라 확신했다. 그럼에도 우리는 그 가정이 틀릴 경우의 모든 시나리오를 검토했다. 헬리콥터가 들어가거나 나오는 중에 파키스탄 전투기에 차단되면 어떡해야 하나? 빈라덴이 현장에 있지만 숨거나 안전실에 있어서 특수작전팀이 지상에서 보내는 시간이 길어지면 어떡하나? 습격 도중에 파키스탄 경찰이나 군이 저택을 포위하면 어떻게 대응해야 할까?

맥레이븐은 파키스탄 당국과 교전을 피한다는 것이 이 계획의 전제임을 강조했다. 파키스탄 당국과 지상에서 맞닥뜨릴 경우 그가 선호하는 방안은 네이비 실이 자리를 지키며 우리 외교관들이 안전한 탈출을 협상하기를 기다리는 것이었다. 나는 그의 직감을 인정했다. 그가 제안한 접근법에는 내가 최고 군 지휘관들을 상대하면서 꾸준히 목격한 신중함이 배어 있었다. 하지만 미국·파키스탄 관계가 유난히 위태로운 상황인 만큼 밥 게이츠와 나는 이 전략을 무척 우려했다. 미국 드론이 FATA에서 알카에다 표적들을 타격한 탓에 파키스탄 국민들 사이에서는 반감이 커지고 있었다. 1월 말에 레이먼드 앨런 데이비스라는 CIA 계약 직원이 라호르의 붐비는 시내에서 자신의 차량에 접근하는 무장 남성 두 명을 살해한 사건은 반미 정서에 기름을 부었다. 성난 군중이 파키스탄에 CIA가 주재하는 것에 반대하며 시위를 벌였으며, 우리는 두 달 가까이 팽팽하게 외교적 줄다리기를 한 끝에야 데이비스의 석방을 이끌어낼 수 있었다. 나는 네이비 실의 운명을 파키스탄 정부의 손에 맡기는 위험은 감수하지 않겠다고 맥레이븐과 그의 팀에 말했다. 파키스탄 정부는 분명 그들을 투옥할지 석방할지를 놓고 극심한 국민적 압박에 처할 것이었다. 만에 하나 빈라덴이 저택에 없으면 더욱 난감했다. 그래서 나는 무슨 일이 있어도 공격조를 구출할 수 있도록 계획을 보완하길 바랐다. 저택에 있는 팀을 지원하기 위해 헬리콥터 두 대를 추가하는 방안도 제시했다.

회의가 끝나기 전에 호스 카트라이트가 더 정밀한 공습 방안을 새로이 들고 나왔다. 보행자가 산책하는 시각에 6킬로그램짜리 소형 미사일을 드론에서 직접 발사한다는 방안이었다. 카트라이트는 이렇게 하면 부수적 피해가 가장 적을 것이라고 말했다. 우리 군은 테러 공작원들을 표적 사격하는 경험을 많이 쌓았으니 습격에 결부되는 위험을 피하면서도 목표를 달성할 수 있으리라 장담했다.

이제 가능한 방안들이 추려졌다. 맥레이븐이 감독하여 노스캐롤라이나 포트 브래그에 아보타바드 저택의 실물 크기 모형을 설치하고 네이비실 팀이 실전 같은 예행연습을 실시할 예정이었다. 내가 습격 작전을 승인한다면 가장 적합한 시기는 5월 첫 주일 것이라고 그는 말했다. 이틀간 달빛이 없어서 네이비 실 대원들에게 추가 엄폐를 제공하기 때문이었다. 입 밖에 내진 않았지만 우리가 계획하고 준비하는 각 단계마다 위험 요소가 도사렸다. 하루하루 지날 때마다 비밀을 알게 되는 사람이 늘었다. 나는 맥레이븐과 카트라이트에게 어느 방안을 채택할지 아직 결정하지 않았지만 계획은 예정대로 추진하라고 말했다.

그동안 나는 백악관에서 일상 업무를 진행했다. 리비아 상황, 아프가니스탄 전쟁, 그리고 다시 불거져 미국 시장에 영향을 미치기 시작한 그리스 부채 위기를 예의 주시했다. 어느 날 상황실에서 돌아가는 길에 제이 카니와 마주쳤다. 로버트 깁스 후임으로 들어온 대변인 제이는 전직 언론인으로, 온갖 역사적 순간을 현장에서 지켜봤다. 《타임》 모스크바 특파원으로 소련 붕괴를 취재했으며, 9.11 오전에 부시 대통령과 함께 에어포스 원에 타고 있었다. 그는 일일 언론 브리핑 때마다 내 출생 증명서가 진짜냐는 질문이 쏟아진다고 말했다.

도널드 트럼프가 전국 정치 담론에 뛰어든 지도 한 달여가 흘렀다. 보좌진과 나는 매체들이 단물을 빨아먹고 나면 나의 출생에 대한 트럼프의 집착에 점차 신물을 낼 것이라고 생각했다. 하지만 그의 음모론적 망상에 대한 기사들은 고인 못의 녹조처럼 매주 증식했다. 케이블 TV 쇼에서는 긴 시간을 들여 트럼프와 그의 음모론을 다뤘다. 정치 기자들은 버서리즘의 사회학적 의미, 나의 재선 캠페인에 미치는 영향, 뉴스 산업에 시사하는 점(여기에 결부된 아이러니를 깨닫지 못한 채) 등을 새로운 각도에서 조명하려고 눈에 불을 켰다. 주된 논점은 우리가 2008년 인터넷에 공개한 서류가 '약식' 출생 증명서라는 사실이었다. 이 서류는 하와이주 보건부에서 발급한 것으로, 여권이나 사회보장 번호, 운전 면허증을 발급받는 데 쓸 수 있었다. 하지만 트럼프와 버서birther들은 약식 서류가 아무것도 입증하지 못한다고 주장했다. 우리는 왜 정식 출생 증명서를 내놓지 않았느냐는 질문을 받았다. 정식 출생 증명서에는 있는 정보가—어쩌면 내가 무슬림이라는 단서가—약식 출생 증명서에는 고의로 누락되었나? 정식 출생 증명서 자체가 변조되었을까? 오바마는 무엇을 숨기고 있을까?

마침내 나는 참을 만큼 참았다고 판단했다. 백악관 법률고문 밥 바워에게 전화하여 하와이 필수기록관리소 깊숙이 꽂혀 있을 서류철에서 정식 출생 증명서를 가져오라고 말했다. 그다음 데이비드 플러프와 댄 파이퍼에게 내가 서류를 공개할 뿐 아니라 공개 발언을 할 계획이라고 알

렸다. 두 사람은 나쁜 발상이며 음모론을 더욱 부추기는 꼴이라고 주장
했다. 어쨌거나 그런 터무니없는 음해에 답변하는 것은 내게도, 대통령
신분에도 걸맞지 않다는 주장이었다.

내가 말했다. "그게 바로 요점이에요."

4월 27일 나는 백악관 브리핑실 연단으로 걸어가 기자들에게 인사했
다. 우선 전국 TV 방송사들이 모두 정규 편성 프로그램 대신 내 발언을
생중계하기로 결정한 것에 감사를 표했다(이 결정은 매우 드문 일이었다).
나는 두 주 전 하원 공화당과 내가 극명하게 다른 예산안을 발표한 일이
나라에 중대한 영향을 미치는데도 정작 뉴스를 지배한 사건은 나의 출생
증명서 논란이었다고 말했다. 미국이 어마어마한 난제와 중대한 결정을
앞두고 있고 우리는 진지한 논쟁과 때로는 격렬한 의견 대립을 예상해야
하며—우리의 민주주의는 그런 방식으로 작동하므로—우리가 더 나은
미래를 함께 만들어가려는 의지를 품고 있음을 확신한다고 언급했다.

내가 말했다. "하지만, 주의가 산만해진다면 그럴 수 없을 것입니다. 서
로를 비난하느라 시간을 허비한다면 그럴 수 없을 것입니다. 그저 이야
기를 지어내고 팩트를 팩트 아닌 것처럼 꾸민다면 그럴 수 없을 것입니
다. 지엽적 문제와 호객꾼들에게 한눈 판다면 우리는 문제를 해결할 수
없을 것입니다." 나는 기자들을 쳐다보았다. "우리가 무엇을 내놓아도 이
문제를 내려놓지 않을 사람들이 있으리라는 걸 압니다. 하지만 저는 기
자 여러분뿐 아니라 절대다수의 국민에게 말씀드리고 있습니다. 이런 어
리석은 일에 낭비할 시간이 없습니다. 우리에겐 더 중요한 할 일이 있습
니다. 제겐 더 중요한 할 일이 있습니다. 우리에겐 풀어야 할 중대한 문제
들이 있습니다. 그 문제들을 해결할 수 있다고 확신하지만 그러려면 문
제에 집중해야 합니다. 이 사안이 아니라요."

브리핑룸이 일순 고요해졌다. 미닫이문으로 나가 공보팀 사무실에 들
어갔더니 초급 직원들이 TV 모니터로 내 발언을 시청하고 있었다. 다들
20대로 보였다. 내 선거 캠프에서 일한 사람들도 있었고, 나라에 봉사해

야겠다는 생각에 최근 행정부에 합류한 사람들도 있었다. 나는 걸음을 멈추고 한 사람 한 사람과 눈을 마주쳤다.

내가 말했다. "우리는 이보단 나은 사람들이에요. 그걸 명심하세요."

이튿날 상황실에서 우리 팀과 나는 주말에 실시될지도 모르는 아보타바드 작전의 방안들을 마지막으로 검토했다. 주초에 나는 맥레이븐에게 네이비 실 팀 및 헬리콥터 강습부대의 아프가니스탄 파견을 승인했으며 그들은 현재 잘랄라바드에서 후속 명령을 기다리고 있었다. CIA가 유사시를 대비한 점검을 제대로 했는지 확인하기 위해 리언과 마이크 모렐은 마이크 라이터 대테러센터 소장에게 분석팀을 꾸려 저택과 거주자들에 대한 정보를 조사하고 대테러센터의 결론이 CIA의 분석 결과와 일치하는지 알아보라고 지시했다. CIA 팀은 보행자가 빈라덴일 가능성을 60~80퍼센트로 평가한 반면 라이터는 자신의 팀이 40~60퍼센트의 확률을 제시했다고 보고했다. 왜 이런 차이가 나타났는지를 놓고 갑론을박이 벌어졌다. 몇 분 뒤에 내가 끼어들었다.

내가 말했다. "우리가 이 요인들을 최대한 정량화하려 하지만 결국 확률은 반반이에요. 시도해봅시다."

맥레이븐은 습격 준비가 끝났다고 알렸다. 그의 부하들은 출동 준비를 마쳤다. 카트라이트도 드론 미사일 계획이 검증을 거쳤으며 어느 때든 시행할 수 있다고 확언했다. 이 방안들을 놓고서 나는 모든 참석자에게 의견을 물었다. 리언, 존 브레넌, 마이크 멀린은 습격 작전에 찬성했다. 힐러리는 성공 확률을 51 대 49로 본다면서 습격 작전의 위험을 조심스럽게 언급했다. 특히 파키스탄과의 관계가 틀어지거나 파키스탄군과 교전하게 될 가능성을 우려했다. 하지만 그녀는 10년 만에 빈라덴을 잡을 절호의 기회가 찾아온 것을 감안하면 네이비 실을 보내는 쪽에 서겠다고 덧붙였다.

게이츠는 습격에는 반대했으나 타격 방안을 검토하는 쪽에는 전향적 입장이었다. 그는 1980년 4월 이란에서 억류된 미국인 인질 53명을 구출하기 위한 '데저트 원Desert One' 작전의 선례를 언급했다. 당시 미군 헬리콥터가 사막에 추락하여 군인 여덟 명이 사망하는 참사가 벌어졌다. 이 사건은 아무리 작전을 철저하게 계획해도 처참하게 실패할 가능성이 있음을 보여준다고 그는 말했다. 그는 공격팀이 겪을 위험 이외에도 임무가 실패하면 아프가니스탄 전쟁에 악영향이 미치지 않을까 우려했다. 같은 날, 회의 전에 나는 밥이 4년간의 국방장관 임무를 끝내고 자신의 계획대로 은퇴할 것이며 후임으로 리언을 지명할 생각이라고 발표했다. 밥의 차분하고 조리 있는 평가에 귀를 기울이면서 그가 내게 얼마나 귀중한 존재였는지 새삼 실감했다.

조 바이든도 습격 반대론에 기울었는데, 실패하면 엄청난 결과가 따르므로 빈라덴이 저택에 있다는 것을 정보공동체가 더 확신할 때까지 결정을 미뤄야 한다고 주장했다. 나는 중요한 결정을 내릴 때마다 조가 대세에 편승하지 않고 던지는 예리한 질문을 높이 평가했다. 덕분에 나 스스로 숙고하는 데 필요한 여유를 가질 수 있었다. 또한 나는 조가 게이츠와 마찬가지로 데저트 원 작전 당시 워싱턴에 있었음을 알고 있었다. 그가 당시를 생생하게 기억할 거라 생각했다. 오열하는 가족, 구겨진 미국의 위신, 비난, 임무를 승인한 지미 카터가 무모하면서도 심약한 인물로 묘사된 일. 카터는 그 뒤로 정치적으로 회복하지 못했다. 조가 언급하지는 않았지만 나도 그렇게 될지 몰랐다.

나는 이튿날 오전 안에 결정하겠다고 말했다. 습격을 한다면 맥레이븐이 최대한 여유 있게 작전을 개시하도록 하고 싶었다. 나는 톰 도닐런과 함께 오벌 오피스로 돌아갔다. 그는 평소처럼 서류철과 메모장을 팔에 끼고 있었다. 우리는 주말의 예상 조치 목록들에 대한 체크리스트를 재빨리 점검했다. 그와 브레넌은 모든 우발적 상황에 대비하여 계획을 준비한 것 같았으며, 그의 얼굴에서는 긴장과 초조가 엿보였다. 국가안보보좌관이 된 지 7개월을 맞은 톰은 더 열심히 운동하고 카페인을 끊으려고 애썼지만 싸움에서 지고 있는 게 분명했다. 나는 그가 노고를 마다하지 않고 방대한 세부 사항을 꿰고 엄청난 양의 메모와 정보와 데이터를 소화하고 수많은 혼란을 수습하고 부서 간 분쟁을 해결하여 내가 일하는 데 필요한 정보와 여유를 가질 수 있게 해준 것에 경탄했다. 한번은 그 추진력과 성실함이 어디서 왔느냐고 물었더니 그는 자신의 출신 배경을 거론했다. 아일랜드 노동자 계층 가정에서 자란 그는 로스쿨을 나와 여러 정치 캠페인에 몸담았다가 결국 거물급 대외 정책 전문가가 되었다. 하지만 성공을 거두긴 했어도 스스로를 입증해야 할 필요성과 실패에 대한 두려움을 끊임없이 느낀다고 말했다.

나는 웃으며 이해할 만하다고 말했다.

그날 밤 오랜만의 저녁 식사 자리에서 미셸과 아이들은, 견과류를 한 번에 한 줌씩 집어 언제나 주먹 안에서 흔든 뒤에 먹고, 집 안에서 언제나 똑같은 낡고 추레한 샌들을 신으며, 단것을 좋아하지 않는("너희 아빠는 맛있는 걸 신뢰하지 않아. …… 너무 즐거운 걸 경계하지.") 나의 '버릇들'을 집요하게 놀렸다. 나는 조만간 내려야 할 결정을 미셸에게 이야기하지 않았다. 계획이 확실해지기 전에 비밀을 털어놓아 부담스럽게 하고 싶지 않았다. 다행히, 내가 평소보다 긴장했을 텐데도 알아차리지 못하는 것 같았다. 아이들을 재운 뒤에 트리티 룸으로 올라와 농구 경기를 틀었다. 눈으로는 공을 따라가면서도 마음으로는 여러 시나리오를 마지막으로 점검했다.

솔직히 말하자면 나는 적어도 두어 주 전에 결정의 범위를 좁혔고, 그 뒤의 모든 회의는 나의 직감이 옳았음을 입증했다. 나는 미사일 타격에 찬성하지 않았다. 설령 카트라이트가 고안한 것처럼 정교하게 타격해도 빈라덴의 사망을 확인할 수 없다면 가치 없는 도박이라고 생각했다. 정보공동체에 시간을 더 주는 것에도 회의적이었다. 몇 달 더 저택을 모니터링했지만 새로운 정보는 사실상 전무했기 때문이다. 그뿐 아니라, 이 모든 계획이 이미 추진된 사실을 감안하면 우리가 한 달 더 비밀을 유지할 수 있을지 의문스러웠다.

　유일하게 남은 질문은 습격을 명령할 것인가 말 것인가였다. 나는 이 작전에 어떤 위험이 결부되었는지 명확히 인식했다. 위험을 줄일 수는 있지만 제거할 수는 없었다. 나는 맥레이븐과 그의 네이비 실 팀에 더없 는 확신을 품었다. 데저트 원으로부터 몇십 년이 지나고 소말리아 블랙 호크 다운 사건으로부터 몇 년이 지난 지금 특수부대의 역량이 질적으로 달라졌음을 알고 있었다. 이라크 전쟁과 아프가니스탄 전쟁은 온갖 전략 적 실수와 무분별한 정책으로 얼룩졌지만, 무수한 작전을 통해 상상할 수 있는 거의 모든 상황에 대응하는 법을 익힌 인력을 배출했다. 역량과 전문성으로 보건대 네이비 실은 설령 우리의 계산과 가정이 틀렸다고 판 명되더라도 아보타바드에서 안전하게 빠져나오는 방법을 찾아낼 것이라 고 확신했다.

　코비 브라이언트가 페인트 동작으로 턴어라운드 점프 슛을 던지는 광 경을 지켜보았다. LA 레이커스가 샬럿 호니츠를 상대로 플레이오프 1라 운드 최종전을 벌이고 있었다. 트리티 룸의 벽 앞에 놓인 괘종시계가 똑 딱거렸다. 지난 2년간 나는 비틀거리는 은행에 대해, 크라이슬러에 대해, 해적에 대해, 아프가니스탄에 대해, 건강보험에 대해 무수한 결정을 내 렸고 그 덕에 실패 가능성에 친숙해졌다. 그렇다고 결코 무심해질 수는 없었다. 이 모든 결정을 내릴 때마다 지금 앉아 있는 이 방에서 조용히, 때로는 늦은 밤에 가능성을 따져보았다. 나는 그 가능성을 평가할 더 나 은 과정들을 마련할 수 없고, 나의 판단을 도와줄 더 훌륭한 사람들을 영 입할 수 없음을 알고 있었다. 내가 저지른 그 모든 실수와 수습한 그 모 든 말썽은 여러 면에서 바로 이 순간을 위한 훈련이었음을 깨달았다. 결 정의 결과를 보장할 수는 없었지만 나는 준비를 완전히 끝마쳤으며 작전 의 실행에 대해 완벽한 자신감을 얻었다.

이튿날인 4월 29일 금요일에는 일정 때문에 하루 종일 이동해야 했다. 앨라배마주 터스컬루사를 찾아 강력한 토네이도가 입힌 피해를 조사하고 저녁에는 마이애미에서 졸업식 축사를 하기로 되어 있었다. 그 사이에 미셸과 아이들을 데리고 케이프커내버럴에 가서 우주왕복선 엔데버호의 퇴역 전 마지막 발사 장면을 볼 예정이었다. 출발하기 전에 톰, 데니스, 데일리, 브레넌에게 외교 접견실에서 보자고 이메일을 보냈다. 그들은 우리 가족이 마린 원이 기다리는 남쪽 잔디밭으로 나가려는 찰나에 나를 발견했다. 헬리콥터의 굉음이 울려 퍼지는 와중에(사샤와 말리아가 티격태격하는 소리도 들렸다) 나는 아보타바드 작전 개시를 공식 승인했으며, 맥레이븐에게 작전의 전권을 부여하고 정확한 습격 시기를 일임한다고 강조했다.

작전은 이제 내 손을 떠났다. 하루만이라도 워싱턴을 벗어나 머리를 비우고 다른 사람들의 노고에 감사할 기회가 생겨 기뻤다. 그 주 초에 무지막지한 초대형 폭풍이 남동부 주들을 휩쓸고 토네이도를 일으켜 300명 이상의 목숨을 앗았다. 허리케인 카트리나 이후 최악의 자연재해였다. 시속 300킬로미터의 강풍을 동반한 너비 2.4킬로미터의 토네이도 하나가 앨라배마를 찢어발겨 주택과 상가 수천 채를 무너뜨렸다.

터스컬루사에 착륙하자 연방재난관리청장이 나를 맞았다. 크레이그 퓨게이트라는 건장하고 수수한 플로리다 사람이었다. 우리 둘은 주·지방정부 공무원들과 함께 메가톤급 폭탄에 쑥대밭이 된 인근 지역을 돌아보았다. 구호 시설도 방문하여 모든 것을 잃은 가족들을 위로했다. 어마어마한 피해를 입었지만, 공화당 주지사에서 갓난아기를 달래는 어머니에 이르기까지 나와 이야기를 나눈 거의 모든 사람은 연방정부의 대응을 칭찬했으며 대응팀이 얼마나 빨리 현장에 도착했는지, 현지 공무원들과 얼마나 효과적으로 협력했는지, 사소한 요청도 얼마나 세심하고 정확하게 처리했는지 이야기했다. 나는 놀라지 않았다. 퓨게이트는 내가 영입한 최고의 인재 중 한 명으로, 허튼짓을 용납하지 않고 자신을 내세우지 않고 변명하지 않는 공무원이며 수십 년간 자연재해에 대처하며 경험을 쌓았다. 그의 노고가 인정받는 모습을 보니 뿌듯했다. 관심을 바라지 않은 채 자신이 하는 일을 알고 그 일에 자부심을 가진 사람들의 일상적이고 드러나지 않는 행동으로 정부의 일 중에서 정말로 중요한 것들이 수행된다는 사실을 다시 한번 깨우쳤다.

케이프커내버럴에서는 보조 전원 장치에 문제가 생겨서 미국항공우주국(나사NASA)이 막판에 우주왕복선 발사를 취소하여 실망스러웠다. 그래도 우리 가족은 우주 비행사들과 이야기하고 발사를 위해 휴스턴에서 플로리다를 찾은 재닛 커반디 존슨우주센터 비행승무원조종국장과 시간을 보낼 수 있었다. 어릴 적에 우주 탐사에 매료된 나는 대통령 임기 중 기회가 있을 때마다 과학과 공학의 가치를 강조했다. 백악관에서 해마다 주최하는 과학경진대회에서는 학생들이 직접 만든 로봇, 로켓, 태양전지 자동차를 뽐냈다. 나는 나사가 저궤도 우주 비행 분야에서 민간 기업과 협력하여 혁신을 이루고 미래 화성 탐사를 준비하도록 장려했다. 커반디가 단 한 번의 발사에 수많은 인력과 시간이 동원된다고 말하는 동안 말리아와 사샤는 눈을 동그랗게 떴다. 그녀는 미주리주 농촌의 가족 목장에서 밤하늘을 올려다보며 매혹에 빠진 어린 소녀가 세 차례 우주왕복선 비행을 경험한 우주비행사가 되기까지의 과정을 들려주었다.

그날의 마지막 일정은 마이애미 데이드 대학 졸업식 축사였다. 캠퍼스 여덟 곳에 학생 수가 17만 명을 넘는 미국 최대의 대학이다. 에두아르도 파드론 총장은 1960년대에 이 학교에 입학했는데, 당시 그는 영어가 서툴고 고등교육의 기회가 전혀 없던 젊은 쿠바 이민자였다. 그는 이곳에서 준학사 학위를 받고 플로리다 대학교에서 교육학 박사 학위를 취득한 뒤에 민간 부문의 솔깃한 입사 제안을 뿌리치고 마이애미 데이드로 돌아왔다. 이후 40년간 이 학교가 자신에게 던져준 것과 같은 구명줄을 다른 사람들에게도 던져주는 것을 사명으로 삼았다. 그는 이 학교를 학생들의 '꿈 공장'으로 묘사했다. 학생들은 주로 저소득층, 라틴계, 흑인, 이민자

가정 출신이었으며 대부분 가족 중에서 처음으로 대학에 진학했다. 그가 내게 말했다. "우리는 어떤 학생도 포기하지 않습니다. 우리가 제대로만 하면 학생들도 스스로를 포기하지 않습니다." 그의 넉넉한 이상에 나는 감동하지 않을 수 없었다.

그날 저녁 나는 졸업생들에게 미국의 이념에 대해 이야기했다. 그들의 성취가, 출생 조건을 뛰어넘으려는 개인적 결단이, 우리 시대의 문제를 해결하기 위해 서로의 차이를 극복하는 집단적 능력이 무엇을 의미하는지 설명했다. 하와이 바다에 성공적으로 착수着水한 아폴로 우주선의 우주비행사들을 환영하기 위해 모인 인파 속에서 외할아버지의 어깨에 앉아 작은 성조기를 흔들던 어린 시절의 기억을 회상하며, 그로부터 40년도 더 지난 지금 우리 딸들이 다음 세대 우주 탐험가들의 이야기를 듣는 광경을 방금 보고 왔다고, 그 광경을 보면서 내 어린 시절 이후로 미국이 성취한 모든 것을 떠올렸음을 이야기했다. 삶이 온전한 원을 완성한 사례였으며, 그들의 졸업장이 증거인 것과 마찬가지로, 내가 대통령에 당선된 것이 증거인 것과 마찬가지로, 미국의 이념이 여전히 유효하다는 증거였다.

학생과 학부모들은 환호성을 질렀으며 상당수는 성조기를 흔들었다. 나는 방금 그들에게 묘사한 나라를—희망차고 너그럽고 용감한 미국, 모두에게 개방적인 미국을—생각했다. 지금 졸업생들과 비슷한 나이에 나는 그 이념을 붙들고 필사적으로 매달렸다. 나보다는 그들을 위해, 나는 이 이념이 참이길 간절히 바랐다.

금요일 여행에서 활력과 낙관을 느꼈지만, 토요일 밤에 워싱턴에 돌아가면 분위기가 처질 게 뻔했다. 미셸과 나는 백악관 출입 기자 만찬에 참석하기로 되어 있었다. 백악관 기자단이 주최하고 캘빈 쿨리지 이후 모든 대통령이 적어도 한 번은 참석한 이 만찬은 본디 기자들과 취재 대상이 이날 하루 저녁만은 대립 관계를 내려놓고 즐기는 행사였다. 하지만 시간이 흐르고 뉴스 산업과 오락 산업이 섞이기 시작하면서 연례 만찬은 워싱턴식 멧 갈라(뉴욕 메트로폴리탄 박물관 소속의 코스튬 인스티튜트에서 주최하는 연례 행사_옮긴이)나 오스카상 시상식 비슷하게 발전하여 코미디 공연이 벌어지고 케이블 TV에 방영되었으며, 불편한 호텔 연회실에 들어찬 1000~2000명의 기자, 정치인, 재벌 총수, 행정부 관료, 거기다 온갖 할리우드 명사들이 담소를 나누고 이목을 끌었으며 대통령이 스탠드업 코미디처럼 경쟁자를 비꼬고 그날의 최신 정치 뉴스를 소재로 농담하는 것에 귀를 기울였다.

나라 곳곳에서 사람들이 불황의 여파 속에서 일자리를 찾고 집을 지키고 공과금을 납부하려고 안간힘을 쓰는 와중에 사교 모임과 레드카펫의 요란한 분위기로 가득한 정장 만찬에 참석하는 일은 언제나 정치적으로 객쩍게 느껴졌다. 하지만 지난 2년간 참석해놓고 올해 만찬을 막판에 건너뛰어 의심을 자초할 순 없었다. 맥레이븐이 잘랄라바드의 네이비 실 팀에 곧 합류하여 몇 시간 안에 작전을 시작할 수도 있음을 알았지만 나는 기자로 가득한 연회실 앞에서 모든 것이 정상인 것처럼 처신하려고 최선을 다해야 할 터였다. 나행히 이 나라에서 사람들의 주의를 가장 흩뜨리는 인물이 그날 밤 초대받아《워싱턴 포스트》테이블에 앉았다. 지금 무슨 일이 벌어지고 있는지 아는 사람들은 연회실에 들어온 도널드 트럼프를 보고 묘한 안도감을 느꼈다. 매체들이 파키스탄에 대해 생각하지 않을 것이 거의 분명했으니까.

나는 정식 출생 증명서를 공개하고 백악관 브리핑실에서 언론을 질타함으로써 원하는 효과를 어느 정도 거뒀다. 이제 도널드 트럼프는 내가 하와이에서 태어났다고 믿는다고 마지못해 인정하면서도, 자신은 미국 국민을 위해 신분을 입증하게 한 것이라고 공치사를 했다. 그럼에도 버서 논쟁이 모든 사람의 마음속에 남아 있다는 사실은 이날 내 농담 발언을 준비한 존 패브로와 연설문 작성팀을 만났을 때 분명히 알 수 있었다 (이들 중에서 앞으로 전개될 작전을 아는 사람은 없었다). 그들은 신이 나서 이야기를 늘어놓았는데, 대통령 출마를 타진하는 전 공화당 미네소타 주지사 팀 폴렌티가 자신의 본명이 실은 '팀 빈라덴 폴렌티'였다는 사실을 숨겼다며 버서들을 조롱하는 대목이 맘에 걸렸다. 나는 패브스에게 '빈라덴'을 '호스니'로 바꿔달라며 무바라크가 최근 뉴스에서 악역을 도맡고 있으니 그게 더 시의적절할 거라고 말했다. 패브스는 나의 교정이 부적절하다고 여기는 게 분명했지만 토를 달지는 않았다.

오후 끝 무렵에 맥레이븐에게 마지막 전화를 걸었다. 그는 파키스탄에 안개가 끼어서 일요일 밤까지 기다렸다가 작전을 시작할 생각이라고 말했다. 그러면서 모든 준비가 완료되었고 자신의 팀이 언제든 출동할 수 있다고 확언했다. 나는 그에게 내가 전화한 데는 다른 이유가 있다고 말했다.

"모든 팀원에게 내가 얼마나 고마워하는지 말해주세요."

"네, 대통령님."

나의 감정을 전달할 단어가 순간적으로 떠오르지 않아서 이렇게만 말했다. "빌, 진심이에요. 그들에게 전해줘요."

그가 말했다. "그러겠습니다, 대통령님."

그날 밤 미셸과 나는 워싱턴 힐튼 호텔로 이동하여 여러 VIP와 사진을 찍고 두어 시간 연단에 앉아 포도주와 바싹 익힌 스테이크를 먹으며 루퍼트 머독, 숀 펜, 존 베이너, 스칼릿 조핸슨 같은 초청 인사들과 어울렸다. 나는 수천 킬로미터 떨어진 곳의 일들을 생각하면서도 상냥한 미소를 유지한 채 줄타기를 하듯 조용히 머릿속에서 균형을 유지했다. 발언 차례가 되자 일어서서 으레 하던 대로 말을 시작했다. 그러다 중간쯤에 트럼프를 콕 집어 지목하며 말했다.

"최근에 비난을 좀 들었다고 알고 있습니다만, 잠잠해진 출생 증명서 문제에 누구보다 행복하고 뿌듯한 사람은 바로 도널드입니다. 왜냐하면 이제야 다른 문제들에 다시 집중하게 되었기 때문입니다. 이를테면 이런 문제들 말입니다. 달 착륙은 조작인가? 로스웰에서 실제로 일어난 일은 무엇일까? 비기와 투팍(힙합 가수인 노토리어스 B.I.G.와 투팍 사커를 가리키며, 둘 다 피살 뒤에 음모론의 소재가 되었다_옮긴이)은 어디에 살아 있나?" 청중은 폭소를 터뜨렸고 나는 내처 〈더 셀레브리티 어프렌티스〉 진행자로서 그의 '경륜과 경험의 폭'을 언급하며 그의 판단 능력을 치하했다. "스테이크하우스에서 남자 요리팀은 오마하 스테이크스의 심사위원들에게 감명을 주지 못했습니다. …… 당신의 이런 결정들을 보면서 저는 밤잠을 이루지 못했습니다. 훌륭히 처리하셨습니다. 정말 훌륭히 처리하셨습니다."

청중이 환호성을 지르는 동안 트럼프는 어정쩡하게 미소 지으며 말없이 앉아 있었다. 내가 공개적으로 그를 놀린 몇 분 동안 그의 머릿속에서 무슨 생각이 흘러갔을지는 짐작조차 힘들었다. 내가 아는 것은 그가 만인의 구경거리라는 사실, 그리고 2011년 미국에서는 그것도 일종의 권력이라는 사실이었다. 트럼프는 (아무리 천박할지언정) 하루하루 영향력이 커져가는 조류에 편승했다. 내 농담에 웃음을 터뜨린 바로 그 기자들은 여전히 그를 방송에 내보냈고, 방송사들은 그를 자기네 테이블에 앉히려고 옥신각신했다.

자신이 퍼뜨린 음모론 때문에 따돌림당하기는커녕 그는 어느 때보다 거물이 되어 있었다.

이튿날 아침 나는 백악관 전화 교환수의 모닝콜이 울리기도 전에 일어났다. 중요한 회의가 열릴 가능성이 있었기에 그날은 이례적으로 일반인들의 웨스트 윙 관람을 취소했다. 한가로운 일요일에 종종 하던 것처럼 마빈과 나인홀 골프를 재빨리 치기로 했는데, 한 가지 이유는 뭔가 차질이 생겼다는 보고를 받고 싶지 않아서였고 또 다른 이유는 트리티 룸에 앉아 시계를 보며 파키스탄에 어둠이 깔리길 기다리기보다는 밖에 나가고 싶었기 때문이었다. 바람이 없는 서늘한 날이었다. 나는 코스를 건성건성 돌며 공 서너 개를 숲에 잃어버렸다. 백악관으로 돌아와 톰에게 상황을 물었다. 이미 상황실에 모인 그와 팀원들은 무슨 일이 생기든 대응할 준비를 갖추고 있었다. 방해가 되지 않으려고 네이비 실 팀을 실은 헬리콥터가 이륙하면 알려달라고 부탁하고는 상황실에서 나왔다. 오벌 오피스에 앉아 서류를 뒤적거렸지만 진도가 전혀 나가지 않았다. 같은 줄을 읽고 또 읽었다. 결국 레지, 마빈, 피트 수자에게 전화하여―이즈음에는 이들도 앞으로 벌어질 일을 알고 있었다―넷이서 오벌 식당에 앉아 스페이드 게임을 했다.

동부 시각으로 오후 두 시에 스텔스 성능을 갖추도록 개조한 블랙호크 헬리콥터들이 잘랄라바드 비행장에서 이륙했다. 헬리콥터에는 네이비 실 팀 23명과 파키스탄계 미국인 CIA 통역관, 카이로라는 군견이 타고 있었다. '넵튠의 창 작전'이라는 공식 명칭으로 알려진 습격 작전이 시작되었고, 작전팀은 90분 만에 아보타바드에 도착했다. 식당에서 나와 상황실로 돌아갔더니, 그곳은 사실상 전쟁 작전실로 바뀌어 있었다. 랭글리에서 화상 통화로 연결된 리언은 맥레이븐에게서 들어오는 정보를 전달하고 있었으며, 맥레이븐은 잘랄라바드에 남아 네이비 실 팀과 계속해서 직접 교신하고 있었다. 예상대로 팽팽하게 긴장된 분위기였다. 조, 빌, 데일리, 그리고 톰, 힐러리, 데니스, 게이츠, 멀린, 블링컨을 비롯한 국가안보팀 대부분이 회의용 테이블에 둘러앉아 있었다. 나는 파키스탄과 그 밖의 나라들에 알릴 계획과 성공하거나 실패할 경우의 외교 전략에 대해 보고를 들었다. 빈라덴이 습격에서 살해되면 그곳이 지하디스트들의 순례지가 되지 않도록 바다에서 이슬람 전통 장례식을 치를 준비도 해두었다. 시간이 조금 흐르자 국가안보팀이 나 때문에 뻔한 얘기를 반복하고 있다는 생각이 들었다. 그들의 정신을 산만하게 할까 봐 위층으로 돌아왔는데, 3시 30분을 조금 앞두고 블랙호크가 저택에 접근하고 있다고 리언이 알려왔다.

공격팀은 우리가 리언을 통해 간접적으로 작전을 보고받도록 계획해두었다. 톰은 내가 맥레이븐과 직접 교신하면 내가 작전을 시시콜콜 관리하는 듯한 인상을 줄까 봐 우려했다. 그것은 일반적으로 좋지 않은 방식이었으며, 임무가 실패하면 정치적으로도 골칫거리가 될 수 있었다. 하지만 나는 상황실로 돌아오던 길에 저택의 실시간 항공 영상이 복도 맞은편에 있는 작은 회의실 비디오 모니터에 전송되는 것을 언뜻 봤다. 맥레이븐의 목소리도 들려왔다. 헬리콥터들이 표적에 가까이 접근하자 나는 자리에서 일어섰다. "이건 직접 봐야겠어요." 이렇게 말하고는 회의실로 향했다. 그곳에는 파란색 제복 차림의 브래드 웨브 공군 준장이 작은 탁자 앞에 앉아 컴퓨터를 들여다보고 있었다. 그는 내게 자리를 양보하려 했다. 나는 그냥 앉아 있으라며 그의 어깨에 손을 얹고는 의자에 앉았다. 웨브는 맥레이븐과 리언에게 내가 장소를 옮겨 영상을 보고 있다고 알렸다. 금세 팀 전체가 회의실에 몰려들었다.

대통령으로서 군사작전이 전개되는 장면을 실시간으로 본 것은 이번이 처음이자 유일했다. 화면에서는 흐릿한 이미지들이 움직이고 있었다. 우리가 영상을 본 지 1분도 채 지나지 않아 블랙호크 한 대가 하강하면서 약간 휘청거렸다. 정확히 무슨 일이 일어나고 있는지 내가 파악하기도 전에 맥레이븐이 헬리콥터가 일시적으로 양력을 잃어 저택 담장 측면에 부딪혔다고 알려주었다. 순간적으로 감전된 듯 공포가 밀려들었다. 머릿속에서 재앙의 영상이 재생되었다. 헬리콥터가 추락하고 네이비 실 대원들이 빠져나올 때 기관총이 불을 뿜고 동네 사람들이 무슨 일이 벌어졌나 보려고 집에서 나오고 파키스탄군이 현장으로 달려오는데……. 맥레이븐의 목소리가 나의 악몽을 깨웠다.

"괜찮을 겁니다." 마트에서 자동차 펜더가 쇼핑 카트에 부딪혔다고 말하는 듯한 말투였다. "조종사의 실력은 네이비 실에서 최고입니다. 안전하게 내려올 겁니다."

정확히 그 말대로 되었다. 나중에 들으니 예상보다 높은 기온 때문에 회오리바람이 생겼고 블랙호크가 거기 휘말려 로터의 세류洗流(비행기 날개 뒤쪽에 생기는 하강 기류_옮긴이)가 저택의 높은 벽에 갇히는 바람에 조종사와 네이비 실 대원들이 임기응변으로 착륙하고 탈출해야 했다고 한다. (사실 조종사는 더 위험한 추락을 막기 위해 일부러 헬리콥터 꼬리로 벽을 들이받았다.) 하지만 그 순간 내가 볼 수 있었던 것은 자글자글한 형체들이 땅 위에서 재빨리 대형을 이뤄 본관에 진입하는 장면뿐이었다. 고통스러운 20분간 맥레이븐조차 무슨 일이 벌어지는지 제대로 볼 수 없었다. 어쩌면 자신의 팀이 이 방 저 방 수색하는 과정을 일부러 구체적으로 밝히지 않았는지도 모르겠다. 그러다 뜻밖에도 불쑥 맥레이븐과 리언의 목소리가 거의 동시에 들렸다. 두 사람은 우리가 기다리던 단어를 내뱉었다. 몇 년간의 정보 수집과 몇 달간의 계획이 절정에 이른 순간이었다.

"제로니모 신원 확인…… 제로니모 이케이아이에이Geronimo ID'd…… Geronimo EKIA."

'이케이아이에이'는 '작전 중 적 사살Enemy killed in action'이라는 의미다.

오사마 빈라덴(이번 임무에서의 코드명으로는 '제로니모'), 미국 역사상 최악의 테러 공격을 저지른 자, 수천 명을 살해하도록 지시하고 세계 역사를 격변에 빠뜨린 자가 미국 네이비 실에 의해 정의의 심판을 받은 것이다. 회의실에서는 숨죽인 탄성이 터져 나왔다. 나의 시선은 영상에 붙박여 있었다.

내가 나직이 말했다. "잡았군요."

네이버 실 대원들이 빈라덴의 시신을 자루에 넣고 현장에 있던 여성 세 명과 어린이 아홉 명을 확보하여 저택 구석에서 심문하고 컴퓨터, 서류, 기타 정보 가치가 있을 자료를 수거했다. 이후 손상된 블랙호크에 폭발물을 장착하여 파괴함으로써(근처에 떠 있던 구조용 치누크 헬기가 대신 투입되었다) 임무를 마치기까지 20분간 회의실에서는 누구 하나 꼼짝하지 않았다. 헬리콥터들이 이륙하자 조가 내 어깨에 손을 얹어 꼭 쥐었다.

그가 말했다. "축하합니다, 보스."

나는 일어서서 고개를 끄덕였다. 데니스는 주먹 인사를 했다. 나는 나머지 국가안보팀과 악수를 나눴다. 하지만 헬리콥터들이 아직 파키스탄

영공을 비행하고 있었기에 분위기는 여전히 차분했다. 오후 6시경 헬리콥터들이 잘랄라바드에 안전하게 착륙하고서야 긴장이 몸에서 빠져나갔다. 잠시 뒤 화상회의에서 맥레이븐은 우리가 말한 대로 시신을 살펴보았는데 빈라덴이 확실하다고 말했다. CIA 얼굴 인식 소프트웨어에서도 이내 같은 결과가 나왔다. 추가 확인을 위해 맥레이븐은 키가 188센티미터인 대원을 시신 옆에 눕게 하여 빈라덴의 추정 신장인 193센티미터와 비교했다.

나는 이렇게 놀렸다. "정말 그랬단 말이에요, 빌? 그렇게 철저히 계획해놓고 줄자를 안 가져갔어요?"

그날을 통틀어 내가 처음으로 내뱉은 우스갯소리였지만, 웃음은 오래가지 않았다. 빈라덴 시신의 사진들이 금세 회의 탁자 주위로 회람되고 있었기 때문이다. 나는 사진들을 잠깐 훑어보았다. 빈라덴이 맞았다. 증거가 확실했음에도 리언과 맥레이븐은 하루 이틀 뒤 DNA 검사 결과가 나오기 전까지는 100퍼센트 확신할 수 없다고 말했다. 우리는 공식 발표를 연기하는 방안을 논의했지만, 아보타바드에서 헬리콥터가 추락했다는 보도가 이미 인터넷에 퍼지기 시작했다. 마이크 멀린은 파키스탄 육군 참모총장 아슈파크 파르베즈 카야니 대장에게 전화를 걸었다. 대화는 정중했지만 카야니는 파키스탄 국민의 반응에 대처할 수 있도록 습격과 표적에 대해 최대한 빨리 밝힐 것을 요구했다. 발표를 24시간 뒤로 미룰 도리가 없음을 알게 된 나는 벤과 위층으로 올라가 그날 저녁 미국 국민에게 이야기할 내용을 재빨리 구술했다.

그 뒤로 몇 시간 동안 웨스트 윙은 전속력으로 돌아갔다. 외교관들이 외국 정부에 연락하고 공보팀이 언론 브리핑을 준비하는 동안 나는 조지 W. 부시와 빌 클린턴에게 전화하여 소식을 알렸다. 부시에게는 이번 임무가 그의 임기에 시작된 길고 고된 과정의 정점이라고 언급했다. 대서양 건너편은 아직 한밤중이었지만 데이비드 캐머런에게도 전화를 걸어 미국의 가장 가까운 우방국 영국이 아프가니스탄 전쟁 시작부터 보여준

군건한 지원에 감사를 표했다. 나는 난감한 처지에 몰린 아시프 알리 자르다리 파키스탄 대통령과의 통화가 가장 까다로울 거라고 예상했다. 우리가 파키스탄의 주권을 침해한 탓에 그가 역풍을 맞을 것이 분명했기 때문이다. 하지만 내가 연락하자 그는 축하와 지지를 표명했다. 그가 말했다. "어떤 결과가 따르든 매우 좋은 소식이군요." 그는 아내 베나지르 부토가 알카에다와 연계되었다고 알려진 극단주의자들에게 살해된 일을 회상하며 진실한 감정을 토로했다.

그나저나 하루 종일 미셸을 보지 못했다. 나는 무슨 일이 벌어질지 미리 일러둔 상태였다. 그녀는 백악관에 초조하게 앉아서 뉴스를 기다리기보다는 말리아와 사샤를 장모에게 맡기고 친구들과 저녁을 먹으러 나갔다. 내가 면도를 끝내고 양복과 넥타이를 착용하자마자 그녀가 문으로 들어왔다.

미셸이 말했다. "어떻게 됐어?"

내가 엄지손가락을 치켜올리자 그녀는 미소를 지으며 나를 끌어안았다. 그녀가 말했다. "대단해, 자기. 정말이야. 기분이 어때?"

내가 말했다. "지금 당장은 안도감이 전부야. 한두 시간 있으면 어떻게 될지 모르겠지만."

나는 웨스트 윙에 돌아와 벤과 함께 발언을 마지막으로 다듬었다. 그에게 몇 가지 폭넓은 주제를 제시했다. 9.11에 대한 온 국민이 공유했던 고통과 사건 직후 우리가 느낀 연대감을 일깨우고 싶다고 말했다. 이번 임무에 관여한 사람들뿐 아니라 우리를 안전하게 지켜주기 위해 지금도 희생하고 있는 군과 정보공동체의 모든 사람에게 경의를 표하고 싶었다. 우리의 적은 알카에다이지 이슬람이 아님을 다시금 강조하고 싶었다. 그리고 미국이 한번 시작한 일은 끝장을 본다는 것을, 이 나라가 여전히 원대한 목표를 성취할 수 있음을 전 세계와 우리 자신에게 상기시키며 연설을 마무리하고 싶었다.

벤은 평소처럼 나의 어수선한 생각들을 두 시간도 안 되어 근사한 연설로 빚어냈다. 이 연설은 그에게 무엇보다 중요했다. 쌍둥이 빌딩이 무너지는 광경을 보고서 그의 인생 궤적이 달라졌기 때문이다. 그가 변화를 일으키겠다는 갈망을 품고 워싱턴에 온 이유는 9.11 때문이었다. 그날에 대한 내가 가진 기억들도 떠올랐다. 미셸이 말리아를 유치원에 데려다준 첫날, 나는 미셸에게 전화하여 그녀와 아이들이 괜찮을 거라고 안심시킨 뒤에 시카고 시내의 일리노이 주의회 건물 바깥에 선 채 갈피를 잡지 못하고 불안해했다. 그날 밤 3개월 된 사샤를 품에 안고 재우며 어둠 속에서 뉴스 보도를 보다 뉴욕에 있는 친구들에게 연락을 시도하던 기억도 났다. 나의 인생행로 또한 그날의 경험으로 벤 못지않게 근본적으로 달라졌다. 당시에는 예견할 수 없었던 방식으로 사건들이 꼬리를 물고 일어나 이 순간까지 오게 된 것이었다.

마지막으로 연설문을 훑어보고 일어나 벤의 등을 두드리며 말했다. "잘했어요." 고개를 끄덕이는 그의 얼굴 위로 수많은 감정이 뒤섞인 채 스쳐 지나갔다. 그는 황급히 나가 연설문 최종 원고를 텔레프롬프터에 입력했다. 이제 밤 11시 30분이 가까워졌다. 주요 방송국들은 이미 빈라덴의 사망 소식을 보도했으며 내 연설을 생중계하려고 기다리고 있었다. 축하 인파가 백악관 출입문 밖에 모여들었다. 수천 명이 길거리를 메웠다. 서늘한 밤공기 속으로 걸음을 내디뎌 콜로네이드를 따라 연설 장소인 이스트 룸으로 걸어가는데, 펜실베이니아 애비뉴에서 시끌벅적하고 율동적인 구호가 들려왔다.

"유에스에이! 유에스에이! 유에스에이!" 소리는 멀리 넓게 메아리치며 깊은 밤 속으로 스며들었다.


환희가 잦아든 뒤에도 백악관의 모든 사람은 아보타바드 습격 직후 며칠간 이 나라의 분위기가 눈에 띄게 달라졌음을 느꼈다. 내 대통령 임기 중 처음이자 유일하게, 우리는 성과를 구구절절 설명할 필요가 없었다. 공화당의 공격을 받아내거나 우리가 핵심 원칙을 저버렸다는 핵심 지지층의 비난에 답할 필요도 없었다. 시행에 따르는 문제나 예상 못 한 결과도 불거지지 않았다. 다만 빈라덴 시신의 사진을 공개할 것이냐를 비롯하여 아직 내려야 할 결정들이 남아 있었다. (내 대답은 '아니오'였다. 골 세리머리를 하거나 흉측한 트로피를 치켜들 필요는 없다고 보좌관들에게 말했다. 또한 빈라덴이 머리에 총상을 입은 이미지가 극단주의자들을 결집시키는 것을 바라지 않았다.) 파키스탄과의 관계도 수습해야 했다. 저택에서 입수한 문서와 컴퓨터 파일은 정보의 보고로 드러났고, 빈라덴이 미국을 공격하려는 모의에서 여전히 핵심적 역할을 했음이 입증되었다. 우리는 알카에다 지도자들을 표적으로 삼아 빈라덴 조직망을 어마어마하게 압박했지만, 우리 중에서 알카에다의 위협이 사라졌다고 믿는 사람은 없었다. 하지만 논란의 여지가 없는 사실은 우리가 알카에다에 결정적 타격을 가해 전략적 패배의 방향으로 한 걸음 더 몰아넣었다는 것이다. 우리를 가장 격렬히 비판하던 자들조차 이번 작전이 명백한 성공이었음을 인정할 수밖에 없었다.

미국인들에게 아보타바드 습격은 일종의 카타르시스였다. 모두가 아프가니스탄과 이라크에서 우리 군대가 10년 가까이 전쟁을 치르면서도 애매한 결실만 거둔 것을 보았다. 모두 폭력적 극단주의가 어떤 형태로든 남아 있을 것이고, 적이 궤멸하거나 공식적으로 항복하는 일은 없을 것이라 예상했다. 이 때문에 국민들은 직감적으로 빈라덴 사망을 승전에 가장 가까운 일로 받아들이는 듯했다. 경제가 어렵고 양당이 반목하는 이 시기에 사람들은 정부가 가져다준 승리에 만족감을 얻었다.

한편 9.11에 사랑하는 이를 잃은 수많은 가족들은 우리가 해낸 일을 더 개인적 차원에서 이해했다. 작전 이튿날, 내가 매일 확인하는 열 통의 국민 편지 중에 페이턴 월이라는 소녀가 보낸 이메일의 인쇄본이 들어 있었다. 9.11 공격 당시 네 살이었던 월은 이제 열네 살이 되었다. 그녀는 아버지가 쌍둥이 빌딩에 있었으며 빌딩이 무너지기 전에 자신에게 전화를 걸었다고 썼다. 그녀는 아버지의 목소리와 어머니가 전화기에 대고 흐느끼던 기억을 떨치지 못했다. 그녀는 무엇으로도 아버지가 돌아가셨다는 사실을 돌이킬 순 없지만 미국이 아버지를 잊지 않았다는 사실이 자신과 가족에게 얼마나 큰 의미인지를 나와 습격에 관여한 모든 사람이 알기를 바랐다.

트리티 룸에 홀로 앉아 이메일을 두어 번 되풀이해 읽는 동안 감정에 북받쳐 눈시울이 뜨거워졌다. 우리 딸들을 생각했다. 엄마나 아빠를 잃으면 아이들이 얼마나 큰 상처를 입을지 상상해보았다. 9.11 이후, 어떤 희생을 치르더라도 나라에 봉사하겠다는 일념으로 입대한 젊은이들을 생각했다. 이라크와 아프가니스탄에서 부상당하거나 전사한 이들의 부모를, 미셸과 내가 위로한 골드스타마더스(전사자 어머니들의 모임_옮긴이)와 떠나간 아들의 사진을 내게 보여준 아버지들을 생각했다. 나는 이번 임무에 참여한 사람들에 대해 말로 다할 수 없는 자부심을 느꼈다. 네이비 실 대원들로부터, 아보타바드로 이어지는 조각들을 맞춘 CIA 분석관들, 작전의 후폭풍을 수습한 외교관들, 습격이 진행되는 동안 저택 바깥에 서서 호기심 어린 동네 사람들을 물리친 파키스탄계 미국인 통역관에 이르기까지. 이들은 명예나 대가나 정치적 입장을 따지지 않고 공동의 목표를 이루기 위해 사심 없이 헌신적으로 협력했다.

이런 생각들과 더불어 또 다른 생각도 찾아왔다. 이런 단결력, 이런 공동의 목표 의식은 테러리스트를 죽인다는 목표에 대해서만 가능한 것일까? 이 물음이 나를 괴롭혔다. 나는 아보타바드 작전의 성공에 자부심과 만족감을 느꼈지만 건강보험 법안이 통과된 날 밤만큼 희열을 느끼진 않았다. 우리 정부가 빈라덴을 잡을 때 발휘한 것과 같은 수준의 전문성과 결단력을 우리 아이들을 교육하고 집 없는 사람들에게 집을 제공하는 일에 발휘하도록 이 나라를 결집할 수 있다면, 그와 같은 인내력과 자원을 빈곤 퇴치나 온실가스 감축이나 보편 보육에 발휘할 수 있다면, 미국이 어떻게 달라질지 상상했다. 보좌진조차 이런 발상을 유토피아적이라고 치부할 것이었다. 이런 사실—우리가 공격을 막아내고 외부의 적을 물리치는 문제 말고는 무엇으로도 이 나라의 단결을 상상할 수 없다는 사실—은 대통령으로서 나의 모습이 내가 바라는 모습과 얼마나 동떨어졌는가를, 아직 할 일이 얼마나 많이 남았는가를 보여주는 잣대였다.

하지만 그 주의 나머지 기간 동안은 이런 생각을 제쳐두고 순간을 만끽했다. 밥 게이츠는 마지막 내각 회의에 참석하여 열렬한 박수갈채를 받았으며 잠시나마 진심으로 감동한 것처럼 보였다. 나는 15년 가까이 빈라덴 사냥에 몸담은 존 브레넌과 시간을 보냈다. 오벌 오피스에 들른 맥레이븐에게는 그의 탁월한 지도력에 진심으로 감사를 표하고 명패에 올려둔 줄자를 선물했다. 작전 나흘 뒤인 2011년 5월 5일, 뉴욕시에 가서 제54진압대/제4구조대/제9소방대 소방관들과 오찬을 함께한 뒤에—이 소방대는 9.11 오전에 대원 열다섯 명을 모두 잃었다—그라운드 제로에서 열린 헌화식에 참석했다. 불타는 건물에 맨 처음 달려온 시민 몇 명이 이날 명예 의장대로 참여했으며 나는 그 자리에 참석한 9.11 유가족을 만났다. 그중에는 페이턴 월도 있었는데, 그녀는 나의 힘찬 포옹을 받고는 대뜸 저스틴 비버를 만나게 해줄 수 있느냐고 물었다(나는 물론 해줄 수 있다고 말했다).

이튿날 켄터키주 포트 캠벨로 날아갔다. 맥레이븐이 아보타바드 습격에 참여한 네이비 실 대원들과 조종사들을 나와 조에게 소개해주었다. 방 앞에는 저택의 축소 모형이 전시되어 있었으며, 지휘관이 작전을 조목조목 설명하는 동안 나는 접이식 의자에 앉은 내 앞의 서른 명 남짓의 엘리트 대원을 관찰했다. 몇몇은 정말 네이비 실 대원처럼 생겼는데, 기골이 장대하고 제복 밑으로 근육이 울퉁불퉁한 청년들이었다. 하지만 놀랍게도 상당수는 회계사나 고등학교 교장이라고 해도 믿을 정도로 머리가 희끗희끗하고 몸가짐이 다소곳한 40대 초반의 중년들이었다. 그들은 가장 위험한 임무를 성공적으로 수행하는 데 경험에서 비롯한 역량과 판단력이 어떤 역할을 하는지 보여주는 증거였다. 이 경험은 많은 동료의 목숨을 대가로 얻은 것이라고 지휘관은 강조했다. 브리핑이 끝나고 방안의 모든 사람과 악수한 뒤에, 군부대가 받을 수 있는 최고 훈장인 대통령부대표창을 수여했다. 대원들은 답례로, 아보타바드에 갈 때 가져간 성조기를 넣은 액자를 내게 깜짝 선물로 주었다. 성조기 뒷면에는 부대원들의 사인이 적혀 있었다. 부대를 방문하는 내내 누가 빈라덴을 사살했는지 언급한 사람은 없었다. 나도 묻지 않았다.

돌아오는 비행기에서 톰이 리비아의 상황을 보고했다. 나는 빌 데일리와 함께 이번 달의 일정을 검토하고 서류 작업을 했다. 오후 6시 30분, 앤드루스 공군기지에 착륙하여 백악관으로 돌아오는 짧은 비행을 위해 마린 원으로 갈아탔다. 차분한 기분으로 저 아래 메릴랜드의 올록볼록한 풍경과 조그만 동네들을 내려다보았다. 이내 이우는 햇빛 아래로 포토맥강이 반짝거렸다. 헬리콥터가 부드럽게 선회하여 정북으로 내셔널 몰을 가로질렀다. 한쪽으로 워싱턴 기념비가 불쑥 나타났다. 만질 수 있을 만큼 가까워 보였다. 반대쪽에는 기념관의 대리석 민흘림기둥 뒤로 그림자에 가려진 채 의자에 앉은 링컨의 동상이 보였다. 마린 원이 마지막 하강을 알리듯 살짝 덜덜거리며—이젠 이 진동에도 친숙해졌다—남쪽 잔디밭에 접근했다. 아래로 보이는 도로는 여전히 퇴근길 차량으로 북적거렸다. 이런 생각이 들었다. '저 사람들도 나처럼 얼른 집에 들어가고 싶겠지.'

A PROMISED LAND

## 감사의 글

        이 책을 위해 수많은 성실한 사람이 막후에서 애써주었다. 그들에게 더없이 감사한다.

나의 오랜 편집자인 크라운의 레이철 클레이먼은 16년간 함께하면서 내가 출간한 모든 책의 모든 행을 예리한 지성, 합리적 판단, 매서운 시선으로 들여다보았다. 그녀의 너그러움, 인내, 헌신이 이 모든 차이를 만들어냈다. 아무쪼록 모든 저자가 이런 행운을 누리길 바란다.

세라 코벳은 이번 출간에 편집자로서의 전문성과 창의적 시각을 더했으며 우리 팀을 조율하고 여러 원고를 편집하고 원고 전반에 대해 비평적으로 유익한 조언을 해주었다. 이 책은 그녀가 지혜, 격려, 활기를 발휘한 덕에 훨씬 좋아졌다.

코디 키넌은 나의 가장 유명한 연설들을 작성하는 데 참여했으며 지난 3년간 귀중한 협력자로서 배경 조사 인터뷰를 진행하고 내 생각을 책의 구성에 맞게 체계화하고 집필에 헤아릴 수 없이 많이 기여했다.

벤 로즈는 이 책에 서술한 많은 순간에 등장할 뿐 아니라 각 초고를 핵심적으로 편집하고 조사 작업을 해주었다. 무엇보다, 우리가 무수한 시간 동안 나눈 대화와 다년간의 우정 덕에 많은 통찰을 구체화해 책에 담을 수 있었다.

서맨사 파워는 이 책 전반에 걸쳐 엄밀하고 지적이고 놀랍도록 유익한 피드백을 제시했다. 그녀의 성실함과 열정에 감사한다. 그녀는 나를 더 나은 사람으로 만들어줄 뿐 아니라 더 나은 사람으로 보이게 해준다.

메러디스 보언에게 특별히 감사한다. 깐깐한 기준과 남다른 업무 윤리를 발휘해 처음부터 끝까지 비판적 조사와 팩트 체크를 해주었다. 그녀를 뒷받침한 유능한 인재 줄리 테이트와 길리언 브래실에게도 감사한다.

나를 보좌하는 명민하고 정력적인 이들의 역량, 노고, 선한 성품이 모든 일에 힘이 되어준다. 이들 중 상당수는 수년간 내 곁에 있어주었다. 어니타 데커 브레컨리지는 나의 집필 시간을 보장해주려고 열심히 노력했으며 출간 과정을 능숙하게 이끌었다. 혜노크 도리는 수많은 방면에서, 또한 한결같은 전문성으로 이 책에 기여했으며 모든 사항을 점검하고 나를 채찍질했다. 에밀리 블레이크모어, 그레이엄 깁슨, 에릭 슐츠, 케이티 힐, 애다 레비, 데이나 레머스, 캐럴라인 애들러 모랄레스도 출간의 방향을 이끌어주었다. 조 콜슨, 졸리 아펜로트, 케빈 루이스, 데지레 반스, 그레그 로저스트, 마이클 브러시, 케이틀린 고그런에게도 감사한다.

나의 내각과 보좌진에서 봉사한 사람들에게 진 빚은 영영 갚지 못할 것이다. 그들의 빼어난 업무와 희망을 잃지 않는 확고한 능력 덕분에 우리 행정부의 기조를 훌륭히 추진할 수 있었다. 이들 중 상당수는 백악관 시절과 자신이 관여한 사안에 대해 책을 썼는데, 그 기록들은 내게 훌륭한 자료이자 매혹적인 읽을거리였다.

새드 앨런 제독, 데이비드 액설로드, 멜로디 반스, 재러드 번스틴, 브라이언 디스, 안 덩컨, 람 이매뉴얼, 맷 플래빈, 퍼리앨 고바슈리, 대니엘 그레이, 밸러리 재럿, 케이티 존슨, 잭 루, 레지 러브, 크리스 루, 얼리사 매스트로모나코, 마빈 니컬슨, 낸시 펠로시, 캘 펜, 댄 파이퍼, 데이비드 플러프, 피오나 리브스, 해리 리드, 크리스티 로머, 피트 라우스, 캐시 레믈러, 켄 살라사르, 필 실리로, 캐슬린 시벨리어스, 피트 수자, 토드 스턴, 토미 비토어 등 내가 대통령 임기와 선거 유세 기간을 되짚을 때 독특한 관점과 개인적 기억을 들려준 여러 전직 보좌관과 동료에게도 감사한다. 존 브레넌, 캐럴 브라우너, 리사 모나코, 세실리아 무뇨스, 스티븐 추, 톰 도닐런, 낸시앤 드팔, 존 패브로, 팀 가이트너, 에릭 홀더, 진 램브루, 데니스 맥도너, 수전 라이스, 진 스펄링 등 너그럽게도 원고의 각 부분을 읽고 전문가적 의견을 제시해준 동료들에게 특별히 감사한다.

원고를 검토해준 NSC의 앤 위더스와 마이크 스미스, 법적 문제에 대해 귀한 자문을 해준 윌리엄스 앤드 코널리의 밥 바넷과 드닌 하월에게 감사한다.

팬데믹으로 어수선한 지금 같은 시기에 이런 책을 출간하기까지 크라운과 펭귄랜덤하우스 출판사의 많은 사람이 얼마나 노력하고 선의를 발휘했는지 잘 알고 있으며 깊이 감사한다.

누구보다 마커스 돌에게 감사한다. 처음부터 출간을 지지한 그는 펭귄랜덤하우스의 전 세계 자원을 열성적으로 동원하여 출간을 성사시켰다. 유능하고 든든한 파트너인 지나 센트렐로는 미국 펭귄랜덤하우스의 모든 부서를 결집하여 이 책을 근사하게 출간해냈다. 이 책의 출간을 위해 노력하고 예정보다 길어진 일정에도 인내심을 발휘한 매들린 매킨토시와 니하르 말라비야에게 진심으로 감사한다.

크라운에서는 데이비드 드레이크와 티나 컨스터블의 전문성과 전략적 기획이 매 단계마다 중요한 역할을 했다. 두 사람은 홍보와 마케팅에 창의성과 통찰을 발휘했을 뿐 아니라 그들의 동료, 나의 직원들, 이 책의 외국 출판사들과 긴밀히 협력하여 무척이나 까다로운 시기에 출간 과정을 지휘했다. 게다가 저자의 문학적 선택을 존중하여 책이 뜻밖에 두 권으로 나뉘는 것까지 받아들여주었다. 그들의 유능한 손이 내 책을 맡아서 다행이라고 생각한다.

질리언 블레이크는 원고를 꼼꼼히 읽고 구성과 내용에 대해 빈틈없는 의견을 제시했다. 크리스토퍼 브랜드는 이 책에서 받은 영감을 표지, 사진, 웹사이트의 디자인으로 구체화했다. 랜스 피츠제럴드는 24개 언어로 판권을 팔았고, 지금도 계속 계약하고 있으며, 영국 출판사 및 국제 파트너들과의 연락을 훌륭히 담당했다. 리사 포이어와 리네아 크놀뮐러는 이 책이 제시간에 정교하고 정성스럽게 제작되도록 애써주었으며 인쇄 업체와 공급 업체들과 더불어 기적을 이뤄냈다. 샐리 프랭클린은 무수한 스케줄을 작성하고 쪼갰으며 불가능해 보이는 상황에서도 모든 일정을 정상적으로 추진했다. 크리스틴 다니가와는 단어와 세미콜론을 하나하나 들여다보며 오류를 박멸하고 내 의도가 글로 올바르게 표현되도록 하느라 긴 밤을 새웠다. 엘리자베스 렌드플레이시는 책 내부를 겉만큼이나 근사하게 만들어주었다.

토드 버먼, 마크 버키, 태미 블레이크, 줄리 케플러, 데니즈 크로닌, 켈리앤 크로닌, 어맨다 다시에르노, 수 돌턴, 벤저민 드레이어, 스킵 다이, 커리사 헤이스, 매디슨 제이컵스, 신시아 래스키, 수 멀론바버, 매슈 마틴, 매런 매캠리, 다이애나 메시나, 리디아 모건, 타이 노비츠키, 도나 파사난테, 제니퍼 라이스, 매슈 슈워츠, 홀리 스미스, 스테이시 스타인, 안케 슈타이네케, 제이시 업다이크, 클레어 본 슐링, 스테이시 위트크래프트, 댄 지트 등 이 책을 위해 협력하고 최선을 다한 크라운과 펭귄랜덤하우스의 많은 이에게도 감사한다. 훌륭한 교정, 교열, 색인 작업을 해준 모린 클라크, 제인 하드닉, 재닛 르나르, 도 미 스토버, 보니 톰프슨, 오디오북을 공동 제작한 스콧 크레스웰, 일급 사진 조사 작업을 진행한 캐럴 포티크니, 밤낮으로 일하며 정확하고 열심히 페이지를 조판해준 노스 마켓 스트리트 그래픽스에도 감사한다.

마지막으로, 우리 가족의 소중한 친구이기도 한 두 명의 일류 저자 엘리자베스 알렉산더와 미셸 노리스존슨에게 감사하고 싶다. 두 사람은 편집에 대해 귀한 통찰을 제시했을 뿐 아니라 집필과 편집 과정의 유난히 정신없는 마지막 몇 달간 미셸이 나를 참아주도록 다독였다.

# 사진 출처

## 첫 번째 화보

1쪽 • 버락 오바마의 외조부모 스탠리 아머 더넘과 매들린 페인 더넘. (오바마-로빈슨 가족 아카이브)

• 해변에 있는 어린 버락 오바마와 어머니 앤 더넘. (오바마-로빈슨 가족 아카이브)

• 어린 시절의 버락 오바마. (오바마-로빈슨 가족 아카이브)

2쪽 • 버락 오바마의 아버지 버락 후세인 오바마 시니어. (오바마-로빈슨 가족 아카이브)

• 버락 오바마와 어머니 앤 더넘. (오바마-로빈슨 가족 아카이브)

• 워싱턴 D.C. 링컨 기념관에서 버락 오바마의 이부동생 마야 소에토로 응(왼쪽)과 아우마 오바마(오른쪽), 어머니 앤 더넘. (오바마-로빈슨 가족 아카이브)

• 버락 오바마와 어머니 앤 더넘(왼쪽), 할머니 매들린 페인 더넘. (오바마-로빈슨 가족 아카이브)

3쪽 • 1992년 10월 3일 일리노이주 시카고 사우스쇼어 문화센터 결혼식 피로연에서 버락 오바마와 미셸 로빈슨. (오바마-로빈슨 가족 아카이브)

• 사샤의 세례식에서 버락 오바마, 미셸 오바마와 두 딸 말리아와 사샤. (오바마-로빈슨 가족 아카이브)

4쪽 • 2004년 8월 연방상원의원 선거운동 당시 일리노이주 칠리코시에서 버락 오바마. (데이비드 카츠의 『오바마 이전의 버락Barack Before Obama』에서. ©데이비드 카츠 2020. 하퍼콜린스 출판사 제공)

• 2004년 7월 24일 매사추세츠주 보스턴 민주당 전당대회 기조 연설을 하는 일리노이주 연방상원의원 후보자 버락 오바마. (스펜서 플랫/게티 이미지)

5쪽 • 2004년 7월 27일 매사추세츠주 보스턴 민주당 전당대회 기조 연설을 마친 버락 오바마와 미셸 오바마. (데이비드 카츠의 『오바마 이전의 버락』에서. ©데이비드 카츠 2020. 하퍼콜린스 출판사 제공)

• 2004년 8월 2일 오바마의 2004년 연방상원의원 선거운동에서 아버지 버락 오바마를 바라보는 말리아 오바마. (데이비드 카츠의 『오바마 이전의 버락』에서. ©데이비드 카츠 2020. 하퍼콜린스 출판사 제공)

• 2004년 11월 2일 일리노이주 시카고에서 공화당 상대 후보 앨런 키스를 꺾고 상원의원에 당선된 것을 축하하는 버락 오바마, 미셸 오바마, 두 딸 말리아와 사샤. (스콧 올슨/게티 이미지)

6쪽 • 2005년 11월 17일 의사당에서 버락 오바마 상원의원. (피트 수자/시카고 트리뷴/TCA)

• 버락 오바마 상원의원과 피트 라우스 수석보좌관. (데이비드 카츠)

• 2005년 1월 의사당 사무실에서 버락 오바마 상원의원. (피트 수자/시카고 트리뷴/TCA)

• 2005년 1월 26일 백악관 바깥에서 버락 오바마 상원의원이 존 루이스 연방하원의원 (손을 내민 사람)에게 이야기하는 장면. (피트 수자/시카고 트리뷴/TCA)

7쪽 • 2005년 8월 30일 버락 오바마 상원의원의 우크라이나 도네츠크 재래식 무기 폐기 시설 방문. (피트 수자/시카고 트리뷴/TCA)

• 2006년 8월 26일 케냐 키수무의 한 병원 밖에서 버락 오바마 상원의원의 도착을 기다리는 케냐인들. (피트 수자/시카고 트리뷴/TCA)

8쪽 • 2007년 2월 10일 일리노이주 스프링필드 구 주의회 의사당에서 민주당 대통령 후보 출마 선언을 하기 위해 집회에 도착하는 버락 오바마 상원의원. (맨델 응간/AFP. 게티 이미지 제공)

• 2007년 8월 16일 디모인에서 열린 아이오와주 농업 박람회에 참가하여 카니발 게임에서 승리한 뒤 딸 사샤와 함께 기뻐하는 버락 오바마 상원의원. (스콧 올슨/게티 이미지)

• 2007년 2월 23일 텍사스주 오스틴의 집회에서 지지자들에게 인사하는 버락 오바마 상원의원. (스카우트 투팽크지안/폴라리스)

9쪽 • 2007년 9월 16일 집회에 모인 지지자들을 이끌고 아이오와주 인디애놀라에서 톰 하킨 연방상원의원이 주최한 연례 스테이크 굽기 행사에 참가한 버락 오바마 상원의원. (데이비드 린만/게티 이미지)

• 2007년 12월 8일 아이오와주 디모인 하이비 콘퍼런스 센터 집회에서 민주당 대통령 후보 버락 오바마 상원의원과 오프라 윈프리의 연설을 기다리는 지지자들. (브라이언 커시/UPI/앨러미 스톡 포토)

10쪽 • 2008년 8월 28일 콜로라도주 덴버 민주당 전당대회 대기실에서 선거사무장 데이비드 플러프와 버락 오바마 상원의원. (데이비드 카츠)

• 2008년 7월 24일 독일 베를린 전승 기념탑 앞에서 연설하는 민주당 대통령 후보 버락 오바마 상원의원. (서배스천 윌나우/DDP/AFP. 게티 이미지 제공)

• 2008년 9월 11일 뉴욕 쌍둥이 빌딩터에서 헌화하는 공화당 대통령 후보 존 매케인 상원의원과 민주당 대통령 후보 버락 오바마 상원의원. (피터 폴리/로이터)

• 2008년 9월 25일 백악관 국무회의실에서 금융 위기를 논의하기 위해 대통령 후보들을 비롯한 의회 지도부를 만나는 조지 W. 부시 대통령. 왼쪽부터 앉은 순서대로 조슈아 볼턴 비서실장, 딕 체니 부통령, 헨리 폴슨 재무장관, 스펜서 바커스 하원의원, 바니 프랭크 하원의원, 스테니 호이어 하원 다수당 대표, 공화당 대통령 후보 존 매케인 상원의원, 존 A. 베이너 하원 소수당 대표, 낸시 펠로시 하원 의장, 부시 대통령, 해리 리드 상원 다수당 대표, 미치 매코널 상원 소수당 대표, 민주당 대통령 후보 버락 오바마 상원의원. (파블로 마르티네스 몬시바이스/연합통신)

11쪽 • 2008년 8월 28일 콜로라도주 덴버 민주당 전당대회 나흘째에 수석 전략가 겸 미디어 자문 데이비드 액셀로드를 끌어안는 민주당 대통령 후보 버락 오바마 상원의원. (찰스 오머니/게티 이미지)

• 2008년 9월 27일 버지니아주 프레더럭스버그의 메리 워싱턴 대학교 집회에서 민주당 대통령 후보 버락 오바마 상원의원. (데이비드 카츠의 『오바마 이전의 버락』에서. ⓒ데이비드 카츠 2020. 하퍼콜린스 출판사 제공)

12쪽 • 2008년 10월 18일 미주리주 세인트루이스 게이트웨이 아치 밑에서 집회 연설을 하는 민주당 대통령 후보 버락 오바마 상원의원. (데이비드 카츠)

• 2008년 11월 4일 선거일 밤에 일리노이주 시카고에서 버락 오바마와 장모 메리언 로빈슨. (데이비드 카츠의 『오바마 이전의 버락』에서. ⓒ데이비드 카츠 2020. 하퍼콜린스 출판사 제공)

• 2008년 11월 4일 대통령 당선 이후 시카고 그랜트 파크에서 버락 오바마, 아내 미셸, 딸 사샤(왼쪽)과 말리아. (랄프핀 헤스토프트/코비스. 게티 이미지 제공)

13쪽 • 2008년 11월 4일 링컨 기념관 앞에서 버락 오바마의 선거일 밤 연설을 듣기 위해 트랜지스터 라디오 주위에 모인 사람들. (맷 멘델슨)

14쪽 • 2009년 1월 20일 취임 선서를 하러 나가기 전 의사당 대기실에 선 버락 오바마 대통령 당선자. (피트 수자/백악관)

• 2009년 1월 20일 의사당 앞에서 존 로버츠 대법원장의 안내에 따라 44대 미국 대통령 취임 선서를 하면서 성경에 얹은 버락 오바마의 손. (티머시 A. 클래리/AFP. 게티 이미지 제공)

15쪽 • 2009년 1월 20일 의사딩에서 취임 연설을 하는 버락 오바마 대통령. (피트 수자/백악관)

• 2009년 1월 20일 워싱턴 D.C. 취임식 퍼레이드에서 펜실베이니아 애비뉴를 걷는 버락 오바마 대통령과 미셸 오바마 영부인. (피트 수자/백악관)

16쪽 • 2009년 1월 21일 취임 첫날 오벌 오피스에서 앉아 있는 버락 오바마 대통령. (피트 수자/백악관)

• 2009년 3월 5일 두 딸 말리아(왼쪽), 사샤와 함께 백악관 콜로네이드를 걷는 버락 오바마 대통령. (피트 수자/백악관)


**두 번째 화보**


1쪽 • 2009년 1월 26일 백악관 보좌진 소풍에서 버락 오바마 대통령과 람 이매뉴얼 백악관 비서실장. (피트 수자/백악관)

• 2009년 3월 15일 백악관 루스벨트 룸에서 버락 오바마 대통령과 자문단의 경제 관련 회의. 참석자는 래리 서머스 국가경제위원회 위원장, 티머시 가이트너 재무장관, 크리

스티나 로머 경제자문회의 의장, 람 이매뉴얼 비서실장, 데이비드 액설로드 선임고문. (피트 수자/백악관)

- 2010년 2월 19일 네바다주 헨더슨 주민 간담회를 앞두고 대기실에서 버락 오바마 대통령과 해리 리드 상원 다수당 대표. (피트 수자/백악관)

2쪽
- 2009년 3월 20일 백악관에서 미셸 오바마 영부인을 끌어안는 버락 오바마 대통령을 지켜보는 밸러리 재럿 선임고문. (피트 수자/백악관)
- 2009년 3월 15일 반려견 보와 이스트 콜로네이드를 달리는 버락 오바마 대통령. (피트 수자/백악관)

3쪽
- 2009년 6월 4일 이집트의 피라미드와 스핑크스를 관광하는 버락 오바마 대통령. (피트 수자/백악관)
- 2009년 6월 4일 가자 지구 남부의 집에서 버락 오바마 대통령의 카이로 연설을 텔레비전으로 시청하는 팔레스타인인들. (이브라힘 아부 무스타파/로이터)
- 2009년 9월 8일 대법원에서 임명식을 앞두고 소니아 소토마요르 대법관과 이야기를 나누는 버락 오바마 대통령. (피트 수자/백악관)

4쪽
- 2009년 9월 23일 뉴욕주 뉴욕의 월도프 애스토리아 호텔에서 데니스 맥도너 국가안전보장회의 보좌관과 이야기를 나누는 버락 오바마 대통령. (피트 수자/백악관)
- 2009년 7월 8일 이탈리아 라퀼라에서 열린 G8 정상회의에 참석한 (왼쪽부터) 아소 다로 일본 총리, 스티븐 하퍼 캐나다 총리, 실비오 베를루스코니 이탈리아 총리, 버락 오바마 대통령, 드미트리 메드베데프 러시아 총리, 고든 브라운 영국 총리, 니콜라 사르코지 프랑스 대통령, 앙겔라 메르켈 독일 총리, 프레드리크 레인펠트 스웨덴 총리, 조제 마누엘 바호주 유럽연합 집행위원회 위원장. (피트 수자/백악관)
- 2009년 3월 21일 오벌 오피스에서 버락 오바마 대통령과 벤 로즈 NSC 국가안보부보좌관. (피트 수자/백악관)

5쪽
- 2009년 7월 7일 러시아 모스크바 외곽에 있는 블라디미르 푸틴 총리의 다차에서 그를 만나는 버락 오바마 대통령과 (왼쪽부터) 국가안보보좌관 짐 존스 대장, 빌 번스 정무차관, 마이크 맥폴 NSC 러시아 담당 선임국장. (피트 수자/백악관)
- 2009년 7월 6일 러시아 모스크바 크렘린궁에서 딸 사샤를 안내하는 버락 오바마 대통령. (피트 수자/백악관)

6쪽
- 2011년 2월 5일 메릴랜드주 셰비 체이스에서 레지 러브 개인 비서의 도움을 받아 사샤의 농구팀을 코치하는 버락 오바마 대통령. (피트 수자/백악관)
- 2009년 10월 26일 로버트 깁스 대변인과 레지 러브 개인 비서와 농담을 주고받는 버락 오바마 대통령. (피트 수자/백악관)
- 2009년 11월 9일 백악관 로즈 가든에서 책을 읽는 버락 오바마 대통령. (피트 수자/백악관)

7쪽
- 2010년 2월 5일 오벌 오피스에서 어린 방문객에게 인사하는 버락 오바마 대통령. (피트 수자/백악관)

사진 출처

- 2010년 2월 9일 백악관 이스트 룸 음악회에서 공연을 마치고 버락 오바마 대통령과 악수하는 밥 딜런. (피트 수자/백악관)
8쪽 • 2009년 10월 29일 델라웨어주 도버의 도버 공군기지에서 아프가니스탄 파병 중 사망한 미국인 열여덟 명의 '존엄한 운구' 의식에 참석한 버락 오바마 대통령과 에릭 홀더 검찰총장. (피트 수자/백악관)
- 2009년 12월 1일 뉴욕주 웨스트포인트 미군 사관학교에서 아프가니스탄에 대해 연설하는 버락 오바마 대통령. (피트 수자/백악관)
9쪽 • 2010년 2월 18일 메릴랜드주 베세즈다의 베세즈다 해군병원에서 부상병을 위문하다 코리 렘스버그 중사에게 인사하는 버락 오바마 대통령. (피트 수자/백악관)
- 2010년 3월 28일 아프가니스탄의 바그람 공군기지 식당에서 미군 병사들과 인사하는 버락 오바마 대통령. (피트 수자/백악관)
- 2009년 12월 1일 뉴욕주 웨스트포인트 미군 사관학교에서 버락 오바마 대통령의 아프가니스탄 연설을 듣는 대통령 자문들. (오른쪽부터) 힐러리 로댐 클린턴 국무장관, 로버트 게이츠 국방장관, 에릭 K. 신세키 보훈장관, 합참의장 마이크 멀린 제독, 미군 중부사령부 사령관 데이비드 퍼트레이어스 대장. (피트 수자/백악관)
10쪽 • 2011년 5월 25일 영국 런던에서 윈필드 하우스를 떠나기 전 엘리자베스 2세 여왕과 에든버러 공작 필립공과 이야기하는 버락 오바마 대통령과 미셸 오바마 영부인. (피트 수자/백악관)
- 2009년 11월 17일 중국 베이징 인민대회당에서 버락 오바마 대통령과 후진타오 중국 주석. (펑리/게티 이미지)
11쪽 • 2009년 9월 9일 오벌 오피스에서 건강보험 연설문을 편집하는 버락 오바마 대통령과 존 패브로 수석 연설문 작성관. (피트 수자/백악관)
- 2010년 3월 21일 하원에서 보건의료 개혁 법안이 통과되자 백악관 루스벨트 룸에서 버락 오바마 대통령, 조 바이든 부통령, 수석 보좌진이 기뻐하는 장면. (피트 수자/백악관)
- 2010년 3월 23일 부담적정보험법에 서명한 뒤에 캐슬린 시벨리어스 보건복지부 장관(왼쪽)과 낸시 펠로시 하원 의장을 끌어안는 버락 오바마 대통령. (피트 수자/백악관)
12쪽 • 2010년 5월 21일 루이지애나주 베니스의 미국 해안경비대 부대에서 BP 기름 유출 이후 상황에 대해 브리핑받는 버락 오바마 대통령. 참석자는 해안경비대 사령관 새드 앨런 제독(왼쪽, 착석), 존 브레넌 국가안보 및 대테러 담당 국가안보부보좌관, 람 이매뉴얼 비서실장, 리사 잭슨 환경보호국장(오른쪽 끝). (피트 수자/백악관)
- 2010년 5월 4일 남쪽 잔디밭에서 딸 말리아와 그네에 앉아 있는 버락 오바마 대통령. (피트 수자/백악관)
- 2013년 9월 12일 내각 회의 이후에 유엔 주재 미국 상임대표 서맨사 파워 대사와 이야기하는 버락 오바마 대통령. (피트 수자/백악관)
13쪽 • 2009년 12월 10일 노벨 평화상 시상식에 참석하기 위해 노르웨이 오슬로 시청에 도

착한 버락 오바마 대통령. (존 매코니코/AFP. 게티 이미지 제공)

- 2010년 7월 21일 도드·프랭크 금융개혁 및 소비자 보호법에 서명하러 가는 버락 오바마 대통령과 조 바이든 부통령. (피트 수자/백악관)

14쪽 • 2010년 8월 31일 오벌 오피스에서 이라크 전투 임무 종료를 선언하기 위해 준비 중인 버락 오바마 대통령. (피트 수자/백악관)

- 2011년 5월 1일 백악관 상황실에서 국가안보팀과 함께 오사마 빈라덴 제거 임무의 현황을 확인하는 버락 오바마 대통령과 조 바이든 부통령. 왼쪽부터 앉은 순서대로 합동특수작전사령부 부사령관 마셜 B. 웨브 준장, 데니스 맥도너 국가안보부보좌관, 힐러리 로댐 클린턴 국무장관, 로버트 게이츠 국방장관. 왼쪽부터 선 순서대로 합참의장 마이크 멀린 제독, 톰 도닐런 국가안보보좌관, 빌 데일리 비서실장, 토니 블링컨 부통령 국가안보보좌관, 오드리 토머슨 대테러 국장, 존 브레넌 국가안보 및 대테러 담당 국가안보부보좌관, 제임스 클래퍼 국가정보장(일부 가려짐). (피트 수자/백악관)

15쪽 • 2010년 11월 8일 인도 뉴델리 대통령궁 라슈트라파티 바반에서 만모한 싱 총리(왼쪽)와 프라티바 데비싱 파틸 대통령 사이에 앉아 있는 버락 오바마 대통령. (피트 수자/백악관)

- 2010년 9월 1일 백악관 블루 룸에서 버락 오바마 대통령과 (왼쪽부터) 마무드 아바스 팔레스타인자치정부 수반, 호스니 무바라크 이집트 대통령, 베냐민 네타냐후 이스라엘 총리가 공식 일몰을 확인하기 위해 시계를 보는 장면. (피트 수자/백악관)

- 2010년 11월 3일 백악관 블루 룸 창밖을 내다보는 버락 오바마 대통령. (피트 수자/백악관)

16쪽 • 2011년 3월 20일 브라질 리우데자네이루에서 구세주 그리스도상을 관람하는 버락 오바마 대통령 가족. (피트 수자/백악관)

- 2011년 1월 8일 백악관 웨스트 콜로네이드를 걷는 버락 오바마 대통령. (피트 수자/백악관)

# 찾아보기

## ㄱ

가이트너, 팀Geithner, Tim
　　~ 인준 367, 368
　　~ 지명 289
　　그리스 부채 위기와 ~ 671, 674
　　금융 위기 대응 계획과 ~ 315, 319,
　　　　368, 369, 372-374
　　도드·프랭크법과 ~ 705
　　워런과 ~ 702
　　월 스트리트 구제 방안과 ~ 370, 371,
　　　　385, 386, 402
　　유럽 경제와 ~ 438
　　적자와 ~ 847
　　중국과 ~ 607, 620
　　타프와 ~ 319, 399
　　G20 정상회의와 ~ 427
가족의료휴직법 705
간디, 라지브Gandhi, Rajiv 764
간디, 라훌Gandhi, Rahul 763, 764
간디, 소냐Gandhi, Sonia 763, 764
간디, 인디라Gandhi, Indira 764
개스파드, 패트릭Gaspard, Patrick 682
거슈윈상 691
걸프전 294, 407, 567
게리맨더링 37, 66, 324
게이츠, 로버트(밥)Gates, Robert
　　~의 역할 292, 293
　　'묻지 말고 말하지 말라' 정책과 ~ 776-
　　　　778
　　관타나모 구금자와 ~ 740
　　리비아 군사 개입과 ~ 830, 832, 834
　　매크리스털의 《롤링 스톤》 특집 기사와
　　　　~ 734
　　머스크 앨라배마호 납치와 ~ 457
　　빈라덴 작전과 ~ 861, 865, 875
　　유럽 유도탄 방어 체계와 ~ 446
　　이라크 전쟁과 ~ 294, 413, 554, 555
　　펜타곤·오바마 행정부 관계와 ~ 292,
　　　　570

2011년 이집트 혁명과 ~ 815, 821
　　아프가니스탄 전쟁 정책과 ~ 415, 417
　　매크리스털 보고서 423, 556
　　매크리스털 임명 422
　　추가 파병 요청 562, 569, 570
　　파병 결정(2009) 570, 571
게이츠, 헨리 루이스, 주니어Gates, Henry Louis,
　　Jr. 509, 510, 513
경기 부양책 326, 327, 330, 341-343, 346,
　　351, 669 ☞ 경제회복법; 미국 경제회복
　　및 재투자법
경제 문제(금융 위기 이후)
　　~의 개선 399-400
　　그리스 부채 위기(2010) 671, 673-677
　　매사추세츠 상원의원 선거(2010)와 ~
　　　　538, 539
　　실업 316, 319, 384, 666
　　적자 320, 343, 529, 668, 671, 719, 847
경제정책(오바마 행정부)
　　~에 대한 의회 연설(2009년 2월) 375-
　　　　377
　　공화당의 방해 전략과 ~ 731, 732
　　변화의 기회로서의 금융 위기 400-401
　　인수위원회의 기획 316-318, 694
　　주택 구제 방안 320, 358-361
　　추가 경기 부양 자금 322, 327
　　케인스 이론과 ~ 317-318, 322
　　☞ 미국 경제회복 및 재투자법; 조세 정
　　　　책(오바마 행정부)
경제자문회의Council of Economic Advisers 289,
　　319
경제회복법 ☞ 미국 경제회복 및 재투자법
고르바초프, 미하일Gorbachev, Mikhail 587,
　　598
고문
　　~ 금지 314, 461
　　관타나모 구금자와 ~ 461
　　이라크 및 아프가니스탄 전쟁과 ~ 412
고어, 앨Gore, Al 250, 625
골드만삭스 245, 247, 385

골스턴, 메리그레이스Galston, Marygrace 134
공공사업진흥국Works Progress Administration
317
공중보건 정책 485, 487-497
공화당과 공화당 의원
　경제회복법과 ~ 494, 520
　관타나모 구금자와 ~ 740, 742
　금융 위기와 ~ 343-349, 668
　기후변화 정책과 ~ 626, 644
　드림법과 ~ 783, 785
　딥워터 호라이즌호 기름 유출과 ~ 724
　버서리즘과 ~ 852
　부담적정보험법 입법 추진과 ~ 765
　에너지 정책과 ~ 631
　연방 지출 삭감 제안 846
　월 스트리트 구제 방안과 ~ 695, 706
　이민과 ~ 645, 780-781
　이스라엘·팔레스타인 분쟁과 ~ 796
　인종주의와 ~ 212
　정치 양극화와 ~ 212, 232, 324
　타프와 ~ 249, 257, 258, 261, 263
　티파티와 ~ 520-521
　2010년 중간선거와 ~ 737, 746
　☞ 매케인, 존; 부시, 조지 W.; 정치 양
　　극화
공화당의 방해 전략
　경제정책과 ~ 494
　경제회복법과 ~ 352, 494
　기후변화 정책과 ~ 626, 639, 749
　리비아 군사 개입과 ~ 843
　부담적정보험법 입법 추진과 ~ 521
관리예산국Office of Management and Budget 320,
756
관세 및 무역에 관한 일반 협정 429
관타나모 수용소
　구금자 분산 계획 738-740
　폐쇄 계획 314, 461, 737
광물관리국Minerals Management Service 722,
723, 725, 727, 730
교육 정책(오바마 행정부) 327, 352, 680, 749
교토 의정서 643, 644, 646-648, 650, 654,
656
국가경제위원회(NEC) National Economic Council

289
국가 안보(오바마 행정부)
　게이츠의 역할 291-294
　관 귀향 567
　국제주의와 ~ 408
　대통령 일일 브리핑 411
　머스크 앨라배마호 납치(2009) 458
　미국의 영향과 ~ 408, 409, 429-431
　소프트 파워와 ~ 409
　유럽 유도탄 방어 체계 446, 593, 596,
　　597
　이라크 전쟁 철군 413, 414, 417, 449,
　　732
　이란 445, 446, 453, 579, 582-586
　핵 저장 시설 현대화 772
　1기 인사 294, 295, 408, 409
　☞ 대외 정책(오바마 행정부); 대테러 정책
　　(오바마 행정부); 리비아 군사 개입;
　　아랍·이스라엘 분쟁; 아프가니스탄
　　전쟁 정책(오바마 행정부); 이스라엘·
　　팔레스타인 분쟁에 대한 오바마 행
　　정부의 정책; 핵무기 확산 저지 전
　　략(오바마 행정부)
국가안보국(NSA) National Security Agency 460
국가안전보장회의(NSC) National Security Council
295, 404, 410, 411, 416, 443, 557, 564,
570, 576, 809, 811, 817
국내 감시 412
국내정책위원회 Domestic Policy Council 289,
682
국무부 State Department
　관타나모 수용소 문서 기밀 해제와 ~
　　463
　국가안보팀 내의 갈등과 ~ 817
　외교에 대한 강조와 ~ 575, 576
　중동의 권위주의와 ~ 810-811
　힐러리 클린턴 임명과 ~ 296, 579
　☞ 클린턴, 힐러리
국방부 Defense Department 291, 292, 294, 567,
568 ☞ 게이츠, 로버트
국제연맹 League of Nations 602
국제연합(UN) 602 ☞ 유엔
국제원자력기구(IAEA) International Atomic

Energy Agency 604
국제통화기금 368, 427
군 ☞ 국가 안보
'군악대장의 본능'(킹) 106
굴즈비, 오스턴Goolsbee, Austan 250, 289, 320,
    394, 756
굿윈, 도리스 컨스Goodwin, Doris Kearns 295
『권력의 조건』(굿윈) 295
권위주의
    ~에 대한 하벨의 견해 455, 456
    러시아 588
    오바마 행정부의 대외 정책과 ~ 810,
        811
    이집트 472, 473
    중동 810, 819
규제 373, 377, 632, 633, 636, 637, 695,
    696, 699, 705, 706 ☞ 기후변화 정책(오
    바마 행정부); 도드·프랭크 금융개혁 및
    소비자 보호법
그래슬리, 척Grassley, Chuck 497, 516, 517,
    526, 544
그레그, 저드Gregg, Judd 347
그레이엄, 린지Graham, Lindsey 559, 645, 646,
    712, 713, 782
그리스 부채 위기(2010) 673, 674
그린스펀, 앨런Greenspan, Alan 431
글래스·스티걸 입법(1933) 697-699, 703
금융 위기(2008)
    ~에 관한 국민 편지 355-358
    ~에 대한 부시의 인수인계 발언 282
    경제를 변화시킬 기회로서의 ~ 400,
        401
    오바마 행정부 인수위원회의 기획 316-
        319
    오바마 행정부 팀의 스트레스와 ~ 397-
        398
    오바마 행정부의 자동차 산업 구제 방안
        392-396
    오바마 행정부의 주택 시장 구제 방안
        320, 358, 360, 847
    오바마·폴슨 대화 246-248
    월 스트리트의 태도 384, 385, 390, 391
    취임식(2009)과 ~ 304, 305

☞ 미국 경제회복 및 재투자법; 월 스트
    리트 구제 방안(오바마 행정부); 타프;
    G20 정상회의
기후변화
    대통령 선거운동과 ~ 626
    멕시코만과 ~ 719, 725
    부시 행정부와 ~ 626
    파리 협정 658
기후변화 정책(오바마 행정부)
    가전제품 효율 기준 637
    배출권 거래제 643
    연비 기준 633, 636
    정보규제사무국과 ~ 635
    청정에너지 사업 629
    코펜하겐 정상회의와 ~ 650
    탄소 배출 상한선 628
길버트, 제프Gilbert, Jeff 191, 273
깁스, 로버트Gibbs, Robert
    게이츠 체포와 ~ 512
    경제회복법과 ~ 342
    기자단에 대한 ~의 견해 333, 334
    러시아 방문(2009) 594
    오바마 행정부 업무 환경의 여성과 ~
        683
    오바마의 노벨 평화상 수상과 ~ 565-
        566
    오바마의 대통령 출마 결심과 ~ 109-
        110
    오바마의 연방상원의원 선거운동(2004)
        과 ~ 79-81
    오바마의 연방상원의원 임기와 ~ 86
    자동차 산업 구제 방안과 ~ 395, 396
    주택 구제 방안과 ~ 362
    1기 인사와 ~ 333
    2010년 중간선거와 ~ 751
    대통령 선거운동과 ~ 112, 123-125
        뉴햄프셔 프라이머리 156
        선거일 272, 274
        오바마의 라이트 비판 204-205
        인종 문제 164, 184
깅그리치, 뉴트Gingrich, Newt 57, 88, 324,
    325, 329, 344, 770

## ㄴ

나세르, 가말 압델Nasser, Gamal Abdel 472

나크바 790

나토(NATO) 430, 449-451, 520, 577, 596,
      827, 834, 842, 844

나폴리타노, 재닛Napolitano, Janet 158, 296,
      664, 714, 717, 780

낙태 58, 83, 200, 201, 325, 502, 504, 545,
      546, 750, 773

남아프리카공화국 107, 438, 440, 442, 586,
      653

남중국해 611, 617

『내 아버지로부터의 꿈』(오바마) 851

'내겐 꿈이 있습니다'(킹) 230

내시, 다이앤Nash, Diane 29

냉전 30, 94, 291, 294, 409, 430, 451, 466,
      472, 579, 586, 602, 603, 609, 791, 827

넌, 샘Nunn, Sam 93

넌·루거법(1991) 93

네루, 자와할랄Nehru, Jawaharlal 764

네스빗, 마티Nesbitt, Marty 71, 72, 90, 113,
      165, 198, 199, 268, 283, 333, 513, 573,
      685

네타냐후, 베냐민 '비비'Netanyahu, Benjamin
      "Bibi" 792, 797-805, 816

넬슨, 벤Nelson, Ben 100, 350, 352, 494, 533

넵튠의 창 작전 875 ☞ 빈라덴 작전

노동조합

      ~에 대한 오바마의 대통령 선거운동
      141, 243

      건강보험과 ~ 486, 488, 508

      금융 정책과 ~ 703

      부담적정보험법 입법 추진과 ~ 541

      북미자유무역협정에 대한 ~의 견해 611

      연비 기준과 ~ 636

      오바마의 연방상원의원 선거운동과 ~
      74

      자동차 산업 구제 방안과 ~ 393, 395

      중국과 ~ 609

노벨 평화상 수상(오바마)(2009) 566, 572,
      573

녹색기후기금Green Climate Fund 652

뉴딜

      경제회복법과 ~ 351

      대법원과 ~ 501

      케인스주의 경제학과 ~ 317

니부어, 라인홀드Niebuhr, Reinhold 572

니컬슨, 마빈Nicholson, Marvin

      러시아 방문(2009) 594

      브라질 방문(2011) 840

      아시아 방문(2010) 753, 759

      오바마의 노벨 평화상 수상과 ~ 573

      이집트 방문(2009) 476

      중국 방문(2009) 606

      취임식(2009)과 ~ 308

      코펜하겐 정상회의와 ~ 651, 652, 654,
      655

      대통령 선거운동과 123-125, 138, 152,
      189, 190, 192, 274

닉슨, 리처드 M.Nixon, Richard M. 166, 324,
      626, 743


## ㄷ

다르푸르 108, 479, 809

다우드, 모린Dowd, Maureen 186

다이먼, 제이미Dimon, Jamie 385

'담대한 희망'(오바마) 81, 207

대법원

      ~의 기능 500, 501, 503

      소토마요르 지명 502-505

      수터의 은퇴 500

      케이건 지명 720

대슐, 톰Daschle, Tom 84, 86, 404

대외 정책(오바마 행정부)

      국가 안보 기관들과 ~ 409, 410

      대통령 선거운동과 ~ 142, 150

      미·아시아 무역 협정 611

      이상주의와 ~ 293, 809

      이슬람권과 ~ 794

      카이로 연설(2009) 464, 470, 473, 474,
      480, 807

      팀 내 갈등 410

      G20 정상회의(런던, 2009) 436, 437, 447

      ☞ 국가 안보(오바마 행정부); 대테러 정책

(오바마 행정부); 세계 금융 시스템;
아프가니스탄 전쟁 정책(오바마 행정
부); 오바마의 공식 해외 순방; 이라
크 전쟁; 이집트 혁명(2011년)에 대
한 오바마 행정부의 대응

대외 정책
　부시 행정부 575, 576, 855
　☞ 대테러; 대외 정책(오바마 행정부)

대침체 ☞ 금융 위기(2008)

대테러
　부시 행정부의 정책 460, 461, 561
　☞ 대테러 정책(오바마 행정부); 아프가니
　　스탄 전쟁

대테러 정책(오바마 행정부)
　~에 대한 오바마의 연설(2009) 463, 465
　국가 안보 기관들과 ~ 462
　브레넌과 ~ 462, 463
　속옷 폭파범과 ~ 664, 665, 741
　아프가니스탄 전쟁과 ~ 420, 569
　이라크 전쟁과 ~ 142, 459
　파키스탄 드론 작전 459
　9.11 공모자 재판 744
　☞ 관타나모 수용소; 빈 라덴 작전; 아프
　　가니스탄 전쟁 정책(오바마 행정부)

대통령 일일 브리핑 411 ☞ PDB

더넘, 매들린 리 페인 '툿' Dunham, Madelyn Lee
Payne "Toot" (오바마의 외조모)
　오바마의 대통령 선거운동과 ~ 160,
　　161, 198, 199, 208, 222, 268-271
　오바마의 지적 발전과 ~ 22
　월 스트리트 구제 방안과 ~ 391
　인종과 ~ 162, 198

더넘, 스탠리 아머 Dunham, Stanley Armour (오바
마의 외조부) 22-23, 32, 73, 75, 84, 161

더넘, 앤 Dunham, Ann (오바마의 어머니)
　~의 사망 54
　~의 질병 47, 48, 54
　부담적정보험법 입법 추진과 ~ 491,
　　549
　오바마의 지적 발전과 ~ 23, 24, 27
　유엔에 대한 ~의 견해 602
　환경 문제와 ~ 624

더들리, 밥 Dudley, Bob 729

더민트, 짐 DeMint, Jim 516

더빈, 딕 Durbin, Dick 81, 87, 102, 331, 740

던, 어니타 Dunn, Anita 250

덩샤오핑 Deng Xiaoping 440, 607

덩컨, 안 Duncan, Arne 680

데이비스, 대니 Davis, Danny 70

데이비스, 레이먼드 앨런 Davis, Raymond Allen
862

데이비스, 론 Davis, Ron 49

데이비스, 릭 Davis, Rick 252, 253

데이비스, 마이너, 반힐 앤드 갤런드 45

데이비스, 새미 주니어 Davis, Sammy, Jr. 298

데일리, 리처드 J. Daley, Richard J. 37

데일리, 리처드 M. Daley, Richard M. 70, 284,
758

데일리, 빌 Daley, Bill
　~ 임명 758, 759
　리비아 군사 개입과 ~ 829, 836
　빈라덴 작전과 ~ 869, 875

데커, 어니타 Decker, Anita 76

도너번, 숀 Donovan, Shaun 319

도닐런, 톰 Donilon, Tom
　국가안보보좌관 임명 756
　대통령 선거운동과 ~ 250, 262
　리비아 군사 개입과 ~ 835, 841
　머스크 앨라배마호 납치와 ~ 456
　빈라덴 작전과 ~ 855, 858, 866
　아프가니스탄 전쟁 정책과 ~ 418-419
　2011년 이집트 혁명과 ~ 817

도드, 크리스 Dodd, Chris 100, 154, 704-705

도드·프랭크 금융개혁 및 소비자 보호법
(2010) 705, 707-708

도스토옙스키, 표도르 Dostoyevsky, Fyodor 28

독일
　그리스 부채 위기와 ~ 672, 675, 677
　오바마의 방문(2008) 220
　오바마의 방문(2009) 477
　G20 정상회의와 ~ 436

돌, 밥 Dole, Bob 480

동남아시아국가연합(아세안, ASEAN) 611

돼지독감 499

듀보이스, W. E. B. Du Bois, W. E. B. 184, 510

드림법 766, 773, 781-785

드팔, 낸시앤DeParle, Nancy-Ann 493, 494
디스, 브라이언Deese, Brian 393, 396, 397
디지털 네트워크
    대통령 선거운동과 ~ 131, 138, 183
    보수파의 수사와 ~ 521
    오바마의 연방상원의원 선거운동과 ~
       82
    테러와 ~ 459
딘, 하워드Dean, Howard 76, 183
딜러드, 커크Dillard, Kirk 58
딜런, 밥Dylan, Bob 691
딥워터 호라이즌호 기름 유출(2010)
    ~의 규모 710, 711
    ~의 배경 709, 710
    광물관리국과 ~ 722, 723
    덮개탑 728, 729
    언론 보도 713, 723
    에너지 정책과 ~ 711, 712
    여론 721, 723
    연방의 피해 규모 평가 715
    오바마의 방문 717, 726
    제삼자 보상 727
    추 장관의 역할 721, 728, 729
    트럼프와 ~ 850
딧카, 마이크Ditka, Mike 83

**ㄹ**

라브로프, 세르게이Lavrov, Sergey 595, 605
라빈, 이츠하크Rabin, Yitzhak 791, 792, 804
라슈카레 타이바Lashkar-e-Tayyiba 762
라스무센, 라르스 뢰케Rasmussen, Lars Løkke
    652
라스무센, 아네르스Rasmussen, Anders 451, 452
라우스, 피트Rouse, Pete
    국민 편지와 ~ 357, 546
    비서실장 직무 대행 임명 758
    오바마의 대통령 출마 결심과 ~ 99, 102
    오바마의 연방상원의원 임기와 ~ 86, 87
라워리, 조지프Lowery, Joseph 172-175
라이델, 브루스Riedel, Bruce 417
라이스, 수전Rice, Susan
    리비아 군사 개입과 ~ 830

북한 핵 문제와 ~ 578
이란 핵 개발 계획과 ~ 620
인종과 ~ 513
2011년 이집트 혁명과 ~ 815
라이스, 콘돌리자Rice, condoleezza 292
라이언, 노마Lyon, Norma 135
라이언, 잭Ryan, Jack 79, 80
라이언, 폴Ryan, Paul 846
라이터, 마이크Leiter, Mike 865
라이트, 제러마이아 A., 주니어Wright, Jeremiah
    A., Jr.
    담대한 희망과 ~의 관계 81
    오바마의 결혼과 ~ 198
    오바마의 인종 연설과 ~ 197
    ABC 뉴스 동영상 196
라일리, 밥Riley, Bob 720
래트너, 스티브Rattner, Steve 320, 393-395
랜드, 에인Rand, Ayn 325
랜드루, 메리Landrieu, Mary 533
램브루, 진Lambrew, Jeanne 493
러브, 레지Love, Reggie
    ~의 백악관에서의 역할 335, 383, 482
    ~의 지원 역할 124
    대통령 선거운동과 ~ 124-126, 148,
       189, 190, 192
    사샤의 농구팀과 ~ 689
    아시아 방문(2010) 753, 754, 759
    이집트 방문(2009) 476
    중국 방문(2009) 615, 619
    취임식(2009)과 ~ 308
    코펜하겐 정상회의와 ~ 658
러서트, 팀Russert, Tim 109, 151
러시, 보비Rush, Bobby 62, 65
러시아
    권위주의 590
    리비아 군사 개입과 ~ 834
    스타트 620, 765
    시리아와 ~ 824
    오바마와 메드베데프 회담(2009) 444-
      445
    오바마의 방문(2009) 592
    이란 핵 개발 계획과 ~ 604-605
    조지아 침공 442, 444, 450

G8과 ~ 426
러후드, 레이LaHood, Ray 636
런츠, 프랭크Luntz, Frank 515
럼즈펠드, 도널드Rumsfeld, Donald 97, 217, 450
레드베터, 릴리Ledbetter, Lilly 314
레이건, 로널드Reagan, Ronald 30, 176, 235, 242, 344, 533, 536, 581
레이놀즈, 멜Reynolds, Mel 46
레전드, 존Legend, John 145
레츠 무브!(아동 비만 방지 프로그램) 692
렘스버그, 코리Remsburg, Cory 479, 733, 734
로 대 웨이드 판결 324
로런스, D. H.Lawrence, D. H. 27
로머, 크리스티나Romer, Christina
    ~의 사임 756
    ~ 임명 289
    금융 위기 대응 계획과 ~ 315
    위기 이후 경제와 ~ 670
    자동차 산업 구제 방안과 ~ 394
로버츠, 존Roberts, John 310
로브, 칼Rove, Karl 84, 185
로비스트
    ~ 규제 314
    건강보험과 ~ 486
    국가 안보 기관들과 ~ 409
    도드·프랭크법과 ~ 705
    오바마의 연방상원의원 임기와 ~ 59
로빈슨, 메리언Robinson, Marian (오바마의 장모)
    ~의 백악관 거주 300, 301, 337
    백악관 직원들과 ~ 338
    선거일과 ~ 273, 274
    오바마의 연방상원의원 임기와 ~ 90
로빈슨, 크레이그Robinson, Craig (오바마의 형님)
    42, 43, 45, 113, 151, 272
로빈슨, 프레이저 C., 3세Robinson, Fraser C., Ⅲ
    (오바마의 장인) 186
로숀, 스티브Rochon, Steve 336
로스, 데니스Ross, Dennis 810
로스, 필립Roth, Philip 795
로저스, 레이Rogers, Ray 336
로즈, 벤Rhodes, Ben
    기후변화 정책과 ~ 644
    노벨 평화상 수상 연설과 ~ 572
    대테러 연설과 ~ 464, 465
    리비아 군사 개입과 ~ 831
    매크리스털 사임과 ~ 737
    미국이스라엘공공문제위원회에 대한 ~
        의 견해 797
    빈라덴 작전 발표와 ~ 878-880
    이스라엘·팔레스타인 분쟁과 ~ 801
    카이로 연설(2009)과 ~ 470, 471, 474
    2011년 이집트 혁명과 ~ 813, 815, 822
로크, 게리의 중국 방문(2009) 607
롬니, 밋Romney, Mitt 495, 496
루, 잭Lew, Jack 756
루, 크리스Lu, Chris 86
루거, 딕Lugar, Dick 92-94, 771
루비오, 마코Rubio, Marco 349
루빈, 밥Rubin, Bob 291, 431
루스벨트, 시어도어 H.Roosevelt, Theodore H.
    19, 297, 334
루스벨트, 프랭클린 D.Roosevelt, Franklin D.
    243, 317, 320, 321, 351, 470, 486, 501,
    565, 633, 669, 670, 699 ☞ 뉴딜
루이스, 존Lewis, John 29, 38, 172, 173, 454,
    845
루트, 더글러스Lute, Douglas 564, 569
룰라 다시우바, 루이스 이나시우Lula da Silva,
    Luiz Inacio 439, 655, 656
르완다 479, 830
리드, 잭Reed, Jack 214
리드, 해리Reid, Harry 87, 88
    경제회복법과 ~ 328, 330-332
    금융 위기와 ~ 255, 256
    드림법과 ~ 766, 782
    매사추세츠 상원의원 선거(2010)와 ~
        538
    부담적정보험법 입법 추진과 ~ 532,
        533, 536, 548
    스타트와 ~ 771
    오바마의 대통령 출마 결심과 ~ 101-
        102
    타프와 ~ 251, 702
리디, 에드워드Liddy, Edward 388
리먼브라더스 245, 247, 249, 400, 427, 698

리버먼, 조Lieberman, Joe 534, 535, 543, 638-640, 645, 646, 712, 742
리비아 472, 825-837, 843, 844 ☞ 리비아 군사 개입
리비아 군사 개입(2011)
　　미군 전투기 추락 841, 842
　　비행금지구역 방안과 ~ 828
　　아랍의 봄과 ~ 837-844
리퍼트, 마크Lippert, Mark 86, 295
릴리 레드베터 공정임금법(2009) 314
림보, 러시Limbaugh, Rush 212, 346, 520
링컨, 에이브러햄Lincoln, Abraham 12, 14, 33, 66, 119, 303, 308, 426, 680
링크, 테리Link, Terry 69

ㅁ

마르키온네, 세르조Marchionne, Sergio 395
마버리 대 매디슨 사건 501
마셜 계획 429
마이애미 데이드 대학 870
마키, 벳시Markey, Betsy 546, 751
마키, 에드Markey, Ed 639
만델라, 넬슨Mandela, Nelson 107, 440, 455
『맞벌이의 함정』(워런과 티아기) 702
매디슨, 돌리Madison, Dolley 297
매디슨, 제임스Madison, James 297
매사추세츠 대 환경보호국 사건 632
매사추세츠
　　건강보험 모델 495, 496
　　상원의원 선거(2010) 537-539
매스트로모나코, 얼리사Mastromonaco, Alyssa 86, 298, 470, 651
매시 에너지 711
매체 188, 263, 324, 347, 348, 379, 512, 521, 524, 531, 543, 626, 685, 713, 726, 741, 783, 816 ☞ 디지털 네트워크; 보수파의 수사; 언론
매카트니, 폴McCartney, Paul 692
매캐스킬, 클레어McCaskill, Claire 783, 785
매케인, 존McCain, John
　　~의 성격 212
　　공화당 후보 지명 194

관타나모 구금자와 ~ 737
기후변화 정책과 ~ 213, 638
드림법과 ~ 782
'묻지 말고 말하지 말라' 정책과 ~ 776
부담적정보험법 입법 추진과 ~ 544
석유 채굴 방안 712
아프가니스탄 전쟁 정책에 대한 ~의 견해 559
이민 정책과 ~ 780, 781
대통령 선거운동(2008)
　　금융 위기와 ~ 247-249, 253, 257-258
　　배관공 조 264-265
　　승복 전화 274
　　연방 유류세 문제 205-206
　　이라크 전쟁과 ~ 218
　　정치 양극화와 ~ 266, 346
　　페일린 러닝메이트 지명 232-234
매코널, 미치McConnell, Mitch
　　경제회복법과 ~ 342, 344, 346, 352
　　금융 위기와 ~ 255
　　부담적정보험법 입법 추진과 ~ 494, 515, 756
　　부시 감세 협상과 ~ 766-769
　　의회 정치와 ~ 328
매크리스털, 스탠리McChrystal, Stanley
　　~의 사임 736
　　~의 아프가니스탄 보고서 556, 557, 559
　　~ 임명 422, 423
　　《롤링 스톤》 특집 기사 734, 735
　　펜타곤·오바마 행정부 관계와 ~ 560, 561, 564
매클렐런, 코넬McClellan, Cornell 383
매키어넌, 데이브McKiernan, Dave 215, 416, 417, 419, 421, 422
맥도너, 데니스McDonough, Denis
　　관타나모 구금자와 ~ 739, 740
　　국가안보부보좌관 임명 756
　　국가안보팀 내의 갈등과 ~ 679, 817
　　리비아 군사 개입과 ~ 844
　　부담적정보험법 입법 추진과 ~ 528
　　빈라덴 작전과 ~ 869, 875, 877
　　사우디아라비아 방문(2009) 470, 471

아프가니스탄 전쟁 정책과 ~ 565
오바마의 거수경례 훈련 404-405
중동과 ~ 806
2011년 이집트 혁명과 ~ 815
맥레이븐, 윌리엄(빌)McRaven, William ☞ 맥레이븐의 역할(빈라덴 작전)
맥레이븐의 역할(빈라덴 작전)
　성공 877
　습격 계획 859-862, 865
　실행 875-877
　최종 결정 869
　타이밍 869
　팀 소개 883
맥폴, 마이클McFaul, Michael 595, 598, 600, 606, 620
머독, 루퍼트Murdoch, Rupert 872
머스크 앨라배마호 납치 458
머카우스키, 리사Murkowski, Lisa 712
머피, 패트릭Murphy, Patrick 546, 751
멀린, 마이크Mullen, Mike
　리비아 군사 개입과 ~ 830, 832, 834, 836, 837
　'묻지 말고 말하지 말라' 정책과 ~ 776, 777, 779
　빈라덴 작전과 ~ 865, 875, 878
　아프가니스탄 대반란 전략과 ~ 557
　아프가니스탄 추가 파병 요청과 ~ 415, 416
　언론 제보와 ~ 558, 559
　펜타곤·오바마 관계와 ~ 418, 419, 560, 561
　2011년 이집트 혁명과 ~ 821
메드베데프, 드미트리Medvedev, Dmitry
　~의 배경 444, 591
　리비아 군사 개입과 ~ 834, 843
　스타트와 ~ 620, 719
　엉거 주간 회담 601, 605
　오바마와의 회담(2009) 444-445
　오바마의 러시아 방문(2009)과 ~ 593-595, 598
　이란 핵 개발 계획과 ~ 445-446, 605-606
　G20 정상회의와 ~ 442, 443

메드베데프, 스베틀라나Medvedev, Svetlana 594
메디케어 243, 364, 375, 486, 493, 495, 506, 508, 520, 527, 535, 767, 847 ☞ 사회 안전망
메디케이드 350, 487, 493, 495, 533, 767, 847 ☞ 사회 안전망
메르켈, 앙겔라Merkel, Angela
　그리스 부채 위기와 ~ 672, 675, 676
　기후변화 정책과 ~ 654
　오바마의 독일 방문(2008) 220
　오바마의 독일 방문(2009) 477
　오바마의 부헨발트 방문(2009)과 ~ 477, 478
　G20 정상회의와 ~ 436-438, 447
메릴린치 244, 249, 698
메시나, 짐Messina, Jim 494, 507, 538, 539, 548, 751
메일러, 노먼Mailer, Norman 795
멕시코 238, 287, 431, 720
모건스탠리 245, 247
모기지 대출 조정 프로그램(HAMP) 360
모기지 재융자 프로그램(HARP) 360
모렐 몬테스, 세실리아Morel Montes, Cecilia 841
모렐, 마이크Morell, Mike 855, 856, 865
모로코 823
모리슨, 토니Morrison, Toni 55, 690
모스, 오티스, 주니어Moss, Otis, Jr. 171, 172
모스텔러, 브라이언Mosteller, Brian 335
모지스, 밥Moses, Bob 29
모틀란테, 칼레마Motlanthe, Kgalema 440
모하메드, 칼리드 셰이크Mohammed, Khalid Sheikh 738, 744
무뇨스, 세실리아Munoz, Cecilia 783
무바라크, 호스니Mubarak, Hosni
　권위주의와 ~ 473
　오바마의 ~ 방문(2009) 473
　이스라엘·팔레스타인 분쟁과 ~ 803, 805
　2011년 이집트 혁명과 ~ 812, 814-823
무사비, 미르호세인Mousavi, Mir-Hossein 584
무슬림 형제단 814, 815
무역정책(오바마 행정부) 438, 618
'묻지 말고 말하지 말라'(DADT) 정책 750,

766, 773,

뮬러, 로버트Mueller, Robert (포트 후드 총격 사건)
568

미국 경제회복 및 재투자법(경제회복법, 2009)
~에 대한 의회 회의 330
~의 기획 327
~의 상원 통과 348
~의 의미 328, 351, 352
~의 하원 통과 344
공화당의 방해 전략과 ~ 344-347
민주당의 반응 339
언론 보도 345, 346

『미국과 대량 학살의 시대』(파워) 809

미국의 민주주의 13, 15, 116, 163, 212, 280,
401, 407, 430, 453, 743, 773, 864 ☞ 이
상주의; 인권(오바마 행정부)

미국의 정치 문화
냉소주의 31, 59, 305, 352, 366, 809
인종과 ~ 15, 26, 32, 36, 37, 68, 115,
163, 164, 166, 176, 177, 180, 365,
522, 523, 849
☞ 미국의 민주주의; 정치 양극화

미국의사협회 486

미국이스라엘공공문제위원회(AIPAC) 796

미란다, 린마누엘Miranda, Lin-Manuel 691

미얀마 612, 613

미첼, 조지Mitchell, George 799, 803, 805

미첼, 존Mitchell, John 743

미치코Michiko (일본 황후) 612

미국항공우주국(NASA) 870

민권법(1964) 323

민권운동
간디와 ~ 29, 760
오바마의 대통령 선거운동과 ~ 163,
167
오바마의 대통령 출마 결심과 ~ 115,
167
오바마의 지적 발전과 ~ 23, 29, 38, 795

민주당과 민주당 의원
경제회복법과 ~ 339
관타나모 구금자와 ~ 737
금융 위기와 ~ 251, 255, 256, 258, 263
기후변화 정책과 ~ 625

도드·프랭크법과 ~ 705
부담적정보험법 입법 추진과 ~ 494,
496, 497, 506-508
북미자유무역협정에 대한 ~의 견해 611
아프리카계 미국인과 ~ 166, 175
월 스트리트 구제 방안과 ~ 251
이라크 전쟁과 ~ 76, 258
☞ 정치 양극화

민주주의 ☞ 미국의 민주주의

밀러, 톰Miller, Tom 151

밀뱅크, 데이나Milbank, Dana 540

ㅂ

바라크, 에후드Barak, Ehud 792

바레인 807, 823-825

바워, 밥Bauer, Bob 863

바이, 에번Bayh, Evan 100

바이든, 메이지Biden, Maisy 689

바이든, 보Biden, Beau 226

바이든, 조Biden, Joe
~의 개인적 비극 226
~의 성격 225, 226
경제회복법과 ~ 328, 398, 665
빈라덴 작전과 ~ 866
아프가니스탄 전쟁 정책과 ~ 417, 418,
563, 569
이라크 전쟁과 ~ 417
이스라엘 방문(2010)과 ~ 802
2008년 선거와 ~ 100, 142, 143, 154,
231, 274

바이든, 질Biden, Jill 226, 231, 303, 692

바커스, 스펜서Bachus, Spencer 258

바크먼, 미셸Bachmann, Michele 637

반기문Ban Ki-moon 649, 650, 653

반스, 멜로디Barnes, Melody 289, 682

배관공 조 265

백악관 출입 기자 만찬(2011) 871

백악관
오벌 오피스 13, 19, 20, 115, 279, 280,
336, 337, 369, 377, 382, 384, 394,
396, 398, 411, 418, 422, 463, 482,
504, 506, 513, 527, 566, 714, 727,

784, 845
웨스트 콜로네이드 19
백인 복음주의자 유권자 796
밸푸어 선언(1917) 789
뱅크 오브 아메리카 244, 249, 369, 384, 386,
   399, 698
버, 에런Burr, Aaron 325
버냉키, 벤Bernanke, Ben 249, 288, 290, 316
버드, 로버트Byrd, Robert 88, 494, 644
버로프스키, 닐Barofsky, Neil 667
버먼, 제프Berman, Jeff 182
버서리즘 850, 852, 853
버핏, 워런Buffett, Warren 250, 767
번스, 빌Burns, Bill 443, 445, 446, 595, 596,
   620
번스틴, 재러드Bernstein, Jared 289
번영에 찬성하는 미국인들 521
법 집행 기관/경찰 13, 35, 167, 172, 175,
   402, 510, 512, 741
법무부 357, 666, 667, 727, 739, 741, 743-
   745 ☞ 홀더, 에릭
법정부채한도 증액 방해 제안 848
베긴, 메나헴Begin, Menachem 791
베세즈다 해군병원 423, 424, 732
베어, 실라Bair, Sheila 369, 373
베어스턴스 244, 698
베이너, 존Boehner, John
   경제회복법과 ~ 328, 329, 332, 342,
     352
   공화당의 방해 전략과 ~ 342-344
   금융 위기와 ~ 255, 257
   백악관 출입 기자 만찬과 ~ 873
   부담적정보험법 폐지 시도와 ~ 515,
     544, 765
   연방 지출 삭감 제안과 ~ 846, 847
베이커, 제임스Baker, James 294
벡, 글렌Beck, Glenn 520
벤 알리, 제인 엘아비디네Ben Ali, Zine el-Abidine
   811, 812
벨로, 솔Bellow, Saul 795
벨벳 혁명 454
보(오바마 가족의 반려견) 483, 484, 549, 693
보건 의료/건강보험

단일 보험자 모델 496, 534
아동건강보험 프로그램 484
역사적 배경 485-488
클린턴의 입법 시도 489, 496, 516
테드 케네디와 ~ 484, 485, 495-497
   ☞ 부담적정보험법; 부담적정보험법 입
   법 추진
보수파의 수사
   게이츠 체포에 대한 ~ 512
   규제에 대한 ~ 633, 634
   기후변화에 대한 ~ 626
   대법관 지명과 ~ 503
   대테러 정책에 대한 ~ 740-742
   도드·프랭크법에 대한 ~ 707
   버서리즘 851, 852
   법정부채한도 증액 방해 제안과 ~ 848
   부담적정보험법 입법 추진과 ~ 515,
     516, 543
   아동 영양 법안에 대한 ~ 771
   이민 정책에 대한 ~ 522
   주택 구제 방안에 대한 ~ 520
   9.11 공모자 재판에 대한 ~ 745
   ☞ 정치 양극화; 티파티
보스니아 479
보치에리, 존Boccieri, John 546, 751
보커스, 맥스Baucus, Max 497, 506, 507, 515,
   517
보크, 로버트Bork, Robert 324
복서, 바버라Boxer, Barbara 638, 645
복지국가 347 ☞ 사회 안전망
본드, 브라이언Bond, Brian 777, 779
본드, 줄리언Bond, Julian 38
볼스, 어스킨Bowles, Erskine 847
볼커 룰 703, 704
볼커, 폴Volcker, Paul 250, 703, 704
볼턴, 조시Bolten, Josh 254
부담적정보험법(2010)
   ~ 시행 846
   ~ 폐지 시도 765
   입법 추진 488-497
   최종 표결 536
부버, 마르틴Buber, Martin 795
부시, 로라Bush, Laura 281, 299, 380

부시, 조지 H. W. Bush, George H. W. 93, 95,
219, 291, 294
부시, 조지 W. Bush, George W./부시 행정부
감세 213, 242, 265, 344, 767
경제정책과 ~ 248
대외 정책 142, 143
아프가니스탄 전쟁과 ~ 215, 412
이라크 전쟁과 ~ 215, 217, 412
이민 정책과 ~ 780
이스라엘·팔레스타인 분쟁과 ~ 793
중국과 ~ 609
9.11과 ~ 461
금융 위기와 ~
　　대통령직 인수인계와 ~ 281, 282
　　자동차 산업 392
　　폴슨의 후보 대상 브리핑 247
　　G20 정상회의(2008)와 ~ 427
　　☞ 타프
부아지지, 모하메드 Bouazizi, Mohamed 811
부토, 베나지르 Bhutto, Benazir 879
부하 검사 113, 371-374, 376, 385, 387, 388,
398-400, 427, 700
부헨발트 강제 수용소 477
북극권 국립야생보호구역 712
북대서양조약기구 429 ☞ 나토
북미자유무역협정(NAFTA) 611
북한 141, 578, 582, 644
　　북한 핵 개발 계획 453, 617
뷰캐넌, 팻 Buchanan, Pat 609
브라우너, 캐럴 Browner, Carol 627
브라운 대 교육위원회 사건 501, 502
브라운, 고든 Brown, Gordon 220, 378, 436,
447, 606, 654, 672
브라운, 리사 Brown, Lisa 682
브라운, 스콧 Brown, Scott 537-539, 543
브라질 438, 439, 442, 647, 653, 655, 835,
836
브레넌, 존 Brennan, John
　　~의 역할 462-464
　　빈라덴 작전과 ~ 858, 865, 866, 869,
883
　　아프가니스탄 전쟁 정책과 ~ 563
　　포트 후드 총격 사건과 ~ 568

2011년 이집트 혁명과 ~ 821
브레턴우즈 협정 429
브론, 캐럴 모즐리 Braun, Carol Moseley 69, 74
브리머, 폴 Bremer, Paul 217
브릭스 국가 438, 439
블랜처드, 어니타 Blanchard, Anita 72, 107
블랭크파인, 로이드 Blankfein, Lloyd 385
블레어, 데니스 Blair, Dennis 295, 409, 411, 412
블레어, 토니 Blair, Tony 94, 426, 436
블룸, 론 Bloom, Ron 320, 393, 396
블룸버그, 마이클 Bloomberg, Michael 745, 746
블링컨, 토니 Blinken, Tony 815, 831, 875
비동맹 운동 472
비비언, C. T. Vivian, C. T. 172, 174
비치, 데이브 Beach, Dave 298
빈라덴, 오사마 bin Laden, Osama 77, 142, 220,
412, 469, 853-861, 865, 866-857, 875,
877, 878, 881-884 ☞ 빈라덴 작전; 알
카에다
빈라덴 작전
　　~ 공개 발표 880
　　~ 실행 875
　　개시 명령 869
　　대중의 반응 880, 881
　　습격 계획 858-862, 865
　　위치 추적 855-857
　　최종 결정 868
　　팀 소개 883
　　9·11과 ~ 855
빌색, 톰 Vilsack, Tom 134


ㅅ

사다트, 안와르 Sadat, Anwar 791
사디 Sa'adi 604
사르코지, 니콜라 Sarkozy, Nicolas
　　그리스 부채 위기와 ~ 672
　　기후변화 정책과 ~ 654
　　노르망디 상륙 기념식과 ~ 477
　　리비아와 ~ 829, 830, 834
　　이란 핵 개발 계획과 ~ 606
　　G20 정상회의와 ~ 436-438, 447
사우디아라비아 217, 466-470, 473, 582,

583, 793, 807, 816

사이먼, 폴Simon, Paul 70

사회보장 243, 344, 364, 535, 767, 847 ☞ 사
회 안전망

사회 안전망 243, 265, 767, 847 ☞ 뉴딜

살라사르, 켄Salazar, Ken 714, 715, 717, 722,
724, 727

상공회의소Chamber of Commerce 347

샌텔리, 릭Santelli, Rick 362, 363

샤론, 아리엘Sharon, Ariel 782, 793

샤자드, 파이잘Shahzad, Faisal 732

샤프턴, 앨Sharpton, Al 166

섀힌, 빌리Shaheen, Billy 147, 148

서머스, 래리Summers, Larry 250, 287~290, 368
금융 위기 대응 계획과 ~ 316, 319
워런과 ~ 702
월 스트리트 구제 방안과 ~ 369, 370,
372, 386
자동차 산업 구제 방안과 ~ 393

서턴, 샘Sutton, Sam 337

서틀리, 낸시Sutley, Nancy 682

석유 75, 406, 430, 465, 626, 627, 629, 633,
638, 646, 709, 710, 712 ☞ 딥워터 호라
이즌호 기름 유출; 화석연료

선스틴, 캐스Sunstein, Cass 635

섯픈, 모나Sutphen, Mona 682

성별 156, 380, 634, 682 ☞ 여성

세계 금융 시스템 367, 369, 374, 386, 392,
748

세계무역기구(WTO) 608

세계보건기구(WHO)(H1N1 바이러스 관련)
498

세계은행 287, 447

세계화 242, 426, 451, 609, 613, 647, 697,
763 ☞ 세계 금융 시스템

세이모어, 게리Samore, Gary 604, 620

셔틀즈워스, 프레드Shuttlesworth, Fred 175

셸비, 리처드Shelby, Richard 257

소런슨, 테드Sorensen, Ted 309

소련 93, 215, 406, 415, 429, 456, 579, 581,
586, 587
~ 붕괴 93, 430, 444
이집트와 ~ 472

☞ 냉전

소말리아 306, 411, 456~459, 471, 569, 603,
828
머스크 앨라배마호 납치(2009) 458
블랙호크 다운 사건 828

소비자금융보호국(CFPB)Consumer Financial
Protection Bureau 707

소셜 미디어 14, 182, 233, 522 ☞ 디지털 네
트워크

소에토로 응, 마야Soetoro-Ng, Maya (오바마의 이
부동생) 27, 84, 161
노벨 평화상 수상과 ~ 573
대통령 선거운동과 ~ 151, 160, 223
어머니의 질병·사망과 ~ 48, 54, 55
툿의 질병·사망과 ~ 268, 269, 270, 298

소토마요르, 소니아Sotomayor, Sonia 502~505

속옷 폭파범 664, 665, 741

솔리스, 힐다Solis, Hilda 679

솔린드라 630

솔제니친, 알렉산드르Solzhenitsyn, Aleksandr
445

솝차크, 아나톨리Sobchak, Anatoly 589

쇼먼, 댄Shomon, Dan 66, 67

쇼이블레, 볼프강Schauble, Wolfgang 675

수에즈 운하 472

수자, 피트Souza, Pete 335, 729, 733, 753, 759

수터, 데이비드Souter, David 500

술라이만, 우마르Suleiman, Omar 817

슈머, 척Schumer, Chuck 102, 745

스노, 올림피아Snowe, Olympia 350~352

스반버그, 칼헨릭Svanberg, Carl-Henric 727

스위트, 린Sweet, Lynn 509

스캘리아, 앤터닌Scalia, Antonin 503

스코크로프트, 브렌트Scowcroft, Brent 294

스타트(START, 전략무기감축조약) 445, 446,
719

스턴, 토드Stern, Todd 647

스테퍼노펄러스, 조지Stephanopoulos, George
143

스투팩, 바트Stupak, Bart 546

스튜어트, 미치Stewart, Mitch 134

스트립, 메릴Streep, Meryl 690

스티븐스, 존 폴Stevens, John Paul 720

스티븐스, 크리스Stevens, Chris 844
스티븐스, 테드Stevens, Ted 88
스펄링, 진Sperling, Gene 289, 394
스페인 독감 498
스펙터, 알런Specter, Arlen 350, 351
스폴딩, 에스페란자Spalding, Esperanza 573
시나트라, 프랭크Sinatra, Frank 261, 298
시드웰 프렌즈 학교 299, 301, 689
시리아 472, 603, 790, 824, 825
시벨리어스, 캐슬린Sebelius, Kathleen 158, 493,
    499
시카고
    ~에서 오바마의 초기 결혼 생활 45
    미셸 오바마의 ~ 기반 43, 45
    오바마의 ~ 지역사회 조직 사업 34, 44
    오바마의 일리노이 주상원의원 임기 55-
    57
    워싱턴 시장 선거운동 36
시티그룹 244, 290, 369, 384, 386, 399, 698
시핸, 마이클Sheehan, Michael 81
실리로, 필Schiliro, Phil 341-343, 494, 497,
    527, 639, 766
심프슨, 앨런Simpson, Alan 847
싱, 만모한Singh, Manmohan 440, 761-764
싱가포르 611-614


ㅇ

아난, 코피Annan, Kofi 649
아동건강보험 프로그램 314, 484
아라파트, 야세르Arafat, Yasser 781, 792
아랍·이스라엘 분쟁
    예루살렘과 ~ 790
    욤키푸르 전쟁 798
    6일 전쟁 790
    ☞ 이스라엘·팔레스타인 분쟁
아랍연맹 472, 829, 832
아랍의 봄 12, 812 ☞ 리비아 군사 개입; 이집
    트 혁명(2011년)에 대한 오바마 행정부
    의 대응
아르메니아인 집단 살해 809
아마디네자드, 마무드Ahmadinejad, Mahmoud
    141, 584, 604

아바스, 마무드Abbas, Mahmoud 221, 787,
    799-805
아부그라이브 만행 410, 461
아세안(동남아시아국가연합, ASEAN) 611-613
아울라키, 안와르al-Awlaki, Anwar 568
아이젠, 놈Eisen, Norm 681
아이젠하워, 드와이트 D.Eisenhower, Dwight D.
    293, 571, 579
아이켄베리, 칼Eikenberry, Karl 564
아키히토Akihito (일본 천황) 612
아프가니스탄 전쟁 412, 459, 567, 866
    관 귀향 567
    군병원 환자 위문과 ~ 423-425
    ☞ 아프가니스탄 전쟁 정책(오바마 행정
    부)
아프가니스탄 전쟁 정책(오바마 행정부)
    라이델 보고서 420
    매크리스털 보고서 556, 557
    애프팩 전략 421, 450
    장군들의 언론 제보 558, 559
아프리카계 미국인 46, 70, 72, 95, 115, 164,
    166, 167, 175, 179, 213, 227, 511, 682,
    743, 775 ☞ 인종
아프리카민족회의African National Congress 29,
    440
알말리키, 누리 카말al-Maliki, Nuri Kamal 216-
    218, 449, 555
알아사드, 바샤르al-Assad, Bashar 824
알아사드, 하페즈al-Assad, Hafez 472
알자르카위, 아부 무사브al-Zarqawi, Abu Musab
    422
알자지라 802
알제리 812, 823
알주비르, 아딜al-Jubeir, Adel 469
알카에다al-Qaeda 93, 220, 412, 414, 415,
    459, 556, 558, 559, 563, 738, 741
    빈라덴 작전과 ~ 854-856, 859
    아프가니스탄 전쟁과 ~ 414
    이라크 전쟁과 ~ 142
    ☞ 대테러; 빈라덴, 오사마; 빈라덴 작전
알쿠웨이티, 아부 아메드al-Kuwaiti, Abu Ahmed
    857
압둘라 빈 압둘아지즈 알 사우드Abdullah bin

Abdulaziz Al Saud (사우디아라비아 국왕) 466, 467, 469, 816
압둘라Abdullah (요르단 국왕) 220, 803, 817
압둘무탈라브, 우마르 파루크Abdulmutallab, Umar Farouk (속옷 폭파범) 664, 741
애국법 461
애국심 185, 285, 295, 410, 448, 562
애버딘, 후마Abedin, Huma 148
애트워터, 리Atwater, Lee 177
애프팩 전략 421, 450
액설로드, 데이비드Axelrod, David
　　경제회복법과 ~ 342, 351
　　부담적정보험법 입법 추진과 ~ 488-490, 496, 508, 548
　　오바마의 대통령 출마 결심과 ~ 109, 113
　　오바마의 연방상원의원 선거운동과 ~ 70, 71, 78, 79, 81
　　대통령 선거운동과 ~ 120-122, 129, 130, 154, 156, 158, 164, 170, 181, 206-208, 230-232
　　대통령 선거일 274
앨런, 새드Allen, Thad 714, 717, 720, 721, 726, 728, 729
어스 윈드 앤드 파이어 379
어퍼 빅 브랜치 탄광 재난(2010) 711
얼리토, 새뮤얼Alito, Samuel 314
얼린스키, 솔Alinsky, Saul 265
에너지고등연구계획국(ARPA-E)Advanced Research Projects Agency-Energy 630
에너지 정책(오바마 행정부)
　　경제회복법과 ~ 352, 353
　　기후변화 정책과 ~ 626-631, 636, 637
　　석유 채굴과 ~ 711, 726
에드워즈, 존Edwards, John 127, 141, 142, 176
에르도안, 레제프 타이이프Erdogan, Recep Tayyip 451-453, 455, 809
에머슨, 랠프 월도Emerson, Ralph Waldo 27
에미넴Eminem 261
에버렛, 본Everett, Von 338
에볼라 바이러스 500
에어포스 원 11, 428, 429, 456, 519, 536, 553, 573, 592, 606, 651, 654, 753, 835

에이머스, 제임스Amos, James 778
에이어스, 빌Ayers, Bill 265, 851
엑슨 밸디즈호 사고(1989) 717
엘리슨, 랠프Ellison, Ralph 27
엘리자베스 2세Elizabeth II (영국 여왕) 449
여성
　　~에 대한 공정 임금 314
　　성 역할과 ~ 379, 380
　　오바마 행정부의 업무 환경과 ~ 681-684
연방 유류세 문제(2008) 205
연방준비제도Federal Reserve 241, 244, 247-250, 286, 289, 316, 317, 369, 371, 372, 385, 397-400, 700, 703
연비 기준 141, 633, 636
영국 213, 218, 220, 426, 428, 436, 472, 486, 579, 586, 602, 672, 673, 760, 761, 789, 790, 829, 833, 837, 878
예멘 459, 471, 568, 569, 738, 742, 789, 812
옐친, 보리스Yeltsin, Boris 444, 587, 589
오디에어노, 레이Odierno, Ray 413
오바마, 너태샤(사샤)Obama, Natasha (Sasha) 21, 65, 83, 89-92, 490
　　농구 688, 689
　　대통령 선거운동과 ~ 138, 143, 160, 222, 223, 229, 272
　　백악관 생활 282, 299, 300, 334, 338, 379-382, 482-484, 518, 519, 566, 592, 593, 687
　　연방상원의원 선거운동과 ~ 78, 83, 84
오바마, 말리아 앤Obama, Malia Ann 21, 60, 61, 65, 83, 91, 92, 490
　　대통령 선거운동과 ~ 138, 143, 160, 222, 223, 229, 272, 273
　　백악관 생활 282, 299, 300, 334, 338, 379-382, 482-484, 518, 519, 566, 592, 593, 622, 687
　　연방상원의원 선거운동과 ~ 78, 83, 84
　　환경 문제에 대한 ~의 견해 623
오바마, 미셸 로빈슨Obama, Michelle Robinson 41-51, 60-62, 65, 112, 113
　　~의 영향력('미셸 효과') 449
　　군인 가족 프로그램(조이닝 포시스) 692

레츠 무브! 692
백악관 생활 311, 333, 334, 337, 338,
    379-384, 483
성 역할과 ~ 187, 379, 380
영국 여왕 알현 449
오바마의 대통령 선거운동과 ~ 119,
    123, 138, 145, 151, 164, 165, 178,
    186-188, 222-224, 228, 229, 231,
    232, 262, 272, 273
오바마의 대통령 출마 결심과 ~ 104-
    106, 108, 114, 115
오바마의 연방상원의원 선거운동과 ~
    71-73, 78, 82-85
오바마의 연방상원의원 임기와 ~ 90-
    92
인종과 ~ 164, 165
트럼프와 ~ 852, 853
티파티에 대한 ~의 견해 524, 525
**퍼스트레이디로서의 경험**
    '국민의 집'과 ~ 690
    음악과 ~ 690-692
오바마, 버락 H. Obama, Barack H.
    ~의 인종적 정체성 35
    노벨 평화상 수상 566, 572, 573
    연방하원의원 선거운동(2002) 62
    **대통령 경험**
        국민 편지 355-358, 402, 403
        군병원 환자 위문 423-426, 732,
            733
        블랙베리 334
        비밀경호국의 보호 20, 333, 748,
            837, 840
        비스트 307, 308, 342, 352, 428,
            454, 466, 529, 842
        의회 연설(2009년 2월)과 ~ 375-
            377
        최고사령관 역할 213, 405, 775, 836
        핵 공격 권한('풋볼') 306
    **대통령 선거운동(2007~2008)**
        개프 120, 121, 208
        네바다 코커스 159
        뉴햄프셔 프라이머리 154-157
        러닝메이트 선택 204-207

민주당 전당대회 228-230
배관공 조와 ~ 254
비밀경호국의 보호 191, 221, 229,
    261, 273
사우스캐롤라이나 프라이머리 175-
    180
선거일 271
슈퍼 화요일 159, 176, 182, 183,
    188
아이오와 코커스 153
아이오와주 제퍼슨-잭슨 만찬 100,
    145, 146, 152
아프리카계 미국인과 ~ 115, 166,
    167, 175, 179
'우린 할 수 있어' 구호 158
이라크 전쟁과 ~ 121, 163, 177
이라크·아프가니스탄 순방(2008)
    213, 214
인디애나 및 노스캐롤라이나 프라
    이머리 203, 204, 206, 207
자원봉사자 131, 137-139, 144,
    151, 155, 158, 163, 182, 183,
    208 ☞ 현장 조직가
'준비됐다, 나가자!' 구호 140, 267
펜실베이니아 프라이머리 194, 202
현장 조직가 130, 136, 138, 152
    **대통령 출마 결심**
        미셸 오바마와 ~ 104-106, 108
        승리에 대한 두려움 111
        최초의 흑인 대통령으로서의 역할
            과 ~ 114, 115
        케네디와의 상의 102-104
    **연방상원의원 선거운동(2004)**
        민주당 전당대회 기조 연설과 ~
            80-82
        이라크 전쟁과 ~ 76, 79
    **연방상원의원 임기(2005~2008)**
        보좌진 84, 86
        핵 문제와 ~ 92-94
        허리케인 카트리나와 ~ 94-97
    **연설**
        ~의 국제적 알고리즘 576
        국정연설(2011) 846

노벨 평화상 시상식(2009) 573
마이애미 데이드 대학 졸업식(2011) 871
민주당 전당대회 기조 연설(2004) 80-82
민주당 전당대회 후보 수락 연설 (2008) 230, 231
백악관 출입 기자 만찬 발언(2011) 873
버서리즘 백악관 연설(2011) 864
빈라덴 작전 발표 879, 880
유엔총회 601
의회 연설(2009년 2월) 375-377
이슬람권(카이로, 2009) 463, 464
취임식(2009) 310
핵 문제(프라하, 2009) 453-455
이상주의
　국가 안보와 ~ 293
　대외 정책과 ~ 293, 809
　부담적정보험법 입법 추진과 ~ 491
오바마, 버락, 시니어Obama, Barack, Sr. (오바마의 아버지) 25
오바마, 세라 온양고Obama, Sarah Onyango (오바마 아버지의 새어머니) 304
오바마, 아우마Obama, Auma (오바마의 이복 누나) 151
오바마의 공식 외국 순방
　나토 정상회의(독일, 2009)와 ~ 449-451
　노르망디 상륙 기념식(2009) 479
　드레스덴(2009) 477
　러시아 방문(2009) 592
　부헨발트 방문(2009) 477
　브라질(2011) 835
　사우디아라비아(2009) 466
　아시아(2009) 611
　아시아(2010) 753
　이집트(2009) 471
　인도(2010) 759, 760
　체코공화국(2009) 449, 453
　코펜하겐 정상회의 652
　터키(2009) 451
　G20 정상회의(런던, 2009) 436, 437
오바마케어 520-522, 637, 754, 853 ☞ 부담

적정보험법; 부담적정보험법 입법 추진
오벌 오피스 13, 19, 20, 115, 279, 280, 336, 337, 369, 377, 382, 384, 394, 396, 398, 411, 418, 422, 463, 482, 504, 506, 513, 527, 566, 714, 727, 784, 845
오슬로 협정(1993) 791, 782
오재그, 피터Orszag, Peter 289, 756
올메르트, 에후드Olmert, Ehud 221
와이즈너, 프랭크Wisner, Frank 816, 817, 821
와하비즘 468
왜거너, 릭Wagoner, Rick 393, 394
왝스먼, 헨리Waxman, Henry 497, 506, 507, 639, 640, 642
요르단 213, 220, 471, 790, 791, 812, 817, 834
욤키푸르 전쟁(1973) 798
우드, 다이앤Wood, Diane 502, 503
우드워드, 밥Woodward, Bob 559, 560
'우린 할 수 있어' 구호 78, 158, 750, 822
우크라이나 93, 94, 591, 596
워너, 존Warner, John 88
워런, 로버트 펜Warren, Robert Penn 27
워런, 엘리자베스Warren, Elizabeth 702
워싱턴 뮤추얼 699
워싱턴, 조지Washington, George 297, 483
워싱턴, 해럴드Washington, Harold 36, 37, 62, 70
워절바커, 조Wurzelbacher, Joe (배관공 조) 264
원더, 스티비Wonder, Stevie 206, 207, 618, 691
원자바오Wen Jiabao 441, 617, 618, 653, 655
월 스트리트 구제 방안(오바마 행정부)
　부하 검사 113, 371-374, 376, 385, 387, 388, 398-400, 427, 700
　월 스트리트의 태도 384, 385, 390, 391
　은행 임원들을 기소하지 않기로 한 결정 667
　☞ 도드·프랭크 금융개혁 및 소비자 보호법
월, 페이턴Wall, Payton 881, 883
월시, 래리Walsh, Larry 69
월터 리드 육군병원 304, 425, 732
웨더 언더그라운드Weather Underground 265
웨브, 브래드Webb, Brad 876

웨스트, 코넬West, Cornel 287
웨스트포인트 사관학교 214, 422, 571, 572
위대한 사회 486
위젤, 엘리Wiesel, Elie 477-479
윈튼 마살리스 5중주단 311
윈프리, 오프라Winfrey, Oprah 150
윌슨, 웰링턴Wilson, Wellington 90, 91
윌슨, 조Wilson, Joe 530
윌슨, 케이(마마 케이)Wilson, Kaye (Mama Kaye)
    90, 592, 685
유대계 미국인 791
유럽연합(EU) 430, 436, 447, 451, 452, 646,
    648, 654, 671-674, 676, 677
유류오염책임신탁기금Oil Spill Liability Trust
    Fund 715
유셴코, 빅토르Yushchenko, Viktor 591
유엔(UN)
    기후변화회의(코펜하겐, 2009) 643, 651
    리비아와 ~ 829, 830, 833, 834
    반기문의 지도력 649, 650
    엉거 주간 601
    핵무기 확산 저지 전략과 ~ 585, 620
은행 ☞ 금융 위기(2008); 도드·프랭크 금융
    개혁 및 소비자 보호법; 월 스트리트 구
    제 방안(오바마 행정부); 타프
은행 구제 조치 ☞ 타프
의회예산처(CBO)Congressional Budget Office
    289, 526
이노우에, 댄Inouye, Dan 88
이라크 스터디 그룹 보고서(2006) 464
이라크 전쟁 75, 76, 79, 111, 121, 142, 163,
    177, 185, 205, 214, 232, 265, 376, 409,
    412, 414, 459, 535, 554, 555, 605, 645
이란
    녹색 운동 584
    혁명(1979) 580, 581
    CIA-MI6 쿠데타(1951) 579
    ☞ 이란 핵 개발 계획
이란 핵 개발 계획 453, 582, 584, 597, 604
이매뉴얼, 람Emanuel, Rahm
    경제회복법과 ~ 341-344, 351
    뉴욕시 모스크 논란과 ~ 746, 748
    월 스트리트 구제 방안과 ~ 694

자동차 산업 구제 방안과 ~ 394
부담적정보험법 입법 추진과 ~
    493, 548
이민 정책(오바마 행정부)
    드림법 766, 773, 781-785
    추방 750, 781, 784
이민관세집행국Immigration and Customs Enforce-
    ment 780, 781, 784
이민족 배척 149, 212, 266, 522, 780 ☞ 보수
    파의 수사; 인종주의
이븐 사우드, 압둘아지즈Ibn Saud, Abdulaziz (사
    우디아라비아 국왕) 467
이상주의 31, 71, 137, 147, 176, 293, 809 ☞
    민권운동; 인권(오바마 행정부)
이스라엘 ☞ 이스라엘·팔레스타인 분쟁; 중
    동
이스라엘·팔레스타인 분쟁 794
    서안/동예루살렘 정착촌 동결 800, 801
    테러와 ~ 792, 793
이슬람 지하드 792
이슬람
    ~에 대한 오바마의 카이로 연설(2009)
        470-473
    뉴욕시 모스크 논란 746, 747
    와하비즘 근본주의 468
이슬람권 469, 794, 855
이집트 464, 469, 472-474, 790, 791, 805,
    807, 810
이집트 혁명(2011년)에 대한 오바마 행정부의
    대응
    국가 안보 기관들과 ~ 814, 815
    무바라크 사임 요구 818
    질서 정연한 이행 방안 815
인권(오바마 행정부)
    ~에 대한 파워의 견해 808-810
    '묻지 말고 말하지 말라' 정책 591, 603,
        609-614
    오바마의 노벨 평화상 수상과 ~ 440,
        445
    ☞ 리비아 군사 개입; 이집트 혁명
        (2011년)에 대한 오바마 행정부의
        대응
인도 438-440, 442, 647, 648, 652, 653, 658,

753, 759-765

인도네시아 23, 26, 27, 147, 184, 408, 469,
  613, 623, 624, 759, 827

인디맥 246

인종
  게이츠 체포와 ~ 509-512
  대통령 선거운동과 ~ 163, 164, 166,
    171, 173, 176-178, 180, 197, 267
  소토마요르 대법관 지명과 ~ 502-505
  허리케인 카트리나와 ~ 95
  ☞ 아프리카계 미국인; 인종주의; 최초
    의 흑인 대통령으로서의 오바마

인종주의 24, 32, 115, 168, 169, 204, 212,
  479, 522, 523, 765, 837, 849, 852

인터넷 76, 82, 110, 112, 130, 131, 138, 183,
  185, 199, 222, 242, 459, 521, 568, 583,
  594, 630, 749, 817, 848, 857, 878 ☞ 디
  지털 네트워크

인프라/기반 시설 205, 243, 319, 327, 331,
  341, 351, 398, 440, 629, 672, 749, 846

일본 386, 426, 608, 611, 612, 614, 646, 753,
  828

잉그러햄, 로라Ingraham, Laura 851


ㅈ

자동차 산업 320, 394, 633, 636, 748

자르다리, 아시프 알리Zardari, Asif Ali 879

자비스, 크리스틴Jarvis, Kristen 223

자연보전유권자연맹League of Conservation Vot-
  ers 624

자이드, 무함마드 빈Zayed, Mohammed bin (아부
  다비 왕세제) 823

재럿, 밸러리Jarrett, Valerie 285, 394, 470, 513,
  514, 541, 679, 682, 683, 684, 685, 769,
  777
  대통령 선거운동과 ~ 141, 151-153,
    198, 206
  딥워터 호라이즌호 기름 유출과 ~ 717,
    720
  부담적정보험법 입법 추진과 ~ 545
  오바마 부부와의 우정 90
  오바마의 출마 결심과 ~ 72, 115, 165

잭슨, 리사Jackson, Lisa 628, 717

잭슨, 앤드루Jackson, Andrew 297

잭슨, 제시Jackson, Jesse 38, 132, 166

잭슨, 제시, 주니어Jackson, Jesse, Jr. 51, 166

잭슨, 퀸시Jackson, Quincy 336

저축대부조합 위기 698

전략무기감축조약(스타트) 445

전미자동차노조(UAW) 633, 636

전쟁권한법 843

정보공동체(IC)intelligence community 292,
  462, 583, 810, 821, 856, 857, 866, 879
  ☞ 중앙정보국

정보규제사무국(OIRA)Office of Information and
  Regulatory Affairs 634, 635

정보자유법 463

정부 보조 361, 495 ☞ 사회 안전망

정치 양극화 212, 232, 324 ☞ 공화당의 방해
  전략; 보수파의 수사

제2차 세계대전 32, 88, 243, 318, 407, 429,
  477, 480, 486, 790

제2차 인티파다 792

제네바협약 737, 739

제이컵스, 데니Jacobs, Denny 69

제이크스, T. D.Jakes, T. D. 305

제퍼슨, 토머스Jefferson, Thomas 362, 376

조세 정책(오바마 행정부)
  경제회복법과 ~ 341, 350, 351
  월 스트리트 구제 방안과 ~ 327

존스, 에밀Jones, Emil 56, 57

존스, 짐Jones, Jim 409, 411, 456, 457, 558,
  595, 679, 680, 736, 756

존슨, 린든 B.Johnson, Lyndon B. 71, 323, 486

존슨, 케이티Johnson, Katie 335, 394

주마, 제이컵Zuma, Jacob 440

주택 시장 239-241, 244, 268, 320, 358, 360,
  667, 846

줄기세포 연구 314

줄리아니, 루디Giuliani, Rudy 742

중간선거(1994년) 489, 770

중간선거(2006년) 109, 110

중간선거(2010년) 543, 642, 713, 731, 746,
  748, 754, 756, 768, 782, 783, 847

중국

기후변화 정책과 ~ 652-657
무역 관행 442, 608
오바마의 ~ 방문(2009) 606-611, 614-
618
위구르족과 ~ 618, 738
톈안먼 광장 학살 615, 813
G20 정상회의와 ~ 441
중동
~에 대한 대통령연구지시 810
아랍의 봄 12, 812
☞ 아랍·이스라엘 분쟁; 이스라엘·팔레
스타인 분쟁; 이슬람권; 이집트 혁
명(2011년)에 대한 오바마 행정부의
대응
중앙정보국(CIA)
고문과 ~ 463
대테러 활동과 ~ 462
대통령 일일 브리핑과 ~ 411
빈라덴 작전과 ~ 855, 856, 858-860,
865, 882
이라크 전쟁과 ~ 460
이란 쿠데타(1951)와 ~ 579
지구 정상회의(1992) 643
진덜, 보비Jindal, Bobby 717, 718, 720, 725
진보 시대 633
질병통제예방센터(CDC)(H1N1 바이러스 관련)
498

ㅊ

차일즈, 이디스Childs, Edith 140, 267
처토프, 마이클Chertoff, Michael 306
청정대기법(1963) 632
체니, 딕Cheney, Dick 97, 741
체니, 리즈Cheney, Liz 745
체코공화국 446, 449, 455
최초의 흑인 대통령으로서의 오바마
버서리즘과 ~ 849, 850, 852, 853
안전상의 위험과 ~ 191
인종주의와 ~ 765, 849
추, 스티븐Chu, Steven 628, 636, 637, 721, 728
치점, 셜리Chisholm, Shirley 166
칠레 841, 842

ㅋ

카니, 제이Carney, Jay 863
카다피, 무아마르Gaddafi, Muammar 472, 825-
830, 832-836, 844
카르자이, 하미드Karzai, Hamid 215, 216, 417,
421, 556, 563, 570, 720
카빌, 제임스Carville, James 724
카스파로프, 가리Kasparov, Garry 588
카슨, 존Carson, Jon 182
카야니, 아슈파크 파르베즈Kayani, Ashfaq
Parvez 878
카우르, 구샤란Kaur, Gursharan 762
카일, 존Kyl, Jon 772
카터, 버디Carter, Buddy 338
카터, 지미Carter, Jimmy 171, 523, 791, 866
카트라이트, 제임스 '호스'Cartwright, James
"Hoss" 418, 564, 569, 859, 862, 865, 867
칼데론, 펠리페Calderon, Felipe 720
칼리디, 라시드Khalidi, Rashid 797
캐나다 306, 426, 487, 496, 506
캐머런, 데이비드Cameron, David 672, 829,
830, 832, 834, 878
캐스, 샘Kass, Sam 90, 382, 483, 687
캔터, 에릭Cantor, Eric 331
캠프 데이비드 협정(1978) 791
커반디, 재닛Kavandi, Janet 870
커크, 론Kirk, Ron 513
케네디, 비키Kennedy, Vicki 310, 484, 485, 529
케네디, 존 F.Kennedy, John F. 71, 104, 181,
297, 309, 310,
케네디, 캐럴라인Kennedy, Caroline 181
케네디, 테드Kennedy, Ted 484, 485, 494, 525
건강보험과 ~ 495, 529, 547, 549
오바마 지지 181, 182
오바마의 대통령 출마 결심과 ~ 102-
104
이민 정책과 ~ 780-782
초당적 협력과 ~ 88, 495
케네디, 테디, 주니어Kennedy, Teddy, Jr. 525
케네디, 패트릭Kennedy, Patrick 525
케리, 존Kerry, John
깁스와 ~ 79

오바마 지지 158
이라크 전쟁과 ~ 76
패브로와 ~ 86
케이건, 엘리나Kagan, Elena 720
케이시, 밥Casey, Bob 199
케인, 팀Kaine, Tim 224
코드 핑크 389
코머퍼드, 크리스테타Comerford, Cristeta 337
코번, 톰Coburn, Tom 252
코크 형제 347, 366, 521, 633
코클리, 마사Coakley, Martha 537-539
콕스, 크리스Cox, Chris 249
콘, 제임스Cone, James 168
콜린스, 수전Collins, Susan 350-352
쿠퍼, 앤더슨Cooper, Anderson 851
쿠퍼, 존Kupper, John 81
크라이슬러 316, 392-398, 868
크로커, 라이언Crocker, Ryan 292
크롤리, 제임스Crowley, James 510, 512, 513
크리스트, 찰리Crist, Charlie 348, 349
클라우스, 바츨라프Klaus, Vaclav 452, 453
클라이번, 짐Clyburn, Jim 177, 178, 331
클레인, 론Klain, Ron 250, 665
클리츠카, 로라Klitzka, Laura 490, 491, 528,
  529
클린턴, 빌Clinton, Bill
  허리케인 카트리나와 ~ 95
  대통령 선거운동과 ~ 176, 177
클린턴, 힐러리Clinton, Hillary
  대통령 선거운동 127, 128
  성차별적 고정관념과 ~ 155, 380
  허리케인 카트리나와 ~ 95
  국무장관
    ~ 임명 295, 296
    공식 외국 순방 576
    기후변화 정책과 ~ 647, 651, 652
    리비아 군사 개입과 ~ 830
    빈라덴 작전과 ~ 865, 875
    아프가니스탄 전쟁 정책과 ~ 557
    이란 핵 개발 계획과 ~ 620
    이스라엘·팔레스타인 분쟁과 ~
      799, 803, 805
    2011년 이집트 혁명과 ~ 815-817,

821
키스, 앨런Keyes, Alan 83
키신저, 헨리Kissinger, Henry 288
키언, 캐럴Keehan, Carol 545
킹, B. B.King, B. B. 691
킹, 마틴 루서, 주니어King, Martin Luther, Jr. 21,
  29, 33, 106, 107, 171, 172, 175, 230,
  760, 795

**ㅌ**

타이완 608, 644
타프(TARP, 부실 자산 구제 프로그램)
  ~에 대한 부시의 인수인계 발언 282
  공화당과 ~ 255, 257
  백악관 회의(2008) 255
  월 스트리트 구제 방안과 ~ 256
  자동차 산업과 ~ 392
탄도탄요격유도탄조약 596
탈레반 215, 414-416, 420, 421, 555, 556,
  558, 563, 569, 732, 858
터키 451, 452, 809
테러
  대통령 일일 브리핑과 ~ 411
  속옷 폭파범 664, 665, 741
  취임식 ~ 위협(2009) 306
  포트 후드 총격 사건 568
  ☞ 대테러 정책(오바마 행정부); 알카에다
테인 세인Thein Sein 613
톈안먼 광장 학살 615, 813
토네이도(2011) 869
토머스, 에드Thomas, Ed 20
토머스, 클래런스Thomas, Clarence 502
토크빌, 알렉시 드Tocqueville, Alexis de 33
톰프슨, 베니Thompson, Bennie 191
투투, 데즈먼드Tutu, Desmond 107
툿Toot ☞ 더넘, 매들린 페인
튀니지 811-813
트럼프, 도널드Trump, Donald 849-853, 863,
  872-874
트루먼, 해리 S.Truman, Harry S. 334, 486, 572,
  775, 791
트리니티 연합 그리스도 교회(시카고) 45,

168, 170, 197 ☞ 라이트, 제러마이아 A.,
주니어
트위스, 폴Tewes, Paul 132
특수작전 422, 859, 860 ☞ 빈라덴 작전
티아기, 어밀리아Tyagi, Amelia 702
티파티
　경제회복법과 ~ 520
　공화당의 방해 전략과 ~ 520
　부담적정보험법 입법 추진과 ~ 519-
　　524, 526
　인종주의와 ~ 522
팃컴, 보비Titcomb, Bobby 25

**ㅍ**

파드론, 에두아르도Padron, Eduardo 870
파라칸, 루이스Farrakhan, Louis 204, 797
파머, 앨리스Palmer, Alice 47
파셀, 에밀리Parcell, Emily 134
파워, 서맨사Power, Samantha
　노벨 평화상 수상 연설과 ~ 572
　리비아 군사 개입과 ~ 831, 834, 844
　인권 정책과 ~ 808, 809
　2011년 이집트 혁명과 ~ 815, 822
파월, 콜린Powell, Colin 294, 605
파이퍼, 댄Pfeiffer, Dan 757
파인버그, 켄Feinberg, Ken 728
파인스타인, 다이앤Feinstein, Dianne 210, 745
파키스탄
　드론 작전 459
　빈라덴 작전과 ~ 853, 858, 859, 861,
　　862, 865, 875
　알카에다와 ~ 220, 414, 420, 556
　☞ 빈라덴 작전
파타당 793, 799
팔라비, 모하마드 레자Pahlavi, Mohammad Reza
　(이란 샤) 579, 580
팔레스타인인
　~에 대한 카이로 연설(2009) 474
　나세르와 ~ 472
　오슬로 협정 791, 792
　☞ 이스라엘·팔레스타인 분쟁
팔레스타인자치정부 791, 793, 800

팔레스타인해방기구(PLO) 472
패네타, 리언Panetta, Leon
　빈라덴 작전과 ~ 855
　아프가니스탄 전쟁 정책과 ~ 557
　2011년 이집트 혁명과 ~ 815, 821
패니 메이 246, 249, 369, 698
패브로, 존Favreau, Jon 86, 145, 157, 197,
　198, 224, 230, 231, 375, 376, 464, 566,
　619, 707, 749, 872
패트릭, 더발Patrick, Deval 537
팬데믹 13, 14, 498
팬암 항공 103편 폭파 사건(1988) 826
퍼먼, 제이슨Furman, Jason 250, 289
퍼트레이어스, 데이비드Petraeus, David
　아프가니스탄 전쟁과 ~ 417, 557, 736
　오바마의 이라크 방문(2008) 218, 219
　이라크 전쟁과 ~ 218, 219, 292
페레스, 시몬Peres, Shimon 792
페리엘로, 톰Perriello, Tom 547
페어딜 486
페어리, 셰퍼드Fairey, Shepard 520
페일린, 세라Palin, Sarah
　매케인의 러닝메이트로서의 ~ 233
　석유 채굴 방안 712
　아동 영양 법안에 대한 ~의 견해 771
　정치 양극화와 ~ 265, 266, 346
　티파티와 ~ 521, 522
펙, 리오Peck, Leo 151
펜스, 마이크Pence, Mike 342, 543
펠로시, 낸시Pelosi, Nancy
　경제회복법과 ~ 328, 339
　공화당의 방해 전략에 대한 ~의 견해
　　542
　금융 위기와 ~ 251, 255, 259
　드림법과 ~ 782
　부담적정보험법 입법 추진과 ~ 532,
　　534, 542, 548
포데스타, 존Podesta, John 285
포드, 제럴드Ford, Gerald/포드 재단 25, 291,
　499
포드 28, 392
포머로이, 얼Pomeroy, Earl 546
포스덜, 제러마이아Posedel, Jeremiah 76

포트 후드 총격 사건(2009) 568
폭스 뉴스 170, 184, 186, 233, 346, 366, 524, 771, 802, 851
폴, 론 Paul, Ron 520
폴러드, 조너선 Pollard, Jonathan 805
폴렌티, 팀 Pawlenty, Tim 873
폴슨, 행크 Paulson, Hank
    백악관 타프 회의(2008) 255-259
    월 스트리트 구제 방안과 ~ 249, 251, 288
    자동차 산업과 ~ 392
    후보 대상 브리핑 247
    G20 정상회의(2008)와 ~ 427
푸틴, 블라디미르 Putin, Vladimir
    권위주의와 ~ 440, 443, 456, 588
    냉전 종식과 ~ 588, 589
    리비아 군사 개입과 ~ 843
    오바마의 러시아 방문(2009)과 ~ 595
'풋볼'(핵 공격 암호) 306
퓨게이트, 크레이그 Fugate, Craig 869
프랑스 213, 230, 426, 449, 577, 586, 602, 604, 606, 672, 677, 829
프랭크, 바니 Frank, Barney 258
프랭큰, 앨 Franken, Al 494
프레디 맥 240, 246, 249, 369, 698
프로젝트 보트!(1992) 45
프리츠커, 페니 Pritzker, Penny 131
플래빈, 맷 Flavin, Matt 405
플러프, 데이비드 Plouffe, David 109, 112, 126, 129, 130, 134, 143-145, 156, 164, 182, 193, 194, 206, 208, 211, 228, 252, 263, 274, 284, 496, 627, 759, 863
플레시 대 퍼거슨 사건 501
피녜라, 세바스티안 Pinera, Sebastian 841
피츠제럴드, 마이크 Fitzgerald, Mike 151
피츠제럴드, 피터 Fitzgerald, Peter 69
필리버스터 325, 326, 340, 507, 532, 537, 541, 638, 695, 706, 712, 749, 755, 766, 783
필리픽, 앤 Filipic, Anne 134
필립, 페이트 Philip, Pate 58
필립스, 리처드 Phillips, Richard 458

## ㅎ

하마드 빈 이사 빈 살만 알할리파 Hamad bin Isa bin Salman al-Khalifa (바레인 국왕) 823-825
하마스 Hamas 451, 581, 792, 793, 799
하메네이, 아야톨라 알리 Khamenei, Ayatollah Ali 581, 584, 603, 604
하벨, 바츨라프 Havel, Vaclav 455, 456
하산, 니달 Hasan, Nidal 568
하스태드, 폴 Harstad, Paul 111
하웰, 캐럴 앤 Harwell, Carol Anne 49
하인스, 댄 Hynes, Dan 70
하킨, 톰 Harkin, Tom 108
하타미, 모하마드 Khatami, Mohammad 582
하토야마 유키오 Hatoyama, Yukio 611
하퍼, 스티븐 Harper, Stephen 378
한국 427, 505, 572, 611, 614, 649
합동참모본부 376, 409, 415, 421, 775, 776
    ☞ 멀린, 마이크
해니티, 숀 Hannity, Sean 265
해안경비대 Coast Guard 336, 713, 714, 720
해치, 오린 Hatch, Orrin 88
핵무기 확산 저지 전략(오바마 행정부)
    러시아와 ~ 12
    북한 제재 453, 578
    스타트 445, 446, 719
    이란 제재 483, 620
    인도와 ~ 763
    프라하 연설 453
핵확산금지조약(1970) 582
핼리버턴 710
햄, 카터 Ham, Carter 840
허리케인 카트리나 94, 95, 97
헐, 블레어 Hull, Blair 70
헤이글, 척 Hagel, Chuck 214
헤이머, 패니 루 Hamer, Fannie Lou 29
헤이우드, 조지 Haywood, George 239
헤이워드, 토니 Hayward, Tony 721
헤이위스, J. D. Hayworth, J. D. 639
헤즈볼라 Hezbollah 581, 582, 801, 817, 824
헬름스, 제시 Helms, Jesse 644
호메이니, 아야톨라 Khomeini, Ayatollah 580, 581

호세프, 지우마Rousseff, Dilma 835
홀더, 에릭Holder, Eric
　검찰총장 지명 296
　관 귀향과 ~ 567
　관타나모 구금자와 ~ 739
　대테러 정책과 ~ 742
　속옷 폭파범과 ~ 741
　월 스트리트 구제 방안과 ~ 385, 666
　9.11 공모자 재판과 ~ 744, 745
홀로코스트 477, 582, 790, 794
홀브룩, 리처드Holbrooke, Richard 734
화석연료
　광물관리국과 ~ 722
　기후변화 정책과 ~ 213, 644, 711, 725
　오바마 행정부의 에너지 정책과 ~ 628
　☞ 딥워터 호라이즌호 기름 유출
환경 문제 624, 627 ☞ 기후변화; 딥워터 호
　라이즌호 기름 유출
환경보호국(EPA) Environmental Protection
　Agency 626, 628, 632, 633
후버, 허버트Hoover, Herbert 321
후세인, 사담Hussein, Saddam 75, 217, 452,
　472, 581, 582, 596, 857
후진타오Hu Jintao 441, 607, 610, 616-618
휘터커, 셰릴Whitaker, Cheryl 90
휘터커, 에릭Whitaker, Eric 198, 685
휴스, 랭스턴Hughes, Langston 28
흑인 13, 20, 26, 29, 32, 35, 36, 38, 40, 46,
　62, 67-70, 78, 95, 115, 124, 137, 140,
　162-172, 177-180, 186, 188, 197, 198,
　231, 273, 331, 503, 510, 511, 514, 747
　☞ 아프리카계 미국인; 인종
힐, 배런Hill, Baron 546
힐, 어니타Hill, Anita 502
힐더브랜드, 스티브Hildebrand, Steve 109

2008년 선거 ☞ 클린턴, 힐러리(대통령 선거운
　동); 오바마, 버락 H.(대통령 선거운동)
6일 전쟁(1956) 790
9.11
　공모자 재판 744, 745
　관타나모만 구금자와 ~ 742
　뉴욕시 모스크 논란 746
　부시 행정부 시절의 군부 우위와 ~ 561
　부시 행정부의 ~ 대응 408, 461
　빈라덴 작전과 ~ 879-881
　오바마의 성조기 핀과 ~ 185
　☞ 빈라덴, 오사마
ACA ☞ 부담적정보험법; 부담적정보험법 입
　법 추진
AIG 249, 369, 384, 388, 389, 698
BP 710, 713-718, 720-725, 727-730 ☞ 딥
　워터 호라이즌호 기름 유출
CIA ☞ 중앙정보국
DADT 정책 775, 776, 778 ☞ '묻지 말고 말
　하지 말라' 정책
EU ☞ 유럽연합
G20 정상회의(런던, 2009) 436-439, 441,
　442, 447, 592, 607
G8 427, 592, 650, 677, 830
GATT ☞ 관세 및 무역에 관한 일반 협정
GM 165, 316, 392-394, 398, 399
H1N1 바이러스 498-500
IAEA ☞ 국제원자력기구
IMF ☞ 국제통화기금
JP모건 체이스 244, 385, 698
LGBTQ 14, 577, 750, 773-778
NAFTA ☞ 북미자유무역협정
NATO ☞ 나토; 북대서양조약기구
NSC ☞ 국가안전보장회의
P5+1 국가 586, 604, 605
PDB 411, 412, 553, 748
U2 190
WHO ☞ 세계보건기구
WTO ☞ 세계무역기구

옮긴이

**노승영**

서울대학교 영어영문학과를 졸업하고, 서울대학교 대학원 인지과학 협동과정을 수료했다. 컴퓨터 회사에서 번역 프로그램을 만들었으며 환경 단체에서 일했다. '내가 깨끗해질수록 지구가 더러워진다'라고 생각한다. 박산호 번역가와 함께 『번역가 모모 씨의 일일』을 썼으며, 『통증 연대기』, 『스토리텔링 애니멀』, 『직관펌프, 생각을 열다』, 『숲에서 우주를 보다』, 『나무의 노래』, 『자본가의 탄생』, 『죽음의 부정』 등의 책을 우리말로 옮겼으며 『말레이 제도』로 제35회 한국과학기술도서상 번역상을 수상했다. 홈페이지(http://socoop.net)에서 그동안 작업한 책들에 대한 정보와 정오표를 볼 수 있다.

# 약속의 땅

**초판 1쇄 발행** 2021년 7월 28일
**초판 4쇄 발행** 2021년 9월 3일

**지은이** 버락 오바마 **옮긴이** 노승영

**발행인** 이재진 **단행본사업본부장** 신동해
**책임편집** 김경림 **편집** 김하나리 **교정교열** 강진홍
**디자인** 김은정 **마케팅** 최혜진
**홍보** 최새롬 권영선 최지은 **국제업무** 김은정 **제작** 정석훈

**표지 디자인** Christopher Brand
**표지 사진** Pari Dukovic(앞표지), Dan Winters(뒤표지)

**브랜드** 웅진지식하우스 **주소** 경기도 파주시 회동길 20
**문의전화** 031-956-7429(편집) 031-956-7567(마케팅)

**홈페이지** www.wjbooks.co.kr
**페이스북** www.facebook.com/wjbook
**포스트** post.naver.com/wj_booking

**발행처** ㈜웅진씽크빅
**출판신고** 1980년 3월 29일 제406-2007-000046호

한국어판 출판권 © ㈜웅진씽크빅 2021
ISBN 978-89-01-25186-8 03300

• 웅진지식하우스는 ㈜웅진씽크빅 단행본사업본부의 브랜드입니다.

• 책값은 뒤표지에 있습니다.
• 잘못된 책은 구입하신 곳에서 바꿔드립니다.